Kompendium der Betriebswirtschaftslehre

Von
Prof. Dr. Uwe Bestmann
(Herausgeber)
Prof. Dr. Günter Ebert
Prof. Dr. Helgo Grimm-Curtius
Prof. Dr. Rolf Pfeiffer
Prof. Dr. Peter Preißler
Prof. Dr. Eckardt Wanner
Prof. Dr. Georg Wenzel
Prof. Dr. Otto Wiese

7., durchgesehene Auflage

R. Oldenbourg Verlag München Wien

Die Deutsche Bibliothek — CIP-Einheitsaufnahme

Kompendium der Betriebswirtschaftslehre / von Uwe Bestmann
(Hrsg.). Günter Ebert ... — 7., durchges. Aufl. — München ;
Wien : Oldenbourg, 1994
  ISBN 3-486-22993-1
NE: Bestmann, Uwe [Hrsg.]; Ebert, Günter

© 1994 R. Oldenbourg Verlag GmbH, München

Das Werk einschließlich aller Abbildungen ist urheberrechtlich geschützt. Jede Verwertung außerhalb der Grenzen des Urheberrechtsgesetzes ist ohne Zustimmung des Verlages unzulässig und strafbar. Das gilt insbesondere für Vervielfältigungen, Übersetzungen, Mikroverfilmungen und die Einspeicherung und Bearbeitung in elektronischen Systemen.

Satz und Druck: Tutte, Passau
Bindung: R. Oldenbourg Graphische Betriebe GmbH, München

ISBN 3-486-22993-1

Inhaltsverzeichnis

Einleitung: Der Gegenstand der Betriebswirtschaftslehre 1

A. Das Erkenntnis- und Erfahrungsobjekt der Betriebswirtschaftslehre 1
B. Die Typologie der Betriebe 2
C. Betriebswirtschaftslehre als Teil der Wirtschaftswissenschaften 3
D. Die Gliederung der Betriebswirtschaftslehre 3

Erster Teil: Betriebswirtschaftlicher Gesamtprozeß und konstitutiver Rahmen .. 5

1. Kapitel: Betriebswirtschaftlicher Gesamtprozeß 7
A. Grundmodell des Systems „Unternehmung" 7
    I. Die Unternehmung als produktives, soziotechnisches System 7
    II. Der Gesamtprozeß der Unternehmung 8
B. Zielsetzungen wirtschaftlichen Handelns 9
    I. Rationalprinzip (Nutzenmaximierung) 9
    II. Produktivität und Wirtschaftlichkeit 10
    III. Finanzwirtschaftliches Gleichgewicht 11
    IV. Das Zielsystem der Unternehmung 11
C. Wertschöpfungsprozeß und Produktionsfaktoren 13
    I. Wertbildung und -verteilung 13
    II. Produktionsfaktoren und Produktivitätsbedingungen 14
        1. Elementarfaktoren 14
        2. Dispositive Faktoren 15
D. Entscheidungsprozesse und Risiko 15
    I. Phasen des Entscheidungsprozesses 15
    II. Entscheidungstatbestände 16
        1. Funktionale Entscheidungstatbestände 16
        2. Genetische Entscheidungstatbestände 17
    III. Entscheidungen und Risiko 18

2. Kapitel: Konstitutive Unternehmungsentscheidungen 21
A. Wahl der Rechtsform 21
    I. Problemstellung 21
        1. Entscheidungstatbestand: Rechtsform 21
        2. Rechtliche Abgrenzungskriterien 21
    II. Einzelunternehmen 23
    III. Personengesellschaften 24
        1. BGB-Gesellschaft/Unterbeteiligung 24
        2. Stille Gesellschaft 25
        3. Offene Handelsgesellschaft (OHG) 25
        4. Kommanditgesellschaft (KG) 25
        5. Die Europäische wirtschaftliche Interessenvereinigung (EWIV) 25
    IV. Kapitalgesellschaften 25
        1. Gesellschaft mit beschränkter Haftung (GmbH) 25
        2. Aktiengesellschaft (AG) 26
    V. Sonstige Grundformen 29

VI. Kombinationsformen	29
1. GmbH & Co. (KG)	29
2. Betriebsaufspaltung	30
VII. Rechtsform – Auswahlkriterien	31
1. Außersteuerliche Auswahlkriterien	31
2. Laufende Steuerbelastung	34
a) Steuern der Gesellschaft	34
b) Steuern des Gesellschafter	36
c) Steueroptimale Rechtsform	37
VIII. Rechtsformen öffentlicher Betriebe	38
B. Standort-Wahl	40
I. Problemstellung	40
II. Standortalternativen (Beurteilung)	41
1. Standortfaktoren	41
a) Systeme von Standortfaktoren	41
b) Gütereinsatzbedingte Standortfaktoren	42
c) Absatzbedingte Standortfaktoren	43
d) Gewichtung von Standortfaktoren	43
2. Standortanalyse/Standortprognose	44
3. Bewertung von Standort-Angeboten	44
III. Standort-Optimierung	44
1. Typologie der Standortmodelle	44
2. Kostenorientierte Standortmodelle	45
a) Kontinuierliche Transportkostenminimierung	45
b) Räumlich-diskrete Transportkostenminimierung	47
3. Gewinnorientierte Standortmodelle	48
a) Grundmodell der gemischt-ganzzahligen Programmierung	48
b) Erweiterungen des Grundmodells	50
4. Standortsimulation mit EDV	51
C. Zusammenschluß-Bildung	52
I. Problemstellung	52
1. Entscheidungstatbestand	52
2. Wettbewerbsrechtliche Einschränkungen	54
II. Konzentrative Zusammenschlußformen	55
1. Überblick: Konzentrationsformen	55
2. Verbundene Unternehmen gem. §§ 15 ff. AktG	56
a) Mehrheitsbeteiligung/Mehrheitsbesitz	56
b) Abhängige/Herrschende Unternehmen	58
c) Konzernunternehmen	58
d) Wechselseitige Beteiligungen gem. § 19 AktG	59
e) Unternehmensverträge gem. §§ 291 f. AktG	59
3. Rechtliche Vereinigung (Fusion im weiteren Sinne)	59
a) Verschmelzung	59
b) Übertragende Umwandlung	60
III. Kooperative Zusammenschlußformen	61
1. Überblick: Kooperationsformen	61
2. Kartellrechtsfreie Kooperationsformen	62
a) Kooperation als „Gegenkonzentration"	62
b) Einzelne Kooperationsformen	62

3. Kartelle (Horizontale Wettbewerbsbeschränkungen) 63
4. Sonstiges kartellrechtlich geregeltes Verhalten 66
IV. Zieloptimierung durch Zusammenschlüsse 66
V. Wirtschaftsverbände 67

Zweiter Teil: Unternehmensführung 73

1. Kapitel: Grundlagen der Unternehmensführung 75
A. Stellung und Bedeutung der Unternehmensführung in der modernen Betriebswirtschaftslehre 75
   I. Unternehmung als System 76
   II. Denken in Systemen 79
   III. Mehrschichtiges Menschenbild 79
B. Wesen und Entwicklung der Unternehmensführung 80
   I. Zum Begriff der Unternehmensführung 80
   II. Führungsaufgaben und Führungsprozesse 82
C. Träger der Unternehmensführung 84
   I. Begriff der Führungskraft 84
   II. Hierarchische Ordnung der Führungskräfte 85
   III. Bedeutung der Führungskräfte 86

2. Kapitel: Die Teilfunktionen der Unternehmensführung 87
A. Kernfunktionen 87
   I. Entscheiden 87
      1. Wesen und Bedeutung 87
      2. Ablauf des Entscheidungsprozesses 88
      3. Gliederung der Entscheidungen 92
   II. Kommunizieren 93
      1. Wesen und Bedeutung 93
      2. Ablauf des Kommunikationsprozesses 95
      3. Gliederung der Kommunikation 97
B. Sachbezogene Führungsfunktionen 98
   I. Ziele setzen 98
      1. Wesen und Bedeutung der Unternehmensziele 98
      2. Zielbildungsprozeß 99
      3. Gliederung der Ziele 100
   II. Planen 101
      1. Wesen und Bedeutung der Unternehmensplanung 101
      2. Ablauf des Planungsprozesses 101
      3. Gliederung der Planung 104
   III. Organisieren 106
      1. Wesen und Bedeutung der Unternehmensorganisation 106
      2. Ablauf des Organisationsprozesses 109
      3. Gliederung der Organisation 110
   IV. Kontrollieren 112
      1. Wesen und Bedeutung der Unternehmenskontrolle 112
      2. Ablauf des Kontrollprozesses 113
      3. Gliederung der Kontrolle 116

C. Personenbezogene Führungsfunktionen ... 117
I. Delegieren ... 117
1. Wesen und Bedeutung ... 117
2. Delegationsprozeß ... 118
3. Konsequenzen und Grenzen des Delegierens ... 119
II. Motivieren ... 120
1. Wesen und Bedeutung ... 120
2. Motivationsprozeß ... 122
3. Konsequenzen und Grenzen des Motivierens ... 123
III. Entwickeln ... 123
1. Wesen und Bedeutung der Personalentwicklung ... 123
2. Personalentwicklungsprozeß ... 124
3. Konsequenzen und Grenzen der Personalentwicklung ... 125

3. Kapitel: Gestaltung der Unternehmensführung ... 127
A. Führungssysteme ... 127
I. Problemlösungstechniken ... 127
II. Managementsysteme ... 129
1. Entscheiden im Ausnahmefall (Management by Exception) ... 129
2. Kommunikationssystem (Management by Communication) ... 129
3. Planungssystem (Management by Planning) ... 130
   a) Strukturierung der Unternehmensplanung ... 130
   b) Integration der Teilplanungen ... 132
   c) Wirkungen der integrierten Unternehmensplanung ... 133
   d) Formale Aspekte der Planung ... 134
4. Organisationssystem (Management by Organization) ... 137
   a) Strukturierungsprinzipien der Unternehmensorganisation ... 137
   b) Praxisrelevante Organisationssysteme ... 139
   c) Gestaltung des Organisationssystems ... 141
5. Kontroll- und Steuerungssystem (Management by Controlling) ... 142
III. Führungsmodelle ... 144
1. Das Harzburger Modell ... 144
2. Führen durch Zielsetzung (Management by Objectives) ... 145
B. Führungsstile ... 147
I. Wesen der Führungsstile ... 147
1. Führungsinhalt ... 147
2. Führungsumfang ... 148
3. Führungsorganisation ... 149
4. Zusammenwirken der Einflußfaktoren ... 150
II. Führungsstilmodelle ... 150
1. Traditionelle Führungsstilmodelle ... 150
2. Moderne Führungsstilmodelle ... 151
III. Unternehmensführung in der Praxis ... 152
1. Bestimmungsfaktoren realer Führungsformen ... 152
2. Auswirkungen auf das Leistungsverhalten und die Leistungsergebnisse ... 153

Inhaltsverzeichnis

Dritter Teil: Materialwirtschaft und Fertigung 157

1. Kapitel: Die betrieblichen Grundfunktionen 159
2. Kapitel: Die Materialwirtschaft 161
A. Begriffsabgrenzung und Überblick 161
   I. Wesen der Materialwirtschaft 161
     1. Begriff Materialwirtschaft 161
     2. Begriff und Arten des Materials (Objekte) 162
     3. Organisatorische Eingliederung der Materialwirtschaft in ein Unternehmen 162
     4. Bedeutung der Materialwirtschaft für die Wirtschaftlichkeit eines Unternehmens 163
   II. Das materialwirtschaftliche Optimum 164
     1. Ziele und Aufgaben der Materialwirtschaft 164
     2. Problembereiche 165
     3. Lösungsmöglichkeiten 166
       a) Bereitstellungsprinzipien 166
       b) Kriterien für die Wahl der Bereitstellungsmaßnahmen 167
B. Probleme des Materialbedarfs 169
   I. Die Ermittlung der Bedarfsmenge 169
     1. Das Erzeugungsprogramm als Grundlage des Bedarfs (Bedarfsauflösung) 169
       a) Vorbemerkungen 169
       b) Hilfsmittel und Verfahren der Bedarfsrechnung 170
       c) Bruttobedarf/Nettobedarf 175
       d) Terminisierung des Bedarfs 175
     2. Der Materialverbrauch als Grundlage des Bedarfs (Bedarfsvorhersage) 176
       a) Vorbemerkungen 176
       b) Voraussetzungen 176
       c) Vorhersageverfahren (stochastische Methoden) der verbrauchsgebundenen Bedarfsplanung 178
   II. Materialsortiment und Materialkennzeichnung 184
     1. Schlüsselung 184
     2. Optimierung des Materialsortiments 186
   III. Selbsterstellung und Fremdbezug (Kaufen oder Fertigen) 186
C. Probleme des Materialbestands (Vorratsmenge) und der Bestelldisposition .. 187
   I. Einführung 187
     1. Aufgaben der Materialbestandsführung 187
     2. Bestandsarten 188
     3. Bestandsstrategien und Bestandsplanung 189
       a) Bestandsstrategien 189
       b) Bestandsplanung 191
   II. Auftragsgesteuerte Disposition 192
     1. Grundlagen 192
     2. Disposition 192
   III. Verbrauchsgesteuerte Disposition 193
     1. Lagerkurve und Sicherheitsbestand 193

          2. Bestellpunktverfahren 194
          3. Bestellrhythmusverfahren 194
      IV. Zusammenfassung 195
D. Probleme der Materialbeschaffung 195
      I. Optimale Beschaffungsmenge 195
          1. Einflußfaktoren bei der Beschaffungsmengenoptimierung 196
              a) Beschaffungskosten 196
              b) Bestellkosten 196
              c) Lagerhaltungskosten 197
          2. Ermittlung der optimalen Beschaffungsmenge 197
              a) Das Grundmodell 197
              b) Lösung des Optimierungsproblems 198
          3. Grenzen und praktische Überlegungen 200
              a) Modifikationen des Grundmodells 200
              b) Praktische Überlegungen 202
      II. Der Beschaffungsvollzug (Einkauf) 202
          1. Beschaffungswege 202
              a) Direktbezug vom Hersteller 202
              b) Handel 203
              c) Zusammenfassung 203
          2. Beschaffungstermine 203
          3. Abwicklung einer Bestellung 203
              a) Die Einkaufsabteilung 203
              b) Angebote 204
              c) Bestellung 204
          4. Beschaffungskontrolle 205
              a) Terminüberwachung 205
              b) Eingangskontrolle 205
              c) Rechnungskontrolle 205
          5. Kontrolle und Steuerung der Einkaufstätigkeit 205
E. Probleme des Materiallagerwesens 207
      I. Aufgaben und Arten der Läger 207
          1. Aufgaben der Läger 207
          2. Arten der Läger 207
      II. Planung des Lagers 208
          1. Grundsätze 208
          2. Lagerstandort 208
          3. Lagerausstattung 208
          4. Arbeitsweise im Lager 209
      III. Lagerverwaltung 209
          1. Steuerung von Materialeingang und Materialausgang 209
          2. Analyse des Lagerbestandes 209

3. Kapitel: Die Fertigung 211
A. Begriffsabgrenzung und Überblick 211
B. Das Fertigungsprogramm 212
C. Die Fertigungsverfahren 213
      I. Überblick 213

Inhaltsverzeichnis

II. Organisationstypen der Fertigung	214
1. Die Werkstattfertigung	214
2. Die Fließfertigung	215
3. Konkretisierungsformen	216
a) Gruppenfertigung	216
b) Fließband- und vollautomatische Fertigung	216
III. Fertigungstypen	217
1. Einzelfertigung	217
2. Serienfertigung	217
3. Sortenfertigung	217
4. Massenfertigung	218
5. Zusammenfassung	218
IV. Technische Fertigungsverfahren im Einzelnen	219
V. Verfahrensbestimmende Faktoren	221
1. Erzeugniseigenschaften und -merkmale	222
2. Sachliche und personelle Ausstattung	222
3. Werkstoffe und Teile	222
4. Wirtschaftlichkeit und Rentabilität	222
D. Die Fertigungsvorbereitung	**223**
I. Übersicht	223
II. Die Fertigungsplanung	225
1. Programmplanung (Auftragsumwandlung und Bedarf)	225
2. Vollzugsplanung (Fertigungsablaufplanung)	227
III. Die Fertigungssteuerung	228
1. Begriff und Wesen	228
2. Bereitstellung und Werkstattvorbereitung	229
a) Bereitstellung der Arbeits- und Fertigungsunterlagen	229
b) Die Materialbereitstellung	233
c) Die Werkstattvorbereitung	233
3. Durchlaufterminierung und Belastungssteuerung	234
a) Überblick	234
b) Durchlaufterminierung	234
c) Belastungssteuerung	243
IV. Die Fertigungsvorbereitung mit Hilfe der EDV	246
E. Die Fertigungsdurchführung	**249**
I. Einführung	249
II. Das System der Produktionsfaktoren im Überblick	249
III. Die Produktions- und Kostentheorie	250
1. Die Produktionsfunktionen	250
a) Das Ertragsgesetz	252
b) Die Cobb-Douglas-Produktionsfunktion	258
c) Die Leontief-Produktionsfunktion	260
d) Die CES-Produktionsfunktion	262
2. Die Kostenfunktionen	268
a) Optimale Produktionsplanung bei konstanten Faktorpreisen Die Minimalkostenkombination	269
b) Der Expansionspfad	271

  c) Die Kostenfunktion bei linear-homogenen Produktionsfunktionen (konstante Skalenerträge) 272
  d) Die Kostenfunktion bei homogenen Produktionsfunktionen 273
  e) Die Kostenfunktion bei nicht-homogener Produktionsfunktion ... 273
  f) Zusammenfassung 274
 IV. Die menschliche Arbeitsleistung 276
  1. Einführung 276
  2. Bestimmungsfaktoren für die menschliche Arbeit 277
  3. Die Schaffung optimaler Arbeitsbedingungen 278
   a) Die Arbeitsstudien 278
   b) Die Arbeitszeitregelung 279
   c) Die Arbeitsplatzgestaltung 279
   d) Das Betriebsklima 281
  4. Das Arbeitsentgelt 281
   a) Grundsätze der Entlohnung 281
   b) Methoden der Arbeitsbewertung 282
   c) Lohnformen 286
   d) Die Ermittlung der Zeiten 289
   e) Erfolgsbeteiligung 299
 V. Die Betriebsmittel und Werkstoffe 300
F. Die Fertigungskontrolle 301
 I. Die Durchführungskontrolle 301
 II. Das Qualitätswesen 301
  1. Die Qualität 301
  2. Die Aufgaben des Qualitätswesens 302
  3. Methoden zur Qualitätssicherung 303
  4. Die Qualitätskosten 306
 III. Die Kostenkontrolle 306

Vierter Teil: Marketing 309

1. Kapitel: Marketing – Begriff und Abgrenzung 311
A. Absatz und Marketing 311
B. Die Entwicklung des Marketing-Begriffs 312

2. Kapitel: Marketing als marktorientierte Unternehmensführung 315
A. Historische Ansatzpunkte 315
B. Führungsprinzip und Unternehmensorganisation 317
C. Marktorientierte Unternehmensorganisationen 317
 I. Das Produkt-Management 317
 II. Die Divisions-(Sparten-)Organisation 319
 III. Die Matrix-Organisation 321

3. Kapitel: Marketing als entscheidungsorientiertes System 323
A. Zum Systemgedanken 323
B. Marketing-Ziele 324
C. Die Informationsbeschaffung 325

    I. Zur Bedeutung von Informationen 325
   II. Die Marketinginformation 325
       1. Objektive (quantitative) Marktdaten 326
       2. Subjektive (qualitative) Marktdaten 328
D. Die Techniken der Informationsgewinnung 332
    I. Gewinnung von Sekundärinformationen 333
   II. Gewinnung von einmaligen Primärinformationen 333
  III. Gewinnung von laufenden Primärinformationen 336
E. Auswertung der Daten 336

4. Kapitel: Die Marketing-Planung 341
A. Strategische Marketing-Planung 341
B. Taktische Marketing-Planung 344
C. Operative Marketing-Planung 345

5. Kapitel: Entscheidungsfindung 347
A. Entscheidung unter Risiko 348
B. Entscheidung unter Ungewißheit 350

6. Kapitel: Die Realisierung 353

7. Kapitel: Die Distribution 355
A. Vertriebsorganisation 355
B. Vertriebswege 357
C. Marketing-Logistik 360

8. Kapitel: Produkt-Politik 363
A. Produktlebenszyklus 363
B. Produktpolitische Grundstrategien 366
     I. Marktdurchdringung 367
    II. Marktentwicklung 367
   III. Produktentwicklung 368
    VI. Diversifikation 369
     V. Der Innovationsprozeß 370
C. Programm-(Sortiments-)Politik 373
D. Service-Politik 374

9. Kapitel: Preispolitik 377
A. Einflußfaktoren 377
B. Preispolitische Strategien 379
C. Instrumentarium der Preispolitik 383

10. Kapitel: Kommunikationspolitik 387
A. Verkaufsförderung 388
B. Public Relations 390

C. Werbung 392
  I. Werbestrategie 392
  II. Realisieren der Werbestrategie 394
  III. Werbeerfolgskontrolle 397
11. Kapitel: Das Marketing-Mix 401

Fünfter Teil: Investition und Finanzierung 405

1. Kapitel: Grundlegung 407
A. Leistungs- und finanzwirtschaftlicher Bereich der Unternehmung 407
B. Kapitalbedarf, Finanzierung und Investition 409
C. Die Zielsetzungen finanzwirtschaftlichen Handelns 411
  I. Das Rentabilitätsziel 412
  II. Das Liquiditätsziel 413
  III. Das Sicherheitsziel 413
  IV. Das Unabhängigkeitsziel 414
  V. Zielkonflikte 414

2. Kapitel: Der Kapitalbedarf der Unternehmung 415
A. Die Determinanten des Kapitalbedarfs 415
B. Die Ermittlung des Kapitalbedarfs 417
  I. Kapitalbedarfsermittlung mit Hilfe allgemeiner Verfahren 419
  II. Die Kapitalbedarfsermittlung mit Hilfe des Finanzplans 421

3. Kapitel: Investition 427
A. Grundlegung 427
  I. Investition und Investitionsarten 427
  II. Die Investitionsentscheidung 427
B. Die Verfahren der Investitionsrechnung 429
  I. Die Verfahren zur Beurteilung einzelner Investitionsobjekte 430
    1. Die statischen Verfahren 430
      a) Die Kostenvergleichsrechnung 430
      b) Die Gewinnvergleichsrechnung 433
      c) Die Rentabilitätsvergleichsrechnung 436
      d) Die Amortisationsrechnung 437
    2. Die finanzmathematischen Verfahren 438
      a) Die Kapitalwertmethode 439
      b) Die Annuitätenmethode 442
      c) Die dynamische Amortisationsrechnung 442
      d) Die Interne-Zinssatz-Methode 443
      e) Der Vergleich sich ausschließender Alternativen 446
      f) Der Einfluß von Steuern auf die Investitionsentscheidung 448
      g) Verfahren zur Bestimmung von Nutzungsdauerentscheidungen
         und des optimalen Ersatzzeitpunktes 449
    3. Verfahren zur Lösung von Programmentscheidungen 450
4. Kapitel: Die Finanzierung 453
A. Die Außenfinanzierung mit Eigenkapital 453

I. Die Beteiligungsfinanzierung nicht-emissionsfähiger Unternehmen 453
II. Die Beteiligungsfinanzierung emissionsfähiger Unternehmen 455

B. Die Außenfinanzierung mit Fremdkapital 464
   I. Die Voraussetzungen einer Kreditfinanzierung 464
      1. Die Kreditprüfung 464
      2. Die Stellung von Kreditsicherheiten 465
   II. Die Finanzierung durch kurz- und mittelfristiges Fremdkapital 465
      1. Die Kundenzahlung 466
      2. Der Lieferantenkredit 466
      3. Der Kontokorrentkredit 467
      4. Der Diskontkredit 469
      5. Der Lombardkredit 471
      6. Die Kreditleihe 471
         a) Der Akzeptkredit 471
         b) Der Avalkredit 472
         c) Sonderformen (Rembours- und Negoziationskredit) 473
         d) Das Scheck-Wechsel-Tauschverfahren 474
   III. Die Finanzierung durch langfristiges Fremdkapital 474
      1. Die Festzinsanleihe 474
         a) Die Anleihe mit periodischen Zinszahlungen 474
         b) Die Nullkuponanleihe (Zerobond) 478
      2. Indexierte Anleihen 478
         a) Anleihen mit indexierter Emissionsdenomination 478
         b) Anleihen mit indexierter Tilgungsleistung 479
         c) Die Anleihe mit variabler Verzinsung (Floating Rate Note) 479
      3. Die Wandelschuldverschreibung 480
      4. Die Optionsschuldverschreibung (Bezugsrechtsobligation) 481
      5. Die Gewinnobligation 482
      6. Das Schuldscheindarlehen 482
      7. Das langfristige Darlehen 485
      8. Finanzierung mit Hilfe staatlich verbürgter Förderkredite 486
      9. Der Genußschein 486
      10. Die mittel- und langfristige Finanzierung über Absicherungs-
          fazilitäten in Verbindung mit der Emission von Notes
          oder Euro-Commercial Papers 487
      11. Finanzierung mit Swaptransaktionen 489

C. Die Innenfinanzierung 490
   I. Die Finanzierung aus einbehaltenem Gewinn 490
   II. Finanzierung über die Dotierung von Rückstellungen 492

D. Die Entscheidung zwischen den Finanzierungsalternativen 494
   I. Vertikale Finanzierungsregeln 495
   II. Horizontale Finanzierungsregeln 497
      1. Die goldene Finanzierungsregel 497
      2. Die goldene Bilanzregel 497
      3. Sonstige horizontale Finanzierungsregeln 498

E. Finanzierungsersatzmaßnahmen 498
　I. Kapitalfreisetzung im Anlage- und Umlaufvermögen als Finanzierungs-
　　ersatzmaßnahme 500
　　1. Die Kapitalfreisetzung im Anlagevermögen 500
　　　a) Die vorzeitige Vermögensliquidation 500
　　　b) Der Kapitalfreisetzungs- und Kapazitätserweiterungseffekt der
　　　　Abschreibungen 500
　　2. Die Kapitalfreisetzung im Umlaufvermögen 504
　　　a) Allgemeine Möglichkeiten 504
　　　b) Das Factoring 505
　II. Fremdeigentum als Vermögensersatz 507
　　1. Fremdeigentum als Vermögensersatz bei Werkstoffen 507
　　2. Fremdeigentum als Vermögensersatz bei Anlagen-Leasing 507

Sechster Teil: Personalwesen 513

1. Kapitel: Grundlagen des betrieblichen Personalwesens 515
A. Zunehmende Bedeutung des betrieblichen Personalwesens im Rahmen der
　Unternehmenspolitik 515
B. Zielsetzung und Aufgabenstellung des betrieblichen Personalwesens 515
　I. Ziele des betrieblichen Personalwesens 515
　　1. Wirtschaftliche Ziele 515
　　2. Soziale Ziele 516
　II. Aufgaben des betrieblichen Personalwesens 516
C. Organisatorische Einordnung des betrieblichen Personalwesens 518

2. Kapitel: Personalorganisation 519
A. Organisation der Aufgabenteilung 519
　I. Berufsfachliche Gesichtspunkte 519
　II. Räumliche und personelle Überschaubarkeit 520
　III. Übereinstimmung von Aufgabe, Kompetenz und Verantwortung 520
B. Organisation der Einheit der Auftragserteilung 520
C. Planen und Gestalten der Arbeitsplätze 521
D. Organisation des Personalbereichs 523
　I. Personalleiter 523
　II. Arbeitsdirektor 524
　III. Personal- und Sozialabteilung 524
　　1. Aufgaben 524
　　2. Abteilungsgliederung 525
　IV. Ablauforganisation im Personalbereich 525
E. Arbeitsordnung und Betriebsverfassung 527
　I. Arbeitsordnung 527
　II. Betriebsrat 527
　　1. Wahl 527
　　2. Aufgaben 528
　III. Wirtschaftsausschuß 528

3. Kapitel: Personalaufwand 531
A. Gliederung des Personalaufwands 531
  I. Begriff 531
  II. Gliederung 531
B. Gestaltung des Personalaufwands 531
C. Leistungsentgelt 532
  I. Arbeitsplatz- und Stellenbeschreibung 533
  II. Arbeitsstudie (Arbeitsmethode und Arbeitsablauf) 533
  III. Normalleistung 535
  IV. Tätigkeitsbewertung 537
    1. Methoden 537
    2. Auswahl und Gewichtung der Anforderungsmerkmale 538
    3. Aufstellung eines Bewertungsschemas 538
  V. Entgeltfestsetzung 540
    1. Tarifgruppen 540
    2. Entgelte für Mehrleistung 540
    3. Aufstellen einer Gehalts- und Lohnordnung 541
D. Entgeltformen 541
  I. Zeitlohn 542
  II. Stücklohn (Akkordlohn) 542
  III. Leistungszulagen und Prämien 543
  IV. Sozialzulagen 543
  V. Erfolgsbeteiligung 544
    1. Ziele 544
    2. Hauptformen 545
      a) Produktionsbeteiligung 545
      b) Wertschöpfungsbeteiligung 545
      c) Umsatzbeteiligung 545
      d) Ausschüttungsgewinnbeteiligung 546
      e) Unternehmungsgewinnbeteiligung 547
      f) Substanzgewinnbeteiligung 547
    3. Berechnung 547
    4. Formen der Ausschüttung 549
    5. Rechtliche und steuerliche Gesichtspunkte 549

4. Kapitel: Personalplanung und Personalbeschaffung 551
A. Planung des Personalbedarfs 551
  I. Ziel der Personalplanung 551
  II. Voraussetzungen 552
  III. Hilfsmittel 552
B. Anwerben neuer Mitarbeiter 553
  I. Der innerbetriebliche Arbeitsmarkt 553
  II. Externe Personalbeschaffung 553
C. Personalauslese 554
  I. Beurteilungsunterlagen 554
  II. Vorstellungsgespräch 557
  III. Eignungstestverfahren 559

D. Arbeitsvertrag 560
    I. Zustandekommen 560
    II. Form und Inhalt 561

5. Kapitel: Personalführung 563
A. Führungsaufgaben 563
    I. Planen und Disponieren 563
    II. Aufträge erteilen 564
    III. Kontrollieren 564
    IV. Pflege der Gruppenbeziehungen 565
B. Führungsstil 565
    I. Autoritärer Führungsstil 566
    II. Kooperativer Führungsstil 566
C. Führungstechniken 567
    I. Führung durch Zielvereinbarung 567
    II. Delegation 568
    III. Kontrolle 568
    IV. Beurteilung und Förderung 568
    V. Information und Kommunikation 569
    VI. Motivation 573

6. Kapitel: Personalverwaltung 575
    I. Personalakte 575
    II. Personalkartei 576
    III. Personalstatistiken 576

Siebenter Teil: Rechnungswesen 581
Erster Abschnitt: Kostenrechnung 583

1. Kapitel: Grundlagen 583
A. Notwendigkeit und Aufgabe einer aussagefähigen Kosten- und Leistungsrechnung 583
B. Hierarchische Einordnung der Kosten- und Leistungsrechnung 589
C. Die Terminologie der Kosten- und Leistungsrechnung 593
    I. Das Kostenverursachungsprinzip 594
    II. Der Kostenbegriff 594
    III. Der Leistungsbegriff 596
    IV. Unterschiede zwischen Aufwand und Kosten 596

2. Kapitel: Die Basissteine eines Kostenrechnungssystems 605
    I. Die Kostenartenrechnung 606
    II. Die Kostenstellenrechnung 615
        1. Gliederung der Kostenstellen 615
        2. Der Kostenstellenplan 617
        3. Die Aufbau- und Ablauforganisation der Kostenstellenrechnung 619
    III. Die Kostenträgerrechnung 620
        1. Der Kostenträgerbegriff 620

2. Die Kostenträgerzeitrechnung (kurzfristige Erfolgsrechnung) 622
   a) Das Umsatzkostenverfahren 624
   b) Das Gesamtkostenverfahren 624
3. Die Kostenträgerstückrechnung 625
   a) Formen der Kostenträgerstückrechnung 625
   b) Vor-, Zwischen-, Nachkalkulation 626

3. Kapitel: Vollkostenrechnung oder Teilkostenrechnung? 629
A. Wesensunterschiede von Vollkostenrechnung und Teilkostenrechnung 631
B. Die Grenzkostenrechnung (Direct Costing) 636
C. Die Einzelkostenrechnung 637
D. Die Mängel der Vollkostenrechnung 637
E. Der Informationsgehalt der Teilkostenrechnung an Beispielen 641

4. Kapitel: Die Planungsaufgabe der Kostenrechnung 645
A. Die Ermittlung und Vorgabe der Plankosten (Kostenplanung) 645
B. Der Soll-Ist-Vergleich 646
C. Die Abweichungsanalyse 647
D. Entwicklungstendenzen 650

Zweiter Abschnitt: Bilanzen 651

1. Kapitel: Betriebswirtschaftliche Grundlagen............................. 653
A. Bilanzen als Informationsinstrument der Unternehmung 653
   I. Wesen und Aufgaben 653
      1. Begriff Bilanz 653
      2. Buchführung und Bilanz als Teil des betrieblichen Rechnungswesens . 653
      3. Die Aufgaben von Bilanzen 654
         a) Problematik der Aufgabenbestimmung 654
         b) Interessenten der Information 654
         c) Einzelaufgaben 655
   II. Bilanzarten 655
B. Bilanztechnische Grundlagen der Gewinnermittlung 657
   I. Gewinnermittlung durch Bilanzvergleich (Betriebsvermögens-
      vergleich) 657
   II. Bilanzenzusammenhang und Zweischneidigkeit der Bilanz 658
C. Bilanztheoretische Grundgedanken 661
   I. Fragestellungen zur Bilanztheorie 661
   II. Statische Bilanztheorie 662
      1. Ältere statische Bilanztheorie 663
      2. Die neuere statische Bilanztheorie 663
   III. Dynamische Bilanztheorie 664
   IV. Organische Bilanztheorie 666
   V. Neuere bilanztheoretische Ansätze 668

2. Kapitel: Rechtliche Grundlagen ... 669
A. Handelsrechtliche Vorschriften ... 669
   I. Rechtsgrundlagen der EG ... 669
   II. Übersicht über die Vorschriften für alle Kaufleute ... 671
   III. Ergänzende Vorschriften für Kapitalgesellschaften ... 672
   IV. Vorschriften des Aktiengesetzes ... 673
   V. Sonstige Vorschriften ... 673
      1. Spezialvorschriften für die GmbH und Genossenschaften ... 673
      2. Rechnungslegung nach dem Publizitätsgesetz ... 674
B. Steuerrechtliche Vorschriften ... 674
   I. Grundsätzliche Rechnungslegungspflichten ... 674
   II. Vorschriften zur steuerlichen Bilanzierung ... 675
   III. Maßgeblichkeit der Handelsbilanz für die Steuerbilanz und Umkehrung des Prinzips ... 675
C. Zusammenfassende Übersicht ... 676

3. Kapitel: Bilanzierungsvorschriften für alle Kaufleute ... 679
A. Grundsätze ordnungsmäßiger Buchführung und Bilanzierung ... 679
   I. Begriff und Quellen ... 679
   II. Wichtige Einzelgrundsätze ... 679
      1. Richtigkeit und Willkürfreiheit ... 679
      2. Klarheit und Übersichtlichkeit ... 680
      3. Vollständigkeit und Verrechnungsverbot ... 680
B. Inhalt des Jahresabschlusses ... 681
   I. Bilanz ... 681
      1. Übersicht ... 681
      2. Anlagevermögen ... 682
      3. Umlaufvermögen ... 685
      4. Passiva ... 687
      5. Rechnungsabgrenzungsposten ... 692
      6. Haftungsverhältnisse ... 693
   II. Gewinn- und Verlustrechung ... 693
C. Ergänzungen zu den Bilanzierungsansätzen ... 694
   I. Bilanzierungsgebote, -wahlrechte und -verbote ... 694
   II. Steuerrechtliche Abgrenzung zwischen Betriebs- und Privatvermögen ... 695

4. Kapitel: Bewertungsvorschriften für alle Kaufleute ... 697
A. Bewertungsgrundsätze ... 697
   I. Bilanzidentität ... 697
   II. Going-Concern-Prinzip ... 697
   III. Stichtags- und Einzelbewertungsprinzip ... 697
   IV. Vorsichtsprinzip ... 698
   V. Abgrenzungsprinzip ... 698
   VI. Bewertungsstetigkeit ... 699
B. Grundlegende Bewertungsinhalte ... 699
   I. Anschaffungskosten ... 700

II. Herstellungskosten	701
III. Teilwert	702
IV. Bewertungsvereinfachungsverfahren	703
1. Festwertverfahren	703
2. Gruppenbewertung	704
3. Durchschnittsverfahren	704
4. Verbrauchsfolgeverfahren	706
C. Bewertung des Anlagevermögens	708
I. Bewertungsgruppen in der Handels- und Steuerbilanz	708
II. Die Wertansätze im Überblick	709
III. Planmäßige Abschreibungen und Absetzungen	710
1. Grundlagen	710
2. Die wichtigsten Abschreibungsmethoden	712
a) Lineare Abschreibung	712
b) Degressive Abschreibung	713
c) Leistungsbedingte Abschreibung	715
d) Sonstige Abschreibungsmethoden	716
3. Einzelfragen	716
a) Kombination und Wechsel der Abschreibungsmethoden	716
b) Abschreibungsbeginn und Vereinfachungsregel	718
c) Abschreibungen des Geschäfts- und Firmenwertes	718
d) Abschreibungen auf Gebäude	719
IV. Außerplanmäßige Abschreibungen und sonstige Wertkorrekturen	720
1. Korrekturwerte in der Handelsbilanz	720
a) Beizulegender Wert	721
b) Ermessensabschreibungen	723
c) Steuerrechtliche (Sonder-)Abschreibungen	723
2. Außergewöhnliche Abschreibungen und Absetzungen in der Steuerbilanz	724
3. Sofortabschreibung geringwertiger Wirtschaftsgüter	724
4. Zuschreibung, Wertaufholung	725
D. Bewertung des Umlaufvermögens	726
I. Die Wertansätze im Überblick	726
II. Einzelfragen zur Bewertung des Umlaufvermögens	728
E. Bewertung der Passiva	730
I. Überblick	730
II. Bewertung der Rückstellungen	730
1. Pensionsrückstellungen	731
2. Andere Rückstellungen	731
III. Bewertung der Verbindlichkeiten	732
F. Zusammenfassende Übersicht	732
5. Kapitel: Ergänzende Vorschriften für Kapitalgesellschaften	**737**
A. Allgemeine Merkmale	737
I. Anwendungsgrundsatz	737
II. Größenklassen	737
III. Prüfung	738
IV. Offenlegung	738

B. Grundlegende Vorschriften zum Jahresabschluß und Lagebericht 740
   I. Allgemeine Rechnungslegungsvorschriften 740
      1. Inhalt und Fristen der Rechnungslegung 740
      2. Generalnorm 741
      3. Allgemeine Gliederungsgrundsätze 741
   II. Bilanz 744
      1. Gliederung 744
      2. Ergänzende Erläuterungen 744
      3. Anlagespiegel 745
   III. Gewinn- und Verlustrechnung 747
      1. Gliederung 747
      2. Erläuterungen zu ausgewählten Positionen 749
      3. Erleichterungen für kleine und mittelgroße Kapitalgesellschaften 752
   IV. Anhang 753
   V. Lagebericht 758
C. Besondere Ansatzvorschriften 758
   I. Aufwendungen für die Ingangsetzung und Erweiterung des
     Geschäftsbetriebs 758
   II. Eigenkapital 759
   III. Sonderposten mit Rücklageanteil 761
   IV. Steuerabgrenzung 762
D. Besondere Bewertungsvorschriften 765
   I. Unterbewertungsverbot 765
   II. Wertaufholungsgebot 765

Stichwortverzeichnis 769

Vorwort (zur siebenten Auflage)

Wegen des raschen Absatzes in kurzer Zeit konnten wir uns bei der vorliegenden Auflage darauf beschränken, den Text kritisch durchzuschauen.

Vorwort (zur sechsten Auflage)

Die Überarbeitung des Buches erstreckte sich in erster Linie auf die Teile Marketing, Investition und Finanzierung sowie den Abschnitt Bilanzen. Hierbei wurde insbesondere der Teil Investition und Finanzierung erweitert.

Unser Dank gilt den Lesern, Studenten und Kollegen, die durch Anregungen, Hinweise und konstruktive Kritik zur laufenden Verbesserung dieses Buches beigetragen haben. Wir danken außerdem Herrn Dipl.-Volkswirt *Martin Weigert*, der uns nun schon seit vielen Jahren von seiten des Verlages mit großem Engagement begleitet.

Vorwort (zur fünften Auflage)

Die fünfte Auflage weist gegenüber der vierten Auflage eine Überarbeitung und Erweiterung des Teils Investition und Finanzierung auf. Außerdem erfolgten Verbesserungen in den übrigen Abschnitten.

Vorwort (zur vierten Auflage)

Die 2. und 3. Auflage sind in schneller Reihenfolge mit nur geringfügigen Änderungen erschienen. Die 4. Auflage legen wir nun in verbesserter, vertiefter und erweiterter Form vor.

Überarbeitungen und Erweiterungen erfolgten in den Teilen Unternehmensführung, Materialwirtschaft und Fertigung, Marketing, Investition und Finanzierung sowie im Abschnitt Kostenrechnung.

Völlig neu geschrieben wurde, auf Grund des mit dem 19. Dezember 1985 in Kraft getretenen Bilanzrichtlinien-Gesetzes, der Abschnitt Bilanzen.

Es hat sich gezeigt, daß die dem Kompendium zugrunde liegende Gesamtkonzeption in ihrer Breite und Tiefe so angelegt ist, daß sie neuere Entwicklungen problemlos erfaßt.

Die verschiedenen Teile des Kompendiums wurden von den gleichen Autoren – wie im Vorwort zur ersten Auflage angegeben – bearbeitet.

Insgesamt ist damit das Buch auf dem aktuellen Stand. Wir haben versucht, auch in dieser Neuauflage die Wissensvermittlung durch eine entsprechende Darstellung zu erleichtern.

Mein besonderer Dank gilt allen, die an dieser Neuauflage mitgewirkt haben, für ihr großes Engagement und die gute Zusammenarbeit.

Vorwort (zur ersten Auflage)

Das Kompendium der Betriebswirtschaftslehre richtet sich an Studenten der Wirtschafts- und Sozialwissenschaften sowie an Praktiker. Es soll ihnen solides Basiswissen der Betriebswirtschaftslehre vermitteln, um hierauf aufbauend die Fähigkeit zum Erkennen übergreifender Zusammenhänge zu fördern.

In wenigen Jahrzehnten hat sich die betriebswirtschaftliche Lehre stark entfaltet; die große Zahl von Veröffentlichungen auf betriebswirtschaftlichem Gebiet allein weist bereits daraufhin. Zugleich ist aber die Einarbeitung in das Fach erschwert, fehlt doch zunächst wegen unzureichender Fachkenntnis gerade die Fähigkeit, Wesentliches von Unwesentlichem trennen zu können. Auch die dem Fach eigene, häufig als spröd empfundene Thematik und die nicht immer leicht verständliche Sprache wirken hinderlich bei der Erarbeitung des Grundlagenwissens der modernen Betriebswirtschaftslehre.

Damit werden auch die wichtigsten Gründe für die Veröffentlichung dieses Kompendiums deutlich, und vor diesem Hintergrund sollte somit auch die Gesamtkonzeption des Buches gesehen werden. Dies wirkt sich zunächst auf die Gewichtung der verschiedenen Teilgebiete im Rahmen des Buches aus und findet dann jeweils seinen Niederschlag in der inhaltlichen Darstellung der verschiedenen Teile.

Zusätzlich wird der Versuch unternommen, die Wissensvermittlung mit Hilfe zahlreicher Graphiken, Tabellen und nicht zuletzt durch eine entsprechende drucktechnische Gestaltung zu erleichtern. Zitiert wird durch Nennung des Autorennamens. Dieser ist zusätzlich mit einer Ziffer versehen, die auf die bibliographisch aufgeführten Daten im Literaturverzeichnis des jeweiligen Teils bzw. Abschnitts verweist.

Ansonsten wurde der bibliographische Apparat bewußt klein gehalten, da zur weiteren Vertiefung des Grundlagenwissens ohnehin ein intensives eigenständiges Quellenstudium erforderlich ist.

Die verschiedenen Teile des Kompendiums und ihre Verfasser sind anschließend genannt:

Teil I:	Betriebswirtschaftlicher Gesamtprozeß und konstitutiver Rahmen	Prof. Dr. Helgo Grimm-Curtius
Teil II:	Unternehmensführung	Prof. Dr. Günter Ebert
Teil III:	Materialwirtschaft und Fertigung	Prof. Dr. Rolf Pfeiffer
Teil IV:	Marketing	Prof. Dr. Eckardt Wanner
Teil V:	Investition und Finanzierung	Prof. Dr. Uwe Bestmann
Teil VI:	Personalwesen	Prof. Dr. Georg Wenzel
Teil VII:	Rechnungswesen	
	1. Abschnitt: Kostenrechnung	Prof. Dr. Peter Preißler
	2. Abschnitt: Bilanzen	Prof. Dr. Otto Wiese.

Ich möchte allen, die an der Erstellung dieses Buches mitgewirkt haben, an dieser Stelle meinen herzlichen Dank sagen.

Einleitung:
Der Gegenstand der Betriebswirtschaftslehre

A. Das Erkenntnis- und Erfahrungsobjekt der Betriebswirtschaftslehre

Die Grundlage allen wirtschaftlichen Handelns bildet die Möglichkeit, über knappe Güter, die menschliche Bedürfnisse und Wünsche befriedigen, disponieren zu können. Dies geschieht unter Anwendung des **ökonomischen Prinzips**, nach welchem entweder mit einem geringstmöglichen Aufwand an Produktionsfaktoren ein bestimmter Ertrag erbracht werden oder mit einem gegebenen Aufwand an Produktionsfaktoren ein höchstmöglicher Ertrag erzielt werden soll. Die Anwendung dieses Prinzips ist an keine bestimmte Motivation gebunden, was bedeutet, daß nach diesem Prinzip sowohl aus altruistischen als auch aus egoistischen Motiven heraus verfahren werden kann.

Den **Gegenstand der Betriebswirtschaftslehre bilden die wirtschaftlichen Vorgänge in Betriebswirtschaften** aller Art, wobei sie **aus diesem umfassenden Erfahrungsobjekt mit Hilfe eines Identitätsprinzips ihr abstraktes Erkenntnisobjekt** herausschält.
Als Identitätsprinzip (Auswahlprinzip) können alternativ z. B. die Prinzipien der Wirtschaftlichkeit, Rentabilität oder der Gewinnmaximierung gewählt werden. Dieser Prinzipienkatalog kann erweitert werden.
Allerdings wird der Kreis der erfaßten Betriebswirtschaften – dem gewählten Auswahlprinzip entsprechend – mehr oder weniger stark eingeengt. So werden bei Anwendung der Wirtschaftlichkeit als Auswahlprinzip selbst öffentliche und private Haushalte im Rahmen einer Betriebswirtschaftslehre erfaßt, während bei der Entscheidung für das Rentabilitätsprinzip lediglich die erwerbswirtschaftlichen Betriebswirtschaften Gegenstand einer Betriebswirtschaftslehre sind.

Damit wird die Bedeutung des Auswahlprinzips deutlich, denn mit seiner Definition wird gleichzeitig das Erkenntnisobjekt definiert.

Wilhelm Rieger richtete sein Interesse eindeutig auf die privaten Erwerbswirtschaften – System der Privatwirtschaftslehre –. Gutenberg, Ulrich und Heinen gelten dagegen als Verfechter einer Betriebswirtschaftslehre im Sinne von Produktionswirtschaften (leistungs- und finanzwirtschaftliche Betriebswirtschaften). Sandig und Kosiol verstehen die Betriebswirtschaftslehre als Lehre von den Einzelwirtschaften, wobei sie hier die privaten Haushalte einbeziehen.
Die herrschende Meinung in Deutschland begreift die Betriebswirtschaftslehre als Lehre von den Produktionswirtschaften.

Dieser folgen auch die verschiedenen Teile dieses Lehrbuches. Betriebswirtschaften sind also produktive Wirtschaftseinheiten, die Material, Maschinen, Arbeitskräfte und Kapital beschaffen und organisiert einsetzen, um Güter und/oder Dienstleistungen, für die menschliche Bedürfnisse bestehen, bereitzustellen und abzusetzen (Gutenberg, S. 188).
Dies ist nur möglich, wenn
1. die Produktionsfaktoren (Arbeit, Betriebsmittel und Werkstoffe) dem Zweck entsprechend kombiniert werden,
2. das ökonomische Prinzip realisiert wird,
3. das finanzielle Gleichgewicht zu jedem Zeitpunkt gegeben ist.

Die Betriebswirtschaft wird darüberhinaus dann als **Unternehmung** bezeichnet, wenn sie (a) **autonom**, d. h. frei von staatlichen Eingriffen ist und damit auch das volle Risiko wirtschaftlichen Handelns bei entsprechender Gewinnchance trägt. Derartige Betriebswirtschaften operieren in einer Marktwirtschaft. Weiterhin (b) **das Prinzip der Alleinbestimmung durch die Unternehmenseigentümer oder beauftragte Personen** gegeben ist und schließlich (c) **das erwerbswirtschaftliche Prinzip** im Sinne der Erwirtschaftung eines möglichst hohen Gewinnes auf das eingesetzte Kapital realisieren (Gutenberg, 2).

B. Die Typologie der Betriebe

Betriebswirtschaften unterscheiden sich voneinander in vielfältiger Form, weswegen eine Gruppierung nach unterschiedlichen Kriterien aus der Sicht von Wissenschaft und Praxis hauptsächlich aus drei Gründen vorteilhaft sein kann.

1. Typisierung trägt, indem sie strukturiert, zur Schaffung einer allgemein besseren Übersicht bei.
2. Typisierung hilft, das Erfahrungsobjekt nach verschiedenen Gesichtspunkten zu analysieren.
3. Durch Typisierung werden die Bemühungen der Praxis, Lösungen für anstehende Probleme zu finden, unterstützt.

Die im Zeitablauf durch die Betriebswirtschaftslehre entwickelten Typologien sind außerordentlich vielfältig, was in der Möglichkeit, Merkmale unterschiedlichster Art nach unterschiedlichen Gesichtspunkten miteinander zu kombinieren, seine Ursache hat. Aus diesem Grunde wird hier auch lediglich ein knapper Ausschnitt vorgestellt. Im übrigen sei auf die Literatur verwiesen (Castan; Gutenberg; Weber; Knoblich; Schierenbeck).

Betriebe lassen sich unterscheiden z. B.:

(1) nach der Art der Leistung
(a) **Sachleistungsbetriebe,**
(b) **Dienstleistungsbetriebe.**

Zu den Sachleistungsbetrieben gehören z. B. Industrie- und Handwerksbetriebe, die weiter klassifiziert werden können in Rohstoffgewinnungs-, Produktionsmittelbetriebe, Konsumgüterbetriebe.

Zu den Dienstleistungsbetrieben zählen die Bank-, Versicherungs-, Handels-, Verkehrsbetriebe etc.

(2) nach dem dominierenden Produktionsfaktor
(a) **arbeits- oder lohnintensive Betriebe,**
bei denen der Anteil der Personal- und Personalnebenkosten an den Gesamtkosten sehr hoch ist,

(b) **anlagenintensive Betriebe**
haben eine hohe Kapitalbindung im Anlagevermögen, wodurch hohe Abschreibungsbeträge und eine hohe Zinsbelastung induziert wird,

(c) **materialintensive Betriebe** zeichnen sich durch hohe Rohstoffkosten aus.

(3) nach dem Wirtschaftszweig
in Industrie-, Handels-, Bank-, Versicherungs-, Verkehrs- und andere Dienstleistungsbetriebe.

(4) nach der Standortabhängigkeit
in beschaffungs- und absatzabhängige Betriebe.
(5) nach der Rechtsform
in z. B. Personen-, Kapitalgesellschaft.

C. Die Betriebswirtschaftslehre als Teil der Wirtschaftswissenschaften

Die Betriebswirtschaftslehre ist eine der beiden Teildisziplinen der Wirtschaftswissenschaften, die ihrerseits zu den Geistes- oder den Sozialwissenschaften gerechnet werden können.

Während die Volkswirtschaftslehre als die andere Teildisziplin der Wirtschaftswissenschaften gesamtwirtschaftliche Fragestellungen untersucht, ist die Betriebswirtschaftslehre auf die Einzelwirtschaft ausgerichtet.

Wenn auch beide Teildisziplinen eine jeweils andere Grundausrichtung haben, so müssen sie sich einander schon allein deshalb ergänzen, weil bestimmte Fragestellungen nur unter Einbeziehung beider Betrachtungsweisen beantwortet werden können. Beide Teildisziplinen weisen sogar Überschneidungen auf, so z. B. in den Bereichen Preis-, Produktions- und Kostentheorie sowie Investitions- bzw. Wirtschaftlichkeitsrechnung.

Während in anderen Bereichen die Berührungspunkte bei oberflächlicher Betrachtung nicht so wesentlich scheinen – z. B. in Konjunktur- und Außenhandelstheorie oder in Bilanzierung – zeigt eine nähere Betrachtung dennoch Überlappungen der Interessenfelder.

Bestrebungen zur Vereinigung der Volks- und Betriebswirtschaftslehre sind bislang weitgehend als gescheitert anzusehen. Nach wie vor erweist sich die jeweilige Eigenständigkeit für die Forschungsaktivitäten und damit für die Qualität ihrer Ergebnisse als vorteilhaft.

D. Die Gliederung der Betriebswirtschaftslehre

Die Betriebswirtschaftslehre hat, dem gewachsenen Problembestand entsprechend, im Zeitablauf eine Auffächerung nach funktionellen und institutionellen Kriterien erfahren. Die funktionellen Kriterien ergaben sich zwangsläufig aus den Hauptaufgabengebieten, die innerhalb eines Betriebes gegeben sind. Die Einteilung nach institutionellen Gesichtspunkten ergab sich aus der Zuordnung einzelner Betriebswirtschaften zu verschiedenen Wirtschaftszweigen, wobei auf Grund der damit gegebenen Eigenart Sonderprobleme sichtbar wurden, die im Rahmen der „Allgemeinen Betriebswirtschaftslehre" nicht erfaßt werden. Es entstanden also die Funktions- und die Institutionslehren; typische Funktionen umfassen z. B. Unternehmensführung, Materialwirtschaft, Fertigung, Finanzierung, Personalwirtschaft (Personalwesen), das Marketing und Rechnungswesen.

Als Institutionslehren werden die Industrie-, Handels-, Bankbetriebs-, Versicherungsbetriebs-, Verkehrsbetriebslehre sowie die Betriebswirtschaftslehre für das Genossenschaftswesen und die Betriebswirtschaftslehre für das Wirtschaftsprüfungs- und Treuhandwesen genannt.
Im vorliegenden Lehrbuch wird die Betriebswirtschaftslehre nach Funktionen gegliedert dargestellt.

Literaturverzeichnis

Castan, E.: Typologie der Betriebe, Stuttgart 1963.
Gutenberg, E.: Einführung in die Betriebswirtschaftslehre, Wiesbaden 1958.
Heinen, E.: Einführung in die Betriebswirtschaftslehre, 5., verb. Aufl., Wiesbaden 1974.
Knoblich, H.: Betriebswirtschaftliche Warentypologie, Köln/Opladen 1969.
Rieger, W.: Einführung in die Privatwirtschaftslehre, 3. Aufl., Erlangen 1964.
Schierenbeck, H.: Grundzüge der Betriebswirtschaftslehre, 9. Aufl., München 1987
Ulrich, H.: Die Unternehmung als produktives und soziales System, Grundlagen der allgemeinen Unternehmungslehre, 2. Aufl., Bern/Stuttgart 1970.
Weber, H. K.: Der Absatzmarkt der industriellen Unternehmung, Formen und Typen, Köln/Opladen 1969.

Erster Teil:
Betriebswirtschaftlicher Gesamtprozeß und konstitutiver Rahmen

1. Kapitel:
Betriebswirtschaftlicher Gesamtprozeß

A. Grundmodell des Systems „Unternehmung"

I. Die Unternehmung als produktives, soziotechnisches System

Zur Erläuterung des Grundmodells der Betriebswirtschaftslehre von ihrem Erkenntnisobjekt sei zunächst von der Grundvorstellung „**Unternehmung als produktive Wirtschaftseinheit**" ausgegangen. Durch die Trennung von Konsumtion und Produktion im modernen Wirtschaftsprozeß dienen Betriebswirtschaften dazu, als organisierte Wirtschaftseinheiten Güter und Dienstleistungen zur Fremdbedarfsdeckung bereitzustellen. Die bei den Betriebswirtschaften auftretenden Tatbestände, wie z. B. der Einsatz von Produktionsfaktoren und deren Kombination nach dem Wirtschaftlichkeitsprinzip, sind in jedem Wirtschaftssystem anzutreffen. Für den Begriff „Unternehmung" kommen hier noch einige Tatbestände hinzu, die für das Wirtschaftssystem der Marktwirtschaft als typisch anzusehen sind: die Unternehmung nimmt Chancen und Risiken der Betätigung am Markt als autonome Wirtschaftseinheit wahr, die erforderlichen Produktionsmittel stehen im Privateigentum der Unternehmer, und die Unternehmung stellt die Erwerbsgrundlage der Unternehmer dar („Erwerbswirtschaftliches Prinzip", Gutenberg).

Für das Erkenntnisobjekt Unternehmung bzw. Betriebswirtschaft lassen sich nach mannigfachen Kriterien Typen bilden (**Betriebswirtschaftliche Typologie**), z. B. nach dem Betätigungssektor (Industrie-, Handelsunternehmung usw.) oder nach dem vorherrschenden Produktionsfaktor (personal-, anlage-, materialintensive Unternehmung usw.).

Als weitere, moderne Grundvorstellung der Betriebswirtschaftslehre von ihrem Erkenntnisobjekt dient die auf der Kybernetik beruhende Bezeichnung der „**Unternehmung als soziotechnisches System**". Ein System wird im allgemeinen als zielgerichtete Gesamtheit von Elementen, zwischen denen bestimmte Beziehungen bestehen, bezeichnet. Eine wichtige Einteilung der Systeme kann nach den vorherrschenden Elementen erfolgen: Technische Systeme (Maschine-Maschine-Systeme), soziale Systeme (Mensch-Mensch-Systeme) sowie soziotechnische Systeme (Mensch-Maschine-Systeme). Die moderne, hochtechnisierte Unternehmung kann dabei treffend als soziotechnisches System bezeichnet werden; eine Bezeichnung, die vor allem durch die grundlegende Systematik des REFA-Verbands bekannt wurde (vgl. REFA, 63, Bd. 1).

Im Gegensatz zu geschlossenen Systemen stellt die Unternehmung ein offenes System dar, d. h. die Unternehmung ist darauf angewiesen, mit den Elementen ihres Umsystems in wechselseitige Beziehungen zu treten (**Umweltbeziehungen**). Ein Überblick über die wichtigsten Umweltbereiche der Unternehmung und die jeweils auftretenden Umweltbeziehungen ist in Abb. 1 dargestellt. Aus der Sicht der Unternehmung lassen sich bei den Umweltbeziehungen die grundsätzlichen „Richtungen" Input und Output unterscheiden; meist werden dabei bestimmte Objekte ausgetauscht, z. B. Waren, Geld, Informationen usw. Das Umsystem der Unternehmung kann in die Bereiche gesellschaftliche und natürliche Umwelt eingeteilt werden; auch das Umsystem der Unternehmung (z. B. nationale Volkswirtschaft) ist wiederum Element eines umfassenderen Systems (z. B. Weltwirtschaft); dies kann auch als Systemhierarchie bezeichnet werden.

Aus dem komplexen Gesamtsystem können für ein detailliertes Grundmodell nach verschiedenen Kriterien **Teilsysteme der Unternehmung** gebildet werden, so z. B.

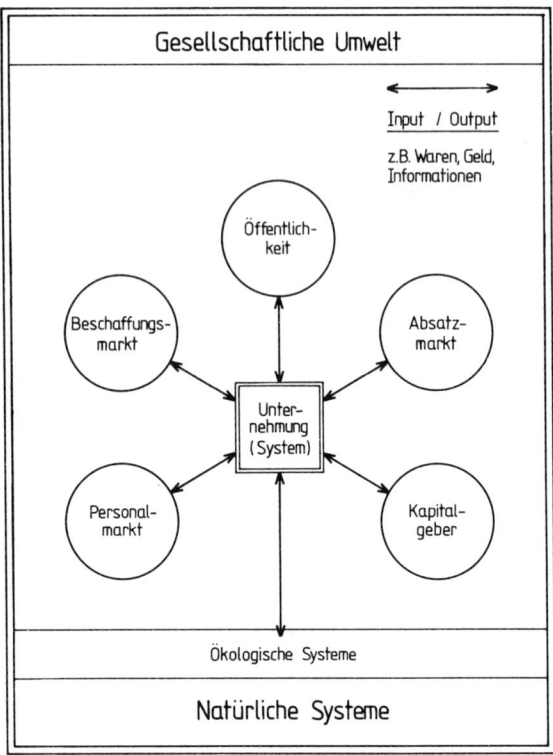

Abb. 1 Umweltbeziehungen der Unternehmung

• nach der Ziel-Mittel-Bedeutung: Zielsystem (Gesamtheit der Ziele) – Aktionssystem (Gesamtheit der Maßnahmen zur Zielerreichung)
• nach der Relation zwischen den Elementen: hierarchisches System (Über-Unterordnungs-Relationen) – Kommunikationssystem (Informationsaustausch) usw.
• nach bestimmten Aktionsobjekten: logistisches System (Einrichtungen zur Realgüterverteilung) – Informationssystem (Einrichtungen zur Informationsverarbeitung) usw.

II. Der Gesamtprozeß der Unternehmung

Der bisher dargestellte systemtheoretische Aspekt zeigt den Aufbau des Systems Unternehmung zu einem bestimmten Zeitpunkt und die relativ dauerhafte Struktur des Systems. Unter einem zweiten systemtheoretischen Aspekt werden die Zustandsveränderungen der Elemente eines Systems im Zeitablauf dargestellt; es wird das dynamische **System „Unternehmung"** als **Prozeß** betrachtet. Änderungen des Zustands bei den Elementen eines Systems können zunächst auf dem „normalen" Verhalten des Systems beruhen: zur Erreichung der angestrebten Ziele werden von den Elementen gewisse Aktionen bzw. Reaktionen gegenüber der Umwelt durchgeführt. Das System Unternehmung strebt nach einem Gleichgewicht zwischen Soll-Zielerreichung und Ist-Zielerreichung (Homöostase), was durch die Maßnahmen des Managements nach dem Regelkreisprinzip sichergestellt werden soll. Nicht immer reagiert ein System in der vorprogrammierten Weise auf bestimmte Umweltsituationen: durch interne Lernprozesse oder externe Einflüsse kann ein System sein Verhalten ändern (Evolution oder Revolution).

In der Betriebswirtschaftslehre hat insbesondere Kosiol den Unternehmungsprozeß in den Vordergrund des Interesses gerückt; er sieht das Unternehmensgeschehen in erster Linie als „einen in Raum und Zeit fortschreitenden Arbeitsprozeß" (Kosiol, 45, S. 100). Zur Untersuchung des **Gesamtprozesses** der Unternehmung kann dieser in verschiedene **Dimensionen** eingeteilt werden:

(1) Gliederung nach Aktionsobjekten (Güterarten):

- Realgüterprozeß: Beschaffung der Produktionsfaktoren (niederwertigere Güter) und Transformation zu Endprodukten (höherwertige Güter)
- Nominalgüterprozeß: geldwirtschaftliche Prozesse, d. h. Einnahmen von Nominalgütern, Kassenhaltung und Ausgaben
- Informationsprozeß: Informationen stellen die bei den zuvor genannten Prozessen benötigten Daten dar.

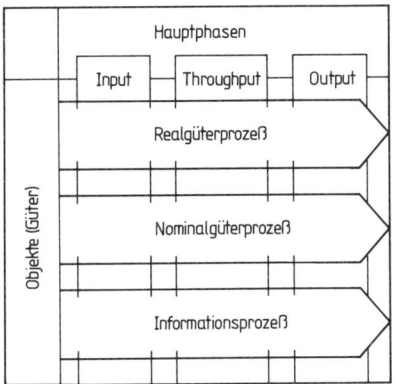

Abb. 2   Phasen und Objekte des Unternehmungsprozesses

(2) Gliederung nach Aktionsphasen:

- Input des Systems: Aufnahme und Input-Speicherung
- Throughput des Systems: Verarbeitung und Zwischenspeicherung
- Output des Systems: Abgabe der Aktionsobjekte an die Umwelt

Einen Überblick über den Gesamtprozeß der Unternehmung und die hierbei besonders relevanten Dimensionen gibt Abb. 2. Eine detaillierte Untersuchung der einzelnen Phasen des Unternehmungsprozesses hat Kosiol vorgenommen (vgl. Kosiol, 45, S. 142ff.).

B. Zielsetzungen wirtschaftlichen Handelns

I. Rationalprinzip (Nutzenmaximierung)

Auch die für das System Unternehmung zu beobachtenden Ziele müssen letztlich auf die Zielsetzungen der einzelnen, in der Unternehmung entscheidenden Menschen zurückgeführt werden. Besonders typisch für das Entscheidungsverhalten des Menschen als „Homo oeconomicus" erscheint bereits seit langem das Rationalprinzip. Die Hauptbedeutungen des Rationalprinzips bestehen darin, daß ein Entscheidungssubjekt seine Handlungen nur aufgrund einer verstandesbetonten Alternativenauswahl vornimmt (subjektive Bedeutung) und daß die Handlungen das „logisch nachweisbar" bestmögliche Verhalten des Subjekts im Hinblick auf seine verfolgten Ziele darstellen (objektive Bedeutung). Als Zielfunktion für Entscheidungen bedeutet das Rationalprinzip letztlich die **Nutzenmaximierung**, wobei der Begriff des Nutzens aufgrund der individuellen Wertvorstellungen der Entscheidungssubjekte spezifiziert werden muß. Bei mehreren, gleichzeitig verfolgten Zielen ist eine Gewichtung der einzelnen Ziele im Hinblick auf ihren Nutzen für das Entscheidungssubjekt durchzuführen.

(1) $N \Rightarrow \text{Max}!$

(2) $EW(N_i) = \sum_{j=1}^{j=m} (z_{ij} q_j)$

Symbole:
N = Nutzen
i = 1, ..., n Alternativen
j = 1, ..., m Zielsetzungen
EW = Erwartungswert
q_j = Gewichtungsfaktor
z_{ij} = Zielerreichung der i-ten Alternative beim j-ten Ziel

In vielen Entscheidungssituationen ist jedoch nur ein **„beschränkt-rationales Verhalten"** des Menschen anzutreffen: Beschränkungen des Rationalprinzips werden verursacht insbesondere durch routinemäßiges Verhalten oder unvollständige Information des Menschen sowie durch irrational oder gesellschaftlich bedingtes Verhalten des Entscheidungssubjektes.

II. Produktivität und Wirtschaftlichkeit

Für Entscheidungen des Menschen innerhalb einer Betriebswirtschaft muß das formale Rationalprinzip auf systemtypische Input- und Outputgrößen bezogen werden. Hierzu wird schon seit langem das sog. **„ökonomische Prinzip"** herausgestellt; dieses Prinzip bedeutet als Zielfunktion:

$$\left(\frac{\text{Output (Betriebsertrag)}}{\text{Input (Faktoreinsatz)}} \right) \Rightarrow \text{Max}!$$

Die Maximierung des Quotienten ist möglich entweder als Maximalprinzip (Maximierung des Outputs bei Konstanz des Inputs) oder als Minimalprinzip (Minimierung des Inputs bei Konstanz des Outputs).

Werden Input und Output nur als „Mengengerüst" der betreffenden Güter aufgefaßt (durch Bewertung zu konstanten Preisen), so stellt der Input-Output-Quotient die sog. **Produktivität** dar:

$$\left(\frac{\text{Faktorertrag (mengenmäßig)}}{\text{Faktoreinsatz (mengenmäßig)}} \right) \Rightarrow \text{Max}!$$

bzw. Faktorertrag pro Faktoreinsatz-Einheit $\Rightarrow$ Max!

Zur realistischen Betrachtung muß die Produktivitätsziffer für wichtige Produktionsfaktor-Arten gesondert errechnet werden, z. B. als sog. Personalproduktivität (Produktionswert bzw. Umsatz pro Lohnstunde) oder Betriebsmittelproduktivität (Produktionswert bzw. Umsatz pro Maschinenstunde) usw.

Werden Input- und Outputgüter mit ihren aktuellen Werten (Preisen) bewertet, so stellt der Input-Output-Quotient die sog. **Kostenwirtschaftlichkeit** dar:

$$\left(\frac{\text{Bewerteter Faktorertrag}}{\text{Bewerteter Faktoreinsatz } (= \text{Kosten})} \right) \Rightarrow \text{Max!}$$

oder Kosten pro Ertragseinheit $\Rightarrow$ Min!

Für eine realitätsnahe Wirtschaftlichkeitsanalyse müssen die Kostenziffern durch die betriebliche Tätigkeit konkretisiert werden: z. B. Analyse bestimmter Kostenarten (Selbstkosten, Herstellkosten, variable Kosten usw. je Produkteinheit) oder die Analyse der Kosten nach verschiedenen Verantwortungs- oder Abrechnungsbereichen (Kostenstellen). Zur Beurteilung der Wirtschaftlichkeit ist es schließlich erforderlich, Kontrollvergleiche durchzuführen, z. B. ein Vergleich von Ist-Werten mit Soll-Werten (Soll-Werte betriebsindividuell ermittelt oder aus Branchenvergleichen gewonnen).

III. Finanzwirtschaftliches Gleichgewicht

Auch für die finanzwirtschaftlichen Prozesse innerhalb der Unternehmung müssen entsprechende Erfolgskriterien ermittelt werden; Gutenberg spricht anschaulich vom „finanzwirtschaftlichen Gleichgewicht" zwischen Einnahmen und Ausgaben, welches für Betriebswirtschaften in jedem Wirtschaftssystem zu beachten ist. Für das Verhalten der Entscheidungssubjekte stellt die Aufrechterhaltung der Liquidität eine entsprechende Zielsetzung dar; eine „Nebenbedingung", die bei jeder Entscheidung zu berücksichtigen ist. Zur konkreten Beurteilung der Liquidität müssen genauere Maßstäbe angewendet werden, so insbesondere:

- statische Liquidität: Zahlungsfähigkeit abgeleitet aus den Bestandsgrößen der Bilanz (wenig aussagefähig)
- dynamische Liquidität: Zahlungsfähigkeit abgeleitet aus den Strömungsgrößen der Finanzplanung

IV. Das Zielsystem der Unternehmung

Neben den bereits genannten Zielsetzungen untersucht die betriebswirtschaftliche Zielforschung auch wirtschaftssystembezogene Ziele. Insbesondere die empirische Zielforschung hat in einer Reihe von Befragungen das typische **Zielsystem** der **erwerbswirtschaftlichen Unternehmung** untersucht. Bekannt wurde in der Bundesrepublik Deutschland die Zielbefragung bei 25 süddeutschen Unternehmern (Eigentümer- sowie Manager-Unternehmern) durch das Betriebswirtschaftliche Institut der Universität München. Bei dieser Umfrage ergab sich die nachstehende „Prioritätsskala" der Ziele:

(1) Gewinn (2) Sicherheit (3) soziale Verantwortung (4) Marktanteil (5) Unabhängigkeit (6) Kundenpflege (7) Wachstum (8) Prestige
(Zahl in der Klammer: häufigster Rangwert des Ziels bei den Befragten; Quelle: Heinen, 29, S. 39ff.).

Das für Unternehmungen offensichtlich bedeutungsvolle Gewinnstreben ist systemtheoretisch als Maximierung der Differenz zwischen Output (Betriebsleistung bzw. Umsatz) und Input (entsprechende Kosten) anzusehen. Für eine realitätsnahe Analyse müssen für den **absoluten Gewinnbegriff** mehrere verschiedene Ausprägungen unterschieden werden:

- pagatorischer Gewinn: Gewinn aus Zahlungsvorgängen (Finanzbuchhaltung) abgeleitet,
- Kapitalgewinn: Ertrag des gesamten in der Unternehmung investierten Kapitals, d.h. pagatorischer Gewinn zuzüglich Fremdkapitalzinsen,
- kalkulatorischer Gewinn: Gewinn aus Sicht der Kostenrechnung, d.h. Eigenkapitalzinsen und Unternehmerlohn werden als Kostenkomponenten betrachtet.

Da absolute Größen allein wenig aussagefähig sind, ist der Gewinn vor allem in Relation zu bestimmten Größen von Bedeutung (Rentabilität); hierbei müssen für die Praxis eine Reihe verschiedener **Rentabilitätsbegriffe** unterschieden werden:

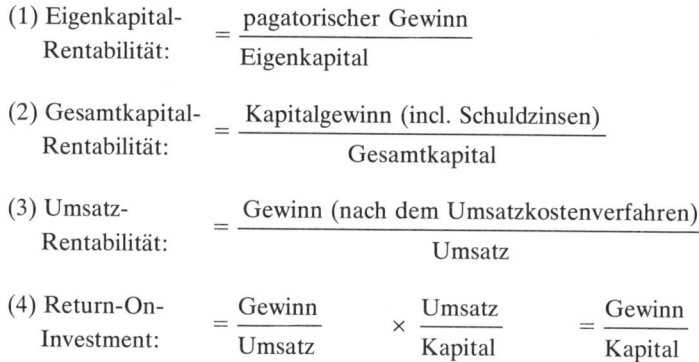

Neben den bisher genannten monetären Zielsetzungen der Unternehmung werden auch **nicht-monetäre Zielsetzungen** für die Unternehmung in zunehmendem Maße als wichtig angesehen, insbesondere folgende Ziele:

- Soziale, ethische Wertvorstellungen
- Machtstreben
- Streben nach Ansehen und Prestige
- Unabhängigkeits- bzw. Vereinigungsstreben
- „Erfolg der Unternehmung für das Humankapital" (Mitarbeiter), z.B. humane Arbeitswelt, Lebensqualität am Arbeitsplatz
- „Effizienz der Unternehmung für das Gemeinwesen"

Da im Zielsystem der Unternehmung eine Reihe von verschiedenartigen Zielen enthalten sein kann, ist es notwendig, die möglichen Beziehungen zwischen mehreren Zielen genauer zu untersuchen. Als grundsätzliche Formen sind dabei die folgenden **Zielbeziehungen** zu nennen:

- Oberziel – Unterziel (z.B. Gewinn – Kostenwirtschaftlichkeit)
- Hauptziel – Nebenziel (z.B. Gewinn – Liquidität)
- komplementäre (sich ergänzende) – indifferente – konkurrierende Ziele

C. Wertschöpfungsprozeß und Produktionsfaktoren

I. Wertbildung und -verteilung

Durch den erfolgreichen Kombinationsprozeß des Sozialsystems Unternehmung findet eine ständige **Wertschöpfung** statt, d. h. aus Wirtschaftsgütern niedrigeren Wertes (Inputgüter) werden Wirtschaftsgüter höheren Wertes (Outputgüter) erstellt. Diese Werterhöhung wird durch den gemeinsamen Einsatz aller Produktionsfaktoren ermöglicht und stellt eine interessenunabhängige Kennziffer für den produktiven Erfolg der Unternehmung dar. Der Wertbildungsprozeß beruht auf dem realgüterbezogenen Produktionsprozeß, aber auch auf den hierzu erforderlichen Informations- und Finanzierungsprozessen.

Zur zahlenmäßigen Errechnung der Werterhöhung dient die sog. **Wertschöpfungs-Entstehungsrechnung**, die im einfachsten Fall wie folgt dargestellt werden kann:

(1) Gesamtleistung der Unternehmung (Umsatzerlöse, Bestandserhöhungen)
− (2) Vorleistungen (Wareneinsatz = Wertschöpfung anderer Wirtschaftseinheiten, Abschreibungen = Vorleistungen anderer Wirtschaftseinheiten die in früheren Wirtschaftsperioden bezogen wurden)

= (3) Wertschöpfung

Die von der Unternehmung erzielte Wertschöpfung stellt die maßgebliche Grundlage dar für das an die beteiligten Produktionsfaktoren „Arbeit" und „Kapital" verteilbare Einkommen. Um die Aufteilung der betrieblichen Wertschöpfung auf die beteiligten Produktionsfaktoren darzustellen, wird die sog. **Wertschöpfungs-Verteilungsrechnung** verwendet, die im einfachsten Fall wie folgt dargestellt werden kann:

(1) Arbeitseinkommen (Löhne, Gehälter usw.)
+ (2) Kapitaleinkommen (Fremdkapitalzinsen, Gewinn)
+ (3) Gemeineinkommen (Steuern, Zahlungen an Öffentlichkeit)

= (4) Wertschöpfung

Einen Überblick über den Prozeß der Wertbildung und -verteilung gibt Abb. 3.

Abb. 3
Wertbildung und -verteilung

(Abkürzungen: EEV-Steuern: Steuern vom Einkommen, Ertrag und Vermögen, WE: Wirtschaftseinheiten, PER: Perioden, LAG: Lastenausgleichsabgaben)

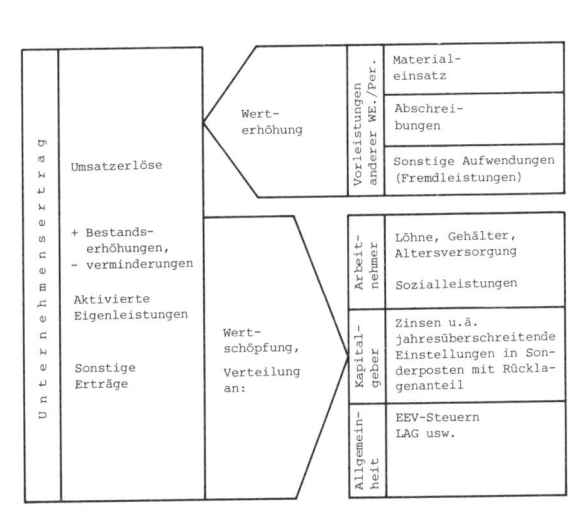

II. Produktionsfaktoren und Produktivitätsbedingungen

1. Elementarfaktoren

Schon seit langem hat sich die Betriebswirtschaftslehre bemüht, die für den Wertschöpfungsprozeß erforderlichen Produktionsfaktoren systematisch zu erfassen. Besonders bekannt wurde das **System der produktiven Faktoren** von Gutenberg, welches eine Einteilung der Produktionsfaktoren in Elementarfaktoren (sie ermöglichen die Produktion durch den Kombinationsprozeß) und dispositive Faktoren (sie leiten den Kombinationsprozeß) vorsieht. Einen Überblick über die im System Gutenbergs enthaltenen Produktionsfaktoren gibt Abb. 4.

```
                    Dispositive   Faktoren

        Geschäfts-
        Betriebs-  →  Organisation  →  Planung
        leitung

        originäre                  derivative
        dispositive Faktoren       dispositive Faktoren
                              ⇓
                    Kombinationsprozeß

        Ausführende
        menschliche   Betriebs-      Werkstoffe
        Arbeit        mittel         (Material)

                    Elementarfaktoren
```

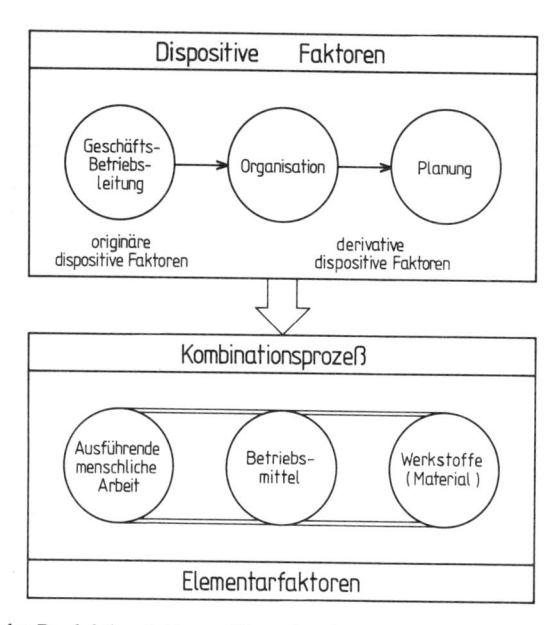

Abb. 4 System der Produktionsfaktoren (Gutenberg)

Für den **Elementarfaktor Arbeit** hat Gutenberg die nachstehenden Produktivitätsbedingungen näher untersucht. Für die praktische Gestaltung der Arbeitsbedingungen ist das REFA-System von besonderer Bedeutung (vgl. REFA, 63, Bd. 1–6).

(1) Objektive Bedingungen: Günstige Gestaltung der Arbeitsplätze (Mikrosysteme) und Werkhallen, Büros usw. (Makrosysteme)
(2) Subjektive Bedingungen: insbesondere die Motivation der Mitarbeiter
(3) Entlohnung: Leistungsfördernde Entlohnungsverfahren aufgrund von Verfahren der Arbeits- und Leistungsbewertung

Für den **Elementarfaktor Betriebsmittel**, insbes. Maschinen, sind nach Gutenberg als Produktivitätsbedingungen zu nennen: der Grad der technischen Modernität, der Abnutzungsgrad, die Betriebsfähigkeit (Wartungszustand) sowie die zeitliche Auslastung.

Für den **Elementarfaktor Werkstoffe** (Material) hat Gutenberg die folgenden Produktivitätsbedingungen untersucht: möglichst geringe Materialverluste (z.B. Ausschuß, Abfälle), möglichst viel vereinheitlichtes Material (rationalisierte Lagerhaltung sowie werkstattgerechte Qualität der Werkstoffe und geringe Liegezeiten). Durch den steigenden Energiebedarf der Unternehmen bei zunehmender internationaler Energieknappheit ist die Energie als Produktionsfaktor stark in den Vordergrund getreten. Energie wird definiert als die Fähigkeit, Arbeit zu leisten; der Einsatz von Energieträgern in Maschinen ermöglicht es, bestimmte Nutzenergieformen (z. B. Bewegung, Wärme) zu erzeugen und damit menschliche Arbeit einzusparen. Eine **rationelle Energieverwendung** in den Betriebswirtschaften ist insbesondere durch nachstehende Prinzipien zu erreichen:

(1) Verminderung des Nutzenergiebedarfs: z.B. energiesparende Gebäudeformen und bessere Wärmedämmung
(2) Erhöhung des Wirkungsgrads der Aggregate
(3) Energierückgewinnung (Rückgewinnung von Abwärme usw.)
(4) Nutzung regenerativer Energiequellen (z.B. Sonnenwärme)

2. Dispositive Faktoren

Die dispositiven Faktoren stellen die Regeleinrichtungen des soziotechnischen Systems Unternehmung dar. Der originäre dispositive Faktor besteht nach Gutenberg aus der **Geschäfts- und Betriebsleitung** auf den verschiedenen Ebenen des hierarchischen Systems der Unternehmung. Für die privatwirtschaftliche Unternehmung ergibt sich die Dispositionsbefugnis aus dem Privateigentum an den Produktionsmitteln bzw. aus der Eigenkapital-Aufbringung; allerdings sind bei den dispositiven Maßnahmen auch die gesetzlich fundierten Mitwirkungsrechte der Mitarbeiter zu berücksichtigen (unternehmerische Mitbestimmung).

Für die **Spitze** der **Unternehmungsführung** ist die nachstehende Einteilung von besonderer Bedeutung:

- **Eigentümer-Geschäftsführung**: Die Führungsaufgaben werden von den Eigenkapitalgebern selbst wahrgenommen, insbesondere bei mittelständischen Unternehmen oder bei einer Familien-AG.

- **Manager-Geschäftsführung**: Die Führungsaufgaben werden von angestellten Führungspersönlichkeiten wahrgenommen, typisch etwa bei der Publikums-AG. Hier tritt noch eine weitere, praktisch bedeutsame Zweiteilung ein: Während der Vorstand die oberste, **interne Führungsinstitution** darstellt, sind noch als **externe Führungsinstitutionen** der Aufsichtsrat sowie die Hauptversammlung zu berücksichtigen.

Zur Erfüllung der Führungsaufgaben bedienen sich die Führungspersonen bestimmter Instrumente („**derivative dispositive Faktoren**" nach Gutenberg):

- Organisation: Generelle Regelungen für Aufbau und Abläufe
- Planung: Vorausdenkender Entwurf einer betrieblichen Ordnung

D. Entscheidungsprozesse und Risiko

I. Phasen des Entscheidungsprozesses

Wie bei allen Unternehmungsprozessen kann man auch bei den Entscheidungsvorgängen in der Unternehmung zunächst den Zeitablauf näher untersuchen (Phasengliederung). Die **Phasen des Entscheidungsprozesses** zeigen den typischen Problemlösungsprozeß bei bewußt getroffenen, streng rationalen Entscheidungen. Eine bekannte Einteilung der Entscheidungsphasen ist von Heinen entwickelt worden (vgl. Heinen, 28, S. 21 ff.):

(1) **Anregungsphase**: Erkenntnis eines ungelösten Problems, Klarstellung der Entscheidungsaufgabe
(2) **Suchphase**: Ermittlung alternativer Lösungsmöglichkeiten, Prognose der Konsequenzen dieser Alternativen im Hinblick auf die Unternehmungsziele (Bewertung)
(3) **Auswahlphase (Optimierungsphase)**: Festlegung der einzuschlagenden Lösungsalternative (optimale oder befriedigende Lösung) und Entschluß zu ihrer Realisation
(4) **Durchsetzungsphase**: Realisation der gewählten Handlungsalternative und Kontrolle der Zielerreichung. Bei unbefriedigender Zielerreichung wird u. U. eine erneute Anregungsphase eingeleitet (Rückkoppelungsprozeß).

Die Phasen (1) und (2) können als Entscheidungsvorbereitung bezeichnet werden, die Phase (3) stellt demgegenüber die Entscheidungsphase im engeren Sinne dar. Das Phasenschema kann auch zur Darstellung des **Führungsprozesses** verwendet werden (Willensbildung und Willensdurchsetzung): Während die Phasen der Entscheidungsvorbereitung und Realisation auf geeignete Mitarbeiter delegiert werden können, verbleiben die Phasen der Auswahl und Kontrolle als echte Führungsaufgaben.

Als **Entscheidungsdeterminanten** gelten in allen Phasen des Entscheidungsprozesses das Zielsystem, das Informationssystem und das Sozialsystem (Entscheidungsteam).

II. Entscheidungstatbestände

1. Funktionale Entscheidungstatbestände

Bei jeder Entscheidung innerhalb der Unternehmung ist ein bestimmter Wirklichkeitsbereich unter Berücksichtigung der zu beachtenden Umweltbedingungen zielentsprechend zu gestalten (Entscheidungstatbestand). Die Betriebswirtschaftslehre kann aus der Vielzahl von möglichen Entscheidungen zunächst die im Rahmen der laufenden Unternehmenstätigkeit ständig wiederkehrenden Entscheidungsobjekte genauer untersuchen (funktionale Entscheidungstatbestände). Zur Darstellung dieser Entscheidungstatbestände kann auf das in der Betriebswirtschaftslehre schon seit langem entwickelte **System von Betriebsfunktionen** zurückgegriffen werden; bei diesen Funktionen werden meistens gewisse Grundfunktionen (z.B. Beschaffung – Fertigung – Absatz usw.) aufgestellt sowie noch weitere Untergliederungen (z.B. in Haupt- und Nebenfunktionen) vorgenommen.

Zur Grundfunktion der **Beschaffung** gehören alle Entscheidungstatbestände, die gestaltet werden müssen, um die Betriebswirtschaft mit den erforderlichen Produktionsfaktoren (insbesondere mit Werkstoffen und Betriebsmitteln) in der richtigen Art und Menge zu versorgen. Zu den typischen Entscheidungstatbeständen im Rahmen der Beschaffung einschließlich der Materiallagerung gehören:

- Bestellverfahren: zentralisiertes oder dezentralisiertes Bestellverfahren, Bestellrhythmus- oder Bestellpunktverfahren
- Wahl der Beschaffungswege und Zulieferer
- Bestellauslösung: Zeitpunkt der Bestellung, Sicherheitsbestand
- Bestellmenge: optimale Menge der zu bestellenden Güter

Die als **Produktion** (im weiteren Sinne) bezeichnete Grundfunktion umfaßt die eigentliche Erstellung der betrieblichen Leistung, also die Herstellung von Sachgütern (Industrie oder Handwerk), aber auch die Erbringung von Dienstleistungen im Handel-, Bank-, Versicherungswesen usw. Demgegenüber umfaßt die Funktion der **Fertigung** nur den engeren Bereich der Be- oder Verarbeitung von Werkstoffen zur Herstellung von Sachgütern vor allem im industriellen Sektor. Im Rahmen der Fertigung ist eine Reihe wichtiger Entscheidungstatbestände zu gestalten:

- Erzeugnisprogramm: die fertigungsbezogene Zusammensetzung des Produktprogramms, auch die Entscheidung über Massen-, Sorten-, Serien- oder Auftragsfertigung
- Ausstattung mit Potentialfaktoren: Entscheidungen über Art und Menge der eingesetzten Arbeitskräfte und Maschinen
- Organisationstypen der Fertigung: Entscheidungen über die Anordnung der Arbeitsplätze im Arbeitsablauf mit den typischen Möglichkeiten der Werkstattfertigung, Fließfertigung sowie gewisser Sonderformen (Baustellenfertigung)
- Weitere Entscheidungstatbestände: z. B. Optimale Losgröße bei den einzelnen Fertigungsaufträgen, Durchlaufterminierung (Maschinenbelegung mit den einzelnen Aufträgen) usw.

Die traditionelle **Absatzfunktion** umfaßt alle Entscheidungstatbestände zur marktlichen Verwertung der von einer Betriebswirtschaft erstellten Leistungen. Der in der modernen Absatzwirtschaft bevorzugte Begriff des **Marketing** umfaßt zwar ebenfalls die typischen Entscheidungstatbestände im Rahmen des Absatzes, stellt aber bereits eine „funktionsübergreifende" Betrachtungsweise dar: im allgemeinsten Sinne bedeutet Marketing eine insgesamt marktorientierte Unternehmungsführung, die sich durch die Anwendung fundierter Strategien sowie durch eine aggressive und schöpferische Vorgehensweise kennzeichnen läßt. Zu den im Rahmen des Marketing zu gestaltenden Entscheidungstatbeständen gehören:

- Informationsgewinnung: Maßnahmen der Markt-, Motiv- und Meinungsforschung
- Einsatz der „absatzpolitischen Instrumente" (Gutenberg): Produktionsprogramm (absatzbezogen), Absatzmethoden, Verkaufspreis-Politik, Werbung usw.
- Organisation des Marketing-Bereiches innerhalb der Unternehmung usw.

Die Grundfunktion der **Finanzierung** im engeren Sinne umfaßt die Beschaffung und Verwaltung der für die betrieblichen Investitionen erforderlichen Geldmittel. Im Rahmen dieser Grundfunktion ergeben sich Entscheidungstatbestände vor allem aus der optimalen Zusammensetzung des „Kapitalfonds" (Gutenberg). Im weiteren Sinne umfaßt die Finanzierung alle geldbezogenen Maßnahmen innerhalb der Unternehmung, die gesamte Gestaltung und Regelung der Geldprozesse innerhalb der Unternehmung.

Die Grundfunktion der **Investition** umfaßt den Einsatz der von der Finanzierung beschafften Geldmittel für die betrieblichen Produktionsprozesse; die Entscheidungstatbestände ergeben sich aus der Ausstattung der Unternehmung mit Vermögenswerten (Erweiterungsinvestitionen, Ersatzinvestitionen, Rationalisierungsinvestitionen usw.).

2. Genetische Entscheidungstatbestände

Eine Analyse der Entscheidungstatbestände innerhalb des Systems Unternehmung kann in Analogie zu natürlichen Systemen auch unter dem Aspekt des Lebenslaufes und seiner typischen Phasen erfolgen. Die hierbei gestalteten Entscheidungstatbestände haben meist eine länger andauernde Wirkung und geben für die laufenden, funktionalen Entscheidungen einen gewissen Rahmen vor („konstitutive Entscheidungen").

Eine Reihe von wichtigen Entscheidungstatbeständen ergibt sich bereits in der **Gründungsphase** der Unternehmung. In dieser Phase müssen insbesondere die nachstehenden Entscheidungstatbestände erstmalig gestaltet werden:

- Aufbau der Unternehmung: Rechtsform, Standort, Betriebspotential usw.
- „Metaentscheidungen" (Entscheidungsdeterminanten für die laufenden Entscheidungen): Zielsystem, Informationssystem sowie Sozialsystem (Kompetenzen der Entscheidungsträger)
- Grundstruktur des Leistungsprogramms: d. h. Breite des Leistungsprogramms (Umfang der Produktbereiche) sowie Tiefe des Leistungsprogramms (Anzahl der Produkte in den einzelnen Produktbereichen)

Auch während der **Umsatzphase** der Unternehmung sind gelegentlich erneut genetische Entscheidungstatbestände zu gestalten, so

- Reorganisationen: grundlegende Neugestaltungen der bereits genannten Metaentscheidungen, z. B. wesentliche Neubesetzungen, Einführung eines neuartigen Informationssystems mit EDV usw.
- grundsätzliche Änderungsentscheidungen für das Produktprogramm, z. B. Diversifizierung (bewußte Aufnahme neuer Produkt- oder Vertriebsbereiche zur Risikoverteilung sowie zur Wahrnehmung von Wachstumschancen) oder Spezialisierung (bewußte Sortimentskonzentration)
- grundsätzliche Änderungen der Aufbauentscheidungen, z. B. Änderungen der Rechtsform (Umwandlung), Änderungen der Satzung bzw. des Gesellschaftsvertrags (etwa durch Änderungen im Gesellschafterbestand, Kapitalerhöhungen), die Bildung oder Umstrukturierung von Zusammenschlüssen

Beim Eintreten von Krisen im Lebenslauf der Unternehmung sind typische Entscheidungstatbestände im Rahmen der **Sanierung** zu gestalten. Die Sanierung im weiteren Sinne umfaßt alle Entscheidungstatbestände zur Wiederherstellung eines „gesunden Zustands" der Unternehmung. Dieser Begriff umfaßt sowohl die Sanierung im engeren Sinne (finanzielle Maßnahmen, z. B. Kapitalherabsetzung mit anschließender Zuführung neuer Mittel) als auch die leistungswirtschaftliche Verbesserung des Unternehmungszustands, z. B. die Beseitigung innerbetrieblicher Schwachstellen, die Verbesserung der Marktstellung.

Unter bestimmten Voraussetzungen kann sich für ein Unternehmen auch eine **Liquidationsphase** ergeben und zwar aus freiwilligen Gründen (z. B. Erreichung des Geschäftszwecks) oder aus Insolvenzgründen (Konkurs). Zur Durchführung der Liquidation findet eine u. U. länger dauernde Abwicklung statt, d. h. die Vermögensteile werden veräußert, die Schulden werden mit den erzielten liquiden Mitteln beglichen und der eventuell verbleibende Rest wird an die Eigenkapitalgeber ausgeschüttet. Auch in dieser Lebensphase sind gewisse typische Entscheidungstatbestände zu gestalten:

- Vermögensveräußerung: Einzelveräußerung der Vermögensteile oder Veräußerung einer Betriebsgesamtheit
- Betriebsaufgabe: Sozialplan für die Mitarbeiter

III. Entscheidungen und Risiko

Schon seit langem hat die Betriebswirtschaftslehre auf die typischen Verlustgefahren der Unternehmenstätigkeit hingewiesen, wobei im allgemeinen zwischen kalkulierbaren Einzelrisiken (z. B. Gewährleistungsrisiko) und dem allgemeinen Unternehmerwagnis unterschieden wird. Die Entscheidungstheorie zeigt, daß derartige Verlustgefahren vor allem auf dem Problem der **unvollständigen Information** über die Konsequenzen der Entscheidungsalternativen beruhen. Im Informationssystem eines Entscheidungssubjekts liegen nur selten eindeutige Erwartungen über die zukünftigen Alternativ-Konsequenzen vor (vollständige Information). Für den häufigeren Fall der unvollständigen Information liegen diesbezüglich mehrdeutige Erwartungen vor, wobei die nachstehende Einteilung von großer Bedeutung ist:

● **Entscheidungen unter Risiko**: Es liegen mehrdeutige Erwartungen über die Konsequenzen der Alternativen vor, es kann jedoch für die Zielerreichung jeder Alternative eine objektive Wahrscheinlichkeitsfunktion ermittelt werden.

● **Entscheidungen unter Unsicherheit**: Die möglichen Alternativen sind nicht vollständig bekannt, für die Konsequenzen der Alternativen bestehen keine oder nur subjektive Wahrscheinlichkeitsvorstellungen.

Ein einfaches Beispiel für **Entscheidungen unter Risiko** ist in Abb. 5 dargestellt; das Beispiel zeigt zwei Alternativen mit den jeweiligen Wahrscheinlichkeitsfunktionen (Gauß'sche Normalverteilungen) für den Gewinn. Alternative A_2 weist einen höheren Erwartungswert bezüglich des Gewinns auf als A_1 (Erwartungswert E = gewichteter Mittelwert); daher wäre eigentlich A_2 die optimale Wahl. Jedoch ist zu berücksichtigen, daß A_2 gegenüber A_1 ein erheblich größeres Risiko aufweist, d.h. im Verlustbereich zeigt A_2 wesentlich höhere Wahrscheinlichkeiten als A_1.

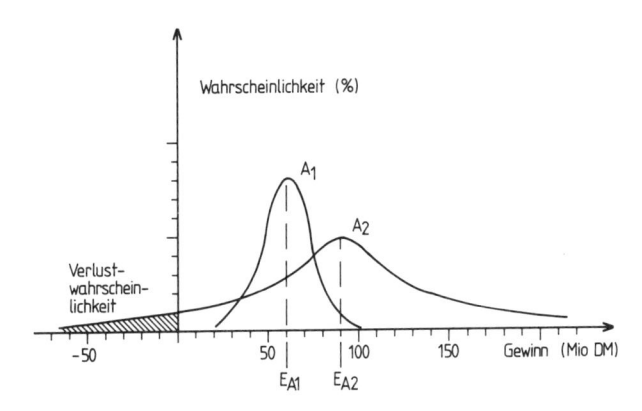

Abb. 5 Risiko und Verlustwahrscheinlichkeit

2. Kapitel:
Konstitutive Unternehmungsentscheidungen

A. Wahl der Rechtsform

I. Problemstellung

1. Entscheidungstatbestand: Rechtsform

Bei der Darstellung eines Auswahlprozesses geht es zunächst darum, den zu gestaltenden Entscheidungstatbestand genau zu definieren und abzugrenzen. Der **Begriff der Rechtsform** kann umschrieben werden als **Inbegriff der gesetzlich typisierten Grundstruktur einer Betriebswirtschaft**; diese Grundstruktur zeigt sich beim Auftreten der Betriebswirtschaft im Rechtsverkehr (**Außenverhältnis**), bezieht sich jedoch auch auf die interne Willensbildung (**Innenverhältnis**). Der Begriff „Rechtsform" wird von manchen Autoren gegenüber dem Begriff „Unternehmungsform" als umfassender angesehen, da auch öffentliche Betriebe einer Rechtsform bedürfen, aber nicht das typische Gewinnstreben der Unternehmung aufweisen.

Manche Autoren bevorzugen den Begriff der **Unternehmungsform** als den umfassenderen Begriff, da die Grundstruktur einer Betriebswirtschaft nicht nur durch typische Rechtsmerkmale, sondern auch durch wirtschaftliche Merkmale geprägt sein kann. Gerade die zunehmende Bedeutung bestimmter Unternehmungsformen (z. B. der GmbH & Co KG), die im Gesetz nicht ausdrücklich als eigener Typ vorgesehen sind, zeigt die Dominanz wirtschaftlicher Merkmale für die Unternehmungskonstitution. Die wichtigsten Unternehmungsformen, die nach dem deutschen Privatrecht als zulässig angesehen werden, sind in Abb. 6 dargestellt; in dieser Abbildung sind neben den typischen Grundformen auch wichtige atypische Varianten sowie die bedeutsamen Kombinationsformen aufgeführt.

2. Rechtliche Abgrenzungskriterien

Für das Entscheidungsfeld einer Rechtsformwahl werden von der Rechtsordnung nur bestimmte Haupt-Alternativen zur Verfügung gestellt, die detaillierte Gestaltung der Unternehmungsform ist jedoch größtenteils nachgiebiges Recht (dispositiv). Zum Verständnis der vielzähligen Rechtsform-Alternativen sind die Einteilungsmöglichkeiten nach den folgenden **Abgrenzungskriterien** von großer Bedeutung (vgl. Abb. 6):

(1) Zugrundeliegender **Rechtsbereich:**
- Rechtsformen des Privatrechts (Formen des bürgerlichen Rechts oder des Handelsrechts)
- Rechtsformen des öffentlichen Rechts (z. B. Körperschaften, Anstalten und Stiftungen des öffentlichen Rechts)

(2) **Anzahl** der verwendeten **Rechtsform-Elemente:**
- „Grundformen" (einzelne, gesetzlich vorgesehene Form)
- „Kombinationsformen" (aus mehreren einzelnen Rechtsformen zusammengesetzt, meist Kombination von Personengesellschaft und Kapitalgesellschaft)

(3) **Anzahl** der beteiligten **Unternehmer** (Gründer):
- Einzelunternehmen (Gründer ist einzelne, natürliche Person), als Rechtsform möglich sind Einzelkaufmann oder Einmann-Gesellschaft, wie aus Abb. 6 ersichtlich ist.

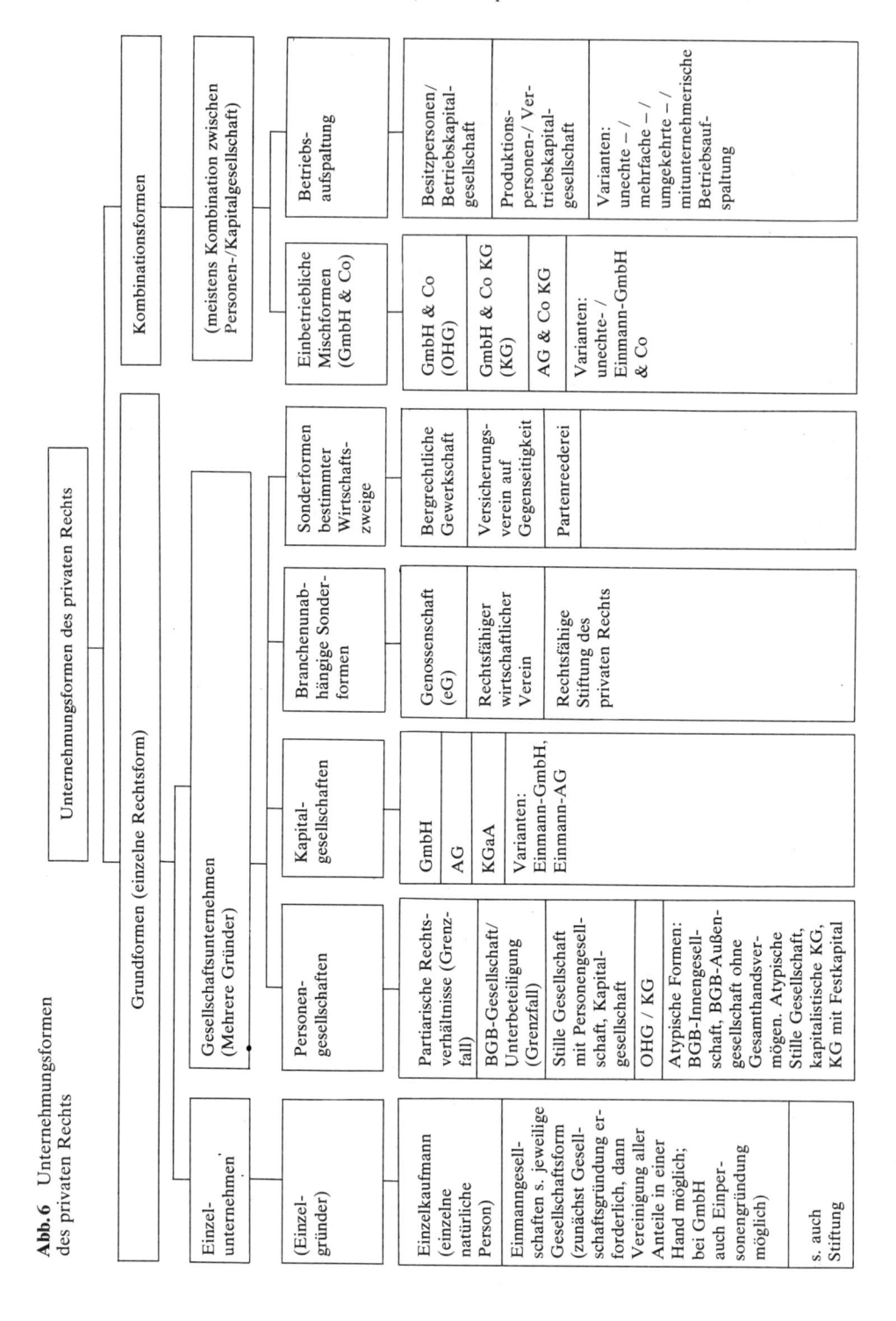

Abb. 6 Unternehmungsformen des privaten Rechts

Unternehmungsformen des privaten Rechts

Grundformen (einzelne Rechtsform)

Einzelunternehmen (Einzelgründer)
- Einzelkaufmann (einzelne natürliche Person)
- Einmanngesellschaften s. jeweilige Gesellschaftsform (zunächst Gesellschaftsgründung erforderlich, dann Vereinigung aller Anteile in einer Hand möglich; bei GmbH auch Einpersonengründung möglich)
- s. auch Stiftung

Gesellschaftsunternehmen (Mehrere Gründer)

Personengesellschaften:
- Partiarische Rechtsverhältnisse (Grenzfall)
- BGB-Gesellschaft/Unterbeteiligung (Grenzfall)
- Stille Gesellschaft mit Personengesellschaft, Kapitalgesellschaft
- OHG / KG
- Atypische Formen: BGB-Innengesellschaft, BGB-Außengesellschaft ohne Gesamthandsvermögen, Atypische Stille Gesellschaft, kapitalistische KG, KG mit Festkapital

Kapitalgesellschaften:
- GmbH
- AG
- KGaA
- Varianten: Einmann-GmbH, Einmann-AG

Branchenunabhängige Sonderformen:
- Genossenschaft (eG)
- Rechtsfähiger wirtschaftlicher Verein
- Rechtsfähige Stiftung des privaten Rechts

Sonderformen bestimmter Wirtschaftszweige:
- Bergrechtliche Gewerkschaft
- Versicherungsverein auf Gegenseitigkeit
- Partenreederei

Kombinationsformen

(meistens Kombination zwischen Personen-/Kapitalgesellschaft)

Einbetriebliche Mischformen (GmbH & Co)
- GmbH & Co (OHG)
- GmbH & Co KG (KG)
- AG & Co KG
- Varianten: unechte-/Einmann-GmbH & Co

Betriebsaufspaltung
- Besitzpersonen/Betriebskapitalgesellschaft
- Produktionspersonen-/Vertriebskapitalgesellschaft
- Varianten: unechte –/mehrfache –/umgekehrte –/mitunternehmerische Betriebsaufspaltung

2. Kapitel: Konstitutive Unternehmungsentscheidungen

- Gesellschaftsunternehmen (zumindestens im Gründungsstadium sind zwei oder mehrere Gründer erforderlich, Gründer können natürliche und/oder juristische Personen sein)

(4) Rechtsgrundlage bei **Gesellschaftsunternehmen:**
- Personengesellschaften: als typisch sind die §§ 705 ff. BGB anzusehen (BGB-Gesellschaft); diese Vorschriften gelten auch für die entsprechenden Handelsgesellschaften subsidiär.
- Kapitalgesellschaften: Als grundlegend werden die §§ 21 ff. BGB angesehen (Verein); diese Vorschriften gelten subsidiär auch für die entsprechenden Handelsgesellschaften.
- Sonderformen: Genossenschaften (keine Kapitalgesellschaft, jedoch stark angenähert), Bergrechtliche Gewerkschaft (nicht immer juristische Person), Versicherungsverein auf Gegenseitigkeit, Partenreederei (Einordnung als Kapitalgesellschaft strittig).

(5) **Rechtsfähigkeit** der Gesellschaft:
- Rechtsfähige Gesellschaften (juristische Personen), z. B. Aktiengesellschaft im Privatrecht, Körperschaft im öffentlichen Recht
- Nicht-rechtsfähige Gesellschaften, z. B. BGB-Gesellschaft oder Kommanditgesellschaft; jedoch haben auch Offene Handelsgesellschaft und Kommanditgesellschaft bereits die Grundbuch-, Prozeß- und Deliktfähigkeit.

(6) **Rechtliche Wirksamkeit** nach Außen:
- Außengesellschaften: diese besitzen rechtliche Wirkung im Innen- sowie im Außenverhältnis.
- Innengesellschaften: diese besitzen rechtliche Wirkung nur im Innenverhältnis, die Gesellschaft tritt nach außen nicht in Erscheinung (typisch: stille Gesellschaft).

(7) Art des **Gesellschaftsvermögens:**
- Gesellschaften ohne eigenes Vermögen: das Vermögen gehört nicht der Gesellschaft, sondern einem der Gesellschafter (typisch: stille Gesellschaft).
- Bruchteilsgemeinschaft: An jedem einzelnen Gegenstand des gemeinschaftlichen Vermögens haben die Teilhaber einen bestimmten, bruchteilsmäßigen Anteil (z. B. 1/4); im Geschäftsleben selten.
- Gesamthandsgemeinschaft: die Anteile der Gesellschafter beziehen sich nur auf das gesamte Gesellschaftsvermögen, nicht auf einzelne Gegenstände.
- Juristische Person: auf Grund ihrer Rechtsfähigkeit kann diese selbst Eigentum an Vermögensgegenständen erwerben.

II. Einzelunternehmen

Wird die Rechtsformentscheidung von einem Unternehmer allein getroffen (natürliche Person), so steht hierfür zunächst die Rechtsform des **Einzelkaufmanns** gemäß §§ 1–104 HGB zur Verfügung. Zu den charakteristischen Merkmalen dieser Rechtsform gehören:
- Gründung ist formlos möglich
- Firma ist Personenfirma
- Eintragung ins Handelsregister (bei Vollkaufleuten)
- Haftung des Einzelkaufmanns für Verbindlichkeiten der Firma unbeschränkt, d. h. nicht nur mit dem Betriebsvermögen, sondern auch mit seinem Privatvermögen

Möchte ein Einzelunternehmer die zuletztgenannte weitgehende Haftung vermeiden, so sind die Rechtsformen der „**Einmann-Gesellschaft**" in Betracht zu ziehen (Einmann-GmbH, Einmann-AG, Einmann-GmbH & Co KG). Nach geltendem Recht kann eine Einmann-AG jedoch nicht von einer Einzelperson gegründet werden, möglich ist diese Rechtsform bisher nur durch Gründung mit der vorgeschriebenen Anzahl von Gesellschaftern und durch spätere Vereinigung aller Anteile in einer Hand. Eine Einmann-GmbH kann jedoch nach § 1 (neu) des GmbHG von vornherein durch eine einzelne Person gegründet werden.

III. Personengesellschaften

1. BGB-Gesellschaft / Unterbeteiligung

Als Grenzfall zur BGB-Gesellschaft sind hier zunächst die sog. **partiarischen Rechtsverhältnisse** zu erwähnen; diese Rechtsverhältnisse stellen bereits einen Übergang dar vom reinen Schuldverhältnis (Gläubiger-Schuldner-Verhältnis) zum Gesellschaftsverhältnis (Beteiligungsverhältnis). Als häufigste Anwendung ist das „partiarische Darlehen" bekannt, bei welchem ein Geldbetrag nicht gegen die übliche, feste Verzinsung, sondern gegen eine Gewinnbeteiligung überlassen wird.

Die reinste Form der Personengesellschaft stellt die sog. **BGB-Gesellschaft** gem. §§ 705–740 BGB dar; typische Rechtsmerkmale dieser Form sind:

- Gegenseitige Verpflichtung mehrerer Personen, die Erreichung eines gemeinsamen Zwecks zu fördern
- Keine Firma, keine Eintragung in das Handelsregister
- Haftung der Gesellschafter für die Gesellschaftsschulden persönlich und unbeschränkt
- Geschäftsführungsbefugnis und Vertretungsmacht stehen grundsätzlich allen Gesellschaftern zu (Abweichungen sind möglich)

Als typische Anwendungsfälle der BGB-Gesellschaft sind die nicht-gewerblichen Personenvereinigungen zu nennen (z.B. die Gesellschafter sind freiberuflich Tätige oder Landwirte) sowie die nicht auf Dauer angelegten Gelegenheitsgesellschaften (z.B. Vorgründungsgesellschaften, Arbeitsgemeinschaften).

Als **atypische Formen** der BGB-Gesellschaft sind nachstehende Rechtsformen in der Praxis von Bedeutung:

- Außengesellschaft ohne Gesamthandsvermögen (Bruchteilseigentum, z.B. bei Bauherrenmodellen)
- Reine Innengesellschaften (der für die Gesellschaft Handelnde tritt nach außen im eigenen Namen auf, handelt jedoch im Innenverhältnis auf Rechnung der Gesellschaft)
- **Unterbeteiligung**: Der Unterbeteiligte beteiligt sich nicht direkt an einer Gesellschaft, sondern lediglich an der Beteiligung eines vorhandenen Gesellschafters (Hauptgesellschafter). Die Unterbeteiligung tritt nach außen nicht in Erscheinung, nur im Innenverhältnis gegenüber dem Hauptgesellschafter übernimmt der Unterbeteiligte zu einem gewissen Teil Rechte und Pflichten der Hauptbeteiligung. In der Regel erstreckt sich die Unterbeteiligung auch auf die Früchte der Beteiligung (Gewinnanteil) sowie auf den Liquidationserlös der Hauptbeteiligung. Die Unterbeteiligung ist geeignet für Familiengesellschaften, bei denen die Übertragung von Anteilen nicht ohne weiteres möglich ist.

2. Stille Gesellschaft

Zu den typischen Rechtsmerkmalen der stillen Gesellschaft gemäß §§ 335 ff. HGB gehören: Beteiligung des stillen Gesellschafters in der Regel durch Kapitaleinlage; diese geht in das Vermögen des Geschäftsinhabers über, das Gesellschaftsverhältnis tritt nach außen nicht in Erscheinung. Bei der atypischen stillen Gesellschaft (häufig bei Arbeitnehmer-Beteiligungsmodellen) ist für den Fall der Auseinandersetzung auch eine Beteiligung des stillen Gesellschafters an den stillen Reserven vereinbart.

3. Offene Handelsgesellschaft (OHG)

Die typischen Rechtsmerkmale der OHG gemäß §§ 105 ff. HGB sind:

- Gesellschaft, die auf den Betrieb eines Handelsgewerbes gerichtet ist; gemeinsame Firma
- Grundsätzlich (dispositiv) Einzel-Geschäftsführung sowie Einzel-Vertretungsmacht der Gesellschafter
- Haftung der Gesellschafter gesamtschuldnerisch und unbeschränkt (auch mit dem Privatvermögen)

4. Kommanditgesellschaft (KG)

Bei den Rechtsmerkmalen der KG gemäß §§ 161 ff. HGB sind neben den subsidiär geltenden Vorschriften für die OHG folgende Merkmale zu nennen:

- **Rechtsstellung der Komplementäre:** wie OHG-Gesellschafter
- **Kommanditisten:** diese sind grundsätzlich von der Geschäftsführung und Vertretungsmacht ausgeschlossen, sie haften nur in Höhe ihrer Kapitaleinlage.

Als Formen der atypischen KG sind in der Praxis bedeutungsvoll:

- **Kapitalistische KG:** die Komplementäre sind den Weisungen der Kommanditisten unterworfen.
- **KG mit festen Kapitalkonten:** konstantes Beteiligungsverhältnis

5. Die Europäische wirtschaftliche Interessenvereinigung (EWIV)

Am 1.1.1989 ist in Deutschland das EWIV-Gesetz (Gesetz zur Ausführung der EG-Vorschriften über die EWIV) in Kraft getreten. Darin wird als erste **"supranationale Rechtsform"** die EWIV geschaffen. Zu den wesentlichen Rechtsmerkmalen dieser noch wenig bekannten Rechtsform gehören:

- **Supranationale Rechtsform:** d.h. Rechtsform für grenzüberschreitenden Gesellschafterkreis, Mitglieder einer EWIV müssen mindestens zwei verschiedenen Mitgliedsländern der EG angehören
- **Rechtsnatur:** die EWIV ist keine juristische Person, sie ist vergleichbar mit der deutschen OHG;, Firmenzusatz: EWIV
- **Mitgliedschaft:** Natürliche Personen mit gewerblichen oder handwerklichen oder freiberuflichen Tätigkeiten sowie Gesellschaften des bürgerlichen Rechts bzw. des Handelsrechts
- **Gründung der EWIV:** Gründungsvertrag und Eintragung in das Handelsregister

- **Geschäftsführung:** durch einen oder mehrere Geschäftsführer (Mitglieder oder Außenstehende)
- **Unternehmensgegenstand:** insbes. grenzüberschreitende Projekte (z. B. gemeinsame Produktentwicklung, gemeinsame Verkaufsorganisation)
- **Begrenzungen:** unzulässig ist die Rechtsform der EWIV für Zwecke der Konzernleitung („Holding-Verbot")

IV. Kapitalgesellschaften

1. Gesellschaft mit beschränkter Haftung (GmbH)

Bei den **typischen Rechtsmerkmalen** der GmbH (GmbHG von 1892, wesentl. Neuerungen ab 1.1.81 in Kraft) sind vor allem zu nennen:

- Gesellschaft mit eigener Rechtspersönlichkeit „zu jedem gesetzlich zulässigen Zweck"
- Haftung der Gesellschaft nur mit dem Gesellschaftsvermögen, Haftung der Gesellschafter nur mit den Stammeinlagen
- Mindest-Stammkapital: DM 50 000, davon müssen mindestens 25 % einbezahlt werden; darüberhinaus erforderliche Geldmittel der Gesellschafter werden häufig zur Absicherung im Konkursfall nur als Darlehen gewährt („Unterkapitalisierung der GmbH")
- Willensbildung (Organe): durch Gesellschafterversammlung und einen oder mehrere Geschäftsführer, bei mehreren Geschäftsführern besteht Einzel-Geschäftsführung bzw.-Vertretungsmacht (dispositiv)
- Zulässig ist auch Bildung einer Einmann-GmbH durch Vereinigung aller Anteile in einer Hand; nach dem neuen § 1 des GmbHG ist auch die Errichtung der Einmann-GmbH durch einen Gründer zulässig.
- Durch das Bilanzrichtlinien-Gesetz von 1985 wird auch die GmbH den strengen Vorschriften des HGB über die Rechnungslegung, Prüfung und Publizität bei Kapitalgesellschaften unterworfen.

Bei Großunternehmen in Form der GmbH (sog. **kapitalistische GmbH**) sind weitere Rechtsvorschriften zu beachten:

- Obligatorischer Aufsichtsrat bei mehr als 500 Arbeitnehmern gem. BetrVG, bei mehr als 2000 Arbeitnehmern bzw. bei GmbH im Montanbereich ist „paritätische Mitbestimmung" im Aufsichtsrat sowie ein Arbeitsdirektor vorgeschrieben gemäß MitbestG bzw. MontanMitbestG (Übersicht siehe Abb. 7).
- Durch das PublG 1969 wurde für alle Großunternehmen gem. den Größenkriterien des § 1 PublG (auch für GmbH) eine Pflicht zu Rechnungslegung, Prüfung und Veröffentlichung von Jahresabschlüssen ähnlich wie bei der AG eingeführt; zusätzliche Rechnungslegungsvorschriften sind in branchenspezifischen Gesetzen enthalten (z. B. Kreditwesengesetz).

2. Aktiengesellschaft (AG)

Zu den **typischen Rechtsmerkmalen** der AG gemäß AktG (Neufassung von 1965) gehören:

2. Kapitel: Konstitutive Unternehmungsentscheidungen

Rechts-grundlage \ Anwendung	Rechtsformen der Unternehmung	Sonstige Voraussetzungen	Mitbestimmungs-Institutionen Aufsichtsrat (AR)	Vorstand/Geschäftsführung
Montan-MitbestG 1951 Mitbest.-ErgG 1956 (Holdinggesellschaften)	(1) AG (2) GmbH (3) Bergr. Gew.	a) Montancharakter: • Bergbau • Eisen-/Stahlerzeugende Industrie b) Mindestzahl der Arbeitnehmer = 1000	• AR auch bei GmbH und Bergr. Gew. vorgeschrieben • Mitgliederzahl: 11, 15 oder 21 • Zusammensetzung: „**paritätische Mitbestimmung**" z. B. 5 AN-Vertreter 5 Eigner-Vertreter 1 neutrales Mitglied	**Arbeitsdirektor** als gleichberechtigtes Mitglied; Bestellung oder Abberufung des Arbeitsdirektors nicht gegen Willen der AN-Vertreter
BetrVG 1972, insbes. §§ 76 ff.	(1) AG (2) KGaA (3) GmbH (4) Bergr. Gew. (5) Genoss. (6) VVaG	a) bei (3) – (6): Anzahl der AN mehr als 500 b) bei (1) / (2): Ausnahme von Mitbestimmungspflicht bei Familiengesellschaften mit weniger als 500 AN	• AR auch für GmbH, Bergr. Gew. und kleinere VVaG vorgeschrieben • Mitgliederzahl durch 3 teilbar • Zusammensetzung: **Drittel-Beteiligung** der AN	(Geschäftsleitung muß Mitwirkungsrechte von Betriebsrat / Wirtschaftsausschuß berücksichtigen)
MitbestG 1976 (Großunternehmungen)	(1) AG (2) KGaA (3) GmbH (4) Bergr. Gew. (5) Genoss.	Anzahl der AN: mehr als 2000 (für GmbH & Co KG: bei GmbH werden u. U. auch AN der KG mitgezählt)	• nur bestimmte Mitgliederanzahl zulässig (z. B. 20) • Zusammensetzung: „**paritätische Mitbestimmung**" z. B. 10 AN-Vertreter 10 Eigner-Vertreter; Besonderheiten für externe AN-Vertreter, leitende Angestellte	**Arbeitsdirektor** als gleichberechtigtes Mitglied der Geschäftsführung

Abb. 7 Mitbestimmungsgesetze und Unternehmungsformen (AN = Arbeitnehmer)

- Gesellschaft mit eigener Rechtspersönlichkeit
- Haftung gegenüber den Gesellschaftsgläubigern nur mit dem Gesellschaftsvermögen
- Festes Grundkapital, in Aktien zerlegt
- Umfangreiche Gründungsvorschriften
- Willensbildung (Organe): Hauptversammlung (Beschlußfassung im allgemeinen mit der Mehrheit der abgegebenen Stimmen), Aufsichtsrat und Vorstand (ein Mitglied oder mehrere Mitglieder). Die Zusammensetzung und Willensbildung bei Aufsichtsrat und Vorstand ist in den verschiedenen Mitbestimmungsgesetzen geregelt (Überblick siehe in Abb. 7).

Bei dem begriffsbestimmenden Merkmal der AG, der **Aktie**, sind für die Wirtschaftspraxis verschiedene **Arten** zu unterscheiden:

- Inhaberaktien/Namensaktien
- Nennwertaktien/Quotenaktien (in Deutschland unzulässig)
- Stammaktien/Junge Aktien (Stammaktionäre besitzen Bezugsrecht)
- Gratisaktien: sie entstehen durch Umwandlung von offenen Rücklagen in Grundkapital
- Vorzugsaktien: sie sind häufig stimmrechtslos, dafür mit finanziellen Anreizen versehen (z.B. garantierte Dividende)

Eine Reihe von Rechtsvorschriften des AktG zeigt, daß die AG im Hinblick auf **Gläubigerschutz und Aktionärsschutz** besonderes Vertrauen verdient:

- Bei Aktienausgabe „Prospektpflicht und -haftung" der emittierenden AG sowie des Emissionskonsortiums; Börsenzulassung nur nach streng geregeltem Zulassungsverfahren
- Gesetzliche Pflicht zur Bildung von Rücklagen
- Umfangreiche Vorschriften über Rechnungslegung (Jahresabschluß und Geschäftsbericht), Prüfung durch unabhängige Wirtschaftsprüfer sowie Veröffentlichung des geprüften Jahresabschlusses (Publizitätspflicht) gemäß HGB (Kapitalgesellschaften).
- Kapitalveränderungen nur nach gesetzlich geregelten Verfahren der Kapitalerhöhung bzw. Kapitalherabsetzung

Ähnlich wie bei der GmbH ist auch bei der AG durch Mehrpersonengründung und anschließende Übernahme aller Anteile durch einen der Gründer die Bildung einer **Einmann-AG** möglich und gesetzlich zulässig. Zusätzlich ist es möglich, daß der Alleinaktionär nur das Mindestkapital einbringt und weiteres Kapital in Form von Darlehen an die AG gewährt, um sich so die Vorteile der Gläubigerstellung zu verschaffen (z.B. Anrecht auf Konkursquote). Um derartige Aushöhlungen des Gläubigerschutzprinzips zu unterbinden, hat die Rechtsprechung bei Mißbrauchsfällen dieser Art eine **Durchgriffshaftung** der echten Gläubiger auf den Alleingesellschafter bejaht.

Aufgrund der starken Annäherung an die AG ist die Rechtsform der **Kommanditgesellschaft auf Aktien (KGaA)** ebenfalls im AktG (§§ 278–290) geregelt. Als wesentliche Rechtsmerkmale der KGaA sind zu nennen:

- Gesellschaft mit eigener Rechtspersönlichkeit.
- Mindestens ein persönlich haftender Gesellschafter (Komplementär); dieser kann sehr treffend als „geborener Vorstand" im Gegensatz zum „gekorenen Vorstand" der AG charakterisiert werden.

- Die übrigen Gesellschafter sind an dem in Aktien zerlegten Grundkapital beteiligt ohne persönliche Haftung für die Gesellschaftsschulden.

Die KGaA ist in der Praxis bedeutungsvoll für Familienunternehmen, die über eine starke Führungspersönlichkeit verfügen, jedoch auch die Vorteile der Aktienfinanzierung wahrnehmen wollen.

V. Sonstige Grundformen

Zu den wesentlichen Rechtsmerkmalen der **Genossenschaft (eG)** gemäß GenG (Neufassung 1973) gehören:

- Gesellschaft mit eigener Rechtspersönlichkeit und mit nicht geschlossener Mitgliederzahl (!)
- „Förderungsauftrag": Förderung der Mitglieder durch gemeinsamen Geschäftsbetrieb
- Namentlich genannte Genossenschaftszwecke in § 1 GenG
- Organe: Generalversammlung (Stimmrecht nach Köpfen!), Aufsichtsrat und Vorstand (unter Berücksichtigung der Mitbestimmungsgesetze, Überblick siehe in Abb. 7)
- Umfangreiche Gläubigerschutzvorschriften: z.B. gesetzliche Pflicht zu Rechnungslegung, Prüfung und Publizität gemäß HGB (Genossenschaften).

Als sonstige Grundformen, die z.T. nur für bestimmte Branchen vorgesehen sind, sind noch zu nennen:

(1) **Rechtsfähiger wirtschaftlicher Verein (eV)**: diese Rechtsform ist zwar selten (Beispiel: GEMA), sie ist jedoch ausdrücklich zugelassen (§ 22 BGB: „Verein, der auf einen wirtschaftlichen Geschäftsbetrieb gerichtet ist"). Seine Rechtsfähigkeit erlangt der wirtschaftliche eV jedoch erst durch staatliche Verleihung, für welche äußerst strenge Bedingungen gelten.

(2) **Stiftung des privaten Rechts** gemäß §§ 80 ff. BGB sowie den landesrechtlichen Stiftungsgesetzen: die rechtlich selbständige Stiftung ist praktisch bedeutsam als Gesellschafter in einer Kapitalgesellschaft („Holding-Stiftung", z.B. Friedrich-Krupp-Stiftung) oder als Alleininhaberin eines Unternehmens („Stiftungsunternehmen", z.B. Carl-Zeiss-Stiftung)

(3) **Versicherungsverein auf Gegenseitigkeit (VVaG)** gemäß §§ 15 ff. VAG: die Rechtsform des VVaG ist der Kapitalgesellschaft stark angenähert; bekanntes Beispiel: HUK-Coburg

(4) **Bergrechtliche Gewerkschaft** (Landesgesetze): heute selten

(5) **Partenreederei** (§§ 484 ff. HGB): heute selten

VI. Kombinationsformen

1. GmbH & Co. (KG)

Für mittelständische Unternehmen stellt die GmbH & Co. heute eine bevorzugte Rechtsform dar (der Zusatz KG ist nicht erforderlich). Es handelt sich um eine Kommanditgesellschaft, deren Komplementär aus einer GmbH besteht, wobei die Gesellschafter der GmbH meistens auch die Kommanditisten der KG darstellen (**GmbH &**

Co. im engeren Sinne). Sind an der KG auch Kommanditisten beteiligt, die nicht an der GmbH beteiligt sind, so wird von einer GmbH & Co. im weiteren Sinne gesprochen. Als weitere Erscheinungsform ist hier auch die sog. dreistufige GmbH & Co. zu nennen, d.h. eine KG, bei welcher der Komplementär nicht aus einer GmbH, sondern wiederum aus einer GmbH & Co. besteht. Möglich ist auch die Form der Einmann-GmbH & Co., bei welcher der einzige GmbH-Gesellschafter zugleich den einzigen Kommanditisten der KG darstellt. Weiterhin bekannt ist die Form der AG & Co., d.h. eine OHG oder KG, bei welcher als Komplementär eine AG auftritt (Finanzierungsvorteile durch Inanspruchnahme des Kapitalmarktes).

Die Beliebtheit der GmbH & Co. ist wohl vorwiegend den nachstehenden **Vorteilen dieser Rechtsform** zu verdanken:

(1) **Risikobeschränkung**: eine maximale Haftungsbeschränkung der Gesellschafter wird erreicht, wenn die Komplementär-GmbH nur mit dem Mindest-Stammkapital haftet; die Kommanditisten haften ohnehin nur mit ihrer Einlage.

(2) **Erleichterung von Nachfolgeproblemen**: Bei Fehlen eines geeigneten Komplementär-Nachfolgers wäre eine reine Personengesellschaft zur Auflösung gezwungen; bei der GmbH & Co. ist der Komplementär eine juristische Person und deren Geschäftsführer ist durchaus ersetzbar.

(3) **Möglichkeiten zur Beeinflussung der Gewinnbesteuerung**: d.h. die Möglichkeit, die Gewinne in die jeweils steuerlich günstigere Rechtsform zu verlagern.

(4) Demgegenüber dürften die **Nachteile der GmbH & Co.**, wie z.B. doppelte Rechnungslegung, bei der modernen Organisation des Rechnungswesens (EDV) kaum mehr von Bedeutung sein.

2. Betriebsaufspaltung

Bei der Betriebsaufspaltung wird eine ursprünglich einheitliche Unternehmung in zwei oder mehrere Betriebe mit jeweils eigener Rechtsform aufgeteilt, wobei meistens die Vorteile einer Personengesellschaft einerseits und die Vorteile einer Kapitalgesellschaft andererseits kombiniert werden. Dabei sind für die Wirtschaftspraxis als bedeutsame **Kombinationsformen** zu erwähnen:

(1) **Besitzpersonengesellschaft – Betriebskapitalgesellschaft**: Das Anlagevermögen verbleibt im Eigentum der Personengesellschaft, die mit der Betriebskapitalgesellschaft einen Pachtvertrag abschließt. Die Funktionen der Produktion und des Vertriebs und damit auch das Absatzrisiko werden von der Betriebskapitalgesellschaft übernommen.

(2) **Produktionspersonengesellschaft – Vertriebskapitalgesellschaft**: Hierbei werden alle Funktionen der Anlagenverwaltung und Produktion von der Personengesellschaft übernommen, welche die erstellten Produkte zu Verrechnungspreisen an die Vertriebskapitalgesellschaft verkauft. Die Vertriebsfunktion und damit auch das Verwertungs- und Preisrisiko wird von der Kapitalgesellschaft übernommen.

(3) Weitere Formen:

- „**Mehrfache Betriebsaufspaltung**": der Betrieb wird in drei oder mehrere Funktionen mit jeweils eigener Rechtsform aufgespalten.

- „**Umgekehrte Betriebsaufspaltung**": aus einer bestehenden Kapitalgesellschaft werden Funktionen auf eine neu zu gründende Personengesellschaft übertragen.

- „**Unechte Betriebsaufspaltung**": zwei zunächst selbständige Unternehmen werden durch spätere Funktionsteilung in eine Betriebsaufspaltung überführt.

- **„Mitunternehmerische Betriebsaufspaltung"**: Betriebsaufspaltung in zwei oder mehrere Personengesellschaften.

Zu den wesentlichen **Vorteilen der Betriebsaufspaltung** gehören:
- Verlagerung des Risikos auf die Kapitalgesellschaft (dort ist die Haftung auf Gesellschaftsvermögen beschränkt)
- Verlagerung der Gewinne auf die Rechtsform mit den aktuell niedrigsten Steuersätzen
- Finanzierung durch neue Gesellschafter der Kapitalgesellschaft, ohne die neuen Gesellschafter auch am vorhandenen Anlagevermögen zu beteiligen (Vermeidung schwieriger Bewertungsfragen bzw. unerwünschter Einflußnahme)
- Die pachtende Gesellschaft kann steuerliche Vorteile der Kapitalgesellschaft wahrnehmen (Geschäftsführergehälter und Pachtzinsen sind als Betriebsausgaben absetzbar; als Pächterin kann die Kapitalgesellschaft erfolgswirksam Rückstellungen zur Substanzerhaltung bilden)
- Die Besitzpersonengesellschaft entzieht das Anlagevermögen der bei Kapitalgesellschaften vorgeschriebenen Mitbestimmung der Arbeitnehmer
- Erleichterung der Nachfolgeprobleme; Geschäftsführung der Besitzgesellschaft beschränkt sich auf Vermögensverwaltung und Verpachtung, Erleichterung von Erbteilungen.
- Auch bei der Betriebsaufspaltung dürften die Nachteile, wie z.B. doppelte Rechnungslegung, gegenüber den genannten Vorteilen kaum ins Gewicht fallen.

VII. Rechtsform-Auswahlkriterien

1. Außersteuerliche Auswahlkriterien

Für eine zielentsprechende Auswahl unter den Rechtsform-Alternativen wurden in der Literatur eine Reihe von rechtlichen und wirtschaftlichen Kriterien aufgestellt, die hier zu den nachstehenden Gruppen zusammengefaßt sind. Nachstehende Abb. 7a zeigt eine tabellarische Gegenüberstellung der wichtigsten Unternehmensformen im Hinblick auf die grundlegenden rechtlichen und wirtschaftlichen Merkmale.

(1) **Gründungserfordernisse/Firmierung**: Bei den einzelnen Rechtformen sind bestimmte Mindesterfordernisse für die Gründung vorgeschrieben (z.B. Mindestkapital); es ist der rechtsformspezifische Gründungsaufwand zu berücksichtigen (z.B. Gebühr für notarielle Beurkundung); es ist die Erhebung von Gesellschaftsteuer auf Eigenkapital-Einbringung bei Kapitalgesellschaften zu erwähnen und schließlich sind die unterschiedlichen Firmierungsmöglichkeiten zu bedenken (Sach- oder Personenfirma vorgeschrieben usw.).

(2) **Führungsmacht (Leitungsbefugnis/Vertretungsmacht)**: Die Leitungsbefugnis für Unternehmer reicht von einem Maximum beim Einzelkaufmann bis zum Minimum beim stillen Gesellschafter. Auch die bei bestimmten Rechtsformen vorgeschriebenen Mitbestimmungsrechte der Arbeitnehmer (Abb. 7) können die Wahl der Unternehmer beeinflussen. Weiterhin ist die Vertretungsmacht bei den einzelnen Rechtsformen ebenfalls unterschiedlich geregelt (insbesondere Einzel- und Gesamtvertretungsmacht).

Rechtsform \ Merkmale	EINZEL-KAUFMANN	OFFENE HANDELS-GESELLSCHAFT (OHG)	KOMMANDIT-GESELLSCHAFT (KG)	STILLE GESELLSCHAFT (StG)
– TRÄGER	– Privater Inhaber	– Mindest. 2 Gesellschaft.	– Vollhafter / Teilhafter	– Gesch.inhab./ Stiller Ges..
– RECHTS-PERSÖNL.	– Keine eigene Rechtspersön.	– Keine eigene Rechtspersön.	– Keine eigene Rechtspersön.	– Keine eigene Rechtspersön.
– FIRMA	– Name des Inhabers	– Name mind. 1 Gesellschaft.	– Name mind. 1 Vollhafters	– Firma des Gesch.inhabers
– GE-SCHÄFTS-FÜHRUNG	– Allein-Geschäftsführung durch Inhaber	– Grundsätzl. Einzel-Geschäftsführung aller Gesellschaft. (dispositiv)	– Grundsätzl. Einzel-Geschäftsführung nur bei Vollhaftern (dispositiv)	– Grundsätzl. Geschäftsführung nur bei Gesch.inhaber
– HAFTUNG	– Unbeschränkte Haftung (Betriebsvermögen und Privatverm.) des Inhabers	– Unbeschränkte / gesamtschuldnerische Haftung aller Gesellschafter	– Unbeschränkte Haftung der Vollhafter – Haft.d.Teilhafter auf Einl.beschr.	– Haftung beim stillen Gesellschafter auf Einlage beschränkt
– EIGEN-FINANZ.	– Privateinlagen oder Selbstfinanz.	– Privateinl./ Selbstfin./ Neue Gesell.	– wie OHG (insbes.neue Teilhafter)	– wie Geschäftsinhaber
– FREMD-FINANZ.	– Kreditaufnahme entspr. Kr.würdigkeit	– Kreditaufnahme entspr. Kr.würdigkeit	– wie OHG	– wie Geschäftsinhaber
– GEWINN-VERTEILUNG	– Gewinn steht allein dem Inhaber zu. Recht auf Privatentnahmen.	– Grundsätzlich 4 % Einlagenverzinsung, Restverteil. nach Köpfen (dispositiv)	– Grundsätzlich 4 % Einlagenverzinsung, Rest in angemess.Verhält. (dispositiv)	– Angemessener Anteil des stillen Gesellschafters am Gewinn
– RECH-NUNGSLEGUNG / PUBLIZITÄT	– Rechn.legung: Handelsbücher nach HGB – Bes.Publizit. bei Großunt. nach PublG	– Wie Einz.kfm.	– Wie Einz.kfm.	– Entsprech. Rechtsform des Geschäftsinhabers
– TYPISCHE BE-TRIEBS-STEUERN	– GewSt (Freibetrag beim Gewerbeertrag)	– GewSt (Freibetrag f. Pers.ges.) – GrundSt f. Betriebsgrundstücke	– GewSt: wie OHG – GrundSt: wie OHG	– GewSt/GrundSt entspr. Rechtsform d. Geschäftsinhabers
– TYPISCHE PRIVAT-STEUERN [ANTEILS-EIGNER]	– ESt: Gewinn = Einkünfte aus Gewerbebetr. – VSt: Betr.-vermögen	– ESt: Gewinn incl. Sondervergütungen = Eink.a.Gew.b. – VSt: Anteile am Betr.verm.	– ESt: wie OHG – VSt: wie OHG	– ESt: Gewinnanteil des st. Gesell. = Eink.a.Gew.b. – VSt: Anteil d. st. Ges.

Abb. 7a Hauptmerkmale der wichtigsten Unternehmensformen

Rechtsform / Merkmale	GESELLSCHAFT MIT SCHRÄNKTER HAFTUNG (GmbH)	AKTIEN-GESELLSCHAFT (AG)	KOMMANDIT-GESELLSCHAFT AUF AKTIEN (KGaA)	GENOSSEN-SCHAFT (eG)
– TRÄGER	– Gesellschafter	– Mind. 5 Gründer/Aktionäre	– Vollhafter u. Aktionäre	– Mind. 7 Mitglieder
– RECHTSPERSÖNL.	– Juristische Person	– Juristische Person	– Juristische Person	– Juristische Person
– FIRMA	– Personal- od. Sachfirma	– Personal- od. Sachfirma	– Personal- od. Sachfirma	– Sachfirma
– GESCHÄFTSFÜHRUNG	Organe: – Geschäftsführer – Gesellschafterversamml. – (Aufsichtsr.)	Organe: – Vorstand (Gremium) – Hauptversammlung – Aufsichtsrat	Organe: – Vorstand (Vollhafter) – Hauptversammlung – Aufsichtsrat	Organe: – Vorstand (Gremium) – Generalversammlung – Aufsichtsrat
– HAFTUNG	– Haftung der Gesellschafter auf Kap.-einlage beschränkt, ev. Nachschußpfl.	– Haftung der Aktionäre auf Kap.einlage beschränkt	– Haftung des Vollhafters unbeschränkt – Haftung der Aktionäre mit Einlagen	– Haftung der Mitglied. auf Haftsumme (Geschäftseinlagen) beschränkt
– EIGENFINANZ. – FREMDFINANZ.	– Stammeinlag., Rücklagen u. neue Gesell. – Kreditwürd. entspr. Sicherheiten	– Aktienausgabe am Kapitalmarkt (Börse) – Auch Ausgabe von Schuldverschreib.	– Vollhaftereinlagen, Aktienausgabe – Wie AG	– Geschäftsanteile der Mitglieder – Kreditaufnahme
– GEWINNVERTEILUNG	– Verteil. des Bilanzgewinns entspr. Höhe der Kapitaleinlagen, ev. Rücklag.bild.	– Verteil. des Bilanzgewinns nach Bilanzfeststell. u. Gewinnverwendungsbeschluß	– 4 % an Vollhafter, Rest: 4 % an Aktionäre, Rest in angemessenem Verhältnis	– Zuführung zum Reservefonds, danach Vert. entspr. Höhe der Gesch.-guthaben
– RECHNUNGSLEGUNG / PUBLIZITÄT	– Rechn.legung/Publizität nach HGB (Kapitalgesell.) sowie GmbHG bzw. PublG	– Rechn.legung/Publizität nach HGB (Kapitalgesell.) sowie AktG bzw. PublG	– Rechn.legung/Publizität nach HGB (Kapitalgesell.) sowie AktG bzw. PublG	– Rechn.legung/Publizität nach HGB (Genossensch.) sowie GenG bzw. PublG
– TYPISCHE BETRIEBSSTEUERN	– GewSt – KSt – VSt – GrundSt	– GewSt – KSt – VSt – GrundSt	– GewSt – KSt – VSt – GrundSt	– GewSt – KSt – VSt – GrundSt
– TYPISCHE PRIVATSTEUERN	– ESt: Gewinnanteile = Einkünfte aus Kapitalvermögen – VSt: Anteile	– ESt: Dividen. = Einkünfte aus Kapitalvermögen – VSt: Aktien	– ESt: Wie AG – VSt: Anteile	– ESt: Wie AG – VSt: Anteile

(3) **Haftung der Gesellschafter**: Die praktisch sehr bedeutsame Haftung der Gesellschafter für Gesellschaftsschulden reicht von der unbeschränkten Haftung beim Einzelkaufmann bis zur stark beschränkten Haftung bei der GmbH mit Mindesteinlage.

(4) **Eigen- und Fremdfinanzierung**: Die Finanzierungsmöglichkeiten reichen vom Minimum beim Einzelkaufmann (Finanzierung durch Privatvermögen und Gewinnlage begrenzt) bis zur Publikums-AG (Börsenzulassung ermöglicht Emission von Aktien und Industrieobligationen).

(5) **Gewinn- und Verlustbeteiligung, Entnahmerecht**: Die Gewinnbeteiligung ist bei den einzelnen Rechtsformen unterschiedlich geregelt, kann aber durch Gesellschaftsvertrag bzw. Satzung gestaltet werden. Im allgemeinen reichen die Möglichkeiten vom Einzelkaufmann (maximale Freiheit bei Gewinnermittlung und -verwendung) bis zur Publikums-AG (Aktionäre sind an festgestellte Bilanz und Gewinnverwendungsbeschluß gebunden, außer dem allgemeinen Dividendenanspruch in der Regel kein Entnahmerecht der Aktionäre).

(6) **Publizitätsvorschriften**: Für Kapitalgesellschaften und Genossenschaften sind nach dem „Bilanzrichtlinien-Gesetz" (HGB) umfangreiche Vorschriften über Rechnungslegung, Prüfung und Veröffentlichung von Jahresabschluß und Geschäftsbericht zu beachten (vgl. hierzu: Teil Rechnungswesen/Bilanzen des vorliegenden Buches). Bereits seit dem Publizitätsgesetz von 1969 gelten derartige Publizitätspflichten für Unternehmen aller Rechtsformen, wenn die Unternehmen eine bestimmte Größenordnung erreichen.

Nach der Ergänzungs- und Mittelstandsrichtlinie des EG-Ministerrats vom 8.11.1990 (Umsetzung in deutsches Recht steht an) haben auch Firmen in der Rechtsform der GmbH & Co KG ab einer bestimmten Betriebsgröße die Publizitätspflichten der Kapitalgesellschaften zu erfüllen.

(7) **Persönliche Unternehmermotive**: Gerade bei der Rechtsform-Auswahl sind auch persönliche Motive der beteiligten Unternehmer von großer praktischer Bedeutung; hierbei ist insbesondere zu erwähnen:

● Unternehmenskontinuität/Nachfolgeregelung: bei Kapitalgesellschaften günstiger, da diese als juristische Person nicht „sterblich" sind

● Familienversorgung/Fehlen von Nachfolgern: auch unter diesem Gesichtspunkt sind Kapitalgesellschaften günstiger, da bei diesen „Berufsmanager" als Geschäftsführer bzw. Vorstände bestellt werden können

● Realisation ideeller Unternehmermotive/Mitarbeiterbeteiligung: Auch hierfür sind bestimmte Rechtsformen besonders geeignet, z.B. Stiftung für ideelle Motive!

2. Laufende Steuerbelastung

a) Steuern der Gesellschaft

(1) Vermögensteuer (VSt) der Gesellschaft

Die unterschiedliche Behandlung der einzelnen Rechtsformen durch die verschiedenen Steuerarten zeigt sich zunächst bei der VSt der Gesellschaft:

● **Personengesellschaften**: nicht VSt-pflichtig!

● **Kapitalgesellschaften**: Das Betriebsvermögen juristischer Personen unterliegt der VSt-Pflicht, eine „**Doppelbesteuerung**" (zusätzlich zur VSt-Pflicht der Gesellschafter), die auch durch die VSt-Novelle 1974 nicht beseitigt wurde. Bemessungsgrundlage der

VSt stellt der Einheitswert des Betriebsvermögens dar, der Steuersatz beträgt 0,7% p. a. Durch die Nichtabzugsfähigkeit der VSt bei der KSt wird diese Benachteiligung der Kapitalgesellschaften wesentlich verschärft.

(2) Gewerbeertragsteuer (GewESt)

Steuerbemessungsfaktor: Gewerbeertrag, dieser ergibt sich aus dem gem. EStG/KStG ermittelten Gewinn aus Gewerbebetrieb, erhöht um bestimmte Hinzurechnungen sowie vermindert um bestimmte Kürzungen.

- **Personengesellschaften**: Zum Gewinn aus Gewerbebetrieb gem. EStG („Mitunternehmerprinzip") gehören nicht nur der Steuerbilanzgewinn, sondern auch sämtliche **Sondervergütungen** der Gesellschaft an die Gesellschafter, z. B. Gehälter, Pachtzinsen, Darlehenszinsen usw. Diese Erhöhung des Steuerbemessungsfaktors führt zu einer höheren Belastung mit GewESt trotz des gewissen Freibetrags für Personengesellschaften
- **Kapitalgesellschaften**: Bei der Gewinnermittlung können Gehälter, Pensionsrückstellungen für Gesellschafter, Darlehenszinsen und Mietzahlungen steuermindernd abgesetzt werden. Dadurch ergibt sich eine wesentlich niedrigere Belastung mit GewESt, obwohl Dauerschuldzinsen und Pachtzinsen wieder zu 50% dem Gewerbeertrag hinzugerechnet werden.

(3) Gewerbekapitalsteuer (GewKSt)

Der Steuerbemessungsfaktor, das Gewerbekapital, ergibt sich aus dem Einheitswert des Betriebsvermögens, erhöht um Hinzurechnungen, vermindert um Kürzungen. Dabei ergibt sich für die laufende Besteuerung der einzelnen Rechtsformen kein gravierender Unterschied.

(4) Körperschaftsteuer (KSt)

- **Personengesellschaften**: Keine KSt-Pflicht!
- **Kapitalgesellschaften und Genossenschaften**: unterliegen als juristische Personen mit ihrem Einkommen (Gewinn) der KSt. Diese „Doppelbesteuerung des Gewinns" bei Kapitalgesellschaften (zusätzlich zur Besteuerung durch ESt beim Gesellschafter) wurde durch das Anrechnungsverfahren in der KSt-Novelle 1977 prinzipiell beseitigt. Dennoch verbleibt eine gewisse Benachteiligung der Kapitalgesellschaften bei **nichtausgeschütteten Gewinnen**. Diese werden gem. KStG mit derzeit 56% besteuert, was dem derzeit maximalen Steuersatz der ESt entspricht. Bei allen Personengesellschaften, deren Gesellschafter diesen maximalen Steuersatz nicht erreichen, werden die nichtausgeschütteten Gewinne dem niedrigeren ESt-Satz unterworfen. Für Kapitalgesellschaften bleibt demgegenüber nur die Vollausschüttung mit anschließender Wiedereinlage, was aber neue Steuerpflichten mit sich bringt (GesellschaftSt). Als zusätzlicher Nachteil der Kapitalgesellschaften ist hier die **KSt-Belastung der VSt** zu nennen. Da die VSt bei der KSt keine abzugsfähige Betriebsausgabe darstellt, muß eine Kapitalgesellschaft 227% verdienen, um 100% eines Betrages an VSt zu bezahlen. Dabei ist zusätzlich zu berücksichtigen, daß auf den nicht abzugsfähigen Betriebsausgaben, wie z. B. der VSt, noch GewESt lastet.

(5) Kapitalertragsteuer (KapESt)

Für die an die Gesellschafter auszuschüttenden Gewinne hat die Kapitalgesellschaft die KapESt einzubehalten und abzuführen; die Gesellschafter können jedoch die KapESt bei der ESt-Veranlagung in Anrechnung bringen.

b) Steuern der Gesellschafter

(1) Vermögensteuer (VSt) der Gesellschafter

- Für ihre Betriebsanteile müssen die Gesellschafter unter bestimmten sonstigen Voraussetzungen VSt entrichten; als Steuerbemessungsgrundlage dient der Einheitswert des Betriebsvermögens und der jeweilige Anteil daran, der Steuersatz für natürliche Personen beträgt z. Zt. 0,5 % p. a. Bei der Einheitsbewertung von Anteilen am Betriebsvermögen werden für Personengesellschaften und Kapitalgesellschaften unterschiedliche Verfahren verwendet, die zu einer Benachteiligung der Kapitalgesellschaften führen.

- **Anteile an Personengesellschaften**: Hier erfolgt zunächst eine einheitliche und gesonderte Ermittlung des Einheitswerts des Betriebsvermögens und eine Aufteilung auf die Gesellschafter. Die Bewertung der einzelnen Wirtschaftsgüter des Betriebsvermögens erfolgt dabei mit dem Teilwert, bei Betriebsgrundstücken wird 140 % des jeweiligen Grundstücks-Einheitswertes angesetzt. Dies bedeutet insgesamt eine Bewertung mit dem Substanzwert (einschl. Stille Reserven), aber besondere Ertragsaussichten bzw. der originäre Firmenwert werden nicht berücksichtigt.

- **Anteile an Kapitalgesellschaften**: Hier erfolgt die Wertermittlung (falls Börsenkurse vorliegen) zu den Börsenkursen, die ja auch die **Ertragsaussichten** und den originären Firmenwert repräsentieren. Bei den nicht-börsennotierten Anteilen erfolgt eine Bewertung nach dem sog. Stuttgarter Verfahren. Hierbei werden z. B. **Betriebsgrundstücke** mit 250 % des Grundstücks-Einheitswertes angesetzt, andere Wirtschaftsgüter mit dem Substanzwert unter Berücksichtigung der Ertragsaussichten. Insgesamt ergibt sich, daß Anteile einer ertragsstarken Kapitalgesellschaft wesentlich höher bewertet und besteuert werden als Anteile einer vergleichbaren Personengesellschaft.

(2) Einkommensteuer (ESt) / Kirchensteuer (KiSt) der Gesellschafter

- **Personengesellschaften einschl. atypische Stille Gesellschaft**: Hier werden die Gesellschafter unter bestimmten Voraussetzungen als „Mitunternehmer" angesehen. Für die ESt wird daraufhin das sog. „**Einheitsprinzip**" (Einheit zwischen Gesellschaft und Gesellschafter) angewendet. Dies bedeutet, daß Sondervergütungen zwischen Gesellschaft und Gesellschaftern nicht als Betriebsausgaben anerkannt werden, sondern als Entnahmen betrachtet werden. Alle derartigen Sondervergütungen, z. B. Gehälter, Darlehens- und Pachtzinsen, an Mitunternehmer müssen bei diesen als **Einkünfte aus Gewerbebetrieb** versteuert werden, nicht etwa als Einkünfte aus Vermietung u. dgl. Weiterhin wird bei der ESt hier das „**Feststellungsprinzip**" verwendet, d. h. Gewinne sind dann zu versteuern, wenn sie im Rahmen der Bilanzfeststellung als realisiert angesehen werden.

- **Kapitalgesellschaften einschl. Genossenschaften und typische Stille Gesellschaften**: Hier wird bei der ESt das sog. „**Trennungsprinzip**" (Trennung zwischen Gesellschaft und Gesellschafter) angewendet. Die ausgeschütteten Gewinne bzw. Darlehenszinsen als Sondervergütung werden bei den Gesellschaftern als **Einkünfte aus Kapitalvermögen** versteuert, Mietzahlungen als Sondervergütung werden bei den Gesellschaftern als **Einkünfte** aus **Vermietung und Verpachtung** besteuert. Hierbei gilt für die ESt das sog. „**Zuflußprinzip**", d. h. die genannten Einkünfte (insbesondere der Gewinn) werden erst versteuert, wenn sie den Gesellschaftern zugeflossen sind. Diese Vorteile der Kapitalgesellschaften gegenüber den Personengesellschaften werden jedoch wie folgt eingeschränkt:

●● Überhöhte Sondervergütungen (z.B. Geschäftsführergehälter an mitarbeitende Gesellschafter) können unter bestimmten Voraussetzungen als „Verdeckte Gewinnausschüttungen" betrachtet werden.

●● Für die ESt der Gesellschafter werden nur Gewinnanteile an der Kapitalgesellschaft, nicht aber Verlustanteile berücksichtigt. Das bedeutet gegenüber den Personengesellschaften den Nachteil, daß kein Verlustausgleich mit anderen positiven Einkünften möglich ist.

(3) Zusammenfassung: Laufende Steuerbelastung

● Insgesamt zeigen sich durch die geschilderten Steuervorschriften gravierende Unterschiede in der laufenden Besteuerung der einzelnen Rechtsformen; die Idealvorstellung einer „Rechtsform-neutralen" Besteuerung konnte bisher nur z.T. verwirklicht werden. Für eine vollständige Berücksichtigung aller steuerlichen Kriterien für eine Rechtsformentscheidung müßten auch die einmalig anfallenden Steuern, z.B. bei Gründung oder Umwandlung, betrachtet werden. Die wichtigsten **Unterschiede** in der **laufenden Besteuerung der Rechtsformen** sind in der nachstehenden Gegenüberstellung noch einmal schlagwortartig zusammengefaßt:

● **Personengesellschaften**: Keine Doppelbesteuerung bei der VSt, auch keine KSt auf die VSt (227%!), niedrigere VSt bei den Gesellschaftern wegen niedriger Bewertung der Anteile, bei nichtausgeschütteten Gewinnen zumeist niedrigerer Steuersatz bei der ESt als bei der KSt, möglicher Verlustausgleich der Gesellschafter mit anderen Einkunftsarten, Freibetrag bei der Gewerbesteuer.

● **Kapitalgesellschaften**: Besteuerung der Gewinne beim Gesellschafter erst bei Zufluß (verschiedene Einkunftsarten), wegen Absetzbarkeit der Sondervergütungen der Gesellschafter niedrigere GewESt. Hieraus werden die besonderen steuerlichen Vorteile der GmbH & Co. sowie Betriebsaufspaltung deutlich, da diese Rechtsformen sowohl die Vorteile der Personengesellschaften als auch die Vorteile der Kapitalgesellschaften vereinen. Nähere Informationen hierüber sind der Literatur zur Betriebswirtschaftlichen Steuerlehre zu entnehmen.

c) Steueroptimale Rechtsform

Die Auswahl zwischen den Rechtsformalternativen wird sicherlich zunächst von außersteuerlichen Faktoren, insbesondere der Betriebsgröße, beeinflußt. Für Unternehmen, die in kapitalintensiven Wirtschaftszweigen den organisierten Kapitalmarkt in Anspruch nehmen müssen, kommt von vornherein nur die Kapitalgesellschaft (insbesondere die AG) in Frage. Für **mittelständische Unternehmen** jedoch stellt sich die typische Auswahlentscheidung zwischen den verschiedenen Rechtsform-Alternativen und erfahrungsgemäß stellt die Steuerbelastung bei diesen Unternehmen einen vielbeachteten Gesichtspunkt dar.

Die Frage, welche der bekannten Rechtsformen im Hinblick auf die laufende Steuerbelastung eine optimale Lösung darstellt (Minimierung der Steuerbelastung), wird in der betriebswirtschaftlichen Steuerlehre eingehend untersucht. Eine Aussage über die steueroptimale Rechtsform kann dabei sicherlich nur für ganz konkrete Verhältnisse des Steuerpflichtigen und nur für einen ganz konkreten Stand des Steuerrechts getroffen werden. Zur Beurteilung der Steuerbelastung verschiedener Rechtsformen (**Steuerbelastungsvergleiche**) sind in der Fachliteratur insbesondere die beiden nachstehenden Verfahren von besonderer Bedeutung.

(1) Teilsteuerrechnung (Rose)

Die sog. Teilsteuerrechnung (vgl. Rose, 69) entwickelt in Form mathematischer Modelle (Belastungsgleichungen) die für die Steuerbelastung maßgebenden Bemessungsgrundlagen und deren Steuerbemessungsgrundlagen-Anteile. Durch sog. Multifaktoren läßt sich errechnen, wie sich bei einer Änderung eines Bemessungsgrundlagenteils die Steuerbelastung ändert. Dieses Verfahren läßt sich gut zu Rechtsformvergleichen verwenden, indem man für jede Rechtsform-Alternative eine spezifische Gesamtbelastungsgleichung aufstellt. Ein Nachteil dieser Methode für den Unternehmenspraktiker dürfte darin bestehen, daß nicht unmittelbar die konkrete Steuerbelastung ersichtlich wird.

(2) Veranlagungssimulation (Jacobs)

Für einen Rechtsform-Vergleich mittelständischer Unternehmen erscheint die **„kasuistische Veranlagungssimulation"** als besonders geeignet (vgl. Jacobs u. a., 38). Hierbei wird anhand konkreter Betriebsdaten in der typischen Größenordnung und anhand typischer Verhältnisse der Steuerpflichtigen eine echte Veranlagung rechnerisch durchgeführt (Formularsysteme hierfür wurden z.B. von Jacobs entwickelt, vgl. Jacobs u. a., 38, S. 132ff.). Die Methode hat für die Praxis den Vorteil, daß die konkrete Steuerbelastung bei den einzelnen Steuerarten unmittelbar ersichtlich und vergleichbar wird, außerdem sind die bei der Steuerveranlagung erforderlichen Rechenschritte den meisten Unternehmern praktisch ohnehin geläufig.

Eine interessante und für mittelständische Unternehmen **repräsentative Fallstudie** wurde von Jacobs durchgeführt (vgl. Jacobs u.a., 38, S. 125ff). Als Ausgangsgrößen wurden dabei verwendet: Umsatzerlöse 15 900 000 DM, Bilanzsumme 8 000 000 DM, 2 Gesellschafter mit bestimmten Kapitalanteilen und typischen Sondervergütungen. Hierfür ergab die von Jacobs anhand des Formularsystems durchgeführte Veranlagungssimulation folgende Vergleichswerte (Gesamtsteuerbelastung der Gesellschaft und Gesellschafter, Stand: 1.1.1978):

OHG	GmbH	GmbH & Co.	Betriebsaufsp.
DM 328.346	DM 311.877	DM 328.597	DM 302.890
= 108%	= 103%	= 108%	=100% (Minimum)

Dieses Fallbeispiel zeigt, daß die Belastungsunterschiede nicht so erheblich sind, wie vielfach seitens der Unternehmer angenommen wird; es ist jedoch durchaus zweckmäßig, Überlegungen zur optimalen Rechtsform unter steuerlichen Gesichtspunkten anzustellen.

VIII. Rechtsformen öffentlicher Betriebe

Zur Durchführung wirtschaftlicher Tätigkeiten besitzen die Träger der öffentlichen Hand z.T. umfangreiche Betriebsmittel, die ebenfalls einer konstituierenden Rechtsform bedürfen. Die für wirtschaftliche Betriebe der öffentlichen Hand zur Verfügung stehenden Rechtsformen lassen sich insbesondere nach den folgenden **Kriterien einteilen**:

(1) Nach dem **Oberziel der Betätigung**:
- Erwerbswirtschaftliche Betriebe (=Unternehmen) bzw. Beteiligungen an Unternehmen, z.B. Salzgitter AG

- Kostendeckungsbetriebe, z. B. Bundespost
- Zuschußbetriebe, z. B. Theater
- Betriebe mit dem Ziel der Kostendeckung und einer angemessenen Eigenkapitalverzinsung, z. B. Bundesbahn

(2) Nach dem zugrundeliegenden **Rechtsbereich**:
- Rechtsformen des privaten Rechts
- Rechtsformen des öffentlichen Rechts

(3) Nach der **rechtlichen Selbständigkeit**:
- Rechtlich selbständige Betriebe (Juristische Personen)
- Rechtlich unselbständige Betriebe, diese können wiederum organisatorisch unselbständig sein (z. B. Regiebetrieb) oder organisatorisch verselbständigt (z. B. Eigenbetrieb)

Bei den **Rechtsformen des privaten Rechts** kommen für öffentliche Betriebe wohl nur die beschränkt haftenden Rechtsformen in Frage, wie die GmbH (selten), die Genossenschaft und insbesondere die AG. Häufig werden öffentliche Wirtschaftsbetriebe (z. B. Verkehrsbetriebe) in privatrechtliche Unternehmen umgewandelt, um damit eine mehr „unternehmerische Denkweise" zu erreichen und um damit die Wirtschaftlichkeit und Rentabilität zu erhöhen. Möglich ist auch, daß der Staat seine Anteile an privaten Gesellschaften ganz oder teilweise an Private verkauft (sog. Privatisierung). Sind an einer Gesellschaft sowohl die öffentliche Hand als auch private Gesellschafter beteiligt, so spricht man von „gemischtwirtschaftlichen Unternehmen".

Da bei einer privaten Beteiligung des Staates das Geld der Steuerzahler einem kaufmännischen Risiko ausgesetzt wird, sind derartige Beteiligungen nur unter strengen Rechtsvorschriften zulässig (z. B. Haushalts-Grundsätze-Gesetz des Bundes).

Als **Grundformen des öffentlichen Rechts** sind bei der wirtschaftlichen Tätigkeit der öffentlichen Hand die nachstehenden Rechtsformen anzutreffen (mit kurzen Unterscheidungsmerkmalen):

(1) **Reiner Regiebetrieb**: rechtlich unselbständig; organisatorisch nicht aus der Verwaltung des öffentlichen Trägers (z. B. Gemeindeverwaltung) ausgegliedert; Einnahmen und Ausgaben des Regiebetriebs werden vollständig im kameralistischen Rechnungswesen des Trägers (Haushaltsplan) mitgeführt (sog. Bruttoprinzip).

(2) **Eigenbetriebe der Gemeinden**: rechtlich unselbständig; organisatorisch voll aus der Trägerverwaltung ausgegliedert und verselbständigt; eigene Rechnungslegung (Wirtschaftsplan) mit zumeist kaufmännischer Buchführung, nur das Wirtschaftsergebnis wird im Haushalt des öffentlichen Trägers verbucht (sog. Nettoprinzip). Gesetzliche Grundlage: EigenbetriebsVO 1938, diese Verordnung gilt heute noch in einigen Bundesländern, in anderen Bundesländern sind ähnliche Eigenbetriebsgesetze erlassen worden; da in Eigenbetrieben (z. B. Stadtwerken, Verkehrsbetrieben) oft erhebliche Geldmittel eingesetzt sind, ist eine strenge jährliche Pflichtprüfung durch unabhängige Wirtschaftsprüfer vorgeschrieben (NotVO bzw. Landesrecht).

(3) **Sondervermögen des Bundes gem. § 26 BHO**: rechtlich unselbständig, aber organisatorisch weitgehend verselbständigt, z. B. Bundesdruckerei

(4) **Deutsche Bundesbahn (Autonome Wirtschaftseinheit)**: Rechtsgrundlage: BuBahnG, die Bundesbahn besitzt keine eigene Rechtsfähigkeit, stellt aber ein weitgehend ausgegliedertes Sondervermögen des Bundes mit eigenständiger Wirtschaftsfüh-

rung dar; Organe: Vorstand (= Geschäftsführung), Verwaltungsrat (= Beschlußorgan), Bundesverkehrsministerium (= Aufsichtsorgan).

(5) **Deutsche Bundespost (Autonome Wirtschaftseinheit)**: Rechtsgrundlage: Bundespostwesen-Gesetz (Monopolstellung durch Postregal); die Bundespost besitzt keine eigene Rechtsfähigkeit, stellt aber ebenfalls ein weitgehend verselbständigtes Sondervermögen des Bundes dar; Organe: Leitung durch Bundesministerium für Post und Fernmeldewesen unter Mitwirkung des Verwaltungsrates.

(6) **Körperschaften / Anstalten des öffentlichen Rechts**: Für umfangreiche Aufgaben der öffentlichen Hand wurden spezielle Rechtsformen des öffentlichen Rechts mit eigener Rechtsfähigkeit geschaffen (Juristische Person, Körperschaften, Anstalten und Stiftungen des öffentlichen Rechts). Diese „Rechtsformen" werden dabei jeweils für den Einzelfall durch ein entsprechendes Gesetz geregelt und durch entsprechende Satzung näher konkretisiert. Organe: Vorstand/Verwaltungsrat.

Beispiele für Anstalten des öffentlichen Rechts:
- Landesbanken, Rundfunkanstalten (Landesanstalten)
- Öffentliche Sparkassen (Gemeindeanstalten)
- Kreditanstalt für Wiederaufbau (Bundesanstalt)

(7) **Stiftung des öffentlichen Rechts**: Ähnlich wie die Stiftung des privaten Rechts kann die öffentliche Stiftung unterschiedlich geregelt sein:
- rechtlich unselbständige Stiftung des öffentlichen Rechts: z.B. Zeppelin-Stiftung, verwaltet von Stadt Friedrichshafen
- rechtlich selbständige Stiftung des öffentlichen Rechts: z.B. Stiftung Volkswagenwerk, Bayerische Landesstiftung

B. Standort-Wahl

I. Problemstellung

Zur Darstellung von Standort-Entscheidungen ist es zunächst erforderlich, den zu gestaltenden Entscheidungstatbestand Standort genauer zu definieren. In der Fachliteratur wird der Standortbegriff in unterschiedlich weitem Umfange definiert, wobei folgende Typen des Standortbegriffs als wesentlich erscheinen:

- Standort als derjenige Teil der Erdoberfläche, an dem sich eine Betriebswirtschaft bzw. ein Teil derselben niedergelassen hat (**Standort als „Standplatz"**)
- Standort als räumliches Zentrum der zwischen Betriebswirtschaft und Umwelt bestehenden Beziehungen (**Standort als raumwirtschaftliches Teilsystem**)
- Standort als diejenige Alternative für eine Betriebsstätte der Unternehmung, bei welcher die Differenz zwischen standortbedingten Erträgen und standortbedingten Aufwendungen (= Gewinn) einen maximalen oder vergleichsweise besten Wert erreicht (**Standort als Optimierungsobjekt**)

Für eine genauere Beschreibung des Entscheidungstatbestandes ist es weiterhin erforderlich, verschiedene Ebenen des Standortbegriffs zu unterscheiden:

(1) **Standort für Betriebe im Ganzen**
- Nationaler Standort (Internationale räumliche Einfügung)
- Regionaler Standort (Einfügung in bestimmte Regionen innerhalb der betreffenden Nation)

- Kommunaler Standort (Räumliche Einfügung in eine bestimmte Gemeinde)
- Lokaler Standort (Einfügung in bestimmte Gemeindeteile)

(2) **Innerbetrieblicher Standort**
- Standort einzelner Gebäude und Anlagen innerhalb eines Betriebskomplexes
- Standort einzelner Arbeitsplätze und Einrichtungen innerhalb eines Gebäudes (z. B. Layout von Großraumbüros oder von Supermarkt-Regalfronten)

Für eine realitätsnahe Beschreibung des Entscheidungstatbestandes ist es schließlich erforderlich, den Standortbegriff im Zusammenhang mit den jeweiligen Anlässen für Standortentscheidungen zu sehen:

(1) **Gründungsphase**
- Eine neue Betriebsstätte soll errichtet werden
- Es werden mehrere Betriebsstätten errichtet, z. B. eine Zentralverwaltung und räumlich getrennte Verkaufsstellen und / oder Produktionsstätten (**Standortspaltung**)

(2) **Umsatzphase** (Unternehmung hat bereits einen Standort, bzw. mehrere Standorte)
- Wahl neuer Standorte unter Beibehaltung der bisherigen Standorte (**Standort-Expansion**)
- Wahl neuer Standorte unter zumindest teilweiser Aufgabe der bisherigen Standorte (**Standort-Verlagerung**)
- Räumliche Zusammenfassung bestehender Standorte (**Standort-Zentralisation**)
- Räumliche Verteilung bestehender Standorte (**Standort-Dezentralisation**)

Eine systematische Übersicht über das „Möglichkeitsfeld" bei Standortentscheidungen hat Liebmann entwickelt (vgl. Liebmann, 50 S. 17).

II. Standortalternativen (Beurteilung)

1. Standortfaktoren

a) Systeme von Standortfaktoren

Um die Eignung bestimmter Standortalternativen zu beurteilen, ist es für die standortsuchende Unternehmung notwendig, diejenigen Standortmerkmale zu kennen, die für den betreffenden Wirtschaftszweig von besonderer Bedeutung sind. Hierfür kann man zweckmäßigerweise den von der Standortliteratur herausgearbeiteten Begriff des Standortfaktors verwenden. Der bereits von Weber eingeführte Begriff des Standortfaktors wird heute etwa definiert als die **Gesamtheit aller raumwirtschaftlichen Vorteile (Nachteile?), die an einem konkreten Ort für die standortsuchende Unternehmung aufgrund der beabsichtigten Tätigkeit von Bedeutung sind.**

Eine Reihe von Autoren bzw. Institutionen der Praxis hat entsprechende Systeme von Standortfaktoren entwickelt; hierbei sind besonders bekannt geworden:

- Aufstellung von **Brede** über Standort-Bestimmungsfaktoren einschließlich einer gewichteten Reihenfolge dieser Faktoren aufgrund einer empirischen Untersuchung; Brede stellt 8 Standortfaktoren mit weiteren Untergliederungen dar (vgl. Brede, 13).

42 Erster Teil: Betriebswirtschaftlicher Gesamtprozeß und konstitutiver Rahmen

- Standortkriterien in der **REFA-Methodenlehre** für Planung und Steuerung, im REFA-System werden 9 Bestimmungsfaktoren mit weiteren Untergliederungen verwendet (vgl. REFA-Verband, 64).
- Besonders bekannt wurde das von **Behrens** im Rahmen seiner „empirisch-realistischen Standortlehre" dargestellte System von Standortfaktoren (vgl. Behrens, 8). Behrens teilt die umfangreiche Zahl von Standortfaktoren ein nach Beschaffungs-, Transformations- und Absatzprozessen; weiter ist gegliedert in Kontakt- und Potentialfaktoren am Standort.
- Umfangreiche Standortfaktoren-Kataloge wurden vom **Österreichischen Institut für Raumplanung, Wien**, entwickelt (vgl. Schilling, 71). Aufgrund einer umfangreichen Befragung bei öffentlichen Stellen, Fachverbänden usw. wurden für die wichtigsten 178 Wirtschaftszweige entsprechende Kataloge aufgestellt, in diesen Katalogen werden jeweils 29 Standortfaktoren genauer untersucht und nach ihrer Bedeutung für den jeweiligen Wirtschaftszweig gewichtet (siehe als Beispiel den Standortfaktoren-Katalog der Ledererzeugenden Industrie in Anhang 1, S. 66).

b) Gütereinsatzbedingte Standortfaktoren

Für die Beschaffung der wichtigsten Einsatzgüter ist von Bedeutung, ob die jeweiligen Güter überall erhältlich sind (sog. „**Ubiquitäten**"), oder ob diese nur in bestimmten Gebieten vorhanden sind (gebundener Standort); weiterhin ist von Bedeutung, ob die Einsatzgüter besonders transportkostenempfindlich sind (z. B. schwere, sperrige Güter) oder nicht. Im einzelnen sind im Hinblick auf den erforderlichen Gütereinsatz (Beschaffung und Transformation) folgende Standortfaktoren zu nennen (die Reihenfolge entspricht der o. g. Systematik von Behrens):

(1) **Beschaffungskontakte**: Wirtschaftsbehörden, Arbeitsvermittlung, Ausstellungen, Börsen usw.

(2) **Betriebsraum**: d. h. die Quantität der verfügbaren unbebauten bzw. bebauten Grundstücke, die Erwerbs- und Erschließungskosten dieser Grundstücke sowie insbesondere die Bebaubarkeit für betriebliche Zwecke (Bau-Nutzungsvorschriften des Baurechts, Beseitigung von Produktionsrückständen usw.).

(3) **Anlagegüter**

(4) **Arbeitskräftepotential**: d. h. das verfügbare Potential an Arbeitern, Arbeiterinnen, Angestellten (insbesondere für bestimmte Arbeiten wie Schichtarbeit, Heimarbeit, qualifizierte Tätigkeiten) sowie vor allem das diesbezügliche Lohnniveau (Personalkosten pro Stunde usw.)

(5) **Fremddienste**: Erforderliche Hilfsfunktionen (z. B. Technische Kundendienste für Betriebsanlagen, Lackierbetriebe) sowie bestimmte Nebenfunktionen, z. B. Rechts- und Steuerberater

(6) **Material, Werkstoffe**: Benötigte Roh-, Hilfs- und Betriebsstoffe, Halbfabrikate und Waren, insbesondere bestimmte Energieträger (Gas, Kohle usw.) und Wasser in einer bestimmten Menge und Qualität

(7) **Kredit, Finanzierungsmöglichkeiten**

(8) **Leistungen der Gebietskörperschaft**: Infrastruktur, Wirtschaftsförderungsmaßnahmen, Kommunale Steuerbedingungen (wie z. B. Hebesätze bei GrundSt und GewSt); für den Firmensitz sind auch zwischenstaatliche Steuerunterschiede von Bedeutung („Steueroasen")

(9) **Transformationsbedingte Standortfaktoren**: z. B. die geologischen und klimatischen Verhältnisse des Standorts

c) Absatzbedingte Standortfaktoren

Für moderne, Marketing-orientierte Unternehmungen sind insbesondere die nachstehenden absatzbezogenen Standortfaktoren von großer Bedeutung, zumal die Beschaffungsmöglichkeiten durch das moderne, gut ausgebaute Transportwesen überall verbessert wurden.

(1) **Absatzpotential**: insbesondere der Bedarf (z. B. Einwohnerdichte, Bevölkerungsstruktur, Verbrauchsgewohnheiten), Kaufkraft (Einkommensniveau), Absatzkonkurrenz (Zahl und Art der Wettbewerber im Absatzgebiet, hierbei jedoch u. U. Absatzagglomeration, d. h. Konkurrenzanziehung an zentralen Orten), Herkunfts-Good-Will (z. B. Münchner Bier), Staatliche Absatzhilfen

(2) **Absatzkontakte**: Absatzfördernde Einrichtungen wie z. B. Werbeagenturen, Messen, Börsen usw.

d) Gewichtung von Standortfaktoren

Wie empirische Standortuntersuchungen (z. B. von Brede) ergeben haben, sind die Standortfaktoren nicht von gleicher Bedeutung für alle Unternehmen, sondern müssen gewichtet werden (insbesondere gemäß dem vorliegenden Wirtschaftszweig). Nach dem sich hierbei ergebenden, dominierenden Standortfaktor kann man von bestimmten **Standort-Orientierungen** sprechen (vgl. Wöhe, 89, S. 266 ff.):

- Materialorientierung
- Arbeitsorientierung
- Abgabenorientierung
- Kraftorientierung
- Absatzorientierung
- Verkehrsorientierung

Bei den Standortfaktoren-Katalogen des Österreichischen Instituts für Raumplanung wird die Gewichtung der Standortfaktoren nach verschiedenen Wirtschaftszweigen sehr genau untersucht. Dabei werden auch exakte **Standort-Bezugsgrößen** angegeben: mit diesen Bezugsgrößen kann die Bedeutung jedes Standortfaktors für einen bestimmten Wirtschaftszweig oder Betrieb rechnerisch konkret ermittelt werden. Die Ermittlung der Bedeutung eines Standortfaktors sei am nachstehenden Beispiel des Standortfaktors „Wasserbedarf" genauer dargestellt (Quelle der Daten: Schilling, 71, S. 16):

Standortfaktor:	**Standort-Bezugsgröße:**
Wasserbedarf/Menge Bedeutung:	Wasserbedarf in cbm je Beschäftigter und Jahr Größenklasse:
Geringe Bedeutung	unter 500 cbm (z. B. Schuhindustrie: 10 cbm/Jahr)
Sehr große Bedeutung	über 1000 cbm (z. B. Zellstoffindustrie: 20 000 cbm/Jahr!)

2. Standortanalyse / Standortprognose

Wenn für eine Standortentscheidung die dominierenden Standortfaktoren aufgestellt wurden, so geht es anschließend darum, konkrete Standortalternativen kritisch im Hinblick auf ihre Eignung zu analysieren. Dabei ist auch die zukünftige Entwicklung der potentiellen Standorte zu berücksichtigen (Verfahren der Standortprognose wie z. B. Trendfaktoren). Zur systematischen Standortanalyse werden heute moderne Verfahren verwendet, hier sei zunächst die Möglichkeit von Standort-Datenbanken (Sammlung von Standortmöglichkeiten auf EDV-Plattenspeichern zum jederzeitigen Abruf im Bedarfsfall) erwähnt; als Beispiel hierfür wurde die Datenbank der Fa. BASF, Ludwigshafen, bekannt. Weiterhin ist hier die moderne Fragebogentechnik (Checkliste) zu erwähnen. So z. B. hat das erwähnte Österreichische Institut für Raumplanung sog. „Bewertungskarten" aufgestellt; diese haben denselben Aufbau wie die Standortfaktoren-Kataloge und daher können mehrere Standortalternativen unmittelbar untereinander sowie mit den Anforderungen der Branche verglichen werden.

3. Bewertung von Standort-Angeboten

In einem weiteren Schritt ist es erforderlich, die in die engere Wahl gekommenen Standorte vergleichend zu bewerten und eine optimale Auswahl zu treffen. Hierzu sind insbesondere aus der Praxis einige Verfahren bekannt geworden:

(1) **Punktbewertung (REFA-System)**: d. h. Rangreihen- oder Stufenwertzahl-Verfahren analog zur Arbeitsbewertung.

(2) **Polaritätsprofile** (vgl. Uphoff, 85): Hierbei werden die Standortanforderungen sowie die konkreten Alternativen auf Polaritätsdiagrammen miteinander verglichen; diejenige Alternative mit dem größten Ähnlichkeitsindex zwischen Anforderungsprofil und Bedingungsprofil ist am günstigsten.

(3) **Standortkalkulation**: Für jede Alternative werden die standortabhängigen Kosten (pro Periode bzw. Produkt) verglichen.

(4) **ROI-Methode** (vgl. Seitz/Zimmermann, 75): Hierbei wird der Return-On-Investment der Alternativen errechnet und verglichen.

III. Standort-Optimierung

1. Typologie der Standortmodelle

Zur Optimierung von Standortentscheidungen wurde eine Reihe von Standortmodellen entwickelt, insbes. durch die Beiträge der Unternehmensforschung sowie durch Anwendung EDV-gestützter Entscheidungsverfahren. Eine Typologie für die Vielzahl derartiger Standortmodelle läßt sich insbesondere durch Einteilung der Modelle gemäß den nachfolgenden Kriterien gewinnen:

(1) Nach der zugrundegelegten Zielfunktion:

• **Kostenorientierte Standortmodelle**: Als Zielfunktion dient hier die Minimierung der Transportkosten bzw. der gesamten Standort-abhängigen Kosten; dabei können sowohl die laufenden Kosten je Periode als auch die sog. „Einmalkosten" (Standortinvestitionen) berücksichtigt werden.

- **Gewinnorientierte Standortmodelle**: Als Zielfunktion wird angenommen das Streben nach maximalem oder angemessenem Gewinn bzw. nach einer entsprechenden Rentabilität des am Standort investierten Kapitals.

(2) Nach der Flächenhomogenität: (vgl. hierzu insbes. Liebmann, 50, S. 38)

- **Kontinuierliche Standortmodelle**: es wird eine homogene Fläche mit einer unendlichen Anzahl möglicher Standorte zugrundegelegt, es sind infinitesimal kleine Standortvariationen innerhalb des Gebietes zulässig.
- **Räumlich-diskrete Modelle**: es wird eine inhomogene Fläche mit einer endlichen Zahl von potentiellen Standorten betrachtet, d.h. es herrschen bestimmte räumliche Präferenzen vor.

(3) Nach dem betrieblichen Funktionsbereich:

- **Modelle für Verarbeitungszentren (Plant Location)**: Gesucht werden Standorte für Netze von Produktionsstätten für Ein- oder Mehrproduktunternehmen sowie für ein- oder mehrstufige Fertigungsprozesse.
- **Modelle für Lagerhaussysteme im Beschaffungs- und Absatzbereich**: Gesucht werden Standorte für ein- oder mehrstufige Lagerhausnetze.
- **Modelle für Verkaufsstellennetze (Warehouse Location)**: Hierzu sind insbes. die Modelle von Gümbel sowie Liebmann bekannt geworden (vgl. Liebmann, 50)

(4) Nach dem Sicherheitsgrad der Informationen:

- **Deterministische Standortmodelle**: es besteht vollkommene Information über alle Standort-relevanten Daten.
- **Stochastische Standortmodelle**: Für einen Teil der Standortdaten liegen Wahrscheinlichkeitsverteilungen vor, daher können „Risikoprofile" für Standortalternativen aufgestellt werden (vgl. Dreßler, 20, S. 84).
- **Spieltheoretische Modelle**: hier liegen mehrdeutige Informationen vor, da die Aktionen und Reaktionen von Konkurrenzunternehmen zu berücksichtigen sind (vgl. Müller-Merbach, 53, Sp. 1165).

(5) Nach dem Optimierungsumfang:

- **Partialmodelle**: Es wird nur eine Standortentscheidung optimiert, die anderen betrieblichen Entscheidungen sind bereits vorgegeben, ein Gesamtoptimum ist nicht garantiert (sukzessive Entscheidungen).
- **Totalmodelle**: Eine echte, **simultane Optimierung** ist nur möglich, wenn mit der Standortentscheidung auch gleichzeitig die anderen Entscheidungen optimiert werden, wie z.B. über Zahl der Produktionsstätten, Ausbringung der Produktionsstätten usw. (vgl. hierzu insbes. Jacob, 37).

2. Kostenorientierte Standortmodelle

a) Kontinuierliche Transportkostenminimierung

Das Problem des Transportkosten-minimalen Standorts in einem Koordinatennetz wurde bereits von Steiner und Weber (1909) behandelt. Ein einfaches Beispiel hierfür ist in Abb. 8 geometrisch dargestellt (Standort-Polygon). Gegeben sind die m Punkte A_j (x_j/y_j) als **A**bnehmer-Standort bzw. Bezugsquellenorte mit ihren jeweiligen Koordinaten x_j und y_j und mit der jeweiligen nach A_j bzw. von A_j zu transportierenden Güter-

```
y ↑ (km)
1000 ─    A₁ (100/900)   A₂ (450/950)
 900 ─  ⊕              ⊕
 800 ─
 700 ─        25    15         A₃ (850/675)
 600 ─                              ⊕
 500 ─               20
                    A₄ (575/475)
 400 ─    ⊕  10  ⊕ ⊕
 300 ─  A₆ (225/425)  30  P₀ (406/525)
              50
 200 ─       ⊕ A₅ (300/200)
 100 ─
                                        (km)
      ┼──┼──┼──┼──┼──┼──┼──┼──┼──┼──→
       100 200 300 400 500 600 700 800 900 1000   x
```

Abb. 8
Steiner-Weber-Modell (Beispiel)

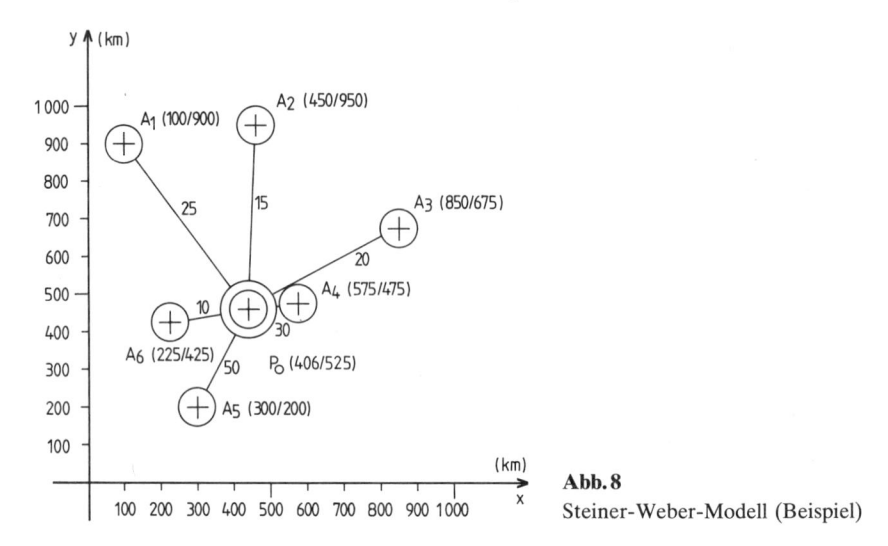

menge m_j. Gesucht ist der **Produktionsstandort** $P_o(x_o/y_o)$, bei welchem die **Transportkosten** in diesem Netz **minimal** sind.

Nach dem Satz des Pythagoras ergibt sich die **Entfernung** e_j eines Punktes zum Standort P_o wie folgt:

$$e_j = \sqrt{(x_j - x_0)^2 + (y_j - y_0)^2}$$

(Reine Luftlinien-Entfernung!)

Daraus ergibt sich die **Zielfunktion**:

$$K_{Tr} = \sum_{j=1}^{j=m} (c \cdot m_j \cdot \sqrt{(x_j - x_0)^2 + (y_j - y_0)^2}) \Rightarrow \text{Min!}$$

Symbole: K_{Tr} = Transportkosten pro Periode (Gesamt)
c = Transportkosten-Einheitssatz
　　(Kosten je transportierte Einheit)
m_j = Transportmenge (z. B. Tonnen)
j = 1 − m Index der Abnehmerstandorte

Da der konstante Kostensatz c für die Lage von P_o ohne Bedeutung ist, reduziert sich die Suche nach dem optimalen Standort auf den Punkt mit den minimal erforderlichen Tonnen-Kilometern zur Versorgung des Netzes (**"Tonnen-Kilometrisches-Minimum"**). Für das im Beispiel dargestellte Steiner-Weber-Modell existieren nur in Sonderfällen analytische Lösungsverfahren.

Als praktisch brauchbare **Näherungslösungen** sind bekannt:

(1) **Schwerpunkt-Formel**

$$x_0 = \frac{\sum (x_j \cdot m_j)}{\sum m_j} \qquad y_0 = \frac{\sum (y_j \cdot m_j)}{\sum m_j}$$

(2) **Iterative Verfahren** der nichtlinearen Programmierung (Näheres siehe Müller-Merbach, 53, Sp. 1162)

Aus realistischen Gründen (z. B. wegen Seen, Bergen) ist es häufig erforderlich, in Standortmodellen nicht die Luftlinienentfernungen zu berücksichtigen, sondern die effektiven Entfernungen zwischen Betriebsstätten und Abnehmerstandorten aufgrund des vorliegenden Verkehrsnetzes. Hierzu müssen alle Knoten des Verkehrsnetzes und alle Entfernungen zwischen diesen in das Modell aufgenommen werden. Auch für derartige Standortmodelle wurden praktisch brauchbare Lösungsverfahren entwickelt.

b) Räumlich-diskrete Transportkostenminimierung

Wenn man die Standortwahl von vornherein auf eine bestimmte Anzahl potentieller Standorte beschränkt (diskrete Standortmodelle), so lassen sich zur Transportkostenminimierung sehr gut die **Transportmodelle** der **linearen Programmierung** heranziehen. Diese Modelle dienen eigentlich dazu, den kostenminimalen Transportplan zwischen den n Produktionsstandorten P_i und den m Abnehmerstandorten A_j zu ermitteln, wobei die Kapazitäten a_i der Produktionsstätten sowie die Abnahmemengen b_j der Abnehmer vorgegeben sind. Gegeben sind weiterhin insbesondere die Einheits-Transportkosten c_{ij}. Das Grundmodell ist in einem einfachen Beispiel in Abb. 9 dargestellt.

Produkt.-standorte	Abnehmerstandorte				Kapazität (a_i)
	A_1	A_2	...	A_m	
P_1	x_{11}	x_{12}	...	x_{1m}	a_1
P_2	x_{21}	x_{22}	...	x_{2m}	a_2
...			...		
P_n	x_{n1}	x_{n2}	...	x_{nm}	a_n
Bedarf (b_j)	b_1	b_2	...	b_m	$\Sigma b_j = \Sigma a_i$

Abb. 9 Transportmatrix zur Kostenminimierung

Gesucht ist die Transportkosten-minimale Kombination aller x_{ij} (d. h. Liefermenge von P_i nach A_j). Obwohl dieses Modell ursprünglich für die Transportkostenminimierung bei vorgegebenen Standorten entwickelt wurde, so läßt es sich doch ebenso zur optimalen Standortwahl einsetzen: Zu diesem Zweck werden als Produktionsstandorte bestimmte hypothetische Standorte (potentielle Standorte) eingesetzt. In der **Optimallösung** (Matrix aller kostenminimalen x_{ij}) sind die optimalen Standorte ersichtlich.

Die **Zielfunktion** diese Entscheidungsmodells lautet:

$$K_{Tr} = \sum_{i=1}^{i=n} \sum_{j=1}^{j=m} (c_{ij} \cdot x_{ij}) \Rightarrow \text{Min!}$$

Symbole: K_{Tr} = Transportkosten je Periode (Gesamt)
  i = 1–n Index der Produktionsstätten
  j = 1–m Index der Abnehmerstandorte
  c_{ij} = Einheits-Transportkosten (Kosten für Transport einer Produkteinheit von der i-ten Produktionsstätte zum j-ten Abnehmerort

48 Erster Teil: Betriebswirtschaftlicher Gesamtprozeß und konstitutiver Rahmen

Nebenbedingungen: $\sum_{1}^{n} a_i = \sum_{1}^{m} b$.

$x_{ij} \geqq 0$

Zur Lösung derartiger Transportmodelle (auch als Standortmodelle) steht eine Reihe von Verfahren zur Verfügung; diese können überblicksmäßig wie folgt eingeteilt werden:
- **Exakte Optimierungsverfahren** (Simplexmethode, Stepping-Stone-Verfahren usw.)
- **Näherungsverfahren** (z. B. Nordwestecken-Regel, Matrix-Minimumverfahren)

Ein hervorragender Überblick über die Lösungsverfahren bei derartigen (logistischen) Entscheidungsproblemen ist bei Kirsch enthalten (vgl. Kirsch, 42, S. 487 ff.).

Zu dem dargestellten, einfachen Transportmodell der linearen Programmierung wurde in der Zwischenzeit eine Vielzahl von Erweiterungen entwickelt, so insbesondere die nachfolgenden **Modellerweiterungen**:
- Unterschiedliche Produkte
- Gesamtkapazität der Produktionsstätten ≠ Gesamtbedarf der Abnehmerstandorte
- Mehrstufige Produktionsprozesse
- Mehrstufige Transportprozesse
- Zusätzliche Kostenarten: Arbeitskosten, Materialkosten, Energiekosten, Kostensteuern

3. Gewinnorientierte Standortmodelle

a) Grundmodell der gemischt-ganzzahligen Programmierung

Spezielle Optimierungsmodelle für Standort-Entscheidungen wurden in der linearen Programmierung entwickelt und haben dort inzwischen einen hohen Stand erreicht; die Standortmodelle berücksichtigen die Standortfaktoren in umfassender Weise. Wie das nachstehende Beispiel zeigt (Grundmodell nach Hansmann), ist hier von vornherein die Möglichkeit zur Optimierung eines **Standort-Netzes** berücksichtigt (mehrere Produktionsstätten, Index: i). Die Optimierung eines einzigen Standortes ist hierbei als besonders einfacher Fall enthalten. Um dies zu ermöglichen, sind im Modell die Standortvariablen „u" als Binärvariable vorgesehen (u = 0 bedeutet: Standort soll nicht errichtet werden, u = 1 bedeutet: Standort soll betrieben werden). Dadurch können beliebige Standort-Kombinationen auf ihre Auswirkungen auf den Unternehmungsgewinn durchgerechnet werden.

Das Modell ist von vornherein für **Mehrproduktunternehmen** ausgelegt (Index z der Produktarten), enthalten ist sowohl die **Beschaffungsseite** der Produktionsstandorte (Index f der Materialarten) als auch die **Absatzseite** (Index j der Teilmärkte, Variable p als Verkaufspreis auf den verschiedenen Teilmärkten usw.). Bereits dieses Grundmodell zeigt, daß die früher entwickelten Standort-Faktoren hier bereits weitgehend explizit berücksichtigt werden. Da Standortmodelle im Gegensatz zu den einfachen Optimierungsmodellen der linearen Programmierung auch viele ganzzahlige Variable enthalten (z. B. Variable a: = Anzahl der an einem Standort zu installierenden Maschinen), ist es von Bedeutung, das Grundmodell als **gemischt-ganzzahliges** Modell zu bezeichnen; zu beachten ist dabei auch die Notwendigkeit von Binärvariablen, die nur die

Werte 0 und 1 annehmen können (Standortvariable u). Einen guten Überblick über den Umfang des Grundmodells und über die hier enthaltenen Standortfaktoren zeigt bereits die dargestellte **Zielfunktion** des Grundmodells:

$$G = \sum_{jz} p_{jz} \sum_{i} x_{ijz} - \sum_{i} u_i(F_i + FS_i) - \sum_{ig} a_{ig}(A_{ig} + FK_{ig})$$

              Umsatz-   Standortfixe   Anschaffungs- und
              erlöse   Investitionen   fixe Kosten
                               u. sonst. Kosten der Aggregate

$$- \sum_{ifr} m_{ifr} M_{ifr} - \sum_{izgh} k_{izgh} x_{izgh} t_{izgh} - \sum_{i} u_i L_i LS$$

            Material-   variable Pro-   Lohnkosten
            kosten   duktions-Kosten
                          (ohne Material)

$$- \sum_{ijz} tr_{ij} x_{ij} + \sum_{i} u_i e_i F_i + \sum_{i} e_i \sum_{i} a_{ig} A_{ig} + cR \Rightarrow \text{Max!}$$

            Transport- Investitionszulagen   Ertrag aus
            kosten   Finanz-
                                                                  investit.

Abb. 10 Zielfunktion zur gemischt-ganzzahligen Programmierung (Beispiel in Anlehnung an Hansmann, 25)

In diesem Modell sind folgende **Indizes** enthalten:
f   Materialart-Index
i   Standort-Index
j   Teilmarkt-Index (Absatzgebiet)
g   Maschinen-Index
h   Intensitätsindex (bei Produktion auf einer best. Maschine)
r   Index für Intensitätsintervalle
z   Produktindex

Folgende Größen sind als **Variable** im Modell enthalten:

a   Anzahl der zu installierenden Maschinen
A   Anschaffungskosten einer Maschine
c   Zinssatz der Finanzinvestitionen
e   Prozentsatz der Investitionszulage
F   Standortfixe Kosten
FK   Fixe Kosten der Aggregate
FS   Sonstige Standortfixe Kosten
k   variable Kosten pro Produkteinheit
L_i Lohnniveau am Standort i in Prozent des Basis-Lohnniveaus
LS   Lohn- und Gehaltsumme
m   Materialkosten pro Mengeneinheit
M   einzukaufende Materialmenge

p_{jz} Preis des Produktes z auf dem Markt j
R Höhe der Finanzinvestitionen
t Produktionszeit
tr Transportkosten pro Mengeneinheit
u Standortvariable (binär!)
x Produktionsmenge pro Zeiteinheit
x_{ij} transportierte Menge eines Produktes vom Standort i zum Absatzmarkt j

Die angeführte Zielfunktion ist zu maximieren unter Beachtung einer Reihe von **Nebenbedingungen** in Form von Ungleichungen (zitiert in Anlehnung an Hansmann, 25):

(1) Absatzbedingungen

$$\sum_i x_{ijz} \leq AG_{jz} \text{ für alle j, z}$$

AG = Absatzgrenze (Höchstmenge) des Produkts z auf Teilmarkt j

(2) Kapazitätsbedingungen

$$\sum_{zh} t_{izgh} \leq a_{ig} T_{Max, ig} \text{ für alle i, g}$$

$$\sum_g a_{ig} \leq u_i a_i \text{ für alle i}$$

T_{Max} = zeitliche Kapazität der Aggregate
a^0 = Obergrenze der zu beschaffenden Maschinen

(3) Materialbeschaffungsbedingungen
(4) Arbeitskräfte-Beschaffungsbedingungen
(5) Finanzierungsbedingungen
(6) Beziehungen zwischen Produktions- und Absatzbereich

Weiterhin ist zur Optimierung eine Reihe von **Nichtnegativitätsbedingungen** zu berücksichtigen, z.B.

$a_{ig} \geq 0$ und ganzzahlig!
$u_i = 0$ oder 1 für alle i
$x_{ijz} \geq 0$ für alle i, j, z

b) Erweiterungen des Grundmodells

Zu dem dargestellten Grundmodell der Standort-Optimierung können nun noch eine Reihe von **Modellerweiterungen** vorgenommen werden (zusätzliche Variable und Beziehungen), so insbesondere folgende Erweiterungen:

• **Absatz-Teilmodelle**: Preis-Absatz-Funktion (Abhängigkeit der auf einem Teilmarkt verkauften Produktmengen von dem Verkaufspreis), Preispolitik auch bei anderen als polypolistischen Märkten: z.B. Angebotsmonopol, Oligopol auf dem vollkommenen Markt, Polypol auf dem unvollkommenen Markt sowie sonstige absatzpolitische Maßnahmen auf den Teilmärkten, Interdependenzen zwischen den Teilmärkten.

• **Einwirkungen der öffentlichen Hand**: z.B. Finanzhilfen, Sonderabschreibungen, Grundstücksvergünstigungen, besonders günstige Steuerbedingungen der Gemeinde des Standorts, wie z.B. Hebesatz bei der GrundSt und GewSt.

4. Standortsimulation mit EDV

Bei der Standort-Simulation werden alle für die Standort-Entscheidung bedeutsamen Entscheidungsvariablen sowie die hierbei relevanten Umweltvariablen in einem mathematischen Modell auf einem EDV-System abgebildet. Um die Vielzahl funktionaler Beziehungen in einem solchen komplexen Modell genauer zu untersuchen, wird das Gesamtmodell in mehrere **Teilsysteme** aufgegliedert: z.B. in Umsatzmodell, Materialkostenmodell, Personalkostenmodell, Steuermodell, Investitionsmodell usw. Für jedes Teilsystem müssen alle relevanten Variablen und die umweltabhängigen Werte (Parameter) ermittelt und abgespeichert werden. Zum Speichern und Verarbeiten derartiger Daten für ein Standortmodell sind moderne EDV-Komponenten, wie z.B. Datenbanksysteme und Methodenbanken, besonders geeignet. Ein Überblick über den Datenfluß bei einer Standort-Simulation ist in Abb. 11 dargestellt.

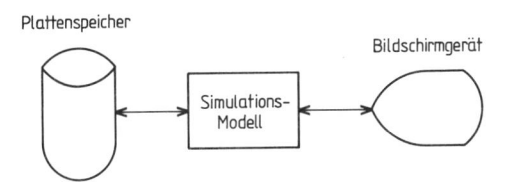

Daten (ev. Datenbank):
Marktparameter
Kostenparameter
Kapitalbedarfsparameter
Steuerparameter
Lösungsverfahren (ev. Methodenbank):
z.B. Lineare Programmierung,
Prognoseverf.

Eingabe:
Definierte Standortalternativen
Änderungen der Umweltdaten
(Parameter)
Ausgabe:
mutmaßliche Konsequenzen, z.B.
Umsatz, Kosten, Gewinn,
Kapitalwert, Rentabilität

Abb. 11 Standort-Simulation (Datenfluß)

Mit dem Standortmodell können im Bedarfsfalle mit Hilfe eines Computerdialogs (Bildschirm) **Standortsimulationen** durchgeführt werden. Derartige Simulationen ermöglichen die Computer-gestützte Beantwortung von „Wenn – Dann"-Fragestellungen: Wenn die im Modell gespeicherten Entscheidungs- oder Umwelt-Variablen bestimmte Werte annehmen, welche Konsequenzen ergeben sich hieraus für das Zielsystem der Unternehmung? Als Entscheidungsalternativen können eingegeben werden: Einen Standort bzw. mehrere Standorte errichten oder nicht? Auch differenzierte Standortalternativen können simuliert werden, z.B. zentrale Ersatzteillagerung oder Ersatzteillagerung in mehreren dezentralen Standorten usw. Zu den Vorteilen der Standortsimulation gehört, daß auch nichtlineare Beziehungen, stochastische Variable (Variable mit Wahrscheinlichkeitsverteilungen) sowie dynamische Variable dargestellt werden können (z.B. Umsatz- und Kostenvariable als Einnahme-/Ausgabereihen über mehrere Perioden).

C. Zusammenschluß-Bildung

I. Problemstellung

1. Entscheidungstatbestand

In dem umfangreichen Entscheidungsprozeß zur Bildung eines Zusammenschlusses können mehrere Stufen bei der Gestaltung des Entscheidungstatbestandes unterschieden werden:

(1) „**Zusammenschluß an sich**": d. h. die Entscheidung, ob ein Zusammenschluß eine verbesserte Durchführung bestimmter Unternehmungsprozesse ermöglicht gegenüber deren Durchführung durch völlig selbständige Unternehmungen. Ein Überblick über die am häufigsten erwähnten Zusammenschlußvorteile bei bestimmten Unternehmungsprozessen (Teilprozesse) ist in Abb. 12 dargestellt.

(2) **Zusammenschlußform**: Ist die zuvorgenannte Entscheidung positiv ausgefallen, so stellt sich als weiterer Entscheidungstatbestand die Frage nach der Zusammenschlußform (rechtliche und wirtschaftliche Gestaltung des Zusammenschlußgebildes). Dabei sind als häufig genannte Grundalternativen anzusehen:

- **Kooperation**: die Zusammenschlußpartner bleiben rechtlich und wirtschaftlich selbständig.

- **Konzentration**: Zumindest einer der Zusammenschlußpartner verliert seine wirtschaftliche Selbständigkeit, auch wenn seine rechtliche Selbständigkeit erhalten bleibt; im Extremfall der Konzentration (Fusion durch Neubildung) verlieren alle Ausgangsunternehmen ihre wirtschaftliche und rechtliche Selbständigkeit: es entsteht ein einziges neues Rechtssubjekt.

(3) **Weitere Entscheidungstatbestände**: Wahl der Zusammenschlußpartner, Vertragsgestaltung, Neu-Organisation usw.

Die für die Zusammenschlußbildung relevanten Grundbegriffe wie: „Zusammenschluß" oder „Unternehmungsverbindung" werden in Wirtschaftspraxis und Fachliteratur sehr uneinheitlich gebraucht. Nach einer im Kartellrecht verbreiteten Auffassung werden mit Unternehmungszusammenschlüssen nur die konzentrativen Unternehmungsverbindungen bezeichnet (vgl. Zusammenschluß-Übersicht in § 23 GWB). Nach einer anderen Auffassung stellen Unternehmungszusammenschlüsse sowohl kooperative als auch konzentrative Verbindungen dar. Im letztgenannten Sinne können Zusammenschlüsse definiert werden als die **partielle oder vollständige Integration von Unternehmungsprozessen durch mehrere Unternehmen, die zumindest vor dem Zusammenschluß wirtschaftlich und rechtlich selbständig waren.**

Ein wichtiges Kennzeichen von Unternehmungszusammenschlüssen stellt die Integrationsrichtung dar:

(1) **Horizontale Zusammenschlüsse**: Vereinigung von Unternehmen derselben Produktions- oder Handelsstufe.

(2) **Vertikale Zusammenschlüsse**: Vereinigung von Unternehmen aus aufeinanderfolgenden Produktions- und Handelsstufen; dabei sind als grundsätzliche Formen möglich:

- **Rückwärtsintegration**: Zusammenschluß ist aus Sicht der Endstufe der Produktion auf vorgelagerte Stufen gerichtet

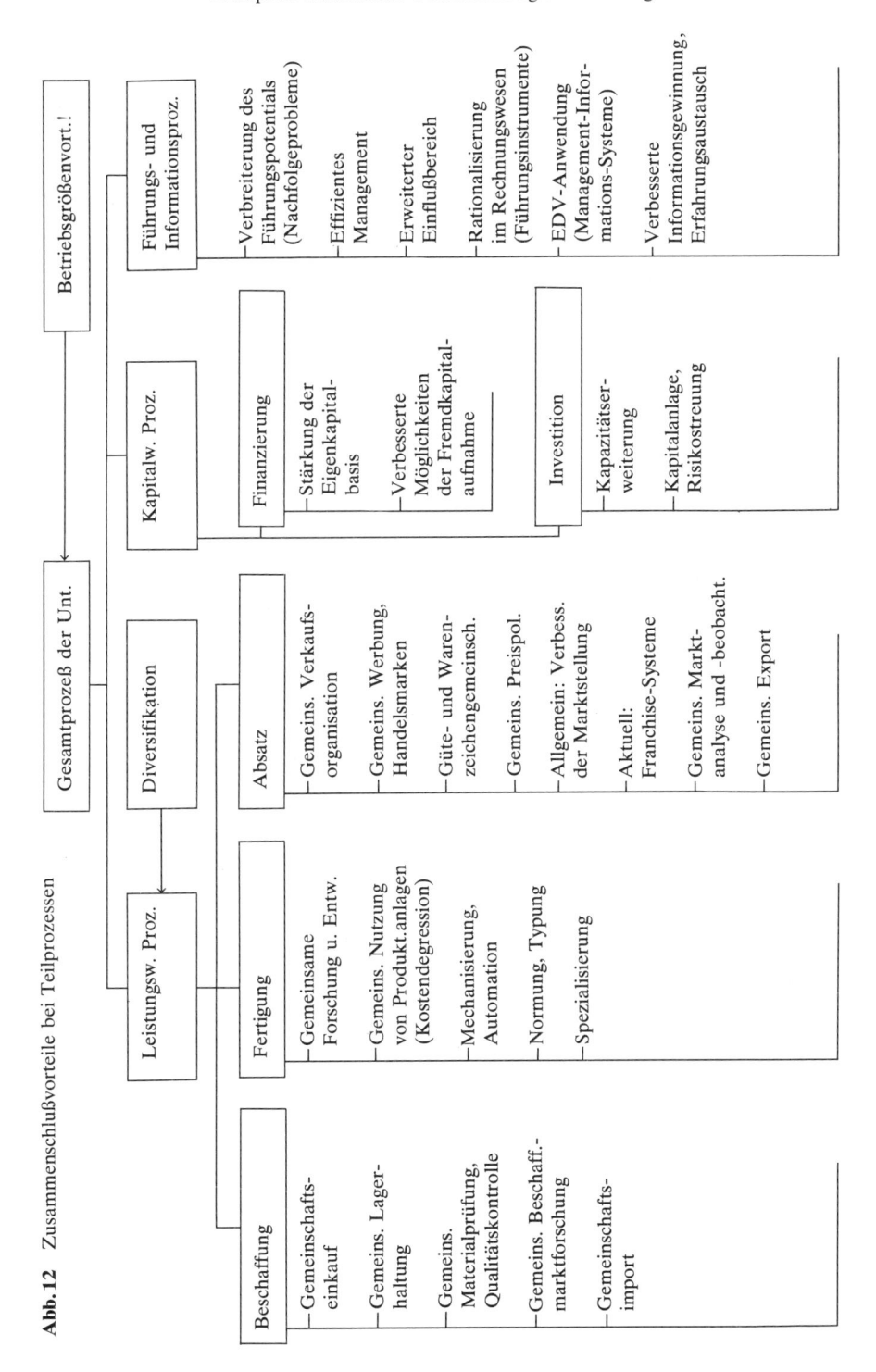

Abb. 12 Zusammenschlußvorteile bei Teilprozessen

- **Gesamtprozeß der Unt.**
  - **Betriebsgrößenvort.!**
    - **Führungs- und Informationsproz.**
      - Verbreiterung des Führungspotentials (Nachfolgeprobleme)
      - Effizientes Management
      - Erweiterter Einflußbereich
      - Rationalisierung im Rechnungswesen (Führungsinstrumente)
      - EDV-Anwendung (Management-Informations-Systeme)
      - Verbesserte Informationsgewinnung, Erfahrungsaustausch
    - **Kapitalw. Proz.**
      - **Finanzierung**
        - Stärkung der Eigenkapitalbasis
        - Verbesserte Möglichkeiten der Fremdkapitalaufnahme
      - **Investition**
        - Kapazitätserweiterung
        - Kapitalanlage, Risikostreuung
  - **Diversifikation**
    - **Absatz**
      - Gemeins. Verkaufsorganisation
      - Gemeins. Werbung, Handelsmarken
      - Güte- und Warenzeichengemeinsch.
      - Gemeins. Preispol.
      - Allgemein: Verbess. der Marktstellung
      - Aktuell: Franchise-Systeme
      - Gemeins. Marktanalyse und -beobacht.
      - Gemeins. Export
    - **Leistungsw. Proz.**
      - **Fertigung**
        - Gemeinsame Forschung u. Entw.
        - Gemeins. Nutzung von Produkt.anlagen (Kostendegression)
        - Mechanisierung, Automation
        - Normung, Typung
        - Spezialisierung
      - **Beschaffung**
        - Gemeinschaftseinkauf
        - Gemeins. Lagerhaltung
        - Gemeins. Materialprüfung, Qualitätskontrolle
        - Gemeins. Beschaff.-marktforschung
        - Gemeinschaftsimport

- **Vorwärtsintegration**: Zusammenschlußbildung ist aus Sicht einer niedrigeren Stufe der Produktion auf nachgelagerte Stufen gerichtet; bei Handelsunternehmen sind analoge Integrationsrichtungen zu bilden.

(3) **Diagonale Zusammenschlüsse**: die Zusammenschlüsse sind auf bisher „branchenfremde" Wirtschaftszweige gerichtet; hier sind als grundsätzliche Formen möglich:

- **Konglomerate Zusammenschlüsse**: Eindringen in unterschiedliche Branchen erfolgt als „Kapitalanlage" mit besserer Risikostreuung.

- **Diversifizierende Zusammenschlüsse**: das Eindringen in unterschiedliche Märkte erfolgt zur Sicherung des Wachstums und zur Wahrnehmung neuer Gewinnchancen.

2. Wettbewerbsrechtliche Einschränkungen

Die Bildung von Zusammenschlüssen wird durch die wettbewerbsrechtlichen Vorschriften des GWB in einem beachtlichen Umfange eingeschränkt; hierbei seien zunächst die Vorschriften über **konzentrative Zusammenschlußformen** betrachtet. Ein vollständiger Überblick über die konzentrativen Zusammenschlußformen ist in der Legaldefinition des Begriffs „Zusammenschlüsse" gem. § 23 GWB enthalten. Als Kontrolle über derartige Zusammenschlußformen sind für die Praxis die folgenden Hauptprinzipien von Bedeutung:

- **Anzeigepflicht** bestimmter vollzogener Zusammenschlüsse gem. § 23 GWB
- **Anmeldepflicht** bestimmter Zusammenschlußvorhaben gem. § 24 a GWB
- **Untersagung / Zwangsentflechtung** bestimmter Zusammenschlüsse gem. § 24 GWB

Für die kartellrechtliche Zulässigkeit von **kooperativen Zusammenschlußformen** sind insbesondere die nachstehenden Verbotsprinzipien des GWB von Bedeutung:

(1) **Kartellverbot gem. § 1 GWB**: d.h. Verbot horizontaler, wettbewerbsbeschränkender Verträge und Beschlüsse; auf Grund bestimmter **Freistellungsverfahren** sind gewisse Ausnahmen zulässig:

- Anmeldepflichtige Kartelle (unbedingt zulässig)
- Anmeldepflichtige Kartelle (widerspruchsgefährdet)
- Erlaubnispflichtige Kartelle

(2) **Verbot vertikaler Wettbewerbsbeschränkungen gem. §§ 15–21 GWB**: von diesem Verbot erfaßt sind Austauschverträge (z.B. Kaufverträge) mit bestimmten wettbewerbsbeschränkenden Bindungen gegenüber Dritten, insbesondere:

- Preis- und Konditionenbindungen (Ausnahmen zulässig)
- Weitere Drittbindungen gem. § 18 GWB
- Wettbewerbsbeschränkende Abreden in Verträgen über gewerbliche Schutzrechte oder ähnliche Leistungen gem. § 20 GWB

(3) **Abstimmungsverbot gem. § 25 GWB** (z.B. für „Frühstückskartelle")

(4) **Verbot bestimmter einseitiger Maßnahmen gem. § 25 GWB** (z.B. Verbot der Diskriminierung mittelständischer Lieferanten durch Großzusammenschlüsse des Handels)

(5) **Empfehlungsverbot gem. § 38 GWB** (Ausnahmen zulässig)

Bei grenzüberschreitenden Zusammenschlüssen ist neben dem GWB auch das **Kartellverbot gem. §§ 85 f. EWGV** zu beachten, dieses Verbot ist dann anzuwenden, wenn eine Wettbewerbsbeschränkung durch eine Kooperation geeignet ist, den Handel zwischen den Mitgliedsstaaten negativ zu beeinflussen. Diese Voraussetzung liegt z. B. vor, wenn eine Kooperationsgruppe innerhalb von Westeuropa Gebietsaufteilungen vereinbart, durch welche die gegenseitige Durchdringung der Märkte verhindert wird. Unter das Verbotsprinzip gem. § 85 EWGV fallen Kartellverträge, sonstige wettbewerbsbeschränkende Verträge, sonstige abgestimmte Verhaltensweisen und sonstige Maßnahmen, die eine Wettbewerbsbeschränkung bezwecken oder bewirken. Daneben enthält der EWGV in § 86 noch ein Verbot der mißbräuchlichen Ausnutzung einer marktbeherrschenden Stellung durch ein oder mehrere Unternehmen. Bei den Märkten für Kohle und Stahl ist als Sondervorschrift das **Kartellverbot gem. Art. 65 I MUV (Montan-Union-Vertrag)** zu beachten, welches ebenfalls alle Wettbewerbsbeschränkungen im weiteren Sinne verbietet.

II. Konzentrative Zusammenschlußformen

1. Überblick: Konzentrationsformen

Zur Begriffsdefinition der konzentrativen Zusammenschlußformen ist zunächst vom volkswirtschaftlichen Konzentrationsbegriff auszugehen. Der **Konzentrationsbegriff** ist in der **Volkswirtschaftslehre** und Wirtschaftspolitik schon seit langem diskutiert worden, wobei man im allgmeinen unter Konzentration die Zusammenballung wirtschaftlicher Macht (z.B. in Form von Vermögen, Einkommen, Umsatz) bei wenigen Wirtschaftseinheiten versteht. Zur Messung der Konzentration werden bestimmte statistische Kennziffern und Untersuchungsmethoden verwendet (z.B. als Kennziffer: der prozentuale Anteil der 10 größten Unternehmen am Branchenumsatz).

Der betriebswirtschaftliche Konzentrationsbegriff ist demgegenüber auf eine streng einzelwirtschaftliche Betrachtungsweise gerichtet: der Konzentrationsbegriff wird in der Betriebswirtschaftslehre im allgemeinen definiert **als Zunahme der Verfügungsgewalt über Produktionsmittel in den Händen einheitlich gelenkter Wirtschaftseinheiten.** Diese Zunahme ist aus Sicht der beteiligten Unternehmen möglich einerseits durch Betriebsvergrößerungen aus eigener Kraft (internes Wachstum), andererseits durch Vereinigung mit anderen Unternehmen zu größeren, einheitlich gelenkten Wirtschaftseinheiten (externes Wachstum: konzentrative Zusammenschlüsse). Der Begriff der konzentrativen Zusammenschlußformen ist daher durch folgende Merkmale gekennzeichnet:

(1) Entstehung einer **einheitlich gelenkten Wirtschaftseinheit** (Typisches Merkmal des Konzerns!)

(2) **Verlust der wirtschaftlichen Selbständigkeit** bei den der einheitlichen Lenkung unterworfenen Unternehmen

(3) **Verlust der rechtlichen Selbständigkeit**: dieses Merkmal ist bei den einzelnen Konzentrationsformen unterschiedlich gestaltet:

- **Kein Verlust** der rechtlichen Selbständigkeit bei den „Verbundenen Unternehmen" gem. AktG, auch nicht bei einer „Eingegliederten Gesellschaft" gem. § 319 AktG.

- **Verlust** der rechtlichen Selbständigkeit bei **einem Teil** der Zusammenschlußpartner: z.B. bei Fusion durch Aufnahme; das aufgenommene Unternehmen wird als Rechtssubjekt gelöscht, das aufnehmende bleibt bestehen.

- **Verlust** der rechtlichen Selbständigkeit bei **allen** Zusammenschlußpartner: z.B. bei Fusion durch Neubildung, d.h. beide Ausgangsunternehmen verschwinden als Rechtssubjekt, es entsteht ein einheitliches neues Rechtssubjekt.

Der Begriff **„Trust"** für konzentrative Zusammenschlußformen ist insofern mißverständlich, als dieser Begriff sehr unterschiedliche Interpretationsmöglichkeiten aufweist. Im Sprachgebrauch der USA entspricht der „trust" in etwa dem deutschen Konzernbegriff, in der BRD wird der Begriff „Trust" interpretiert etwa als monopolistischer Konzern.

Sölter hat die betriebswirtschaftlich relevanten **„Konzentrationsrichtungen"** in einer Aufstellung zusammengefaßt (vgl. Sölter, 80, S. 996 ff.):

- Horizontale/Vertikale Konzentration
- Produktionsverwandte, jedoch nicht horizontale Konzentration (z.B. bei gleichartiger technischer Forschung)
- Bedarfsgruppenorientierte Konzentration (Full-Line-Prinzip)
- Konzentration zwecks regionaler Diversifikation (Multiregionalisierung, Multinationalisierung)
- Kapazitätskonzentration (Erhöhte Fertigungskapazität)
- Reine konglomerate Konzentration (Wachstumsbranchen)
- Reine Finanzkonzentration (Gewinnchancen)

2. Verbundene Unternehmen gem. §§ 15 ff. AktG

a) Mehrheitsbeteiligung/Mehrheitsbesitz

Die vielfältigen Möglichkeiten einer kapitalmäßigen und leitungsmäßigen Verflechtung zwischen rechtlich selbständig bleibenden Unternehmen werden im AktG unter dem **Oberbegriff „Verbundene Unternehmen"** zusammengefaßt; ein Überblick über die Art verbundener Unternehmen und über die engen Beziehungen zwischen den einzelnen Formen ist in Abb. 13 dargestellt. Die erste im AktG dargestellte Form verbundener Unternehmen stellt gem. § 16 die **Mehrheitsbeteiligung** dar; dieser Zusammenschluß umfaßt eine in Mehrheitsbesitz stehende Unternehmung sowie die mit Mehrheit beteiligte Unternehmung, wobei sich die Mehrheit auf die Stimmrechte in der Hauptversammlung, insbesondere jedoch auf die Kapital-Anteile beziehen kann. Zur Verdeutlichung dieser Begriffe sei im Folgenden ein Überblick über die wichtigsten Beteiligungsstufen bei einer Kapitalgesellschaft betrachtet (Beteiligung am Grundkapital):

- **Anteil unter 25%**: noch keine „Beteiligung" (§ 152 AktG)
- **Anteil = 25%**: Einfache Minderheitenbeteiligung
- **Anteil 25,1 – 50%**: Qualifizierte Minderheitsbeteiligung; d.h. Sperrminorität bei wichtigen Beschlüssen gegeben
- **Anteil 50,1 – 74,9%**: einfache Mehrheitsbeteiligung; ermöglicht die Beherrschung einer AG, da die Beschlüsse in der Hauptversammlung in der Regel eine Mehrheit der abgegebenen Stimmen bzw. der Kapitalanteile erfordern gem. § 153 AktG
- **Anteil 75 – 100%**: Qualifizierte Mehrheitsbeteiligung, diese ermöglicht auch Beschlüsse, bei denen eine 3/4-Mehrheit vorgeschrieben ist, z. B. bei Satzungsänderungen gem. § 179 AktG
- **Anteil über 95%**: ermöglicht Beschluß über Eingliederung der Unternehmung in die AG, welche die Mehrheit besitzt

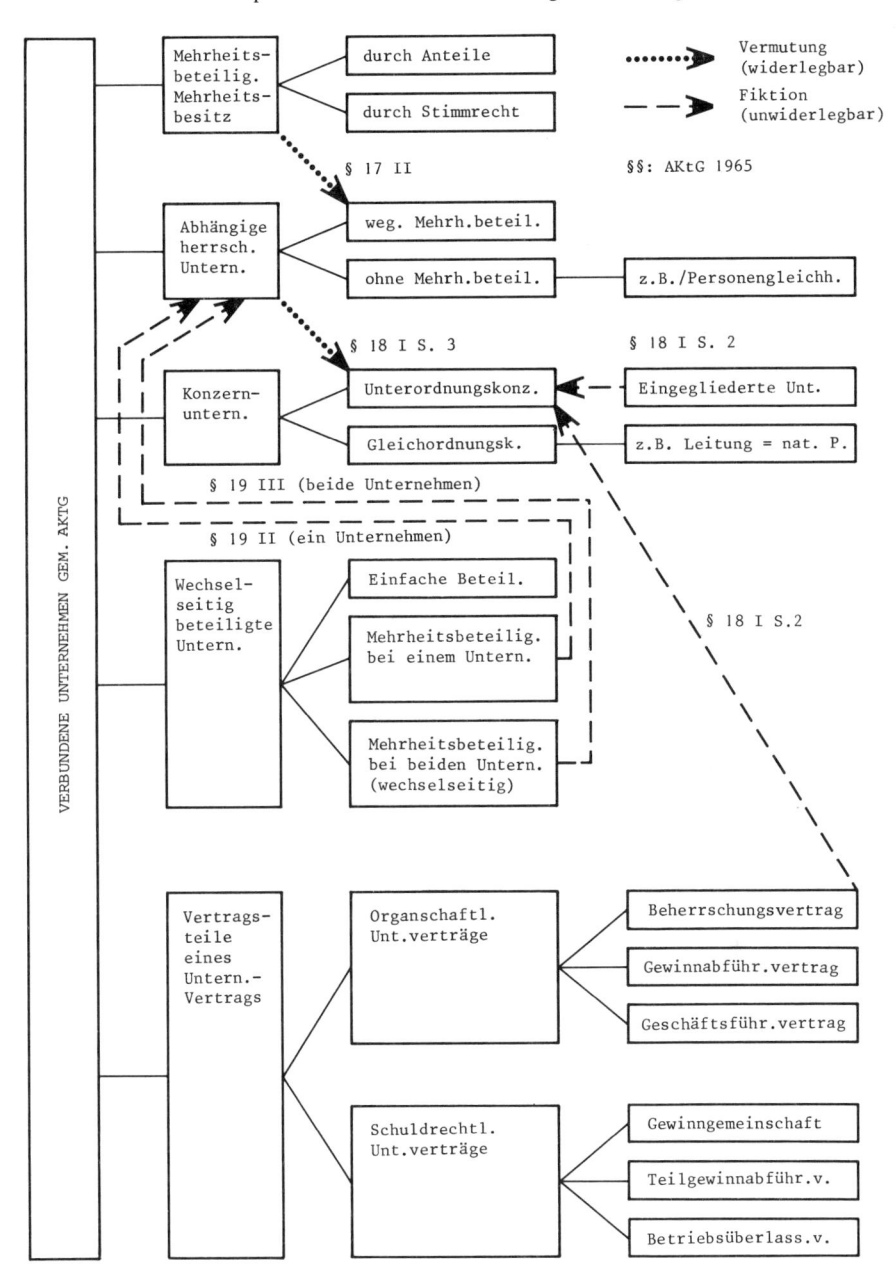

2. Kapitel: Konstitutive Unternehmungsentscheidungen

Abb. 13 Beziehungen verbundener Unternehmen gem. AktG

- **Anteil = 100%**: Totalbeteiligung, ermöglicht vollständige Beherrschung der Gesellschaft, da keine Minderheitenaktionäre mehr vorhanden sind.

b) Abhängige/Herrschende Unternehmen

Das entscheidende Merkmal dieser Form von verbundenen Unternehmen besteht darin, daß die herrschende Unternehmung auf die abhängige Unternehmung unmittelbar oder mittelbar einen **beherrschenden Einfluß** ausüben kann gem. § 17 AktG. Dieser Einfluß ist möglich aufgrund der zuvor dargestellten Mehrheitsbeteiligung, aber auch ohne Mehrheitsbeteiligung, z. B. durch Personengleichheit in Leitungsorganen der abhängigen und herrschenden Unternehmung (Aufsichtsrat, Vorstand). Das AktG hat zum Schutz von Minderheitsaktionären an den Tatbestand der Abhängigkeit bestimmte Rechtsfolgen geknüpft: so insbesondere die Pflicht der abhängigen Gesellschaft zur Aufstellung eines „**Abhängigkeitsberichts**" gem. § 312 AktG (wenn kein Unternehmungsvertrag vorliegt) sowie die Pflicht der herrschenden Gesellschaft zum Ausgleich eventueller Nachteile an die Minderheitsaktionäre der abhängigen Gesellschaft gem. § 311 AktG.

c) Konzernunternehmen

Der zentrale Begriff des Konzerns ist im AktG definiert als **Zusammenfassung von einem herrschenden und einem bzw. mehreren abhängigen Unternehmen unter einheitlicher Leitung (Unterordnungskonzern gem. § 18 I AktG)**. Daneben ist die Definition des **Gleichordnungskonzerns in § 18 II AktG** gegeben als Zusammenfassung rechtlich selbständiger Unternehmen unter einheitlicher Leitung, ohne daß das eine Unternehmen von dem anderen Unternehmen abhängig ist. Dies ist insbesondere der Fall, wenn die einheitliche Leitung nicht von einem „Unternehmen", sondern von einer natürlichen Person ausgeführt wird. Für das Vorliegen eines Konzerns besteht im AktG ein System von gesetzlichen Vermutungen und Fiktionen (vgl. Abb. 13). An den Tatbestand des Konzerns ist eine Reihe von Rechtsfolgen im AktG geknüpft, insbesondere die Pflicht zur Aufstellung, Prüfung und Veröffentlichung von Konzern-Jahresabschlüssen und Konzern-Geschäftsberichten gem. §§ 329ff. AktG. Aus der Abb. 13 wird auch die praktisch bedeutsame **Unterscheidung** der nachstehenden **Konzernarten** ersichtlich:

- **Vertragskonzerne** (Einheitliche Leitung durch Beherrschungsvertrag) und
- **Faktische Konzerne** (Einheitliche Leitung auch ohne Beherrschungsvertrag, z. B. durch Mehrheitsbeteiligung, Personengleichheit bei Führungsorganen usw.).

In der Wirtschaftspraxis werden im Zusammenhang mit Unterordnungskonzernen häufig die Begriffe: **Obergesellschaft bzw. Muttergesellschaft** (= herrschendes Unternehmen) und **Untergesellschaft bzw. Tochtergesellschaft** (= abhängiges Unternehmen) verwendet. Obergesellschaften, die keine eigenen Produktions- oder Vertriebsaufgaben wahrnehmen, sondern nur zur Verwaltung der Beteiligungen sowie zur Lenkung der Konzerntöchter dienen, werden vielfach als **Holdinggesellschaften** oder **Dachgesellschaften** bezeichnet.

In der aktuellen Diskussion wird auch häufig der Begriff des **multinationalen Konzerns** verwendet; etwa im Sinne eines Konzerns, welcher bewußt die Möglichkeiten der Arbeitsteilung über die Staatsgrenzen hinweg ausnützt und optimale Produktionsstandorte in verschiedenen Ländern (Rohstoffe, Arbeitskräfte) mit optimalen Vertriebsorganisationen in verschiedenen Ländern (Marktpräsenz, Beteiligung inländischer Firmen) verbindet. Der Begriff der Multinationalität geht damit weit hinaus über den Begriff eines „transnationalen" Unternehmens, etwa einer inländischen Unternehmung mit ausländischen Exportmärkten oder mit einzelnen Produktionsstätten im Ausland. Multinationalität bedeutet demgegenüber eine „echt-globale, grenzüberschreitende Unternehmungsdisposition" (Sölter, 80, Sp. 1009), Direktinvestitionen in den hierfür geeigneten Ländern und die Präsenz in allen wesentlichen Absatzmärkten (Ländern) der Welt.

d) Wechselseitige Beteiligungen gem. § 19 AktG

Wechselseitige Beteiligungen unter Kapitalgesellschaften heben sich bei der Einflußnahme nicht gegenseitig auf, bei Vorliegen einer Mehrheitsbeteiligung bzw. von mehreren wechselseitigen Mehrheitsbeteiligungen besteht eine unwiderlegbare Vermutung für ein Abhängigkeitsverhältnis bzw. für mehrere Abhängigkeitsverhältnisse (§ 19 II bzw. 19 III AktG).

e) Unternehmensverträge gem. §§ 291 f. AktG

Die Unternehmensverträge gem. AktG können wie folgt eingeteilt werden:

- **Organschaftliche Unternehmensverträge (§ 291 AktG)** (insbesondere Beherrschungsverträge)
- **Schuldrechtliche Unternehmensverträge (§ 292 AktG)** (z.B. Teilgewinnabführungs-Vertrag)

Das AktG enthält eine Reihe von Vorschriften über derartige Unternehmensverträge, z.B. über den Abschluß der Verträge sowie über die Sicherung der außenstehenden Aktionäre.

3. Rechtliche Vereinigung (Fusion im weiteren Sinne)

a) Verschmelzung

Die engste Form der Zusammenschlüsse ergibt sich, wenn durch den Zusammenschluß ein einziges Rechtssubjekt „überbleibt" und dieses Rechtssubjekt das Vermögen der ursprünglichen Zusammenschlußpartner übernimmt (Fusion im weiteren Sinne). Von besonderer Bedeutung für die begriffliche Klärung derartiger Zusammenschlüsse ist das Merkmal, wie der Vermögenserwerb erfolgt. Eine erste Möglichkeit besteht darin, daß die „überbleibende" Unternehmung die Vermögensgegenstände einer anderen Unternehmung durch Kauf erwirbt und hierfür einen Kaufpreis entrichtet (Betriebsaufgabe seitens der verkaufenden Unternehmung). Dieser in der Praxis häufig als „Zusammenschluß" oder „Fusion" bezeichnete Vorgang stellt in Wirklichkeit lediglich einen Aufkauf dar (unechte Fusion).

Daneben sind als echte Fusion vor allem diejenigen Vorgänge zu untersuchen, bei denen zwar die ursprünglichen Unternehmensvermögen rechtlich vereinigt werden (d.h. die Vermögensgegenstände werden von einem einzigen Rechtssubjekt übernommen), aber beide Zusammenschlußpartner werden gesellschaftsrechtlich an dem gemeinsamen Rechtssubjekt beteiligt. Für die Regelung des Vermögenserwerbs in diesen Fällen ist von Bedeutung, ob beim Zusammenschluß eine **Gesamtrechtsnachfolge** möglich ist. Das umständliche Verfahren der Liquidation der Ausgangsunternehmen sowie die Einbringung der Vermögensgegenstände im Wege der Einzelrechtsnachfolge kann hierbei entfallen: das gemeinsame Rechtssubjekt tritt in die gesamte Rechtsstellung der Ausgangsunternehmen ein. Ein Vermögenserwerb im Wege der Gesamtrechtsnachfolge ist nur in wenigen, gesetzlich genau geregelten Fällen möglich (Verschmelzung).

Die Möglichkeiten einer Verschmelzung (Fusion im engeren Sinne) sind im AktG in den §§ 339 ff. geregelt. Die Verschmelzung ist zunächst im AktG definiert als **Unternehmensvereinigung ohne Abwicklung durch Übertragung des Vermögens als Ganzes gegen Gewährung von Aktien**. Als grundsätzliche Formen der Verschmelzung sind zu unterscheiden:

- **Verschmelzung durch Aufnahme**: Übertragung des Vermögens der übertragenden Gesellschaft als Ganzes auf eine andere Gesellschaft gegen Gewährung von Aktien dieser Gesellschaft.

- **Verschmelzung durch Neubildung**: Bildung einer neuen Gesellschaft, auf welche das Vermögen jeder der sich vereinigenden Gesellschaften als Ganzes gegen Gewährung von Aktien der neuen Gesellschaft übergeht.

In den einzelnen Abschnitten des AktG über Verschmelzung ist festgelegt, bei welchen Rechtsformen der Ausgangsunternehmen welche Verschmelzungsformen zulässig sind (§§ 339–358 AktG).

b) Übertragende Umwandlung

Weitere Möglichkeiten der Vermögensübertragung im Wege der Gesamtrechtsnachfolge sind im Rahmen von Umwandlungen gegeben. Umwandlungen werden üblicherweise eingeteilt in formwechselnde Umwandlungen sowie übertragende Umwandlungen. Bei den **formwechselnden Umwandlungen** findet keine Vermögensübertragung statt, es wechselt lediglich die Rechtsform des Rechtssubjekts (möglich sind formwechselnde Umwandlungen zwischen verschiedenen Formen der Kapitalgesellschaften oder zwischen verschiedenen Formen der Personengesellschaften). Als Zusammenschlüsse sind demgegenüber die Formen der **übertragenden Umwandlung** von Bedeutung, da hier eine Vermögensübertragung erfolgt. Diese Vermögensübertragung ist auf den folgenden beiden Wegen möglich:

- **Verschmelzung durch übertragende Umwandlung**: d. h. Vermögensübertragung von der untergehenden Unternehmung auf die übernehmende Unternehmung

- **errichtende übertragende Umwandlung**: Vermögensübertragung von der untergehenden Unternehmung auf eine neu zu errichtende Unternehmung.

Die Formen der übertragenden Umwandlung sind größtenteils im Umwandlungsgesetz geregelt, dabei werden folgende Rechtsformen berücksichtigt:

- **1. Abschnitt**: Umwandlung von Kapitalgesellschaft/Bergrechtliche Gesellschaft in Personenhandelsgesellschaft
- **2. Abschnitt**: Umwandlung von Personenhandelsgesellschaft in AG/KGaA
- **3. Abschnitt**: Umwandlung von Personenhandelsgesellschaft in GmbH
- **4. Abschnitt**: Umwandlung von Einzelkaufmann in AG/KGaA
- **5. Abschnitt**: Umwandlung anderer Unternehmensformen in AG/KGaA
- **6. Abschnitt**: Umwandlung von Bergrechtlicher Gewerkschaft in GmbH

III. Kooperative Zusammenschlußformen

1. Überblick: Kooperationsformen

Vor der Darstellung einzelner Kooperationsformen ist zunächst der Begriff der Kooperation selbst genauer zu bestimmen. So etwa spricht Schneider von Kooperation, „**wenn zwei oder mehr wirtschaftlich selbständig bleibende Unternehmen miteinander vereinbaren, in einzelnen oder mehreren Bereichen ihrer Unternehmenstätigkeit zusammenzuarbeiten, um neue Strebensrichtungen überhaupt erst und/oder bestehende Ziele besser erfüllen zu können**" (Schneider, 72, S. 46). Zur Abgrenzung des Kooperationsbegriffs gegenüber anderen Zusammenschlußarten werden vor allem die nachstehenden Merkmale genannt:

(1) **Erhaltung der rechtlichen Selbständigkeit**

(2) **Erhaltung der wirtschaftlichen Selbständigkeit** der Mitglieder, hierfür werden als konkrete Merkmale erwähnt:
- Typische Entscheidungsautonomie der Mitglieder als privatwirtschaftliche Unternehmen muß gewahrt werden (z. B. bei der Besetzung von Führungsstellen innerhalb der Mitgliedsunternehmen)
- Keine Änderung der Eigentumsverhältnisse bei den Mitgliedsunternehmen
- Keine zentrale Leitungsstelle „über" den Mitgliedsunternehmen
- Wiederauflösbarkeit des Zusammenschlusses: bei kooperativen Zusammenschlüssen besitzen alle Mitglieder eine einseitige Kündigungsmöglichkeit sowie eine Möglichkeit, auch außerhalb des Zusammenschlusses am Markt weiterbestehen zu können.

(3) **Freiwilligkeit der Zusammenarbeit**: keine kapitalmäßige oder vertragliche Über-/Unterordnung der Zusammenschlußpartner

(4) **Delegation von Aufgaben**

(5) **Rechtsgrundlage der Zusammenarbeit**: die Kooperation wird häufig aufgrund einer gesellschaftsvertraglichen Abmachung erfolgen; daneben sind kooperative Abmachungen auch im Rahmen von Austauschverträgen (z. B. Lieferverträgen) anzutreffen. Schließlich ist kooperative Zusammenarbeit auch ohne Vertragsabmachungen, nur aufgrund eines abgestimmten Verhaltens möglich. Grundlegend erscheint daher als Merkmal der Kooperation, daß es sich um eine bewußt gemeinsam gestaltete Handlungsweise handelt.

(6) **Zahl der Zusammenschlußpartner**: In einer bekannten Gegenüberstellung bezeichnet Nieschlag die Kooperation als Zusammenarbeit der Wenigen, das Kartell als Zusammenarbeit der Vielen (vgl. Nieschlag, 55). Hier wird ein Begriff der Kooperation im engeren Sinne (Kartellfreie Kooperation) ersichtlich.

(7) **Einhaltung des gesetzlichen Rahmens**: Bekannte Autoren wie Sölter haben als Merkmal der Kooperation betont, daß es sich um eine Zusammenarbeit „innerhalb des vom Staat gesetzten Rahmens" handelt (Sölter, S. 236). Auch hier wird der Begriff der Kooperation im engeren Sinne ersichtlich.

(8) **Zusammenschlußziele**: Von einer Reihe von Autoren werden als Wesensmerkmale der Kooperation bestimmte Ziele, wie z. B. Steigerung der Wettbewerbsfähigkeit, genannt; diese Ziele gelten allerdings eigentlich für jede Unternehmung.

Eine Einteilung in einzelne Kooperationsformen ist neben den allgemeinen Einteilungskriterien für Zusammenschlüsse insbesondere nach folgenden Kriterien möglich:

- Räumliche Ausdehnung: Regionale – Nationale – Grenzüberschreitende Kooperation
- Kooperationssektoren: Kooperation innerhalb des Handels, der Industrie usw. bzw. Kooperation Handel und Industrie usw.
- Gestaltung des Kooperationsbereichs: Dezentrale Kooperation (Aufgaben werden von Mitgliedern erfüllt) – Zentrale Kooperation (Gemeinschaftsunternehmen)

2. Kartellrechtsfreie Kooperationsformen

a) Kooperation als „Gegenkonzentration"

Durch eine Reihe von Veröffentlichungen soll den Unternehmen in der Praxis, insbesondere den mittelständischen Unternehmen, gezeigt werden, welche umfangreichen Kooperationsmöglichkeiten bestehen, ohne daß die Mitglieder mit dem Kartellrecht in Konflikt geraten („Kartellverbot ist nicht gleich Kooperationsverbot"). Hier wird die Kooperation häufig als eine Art **„Gegenkonzentration"** gesehen, als Selbsthilfeinstrument der mittelständischen Unternehmen gegenüber dem Vordringen der Großunternehmen. Inzwischen haben jedoch gerade die Großunternehmen die Vorteile der Kooperation wahrgenommen. Schließlich haben mächtige Kooperationsgruppen mittelständischer Handelsunternehmen („Nachfragemacht des Handels", Sölter) zu der Diskussion geführt, ob nicht die Kooperation ebenfalls einen Teil des Konzentrationsprozesses darstellt.

Als grundlegende und bekannte Kooperationsveröffentlichungen sind zu nennen:

- **„Deutsche Kooperationsfibel"** des **Bundeswirtschafts-Ministeriums**: die erste Auflage 1963 zeigte insbesondere die Kooperationsmöglichkeiten nach Funktionsgebieten auf, die zweite Auflage 1976 zeigt insbesondere die Abgrenzung der Kooperation von den verschiedenen Arten der Wettbewerbsbeschränkungen im GWB
- **„Kooperationsfibel" der deutschen Industrie**, herausgegeben von Behnisch (BDI), 1976 bereits in der 4. Auflage erschienen
- **„Kooperationsleitfäden", herausgegeben von RKW/BDI**, es erschienen bereits spezielle Leitfäden für: Beschaffung/Fertigung/Vertrieb/Personal- und Sozialwirtschaft sowie Export, jeweils mit einer Fülle von praktischen Beispielen

Praktisch bedeutsame Kooperationsveröffentlichungen erschienen auch für die grenzüberschreitende Kooperation:

- **„Europäische Kooperationsfibel"**, herausgegeben 1968 von der EG-Kommission
- **„Kooperations-Leitfaden für die Grenzüberschreitende Kooperation in der EG"**, herausgegeben 1968 von dem RKW und dem CEPES (Comité Européen pour le Progrés Economique et Social)

b) Einzelne Kooperationsformen

Nach dem allgemeinen Überblick über Kooperation seien nun noch einige bekannte Formen der Kooperation im einzelnen erläutert.

- **Metageschäft** (Lockerste Kooperationsform): d.h. ein Rechtsgeschäft, durch welches sich die Beteiligten verpflichten, Geschäfte im eigenen Namen, aber für gemeinsame Rechnung abzuschließen. Beispiel: Gemeinsamer Verkauf mehrerer Warenpartien an einer Warenbörse, die Gewinne werden anschließend vereinbarungsgemäß verteilt.

- **Konsortium**: ein gesellschaftsrechtlicher Zusammenschluß (meist BGB-Gesellschaft), der nur vorübergehend zur Durchführung bestimmter Projekte vereinbart wird, z. B. ein Bankenkonsortium bei größeren Emissionen von Aktien oder Obligationen.
- **Arbeitsgemeinschaft (ARGE)**: Konsortium zur Abwicklung von Großaufträgen im Bauwesen und im Export.
- **Interessengemeinschaft**: Dieser Begriff wird in der Praxis sehr uneinheitlich gebraucht und bezeichnet im allgemeinen einen horizontalen Zusammenschluß von Unternehmen auf vertraglicher Basis, wobei die Partner rechtlich und wirtschaftlich selbständig bleiben. Als spezielle Form der Interessengemeinschaft ist in § 292 AktG die Gewinngemeinschaft geregelt. Eine **Gewinngemeinschaft** liegt vor, wenn die von den beteiligten Unternehmen erzielten Gewinne aus bestimmten Bereichen (z. B. Export) zusammengerechnet werden und nach bestimmten Schlüsseln verteilt werden (Gewinnpool). Voraussetzungen zur Gewinn-Poolung sind exakte Abmachungen über die Gewinnermittlung (Gewinn laut Handelsbilanz oder Steuerbilanz, Bewertungsmethoden).
- **Gemeinschaftsunternehmen**: Zur Durchführung bestimmter neuer Aufgaben (insbesondere für neue Produktbereiche) haben rechtlich und wirtschaftlich selbständig bleibende Partner eine eigene Unternehmung gegründet. Um eine Konzern-mäßige Beherrschung des Gemeinschaftsunternehmens durch die eine oder andere Hauptgesellschaft auszuschließen (hierfür wäre ja eine Mehrheitsbeteiligung erforderlich), vereinbaren die Hauptgesellschafter meistens eine 50-zu-50-Beteiligung am Eigenkapital der Gemeinschaftsunternehmung.

3. Kartelle (Horizontale Wettbewerbsbeschränkungen)

Das kooperative Verhalten von Unternehmen kann, wenn es auf bestimmte Märkte gerichtet ist, auch zu einer Beschränkung des dort herrschenden Wettbewerbs führen; die wichtigste Form von Wettbewerbsbeschränkungen durch gemeinsames Vorgehen von Unternehmen stellen die Kartellverträge und -beschlüsse dar. Der Kartellbegriff wird grundlegend in § 1 des GWB definiert als **„Verträge, die Unternehmen oder Vereinigungen von Unternehmen zu einem gemeinsamen Zweck schließen und Beschlüsse von Vereinigungen von Unternehmen, soweit sie geeignet sind, die Erzeugung oder die Marktverhältnisse für den Verkehr mit Waren oder gewerblichen Leistungen zu beeinflussen"**. Der Kartellbegriff umfaßt somit alle Vereinbarungen und Beschlüsse, die auf eine Beschränkung des Wettbewerbs zwischen den Beteiligten gerichtet sind; Kartelle sind in aller Regel horizontale, d. h. für Unternehmen aus derselben Wirtschaftsstufe maßgebliche Vereinbarungen. Um eine wirksame Wettbewerbsbeschränkung zu erreichen, müssen Kartelle einen Großteil der an einem bestimmten Markt vorhandenen Wettbewerber umfassen.

Wie bereits auf S. 51f dargestellt wurde, wird die Bildung von Kartellen durch das GWB stark eingeschränkt: grundsätzlich gilt das **Kartellverbot**, Ausnahmen sind nur durch bestimmte Freistellungsverfahren möglich. Im einzelnen sind im GWB gegen unzulässige Kartelle eine Reihe von Vorschriften enthalten: zunächst werden Kartellverträge und -beschlüsse für nichtig erklärt; Unternehmen, die gegen diese Nichtigkeit verstoßen, begehen eine Ordnungswidrigkeit, die mit Geldbußen bis zu 100 000 DM belegt werden kann (§ 38 GWB). Daneben sind bei Verstößen gegen die Kartellbestimmungen zivilrechtliche Ansprüche der betroffenen Dritten (Schadensersatz- und Unterlassungsansprüche) gegeben. Für die Einteilung der Kartellarten erscheint es daher als wichtigstes Merkmal, ob und durch welches Freistellungsverfahren eine bestimmte Kartellart zulässig ist oder nicht. Ein Überblick über die bekanntesten Kartellarten und deren kartellrechtliche Zulässigkeit ist in Abb. 14 dargestellt, die Einteilung der Kartellarten erfolgt dabei nach den bereits genannten drei Freistellungsverfahren.

Im Folgenden werden die in Abb. 14 aufgeführten, kartellrechtlich zulässigen **Kartellformen** jeweils kurz erläutert.

(1) **Normenkartelle**: beziehen sich auf einheitliche Regeln für Einzelteile, z.B. Schraubengewinde, Papierformate

(2) **Typenkartelle**: beziehen sich auf einheitliche Regeln für komplexe Erzeugnisse, z.B. Rollfilme, Kühlschränke

(3) **Angebotsschemakartelle**: beziehen sich auf einheitliche Methoden der Leistungsbeschreibung und Preisaufgliederung bei Ausschreibungen, z.B. in der Bauwirtschaft

(4) **Einfache Exportkartelle**: Kartelle zur Ausfuhrförderung, wenn sich die Wettbewerbsregelung nur auf Auslandsmärkte erstreckt

Die Kartellarten gem. Ziff. (1) bis (4) sind **anmeldepflichtig,** jedoch nach Anmeldung **unbedingt zulässig.**

(5) **Konditionenkartelle**: dienen zur Vereinheitlichung von allgemeinen Geschäfts-, Lieferungs- und Zahlungsbedingungen

(6) **Rabattkartelle**: Vereinbarungen über Art und Ausmaß bestimmter Preisnachlässe bei der Lieferung von Waren

(7) **Spezialisierungskartelle**: Konzentration der Kartellmitglieder auf bestimmte Produktgebiete, Dienstleistungen oder Vertriebsgebiete

(8) **Kooperationskartelle (Mittelstandsvereinbarungen)**: Vereinbarungen zur Förderung der Leistungsfähigkeit von kleinen und mittleren Unternehmen; zu den Zulassungsbedingungen dieser Kartellart gehört, daß die genannten Kartelle den Wettbewerb auf dem betreffenden Markt nicht wesentlich beeinträchtigen.

Die Kartellarten gem. Ziffer (5)–(8) sind **anmeldepflichtig,** unter bestimmten Voraussetzungen kann die Kartellbehörde **Widerspruch** einlegen.

(9) **Rationalisierungskartelle**: selten, da nur unter sehr restriktiven Bedingungen zulässig.

(10) **Qualifizierte Exportkartelle**: Vereinbarungen von exportierenden Herstellern, deren Wettbewerbsregelung sich auch auf das Inland erstreckt

(11) **Importkartelle**: selten, da nur unter sehr restriktiven Bedingungen zulässig.

(12) **Strukturkrisenkartelle**: Eine Strukturkrise liegt vor, wenn der Absatz in einem Wirtschaftszweig, die Produktion, die Be- oder Verarbeitung von Waren aufgrund einer nachhaltigen Änderung der Nachfrage zurückgegangen ist. Auch diese Form des Kartells ist wegen den strengen Voraussetzungen der Erlaubnis selten.

(13) **Gemeinwohlkartelle**: Bei allen Kartellarten besteht die Möglichkeit einer ausnahmsweisen Erlaubnis durch das **Bundeswirtschaftsministerium** (anstelle der sonst zuständigen Kartellbehörden). Zu den Anwendungsfällen eines derartigen Kartells gehört das Fernsehwerbe-Kartell der deutschen Zigarettenindustrie (Selbstbeschränkungsabkommen).

Die Kartelle gem. Ziffer (9)–(12) stellen **erlaubnispflichtige** Kartelle dar, die Erlaubnis wird erst nach einer entsprechenden Prüfung durch die Kartellbehörde erteilt.

Verbotene Kartelle	Erlaubnispfl. Kartelle	Anmeldepflichtige Kartelle	
		Reine Anmeldekartelle	Widerspruchskartelle
Kalkulationskartelle	Rationalisierungskart. gem. § 5 II / III	Normen- und Typenkart. gem. § 5 I	Konditionenkartelle gem. § 2
Preiskartelle, z. B.			
– Einheitspreiskartelle		Angebotsschemakartelle § 5 IV	Rabattkartelle
– Mindestpreiskartelle	Qualifizierte Exportk. (Inland / Ausland) gem. § 6 II		
– Submissionskartelle	Importkartelle gem. § 7	Einfache Exportkartelle gem. § 6 I	Spezialisierungskartelle gem. § 5 a
Produktionskartelle			
Kontingentierungskartell	Strukturkrisenkartelle § 4		Kooperationskartelle (Mittelstandsvereinbar.) gem. § 5b
– Quotenkartelle			
– Gebietskartelle	Gemeinwohlkartelle gem. § 8		
Gewinnverteilungskart.	(Erlaubnis durch BuWiMin)		
Syndikate			

Abb. 14 Kartellarten und deren Zulässigkeit gem. GWB

4. Sonstiges kartellrechtlich geregeltes Verhalten

Auch kooperatives Verhalten mehrerer Unternehmen ohne die speziellen Merkmale des Kartellvertrages kann sich wettbewerbsbeschränkend auswirken und unterliegt daher den Regelungen des GWB. Auch für diese Formen von Wettbewerbsbeschränkungen gilt ein entsprechendes Verbotsprinzip (s. S. 51f.) und Ausnahmen sind nur unter ganz speziellen, gesetzlich fixierten Voraussetzungen möglich. Für die Wirtschaftspraxis sind insbesondere die nachstehenden, als Ausnahmeregelung gesetzlich zulässigen Maßnahmen des Zusammenwirkens von Unternehmen von Bedeutung:

- **Preisbindung der 2. Hand (§ 16 GWB):** Vertragliche Abmachungen zwischen Hersteller und Groß- und Einzelhandlungen über die Preisstellung der Herstellerprodukte gegenüber Dritten, insbesondere gegenüber den Endverbrauchern. Eine derartige Preisbindung ist heute nur noch zulässig bei Arzneimitteln und Verlagserzeugnissen.

- **Unverbindliche Preisempfehlungen (§ 38a GWB):** Vertikal bindende Preisempfehlungen für Markenwaren sind zulässig unter den Voraussetzungen, daß diese Markenwaren mit gleichartigen Waren anderer Hersteller im Preiswettbewerb stehen, daß der empfohlene Preis ausdrücklich als unverbindlich bezeichnet wird und daß zur Durchsetzung des Preises kein Druck angewendet wird.

- **Mittelstandsempfehlungen (§ 38 II GWB):** d.h. Empfehlungen durch eine Vereinigung von kleinen oder mittleren Unternehmen unter Beschränkung auf den Kreis der Beteiligten. Die Empfehlungen können sich auf jede Form des Verhaltens im Wettbewerb beziehen (Preis-, Kalkulations-Empfehlungen, Empfehlungen über gemeinsame Werbung, Sortimentsgestaltung usw.). Die Mittelstandsempfehlungen sind zulässig, wenn sie zur Verbesserung der Wettbewerbsbedingungen der Beteiligten führen. Die Zulässigkeit derartiger Empfehlungen ermöglicht in der Praxis z.B. Gemeinschaftswerbungsaktionen mittelständischer Einzel- und Großhandlungen gegen Großbetriebe der Branche (z.B. Filialbetriebe).

IV. Zieloptimierung durch Zusammenschlüsse

Um eine optimale Zusammenschluß-Entscheidung zu treffen, wäre es erforderlich, den Erfolg der Zusammenschlußalternativen rechnerisch zu ermitteln und gegenüberzustellen. Die **Berechnung** des **Zusammenschlußerfolgs** („Monetäre Vorteilhaftigkeit") sieht sich jedoch vor erhebliche Probleme gestellt. Die Zusammenschlußbildung stellt einen äußerst komplexen Entscheidungstatbestand dar: eine rechnerische Erfolgsprognose ist allenfalls für ganz bestimmte Entscheidungsalternativen möglich, z.B. „Eine bestimmte horizontale Fusion eingehen oder nicht?" Erhebliche Probleme stellen sich auch durch die Frage, welche konkreten Zielsetzungen und Rechengrößen als Erfolgsmaßstäbe verwendet werden sollen. Die Zielsysteme der Zusammenschlußpartner können sehr komplex und unterschiedlich sein; sehr häufig besteht bei Zusammenschlußentscheidungen ein starker **Zielkonflikt** zwischen monetären Zielen (z.B. Umsatzsteigerung) und nichtmonetären Zielen (z.B. Unabhängigkeit, Prestige).

Untersuchungen über die Berechnung des Zusammenschlußerfolgs liegen bisher nur für ganz **bestimmte Zusammenschlußformen** vor. So hat Herz die Problematik des Zusammenschlußerfolgs bei **Kooperation** untersucht und ein Schema entwickelt zur Ermittlung des Kooperationserfolgs aufgrund bestimmter Teilerfolgsgrößen (vgl. Herz, 32). Umfangreichere Untersuchungen über die Vorteilhaftigkeit wurden vor allem für konzentrative Zusammenschlüsse entwickelt. So kann man z.B. bei Entscheidungen über **horizontale Konzentration** Betriebsgrößenuntersuchungen heranziehen (Branchen-Betriebsvergleiche), die den Verlauf bestimmter Kostenarten, wie z. B. Produktionskosten, Verwaltungskosten, Vertriebskosten usw., bei verschiedenen Betriebsgrößen darstellen und häufig bestimmte Optima erkennen lassen. So z. B. sind bei der Zementfabrikation die „Durchschnittskosten je Tonne" im Rahmen der derzeitigen Produktionstechnik am niedrigsten bei 3000 Jahrestonnen Produktionsvolumen (Quelle: Sölter, 80, Sp. 1001). Für Entscheidungen über **Erwerb oder Veräußerung von Beteiligungen** hat Schierenbeck eine umfangreiche Untersuchung vorgelegt, im Rahmen deren er ein Formel-Schema über die Vorteilhaftigkeit von Beteiligungstransaktionen entwickelt hat (vgl. Schierenbeck, 70).

Über die **Vorteilhaftigkeit** von **Fusionen** wurde in den USA bereits eine Reihe von empirischen Untersuchungen durchgeführt. So etwa hat Poindexter in seiner Studie eine Gruppe von 134 fusionierten Unternehmen und eine vergleichbare Gruppe von 111 nichtfusionierten Unternehmen gegenübergestellt. Als Erfolgsmaßstäbe wurden verwendet:

- Durchschnittlicher Gewinn je Aktie (über 10 Jahre hinweg)
- Durchschnittliche Aktienkurswerte drei Jahre nach der Fusion im Vergleich zu den Werten drei Jahre vor der Fusion

Als Ergebnis wurden für die fusionierten Unternehmen gegenüber der Kontrollgruppe höhere Aktienkurse, jedoch auch geringfügig geringere Gewinne je Aktie festgestellt (vgl. Poindexter, 59). In einer richtungsweisenden Studie hat Sigloch die Vorteilhaftigkeit von Fusionen untersucht und hierfür bestimmte Erfolgskriterien (z. B. Aktienkurs) sowie mehrere Erklärungsmodelle entwickelt (vgl. Sigloch, 77).

V. Wirtschaftsverbände

Da sich die übliche Definition der Zusammenschlüsse nur auf das Zusammenwirken der Unternehmen bei ihren unmittelbaren Betriebsfunktionen bezieht, sind Vereinigungen der Unternehmen zur **mittelbaren Förderung** betrieblicher Zwecke dort nicht eingeschlossen. Da diese Unternehmungsverbindungen jedoch für die Praxis eine erhebliche Bedeutung aufweisen, seien sie wenigstens überblicksmäßig erwähnt:

(1) **Wirtschaftsfachverbände**: Freiwillige Vereinigungen von Unternehmen bestimmter Wirtschaftszweige und Regionen, ähnlich den Innungen im Bereich handwerklicher Betriebe. Als Spitzenorganisation derartiger Verbände sind in der BRD von besonderer Bedeutung:

- Bundesverband der Deutschen Industrie (BDI)
- Hauptgemeinschaft des Deutschen Einzelhandels
- Bundesverband des privaten Bankgewerbes usw.

(2) **Arbeitgeberverbände**: Vereinigungen bestimmter Unternehmen als Arbeitgeber und als „Gegenpol" zu den Organisationen der Arbeitnehmer (Gewerkschaften); die Arbeitgeberverbände sind ebenfalls nach Wirtschaftszweigen und Regionen organisiert.

(3) **Wirtschaftskammern**: Öffentlich-rechtliche Körperschaften zur Förderung / Interessenvertretung der in einem bestimmten Gebiet ansässigen Unternehmen bestimmter Wirtschaftszweige. Hierbei sind für den Bereich der gewerblichen Wirtschaft die Industrie- und Handelskammern (IHK) zu nennen, für den Handwerksbereich die Handwerkskammern. Als Spitzenverbände dieser Organisationen sind von Bedeutung:

- Deutscher Industrie- und Handelstag (DIHT)
- Deutscher Handwerkskammertag, Zentralverband des Deutschen Handwerks (ZDH)

Standortfaktoren Bewertung:			12 Lederer-zeugende Industrie	13 Lederverarbeitende Industrie			14 Textil-industrie		
			120100 Ledererzeugung und -zurichtung (801)	130100 Schuherzeugung (1003)	130200 Lederwaren und Koffer (802)	130300 Treibriemen, techn. Lederartikel (802)	140100 Seidenindustrie (901)	140101 Seidenspinnereien	140102 Seidenwebereien

absolut   relativ   Zusatz

● ▨ z.B.: M sehr große Bedeutung
◍ ▨ M große Bedeutung
◉ ▨ M geringe Bedeutung
○ □ unbedeutend

Sonstige Aussagen: z.B.: m (ohne Bewertung)
Allgemein wichtig: ✴

01 Arbeitskräfte	011 Personalkosten		◉	◍	◍	◉		◍	◍
	012 Arbeiter	Q qualifiziert	▨ᴀ/Q	▨Q	▨Q	■Q		▨ᴀ	▨ᴀ
	013 Arbeiterinnen	angelernt A ungelernt	▨ᴀ	■ᴀ	■ᴀ	□		▨ᴀ	▨ᴀ
	014 Angestellte	R Routinepersonal	□	□	□	◉Q/R		◉R	◉R
	015 Saisonschwankungen (sa), Heimarbeit (h), Schichtbetrieb (sb)		○	sa	○	○		sb	sb
02 Grundstücke und Gebäude	021 Flächenbedarf	m ausschließlich Menge	▨	▨	◍	○		▨	▨
	022 Bauliche Investitionen Nutzungskosten		◉	○	○	○		○	◍
	023 Erschließung		◉	○	○	○		○	○
03 Maschinelle Anlagen			▨	▨	○	○		●	▨
04 Finanzierung			✴	✴	✴	✴		✴	✴
05 Roh- und Hilfsstoffe	051 Rohstoffe		▨	▨	○	○		▨	▨
	052 Hilfsstoffe, fertig bezogene Teile		◉	○	○	○		▨	○
06 Energie	061 Kohle		▨	○	○	○		▨	○
	062 Heizöl		○	○	○	○		○	○
	063 Strom		◉	◍	◉	○		○	○
	064 Gas		○	◉	○	○		○	○
07 Wasserbedarf	M Menge Q Qualität		●M/Q	○	○	○		▨M/Q	○
08 Örtliche Kontakte	081 Lieferanten (L), Abnehmer (A), gleichartige Betriebe (G)		◉L	G◉A/L	◉A/G	○		○	○
	082 Zentralörtliche Dienste p pers. Dienste		✴	✴	✴	✴		✴	✴
09 Verkehr	091 Personalverkehrs- und Nachrichtenverbindungen		✴	✴	✴	✴		✴	✴
	092 Güterverkehr v Transport 0921 Verkehrsintensität volumen		▨	○	○	○		○	○
	0922 Straße		■	▨	▨	▨		▨	■
	0923 Bahn g Gleisanschluß		▨g	▨	▨	▨		▨g	▨
	0924 Wasserverkehr (w) Luftverkehr (l)		○	○	○	○		○	○
10 Immissionen	101 Betrieb--Umgebung e Erschütterung g Gefährlichkeit		◍v	○	○	○		◉l	◉l
	102 Umgebung--Betrieb l Lärm v Luftverunreinig		○	○	○	○		○	○
11 Produktionsrückstände	111 Abwasser M Menge Q Qualität		●M/Q	○	○	○		◍M/Q	○
	112 Sonstige Rückstände b beseitigbar v verwertbar		○	○	○	○		○	○
12 Absatz			▨	▨	◉	○		○	○
Zusatzangaben (Österr. 1962)	Zahl der Mitgliedsfirmen		30	100	60	10	1		25
	Zahl der Beschäftigten		3000	13400	2700	70	2500		
	Exportanteil am Umsatz in %		22	10	12	30	(g)		20

Anhang 1: Standortfaktoren (s. S. 39)

Literaturverzeichnis

Adam, A., Helten, E., Scholten, F.: Kybernetische Modelle und Methoden. Einführung für Wirtschaftswissenschaftler, Köln 1970
Adler, H., Düring, W., Schmaltz, K.: Rechnungslegung und Prüfung der Aktiengesellschaft. Handkommentar. 5. Auflage, Stand 1990 (4 Ordner).
Alewell, K., Bleicher, K., Hahn, D. (Hrsg.): Entscheidungsfälle aus der Unternehmungspraxis. Wiesbaden 1971.
Bamberg, G., Coenenberg, A.G.: Betriebswirtschaftliche Entscheidungslehre, 6. Aufl., München 1991
Bayer. Staatsministerium für Wirtschaft und Verkehr (Hrsg.), Energieinformationen, Bd. 1: Energie-Markt in Bayern. München 1978, Bd. 2: Energie-Spartips, München 1978.
Beck, C.F.: Unternehmensverbindungen, München 1976.
Behnisch, W.: Kooperationsfibel, A. Aufl., Bergisch Gladbach 1973.
Behrens, K.Chr.: Allgemeine Standortbestimmungslehre, 2. Aufl., Opladen 1971
Berndt, H.: Stiftung und Unternehmen, 2. Aufl., Herne 1971.
Bloech, J.: Optimale Industriestandorte, Würzburg 1970
Bloech, J.: Standort und Standorttheorie, in: HWB, Bd. 3, Sp. 3661–3671
Brandmüller, X.: Die Betriebsaufspaltung nach Handels- und Steuerrecht, 5. Auflage, Heidelberg 1985
Brede, H.: Bestimmungsfaktoren industrieller Standorte. Eine empirische Untersuchung, Nr. 75 der Schriftenreihe des IFO-Instituts für Wirtschaftsforschung, München 1971
Brönner, H.: Die Besteuerung der Gesellschaften, des Gesellschafterwechsels und der Umwandlungen, 16. Aufl., Stuttgart 1988
Bundesministerium für Wirtschaft (Hrsg.), Kooperationsfibel, 1. Aufl. 1973, 2. Aufl., Bonn 1973.
CEPES/RKW (Hrsg.): Grenzüberschreitende Unternehmenskooperation in der EWG, Stuttgart 1968
Deutsche Bank (Hrsg.): Umwandlungen und Verschmelzungen von Unternehmen, Düsseldorf 1969
Dohrmann, J.: Empirische Ermittlungen der Standortfaktoren im Unternehmerkalkül, Diss. Bremen 1976
Domke, E.: Öffentliche Hand als Unternehmer, in: HWB, Bd. 3, Sp. 4180ff.
Dreßler, P.: Simulation als Hilfsmittel zur Optimierung der Standortentscheidungen von Einzelhandelsbetrieben, dargestellt am Beispiel der Standortplanung von Supermärkten. Diss. München 1972
Ertl, B.: Chancen und Möglichkeiten durch Umwandlung in eine Publikums-AG, München 1973
Grimm-Curtius, H.: Neuere Zusammenschlußformen im Lebensmittel-Großhandel und ihre unternehmungspolitische Bedeutung, Diss. München 1973
Gutenberg, E.: Grundlagen der Betriebswirtschaftslehre, Bd. 1: Die Produktion, 23. Aufl., Berlin 1976. Bd. 2: Der Absatz, 17. Aufl., Berlin 1984, Bd. 3: Die Finanzen, 9. Aufl., Berlin 1987
Häussler, W.: Neue Formen, gesetzliche Möglichkeiten und Finanzierungshilfen für die zwischenbetriebliche Zusammenarbeit, Kissing 1977
Hansmann, K.W.: Entscheidungsmodelle zur Standortplanung der Industrieunternehmen, Diss. Hamburg 1972
Hannsmann, F.: Einführung in die Systemforschung. Methodik der modellgestützten Entscheidungsvorbereitung, 3. Aufl., München 1987
Heinen, E.: Einführung in die Betriebswirtschaftslehre, 9. Aufl., Wiesbaden 1985
Heinen, E.: Grundfragen der entscheidungsorientierten Betriebswirtschaftslehre, München 1976
Heinen, E.: Grundlagen betriebswirtschaftlicher Entscheidungen. Das Zielsystem der Unternehmung, 3. Aufl., Wiesbaden 1976
Heinen, E.: Handelsbilanzen, 12. Aufl., Wiesbaden 1986

Heinen, E.: Zur Problembezogenheit von Entscheidungsmodellen, in: Wirtschaftswissenschaftliches Studium, 1972, S. 3ff
Herz, Chr.: Der Kooperationserfolg – Probleme seiner Bestimmung und Ermittlung, Diss. Berlin 1973
Hesselmann, M.: Handbuch der GmbH & Co, 17. Aufl., Köln 1990
Hopfenbeck, W.: Allgemeine Betriebswirtschafts- und Managementlehre, 1. Auflage, Landsberg 1989.
Hoppenstedt Verlag (Hrsg.): Konzerne in Schaubildern, Darmstadt 1979
Hueck, A.: Gesellschaftsrecht, 19. Aufl., München 1991
Jacob, H. (Hrsg.): Allgemeine Betriebswirtschaftslehre in programmierter Form, 3. Aufl., Wiesbaden 1976
Jacob, H.: Zur Standortwahl der Unternehmungen, 3. Aufl., Wiesbaden 1976
Jacobs, O., Brewi, K., Schuber, R.: Steueroptimale Rechtsform mittelständischer Unternehmungen, München 1978
Joschke, H.K.: Praktisches Lehrbuch der Betriebswirtschaftslehre, 6. Aufl., München 1981
Kämpfer, H.: Möglichkeiten und Grenzen der unternehmerischen Entscheidungsfindung auf der Grundlage von Kostenanalysen unter besonderer Berücksichtigung der Betriebswirtschaftlichen Standortplanung (Eine Modelluntersuchung für unterschiedliche Bereiche der Stahlindustrie in der BRD), Diss. München 1972
Kirsch, W.: Entscheidungsprozesse, Bd. 1. Verhaltenswissenschaftliche Ansätze der Entscheidungstheorie, Wiesbaden 1977, Bd. 2: Informationsverarbeitende Theorie des Entscheidungsverhaltens, Wiesbaden 1977, Bd. 3: Entscheidungen in Organisationen, Wiesbaden 1977.
Kirsch, W., Bamberger, E., Klein, H.K.: Betriebswirtschaftliche Logistik-Systeme, Entscheidungen, Methoden, Wiesbaden 1973.
Kommission der Europäischen Gemeinschaft (Hrsg.): Bekanntmachung über Vereinbarungen, Beschlüsse und aufeinander abgestimmte Verhaltensweisen, die eine zwischenbetriebliche Zusammenarbeit betreffen (Amtsblatt Nr. C75 v. 29.7.1968, S. 3).
Körndörfer, W.: Allgemeine Betriebswirtschaftslehre, 9. Aufl., Wiesbaden 1989.
Kosiol, E.: Einführung in die Betriebswirtschaftslehre, Wiesbaden 1968.
Kosiol, E.: Die Unternehmung als wirtschaftliches Aktionszentrum, Neuauflage, Reinbek b. Hamburg 1978.
Kupsch, P.: Das Risiko im Entscheidungsprozeß, Wiesbaden 1973.
Lehmann, H., Dietz, R.: Gesellschaftsrecht. 3. Aufl., Berlin 1970.
Liebmann, H.P.: Grundlagen betriebswirtschaftlicher Standortentscheidungen, Diss. Berlin 1969.
Liebmann, H.P.: Die Standortwahl als Entscheidungsproblem, Würzburg 1971.
Löffelholz, J.: Repetitorium der Betriebswirtschaftslehre, 6. Aufl., Wiesbaden 1980.
Meffert, H.: Informationssysteme, Tübingen 1975.
Müller-Merbach, H.: Modelle der Standortbestimmung, in: HWR, Sp. 1160–1168.
Müller-Merbach, H. (Hrsg.): Quantitative Ansätze in der Betriebswirtschaftslehre, München 1978.
Nieschlag, R.: Der moderne Unternehmensverbund, in: Der österreichische Betriebswirt, 1966, Heft 1, S. 1ff.
Olbert, G.: Der Standortentscheidungsprozeß in der industriellen Unternehmung, Diss. Würzburg 1976.
Peter, K.: Neuzeitliche Gesellschaftsverträge und Unternehmensformen, 5. Aufl., Herne 1987.
Pohl, H., Treue, W. (Hrsg.): Stiftung und Unternehmung, Wiesbaden 1979.
Poindexter, E.O.: The Profitability of Industrial Merger, Diss. Syracuse/USA 1970, zit. nach Sigloch, J., Unternehmenswachstum durch Fusion, Berlin 1974.
Preitz, O., Dahmen, W.: Allgemeine Betriebswirtschaftslehre für Studium und Praxis, 4. Aufl., Bad Homburg v. d. Höhe 1984.
Radke, M.: Die große betriebswirtschaftliche Formelsammlung, Elementarausgabe, 8. Aufl., München 1991.
Raffee, H.: Grundprobleme der Betriebswirtschaftslehre, Göttingen 1974.
REFA-Verband für Arbeitsstudien e.V. (Hrsg.): Methodenlehre des Arbeitsstudiums, Bd. 1:

Grundlagen, München 1971, Bd. 2: Datenermittlung, München 1973, Bd. 3: Kostenrechnung, Arbeitsgestaltung, München 1973, Bd. 4: Anforderungsermittlung (Arbeitsbewertung), München 1972, Bd. 5: Lohndifferenzierung, München 1974, Bd. 6: Arbeitsunterweisung, München 1975.
REFA-Verband für Arbeitsstudien e.V. (Hrsg.): Methodenlehre der Planung und Steuerung, Bd. 2: Planung, München 1974.
Reichard, Chr.: Betriebswirtschaftslehre der öffentlichen Verwaltung, Berlin 1977.
Reschke, H.: Besondere Bestimmungsfaktoren der internationalen Standortwahl kaufmännischer Unternehmungen, Diss. München 1972.
Rittner, F.: Wirtschaftsrecht mit Wettbewerbs- und Kartellrecht, Heidelberg 1979.
Rationalisierungskuratorium der deutschen Wirtschaft e.V. (RKW, Hrsg.): Schriftenreihe zur Kooperationspraxis, Nr. 19: Kooperation in der Beschaffung, Stuttgart 1969, Nr. 20: Kooperation im Export, Stuttgart 1973, Nr. 21: Kooperation in der Fertigung, Stuttgart 1972, Nr. 22: Kooperation in der unternehmerischen Personal- und Sozialwirtschaft, Stuttgart 1975, Nr. 23: Kooperation im Vertrieb, Stuttgart 1969, Nr. 24: Leistungssteigerung durch Kooperation, Frankfurt 1970, Nr. 25: Tabellarische Übersicht über die kartellrechtlich zulässigen Möglichkeiten der Unternehmenskooperation, Frankfurt 1973.
Rose, G.: Die Steuerbelastung der Unternehmung, Wiesbaden 1973.
Schierenbeck, H.: Beteiligungsentscheidungen, Berlin 1973.
Schilling, H.: Standortfaktoren für die Industrieansiedlung, ein Katalog für die regionale und kommune Entwicklungspolitik sowie die Standortwahl von Unternehmungen, Hrsg. vom österreichischen Institut für Raumplanung, Veröffentlichung Nr. 27, Stuttgart u.a. 1968.
Schneider, D.J.: Das Wesen der zwischenbetrieblichen Kooperation, in: Der österreichische Betriebswirt, 1970, Heft 1, S. 20.
Schruff, L.: Rechnungslegung und Prüfung der AG und GmbH nach neuem Recht (4. EG-Richtlinie), 2. Auflage Düsseldorf 1987
Schulte, U.: Rechtsformen privater und öffentlicher Unternehmungen, München 1976.
Seitz, U., Zimmermann, W.: Standortfaktoren und Standortanalyse, in: Management-Enzyklopädie, Bd. 5, S. 504–516.
Siemens AG (Hrsg.): 402000 Siemens-Aktionäre, Beilage zum Geschäftsbericht 1979/80.
Sigloch, J.: Unternehmenswachstum durch Fusion, Berlin 1974.
Simon, H.A.: Perspektiven der Automation für Entscheider, Quickborn 1966.
Sölter, A.: Handbuch der Unternehmenszusammenschlüsse, München 1972.
Sölter, A.: Konzentration, in: Management-Enzyklopädie, Bd. 3, S. 995–1022.
Spitschka, H.: Der Standort der Betriebe, München 1976.
Stehle, A., Stehle, H.: Die Gesellschaften, 14. Aufl., Stuttgart 1990.
Tipke, K.: Steuerrecht, 13. Aufl., Köln 1991.
Ulrich, H.: Die Unternehmung als produktives soziales System, 2. Aufl., Bern/Stuttgart 1971.
Uphoff, H.: Die Bestimmung des optimalen Standorts mit Hilfe der Profilmethode, Berlin 1978.
Veit, K.R.: Unternehmensverträge und Eingliederung als aktienrechtliche Instrumente der Unternehmensverbindung, Düsseldorf 1974.
Vinken, H.: Die Stiftung als Trägerin von Unternehmen und Unternehmensteilen, Baden-Baden 1970.
Wallis, H.v.: Besteuerung der Personen- und Kapitalgesellschaften, 3. Aufl., Heidelberg 1978.
Wöhe, G.: Einführung in die Allgemeine Betriebswirtschaftslehre, 17. Aufl., München 1990
Wöhe, G.: Betriebswirtschaftliche Steuerlehre, Bd. 2, 2. Halbband: Der Einfluß der Besteuerung auf Wahl und Wechsel der Rechtsform des Betriebes, 3. Aufl., Berlin 1978.
Wysocki, K.v.: Rechnungswesen der Regie- und Eigenbetriebe, in: HWR, Sp. 1528ff.
Zartmann, H., Litfin, P.: Unternehmungsform nach Maß, 2. Aufl., Stuttgart 1977.

Zweiter Teil:
Unternehmensführung

1. Kapitel:
Grundlagen der Unternehmensführung

A. Stellung und Bedeutung der Unternehmensführung in der modernen Betriebswirtschaftslehre

Die Unternehmensführung ist in den letzten Jahren immer mehr zu einem zentralen Problemkreis der betriebswirtschaftlichen Theorie und Praxis geworden. Die Entwicklung der Betriebswirtschaftslehre als **Wissenschaft** läßt sich in vier Phasen darstellen. In der **funktionsorientierten** Betriebswirtschaftslehre erfuhr die Unternehmensführung im Rahmen der noch weitgehend volkswirtschaftlich orientierten Behandlung des Produktionsfaktors Arbeit nur eine unbedeutende Beachtung. Im Rahmen der **faktororientierten** Betriebswirtschaftslehre wurde die Unternehmensführung in Form des „dispositiven Faktors" erstmals als ein eigenständiges, wesensbestimmendes Element erkannt. Sie wurde als Geschäftsleitung verstanden, deren dominierende Aufgaben die Planung und Organisation sind. Die Weiterentwicklung zur **entscheidungsorientierten** Betriebswirtschaftslehre brachte bezüglich der Unternehmensführung die Erkenntnis, daß die „Entscheidung" im Mittelpunkt aller Führungsaufgaben steht. Dies führte zu einer differenzierten Betrachtung der institutionellen Seite der Unternehmensführung, in die nunmehr neben dem obersten Leitungsorgan auch eine mittlere und untere Führungsebene einbezogen wurden. Als derzeit herrschende Lehrmeinung gilt die **systemorientierte** Betriebswirtschaftslehre. Sie ermöglichte vor allem neue Erkenntnisse bezüglich der prozessualen Seite der Unternehmensführung in Form einer wesentlichen Erweiterung des Spektrums der einzelnen Teilaufgaben des Gesamtkomplexes Unternehmensführung.

Die Bedingungen, innerhalb deren sich die Unternehmen in der **Praxis** durchsetzen und bewähren müssen, zeigen derzeit einen besonderen Wandel. Dieser vollzieht sich auf drei unterschiedlichen Ebenen und beeinflußt jeweils die Denk-, Verhaltens- und Orientierungsrichtung der Führungskräfte.

Die **traditionelle Ausgangssituation** der Unternehmen ist gekennzeichnet durch die Dominanz der Tatbestände **Kontinuität**, **Transparenz** und **Eigendynamik**. Stetige, berechenbare Entwicklungen geben der Erfahrung einen hohen Wert, was im sogenannten Istdenken zum Ausdruck kommt. Durchschaubare, verständliche Vorgänge bewirken ein hohes Maß an Sicherheit und ermöglichen es, Probleme grundlegend in linearer, fallweiser Form zu lösen. Die Voraussetzungen für eine weitgehende Selbstbestimmung der betrieblichen Entwicklung verleiten zur Überschätzung der eigenen Möglichkeiten und fördern die Einengung des Blickfeldes auf eine abteilungsbezogene Aufgabenerfüllung.

Immer mehr Unternehmen werden mit einer **neuen Situation** konfrontiert, die durch eine Zunahme an **Diskontinuität**, **Komplexität** und **Fremddynamik** gekennzeichnet ist. Unstetige, unberechenbare Entwicklungen relativieren die Bedeutung der Erfahrung und können nur mit einem Solldenken bewältigt werden. Wenig durchschaubare, unverständliche Abläufe führen zu Verunsicherung und machen eine neue Form der Problemlösung im Sinne einer vernetzten, systemischen Vorgehensweise erforderlich. Der steigende Einfluß der Umwelt auf die Unternehmungen bewirkt Adaptionsprobleme und kann auf Dauer nur durch eine Ausweitung des Blickfeldes der Führungskräfte auf das gesamte Unternehmen und die relevante Umwelt bewältigt werden.

Der Fortschritt in den wissenschaftlichen Erkenntnissen sowie der Wandel in und um die Unternehmungen wirken sich in besonderem Maße auf die Führung aus, deren oberste Aufgabe es ist, das Unternehmen im innern so zu gestalten, daß es in einer sich ständig verändernden Umwelt bestehen kann.

Traditionelle Situation (Vergangenheit)	Wandel →	Neue Situation (Zukunft)
Kontinuität stetige, berechenbare Entwicklungen → hohe Bedeutung der Erfahrung ↓ Ist-Denken	→ Denkrichtung →	**Diskontinuität** unstetige, unberechenbare Entwicklungen → Relativierung der Erfahrung ↓ Soll-Denken
Transparenz durchschaubare, verständliche Vorgänge → hohe Sicherheit ↓ Lineares, fallweises Problemlösen	→ Verhaltensrichtung →	**Komplexität** undurchschaubare, unverständliche Abläufe → zunehmende Verunsicherung ↓ Vernetztes, systemisches Problemlösen
Eigendynamik hohe Selbstbestimmung → Überschätzungsproblem ↓ Aufgaben-/Abteilungsorientierung	→ Orientierungsrichtung →	**Fremddynamik** zunehmende Fremdbestimmung → Adaptionsproblem ↓ Unternehmens-/Umweltorientierung

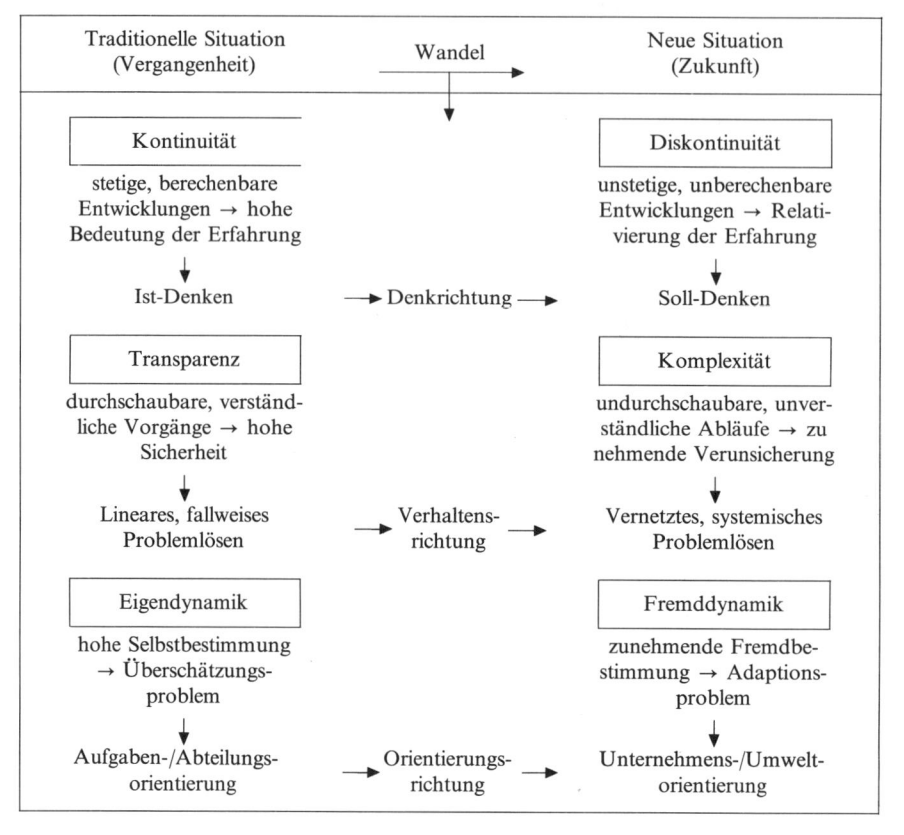

Abb. 1   Situationsanalyse

I. Unternehmung als System

Der Beitrag der modernen Betriebswirtschaftslehre zur Lösung der Führungsproblematik basiert im wesentlichen auf einer veränderten Betrachtungsweise des Gegenstandes Unternehmung. Die traditionelle Darstellung eines Betriebes in der Marktwirtschaft beruht auf der „Eigentümer-Unternehmung". Ihre wesentlichen Merkmale sind die privatwirtschaftliche Orientierung mit dem Streben nach maximalem Gewinn, der auf der Grundlage ökonomischer Autonomie im Rahmen der marktwirtschaftlichen Freiräume erreicht werden soll. Diese liberalistisch geprägte Modellvorstellung kann der derzeitigen Realität nicht mehr gerecht werden. An seine Stelle trat die Definition eines **„Sozio-technischen Systems"**. Danach ist die Unternehmung eine gesellschaftliche Institution im Sinne einer Gesamtheit von Elementen, die untereinander in einer geordneten Beziehung zueinander stehen. Sie ist zugleich ein soziales System, dessen prägendes Element Menschen sind, wie aber auch ein technisches System, das durch die Maschine bestimmt wird. Beide überlagern sich und stellen insofern eine sozio-technische Einheit dar. Als solche ist die Unternehmung keine natürliche, sondern eine **künstlich geschaffene**, **hoch komplexe** Institution, die in die Umwelt eingebettet ist, in der sie aufgrund entsprechender Beziehungen bestimmte Funktionen erfüllt. Sie wird daher als **offenes**, sozio-technisches System bezeichnet, dessen wesentliche Zwecksetzungen sind (Ulrich/Fluri):

- Erstellung wirtschaftlicher Leistungen für Dritte,
- Einkommenserzielung für die Systemmitglieder,
- Kapitalverzinsung für die Kapitalgeber,
- Steueraufkommen für den Staat,
- soziale und kulturelle Funktionen auf den Gebieten Ausbildung, Forschung, Wohlfahrt usw.

Die Unternehmung wird damit immer mehr zu einem „quasi-öffentlichen System" (Ulrich/Fluri), das seine ursprünglich dominierende Eigenschaft als „Privatangelegenheit der Eigentümer" weitgehend verloren hat. Sie ist Bestandteil des übergeordneten oder „Super-Systems" Umwelt und zerfällt gleichzeitig selbst in eine Vielzahl von Teil- oder Subsysteme. Daraus resultiert eine Systemhierarchie:

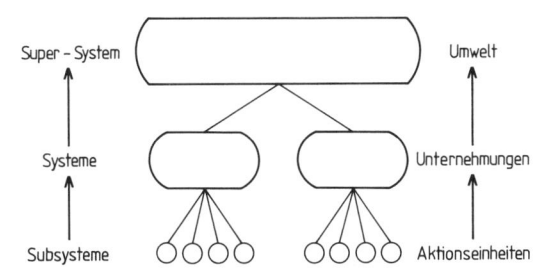

Abb. 2 Systemhierarchie

Ein **System** wird allgemein definiert als eine abgrenzbare Gesamtheit von Elementen, die zum Zwecke einer Zielerreichung untereinander in einer integrierten Beziehung stehen. Im Mittelpunkt der systemorientierten Betrachtungsweise steht die Frage nach der Regelung und Steuerung der Arbeitsabläufe innerhalb und zwischen den Systemelementen. Die generelle Antwort darauf liefert die Kybernetik als der Lehre von der Steuerung. Auf der Grundlage des Regelkreisprinzips, das aus der Natur abgeleitet ist, soll in analoger Anwendung die sinnvolle Gestaltung künstlich geschaffener Abläufe im gesellschaftlichen Bereich, vor allem in der Technik und in der Wirtschaft ermöglicht werden.

Die wesentlichen Bestandteile eines Regelkreises sind:
- der Regler,
- die Regelstrecke,
- die Führungsgröße,
- die Störgröße,
- die Stellgröße,
- die Regelgröße.

Sein grundlegender Aufbau ergibt sich aus dem Zusammenwirken zwischen Regler und Regelstrecke. Der **Regler** ist die bestimmende Einrichtung, die Regelstrecke die zu beeinflussende Einrichtung. Die **Regelstrecke** kann ein Prozeß oder ein Objekt sein. Die Art des Zusammenwirkens zwischen Regler und Regelstrecke wird dabei durch exogene Einflußgrößen in Form von Führungs- und Störgrößen beeinflußt. Die **Führungsgröße** bestimmt den anzustrebenden Sollwert. Die **Störgrößen** wirken vor allem auf die Regelstrecke und beeinträchtigen die Erreichung der Sollgröße. Außerdem machen sich endogene Einflußgrößen in Form der Stellgröße und der Regelgröße im Ablauf des Regelkreises bemerkbar. Die **Stellgröße** umfaßt die Maßnahmen, die vom Regler an die Regelstrecke vorgegeben werden, um das Soll zu erreichen. Die **Regelgröße** gibt die tatsächlich erzielten Ergebnisse und somit die Istgröße wieder.

In einem Vergleich zwischen Sollgröße und Istgröße stellt der Regler fest, ob eine Übereinstimmung oder eine Abweichung vorliegt. Erfolgt aufgrund einer Abweichungsanalyse eine Rückkoppelung (feed back) zwischen Regler und Regelstrecke mit der Absicht, eine Angleichung zwischen Soll- und Istgröße zu erreichen, liegt eine **Regelung** vor. Unterbleibt die korrigierende Rückkoppelung, so handelt es sich um eine **Steuerung**.

Die Störgrößen können im betriebwirtschaftlichen Bereich erheblichen Einfluß auf die Systemabläufe haben. Es wird daher in zunehmendem Maße versucht, diese nicht als unbeeinflußbare Daten hinzunehmen, sondern Informationen über zu erwartende Störgrößen zu erarbeiten. Diese **Prognosen** lassen sich im Sinne einer Vorsteuerung (feed forward) bei der Formulierung der Führungsgrößen berücksichtigen.

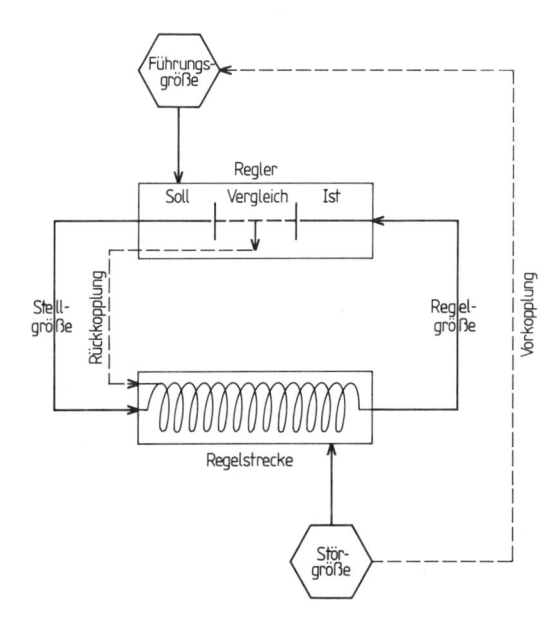

Abb. 3 Regelsystem (Regelkreis)

In einem Unternehmen findet ständig eine kaum übersehbare Vielzahl von einzelnen Regelkreisprozessen statt, die jedoch miteinander verknüpft sind. Ihre Zusammenschaltung zu größeren Einheiten wird als **Vermaschung** bezeichnet.

II. Denken in Systemen

Die Übernahme des Regelkreisprinzips als Erklärungsmodell für betriebliche Abläufe hat aus der Sicht der Unternehmensführung zwei weitere Konsequenzen nach sich gezogen. Zum einen ist dies das „**Denken in Systemen**". Damit wird vereinfachend der Tatbestand beschrieben, daß die vorwiegend isolierte Behandlung von Einzeltatbeständen abgelöst wird durch die prozessuale Betrachtung von Aufgabenkomplexen im systemischen Sinne. Zum anderen wurde das **Phasenprinzip**, das auch als vereinfachter Regelkreis verstanden werden kann, entwickelt. Es basiert auf der Erkenntnis, daß prinzipiell alle Arbeitsabläufe in drei Phasen erfolgen. Es sind dies die Planung (Vorbereitung), die Realisation (Durchführung) und die Kontrolle (Überprüfung). Dieses Phasenschema ist in besonderem Maße auch als Darstellungsprinzip geeignet. Es wird daher im weiteren Ablauf zur Beschreibung des generellen Ablaufs sowie der speziellen Vorgänge bei den Teilaufgaben der Unternehmensführung verwendet.

III. Mehrschichtiges Menschenbild

Das Verständnis der „**Rolle des Menschen**" im Betrieb hat ebenfalls eine beachtliche Wandlung erfahren. Hier liegt ein weiterer neuer Ansatz der Betriebswirtschaftslehre vor, der die Unternehmensführung wesentlich beeinflußt. Die traditionell einseitige Vorstellung des **homo oeconomicus**, der aus der Sicht des Unternehmens Produktionsfaktor ist und für den die Arbeit im Betrieb lediglich eine unvermeidbare Notwendigkeit zur Einkommenserzielung darstellt, wurde durch ein **mehrschichtiges Menschenbild** abgelöst. Der Idealtyp wurde durch den Realtyp ersetzt, der durch Annahmen über Eigenschaften, Bedürfnisse, Motive, Erwartungen und Einstellungen beschrieben wird. Neben der Befriedigung materieller Bedürfnisse treten verstärkt das Streben nach Selbstachtung, Selbstverwirklichung und sozialen Bindungen. Diese veränderte Einstellung kommt besonders deutlich in den von McGregor entwickelten Theorien „X" und „Y" zum Ausdruck.

Die praktische Führungsarbeit wird stets auch durch Auffassungen über die Natur des Menschen und sein Verhalten geprägt. McGregor stellt die klassischen Annahmen der Führungslehre, die heute auch weitgehend als Vorurteile bezeichnet werden können, in der Theorie X zusammen und konfrontiert sie mit den idealen Vorstellungen in der Theorie Y, die es anzustreben und zu verwirklichen gilt:

Theorie X
Der Durchschnittsmensch
(1) hat angeborene Arbeitsscheu, versucht sich vor der Arbeit zu drücken;
(2) muß kontrolliert und mit Strafe bedroht werden, um einen produktiven Beitrag zu leisten;
(3) will geführt werden, vermeidet Verantwortung, hat wenig Ehrgeiz und strebt vor allem nach Sicherheit.

Theorie Y
Der Durchschnittsmensch
(1) sieht Arbeit als Quelle für Zufriedenheit an;
(2) kann sich Unternehmenszielen verpflichtet fühlen und ist zur Selbstkontrolle und Eigeninitiative bereit;
(3) braucht Arbeitsanreize in Form der Befriedigung von Ichbedürfnissen und Streben nach Selbstverwirklichung;
(4) sucht unter geeigneten Bedingungen Selbstverantwortung;
(5) wünscht, daß das vorhandene Urteilsvermögen und die Kreativität aktiviert werden.

Die grundlegenden Zusammenhänge zwischen der derzeit herrschenden Lehrmeinung der systemorientierten Betriebswirtschaftlehre und der auf dieser basierenden Vorstellungen über die Unternehmensführung lassen sich wie folgt darstellen.

```
┌─────────────────────────────────────────────────────────────┐
│           Systemorientierte Betriebswirtschaftslehre         │
└─────────────────────────────────────────────────────────────┘
            │                                  │
            ▼                                  ▼
┌──────────────────────────┐      ┌──────────────────────────┐
│ Systemorientiertes Denken│      │ Mehrschichtiges Menschenbild│
└──────────────────────────┘      └──────────────────────────┘
            │                                  │
            ▼                                  ▼
┌──────────────────────────┐      ┌──────────────────────────┐
│ Suche nach Grundregeln in│      │ Befriedigung materieller │
│ Wirkungsgefügen zur      │      │ Bedürfnisse und gleich-  │
│ Sicherung der            │      │ zeitiges Streben nach    │
│ Überlebensfähigkeit      │      │ Selbstbestätigung und    │
│                          │      │ Selbstverwirklichung     │
└──────────────────────────┘      └──────────────────────────┘
            │                                  │
            ▼                                  ▼
┌──────────────────────────┐      ┌──────────────────────────┐
│ Betrieb als offenes      │      │ Neues Arbeitsverhalten   │
│ soziotechnisches System  │      │                          │
└──────────────────────────┘      └──────────────────────────┘
            │                                  │
            ▼                                  ▼
┌─────────────────────────────────────────────────────────────┐
│                    Unternehmensführung                       │
└─────────────────────────────────────────────────────────────┘
```

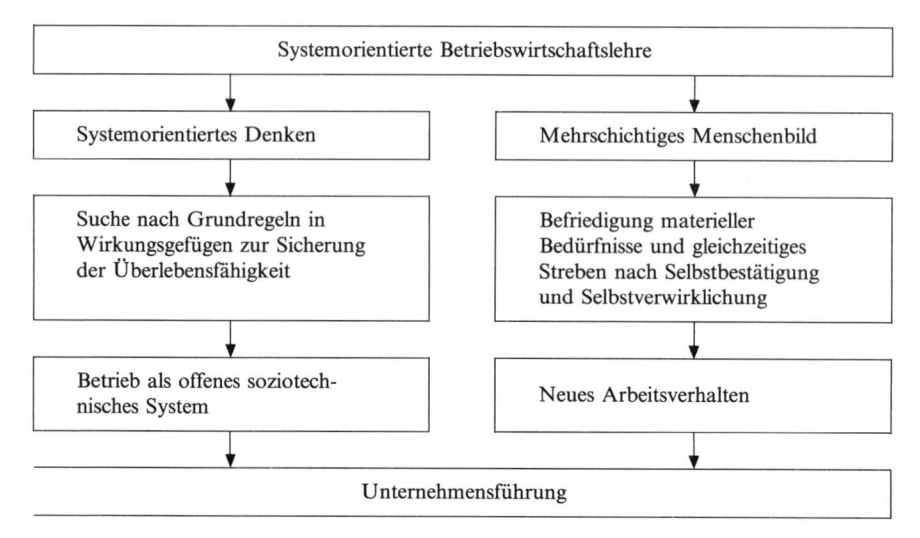

Abb. 4 Grundlagen der Unternehmensführung

B. Wesen und Entwicklung der Unternehmensführung

I. Zum Begriff der Unternehmensführung

Das Phänomen der Führung entsteht in allgemeiner Form immer dann, wenn mehrere Personen eine soziale Beziehung miteinander eingehen. Solche Personenverbindungen sind stets zweckorientiert. Sie versuchen, ihr Ziel durch gemeinschaftliches Handeln zu erreichen. Dazu ist ein bestimmtes Verhalten der Mitglieder erforderlich. Die zielorientierte Beeinflussung der Verhaltensweisen der Einzelmitglieder sowie der Organisationseinheit als Gesamtheit wird als **Führung** bezeichnet.

Unternehmen stellen in einem besonderen Maße vielgestaltige und komplexe Sozialgebilde dar. Sie bedürfen daher einer entsprechenden Lenkung durch die „Unternehmensführung". Begrifflich hat sie einen funktionellen wie auch einen institutionellen Aspekt. Im **funktionellen** Sinne geht es um die Führungstätigkeit durch das Einwirken auf andere mit Hilfe entsprechender Maßnahmen, die für eine Zielerreichung geeignet sind. Die **institutionelle** Seite beschreibt die Führungsinstanzen. Darunter sind die Führungsträger zu verstehen, die Führungstätigkeiten wahrnehmen.

Die Führungstätigkeit beinhaltet zwei grundlegende Aufgabenbereiche, die aufgabenorientierten und die personenorientierten Führungshandlungen. Bei der **aufgabenbezogenen** Funktion handelt es sich um Koordinationsmaßnahmen der arbeitsteilig ablaufenden Arbeitsprozesse unter Berücksichtigung von internen und externen Störeinwirkungen. Dieser sachbezogene Tatbestand wird häufig auch mit der Bezeichnung „**Leitung**" belegt. Diesem steht die **personenbezogene** Funktion gegenüber. Dabei geht es um die Beeinflussung von Menschen im Rahmen der zwischenmenschlichen Beziehungen, um einen ungestörten bzw. positiv angeregten Arbeitsablauf zu erreichen. Dieser personenorientierte Tatbestand wird auch im engeren Sinne als **„Führen"** bezeichnet.

Der aus dem Angelsächsischen übernommene Begriff **„Management"** kann ebenfalls zur Beschreibung des Problemkreises der Führung von Unternehmen herangezogen werden. Er läßt sich synonym mit dem Begriff Unternehmensführung verwenden. In einer engeren Auslegung wird dagegen nur der Aspekt der Leitung erfaßt.

Führungssituationen im Unternehmen sind grundsätzlich durch die beiden Merkmale „zwischenmenschliche Beziehungen" und „multipersonale Problemlösungen" (Rühli) gekennzeichnet.

Die derzeit weitgehend gültige Form der **zwischenmenschlichen Beziehungen** wird durch folgende Tatbestände konkretisiert:

- Streben nach einer Vielzahl von aufgaben- und personenorientierten Zielen;
- vielfältige Beeinflussung von oben nach unten und von unten nach oben im Rahmen eines vieldimensionalen Interaktionsgefüges;
- vielschichtige Bedürfnisstrukturen der an der Führung beteiligten Individuen, Gruppen und Systeme;
- vielfältige Charaktereigenschaften und Leistungsfähigkeiten der Geführten;
- zunehmend kollektive Abwicklung der Führungsaufgaben.

Die **multipersonale Problemlösung** der Aufgaben der Unternehmensführung beruht auf dem Prinzip der Arbeitsteilung. Diese hat einen personellen und einen funktionellen Aspekt. Einerseits wird die Führungsarbeit auf einen immer größeren Kreis von Mitarbeitern übertragen. Daraus resultiert die Führungshierarchie. Andererseits erfährt der Komplex der Führungsarbeit als Gesamtprozeß eine zunehmende Aufteilung. Danach läßt sich die Führung grundsätzlich in die drei großen Teilprozesse Willensbildung, Willensdurchsetzung und Willenssicherung gliedern.

Die **Unternehmensführung** kann damit als die bewußte, multipersonale Gestaltung sozialer Beziehungen in einem offenen sozio-technischen System zum Zweck der Zielerreichung verstanden werden.

Die betriebswirtschaftliche Literatur hat eine Fülle von Begriffsdefinitionen bezüglich der Unternehmensführung hervorgebracht, die sich nach Steinle wie folgt klassifizieren lassen:

- **betriebswirtschaftlich-pragmatische** Führungsbegriffe; als Begründer gilt F. W. Taylor; sie basieren auf dem Postulat von Regeln zur Leitung von Untergebenen durch Führer zwecks Steigerung der Arbeitseffizienz auf der Grundlage ökonomischer Rationalität;
- **organisationstheoretisch-formale** Führungsbegriffe; sie leiten sich von einem kybernetischen Ansatz her; Vorgesetzte und Mitarbeiter sind Informationsproduzenten bzw. -verarbeiter, wobei die Führungskräfte im Regelkreis als Zielbildner, Sollwertgeber und Koordinatoren auftreten;
- **soziologische** Führungsbegriffe; sie betonen den funktionalen Aspekt im Rahmen von Gruppen; Führer und Geführte stehen dabei in einer engen, wechselseitigen Kommunikationsbeziehung zueinander, wobei beide Seiten, wenn auch in unterschiedlicher Quantität, an der Führung teilhaben;

- **psychologische** Führungsbegriffe; sie gehen auf das klassische Gedankengut von Platon und Aristoteles zurück; Führer zeichnen sich danach durch besondere Persönlichkeitsmerkmale aus und motivieren damit die Geführten.

In der betriebswirtschaftlichen Betrachtung wird die Unternehmensführung im wesentlichen als eine **interne** Gestaltungsfunktion im Sinne der Offenlegung der Innenwirkungen auf die Institution Unternehmung verstanden. Die zunehmenden Einflüsse der Umwelt und deren immer kurzfristigeren Veränderungen machen es in Zukunft wohl erforderlich, auch eine **externe** Gestaltungsfunktion im Sinne der Offenlegung der Außenwirkungen der Unternehmung auf die Umwelt bewußt zu machen und zu entwickeln. Inwieweit dieser Aspekt als eine Erweiterung der klassischen Unternehmensführung oder als neue eigenständige Funktion neben der Unternehmensführung zu verstehen sein wird, ist derzeit noch offen. Konkretisieren läßt sich die neue Aufgabenstellung durch den Begriff der **Unternehmensrepräsentation**.

II. Führungsaufgaben und Führungsprozesse

Die grundlegende Führungsaufgabe ist die Erreichung einer möglichst störungsfreien Gestaltung des künstlich geschaffenen, also nicht natürlich gegebenen Systems der Unternehmung. Diese Form der Gestaltung wird als **Harmonisation** bezeichnet. Sie gilt als die **originäre** Führungsaufgabe und beinhaltet einen ex ante-Aspekt in Form der **Integration** und einen ex post-Aspekt als **Koordination** (Bleicher, Meyer). Generell werden nachträgliche Eingriffe immer dann erforderlich, wenn die vorhergehenden Regelungen nicht ausreichend waren.

Die Aufgabe der Harmonisation ist aus der Sicht des Unternehmens nach innen wie nach außen zu bewältigen. Die **endogene** Harmonisation befaßt sich mit der Gestaltung des Systems Unternehmung und seiner Subsysteme, während die **exogene** Harmonisation die Einordnung des Systems Unternehmen in das Super-System Umwelt zu bewältigen hat. Inhaltlich ist die Harmonisation in **strategischer** und **operativer** Form durchzuführen. Ausgangspunkt für diese neue Schichtung ist im wesentlichen die Erkenntnis, daß der Gewinn durch die Erfolgspotentiale vorgesteuert wird. Im Mittelpunkt der Strategie stehen damit die Erfolgspotentiale, während die Operation gewinnorientiert ist.

Aus der originären Aufgabe der Harmonisation lassen sich **derivative** Führungsfunktionen ableiten, die als jeweilige Gestaltungshandlungen die arbeitsteilige Abwicklung der Führung ermöglichen. Dabei kann das Verhältnis zwischen den originären und den derivativen Führungsaufgaben als Ziel-/Mittelverhältnis verstanden werden, in dem letztere die Durchsetzung der ersteren bewirken.

Die exogene Harmonisation konkretisiert sich in der **Repräsentation** des Unternehmens durch die Unternehmensrepräsentanten, die in erkennbarem Auftrag für den Betrieb in der Umwelt agieren. Diesem Aspekt der äußeren Führung wurde bisher vergleichsweise wenig Aufmerksamkeit geschenkt. Im Gegensatz dazu liegen über die Aufgaben der inneren Führung differenzierte Erkenntnisse vor. Sie zeichnen sich durch eine sach-rationale und eine sozio-emotionale Ausrichtung aus, die durch die Kernfunktionen überlagert werden.

In der Theorie wie in der Praxis dominiert bis heute die **sach – rationale Dimension** der Unternehmensführung. Als **Leitung** konkretisiert sie sich in den sachbezogenen Führungsfunktionen (Managementfunktionen) Ziele setzen, Planen, Organisieren und Kontrollieren.

Die **sozio – emotionale Dimension** beinhaltet die personenbezogenen Führungsfunktionen (Humanfunktionen) und wird daher auch häufig als **Führung** im eigentlichen Sinne charakterisiert. Ihre wesentlichen Elemente sind das Delegieren, das Motivieren und das Entwickeln der Mitarbeiter.

Sachbezogenes Leiten und personenbezogenes Führen werden von den beiden weiteren Führungsfunktionen Entscheiden und Kommunizieren überlagert. Sie können als **übergreifende Kernfunktionen** angesehen werden, die insofern eine besondere Bedeutung haben, als sowohl die Managementfunktionen wie die Humanfunktionen ohne sie nicht vollzogen werden können.

Entsprechend der grundlegenden Schichtung der Unternehmensführung haben alle abgeleiteten Führungsaufgaben jeweils eine strategische und eine operative Dimension.

Die Führungsfunktionen lassen sich in einem **Führungskreis** zusammenfassen, dessen Elemente die einzelnen Führungsaufgaben sind. Damit soll gezeigt werden, daß die Unternehmensführung ein umfassendes, in sich geschlossenes Handlungsgebiet ist, in dem alle Teile in einer bestimmten Anordnung miteinander verbunden und allseitig voneinander abhängig sind.

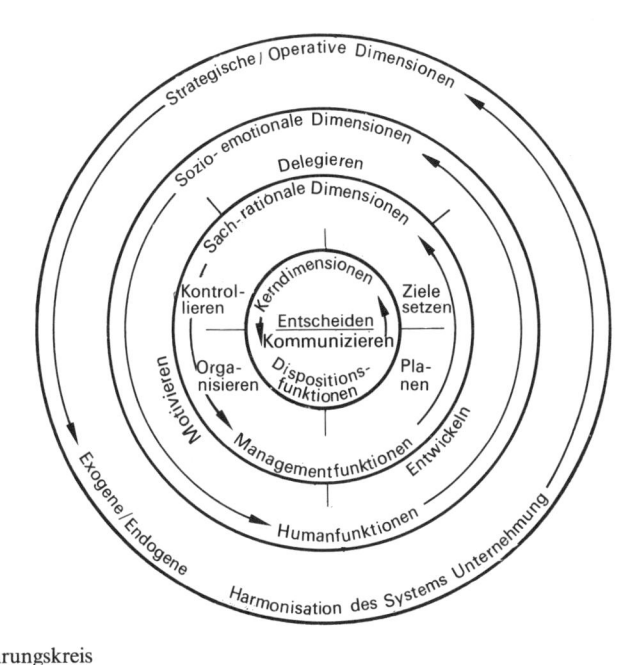

Abb. 5 Führungskreis

Eine Betrachtung der Unternehmensführung als **Handlungsablauf** ergibt in Anlehnung an die Gliederung der Führungsaufgaben ebenfalls zwei Ebenen. Es sind dies der originäre Führungsprozeß sowie die derivativen Führungsprozesse.

Der **originäre Führungsprozeß** beinhaltet die grundlegenden Phasen der Willensbildung, der Willensdurchsetzung und der Willenssicherung. Die wesentlichen **derivativen Führungsprozesse** sind der Entscheidungs- und der Kommunikationsprozeß, der Zielsetzungs-, Planungs-, Organisations- und Kontrollprozeß sowie der Delegations-, Motivations- und Entwicklungsprozeß. Die gemeinsamen Phasen dieser Einzelprozesse sind die Vorbereitung im Sinne der Bestimmung des Prozeßproblems, die Durchführung mit Hilfe der Aufstellung von Lösungsalternativen sowie die Sicherung durch einen Entschluß für eine bestimmte Problemlösung. Dabei dienen die derivativen Führungsprozesse der Durchsetzung des originären Führungsablaufs.

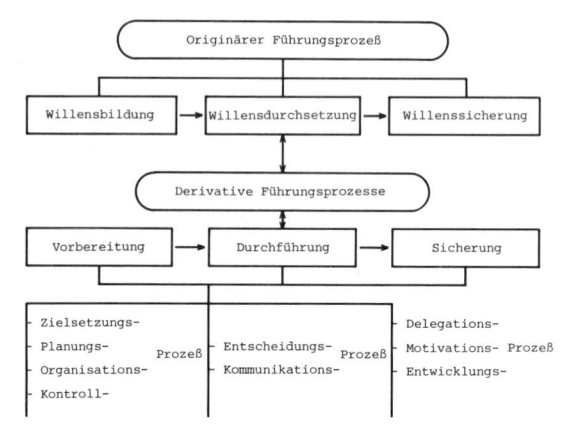

Abb. 6 Führungsprozesse

Es ist offenkundig, daß zwischen den Führungsaufgaben und den Führungsprozessen ein Zusammenhang dergestalt besteht, daß die originäre Führungsaufgabe mit Hilfe des originären Führungsprozesses und die derivativen Führungsaufgaben mit Hilfe der derivativen Führungsprozesse erreicht werden sollen. Die eigentlichen Handlungen vollziehen sich jeweils auf der derivativen Stufe. Sie dienen in ihrer Gesamtheit der Zielerreichung auf der originären Stufe.

C. Träger der Unternehmensführung

I. Begriff der Führungskraft

Die Aufgabe der Unternehmungsführung wird durch die Führungskräfte wahrgenommen. Zu ihnen zählen alle Personen bzw. Personengruppen eines Unternehmens, die als Aktionseinheiten Führungsaufgaben bewältigen. Der Begriff der Führungskraft ist vielschichtig. Er läßt sich am besten durch bestimmte Merkmale umschreiben, die ein Mitglied der Unternehmensführung vollständig bzw. überwiegend besitzen muß. Im wesentlichen sind dies:

- Einordnung in eine Hierarchie,
- Kompetenzen,
- Einfluß auf Mitarbeiter,
- Recht auf Einstellung und Entlassung.
- Durchführung überwiegend dispositiver Tätigkeiten,
- höheres Einkommen,
- besondere Berufsausbildung,
- Karriere.

1. Kapitel: Grundlagen der Unternehmensführung   85

Hierbei handelt es sich um eine unvollständige und ungewichtete Aufzählung von sich teilweise überschneidenden Faktoren, die jedoch für die praktische Abgrenzung zwischen Führungskräften und mit rein ausführenden Aufgaben betrauten Mitarbeitern Bedeutung hat.

Traditionell werden insbesondere Personen als Führungskräfte bezeichnet, die im disziplinarischen Sinne eine Vorgesetztenfunktion ausüben, die letztlich im Recht auf Einstellung und Entlassung mündet. Diese überwiegend arbeitsrechtlich fundierte Abgrenzung hat zu dem Begriff des „Leitenden Angestellten" geführt. Aus der Sicht der modernen Unternehmensführung ist diese Definition zu einseitig und daher wenig brauchbar. Vielmehr sind generell alle Mitarbeiter eines Unternehmens dem Bereich der Führungskräfte zuzuordnen, die im weiteren Sinne dispositive Tätigkeiten verrichten, also Manager sind. Dies ist unabhängig davon, ob sie mit jeweils allen bzw. nur einem Teil der derivativen Führungsaufgaben betraut sind.

II. Hierarchische Ordnung der Führungskräfte

Die Gesamtheit aller in einem Unternehmen mit Führungsaufgaben betrauten Mitarbeiter wird im Rahmen einer Hierarchie erfaßt und auch als Management bezeichnet. Es handelt sich dabei um eine formale Strukturierung auf der Grundlage einer Über- bzw. Unterordnung. Die unterschiedlichen Ebenen in der Hierarchie unterscheiden sich im wesentlichen durch den Umfang an Einfluß, der allgemein von unten nach oben zunimmt.

Auf der Grundlage des Grades der Einwirkungsmöglichkeiten auf die Unternehmensentwicklung lassen sich in der Regel drei Führungsebenen abgrenzen:

Obere Führungsebene ⟷ Top Management,
Mittlere Führungsebene ⟷ Middle Management,
Untere Führungsebene ⟷ Lower (Junior) Management.

Daraus ergibt sich eine **Führungspyramide**, die auf dem Fundament der rein ausführend tätigen Mitarbeiter ruht:

Abb. 7 Führungspyramide

Die **obere Führungsebene** wird durch eine oder mehrere Personen repräsentiert und nennt sich in Abhängigkeit von der Rechtsform der Unternehmung z. B. Vorstand oder Geschäftsführung. Das oberste Leitungsorgan war für die traditionelle Betriebswirtschaftslehre die Unternehmensführung schlechthin. Diese Vorstellung kann heute nur noch für Kleinstbetriebe Gültigkeit haben, da bei allen anderen Betriebsgrößen die Führungsarbeit auf verschiedenen Führungsebenen wahrgenommen wird. Sofern mehrere Personen an der Spitze des Unternehmens stehen, erfolgt ihre Zusammenarbeit nach dem Direktorial- oder nach dem Kollegialprinzip, je nachdem, ob eine Über-/Unterordnung bzw. Gleichordnung vorliegt. Die Führungsaufgabe des obersten Leitungsorgans umfaßt im wesentlichen strategische Aspekte im Sinne der langfristigen Unternehmenspolitik.

Die **mittlere Führungsebene** umfaßt in der Regel die Leiter der einzelnen Funktionsbereiche. Sie werden z.B. als Ressortleiter[1], Hauptabteilungsleiter bzw. Abteilungsleiter und Meister bezeichnet. Ihre wesentlichen Führungsaufgaben liegen in der Ableitung taktischer Maßnahmen aus der Strategie im Sinne einer mittelfristigen Konkretisierung des Betriebsprozesses.

Die **untere Führungsebene** umfaßt in der Regel die Leiter von Personengruppen mit rein ausführender Tätigkeit. Sie werden z.B. als Gruppenleiter bzw. Vorarbeiter bezeichnet. Ihre Führungsaufgaben liegen in der Ableitung operativer Maßnahmen aus der Taktik im Sinne einer kurzfristigen Realisierung der Betriebsprozesse.

Es liegt im Wesen der Führungspyramide, daß die unterste Ebene nur ausführende Tätigkeiten erfüllt und der Führung bedarf, während die obere (oberste) Führungsebene fast ausschließlich Führungsaufgaben übernimmt. Die mittlere und untere Führungsebene beschäftigt sich sowohl mit Führungs- wie ausführenden Aufgaben. Ihre Mitglieder sind jeweils gleichzeitig Führende und Geführte.

Die zunehmende Betriebsgröße sowie die wachsende Komplexität der betriebswirtschaftlichen Abläufe haben dazu geführt, daß der Anteil des Führungspersonals am Gesamtpersonal ständig steigt. Je nach Branche und Größe sind derzeit bereits bis zu 15% des Personals mit Führungsaufgaben betraut. Längerfristig zeichnet sich außerdem eine mehr inhaltliche Strukturierung der Führungsebenen im Sinne eines strategischen und operativen Managements ab.

III. Bedeutung der Führungskräfte

Die Bedeutung der Führungsaufgaben und damit auch der Führungskräfte darf weder über- noch unterschätzt werden. Es vollzieht sich derzeit zurecht eine zunehmende „Entmythologisierung" und damit eine Verringerung des Abstandes zu der ausführenden Tätigkeit und den rein ausführend Tätigen. Nur eine optimale Führungs- und Ausführungsarbeit bringt die bestmögliche Erfüllung der Unternehmensziele. Der steigende Bedarf an Führungskräften hat außerdem zu der Erkenntnis geführt, daß die Führungsarbeit nicht mehr nur „Naturtalenten" überlassen bleiben kann. Führung verlangt ein entsprechendes Führungswissen, Führungskönnen und Führungsverhalten, also Elemente, die auch erlernbar sind und damit in einer Führungsschulung vermittelt werden können.

---

[1] In der Literatur findet sich auch die Einteilung in oberste und obere Führungsebene; zur ersteren zählt dann die Geschäftsleitung, zur zweiten gehören die Ressort- bzw. Bereichsleiter für Produktion, Beschaffung, Verkauf usw.

2. Kapitel:
Die Teilfunktionen der Unternehmensführung

Unter den Teilfunktionen der Unternehmensführung sind die derivativen Führungsaufgaben zu verstehen. Zu diesen zählen die Kernfunktionen, die sachbezogenen und die personenbezogenen Führungsfunktionen.

A. Kernfunktionen

Als Kernfunktionen werden im Rahmen der modernen Unternehmensführung das Entscheiden und das Kommunizieren bezeichnet. Ihre besondere Eigenheit ist darin zu sehen, daß sie jeweils unabdingbarer Bestandteil wie auch unverzichtbare Voraussetzung für die Abwicklung der sach- und personenbezogenen Führungsaufgaben darstellen, die ohne Entscheidungen und ohne Kommunikation nicht bewältigt werden können.

I. Entscheiden

1. Wesen und Bedeutung

Das gesamte betriebliche Geschehen wird durch Entscheidungen bestimmt. Sie sind in allen Funktionsbereichen sowie auf allen Ebenen des Betriebsprozesses erforderlich. So müssen Entscheidungen in der Beschaffung und der Produktion, im Vertrieb und in der Verwaltung bei der Bewältigung der Führungsaufgaben wie bei der Abwicklung der Ausführungsaufgaben getroffen werden. Entscheidungen, wenn auch von unterschiedlicher Art und Tragweite, fallen damit auf der oberen, mittleren und unteren Führungsebene an. Diese Erkenntnis hat die jüngste Entwicklung der Betriebswirtschaftslehre in starkem Maße bestimmt, so daß zeitweise die ,,Entscheidungsorientierte Betriebswirtschaftslehre" vorherrschend war. Nach Heinen sieht sie ihr wesentliches Bemühen letztlich darauf gerichtet, ,,Mittel und Wege aufzuzeigen, die zur Verbesserung der Entscheidungen in der Betriebswirtschaft führen".

Das wirtschaftliche Handeln läßt sich allgemein als ein ständiges Wählen zwischen verschiedenen Möglichkeiten beschreiben. Der Vollzug einer Wahlhandlung wird als Entscheidung bezeichnet. Sie kann durch folgende Merkmale näher gekennzeichnet werden. Ausgangspunkt für eine Entscheidung ist eine Veranlassung, die stets aus einer Ziel- bzw. Zwecksetzung und einem Willensimpuls besteht. Letzterer kann freiwilliger oder erzwungener Art sein und hängt von der Art und Weise der Zielbestimmung ab. Selbständig ausgewählte bzw. in Übereinstimmung mit anderen Personen ermittelte oder von Dritten aufgestellte, akzeptable Ziele entwickeln einen eigenständigen Impuls zur Entscheidung. Handelt es sich dagegen um eine aufgezwungene, nicht überzeugende Zielsetzung, so muß der Willensimpuls in der Regel in Form einer Machteinwirkung durch Dritte erfolgen.

Darüber hinaus sind als weitere Merkmale für eine Entscheidung mindestens zwei Lösungsmöglichkeiten erforderlich, um eine **Wahlhandlung** zu ermöglichen. Der Entscheidungsträger muß einen Ermessensspielraum haben. So stehen z.B. für das Reiseziel Rom das Auto, die Bahn oder das Flugzeug zur Wahl. Das Reiseziel Mond kann dagegen derzeit nur mit einer Rakete erreicht werden. Ziele, die nur mit einer einzigen, im vornhinein feststehenden Lösung erreicht werden können, erfordern keine Entscheidung, da der Ermessensspielraum bezüglich der Zielerfüllung gleich Null ist. Erst das Vorhandensein mehrerer Alternativen führt zu einem Wahlakt.

Unter **Alternativen** sind alle zukünftig durchführbaren Lösungswege zu verstehen, die bis zur Zielerreichung Gültigkeit haben. Es muß sich dabei um echte Alternativlösungen handeln, d. h. sie müssen so unabhängig voneinander sein, daß sie nicht gleichzeitig verwirklichbar sind. Die Möglichkeit, im Auto als Fahrer oder Beifahrer zu reisen, ist in Bezug auf die jeweiligen Verkehrsmittel keine echte Alternative.

Der Wahlakt ist ein geistiger Vorgang, der **bewußt** vollzogen werden muß. Die Auswahl darf also nicht dem Zufall z. B. durch Würfeln überlassen werden, wenn von einer Entscheidung gesprochen werden soll.

Das **Entscheiden** kann damit zusammenfassend als die Durchführung einer bewußten Wahlhandlung zwischen Alternativen, die einer Zweckerfüllung dienen, verstanden werden. Für den Vorgang des Entscheidens wird auch der Begriff Entscheidung verwendet. Darüberhinaus kann Entscheidung auch nur das Ende des Entscheidungsablaufes im Sinne eines Entschlusses bedeuten.

Seine wesentliche Charakterisierung erhält das Entscheiden durch seine **Initiativfunktion**. Das Unterlassen von Entscheidungen bedeutet ein Warten darauf, daß sich eine Lösung von selbst einstellt. Dies führt zu dem Verzicht auf Eigengestaltung und damit zu einer Auslieferung an die Umwelt. Die Bereitschaft zur Entscheidung bedingt dagegen eine Aktion im Sinne der Neugestaltung bzw. eine Reaktion zum Zwecke der Veränderung. Sie bewirkt eine Beschleunigung und vielfältigere Abwicklung der Arbeitsaufgaben. Der Preis für die zeitliche Vorwegnahme von in späteren Zeitpunkten sich selbsttätig einstellenden Lösungen ist das Risiko, das durch die Begrenzung des Informationsstandes hervorgerufen wird und Fehlentscheidungen verursachen kann.

2. Ablauf des Entscheidungsprozesses

Der Vorgang des Entscheidens läßt sich als ein formaler Prozeß darstellen. Seine wesentlichen Phasen sind die Bestimmung des Entscheidungsproblems, die Aufstellung von Entscheidungsalternativen und der Entschluß.

a) Bei der Bestimmung des **Entscheidungsproblems** handelt es sich um eine genaue Beschreibung sowohl des Entscheidungsgegenstandes wie auch der Umweltsituation, unter der die Entscheidung zu fällen ist. Gegenstand von Entscheidungen können generell alle im Unternehmen erforderlichen Handlungen sein. Sie lassen sich in Führungs- und Ausführungshandlungen unterteilen. Die ersteren haben dispositiven Charakter, sie sind also vorausschauender Art. Hierzu zählen z. B. die Auswahl von Zielen, Plänen, Organisationsstrukturen usw. Diesen Führungstätigkeiten stehen die Ausführungstätigkeiten mit realisierendem Charakter gegenüber. Sie führen zur unmittelbaren Umsetzung. Dazu gehören z. B. die Auswahl zwischen mehreren Fertigungsmöglichkeiten, Kalkulationsverfahren usw.

Bezüglich der Art und des Umfanges der Informationen über das Umfeld, in dem sich der Entscheidungsgegenstand befindet, unterscheidet die Betriebswirtschaftslehre drei mögliche Situationen. Es sind dies die Sicherheit, das Risiko und die Unsicherheit.

Von **Sicherheit** der vorliegenden Informationen über den Eintritt einer Umweltsituation wird gesprochen, wenn mit hundertprozentiger Wahrscheinlichkeit nur eine bestimmte Situation eintreffen kann. Eine solche Informationssituation ergibt sich z. B. aus der Tatsache, daß das Ergebnis eines Unternehmens im kommenden Jahr gleich Null sein muß, wenn es im vorhergehenden Jahr den Geschäftsbetrieb aufgibt. Es handelt sich dann um eine **vollkommene Information**.

2. Kapitel: Die Teilfunktionen der Unternehmensführung 89

Im absoluten Gegensatz dazu steht eine Informationssituation, bei der bezüglich bestimmter Umweltbedingungen keinerlei Aussagen über die Eintrittswahrscheinlichkeit gemacht werden können. Dies trifft auf Informationen über die Ertragssituation eines Unternehmens im Jahre 2040 zu, die alle denkbaren Möglichkeiten ohne Unterschied offen läßt. Diese Situation läßt sich auch als **vollkommene Unwissenheit** (Desinformation) bezeichnen.

Zwischen den beiden Extremen der vollkommenen Information bzw. der vollkommenen Desinformation bewegt sich der große Bereich der risikobehafteten Informationen. Sie sind dadurch gekennzeichnet, daß über ihr mögliches Eintreten eine Wahrscheinlichkeitsverteilung vorliegt, die zwischen den Werten Null und Hundert Prozent schwankt. Diese Ausgangslage ist z. B. gegeben, wenn für die voraussichtliche Ertragsentwicklung eines Unternehmens im kommenden Jahr als Erwartungen eine generelle Steigerung, eine Zunahme zwischen 10–15% oder eine Steigerung um 12% angenommen werden. Eine solche Situation stellt eine **unvollkommene Information** dar. Es ist einfach zu erkennen, daß sie den ganz überwiegenden Teil aller Informationslagen in der Wirklichkeit ausmachen. Damit sind letztlich auch fast alle betrieblichen Entscheidungen unter dem Aspekt unvollkommener Informationen und damit gleichzeitig risikobehaftet zu fällen.

Informationssituationen

vollkommene Information	unvollkommene Information	vollkommene Unwissenheit
100% Wahrscheinlichkeit	Wahrscheinlichkeit 0< keit <100	0% Wahrscheinlichkeit
absolute Sicherheit	Risiko = relative Sicherheit/ Unsicherheit	absolute Unsicherheit

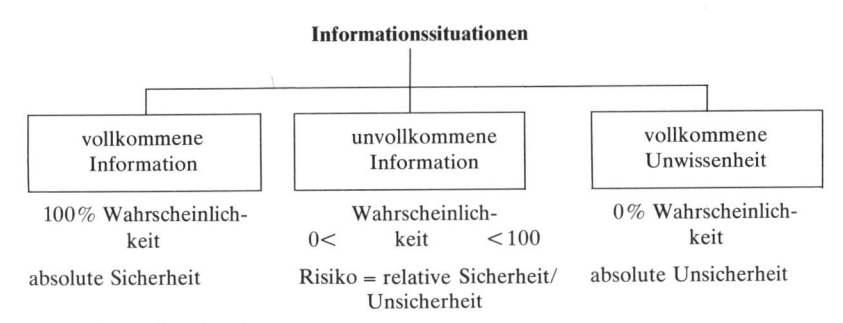

Abb. 8 Informationssituationen

b) Die zweite Phase des Entscheidungsprozesses umfaßt die Aufstellung von **Entscheidungsalternativen**. Sie beinhaltet sowohl die Gewinnung wie die Bewertung von Lösungswegen. Als Suchphase ist sie ein in besonderem Maße kreativer Vorgang. Sie beginnt mit der Entwicklung möglicher Alternativen, die zur Lösung des Entscheidungsproblems beitragen können. Unter **Alternativen** sind nach Heinen Kombinationen unternehmerischer Handlungsmöglichkeiten zu verstehen, die den verfügbaren Mittelbestand vollständig ausschöpfen. Dabei kann es sich sowohl um ein Tun als auch um ein Unterlassen handeln. Zum Zwecke des konsequenten Auffindens von alternativen Lösungsmöglichkeiten wurden die sogenannten Kreativitätstechniken, z. B. das Brainstorming, entwickelt.

Voraussetzung für eine bestmögliche Auswahl zwischen den aufgestellten Alternativen ist deren **Bewertung**. Dazu müssen die Konsequenzen ermittelt werden, die eine Durchsetzung jeder einzelnen Alternative mit sich bringt. Als relevantes Kriterium zur Aufdeckung der jeweiligen Auswirkungen dient zunächst das Entscheidungsproblem. Geht es z. B. um die Zielsetzung einer Gewinnsteigerung und liegen als Alternativen eine Preissenkung um 2% bzw. eine Steigerung der Werbeausgaben um 10% vor, so müssen die jeweiligen Folgen für das Gewinnziel ermittelt werden. Außerdem ist das

Entscheidungsfeld abzuklären. Dabei handelt es sich um die Personen und Sachmittel, die der Entscheidungsträger direkt oder indirekt beeinflussen kann, sowie um die Daten, die ihm als unbeeinflußbar vorgegeben sind. So können z.B. verschiedene Fertigungsabläufe im Produktionsbereich unter dem Aspekt der Gewinnsteigerung betrachtet werden, wobei die Gesamtkapazität als unveränderlich vorgegeben wird. Die Begrenzungsfaktoren können dabei auch außerbetrieblicher Art sein. So schließen sich z.B. bestimmte Fertigungsverfahren aufgrund von Umweltvorschriften aus.

Zwecks Systematisierung insbesondere des Bewertungsvorganges von Alternativen haben die Wissenschaft und Praxis eine größere Anzahl Entscheidungsmodelle, -techniken und -verfahren entwickelt, deren wichtigste im folgenden kurz aufgeführt werden.

Eine übersichtliche Möglichkeit zur Darstellung von Entscheidungssituationen ermöglichen die **Entscheidungstabellen**. Sie stellen ein technisches Hilfsmittel dar, das auf der Grundlage einer Übersichtstabelle die relevanten Bedingungen und die unterschiedlichen Aktionen waagrecht sowie die Entscheidungsregeln senkrecht anordnet.

EP	R_1	R_2	...	R_n
B_1 B_2 . . . B_n				
A_1 A_2 . . . A_n				

EP = Entscheidungsproblem
A = Aktionen
B = Bedingungen
R = Entscheidungsregeln

Abb. 9 Entscheidungstabelle

Die Darstellung von Entscheidungsproblemen im Rahmen von **Entscheidungsmodellen** hat bislang weitgehend nur wissenschaftliche Bedeutung erlangt. Es handelt sich dabei um eine formale Wiedergabe eines Entscheidungsproblems, das in eine Zielfunktion überführt wird, die einen Endzustand mit Maximaleigenschaften beschreibt. Dazu zählen alle Entscheidungssituationen, die auf die Maximierung bzw. Minimierung von Ausbringungen, Gewinn, Kosten usw. hinauslaufen. Voraussetzung ist dabei, daß das Ziel, die Bedingungen und die Alternativen mathematisch eindeutig definierbar sind. Weiterhin ist unterstellt, daß die Entscheidung stets als eine rational orientierte Auswahl verstanden wird.

Werden das vorgegebene Ziel, z.B. die Minimierung der Kosten eines Produktes sowie die möglichen Alternativen, z.B. mehrere Varianten unterschiedlicher Materialeinsätze, in einen Zusammenhang gebracht, so entsteht eine Zielfunktion, wobei alle Alternativen durch reelle Zahlen abzubilden sind. Mathematisch ergibt sich für eine zu maximierende Zielfunktion folgendes Bild: $\max z(x) \mid x \in X$. Verbal bedeutet dies, diejenige Alternative x als Element aus der Gesamtmenge aller Alternativen X zu ermitteln, die zu einer maximalen Zielerfüllung führt. Je nach dem Grad der Informationen über die numerischen Werte der Zielformulierung sowie der Alternativen wird zwischen Entscheidungsmodellen bei Sicherheit (deterministische Entscheidungsmodelle), bei Risiko (stochastische Entscheidungsmodelle) und bei Unsicherheit unterschieden.

Die Entscheidungsmodelle sind analytische Verfahren, die mit Hilfe mathematischer Ausdrücke alle auf einen Prozeß einwirkenden Größen im voraus berücksichtigen können und damit optimale Lösungen ermöglichen. Ihnen stehen die **Simulationsverfahren** gegenüber. Anstelle der Übertragung einer allgemeinen analytischen Lösung auf einen speziellen Fall erfolgt hier eine umgekehrte Vorgehensweise dergestalt, daß eine Mehrzahl spezifischer, bereits geschehener Situationen untersucht und die Ergebnisse dann verallgemeinert werden. Neue Probleme werden also im Sinne einer Nachahmung bereits gelöster Probleme, also durch Simulation angegangen. Die Simulationsverfahren eignen sich insbesondere für komplexe Aufgabenstellungen, verbunden mit relativ unvollkommenen Informationen. Als Beispiel hierfür kann das Entscheidungsproblem dienen, wie ein Engpaßbereich in der Fertigung, der aus mehreren Arbeitsplätzen besteht und von unterschiedlichen Produkten durchlaufen wird, optimal auszulasten ist. Die Simulation mehrerer Wege, abgeleitet aus in der Vergangenheit gewonnenen Erfahrungen, wird zwar nicht das absolute Optimum aufzeigen, aber akzeptable Näherungswerte erbringen können.

Insbesondere die Praxis wendet häufig auch das **black-box-Verfahren** an. Dabei wird der Entscheidungsprozeß als schwarzer Kasten verstanden, d.h. es liegen über seine inneren Vorgänge und Zusammenhänge keine Informationen vor. Durch gezielte Eingriffe lassen sich Reaktionen auslösen und analysieren, mit deren ständiger Verbesserung eine Annäherung an ein nicht bekanntes Optimum angestrebt wird. Auf diese Art und Weise vollzieht sich eine Vielzahl von Teilrationalisierungen, indem immer wieder einzelne Elemente eines Gesamtprozesses durch höherwertigere ersetzt werden, ohne daß eine klare Vorstellung über das Rationalisierungsoptimum vorliegt.

Zu den besonders praxisrelevanten Verfahren gehört weiterhin die **Kepner-Tregoe-Methode**. Sie ist ein empirisches Analyseverfahren, das auf vier Denkprozessen beruht: der Situations-Analyse, der Problem-Analyse, der Entscheidungs-Analyse und der Analyse potentieller Probleme. Die Situationsanalyse beinhaltet die Zergliederung unübersichtlicher Tatbestände, um sie zu vereinfachen. Sie legt Prioritäten fest und lokalisiert, welche Analyse erforderlich ist. Die Problem-Analyse befaßt sich mit der Definition und Beschreibung des Problems und versucht, die wirklichen Ursachen für Veränderungen zu erkennen. Bei der Entscheidungsanalyse geht es um die Zielbestimmung, die Entwicklung und Bewertung von Alternativen und die endgültige Entscheidung. Die Analyse potentieller Probleme beschäftigt sich mit dem Absichern und der Durchführung einer getroffenen Entscheidung. Der besondere Vorteil der Kepner-Tregoe-Methode liegt in einer Vielzahl vereinfachter Fragestellungen, die den gesamten Entscheidungsprozeß zu einem jederzeit nachvollziehbaren Ablauf in der Praxis machen.

c) Der **Entschluß**, auch Entscheid bzw. Entscheidung im engeren Sinne genannt, beschließt den formalen Entscheidungsprozeß. Dabei sind zugleich ein Wahlakt und ein Willensakt erforderlich. Der Entscheidungsträger versucht zunächst, die aus seiner Sicht unter Berücksichtigung der Bewertungsergebnisse optimale Alternative auszuwählen. Mit dem Wahlakt muß gleichzeitig eine Willensbekundung verbunden sein, nach der die gefundene Lösung als verbindlich für die Durchsetzung erklärt wird. Witte spricht in diesem Zusammenhang davon, daß der „Finalentschluß weitgehend die Funktion der Ratifikation" hat.

Die Güte des Entschlusses und damit des gesamten Entscheidungsprozesses hängt von zahlreichen Faktoren ab. Zu diesen zählen nach Aussage der modernen Entscheidungsforschung vor allem die Motivation und die subjektiven Zielsetzungen der Entscheidungsträger, deren intellektuelle Fähigkeiten, ihr jeweiliger Informationsstand sowie die verfügbaren Arbeitsmittel. Besondere Bedeutung kommt außerdem der Zahl der beteiligten Entscheidungsträger und der Art ihres Zusammenwirkens zu.

Insgesamt kann festgestellt werden, daß der formale, auf rein rationaler Einstellung beruhende Entscheidungsprozeß einen idealisierten Ablauf darstellt. Neuere Erkenntnisse verhaltenswissenschaftlicher und organisationswissenschaftlicher Art haben gezeigt, daß Entscheidungsabläufe in der Praxis durch folgende Faktoren geprägt sind, die auf die Entscheidungsfindung wesentlichen Einfluß nehmen:

- je höher die Komplexität einer Entscheidung, um so individueller wird der Entscheidungsvorgang abgewickelt; dies gilt in besonderem Maße für Führungsentscheidungen auf der obersten Führungsebene;
- es liegt nur eine begrenzte Kapazität der Informationsaufnahme und -verarbeitung bei den Entscheidungsträgern vor, was oft zu Voreingenommenheit führt;
- auf der Basis eines unvollkommenen Suchprozesses wird meist nur eine begrenzte Anzahl von Alternativen entwickelt;
- es wird keine maximale Lösung des Entscheidungsproblems, sondern lediglich eine befriedigende Lösung auf der Grundlage des jeweils vorherrschenden Anspruchniveaus angestrebt.

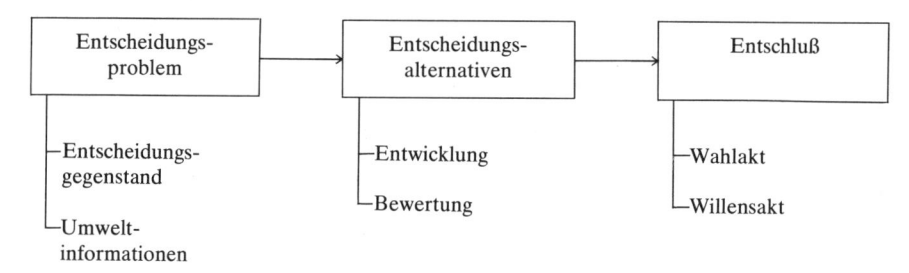

```
┌─────────────────┐    ┌─────────────────┐    ┌─────────────────┐
│ Entscheidungs-  │───▶│ Entscheidungs-  │───▶│    Entschluß    │
│   problem       │    │  alternativen   │    │                 │
└─────────────────┘    └─────────────────┘    └─────────────────┘

├─Entscheidungs-        ├─Entwicklung           ├─Wahlakt
│  gegenstand           │
│                       └─Bewertung             └─Willensakt
└─Umwelt-
   informationen
```

Abb. 10 Phasen des Entscheidungsprozesses

3. Gliederung der Entscheidungen

Die Vielzahl der in einem Unternehmen anfallenden Entscheidungen läßt sich im wesentlichen nach drei Kriterien systematisieren. Es sind dies der Gegenstand der Entscheidungen, die Wiederholbarkeit von Entscheidungen sowie die Anzahl der Entscheidungsträger.

Bei der Einteilung nach dem **Gegenstand** kann zwischen Dispositionsentscheidungen und Ausführungsentscheidungen unterschieden werden. Die **dispositiven Entscheidungen**, die der sachlichen Ausführungsebene vorgelagert sind, führen zu einer Vorbestimmung der ausführenden Handlungen. Sie umfassen im wesentlichen alle Führungs- und Managemententscheidungen, soweit sie sich mit der Zielfindung, Planung, Organisation, Kontrolle, Kommunikation und Personalführung befassen. Im Gegensatz dazu werden die **Ausführungsentscheidungen** vor allem auf der Realisationsebene getroffen, ziehen sich jedoch mehr oder weniger stark in die untere und mittlere Führungsebene hinein. Sie basieren in der Regel auf dispositiven Entscheidungen und beschäftigen sich mit der unmittelbaren Umsetzung in Tätigkeiten und Handlungen realisierender Art.

Bezüglich ihrer **Wiederholbarkeit** lassen sich einmalige Entscheidungen von Routineentscheidungen abgrenzen. **Einmalige Entscheidungen** beziehen sich meist auf besonders komplexe, langfristige Entscheidungen auf der obersten Führungsebene, wie z. B. die langfristige Anpassung des Produktionsprogramms. Aber auch kurzfristig eintretende, durch die Planung nicht vorweggenommene Ereignisse können einmalige Entscheidungen im Sinne improvisatorischer Lösungen erforderlich machen. Dies ist z. B. der Fall, wenn durch einen Brand eine Fertigungsstätte ausfällt. **Routineentscheidungen** haben demgegenüber die Eigenschaft, daß sie sich vielfach und relativ gleichförmig wiederholen. Sie laufen insbesondere auf der Ausführungsebene mit einer gewissen Automatik ab. Sie werden dadurch aber auch teilweise aus dem Bewußtsein der Entscheidungsträger verdrängt mit der Gefahr, daß Veränderungen in der Entscheidungsproblematik und/oder der Bedingungen nicht rechtzeitig erkannt werden. So handelt z. B. ein in Routine erstarrter Kostenrechner, wenn er weiterhin nur zwischen Einzel- und Gemeinkosten unterscheidet, obwohl längst ein Informationsbedarf bezüglich der variablen und fixen Kosten vorliegt.

Je nach der **Anzahl** der am Entscheidungsprozeß beteiligten Personen wird zwischen Einzelentscheidung und Kollektiventscheidung unterschieden. Bei der **Einzelentscheidung** wird der Entschluß von **einem** Entscheidungsträger getroffen, der aber in der Vorphase des Entscheidungsprozesses, insbesondere bei der Aufstellung von Entscheidungsalternativen, weitere Personen heranziehen kann. Bei der **Kollektiventscheidung** sind auch beim Fällen des Entschlusses mehrere Personen beteiligt, wobei dann je nach der Anzahl der Entscheidungsträger entsprechende Abstimmungsregeln aufgestellt werden müssen. Die Einzelentscheidung dominiert eindeutig im betriebswirtschaftlichen Bereich. Sie hat gegenüber der Mehrheitsentscheidung den Vorteil, daß die Entscheidungen in der Regel schneller fallen. Die Kollektiventscheidungen kommen überwiegend in Gremien wie Vorstand, Aufsichtsrat und Hauptversammlung vor.

```
                          Arten von Entscheidungen
        ┌─────────────────────────┼─────────────────────────┐
Gegenstand der            Wiederholbarkeit              Anzahl der
Entscheidungen            der Entscheidungen            Entscheidungsträger
    │                           │                             │
    ├─Dispositive               ├─Einmalige                   ├─Einzelentscheidung
    │ Entscheidungen            │ Entscheidungen              │
    │                           │                             │
    └─Ausführungs-              └─Routineent-                 └─Kollektiventscheidung
      entscheidungen              scheidungen
```

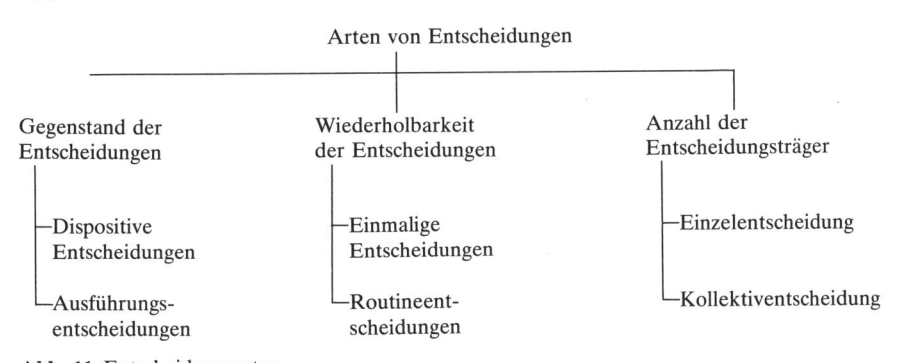

Abb. 11 Entscheidungsarten

II. Kommunizieren

1. Wesen und Bedeutung

Die Erfüllung der Managementaufgaben im allgemeinen und das Fällen von Entscheidungen im besonderen kann auch als ein Prozeß verstanden werden, der aus einer Informationsgewinnung, einer Informationsverarbeitung und einer Informationsabgabe besteht. Dabei wird eine Summe von Eingangsinformationen in einem Transformationsvorgang in eine inhaltlich abweichende Ausgangsinformation überführt.

Die **Information** steht damit im Mittelpunkt allen unternehmerischen Handelns. Sie wird als **zweckorientiertes Wissen** (Wittmann) definiert, wobei ihre Zweckbestimmung in einer bestmöglichen Vorbereitung des Handelns zu sehen ist. Auch wenn betriebswirtschaftliche Entscheidungen generell auf der Grundlage unvollkommener Informationen getroffen werden müssen, so hängt der Wert von Entscheidungen doch ceteris paribus von der Güte und dem Umfang an Informationen ab.

In arbeitsteiligen Prozessen, wie sie für das Unternehmen typisch sind, werden Aufgaben und Entscheidungen auf eine Vielzahl von Trägern verteilt. Daraus ergibt sich, daß die Entscheidungen und die daraus resultierenden Handlungsergebnisse eines Entscheidungsträgers für einen oder mehrere andere Entscheidungsträger zu Informationen werden. Damit entsteht das Problem der Informationsübermittlung bzw. der Kommunikation. Eine Kommunikationsaufgabe liegt stets dann vor, wenn mindestens zwei Handlungseinheiten die Absicht haben, Informationen untereinander auszutauschen. Die **Kommunikation** kann somit als die Organisation des Informationsflusses definiert werden. Sie stellt die informationelle Verbindung zwischen den Aktionseinheiten (Grochla) in einem Unternehmen dar. Als Aktionseinheiten wirken Menschen wie auch hochentwickelte Maschinen in Form von Computern, Fertigungsautomaten usw.

Kommunizieren bedeutet, bestimmte Aktivitäten zu entwickeln, damit Informationen von einer Stelle an eine andere Stelle gelangen. Ein solcher Kommunikationsvorgang liegt z. B. vor, wenn ein Mitarbeiter A aus dem Verkauf seinen Kollegen B im Lager anruft, um von diesem zu erfahren, ob ein bestimmtes Produkt vorrätig ist. A benötigt eine Information, die B aufgrund seiner Kenntnisse über die Lagerbestände erteilen kann. Dieses Wissen wird jedoch erst durch die Übermittlung an A relevant. Es wird durch die Anfrage zu einer Information, die im Sinne der Informationstheorie in eine Nachricht zu verwandeln ist. In unserem Beispiel geschieht dies durch die Bildung eines Wortes, bzw. durch einen oder mehrere Sätze. Über den Umfang der Nachricht entscheidet zunächst einmal B, in dem er mit ja oder mit mehr oder weniger langen Ausführungen über Höhe und Entwicklung des Lagerbestandes antwortet. Der Formulierung der Antwort folgt die Übertragung mit Hilfe von Signalen. Darunter sind die Nachrichtenträger zu verstehen, beim Telefon z. B. die Schallwellen, beim geschriebenen Wort die Farbe auf dem Papier.

Im verallgemeinerten Sinn besteht eine **Kommunikationseinheit** aus dem **Kommunikator** oder Sender, in unserem Beispiel der Mitarbeiter B, aus einem **Kommuniqué** oder einer Mitteilung, in unserem Beispiel die Antwort auf die gestellte Frage, aus einem **Kommunikanten** oder Empfänger, in unserem Beispiel Mitarbeiter A sowie einem

```
┌─ ─ ─ ─ ─ ─ ─ ─ ─ ─ ─ ─ ─ ─ ─ ─ ─ ─ ─ ─ ─ ─ ─ ─ ─ ─ ─ ─ ─ ─ ─ ─ ┐
│              Kommunikationsmedium                              │
│  ┌──────────────┐  = Übertragungseinrichtung  ┌──────────────┐ │
│  │ Kommunikator │─────────────────────────────│ Kommunikant  │ │
│  │  = Sender    │         Kommuniqué          │ = Empfänger  │ │
│  └──────────────┘       = Mitteilung          └──────────────┘ │
└─ ─ ─ ─ ─ ─ ─ ─ ─ ─ ─ ─ ─ ─ ─ ─ ─ ─ ─ ─ ─ ─ ─ ─ ─ ─ ─ ─ ─ ─ ─ ─ ┘
```

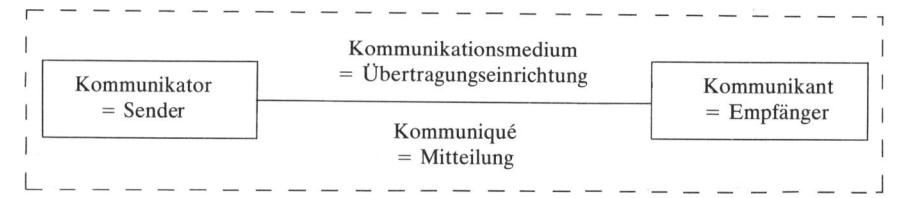

Abb. 12   Kommunikationseinheit

Kommunikationsmedium oder einer Übertragungseinrichtung, in unserem Beispiel das Telefon.

Die Aktivität zur Ingangsetzung der Kommunikation kann vom Empfänger, aber auch vom Sender ausgehen. Sie kann auf Anforderung oder unaufgefordert erfolgen wenn z. B. der Vorgesetzte seinem Mitarbeiter eine Mitteilung zukommen läßt. Die wesentliche Funktion des Kommunizierens liegt damit in der Erweiterung des Wissensstandes für die Durchführung betrieblicher Handlungen.

2. Ablauf des Kommunikationsprozesses

Kommunizieren im Sinne einer Führungsaufgabe bedeutet die Herstellung geeigneter kommunikativer Verbindungen zwischen Informationsspendern und Informationsempfängern. In diesem Sinne liegt ein Kommunikationsprozeß vor, der formal weitgehend einem Organisationsprozeß entspricht. Der wesentliche Unterschied zur Betriebsorganisation ergibt sich aus dem Gegenstand der Kommunikation in Form der Übertragung von Informationen, der eine spezielle Behandlung rechtfertigt. Als wesentliche Phasen des Handlungsablaufs beim Kommunizieren können die Abgrenzung des Kommunikationsproblems, die Ermittlung der Kommunikationsalternativen sowie die Festlegung der Kommunikationslösung bezeichnet werden.

a) Bei der Abgrenzung des **Kommunikationsproblems** geht es letztlich um die Frage der **Relevanz** von Nachrichten für den Sender bzw. den Empfänger, d.h. um die Wirkungen, die jeweils erreicht werden sollen. Grundsätzlich ist dabei zwischen Informationen, die der Vorbereitung von Entscheidungen dienen und solchen, die eine Verhaltensbeeinflussung erzielen sollen, zu unterscheiden. Zu den ersteren zählt z.B. die Auskunft der Geschäftsführung an den Leiter der Werbeabteilung, daß der Werbeetat für das kommende Jahr um 10% erhöht wird, zu den letzteren gehören Arbeitsanweisungen, aber auch Informationen im Rahmen der Werbung bzw. der Public Relations an Dritte. Neben der Zielrichtung einer Nachricht ist bei der Abklärung des Kommunikationsproblems auch der **Informationsbedarf** von Belang. Er bestimmt die Art, die Quantität und die Qualität einer Mitteilung an den Informationsempfänger, die zur Durchführung einer Handlung in einer bestimmten Zeit an einem festgelegten Ort benötigt wird.

b) Bei der Entwicklung von **Kommunikationsalternativen** geht es im wesentlichen um die Regelung des Übertragungsvorganges, d.h. um die Verkehrswege, auf denen das Kommunikationsproblem als eindeutig definierte Nachricht übermittelt werden kann. Die Informationswege bzw. -kanäle lassen sich nach drei Kriterien gliedern und zwar nach der Informationsflußrichtung, nach der Stufung der Kommunikationswege und nach der Schichtung des Informationsflusses.

Bei der Betrachtung der **Informationsflußrichtung** zeigt sich, daß zwischen einseitigen und zweiseitigen Informationswegen unterschieden werden kann. Fließen die Nachrichten nur in einer gleichbleibenden Richtung, wie z.B. bei einer Betriebszeitung, so ist die eine Seite stets Sender, die andere stets Empfänger. Solche rein **einseitigen** Informationsverbindungen kommen in der betrieblichen Praxis verhältnismäßig selten vor. Im Gegensatz dazu sind die Endpunkte einer Kommunikationsstrecke bei einem **zweiseitigen** Informationsweg stets zugleich Sender und Empfänger von Mitteilungen. Diese Kommunikationsform dominiert in der Praxis. Sie kann weiter danach unterschieden werden, ob ein Informationsgegenverkehr wie mit Hilfe des Telefons bzw. nur ein Informationswechselverkehr wie mit einer Wechselsprechanlage möglich ist.

Beim Gliederungsmerkmal **Stufung der Kommunikationswege** wird die Strecke zwischen der Informationsquelle und dem Informationsbenutzer untersucht. Befinden sich auf der Informationsstrecke nur der Sender und der Empfänger, wenn z. B. der Vorgesetzte an seinen Mitarbeiter eine Nachricht weitergibt, so liegt ein **einstufiger** Informationsfluß vor. Häufiger kommt es jedoch zu **mehrstufigen** Informationsflüssen, die dadurch gekennzeichnet sind, daß zwischen Informationsquelle und Informationsbenutzer weitere Stellen zwischengeschaltet werden. Die Zwischenglieder können die Funktion eines Informationsspeichers und/oder eines Informationsverteilers haben.

Die Ordnung der Informationswege nach der **Schichtung des Informationsflusses** führt zu **horizontalen** und **vertikalen** Informationswegen, je nach dem, ob der Sender und Empfänger rangmäßig der gleichen bzw. unterschiedlichen hierarchischen Ebenen angehören.

Bei der Suche nach Lösungsmöglichkeiten für das Kommunikationsproblem sind zweckmäßige Gestaltungen bezüglich der beteiligten Kommunikationspartner, Kommunikationswege und Kommunikationsinhalte aufzuzeigen. Je nach der Struktur der Aufgabenstellung ergeben sich geeignete Alternativen, die auch als **Kommunikationsprogramm** (Ziegler) bezeichnet werden. Sie finden ihre Konkretisierung in **Kommunikationsnetzen**, deren Grundform der Stern, der Kreis und die Vollstruktur sind.

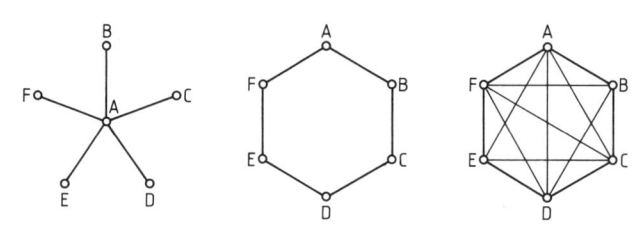

Abb. 13 Stern, Kreis, Vollstruktur

Die Kommunikationsnetze bestehen aus Kanten und Knoten. Die Kanten beschreiben die Kommunikationswege, die Knoten die Kommunikationspartner als Sender bzw. Empfänger. Grundsätzlich ermöglicht jedes Kommunikationsnetz, daß jeder Kommunikationspartner mit jedem der in obiger Abbildung fünf anderen Partnern einen Informationsaustausch vornehmen kann. Unterschiede ergeben sich ausschließlich in der Weglänge.

Beim **Stern** hat das Kommunikationssubjekt A als Zentrum die kürzesten Wegstrecken, B bis F können nur über A miteinander kommunizieren. Beim **Kreis** sind jeweils drei Partner nur über Umwege zu erreichen, während die **Vollstruktur** jedem Mitglied eine unmittelbare Informationsverbindung zu jedem anderen Beteiligten ermöglicht.

Die im einzelnen zu entwickelnden Kommunikationsmöglichkeiten geben an, welche Mitteilungen auf welchen Wegen zwischen welchen Kommunikationspartnern ausgetauscht werden können. Die Bewertung erfolgt dann vor allem nach dem Gesichtspunkt der Wirtschaftlichkeit der einzelnen Alternativen.

c) Die **Festlegung der Kommunikationslösung** beinhaltet die Auswahl derjenigen Kommunikationsalternative, die das Kommunikationsproblem bestmöglich erfüllt. Dies ist in der Regel das Kommunikationsprogramm, das den Informationsbedarf der beteiligten Kommunikationspartner optimal befriedigt und unter vergleichsweise geringstem Aufwand durchgeführt werden kann.

```
┌──────────────────┐     ┌──────────────────┐     ┌──────────────────┐
│ Kommunikations-  │ ──► │ Kommunikations-  │ ──► │ Kommunikations-  │
│    problem       │     │  alternativen    │     │     lösung       │
└──────────────────┘     └──────────────────┘     └──────────────────┘
```
─Nachrichtenrelevanz   ─Informationsfluß-   ─Minimierung des
─Informationsbedarf   richtung   Aufwandes
                          ─Stufung der Kommu-
                           nikationswege
                          ─Schichtung des
                           Informationsflusses
                          ─Kommunikations-
                           programme
                          ─Bewertung

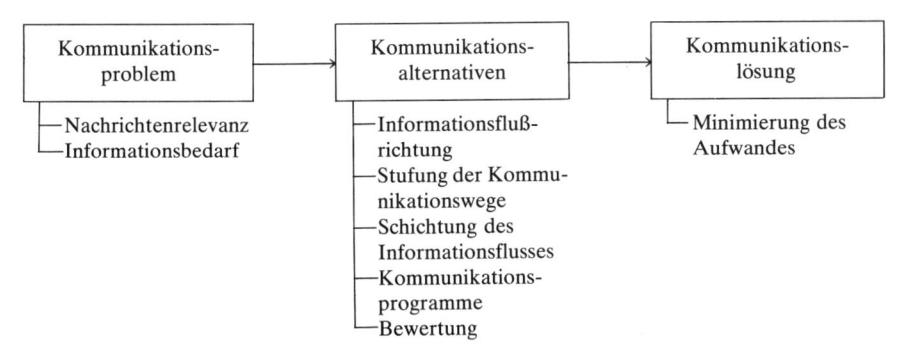

Abb. 14 Phasen des Kommunikationsprozesses

3. Gliederung der Kommunikation

Die Gliederung der Kommunikation kann nach zwei Merkmalen erfolgen. Es sind dies der Grad der formalen Regelung sowie die Art der zu übermittelnden Informationen.

Bezüglich des **Freiheitsgrades** beim Informationsaustausch kann zwischen gebundener und ungebundener Kommunikation unterschieden werden. Ein **ungebundener** Informationsaustausch liegt vor, wenn alle Aktionsträger untereinander in einem unbeschränktem Maße Nachrichten übermitteln können und sich dabei an keinerlei Regelungen halten müssen. Im Gegensatz dazu sind bei der **gebundenen** Kommunikation Beschränkungen für die einzelnen Aktionsträger in Bezug auf die Kommunikationspartner und/oder Kommunikationswege und/oder Kommunikationsinhalte zu beachten. Solche Regelungen sollen gleichermaßen einen Mangel wie einen Überfluß an Informationen vermeiden helfen. In der Praxis erscheint eine Kombination von gebundener und ungebundener Kommunikation sinnvoll, um einen bestmöglichen Informationsaustausch zu erreichen.

Werden die Ursachen der zu übermittelnden Informationen als Einteilungsmerkmale herangezogen, so ergibt sich eine Abgrenzung zwischen der entscheidungslogisch begründeten und der kontrolltechnisch begründeten Kommunikation. Die **entscheidungslogisch** begründete Kommunikation beruht auf der Tatsache, daß die betriebliche Gesamtaufgabe in einer hierarchisch geordneten, multipersonalen Entscheidungseinheit als typische Unternehmensstruktur gelöst wird. Ein sinnvolles Zusammenwirken auf und zwischen den jeweiligen Unternehmensebenen und den zu treffenden Entscheidungen ist nur durch eine angemessene Kommunikation möglich.

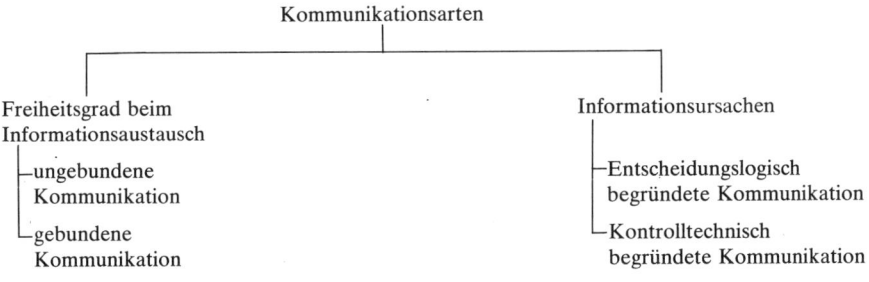

```
                        Kommunikationsarten
                    ┌───────────┴───────────┐
Freiheitsgrad beim                    Informationsursachen
Informationsaustausch
 ─ungebundene                          ─Entscheidungslogisch
  Kommunikation                         begründete Kommunikation
 ─gebundene                            ─Kontrolltechnisch
  Kommunikation                         begründete Kommunikation
```
Abb. 15 Kommunikationsarten

Die **kontrolltechnisch** begründete Kommunikation leitet sich aus der Abwicklung der Betriebsabläufe her. Mit Hilfe von Soll-Ist-Vergleichen werden diese bezüglich der Einhaltung von Arbeitsverfahren bzw. der Erfüllung vorangegangener Entscheidungs- und Realisationsprozesse kontrolliert. Die Informationen der verfahrensorientierten Kontrolle dienen der Verhaltenssteuerung, die Informationen der ergebnisorientierten Kontrolle der Beeinflussung von nachfolgenden Entscheidungs- und Realisationsvorgängen. Sie müssen daher im Rahmen der Kommunikation den entsprechenden Aktionsträgern zugänglich gemacht werden.

B. Sachbezogene Führungsfunktionen

Die sachbezogenen Führungsfunktionen (Managementfunktionen) umfassen die sach-rationale Dimension der Unternehmensführung. Zu ihr zählen das Ziele setzen, das Planen, das Organisieren und das Kontrollieren. Sie dienen letztlich der funktionsgerechten Gestaltung der Unternehmensabläufe.

I. Ziele setzen

1. Wesen und Bedeutung der Unternehmensziele

Wirtschaften dient der Überwindung der Knappheiten an Gütern und Diensten bei der Bedürfnisbefriedigung. Dabei gilt das Vernunftprinzip (Rationalprinzip) in der Form des Wirtschaftlichkeitsprinzips (ökonomisches Prinzip) als grundlegende Leitmaxime. Danach soll mit einem vorgegebenen Aufwand ein möglichst hoher Ertrag bzw. ein vorgegebener Ertrag mit einem möglichst geringen Aufwand erreicht werden. Diese Vorstellung bildet die Grundlage und Ausgangsbasis allen wirtschaftlichen Handelns und ist damit zugleich die Basis aller ökonomischen Zielsetzungen. Insofern orientieren sich auch die Betriebe und in ihrer marktwirtschaftlichen Ausformung die Unternehmungen grundsätzlich am ökonomischen Prinzip.

Das sehr allgemein gehaltene ökonomische Prinzip muß jedoch eine wesentliche Konkretisierung erfahren, wenn es in der Praxis realisiert werden soll. Es ist in betriebswirtschaftlich anwendbare Maximen, d.h. in die sogenannten Unternehmensziele umzusetzen. Unter einem **Ziel** wird ein erstrebenswerter Zustand verstanden, der in der Zukunft liegt und dessen Eintritt von bestimmten Handlungen bzw. Unterlassungen abhängig ist, der also nicht automatisch eintritt. Heinen nennt Ziele „generelle Imperative", die als Anweisungen dienen, aus denen entsprechende Aktivitäten zu ihrer Durchsetzung resultieren. Ziele und die zu ihrer Verwirklichung möglichen Handlungen sind damit eng miteinander verbunden. Ihre Abgrenzung ergibt sich jedoch dadurch, daß ein bestimmtes Ziel mit unterschiedlichen Maßnahmen erreicht werden kann. Die Festlegung der Maßnahmen zur Zielerreichung erfolgt durch die Planung.

Die betriebswirtschaftliche Eignung eines Zieles hängt von seiner Handhabbarkeit ab. Ziele sind in diesem Sinne **operational**, wenn sie bezüglich ihres Inhaltes, Zeitrahmens und Erfüllungsgrades eindeutig bestimmt sind.

Bei der Festlegung des **Zielinhaltes** handelt es sich im wesentlichen um die Maßgröße. So können Ziele als Werte in DM, als Mengeneinheiten in kg usw. definiert werden. Der **Zeitrahmen** beschreibt die Zeitspanne bzw. den Zeitpunkt, innerhalb der bzw. bis zu dem ein Ziel erfüllt sein soll. Der angestrebte **Erfüllungsgrad** bringt zum Ausdruck, wann die Verfolgung eines Zieles aufgegeben werden kann. So läßt sich die Höhe eines

Zieles zahlenmäßig eindeutig bzw. verbal mehrdeutig fixieren. Beispielsweise kann für das kommende Geschäftsjahr ein Gewinn in Höhe von DM 500000.- als Ziel formuliert werden. Die inhaltliche Dimension ist dann der Wert in DM, die zeitliche Dimension das Geschäftsjahr und die Erfüllungsdimension das Erreichen von DM 500000.-.

2. Zielbildungsprozeß

Wenngleich die Theorie der Wirtschaftswissenschaften immer unterstellt hat, daß ökonomisches Handeln zielorientiert sein muß, hat sie sich doch mit dem Problem der Zielbildung bisher nur wenig beschäftigt. Die moderne Betriebswirtschaftslehre geht davon aus, daß sich die Zielfindung im Rahmen eines Zielbildungsprozesses vollzieht, an dessen Ende die Zielentscheidung steht. Träger des Zielbildungsprozesses sind generell Betriebsangehörige, aber auch Außenstehende wie Gläubiger, Kunden, Lieferanten oder der Staat. Ihr Einfluß unterscheidet sich danach, inwieweit sie direkt zur Zielfindung aufgefordert bzw. autorisiert sind bzw. indirekt, d. h. ohne Legitimation Einflüsse ausüben.

Ausgangsbasis für die Zielfindung sind zunächst stets die Interessen einzelner Personen bzw. Personengruppen, deren dominierendes Individualziel das Streben nach Einkommen in Form von Gewinn bzw. Lohn ist. Diese persönlichen Wertvorstellungen werden in Ziele für die Organisationseinheit Unternehmung eingebracht und finden sich dann z. B. in Rentabilitätsvorstellungen, Umsatzerwartungen oder Kostenbegrenzungen wieder. Dabei ist in aller Regel auch mit widerstreitenden Vorstellungen zu rechnen. Derartige Konflikte müssen einer Lösung durch die Zielentscheidung zugeführt werden. Der Macht der Entscheidungsträger, d. h. ihrer Fähigkeit, das Verhalten anderer zu beeinflussen und zu verändern, kommt in diesem Zusammenhang große Bedeutung zu.

In der Praxis kann festgestellt werden, daß die überkommene Vorstellung, nach der die Führungsspitze allein den Zielbildungsprozeß betreibt, aufgegeben werden muß. Zielfindungsprozesse finden bei entsprechender Betriebsgröße heute auf allen Führungsebenen statt, wobei zunehmend eine kollektive Vorgehensweise festzustellen ist. Bei der Zielentscheidung wird dagegen weiterhin die personenbezogene der teambezogenen Form vorgezogen.

Umfang und Inhalt der Ziele eines Unternehmens sind keine statischen Größen. Sie unterliegen vielmehr einem ständigen Wandel, der letztlich von der Dynamik des Wirtschaftslebens im allgemeinen und der Mitarbeiter im besonderen abhängt. Zielveränderungen ergeben sich zunächst durch ihre Erfüllung, wodurch neue Ziele an ihre Stelle treten. Es kommt jedoch auch dadurch zu Zielverschiebungen, daß Umschichtungen in der Reichweite und/oder Bedeutung aufgrund einer veränderten Ausgangs- und Interessenlage eintreten können.

Zielvorstellungen	→	Zielalternativen	→	Zielentscheidung
persönliche/ betriebliche Erwartungen		—Inhalt —Zeitrahmen —Erfüllungsgrad —Bewertung		Realisierbarkeit aufgrund externer/interner Daten

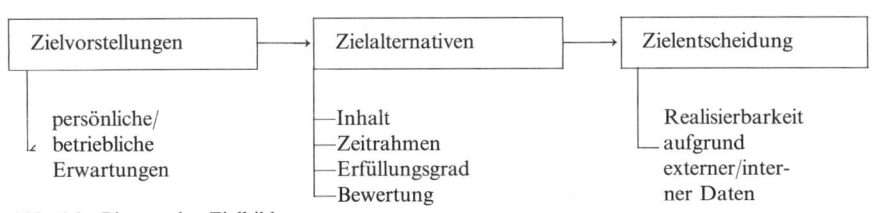

Abb. 16 Phasen des Zielbildungsprozesses

3. Gliederung der Ziele

Die Gliederung der Unternehmensziele wird im wesentlichen nach fünf Kategorien vorgenommen. Es sind dies:

die Inhalte,
die Berechenbarkeit,
die Zugehörigkeit zu einzelnen Funktionsbereichen,
der Zeithorizont und
die Bedeutung für das Unternehmen.

Bezüglich des generellen **Inhaltes** von Zielen wird zwischen Formalzielen und Sachzielen unterschieden. Die **Formalziele**, auch Nominalziele genannt, beschreiben, unter welcher Leitmaxime der Betriebsprozeß ablaufen soll. So ist in Unternehmen, die nach dem erwerbswirtschaftlichen Prinzip geführt werden, das Streben nach Gewinn das dominierende Formalziel, das letztlich alle Handlungen bestimmt. Im Gegensatz dazu beinhalten die **Sachziele** materielle Inhalte, die geeignet sind, der Erfüllung der Formalziele zu dienen. Die Fertigung von Fahrrädern ist ein Sachziel, das zur Erreichung des Formalziels Gewinn führen kann.

Bei der Frage nach der **Berechenbarkeit** von Zielen lassen sich die **quantifizierbaren** von den **nicht quantifizierbaren** Zielen unterscheiden. Zu den ersteren gehören alle Ziele, die in Geld- oder Mengengrößen meßbar sind, wie z. B. die Zielsetzung einer Umsatzhöhe von DM 300 000.- bzw. 6000 Stück. Daneben gibt es nur verbal gefaßte Zielsetzungen, wie z. B. die Forderung nach einem guten Betriebsklima.

Bei der Zuordnung der Ziele zu einzelnen **Funktionsbereichen** ergeben sich z. B. Beschaffungsziele, Fertigungsziele, Absatzziele und finanzwirtschaftliche Ziele.

Bezüglich der zeitlichen **Ausrichtung** können die Fernziele von den Nahzielen abgegrenzt werden. Die **Fernziele** beinhalten grundlegende Veränderungen, wie z. B. die Zusammensetzung des Produktionsprogramms, den Wechsel des Standorts usw. Die **Nahziele** sind dagegen auf die mittel- und kurzfristige Erreichung von Gewinn-, Produktions-, Absatz- oder Kostenzielen ausgerichtet.

Die Unterscheidung in Haupt- und Nebenziele ist auf die unterschiedliche Gewichtung und **Bedeutung** für das Unternehmen zurückzuführen. So kann das **Hauptziel** interner Schulungsmaßnahmen die Steigerung der Qualifikation der Mitarbeiter sein. Als Nebenziel stellt sich dann eine Verringerung der Fluktuationsrate ein.

Kriterium	Arten
Inhalte	Formalziele / Sachziele
Berechenbarkeit	quantifizierbare Ziele / nicht quantifizierbare Ziele
Funktionsbereiche	Beschaffungsziele / Fertigungsziele / Absatzziele / Finanzwirtschaftliche Ziele
Zeithorizont	Fernziele / Nahziele
Bedeutung	Hauptziele / Nebenziele

Abb. 17 Gliederung der Ziele

II. Planen

1. Wesen und Bedeutung der Unternehmensplanung

Die im Rahmen des Zielbildungsprozesses ermittelten Unternehmensziele lassen sich nur mit Hilfe bestimmter Handlungen erfüllen. Welche Handlungen jeweils erfolgen sollen, ist durch Entscheidungen festzulegen. Da in der Regel alternative Handlungsmöglichkeiten zur Erreichung eines Zieles vorliegen, gilt es, diese aufzuzeigen, zu bewerten, und die bestgeeigneten auszuwählen. Der Vorgang der Suche, Bewertung und Auswahl von Handlungsalternativen wird allgemein als Planung bezeichnet.

Planung bedeutet damit den Versuch der geistigen Vorwegnahme zukünftiger Geschehnisse auf der Grundlage einer systematischen Vorgehensweise. Sie ist eine wesentliche Führungsaufgabe, die dazu dient, die Zukunft aktiv mitgestalten zu können und nicht passiv erdulden zu müssen. Daraus resultiert als oberste Zwecksetzung der Planung die Sicherung der Erreichung der Unternehmensziele. Sie ist in ihrem Wesen mit der Funktion eines Kompasses zu vergleichen. In der Hand der Unternehmensführung kann sie dazu beitragen, die Wahrscheinlichkeit, den richtigen Weg zur Zielerreichung zu finden, zu erhöhen und damit gleichzeitig das Risiko, auf Abwegen zu landen, zu mindern. Eine absolute Sicherheit im Sinne der völligen Ausschaltung des Unternehmerrisikos kann jedoch auch die Planung nicht bewirken.

Die **Zielsicherungsfunktion** als Gesamtaufgabe der Planung wird durch mehrere Teilfunktionen erreicht. Im einzelnen sind dies:

- die **Offenlegungsfunktion**; die zunehmende Komplexität der betrieblichen Aufgaben macht es erforderlich, durch vorheriges, systematisches Durchdringen die eigentliche Problemstellung zu erkennen, um geeignete Maßnahmen für eine bestmögliche Lösung zu finden. Eine solchermaßen gestaltete Vorgehensweise kann Fehlentscheidungen aufgrund von Unkenntnis oder falscher Einschätzung der Auswirkungen von Entscheidungen verhindern;

- die **Steuerungsfunktion**; der noch immer steigende Grad an Arbeitsteilung macht es erforderlich, den mit der Realisierung befaßten Personen optimalisierte Orientierungshilfen zu geben. Durch diese Vorgaben können die Führungskräfte die Unternehmensabläufe in die gewünschte Richtung steuern;

- die **Kontrollfunktion**; nach der Abwicklung von Betriebsprozessen dienen Planvorgaben als Sollgrößen, die den geeigneten Maßstab für das erreichte Ist darstellen. Nur Kontrollsituationen auf der Grundlage von Soll/Ist-Vergleichen ermöglichen fundierte Aussagen über Abweichungen von der angestrebten Wirtschaftlichkeit.

2. Ablauf des Planungsprozesses

Die Planung ist als mehrstufiger Prozeß zu verstehen, in dessen Verlauf die Planungsziele ermittelt, Planungsalternativen aufgezeigt und Planungsentscheidungen getroffen werden müssen. Die konsequente Durchführung dieser Phasen gewährleistet, daß die Planung ihren Beitrag zur Ergebnissicherung auf wirtschaftlicher Basis leisten kann.

a) Die **Planungsziele** zeigen den Endzustand auf, der innerhalb eines bestimmten Zeitraumes bzw. zu einem bestimmten Zeitpunkt erreicht sein soll. Sie müssen zu Beginn des Planungsprozesses festgelegt werden, da sie dessen weiteren Ablauf steuernd beeinflussen. Die Planungsziele sind grundsätzlich aus den Unternehmenszielen abzuleiten.

Bei detaillierter Ausformulierung der Unternehmensziele als Sachziele können diese unmittelbar als Planungsziele übernommen werden. Dies ist jedoch in der Praxis selten der Fall, da die Unternehmensziele häufig nur als Formalziele auf der oberen Führungsebene gebildet werden. Insoweit ist es dann Aufgabe der Planung, insbesondere auch für die mittlere und untere Führungsebene Planziele aufzustellen, die der Erreichung der Unternehmensziele dienen. Dieser Tatbestand führt dazu, daß die Führungsaufgabe „Ziele setzen" häufig in die Führungsaufgabe „Planen" integriert wird.

Für den weiteren Planungsablauf übernehmen die Planungsziele zwei Funktionen. Sie müssen als Sollvorgaben formuliert werden, die eine **Leitfunktion** bei der Suche nach Planungsalternativen übernehmen können. Außerdem haben sie eine **Beurteilungsfunktion** bezüglich der Planungsentscheidung zu erfüllen. Es ist daher besonders darauf zu achten, daß die Planungsziele eindeutige Aussagen über Zielinhalt, Zielausmaß und Zielterminierung enthalten. Eine solche Planzielformulierung kann z.B. wie folgt lauten: Erreichung einer Umsatzhöhe von 20 Mio. DM für Produktgruppe A bei Steigerung des Werbeetats von 6% und einer durchschnittlichen Preissenkung von 2% für das kommende Geschäftsjahr.

Die Aufstellung der Planungsziele vollzieht sich in einer konkreten wirtschaftlichen Wirklichkeit, die nur zum Teil von den Planenden beeinflußt werden kann. Die unbeeinflußbaren Gegebenheiten werden als **Planungsdaten** bezeichnet. Sie begrenzen die Zielinhalte und können als Nebenbedingungen der Planungsziele bezeichnet werden. Dabei lassen sich **exogene** und **endogene** Planungsdaten unterscheiden. Zu den ersteren zählen die sogenannten Umweltbedingungen eines Unternehmens wie z.B. Beschaffungs- und Absatzmarktstrukturen, tarifrechtliche Vorschriften, Sicherheitsbestimmungen usw. Die endogenen Planungsdaten ergeben sich aus den durch das Unternehmen selbst festgelegten Eingrenzungen des Planungsspielraumes. Es sind dies z.B. das vorhandene Mittelpotential wie Maschinen- und Arbeitskapazitäten und das technische Wissen, aber auch die Festlegung der Planungsvorschriften und Planungskompetenzen.

b) Die **Planungsalternativen** zeigen die möglichen Wege auf, die zur Erreichung des Planungszieles eingeschlagen werden können. Ihre Ermittlung erfolgt in drei Stufen.

Zunächst muß die Ausgangssituation, d.h. der Ist-Zustand analysiert werden, den die Planungsziele als Soll-Zustand vorfinden. Dazu sind die tatsächliche Lage möglichst eindeutig zu beschreiben und die sie beeinflussenden, durch die Planung veränderbaren Planungsvariablen aufzuzeigen. So kann z.B. festgestellt werden, daß das Unternehmen im abgelaufenen Jahr einen Umsatz von 18 Mio. DM bei stagnierenden Preisen und einem Werbeetat von 400000.- DM erzielt hat. Ein Vergleich zwischen Ist- und Soll-Zustand, wie er unter a) formuliert wurde, zeigt die Zieldifferenz auf, die durch alternative Planungsmaßnahmen auszugleichen ist. Je weiter jedoch das Planungsziel in die Zukunft hineinreicht, umsoweniger aussagefähig ist ein direkter Soll/Ist-Vergleich. Die Begründung dafür ist darin zu sehen, daß sich der Ausgangszustand im Zeitablauf auch ohne eigenes Zutun verändern kann. Dies ist auf die vom Unternehmen unbeeinflußbaren Wirkungen der Planungsdaten zurückzuführen. So könnte z.B. der Umsatz im kommenden Jahr trotz unveränderter Preise und Werbeaufwendungen auf 17 Mio. DM fallen, wenn die Konkurrenz die Preise entsprechend senkt.

Eine möglichst genaue Aussage über die Ziellücke ergibt sich damit erst, wenn der wahrscheinliche Ist-Zustand in der Zukunft mit dem Soll-Zustand, bezogen auf den gleichen, zukünftigen Zeitraum bzw. Zeitpunkt verglichen wird. Dazu ist es erforderlich, **Prognosen** aufzustellen, um die Wirkung der Planungsdaten auf den gegenwärtigen Istzustand festzustellen. Die Betriebswirtschaftslehre hat dazu Planungshilfen in Form von Methoden der Vorausschätzung (Trendvorhersage, Analogiemethode) bzw. Verfahren des Operations Research (Lineare Programmierung, Warteschlangentheorie u. a.) entwickelt.

Die Ziellücke als Abweichung zwischen dem Soll und dem Ist kann positiv, negativ oder gleich Null sein. Im letzteren Fall ist die Suche nach Planungsalternativen, d. h. nach Wegen zur Schließung der Zieldifferenz deshalb einfach, weil die Beibehaltung der bisherigen Handlungen möglich ist. Eine negative Abweichung ergibt sich, wenn der Istzustand günstiger ist als der Sollzustand, also im kommenden Geschäftsjahr ohne jegliche Änderungen in der Handlungsweise ein Istumsatz von 21 Mio. DM zu erwarten ist. In diesem Falle muß wohl eine Überarbeitung des Planzieles vorgenommen werden, da ein Wirtschaftsunternehmen in der Regel nicht freiwillig auf mögliche Erfolge verzichtet. Üblicherweise tritt jedoch eine positive Abweichung ein, d. h. das Planziel kann nur erreicht werden, wenn zusätzliche, veränderte Maßnahmen ergriffen werden. Damit beginnt die **Suche nach Planungsalternativen**, wobei in einer hoch arbeitsteiligen, durch unvollkommene Informationen geprägten Marktwirtschaft stets davon ausgegangen werden kann, daß mehrere, meistens sogar sehr viele Wege zum Ziele führen.

Das Auffinden von Lösungsmöglichkeiten ist ein kreativer Vorgang, der von Erfahrungswerten ausgeht, die Fähigkeit zum Erkennen von Ursache- und Wirkungszusammenhängen verlangt und durch Einfallsreichtum ergänzt wird. Das Auffinden von „wenn ... dann-Beziehungen" ermöglicht die Formulierung von Planungsalternativen. Die Feststellung, „wenn die Produktqualität gesteigert wird, dann läßt sich der Umsatz erhöhen" führt bei einem Planungsziel „Erhöhung des Umsatzes" zu der Planungsalternative „Steigerung der Produktqualität".

Planungsalternativen sind in die Zukunft gerichtete Vorhersagen, die insofern der Unsicherheit bezüglich des Umfanges ihres Eintretens und damit ihres Erfolges unterliegen. Lassen sich statistisch gesicherte Wahrscheinlichkeitswerte bezüglich der Verwirklichung festlegen, z. B. in der Form, daß eine Steigerung der Ausgaben für die Verbesserung der Produktqualität von zehn Prozent eine Umsatzsteigerung von ca. drei Prozent erbringt, so liegen **Prognosealternativen** vor. Sind jedoch keine quantifizierbaren Schätzungen der Wahrscheinlichkeit möglich, wie dies z. B. für die Feststellung gilt, daß sich eine gewisse Verlängerung der Garantiezeit für die Produkte positiv auf den Umsatz auswirkt, so handelt es sich um **Erwartungsalternativen**. Die Suche nach Planungsalternativen wird grundsätzlich durch die vorgegebene Planungszeit begrenzt. Sie endet jedoch meist bereits dann, wenn der Planende der Meinung ist, zwei bis drei erfolgversprechende Lösungswege aufgezeigt zu haben.

Sofern bei der Alternativensuche mehrere Handlungsmöglichkeiten gefunden werden, ist eine **Bewertung** der Alternativen erforderlich, um eine bessere Grundlage für die Planungsentscheidung zu schaffen. Dabei kann generell festgestellt werden, daß diejenige Planungsalternative die höchste Wertung erhält, die am besten zur Planzielerreichung beiträgt. Die Wertigkeit bezüglich der Zielwirksamkeit kann dabei

- kardinal mit Grundzahlen z. B. als Quantität in Form von 16 Stück,
- ordinal mit Ordnungszahlen z. B. als Reihenfolge in Form von erster Platz oder zweiter Platz oder
- nominal mit Worten z. B. als qualifizierende Aussage in Form von guter oder schlechter Eignung gemessen werden. Die Aussagefähigkeit der Bewertung muß in der Praxis mit umso größerem Vorbehalt gesehen werden, je höher die in den Planungsalternativen enthaltenen Unsicherheitsfaktoren sind.

c) Die **Planungsentscheidung** ist die letzte Stufe im Planungsablauf. Für sie gilt die entsprechende Feststellung wie für die Planungsziele. Sie kann von den Planenden selbst, aber auch von nachgeordneten Entscheidungsträgern vorgenommen werden. Daraus ergibt sich, daß die Planungsalternativen den eigentlichen Kernbereich der Planung ausmachen. Die Planungsentscheidung beinhaltet die Festlegung auf die zielwirksamste Planungsalternative. Im einfachsten Falle ist dies der am höchsten bewertete Lösungsweg. Insbesondere dann, wenn die Planenden nicht zugleich die Entscheidenden sind, ist es durchaus denkbar, daß auch andere Planungsalternativen zum Zuge kommen, wenn z. B. kurzfristig veränderte Bedingungen eingetreten sind oder wenn zusätzliche, den Planenden nicht bekannte Erkenntnisse vorliegen.

Planungsziele	→	Planungsalternativen	→	Planungsentscheidung
─ Leitfunktion		─ Prognose- alternativen		─ Planungsträger
─ Beurteilungs- funktion		─ Erwartungs- alternativen		─ Sonstige Ent- scheidungsträger
─ Planungsdaten		─ Bewertung		

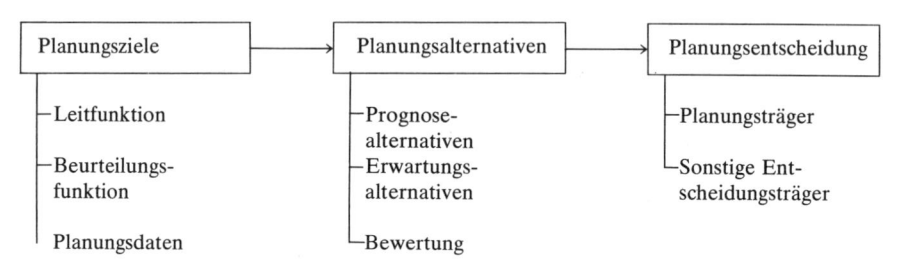

Abb. 18 Phasen des Planungsprozesses

3. Gliederung der Planung

Die **Gliederung der Planung** läßt sich nach unterschiedlichen Kriterien durchführen. Die wichtigsten Unterscheidungsmöglichkeiten sind der Planungszeitraum, der Planungsinhalt sowie der Planungsgegenstand.

Bei der Einteilung nach dem **Planungszeitraum** wird zwischen der langfristigen, der mittelfristigen und der kurzfristigen Planung unterschieden. Die **langfristige Planung** legt den gesamten Zeitraum fest, über den Planungsaussagen gemacht werden sollen. Er wird begrenzt durch den äußersten Zeitpunkt, bis zu dem noch sinnvolle Vorhersagen möglich sind. Der Zeitrahmen geht in der Regel über fünf Jahre hinaus und kann, je nach Betriebsgröße und Produktionsprogramm, bis zu zehn und mehr Jahre umfassen. Inhalte sind allgemeine Angaben zur generellen Betriebsgestaltung, die die Orientierung des Unternehmens und damit die Unternehmenspolitik auf lange Sicht bestimmen. Dazu zählen z. B. Veränderungen auf Beschaffungs- und Absatzmärkten, neue Forschungsrichtungen, Standort- und Kapazitätsfragen.

Die Reichweite der **mittelfristigen Planung** erstreckt sich in der Regel auf einen Zeithorizont von bis zu höchstens fünf Jahren. Sie beinhaltet konkrete Maßnahmen, die die mittelfristige Entwicklung des Unternehmens beeinflussen sollen, wie z. B. größere Investitionsvorhaben, Einführung neuer Produkte, Personalentwicklungen usw.

Die **kurzfristige Planung** reicht bis zu einem Zeitraum von einem Jahr. Sie dient der kurzfristigen Anpassung, indem sie durch feste Vorgaben das aktuelle Unternehmensgeschehen bestimmt. Dazu gehören z. B. Angaben über den Umfang von Materialeinkäufen, die Höhe von Produktionsmengen oder Ausgaben für Werbung.

Generell ist festzuhalten, daß die langfristige Planung den jeweiligen Zeitraum der mittelfristigen und kurzfristigen Planung und die mittelfristige Planung wiederum den

Zeitraum der kurzfristigen Planung mit abdecken. Ausgangspunkt bildet jeweils die langfristige Planung als grundlegende Leitlinie für die mittelfristige Entwicklung, die wiederum Orientierungsbasis für die kurzfristige Anpassung ist.

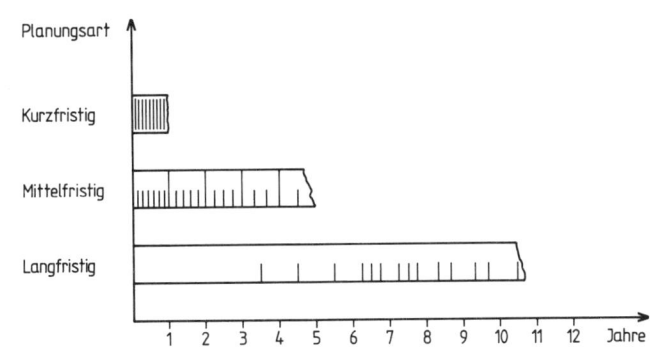

Abb. 19 Planungsarten nach Planungszeiträumen

Die Gliederung der Planung nach den **Planungsinhalten** führt zu der Unterscheidung in strategische Planung und operative Planung.

Die **strategische Planung** beschäftigt sich mit der Erhaltung der vorhandenen sowie mit der Schaffung neuer Erfolgspotentiale. Es handelt sich dabei um grundlegende Erkenntnisse, die für die dauerhafte Existenz des Unternehmens von wesentlicher Bedeutung sind. So ist z. B. die Feststellung, daß der stufenlose Drehschalter als Dimmer den Kippschalter ablösen wird, eine solche strategische Erkenntnis. Weiterhin gehören dazu z.B. auch die Einleitung von Investitionsmaßnahmen für ein neues Produkt oder der Ausbau der Werbeabteilung zur Sicherung von Marktanteilen. Die **operative Planung** strebt nach der Realisierung der Potentiale in Form von Gewinn. Hierbei geht es darum, einzelne Kostenfaktoren bzw. Marktpreise im Sinne der Erfolgssteigerung zu beeinflussen.

Auch zwischen der strategischen und der operativen Planung liegt jeweils eine Ziel-Mittelrelation vor.

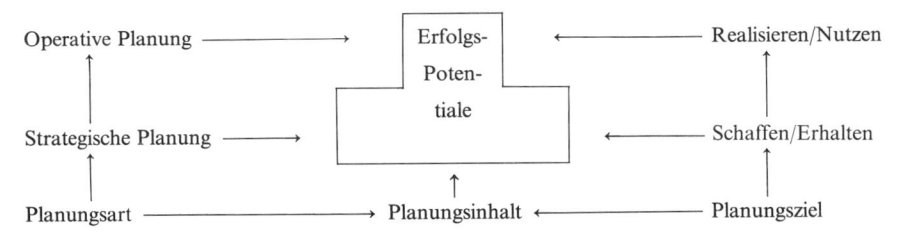

Abb. 20 Planungsarten nach Planungsinhalten

Die inhaltliche Einteilung in eine strategische und eine operative Planung gewinnt in der Praxis zunehmend an Bedeutung[1]. Sie verdrängt die zeitliche, rein formale Gliede-

---

[1]) Vorübergehend wurde zusätzlich auch eine taktische Planung betrieben. Deren Inhalte werden zwischenzeitlich jedoch weitgehend auf die strategische und operative Planung aufgeteilt.

rung nach kurz-, mittel und langfristig, die dann lediglich noch im Rahmen der operativen Planung als Abgrenzungsmerkmal Anwendung findet.

Die Planung kann weiterhin nach unterschiedlichen **Planungsgegenständen** abgegrenzt werden. Danach läßt sich zwischen Projektplanung und Funktionsplanung unterscheiden. Im Mittelpunkt der **Projektplanung** steht eine meist komplexe Einzelmaßnahme, die aus vielfältigen Teilaufgaben besteht, wie z. B. die Einführung einer EDV-Anlage. Die **Funktionsplanung** beschäftigt sich dagegen mit überschaubaren Dauermaßnahmen, die auf einheitlichen, sich wiederholenden Teilaufgaben beruhen. Als Beispiel dazu dient die Planung von Produktionsabläufen.

In der Praxis läßt sich nicht immer eine eindeutige Abgrenzung zwischen den möglichen Planungseinteilungen erkennen. Vielmehr ergeben sich tendenziell die nachfolgenden Kombinationen.

Die strategische Planung beinhaltet überwiegend langfristige Überlegungen auf der Basis von Projekten; die operative Planung beschäftigt sich gleichermaßen mit Projekten und Funktionen in kurz- und mittelfristiger Sicht.

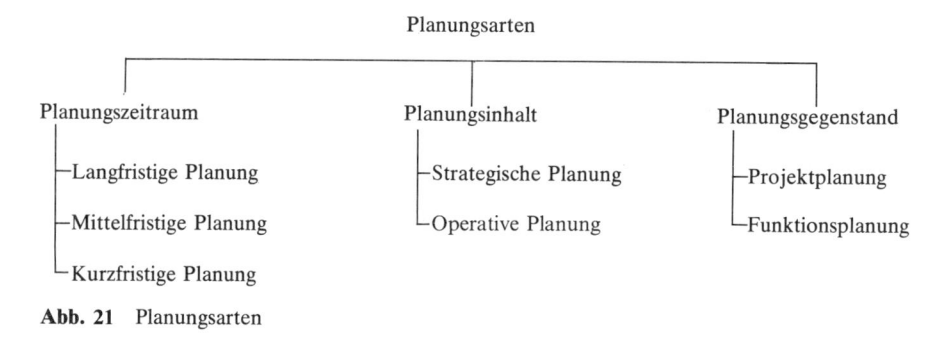

```
                              Planungsarten
        ┌─────────────────────────┼─────────────────────────┐
 Planungszeitraum           Planungsinhalt            Planungsgegenstand
  ├─Langfristige Planung      ├─Strategische Planung    ├─Projektplanung
  ├─Mittelfristige Planung    └─Operative Planung       └─Funktionsplanung
  └─Kurzfristige Planung
```

Abb. 21 Planungsarten

III. Organisieren

1. Wesen und Bedeutung der Unternehmensorganisation

Die gedankliche Vorwegnahme zukünftiger Maßnahmen im Hinblick auf die Erfüllung bestimmter Ziele mit Hilfe der Planung drängt stets auf eine bewußt gestaltete Verwirklichung durch die Organisation. Vor allem Gutenberg hat den engen Zusammenhang zwischen Planung und Organisation deutlich aufgezeigt. Für ihn sind Planung und Organisation die beiden wesensbestimmenden Elemente des dispositiven Faktors im Sinne der Geschäfts- und Betriebsleitung. Ihre unmittelbare Verbindung ergibt sich aus der Feststellung: „Während ... Planung lediglich den Entwurf einer Ordnung bedeutet, nach der sich das betriebliche Geschehen vollziehen soll, stellt Organisation ihrem Wesen nach den Vollzug, die Realisierung dieser Ordnung dar".

Das grundlegende Problem des Organisierens ist die Aufstellung adäquater Regelungen zur Durchsetzung der Planungsvorhaben. Aus ökonomischen Gründen ist es sinnvoll, vor allem Aufgaben mit Dauercharakter einer generellen Gestaltung zu unterziehen, um bei der jeweiligen Wiederholung einen gleichmäßigen, wirtschaftlichen Ablauf zu garantieren. In diesem Sinne läßt sich z. B. der stets wiederholbare Vorgang einer Materialbestellung organisieren. Vorgänge, die sich nur über längere Zeit oder überhaupt nicht wiederholen, die also relativ einmalig sind, bedürfen keiner generellen Regelung. Sie sind zwar ebenfalls systematisch abzuwickeln. Dies geschieht jedoch mit einer kurzfristigen, oft spontanen, also fallweisen Regelung, die als Improvisation bezeichnet und in der älteren Literatur überwiegend nicht als Teil, sondern als Abgrenzung zur Organisation angesehen wird.

Das **Organisieren** ist damit als ein Strukturierungsvorgang zu verstehen, der sich in formalen Regeln konkretisiert. Dabei ist darauf zu achten, daß die einzelnen Regelungen in sich sowie gegeneinander möglichst widerspruchsfrei, d.h. gegenseitig abgestimmt und damit integriert sind. Sie bilden dann als Teilsystem bzw. in ihrer Gesamtheit jeweils eine Ganzheit, die auf die Erfüllung der betrieblichen Teil- bzw. Globalziele ausgerichtet ist. In Anlehnung an Kosiol kann daher die Organisation als „integrative Strukturierung von Ganzheiten" zur bestmöglichen Erfüllung der Betriebsziele verstanden werden. Insoweit hat der Begriff „Organisation" eine doppelte Bedeutung und beschreibt sowohl die Tätigkeit des Strukturierens wie ihr Ergebnis, die Struktur.

Die wesentliche Aufgabenstellung des Organisierens kann als **Durchsetzungsfunktion** verstanden werden. Im Mittelpunkt stehen dabei die Verwirklichung der Prinzipien der Arbeitsteilung, der Rationalisierung und der Wirtschaftlichkeit.

Das Prinzip der **Arbeitsteilung** bildet die Grundlage der industriellen Entwicklung schlechthin. Es beinhaltet eine mengenmäßige und artmäßige Variante. Die mengenmäßige Arbeitsteilung bedeutet, daß Arbeiten gleichen Umfangs auf mehrere Personen übertragen werden, wenn z.B. mehrere Arbeiter jeweils vollständige Stecknadeln herstellen. Von größerer Wichtigkeit ist jedoch die artmäßige Arbeitsteilung, die einen einheitlichen Arbeitsgang in unterschiedliche Teilprozesse zerlegt und jeweils einer bestimmten Person überträgt. Dies ist der Fall, wenn ein Arbeiter Drahtstücke abläng und weitere Arbeiter jeweils Spitzen bzw. Köpfe anbringen und somit ebenfalls Stecknadeln entstehen. Die Arbeitsteilung führt stets zu einer Gliederung von Gesamtaufgaben in Teilaufgaben, die von mehreren Personen übernommen werden.

Das Prinzip der **Rationalisierung** strebt nach einer ständigen Verbesserung der Arbeitsleistung. Aus der Sicht der Organisation geht es dabei vor allem um eine geeignete Gliederung und Verteilung der Aufgaben (Aufgabenrationalisierung), um eine effiziente Gestaltung der Aufgabenerfüllung (Arbeitsrationalisierung) sowie um aussagefähige Informationen (Informationsrationalisierung).

Das Prinzip der **Wirtschaftlichkeit** beruht auf der Vorstellung, Betriebsprozesse rational, d.h. vernunftgemäß zu gestalten, um ein möglichst günstiges Verhältnis zwischen Aufwand und Ertrag zu erzielen. Dabei kann versucht werden, ein bestimmtes Ergebnis mit dem vergleichsweise geringsten Aufwand (Minimalprinzip) bzw. mit einem bestimmten Aufwand ein vergleichsweise bestes Ergebnis (Maximalprinzip) zu erzielen.

Generelle Zielsetzung des Organisierens ist es damit, für die vorgegebenen Unternehmensziele und Planungshandlungen Rahmenbedingungen zu schaffen, innerhalb der die betrieblichen Aktivitäten unter möglichst günstigen Bedingungen ablaufen können. Die Organisation vollzieht sich dabei in zwei gegeneinander abgrenzbaren Strukturierungsbereichen. Zum einen geht es um die Gestaltung des institutionellen Aufbaus, zum anderen um die Gestaltung der prozessualen Abläufe. Dementsprechend wird zwischen der Aufbauorganisation und der Ablauforganisation unterschieden.

Die **Aufbauorganisation** bezieht sich auf die Gliederung des Unternehmens in Teileinheiten sowie deren Koordination. Dazu müssen Aufgabengebiete gebildet und auf Aufgabenträger zugeordnet sowie die Beziehungen zwischen den Aufgabenträgern geregelt werden. Die **Ablauforganisation** bezieht sich auf die Gliederung des Betriebsprozesses in Teilprozesse sowie deren Koordination. Dazu müssen der Vollzug der Arbeitsabläufe festgelegt, die räumlichen und zeitlichen Gesichtspunkte beachtet sowie die Verteilung auf die Aufgabenträger vorgenommen werden.

Die Entwicklung organisatorischer Regelungen basiert auf dem Einsatz entsprechend geeigneter Systemelemente. Aus der Sicht der Organisation sind dies die im Unternehmen tätigen Menschen und die zur Verfügung stehenden Sachmittel. Als kleinste, selbständig handlungsfähige Einheiten ist ihr Wirken auf die Erfüllung der Unternehmensaufgabe auszurichten. Sie werden als **Aktionseinheiten** bzw. Stellen bezeichnet. Nach Grochla ist unter einer Aktionseinheit „ein versachlichter Komplex von Verrichtungen zu verstehen, der durch synthetische Zusammenfassung analytisch gewonnener Teilaufgaben und deren Zuordnung auf einen oder mehrere gedachte Aktionsträger entstanden ist". Die Elemente der Organisation werden durch die Aktionsaufgabe und durch den Aktionsträger geprägt. Die **Aktionsaufgabe** besteht aus einem Verrichtungskomplex, der einen Ausschnitt aus der betrieblichen Gesamtaufgabe darstellt. Je nach Umfang wird die Ausführung der Aktionsaufgabe einem oder mehreren **Aktionsträgern** zugeordnet und bildet damit eine einzahlige bzw. mehrzahlige Aktionseinheit. Träger von Aktionen können Menschen oder Maschinen sein.

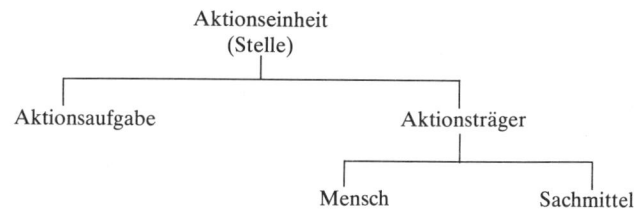

```
                    Aktionseinheit
                       (Stelle)
          ┌───────────────┴───────────────┐
     Aktionsaufgabe                  Aktionsträger
                                  ┌────────┴────────┐
                                Mensch          Sachmittel
```

Abb. 22   Aktionseinheit

Der strukturelle Aufbau einer Aktionseinheit wird bestimmt durch den Einsatz und das Zusammenwirken der Aktionsträger. Je nach der zu erfüllenden Verrichtung sind personenbezogene, sachmittelbezogene bzw. personen-/sachmittelbezogene Aktionseinheiten möglich.

Eine **personenbezogene Aktionseinheit** liegt vor, wenn eine oder mehrere Personen eine Aufgabe auch unter Verwendung einfacher Werkzeuge eigenständig lösen. Dies ist z.B. bei einem Kostenrechner der Fall, der eine Kalkulation bearbeitet bzw. bei einem Arbeitsteam, das eine Wertanalyse durchführt.

Eine **sachmittelbezogene Aktionseinheit** ist gegeben, wenn eine oder mehrere Maschinen einen Arbeitsgang eigenständig abwickeln, wobei der Mensch lediglich die erstmalige Ingangsetzung übernimmt. Solche Einheiten bilden z.B. ein Drehautomat, der Schrauben erzeugt, bzw. eine vollautomatische Fertigungsstraße, auf der Zylinderköpfe entstehen.

Die **personen-/sachmittelbezogene Aktionseinheit** ist durch ein weitgehend gleichgewichtiges Zusammenwirken von Mensch und Maschine gekennzeichnet. Der Mensch übernimmt dabei die Entscheidung bezüglich des jeweiligen Maschineneinsatzes und einen Teil der Bedienung, während die Maschine Abwicklungs- sowie Steuerungs- und Kontrollfunktionen ausführt. Ein Beispiel hierfür ist das Betreiben einer EDV-Anlage.

2. Ablauf des Organisationsprozesses

Der Vorgang des Organisierens, d.h. die Strukturierung von Aktionseinheiten verläuft als mehrstufiger Prozeß. Seine Merkmale sind das Organisationsproblem, die Organisationsalternativen und die Organisationsentscheidung.

a) Ausgangspunkt jeden Organisierens ist die Offenlegung des **Organisationsproblems**. Darunter ist das Gestaltungsziel zu verstehen, das einer organisatorischen Lösung zuzuführen ist. In der Regel liegen entsprechend formulierte Unternehmensziele sowie ausgewählte Planungsalternativen vor, die unmittelbar in Organisationsziele umgewandelt werden können. Darüber hinaus können Gestaltungsziele auch direkt durch die Organisation entwickelt werden.

Jede Organisationsaufgabe ist durch die beiden Merkmale „Verrichtung" und „Objekt" gekennzeichnet. Mit der Angabe der Verrichtung wird festgestellt, wie eine Aufgabe gelöst werden soll. Eine Aussage über das Objekt zeigt, woran die Verrichtung zu erfolgen hat. So kann z.B. in einer Raffinerie aus dem Sachziel „größere Absicherung des Fertigungsablaufs" und aus der Planungsentscheidung „Erhöhung der Ölvorräte" die Organisationsaufgabe „zusätzliche Lagermöglichkeiten für Rohöl" abgeleitet werden. Das „Lagern" stellt dann die Verrichtung, das „Öl" das Objekt dar.

Zu den Verrichtungen zählen somit Tätigkeiten wie einkaufen, verkaufen, produzieren usw., während zu den Objekten z.B. Materialien, Produkte oder Märkte gehören. Generell sind beide aus der Gesamtaufgabe des Unternehmens in der Form des Sachzieles abzuleiten. Dies geschieht unter Anwendung des Prinzips der Aufgabenanalyse.

Mit der **Aufgabenanalyse** wird jeweils eine Gesamtaufgabe gedanklich in Teilfunktionen aufgelöst, die wiederum weiter untergliedert werden können. Dieser Vorgang läßt sich solange fortsetzen, bis Aufgabenstellungen erreicht werden, die einem Aktionsträger ungeteilt zuzuordnen sind. Das Ergebnis der Aufgabenanalyse wird in einer Aufgabengliederung festgehalten, wobei die Einteilung grundsätzlich nach Verrichtungen bzw. nach Objekten erfolgen kann.

Bei der Formulierung der Organisationsaufgabe müssen die **Gestaltungsbedingungen** beachtet werden. Es handelt sich dabei um Daten externer und interner Art, die den organisatorischen Gestaltungsfreiraum begrenzen, da sie von den Organisatoren nicht unmittelbar verändert werden können. Externe Bedingungen werden z.B. durch die Rechts- und Wirtschaftsordnung gesetzt. So erlaubt die Kartellgesetzgebung nur bestimmte Formen von organisatorischen Verbindungen zwischen Unternehmungen. Zu den internen Bedingungen zählen die spezifischen Eigenschaften der Menschen und Maschinen wie z.B. deren Leistungsbereitschaft bzw. die Kapazität, aber auch die Rechtsform des Unternehmens usw.

b) Der zweite Schritt im Rahmen des Organisationsprozesses beinhaltet die Aufstellung von **Organisationsalternativen**. Dies bedeutet die Bildung von Aktionseinheiten, wobei ein bestimmter Umfang an auszuführenden Aktionen auf geeignete Aktionsträger so zu verteilen ist, daß eine integrierte Ganzheit entsteht, die die Organisationsaufgabe bestmöglich erfüllen kann. Das wichtigste Instrument hierzu ist die **Aufgabensynthese**. Diese zielt auf die Vereinigung von Teilaufgaben in Aktionseinheiten und deren Verknüpfung zu übergeordneten Teil- und Gesamtsystemen. Die Aufgabensynthese bedient sich dabei der beiden Grundprinzipien Zentralisation und Dezentralisation.

Unter einer **Zentralisation** wird die Zuordnung von gleichartigen Aufgaben auf eine Aktionseinheit verstanden. Dies ist z.B. der Fall, wenn alle Schreibarbeiten eines Unternehmens in einem Schreibbüro durchgeführt werden. Bei der **Dezentralisation** werden dagegen gleichartige Aufgaben auf unterschiedliche Aktionseinheiten verteilt. Dieser Tatbestand liegt vor, wenn die Schreibarbeiten jeweils an der Stelle erledigt werden, an der sie anfallen. Absolute Zentralisation bzw. Dezentralisation sind Extremsituationen, die in der Realität kaum vorkommen. Es dominieren vielmehr Mischformen mit unterschiedlich hohen Anteilen zentraler bzw. dezentraler Regelungen. So ist z. B. in einem Konzern der Einkauf von Materialien, die in allen Teilbetrieben benötigt werden, zentral organisiert. Daneben werden die speziellen Materialbedürfnisse einzelner Betriebe dezentral befriedigt.

Mehrere mögliche Lösungen für eine Organisationsaufgabe machen eine **Bewertung** erforderlich. Die Organisationstheorie hat hierzu bisher nur wenige für die Praxis verwendbare Methoden geliefert. Im wesentlichen läuft die Beurteilung von Gestaltungsalternativen auf eine empirische Bestätigung bzw. auf die entscheidungstechnische Verwertbarkeit hinaus. Die empirische Bestätigung beruht darauf, Organisationsalternativen danach zu bewerten, ob sie sich bereits in vergleichbaren Situationen bewährt haben. Wird die entscheidungstechnische Verwertbarkeit als Maßstab angesetzt, so erfolgt die Bewertung von organisatorischen Aussagen danach, ob sie sich unmittelbar in konkrete Gestaltungsformen umsetzen und anwenden lassen.

c) Der prozessuale Ablauf des Organisierens endet mit der Entscheidung für eine bestimmte **Organisationslösung**. Die Auswahl ist grundsätzlich dann einfach, wenn nur ein Lösungsvorschlag vorliegt bzw. bei mehreren Alternativen eine eindeutig vorteilhafte Bewertung für eine Variante möglich ist. Sie kann vom Organisator selbst oder von einer Führungskraft, für die der Organisator Problemlösungen entwickelt hat, vorgenommen werden. Im letzteren Falle können auch übergeordnete Erfahrungswerte bzw. Informationen das Ergebnis der Entscheidung mitbeeinflussen.

Organisationsproblem	→	Organisations- alternativen	→	Organisations- entscheidung
–Verrichtung/Objekt		–Aufgabensynthese		–Organisator
–Aufgabenanalyse		–Zentralisation/ Dezentralisation		–sonstige Entscheidungsträger
–Gestaltungsbe- dingungen		–Bewertung		

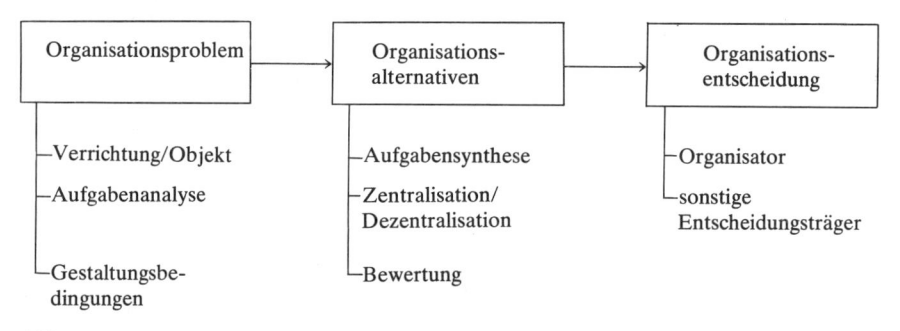

Abb. 23 Phasen des Organisationsprozesses

3. Gliederung der Organisation

Die wesentlichen Unterscheidungsmerkmale bei der Gliederung der Organisation sind der Gegenstand, die Entstehung und der Umfang organisatorischer Regelungen.

Wird der **Gegenstand** des angestrebten Organisationsergebnisses als Einteilungsgesichtspunkt verwendet, so läßt sich zwischen der bereits erwähnten Aufbauorganisation bzw. der Ablauforganisation unterscheiden. Die **Aufbauorganisation** schafft eine Strukturierung des Gebildes Unternehmen mit Hilfe von Aktionseinheiten und deren

Koordination. Im einzelnen handelt es sich hier um die Bildung von Stellen, Abteilungen, Funktionsbereichen sowie dem Gesamtbild der betrieblichen Organisationsstruktur. Die Koordination erfolgt auf horizontaler Ebene durch Gleichordnung bzw. auf vertikaler Ebene durch Über- bzw. Unterordnung im Sinne einer Hierarchie. Als Darstellungsformen dienen die **Stellenbeschreibung** mit verbindlicher Aufgaben- und Kompetenzenzuordnung für die kleinste Organisationseinheit, das **Funktionsdiagramm**, das die Verteilung zu erfüllender Aufgaben auf Aufgabenträger zeigt sowie das **Organigramm** als einer Übersicht über das gesamte koordinierte Leitungsgefüge eines Unternehmens.

Die **Ablauforganisation** schafft eine Strukturierung der Betriebsprozesse durch die Regelung von Arbeitsabläufen. Es ist sicherzustellen, daß die innerhalb bzw. zwischen organisatorischen Teileinheiten ablaufenden Vorgänge zweckmäßig und damit wirtschaftlich vollzogen werden. Dabei steht die Beachtung räumlicher (wo) und zeitlicher (wann) Aspekte im Vordergrund. Wesentliche Darstellungsformen sind **Arbeitsablaufverzeichnisse** sowie **Arbeitsablaufschaubilder**, die auf den allgemein bekannten Techniken wie Schemata, Listen, Diagramme usw. aufgebaut sind.

Eine Betrachtung der Organisation unter dem Gesichtspunkt der Art und Weise der **Entstehung** organisatorischer Regelungen führt zu der Unterscheidung zwischen formaler (formeller) und informaler (informeller) Organisation. Die **formale** Organisation beinhaltet alle gewollten, d.h. bewußt in methodischer Vorgehensweise gestalteten Regelungen in einem Unternehmen. Sie ist überwiegend dokumentiert und damit nachweisbar in Form von Organigrammen, Arbeitshandbüchern usw. Zur **informalen** Organisation gehören die gewachsenen, d.h. spontan hervorgebrachten Regelungen. Sie sind in besonderem Maße subjektiv orientiert und basieren weitgehend auf persönlichen Erwartungen und Sympathien. Ursachen für die Entstehung informeller Organisationslösungen können Lücken oder Mängel, aber auch Unkenntnis und Ablehnung formeller Regeln sein. Während ursprünglich diese Strukturierungen nicht der Organisation zugerechnet bzw. als negativ angesehen wurden, geht die moderne Organisationslehre zunehmend dazu über, die informale Organisation gleichberechtigt neben die formale zu stellen. Ihre Aufgabe ist es dann, neue, meist unverhofft auftretende Organisationsprobleme einer Übergangslösung zuzuführen und die neben dem gestalteten Teil bewußt geschaffenen Freiräume abzudecken.

Bezüglich des **Umfanges** der in einem Unternehmen vorliegenden Strukturierungen kann von einer Überorganisation oder von einer Unterorganisation gesprochen werden. Beide Möglichkeiten sind Extrempositionen des durch sie begrenzten Normalumfangs an organisatorischen Regelungen. Die **Überorganisation** bedeutet ein zuviel an Organisation. Sie führt zu einer starken Einengung des eigengestalterischen Spielraums

```
                        Organisationsarten
        ┌───────────────────┼───────────────────┐
Organisationsgegenstand  Organisationsentstehung  Organisationsumfang
  ├─Aufbauorganisation     ├─formale Organisation   ├─Überorganisation
  └─Ablauforganisation     └─informale Organisation ├─Normalorganisation
                                                    └─Unterorganisation
```

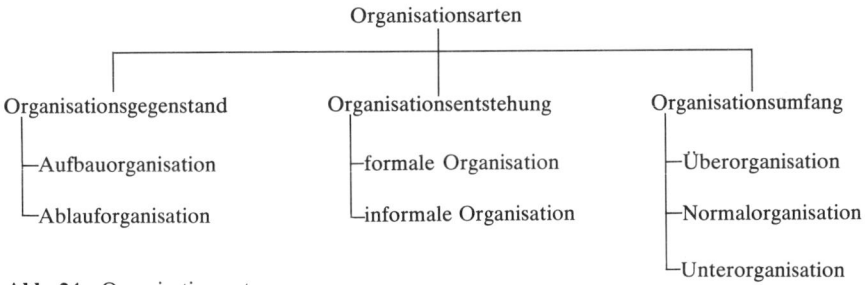

Abb. 24 Organisationsarten

und ist meist mit Leistungshemmung und -abfall verbunden. Dieser Tatbestand wird auch mit dem Schlagwort einer „Verbürokratisierung" belegt. **Unterorganisation** ist demgegenüber ein zu wenig an Organisation. Sie zeigt sich in zu großen eigengestaltbaren Freiräumen, was insbesondere Reibungsverluste im Zusammenwirken mit anderen Aufgabenträgern hervorruft. Diese Situation kann mit dem Schlagwort „chaotische Verhältnisse" gekennzeichnet werden. Die Unterorganisation bietet ein großes Feld für Improvisationen als kurzfristigen, meist einmaligen Maßnahmen zur Überwindung akuter Probleme.

IV. Kontrollieren

1. Wesen und Bedeutung der Unternehmenskontrolle

Bewußt gestaltete Betriebsabläufe basieren auf Zielen und Planungen, deren Verwirklichung durch Organisation sowie durch ausführende Tätigkeiten erfolgt. Um festzustellen, inwieweit Ziel- und Planvorstellungen mit der Realität übereinstimmen, bedarf es einer ständigen Überprüfung. Sie ist um so mehr erforderlich, als die Betriebsprozesse überwiegend arbeitsteilig durchgeführt werden, d.h. Zielfindung, Planung und Realisation werden von einer Vielzahl von Aufgabenträgern in jeweils selbständigen Aktionseinheiten vollzogen.

Die laufende Überwachung wird aus betriebswirtschaftlicher Sicht als Kontrolle bezeichnet. Der entsprechende Vorgang, das Kontrollieren, beruht allgemein auf einem Vergleich. Die Gegenüberstellung zweier Größen soll dazu dienen, den Grad ihrer Übereinstimmung bzw. Abweichung festzustellen. Eine qualifizierte Aussage ist erst dann möglich, wenn man eine der Vergleichsgrößen zur **Norm** bzw. zum Maßstab erhebt. Der Vergleich wird dann zu einer Messung, die angibt, um wieviel die zu beurteilende Größe, die **Wirklichkeit**, von der Norm abweicht.

Die Kontrolle dient letztlich als Mittel zur Feststellung, inwieweit die Unternehmensziele erreicht wurden. Sie ist daher mit der Berechnung von Abweichungen nicht beendet. Vielmehr muß sich eine Abweichungsanalyse zur Ermittlung der Ursachen für eine mangelnde Ziel- bzw. Planerfüllung anschließen. Die Abweichung selbst sowie die relevanten Abweichungsbegründungen sind dann den entsprechenden Aufgabenträgern für die Einleitung eventueller Gegenmaßnahmen zugänglich zu machen.

Das **Kontrollieren** kann damit als Vergleich zwischen einer Norm und einer Wirklichkeit verstanden werden, der die Feststellung und Analyse von Abweichungen sowie die Entwicklung von Gegenmaßnahmen und deren Durchsetzung beinhaltet.

Die wesentlichen **Aufgaben** der Kontrolle bestehen in der Sicherungsfunktion sowie der Aufklärungsfunktion und der Steuerungsfunktion als Teilfunktionen.

Zunächst dient die Kontrolle der Aufrechterhaltung der vorgegebenen Betriebsstrukturen. Generell geht es dabei um eine **Sicherung** des Betriebsvermögens, die durch die Erhaltung des Betriebsaufbaus, die Einhaltung der Betriebsabläufe sowie durch die Erfüllung der Verhaltensvorschriften erreicht werden soll. Die Aufgabe der Sicherung konkretisiert sich in dem Streben nach Wirtschaftlichkeit, die letztlich durch die Kosten beurteilt werden kann. Betriebswirtschaftliche Kontrolle zielt auf die Erkenntnis bezüglich der Effizienz ökonomischer Tatbestände ab. Soweit dahinter Menschen stehen, soll sie als eine **aktive Hilfestellung** zur Verbesserung der Wirtschaftlichkeit empfunden und nicht als Instrument der Schuldzuweisung eingesetzt werden.

Durch das Kontrollieren muß erreicht werden, daß vermeidbare Unwirtschaftlichkeiten wie z.B. der nachlässige Umgang mit Betriebsmitteln unterbleiben. Von noch größerer Bedeutung ist es jedoch, die unbewußten Unwirtschaftlichkeiten, die größtenteils eine notwendige Begleiterscheinung von kreativen Prozessen sind und nach der Methode „trial and error" sogar unabdingbar sein können, möglichst schnell aufzudecken und abzustellen. Ihre unerkannte Wiederholung erbringt nur noch Nachteile. Kontrolle ist insofern als eine betriebliche Daueraufgabe zu verstehen, da stets mit Unwirtschaftlichkeiten gerechnet werden muß, solange Menschen in Unternehmen schöpferisch tätig sind.

Die **Aufklärungs-** und **Steuerungsfunktion** können als Unterfunktionen zur Sicherungsfunktion verstanden werden. So verfolgt die Kontrolle die möglichst frühzeitige Aufdeckung von Fehlentwicklungen als Voraussetzung für die Einleitung von Gegenmaßnahmen. Gleichzeitig bewirkt sie personen- und sachbezogene Verhaltensänderungen aufgrund nachgewiesener unzureichender Ergebnisse und erzielt damit einen steuernden Einfluß auf die Betriebsprozesse.

2. Ablauf des Kontrollprozesses

Der Ablauf des Kontrollierens vollzieht sich als ein Prozeß, dessen wesentliche Phasen die Bildung von Kontrollgrößen, die Kontrollauswertung und die Kontrollentscheidung sind.

a) Die erste Phase des Kontrollprozesses umfaßt die Bildung der **Kontrollgrößen**, die anschließend einer Prüfung unterzogen werden sollen. Es handelt sich dabei um die Festlegung des Objektes als dem zu kontrollierenden Gegenstand. Kontrollobjekte können z.B. Umsatzwerte, Ausbringungsmengen, Ausgaben, Kosten sowie Arbeitsvorschriften sein. Für einen aussagefähigen Vergleich müssen sie jeweils in der Form einer Norm und einer Realität vorliegen. Die Formulierung der Normen als Kontrollmaßstab erfolgt in der Regel durch die Planung bzw. durch die Organisation. Als Vorgabegrößen stellen sie eine für die Zukunft erstrebenswerte bzw. erhaltenswerte Wirklichkeit dar. Diesen stehen die Istgrößen gegenüber, die als vollzogene Wirklichkeit tatsächlich erreicht wurden.

Bei der Aufstellung von Vergleichsmaßstäben ist anzustreben, daß in die Vorgabe stets eine Optimalvorstellung eingeht, die grundsätzlich realisierbar sein muß und damit Sollcharakter gewinnt. Dies wird allgemein dadurch erreicht, daß erkannte Unwirtschaftlichkeiten, die vermeidbar sind, keine Aufnahme in die Kontrollnorm finden. Bei der Erfassung der Istwerte ist darauf zu achten, daß die tatsächlich eingetretene Situation möglichst genau wiedergegeben wird. Darüber hinaus sind bei der Ermittlung der Kontrollgrößen folgende weitere Bedingungen zu erfüllen:

- die **Dimensionsidentität**; Soll- und Istgröße müssen in der gleichen Maßeinheit zum Ausdruck gebracht werden wie z.B. in DM oder kg;

- die **Zeitidentität**; Maßstab und Istgröße müssen auf einen vergleichbaren Zeitraum bzw. auf den gleichen Zeitpunkt ausgerichtet sein wie z.B. der Umsatz für das Geschäftsjahr 1987, die Beschäftigungszahl zum Jahresende 1987; diese Forderung umfaßt den Zeitumfang wie den Zeitinhalt, wobei insbesondere der letztere Tatbestand in der Praxis oft nur mit Einschränkungen zu erfüllen ist und mit der begrenzten Vorhersehbarkeit zusammenhängt. Bei der Beurteilung des Umsatzwertes des kommenden Jahres kann der vergleichbare Wert der Vorperiode (Istwert), ein Durchschnittswert aus mehreren vergangenen Perioden (Normalwert) oder ein Planungswert (Sollwert) für die kommende Periode zur Norm erhoben werden. Während diese Werte bezüglich des Zeitumfangs alle gleichermaßen geeignet sind, da sie den Zeitraum von einem Jahr abdecken, gilt dies nicht für den jeweiligen Zeitinhalt. Der Vorperiodenwert ist vor allem bei einer dynamischen Wirtschaftsentwicklung als Kontrollmaßstab am wenigsten brauchbar. Er kommt unter spezifischen Bedingungen zustande, die für die neue Periode teilweise nicht mehr gelten. Außerdem enthält er Unwirtschaftlichkeiten, die bei ihrer Wiederholung in der neuen Periode durch die Kontrolle nicht aufgedeckt werden können. Diese Ist/Ist-Vergleiche (Zeitvergleiche) können daher nur begrenzte Kontrollaussagen liefern. Sie zeigen meist nur Trendentwicklungen. Dies gilt im wesentlichen auch für Normal/Ist-Vergleiche auf der Grundlage von Durchschnittswerten, die zwar durch statistische Nivellierung der periodenspezifischen Einflüsse verbessert sind, das Problem der Unwirtschaftlichkeit jedoch weiter beinhalten. Plan- bzw. Sollwerte sind damit die am besten geeigneten Maßstäbe für aussagefähige Kontrollzwecke, da sie die spezifischen Einflüsse der Kontrollperiode wie z. B. Preisschwankungen beinhalten und durch ihren Optimalitätsansatz von erkannten und vermeidbaren Fehlentwicklungen frei sind; die Festlegung der Optimalität für eine konkrete Kontrollsituation ist stets ein subjektiver Vorgang;

- die **Datenidentität**; Daten als für den Vergleichszeitraum unveränderliche Bedingungen müssen in den Sollgrößen im gleichen Maße enthalten sein, wie sie die Istgrößen mitbestimmen; dazu zählen z. B. Maschinenkapazitäten und die Fixierung der Arbeitszeit;

- die **Methodenidentität**; die Ermittlung und insbesondere die Berechnung von Soll- und Istgrößen müssen mit einheitlichen Verfahren erfolgen. So würde z. B. der Vergleich von vorkalkulierten Selbstkosten eines Produkts (Sollwert), berechnet nach der Divisionsmethode, mit den nachkalkulierten Selbstkosten (Istwert), berechnet nach der Zuschlagsmethode, zu einer ungenauen Aussage führen.

Für die Kontrolle besonders geeignet sind alle quantifizierbaren Normen, die auch als **Kontrollstandards** bezeichnet werden. Sie ermöglichen einen hohen Genauigkeitsgrad bei der Festlegung als Kontrollmaßstab. Im Gegensatz dazu stehen die nicht quantifizierbaren Normen wie z. B. die Beschreibung eines Arbeitsablaufs. Bei ihnen ist darauf zu achten, daß sie möglichst verständlich und damit leicht nachvollziehbar formuliert werden.

b) Die zweite Phase des Kontrollierens umfaßt die **Kontrollauswertung**. Sie beschäftigt sich mit der Ermittlung und Analyse der Abweichungen und kann im engeren Sinne als die eigentliche Kontrolle bezeichnet werden. Die Ermittlung der Abweichungen erfolgt durch den Soll/Ist-Vergleich. Dabei sind grundsätzlich drei Kontrollergebnisse denkbar:

- die Sollgröße ist höher (besser) als die Istgröße,
- die Sollgröße ist gleich hoch (gleich gut) wie die Istgröße,
- die Sollgröße ist niedriger (schlechter) als die Istgröße.

Bei einer Übereinstimmung zwischen Soll und Ist, wenn also keine Abweichung vorliegt, kann davon ausgegangen werden, daß keinerlei korrigierende Eingriffe in die Planung und Realisation erforderlich sind. Liegt jedoch eine Abweichung vor, so genügt es nicht, lediglich ein Urteil im Sinne von „gut" oder „schlecht" abzugeben. Vielmehr muß eine **Analyse** durchgeführt werden, um Gründe für die Abweichung festzustellen.

Bei einer positiven wie bei einer negativen Abweichung können die Ursachen jeweils nur in der Sollgröße oder nur in der Istgröße bzw. gleichzeitig in beiden Größen zu suchen sein. Sie lassen sich um so besser erkennen, je mehr es gelingt, Abweichungen jeweils auf eine Störgröße zurückzuführen. So ermöglicht z. B. die Feststellung, daß die gesamten Istkosten einer Kostenstelle deren Sollkosten um DM 10 000.- übersteigen, noch keine erfolgreiche Ursachenanalyse. Diese Gesamtabweichung muß vielmehr in Teilabweichungen aufgelöst werden, deren einzelne Arten sich nach Preis-, Mengen- oder Beschäftigungseinflüssen unterscheiden lassen.

Die Ermittlung der Abweichung und ihre Trennung nach Abweichungsarten vollziehen sich insbesondere bei quantifizierbaren Kontrollen meist in einem Rechenvorgang. Darüber hinaus muß eine Beurteilung der Abweichung vorgenommen werden. Dabei ist zunächst zu entscheiden, ob die Abweichung kontrollmäßig weiterverfolgt werden soll. In der Praxis wird der Kontrollvorgang oft nicht nur dann beendet, wenn eine Übereinstimmung von Soll- und Istgröße vorliegen, sondern auch dann, wenn die Abweichung eine bestimmte Toleranzgrenze nicht übersteigt. Die Höhe der Toleranzgrenze, die z. B. bei fünf Prozent liegen kann, wird überwiegend mit der allgemeinen Unsicherheit bzw. Ungenauigkeit bei der Ermittlung der Vergleichsgrößen begründet.

Wird die vorgegebene Toleranzgrenze überschritten, so müssen Erklärungen über das Entstehen der Abweichung gefunden werden. Dabei ist zwischen zu vertretenden und nicht zu vertretenden Abweichungsarten zu unterscheiden. Preisabweichungen sind in der Regel weder von der Planung noch von der Realisation zu vertreten. Es kann z. B. von einem Planer nicht verlangt werden, daß er eine Preisentwicklung bei Rohöl genau vorhersieht. Eine rohölverarbeitende Stelle im Unternehmen kann für die Höhe des Preises ebenfalls nicht verantwortlich gemacht werden, da sie keinen Einfluß darauf hat. Nicht zu vertretende Abweichungen bedürfen daher auch keiner weiteren Begründung. Im Gegensatz dazu sind Abweichungen bei den Verbrauchsmengen zu vertreten. Die Planung muß versuchen, den optimalen Mengenverbrauch zu ermitteln, was dann nicht gelungen ist, wenn der Istwert den Sollwert unterschreitet. In der Realisation muß darauf hingearbeitet werden, den tatsächlichen Verbrauch, der beeinflußbar ist, dem Sollwert soweit als möglich anzunähern. Bei größeren Abweichungen müssen jeweils auch unter Beteiligung der verantwortlichen Aktionsträger fundierte Begründungen erarbeitet werden.

c) Die **Kontrollentscheidung** beinhaltet die dritte Phase des Kontrollprozesses. Ihre besondere Bedeutung ist darin zu sehen, daß die Kontrolle letztlich erst dann effizient wird, wenn es bei relevanten Abweichungen zur Aufstellung und Einleitung von Kor-

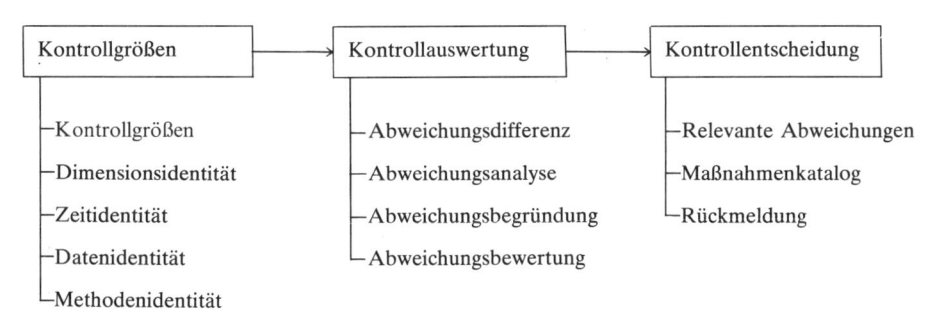

Kontrollgrößen	→	Kontrollauswertung	→	Kontrollentscheidung
─Kontrollgrößen		─Abweichungsdifferenz		─Relevante Abweichungen
─Dimensionsidentität		─Abweichungsanalyse		─Maßnahmenkatalog
─Zeitidentität		─Abweichungsbegründung		─Rückmeldung
─Datenidentität		─Abweichungsbewertung		
─Methodenidentität				

Abb. 25 Phasen des Kontrollprozesses

rekturmaßnahmen kommt. Aufgabe der Kontrolle ist es dabei, aus den ermittelten Ursachen bzw. aus den von den jeweiligen Aufgabenträgern erhaltenen Begründungen einen Maßnahmenkatalog aufzustellen. Die geeigneten Maßnahmen sind im Sinne einer Rückkoppelung den zuständigen Mitarbeitern in Planung und Realisation zu melden. Sie bilden die Grundlage für die Einleitung korrigierender Eingriffe in den laufenden Betriebsprozeß, um die ursprüngliche Zielsetzung nach Möglichkeit noch zu erfüllen. Diese Form der Beeinflussung des betrieblichen Gesamtprozesses wird auch als **Steuerung** bezeichnet. Die steuernde Einflußnahme bewirkt das Entstehen sogenannter lernfähiger Betriebsprozesse, deren Ziel es ist, Unwirtschaftlichkeiten nicht entstehen zu lassen bzw. diese schnellstens zu erkennen, um eine Wiederholung zu vermeiden.

3. Gliederung der Kontrolle

Das gesamte Betriebsgeschehen wird durch eine Vielzahl von Kontrollen durchdrungen. Nachfolgend sind die wichtigsten Kontrollarten aufgezeigt. Als Gliederungsmerkmale werden Tatbestände, Träger sowie Umfang der Kontrollen verwendet.

Der Betriebsprozeß konkretisiert sich in einer Vielfalt neben- und nacheinander ablaufender Handlungen, die jeweils nach einem bestimmten Verfahren vollzogen werden und zu entsprechenden Ergebnissen führen. Als **Kontrolltatbestände** können damit sowohl Ergebnisse wie Verfahren herangezogen werden. **Ergebniskontrollen** sind erforderlich, weil die Konsequenzen betrieblichen Handelns einerseits nur bedingt vorhersehbar sind, andererseits aber den Grad der Zielerreichung absolut bestimmen. Sie zeigen den ständigen Wandel im Betriebsablauf durch die Vergleichsgrößen und sind damit überwiegend von dynamischer Art. Im Gegensatz dazu stehen die **Verfahrenskontrollen** mit weitgehend statischem Charakter. Vergleichsgrößen sind Gesetze, Erlasse, Arbeitsrichtlinien usw., die einer Kontrolle unterzogen werden müssen, um menschliche Nachlässigkeiten zu vermeiden. Die Verfahrenskontrollen werden meist von der Internen Revision, die Ergebniskontrollen dagegen hauptsächlich vom betrieblichen Rechnungswesen durchgeführt.

Kontrollen lassen sich weiterhin danach unterscheiden, von welcher Person sie jeweils vorgenommen werden. **Kontrollträger** können grundsätzlich die mit der zu kontrollierenden Handlung selbst betrauten bzw. fremde Personen oder Institutionen sein. Dementsprechend ergibt sich die Einteilung in Selbstkontrollen und Fremdkontrollen. Die **Selbstkontrolle** ist die unmittelbarste und ursprünglichste Form des Kontrollierens. Sie setzt klar abgegrenzte Verantwortungsbereiche sowie bei den beteiligten Personen die Fähigkeit und Bereitschaft zu selbstkritischem Verantwortungsbewußtsein voraus. Die Hauptgefahr der Selbstkontrolle, die bewußte oder unbewußte Selbsttäuschung, kann nur verhindert werden, wenn zusätzliche **Fremdkontrollen** stattfinden, die die Möglichkeit zu einer Objektivierung des Kontrollierens bieten. Sie können einmal von Personen in Form der Inspektion durchgeführt werden, wobei es sich um Führungskräfte bzw. um Betriebsfremde, wie z. B. Wirtschaftsprüfer handeln kann. Vor allem aus psychologischen Gründen sollte die Fremdkontrolle soweit als möglich entpersonalisiert werden. So ist es möglich, bestimmte Prüfungen auf Geräte wie Gebührenzähler am Telefon bzw. auf Systeme wie die Kostenstellenabrechnung mit dem Betriebsabrechnungsbogen zu übertragen.

Bezüglich des **Umfanges der Kontrollen** im Sinne der Häufigkeit ihrer Durchführung ist die totale von der bedeutungsorientierten Kontrolle abzugrenzen. Für die Funktionsfähigkeit und Effizienz eines Unternehmens ist es weder erforderlich noch aus

2. Kapitel: Die Teilfunktionen der Unternehmensführung   117

wirtschaftlichen Gründen vertretbar, alle Ergebnisse, Handlungen und Strukturen einer ständigen Überprüfung zu unterziehen. Insofern ist die **totale Kontrolle** unrealistisch. In der Praxis gilt es vielmehr, jeweils diejenigen Tatbestände einem Vergleich zu unterziehen, die für die Gestaltung und Entwicklung des betrieblichen Gesamtprozesses von entsprechender Bedeutung sind. Solche Sachverhalte für eine **bedeutungsorientierte Kontrolle** können als Kontrollzentren[1] bezeichnet werden. Sie sollen als repräsentative Merkmale die Prozeßverläufe genau und zuverlässig offenlegen.

Die Kontrollzentren können permanent, periodisch bzw. sporadisch kontrolliert werden. So sind permanente Kontrollen häufig im technischen Bereich z.B. bei den Fertigprodukten, periodische Kontrollen regelmäßig in der kaufmännischen Verwaltung z.B. bezüglich des Betriebsergebnisses und sporadische Kontrollen als Stichprobenkontrollen vor allem im Materialbereich z.B. bei der Qualitätsüberprüfung vorzufinden.

```
                            Kontrollarten
        ┌───────────────────────┼───────────────────────┐
 Kontrolltatbestände       Kontrollträger           Kontrollumfang
    ├─Ergebnis-              ├─ Selbst-              ├─totale Kontrolle
    │  kontrolle             │   kontrolle           │
    │                        │                       │
    └─Verfahrens-            └─Fremdkontrolle        └─bedeutungsorientierte
       kontrolle                                        Kontrolle
```

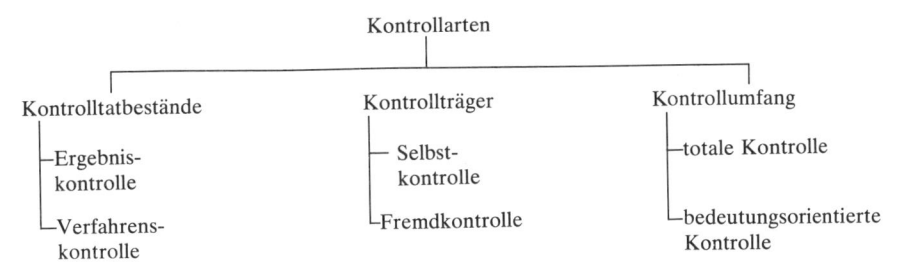

Abb. 26   Kontrollarten

C. Personenbezogene Führungsfunktionen

Die personenbezogenen Führungsfunktionen (Humanfunktionen) umfassen die sozio-emotionale Dimension der Unternehmensführung. Zu ihr zählen das Delegieren, das Motivieren und das Entwickeln der Mitarbeiter. Sie dienen letztlich der menschengerechten Gestaltung im Unternehmen.

I. Delegieren

1. Wesen und Bedeutung

Streben mehrere Menschen im Rahmen einer Organisationseinheit gemeinsame Ziele arbeitsteilig an und stehen sie dabei in einer hierarchischen Über-/Unterordnung zueinander, so entsteht das Problem der Delegation. Mit ihr lassen sich bestimmte Verrichtungen von oben nach unten übertragen. Dabei handelt es sich jedoch nicht um ein „Abschieben" von Ausführungshandlungen im Sinne einer mengenmäßigen Arbeitsverlagerung zur Entlastung der übergeordneten Stellen. Ein Delegieren liegt vielmehr dann vor, wenn eine Einheit aus Aufgabe, Kompetenz und Verantwortung abgegeben wird.

---

[1]) In der Literatur findet sich hierfür auch die Bezeichnung Kontrollpunkt.

Aufgaben resultieren grundsätzlich aus Zielsetzungen. Sie beschreiben einen bestimmten Tätigkeitsablauf. Kompetenzen stellen die Befugnisse dar, die erforderlich sind, um alle im Rahmen der Aufgabenerfüllung anfallenden Entscheidungen treffen zu können. Die Verantwortung bedeutet das Einstehen für das erreichte Ergebnis. Sie ergibt sich als logische Folge aus der Übertragung von Aufgaben mit entsprechenden Kompetenzen und kann damit als eine resultierende Größe verstanden werden. Aufgabenträger, die selbständig handeln und entscheiden können, tragen damit automatisch eine Handlungsverantwortung. Der Delegierende befreit sich gleichzeitig von der Arbeitsausführung und von der Handlungsverantwortung. Er behält lediglich die Führungsverantwortung. Sie beinhaltet die Vorgabe von Zielen, Richtlinien und Informationen sowie eine entsprechende Koordination und Kontrolle der Tätigkeiten der Mitarbeiter.

Beauftragt z.B. der Leiter der Abteilung Kostenrechnung einen Mitarbeiter, für einen neuen Auftrag eine Vorkalkulation zur Ermittlung der Selbstkosten durchzuführen und stellt er die notwendigen Unterlagen und Daten bereit, so handelt es sich um eine einmalige Arbeitsentlastung, für deren Ergebnis die Führungskraft die volle Verantwortung behält. Besteht jedoch die Absicht, die Aufgabe der Vorkalkulation generell und dauerhaft auf einen Mitarbeiter zu übertragen, und erhält dieser das Recht, alle erforderlichen Daten und Informationen bei den zuständigen Stellen einzuholen, so liegt eine Delegation vor, wobei der Mitarbeiter die volle Verantwortung für die Ergebnisse seiner Berechnungen übernehmen muß.

Das **Delegieren** kann damit als die regelmäßig dauerhafte Übertragung von Aufgaben mit den dazu erforderlichen Kompetenzen und der daraus resultierenden Handlungsverantwortung auf nachgeordnete Aktionsträger verstanden werden.

Seine wesentliche Bedeutung aus der Sicht der neuzeitlichen Unternehmensführung gewinnt das Delegieren in der Erfüllung des Prinzips der **Eigenverantwortlichkeit**. In der traditionellen Betriebswirtschaftslehre wurde die Delegation fast ausschließlich als ein Organisationsinstrument zur Regelung sachlicher, d.h. aufgabenorientierter Probleme verstanden. Dieser Tatbestand gilt heute als überwiegend vordergründiger Gesichtspunkt, der durch den humanen Aspekt eines immer stärkeren Strebens der Aufgabenträger nach Autonomie und Selbstverwirklichung dominiert wird. Dem zunehmenden Wunsch der Mitarbeiter nach eigenverantwortlicher Gestaltung ihrer Arbeitswelt kann vor allem durch das Delegieren entsprochen werden.

2. Delegationsprozeß

Der Ablauf des Delegierens ist als formaler Prozeß darstellbar, der in den drei Stufen Bestimmung der Delegationsaufgabe, Aufstellung von Delegationsalternativen und Durchführung der Delegationsentscheidung vollzogen wird.

a) Die Abgrenzung eines **Delegationsgebietes** beruht auf der Bereitschaft eines Stelleninhabers, einen Teil seiner bisherigen Aufgaben auf ihm unterstellte Mitarbeiter zu übertragen. Die zu delegierende Teilaufgabe ist so abzugrenzen, daß für den nachgeordneten Aktionsträger ein Handlungsspielraum entsteht, der eine eigenständige Abwicklung ermöglicht. Gegenstände der Delegation können sowohl Führungsfunktionen wie Planen, Organisieren oder Kontrollieren wie auch ausführende Tätigkeiten sein.

b) Das Aufstellen von **Delegationsalternativen** beinhaltet im wesentlichen die formale Regelung. Je nach der zu delegierenden Aufgabenstellung und Kompetenzenzuordnung sind entsprechende Veränderungen bei der Stellenbildung und -besetzung, in der Stellenbeschreibung und im Organigramm vorzunehmen. Darüber hinaus müssen jedoch vor allem auch die erforderlichen Informations- und Kontrollmöglichkeiten ermittelt und festgelegt werden.

c) Die **Auswahl** der bestmöglichen Lösung des Delegationsproblems muß vordergründig sicherlich unter dem Gesichtspunkt der Aufrechterhaltung eines störungsfreien Organisationssystems sowie unter Beachtung der Wirtschaftlichkeit erfolgen. Wichtiger erscheint jedoch die Frage, ob die vorgesehene Delegationslösung dazu beitragen kann, die Arbeitszufriedenheit zu fördern und die Leistungsentfaltung der Mitarbeiter zu steigern.

Delegationsaufgabe	Delegationsalternativen	Delegationsentscheidung
−Führungsfunktionen	−Möglichkeiten der Stellenbildung und -besetzung	−Wirtschaftlichkeit
		−Arbeitszufriedenheit
−ausführende Tätigkeiten	−Informations- und Kontrollmöglichkeiten	−Leistungsentfaltung

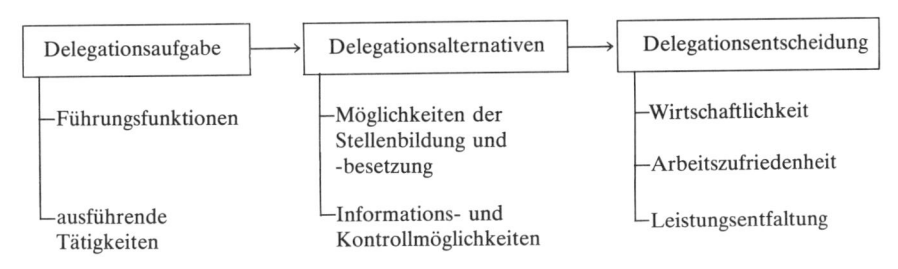

Abb. 27   Phasen des Delegationsprozesses

3. Konsequenzen und Grenzen des Delegierens

Die Konsequenzen des Delegierens zeigen sich in den Vorteilen bzw. Nachteilen für die Vorgesetzten und ihre Mitarbeiter. Als wesentliche Aspekte für die delegierende Stelle sind zu nennen:

- Entlastung von Aufgaben, die von untergeordneten Aktionsträgern ausgeführt werden können;
- Wahrnehmung der Führungsverantwortung in Bezug auf die richtige Auswahl der Mitarbeiter, auf ihre konsequente Vorbereitung und Information, auf die Bereitschaft, die Mitarbeiter selbständig handeln und entscheiden zu lassen sowie auf die angemessene Erfolgskontrolle (Höhn);
- Entlastung der Kommunikationskanäle durch die Vermeidung von Rückfragen;
- Erhöhung der Leistungsfähigkeit und bessere Nutzung der Qualifikation der Mitarbeiter.

Aus der Sicht der nachgeordneten Stelle ergeben sich folgende Aspekte:

- Übernahme von qualifizierten Tätigkeiten von übergeordneten Aktionsträgern;
- Wahrnehmung der Handlungsverantwortung in Bezug auf ein eigenständiges Handeln, auf Entwicklung von mehr Eigeninitiative, Kreativität und Urteilsfähigkeit;
- Steigerung der Beratungsfähigkeit und Informationsfähigkeit gegenüber dem Vorgesetzten.

Allgemein bewirkt das Delegieren eine zunehmende Dezentralisation der Aufgabenabwicklung und eine verstärkte Partizipation der Aufgabenträger an den Entscheidungsprozessen. Als mögliche Nachteile können eine erschwerte Koordination der Entscheidungen auf unterschiedlichen Ebenen, erhöhte Kosten für den Informationsaustausch sowie eine Überforderung der Mitarbeiter auftreten. Insbesondere im letzten Falle kann es dann auch zu einer **Rückdelegation** als Zeichen für ein überzogenes Delegieren kommen.

Bezüglich der optimalen Gestaltung der Delegation gilt der Grundsatz, daß jeweils diejenige Stelle eine Teilaufgabe erfüllen soll, die aufgrund der gegebenen formalen und persönlichen Bedingungen auf der untersten Stufe der Hierarchie dazu in der Lage ist. Eine totale Delegation schließt sich damit von selbst aus, da auf allen Führungsebenen bestimmte Aufgaben, Kompetenzen und Qualifikationen qua definitione unabdingbar sind.

II. Motivieren

1. Wesen und Bedeutung

Im Mittelpunkt der personenbezogenen Führungsfunktionen steht zweifellos das Motivieren. Während das Delegieren die geeigneten Aufgabengebiete festlegt und das Entwickeln die mehr technischen Fertigkeiten zum Handlungsvollzug schafft, ist das Motivieren auf die primär psychologisch bedingten Verhaltensweisen der Mitarbeiter orientiert.

Es ist ein lange bekannter Tatbestand, daß eine positive oder negative Einstellung zur Arbeit deren Ergebnis beeinflußt. Die personenorientierte Führung muß daher auf Leistung und Zufriedenheit abgestellt werden. Beide sind untrennbar miteinander verbunden. Ein zufriedener Mensch ist in der Regel zu einer vergleichsweise besseren Leistung fähig und eine gute Leistung erhöht regelmäßig den Grad der Zufriedenheit. Damit stellt sich die Frage nach den Ursachen für die Leistungsbereitschaft. Es sind dies im allgemeinen Stimulanzen, die als Motive in der Lage sind, das Verhalten in einer bestimmten Richtung zu beeinflussen.

Ein motiviertes Verhalten, d.h. das Vorliegen von Motivation, läßt sich durch folgende Merkmale näher kennzeichnen:

- Veränderungen in Intensität und Ausdauer,
- konsequente inhaltliche Ausrichtung,
- auffällige Betriebsamkeit und
- emotionale Berührtheit.

Für die praktische Unternehmensführung ist es von Bedeutung, die möglichen Gründe für die Motivation zu kennen. Die Theorie hat mit dem bedürfnisorientierten und dem anreizorientierten Ansatz zwei brauchbare Erklärungsversuche geliefert.

Die **bedürfnistheoretischen** Ansätze gehen davon aus, daß die im Menschen selbst angelegten Bedürfnisse den Anlaß für die Motivation darstellen. Sie stehen als Triebkräfte in einem ständigen Ringen miteinander. Vom Ausgang dieses Kampfes hängt es jeweils ab, in welchem Umfang der Mensch in einer bestimmten Situation motiviert ist. Wichtigster Vertreter dieser Richtung ist A. Maslow, der die sogenannte „Hierarchie der Grundbedürfnisse" entwickelt hat. Er unterscheidet fünf Klassen von Bedürfnissen, die hierarchisch aufeinander aufbauen:

```
         /  Bedürfnis nach      \
        /  Selbstentfaltung und  \
       /   Selbstverwirklichung   \
      /─────────────────────────── \
     /       Ego-Bedürfnisse        \
    /─────────────────────────────── \
   /        Soziale Bedürfnisse       \
  /─────────────────────────────────── \
 /         Sicherheitsbedürfnisse       \
/───────────────────────────────────────\
|         Physiologische Bedürfnisse     |
─────────────────────────────────────────
```

Abb. 28 Bedürfnispyramide

Maslow geht davon aus, daß die einzelnen Bedürfnisklassen nacheinander befriedigt werden. Dabei ist der Mensch zunächst ausschließlich bestrebt, seine **physiologische Existenz** zu sichern. Das Streben nach Befriedigung der absoluten Grundbedürfnisse wie Hunger, Durst und Schlaf bildet die Basis jeglicher menschlichen Motivation. Ist das Überleben hinreichend gewährleistet, geht der Mensch dazu über, sich nach allen Richtungen **Sicherheit** zu verschaffen. Dies geschieht durch entsprechende Vorsicht am Arbeitsplatz und im Verkehr, aber auch mit Hilfe von Ersparnissen und Versicherungen. Hierzu zählt außerdem die auf psychologischer Ebene feststellbare Abneigung gegen Neuerungen.

Wenn die Erhaltung und Sicherung des Lebens erreicht ist, stellt der Mensch seine **sozialen Bedürfnisse** in den Vordergrund. Als soziales Wesen strebt er nach Gruppenangehörigkeit und Geselligkeit. Die Befriedigung findet er in der Familie, unter Freunden, in Vereinen bzw. im Unternehmen.

Nach der sozialen Integration entwickeln sich die **Ich-Bedürfnisse**. Dabei handelt es sich im wesentlichen um das Selbstwertgefühl, das sich aus der eigenen und der fremden Wertschätzung zusammensetzt. Seine äußeren Merkmale sind das Streben nach Anerkennung, die im Status und Prestige zum Ausdruck kommen.

Die höchste Stufe der Maslow'schen Bedürfnispyramide beinhaltet die **Selbstentfaltung** und Selbstverwirklichung des Menschen. Während die ersten vier Stufen Defizitmotive darstellen, handelt es sich bei der fünften Stufe um sogenannte Wachstumsmotive (Neuberger), die letztlich grenzenlos sind, so daß die Bedürfnispyramide nach oben offen bleibt. Dazu muß eine Lebensphilosophie entwickelt werden, in der Ererbtes und Erfahrenes, orientiert an ethischen und moralischen Grundsätzen, zusammenfließen und als Richtschnur und Fundament für den gesamten Lebenswandel dienen. Menschen, die dieses Ziel erreichen, „ruhen in sich selbst".

Zu beachten ist, daß die Befriedigung auf den einzelnen Motivationsebenen sehr unterschiedlicher Art sein kann. Eine ungenügende Befriedigung auf einer Bedürfnisstufe („ungestillter Hunger") führt zu Frustration, eine übermäßige Befriedigung („Freßsucht") zur Trägheit. Beide Situationen bewirken ein Verharren auf einer Motivationsebene, sie setzen keine Energien für das Aufsteigen frei. Dieser Zustand kann aber auch eintreten, wenn aufgrund unverschuldeter Ursachen die Bedürfnisbefriedigung auf der nächst höheren Stufe versagt bleibt. Es genügt daher grundsätzlich jeweils eine hinreichende Befriedigung auf den einzelnen Stufen, um eine ausreichende Motivation für den Übergang zur nächst höheren Stufe zu erlangen.

Während die bedürfnisorientierten Motivationserklärungen auf die in einer Person vorhandenen Antriebskräfte zurückgehen, beruhen die **anreizorientierten** Ansätze auf der Erkenntnis, daß der Mensch in einer gestaltbaren Umwelt lebt, deren vielfältige Reize stimulierend auf ihn einwirken. Grundsätzlich strebt jedes Individuum danach, die Lust zu steigern und die Unlust zu mindern. Um dies zu erreichen, können sowohl Handlungs-Ergebnis-Erwartungen wie Ergebnis-Folge-Erwartungen als Motive auftreten.

Die **Handlungs-Ergebnis-Erwartungen** (Heckhausen) beruhen auf der Chance, ein bestimmtes Ziel zu erreichen. So kann z.B. ein Verkäufer dadurch motiviert werden, daß er versucht, gegenüber seinen Kollegen ein besseres Umsatzergebnis zu erzielen. Grundlage dieser Anreizsituation sind die ausreichende Aufgabenschwierigkeit sowie die angemessene Befähigung.

Bei **Ergebnis-Folge-Erwartungen** (Hoyos) wird nicht das Ergebnis einer Handlung, sondern die Folge eines Ergebnisses als Motivationsursache gesehen. Als mögliche Folgen kommen Belohnungen und Bestrafungen in Frage. So kann eine optimale Aufgabenerfüllung mit der Möglichkeit eines hierarchischen Aufstiegs bzw. eine Mindererfüllung mit der Gefahr eines Abstiegs verbunden werden.

Menschen sind generell bereit, bestimmte Anstrengungen zur Erfüllung einer Aufgabe zu übernehmen, wenn sie damit einen bestimmten Wert, eine Valenz verbinden können. Als Motiv dienen dazu einerseits die möglichen Ergebnisse, andererseits die möglichen Folgen, in der Regel jedoch mehr oder weniger beide Tatbestände.

Das **Motivieren** läßt sich damit zusammenfassend als eine Führungsaufgabe verstehen, bei der es darum geht, in Menschen, die sich auf einer bestimmten Ebene ihrer Bedürfnisstruktur bewegen, latente Anreize zu wecken oder originäre Anreize zu schaffen, um sie zu einem außergewöhnlichen, zielorientierten Verhalten zu veranlassen.

Die wesentliche Bedeutung des Motivierens liegt in der Funktion der **Verhaltensbeeinflussung**. Aus der Sicht der modernen Unternehmensführung dient die Motivation letztlich dazu, unter Beachtung der jeweiligen individuellen Voraussetzungen bei den einzelnen Mitarbeitern eine positive Bereitschaft zur Mitwirkung bei der Zielerfüllung des Unternehmens zu wecken.

2. Motivationsprozeß

Das Motivieren durch die Führungskräfte ist ein Prozeß, der die drei Stufen Beschreibung des Motivationssubjektes, die Entwicklung von Motivationsalternativen sowie die Festlegung durch die Motivationsentscheidung umfaßt.

a) Die erste Stufe des Motivationsprozesses beinhaltet die Auswahl und die Charakterisierung des zu motivierenden Mitarbeiters. Dabei sind personen- und sachbezogene Aspekte zu beachten. Das Erkennen der relevanten personenbezogenen Merkmale setzt eine gewisse Menschenkenntnis sowie psychologisches Einfühlungsvermögen voraus. Verallgemeinernd ist zwischen den generell unzufriedenen, zufriedenen bzw. saturierten Individuen zu unterscheiden. Die sachbezogenen Elemente beziehen sich vor allem auf den Arbeitsplatz mit seiner Aufgabenstellung, hierarchischen Einordnung sowie der Umweltbeziehungen.

b) Die Entwicklung von Motivationsalternativen basiert auf den Erkenntnissen bezüglich des Motivationssubjektes. Generell müssen Motive geweckt bzw. geschaffen werden, die zur Stabilisierung einer erreichten bzw. dem Aufstieg in eine höhere Bedürfnisebene dienen. Die Mittel dazu liegen in einem der Befähigung entsprechenden Schwierigkeitsgrad der Aufgabenstellung, in der Herausstellung der Bedeutung einer

Handlung an sich sowie im Rahmen des Betriebsganzen und in der Aufstellung eines Kataloges von Konsequenzen vornehmlich positiver Art bei der Zielerreichung.

c) Bei der Entscheidung für einen bestimmten Weg der Motivation ist stets darauf zu achten, daß eine optimale Abstimmung zwischen dem individuellen Motivationssubjekt und den generellen Motivationsmitteln erfolgt. Dazu bedarf es bei der Führungskraft sowohl der Erfahrung wie eines gewissen Fingerspitzengefühls, da mögliche Reaktionen nicht immer voraussehbar sind.

Motivationssubjekt	→	Motivationsalternativen	→	Motivationsentscheidung
─ personenbezogene Aspekte		─ Schwierigkeitsgrad der Aufgabe		─ Erfahrung
		─ Bedeutung der Aufgabe		
─ sachbezogene Aspekte		─ Konsequenzen		─ Fingerspitzengefühl

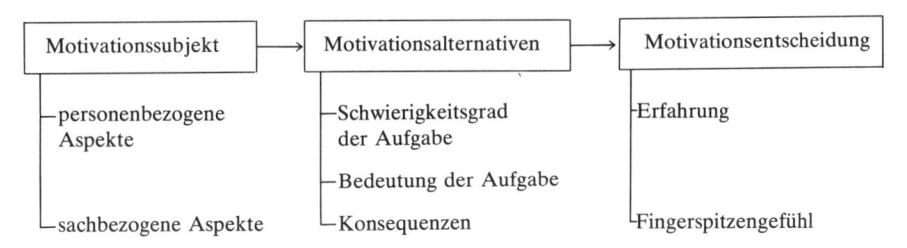

Abb. 29 Phasen des Motivationsprozesses

3. Konsequenzen und Grenzen des Motivierens

Die eindeutigen Zielgrößen der Motivation sind die Beeinflussung der Leistung und der Zufriedenheit der Mitarbeiter. Dabei spielen rationale, aber auch irrationale Gesichtspunkte eine Rolle, wodurch der Erfolg des Motivierens in einem gewissen Umfang stets unbestimmbar bzw. unvorhersehbar bleibt. Grundsätzlich ist nach einer optimalen Motivation zu streben, die dann erreicht ist, wenn weder eine Unter- noch eine Übermotivation vorliegt.

Von einer **Untermotivation** kann gesprochen werden, wenn eine allgemeine Unlust und Unzufriedenheit herrscht, die vor allem auch in einem schlechten Betriebsklima zum Ausdruck kommt, wenn also Menschen ihre Arbeit ungern erfüllen.

Aber auch eine **Übermotivation** ist nicht erstrebenswert. Sie artet oft in blinden Übereifer aus, der zerstörerische Wirkungen zeigt. Menschen, die nur noch ihre Arbeit kennen, wirken auf ihre Umwelt abstoßend und leistungshemmend.

III. Entwickeln

1. Wesen und Bedeutung der Personalentwicklung

Die Entwicklung des Personals zählt zu den neueren Aufgaben im Rahmen der Unternehmensführung. Die zunehmende Dynamik des Wirtschaftslebens verlangt von allen Mitarbeitern die generelle Bereitschaft einer ständigen Anpassung an die sich wandelnden Anforderungen, wenn das Unternehmen überleben und wachsen will. Darüber hinaus muß jeder einzelne Beschäftigte die Chance haben, gemäß seiner gegebenen Fähigkeiten eine individuelle Förderung zu erhalten.

Ausgangspunkt und Grundlage jeglicher Personalentwicklung ist die allgemeine Maxime: „Der richtige Mann am richtigen Platz". Dieser Grundsatz ist vor allem bei der Einstellung zu beachten, da der Mitarbeiter zunächst als gegebenes Individuum zu akzeptieren ist. Danach setzt die Einflußnahme ein, die als arbeitsplatzbezogene wie auch als veränderungsbezogene Entwicklung möglich ist. Sie beinhaltet die Vermittlung von fachlichen und persönlichen Eigenschaften, die für die bestmögliche Erfüllung einer derzeit ausgeübten bzw. in Zukunft anzustrebenden betrieblichen Tätigkeit erforderlich sind. Dabei handelt es sich um Ausführungs- wie um Führungsqualifikationen.

Im Mittelpunkt der Führungsaufgabe Entwickeln steht damit das Ziel, die untergebenen Mitarbeiter lernfähig und lernbereit zu machen. Lernen kann dabei allgemein als eine „effizienzbedingte Änderung des Verhaltens" (Bronner) verstanden werden. Es bewirkt eine Korrektur bei der Vorgehensweise in Bezug auf Problemlösungen. Die Lösung von Problemen erfolgt in den beiden Teilschritten Informationsverarbeitung und Entscheidungsfindung. In beiden Bereichen sind Lernprozesse möglich. So läßt sich z. B. im Informationsbereich die Beschaffung und Verarbeitung von Daten verbessern, was zu einer genaueren Abbildung der Realität führt. Im Entscheidungsbereich kann das Lernen zu einer Erweiterung oder Eingrenzung möglicher Alternativen bzw. zu einer Änderung der Bewertung und Auswahl führen.

Wesentliche Grundlagen und Ursachen des Lernens sind die Übung sowie die Erfolgsaussicht. Das mehrmalige Wiederholen von Handlungen bzw. von Verhaltensweisen im Sinne eines Trainings führt zur Einsicht, daß neue Vorgehensweisen effektiver sind. Außerdem beeinflußt die mit einer veränderten Verhaltensweise verbundene Erfolgsaussicht wesentlich die Lernbereitschaft. Das **Entwickeln** kann damit als Führungsaufgabe verstanden werden, deren wesentliches Ziel die Schaffung von Lernfähigkeit und Lernbereitschaft ist, um die Mitarbeiter für gegenwärtige und zukünftige Führungs- und Ausführungstätigkeiten hinreichend zu qualifizieren. Es besitzt eine permanente **Anpassungsfunktion**, d. h. das Leistungspotential der Mitarbeiter ist stets auf die sich wandelnden inner- und außerbetrieblichen Erfordernisse einzustellen.

2. Personalentwicklungsprozeß

Der Ablauf des Entwickelns kann als Prozeß dargestellt werden, dessen bestimmende Merkmale das Entwicklungsziel, die Entwicklungsalternativen sowie die Entwicklungsentscheidung sind.

a) Bei der Aufstellung eines **Entwicklungszieles** geht es um die Konkretisierung eines Anforderungsprofils, das ein Mitarbeiter erreichen soll, um eine bestimmte betriebliche Aufgabe wissens- und/oder verhaltensmäßig erfüllen zu können. Grundlage dazu bildet die Entwicklungsbedarfsanalyse. Sie besteht aus der Beschreibung der Qualifikationserfordernisse einer zukünftigen Tätigkeit sowie aus der Auflistung des derzeitigen Wissens- und Verhaltensstandes eines Mitarbeiters. Die aus dem Vergleich zwischen Soll-Anforderung und Ist-Zustand resultierende Lücke ist dann als Entwicklungsziel zu formulieren.

Die Ermittlung der Arbeitsplatzbedingungen basiert zunächst auf einer Diagnose der derzeitigen Situation. Dazu sind die Anforderungen aller vorkommenden Tätigkeiten in den Aktionseinheiten festzustellen. Da es sich bei der Entwicklung in der Regel um längerfristige Prozesse handelt, müssen jedoch auch Prognosen über die möglichen Veränderungen aufgestellt werden. Dies gilt insbesondere für die absehbaren, neu entstehenden Tätigkeiten bzw. Arbeitsplätze. Das daraus gewonnene Anforderungsprofil für die auszufüllenden Positionen hat den Charakter eines Sollwertes. Diesem wird das Qualifikationsprofil gegenüber gestellt. Es beschreibt die derzeitigen Fähigkeiten eines Mitarbeiters als Istzustand, die im wesentlichen auf seiner allgemeinen Vorbildung, seiner speziellen Berufsaus- und Weiterbildung, seiner Berufserfahrung und seinen Persönlichkeitsmerkmalen beruhen.

b) Die Suche nach **Entwicklungsalternativen** orientiert sich am Entwicklungsziel. Sie müssen in der Lage sein, das Qualifikationsdefizit eines Mitarbeiters auszugleichen. Grundsätzlich konkretisieren sich die möglichen Alternativen in Bildungsmaßnahmen interner bzw. externer Art. Sie stellen in aller Regel keine Ausbildung, sondern vielmehr eine berufliche Weiterbildung, in seltenen Fällen auch eine Umschulung dar. Inhaltlich sind einmal die kaufmännischen und technischen Verfahren und Methoden für ausführende Tätigkeiten wie z.B. die Maschinenstundensatzkalkulation oder das Punktschweißen zu vermitteln. Dazu werden überwiegend externe Schulungsangebote wahrgenommen. Zunehmende Bedeutung gewinnt darüber hinaus die Entwicklung und Förderung der vorhandenen Führungskräfte sowie des Führungskräftenachwuchses. Dazu werden Führungsseminare eingerichtet sowie spezielle Karrierepläne aufgestellt, die zum größten Teil firmenspezifisch ausgerichtet sind, wenn auch unter Beteiligung externer Referenten. Sie beruhen auf der Erkenntnis, daß Führungswissen, Führungskönnen und Führungsverhalten grundsätzlich erlernbar sind. Als weitere wesentliche Bestandteile aller Entwicklungsmaßnahmen gelten die Mitarbeiterbeurteilung sowie die Beratungs- und Fördergespräche zwischen dem Vorgesetzten und seinem Mitarbeiter.

c) Die **Entscheidung** bezüglich der Auswahl alternativer Entwicklungsmöglichkeiten muß ausschließlich bei der zuständigen Führungskraft liegen und sollte z.B. nicht auf die Personal- oder Ausbildungsabteilung übertragen werden. Wegen der nicht unbeträchtlichen Unsicherheiten bezüglich des zu erwartenden Erfolges von Bildungsmaßnahmen werden häufig nur Kosten-, jedoch keine Nutzenüberlegungen angestellt. Dies führt nicht selten dazu, daß gerade in kritischen Zeiten für ein Unternehmen zuerst die Investitionen in das Personal verringert werden, was vielleicht kurzfristig die Liquiditätssituation, jedoch mittelfristig kaum die Ertragssituation verbessert. Diese Einstellung wird u.a. durch die bis heute zu einseitige Ausrichtung des Rechnungswesens auf die materiellen Sachgüter gefördert. Zukünftig muß auch das „human capital" größere Beachtung finden, um den Führungskräften die Tragweite von Entwicklungsentscheidungen deutlicher zu machen.

Entwicklungsziel	Entwicklungsalternativen	Entwicklungsentscheidung
– Diagnose und Prognose der Arbeitsplatzanforderungen	– Externe/Interne Bildungsmaßnahmen	– Fachvorgesetzte
– Qualifikationsprofil	– Mitarbeiterbeurteilung	– Kosten-/Nutzenbetrachtung
	– Fördergespräche	

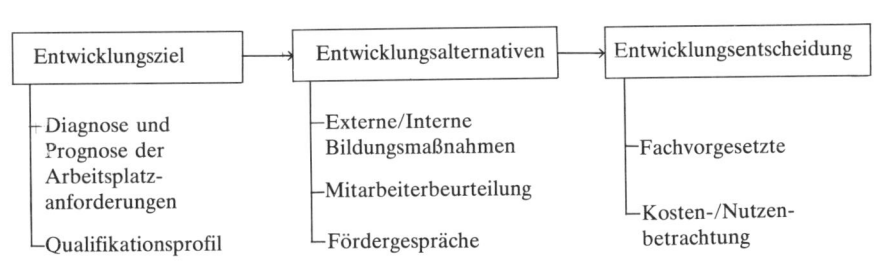

Abb. 30 Phasen des Entwicklungsprozesses

3. Konsequenzen und Grenzen der Personalentwicklung

In Zeiten zunehmend gesättigter Märkte und stagnierenden Wachstums gewinnen die Investitionen im Personalbereich immer größere Bedeutung. Bei weitgehend gegebener Kapital- und Sachmittelausstattung hat jeweils das Unternehmen mit dem vergleichsweise qualifizierteren Mitarbeiterstab die besseren Erfolgsaussichten. Die Aufgabe der Entwicklung der Mitarbeiter durch die jeweiligen Vorgesetzten erhält damit ein ständig steigendes Gewicht. Die feststellbare Evolution an führungsmäßigen und fachlichen Anforderungen bedingt die Bereitschaft zu „lebenslangem Lernen". Sie muß jedoch stets auch auf die einzelne Persönlichkeit Rücksicht nehmen. Diese wird wesentlich durch die vorhandene Fähigkeitsstruktur (Leistungspotential) und berufliche Leistungsbereitschaft geprägt. Beide gilt es im optimalen Sinne zu entfalten und zu nutzen. Dazu sind einerseits alle Hemmnisse der beruflichen Entwicklungschancen zu beseitigen. Nur so kann der mobile, anpassungsbereite Mitarbeiter gewonnen werden. Andererseits müssen auch die Entwicklungsgrenzen gesehen werden. Die Überbeförderung nach dem „Peter-Prinzip" führt schnell zu einem überhöhten Kräfteverschleiß und in der Folge zu Leistungsabfall und Resignation.

3. Kapitel:
Gestaltung der Unternehmensführung

Im Mittelpunkt der Gestaltung der Unternehmensführung steht die Vielzahl der in Theorie und Praxis entstandenen Führungssysteme und Führungsstile sowie deren gegenseitige Beeinflussung und Abhängigkeit bei ihrer Anwendung.

A. Führungssysteme

Unter dem Begriff der Führungssysteme sollen alle Techniken, Methoden, Verfahren und Modelle zusammengefaßt werden, die entwickelt wurden, um die komplexe Funktion der Unternehmensführung als Teilaufgaben bzw. umfassend zu erfüllen. Dabei handelt es sich um die Problemlösungstechniken, die Managementsysteme sowie die Führungsmodelle.

I. Problemlösungstechniken

Von einem Problem kann generell dann gesprochen werden, wenn ein gegenwärtiger oder zukünftiger Zustand nicht für wünschenswert angesehen wird und momentan keine Möglichkeit besteht, die erstrebenswerte Situation zu erreichen. Wesentliche Merkmale eines Problems sind damit:

- ein unerwünschter Anfangszustand,
- ein erwünschter Endzustand und
- eine Barriere,

die eine unmittelbare Überleitung des Problemgegenstandes in den Zielzustand verhindert (Pfohl).

Die Problemlösungstechniken sollen einen Beitrag zur Suche von Lösungen leisten, indem sie die Ideenfindung und -verarbeitung erleichtern, also letztlich der Überwindung der Problemschwierigkeiten im Sinne der Barrieren dienen. Dazu sind grundsätzlich neue Wege erforderlich. Das Entwickeln bisher unbekannter Vorstellungen setzt ein starkes Maß an Kreativität als einem schöpferischen Denkprozeß voraus. Kreative Ideen entstehen, wenn es zu einer bisher nicht bekannten Kombination von Wissen und Erfahrungen kommt. Sie werden in der Regel in Gruppen entwickelt, da durch die gegenseitige Anreizsituation das Ideenpotential der Gruppenmitglieder optimal genutzt werden kann.

Die wichtigsten Problemlösungstechniken sind die Ideenfindungsspiele sowie das Brainstorming.

1. Bei den **Ideenfindungsspielen** wird zwischen dem Rollenspiel, dem Utopiespiel und dem Pro- und contra-Spiel unterschieden.

a) Beim **Rollenspiel** geht es darum, mögliche Spannungen innerhalb einer Gruppe bzw. zwischen einer Gruppe und ihrer Umwelt aufzuzeigen und Lösungen für Konfliktsituationen wie z.B. im Betriebsrat, zwischen Verkäufern und Kunden oder zwischen Gewerkschaften und Arbeitgebern zu gewinnen.

b) Das **Utopie-Spiel** dient der Anregung der Phantasie. Die Gruppenmitglieder verlassen ihre gewohnte Rolle als Funktionsträger und bringen ihre „geheimen Wünsche" zum Ausdruck. Der besondere Reiz liegt in der Unverbindlichkeit der Utopie. Beispiele dafür können folgende Fragestellungen sein: Wie verändern die Industrieroboter die Fertigung? Wie sieht die Verwaltung im Jahre 2000 aus?

c) Wenn es darum geht, verschiedene Lösungsalternativen auf ihre Brauchbarkeit zu überprüfen, so bietet sich dazu das **Pro- und contra-Spiel** an. Die Vertreter von Pro und Contra versuchen dabei jeweils, die Gegenseite durch Argumente in ihrem Sinne zu überzeugen. Auf diese Weise kann z. B. die Möglichkeit der Einführung einer Datenverarbeitungsanlage diskutiert werden.

2. Die bekannteste Problemlösungstechnik ist das Brainstorming mit den Varianten Methode 635, CBN-Methode, Synektik und morphologische Analyse.

a) Beim **Brainstorming** handelt es sich um eine gemeinsame Ideenfindung für ein vorgegebenes Problem unter der Leitung eines Moderators. Dabei sind eine gewisse Abfolge sowie bestimmte Regeln unbedingt einzuhalten.

In der Vorbereitungsphase werden fünf bis zehn Personen ausgewählt, die aus möglichst unterschiedlichen Arbeitsbereichen kommen sollen. Die Durchführungsphase dauert 15 bis 30 Minuten. Der Moderator muß ständig darauf achten, daß folgende Regeln beachtet werden:

- keine Kritik durch die Teilnehmer;
- Quantität der geäußerten Ideen geht vor Qualität;
- Aufnahme und Fortführung fremder Ideen ist erlaubt.

In der Auswertungsphase werden die vom Moderator festgehaltenen Ideen klassifiziert, bewertet und als mögliche Problemlösungen bekanntgegeben. Das Brainstorming hat sich auf vielfältigen Gebieten wie z. B. bei der Neuentwicklung von Produkten sowie bei der Lösung technischer und verwaltungsmäßiger Probleme bewährt.

b) Die Besonderheit der **Methode 635** ist darin zu sehen, daß die Ideen nicht wie beim Brainstorming in akustischer, sondern in schriftlicher Form zum Ausdruck gebracht werden. Dabei zeigt sich als Vorteil, daß vorgebrachte Ideen eine weitere systematische Vertiefung erfahren. Die erforderliche Gruppe besteht aus **sechs** heterogen zusammengesetzten Teilnehmern, von denen jeder **drei** Ideen auf einem Blatt Papier festhält, das in einer vorgegebenen Reihenfolge **fünf**mal weitergegeben wird. Dabei soll jedes Blatt um bis zu drei weitere Vorschläge, möglichst in Anlehnung an die vorgegebenen Ideen, ergänzt werden. Je nach dem Schwierigkeitsgrad des Problems sind mehrere Runden möglich.

c) Die **CNB-Methode** (Collective Notebook) verzichtet auf ein gemeinsames Zusammentreffen der Gruppenmitglieder und erweitert den Ideenfindungsprozeß auf mehrere Tage bzw. Wochen. Der Moderator legt dazu eine schriftliche Unterlage in Buchform an, die das Problem sowie die Aufforderung enthält, alle Ideen niederzuschreiben, zu versuchen, das Problem neu zu definieren und auf bereits bekannte Lösungsansätze hinzuweisen. Nach Ablauf der vorgegebenen Frist ermittelt jedes Gruppenmitglied im CNB die beste Idee zum Problem und gibt Vorschläge zur weiteren Vorgehensweise. Die CNB-Methode hat sich besonders als Vorphase von komplexen Planungsprozessen bewährt.

d) Bei der **Synektik** (Zusammenfügen) handelt es sich um den Versuch, die im Unterbewußtsein ablaufenden Denkprozesse nachzuahmen, um durch einen Analogieschluß Problemlösungen zu finden. Im Mittelpunkt steht dabei die Fähigkeit, das Problem durch Übertragung in andere Bereiche zu verfremden. So kann z. B. bei der Suche nach aerodynamischen Lösungen in der Luftfahrtindustrie auf analoge Lösungen in der Natur bei Vögeln oder fliegenden Insekten zurückgegriffen werden.

e) Ziel der **morphologischen Analyse** ist die Ableitung aller möglichen Lösungen eines komplexen Problems. Dazu bedarf es der Ermittlung aller Einflußgrößen auf das Problem und deren Ausprägungen, einer Zusammenstellung, Analyse und Bewertung der möglichen Lösungen in einer morphologischen Matrix sowie der Auswahl der besten Lösung. Im Mittelpunkt steht dabei die Matrix, die in der Senkrechten die Einflußgrößen wie z. B. Seminarziel, Lehrstoffe, Seminarstil und in der Waagerechten die Ausprägungen wie Aus- oder Weiterbildung, Kalkulationsverfahren oder Kreativitätstechniken bzw. Vortrag oder Diskussion enthält, wenn es um die Gestaltung von Bildungsmaßnahmen geht. Je nach dem Bildungsziel werden dann entsprechende Kombinationen ausgewählt.

II. Managementsysteme

Die Managementsysteme dienen der Realisierung derivativer Führungsaufgaben. Sie stellen methodische Empfehlungen für die Gestaltung von Teilsystemen und die Steuerung von Teilprozessen im Rahmen der Unternehmensführung dar. Das Schwergewicht der auch als „Management by-Prinzipien" bezeichneten Verfahren liegt im Bereich der sachrationalen Führungsfunktionen.

1. Entscheiden im Ausnahmefall (Management by Exception)

Die Anwendung dieses Managementprinzips beruht auf dem Tatbestand, daß die jeweils nächst höhere Hierarchieebene über alle Entscheidungen der Aktionseinheiten zu informieren ist. Solange die gemeldeten Kontrollergebnisse keine wesentlichen Abweichungen bzw. kein Auftauchen neuer Problembereiche aufzeigen, besteht für die zuständigen Führungskräfte keine Veranlassung, in die laufenden Handlungs- und Entscheidungsprozesse der Mitarbeiter einzugreifen. Damit werden einerseits die Freiräume auf unteren Ebenen im Sinne einer umfassenden Delegation verstärkt und andererseits die höheren Ebenen von Routinevorgängen entlastet. Eine Rückdelegation erfolgt nur im Ausnahmefall und macht dann eine Entscheidung der zuständigen Führungskraft erforderlich.

Wesentliche Voraussetzungen für das Funktionieren des Management by Exception sind klar abgegrenzte Aufgaben und Entscheidungsbereiche, eindeutige Definitionen der Ausnahmefälle und entsprechende Regelungen des Informationsablaufes. Da überwiegend nur die negativen Abweichungen Reaktionen auslösen, sind hemmende Wirkungen auf die Initiative und Leistungsbereitschaft der Mitarbeiter möglich.

2. Kommunikationssystem (Management by Communication)

Die informationelle Verbindung der Aktionsträger innerhalb und zwischen den Aktionsbereichen erfolgt mit Hilfe eines Kommunikationssystems. Im Mittelpunkt steht die Gewinnung, Verarbeitung und Übertragung von Nachrichten. Dazu werden geeignete technische Hilfsmittel eingesetzt, deren wichtigste Ausprägung **elektronische Datenverarbeitungsanlagen** (EDV) sind. Der Verarbeitungsablauf erfolgt nach dem EVA-Prinzip. Die jeweiligen Daten werden in der Reihenfolge **E**ingabe, **V**erarbeitung und **A**usgabe verwertet. Die wesentlichen Komponenten eines solchen Informationssystems sind die **Hardware** und die **Software**. Das Hauptelement der Hardware bildet die Zentraleinheit als Steuerwerk, Rechenwerk und Speicher (Computer), der je nach seiner Kapazität einen entsprechenden Umfang an Daten aufnehmen und verarbeiten kann. Weitere technische Bestandteile sind die Eingabe- und Ausgabeeinheiten z. B. in Form einer Schreibmaschine bzw. eines Druckers. Das mechanisch-elektronische Gesamtsystem wird mit Hilfe der Software in Funktion gesetzt. Darunter sind die System- und Anwendungs-**Programme** zu verstehen, die eine vollständige Anweisung zur Lösung einer Aufgabe darstellen. Die Einsatz- und Verwendungsmöglichkeiten der EDV im Betrieb sind von kaum abgrenzbarer Vielfalt.

Computergesteuerte Informationssysteme bilden den Kern des angestrebten **Management-Informationssystems** (MIS), das in seiner vollkommenen Ausprägung auf horizontaler Ebene die einzelnen Funktionsbereiche und auf vertikaler Ebene die jeweiligen Führungs- und Ausführungsbereiche nachrichtenmäßig miteinander verbindet. In der Praxis einsetzbare Lösungen gibt es bisher nur in Teilbereichen wie insbesondere in der Fertigung und dabei wiederum vorwiegend auf der ausführenden und unteren Führungsebene.

Die Aufgabe eines Kommunikationssystems liegt vor allem in der Übertragung von Informationen. Da letztlich der Nachrichtenaustausch zwischen Menschen innerhalb eines Unternehmens sowie zur Umwelt im Vordergrund steht, kann auch von einem umfassenden **Human-Kommunikationssystem** (HKS) gesprochen werden, in dem die computergestützte Datenverarbeitungsanlage sowie das Management-Informationssystem wesentliche Bestandteile darstellen.

Bei der Entwicklung eines Human-Kommunikationssystems müssen nachfolgende Fragen gestellt und beantwortet werden:
- Wozu ist eine Information erforderlich?
- Wer benötigt die Information?
- Wann muß die Information vorliegen?
- Was soll die Information beinhalten?

Nach der Klärung dieser Fragen läßt sich festlegen, **wie** die Übermittlung der Nachrichten zu erfolgen hat. Ein Kommunikationssystem besteht generell aus einer Vielzahl von Übertragungsformen und Elementen. Zu ihnen zählen Briefe, Protokolle, Zeitungen, Berichte, Telefone, Fernschreiber, Terminals, Kopien, Rohrpost, Versammlungen usw.

Wesentliche Gestaltungskriterien beim Aufbau von Kommunikationssystemen sind die Stabilität und Elastizität. Dabei geht es um Lösungsversuche für die Konfliktsituation zwischen einem Höchstmaß an gebundener Kommunikation zur dauernden Verfestigung und einem Höchstmaß an freier Kommunikation zwecks kurzfristiger Anpassungsfähigkeit an Veränderungen im Informationsbedarf. Als wesentlicher Einflußfaktor ist stets auch die Zeitkomponente zu beachten, da überholte Informationen wertlos sind.

3. Planungssystem (Management by Planning)

a) Strukturierung der Unternehmensplanung

Beim Aufbau eines Systems der integrierten Unternehmensgesamtplanung ist zunächst die grundlegende Strukturierung festzulegen. In der Praxis werden dazu regelmäßig mehrere Einteilungskriterien gleichzeitig herangezogen. Im wesentlichen sind dies der Planungsgegenstand, der Planungsinhalt und der Planungszeitraum.

Als Planungsgegenstand dienen überwiegend die Funktionsbereiche wie Beschaffung, Produktion, Absatz usw. Die Vielzahl der dabei entstehenden Teilplanungen kann in die zwei Gruppen der Aktivitätenplanungen und Ergebnisplanungen zusammengefaßt werden, wobei die Ergebnisse letztlich stets aus den Aktivitäten resultieren. Als Planungsinhalte kommen strategische und operative Vorstellungen zum Ansatz, während die Planungszeiträume kurz-, mittel- und langfristig sein können. Planungsinhalte und Planungszeiträume lassen sich zu einem Kriterium zusammenfassen, da strategische Überlegungen zeitlich nicht konkret begrenzt und operative Planungen meist kurz- und mittelfristiger Art sind.

Im Rahmen der Unternehmensgesamtplanung lassen sich folgende Aktivitäten bzw. Erfolgs- und Bestandsgrößen in Teilplänen erfassen:

- die **Vertriebsplanung** enthält Aussagen über Auftragseingänge und Umsätze, jeweils differenziert nach Produkten, Regionen usw. sowie über Werbemaßnahmen;
- die **Forschungs- und Entwicklungsplanung** zeigt Neuentwicklungen und differenziert zwischen der Grundlagenforschung (losgelöst von Aufträgen), der Zweckforschung (im Rahmen bestehender Aufträge) und dem Konstruktionsaufwand (für abzuwickelnde Aufträge);

Planungsinhalte/ Planungszeiträume — Planungsbereiche	Operative Planung		Strategische Planung zeitlich offen
	Kurzfristige Planung	Mittelfristige Planung	
Aktivitätenplanungen – Vertriebsplanung – Forschungs- und Entwicklungsplanung – Produktionsplanung – Beschaffungs- u. Lagerplanung – Personalplanung – Investitionsplanung – Finanzplanung **Ergebnisplanungen** – G + V-Planung – Bilanzplanung			

← Horizontale Integration

↓ Vertikale Integration

Unternehmensgesamtplanung

Abb. 31 Struktur einer Integrierten Unternehmensgesamtplanung

- die **Produktionsplanung** beinhaltet Aussagen zum Fertigungsprogramm sowie zum Bedarf an Kapazitäten in Form von Maschinen, Personal und Material;
- die **Beschaffungs- und Lagerplanung** beschäftigt sich mit der externen und der internen Bereitstellung von Materialien, Maschinen und Fertigprodukten;
- die **Personal-, Investitions- und Finanzplanung** ermitteln den jeweiligen Gesamtbedarf des Unternehmens;
- die Auswertung der Aktivitätenplanung führt durch Gegenüberstellung der **voraussichtlichen** Aufwendungen und Erträge in der **Gewinn- und Verlustrechnung** bzw. durch Vergleich der **geplanten** Aktiva und Passiva in der **Bilanz** zum Planergebnis.

In Bezug auf den inhaltlichen/zeitlichen Aspekt lassen sich zu allen Aktivitäten über den gesamten Planungshorizont Aussagen machen. Lediglich für die Ergebnisplanungen erscheint es aufgrund der zu hohen Unsicherheiten wenig sinnvoll, langfristige Prognosen zu entwickeln.

b) Integration der Teilplanungen

Die Unternehmensgesamtplanung besteht aus einer mehr oder weniger großen Anzahl von Teilplanungen, die durch eine **widerspruchsfreie Verknüpfung** zu einem Gesamtsystem zu verbinden sind. Eine solchermaßen integrierte Planung entsteht nicht durch reine Addition. Vielmehr sind die innerhalb der Teilbereiche wie vor allem auch die zwischen den Teilplanungen vorliegenden Wirkungszusammenhänge aufzudecken und zu berücksichtigen. Zu wenig abgestimmte bzw. isolierte Teilplanungen können für ein Unternehmen im Extremfall bis zur Existenzbedrohung führen, wenn z. B. im Produktionsbereich eine Kapazitätserweiterung um 20 Prozent eingeleitet wird, die weder absatz- noch finanzierungsmäßig realisierbar ist.

Der Vorgang der Integration vollzieht sich auf den beiden Ebenen der **Gegenstandsintegration** bzw. der **Inhalts-/Zeitintegration**. Bei der Abstimmung der jeweiligen Planungsgegenstände handelt es sich um die Verknüpfung zwischen den Planungsbereichen Beschaffung, Produktion, Absatz usw. Darüber hinaus muß jedoch auch eine Widerspruchsfreiheit zwischen den strategischen und operativen Planungen im Sinne einer inhaltlichen bzw. zeitlichen Integration erreicht werden.

Als **Methoden** zur Planungsintegration stehen das Simultanverfahren, das Sukzessivverfahren und das Koordinationsverfahren zur Verfügung.

Das **Simultanverfahren** geht davon aus, die Widerspruchsfreiheit durch ein gleichzeitiges (simultanes) Vorgehen in der Entstehungsphase der Planung unter Berücksichtigung aller Wechselwirkungen zu erreichen. Die strategischen und operativen Planungen sowie innerhalb dieser die jeweiligen Teilplanungen sind unter permanenter Berücksichtigung aller gegenseitigen Einflußmöglichkeiten zur gleichen Zeit zu beginnen und abzuschließen. Damit ermöglicht das Simultanverfahren zweifellos die höchste Form der Integration. Es ist jedoch in der Praxis bisher kaum anwendbar, da es theoretisch noch nicht ausreichend entwickelt bzw. nur mit unverhältnismäßigem Aufwand einsetzbar ist. Erste Verwendungsmöglichkeiten sind bisher auf einzelne Teilbereiche wie insbesondere die Fertigung begrenzt.

Das **Sukzessivverfahren** ist dadurch gekennzeichnet, daß die Widerspruchsfreiheit in aufeinanderfolgenden (sukzessiven) Schritten erreicht wird. Dabei entsteht die Frage nach der jeweiligen Primärplanung. Auf der Ebene der Planungsgegenstände ist es der **Engpaßbereich**, der als Teilplanungsgebiet an erster Stelle stehen muß, da die Folgeplanungen auf die engsten Restriktionen im Unternehmen einzustellen sind. Aus der

Sicht der Planungsinhalte ist dies dagegen die **strategische Planung** mit dem regelmäßig längsten Zeithorizont, die die operativen Planungen dominieren muß, um die langfristig angestrebte Unternehmenspolitik durchzusetzen. Das Sukzessivverfahren erreicht sicherlich nicht die Qualität des Simultanverfahrens, hat jedoch den großen Vorteil der Praktikabilität.

Das **Koordinationsverfahren** geht davon aus, daß die Teilplanungen zunächst in isolierter Form entstehen. Erkennbare wesentliche Abweichungen werden dann durch Einzeländerungen aufeinander abgestimmt (koordiniert). Damit wird nur eine formale Widerspruchsfreiheit erzielt, die in der Praxis dann ausreichend sein kann, wenn bereits vor Beginn der Planung die wichtigsten Abhängigkeiten bekannt sind, was in der Regel bei überschaubaren Betriebsgrößen der Fall ist.

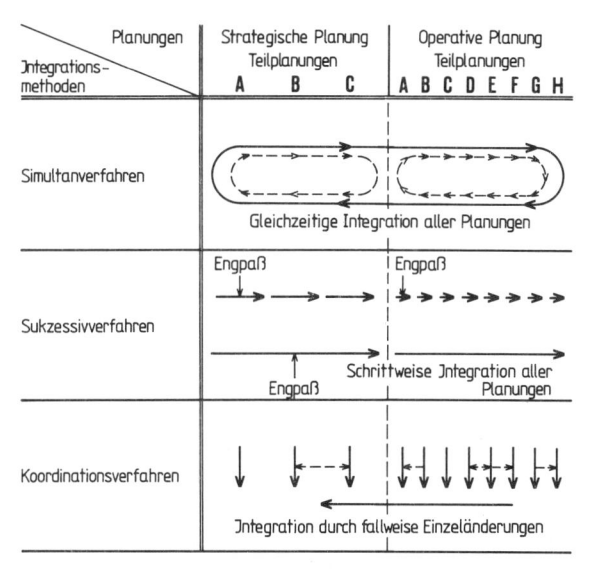

Abb. 32 Integrationsmöglichkeiten bei der Unternehmensplanung

c) Wirkungen der integrierten Unternehmensplanung

Insbesondere auch in Zeiten verstärkter dynamischer Entwicklung und hohen Unsicherheiten ermöglicht ein integriertes Planungssystem eine vergleichsweise homogene Entwicklung des Unternehmens. Diese beruht im wesentlichen auf dem von Gutenberg erkannten **Ausgleichsgesetz der Planung**. Danach reguliert kurzfristig der Engpaßbereich die Gesamtplanung, langfristig wird der Engpaß seinerseits an das Niveau der übrigen Teilbereiche herangeführt bzw. die übrigen Teilbereiche werden dem Engpaß angenähert. Dies führt generell zu einem Wachstum bzw. zur Schrumpfung. Innerhalb des Unternehmens können damit die Entwicklungsunterschiede zwischen den Teilbereichen auf Dauer minimiert werden. Gegenüber erkennbaren Einflüssen von außen besteht die Möglichkeit, sich rechtzeitig darauf einzustellen und Überraschungen zu vermeiden.

d) Formale Aspekte der Planung

Ausgangspunkt für die Durchführung einer integrierten Unternehmensplanung ist die Festlegung der Planungsbreite und -tiefe. Grundsätzlich sind alle Teilbereiche des Unternehmens der Planung zu unterziehen. Bezüglich der Tiefe sollten alle Führungs- und die wesentlichen Ausführungsebenen geplant werden. Außerdem sind die Planungstermine eindeutig zu bestimmen. Alle diese Regelungen lassen sich in einem Planungshandbuch mit entsprechenden Definitionen und Formularen fixieren.

Die wichtigsten **Gestaltungskriterien** der Planung sind:

- größtmögliche Elastizität; ständige Anpassungsfähigkeit an veränderte Ausgangsbedingungen;
- ausreichende Genauigkeit und Vollständigkeit; Vermeidung einer Über- bzw. Unterplanung;
- Kontinuität; Planung als Daueraufgabe, nicht als einmaliger Vorgang;
- Wirtschaftlichkeit; Planung nicht als Selbstzweck, sondern als Mittel zur bestmöglichen Erreichung der Unternehmensziele;
- System der rollenden Planung; am Ende eines Planjahres wird nicht die gesamte Planung neu erstellt; vielmehr scheidet nur das abgelaufene Jahr aus und an das bisher letzte Jahr im Planungshorizont wird ein weiteres Planjahr angehängt; die verbleibenden Planjahre werden, soweit erforderlich, einer Überarbeitung unterzogen.

Als wesentliche **strategische Instrumente** für die Erstellung einer integrierten Unternehmensgesamtplanung gelten die Potentialanalyse und die Portfoliokonzeption.

Die **Potentialanalyse** soll die zukünftigen Erfolgspotentiale eines Unternehmens aufdecken. Dazu sind zunächst die in der Vergangenheit erzielten Erfolge und Mißerfolge zu erfassen sowie danach die zukünftigen internen und externen Stärken und Schwächen aufzusuchen. Im weiteren Verlauf werden nur noch die absehbaren Stärken des Unternehmens verfolgt. Dazu wird die Potentialanalyse durchgeführt, um die wichtigsten zukünftigen Gewinnchancen offen zu legen. Diese konkretisieren sich in Erfolgsfaktoren wie z.B. Marktanteilen, Investitionsintensität, Innovationskraft usw. Als Schlüsselgrößen müssen diese zur Sichtbarmachung der Potentiale bewertet werden. Dazu läßt sich eine Skalierung verwenden, die z.B. von $+3$ über 0 bis zu -3 reicht. Die Orientierung erfolgt an der Position 0, die der stärkste Wettbewerber einnimmt. Die eigene Position wird dann bei Überlegenheit mit höchstens $+3$, bei Unterlegenheit mit höchstens -3 dargestellt. Die Verbindung der Skalenwerte der einzelnen Positionen ergibt das Stärkenprofil des Unternehmens, wobei die negative Seite die verstärkt nutzbaren Potentiale zeigt.

Die **Portfolio-Konzeption** wurde ursprünglich im Bankwesen zum erfolgreichen Aufbau von Wertpapierdepots entwickelt. Dazu müssen verschiedene Vermögenswerte so kombiniert werden, daß ein gegebenes Kapital (Portefeuille) bei vertretbarem Risiko eine angemessene Rendite erbringt. Bei einer Übertragung dieses Gestaltungsansatzes auf ein Unternehmen ändern sich lediglich die Elemente des Portfolios. Die Wertpapiere bzw. Vermögenswerte werden ersetzt durch die Geschäftsfelder im Sinne zukünftiger Problemlösungen bzw. Produkte. Die Zielformulierung lautet dann, jeweils eine solche Kombination von Geschäftsfeldeinheiten bzw. Produkten zusammenzustellen, mit deren Hilfe die strategischen Ziele des Unternehmens bei einem gegebenen Risiko bestmöglich erreicht werden können.

Die formale Darstellung des Portfolios beruht auf der Matrix. Die Grundform ist das Vier-Felder-Portfolio.

3. Kapitel: Gestaltung der Unternehmensführung

Das **Vier-Felder-Portfolio** basiert auf einer Matrix, deren Hauptachsen das Marktwachstum bzw. den Marktanteil beschreiben. Sie stellen jeweils wesentliche Erfolgspotentiale dar. Die Untergliederung der Achsen erfolgt nach den Merkmalen „hoch" und „niedrig". Daraus ergeben sich vier Matrixfelder, innerhalb welcher die Elemente des Portfolios in Form von strategischen Geschäftseinheiten (SGE) bzw. Produkten einordenbar sind.

Zur allgemeinen Charakterisierung der Matrixfelder und damit zur Positionierung der Portfolio-Elemente dienen die **Lebenszykluskurve** sowie die Kostenerfahrungskurve. Erstere beschreibt den voraussichtlichen Verlauf des Absatzes bzw. Umsatzes eines Produktes in Form der Einführungs-, Wachstums-, Reife-, Sättigungs- und Degenerationsphase.

Die **Kostenerfahrungskurve** sagt aus, daß nach allgemeiner Erfahrung die Stückkosten eines Produktes um ca. 20 bis 30% zurückgehen, sobald sich die kumulierte Produktionsmenge verdoppelt. Daraus ergeben sich auch Erkenntnisse für eine entsprechende Preisentwicklung.

Marktwachstum		
hoch	1. Feld Nachwuchs- produkte	2. Feld Star- produkte
niedrig	4. Feld Cinderellas Problem- produkte Schrott	3. Feld Cash- Produkte
	niedrig	hoch → Relativer Marktanteil

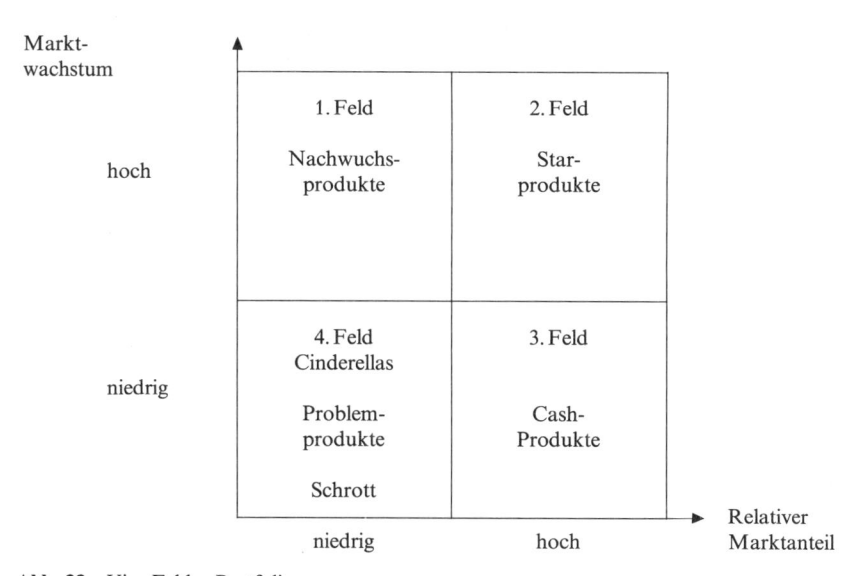

Abb. 33 Vier-Felder-Portfolio

„Die Vier-Felder-Matrix beinhaltet folgende Aussagen:

1. Feld: hohes allgemeines Marktwachstum bei gleichzeitig niedrigem speziellem Marktanteil; entsprechend dem Lebenszyklus nimmt dieses Feld alle strategischen Einheiten auf, die sich bei zunächst geringem eigenen Marktanteil in einem Markt mit allgemein hohem Wachstum befinden; diese Situation trifft für **Nachwuchsprodukte** zu; sie benötigen hohe finanzielle Mittel und erwirtschaften hohe Renditen;

2. Feld: hohes allgemeines Marktwachstum bei gleichzeitig hohem speziellem Marktanteil; entsprechend dem Lebenszyklus nimmt dieses Feld alle strategischen Einheiten auf, die sich bei hohem eigenen Marktanteil in einem Markt mit allgemein hohem Wachstum befinden; diese Situation trifft für **Starprodukte** zu; sie benötigen finanzielle Mittel und erwirtschaften überdurchschnittliche Renditen;

3. Feld: niedriges allgemeines Marktwachstum bei gleichzeitig hohem speziellem Marktanteil; entsprechend dem Lebenszyklus nimmt dieses Feld alle strategischen Einheiten auf, die sich bei hohem eigenem Marktanteil in einem Markt mit allgemein niedrigem Wachstum befinden; diese Situation trifft für **Cash-Produkte** zu; sie erwirtschaften hohe finanzielle Mittel bei rückläufigen Renditen.

4. Feld: niedriges allgemeines Marktwachstum bei gleichzeitig niedrigem speziellem Marktanteil; entsprechend dem Lebenszyklus nimmt dieses Feld alle strategischen Einheiten auf, die sich bei niedrigem eigenem Marktanteil in einem Markt mit allgemein niedrigem Wachstum befinden, diese Situation trifft für **Problemprodukte** zu; sie erwirtschaften keinen finanziellen Überschuß und verursachen Verluste; dieses Feld läßt sich nochmals in einen „hoffnungsvollen" und einen „hoffnungslosen" Sektor unterteilen; zum ersteren zählen die strategischen Einheiten (Cinderellas), für die noch eine Chance besteht, in eines der drei übrigen Felder vorzustoßen; zum letzteren gehören die strategischen Einheiten (Schrott), für die nur noch das Ausscheiden aus dem Markt übrigbleibt." (Ebert, Controlling in der Praxis)

Zur Einordnung eines Portfolio-Elementes in das entsprechende Matrixfeld müssen zunächst sein relativer Marktanteil sowie sein relatives Marktwachstum bestimmt werden. Die Bewertung erfolgt nach folgenden Formeln:

Relativer Marktanteil:

$$\frac{\text{eigener absoluter Marktanteil}}{\text{absoluter Marktanteil des/der größten Konkurrenten}} \cdot 100 = X\%$$

Relatives Marktwachstum:

$$\frac{\text{zusätzliches reales Marktvolumen im zukünftigen Zeitraum}}{\text{gegebenes reales Marktwachstum im abgelaufenen Zeitraum}} \cdot 100 = X\%$$

Die relative Bedeutung eines Portfolioelementes an der Gesamtzahl der SGE wird durch den Anteil seines Umsatzes bzw. Deckungsbeitrags am gesamten Umsatz bzw. Deckungsbeitrag des Unternehmens gemessen:

Relative Bedeutung einer strategischen Einheit:

$$\frac{\text{Umsatz/Deckungsbeitrag der strategischen Einheit pro Zeiteinheit}}{\text{Summe Umsatz/Deckungsbeitrag aller strategischen Einheiten pro Zeiteinheit}} = \text{Dezimalwert}$$

Die Positionierung erfolgt dann mit Hilfe von Kreissymbolen, deren Umfang nach folgender Formel berechnet wird:

Gesamtdurchmesser für alle strategischen Einheiten   dezimaler Anteil je strategischer Einheit
= Kreisdurchmesser je strategischer Einheit.

Mit der Anwendung des Portfoliokonzepts sollen letztlich Marktstrategien entwickelt werden. Dazu wird ein vergangenheitsbezogenes Ist-Portfolio einem zukunftsbezogenen Soll-Portfolio gegenüber gestellt. Immer dann, wenn zwischen der Ist-Position und der Soll-Position eines Portfolioelementes keine Deckungsgleichheit besteht, muß eine entsprechende Strategie z.B. in Form einer Wachstums-, Halte- oder Schrumpfungsstrategie entwickelt werden.

Gesamtdurchmesser für alle strategischen Einheiten · dezimaler Anteil je strate
= Kreisdurchmesser je strategischer Einheit.

Das Basiskonzept der Portfolioanalyse läßt sich in formaler wie inhaltlicher Art erweitern.

Die Verfeinerung der Skalierung in „hoch", „mittel" und „niedrig" führt zum **Neun-Felder-Portfolio**. Die Kennzeichnung der Achsen mit mehrdimensionalen Erfolgsfaktoren wie z.B. Marktattraktivität bzw. relative Wettbewerbsvorteile führt im Neun-Felder-Portfolio zu wesentlich differenzierteren Aussagen. Darüber hinaus ist die Portfoliokonzeption nicht mehr nur auf die Absatzseite begrenzt. Auch in anderen Funktionsbereichen wie z.B. in der Beschaffung oder im Finanzbereich können mit dieser Methode Strategien entwickelt werden.

4. Organisationssystem (Management by Organization)

a) Strukturierungsprinzipien der Unternehmensorganisation

Die Entwicklung eines funktionsfähigen Organisationssystems basiert auf einer Kombination differenzierter Strukturierungsprinzipien. Die beiden wesentlichen Gestaltungsmöglichkeiten beruhen auf dem Gegenstand der Organisation bzw. auf der Beziehung zwischen den Leitungsebenen.

aa) Gegenstand der Organisation

Wird der Gegenstand der Organisation als Strukturierungsmerkmal herangezogen, so kann zwischen dem Verrichtungs- und dem Objektprinzip unterschieden werden.

Beim **Verrichtungsprinzip** erfolgt die Aufteilung der betrieblichen Gesamtaufgabe in mehrere gleichartige Verrichtungen, die jeweils zu einer Teilaufgabe abgegrenzt und einer organisatorischen Aktionseinheit übertragen werden. Danach ergibt sich z.B. eine Einteilung in Beschaffung, Fertigung, Absatz und Verwaltung. Grundgedanke der verrichtungsorientierten Gliederung ist die Verwirklichung der Vorteile der funktionalen Spezialisierung. Sie hat ein hohes Maß an Interdependenzen zwischen den einzelnen Teilbereichen und damit einen entsprechenden Koordinationsaufwand zur Folge. Die Verrichtungsorganisation eignet sich vor allem bei homogenen Produktionsprogrammen.

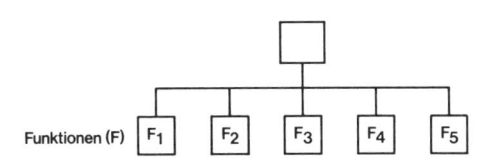

Abb. 34 Gliederung nach dem Verrichtungsprinzip

Das **Objektprinzip** geht davon aus, den betrieblichen Aufgabenkomplex nach gleichartigen Objekten in Teilbereiche aufzugliedern. Dabei können Aufträge, Produkte, Produktgruppen, Verkaufsregionen usw. als Objekte verstanden werden. Grundgedanke dieser Strukturierung ist die Verwirklichung der objektorientierten Spezialisierung. Sie bewirkt ein hohes Maß an Isolierung zwischen den einzelnen Teilbereichen und erfordert daher spezifische Koordinationsmaßnahmen. Die Objektorganisation eignet sich vor allem bei heterogenen Produktionsprogrammen.

Zu beachten ist, daß sowohl beim Verrichtungs- wie beim Objektprinzip jeweils nur die **beiden obersten** hierarchischen Ebenen in die Betrachtung einbezogen werden. Auf

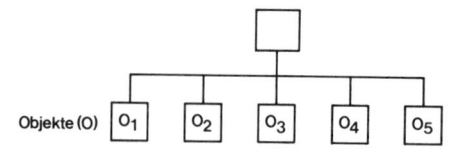

Abb. 35 Gliederung nach dem Objektprinzip

den nachfolgenden Stufen können bei der verrichtungsorientierten Organisation auch objektmäßige bzw. bei der objektorientierten Organisation auch verrichtungsmäßige Gliederungen erfolgen. Beide Prinzipien erfahren keine Veränderung, wenn einzelnen Entscheidungsinstanzen Stäbe mit Beratungsfunktion, aber ohne Anweisungsbefugnis in der Linie angehängt werden.

bb) Leitungsbeziehungen

Die Leitungsbeziehungen beschreiben das autoritätsbegründete Zusammenwirken zwischen unterschiedlichen hierarchischen Ebenen, das nach dem Einlinien- bzw. nach dem Mehrlinienprinzip geregelt werden kann.

Das **Einlinienprinzip** beruht auf dem Grundgedanken, daß eine untergeordnete Stelle jeweils nur mit **einer** übergeordneten Stelle leitungsgemäß verbunden ist (Einfachunterstellung). Zwischen zwei Aktionseinheiten auf verschiedenen hierarchischen Ebenen liegt dann immer nur eine Anweisungslinie vor. Dieser Tatbestand wird als „Einheit der Auftragserteilung und des Auftragsempfangs" (Ulrich) bezeichnet. Als Vorteile ergeben sich die Eindeutigkeit der Kompetenzbereiche und die Durchsichtigkeit der Unterstellungverhältnisse. Nachteilig wirken sich die Umständlichkeit und die Starrheit der Instanzenwege und die daraus resultierende Belastung der Zwischeninstanzen aus.

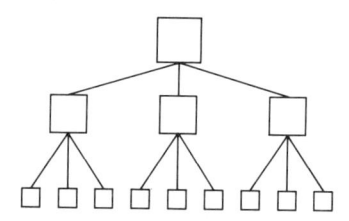

Abb. 36 Gliederung nach dem Einlinienprinzip

Das **Mehrlinienprinzip** unterstellt eine untergeordnete Stelle jeweils gleichzeitig **mehreren** übergeordneten Stellen (Mehrfachunterstellung). Die unterstellte Aktionseinheit ist damit über mehrere Anweisungslinien mit verschiedenen übergeordneten Aktionseinheiten verbunden. Die Einheit der Aufgabenerteilung wird abgelöst durch die Mehrheit der Aufgabenerteilung, während die Einheit des Aufgabenempfanges erhalten bleibt. Der Grundgedanke ist die Aufteilung der Weisungsbefugnisse im Sinne einer Spezialisierung auf verschiedene Anordnungsbefugte und die Durchsetzung des „Prinzips des kürzesten Weges". Den damit verbundenen Vorteilen im Sinne einer größeren Flexibilität und Entlastung der übergeordneten Instanzen stehen als Nachteile das Problem der Kompetenzabgrenzung und die Gefahr von Weisungskonflikten gegenüber.

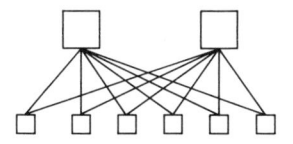

3. Kapitel: Gestaltung der Unternehmensführung 139

Abb. 37 Gliederung nach dem Mehrlinienprinzip

b) Praxisrelevante Organisationssysteme

Die Gegenüberstellung der gegenstands- und leitungsorientierten Strukturierungsprinzipien zeigt eine Vielfalt von Kombinationsmöglichkeiten, die für die praktische Organisationsgestaltung vor allem in Abhängigkeit von der Betriebsgröße und dem Produktionsprogramm bzw. Verkaufssortiment unterschiedliche Bedeutung haben.

Leitungs-beziehungen \ Gegenstands-orientierte Prinzipien	Verrichtungsprinzip	Objektprinzip
Einlinienprinzip	Funktionalorganisation mit Einfachunterstellung	Spartenorganisation mit Einfachunterstellung
Mehrlinienprinzip	Funktionalorganisation mit Mehrfachunterstellung	Spartenorganisation mit Mehrfachunterstellung
	Matrixorganisation	

Abb. 38 Praxisrelevante Organisationssysteme

Wie die obige Übersicht zeigt, ergeben sich aus der Sicht des Organisationsgegenstandes

- Funktionsorganisationssysteme
- Spartenorganisationssysteme und
- Matrixorganisationssysteme.

Bezüglich der Leitungsbeziehungen lassen sich Organisationssysteme mit

- Einfachunterstellung und
- Mehrfachunterstellung

unterscheiden.

aa) Gegenstandorientierte Organisationssysteme

Das traditionelle Organisationskonzept ist die **Funktionalorganisation**. Dieses System wird in der Literatur wie in der Praxis auch mit den Begriffen „Funktionale Stab-Linienorganisation", „Stab-Linienorganisation" bzw. „Funktionale Organisation"[1] be-

---
[1]) Linien- und Funktional-Organisation unterscheiden sich dann nur durch Einfach- bzw. Mehrfachunterstellung.

zeichnet. Es handelt sich dabei um eine verrichtungsorientierte Struktur, die sich generell für Unternehmen mit vergleichsweise homogenen Produktions- und Verkaufsprogrammen eignet. Ihr Hauptproblem liegt in der Tendenz einer starken Verselbständigung und damit Abgrenzung der einzelnen Funktionsbereiche untereinander, die ein gemeinsames Vorgehen mit einheitlicher Zielorientierung erschweren.

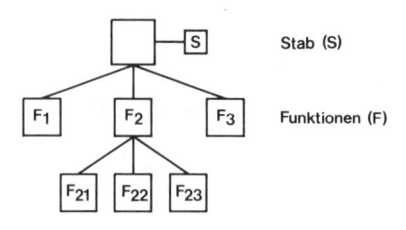

Abb. 39 Funktionalorganisation mit Einfachunterstellung

Die **Spartenorganisation** ist ein objektorientiertes Organisationssystem, das auch unter den Bezeichnungen „divisionalisierte Organisation" bzw. als „Divisionsorganisation" bekannt wurde. Sie entstand als Folge der zunehmenden Diversifikation der Unternehmungen. Die daraus resultierenden heterogenen Produktionsprogramme werden in homogene, überschaubare und einheitlich gestaltbare Unternehmensbereiche aufgeteilt. Die erforderliche weitgehende Entscheidungskompetenz der Divisionsmanager wird diesen durch die Gewinnverantwortung im Rahmen des Konzeptes eines „profit-centers" übertragen. Der Gefahr einer zu starken Verselbständigung der Sparten und damit einer mangelnden Koordination läßt sich mit entsprechenden Steuerungs- und Kontrollinstrumenten vor allem auf der Grundlage des Return-on-Investment-Konzepts bzw. mit innerbetrieblichen Transferpreisen begegnen. Zur Beratung der Divisionsmanager und zur Durchführung spartenübergreifender Aufgaben können ergänzend funktionsübergreifende Zentralabteilungen eingerichtet werden.

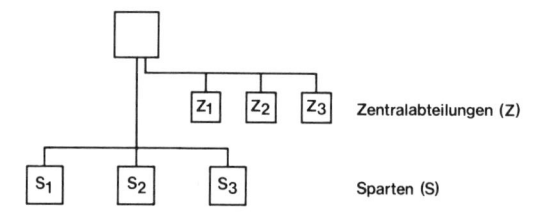

Abb. 40 Spartenorganisation mit Einfachunterstellung

Die **Matrix-Organisation** gilt als Versuch, die Vorteile der Funktional- und Spartenorganisation miteinander zu verbinden und die in beiden Strukturen vorhandenen Koordinationsprobleme einer neuen Lösung zuzuführen. Dazu wird eine funktionsorientierte, vertikal strukturierte Organisationsform durch eine projekt-[1] bzw. produktorientierte, horizontal strukturierte Organisationsform überlagert. Dadurch ent-

---

[1]) Projekte sind komplexe, zeitlich eindeutig fixierte Aufgabenstellungen wie z.B. die Einführung einer EDV-Anlage.

steht formal das Bild einer Matrix, in der die „Gesamtschau in bezug auf ein bestimmtes Produkt mit den Spezialkenntnissen in bezug auf die Funktionen" (Albach) kombiniert werden soll. Die wesentliche Besonderheit der Matrix-Organisation liegt in der institutionalisierten Konfrontation zwischen Objekt und Funktion, die die möglichen Konflikte offenlegt und zu ständigen Kompromissen zwingt. Die Probleme dieses Systems resultieren vor allem aus der Überschneidung zweier Kompetenzsysteme, die aus der Teilung der Autorität zwischen den Funktions- und den Projekt- bzw. Produktmanagern herrührt.

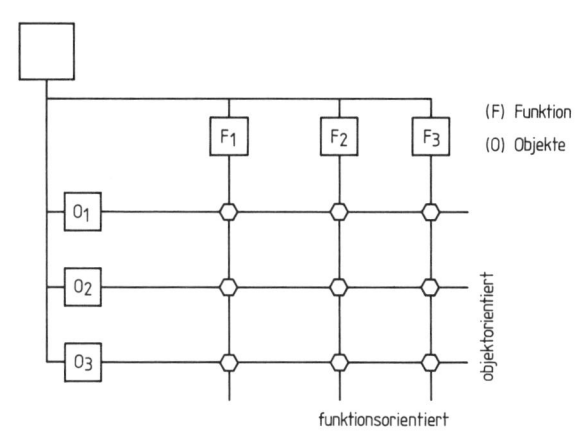

Abb. 41 Matrixorganisation

bb) Leitungsorientierte Organisationssysteme

Die **Einfachunterstellungssysteme** basieren auf der Einheit der Auftragserteilung, die **Mehrfachunterstellungssysteme** auf der Mehrheit der Auftragserteilung. Dabei ist die Matrixorganisation systembedingt ein Mehrliniensystem, da die jeweils untergeordnete Stelle stets gleichzeitig Anweisungen von mindestens einem Funktional- und einem Projekt-/Produktmanager erhält. Die Funktionalorganisation und auch die Spartenorganisation tendieren dagegen traditionell zum Einliniensystem. Insbesondere bei entsprechender Betriebsgröße mit mehreren hierarchischen Ebenen kann es jedoch vor allem auch auf der mittleren Führungsebene zu Mehrfachunterstellungen kommen.

c) Gestaltung des Organisationssystems

Die betrieblichen Vorgänge lassen sich nach dem Maß an Gleichartigkeit und periodischer Wiederholbarkeit unterscheiden. Mit abnehmender Variabilität betrieblicher Tatbestände nimmt die Tendenz zur generellen Regelung zu. Dieser Sachverhalt wird nach Gutenberg als das **Substitutionsprinzip** der Organisation bezeichnet. Es bestimmt den Umfang an formaler Organisation in Abgrenzung zu den verbleibenden fallweisen Regelungen.

Beim Aufbau und bei der Weiterentwicklung eines Organisationssystems sind in Anlehnung an Grochla/Thom folgende Gestaltungskriterien zu beachten:

- Bildung von widerspruchsfreien ziel-, kompetenz- und verantwortungsadäquaten Aktionseinheiten;
- Schaffung von Gliederungstiefen mit vertretbaren Leitungsspannen;

- Gewährleistung einer flexiblen Anpassungsfähigkeit an veränderte interne und externe Ausgangsbedingungen;
- Vermittlung einer sozialen Zufriedenheit im Sinne durchschaubarer und begreifbarer Strukturen.

Der Gesamtumfang an Aufbau- und Ablauforganisation einschließlich der jeweiligen Kompetenzen und Verantwortlichkeiten sind in einem Organisationshandbuch festzuhalten.

5. Kontroll- und Steuerungssystem (Management by Controlling)

Grundlage für die Erfüllung der Führungsaufgaben Kontrolle und Steuerung bilden die Kostenrechnung und die zu ihrer Gestaltung entwickelten Kostenrechnungssysteme. Letztere lassen sich nach zwei Kriterien einteilen. In bezug auf den Umfang der Kostenverrechnung auf die Kostenträger (Leistungen) kann zwischen Vollkosten- und Teilkostenrechnungen unterschieden werden. Je nach dem Inhalt der zum Ansatz gebrachten Kosten ergeben sich Istkosten-, Normalkosten- und Plankostenrechnungen. Daraus resultiert die nachfolgende Matrix möglicher Kostenrechnungssysteme:

Inhalt der Kosten \ Umfang der Kostenverrechnung	Vollkostenrechnung VKR	Teilkostenrechnung TKR
Istkosten IK	VKR mit IK	TKR mit IK
Normalkosten NK	VKR mit NK	TKR mit NK
Plankosten PK	VKR mit PK	TKR mit PK

Abb. 42 Kostenrechnungssysteme

Eine umfassende Kontrolle und Steuerung erfordert ein Mischsystem, in dem gleichermaßen Ist- und Plankosten zum Ansatz kommen und die Kostenarten in ihre fixen und variablen (proportionalen) Bestandteile aufgelöst werden.

Grundlage für eine wirksame **Kostenkontrolle** sind Soll/Ist-Vergleiche. Diese lassen sich mit Hilfe einer **flexiblen Plankostenrechnung** als **Vollkostenrechnung** (Vollplankostenrechnung) gewinnen. Dabei werden für einen Planbeschäftigungsgrad Basisplankosten ermittelt und in Sollkosten und verrechnete Plankosten umgerechnet. Die **Sollkosten** sind die Plankosten, die bei der tatsächlich eingetretenen Istbeschäftigung erreicht werden sollen. Die **verrechneten Plankosten** stellen die auf die tatsächlich erzeugten Leistungen kalkulierten Plankosten dar. Sie beinhalten proportionalisierte Fixkosten. Aus dem Vergleich der einzelnen Kostenkategorien lassen sich die **Gesamtabweichung** sowie die **Verbrauchs-** und **Beschäftigungsabweichung** als Teilabweichungen ableiten:

Gesamtabweichung (GAW): Istkosten ./. Verrechnete Plankosten
Verbrauchsabweichung (VAW): Istkosten ./. Sollkosten
Beschäftigungsabweichung (BAW): Sollkosten ./. Verrechnete Plankosten

3. Kapitel: Gestaltung der Unternehmensführung

Die Verbrauchsabweichung kann durch Preis- und Mengeneinflüsse verursacht sein. Um die Mengenabweichung zu isolieren, müssen die Istmengen mit Planpreisen bewertet und als „kontrollfähige Istkosten" den Sollkosten gegenübergestellt werden. Aus der Sicht der Kostenkontrolle kommt den **Mengenabweichungen** die entscheidende Bedeutung zu. Da die Kostenstellenleiter in jedem Falle die Mengenverbräuche beeinflussen können, haben sie auch die Mengenabweichungen zu vertreten. Für die Preis- und Beschäftigungsschwankungen sind sie dagegen in der Regel nicht verantwortlich. Auch die Gesamtabweichung ist als Kontrollparameter unbrauchbar, da auf ihn unterschiedliche Erfolgsgrößen einwirken.

Die Zusammenhänge in einer Vollplankostenrechnung können graphisch wie folgt dargestellt werden:

K = Kosten
X = Beschäftigung
IB = Istbeschäftigung
BP = Basisplanbeschäftigung
VPK = Verrechnete Plankosten
SK = Sollkosten
BPK = Basisplankosten
IK = Istkosten
KIK = Kontrollfähige Istkosten
GAW = Gesamtabweichung
VAW = Verbrauchsabweichung
BAW = Beschäftigungsabweichung
PAW = Preisabweichung
MAW = Mengenabweichung

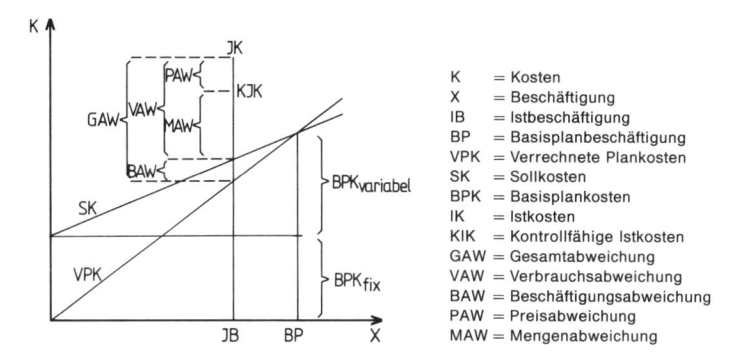

Abb. 43 Kostenverhältnisse bei einer flexiblen Vollplankostenrechnung

Im Mittelpunkt der **Unternehmenssteuerung** steht die Bereitstellung von Informationen für Entscheidungen. Dabei handelt es sich um jene Kosten, die durch eine Entscheidung unmittelbar beeinflußt werden. Diese Wertverzehre bezeichnet man als **relevante Kosten**. Ihre Höhe wird durch die jeweilige Beschäftigungssituation bestimmt. Bei einer Unterbeschäftigung sind alle Produktionsfaktoren frei verfügbar, d. h. es liegen keine Engpässe vor. In dieser Situation sind nur die direkten Kosten (Grenzkosten) entscheidungsrelevant. Bei Voll- bzw. Überbeschäftigung stehen einige Produktionsfaktoren nicht frei zur Verfügung. Die daraus resultierenden Engpässe bedingen als Informationen bei Entscheidungen die direkten Kosten zuzüglich den Opportunitätskosten als entgangener Nutzen für nicht realisierte Alternativen.

Relevante Kosten, die z.B. für Entscheidungen bezüglich von Investitionsvorhaben, Eigen- oder Fremdfertigung usw. benötigt werden, liefert die **flexible Plankostenrechnung** als **Teilkostenrechnung** (Grenzplankostenrechnung). Außerdem ermöglicht sie mit Hilfe der strategischen Größe Deckungsbeitrag eine effiziente Programm- und Gewinnsteuerung.

Die flexible Plankostenrechnung bildet damit den Kern einer funktionsfähigen Unternehmenskontrolle und Steuerung. Im Rahmen des umfassenden Controllingsystems als einer internen Unternehmensberatung setzt dieses Kostenrechnungssystem eine integrierte Unternehmensplanung voraus und muß durch ein wirksames Berichtswesen ergänzt werden.

III. Führungsmodelle

Führungsmodelle stellen ein umfassendes Soll-Konzept für die Gestaltung des komplexen Führungsprozesses im Unternehmen dar. Sie beruhen auf der Normierung der Führungsaufgaben im Rahmen eines integrierten Gesamtsystems. Die beiden wesentlichen Bestandteile jedes Führungsmodells sind das Führungskonzept sowie das darauf basierende Handlungskonzept mit seinen praktischen Handlungsvorschriften (Bleicher). Dabei erhalten neben den sach-rationalen vor allem auch die sozio-emotionalen Führungsfunktionen ein stärkeres Gewicht. In der Praxis haben sich vor allem das Harzburger Modell sowie das Management by Objectives als Führungsmodelle durchgesetzt.

1. Das Harzburger Modell

Das Harzburger Modell wurde von R. Höhn entwickelt und erstmals 1966 in geschlossener Form unter dem Titel „Führungsbrevier der Wirtschaft" veröffentlicht. Kernpunkt des **Führungskonzepts** ist die „Führung im Mitarbeiterverhältnis". Dieses Leitmotiv soll mit Hilfe der „Delegation von Verantwortung" verwirklicht werden. Dazu ist es erforderlich, daß der Mitarbeiter einen „fest umgrenzten Aufgabenbereich mit den entsprechenden Kompetenzen unter einer klaren Zielsetzung erhält" (Höhn). Durch selbständiges Handeln und Entscheiden bei voller Verantwortung soll die Initiative und das Mitdenken der Mitarbeiter dem Unternehmen nutzbar gemacht werden. Die wesentlichen Merkmale des Führungskonzepts lassen sich in folgenden Punkten zusammenfassen:

- die betrieblichen Entscheidungen werden jeweils von den Mitarbeitern auf den Ebenen getroffen, zu denen sie ihrem Wesen nach gehören;
- die Mitarbeiter werden nicht mehr durch einzelne Aufträge vom Vorgesetzten geführt; sie haben vielmehr einen festen Aufgabenbereich mit bestimmten Kompetenzen, in dem sie selbständig handeln und entscheiden können;
- ein Teil der Gesamtverantwortung wird zusammen mit den Aufgaben und den dazugehörigen Kompetenzen auf die Ebene übertragen, die sich ihrem Wesen nach damit zu beschäftigen hat;
- die Unternehmung wird nicht von oben nach unten aufgebaut, indem die vorgesetzte Instanz nur das abgibt, was ihr zuviel wird, sondern von unten nach oben, wobei die vorgesetzte Instanz der untergeordneten nur diejenigen Entscheidungen abnimmt, die ihrem Wesen nach nicht mehr auf die untere Ebene gehören.

Das **Handlungskonzept** beschreibt die Regeln für das Zusammenwirken von Mitarbeitern und Vorgesetzten. Dazu sind Stellenbeschreibungen sowie betriebsspezifische Führungsrichtlinien in Form einer Dienstanweisung mit eindeutigen Regelungen aufzustellen. Folgende wesentliche Punkte müssen angesprochen sein:

- Wesen der Führung im Mitarbeiterverhältnis,
- Kennzeichnung der Delegation von Verantwortung,
- Pflichten der Mitarbeiter und Vorgesetzten,
- Unterscheidung zwischen Handlungs- und Führungsverantwortung,
- Handhabung von Dienstaufsicht und Erfolgskontrolle,
- Regeln für die Anwendung von Kritik und Anerkennung,
- Grundsätze der Information,
- Einrichtung von Stellvertretung und Platzhalterschaft,

- Durchführung von Mitarbeiter- und Dienstbesprechungen,
- Regelung von Dienstwegen und Beschwerden,
- Stellung des Fach- und Disziplinarvorgesetzten.

Die Verwirklichung der Führung im Mitarbeiterverhältnis als Leitbild des Harzburger Modells setzt voraus, daß sich der Vorgesetzte von der traditionellen Vorstellung freimacht, grundsätzlich mehr zu wissen und zu können als die Mitarbeiter. Er muß die innere Bereitschaft besitzen, mit den Mitarbeitern kooperativ zusammenzuarbeiten. Die Mitarbeiter ihrerseits müssen bereit sein, Verantwortung zu übernehmen und den Willen und die Fähigkeit aufweisen, Eigeninitiativen zu entfalten und Selbständigkeit im Denken und Handeln zu entwickeln.

2. Führen durch Zielsetzung (Management by Objectives)

Die Bezeichnung Management by Objectives wurde in den 60er Jahren von dem Unternehmensberater Peter F. Drucker geprägt. Im Mittelpunkt dieses Modells steht die Führungsfunktion Ziele setzen. Als **Führungskonzept** gilt die Vorstellung, die jeweils wirksamste Zielerfüllung dadurch zu erreichen, daß die vorhandenen Fertigkeiten, das Wissen und die mentalen Fähigkeiten der Vorgesetzten und Mitarbeiter eine volle Entfaltung und Nutzung für das Unternehmen erfahren. Damit soll von der reinen Funktions- oder Verfahrensorientierung im Sinne möglichst exakter Arbeitsausführung durch Einzelanweisungen abgegangen werden. Wichtig ist die Zielerreichung. Der Weg und die Methoden dazu sind zweitrangig und allein dem Mitarbeiter zu überlassen.

Grundlegende Bedeutung kommt der Bildung der Objectives und ihrer Zusammenfassung in einem **Zielsystem** zu. Ausgangspunkt bildet das oberste Unternehmensziel. Dieses ist entsprechend der vorhandenen Organisationsebenen z. B. in Bereichsziele, Abteilungsziele, Gruppenziele und Stellenziele aufzugliedern, so daß eine Zielhierarchie entsteht.

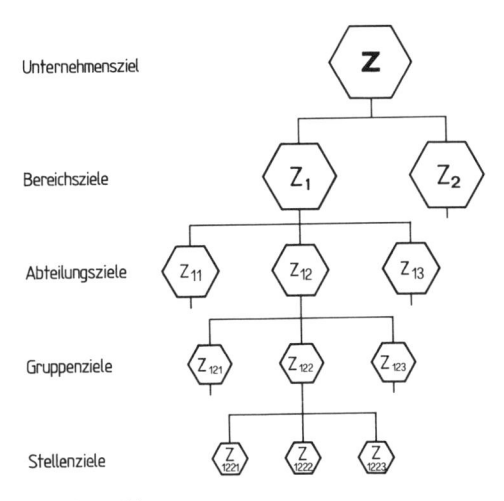

Abb. 44 Allgemeine Zielhierarchie

Folgende Aspekte sind dabei zu beachten:

- Zielvereinbarung; nicht nur die Vorgabe, sondern die Vereinbarung der Ziele durch Beteiligung der Mitarbeiter, die für die Zielerreichung verantwortlich sind, wirkt motivierend auf die Leistungsbereitschaft und das Verantwortungsbewußtsein und führt zu einer stärkeren Identifikation mit den Unternehmenszielen;
- Zielabstimmung; da die Ober- und Unterziele zwischen den hierarchischen Ebenen in einer Mittel-/Zweckbeziehung zueinander stehen und auf einzelnen Ebenen Zielkonflikte auftreten können, ist eine entsprechende Integration im Zielsystem erforderlich;
- Zieloperationalität; die Ziele bilden die Leitmaxime und den Kontrollmaßstab für den Mitarbeiter; sie müssen daher klar und verständlich formuliert sowie eindeutig, d. h. möglichst quantitativ meßbar sein;
- Zielüberprüfung; die formulierten Ziele müssen regelmäßig auf ihre Realisierbarkeit bzw. auf ihre Anpassung wegen veränderter Bedingungen überprüft werden.

Wird die Rentabilität als oberstes Unternehmensziel festgelegt, so läßt sich nach Berthel folgendes praxisrelevantes Zielsystem entwickeln:

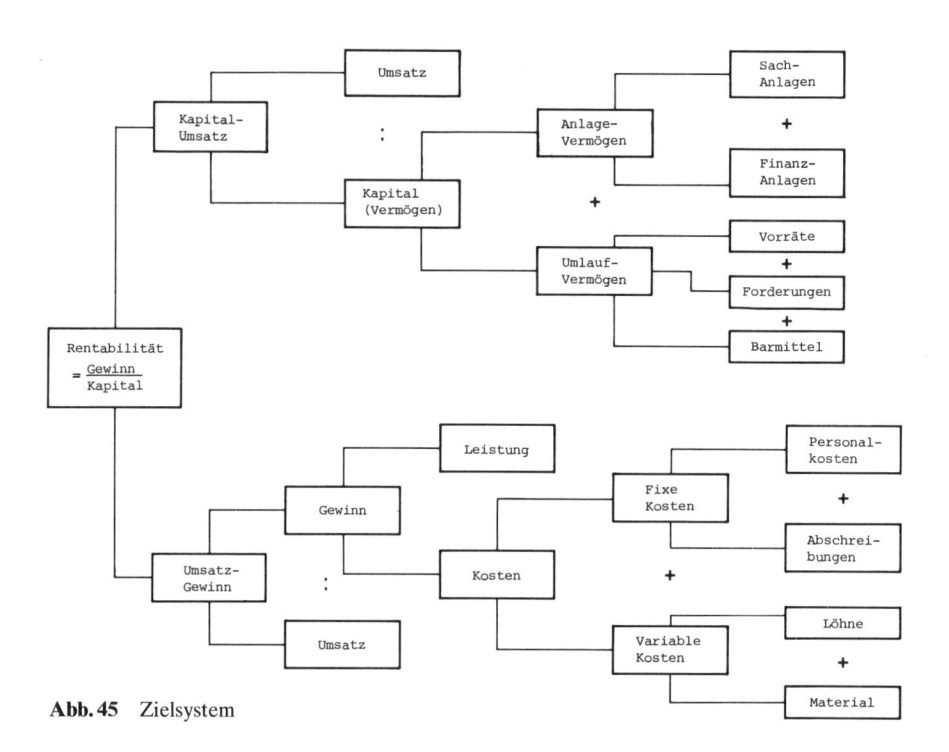

Abb. 45 Zielsystem

Das **Handlungskonzept** des Führungsmodells Management by Objectives ist vergleichsweise allgemein fixiert. Im wesentlichen sind folgende Anforderungen zu erfüllen, wenn eine ausreichende Funktionsfähigkeit erreicht werden soll:

- Entwicklung eines Planungssystems, das die Mittel, Instrumente und Wege der Zielerreichung aufzeigt;

- Aufbau eines Kontrollsystems, das auf der Basis von Soll/Ist-Vergleichen verlaufs- und ergebnisbezogene Überprüfungen und Beurteilungen ermöglicht;
- Unterstützung der Mitarbeiter bei der Zielerreichung durch Beratung und Weiterbildung;
- Abgrenzung der Aufgabenbereiche durch Stellenbeschreibungen.

Bei einer Führung durch Zielvereinbarung gelingt eine weitgehende Befreiung der Führungskräfte von Routine- und Spezialproblemen, so daß sie sich verstärkt den eigentlichen Führungsaufgaben widmen können. Gleichzeitig werden die Selbständigkeit und die Eigenverantwortlichkeit der Mitarbeiter durch den größeren Entscheidungsspielraum bei der Ausführung ihrer Aufgaben wesentlich vergrößert.

B. Führungsstile

Führungsstile beschreiben die Art und Weise der Ausübung der Führungsfunktionen und werden durch das Verhalten der Führungskräfte zum Ausdruck gebracht. Aufgrund unterschiedlicher Betonung der wesensbestimmenden Merkmale lassen sich mehrere Grundtypen als Führungsstilmodelle ableiten, die für die praktische Unternehmensführung zu Führungsstilsystemen kombiniert werden können.

I. Wesen der Führungsstile

Grundsätzlich kann festgestellt werden, daß die Führung jederzeit von **exogenen** und **endogenen** Einflußfaktoren bestimmt wird. Erstere resultieren aus der Umwelt des Unternehmens und der dort vorliegenden Systeme volkswirtschaftlicher, kultureller, sozialer und politischer Art. Da diese in der Regel nur einem längerfristigen Wandel unterliegen, können die exogenen Einwirkungen als Daten angesehen werden, die bei der Gestaltung der Führungsstile entsprechend zu beachten sind. Die endogenen Einflüsse ergeben sich grundsätzlich aus dem jeweiligen Entwicklungsstand, in dem sich das System Unternehmen befindet. Im einzelnen können als wesentliche Gestaltungsfelder der Führungsinhalt, der Führungsumfang und die Führungsorganisation abgegrenzt werden.

1. Führungsinhalt

Bezüglich des Führungsinhaltes ist davon auszugehen, daß die Unternehmensführung jeweils sowohl die sach-rationalen wie die sozio-emotionalen Führungsaufgaben zu erfüllen hat. Die **aufgabenorientierten** Führungshandlungen dienen der Erfüllung der Unternehmensziele auf der Basis entsprechender Planungs-, Organisations-, Kontroll- und Informationssysteme. Die **personenorientierten** Führungshandlungen streben nach einer entsprechenden Regelung der zwischenmenschlichen Beziehungen durch Delegation, Motivation und Personalentwicklung.

Blake/Mouton haben diese beiden Dimensionen der Führung in einem Verhaltensgitter (Managerial Grid) gegenübergestellt. Aus dem unterschiedlichen Grad der Betonung der aufgaben- bzw. personenbezogenen Führung, die durch eine neunstufige Skala gemessen wird, ergeben sich 81 Kombinationen, deren extreme Erscheinungsformen die vier Eckwerte sowie der Zentralwert sind.

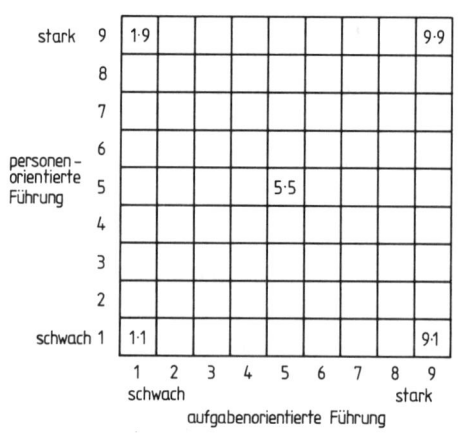

Abb. 46 Verhaltensgitter

Die Extremwerte ergeben folgende Führungsstile:

Führungsstil 1.1: praktisch führungsloser Zustand in Form der Anarchie;
Führungsstil 1.9: der Mensch mit seinen individuellen Zielen dominiert die Führung im Sinne einer big happy family (Grochla);
Führungsstil 9.1: die Leistungserstellung mit ihren Formal- und Sachzielen beherrscht die Führung, wobei der Mensch lediglich als Produktionsfaktor verstanden wird;
Führungsstil 9.9: formale und sachliche Leistungserstellungsziele sowie Individualziele erfahren eine maximale Berücksichtigung und totale Integration, was kaum praktikabel erscheint;
Führungsstil 5.5: optimaler Kompromiß zwischen der Betreuung des Menschen und der Abwicklung der Leistungserstellung als praktikabler Führungsstil.

2. Führungsumfang

Der Führungsumfang beschreibt den Grad der Beteiligung der Beschäftigten eines Unternehmens an den Führungshandlungen. Generell läßt sich zwischen der autoritären und der kooperativen Führung unterscheiden, die nach Bleicher auch als unipolare bzw. als multipolare Formen bezeichnet werden. Bei der Darstellung dieser Führungsstile ist davon auszugehen, daß sich die Führungstätigkeit als ein Handlungsprozeß vollzieht, dessen Bestandteile die Willensbildung, die Willensdurchsetzung und die Willenssicherung sind.

Bei der **autoritären** Führung dominiert der Vorgesetzte gegenüber den Untergebenen als unipolare Entscheidungseinheit. In der extremen Form werden die Willensbildung, die Willensdurchsetzung und die Willenssicherung einpolig durch den Vorgesetzten erfüllt. Abgemilderte Varianten der autoritären Führung ergeben sich, wenn die Willenssicherung und/oder die Willensdurchsetzung multipolar, d. h. unter Mitwirkung der Untergebenen erfolgen. Die schwächste Form autoritärer Führung beschränkt sich auf die unipolare Willensbildung bei gleichzeitig multipolarer Willensdurchsetzung und Willenssicherung.

Die **kooperative** Führung zeichnet sich dadurch aus, daß sowohl der Vorgesetzte wie die Mitarbeiter an der Führungsarbeit teilnehmen, so daß eine multipolare Entscheidungseinheit entsteht. In der extremen Form werden die Willensbildung, die Willensdurchsetzung und die Willenssicherung mehrpolig durch alle Beschäftigten in Gruppen durchgeführt. Abgemilderte Varianten ergeben sich, wenn die Willensdurchsetzung und/oder die Willenssicherung multipolar erfolgen. Die schwächste Form der kooperativen Führung liegt vor, wenn lediglich die Willensbildung gemeinsam zwischen Vorgesetzten und Mitarbeitern vollzogen wird, während die Entscheidungen bezüglich der Willensdurchsetzung sowie der Willenssicherung der Vorgesetzte allein trifft.

In Anlehnung an Bleicher ergeben sich damit folgende autoritäre bzw. kooperative Führungsstrukturierungen:

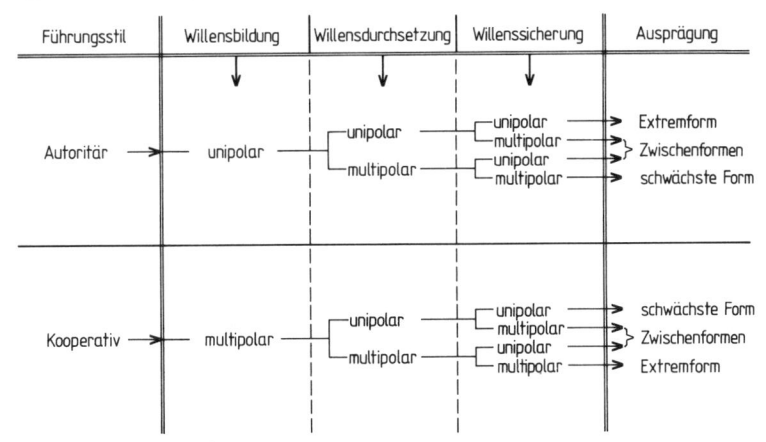

Führungsstil	Willensbildung	Willensdurchsetzung	Willenssicherung	Ausprägung
Autoritär	unipolar	unipolar	unipolar	Extremform
			multipolar	Zwischenformen
		multipolar	unipolar	Zwischenformen
			multipolar	schwächste Form
Kooperativ	multipolar	unipolar	unipolar	schwächste Form
			multipolar	Zwischenformen
		multipolar	unipolar	Zwischenformen
			multipolar	Extremform

Abb. 47 Führungsstrukturierungen

3. Führungsorganisation

Bei der Führungsorganisation geht es um die Frage, inwieweit die Führungsbeziehungen auf der Grundlage offizieller bzw. inoffizieller Regelungen beruhen. Danach läßt sich zwischen der formalen und der informalen Führung unterscheiden. Die **formale** Führungsform wird erfüllt, wenn sich alle Vorgesetzten und Mitarbeiter voll in dem ihnen vorgegebenen Aufgaben-, Kompetenzen- und Verantwortungsvolumen bewegen. **Informale** Führungsformen entstehen, wenn die Führungsfunktionen teilweise oder ganz von dazu nicht berechtigten bzw. nicht vorgesehenen Personen übernommen werden. Solche informale Führer sind die von einer Gruppe besonders anerkannten Gruppenmitglieder. Sie werden in der Regel dann eingesetzt, wenn es zu anscheinend unüberbrückbaren Interessenskonflikten zwischen dem formalen Führer und den Geführten kommt. Darüber hinaus kann es immer auch dann zu informaler Führung kommen, wenn die formale Führung insgesamt unvollständig organisiert ist bzw. wegen Führungsschwächen unvollkommen wahrgenommen wird. In diesen Fällen entsteht vorübergehend ein zusätzlicher Führungsbedarf, bis die aufgetretenen Schwachpunkte behoben sind. In der neueren Literatur wird jedoch auch konstatiert, daß es in bestimmtem Umfang bewußt geschaffene Freiräume für eine dauerhafte informale Führung geben kann. In der Praxis hat sich gezeigt, daß informale Führer in der Lage sind, zu einer Verbesserung der Motivation und zu einer Steigerung der Leistung der Gruppenmitglieder beizutragen.

Der Zusammenhang zwischen der formalen und der informalen Führung kann vereinfachend so beschrieben werden, daß eine zunehmende (abnehmende) formale Führung abnehmende (zunehmende) Freiräume für die informale Führung zur Folge hat.

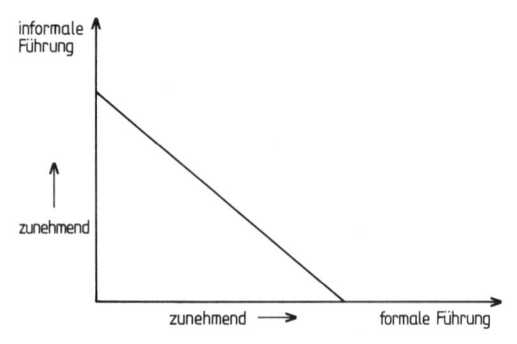

Abb. 48 Beziehung formale/informale Führung

4. Zusammenwirken der Einflußfaktoren

Die Einflußfaktoren Führungsinhalt, Führungsumfang und Führungsorganisation betonen jeweils nur einen Teilaspekt im Rahmen des Gesamtführungsverhaltens der offiziellen bzw. inoffiziellen Führungspersonen. Sie können in unterschiedlichem Maße kombiniert werden, wodurch jeweils umfassende Führungsstile entstehen.

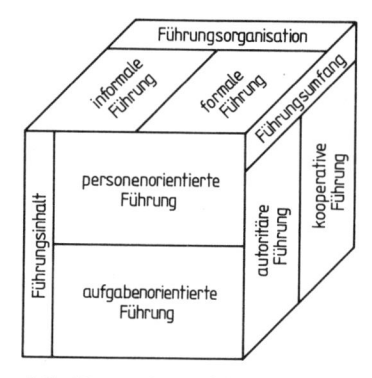

Abb. 49 Einflußfaktoren auf die Unternehmensführung

II. Führungsstilmodelle

Die Führungsstilmodelle stellen ein umfassendes Sollkonzept in Form spezieller Verhaltensweisen bei der Verwirklichung der gesamten Führungsaufgaben dar. Sie beruhen auf einer jeweils arteigenen Beziehungsstruktur zwischen Führungskraft und Geführten und setzen unterschiedliche persönliche Eigenschaften der Unternehmensmitglieder voraus. Allgemein wird zwischen den traditionellen und den modernen Führungsstilen unterschieden.

1. Traditionelle Führungsstilmodelle

Die traditionellen Führungsstile sind durch eine imperative, d.h. befehlende Willensdurchsetzung gekennzeichnet, die auf der Grundlage einer einseitigen Willensbildung und Willenssicherung durch die Führungskraft erfolgt. Es handelt sich generell um singulare Führungsformen, d.h. die Führung wird durch **eine** Person gegenüber mehreren Geführten wahrgenommen. Im Mittelpunkt steht der autoritäre, hierarchisch stets übergeordnete Führer, dessen Beziehungen zu den Untergebenen in mehreren Varianten möglich sind.

a) Der **patriarchische Führungsstil** beruht auf dem Leitbild „Vater-Kinder". Er ist gekennzeichnet durch den absoluten Herrschaftsanspruch und durch absoluten Gehorsam. Der gute Patriarch zeichnet sich durch Wärme und Menschlichkeit aus, fordert eine uneingeschränkte Treue und garantiert eine ausreichende soziale Versorgung. Die wesentlichen Merkmale dieses Führungsstils sind die ungeteilte Gesamtkompetenz und das Fehlen von Koordinationsproblemen, da keine Zwischeninstanzen vorhanden sind. Der patriarchische Führungsstil kann daher nur bei kleinen Gruppen angewendet werden.

b) Der **charismatische Führungsstil** basiert auf dem Leitbild „Führer – Gefolgsleute". Kennzeichnend ist die besondere Ausstrahlungskraft – das Charisma – einer Person, die „blinde" Gefolgschaft fordert, ohne damit eine unmittelbare Fürsorgepflicht zu übernehmen. Die Anerkennung des totalen Herrschaftsanspruchs und die absolute Unterordnung der Geführten beruhen auf der Verheißung einmaliger, überraschender Erfolge für die Gemeinschaft bzw. spektakulärer Aufstiegsmöglichkeiten für den Einzelnen im Rahmen einer weitgehend auf Improvisation beruhenden Ordnung. Der charismatische Führungsstil läßt Zwischeninstanzen in begrenztem Umfang zu, so daß auch größere Gruppen geführt werden können. Die Gefahr der raschen Abnutzung des Charismas zwingt zu übersteigerten, einseitigen Erfolgen, die zunehmend die allgemeine Unordnung aufdecken. Dieser Führungsstil tritt daher vor allem als Übergangslösung zur Veränderung verhärteter Strukturen auf.

c) Der **autokratische Führungsstil** weist sich durch das Leitbild „Diktator – Untertan" aus. Im Gegensatz zum patriarchalischen und charismatischen Führungsstil bedient sich der Autokrat jedoch eines umfassenden Führungsapparates, um seine Entscheidungen durchzusetzen. Durch hierarchische Stufung und durch eindeutige Kompetenzabgrenzungen entsteht ein festgefügtes System, in dem selbst die Spitze relativ leicht auswechselbar wird. Der autokratische Führungsstil ist besonders auch zur Lenkung großer Gemeinschaften geeignet. Er folgt meistens auf patriarchalische bzw. charismatische Führungen, wenn die Patriarchen bzw. die charismatischen Führer keinen geeigneten Nachfolger finden, und soll dann eine „organisierte Disziplin" aufrechterhalten.

d) Der **bürokratische Führungsstil** läßt sich durch das Leitbild „Bürokrat – Verwaltete" beschreiben. Die Willkür der bisher dargestellten imperativen Führungsstile wird durch das Prinzip der Legalität ersetzt. Bei einem weiteren Ausbau der hierarchischen Gliederung verliert die Führungspersönlichkeit an Bedeutung. Es folgt eine Führung „ohne Ansehen der Person" mit dem Ziel der absoluten Gleichbehandlung der Geführten. Grundlage dazu ist ein ausreichendes Fachwissen, das einer im bürokratischen Gefüge integrierten Kontrolle unterliegt. Der bürokratische Führungsstil ist aus der Notwendigkeit heraus entstanden, die zunehmend komplexeren Organisationseinheiten zu lenken. Der an sich positive Ansatz zur „konstitutionellen Rationalität" (Witte) endet jedoch allzuoft in übertriebenem Formalismus und Überorganisation, die den Graben zwischen Führenden und Geführten zusätzlich vertiefen.

2. Moderne Führungsstilmodelle

Die modernen Führungsstile zeichnen sich durch eine konsultative, d.h. beratende Willensdurchsetzung auf der Grundlage einer mehrseitigen Willensbildung und Willenssicherung zwischen Führungskraft und Geführten aus. Durch die Einbeziehung **mehrerer** Personen erfährt die Führung eine Pluralisierung. Besondere Bedeutung kommt der Autorität der Führungspersönlichkeit zu, wodurch die rein hierarchische Position teilweise relativiert wird.

a) Beim **kooperativen Führungsstil** bleibt die Führungskraft in die Hierarchie eingeordnet. Grundlegendes Merkmal ist die weitgehende Entlastung von reinen Sachentscheidungen durch Delegation von Kompetenzen und Verantwortung. Dadurch entsteht als Leitbild ein „Berater – Mitarbeiter" Verhältnis. Das partnerschaftliche Zusammenwirken erfordert als Geführte den entscheidungsfreudigen, verantwortungsbewußten „Mitarbeiter", der die fachlichen Aufgaben übernimmt und weitgehend eigenständig löst. Die Führungskraft wird mehr und mehr zum Betreuer, der Anregungen gibt, motiviert, berät und die Mitarbeiter in ihrer Leistungsfähigkeit entwickelt. Der kooperative Führungsstil hat wesentliche Anstöße durch das Harzburger Modell bzw. durch das Nederlands-Paedagogisch Instituut (NPI) erfahren. Er entspricht weitgehend den heutigen gesellschaftspolitischen Vorstellungen.

b) Der **Team-Führungsstil** verläßt die eindeutige, auf Dauer festgelegte Einteilung zwischen Führenden und Geführten. Bei weitgehender Abschaffung der Hierarchie werden bestimmte Personen situationsbedingt für begrenzte Zeit zum Stimulanten in einer Gruppe. Als Leitbild kann hier das Verhältnis „Erster unter Gleichen" angesehen werden, wobei der Primus mehr oder weniger häufig wechselt und dann jeweils wieder voll in das Team integriert wird.

III. Unternehmensführung in der Praxis

Die Führungsstilmodelle finden sich in reiner Form nur selten in der Praxis verwirklicht. Vielmehr werden überwiegend Mischformen als **Führungsstilsysteme** realisiert. Sie zeichnen sich dadurch aus, daß sie Elemente mehrerer Führungsstilmodelle kombinieren, wobei in der Regel die Stilelemente einer speziellen Führungsform dominieren. Das konkrete Führungsverhalten ist grundsätzlich zeit- und raumabhängig, d. h. es wird durch die Epoche und Region, in denen sich das Unternehmen befindet, bestimmt. In einer gegebenen Situation wirken sich dann verschiedene Einflüsse auf die jeweilige Ausgestaltung der Führung in einem Betrieb aus.

1. Bestimmungsfaktoren realer Führungsformen

Die wesentlichen Einflüsse auf die konkrete Gestaltung der Unternehmensführung sind systembezogener, entscheidungsbezogener und personenbezogener Art.

a) Im Mittelpunkt der **systembezogenen** Bestimmungsfaktoren steht der Entwicklungsstand der Managementsysteme sowie die Betriebsgröße. Traditionelle Organisationsstrukturen in Form der funktionalen Stab-Linienorganisation, verbunden mit wenig entwickelten Planungs-, Kontroll- und Informationssystemen lassen für eine umfassende Delegation und Motivation vergleichsweise wenig Raum. In solchermaßen strukturierten Unternehmen dominiert die autoritäre Führung mit überwiegend bürokratischen Stilelementen und vorherrschender Aufgabenbezogenheit.

Moderne Strukturierungsformen, wie z. B. die Matrixorganisation erfordern entsprechend hochentwickelte Planungs-, Kontroll- und Humankommunikationssysteme. Sie ermöglichen ein hohes Maß an Delegation und Motivation und machen eine ausgeprägte Personalentwicklung erforderlich. In dieser Form gestaltete Unternehmen tendieren eindeutig zur kooperativen Führung, wobei neben der sachlichen die humane Akzentuierung zunimmt.

Im Rahmen der systembezogenen Einflußfaktoren wirkt sich auch die Größe des Betriebssystems auf die Führung aus. So kann generalisierend festgestellt werden, daß Kleinbetriebe ihre Unternehmensziele mit vergleichsweise geringer Entwicklung der Managementsysteme und überwiegend autoritärer Führung erreichen, Mittelbetriebe bei fortschrittlicher Entwicklung zunehmend kooperativer geführt werden und Großbetriebe trotz hochentwickelter Strukturen aufgrund gewisser Inflexibilitäten teils autoritäre, teils kooperative Führungszüge aufweisen.

b) Die **entscheidungsbezogenen** Bestimmungsfaktoren beziehen sich auf die Art der zu bewältigenden Führungsentscheidungen. Diese können entsprechend ihrem Wiederholungsgrad in einmalige und mehrmalige Problemlösungen eingeteilt werden. Die einmaligen Entscheidungen sind häufig situationsbedingt, wie sie z. B. bei unvorhergesehenen Ereignissen, die eine schnelle Reaktion erfordern, auftreten. Solche Entscheidungsprozesse tendieren eindeutig zu einer imperativen Führung. Dies gilt auch für mehrmalige Entscheidungen, soweit sie auf wohl strukturierten Problemstellungen (Witte) basieren und damit Routinecharakter gewinnen, wie dies z. B. bei Fertigungsentscheidungen der Fall ist.

Haben dagegen einmalige bzw. mehrmalige Entscheidungen schöpferischen Charakter im Sinne innovativer Wirkungen, erfordern sie insbesondere bei der Willensbildung ein hohes Maß an Kreativität. Dies ist z. B. bei der Neuentwicklung von Produkten der Fall. Dazu bietet sich die kooperative Führung an.

c) Zu den **personenbezogenen** Bestimmungsfaktoren zählen die Autorität der Führungskräfte und die Verantwortungsbereitschaft der Mitarbeiter. Besitzt der Führer nur eine aus der Unternehmensverfassung abgeleitete formale Autorität und hat er es mit Untergebenen ohne große Verantwortungsbereitschaft zu tun, so führt dies zu einer Betonung des bürokratischen Führungsstils mit überwiegend formaler Führung. Führungskräfte mit großer persönlicher Autorität und qualifizierte Mitarbeiter bewirken in der Regel den kooperativen Führungsstil mit bewußten Freiräumen für informelle Führung.

2. Auswirkungen auf das Leistungsverhalten und die Leistungsergebnisse

Bei der Anwendung praktikabler Führungsformen in der Praxis stellt sich letztlich stets die Frage nach ihrer Auswirkung auf das Leistungsverhalten der Beschäftigten und das Leistungsergebnis des Unternehmens. Dazu liegen bisher nur wenige Untersuchungen vor, so daß keine eindeutigen Aussagen möglich sind. Verallgemeinernd kann festgestellt werden, daß entsprechend unserer derzeitigen gesellschaftlichen Entwicklung ein genereller Trend von der autoritären zur kooperativen Führung besteht, der u. a. auch damit begründet wird, daß er vergleichsweise zu höherer Motivation, größerer individueller Befriedigung und Leistungsbereitschaft sowie insgesamt qualitativ besseren Ergebnissen führt.

Literaturverzeichnis

Bleicher, K., Meyer, E.: Führung der Unternehmung, Reinbek bei Hamburg 1976
Bleicher, K.: Führung, in: Handwörterbuch der Organisation, 2. Aufl., Stuttgart 1980, Sp. 729 ff.
Bramsemann, R.: Controlling, 2. Aufl., Wiesbaden 1980
Brede, H.: Kontrolle, in: Handwörterbuch der Betriebswirtschaft, 4. Aufl. Stuttgart 1975, Sp. 2218 ff.
Dinkelbach, W.: Entscheidungsmodelle, in: Handwörterbuch der Organisation, 2. Aufl., Stuttgart 1980, Sp. 623 ff.
Ebert, G.: Führungsstile, in: Handlexikon für Handel und Absatz, München 1979, S. 219 ff.
Ebert, G.: Kostenrechnungssysteme, Optische Betriebswirtschaftslehre, Heft 9, Herne/Berlin 1978
Ebert, G.: Kosten- und Leistungsrechnung, 6. Aufl., Wiesbaden 1991
Ebert, G.: Managementausbildung im Industriebetrieb, in: Unternehmensführung im Industriebetrieb, Wiesbaden o. J., S. 115 ff.
Ebert, G.: Unternehmensführung, in: Management Enzyklopädie, 2. Aufl., 9. Band, Landsberg 1985
Ebert, G. u. a.: Controlling, 4. Aufl., Landsberg 1990
Ebert, G., Planungsrechnung, in: Praktisches Lehrbuch Rechnungswesen, Landsberg 1986
Ebert, G., Planspiel: Wettbewerb, Unternehmensspiel, 6. Aufl., Köln 1990
Ebert, G., Handbuch Controlling, Loseblattwerk, Landsberg 1990 ff.
Engelhardt, A.: Kontrolle in der Personalführung, in: Management-Enzyklopädie, 3. Bd., München 1970, S. 985 ff.
Grochla, E.: Unternehmensorganisation, Reinbek bei Hamburg 1976
Grochla, E.: Organisatorische Gestaltung, in: Handwörterbuch der Organisation, 2. Aufl., Stuttgart 1980, Sp. 1831 ff.
Hax, H.: Kommunikation, in: Handwörterbuch der Betriebswirtschaft, 4. Aufl., Stuttgart 1975, Sp. 2169 ff.
Heinen, E.: Grundlagen betriebswirtschaftlicher Entscheidungen, 3. Aufl., Wiesbaden 1976
Hill, W.: Unternehmensplanung, 2. Aufl., Stuttgart 1971
Höhn, R.: Führungsbrevier der Wirtschaft, 9. Aufl., Bad Harzburg 1977
Holtgrewe, K. G.: Entscheidungsbildung, in: Management-Enzyklopädie, 2. Bd., München 1970, S. 533 ff.
Hoyos, C.: Motivationstheorie, in: Personal-Enzyklopädie, 2. Bd., München 1978, Sp. 622 ff.
Hub, H.: Betriebsorganisation, Wiesbaden o. J.
Hub, H.: Grundpfeiler modernen Management-Denkens, in: Unternehmensführung im Industriebetrieb, Wiesbaden o. J., S. 5 ff.
Hub, H.: Unternehmensführung, 3. Aufl., Wiesbaden 1990
Jeuschede, G.: Führungstechniken, Wiesbaden o. J.
Johannsen, U.: Kommunikationsforschung, in: Management-Enzyklopädie, 3. Bd., München 1970, S. 876 ff.
Kempe, H. J.: Entwicklungsplanung, in: Personal-Enzyklopädie, 1. Bd., München 1977, S. 663 ff.
Kepner, C., Tregoe, B. B.: Rationales Management, München 1970
Kirsch, W.: Entscheidungsprozesse, 1. Bd., Verhaltenswissenschaftliche Ansätze der Entscheidungstheorie, Wiesbaden 1970
Kirsch, W., Esser, W.-M.: Entscheidungstheorie, in: Handwörterbuch der Organisation, 2. Aufl., Stuttgart 1980, Sp. 651 ff.
Koch, H.: Aufbau der Unternehmensplanung, Wiesbaden 1977
Korndörfer, W.: Unternehmensführungslehre, Wiesbaden 1976
Kuhlmann, J.: Das betriebliche Zielsystem, München 1976
Mag, W.: Kommunikation, in: Handwörterbuch der Organisation, 2. Aufl., Stuttgart 1980, Sp. 1031 ff.

Maslow, A. H.: Psychologie des Seins, München 1973
Mc Gregor, D.: Der Mensch im Unternehmen, Düsseldorf/Wien 1973
Neuberger, O.: Motivation, in: Handwörterbuch der Organisation, 2. Aufl., Stuttgart 1980, Sp. 1356 ff.
Odiorne, G. S.: Management mit Zielvorgabe, München 1971
Rühli, E.: Unternehmensführung und Unternehmenspolitik 1, Bern/Stuttgart 1973
Siemens AG (Herausgeber), Organisationsplanung, Planung durch Kooperation, Berlin/München 1974
Steinle, K.: Führung, Stuttgart 1978
Strunz, H.: Entscheidungstabellen, in: Handwörterbuch der Organisation, 2. Aufl., Stuttgart 1980, Sp. 642 ff.
Ulrich, P., Fluri, E.: Management, Bern/Stuttgart 1975
Ulrich, H., Probst, G.: Anleitung zum ganzheitlichen Denken und Handeln, 2. Aufl., Bern, Stuttgart 1990
Wenz, E.: Integrierte Unternehmensplanung, München 1977
Witte, E.: Entscheidungsprozesse, in: Handwörterbuch der Organisation, 2. Aufl., Stuttgart 1980, Sp. 634 ff.
Witte, E.: Führungsstile, in: Handwörterbuch der Organisation, 1. Aufl., Stuttgart 1969, Sp. 497 ff.
Witthauer, K. F.: Die Management-Funktionen, Stuttgart 1974
Wittmann, W.: Information, in: Handwörterbuch der Organisation, 2. Aufl., Stuttgart 1980, Sp. 894 ff.

Dritter Teil:
Materialwirtschaft und Fertigung

1. Kapitel:
Die betrieblichen Grundfunktionen

Der betriebliche Leistungsprozeß wird üblicherweise unterteilt in den Prozeß der Leistungserstellung und den Prozeß der Leistungsverwertung. Der Prozeß der Leistungsverwertung wird in diesem Lehrbuch im vierten Teil dargestellt. Dabei wird die Leistungsverwertung nicht nur im Sinne des Absatzes eines Produkts verstanden. Vielmehr wird entsprechend den modernen Überlegungen des Marketings davon ausgegangen, daß sich ein Unternehmen insgesamt und mit allen Unternehmensfunktionen an der nachhaltigen Befriedigung der Nachfragerwünsche zu orientieren hat.

Damit muß auch für den Prozeß der Leistungserstellung der Markt als Ausgangspunkt betrachtet werden. In einer Zeit dominierender Käufermärkte ist dies durchaus sinnvoll, denn der Engpaßsektor in einem Unternehmen determiniert die weiteren Planungen und Überlegungen in den anderen Bereichen. Entsprechend den Wünschen des Marktes und damit des Bereiches Marketing im Unternehmen hat die Leistungserstellung die Güter und Dienste im Betrieb bereitzustellen. Diese Bereitstellung von Gütern und Diensten (in Anlehnung an Gutenberg wird auch der Begriff „**Produktion**" verwendet) beinhaltet Beschaffung, Transport, Lagerhaltung und Fertigung im Betrieb. Diese betrieblichen Grundfunktionen werden allerdings in der Regel weiter aufgegliedert, um die einzelnen Problembereiche adäquat diskutieren und lösen zu können. So bestehen in jedem Betrieb üblicherweise drei Beschaffungsstellen mit den Aufgaben:

- Einstellung und Bereitstellung von Arbeitskräften.

Diese Aufgaben nimmt der sogenannte „Personalbereich" wahr.

- Beschaffung von finanziellen Mitteln und von Vermögenswerten (Immobilien, Anlagen u. a.).

Diese Aufgaben werden in der Finanzabteilung bzw. der Betriebsstättenplanung (Unternehmensleitung) wahrgenommen.

- Beschaffung von Roh-, Hilfs- und Betriebsstoffen.

Hier ist der sogenannte „Einkauf" zuständig.

In der betriebswirtschaftlichen Literatur, so auch in diesem Buch, werden die beiden erstgenannten Bereiche unter den Überschriften „Personalwesen" und „Investition und Finanzierung" abgehandelt. Der verbleibende Teil der Beschaffung von Roh-, Hilfs- und Betriebsstoffen, zusammen mit dem Transport und der Lagerhaltung werden unter dem Begriff der „Materialwirtschaft" zusammengefaßt. Damit schließen wir uns der üblichen Terminologie an, obwohl die funktionsorientierte Systematik den Begriff Materialbewirtschaftung nahelegen würde. Die Bezeichnung des ebenfalls in diesem dritten Teil zu diskutierenden Funktionsbereichs „Fertigung" folgt dagegen dieser Systematik.

Die bereits erwähnte, in heutiger Zeit notwendige Orientierung der Fertigung am Markt bzw. an den Erkenntnissen des Marketings bricht für diesen Bereich mit einer sehr alten Tradition. Nach dieser Tradition standen stets Fragen der technischen und wirtschaftlichen Fertigung im Vordergrund, denn die entsprechenden Produkte konnten jederzeit abgesetzt werden (Verkäufermärkte). Dies belegt auch die ab dem 18. Jahrhundert einsetzende intensive Suche nach arbeits- und zeitsparenden Maschinen. Die Erfindung und Verbesserung von Dampfmaschinen, Spinn- und Webmaschinen, Dreh- und Bohrmaschinen waren die Folge (Krankenhagen/Mommertz, S. 53). Die Weiterentwicklung der Fertigungsverfahren bis zu den heutigen numerisch gesteuerten Maschinen und Robotern hielt unvermindert an und zeigt, daß dem Bereich der Fertigung nach wie vor eine herausragende Rolle zukommt. Allerdings stehen heute mehr die Fragen im Vordergrund, wie angestrebte Absatzzahlen bei großem Preisdruck möglichst kostengünstig gefertigt werden können und welche sozialen Folgen mit der Automatisierung von Fertigungsprozessen verbunden sind. Die Diskussion um die neuen sogenannten CIM-Konzepte (Computer Integrated Manufacturing) in der Literatur und in den Unternehmen zeigt dies besonders deutlich. Auch bei unseren Überlegungen zu den Problemen der Materialwirtschaft und Fertigung sollen nicht die technischen, sondern die betriebswirtschaftlichen Fragen im Vordergrund stehen.

Diese Fragen des effizienten Einsatzes von Menschen, Maschinen und Material und die Schaffung optimaler organisatorischer Voraussetzungen haben sich seit den Pionieren, wie H.R. Towne (1868: Massenproduktion eines Patentschlosses) und F.W. Taylor (1911: Principles of Scientific Management), im Grundsatz nicht geändert. Allerdings sind die Erkenntnisse bei den arbeitsplatzbezogenen Problemen (Arbeitsstudium), der Entlohnung, bei Rationalisierung, Planung und Steuerung wesentlich erweitert worden, was sich auch in dem neuen Forschungsgebiet des **„Industrial Engineering"** niederschlägt.

Unter Industrial Engineering versteht man die Aufgabe ... „Menschen, Maschinen und Materialien so einzusetzen, zu steuern und zu koordinieren, daß Produkte und Dienste als das Resultat dieses Wirkens in der erforderlichen Menge und Qualität, zum festgelegten Zeitpunkt unter geringstem Kosten- und Kapitalaufwand fertiggestellt werden" (Engel, S. 20). Klammert man die rein technische Seite dieser weit gefaßten Definition aus, so enthält sie die im 2. und 3. Kapitel zu erörternden Problembereiche der Materialwirtschaft und Fertigung. In der englisch- und französischsprachigen Literatur sind die entsprechenden Problembereiche unter dem Begriff „Produktionsmanagement" (Management of Production, Gestion de la Production) zu finden.

2. Kapitel:
Die Materialwirtschaft

A. Begriffsabgrenzung und Überblick

I. Wesen der Materialwirtschaft

1. Begriff Materialwirtschaft

Die Materialwirtschaft umfaßt alle Vorgänge der Bewirtschaftung von Erzeugnis- und Betriebsstoffen, unabhängig davon, für welche betrieblichen Teilbereiche diese vollzogen werden.

Zur genaueren Charakterisierung der Materialwirtschaft reicht die in der betriebswirtschaftlichen Literatur übliche Einteilung des Betriebsprozesses in Beschaffung, Einsatzlagerung, Herstellung, Absatzlagerung und Absatz nicht aus. So ist die Materialwirtschaft einerseits enger zu sehen als die Beschaffung, die sich auch auf Anlagen, Personal und Kapital erstreckt, andererseits wieder weiter, da sie die Bedarfsfeststellung (vor der Beschaffung), die Lagerung und den Transport an die Verbrauchsorte einschließt.

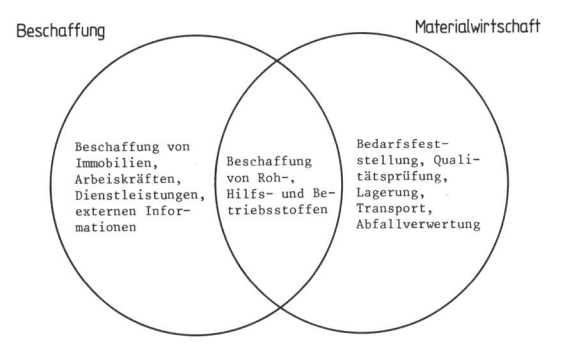

Abb. 1 Abgrenzung von Materialwirtschaft und Beschaffung

Sieht man das Betriebsgeschehen als Kombination der Produktionsfaktoren Arbeit (Personalwirtschaft), Anlagen (Anlagenwirtschaft), Material (Materialwirtschaft), Kapital (Kapitalwirtschaft) und menschliche Gestaltung (Betriebsführung), so kommt die Einordnung der Materialwirtschaft klar zum Ausdruck.

Es ist aber keineswegs so, daß die Materialwirtschaft als eigenständiger Bereich gesehen werden muß. Wegen des **einen** Schwerpunktes der Materialwirtschaft, nämlich der Materialbeschaffung, wird dieser Bereich auch dem Marketingbereich zugerechnet. Denn bei Betrachtung des Marketings als marktorientierte (an den Bedürfnissen der Abnehmer orientierte) Unternehmensführung umfaßt das Marketing konsequenterweise nicht nur die Absatzseite, sondern auch die Beschaffungsseite. In der Praxis zeigt sich diese Überlegung bis heute zum großen Teil in einem selbständigen Bereich „Einkauf", der nicht dem Marketing untergeordnet ist. Die restlichen Aufgaben der Materialwirtschaft (vgl. Abschnitt II) werden dann dem Bereich Fertigung zugeordnet. Diese Zuordnung ist aber deswegen nicht sinnvoll, weil Zielkonflikte zwischen den Zielen der Fertigung und der Materialwirtschaft auftreten (vgl. Abschnitt II).

2. Begriff und Arten des Materials (Objekte)

Unter **Material** (lat. materia = Urstoff, Grundstoff) verstehen wir alle realen Sachgüter, die im Betriebsprozeß eingesetzt werden und danach entsprechend ihrer Zweckbestimmung für eine weitere Verwendung nicht mehr geeignet sind.

Dabei bezeichnet der Begriff „Material" nicht nur den ungeformten Stoff (wie z. B. Werkstoff Stahl ST 42 usw.), sondern auch reale Sachgüter, die bereits in anderen Betrieben (Vorleistungsbetrieben) bearbeitet wurden, wie z. B. Bleche, Schrauben, Elektromotor usw. Innerhalb der realen Sachgüter ist jedoch das Material noch von den **Anlagen** abzugrenzen. Letztere werden hier nicht betrachtet; ihr Leistungspotential nimmt im Zeitablauf ab und wird durch Abschreibungen berücksichtigt, während das Material „aufgezehrt" wird. Die Materialarten wiederum werden nach ihrer Beziehung zum Erzeugnis (Fertigprodukt) unterschieden nach:

- **Erzeugnishauptstoffe**, auch Fertigungsmaterial oder Rohstoffe genannt. Sie sind die wichtigen Bestandteile des Fertigprodukts. Dazu gehören Rohmaterialien (eigentliche Rohstoffe), die mehr oder weniger ungeformt sind, die Halbfertigteile/Halbzeug mit einer gewissen Vorfertigung sowie Fertigteile und Baugruppen/Aggregate, die ohne weitere Bearbeitung in das Endprodukt eingehen.
- **Erzeugnishilfsstoffe**, Fertigungshilfsmaterialien, Hilfsstoffe. Diese Materialien treten bei der Herstellung nur ergänzend auf, sie gehen zwar auch in das Produkt ein, spielen aber kostenmäßig eine untergeordnete Rolle, wie z. B. Garn, Fensterkitt, Farbe, Leim und Verpackungsmaterial (Verbindung, Veredelung, Sicherung der Hauptstoffe) bei der Herstellung von Bekleidung, Fenstern u. a.
- **Betriebsstoffe**, Betriebsmaterial. Das sind solche Materialien, mit denen der Betriebsprozeß aufrechterhalten wird. Sie gehen folglich nur mittelbar in das Produkt ein. Man kann sie zusätzlich in Nicht-Fertigstoffe (eigentliche Rohstoffe wie Kohle, Öl) und Fertigstoffe (Reinigungsmittel, Schreibmaterial) unterteilen.

Bei der Herstellung von Maschinen u. ä. sind als Beispiele Zement (Rohstoff), Nägel (Kleinmaterial), Bohrer (Werkzeuge) und Vorrichtungen, insbesondere aber die Energie- und Treibstoffe sowie das Büromaterial zu nennen.

Die hier ebenfalls noch aufzuführenden Handelswaren können prinzipiell jeder der oben erwähnten Gruppen angehören. Dasselbe gilt für die Abfallstoffe wie z. B. Schlacke für die Mauersteinherstellung oder Thomasphosphatmehl für die Düngung. Wichtig ist, daß aus der Stoffart (Materialart) allein noch keine Zuordnung zu den drei Gruppen möglich ist, sondern erst über die Beziehung des Materials zum Fertigprodukt. Prinzipiell kann also z. B. Steinkohle Erzeugnishauptstoff, Erzeugnishilfsstoff und/oder Betriebsstoff sein.

3. Organisatorische Eingliederung der Materialwirtschaft in ein Unternehmen

Wir wollen hier zur Ergänzung der Abgrenzungsüberlegungen der Materialwirtschaft gegenüber den restlichen Funktionsbereichen im Unternehmen aus Abschnitt 1 auf das **Leitungssystem**, d. h. die Über- und Unterordnung im Unternehmen, kurz eingehen.

Die Form des Leitungssystems hat wesentlichen Einfluß auf die Erreichung der Ziele der Materialwirtschaft (vgl. noch unter II) und zeigt gleichzeitig die Bedeutung, die die Materialwirtschaft für die Unternehmensführung hat, abzulesen an der Höhe des organisatorischen Ranges (Vorstandsbereich, Hauptabteilung, Abteilung).

Werden die Koordinierungsfunktionen für den gesamten Bereich der Materialwirtschaft einer einzigen Instanz übertragen, so spricht man von einer „zentralen" Leitung der Materialwirtschaft (vgl. Abb. 2).

2. Kapitel: Die Materialwirtschaft

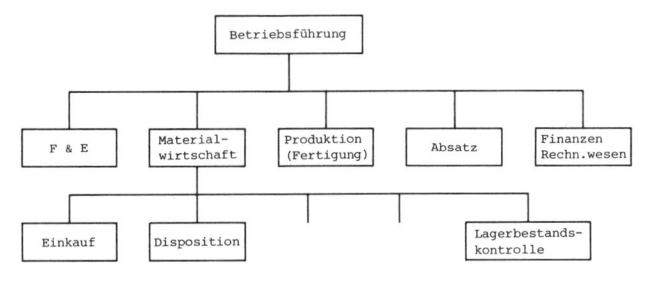

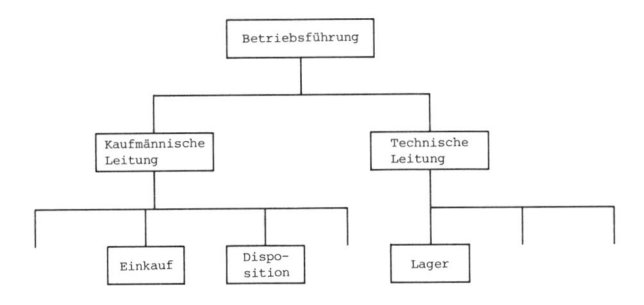

Abb. 2 Zentrale Leitung der Materialwirtschaft

Bei einer derartigen Organisation ist eine straffe Führung der Materialwirtschaft möglich, und die divergierenden Interessen der verschiedenen Stellen und Abteilungen können eher ausgeglichen und abgestimmt werden. Nachteilig sind jedoch Reibungsflächen an den Stellen, wo eine enge Zusammenarbeit mit anderen Abteilungen notwendig ist.

Eine **dezentrale** Leitung liegt vor, wenn die Koordinierungsfunktionen mehreren Instanzen zugeordnet werden, d. h. die Zuständigkeit für die Materialwirtschaft liegt bei verschiedenen Abteilungsbereichen (vgl. Abb. 3).

Abb. 3 Dezentrale Leitung der Materialwirtschaft

Die Hauptprobleme der dezentralen Leitung der Materialwirtschaft liegen darin, daß die Aufgliederung der Koordinierungsfunktionen und deren Durchführung (Gesamtkoordination) schwierig ist.

Diese kurzen Hinweise auf mögliche Einliniensysteme zur Organisation der Materialwirtschaft sollen hier genügen. Selbstverständlich ist auch eine Vielzahl von Mehrliniensystemen für die Materialwirtschaft, also insbesondere die Matrixorganisation verwendbar, allerdings in der Praxis noch wenig verbreitet. Auf sie soll daher hier nicht näher eingegangen werden.

4. Bedeutung der Materialwirtschaft für die Wirtschaftlichkeit eines Unternehmens

Bevor wir in Abschnitt II die wichtigsten Überlegungen zum materialwirtschaftlichen Optimum anstellen, soll die praktische Bedeutung der Materialwirtschaft noch angesprochen werden. Die Bedeutung der Materialwirtschaft in verschiedenen Betriebsarten richtet sich nach dem Anteil des Materialwertes an der Gesamtleistung. So ist die

Bedeutung des Materialanteils am geringsten in sog. Gewinnungsbetrieben (Gewinnung von Rohstoffen, wie Erdöl mit einem Anteil von ca. 10%), da hier fast nur Betriebsstoffe zu bewirtschaften sind. Ähnlich ist dies in Dienstleistungsbetrieben (im Gegensatz zu Sachleistungsbetrieben), die ebenfalls vor allem Betriebsstoffe benötigen.

Einen erheblich höheren Prozentsatz an den Herstellkosten bzw. am Umsatz hat die Materialwirtschaft bei **Fertigungsbetrieben**, d.h. bei Betrieben mit Be- und Verarbeitung der Einsatzgüter in wesentlicher Weise (Maschinenbau meist über 45%, Radio- und Fernsehhersteller 60% bis 70%). Noch höher liegt der Anteil bei den sog. Veredelungsbetrieben, d.h. bei Betrieben mit Bearbeitung von Materialien ohne wesentliche Änderung der Grundeigenschaften, wie z.B. bei Ölraffinerien (Anteil ca. 80%).

Damit stellen die Materialkosten in vielen Betrieben den größten Kostenblock dar und sie haben damit einen entsprechenden Einfluß auf die Wirtschaftlichkeit.

Dazu kommt, daß Material gelagert werden muß (auch wenn es nur als Puffer für ungenaue Bedarfsvorhersagen dient) und damit eine Kapitalbindung auftritt. Je höher der Lagerbestand und je länger die Lagerzeit, umso höher ist der Kapitalbedarf (bei großem Sortiment ist außerdem eine gute Sortierung wichtig).

Die Konsequenz ist, daß Einsparungen im Materialbereich direkt und spürbar (oft bis ca. 50%) auf den Gewinn durchschlagen und die Wirtschaftlichkeit des Betriebes wesentlich bestimmen.

II. Das materialwirtschaftliche Optimum

1. Ziele und Aufgaben der Materialwirtschaft

Zur näheren Charakterisierung der Ziele und Aufgaben der Materialwirtschaft kann man zwischen einer technischen und ökonomischen Zielsetzung unterscheiden. Die technische Zielsetzung, nämlich Sicherung des Produktionsvollzugs, steht dabei gleichrangig neben der ökonomischen Zielsetzung, diese Sicherung möglichst wirtschaftlich, also mit minimalen Kosten, durchzuführen. Da diese Ziele wenig operational sind, haben wir daraus Handlungsziele, auch genannt Aufgaben bzw. Teilaufgaben, abzuleiten, um daran die Handlungen im Unternehmen orientieren zu können.

Die **technische Zielsetzung** ist damit so zu konkretisieren, daß die Materialwirtschaft das für die Gütererzeugung benötigte Material in der erforderlichen Menge und Qualität zur richtigen Zeit am richtigen Ort zur Verfügung zu stellen hat. Hierzu gehören die Unteraufgaben

- Ermittlung des Materialbedarfs,
- Beschaffung der Materialien,
- Prüfung der Materialeingänge nach Menge und Qualität,
- Lagerung des Materials,
- Überwachung und Pflege der Materialbestände,
- Abwicklung der innerbetrieblichen Materialtransporte,
- Recycling.

Die **ökonomische Zielsetzung**, Minimierung der Kosten, läßt sich einfacher operationalisieren, da die technische Aufgabenerfüllung Kosten verursacht, wie Anschaffungskosten, Transportkosten, Prüfkosten, Wagniskosten, Zinskosten, Raum- und Verwaltungskosten usw., deren Erfassung, Verfolgung und damit Minimierung relativ leicht möglich ist. Schwieriger ist dies jedoch bei dem zweiten wichtigen Kostenblock, den sog. Opportunitätskosten. Diese Kosten in Form entgangener Gewinne, in dem das Kapital in einer anderen gewinnbringenderen Form hätte eingesetzt werden können, spielen bei den erwähnten hohen Anteilen der Materialbestände an der Vermögenssumme der Bilanzen in den Unternehmen eine relativ große Rolle. Werden die genannte technische und ökonomische Zielsetzung bzw. die aufgeführten Teilaufgaben (Handlungsziele) erfüllt, so erreicht der Betrieb sein „materialwirtschaftliches Optimum".

Die genannten Teilaufgaben erscheinen allerdings immer noch zu global und undurchsichtig, so daß eine „Problematisierung" des materialwirtschaftlichen Optimums durch eine andere Systematisierung, also ohne Trennung in technische und ökonomische Aufgaben, weitere Einsichten bringt.

2. Problembereiche

Die Teilprobleme des Gesamtproblems „materialwirtschaftliches Optimum" sind nachfolgend kurz aufgeführt.

a) Mengenproblem

Zum Zeitpunkt des Bedarfs müssen die benötigten Materialmengen für einen störungsfreien Produktionsablauf zur Verfügung stehen. Dieses reine **Mengenproblem** spielt auch für kleine und mittlere Unternehmen eine immer größere Rolle, da die Lieferanten an größeren Liefermengen einer Materialart interessiert sind, um die eigenen Stückkosten zu senken. Dazu kommt, daß bei größeren Bestellungen die anteiligen Transportkosten geringer werden. Dadurch ist häufig das Problem zu hoher Lagerbestände und daraus resultierende hohe Lagerkosten in den Unternehmen festzustellen.

b) Sortimentsproblem

Das Sortimentsproblem besteht in der nach **Art und Güte** richtigen Bereitstellung der Materialien. Dabei ist das Sortiment in Breite und Tiefe zu optimieren, d. h. einerseits den Anforderungen anzupassen und andererseits doch nicht zu sehr auszuweiten. Daraus resultiert z. B. die Verwendung bereits geführter Materialien auch bei Neukonstruktionen. Bei der Lösung dieses Sortimentsproblems spielt die Normung (Festlegung eines Materialsortiments) und die Überprüfung der **geforderten** technischen Eigenschaften des Materials eine große Rolle. Ist das Material vielseitig verwendbar, so hat man größere Beschaffungsmengen und Mengenrabatte, günstigere Frachtkosten, geringere Zins- und Lagerkosten (weniger Sicherheitsbestände) und die Gefahr des Veraltens ist nicht so groß.

c) Raumüberbrückungsproblem

Das Material muß vom Lieferanten zum Kunden kommen (Marktraum) und vom Materialeingang zur Materialausgabe, bzw. Verbrauchsort (Betriebsraum). Derartige Transportaufgaben haben allerdings heute, wegen des gutausgebauten Verkehrswesens, der festgelegten Qualitätsbezeichnungen (Normung) und der entsprechenden Rechtssicherheit nicht mehr die gewichtige Bedeutung von einst. Trotzdem kann die Transportfrage je nach Lage der Lieferantenbetriebe sowie je nach Menge, Gewicht und Wert der zu befördernden Materialien noch eine wichtige Rolle spielen.

d) Zeitproblem

Das Zeitproblem bezieht sich auf die Zeitspanne zwischen Materialbeschaffung und Materialverwendung, d. h. der termingerechten Bereitstellung für die Fertigung. So hängen z. B. Naturprodukte von bestimmten Erzeugungspunkten ab, d. h. eine Vorratshaltung ist notwendig bzw. erfordern eine Lagerung zur Verbesserung der Qualität (z. B. Holz, Wein). Allgemein sind für die Wahl der Beschaffungszeitpunkte die Lieferfristen, daneben die Beschaffungskosten, die Kapitalbindungs- und Lagerkosten, die Finanzlage des Betriebes und – wegen der Möglichkeit von Spekulationen – die Preisentwicklungen zu beachten.

e) Kapitalproblem
Jede Materialbereitstellung erfordert Kapital, das man nicht allein durch Lieferantenkredite beschaffen kann, sondern meist über Bankkredite und Eigenkapital. Aus der Forderung nach einer möglichst geringen Kapitalbindung resultiert das Ziel, eine hohe Durchlaufgeschwindigkeit für das Material zu erreichen.

f) Kostenproblem
Die zuvor genannten Teilprobleme sind unter dem Aspekt der Kostenminierung zu lösen, bei Sicherung einer reibungslosen Produktion. Obwohl natürlich die Konstruktion, Entwicklung und Fertigung den Materialbedarf weitgehend festlegt, hat die Materialwirtschaft doch noch Einflußmöglichkeiten auf die Beschaffungskosten, Lagerhaltungskosten und Materialgemeinkosten (das sind Nebenkosten wie Material für Bereitstellungsprozesse, Arbeitskosten, Fremddienste, Abschreibungen, Zinsen u. a.).

3. Lösungsmöglichkeiten

Die erwähnten Teilprobleme haben von Betrieb zu Betrieb unterschiedliche Bedeutung. Um ein materialwirtschaftliches Optimum zu erreichen, ist es bisher noch nicht möglich, ein mathematisches Gesamt-Optimierungsmodell im Betrieb zu verwenden. Daher wird versucht, sich mit praktischen Prinzipien und entsprechenden Kriterien an ein Optimum heranzutasten. Erste Überlegungen hierzu wollen wir nachfolgend für die Materialbereitstellung durchführen.

a) Bereitstellungsprinzipien
Grundsätzlich kann man – ausgehend von der Vorratshaltung – unterscheiden zwischen Bedarfsdeckung **mit** und **ohne** Vorratshaltung. Bei letzterer unterscheidet man außerdem die Bereitstellung entsprechend einem speziellen Einzelbedarf oder aufgrund eines „perioden- oder projektbezogenen Gesamtbedarfs".

(aa) Vorratshaltung
Die Materialien werden bei der Bedarfsdeckung mit Vorratshaltung „auf Abruf" im Betrieb gehalten. Die Vorteile dieses Prinzips bestehen darin, daß kaum Störungen im Erzeugungsprozeß auftreten und daß größere Mengen bezogen werden können bei günstigen Beschaffungskosten (Nutzung der Preis- und Transportkostenstaffelungen, Ausgleich von Preisschwankungen). Außerdem können Anspannungen im Konjunkturaufschwung umgangen werden. Die Nachteile liegen in der hohen Kapitalbindung, den hohen Zins- und Lagerkosten, der Veralterung und der Qualitätsminderung der Bestände. Eine Milderung dieser Nachteile kann erreicht werden durch Sukzessivlieferungsverträge mit Teillieferungen zu bestimmten Terminen oder auf Abruf. Dies ist jedoch bereits der Übergang zu der einsatzsynchronen Anlieferung (vgl. hierzu Abschnitt (cc).

(bb) Einzelbeschaffung im Bedarfsfall
Die Beschaffung wird bei der Einzelbeschaffung ausgelöst bei Eingang eines Auftrags und dem daraus resultierenden Bedarf. Der Vorteil eines solchen Vorgehens beruht darauf, daß das Material ganz kurz im Materialbereich, und zwar nur zur Erfassung und Prüfung, liegt. Nachteilig ist die problematische Terminplanung, wodurch die Gefahr

des Stillstands der Produktion besonders groß ist. Die Anwendung dieses Bereitstellungsprinzips erfolgt daher nur in Betrieben mit Einzelfertigung und nicht vorhersehbarem Materialbedarf.

(cc) Einsatzsynchrone Anlieferung
Bei der einsatzsynchronen Anlieferung müssen die Lieferanten zu bestimmten Terminen (wenn von der Fertigung her notwendig) das Material anliefern. Meist sind für die Nichteinhaltung der vereinbarten Termine hohe Konventionalstrafen zu zahlen. Mit diesem Prinzip wird also der Versuch unternommen, die Vorteile der Vorratshaltung und Einzelbeschaffung im Bedarfsfall wahrzunehmen und gleichzeitig deren Nachteile zu vermeiden. Dieses Bereitstellungsprinzip findet sich vor allem bei Großserien- bzw. Massenfertigung und der vor allem in der Chemie anzutreffenden Zwangslauffertigung. Das eingehende Material wird lediglich geprüft und direkt bei den Verbrauchsorten, z. B. für einen Tagesbedarf, gestapelt und abgearbeitet. Lager mit Bereitstellungsaufgaben bestehen nur noch für Materialien mit kleinem Mengenbedarf (insbesondere für Betriebsstoffe). Hier muß allerdings darauf hingewiesen werden, daß das Lagerungsproblem nicht auf die Lieferanten abgeschoben werden darf, da sonst die Lieferpreise entsprechend steigen müssen. Die anzustrebende Lösung bei der einsatzsynchronen Anlieferung besteht folglich in der Abstimmung der Produktion von Hersteller und Lieferant.

Eine neue Dimension hat dieses Problem durch die Entwicklung neuer Logistik-Konzepte mit Hilfe der modernen Informationsverarbeitungssysteme erhalten. Dabei wird unter dem Stichwort „Just-in-Time" versucht, eine doppelte Bevorratung beim Zulieferer und beim Kunden entbehrlich zu machen bzw. insgesamt eine Reduzierung der Dispositions- und Bevorratungsstufen zu erreichen. Diese Konzeption orientiert sich an den Lieferwünschen und Lieferzeitpunkten der Kunden – nicht an denen der Produktion – und gestaltet rückwärts und materialflußorientiert den Produktionsablauf. Die dabei gegenüber der maximalen Kapazitätsauslastung im Vordergrund stehende Durchlaufzeitoptimierung erfordert eine neue Denkweise der Mitarbeiter, eine Standardisierung des Produktions- und Teileprogramms und eine Anpassung der Arbeitsplatzorganisation (incl. flexibler Maschinentechnologie) mit zugeschnittenem Informationsfluß.

In der Regel sind alle drei Bereitstellungsprinzipien **gleichzeitig** im Betrieb anzutreffen.

Insgesamt ist festzuhalten, daß die Daten des Beschaffungs- und Absatzmarktes sowie innerbetriebliche Größen wie das Erzeugungsprogramm, der Leistungstyp, das Vorliegen von Massen- oder Einzelfertigung, das vorliegende Informationssystem, die Beschäftigungs- und Finanzlage auf die Wahl des Bereitstellungsprinzips wesentlichen Einfluß haben.

b) Kriterien für die Wahl der Bereitstellungsmaßnahmen

(aa) ABC-Analyse
Ordnet man die einzelnen Materialien nach ihren Verbrauchswerten in einer Periode und faßt sie zu bestimmten Klassen (ABC) zusammen, so erhält man die Grundlage für eine differenzierte Materialbereitstellung. Die ABC-Klassen werden nach den Verbrauchswerten in einer Periode gebildet und diesen der jeweilige Mengenanteil gegenübergestellt.

Das Beispiel von Abb. 4 zeigt, daß bei den A-Teilen 72% des Werteverzehrs von nur 6% der Materialarten bewirkt wird. In diesem Fall ist ein detailliertes, aufwendiges Bereitstellungsverfahren sinnvoll, z. B. die einsatzsynchrone Anlieferung, um den Lager-

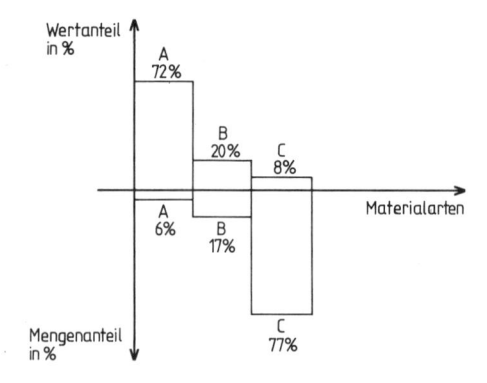

Abb. 4 Beispiel für eine ABC-Analyse des Materialverbrauchs

bestand bei A-Teilen niedrig zu halten. Bei den C-Teilen dagegen kann ein einfaches Verfahren zur Vorratshaltung verwendet werden, da nur 8% des Werteverbrauchs von 77% der Materialarten bewirkt wurde.

(bb) Verbrauchsstruktur
Entsprechend der Entwicklung des Verbrauchs einzelner Materialien im Zeitablauf kann man beispielsweise folgende Gruppen unterscheiden:
- Materialien mit regelmäßigem Verbrauch (horizontaler Verbrauchsverlauf),
- Materialien mit schwankendem Verbrauch (saisonal und/oder trendmäßig steigend bzw. sinkend),
- Materialien mit völlig unregelmäßigem Verbrauch.

Hier ist eine Differenzierung der Bereitstellungsmaßnahmen sinnvoll, nämlich eine einsatzsynchrone Anlieferung bei regelmäßigem Verbrauch, Vorratshaltung bei schwankendem Verbrauch und Einzelbeschaffung im Bedarfsfall bei unregelmäßigem Verbrauch.

Schließlich besteht die Möglichkeit, die Bereitstellungsmaßnahmen weitgehend zu differenzieren, indem Verbrauchsstruktur und ABC-Analyse in Form einer Matrix kombiniert (9 Felder) und danach Bereitstellungssysteme entwickelt werden. Diese aufwendige Lösung ist in der betrieblichen Praxis von geringerer Bedeutung, da die Kosten für Untersuchungen zu den Verbrauchsverläufen in der Vergangenheit im Vergleich zu den Einsparungsmöglichkeiten bei den Lagerkosten meist zu hoch sind.

Die bisher angestellten, mehr globalen Überlegungen zur Erreichung eines materialwirtschaftlichen Optimums sind nun nachfolgend in der Diskussion von Einzelproblemen zu vertiefen. Die Analyse orientiert sich dabei an den im Unternehmen anzutreffenden Arbeitsschritten. So ist nach Vorliegen des geplanten Fertigungsprogramms der entsprechende Materialbedarf zu ermitteln (Abschnitt B), dieser ist mit dem vorhandenen Materialbestand zu vergleichen (Abschnitt C) und die offenen Materialmengen sind zu beschaffen (Abschnitt D). Da die Lagerhaltung und deren technische Durchführung in den meisten Unternehmen eine große Bedeutung erlangt hat, sind dazu im letzten Abschnitt (Abschnitt E) des 2. Kapitels gesonderte Ausführungen zu finden.

B. Probleme des Materialbedarfs

I. Die Ermittlung der Bedarfsmenge

Die Wahl der Verfahren zur Ermittlung des Bedarfs an Materialien hängt von der Art der zur Verfügung stehenden Daten ab. Ist das zukünftige Erzeugungsprogramm (Absatzplan) nach Art (pro Produkt) und Menge für die einzelnen Teilperioden fixiert, so spricht man von einer **programmgebundenen Bedarfsplanung** (auch programm- oder auftragsgesteuerte Disposition).
Diese sog. Primärplanung zur Ermittlung des Primärbedarfs ist ein **deterministisches** Verfahren.

Diese Primärplanung ist vom Vertrieb (Marketing- bzw. Absatzbereich) zu erstellen und sollte so weit in die Zukunft reichen, daß auch das Material mit der längsten Vorlaufzeit (Durchlaufzeit im Betrieb plus Lieferzeit) noch disponiert werden kann. Der Absatzplan wird üblicherweise in einer sog. „Rollenden Planung" erstellt (die nächste Periode kommt hinzu, die erste Periode wird weggelassen). Die erste(n) Periode(n) sollte(n) dabei nicht mehr veränderbar sein, um eine kontinuierliche Fertigung zu erreichen. D. h., daß die Perioden unveränderbar sein sollten, in denen die Fertigung nur mit größtem Aufwand – und damit Kosten – noch reagieren kann.

Sind Angaben über den zukünftigen Primärbedarf nicht möglich, so werden grundsätzlich **stochastische Verfahren** verwendet. Die dabei verwendeten mathematisch-statistischen Vorhersageverfahren basieren auf der Verwendung des Gesetzes der großen Zahl und werden in der Literatur in großer Vielzahl, jeweils in Verbindung mit Lagermodellen, diskutiert. Dabei wird oft mit dem aus der Vergangenheit ermittelten festen Periodenbedarf (oder einer hypothetischen, evtl. empirisch erhärteten, Verteilung des Periodenbedarfs) gerechnet.

Damit ist der **Materialverbrauch** die **Grundlage** der Bedarfsplanung (auch **verbrauchsgesteuerte** Disposition genannt). In der Praxis sind Mischformen aus beiden zu finden.

1. Das Erzeugungsprogramm als Grundlage des Bedarfs (Bedarfsauflösung)

a) Vorbemerkungen

Wie erwähnt, leitet die auftragsgesteuerte Disposition den Materialbedarf aus dem Absatzplan ab, in dem die Art, Menge und Termine für die Fertigerzeugnisse angegeben sind. Sehen wir einmal davon ab, daß der Absatzplan selten nur auf bereits vorliegenden Kundenaufträgen beruht, sondern meist auch auf Schätzungen über den erwarteten Auftragseingang, so ist noch die Schwierigkeit, den aus dem Erzeugungsprogramm ermittelten Bruttobedarf unter Berücksichtigung der frei verfügbaren Lagerbestände (incl. Verschnitt und Reserve für Ausschuß) an dem Material (und übergeordneter Teile und Baugruppen) in den Nettobedarf zu transformieren. Der Nettobedarf ist dabei die Beschaffungsmenge am Markt in der betrachteten Planungsperiode.
An dieser Stelle ist darauf hinzuweisen, daß der Begriff Bruttobedarf auch verwendet wird für die Summe aus Nettobedarf und Verschnitt sowie Reserve für Ausschuß. Dabei bedeutet der Nettobedarf dann die Materialmenge, die ins Produkt eingeht.

Die für die Produktion im einzelnen benötigten Materialien müssen mit speziellen Unterlagen ermittelt werden, den sog. **Stücklisten** oder **Rezepten**. Dazu kommen **Terminpläne**, die festlegen, wann welches Erzeugnis in welchen Stückzahlen gefertigt wird. Je nach Art der verwendeten Hilfsmittel und der rechentechnischen Verfahren kann man unterschiedliche Bedarfsermittlungsverfahren unterscheiden und zwar die analytische und synthetische Methode.

Nachfolgend wollen wir auf dieses gesamte Instrumentarium etwas näher eingehen.

b) Hilfsmittel und Verfahren der Bedarfsrechnung

(aa) Stücklisten und Rezepte

Bei der Konstruktion und Zeichnungserstellung für Erzeugnisse und Baugruppen werden Verzeichnisse über die Zusammensetzung dieser Produkte aufgestellt (oft auf der

Abb. 5 Konstruktionsstückliste

Benennung						Nr. 03	
Schieberäder - Getriebe für Vorschub						Baugruppen Zeichn. Nr. 3-4205	
Gr.	Lfd.Nr.	St.je Einh.	Gegenstand	*)	Zeichn. Nr.	Werkstoff	Rohmasse Modell Nr.	Rohgewicht kg/Stck.
0	1	1	Gehäuse		3-4205/1	Ge 12.91	2018	12,000
0	2	1	Deckel		3-4205/2	Ge 12.91	1019	4,500
II	3	6	Sechskantschraube M			St 37	DIN 931	
0	4	1	Welle		3-4205/3	St 50.11	25⌀;160	0,550
0	5	1	Welle		3-4205/4	St 50.11	25⌀;180	0,600
0	6	1	Stirnrad 28 Z	X	3-4205/5	St 60.11	65⌀; 22	0,540
0	7	1	Stirnrad 36 Z	X	3-4205/6	St 60.11	75⌀; 22	0,730
0	8	1	Stirnrad 24 Z	X	3-4205/7	St 60.11	60⌀; 22	0,445
0	9	1	Stirnrad 32 Z	X	3-4205/8	St 60.11	65⌀; 22	0,540
I	10	1	Ölstutzen M 16			St 37		
0	11	2	Buchse		3-4205/9	G Bz 9	2022	0,255
0	12	2	Buchse		3-4205/10	G Bz 9	2023	0,285
I	13	2	Verschraubung M 18			St 37.12		
0	14	1	Kegelzahnrad		3-4205/11	St 60.11	65⌀; 50	1,360
I	15	1	Riemenscheibe 140⌀	X		Ge 12.91		
0	16	1	Nutzenscheibe		3-4205/12	St 50.11	70⌀; 20	0,700
II	17	5	Zylinderschraube M			St 37	3020	
0	18	1	Gabel mit Griff	X	3-4205/13	Ge 12.91	2020	2,560
0	19	1	Indexbolzen		3-4205/14	St 37.12	8⌀; 40	0,018
I	20	1	Druckfeder 10⌀;30		3-4205/15	Federst.	1,5⌀ 200	
II	21	2	Kugellager 6404				DIN 625	
II	22	2	Kugellager 6405				DIN 625	
I	23	4	Dichtungsring Pi 6			Filz		
I	24	1	Paßfeder A 5x5;25			Keilstahl	DIN 6885	
II	25	1	Paßfeder A 5x5;20			Keilstahl	DIN 6885	
II	26	2	Kugellager EL 5				DIN 625	
I	27	2	Halsschraube M 8x12;6			St 37		
II	28	4	Zylinderstift 6m 6x24			St 60	DIN 7	
0 = Fertigungsteil I = Bezugsteil II = Normteil			*) Kommt in mehreren Typen vor (Baukastenteil)		Datum	Name	Liste besteht aus 3 Blatt	Blatt Nr. 1
					Bearbeitet 15.1.19..	Schneider		
					Geprüft 18.1.19..	Müller		

Zeichnung bei kleineren Produkten). Diese sog. **Konstruktions-Stückliste** (vgl. Abb. 5) ist die Basis für die oft nebeneinander in Unternehmen anzutreffenden Fertigungs- und Dispositions-Stücklisten. Da heute bereits viele Unternehmen im Materialwirtschaftsbereich die elektronische Datenverarbeitung verwenden, ist übrigens ein Trend zur sog. Universal-Stückliste festzustellen.

Je nach Aufbau der Stücklisten unterscheidet man drei Grundformen.

• **Struktur-Stückliste**: Sie zeigt sämtliche Teile und Baugruppen eines Erzeugnisses in ihrem fertigungstechnischen Zusammenhang mit **Mengenangaben** für direkt **übergeordnete** Einheiten. Bei mehrstufiger Fertigung wird hier der technische Zusammenhang der Fertigungsstufen (Fertigungsbreite und -tiefe) vollständig erkennbar. Allerdings werden Struktur-Stücklisten bei einer zunehmenden Zahl von Teilen und Baugruppen rasch unübersichtlich, insbesondere wenn einzelne Teile und Baugruppen an verschiedenen Stellen und Fertigungsstufen aufgeführt werden.

• **Mengenübersichts-Stückliste**: In der Mengenübersichts-Stückliste sind alle Teile und Baugruppen, die zur Fertigung einer Einheit des Fertigerzeugnisses benötigt werden, verzeichnet. Sie ist unstrukturiert, d. h. der fertigungstechnische Zusammenhang ist nicht erkennbar und die **Mengenangaben** beziehen sich immer auf **ein Stück Fertigerzeugnis**. Die Mengenübersichts-Stückliste eignet sich deshalb sehr gut bei einfach strukturierten

Abb. 6 Bedarfsermittlung nach dem analytischen Verfahren

1. Unterlagen   a) Auftragsabhängig

Absatzplan	
Erzeugnis I	20 x
Erzeugnis II	10 x
Teil 9 (Ersatzteil)	35 x

b) Auftragsunabhängig

Stückliste von Erzeugnis I	
Bezeichnung	Menge
Baugruppe A	1
Baugruppe B	2
Baugruppe E	1
Teil 1	1

Stückliste von Erzeugnis II	
Bezeichnung	Menge
Baugruppe B	1
Baugruppe E	4
Baugruppe G	1

Stückliste der Baugruppe A	
Bezeichnung	Menge
Teil 1	4
Teil 9	2
Baugruppe G	1

Stückliste der Baugruppe E	
Bezeichnung	Menge
Teil 7	4
Teil 9	1

Stückliste der Baugruppe B	
Bezeichnung	Menge
Teil 1	3
Teil 7	1
Teil 9	4

Stückliste der Baugruppe G	
Bezeichnung	Menge
Teil 1	1
Teil 9	1

Erzeugnissen (z. B. einstufige Fertigung). Andererseits sind aus demselben Grund Mengenübersichts-Stücklisten bei einer mehrstufigen Fertigung häufig ungeeignet.

- **Baukasten-Stückliste**: Sie führt nur Baugruppen auf, die direkt in eine übergeordnete Baugruppe eingehen.

Die Mengenangaben beziehen sich auf die jeweils übergeordnete Baugruppe. Diese Stückliste bringt Vorteile, wenn einzelne Baugruppen in mehreren Erzeugnissen vorkommen.

Der Nachteil der Baukasten-Stückliste ist darin zu sehen, daß der direkte Bezug zum Fertigerzeugnis nicht gegeben ist.

In Betrieben der Chemischen Industrie werden statt Stücklisten sog. **Rezepte** verwendet. Diese geben die Materialzusammensetzung und den Herstellungsablauf der Produkte an.

2. Bedarfsermittlung

Rechenweg für jedes Teil:
Anzahl der 1. Baugruppe im Erzeugnis I mal Anzahl der Einzelteile in 1. Baugruppe, mal benötigte Stückzahl für Erzeugnis I, plus Anzahl der 2. Baugruppe mal usw.
Bedarf an Teil 1:
$1 \times 4 \times 20 + 1 \times 1 \times 1 \times 20 + 2 \times 3 \times 20 + 1 \times 20 + 1 \times 3 \times 10 + 1 \times 1 \times 10 = 280$
Bedarf an Teil 7:
$2 \times 1 \times 20 + 4 \times 1 \times 20 + 1 \times 1 \times 10 + 4 \times 4 \times 10 = 290$
Bedarf an Teil 9:
$1 \times 2 \times 20 + 1 \times 1 \times 1 \times 20 + 2 \times 4 \times 20 + 1 \times 1 \times 20 + 1 \times 4 \times 10 + 4 \times 1 \times 10 + 1 \times 1 \times 10 + 35 = 365$

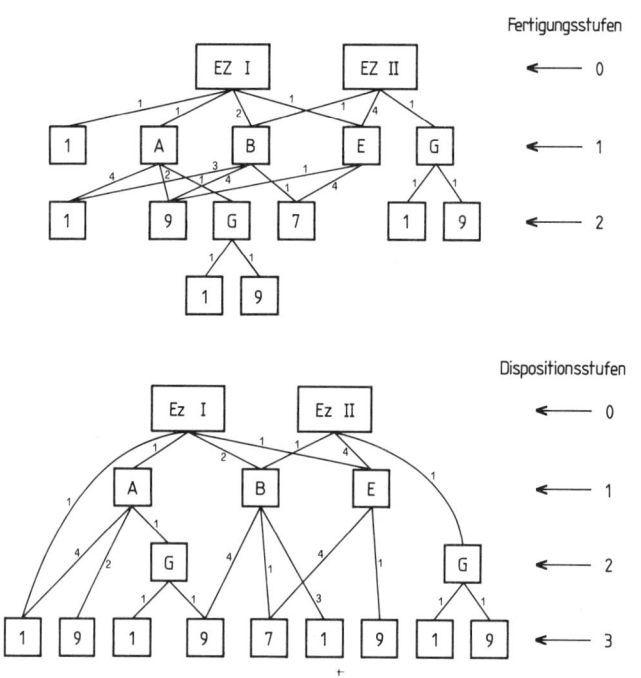

Abb. 7 Erzeugnisstruktur von Erzeugnis I und II

2. Kapitel: Die Materialwirtschaft 173

Zu erwähnen ist, daß neben den **Stücklisten** noch sog. **Teileverwendungsnachweise** anzutreffen sind. Dieser Teileverwendungsnachweis führt auf, welches Teil in welchen Erzeugnissen bzw. Baugruppen wie oft vorkommt, wobei man analog den Stücklisten zwischen Struktur-, Mengenübersichts- und Baukasten-Teileverwendungsnachweisen unterscheiden kann.

Die wichtigsten dieser Grundformen sind in den vereinfachten, symbolischen Beispielen der Abb. 6 und Abb. 8 enthalten. Zur Veranschaulichung der Zusammenhänge ist die Erzeugnisstruktur der Abb. 6 mit Hilfe eines grafischen Erzeugnisbaumes in Abb. 7 dargestellt.

Die nachfolgend kurz beschriebenen Verfahren zur Ermittlung des Materialbedarfs bauen auf den vorgenannten Unterlagen auf. Nicht näher dargestellt ist dabei das Verfahren mit Verwendung der Mengenübersichts-Stückliste (auch genannt Materialbedarfsliste), nach dem der Materialbedarf für die Erzeugnisse einfach durch Multiplikation der geplanten Absatz-Stückzahl mit der Menge der Einzelteile pro Erzeugnis (ausgewiesen in der Mengenübersichts-Stückliste) errechnet wird.

(bb) Analytische Methode

Als Grundlage dienen hier die Stückliste und das einzelne Fertigerzeugnis. Das Fertigerzeugnis wird dabei gedanklich in seine Einzelteile zerlegt, wobei stufenweise vom

1. Unterlagen

a) Auftragsabhängig

Absatzplan	
Erzeugnis I	20 Stück
Erzeugnis II	10 Stück
Teil 9 (Ersatzteil)	35 Stück

b) Auftragsunabhängig

Teileverwendungsnachweis		
Teil	Verwendung im Erzeugnis	Menge
1	I II V	12 4 3
7	I II IV V	6 17 5 1
9	I II IV V	12 9 3 1

2. Bedarfsermittlung

Teil 1   12×20 + 4×10   = 280 Stück
Teil 7   6×20 + 17×10   = 290 Stück
Teil 9   12×20 + 9×10 + 35   = 365 Stück

Abb. 8 Bedarfsermittlung nach dem synthetischen Verfahren

Bedarf an Fertigerzeugnissen über die Baugruppen bis zu den Einzelteilen vorgegangen wird (vgl. Abb. 6).

Man erkennt, daß hierzu Baugruppen-Stücklisten notwendig sind. Dies gilt für beide anzutreffende analytische Methoden und zwar für die Auflösung nach **Fertigungs- bzw. Baustufen** und die Auflösung nach **Dispositionsstufen**. Den Unterschied zwischen diesen beiden Auflösungsarten zeigt Abb. 7.

Löst man nach **Fertigungsstufen** auf, so kann eine Baugruppe mehrmals vorkommen und muß dann mehrmals aufgelöst werden. Dies führt zu einem unnötig hohen Rechnungsaufwand.

Die analytische Auflösung nach **Dispositionsstufen** umgeht diesen Nachteil, da die Auflösung solange zurückgestellt wird, bis die zugeordnete Dispositionsstufe erreicht ist (Baugruppe G in Abb. 7).

(cc) Synthetische Methode

Die synthetische Methode geht vom einzelnen Teil aus.

Hilfsmittel sind dann die Teileverwendungsnachweise. Je nach Verwendungsnachweis mit Fertigungs- oder Dispositionsstufen wird geprüft, ob das betrachtete Teil direkt im Erzeugnis oder in Baugruppen vorkommt. Dies, für alle Stufen durchgeführt und addiert, jeweils multipliziert mit der Zahl an Fertigerzeugnissen, ergibt den Teilebedarf (Bruttobedarf).

Das Ergebnis muß gleich dem der analytischen Methode sein (vgl. Abb. 8).

(dd) Gozinto-Methode

Der sog. Gozinto-Graph ist ein Anwendungsfall aus der Graphentheorie. Der Graph ist ein Netz von Knoten und gerichteten Kanten (Pfeile), wobei die Knoten Teile, Baugruppen oder Fertigerzeugnisse darstellen und die Pfeile die mengenmäßigen Direktbeziehungen (Direktbedarf). Für das Erzeugnis I des Beispiels aus Abb. 6 und Abb. 8 ist der Gozinto-Graph in der Abb. 9 dargestellt.

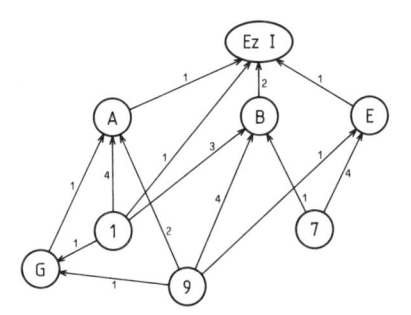

Abb. 9 Gozinto-Graph

Die Ermittlung des Gesamtbedarfs kann erfolgen durch rückläufiges Abschreiten der Kanten, ausgehend vom Primärbedarf. An den Knoten addierter Bedarf wird jeweils dort vermerkt. Auftretende Schleifen müssen durch Sonderverfahren eliminiert werden.

Verwendet man für die Ermittlung des Gesamtbedarfs den Weg über die Direktbedarfs-Matrix zur Gesamtbedarfs-Matrix, so ist das hier auftretende Problem die Matrix-Inversion mit hohem Rechenaufwand.

Die Gesamtbedarfs-Matrix ist als Mengenübersichts-Stückliste (Spalten) bzw. -Verwendungsnachweis (Zeilen) interpretierbar.

c) **Bruttobedarf / Nettobedarf**

Die zuvor dargestellten Verfahren der Bedarfsrechnung sind zur Ermittlung des Brutto- und Nettobedarfs verwendbar. Eine Ausnahme besteht lediglich bei Verwendung einer reinen Mengenübersichtsstückliste, die nur für die Ermittlung des Bruttobedarfs geeignet ist.
Doch was heißt Brutto- und Nettobedarf?

Bruttobedarf ist der Materialbedarf, der auf der Grundlage des Erzeugungsprogramms und der vorliegenden Stücklisten ermittelt wird.
Der **Nettobedarf** ist die (am Markt) zu beschaffende Menge des Materials. Differenzen ergeben sich also aus den frei verfügbaren Lagerbeständen dieses Materials und evtl. übergeordneten Baugruppen oder Teile.

Um diese Differenzen in den Griff zu bekommen, werden in der Regel verschiedenerlei „Dispositionskarteien" verwendet. Das Grundprinzip ist dabei, für jede Material-Nr. eine Karte zu haben, aus der

- der tatsächliche Lagerbestand (physisch vorhanden),
- die evtl. Reservierungen (disponierte Aufträge) und
- die evtl. noch offenen Bestellungen

ersehen werden können. Aus diesen Angaben kann dann die sog.

- Verfügbarkeit ermittelt werden aus folgender Formel (bzw. aus den entsprechenden Spaltenzahlen der Kartei):

$$V = LB + OB - D - S$$

V = Verfügbarkeit
LB = Lagerbestand
OB = Offene Bestellungen
D = Disponierte Aufträge

S = für evtl. Sicherheitsbestand
zur Erstellung von Ersatzteilen oder unvorhersehbarer
Ausschuß u. ä.

Bei negativer Verfügbarkeit muß nachbestellt werden, wobei an eine wirtschaftliche Losgröße (Zusammenfassung) zu denken ist (vgl. Abschnitt D.I.).

d) **Terminisierung des Bedarfs**

Wir haben bisher mit keinem Wort die unbedingt notwendige Terminisierung des Bedarfs erwähnt. Notwendig deshalb, weil normalerweise verschiedene Beschaffungsfristen vorliegen, wie auch verschiedene, oft beträchtliche Durchlaufzeiten der Materialien und Baugruppen durch den Betrieb. Damit nun **keine verfrühte** Anlieferung von Material (dies ist der Fall, wenn alle Materialien zum Termin des frühestnotwendigen einzelnen Teils bestellt werden) mit Kapitalbindung und Lagerbelastung oder zu **späte Anlieferung** (keine Berücksichtigung von Beschaffungszeiten, also dem sog. Vorlauf) mit Produktionsstockungen eintreten, muß der Materialbedarf „terminisiert" werden. Um im Betrieb ein einheitliches und leicht handhabbares System zur Terminisierung zu haben, wird meist ein sog. **Betriebskalender** erstellt, in dem die Wochen und Arbeitstage numeriert werden.

Mit Hilfe der dabei verwendeten **Fabrik-Tage-Nummern** ist ein einfaches Rückrechnen vom Auslieferungstermin bis zum Beginn des Fertigungstermins bzw. Bestelltermins möglich.

Wird in die bereits erwähnte Dispositionskartei diese Terminisierungsüberlegung eingebracht, so ist eine Aufgliederung der Spalten nach Dispositionsperioden notwendig. Dies wird für eine Rechnung von Hand **aufwendig** und sollte nur für die wichtigsten Teile gemacht werden. Für eine Disposition mit der DV-Anlage ist es allerdings kein Problem, eine verbrauchssynchrone Anlieferung für jedes Teil nach dem individuell richtigen Termin zu erreichen. Dies bedeutet die Ermittlung der Verfügbarkeit für jede Periode T, also

$$V_T = LB_T + OB_T - D_T$$

Dies bedeutet, daß die Eindeckungsmenge (LB + OB) gleich oder größer der Dispositionsmenge D (im Zeitpunkt T) sein muß.

Trotzdem sind dazwischen **Zusammenfassungen** zu wirtschaftlichen Losgrößen (für Fertigung und Bestellung) notwendig, für die wiederum Vorlaufverschiebungen nicht nur aus reinen Durchlaufzeiten, sondern aus durchschnittlichen Zeiten, incl. Wartezeiten u. ä., beachtet werden müssen.

2. Der Materialverbrauch als Grundlage des Bedarfs (Bedarfsvorhersage)

a) Vorbemerkungen

Grundsätzlich ist eine Bedarfsvorhersage notwendig, wenn eine deterministische Bedarfsauflösung nicht möglich ist, weil entweder Stücklisten fehlen oder der tatsächliche Bedarf nicht vorhersehbar ist (wie Ersatzteil-Bedarf, hoher Ausschuß u. ä.).

Ebenso ist eine Bedarfsvorhersage notwendig, wenn **neue** Erzeugnisse und Teile eingeführt werden und man noch nicht einmal auf Vergangenheitswerte zurückgreifen kann.

Auf diese reine subjektive Bedarfsschätzung wollen wir hier nicht näher eingehen.

Uns interessieren vor allem die zuerst genannten **beiden Fälle** sowie **Zweckmäßigkeitsüberlegungen** bei der Bedarfsplanung für die große Zahl der **Erzeugnishilfs-** und **Betriebsstoffe** sowie für die **geringwertigen** Erzeugnishauptstoffe. In diesen Fällen lohnt sich eine genaue deterministische Bedarfsermittlung nicht, und man baut auf dem **Verbrauch in der Vergangenheit** auf.

b) Voraussetzungen

Die Voraussetzungen für eine derartige auf Vergangenheitswerten aufbauende Bedarfsvorhersage ist, daß

- überhaupt eine Verbrauchsstatistik geführt wird, aus der Vergangenheitswerte zu entnehmen sind (Materialrechnung, Materialbewegungsstatistik),
- die Anzahl der Vergangenheitswerte ausreichend ist und
- der Verlauf der Vergangenheitswerte kontinuierlich ist,

d. h. weder ein

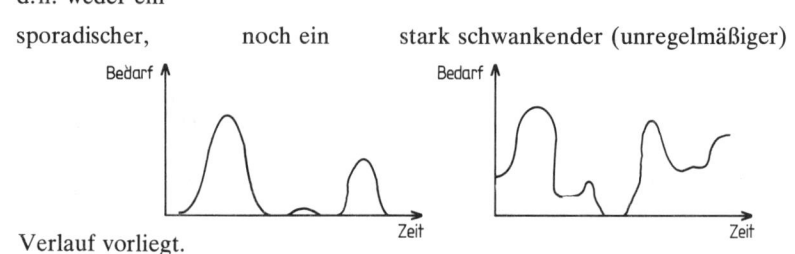

sporadischer, noch ein stark schwankender (unregelmäßiger) Verlauf vorliegt.

- Für die Vorhersage muß die **Annahme** gemacht werden, daß die den Verbrauch in der Vergangenheit bestimmenden Einflußgrößen auch in der Zukunft gleich bleiben (**Zeitstabilitätshypothese**) (diese Annahme ist bei Verläufen, wie zuvor aufgezeigt, nicht haltbar). Kennt man bereits Änderungen in der Zukunft, so sind diese bei der Extrapolation zu berücksichtigen.

Im Gegensatz zu dem dritten zuvor erwähnten Punkt und in Erfüllung der vierten Voraussetzung (Vorliegen von Gesetzmäßigkeiten) kann man für folgende Bedarfsverläufe die Voraussetzungen für die Anwendung von verschiedenen Vorhersagemethoden als **erfüllt** betrachten:

(1) Gleichbleibender (konstanter) Bedarfsverlauf

Dieser Verlauf liegt grundsätzlich vor, wenn der Bedarfsverlauf kurzfristig um einen Mittelwert schwankt. Die Abweichungen sind zufällig und ohne erkennbare Regelmäßigkeit; sie können durch zusätzlichen Sicherheitsbestand aufgefangen werden.

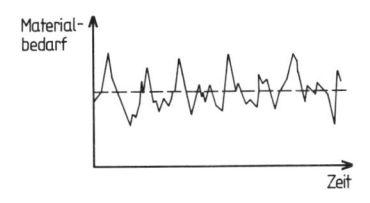

(2) Trendförmiger Bedarfsverlauf

Dieser liegt vor, wenn über einen längeren Zeitraum hinweg bei Vernachlässigung von zufälligen Schwankungen ein steigender oder ein fallender Bedarf festzustellen ist. Wichtig ist hier, die zufälligen Schwankungen zu eliminieren und den Trendverlauf, auch wenn er sich umkehrt, zu erkennen.

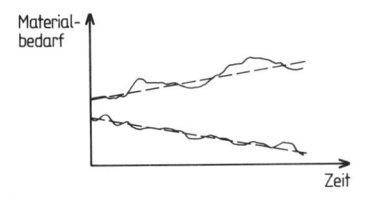

Ein Hilfsmittel hierzu ist die Glättung der Verbrauchszahlenreihe durch die Bildung von gleitenden Dreierdurchschnitten.

(3) Saisonabhängiger Bedarfsverlauf

Ein derartiger Verlauf liegt vor, wenn

- zu periodisch wiederkehrenden Zeitpunkten ein Spitzen- oder Minimalbedarf auftritt,
- die Spitzenbedarfswerte um 30–50% über dem Durchschnittsbedarf liegen und
- ein eindeutiger Ursachenkomplex den Bedarfsspitzen zuzuordnen ist, auch für die nächste Zukunft (keine zufälligen Bedarfsschwankungen).

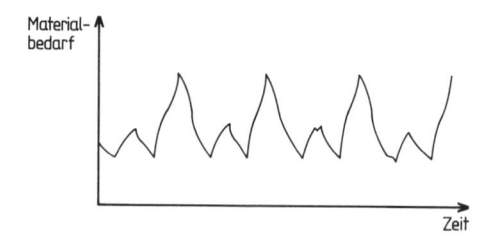

Beispiele hierzu sind Weihnachts-, Oster-, Bade-, Wintersportartikel u. ä.

c) Vorhersageverfahren (Stochastische Methoden) der verbrauchsgebundenen Bedarfsplanung

Die nachfolgend dargestellten Vorhersagemethoden sind jeweils in Anpassung an den vorliegenden Bedarfsverlauf nach den zuvor aufgezeigten grundsätzlichen Verlaufsmustern zu verwenden. Dabei wollen wir unterscheiden zwischen folgenden Methoden:
- Mittelwert
- Exponentielle Glättung
- Regression

(aa) Mittelwert-Methode

(aaa) Arithmetisches Mittel

Hier bildet der Wert des arithmetischen Mittels den Vorhersagewert V_{n+1} der nächsten Periode.
Ermittelt wird das arithmetische Mittel durch die Summe aller Werte einer Zahlenreihe (Zeitreihe) dividiert durch die Anzahl der Reihenglieder (Perioden):

$$V_{n+1} = \bar{V}_n = \frac{\sum_{i=1}^{n} V_i}{n}$$

$\bar{V}_n$ = Durchschnittsverbrauch (arithmetisches Mittel)
V_i = Verbrauchsmenge in der Periode i
n = Anzahl der berücksichtigten Perioden.

Diese Methode liefert allerdings nur bei konstantem Verbrauchsverlauf brauchbare Prognosewerte. Zudem ist problematisch, daß alle Vergangenheitsdaten gleich gewichtet werden und damit jüngste Entwicklungen ungenügend berücksichtigt sind. Dies ist umso stärker, je größer n wird.

(bbb) Gleitender Mittelwert

Diese Methode vermeidet das Mitschleppen zu vieler Vergangenheitszahlen und reagiert besser auf die jüngste Entwicklung. Daher ist sie auch für Vorhersagen bei trendförmigem Bedarfsverlauf geeignet. Die Ermittlung des Vorhersagewerts erfolgt mit Hilfe der letzten m Periodenwerte, wobei diese Periodenzahl konstant bleibt. Die Formel lautet gleich wie unter caa. mit der Summe der letzten m Werte, also

$$V_{n+1} = \bar{V}_m = \frac{\sum_{i=n-m+1}^{n} V_i}{m}$$

2. Kapitel: Die Materialwirtschaft

(ccc) Gewogener gleitender Mittelwert

Wollen wir den jüngeren Vergangenheitswerten ein stärkeres Gewicht geben (bzw. die Werte beliebig gewichten), so kann der Vorhersagewert folgendermaßen ermittelt werden:

$$V_{n+1} = \bar{V}_m = \sum_{i=n-m+1}^{n} a_i \cdot V_i$$

wobei gilt $\quad a_{n-m+1} + a_{n-m+2} + \ldots + a_n = 1 \quad$ bzw.

$$V_{n+1} = \bar{V}_m = \frac{\sum_{i=n-m+1}^{n} a_i \cdot V_i}{\sum_{i=n-m+1}^{n} a_i}$$

$$= \frac{a_{n-m+1} \cdot V_{n-m+1} + \ldots + a_n \cdot V_n}{a_{n-m+1} + \ldots + a_n}$$

mit a_i beliebig.

Wie bereits erwähnt, können die Methoden cab. und cac. auch für die Vorhersage bei trendförmigem Bedarfsverlauf verwendet werden, insbesondere aber auch bei saisonalem Verlauf. Dabei müssen allerdings für die Prognose eines Wertes im Saisonverlauf die Vergangenheitswerte der entsprechenden Saisonlage verwendet werden.

(bb) Exponentielle Glättung (exponential smoothing)

Diese Methode dürfte die meistverwendete verbrauchsbedingte Methode zur Materialbedarfsermittlung sein.
Mit diesem rechentechnisch einfach zu handhabenden Verfahren ist ebenfalls eine Gewichtung der Vergangenheitsdaten möglich. Die Gewichtung erfolgt mit Hilfe des Gewichtungsfaktors bzw. Glättungsfaktors α, dessen Wert zwischen 0 und 1 liegen kann. Je kleiner α ist, desto weniger erfolgt eine Anpassung an Verbrauchsänderungen ($\alpha = 0$ → alter Verbrauchsmittelwert = neuer Verbrauchsmittelwert). Bei $\alpha = 1$ erfolgt eine völlige Anpassung an den jüngsten Bedarf.
In der Praxis haben sich vor allem Werte zwischen $\alpha = 0{,}1$ und $\alpha = 0{,}3$ durchgesetzt.

Grundsätzlich kann man nun zwischen der exponentiellen Glättung erster Ordnung und höherer Ordnung (wobei fast nur die 2. Ordnung verwendet wird) unterscheiden.

(aaa) Exponentielle Glättung 1. Ordnung

Diese Methode ist nur bei konstantem Bedarf einsetzbar. Sie ist ein gewichtetes arithmetisches Mittel mit exponentiell in die Vergangenheit abnehmenden Gewichten (siehe Formel).
Setzen wir diese Aussage des exponentiell abnehmenden Gewichts formal um, so erhalten wir:

Gewicht des jüngsten Werts	$\alpha \cdot 1$
Gewicht des zweitjüngsten Werts	$\alpha(1-\alpha)^1$
Gewicht des drittjüngsten Werts	$\alpha(1-\alpha)(1-\alpha) = \alpha(1-\alpha)^2$
Gewicht des n − m-ten Werts	$\alpha(1-\alpha)^{m-1}$

Damit erhalten wir den exponentiell geglätteten Mittelwert für n Perioden:

$$\bar{V}_n = \alpha \cdot V_n + \alpha(1-\alpha) V_{n-1} + \alpha(1-\alpha)^2 V_{n-2} + \ldots + \alpha(1-\alpha)^{n-1} \cdot V_1$$

Analog gilt für die Periode davor (n−1):

$$\bar{V}_{n-1} = \alpha \cdot V_{n-1} + \alpha(1-\alpha) \cdot V_{n-2} + \alpha(1-\alpha)^2 V_{n-3} + \ldots$$

Multiplizieren wir diese Gleichung mit $(1-\alpha)$ durch und ziehen sie von der ersten Gleichung ab, so erhalten wir:

$$\bar{V}_n - (1-\alpha)\bar{V}_{n-1} = \alpha \cdot V_n$$

Durch Umformung erhalten wir:

$$\bar{V}_n = \alpha \cdot V_n + (1-\alpha) \cdot \bar{V}_{n-1}$$

bzw. mit Ausmultiplizieren ergibt sich:

$$\bar{V}_n = \bar{V}_{n-1} + \alpha(V_n - \bar{V}_{n-1})$$

Der neue Verbrauchsmittelwert ergibt sich also aus dem alten Verbrauchsmittelwert $\bar{V}_{n-1}$ plus Glättungskoeffizient mal Differenz aus dem Verbrauch in der n-ten Periode und dem alten Verbrauchsmittelwert.

Übertragen wir diese Formel in den Vorhersagebereich, d.h. ausgedrückt für die Planungsperiode n+1, so lautet sie (analog zu früher):

$$V_{n+1} = \bar{V}_n$$

Ebenso gilt natürlich, daß der Vorhersagewert in der vorhergehenden Periode V_n^v gleich dem durchschnittlichen Verbrauch, ermittelt in der n-1-ten Periode $\bar{V}_{n-1}$ war. Damit gilt:

$$V_{n+1} = V_n^v + \alpha(V_n - V_n^v)$$

d.h. der Vorhersagewert für die nächste Periode ist gleich der letzten Vorhersage korrigiert um das α-fache des Fehlers der letzten Vorhersage.

(bbb) Exponentielle Glättung 2. Ordnung (exponentielle Glättung mit Trend)

Liegt ein trendförmiger Bedarfsverlauf in der Vergangenheit vor, so ist die exponentielle Glättung höherer Ordnung zu verwenden. Bei linearem Trend ist die exponentielle Glättung 2. Ordnung das richtige Verfahren. Da der Trend die langfristige Veränderung der Mittelwerte ist, versucht man dies hier durch die Ermittlung des Mittelwerts der Mittelwerte zu erfassen.

Die Grundgleichung aus der exponentiellen Glättung 1. Ordnung ist hier analog zu verwenden:

$$\bar{V}_n^{(2)} = \bar{V}_{n-1}^{(2)} + \alpha \cdot (\bar{V}_n^{(1)} - \bar{V}_{n-1}^{(2)})$$

Die weitere formale Abteilung wollen wir hier nicht im Detail durchführen, sondern nur den grundsätzlichen Gedankengang. Danach hinkt der Mittelwert 2. Ordnung $\overline{V}^{(2)}$ (Mittelwert der Mittelwerte) hinter dem Mittelwert 1. Ordnung $\overline{V}^{(1)}$ um den Betrag

$$\frac{1-\alpha}{\alpha} \cdot b_n \text{ her.}$$

Damit erhält man den Wert auf der Trendgeraden

$$V_{n+t} = a_n + b_n \cdot t \quad \text{mit}$$

$$V_{Tn} = \overline{V}_n^{(1)} + [\overline{V}_n^{(1)} - \overline{V}_n^{(2)}] = a_n$$

Die Steigung der Trendgeraden ermittelt sich aus:

$$b_n = \frac{\alpha}{1-\alpha} [\overline{V}_n^{(1)} - \overline{V}_n^{(2)}]$$

Diese Zusammenhänge zeigt Abb. 10 in schematisierter Form.

(cc) Regressionsanalyse

Dieses Verfahren (bzw. die hier noch zu unterscheidenden Verfahren) sind grundsätzlich für alle Arten von Bedarfsverläufen verwendbar. Dabei kann festgestellt werden, ob die Vergangenheitswerte einem linearen oder nicht-linearen Verlauf folgen.

Berücksichtigen wir, daß bei der Ermittlung des empirischen Zusammenhangs zwischen einer erzeugten und einer ursächlichen Variablen immer ein stochastischer Ansatz zu machen ist (dies wird in der Ökonometrie ausführlich diskutiert, nicht dagegen in der Literatur zur Materialwirtschaft; dadurch werden statistische Anpassungstests vernachlässigt), dann können wir bei Annahme eines bestimmten Funktionsverlaufs die nachfolgenden Überlegungen anstellen (vgl. Leserer; Johnston).

(aaa) Lineare Regressionsanalyse

Hier wird ein linearer Funktionsverlauf unterstellt nach der allgemeinen Form:

$$Y_i = \alpha + \beta \cdot X_i + e_i \quad i = 1, \ldots, n$$

mit α als Absolutglied und Abschnitt auf der Ordinate und β als Steigungsmaß sowie e_i als Restglied, das die Zufallsstörungen auffängt.

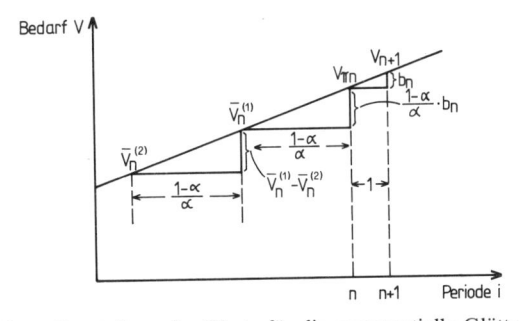

Abb. 10 Schematisierte Darstellung der Werte für die exponentielle Glättung 2. Ordnung

Bezogen auf unseren Bedarfsverlauf lautet die Gleichung:

$$V_i = a + b \cdot i + e_i \quad (i = 1, \ldots, n)$$

Damit erhalten wir für die Abstände der tatsächlichen Werte von den theoretischen Werten der Regressionsgerade

$$e_i = V_i - a - b \cdot i$$

Ein Beispiel für den Verlauf von 10 Werten und die zugehörige Regressionsgerade zeigt Abb. 11.

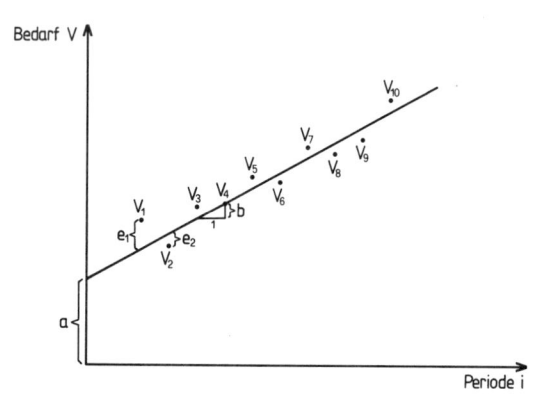

Abb. 11 Werteverlauf und Regressionsgerade

Wir wollen nun die Summe der Quadrate dieser Abstände minimieren (= Methode der kleinsten Quadrate), also:

$$(e_i)^2 = (V_i - a - b \cdot i)^2$$

$$\sum_i (e_i)^2 = Q = \sum_i (V_i - a - b \cdot i)^2$$

Für ein Minimum müssen wir partiell nach den Unbekannten, also a und b differenzieren, gleich Null setzen und erhalten die sog. Normalgleichungen:

$$a = \bar{V}_n - b \cdot \bar{i}_n$$

$$b = \frac{\sum_i (i - \bar{i}_n)(V_i - \bar{V}_i)}{\sum_i (i - \bar{i}_n)^2}$$

Da diese Form rechentechnisch nicht sehr gut zu handhaben ist und Ungenauigkeiten wegen der Durchschnittsbildung bringt, ist folgende Form besser (ergibt sich durch Umformungen in der Ableitung):

$$a = \frac{\sum_i i^2 \sum_i V_i - \sum_i i \cdot \sum_i i \cdot V_i}{n \sum_i i^2 - (\sum i)^2}$$

$$b = \frac{n \sum_i i \cdot V_i - \sum_i i \cdot \sum_i V_i}{n \sum_i i^2 - (\sum i)^2}$$

Für das praktische Vorgehen wird bei einer Rechnung von Hand die Verwendung folgender Tabelle vorgeschlagen:

i	V	$i \cdot V$	i^2	Für die i wird also verwendet
i_1	V_1	$i_1 \cdot V_1$	i_1^2	Periode 1
.	.	.	.	Periode 2
.	.	.	.	... ...
.	.	.	.	... ...
i_n	V_n	$i_n \cdot V_n$	i_n^2	Periode n
Σi	ΣV_i	$\Sigma i \cdot V_i$	Σi^2	
$(\Sigma i)^2$				

Mit den so ermittelten Werten für a und b errechnet man den Prognosewert (Vorhersagewert) für die Planperiode

$$V_{n+1} = a + b \cdot i_{n+1}$$

In Abb. 11 lautet die entsprechende Gleichung:

$$V_{11} = a + b \cdot i_{11}$$

Die hier beispielhaft verwendete Ableitung mit den Perioden i statt mit den Werten der unabhängigen Variablen X_i ist ein Spezialfall der linearen Regressionsanalyse, der üblicherweise „einfache lineare Trendrechnung" genannt wird.

(bbb) Nichtlineare Regressionsanalyse

Hier wird eine beliebige nicht-lineare Funktion angenommen (abzulesen aus dem Verlauf der tatsächlichen Werte) und versucht, eine optimale Anpassung dieser theoretischen Kurve an die tatsächlichen Werte zu erreichen (z.B. ebenfalls mit der Methode der kleinsten Quadrate).

Die Verfahren zur Ermittlung der Koeffizienten werden bereits recht kompliziert. Es sind heute EDV-Programme zu erhalten, die derartige Verfahren (meist Iterationsverfahren, wie z.B. Fixpunktmethode) enthalten (Bundesministerium für Wirtschaft, (Hrsg.), 3). Meist wird jedoch eine Linearisierung, z.B. über den Logarithmus, angestrebt, die Anpassung mit den logarithmierten Werten ermittelt und die erhaltenen Werte zurücktransformiert.

Beispiel: $q = a \cdot v_1^{\alpha} \cdot v_2^{(1-\alpha)}$ (Cobb-Douglas-Produktionsfunktion)

$\log q = \log a + \alpha \cdot \log v_1 + (1-\alpha) \cdot \log v_2$

Hier ist darauf hinzuweisen, daß zusätzliche Probleme auftreten, wenn – im Gegensatz zu den vorstehenden Beispielen – mit mehr als einer unabhängigen Variablen oder mit mehreren auch gegenseitig abhängigen Variablen (interdependentes Mehrgleichungssystem) gerechnet wird.

Die Lösung kann ebenfalls über die Regressionsanalyse erfolgen, allerdings mit entsprechenden Lösungsverfahren, wie der zweistufigen oder dreistufigen Methode der kleinsten Quadrate, der Fixpunktmethode u. a. (vgl. Johnston, S. 376 ff., Leserer, S. 58 ff.).

All diese Überlegungen und Prognoserechnungen zur Bestimmung des zukünftigen Materialbedarfs müssen schließlich zusammengefaßt und übersichtlich dargestellt werden nach Bedarfsmengen und Zeiträumen. Dieser Bedarfsplan ist dann die Basis für weitere Planungen im Bereich der Fertigung und der Bereitstellung.

II. Materialsortiment und Materialkennzeichnung

Da es in der Unternehmung immer eine Vielzahl von Arten und Qualitäten an Material gibt, ist das tatsächlich benötigte Material genau festzulegen (zu bezeichnen), damit daraus dann ein optimales Materialsortiment ausgewählt werden kann. Soweit möglich sind handelsübliche Bezeichnungen mit den erforderlichen Details, wie DIN-Nr., Härte, Schweißbarkeit, Flammpunkt, Viskosität, Farbe nach RAL, erforderliche Prüfzeugnisse u. ä. anzugeben. Diese Forderungen zeigen jedoch bereits, daß die Materialbezeichnungen oft sehr lang sein müssen und trotzdem noch die Gefahr einer Verwechslung besteht. Daher ist bei einem größeren Sortiment die Verwendung von Kurzbezeichnungen in Form von Schlüsselsystemen zweckmäßig.

1. Schlüsselung

Jedem Material muß also im Rahmen des Materialnummernschlüssels **eine** Materialnummer (Sachnummer) gegeben werden. D. h., daß z. B. zwei gleiche Schrauben mit lediglich unterschiedlicher Länge zwei verschiedene Nummern haben müssen.

Der Nummernschlüssel muß von einer Stelle im Unternehmen erstellt und verwaltet (Änderungen und Ergänzungen fallen laufend an) werden, um einen Nummernsalat zu vermeiden. Dazu muß natürlich vorher festgelegt werden, nach welchem Nummernsystem vorzugehen ist.

Die einfachsten Überlegungen zu einem reinen **Buchstaben-Abkürzungssystem** oder einem reinen **fortlaufenden Zählsystem** (unsystematischer Nummernschlüssel) erfüllen nicht die Zielsetzungen einer eindeutigen Identifizierung und Klassifizierung der Materialien. Besser ist bereits das **Verbundnummernsystem**, das eine Grobsortierung nach Nummernbereichen (Bleche, Rohre, Schrauben) zuläßt, innerhalb der Bereiche erfolgt jedoch ein unsystematisches Zählen.

Das rein **dekadische System** (systematischer Nummernschlüssel) ordnet jeweils eine bestimmte Zahl bestimmten Merkmalen des Materials zu. Je mehr Merkmale man erfassen will, umso größer wird die Anzahl der Ziffern. Der **sprechende Nummernschlüssel** mit Darstellung von Abmessungen des Materials im Schlüssel ist meist zu aufwendig und in der Praxis, wegen der Gefahr des Überlaufs und der Überlänge, relativ selten. Er ist allerdings als Teil des dekadischen Systems zu finden.

In der Praxis werden von größeren Firmen heute 10–12 stellige Zahlenschlüssel – in Anpassung an die elektronische Datenverarbeitung – verwendet, obwohl die Übersichtlichkeit hier schon problematisch ist.

2. Kapitel: Die Materialwirtschaft

Generell liegt bei diesen Systemen das Problem in der Berücksichtigung aller Merkmale **von vornherein**, damit bei Auftreten von neuen Merkmalen bzw. Zwischengrößen der Nummernschlüssel nicht platzt. Da dies grundsätzlich nicht möglich ist, wird oft ein **zweiteilig aufgebauter Schlüssel** verwendet (sog. Parallelverschlüsselung). Dabei gibt es einen fortlaufend numerierten Zählteil und einen Kennzeichnungsteil. Letzterer kann beliebig gestaltet werden, wobei oft auch ein **alphanumerischer Schlüssel** verwendet wird. Ein Beispiel hierzu zeigt Abb. 12.

Hier ist die Gesamt-Nummer oft recht lang, wobei allerdings im Betrieb für die Identifikation nur die Zähl-Nummer verwendet wird.

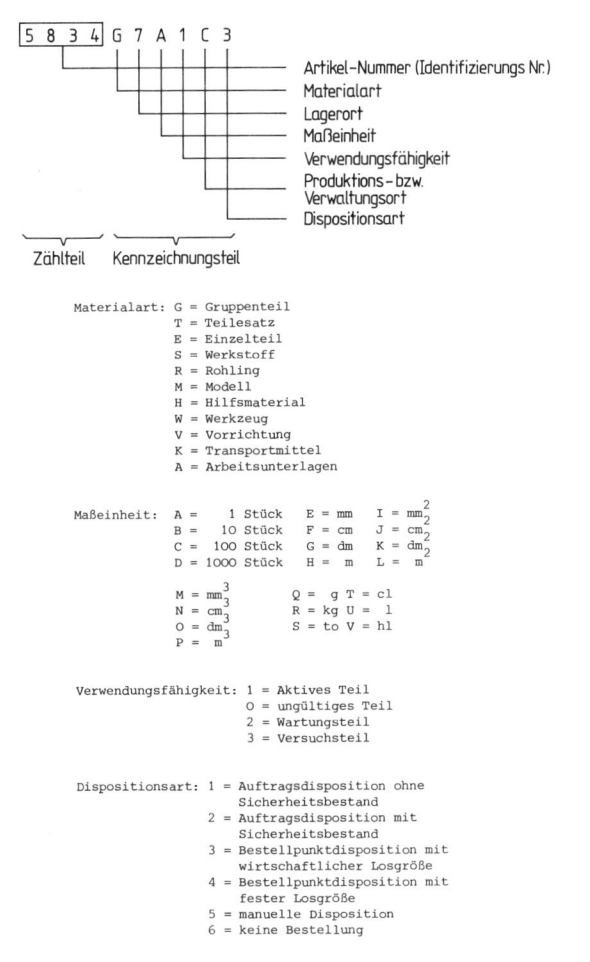

```
5 8 3 4 G 7 A 1 C 3
        │ │ │ │ │ └── Artikel-Nummer (Identifizierungs Nr.)
        │ │ │ │ └──── Materialart
        │ │ │ └────── Lagerort
        │ │ └──────── Maßeinheit
        │ └────────── Verwendungsfähigkeit
        └──────────── Produktions- bzw.
                      Verwaltungsort
                      Dispositionsart
╰─────╯ ╰─────────╯
Zählteil  Kennzeichnungsteil
```

Materialart: G = Gruppenteil
T = Teilesatz
E = Einzelteil
S = Werkstoff
R = Rohling
M = Modell
H = Hilfsmaterial
W = Werkzeug
V = Vorrichtung
K = Transportmittel
A = Arbeitsunterlagen

Maßeinheit: A = 1 Stück   E = mm $I = mm^2$
B = 10 Stück   F = cm $J = cm^2$
C = 100 Stück   G = dm $K = dm^2$
D = 1000 Stück H = m $L = m^2$

$M = mm^3$ Q = g   T = cl
$N = cm^3$ R = kg   U = l
$O = dm^3$ S = to   V = hl
$P = m^3$

Verwendungsfähigkeit: 1 = Aktives Teil
0 = ungültiges Teil
2 = Wartungsteil
3 = Versuchsteil

Dispositionsart: 1 = Auftragsdisposition ohne Sicherheitsbestand
2 = Auftragsdisposition mit Sicherheitsbestand
3 = Bestellpunktdisposition mit wirtschaftlicher Losgröße
4 = Bestellpunktdisposition mit fester Losgröße
5 = manuelle Disposition
6 = keine Bestellung

Abb. 12 Alphanumerisches System für eine Material-Schlüsselung mit Zählteil und Kennzeichnungsteil

2. Optimierung des Materialsortiments

Hat man das Materialsortiment erfaßt (Ist-Aufnahme), so kann man die Maßnahmen zur Sortimentsoptimierung anschließen.

Diese Maßnahmen können nach Sortimentsauslese, Typenbereinigung im Erzeugungsprogramm und Beschränkung der Materialauswahl bei der Konstruktion unterteilt und beschrieben werden.

Über den letzten Punkt haben wir bereits etwas gesagt, der zweite Punkt wird üblicherweise im Rahmen der Produktpolitik im Marketing diskutiert, so daß wir uns hier auf wenige Aussagen zur Sortimentsauslese beschränken können.

Art und Qualität des Materials wird bei vorgegebenem Erzeugungsprogramm durch die Konstruktion und die fertigungstechnischen Verfahren festgelegt. Trotzdem ist das Materialsortiment von Zeit zu Zeit auf Materialien zu untersuchen, die einem gleichen oder annähernd gleichen Zweck dienen. Der Vergleich hinsichtlich der fertigungstechnischen Anforderungen zu Stoffart, Form, Größe, Härte, Farbe usw. dieser auswechselbaren Materialien bringt in der Regel einen Einsatzstoff, der minimale Kosten für die Anschaffung, Be- und Verarbeitung zeigt. Damit ist in der Regel eine Verringerung der Sortimentsbreite und -tiefe möglich, die auf eine Verbesserung des Kosten-Leistungs-Verhältnisses hinwirkt.

III. Selbsterstellung und Fremdbezug (Kaufen oder Fertigen)

Der Materialbedarfsplan enthält das für eine Periode (oder mehrere) benötigte Material, gleichgültig ob selbst hergestellt oder von auswärts bezogen. Die Entscheidung, ob Güter und Leistungen von anderer Seite zugekauft werden, ist kein spezifisch materialwirtschaftliches Problem.

Diese Fragestellung ergibt sich einerseits im (materialwirtschaftlichen) Zusammenhang mit der Disposition von Erzeugnisteilen, andererseits aber auch in folgenden Fällen:

● wenn bestimmte Fertigerzeugnisse auch von anderen Unternehmen angeboten werden (Handelsware).

● wenn die Möglichkeit besteht, bestimmte Produktionsfaktoren, z. B. elektrische Energie, selbst zu erzeugen.

● wenn bestimmte Leistungen sowohl im Unternehmen selbst, als auch von anderen Unternehmen erbracht werden können (z. B. die Erstellung von Marktstudien oder, um ein Beispiel aus dem Produktionsmanagement anzuführen, der Aufbau und die Pflege eines Datenverarbeitungssystems zur Fertigungsvorbereitung).

Die Entscheidungssituation „Make or Buy?" unterliegt einer Vielzahl von Zwängen, die nur schwer quantifizierbar sind. So spielt oft die Geheimhaltung und das Streben nach Elastizität und Unabhängigkeit in der Fertigung eine wesentliche Rolle.

Trotzdem sollte in jedem Fall ein Wirtschaftlichkeitsvergleich vor der Entscheidung über die Erzeugungstiefe stehen. Dabei sind simultan die Beschaffungs-, Erzeugungs- und Absatzprobleme zu lösen. Simultan deswegen, weil die Kosten pro Erzeugnis entscheidend sind und diese erst ermittelbar werden, wenn die Produktions- und Absatzmenge (und damit Fremdbezug) bekannt sind.

Entscheidend bei der Festlegung der Erzeugnistiefe (und damit für die Kosten pro Erzeugnis) ist die Beantwortung folgender Fragen:

● Kann man das Benötigte selbst (**technisch**) und **kostengünstig** fertigen?

- Gibt es Absatzgrenzen und wo liegen diese?
- Gibt es (ausreichend) freie Kapazitäten im Produktionsbereich? In diesem Fall müssen die variablen Stückkosten (bei Selbsterstellung) mit dem Einstandspreis bei Fremdbezug ermittelt und verglichen werden. Ist der Einstandspreis größer, als die variablen Stückkosten, so sollte das Benötigte im eigenen Unternehmen produziert bzw. erbracht werden.
- Bestehen einer bzw. mehrere mögliche Engpässe im Fertigungsbereich? Denkbar sind z. B. Engpässe beim Produktionspersonal, bei der Maschinenkapazität und auch im Bereich der Rohstoffversorgung.

Hier handelt es sich regelmäßig um komplexe Optimierungsprobleme (Zielfunktion und Nebenbedingungen), die heute zunehmend mit Operations-Research-Methoden (z. B. Lineare Optimierungsrechnung, Lagrange-Ansatz) angegangen werden.

C. Probleme des Materialbestands (Vorratsmenge) und der Bestelldisposition

I. Einführung

Die Bestandsführung ist die Grundlage der gesamten Materialdisposition. Es geht hierbei um Fragen zur **rechtzeitigen Ergänzung der Vorräte** und zur **Höhe der Sicherheitsbestände**. Die Bestandsführung bedient sich dabei der **Mengenrechnung**, dann ist sie Grundlage der Materialdisposition und der **Wertrechnung**, wobei sie Grundlage für die Betriebsabrechnung ist.

1. Aufgaben der Materialbestandsführung

„Hauptaufgabe einer sinnvoll in die Materialwirtschaft eingegliederten Bestandsrechnung ist die Erfassung und Fortschreibung der Bestände" (Oeldorf/Olfert, 18, S. 166).

Dabei geht es nicht allein um die körperlich vorhandenen Bestände, sondern auch um die erwarteten Bestände (= Bestellbestand) und die nicht mehr verfügbaren Bestände (= Werkstattbestand).

Die Aufgaben der Materialbestandsführung sind im einzelnen (Oeldorf/Olfert, S. 169 und 170):

- Erstellen von aktuellen Unterlagen über die **Bestände** nach Menge und Wert,
- Erstellen von lückenlosen Nachweisen über **Änderungen** aller lagermäßig geführten Materialien nach Menge und Wert (Roh-, Hilfs- u. Betriebsstoffe, Halb- und Fertig-Erzeugnisse),
- Durchführung der Inventur zur Erfüllung handelsrechtlicher und steuerrechtlicher Vorschriften
- Bestandskontrollen und Erstellung, Änderung, Löschung von Bestellungen,
- Überwachung der mengenmäßigen Fertigungsdisposition,
- Erstellen von Daten für die Ermittlung des Brutto- und Nettobedarfs und für die Bestellabwicklung,
- Überwachung von Ausschuß, ungeplantem Mehrverbrauch und sonstigen Fehlmengen (auch Diebstahl).

2. Bestandsarten

Es gibt verschiedene Bestandsarten, die zu unterschiedlichen Analysen der Bestände herangezogen werden können.

Diese sind:

a) **Lagerbestand**: Körperlich zum Planungszeitpunkt im Lager befindlicher Bestand, der sich durch Lagerzu- und -abgänge verändert

b) **Buchbestand**: Dieser wird im Rechnungswesen geführt mit Korrekturen über Zu- und Abgänge. Er sollte mit dem Lagerbestand übereinstimmen, was jedoch oft nicht der Fall ist wegen Zähl-, Meß-, Schreib- und Übertragungsfehlern sowie Verlust, Verderb u. ä.

c) **Inventurbestand**: Bei der Inventur ermittelt, identisch mit dem Lagerbestand dieses Zeitpunkts. Da der Buchbestand meist verschieden ist, erfolgt hier eine Abstimmung.

d) **Verfügbarer Bestand**: Dieser ergibt sich nach folgender Rechnung:

    Lagerbestand
    + offene Bestellungen
    − Reservierungen
    = Verfügbarer Bestand

e) **Disponierter Bestand**: Dies sind die Bestandsmengen, die bereits für laufende Aufträge geplant sind.

f) **Werkstattbestand**: Diese Bestandsmenge hat das Lager zur Weiterbearbeitung verlassen und befindet sich in der Werkstatt. Die buchmäßige Löschung dieses Bestands erfolgt bei Abgabe der Teile (Halb- und Fertig-Erzeugnisse) an das Teilelager bzw. Fertigwarenlager.

g) **Sicherheitsbestand**: Dieser Bestand stellt einen Puffer dar, um die Leistungsbereitschaft auch bei Störungen zu garantieren. Er wird normalerweise nicht für die Produktion herangezogen und soll folgende Risiken abdecken:

- Bedarfsunsicherheit: ermittelter und tatsächlicher Bedarf stimmen nicht überein,
- Lieferzeitunsicherheit: Soll-Liefertermin und Ist-Liefertermin weichen voneinander ab,
- Bestandsunsicherheit:
Buchbestand und Lagerbestand sind nicht gleich.

Die Genauigkeit der (Bedarfs-) Vorhersage bestimmt die Höhe des Sicherheitsbestands. Die Wirkungen von Abweichungen der Ist-Werte von den Vorhersagewerten auf den Sicherheitsbestand zeigt Abb. 13.

h) **Meldebestand, Bestellbestand, Bestellpunktbestand**: Bei dessen Erreichen wird eine Bestellung, entweder in Form eines internen Betriebsauftrags oder als externe Lieferantenbestellung, ausgelöst. Er muß so festgelegt werden, daß der Sicherheitsbestand während der Wiederbeschaffungszeit nicht angegriffen wird.

i) **Höchstbestand**: Er gibt die Menge an, die maximal am Lager sein darf, um eine zu hohe Kapitalbindung im Lager zu vermeiden.

j) **Zusammenfassende Darstellung**: Die wichtigsten der zuvor angesprochenen Bestandsarten sind in einer idealisierten Form (mit Hilfe der sog. Sägezahnkurve, die nachfolgend noch näher erläutert wird) in Abb. 14 dargestellt.

2. Kapitel: Die Materialwirtschaft 189

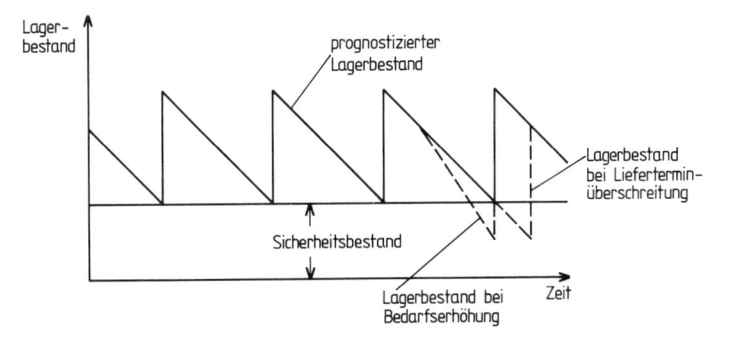

Abb. 13 Die Wirkung von Vorhersageabweichungen auf den Sicherheitsbestand

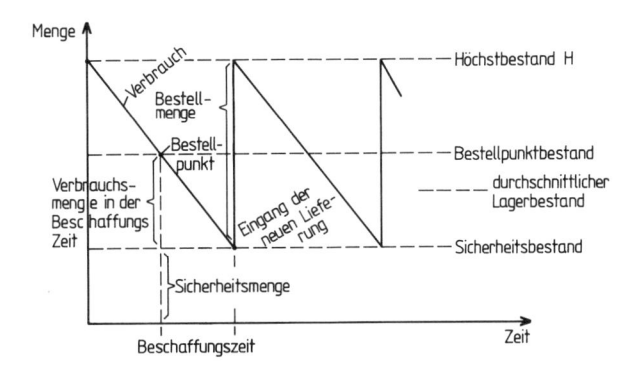

Abb. 14 Die wichtigsten Bestandsarten

3. Bestandsstrategien und Bestandsplanung

a) Bestandsstrategien

Die Bestands- und Lagerhaltungsstrategien sind notwendig zur Vereinfachung der Bestandsrechnung und -kontrolle. Diese „Maßnahmen" (Strategien) werden ausgelöst (oder nicht) nach der Überprüfung von Beständen. Die jeweilige Strategie ist in Anpassung an die Art des disponierten Materials zu wählen.

Zur Charakterisierung der 5 Strategien werden folgende 5 Größen verwendet:

(1) **Zeitintervalle T**, zu denen der Bestand überprüft und disponiert wird
(2) **Bestellbestand BP** (siehe oben), zu dem eine Bestellung ausgelöst wird
(3) **Bestellmenge q_0**, die die berechnete kostenmäßig optimale Menge angibt (Näheres dazu im nächsten Hauptabschnitt)
(4) **Lagergrundbestand S = Höchstbestand H** (siehe früher), auf den aufgefüllt wird.
(5) **Liefertermin L**, bzw. Lieferzeit, der (die) bei Auslösen einer Bestellung berücksichtigt sein muß, um das Material rechtzeitig zu erhalten.

Mit Hilfe dieser Größen können wir nun 5 Bestands- und Lagerhaltungsstrategien unterscheiden (Oeldorf/Olfert, S. 154–156):

(1) (S,T)-Strategie

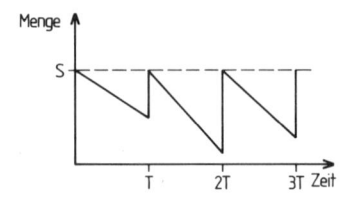

Nach immer gleichbleibenden Zeiträumen (Zeitintervallen) T wird der Lagerbestand auf den Grundbestand aufgefüllt.

(2) (BP,S)-Strategie

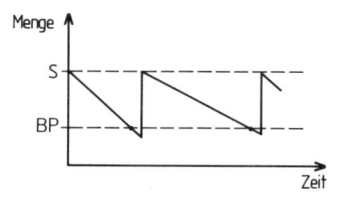

Bei jeder Entnahme wird der Materialbestand überprüft. Fällt er unter eine Grenze s (Bestellbestand), so wird auf den Grundbestand S aufgefüllt.

(3) (BP,q_0)-Strategie

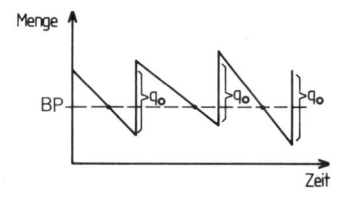

Bei jeder Entnahme wird der Materialbestand überprüft. Unterschreitet er eine Grenze BP, so wird die Menge q_0 bestellt.

(4) (BP,S,T)-Strategie

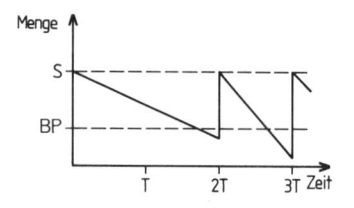

2. Kapitel: Die Materialwirtschaft 191

Überprüfung des Lagerbestands in konstanten Zeitabständen T. Ist dabei der Bestellbestand BP unterschritten, wird auf den Grundbestand S aufgefüllt.

(5) (BP,q_0,T)-Strategie

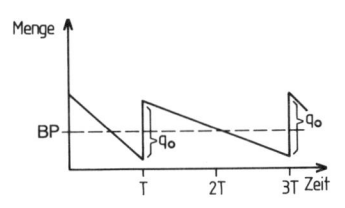

```
Menge ↑
        
BP ─ ─ ─ ─ ─ ─ ─ ─ ─ ─ ─ ─ ─ ─ ─ ─ ─ ─
         ┘q₀              ┘q₀
    T      2T      3T  Zeit
```

Wie (4), jedoch wird bei Unterschreiten von BP um q_0 aufgefüllt.

Bei den sog. Vorratsmaterialien wird oft nach der (S,T)-Strategie verfahren, wenn sie ständig in nicht zu sehr variierenden Mengen gebraucht werden.

Dagegen erfolgt für die sog. Auftragsmaterialien eine Bestellung der optimalen Bestellmenge q_0 bei Unterschreiten des Bestellbestandes (Meldebestandes) BP. Die Auftragsmaterialien werden von Fall zu Fall über Stücklistenauflösung disponiert.

Die (BP,S)- bzw. (BP,q_0)-Strategien erfordern einen hohen Zeitaufwand für die Überprüfung des Lagerbestands bei jeder Entnahme. Sie werden meist nur bei Bestandsführung über EDV verwendet oder für die A-Teile (für B- und C-Teile eine der T-Strategien).

Diese Strategien sind deshalb anzustreben, weil man bei ihnen mit einem geringeren Sicherheitsbestand auskommt. Die Strategien mit Überprüfung nach konstanten Zeitintervallen erfordern nämlich zur Sicherstellung der Lieferbereitschaft (bei ungewöhnlich hohem Verbrauch) einen relativ hohen Sicherheitsbestand.

b) Bestandsplanung

Die Bestandsplanung muß die zu jeder Materialart passende Bestandsstrategie festlegen, um eine optimale Lagerversorgung sicherzustellen. Dabei spielt der Sicherheitsbestand und damit der sog. Lieferbereitschaftsgrad und das Gegenstück, die Fehlmengenkosten, eine wichtige Rolle.

In der Regel begnügt man sich mit einem Lieferbereitschaftsgrad von 90 bis 95%, da bei Verbesserung die Kosten für den Sicherheitsbestand überproportional wachsen. Dies bedeutet, daß man in Kauf nimmt, daß in 5 von 100 Fällen (Anforderungen an das Lager) das Lager nicht liefern kann.

$$\text{Lieferbereitschaft in \%} = \frac{\text{Anzahl der voll gedeckten Bedarfsanforderungen}}{\text{Anzahl der gesamten Bedarfsanforderungen}}$$

In diesen Fällen entstehen Fehlmengenkosten.

Die Kosten für den Sicherheitsbestand und die Fehlmengenkosten sind also gegenläufig. Man kann das Optimum zwischen beiden für die Bestimmung des optimalen Lieferbereitschaftsgrades verwenden. Diese Zusammenhänge sind in vereinfachter Form in Abb. 15 dargestellt.

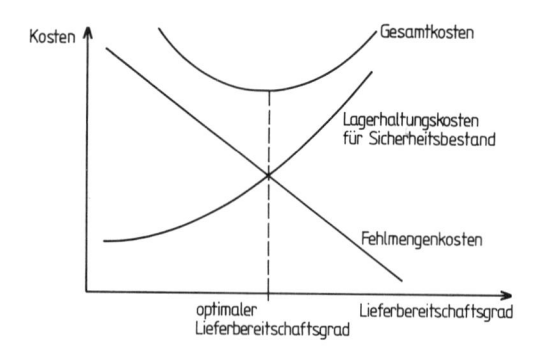

Abb. 15 Der optimale Lieferbereitschaftsgrad

II. Auftragsgesteuerte Disposition

1. Grundlagen

Wie bereits in B.I.1 ausgeführt, wird bei der auftragsgesteuerten Materialdisposition der Bedarf mittels Stücklisten oder Rezepten genau festgestellt. Hilfsmittel ist die analytische oder synthetische Stücklisten-Auflösung. Diese deterministische Planung (insbesondere für hochwertige Materialien) und die Ermittlung des Bedarfs wird also ebenfalls für die Lagerergänzung und Bestandsplanung verwendet.

Die Bestellmenge wird hier z.B. mit Hilfe der bereits erwähnten Dispositionskartei ermittelt, ebenso wie die genaue Terminisierung.

2. Disposition

Die in Abschnitt B.I.1.c erwähnte Dispositionskartei ist ein mögliches (allgemein verwendbares älteres) Instrument zur Ermittlung der Lagerergänzung (Bestimmung der Verfügbarkeit). Dazu ist noch ein anderes Verfahren in der Literatur (Oeldorf/Olfert, S. 167–169) und Praxis zu finden.

Danach wird eine Lagerergänzung mit dem ermittelten Bedarf dann vorgenommen, wenn die Solleindeckungszeit T_{Soll} für eine bestimmte Materialart größer ist als die betreffende Isteindeckungszeit T_{Ist}, d.h. $T_{Ist} < T_{Soll}$.
Die Isteindeckungszeit ist die Zeit, bis zu der der verfügbare Bestand (Lagerbestand + Werkstatt- und Unterwegsbestand + Bestellbestand), bei Berücksichtigung des zu erwartenden Bedarfs, ausreicht. Der entsprechende Termin ergibt sich aus der Subtraktion des Bedarfs vom verfügbaren Bestand bis dieser 0 ist.

Beispiel: Verfügbarer Lagerbestand: 1400

Bedarf pro Periode (z.B. Monat): 200, 200, 300, 500, 400
Ergebnis: 4,5 Monate reicht der verfügbare Lagerbestand

Die Solleindeckungszeit gibt die Zeit an, bis zu welcher Lagerbestand + offene Bestellungen ausreichen sollen. Dabei ist zu berücksichtigen, daß zur Vermeidung von Betriebsunterbrechungen die Wiederbeschaffungszeit T_w (Lieferzeit + Durchlaufzeit), die Prüf- und Einlagerungszeit T_e und die Länge der Planperiode T_p gedeckt sein müssen. Damit erhalten wir die Solleindeckungszeit T_{Soll} zu:

$$T_{Soll} = t_x + T_w + T_e + T_p$$

t_x = Tag der Bestellung

Eventuell kann hier auch noch eine vom Lieferanten abhängige Sicherheitszeit T_s berücksichtigt werden.
Bei der Ermittlung des notwendigen Liefertermins t_L muß vom Isteindeckungstermin t_{Ist} aus die Zeit für Einlagerung und Prüfung T_e und die Sicherheitszeit T_s abgezogen werden. Damit erhält man den Soll-Liefertermin t_L zu:

$$t_L = t_{Ist} - T_s - T_e$$

III. Verbrauchsgesteuerte Disposition

1. Lagerkurve und Sicherheitsbestand

Wir haben bereits eine Lagerbestandskurve mit „Sägezähnen" verwendet. Diese „Sägezahnkurve" ist eine vereinfachte Darstellung der Wirklichkeit (Modell), um eine einfache mathematische Behandlung zu ermöglichen.
In Wirklichkeit finden zu einem bestimmten Zeitpunkt Einlagerungen statt (Senkrechte) und die Entnahmen erfolgen kontinuierlich in variierenden, kleinen Mengen.

Tatsächlich hat man beispielsweise eine Treppenkurve lt. untenstehender Abb. 16. Die „Verbrauchstreppen" werden nun idealisiert mit einer geraden Linie annäherungsweise erfaßt (gestrichelte Linie in Abb. 16).

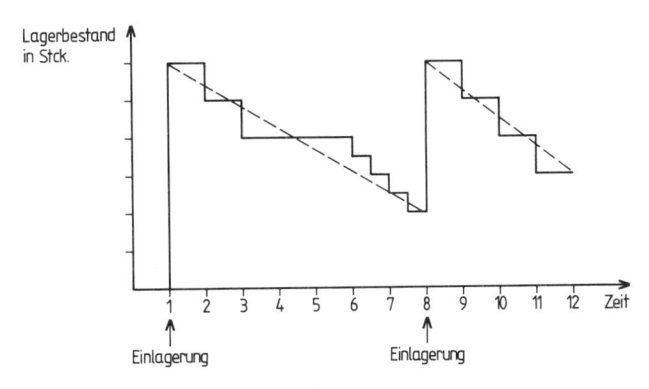

Abb. 16 Tatsächlicher Lagerbestandsverlauf

Da im praktischen Fall unerwarteter Bedarf und Bedarfsschwankungen nicht sofort zu Fehlmengen führen sollen, wird ein bestimmter Sicherheitsbestand zusätzlich berücksichtigt.
Zusammengefaßt ergibt sich damit die idealisierte Lagerbestandskurve der Abb. 17.

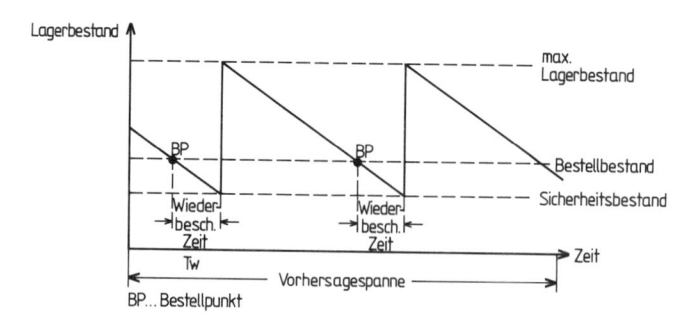

Abb. 17 Idealisierte Lagerbestandskurve

Wie bei der verbrauchsbedingten Bedarfsermittlung werden die Verfahren der Lagerergänzung und Bestelldisposition bei Materialien mit regelmäßigem Verbrauch (Hilfs- und Betriebsstoffe) und bei relativ geringwertigen Materialien angewandt. Man unterscheidet dabei zwischen dem Bestellpunkt- und dem Bestellrhythmusverfahren.

2. Bestellpunktverfahren

Bei dem Bestellpunktverfahren löst der Bestellpunkt BP (vgl. Abb. 17) die Bestellung aus. Dieser Bestellpunkt ist die Menge des verfügbaren Lagerbestandes, die festgelegt werden muß in Abhängigkeit vom

- Bedarf (Verbrauch pro Zeiteinheit, ausgedrückt durch die Steigung) und von der
- Wiederbeschaffungszeit.

Bei langfristigen Betrachtungen ist der Bestellbestand zu beachten, ebenso der Überprüfungszeitraum zwischen zwei Bestandskontrollen (z.B. wird bei jeder Lagerabgangsbuchung geprüft, ob der Bestellbestand erreicht ist) und die Größe des Vorhersagefehlers.

Formal gilt:
Der Bestellbestand (Bestellpunkt) BP muß so hoch liegen, daß nach einem durchschnittlichen Verbrauch pro Zeiteinheit $\bar{V}$ während der Wiederbeschaffungszeit T_w der Sicherheitsbestand S erreicht ist und zu diesem Zeitpunkt die Nachbestellung eintrifft, also:

$$BP = \bar{V} \cdot T_w + S$$

3. Bestellrhythmusverfahren

Das vorgenannte Bestellpunktverfahren hat den Nachteil, daß z.B. immer bei Erreichen des Bestellpunktes eine Schraube bestimmter Länge bestellt wird, am nächsten Tag eine anderer Länge usw. Naheliegend ist dann, alle Schrauben, die wenigstens in der Nähe von BP liegen, zu disponieren, um größere Bestellmengen zu erreichen. Besser ist jedoch, das diese Nachteile vermeidende Bestellrhythmusverfahren zu verwenden.

Danach werden zu bestimmten Terminen ausgewählte Materialgruppen (oder alle über EDV) bezüglich einer Nachbestellung überprüft (Vergleich von Meldebestand und verfügbarem Lagerbestand). Die Einsparung liegt dann in den möglichen Sammelbestellungen. Nachteilig bei diesem Verfahren ist, daß der Verbrauch zwischen zwei Dispositions-Terminen (Überprüfungszeit $T_ü$), zusätzlich zum Verbrauch während der Wiederbeschaffungszeit, berücksichtigt werden muß. Daher steigt der Lagerbestand, wodurch das Verfahren besser nur bei geringwertigen Materialien zu verwenden ist. Es gilt:

$$BP = \bar{V} \cdot (T_w + T_u) + S$$

IV. Zusammenfassung

Wir haben bereits einzelne Überlegungen dazu angeführt, ob bestimmte Materialien besser auftrags- oder verbrauchsgesteuert disponiert werden sollten. Die Zuordnung der einzelnen Materialien muß von Fall zu Fall erfolgen. Eine Hilfe kann dabei die Übersicht aus Abb. 18 sein, in der eine Anzahl von Merkmalen einzelner Materialien und die zugeordnete Dispositionsart (der Tendenz nach) zusammengestellt sind.

	Tendenz zur	
	verbrauchsgesteuerten Disposition	auftragsgesteuerten Disposition
Möglichkeit genauer Bedarfsvoraussage	klein	groß
Materialwert pro Periode	klein	groß
Materialwert pro Einheit	klein	groß
Anteil dieses Materials am Gesamtverbrauch	klein	groß
Häufigkeit des Bedarfs	groß	klein
Zuverlässigkeit des Lieferanten	klein	groß
Schwierigkeiten in der Beschaffung	klein	groß
Qualitätstoleranzen	groß	klein
Möglichkeit, Ausweichmaterial zu verwenden	groß	klein
ABC-Teile	C	A

Abb. 18 Auftrags- oder verbrauchsgesteuerte Disposition: Zuordnung von Material-Kenngrößen

D. Probleme der Materialbeschaffung

Nachdem der Bedarfsplan vorliegt und die Bestandsrechnung die am Lager befindlichen Materialien aufgezeigt hat, müssen die fehlenden Materialien kostengünstig beschafft werden, und zwar zum richtigen Zeitpunkt.

Dabei kann man zwischen den Teilaufgaben der „optimalen Beschaffungsmenge" (Kosteneinsparung) und des „Beschaffungsvollzugs" unterscheiden.

I. Optimale Beschaffungsmenge

Statt von Beschaffungsmenge spricht man auch von Bestellmenge und bei selbstgefertigten Teilen – für die die nachfolgenden Überlegungen ebenfalls gelten – spricht man von Losgröße. Dabei kommen allerdings zusätzliche ökonomische Überlegungen bei einer wirtschaftlichen, im Vergleich zur technischen, Losgröße hinzu. (Vgl. 3. Kapitel, D III, 2.)

1. Einflußfaktoren bei der Beschaffungsmengenoptimierung

Grundsätzlich kann man zwischen zwei Extremen unterscheiden:

- Beschaffung großer Mengen in großen Zeitabständen, im Extremfall einmalig in einer Planungsperiode für den Gesamtbedarf. Dabei hat man Vorteile bei Preis und Beschaffungskosten und in der relativen Sicherheit für den Produktionsablauf. Nachteilig sind hohe Kapitalbindung und Lagerkosten.
- Beschaffung kleiner Mengen in kleinen Zeitabständen. Die zuvor genannten Vor- und Nachteile kehren sich hier um.

Zwischen diesen beiden Extremfällen gibt es eine Menge von Lösungsmöglichkeiten, ja bei Verwendung eines Modells kann ein „Optimum" ermittelt werden (vgl. im nächsten Abschnitt).

Um jedoch dieses „Modell" zu relativieren, wollen wir zuerst die wichtigsten Einflußfaktoren auf eine wirtschaftlich sinnvolle Beschaffungsmenge aufzählen:

a) Beschaffungskosten

Die Beschaffungskosten sind bestellmengenabhängig, und sie ergeben sich generell aus Beschaffungsmenge mal Beschaffungspreis pro Einheit, vermindert um Rabatte u.ä., erhöht um Mindermengenaufpreise, Transportkosten und sonstige wertabhängige Beschaffungskosten.

Es gilt also beispielsweise:
Einkaufswert + Eingangsfrachten + Rollgeld + Zuschläge + Zollkosten (Einfuhrabgaben) + Versicherungen + Provisionen + Steuern ./. Skonti ./. Boni ./. Rabatt ./. sonstige Vergünstigungen.

b) Bestellkosten

Diese Kosten sind unabhängig von der Beschaffungsmenge. Sie sind durch die Anzahl der Bestellungen (Beschaffungshäufigkeit) bestimmt. (Hinweis: nicht ausschließlich, da sich manche Bestellkosten bei verringerter Bestellzahl nicht abbauen lassen).

Im wesentlichen gehören zu den Bestellkosten (Sach- und Personalkosten):

- Kosten der Bedarfs-, Bestands- und Bestellrechnung (EDV und Personalkosten),
- Kosten der Angebotseinholung und Lieferantenauswahl,
- Kosten der Bestellschreibung (Material-, Schreib- und Vervielfältigungskosten für Fremdbestellung oder Arbeitspapiere),
- Kosten der Terminplanung und -verfolgung, einschließlich Mahnung,
- Kosten des Wareneingangs (Warenannahmestelle),
- Kosten der Qualitätskontrolle und Einlagerung,
- Kosten der Rechnungsprüfung und des Zahlungsverkehrs,
- Sonstige Kosten bei Eigenteilen, wie Rüstkosten, Prüfkosten für Arbeitsgänge, Kosten der Bruttolohnabrechnung, Werkzeugkosten.

Die Bestellkosten werden bei der Ermittlung der optimalen Bestellmenge als konstant (fix) angesehen. Dies ist nur richtig, wenn die Verwaltungskosten und die Bestellmenge je Periode mit der Bestellhäufigkeit gleich bleiben (Praktische Untersuchungen: 20–70 DM an Bestellkosten).

c) Lagerhaltungskosten

Grundsätzlich geht es hier um die Kosten des in den Materialvorräten gebundenen Kapitals, um die Kosten aus der Beanspruchung des Lagerraums und aus Löhnen für die Tätigkeiten zur Lagerhaltung.

(aa) Kapitalbindungskosten

Die Kapitalbindungskosten sind abhängig vom Wert der Materialvorräte und von der Dauer der Kapitalbindung. Bei einer Finanzierung durch Fremdkapital sind die Kosten aus den Zinsausgaben zu ersehen, bei Eigenkapitalfinanzierung muß man kalkulatorische Zinsen als eine Art Opportunitätskosten ansetzen.

Hinweis: Für die Ermittlung der Bestandsmenge bzw. des Bestandswerts muß eine Durchschnittsgröße angenommen werden bei vereinfachter Rechnung (z. B. 1/2 · **Beschaffungsmenge**, also ohne Berücksichtigung des Sicherheitsbestands). Ansonsten ist eine genaue Analyse der zeitlichen Verteilung des Bedarfs notwendig.

(bb) Lagerraumkosten

Lagerraum und Lagerraumausstattung ziehen folgende Kosten nach sich: Abschreibungen, evtl. Miete, Verzinsung, Versicherung (z. B. Feuer), Beleuchtung, Heizung, Instandhaltung.

(cc) Sonstige Kosten

Darunter fallen noch:

- Kosten der Materialbewegung (Einlagern, Umlagern, Ausgabe), auch unter dem Begriff der Transport- und Lagerlöhne bekannt (mengen- und anlieferungszahl-abhängig).
- Kosten der Erhaltung des Materials in der Menge und Qualität (Umschaufeln, Wenden, Einölen). Diese sind zu einem großen Teil mengen- und zeitabhängig.
- Wertberichtigungen aus Quantitätsminderung (Schwund, Verderb, Diebstahl) und Qualitätsminderung (Rost, Bruchgefahr usw.) sind notwendig, aber auch bei Preisänderungen und technischem Fortschritt (Minderung des Marktwertes).
- Steuern auf Lagerbestand, wie Vermögensteuer, Gewerbekapitalsteuer.

Nach Oeldorf und Olfert liegt der Lagerhaltungskostensatz in der Praxis zwischen 15 und 25% (Lagerhaltungskosten in % des im Lager gebundenen Kapitals).

2. Ermittlung der optimalen Beschaffungsmenge

a) Das Grundmodell

Zur formelmäßigen Ermittlung der optimalen Bestellmenge wird ein einfaches (Grund-) Modell mit vereinfachenden Annahmen erstellt. Trotz dieser Vereinfachungen wird es in der betrieblichen Praxis häufig benutzt. Die Annahmen dieses Grundmodells sind:

- Der Lagerabgang ist gleichmäßig und stetig (auch kleine konstante Mengen sind möglich).
- Der Betrieb kann die Anlieferungszeitpunkte frei wählen (Lieferzeit praktisch Null).
- Es gibt keine mengenmäßigen Beschränkungen bei der Beschaffung, weder vom Lieferer noch vom Abnehmer aus (keine Lagerungs- und Finanzrestriktionen), also weder nach oben noch nach unten (Mindestbestellmenge).

- Die Bestellmenge und Anlieferungsmenge ist gleich.
- Der Stückpreis P ist unabhängig von der Beschaffungsmenge und vom Zeitpunkt der Beschaffung.
- Je Periode ist der Gesamtbedarf Q (Nachfrage) bekannt und konstant.
- Die Lagerhaltungskosten werden in Abhängigkeit von den Lagerwerten und der Lagerdauer betrachtet; der Zusammenhang ist proportional (Grenzkosten konstant).
- Die Beschaffungskosten (unmittelbare Beschaffungskosten) üben auf die Beschaffungsmenge keinen Einfluß aus, da sie proportional mit der Beschaffungsmenge variieren und damit für den Gesamtbedarf Q konstant sind.
- Die Bestellkosten (mittelbare Beschaffungskosten, Bezugskosten) sind pro Los konstant, variieren also proportional mit der Beschaffungshäufigkeit. Bezogen auf eine Mengeneinheit nehmen sie also mit zunehmender Beschaffungsmenge ab.

Die entsprechenden Abhängigkeiten zeigt folgende Abb. 19:

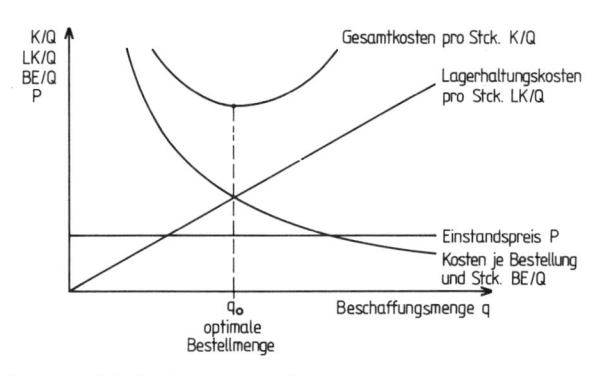

Abb. 19 Das Grundmodell für die optimale Bestellmenge

b) Lösung des Optimierungsproblems

Hier gilt es, die Gesamtkosten der Periode aus Beschaffung und Lagerhaltung zu minimieren, d. h. die Beschaffungsmenge mit den geringsten Kosten zu ermitteln.

Die Ableitung ist folgendermaßen zu skizzieren:

Die (unmittelbaren) Beschaffungskosten BK ergeben sich aus Preis (Einstandspreis) P mal Bedarf in der betrachteten Periode Q:

$$BK = Q \cdot P$$

Die mittelbaren Beschaffungskosten (Bestellkosten) BE für die betrachtete Periode erhalten wir aus den festen Kosten je Beschaffung K_B mal der Beschaffungshäufigkeit n:

$$BE = n \cdot K_B$$

Zur Ermittlung der Lagerhaltungskosten LK müssen wir zur Vereinfachung unsere Annahmen benutzen. Der durchschnittliche Materialbestand $\bar{q}$ ergibt sich danach, sofern man etwaige Sicherheitsbestände nicht berücksichtigt, zu:

2. Kapitel: Die Materialwirtschaft

$$\bar{q} = \frac{q}{2},$$

da bei Anlieferung die Bestandsmenge der Beschaffungsmenge q entspricht und am Ende der Anlieferungsperiode (vor Eingang der nächsten Lieferung) diese Menge q aufgebraucht (= Null) ist (gleichmäßiger Verbrauch).

Den Wert dieses durchschnittlichen Lagerbestands LB erhält man durch Multiplikation der durchschnittlichen Menge $\bar{q}$ mit dem Wert einer Mengeneinheit des lagernden Materials (Preis P + Kosten je Beschaffung und Stück K_B/q), also zu

$$LB = \frac{q}{2}\left(P + \frac{K_B}{q}\right) = \frac{P \cdot q + K_B}{2}$$

Bezeichnen wir den für die betrachtete Planungsperiode geltenden Lagerkostensatz mit $\frac{z}{100}$, so erhalten wir die Lagerhaltungskosten:

$$LK = LB \cdot \frac{z}{100} = \frac{P \cdot q + K_B}{2} \cdot \frac{z}{100}$$

Damit können wir die Gesamtkosten K der Planungsperiode ermitteln aus:

$$K = BK + BE + LK$$

Unser Ziel war, die kostenminimale Bestellmenge q_o zu ermitteln. Von wesentlicher Bedeutung ist hierbei die Beschaffungshäufigkeit n in der Planungsperiode. Diese Größe tritt auch als zweite Unbekannte in unserem Gleichungssystem auf. Sie können wir durch folgende Überlegung eliminieren:
Erfolgt in der Planungsperiode eine einmalige Beschaffung, dann wäre die Beschaffungsmenge q gleich dem Periodenbedarf (Gesamtbedarf)Q.
Bei n-maliger Beschaffung ist $q = \frac{Q}{n}$, also

$$n = \frac{Q}{q}.$$

Setzen wir diesen Ausdruck ein, so gilt

$$BE = \frac{Q}{q} \cdot K_B.$$

Die ausgeschriebene Gesamtkostengleichung lautet damit:

$$K = Q \cdot P + \frac{Q}{q} \cdot K_B + \frac{(P \cdot q + K_B) \cdot z}{200}$$

Da wir das Minimum dieser Kostenfunktion (also K_o) und die dazugehörige kostenminimale Bestellmenge ermitteln wollen, ist die Funktion nach q zu differenzieren und Null zu setzen. Führt man dies durch und löst die Gleichung nach q auf, so erhalten wir die optimale Beschaffungsmenge

$$q_0 = \sqrt{\frac{Q \cdot K_B \cdot 200}{P \cdot z}}$$

Für die optimale Beschaffungshäufigkeit gilt

$$n_0 = \frac{Q}{q} \text{ bzw. } q_0 = \frac{Q}{n_0}.$$

Eingesetzt und umgeformt ergibt sich

$$\frac{Q}{n_0} = \sqrt{\frac{Q \cdot K_B \cdot 200}{P \cdot z}}$$

$$n_0 = \sqrt{\frac{Q \cdot P \cdot z}{200 \cdot K_B}}$$

3. Grenzen und praktische Überlegungen
a) Modifikationen des Grundmodells

Bei einer Rechnung von Hand ist das oben dargestellte Grundmodell kompliziert genug, so daß dies in Näherung ausreicht (siehe auch unter b.). Da es jedoch aufgrund der aufgeführten einschränkenden Annahmen die tatsächlichen betrieblichen Verhältnisse ungenügend abbildet, sollte man dieses Grundmodell verbessern, sofern die Voraussetzungen dazu im Betrieb gegeben sind (insbesondere bei Disposition über EDV). Diese Modifikationen können sich auf eine oder mehrere oder alle der nachfolgenden Problembereiche erstrecken:

(aa) Veränderliche Einstandspreise
Diese können durch Rabatt- und Transportkostenstaffeln, durch Sonderangebote oder durch Preiserhöhungen zustande kommen.
Generell gilt, daß für die jeweiligen Preis-Mengen-Bereiche Minima zu ermitteln sind und das absolute Minimum dann zu wählen ist (sofern dieses im zulässigen Bereich liegt).

(bb) Schwankende Bedarfsmengen
Hier wird die betrachtete Planungsperiode in Teilperioden zerlegt (gleich groß) und die diesen Teilperioden zugerechneten verschiedenen Bedarfe als Rechenbasis verwendet. Die Ermittlung der sog. „dynamischen Beschaffungsmenge" erfolgt durch Vergleich der Stückkosten in der 1. Periode mit denen der 1. + 2., mit denen der 1. + 2. + 3. usw. Die optimale Beschaffungsmenge ist die, bei der sich das Minimum ergibt (eingebaut im IBM-Modularprogramm MINCOS). Eine weitere Modifikation ist in diesem Fall durch die Berücksichtigung von Preisstaffeln und verschiedenen Lagerhaltungskostensätzen möglich.

(cc) Festgelegte Anlieferungszeitpunkte
Passen die vereinbarten bzw. praktisch möglichen Anlieferungszeitpunkte nicht mit den als optimal errechneten Anlieferungszeitpunkten zusammen (müssen gleich liegen bzw. ein ganzzahliges Vielfaches sein), so ist der kostenmäßig nächstliegende Zeitpunkt zu wählen.

(dd) Lagerungs- und Finanzierungsrestriktionen
Diese Restriktionen sind sog. „Nebenbedingungen" bei unserem Optimierungsproblem. Mit EDV ist diese „Optimierung unter Nebenbedingungen" grundsätzlich lösbar, allerdings mit teils hohem Rechenaufwand.

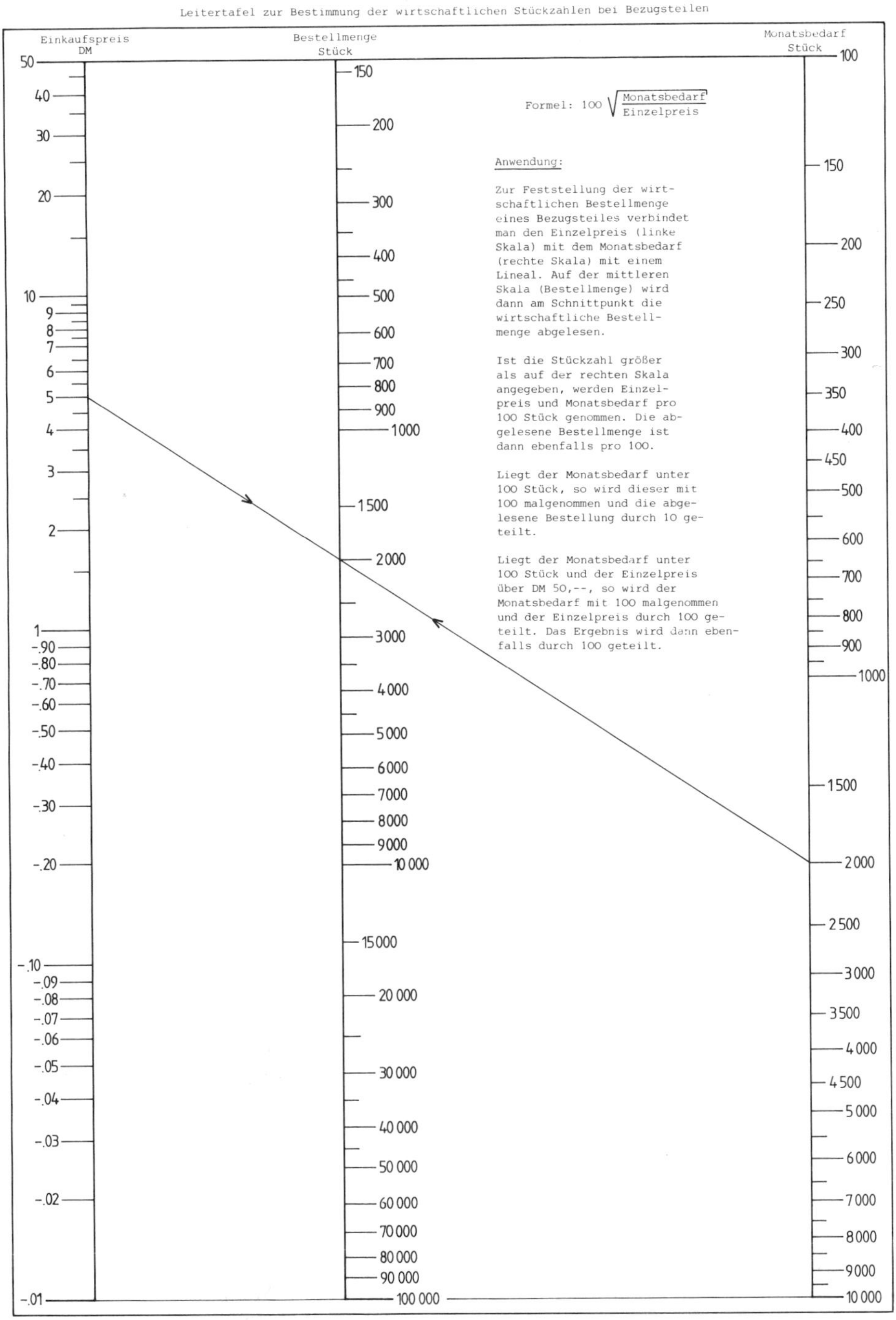
Leitertafel zur Bestimmung der wirtschaftlichen Stückzahlen bei Bezugsteilen
Einkaufspreis DM
Bestellmenge Stück
Monatsbedarf Stück
Formel: 100 √(Monatsbedarf / Einzelpreis)
Anwendung:
Zur Feststellung der wirtschaftlichen Bestellmenge eines Bezugsteiles verbindet man den Einzelpreis (linke Skala) mit dem Monatsbedarf (rechte Skala) mit einem Lineal. Auf der mittleren Skala (Bestellmenge) wird dann am Schnittpunkt die wirtschaftliche Bestellmenge abgelesen.
Ist die Stückzahl größer als auf der rechten Skala angegeben, werden Einzelpreis und Monatsbedarf pro 100 Stück genommen. Die abgelesene Bestellmenge ist dann ebenfalls pro 100.
Liegt der Monatsbedarf unter 100 Stück, so wird dieser mit 100 malgenommen und die abgelesene Bestellung durch 10 geteilt.
Liegt der Monatsbedarf unter 100 Stück und der Einzelpreis über DM 50,--, so wird der Monatsbedarf mit 100 malgenommen und der Einzelpreis durch 100 geteilt. Das Ergebnis wird dann ebenfalls durch 100 geteilt.
50
40
30
20
10
9
8
7
6
5
4
3
2
1
-.90
-.80
-.70
-.60
-.50
-.40
-.30
-.20
-.10
-.09
-.08
-.07
-.06
-.05
-.04
-.03
-.02
-.01
150
200
300
400
500
600
700
800
900
1000
1500
2000
3000
4000
5000
6000
7000
8000
9000
10 000
15000
20 000
30 000
40 000
50 000
60 000
70 000
80 000
90 000
100 000
100
150
200
250
300
350
400
450
500
600
700
800
900
1000
1500
2000
2500
3000
3500
4000
4500
5000
6000
7000
8000
9000
10 000

Abb. 20 Leitertafel zur Bestimmung der wirtschaftlichen Stückzahlen bei Bezugsteilen

b) Praktische Überlegungen

Die Rechenergebnisse der Optimierung sind nicht besser als die verwendeten Eingangsgrößen (problematisch die Lagerhaltungskosten, Bestellkosten) und die zugrundeliegenden „realistischen" Annahmen. Daher ist es nicht sinnvoll, sich sklavisch an die Rechenergebnisse zu hängen. Dies bedeutet, daß man eine „sinnvolle" Bestellmenge im Bereich des Optimums wählen sollte, abhängig auch von handelsüblichen Verpackungsgrößen, von Transportmitteln und Transportbehältern (evtl. nur halb voll) u.ä. Dies umso mehr, als es sich bei praktischen Rechnungen gezeigt hat, daß bei Abweichungen von dem Optimum um bis zu 20% die Gesamtkosten kaum variiert haben (flache Kostenkurve im Minimum). Weiter ist darauf hinzuweisen, daß bei Nichtrechnung mit EDV an Hilfsmittel zu denken ist, wie Spezialrechenschieber, Nomogramme und Tabellen.

Ein in der Praxis relativ häufig verwendetes Nomogramm ist die sog. Leitertafel zur Bestimmung der wirtschaftlichen Stückzahlen bei Bezugsteilen. Diese Leitertafel enthält lediglich die drei Skalen in logarithmischer Einteilung für den Einkaufspreis P, den Monatsbedarf Q (Stück) und die optimale Bestellmenge q_0 (vgl. Abb. 20). Für die betriebsspezifischen Kosten (Lagerkostensatz z und Kosten je Beschaffung K_B) sind damit zur weiteren Vereinfachung Erfahrungswerte zusammen mit dem konstanten Faktor 200 in der zugrundeliegenden Formel bereits berücksichtigt. Der Einkäufer kann mit dieser Leitertafel der Abb. 20 unter Zuhilfenahme eines Lineals die optimale Bestellmenge ermitteln.

II. Der Beschaffungsvollzug (Einkauf)

Nach Ermittlung der optimalen Bestellmenge muß diese nun (kostengünstig, wie ermittelt) beschafft werden. Dazu nachfolgend einige wichtige Aspekte.

1. Beschaffungswege

Die Wahl des Beschaffungsweges und des damit meist ebenfalls festgelegten Lieferanten hat vor der eigentlichen Beschaffung zu erfolgen. Dabei gibt es grundsätzlich die Wahlmöglichkeiten:

- Direktbezug vom Erzeuger (Fabrikengeschäft),
- Bezug über den Großhandel,
- Bezug über den Einzelhandel (seltener).

Diese Wahl kann durch den Erzeuger eingeschränkt sein, d.h. daß er nur über den Großhandel oder nur ab Fabrik liefert. Die Faktoren, die bei der Auswahl eine Rolle spielen, sind Materialart und Umfang des Materialbedarfs, Preise, Lieferfristen, Zahlungsziele und allgemeine Marktlage.

a) Direktbezug vom Hersteller

Dieser Weg wird grundsätzlich bevorzugt, da hier die Preise in der Regel am günstigsten sind (keine Transport- und Zwischenlagerkosten, Handelsspannen) und evtl. Sonderanfertigungen notwendig sind. Dies gilt auch bei der Beschaffung aus dem Ausland (Import), wobei der Vorteil eines besseren Kontaktes zum ausländischen Markt eine Rolle spielt. Dies alles gilt jedoch nur, wenn die benötigten Mengen so umfangreich sind, daß man als Großeinkäufer auftreten kann. Dieses Problem kann allerdings umgangen werden durch Beitritt zu Einkaufsbüros bzw. Einkaufsgemeinschaften.

b) Handel

Bei Materialien, die unregelmäßig und in kleinen Mengen anfallen, ist insbesondere dieser Weg zu wählen. Der Handel übernimmt dabei also Bereitstellungsaufgaben und Risiken (der Lagerhaltung) sowie evtl. Finanzierungsfunktionen. Spielt das Sortiment und die Beschaffung von verschiedenen Materialien in einem Bestellvorgang eine Rolle, dann hat auch hier der Handel Vorteile. Bei Bezug aus dem Ausland wird wegen der notwendigen speziellen Erfahrungen und Kenntnisse (Handelsbräuche, Zoll, internationale Handelsvorschriften, Incoterms, Transportkosten usw.) oft der Spezialhandel eingeschaltet.

c) Zusammenfassung

Bei der Entscheidung über den Beschaffungsweg müssen die einzelnen Betriebsverhältnisse und der Beschaffungsmarkt genau analysiert werden, um einen Vergleich der Kosten (unmittelbar, mittelbar) und evtl. Gegengeschäfte, Sicherung des Bezugs usw. zu erhalten. Da der bzw. die Lieferanten mit der Wahl des Beschaffungsweges auch weitgehend festgelegt sind, müssen auch die auf die Wahl eines Lieferanten wirkenden Faktoren mit berücksichtigt werden. Diese sind ebenfalls die Marktlage (breiter oder schmaler Lieferantenkreis), aber auch der Leistungstyp des Betriebes (Massenfertigung, Einzelfertigung), die unmittelbaren Beschaffungskosten, der Standort des Lieferanten, Garantieverpflichtung, kurze Lieferfristen, Zuverlässigkeit, Flexibilität, Beratung, Materialqualität, langjährige Geschäftsverbindung u.a.m.

2. Beschaffungstermine

Man unterscheidet hier zwischen der

- innerbetrieblichen Beschaffungszeit, mit der Beschaffungsvorbereitungszeit und der nach der Anlieferung anfallenden Prüf- und Einlagerungszeit, sowie
- der außerbetrieblichen Beschaffungszeit mit der Auftragsübermittlungszeit, der Lieferzeit und Transportzeit.

Diese Zeiten sind bei der Disposition bereits alle zu berücksichtigen (wie bereits erwähnt). Dabei muß ein durchschnittlicher Wert, beobachtet über längere Zeit, eingerechnet werden.

3. Abwicklung einer Bestellung

a) Die Einkaufsabteilung

Durch eine Bedarfsmeldung an die Einkaufsabteilung wird der Bestellvorgang ausgelöst. Die Beschaffungen sollten also grundsätzlich durch den „Einkauf" erfolgen. Der Einkauf schließt also alle rechtsverbindlichen Verträge mit den Lieferanten. Damit vertritt der Einkäufer das Unternehmen nach außen (auf dem Beschaffungsmarkt) und ebenso vertritt er alle Lieferanten gegenüber den andern Abteilungen des Unternehmens.

Der Einkäufer muß also eine gute Markt-, aber auch Materialkenntnis haben. Daher werden die Einkaufsgruppen meist nach den zu beschaffenden Materialarten gegliedert.

In Ausnahmefällen, wenn spezielle technische Fragen mit den potentiellen Lieferanten zu klären sind, treten auch andere Abteilungen (Konstruktion u.a.) in Kontakt mit den Lieferanten. Der Einkauf sollte dabei jedoch eingeschaltet und informiert bleiben (Koordinationsfunktion) und insbesondere die Einkaufskonditionen aushandeln.

Diese Vorkehrungen sind wichtig, damit die Einkaufsabteilung eine gewisse **Einkaufsmacht** entfalten kann. Diese wird erreicht, durch
- Zusammenfassung von ähnlichen Beschaffungsfällen,
- Zentralisation des Einkaufs für mehrere Werke,
- Schaffung einer überbetrieblichen Einkaufskooperation,
- Abschluß von Rahmenbestellungen (Abrufaufträgen) mit Abruf von Einzelmengen nach Bedarf.

Um eine optimale Lieferantenwahl bei Berücksichtigung der termin- und qualitätsgerechten Anlieferung durch den Einkäufer zu gewährleisten, ist eine systematische **Einkaufsmarktforschung** notwendig. Die Aufgaben dieser Einkaufsmarktforschung sind
- die Ermittlung der möglichen Lieferanten und Beschaffungswege und
- die Feststellung der Marktformen und damit der Grundsätze der Preisbildung.

Dabei kann man sich der Primärforschung (Erhebungen für Zwecke der Marktforschung im „Feld"), wie Besuch von Messen, Ausstellungen, Anfragen, Sammlung und Auswertung von Prospekten, Einholung von Informationen bei Auskunfteien bedienen, aber auch der Sekundärforschung (Auswertung von vorhandenem Material). Letztere bedient sich vor allem folgender Quellen: Lieferantenverzeichnisse, Branchenberichte, Messe- und Marktberichte, Firmenberichte, technische Nachschlagewerke.

Ist nun also die Beschaffungsplanung abgeschlossen und die potentiellen Lieferanten ausgewählt, so sind bei diesen entsprechende Angebote einzuholen.

b) Angebote

Aus der Lieferantenkartei werden Lieferanten ausgewählt, bei denen schriftliche oder mündliche Anfragen gestartet werden. Bei B- und C-Gütern werden dabei oft Anfrage-Formulare verwendet (Beispiel: Oeldorf/Olfert, S. 226), bei A-Teilen sind auch mündliche Anfragen (auch bei Eilaufträgen) zu finden.

Nach Beantwortung der Anfragen ist eine Angebotsbesprechung interner Art durchzuführen mit Preisvergleich, Qualität, Lieferbedingungen, Zuverlässigkeit des Lieferanten, Ruf, Flexibilität, Marktstellung. Dabei kann ein standardisiertes Schema angewandt werden, das evtl. sogar die Gewichtung einzelner Kriterien erlaubt. (Beispiel: Oeldorf/Olfert, S. 230/231).

Nach der Auswahl sind endgültige Einkaufsverhandlungen durchzuführen (insbesondere bei A-Teilen), die oft mündlich mit evtl. Vorführung von Mustern u.ä. (auch Werksbesichtigung) erfolgen. Danach erfolgt erst die eigentliche Bestellung.

c) Bestellung

Mit der Bestellung wird ein Kaufvertrag über die Materialien geschlossen, sofern auf Grund eines Angebots unverändert bestellt wird. Bei Änderungen gilt die Bestellung wiederum als Angebot, d.h. Käufer und Verkäufer müssen eine übereinstimmende Vereinbarung treffen.

Dies ist oft nicht einfach, da die Rahmen-Bestellvorschriften nicht mit den Liefer- und Zahlungsbedingungen des Lieferanten zusammenpassen. Generell ist an folgende wichtigen Vertragsbedingungen zu denken:
- Materialbeschaffenheit (besichtigt, Muster, Beschreibung, Qualitätsbezeichnung, Basis-Qualität)

- Materialmenge (genau, ungefähr, mit Verpackung)
- Verpackung und Aufmachung
- Erfüllungszeit (sofort, Liefertermin, fix)
- Erfüllungsort
- Preis, oft aus mehreren Positionen bestehend mit Verkaufspreis, Skonto, Rabatte, Frachtklauseln (Incoterms)
- Zahlungsbedingungen (Zahlungsort, Zahlungszeitpunkt)

Auf eine Bestellung erfolgt die Auftragsbestätigung. Diese kann schriftlich, mündlich oder stillschweigend abgegeben werden. Meist legen die beschaffenden Unternehmen Wert auf eine schriftliche Auftragsbestätigung. Diese ist zu prüfen, ob keine Abweichungen zur Bestellung vorliegen, da die letzten unwidersprochenen Bedingungen gelten.

4. Beschaffungskontrolle

Die Beschaffungskontrolle umfaßt drei Bereiche und zwar:

a) Terminüberwachung

Der Einkauf ist gegenüber der Fertigung für die Liefertermineinhaltung verantwortlich. Der Einkäufer hat die Terminverfolgung, z. B. über Karteikarten, Bestellkopien, EDV-Listen, durchzuführen und evtl. mündlich oder schriftlich zu mahnen. Bei Eingang hat er den Lieferanten karteimäßig zu entlasten.

b) Eingangskontrolle

Diese fällt meist in den Lagerbereich, wobei die Ware angenommen werden muß (Vergleich mit Bestellung, Schäden, Wareneingangspapiere), das Material geprüft werden muß (Menge, Zeit, Qualität) und ein Prüfungsbericht zu erstellen ist.

c) Rechnungskontrolle

Die Rechnungsprüfung vergleicht die Lieferantenrechnung mit Auftragsbestätigung, Bestellung, Warenbegleitpapieren und dem Prüfungsbericht. Dabei erfolgt eine sachliche, preisliche und rechnerische Prüfung (letzteres heute wegen EDV-Abwicklung selten).

Diese Abteilung ist meist ausgegliedert aus der Materialwirtschaft und nimmt oft auch die Aufgaben der Kontierung und der Zahlungsanweisung wahr.

5. Kontrolle und Steuerung der Einkaufstätigkeit

Im Gegensatz zu der Möglichkeit einer Kontrolle und Steuerung des Verkäufers über die verkaufte Stückzahl ist es relativ schwierig, den Erfolg des Einkäufers objektiv zu ermitteln. Die persönliche Beurteilung durch den Einkaufsleiter oder die Beurteilung nach den erreichten Verbilligungen (es werden teure Erstangebote akzeptiert) haben sich als nicht objektiv genug erwiesen. Daher haben sich in der Praxis zwei Kontroll- und Steuerbereiche durchgesetzt:

- Durchführung von Anfrageaktionen, mit z. B. Einholung von 7 Inlands-Angeboten und 3 Auslands-Angeboten für alle A-Teile und Kontrolle der Anfragetätigkeit mit evtl. grafischer Erfassung der Anfragen pro Monat und Einkäufer. Damit soll eine Konzentration und Abhängigkeit von bestimmten Lieferanten verhindert werden.

Ermittlung des Einkaufsergebnisses

Code	(Grund der Preisänderung):		
Preisermäßigung		Preiserhöhung	
10 = Verhandlungsergebnis		20 = Verhandlungsergebnis	
11 = Lieferwechsel		21 = Lieferwechsel	
12 = Mengenänderung		22 = Mengenänderung	
13 = Lohnänderung		23 = Lohnänderung	
14 = Rohstoffpreisänderung		24 = Rohstoffpreisänderung	

Preisermäßigung		Preiserhöhung	
15 = Übergang auf Abschlüsse		25	
16 = Änderung d. Herstellverfahrens		26	
17 = Konstruktionsänderung		27	
18 = Qualitätsänderung		28	
19 = Sonstiges (siehe "Bemerkungen")		29	

Einkäufer	EKF-Gruppe	Berichtsmonat	Blatt von Blättern

Meldetermin: Bis 10. Kalendertag des folgenden Monats

lfd. Nr.	Datum	Stoff-/Teile-Nr.	Bezeichnung	Abschluß-Nr.	Lieferer	Preis in DM pro 100 St/kg/t/m/l		Einh.	gült. ab	durchschnittl Monatsbedarf	Wertdifferenz (±) in vollen DM			Grund der Änderg.
						bisher	künftig				±	pro Monat	pro Jahr (x 12)	
1	2	3	4	5	6	7	8	9	10	11	12	13	14	15

Bemerkungen:

Datum

Abtlg.Vorst.

Ergebnis:
Preiserhöhung (+) gesamt DM
Preisermäßigung (−) " DM

Differenz +/− DM

Abb. 21 Ermittlung des Einkaufsergebnisses

- Erfassung der Preisbewegungen nach oben und unten durch den Einkäufer auf einem Vordruck entsprechend der Abb. 21. Aus diesen Aufzeichnungen können dann ein sog. Preisspiegel oder auch Einsparungen bzw. Verteuerungen mit Summenkurven im Jahresverlauf ermittelt werden. Damit sind Tendenzen innerhalb von Materialgruppen zu erkennen und Vergleiche zwischen den Materialgruppen möglich. Die entsprechenden Gegenmaßnahmen können damit gezielt eingeleitet werden.

Der Erfolg eines Einkäufers kann aber auch mit diesen Maßnahmen nur der Tendenz nach ermittelt und gesteuert werden. Eine Etablierung einer Abhängigkeit zwischen den erwähnten Größen und der Entlohnung des Einkäufers ist nicht zu empfehlen.

E. Probleme des Materiallagerwesens

Wir haben im Abschnitt C. bereits die Probleme des Materialbestandes diskutiert, wegen der Bedeutung des Lagers in den meisten Unternehmen sollen jedoch hier noch einige mehr technisch orientierte Anmerkungen gemacht werden. In neuerer Zeit werden die Probleme der Lagerung von Roh-, Hilfs- und Betriebsstoffen, von Halbfabrikaten und von Fertigfabrikaten – auch in Verbindung mit Auslieferungslägern – im Rahmen der **betriebswirtschaftlichen Logistik** (mit den drei Teilbereichen Beschaffungslogistik, interne Logistik und Marketinglogistik) diskutiert. Daher sind die nachfolgenden Ausführungen auf das Wesentliche beschränkt.

I. Aufgaben und Arten der Läger

1. Aufgaben der Läger

Die wichtigsten Aufgaben im Rahmen der Sicherstellung einer reibungslosen Produktion und Auslieferung (Pufferfunktion für Unregelmäßigkeiten und ungenauer Planung) haben wir bereits in C.I.1. erwähnt. Daneben sind aber noch die abwicklungstechnischen Aufgaben durch die Läger wahrzunehmen, wie Materialannahme mit Identitäts-, Quantitäts- und Qualitätsprüfung, zweckmäßige Lagerung zur Vermeidung von Mengen- und Qualitätsverlusten, Portionierung und Kommissionierung bei der Ausgabe des Materials, Lagerbestandskontrolle und Materialversicherung. Schließlich kann das Lager gleichzeitig auch Produktionsaufgaben übernehmen, wie Alterung, Trocknung und Gärung.

2. Arten der Läger

Die vorgenannten Aufgaben bestimmen auch weitgehend den Aufbau und die Organisation der Läger. So kann man unterscheiden zwischen Materiallager, Zwischenlager, Vertriebslager, Abfallager, zentral oder dezentral angeordnet, im Freien oder in der Halle mit oder ohne Klimaanlage. Auch mit Hilfe der gelagerten Materialarten (Holz, Blech, Stangen, Kupfer usw.) oder dem technischen Aufbau (Hochregallager, Flachlager, automatisch usw.) werden die Läger charakterisiert.

II. Planung des Lagers

1. Grundsätze

Das Lager muß sich in den Materialfluß einordnen unter Berücksichtigung der baulichen und räumlichen Gegebenheiten. Daher hat die Planung die Gegebenheiten als Erstes gründlich zu analysieren, wobei z. B. auf die Abmessungen und Gewichte der zu lagernden Gegenstände, auf die Häufigkeit und zeitliche Verteilung der Ein- und Auslagerungen, auf die Auftragsgrößenklassen, auf die durchschnittliche und maximale Lagerzeit, auf Entwicklungstendenzen, technische Anforderungen u. a. besonders zu achten ist.

Wird ein Läger neu errichtet, so sind die Überlegungen zur Wahl des Standorts besonders wichtig. Dabei spielen jedoch die Wahl der Lagerausstattung und die Arbeitsweise im Lager eine besondere Rolle. Nachfolgend wollen wir daher auf diese drei ausgewählten Teilgebiete noch näher eingehen.

2. Lagerstandort

Die Größen, die auf die Wahl des Standorts einen Einfluß haben, sind einmal der Materialfluß. Dabei spielen die externen Verbindungen des Unternehmens eine Rolle wie die Orientierung des Wareneingangs und Warenausgangs an Bahn, Straße, Wasser oder Luft und an bestimmten Haupt- und Hilfsbetrieben.

Daneben sind intern die Fertigungs- und Lagerflächen transportoptimal anzuordnen und zu verknüpfen. Selbstverständlich ist die Art, Form und Beschaffenheit des Materials sowie deren Menge und Volumen im Zeitablauf die Basis für die vorstehenden Überlegungen. Zusätzlich sind auch die Vorschriften und Bestimmungen der Bau- und Gewerbeaufsicht und der Versicherungen zu beachten.

Schließlich ist hier noch die grundsätzliche Entscheidung zur **Zentralisation** oder **Dezentralisation** zu diskutieren, wenn mehrere Läger im Unternehmen existieren bzw. eingerichtet werden sollen. So erfordern zentrale Läger der Tendenz nach weniger Materialvorräte mit geringerem Mindestbestand und die Nutzung von Raum, Personal und Lagereinrichtung ist effizienter. Dies gilt nicht bei räumlich getrennten Werken und der Anpassung der Lager an den Verbrauch und dem notwendigen Einsatz von Spezialgeräten und speziell ausgebildetem Personal.

3. Lagerausstattung

Je nach dem zu lagernden Gut und dem Zweck des Lagers sind die Lagereinrichtungen, die Lagerbehälter und die Fördermittel zu wählen.

Bei der **Lagereinrichtung** ist vor allem an Regale zu denken, mit festen und veränderlichen Flächen, Bedienung von Hand oder mit Gabelstapler und Spezialbedienungsgeräten.

Daneben gibt es Durchlauf- und Verschieberegale sowie Umlauflager (Paternoster-Prinzip); nicht zu vergessen sind die Lagerschränke.

Für eine vereinfachte Manipulation im Lager ist die Wahl der geeigneten **Lagerbehälter** wichtig. Die zum großen Teil genormten Arten sind Stapelkästen, Container, Großbehälter, Flach- und Gitterpaletten usw., wobei an eine Beschränkung auf wenige Größen zu achten ist.

An speziellen **Fördermitteln** wird durch eine kreative Industrie eine Vielzahl angeboten. Diese reichen von den Handwagen, Gabelstaplern und Plattformwagen über Mobilkräne, Elektrozüge und Aufzüge bis zu den Fördermitteln mit Schwerkraft und Antrieb, neuerdings immer mehr automatisiert und prozeßrechnergesteuert.

4. Arbeitsweise im Lager

Hier kann man den vorstehenden Hinweis aufgreifen und zwischen **automatisierter** und **personalgebundener Arbeitsweise** unterscheiden. Bei den automatisierten Lägern erfolgt die Ein- und Auslagerung weitgehend ohne Personaleinsatz, da die Transportmittel über den Computer „wissen", wo welches Material in welchen Mengen liegt und wie und wohin ein- und auszulagern ist. Diese kapitalaufwendigen Läger lohnen sich aber nur bei entsprechenden Lagerbewegungen.

Weiterhin wird die Arbeitsweise eines Lagers dadurch bestimmt, ob das Lagergut systematisch an einen bestimmten Platz im Lager verteilt wird (systematische Lagerung) oder dahin, wo gerade Platz ist (chaotische Lagerung). Die erste Form bietet ein leichteres Zurechtfinden bei ungenügender Raumausnutzung; bei der zweiten Form ist jeweils das Gegenteil vorzufinden. Die automatische Lagerung bevorzugt die unsystematische Lagerung, da hier die notwendigen genauen Aufzeichnungen weniger Schwierigkeiten bereiten.

III. Lagerverwaltung

1. Steuerung von Materialeingang und Materialausgang

Zur Wahrnehmung der bereits in Abschnitt C.I.1. aufgeführten Aufgaben der Bestandsführung hat die Lagerverwaltung sicherzustellen, daß eine Einlagerung nur über Materialeingangsscheine (für fremdbezogenes Material, eigengefertigte Teile und Materialrückgabe) und eine Auslagerung nur über Materialentnahmescheine (mit zusätzlicher Angabe von Kostenart, Kostenstelle und Kostenträger) erfolgen kann. Mit diesen Belegen erfolgt dann eine Verbuchung in den Lagerkarteien nach den physischen Beständen im Lagerfach, in der eigentlichen Lagerkartei und in der Lagerdispositionskartei sowie nach Wert in der Lagerbuchhaltung.

Die neuere Entwicklung mit Hilfe der elektronischen Datenverarbeitung stellt die entsprechenden „Karteien" über den Bildschirm zur Verfügung.

Wichtig ist der Hinweis, daß das vorgenannte aufwendige Verbuchungsverfahren bei geringwertigen Materialien nicht sinnvoll ist; dieses wird der Fertigung in größeren Mengen zur Verfügung gestellt und als Gemeinkosten verbucht.

2. Analyse des Lagerbestandes

Die kraft Gesetz erforderliche Stichtagsinventur erfordert keine Lagerkartei, dagegen die permanente Inventur.

Die entsprechenden Werte gehen in die Bilanz ein und geben darin Aufschluß über die Lage des Unternehmens. Daneben ist jedoch für die Unternehmensführung wichtig, die Lagerbestände bei ausreichender Versorgung möglichst gering zu halten. Dazu ist eine ständige Überwachung und Analyse der Lagerbestände erforderlich. Hilfsmittel sind hierbei – neben den bereits in den vorstehenden Abschnitten diskutierten Verfahren – die Ermittlung von Lagerkennziffern (Lagerumschlag, Eindeckungszeit) und die ABC-Analyse.

3. Kapitel:
Die Fertigung

A. Begriffsabgrenzung und Überblick

Ziel der **Erzeugung** ist die Herstellung von Sachgütern oder die Bereitstellung von Dienstleistungen. Letzteres (Handelsbetriebe, Verkehrsbetriebe, Beratungsunternehmen u. a.) ist in seinen Problemen und Bestimmungsfaktoren bei der Erzeugung so verschieden von der Erzeugung von Sachgütern, daß deren Darstellung in gesonderten speziellen Betriebswirtschaftslehren erfolgen muß. Daher wird die Erzeugung (Herstellung, Bereitstellung) im Sinne von „**Fertigen**" (Fertigung) verwendet, also für die

- Gewinnung von Rohstoffen in Gewinnungsbetrieben,
- Herstellung von Erzeugnissen in Fertigungsbetrieben,
- Bearbeitung von Rohstoffen und Fabrikaten in Veredelungsbetrieben.

Fertigen heißt also den wirtschaftlichen Einsatz und die optimale Kombination der elementaren Produktionsfaktoren „menschliche Arbeitsleistung", „Betriebsmittel" und „Werkstoffe" zur Hervorbringung von verwertbaren Leistungen. Ausgangspunkt sind also die verwertbaren Leistungen (Absatzprogramm), die in das „Fertigungsprogramm" umgesetzt werden müssen. Im einzelnen bedeutet dies, daß die Fertigung und die Materialwirtschaft in Abstimmung mit dem Marketing bestimmte Ziele (Absatz und Produktion) und die entsprechenden Mittel und Maßnahmen zur Erreichung dieser Ziele aufzustellen haben. Dies geschieht am besten in langfristigen (Eckdaten) und kurzfristigen (Detail-)Plänen.

Wesentlicher Ausgangspunkt dieser Pläne sind also **Prognosen**, insbesondere über Stückzahlen, Produktvarianten und deren Qualität sowie Preise. Daraus werden dann die entsprechenden Fertigungszahlen mit den dazu notwendigen Einsatzfaktoren (Menschen, Werkstoffe, Betriebsmittel) und den Budgets (auch Kapitalerfordernis für Investitionen) abgeleitet.

Dabei ist auch an die entsprechenden Dienste zu denken, wie Instandhaltung der Betriebsmittel, Design für die Produkte, Qualitätssicherung der Produkte und an die Kontrolle und Überwachung der Produktion (Soll-Ist-Vergleich).

Damit das Ganze reibungslos funktioniert, ist eine diesen Plänen entsprechende Organisation (Ablauf und Aufbau) zu etablieren bzw. anzupassen.

Wichtig erscheint hier der Hinweis, daß der Begriff Fertigung auch beschränkt auf die Herstellung von Maschinen und Teilen (Brankamp, S. 712) in Abgrenzung zur Verfahrens- und Energietechnik zu finden ist. Diese Unterscheidung ist wichtig für die Betrachtung von kontinuierlichen und diskontinuierlichen Herstellungsprozessen. Hier wird dann der diskontinuierliche Herstellungsprozeß Fertigung genannt. Wir wollen diese Unterscheidung zwar nicht treffen, jedoch insbesondere die speziellen Ablauf- und Koordinationsprobleme bei der diskontinuierlichen Fertigung (Herstellung von Maschinen und Teilen) hervorheben. Damit muß man bei der Diskussion der modernen „Fertigung" die technischen **und** organisatorischen Hilfsmittel und Methoden berücksichtigen.

Entsprechend dem erwähnten Vorgehen bei der Planung in der betrieblichen Praxis wollen wir nachfolgend zuerst die grundsätzlichen Überlegungen zur Festlegung des **Fertigungsprogramms** (Abschnitt B) nach Art, Menge und zeitlicher Erstreckung diskutieren. Zusammen mit den betrieblichen Möglichkeiten zur Bereitstellung der Produktionsfaktoren Arbeit, Material, Betriebsmittel und Führung und den Wirtschaftlichkeits- und Rentabilitätszielen bestimmt dann das Fertigungsprogramm die Planung der Fertigung, auch Arbeitsvorbereitung (AV) genannt. Dabei geht es neben der Bereitstellung der Produktionsfaktoren um die Planung des Fertigungsablaufs, also um die **Fertigungsverfahren** (Abschnitt C) und die Planung, Steuerung und Überwachung der Fertigung. Letzteres erfolgt in der sog. **Fertigungsvorbereitung** mit den Teilbereichen Fertigungsplanung und Fertigungssteuerung (Abschnitt D). Aus systematischen Gründen und wegen der Bedeutung der **Arbeitsstudien** und des **Qualitätswesens** im Betrieb werden diese Problembereiche in Abschnitt E „Fertigungsdurchführung" und in Abschnitt F „Fertigungskontrolle" vertieft.

B. Das Fertigungsprogramm

Das Absatzprogramm kann noch Handelsware, Lizenzware und über Lohnaufträge gefertigte Ware enthalten. Der Rest ist das Fertigungsprogramm, wobei man noch zwischen Fremd- und Eigenfertigung unterscheiden kann.

Das Fertigungsprogramm muß wiederum nicht identisch mit dem Entwicklungsprogramm sein, das aus Eigenentwicklung, Fremdentwicklung und Lizenzübernahme bestehen kann.

Jede **Entwicklung** muß sich jedoch in einer **Konstruktion** und **Berechnung** widerspiegeln, die die „... Vorbereitung der Produkte oder Verfahren auf die Fabrikation in Gestalt von Konstruktionszeichnungen und Stücklisten unter Beachtung von DIN-Normen..." (Schweitzer, S. 112) darstellen. Dabei ist auch auf die Schutzrechte zu achten (Patente, Gebrauchsmuster, Geschmacksmuster, Warenzeichen).

Die Produktgestalt ist vor allem durch die Absatzseite bestimmt (Grundnutzen, Zusatznutzen), aber gleichzeitig müssen bei der Entwicklung auch fertigungstechnische Prinzipien beachtet werden (Schweitzer, S. 115), wie:

- Bearbeitungsgerechtigkeit (zweckmäßige Gestaltung für die Bearbeitung, Zugänglichkeit),
- Arbeitsangemessenheit (Arbeitsaufwand zu Anforderungen an Güte, Präzision, Genauigkeit),
- Materialwirtschaftlichkeit (überzogene Maße, Gewichte, Fertigungszuschläge, Härtegrade usw. vermeiden),
- Transportgerechtigkeit (übliche Verpackung und Transportmittel).

Die bereits angesprochenen Gebiete Entwicklung, Konstruktion und Gestaltung (Design) sind Teilgebiete der sog. Erzeugnisvorbereitung. Dazu gehören auch das in der Materialwirtschaft bereits angesprochene Stücklistenwesen, die notwendige Nummerung der Teile und deren Normung und Typung.

Ebenso zählt hierzu auch die sog. **Wertanalyse**, die 1947 von L. D. Miles in USA unter dem Begriff Value Engineering eingeführt wurde (Demmer/Joost, S. 1345ff.). Dabei unterscheidet man:

- Produkt-Wertanalyse (Value Analysis). Diese bekannteste Wertanalyse soll die Bewertung der Produktfunktionen und -eigenschaften durch den Käufer mit den am Gewinn orientierten Wertvorstellungen des Unternehmens in Einklang bringen. Dies bedeutet insbesondere eine systematische Weiterentwicklung von Produkten in der laufenden Fertigung,

- Konzept-Wertanalyse (Value Engineering). Hier sollen bereits im Planungs- und Entwicklungsstadium andere mögliche Alternativen berücksichtigt und schneller durchgeführt werden, um kostspielige Änderungen zu vermeiden. Das Value Engineering wird also insbesondere für die systematische Neuentwicklung verwendet,
- Wertanalyse von Verwaltungstätigkeiten (Value Administration). Sie befaßt sich mit der kosten- und funktionsorientierten Optimierung von Verwaltungstätigkeiten.

Typisch für die Wertanalyse ist:
- Teamarbeit mit Mitgliedern aus verschiedenen Funktionsbereichen.
- Vorgehen orientiert an den Funktionen (= Aufgaben) des Produkts, eines Fertigungsverfahrens oder einer Organisation. Diese Betrachtungsweise ist breiter als die an einer gegebenen Konstruktion orientierte Rationalisierung. Die dabei verwendeten Hilfsmittel sind Funktionsstammbau mit Haupt- und Nebenfunktionen (marktkonform, Gebrauchs- und Geltungsfunktionen) und Funktionsbewertungsmatrix (Demmer/Joost, S. 1356).
- Kostenorientiertes Vorgehen, um eine Kostensenkung bei einem vorhandenen Produkt bzw. die kostengünstigste Gestaltung zu erreichen.

Die bevorzugten Hilfsmittel sind ABC-Analyse, Kalkulation im Vergleich, insbesondere mit variablen Kosten, Wirtschaftlichkeitsrechnung und Deckungsbeitragsrechnung.
- Systematisches Vorgehen.

Diese eigentlich selbstverständliche Forderung hat sich in einer VDI-Richtlinie 2801 „Arbeitsplan der Wertanalyse" niedergeschlagen (Demmer/Joost, S. 1347). Das grundsätzliche Vorgehen erfolgt dabei über die Erfassung des Ist-Zustandes, die Erarbeitung von Lösungen, deren Einbringung als Vorschlag und Einführung im Unternehmen. Dabei ist auch an den Terminplan und die Kontrolle zu denken.

Nun wird in der **Fertigungsplanung** festgelegt, welche Arten und Mengen von Gütern innerhalb eines bestimmten Zeitraums hergestellt werden sollen. Dabei ist zu beachten, daß die vorhandenen Fertigungskapazitäten gut und konstant genutzt werden, gleichzeitig aber auch die Lagerbestände möglichst klein gehalten werden. Dies ist kein Problem, wenn z. B. die monatlichen Absatzmengen konstant sind (Übernahme der Verkaufsmengen). Treten aber Saisonschwankungen auf, so müssen diese über Fertigungs- und/oder Lagermengen ausgeglichen werden, ebenso wie Konjunkturschwankungen.

C. Die Fertigungsverfahren

I. Überblick

Da es eine Vielzahl von technischen Fertigungsverfahren gibt, muß der Betrieb das kostengünstigste Verfahren bzw. die entsprechende Verfahrensmischung auswählen. Bevor man allerdings versucht mit Hilfe von detaillierten Überlegungen zu den verfahrensbestimmenden Faktoren (siehe Abschnitt V mit Erzeugnismerkmalen, Ausrüstung, Werkstoffmerkmale, Wirtschaftlichkeit) eine Auswahl zu treffen, sind grundsätzliche Überlegungen zur Organisation des Fertigungsprozesses anzustellen (Organisationstypen), d. h. wie ordne ich räumlich die Betriebsmittel und Arbeitsplätze an.

Gleichzeitig ist die Frage zu stellen, wie häufig sich ein Fertigungsvorgang wiederholt, wobei man verschiedene Fertigungstypen (Schneeweiß, S. 10 ff.) unterscheidet.

214 Dritter Teil: Materialwirtschaft und Fertigung

II. Organisationstypen der Fertigung

Der Betrieb hat bei der Anordnung und Zusammenfassung von Maschinen und Arbeitsplätzen und der entsprechenden zeitlichen Abstimmung verschiedene Möglichkeiten. Dabei unterscheidet man zwei Grundtypen, die in der Praxis in verschiedenen Ausprägungen vorkommen. Dies ist die sog. Werkstattfertigung und die Fließfertigung.

1. Die Werkstattfertigung

Hier werden die Fertigungsabteilungen nach gleichartigen Verrichtungen (Tätigkeiten) zu einer „Werkstatt" zusammengefaßt. Die gleichartigen Tätigkeiten werden damit räumlich, kosten- und verantwortungsmäßig abgegrenzt.

Damit müssen die Bearbeitungsobjekte (Werkstücke) zur Bearbeitung von Werkstatt zu Werkstatt befördert werden, wobei Parallelwege, Rückläufe, Kreuzungen auftreten können und damit Probleme eines optimalen Transports bzw. von niedrigeren Materialflußkosten (Problem Zwischenlager, vgl. Abb. 22).

Vorteile:
Günstig bei Kleinserien- und Einzelfertigung, da man auf Änderungen des Absatzprogramms oder bei Ausfällen von Betriebsmitteln und Arbeitskräften elastisch reagieren

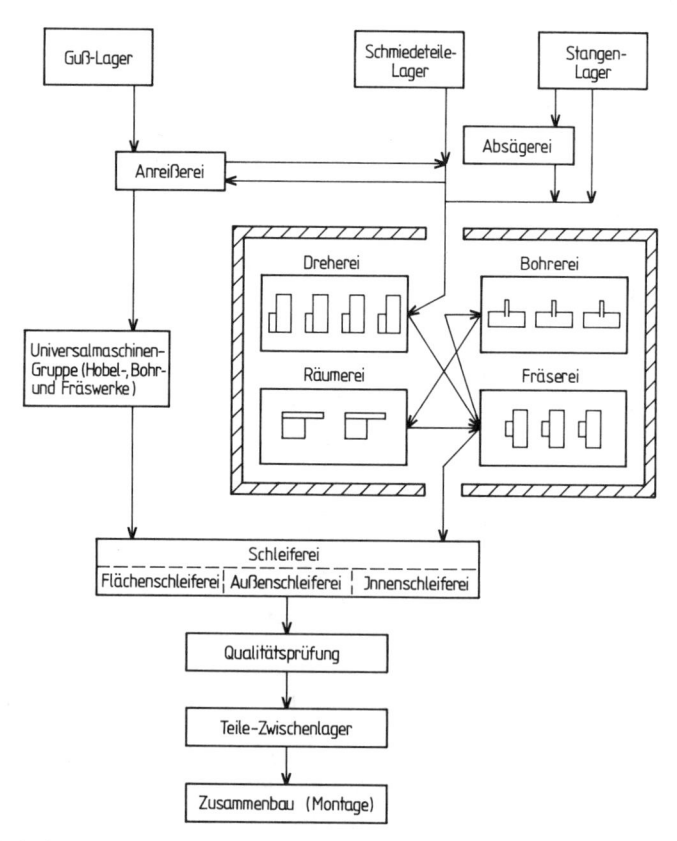

Abb. 22 Beispiel für den Organisationstyp Werkstattfertigung

kann. Nacharbeiten sind kein Problem, Invesititonen können sukzessive getätigt werden und Spezialisten können gut herangebildet werden (Dreher, Fräser, Former usw.).

Nachteile:
Vorräte an Einsatzgütern höher (Kapitalbindung, Zinsen, Veralterung); Grenzen für Rationalisierung sind eng (keine optimale Nutzung der Betriebsmittel). Der Aufwand zur möglichst gleichmäßigen Nutzung der Anlagen muß hoch sein, um hohe Bestände an Halbfabrikaten und lange Durchlaufzeiten zu vermeiden (Abstimmung der laufenden Arbeitsverteilung, Reihenfolgeplanung, Maschinenbelegung). Kostenrechnungssysteme sind aufwendig; Bedarf an qualifizierten Mitarbeitern ist groß.

2. Die Fließfertigung

Die Gliederung der Fertigungsabteilungen erfolgt nach dem Objektprinzip (Prozeßfolgeprinzip).

Lager (Rohstoffe und Teile)		
Maschinenstraße I	**Maschinenstraße II**	**Maschinenstraße III**
Drehbank	Hobelmaschine	Wellenzentriermaschine
Drehautomat	Fräsmaschine	Kopierdrehbank
Mehrspindelbohrmaschine	Bohrwerk	Spitzendrehbank
Gewindeschneidmaschine		Wellenrichtmaschine
		Gewindeschneidmaschine
		Nutenfräsmaschine
		Wellenschleifmaschine

Zwischenlager (Teile und Baugruppen)

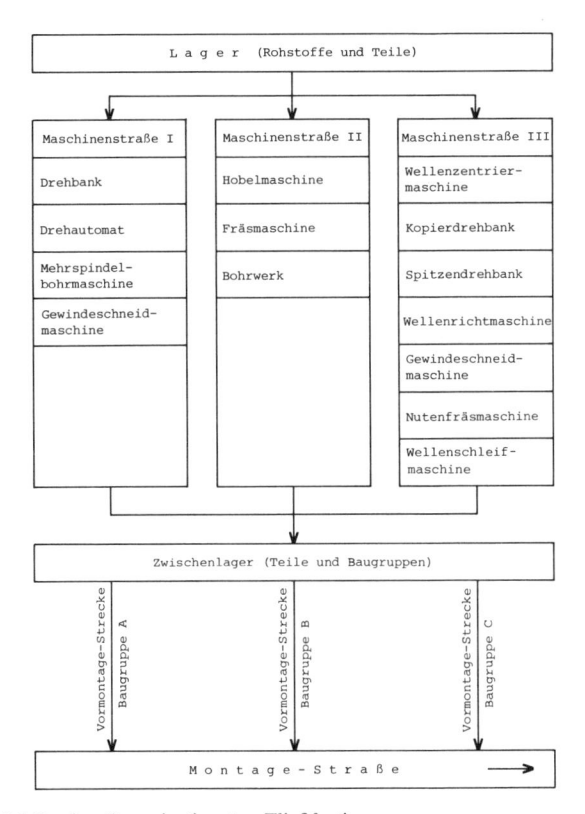

Vormontage-Strecke Baugruppe A | Vormontage-Strecke Baugruppe B | Vormontage-Strecke Baugruppe C

Montage-Straße →

Abb. 23 Beispiel für den Organisationstyp Fließfertigung

Es werden also alle für ein Erzeugnis (Objekt) notwendigen Bearbeitungsgänge aneinandergereiht, d.h. die Arbeitszerlegung erfolgt in einer Linie (vgl. Abb. 23).

Daher wird diese Fertigungsorganisation auch Reihen-, Straßen- oder Linienfertigung genannt.

Vorteile:

Die Beschaffung und Lagerwirtschaft kann stark rationalisiert werden, da Sorten-, Großserien-, Massenfertigung vorliegt (Näheres siehe im nächsten Abschnitt). Dies gilt für Einsatzgüter und Halbfabrikate.

Es können Lernerfolge und hohe Arbeitsproduktivitäten erzielt werden. Man kann Anlernkräfte einsetzen und die Fertigungsverhältnisse sind übersichtlich. Daher ist die Planung, Organisation und Kontrolle leichter, ebenso die Arbeitsverteilung, Maschinenbelegung und Terminierung.

Nachteile:

Die Fertigungselastizität ist gering und die Einrichtung erfordert hohe Investitionen. Bei Ausfall von Betriebsmitteln und Arbeitskräften ist die Gefahr von Produktionsunterbrechungen groß. Die Arbeit ist recht monoton und daher besteht die Gefahr der Arbeitsverfremdung. Oft treten Abgrenzungsprobleme für die Meisterstellen entlang der Fertigungsstraße auf.

3. Konkretisierungsformen

a) Gruppenfertigung

Die Gruppenfertigung ist eine Übergangsform von der Werkstatt- zur Reihenfertigung. Es werden bestimmte Arbeitsgänge (Baugruppen, Endmontage) nach dem Arbeitsflußprinzip abgewickelt (Fließinseln).

b) Fließband- und vollautomatische Fertigung

Die Beförderung der Werkstücke von Arbeitsplatz zu Arbeitsplatz kann von Hand oder mit den verschiedensten Fördermitteln (kontinuierlich oder intermittierend), mit dem Arbeitsort auf oder neben dem Fördermittel erfolgen. Die Bearbeitungszeit an

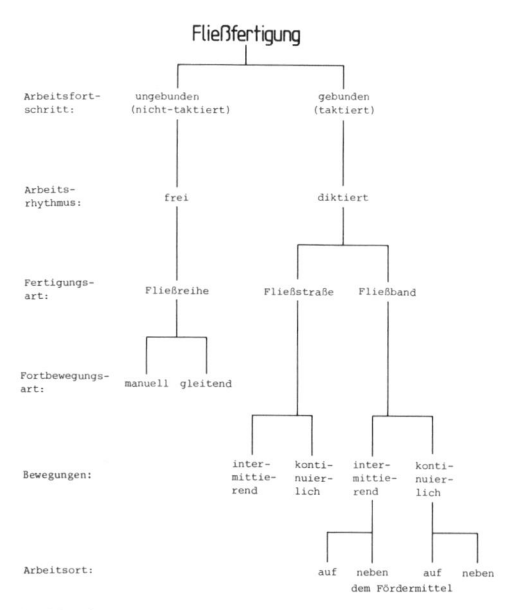

Abb. 24 Arten der Fließfertigung

Arbeitsplätzen und Maschinen muß beim Fließband gleiche Dauer aufweisen bzw. ein Vielfaches dieser „Taktzeit" sein.

Einen Überblick über die möglichen Arten der Fließfertigung zeigt Abb. 24.

Wird auch noch auf die Mitarbeit menschlicher Arbeitskräfte verzichtet (nur noch für Fertigungsanalyse, Betreuung der Anlagen), so spricht man von vollautomatischer Fertigung. Das Fließband heißt nun Transferstraße, Roboteranlage oder Integriertes Fertigungssystem, das auch neben vollautomatischen Bearbeitungsmaschinen, verketteten Robotern und Montageanlagen die entsprechenden Kontrollvorrichtungen enthält. Die erforderlichen Investitionsmittel sind hier hoch, daher sind auch hohe Stückzahlen und eine entsprechende Standardisierungsmöglichkeit notwendig. Unter diesen Voraussetzungen können die sogenannten Geisterschichten gefahren werden.

III. Fertigungstypen

Mit den vorstehenden Überlegungen überschneiden sich die ebenfalls grundlegenden Diskussionen zu den Fertigungstypen. Die darin zum Ausdruck kommenden Bedingungen für die Wahl eines Fertigungstyps (Fertigungsverfahren) bestimmen auch die Organisationstypen der Fertigung.

1. Einzelfertigung

Von einer Einzelfertigung wird gesprochen, wenn jedes Erzeugnis eine Individualität darstellt, also kein Erzeugnis dem anderen auch nur annähernd gleich ist. Diese Fertigung erfolgt in der Regel auf Bestellung unter handwerklichen Bedingungen bzw. in einer Werkstattfertigung; oft ist kein Transport möglich, so daß alle Produktionsfaktoren zum Ort der Herstellung gebracht werden müssen. Beispiele sind Wohnungs-, Industrie-, Brücken-, Schiffs- und Großmaschinenbau. Die bei der Einzelfertigung auftretenden Probleme sind eine schwierige Fertigungsvorbereitung, das Erfordernis von vielseitigen Arbeitskräften und Betriebsmitteln sowie eine Beschaffung für jeden Auftrag. Bereits beim nächsten Fertigungstyp spricht man von „Mehrfachfertigung", zu der die Serien-, Sorten- und Massenfertigung zählt.

2. Serienfertigung

Hier werden bereits einheitliche Erzeugnisse in größerer Stückzahl hintereinander oder gleichzeitig gefertigt (Serie, Lose). Die Fertigungseinrichtungen müssen nach jedem Erzeugniswechsel umgerüstet werden. Wenn also kleine Lose gefertigt werden, können die Rüstkosten hoch werden. Dadurch ergibt sich das Problem der optimalen Losgröße (großes Los, hoher Lagerbestand).

Die Möglichkeiten zur Automatisierung sind begrenzt und es werden noch recht hochqualifizierte Arbeitskräfte benötigt. Die modernen Prozessorsteuerungen erlauben aber hier bereits eine Umstellung der Fertigungseinrichtungen per Knopfdruck, so daß eine Flexibilität im Rahmen der programmierbaren Vorgaben möglich ist. Der Aufwand steckt hier aber in der Programmierung.

Die Werkstattfertigung ist hier am besten geeignet.

3. Sortenfertigung

Die verschiedenen Sorten können hier noch auf der gleichen Produktionsanlage gefertigt werden. Die Erzeugnisse sind verschiedene Spielarten (nach Abmessung, Qualität u.ä.) eines Grunderzeugnisses. Bei der Sortenfertigung bestehen fertigungstechnische Unterschiede in den Erzeugnissen. Ein Beispiel für eine Sorte sind Herrenanzüge unterschiedlicher Größe und Stoffqualität, für eine Serie z.B. 3 verschiedene Autotypen mit kleinerer Stückzahl. Hier kann bereits auf eine Fließfertigung zurückgegriffen werden, wodurch sich die Anforderungen an Betriebsmittel und Arbeitskräfte sowie an die Fertigungsvorbereitung vereinfachen.

Eine Sonderform ist hier die Partie- und Chargenfertigung, wobei eine Charge z.B. die Beschickungsmenge eines Ofens, Behälters usw. ist. Die verschiedenen Erzeugnisarten fallen hier prozeßbedingt an, wie bei einer Kuppelproduktion in Kokereien, Ölraffinerien u.ä.

4. Massenfertigung

Hier werden gleichartige Erzeugnisse in großen Mengen über eine relativ lange Zeit gefertigt (gleiche Werkstoffe). Dazu ist die Fließband- bzw. vollautomatische Fertigung geeignet. Eine Extremform ist die starre Verkettung, wie z.B. bei einer Transferstraße. Die Folge sind hier hohe Investitionen und geringe Flexibilität.

5. Zusammenfassung

Die Stückzahlbereiche für die vorgenannten Fertigungstypen kann man der Größenordnung nach folgendermaßen angeben (vgl. Brankamp, S. 713):

Einzelfertigung	1 ... 5	
Kleinserienfertigung	5 ... 20	→ oft noch gesondert diskutiert
Serienfertigung	20 ...100	
Massenfertigung	über 100	

Eine eindeutige Abgrenzung der Unternehmen allein nach diesen Kriterien ist nicht möglich, da die Art der Erzeugnisse bestimmend ist (Anlagenbau, Kameras, Autos, Werkzeugmaschinen mit Kundenbestellung oder Lagerfertigung) und die meisten Unternehmen alle Arten (Typen) gleichzeitig praktizieren (Normteile, Zubehör, Hauptprodukte, Ersatzteile usw.).

Insgesamt geht es in der Fertigung also um den Automatisierungsgrad, die Produktivität, den Kapitalbedarf und die Elastizität. Den Zusammenhang zwischen diesen Anforderungen zeigt nachfolgende Abb. 25.

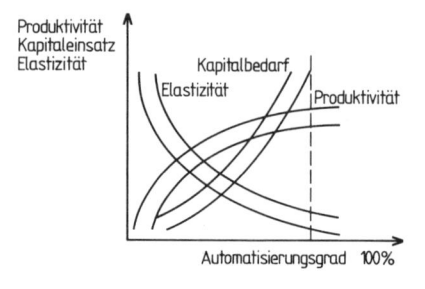

Abb. 25 Zusammenhang zwischen Automatisierungsgrad, Produktivität, Kapitalbedarf und Elastizität

Werden die Fertigungsmittel vollkommen an die Fertigungsaufgabe angepaßt, dann kann ein sehr hoher Automatisierungsgrad erreicht werden (Transferstraße für Motorblock), aber bei hohem Kapitalbedarf und geringer Elastizität. Die neuere Entwicklung zu numerisch gesteuerten Maschinen versucht, bei gleichbleibender Elastizität der Fertigung einen höheren Automatisierungsgrad (und damit höhere Produktivität) zu erreichen.

IV. Technische Fertigungsverfahren im Einzelnen

Nach den ökonomischen bzw. ökonomisch-technologischen Überlegungen zu den Fertigungsverfahren sind diese durch rein technische (ingenieursmäßige) Betrachtungen zu ergänzen. Diese Verfahren sind durch folgende Kriterien näher zu charakterisieren:

- Durch den Arbeitsvorgang werden Werkstoffe und Werkstücke verändert.
- Der Arbeitsvorgang erfolgt mit Hilfe betrieblicher Anlagen (Apparate, Maschinen), die zu fertigungstechnischen Einheiten zusammengefaßt sind.
- Als Hilfsmittel werden Werkzeuge und Vorrichtungen verwendet.
- Menschliche Arbeitskräfte werden benötigt, wenigstens zur Überwachung.
- Bestimmte Arbeitsbedingungen liegen fest, wie Arbeitsgeschwindigkeit, Temperaturen usw.

Nun ist es unmöglich, alle Fertigungsverfahren in Orientierung an den Werkstoffen (Holz, Metall, Kunststoff usw.) hier darzustellen (insbesondere die chemische Verfahrenstechnik). Daher wird, wie auch meist in der Literatur, stellvertretend die Metallverarbeitung angesprochen.

Nach DIN 8580 können die Fertigungsverfahren entsprechend der Abb. 26 eingeteilt werden.

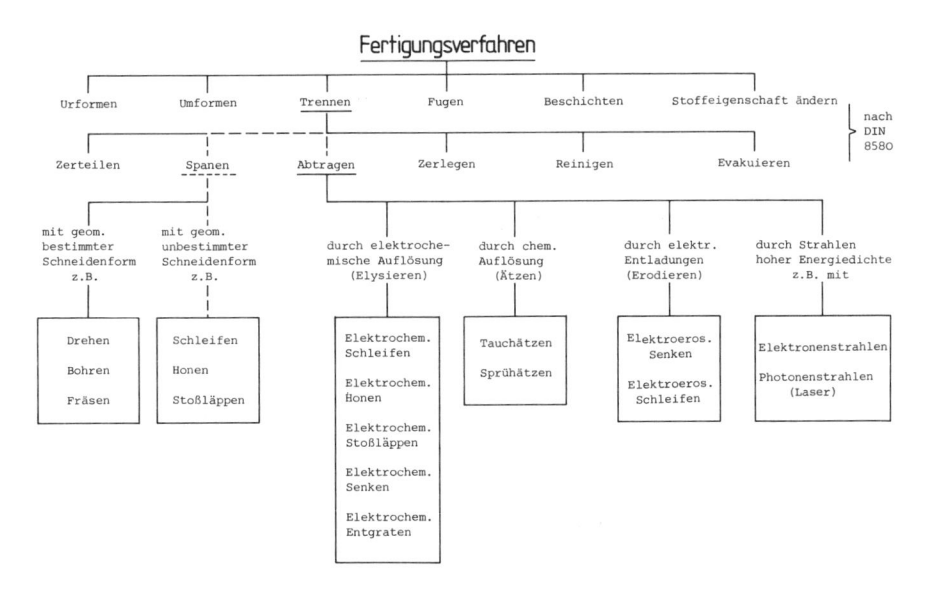

Abb. 26 Die Einteilung der Fertigungsverfahren und die Einordnung der spanenden und abtragenden Verfahren

Den Trennverfahren und darin den spanenden Verfahren kommen heute die größte Bedeutung wegen ihrer hohen Maß- und Formgenauigkeit sowie hoher Oberflächenqualität zu.

Durch neue Werkstoffe und neue Qualitätsforderungen ergeben sich auch veränderte Anforderungen an die Verfahren (siehe auch Abschnitt V).

Der Trend ist, wenige verschiedene Verfahren mit wenig Abtragung von Material zu verwenden und mit einem Arbeitsgang möglichst die Endform der Teile herzustellen. Dadurch werden die spanlosen Verfahren und die Verwendung von Kunststoff (der sowieso ein breites Eigenschaftsspektrum, leichte Bearbeitbarkeit, hohes Maß an Gestaltungsfreiheit aufweist) an Bedeutung gewinnen.

Trotz dieses Trends werden die bereits erwähnten dominierenden spanenden Verfahren noch lange dominieren, insbesondere da die Werkzeugmaschinenhersteller immer mehr den Forderungen nach leistungsfähigeren, bedienungssicheren, störungsunanfälligeren, wartungsfreieren, höher automatisierten und trotzdem genaueren, flexibleren Maschinen nachkommen konnten. Dazu haben folgende Entwicklungen beigetragen:

- **Numerisch gesteuerte Werkzeugmaschinen**

Der Arbeiter an der Werkzeugmaschine muß normalerweise anhand der Teilezeichnung und der Arbeitsunterlagen die Maschineneinstellungen vornehmen. Dabei können Fehler auftreten und Zeit ist erforderlich. Daher werden einzelne Vorgänge vorgeplant und vorgegeben über Vorrichtungen, Schablonen usw. Für die Einzel- oder Kleinserienfertigung ist dies jedoch teuer. Daher wurden numerische Steuerungen (NC) entwickelt, in der die Daten wie Maße, Vorschübe, Drehzahlen u. ä. in Lochstreifen und ähnlichen Informationsträgern gespeichert sind und in Steuerbefehle umgesetzt werden. Damit werden aber die Arbeiten vom Einrichter/Facharbeiter in die Arbeitsvorbereitung verlagert. Eine Weiterentwicklung ist die mit Hilfe der EDV durchzuführende Programmierung der NC-Maschinen (mit eigenen Sprachen).

- **Prozeßsteuerung**

Diese völlig neue Entwicklung erlaubt mit Hilfe der Prozeßrechner eine Real-Time-Regelung von Fertigungsprozessen. Dabei wird laufend der Ist-Zustand des Prozesses erfaßt und im Sinne einer Optimierung in den Prozeß eingegriffen. Dabei gibt es die Möglichkeiten, eine direkte zentrale Steuerung der NC-Maschinen vorzunehmen mit dem sog. Fertigungsleitrechner (DNC). Der Lochstreifen entfällt hier. Wird die Maschinensteuerung ersetzt durch Minicomputer, dann spricht man von einer CNC-Steuerung.

Inzwischen versucht man den gesamten Zerspanungsprozeß zu steuern mit Hilfe einer sog. adaptiven Regelung, die Sensoren verwendet, um einen Soll-Ist-Vergleich und die entsprechende Anpassung zu erreichen.

- **Bearbeitungszentrum**

Dieser weitere Schritt zur Automatisierung bringt, daß verschiedene Fertigungsfunktionen (z. B. Fräsen, Drehen, Bohren) auf **einer** Maschine durchgeführt werden. Notwendig ist dazu eine numerische Steuerung, Abstimmung und leichtes Umrüsten.

- **Integrierte Fertigungssysteme**

Bei den Bearbeitungszentren können die Funktionen und teuren Sondereinrichtungen oft schlecht genutzt werden. Die Funktionen werden wieder aufgelöst, in Gruppen sich ergänzender Werkzeugmaschinen gelegt, die durch flexible Transporteinrichtungen verkettet sind. Das Werkstück wird dabei meist auf eine Palette gespannt und der Computer übernimmt die Steuerung der Werkzeugmaschinen und die Reihenfolgeplanung (ablaufmäßig und terminlich).

Aus den vorgenannten Entwicklungen ist zu erwarten, daß es in Zukunft in Teilbereichen rechnergesteuerte „Druckknopffabriken" geben wird. In die gleiche Richtung geht auch die Entwicklung im Konstruktionsbereich, in dem schon vieles mit Hilfe des Computers gemacht wird (vgl. Eversheim, S. 739–753). (Vgl. auch unter D. IV.)

Zu ergänzen ist hier, daß zu dem Produktionsfaktor Betriebsmittel:
- Grundstücke und Gebäude
- Energieerzeugungs- und -verteilungsanlagen
- Fördermittel
- Betriebs- und Geschäftsausstattung
- Lagermittel
- Meß- und Prüfmittel
- Werkzeuge
- Vorrichtungen
- Maschinen und Anlagen gehören.

Nun haben wir in diesem Abschnitt nur von Maschinen und Anlagen gesprochen, die ohne Werkzeuge und Vorrichtungen nicht funktionieren können. Alle drei werden auch als „Fertigungsmittel" definiert. Bei den **Werkzeugen** unterscheidet man spanende (Drehstähle, Bohrer, Fräser, Räumnadel, Schleifscheiben) und nichtspanende (Gießen, Sintern, Wälzen, Schmieden, Prägen, Drucken, Ziehen, Zerteilen) Werkzeuge, die durch Relativbewegung zum Werkstück mit Energieübertragung dessen Form und Lage verändern.

Die **Vorrichtungen** sind Informationsspeicher, die Werkstück und/oder Werkzeug aufnehmen, spannen, führen. Sie sind entweder auf die Werkzeugmaschine (Bestandteile dieser Maschinen) oder auf die Fertigungsaufgabe zugeschnitten.

Wichtig bei den Werkzeugen und Vorrichtungen (und auch für die Meß- und Prüfmittel) ist ihre Numerierung, Normung/Standardisierung, Lagerung, Bereitstellung und Instandhaltung, da sie meist sehr teuer sind.

V. Verfahrensbestimmende Faktoren

Die vorstehenden Überlegungen zu den Organisationstypen, den Fertigungstypen und den technischen Fertigungsverfahren im einzelnen haben schon die Vielfalt der Möglichkeiten aufgezeigt, die für die Herstellung eines bestimmten Produkts zur Verfügung stehen. Doch welches Fertigungsverfahren ist nun für einen konkreten Fall das Optimale?

Im Einzelfall erfordert dies recht komplizierte Überlegungen und Berechnungen. Zu klären sind diese Probleme im Rahmen der Fertigungsplanung, doch sollen hier einige grundsätzliche Systematisierungsüberlegungen angestellt werden.

Sicher ist, daß mit der Entscheidung über die Verfahren alle Funktionsbereiche des Unternehmens betroffen werden, also Absatz (Marketing), F & E, Konstruktion, Fertigung, Beschaffung, Finanzierung und Kostenrechnung. Dies ist unmittelbar einsichtig, denn die geforderten Erzeugniseigenschaften und deren Realisierung in einem Produkt (Konstruktion) bestimmen das Verfahren ebenso wie die fertigungstechnischen und personellen Möglichkeiten und Gegebenheiten, die Vorgaben für die Beschaffung und die Wirtschaftlichkeit und Rentabilität mit den finanziellen Möglichkeiten.

1. Erzeugniseigenschaften und -merkmale

Diese verfahrensbestimmenden Größen werden vom Markt vorgegeben (Marktforschung) und von der Konstruktion in ein konkretes Produkt umgesetzt. So kann man einen bestimmten Genauigkeitsgrad (z. B. Spiel im Radlager) nur mit „Schleifen" erreichen oder eine Gasarmatur nur mit gasdichtem Druckguß. Die Gestalt des Produkts ist ebenfalls vorgegeben oder ist den äußeren Umständen (Einbauteil) anzupassen (Lenkung in Kraftfahrzeug oder Gasarmatur in Gasheizung).

Damit werden ein vorläufiger Verfahrensgang und der Bedarf an Roh-, Hilfs- und Betriebsstoffen und Mitarbeitern bereits festgelegt. Umgekehrt gehen aber auch Einflüsse von den Gegebenheiten und Möglichkeiten in die Gestaltung und Eigenschaften bei der Konstruktion des Produkts ein.

2. Sachliche und personelle Ausstattung

Das vorgesehene Verfahren muß nun mit dem Bestand an Betriebsmitteln und Personal durchgeführt werden können. Wenn nicht, so ist die Ausstattung zu ergänzen, z. B. durch einen neuen Mitarbeiter, eine neue Vorrichtung und Werkzeuge oder gar durch größere Investitionen in Bauten und Maschinen. Alternativ kann auch ein Zulieferbetrieb mit vorhandenem Verfahren gesucht werden. Auch hier ist evtl. daran zu denken, das Erzeugnis umzukonstruieren, damit es mit vorhandenen Verfahren hergestellt werden kann.

3. Werkstoffe und Teile

Zu einem großen Teil werden die Werkstoffe und Teile bereits mit den Erzeugniseigenschaften festgelegt. Hier soll dieser Aspekt nur nochmals betont werden, insbesondere die Forderung nach der Verwendung von Normteilen und handelsüblichen Werkstoffen und Teilen in den Erzeugnissen bestimmt das Fertigungsverfahren in großem Umfang. Im Extremfall liegt dann nur eine Montagefertigung vor (Zusammenbau von Normteilen/Handelsteilen).

4. Wirtschaftlichkeit und Rentabilität

Die Verfahrensentscheidung kann sich nun nicht nur an mengenmäßigen und technischen Gesichtspunkten orientieren, sondern sie muß Wirtschaftlichkeit und Rentabilität mit berücksichtigen.
Üblicherweise wird die **„Wirtschaftlichkeit"** durch eine Verfahrensvergleichsrechnung festgestellt. Dabei werden die kalkulatorischen Herstellungskosten je Erzeugniseinheit (Basis: gleiche Herstellungsstückzahl, gleiche Qualität) mit Hilfe einer Prognose ermittelt. Dabei sind die einzelnen Kostenarten schon recht detailliert zu ermitteln, wie z. B.
Materialkosten, Materialgemeinkosten
Fertigungslöhne, Fertigungsgemeinkosten
Ausschußkosten
Werkzeug- und Vorrichtungskosten
Energiekosten
Instandhaltungskosten
Raumkosten
Kalkulatorische Abschreibungen und Zinsen.

Die noch oft mit diesen Größen verwendete Vollkostenrechnung ist zu unscharf. Man muß die Kostenarten noch trennen in fixe und variable Kosten. Dann kann man ermitteln, welches Verfahren nach Abzug der proportionalen Kosten pro Stück vom Erlös pro Stück noch welchen Betrag pro Stück zur Deckung der fixen Kosten liefert (Deckungsbeitrag). Das Verfahren mit dem höheren Deckungsbeitrag wird gewählt. Die Fixkosten werden vor allem wegen der Unmöglichkeit einer exakten Zuordnung auf die betrachteten Anlagen nicht in die Rechnung einbezogen.

Die **Rentabilität** ist ein Ausdruck für die Verzinsung des eingesetzten Kapitals (Überschuß der Summe aller Bar-Einnahmen über die Summe der Bar-Ausgaben, evtl. abgezinst, in allgemeiner Form). Die Ermittlung der Rentabilität ist daher dann sinnvoll, wenn über Investitionen für ein neues Fertigungsverfahren entschieden werden soll (oder mehrere Verfahren mit Vollauslastung möglich sind).

Die Verfahren zur Ermittlung der Rentabilität sind vielfältiger Art wie
statische Verfahren,
dynamische Verfahren,
kombinierte Verfahren.

Die entsprechenden Methoden wie Amortisations-, Rendite-, Kapitalwert-, Annuitäten- und MAPI-Methode werden im Rahmen der Investitionslehre diskutiert. Diese einfacheren Verfahren werden in der Praxis noch immer viel verwendet, da Super-Entscheidungsmodelle noch nicht existieren und Weiterentwicklungen mit Berücksichtigung von prognostischen Risikoproblemen (Wahrscheinlichkeitsrechnung) und Optimierungsfragen (lineare und nichtlineare Programmierung) bereits recht kompliziert werden. Zudem können die Ergebnisse der Modelle letztlich nur so gut sein, wie die Vorgaben und Prognosen, die reingesteckt werden.

D. Die Fertigungsvorbereitung

I. Übersicht

Bevor ein fertig entwickeltes und getestetes Produkt gefertigt werden kann, muß die entsprechende Fertigung vorher gründlich geplant und vorbereitet werden, damit sie reibungslos und kostengünstig erfolgen kann. Dazu gehört die längerfristige Rahmenplanung, die konkretere kurzfristige Detailplanung und die laufende Steuerung des Prozesses. Diese Aufgaben werden übrigens weitgehend von den von F. W. Taylor vorgeschlagenen „Meistern des Arbeitsbüros" (Arbeitsverteiler, Unterweisungsbeamte, Zeitbeamte, Aufsichtsbeamte) wahrgenommen.

Damit sind die Aufgaben der Fertigungsvorbereitung die „... Planung, Steuerung und Überwachung der Fertigung unter Einschluß der Erstellung aller erforderlichen Arbeitsunterlagen und Betriebsmittel mit dem Ziel der Kostenminimierung bei Berücksichtigung gegebener Restriktionen..." (Schweitzer, S. 127). Die Aufgaben sind je nach Fertigungsbedingungen laufender oder einmaliger Natur. Hat ein Betrieb Einzel- und/oder Serienfertigung, dann sind laufend – oft umfangreiche – Aufgaben der Fertigungsvorbereitung wahrzunehmen. In diesen Betrieben ist schon ab einer noch relativ kleinen Betriebsgröße eine organisatorisch selbständige Abteilung „Fertigungsvorbereitung" anzutreffen. Dagegen fällt ein Teil der Aufgaben der Fertigungsvorbereitung in Betrieben mit Massenfertigung seltener an (vor Aufnahme des Fertigungsablaufs); die laufende Überwachung und Steuerung der Fertigung dominiert.

Diese Überlegungen deuten darauf hin, daß es sinnvoll ist, bei den Aufgaben der Fertigungsvorbereitung zwischen planenden Aufgaben (Fertigungsplanung, Arbeitsplanung) und steuernden Aufgaben (Fertigungssteuerung, Fertigungslenkung) zu unterscheiden. Diese Unterscheidung ist zwar oft schwierig, im Kern kann man jedoch festhalten, daß die einmaligen, auf die Vorbereitung der Fertigung gerichteten Teilaufgaben zur Fertigungsplanung und die Teilaufgaben zur Durchführung der Fertigung dem Gebiet Fertigungssteuerung zugerechnet werden.

Die nachfolgende Abb. 27 zeigt die Teilaufgaben der Fertigungsvorbereitung.

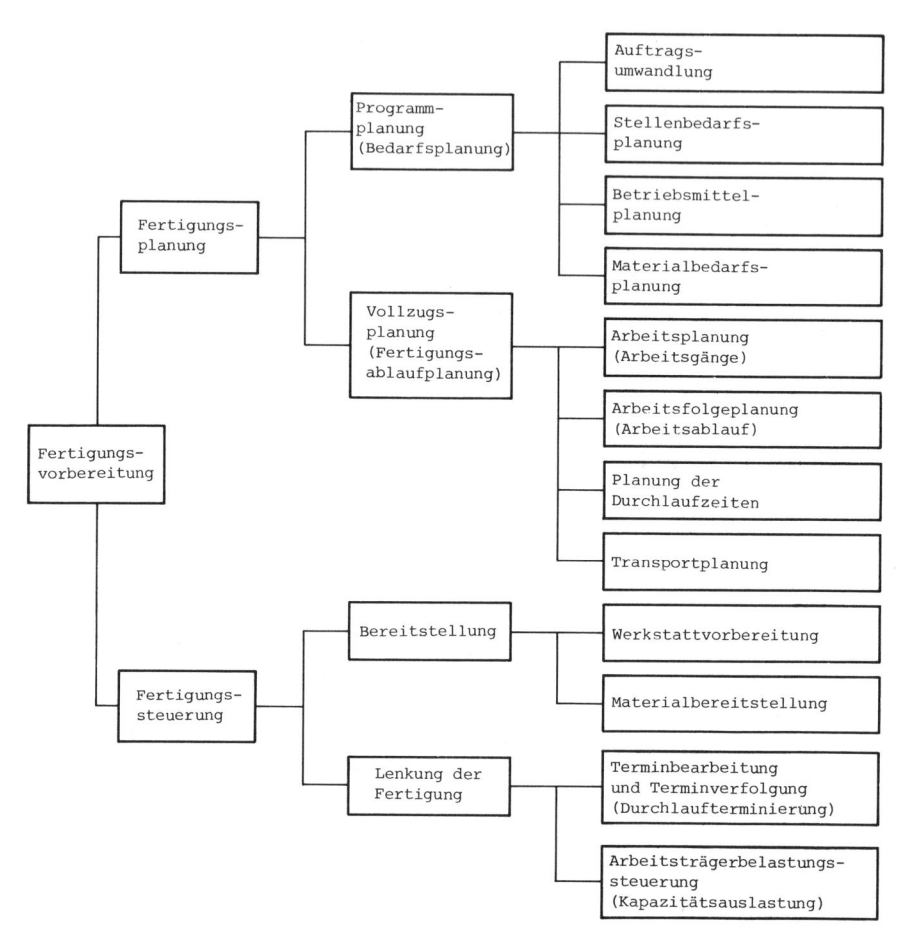

```
Fertigungs-     ┬── Fertigungs-    ┬── Programm-        ┬── Auftrags-
vorbereitung    │   planung        │   planung          │   umwandlung
                │                  │   (Bedarfsplanung) ├── Stellenbedarfs-
                │                  │                    │   planung
                │                  │                    ├── Betriebsmittel-
                │                  │                    │   planung
                │                  │                    └── Materialbedarfs-
                │                  │                        planung
                │                  └── Vollzugs-        ┬── Arbeitsplanung
                │                      planung          │   (Arbeitsgänge)
                │                      (Fertigungs-     ├── Arbeitsfolgeplanung
                │                      ablaufplanung)   │   (Arbeitsablauf)
                │                                       ├── Planung der
                │                                       │   Durchlaufzeiten
                │                                       └── Transportplanung
                └── Fertigungs-    ┬── Bereitstellung   ┬── Werkstattvorbereitung
                    steuerung      │                    └── Materialbereitstellung
                                   └── Lenkung der      ┬── Terminbearbeitung
                                       Fertigung        │   und Terminverfolgung
                                                        │   (Durchlaufterminierung)
                                                        └── Arbeitsträgerbelastungs-
                                                            steuerung
                                                            (Kapazitätsauslastung)
```

Abb. 27 Die Teilaufgaben der Fertigungsvorbereitung

Neben den bereits erwähnten Aufgaben der Fertigungsplanung und Fertigungssteuerung sind in den Betrieben manchmal noch weitere betriebliche Aufgaben der Fertigungsvorbereitung zugeordnet, da enge Abhängigkeiten zwischen den Aufgaben und gleiche Arbeitsunterlagen vorliegen. Beispiele hierfür sind Materialwirtschaft, Vorkalkulation, Versand und Rechnungsvorbereitung.

II. Die Fertigungsplanung

Die Aufgaben der Fertigungsplanung sind, im voraus durchdenkend festzulegen,

- in welcher Weise (Arbeitsplanung),
- in welcher Reihenfolge (Arbeitsfolgeplanung),
- in welcher Zeit (Planung der Durchlaufzeiten),
- an welchen Arbeitsplätzen, Maschinen, Vorrichtungen, Werkzeugen (Stellenbedarfsplanung, Betriebsmittelplanung, Transportplanung),
- mit welchen Halbfabrikaten, Roh-, Hilfs- und Betriebsstoffen (Auftragsumwandlung, Materialbedarfsplanung)

die Endprodukte gefertigt werden sollen. Da sich die ersten drei Aufgabenbereiche mehr auf den konkreten Fertigungsablauf beziehen und die letzten beiden auf das Fertigungsprogramm (die Transportplanung kann beiden Bereichen zugeordnet werden), unterscheidet man bei der Fertigungsplanung auch zwischen Programmplanung (auch Bedarfsplanung) und Fertigungsablaufplanung (auch Vollzugsplanung) (vgl. Abb. 27).

1. Programmplanung (Auftragsumwandlung und Bedarf)

Die im Unternehmen eingehenden Kundenaufträge und Bestellungen für Teile, Halbfertigerzeugnisse und Fertigerzeugnisse, auch für Ersatzteilzwecke zur Auffüllung des Lagers oder Eigenbedarf müssen zu Aufträgen für die Fertigung neu zusammengefaßt werden. Dabei ist zu beachten, daß neben den Fertigungsaufträgen evtl. direkte Versandaufträge ab Lager möglich sind, Beschaffungsaufträge erforderlich sein können oder gar Entwicklungsaufträge zustandekommen. Bei den Fertigungsaufträgen selbst kann man weitere Unteraufträge (Teilaufgaben) unterscheiden, wie echte Bearbeitungsaufträge, Prüfaufträge, Bereitstellungsaufträge u. a. (vgl. auch bei Schweitzer, S. 129).

In einigen wenigen Unternehmen ist auf dieser Stufe der (mittelfristigen) Planung des Produktionsprogramms die Verwendung von „Linearen Programmen" zu finden. Dabei geht man von der Annahme linearer Produktionszusammenhänge aus und ermittelt das Produktionsprogramm, das bei den vorgegebenen Betriebsmitteln und Mitarbeitern den höchsten Deckungsbeitrag bringt. Dieses Grobprogramm ist dann allerdings mit den nachfolgenden Überlegungen, insbesondere aus dem Bereich der Fertigungssteuerung, ebenfalls zu konkretisieren (vgl. Schneeweiß, S. 122 ff.).

An dieser Stelle ist die Bedeutung der bereits im Abschnitt Materialwirtschaft erläuterten Stücklisten (Strukturstückliste, Mengenübersichtsstückliste, Baukastenstückliste) bei der Auftragsumwandlung und insbesondere bei der Materialbedarfsplanung hervorzuheben, ja sie sind zusammen mit der Zeichnung die Basis für alle Teilaufgaben der Fertigungsplanung und Fertigungssteuerung.

Genauso wie die Materialbedarfsplanung oft vom Bereich Materialwirtschaft durchgeführt wird, erfolgt der erste Teil der Auftragsumwandlung oft im Vertriebsbereich. Zudem ist die Fertigungsplanung im allgemeinen Sinne weder auf Stückzahlen noch Termine ausgelegt. Erst die Feinplanung der Faktoreinsatzmengen und des Ablaufs der Fertigung berücksichtigt die Stückzahlen und Termine (vgl. unter III. 2). Aus diesem Grund wird die Auftragsumwandlung oft nicht der Fertigungsplanung zugerechnet.

Die in Abb. 27 bei der Programmplanung noch aufgeführte Stellenbedarfsplanung (Personalbedarf), Betriebsmittelplanung (Bedarf an Maschinen, Werkzeugen, Vor-

ZF Arbeitsplan SERIE

Zeile	Werkstück-Nr.	Plan-Nr.	Änderungsstand	Benennung	Ort	Ausgangs-Sch.	Verf.	Status	GB	WA	Gängig	AP-Ausführung	Werkstück-Nr.	Fab.-Gruppe	Blatt
001	1249 304 279	01	Zeichn.: Plan: 017	SCHRAEGRAD 2.G.	31	S	00	4	4	0	1		1249 304 279	FG19	1

Stückzahl: – Serien-Nr.: – Fertigungsbeginn: – Fertigungsende: PM – 01.12.80

Zeile	Rohteil-/Stoff-Nr.	Grundteil-Nr.	Mat.	Grenzstückzahlen Plan	Dispo.-Nr.	DZ	Ausgestellt	Geändert
002	1249 404 136			500			FAG FBVG FPKA 22.11.71	08.09.80

Zeile	Arbeitsgang	Kost.-Stelle	Maschinen-Nr. / Einstellwerte	Zeit pro Einheit / Stückgewicht	Rüstzeit / Verf.-Nr.	Arbeitsbeschreibung	BM-Folge	Arbeitsgang-Alternative / Betriebsmittelbeschr.	Vork. Fakt.	Arbeitsg.-Zusatzschlüssel / BM-Nummer	Verschl. Fakt.	Bestätigt:
004	ROHT. SCHRAEGRAD ABMESS. HINW. GES 1249404136 WERKST. ZF6											
005	MATER.AUSG.FORM SCHMIEDE ANLIEFER.ZUST. B2 BESTELLV. ZF15-93											
006	TECHN. LIEFERBOG. ZF6 ME 11 BEDARF 1,00 GEWICHT ROH 2,47 GEWICHT FERTIG 1,57											
007	DARGESTELLT AUF WERKSTCK. GRD.-TEIL ROHTEIL 1249 [illegible] 136											
101	005	111	6738	0,070 4	9,8 4	M-AUT-DREH				P11		
201						SPANNEN H ANLAGE E	010	EINSTELLPLAN		13C67 [illegible]		
202						0,3 SZG- A EINH	020	PRUEFVORRICHTG		13P72 15 0019		
203						0,05 SZG- B	030	AUSSENTASTER		13P51 36 0033		
204						FTG- C,D	040	MESSBALKEN		13P51 [illegible]		
205						SCHRAE,KTBR	050	E-STCK.B 3,[illegible]		13P00 16 [illegible]		
208						SPANNEN D,ANLAGE C	060	RALE 125-140		13P31 23 0014		
210						0,4 ZG H	070	LEDO 62,7 H 7		13P31 33 3141		
211						0,05 ZG L	[illegible]	PRUEFAUFNAHME		13P7[illegible]		
212						FTG- E,F,G,I,K	[illegible]	RALE [illegible]		13P31 2[illegible]		
213						SCHRAE BEI F-G						
214						EINST BEI K-L						
215						EINST BEI H-G						
216						SCHRAE,KTBR						
101	010	112	0206	0,017 4	1,3 4	DREHEN				11		
205			N=704			AUFNAHME A,ANLAGE G	010	[illegible]		13V[illegible]		
210			S=0,12			FTG- EINST BEI E	020	SPANNHUELSE		13V99 21 0462		
							030	ANLAGERING		13V99 22 0462		
							[illegible]	[illegible]		[illegible]		
							[illegible]	[illegible]		[illegible]		
101	015	034	0001	0	0	PRUEF				111		
							[illegible]	[illegible]		[illegible]		
							020	PRUEFVORRICHTG		13P72 15 0019		
							030	E-STCK.[illegible] 3,95		13P[illegible] 16 0136		
							040	MESSBALKEN		13P51 11 0010		
⋮	⋮	⋮	⋮	⋮	⋮	⋮	⋮	⋮	⋮	⋮		
101	115	035	0003	0	0	VZ-PRUEF				111		
							010	LEHRZAHNRAD		13P37 24 0060		
							020	ABROLLDORN		13P72 34 0336		
							030	RINGSPANNDORN		13P72 36 0063		
							040	RINGSPANNDORN		13P72 36 0027		
101	120	034	0003	0	0	ENDPRUEF				111		
							010	LEDO 63 G 6		13P31 33 3142		
							020	ND-DUESENDORN		13P55 31 0159		
							030	E-RING 63		13P00 02 0043		
							040	MESSKOPF		13P92 61 1008		
							050	AUFNAHMEDORN		13P92 61 5013		
							060	E-STCK. 82		13P00 12 0070		
							070	PRUEFAUFNAHME		13P79 20 0211		
		ENDE		ENDE	ENDE	ENDE ENDE	ENDE	ENDE		ENDE		
GESAMT				0,415	22,4	VORGABEZEIT						
				0,000	0,0	PLANUNGSZEIT						

Abb. 28 Arbeitsplan

richtungen) und Materialbedarfsplanung (Bedarf an Roh-, Hilfs- und Betriebsstoffen) dienen dazu, das Fertigungspotential sicherzustellen, wobei die Vollzugsplanung die Basis ist. Wie im folgenden Abschnitt noch ausgeführt wird, ist die Zeitbedarfsplanung nach Arbeitsgängen und Maschinen und Werkzeugen/Vorrichtungen gegliedert. Damit läßt sich der qualitative und quantitative Standardbedarf an Arbeitskräften (Stellenbedarfsplanung) und für die einzusetzenden Betriebsmittel (Betriebsmittelplanung) ableiten. In Unternehmen mit Kleinserien- und Einzelfertigung von Spezialmaschinen werden die oft sehr speziellen Betriebsmittel (insbesondere Vorrichtungen und Werkzeuge) in einer Entwicklungs- und Konstruktionsabteilung entwickelt und selbst hergestellt, um eine einwandfreie und kostenoptimale Fertigung zu gewährleisten.

Die Aufgaben bei der Planung des Materialbedarfs für Roh-, Hilfs- und Betriebsstoffe sind im 2. Kapitel „Materialwirtschaft" bereits beschrieben worden.

2. Vollzugsplanung (Fertigungsablaufplanung)

Wie bereits erwähnt, ist die Konstruktionszeichnung und die Stückliste Ausgangspunkt für die Fertigungsablaufplanung. Daraus kann man alle Einzelteile eines Erzeugnisses erkennen und für diese eine Verfahrensplanung erstellen. Diese Verfahrensplanung kann entweder in einem Rahmenplan festgehalten werden, auch genannt Fertigungs- oder Montageplan, in dem dann die einzelnen Teile mit der Zeichnungs-, Stücklisten- und Arbeitsplan-Nummer aufgelistet sind (vgl. auch Preitz, S. 314). Im Arbeitsplan sind dann die weiteren Daten zu finden. Meist werden jedoch – insbesondere mit EDV-Lösungen – direkt die technologischen Arbeitsgänge, die Folge dieser Arbeitsgänge mit der erforderlichen Rüstzeit und Ausführungszeit (zu diesen Begriffen und deren Ermittlung in der betrieblichen Praxis vgl. den nächsten Abschnitt E) sowie die Arbeitsbeschreibung und Betriebsmittelfolge im sog. **Arbeitsplan** erfaßt (vgl. Abb. 28). Aus der Abb. 28 ist zu erkennen, daß die Art der zu benutzenden Maschinen, Vorrichtungen und Werkzeuge sowie die Kostenstellen aufgeführt sind, ebenso wie die Vorgabezeiten für Bearbeitung und Rüsten. In einer sauber organisierten Fertigungsvorbereitung sind unter den angegebenen „Betriebsmittel-Nummern" (vgl. Abb. 28) die entsprechenden Zeichnungen und Einstell-/Prüfpläne für die Prüf- und Meßvorrichtungen sowie die Werkzeuge zu finden. Dasselbe gilt für die Angaben zu den einzelnen Arbeitsgängen in der Spalte Arbeitsbeschreibung. Die in der Abb. 28 aufgeführten Großbuchstaben sind z. B. in der Konstruktionszeichnung mit den entsprechenden näheren Angaben zu finden. Auch die nächste Stufe der Entwicklung ist in einigen Unternehmen bereits zu finden, nämlich die Verwendung von eigenen Nummern für ein System von sog. Einzelplatzzeichnungen statt Buchstaben, um die Fehlermöglichkeiten bei der Fertigung für jeden Arbeitsgang und an jedem Arbeitsplatz weitestgehend einzuschränken.

Aus den Angaben im Arbeitsplan ist die bereits erwähnte Betriebsmittel- und Stellenbedarfsplanung abzuleiten, aber auch die Durchlaufzeiten für die Fertigungsaufträge durch den Betrieb. Die angegebenen Maschinen-, Vorrichtungs- und Werkzeug-Nummern sind jedoch nur als Artenbezeichnung anzusehen, denn erst bei Vorliegen der innerbetrieblichen Fertigungsaufträge kann deren Belastung und einzusetzende Zahl ermittelt werden (vgl. Abschnitt III „Fertigungssteuerung"). Zusätzlich sind in den Arbeitsplänen oft auch Angaben zu den Lohn- und Akkordgruppen der einzelnen Tätigkeiten bzw. Hinweise auf detaillierte Arbeitsunterweisungskarten zu finden (auch für die Qualitätsprüfung). Die Basis hierzu wie auch für die erwähnten Vorgabezeiten (Stückzeit, Rüstzeit usw.) ist in einzelnen eingehenden Arbeits- und Zeitstudien von REFA-Fachleuten zu erarbeiten. Näheres dazu in Abschnitt E.

Mit diesen detaillierten Festlegungen soll eine möglichst rationale Gestaltung der Bearbeitungsschritte und Bewegungsabläufe für Mensch und Maschine erreicht werden und gleichzeitig eine Planungs- und Berechnungshilfe für die Durchlaufzeiten und die (direkten) Fertigungskosten. Neben der Planung der Durchlaufzeiten für die Fertigungsaufträge ist ergänzend eine Transportplanung vorzusehen, um Stockungen im Güterfluß zwischen den Arbeitsplätzen, Maschinen, Abteilungen und Werken zu vermeiden.

III. Die Fertigungssteuerung

1. Begriff und Wesen

Die in der Fertigungsplanung auftragsunabhängig auf längere Frist festgelegten Zusammenhänge und Dimensionen (Fertigungspotential) müssen nun in der Fertigungssteuerung kostenoptimal durchgeführt und durchgesetzt werden. Damit fallen in der Fertigungssteuerung eine Reihe von Bereitstellungs- und Lenkungsaufgaben an. Die Fertigungssteuerung plant, veranlaßt und überwacht also die **Durchführung** der Fertigung. Wegen der Bedeutung der Lenkung bzw. Regelung des Prozesses der „Kombination der Elementarfaktoren" spricht man auch von Fertigungslenkung oder Fertigungsregelung. Der Regelprozeß wird dabei vereinfacht in einem Regelkreis dargestellt:

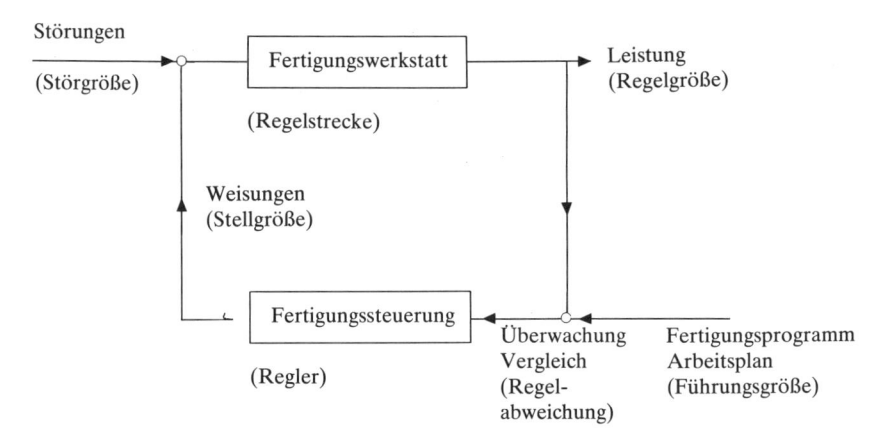

```
Störungen                                           Leistung
              ┌──────────────────────┐
─────────○───│ Fertigungswerkstatt   │──────────▶  (Regelgröße)
(Störgröße)   └──────────────────────┘
                      (Regelstrecke)
                                                │
              Weisungen                         │
              (Stellgröße)                      │
                                                │
              ┌──────────────────────┐          ▼
         └───│ Fertigungssteuerung   │◀────○─────────────
              └──────────────────────┘
                                      Überwachung   Fertigungsprogramm
              (Regler)                Vergleich     Arbeitsplan
                                      (Regel-       (Führungsgröße)
                                      abweichung)
```

Die Durchführung der Fertigung erfolgt also in der Fertigungswerkstatt, deren Ergebnisse (= Produkte) laufend mit Hilfe von Rückmeldungen überwacht werden, da Störungen auftreten (Maschinendefekt, Unfall usw.). Bei Abweichungen vom Plan (Stückzahlen, Termin u. ä.) erfolgen Weisungen zur Korrektur. Bereits an dieser Stelle ist darauf hinzuweisen, daß in den Betrieben in der Regel die Überwachung der Qualität der Erzeugnisse nicht zu den Aufgaben der Fertigungssteuerung gehört, sondern von einer gesonderten Abteilung „Qualitätskontrolle" wahrgenommen wird (Näheres dazu in Abschnitt F.).

Für eine termingerechte und rationelle Fertigung und die notwendige Bereitstellung der Einsatzfaktoren müssen konkrete Aufträge mit Termin- und Mengenangaben vorliegen. Dann sind die Aufgaben der Fertigungssteuerung auf den einzelnen Auftrag bzw. die einzelne Position des Fertigungsablaufs gerichtet. Gleichzeitig muß aber auch auf die Steuerung aller Aufträge durch die gesamte Fertigung geachtet werden. Gerade diese Abstimmung bringt der Fertigungssteuerung oft beträchtliche Schwierigkeiten.

Sie sind besonders groß in Betrieben mit Serien-, Kleinserien- und Einzelfertigung, bei denen im Gegensatz zu Betrieben mit Massenfertigung eine laufende Fertigungssteuerung notwendig ist. Daher ist in diesen Betrieben auch meist eine Abteilung Fertigungssteuerung zu finden.

Die Ziele der Fertigungssteuerung sind:
- Kurze Durchlaufzeit für einen Auftrag, um einen schnellen Kapitalumschlag und kurze Lieferzeiten zu erreichen sowie einen guten Überblick über die Fertigung zu behalten.
- Einhaltung der Endtermine, um die Kunden nicht zu verärgern, Konventionalstrafen zu umgehen und eine frühzeitige Bezahlung des Kunden zu erreichen.
- Wirtschaftliche Nutzung der Kapazität durch hohe und gleichmäßige Auslastung mit minimalen Kosten (optimale Fertigungslosgröße: siehe im folgenden Abschnitt 2.)
- Optimale Bestände, um Fertigungsstörungen zu vermeiden, aber auch um die Lagerhaltungskosten niedrig zu halten.

Es ist unmittelbar klar, daß diese Ziele oft miteinander konkurrieren und Konflikte enthalten. Daher müssen im Betrieb Prioritäten festgelegt werden, wodurch die Methode der Fertigungssteuerung präjudiziert wird.

Um die vorgenannten Ziele zu erreichen, sind eine Vielzahl von Aufgaben durch die Fertigungssteuerung wahrzunehmen. Eine Einteilungsmöglichkeit für diese Aufgaben ist die Unterscheidung zwischen Bereitstellungsaufgaben und Lenkungsaufgaben (vgl. Abbildung 27). Dabei werden zu den Bereitstellungsaufgaben die Bereitstellung der Arbeits- bzw. Fertigungsunterlagen und des Fertigungsmaterials sowie die Werkstattvorbereitung gezählt. Bei den Lenkungsaufgaben sind Terminfestlegungen und Terminverfolgung (Durchlaufterminierung) sowie die Auslastung der Kapazität (Belastungssteuerung) die beiden Teilaufgaben.

Diese Aufgabenbereiche werden in den nachfolgenden Abschnitten noch etwas näher erläutert. Bereits hier ist aber darauf zu verweisen, daß der im 2. Kapitel „Materialwirtschaft" bereits erwähnte Fabrikkalender und die Aktualität der Fertigungssteuerung eine wichtige Rolle spielen. Zudem ist daran zu denken, daß auch bezüglich der Fertigungssteuerung ein Optimum zwischen perfektionierter Durchführung und den daraus resultierenden Kosten (insbesondere bei Verwendung von EDV) zu finden ist, wobei die Komplexität des Fertigungsablaufs, die angewandten Fertigungsverfahren, die Qualifikation der Mitarbeiter und die historische Entwicklung eine Rolle spielen. Zudem kann ein Betrieb sich bereits mit einer Grobsteuerung, also der Vorgabe von Fertigstellungsterminen an jede Werkstatt oder erst mit einer Feinsteuerung mit Vorgabe und Überwachung der Reihenfolge der Auftragserledigung für jeden Arbeitsgang und Arbeitsplatz zufrieden geben. Dabei können unterschiedliche Werkstätten durchaus auch mit unterschiedlicher Intensität gesteuert werden.

2. Bereitstellung und Werkstattvorbereitung

a) Bereitstellung der Arbeits- und Fertigungsunterlagen

Die im Rahmen der Fertigungsplanung verwendeten und zusätzlich erarbeiteten Fertigungsunterlagen, also Zeichnungen, Stücklisten, Fertigungsplan und Arbeitsplan, sind auch die Grundlagen für die Fertigungssteuerung. Hier müssen sie insbesondere um die Stückzahlen und Terminangaben ergänzt werden. Dies hat auftragsbezogen zu erfolgen, d.h. zuerst muß ein Fertigungsauftrag (Fertigungs-Auftragskarte) erarbeitet werden.

Der **Fertigungsauftrag** ergibt sich mit Hilfe der Bedarfsrechnung der Materialwirtschaft (Ableitung aus Anzahl und Termin der Enderzeugnisse, Zusatzbedarf, Lager- und Bestellbestand, Aufträge in der Fertigung). Die für den Fertigungsauftrag festzulegenden Daten sind dann:

- Auftragsart, wie Eilauftrag, Werkstattauftrag
- Auftragsnummer, evtl. als Verbundnummernsystem
- Sachnummer mit Bezug zu den Stammdaten
- Fertigstellungstermin
- Externe Priorität
- Abhängigkeit von anderen Aufträgen
- Auftragsmenge

Der bereits erwähnte Arbeitsplan wird damit auf die Fertigungs-Auftragskarte übernommen und um die oben angegebenen Daten ergänzt.

Ein besonderes Problem bei der Ermittlung der Auftrags-Eingabedaten ist die Festlegung der **Auftragsmenge**, auch bekannt unter dem Begriff der optimalen Losgröße.

So ist es nicht sinnvoll, für jeden aus der Bedarfsrechnung ermittelten Periodenbedarf einen Auftrag zu erstellen. Der Grund liegt darin, daß für jedes in Auftrag gegebene Los sog. auftragsfixe Kosten im Betrieb entstehen, wie Rüstkosten, Qualitätskontrollkosten, Auftragsbearbeitungs- und -abrechnungskosten und Lohnrechnungskosten. Damit sinken die Stückkosten bei größer werdender Auftragsmenge. Größere Auftragsmengen führen jedoch im Durchschnitt zu höheren Lagerbeständen und damit zu höheren Zins- und Lagerkosten. Diese gegenläufigen Kostenkategorien sind in der folgenden Abb. 29 dargestellt.

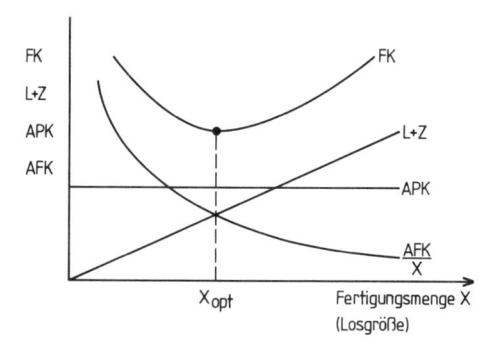

Abb. 29 Das Grundmodell für die optimale Losgröße

Darin bedeuten die Symbole:

  APK = Auftragsproportionale Kosten je Stück
  AFK = Auftragsfixe Kosten
  L+Z = Lager- und Zinskosten je Stück
  l+z = Lager- plus Zinskostensatz
  x = Unbekannte Fertigungslosgröße
  FK = Durchschnittliche Fertigungskosten je Stück
  M = Gesamtbedarf der Planperiode T

Analog zur Ermittlung der optimalen Bestellmenge (vgl. 2. Kapitel, Abschnitt D.I.2)

3. Kapitel: Die Fertigung

erhält man mit Hilfe der Zielvorstellung FK (x) = Minimum! die optimale (kostenminimale) Fertigungslosgröße mit Hilfe der Formel:

$$x_{opt} = \sqrt{\frac{200 \cdot M \cdot AFK}{APK \cdot (1 + z)}}$$

Dieses von F. Harris (1915) und K. Andler (1929) entwickelte Grundmodell unterliegt wegen seiner Einfachheit ebenfalls sehr einschränkenden Annahmen:
- Der Gesamtbedarf der Planperiode ist konstant und bekannt.
- Die Lager- und Zinskosten sind konstant.
- Die Fertigungskapazität ist unbegrenzt.
- Die Lagerentnahme ist stetig und konstant.
- Die Auftragsmenge und die an das Lager abgelieferte Menge ist gleich und geht regelmäßig partieweise dem Lager zu.
- Die auftragsunabhängigen Einzelkosten sind tatsächlich unabhängig von der Fertigungslosgröße.

Auch hier ist für die Praxis wichtig, daß die Kurve der durchschnittlichen Stückkosten in der Regel in ihrem Minimum relativ flach verläuft, so daß die optimale Losgröße relativ „robust" gegen in der Praxis nicht vorliegenden Modellvoraussetzungen ist. Trotzdem ist es oft sinnvoll, ein entsprechend weiterentwickeltes Modell zu verwenden. So ist es möglich, statt der unterstellten einstufigen Fertigung auf die mehrstufige Fertigung überzugehen, die Fertigungszeiten mit zu berücksichtigen, auf eine Mehrproduktfertigung überzugehen (vgl. Schweitzer, S. 154 ff.) oder verschiedene Lagertypen im Zugang und Abgang einzubauen (Ellinger/Wildemann, S. 95 ff.).

Die **Abhängigkeit** von anderen Aufträgen, die davor und/oder danach notwendig sind, ist vor allem bei der noch zu besprechenden Durchlaufterminierung von Bedeutung. So ist in einem Fahrradwerk bei der Herstellung einer 12-Gang-Schaltung für ein Rennrad wichtig, daß vorher der Auftrag für die Zahnräder und Lager durchgeführt wird, ebenso ist die vorherige Herstellung der Gangschaltung vor dem Fertigmontageauftrag für das Rennrad wichtig. Der Arbeitsplan berücksichtigt diese Bedingung bereits in der Arbeitsgangfolge.

Die in unserer Aufzählung erwähnte **externe Priorität** bezieht sich auf Angaben des Vertriebs zur Dringlichkeit eines Auftrags, z. B. wegen drohender Konventionalstrafen oder Bevorzugung eines Kunden u. ä. Diese Angaben sind im Zusammenhang mit der **Auftragsart** (z. B. Eilauftrag) zu sehen.

Das Problem des **Fertigstellungstermins**, sofern er nicht von vornherein von außen festgelegt ist, hängt mit dem bereits diskutierten Problem der optimalen Losgröße und insbesondere mit dem sog. Problem der optimalen Reihenfolge zusammen. Dieser Problembereich ist im nächsten Abschnitt unter der Durchlaufterminierung und Belastungssteuerung noch zu diskutieren. Im Unternehmen wird aber der Termin oft offengelassen, da die Fertigungslenkung Material- und Kapazitätsengpässe feststellt und damit die ursprünglich optimale Lösung umgeworfen werden muß. Allerdings kann eine Korrektur der optimalen Lösung auch über zusätzliche Prioritäten, wie z. B. Dekkungsbeitrag des Erzeugnisses je Engpaßeinheit, korrigiert werden (vgl. im nächsten Abschnitt 3). Die Terminangabe hat also in der Regel die mit den Lenkungsaufgaben befaßte Abteilung vorzunehmen.

Die **Sachnummer** eines Auftrags ist üblicherweise die Kennzeichnungsnummer der Stammdaten, also von Zeichnung, Stückliste und Arbeitsplan, um auf die Verbindung hinzuweisen. Zeichnungen, Stücklisten und Arbeitspläne (mit Arbeitsplatzdaten) werden in der Regel als Stammdaten bezeichnet, da sie nur selten geändert werden und den „Zustand" von Produkt und anzuwendender Fertigung beschreiben. Im Gegensatz dazu sind Bewegungsdaten sich von Auftrag zu Auftrag ändernde Daten, wie Menge, Termine, Kosten, Leistung, Auftragsnummer usw., also alle hier genannten Daten für den Fertigungsauftrag.

Schließlich muß noch jeder Auftrag eindeutig durch eine **Auftragsnummer** gekennzeichnet werden, damit auch eine auftragsbezogene Abrechnung und Fertigungssteuerung möglich ist. Die gebräuchlichen Nummernsysteme enthalten Klassifikationsmerkmale aus der betrieblichen Praxis, wie Kostenträger, Sachnummer u. a. Hier gelten analoge Überlegungen wie bei den Nummernsystemen zur Kennzeichnung des Fertigungsmaterials (vgl. im 2. Kapitel, Abschnitt B. II.1). Die neben der Fertigungsauftragskarte noch bereitzustellenden Arbeitsunterlagen sind:
- Terminkarte zur Terminverfolgung pro Arbeitsgang,
- Begleit- und Prüfkarte zur Eintragung der Kontrollvermerke und Ausschuß- bzw. Gut-Stückzahl pro Arbeitsgang.

Diese Unterlagen sind weitgehend identisch mit der Fertigungs-Auftrags-Karte bzw. dem Arbeitsplan und enthalten lediglich anders bezeichnete Endspalten (Arbeitsbeginn, Arbeitsende, Ausschuß, Gute Stücke, Kontrollvermerk). Ebenfalls auf dem Fertigungs-Auftrag bzw. Arbeitsplan aufbauend (gleiche Kopfangaben) werden noch Lohnscheine (Arbeitsscheine) pro Arbeitsgang mit Zeitvorgabe sowie Materialentnahmescheine und Werkzeug-/Vorrichtungs-Zettel für den gesamten Auftrag erstellt. Sie dienen zur Lagerentnahme und zu Abrechnungszwecken.

Bei einer Abwicklung der Fertigungsaufträge **über EDV** sind die zuvor genannten Unterlagen ebenfalls erforderlich. Der Ablauf ist z. B. so, daß nach der Entscheidung zur Herstellung eines Bauteils der Arbeitsplan entsprechend Abb. 28 zusammen mit den Materialentnahmescheinen (vgl. im nächsten Abschnitt b.) über EDV erstellt werden. Bei Fertigungsbeginn eines Arbeitsgangs für dieses Bauteil wird dann z. B. eine Mehrfunktionskarte nach Abb. 30 verwendet, die als Lohnkarte und als Fertigungs-

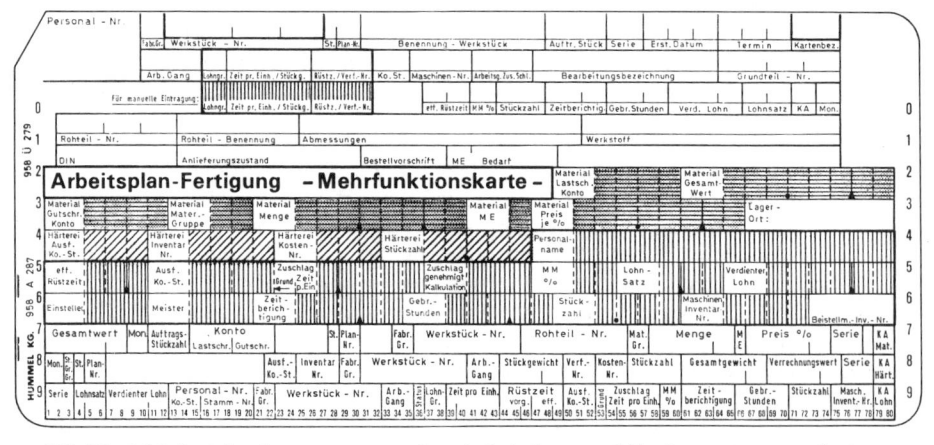

Abb. 30 Mehrfunktionskarte, zu verwenden als Lohnkarte und Fertigungssteuerungskarte

steuerungskarte mit den aus dem Arbeitsplan übernommenen Daten für einen Arbeitsgang und den Auftragsdaten erstellt wird. Diese Daten stehen dann z.B. in den ersten beiden Zeilen der Karte aus Abb. 30 mit den Angaben zur Werkstück-Nr., Werkstück-Benennung, Stückzahl, Termin, Arbeitsgang, Maschinen-Nr., Kostenstelle für beide Karten und zusätzlich für die Lohnkarte die Bearbeitungsbezeichnung und die Stück- und Rüstzeitvorgaben.

Bei einer EDV-Bildschirmlösung wird die Fertigungssteuerungskarte an die EDV-Abteilung weitergeleitet und dort eingespeichert, um den jeweils aktuellen Fertigungsstand am Bildschirm einsehen zu können. Die Lohnkarte geht an die entsprechende Werkstatt, in der dann handschriftlich nach Fertigstellung des Auftrags der Name, die Personal-Nummer und Lohngruppe des Arbeiters, die Stückzahl und gebrauchte Zeit, die Inventar-Nr. der Maschine sowie die Kurzzeichen des Meisters und Maschinen-Einstellers einzutragen sind (vgl. Abb. 30). Auch diese Daten werden über die EDV erfaßt, um darauf die weitere Fertigungssteuerung, Lohnabrechnung u.a. aufbauen zu können.

Die Anmerkungen zu den vorgenannten Arbeitsunterlagen zeigen bereits, daß die Unterlagen bei der Fertigungssteuerung und späteren Abrechnung eine wichtige Rolle spielen. Sie müssen daher ständig verfügbar sein und entsprechend aufbereitet, daß der Auftragsfortschritt über Rückmeldungen eingetragen und Informationen dazu jederzeit abgerufen werden können (Terminverzögerung, Priorität, Warteschlange für eine Spezialmaschine, Auftragsfreigabe usw.). Daher gibt es eine Vielzahl von Methoden und Organisationshilfen, um eine schnelle und klare Verfügbarkeit der Daten sicherzustellen (vgl. dazu die Ausführungen im nachfolgenden Abschnitt 3.b).

Die am Schluß erwähnte Auftragsfreigabe, d.h. die Entscheidung zur Aufnahme der Fertigung eines Auftrags markiert bereits den Übergang zu den Lenkungsaufgaben, denn die Durchlaufterminierung und Kapazitätsauslastungsrechnung haben den Starttermin der Fertigung zu errechnen. Der Freigabetermin sollte 5 bis 10 Arbeitstage vor dem Starttermin der Fertigung liegen, um die Arbeiten zur Materialbereitstellung und Werkstattvorbereitung abschließen zu können.

b) Die Materialbereitstellung

Neben den Arbeitspapieren muß für eine reibungslose Fertigungsaufnahme und Fertigungsdurchführung das für einen Auftrag erforderliche Material
- in der richtigen Art und Qualität,
- in der festgelegten Menge,
- zum ermittelten Zeitpunkt,
- am richtigen Ort

zur Verfügung stehen. Die Unterteilung der Arbeitsschritte hierzu kann erfolgen nach der bereits erwähnten Ausstellung der Materialbezugsbelege für jeden einzelnen Lagerort und Materialart, Ausfassen aller benötigten Materialien bei möglichst paralleler Kommissionierung und Transport des Materials zum Arbeitsplatz. Dabei muß nicht das gesamte Material zum ersten Arbeitsgang zur Verfügung stehen, sondern es kann nach Zeitabschnitten (Tage) und Arbeitsgang portioniert werden (Verminderung der Werkstattbestände).

c) Die Werkstattvorbereitung

Stellen wir dieselben Überlegungen wie zur Materialbereitstellung für die Anlagen, Werkzeuge, Vorrichtungen, Meßeinrichtungen, Apparate und Arbeitskräfte an, so kommen wir zur Werkstattvorbereitung. D.h., daß vor Beginn der Fertigung alle betroffenen Werkstätten in einen leistungsbereiten Zustand versetzt werden müssen, indem neben der Auftragsauslösung mit der Bereitstellung aller Daten und Fertigungsmaterialien auch die Betriebsmittel bereitgestellt und auf den vorgesehenen Arbeitsablauf eingerichtet werden. Insbesondere ist daran zu denken, daß die entsprechenden qualifizierten Arbeitskräfte auch zur Verfügung stehen. Für diese Vorbereitungsarbeiten geben die in Abschnitt II. diskutierten Planungen der Fertigung den Handlungsrahmen vor, und die nachfolgend zu besprechende Durchlaufterminierung und Kapazitätsbelastung leiten bereits zu den Fertigungsdurchführungs-Planungen über.

3. Durchlaufterminierung und Belastungssteuerung

a) Überblick

„Nachdem alle Werkstätten und Materialien einsatzbereit sind, kann der Herstellungsprozeß als ein System kombinierender und transformierender Arbeitsgänge beginnen." (Schweitzer, S. 132). Da eine Vielzahl von Aufträgen mit einer Vielzahl von Arbeitsgängen gleichzeitig durch die Fertigung laufen, hat die Prozeßlenkung eine möglichst günstige Durchlaufzeit jedes Fertigungsauftrags und Einhaltung zugesagter Liefertermine bei optimaler Auslastung des Betriebes zu gewährleisten. Damit sind die beiden Teilaufgaben der Lenkung der Fertigung die Terminbearbeitung (Durchlaufterminierung) mit der auftragsbezogenen Terminfestlegung und der Terminverfolgung sowie die Belastungssteuerung der Arbeitsträger. Entsprechend den Detailüberlegungen dieser Aufgabenbereiche hat die Arbeitsverteilung an die Werkstätten zu erfolgen, wobei die Korrekturen aus den Auslastungs- und Terminkontrollen zu berücksichtigen sind.

Die erwähnten Ziele der Durchlaufterminierung, nämlich kurze Durchlaufzeiten und Einhaltung der Vorgabetermine sind als Nebenbedingungen bei den Zielsetzungen der Belastungssteuerung (Kapazitätsauslastung), nämlich kostenminimale Fertigung bei gleichmäßiger und hoher Kapazitätsauslastung, zu berücksichtigen.

Da beide Problembereiche gegenseitig voneinander abhängig sind, erfolgt ihre Analyse und Festlegung im Betrieb meist in einem Arbeitsgang. Die Trennung in der Literatur erfolgt daher nur aus Gründen einer durchsichtigeren Darstellung.

Schließlich ist hier noch auf die in der Literatur zu findende Trennung zwischen Planungs- und Durchführungsaufgaben (insbesondere Kontrollaufgaben) hinzuweisen (Steinbuch/Olfert, S. 335). Dies bedeutet, daß die Durchlaufterminierung und Kapazitätsauslastung, weil sie nur planende Aufgaben haben, durch Überlegungen zur sog. Werkstattsteuerung zu ergänzen wären. Diese Trennung resultiert aus der auch in der Praxis vorliegenden Zuweisung der kurzfristigen Steuerungsaufgaben an eine Werkstatt. Diese nimmt dann die Auftragsauslösung, Arbeitszuteilung und Rückmeldung vor. Allerdings kann auch eine kurzfristige Werkstattsteuerung nicht ohne die kurzfristige sog. Ablaufplanung (Reihenfolge der Bearbeitung, Korrektur durch Störungen, Prioritätsüberlegungen) auskommen, so daß wieder eine Vermischung der Planungs- und Durchführungsaufgaben auftritt. In diesem Beitrag werden daher die Durchlaufterminierung und Belastungssteuerung so definiert, daß sie Planungs- und Überwachungs-/Kontrollaufgaben wahrnehmen.

b) Durchlaufterminierung

(aa) Einführung

Die Terminbearbeitung und Terminverfolgung (auch genannt Terminsteuerung) hat den zeitlichen Vollzug der Fertigung zu planen und zu überwachen. Dies ist natürlich

3. Kapitel: Die Fertigung

nur möglich, wenn die Arbeitsverteilung eine gute Übersicht über den Fertigungsablauf und den Ablauf in der Konstruktion und Betriebsmittelbereitstellung sowie über die entsprechenden Kapazitäten hat. Auch hier ist eine wichtige Unterlage wiederum der Arbeitsplan (Arbeitsgänge, Reihenfolge, Zeitbedarf) und die Stückliste (Materialart, Materialbedarf). Dazu hat eine Terminvorgabe zu erfolgen, von der aus sich alle Teiltermine für Baugruppen, Einzelteile, Materialzulieferung, Werkzeug- und Vorrichtungsbereitstellung, Bestellungen, Konstruktion u. a. ableiten lassen. Meist wird diese Terminvorgabe der oft von außen auch stark bestimmte Auftragsendtermin bzw. -Auslieferungstermin sein; dies kann aber auch der Termin für den Beginn der Fertigung sein.

Aus den zuvor angesprochenen Teilterminen ist ersichtlich, daß sich die Durchlaufterminierung auf einen Auftrag, der vom Vertrieb an den Betrieb gegeben wird, beziehen kann, also die Aufgaben der Materialwirtschaft tangiert (Auftragserarbeitung für den Betrieb, Bestellbearbeitung, Lieferfrist, Wareneingang und -prüfung, Bereitstellung, Fertigung, Qualitätskontrolle, Zwischenlagerung) (vgl. auch im 2. Kapitel „Materialwirtschaft"). Zum anderen kann sich diese Terminierung auf den Durchlauf der Aufträge durch die Fertigung beziehen (wie hier an erster Stelle diskutiert). In beiden Fällen ist der Zeitbedarf für alle Aufgaben zu addieren unter Berücksichtigung parallel durchführbarer Aufgaben.

Ein Beispiel für den Durchlauf eines Erzeugnisloses, das in 10 Aufträge der Nummer 85 bis 94 für die Fertigung von Einzelteilen und Montage zerfällt, zeigt die nachfolgende Abb. 31.

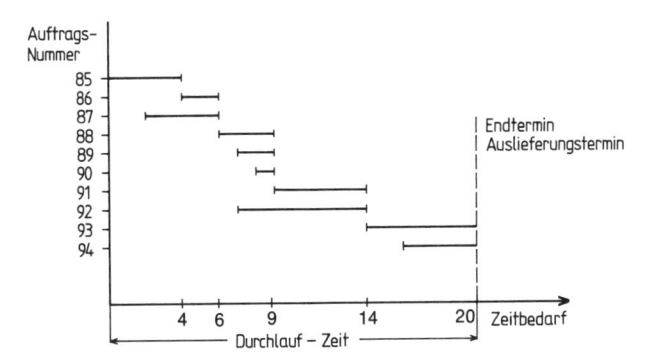

Abb. 31 Durchlaufzeit für einen Fertigungsauftrag

Das Beispiel zeigt, daß alle Aufträge vom Endtermin des jeweiligen Engpaßauftrags aus geplant wurden. Die Aufträge, die nahtlos aneinander anschließen müssen (vom Fertigungsablauf her) und damit keine sog. Pufferzeit enthalten, bestimmen die Durchlaufzeit. Der Pfad entlang dieser Aufträge 85, 86, 88, 91 und 93 wird auch „kritischer Pfad" genannt. Die restlichen Aufträge können parallel gefertigt und ihr Starttermin kann vorverlegt werden (Pufferzeit). Damit sind die Aufgaben der Durchlaufterminierung bereits aufgezeigt, also Ermittlung von

- Anfangs- und Endtermin,
- Pufferzeiten und
- kritischer Pfad.

Zur Vereinfachung wird bei der Durchlaufterminierung zunächst so getan, als ob keine Kapazitätsgrenzen bestehen würden und bei der Belastungssteuerung werden diese dann in der sog. Feinterminierung berücksichtigt (vgl. im nächsten Abschnitt c).

(bb) Planungsmethoden

Bei der Terminierung kann man in verschiedener Weise vorgehen. Wird vom Anfangstermin der Fertigung aus in die Zukunft entsprechend dem zeitlichen Ablauf der Fertigung geplant, so spricht man von Vorwärtsterminierung. Für die parallel zu fertigenden Aufträge bestimmt hier derjenige mit dem längsten Zeitbedarf den Zeitpunkt, zu dem der abhängige Folgeauftrag begonnen werden kann. Die Aufträge mit weniger Zeitbedarf erzeugen Pufferzeiten, in denen die Teile gelagert werden müssen. Abb. 32 zeigt vereinfacht diese Planungsmethode.

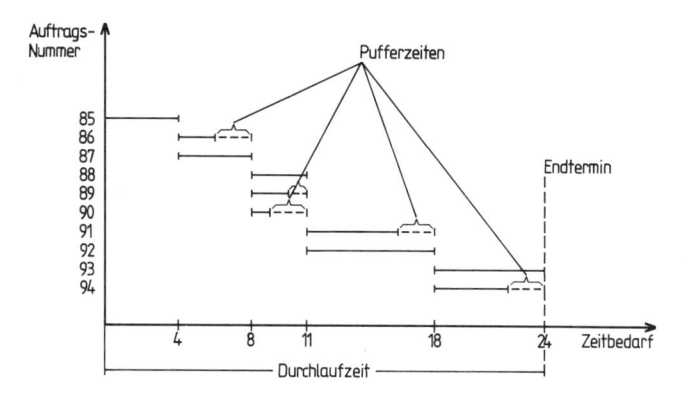

Abb. 32 Vorwärtsterminierung

Geht man vom Endtermin der Fertigung aus und terminiert entgegen dem Fertigungsablauf, so spricht man von Rückwärtsterminierung (siehe bereits im vorstehenden Abschnitt ba., Abb. 31).

Hier bestimmt (bei Parallelfertigung) nicht der Auftrag mit dem längsten Zeitbedarf die Durchlaufterminierung (vgl. Abb. 31, Auftrag 91 und 92), sondern der technisch mögliche kürzeste Ablauf. Jeder Arbeitsgang (Auftrag) wird hier so spät begonnen, daß der Endtermin gerade gehalten werden kann. Damit hat man bei Störungen keine Luft (Pufferzeit), um doch noch den Endtermin halten zu können. Beide Planungsmethoden werden in den noch zu besprechenden Netzplantechniken gleichzeitig verwendet, so daß man den frühesten Termin (aus der Vorwärtsterminierung) und den spätesten Termin (aus der Rückwärtsterminierung) für den Beginn der Fertigung erhält. Die Differenz zwischen beiden Startterminen ergibt die Pufferzeit und die Rückwärtsterminierung ohne Zeitlücken ergibt den kritischen Pfad.

Die Verknüpfung der Aufträge, z.B. Nr. 88, 89 und 90 der Abb. 31, kann bei der Durchlaufterminierung zum Ausdruck gebracht werden, indem man den Endtermin dieser Aufträge als Differenzzeit zum Endtermin aller Aufträge (Auslieferungstermin) angibt. Doch auch wenn man für jeden Einzelauftrag einen Endtermin angibt, darf selbstverständlich die zeitliche Verknüpfung nicht vernachlässigt werden.

3. Kapitel: Die Fertigung 237

(cc) **Darstellung und Erfassung der Durchlaufterminierung**
Zwei grundsätzliche Möglichkeiten der Erfassung haben wir bereits diskutiert. Dies ist zum einen die Terminfestlegung und -verfolgung auf einer **Liste**. Diese Auflistung erfolgt auf der bereits erwähnten Terminkarte, die eine Kopie des Arbeitsplanes ist und lediglich andere Schlußspalten enthält wie z. B. Solltermin und Isttermin. In diese Spalten werden für jeden aufgelisteten Arbeitsgang die fortgerechneten Solltermine der Durchlaufterminierung und die tatsächlichen Termine bei der Terminverfolgung eingetragen. Meist werden als Termine die Fabriktagenummern des Betriebskalenders verwendet. Bei der erwähnten Bildschirmlösung sind die Termine direkt in den Arbeitsplan eingetragen, entsprechend der zuvor erwähnten Terminkarte. Der aktuelle Stand ist auf den Bildschirm abrufbar, wobei auf einen schnellen Rücklauf der Fertigstellungsdaten und deren Erfassung über den Rechner zu achten ist.

Die zweite Möglichkeit der Darstellung – ebenso nur geeignet für relativ einfache Fertigungsabläufe – ist das **Balkendiagramm**. Dies kann auf Vordrucken, die die Arbeitsgänge und vorgedruckte Linien zur Einzeichnung der Balken enthalten, analog der Terminkarte geschehen (vgl. Abb. 33).

Arbeitsgang		Termin (Fabriktage)						
Nr	Bezeichnung	15	16	17	18	19	20	21
010	Bohren	▨▨						
020	Senken		▨▨					
030	Gewindeschneiden			▨▨▨			▨	
.	.							
.	.							

Abb. 33 Balkendiagramm auf Vordruck

Sehr häufig werden auch sog. **Planungstafeln** im Meisterbüro für die entsprechende Werkstatt oder in der zentralen Fertigungsleitstelle aufgehängt. An diesen Tafeln können mit auswechselbaren Streifen verschiedener Länge die Zeitdauer der Arbeitsgänge bzw. Aufträge gesteckt werden. Arbeitet man bei den Balkendiagrammen mit verschiedenen Farben, so kann neben dem Soll auch der tatsächliche Arbeitsfortschritt (Ist) erfaßt und mit dem Soll verglichen werden. Bei dieser Terminverfolgung sind bei Sicherstellung einer schnellen und exakten Rückmeldung Maßnahmen zur Korrektur der Fertigung möglich (vgl. auch Abschnitt b e.). Dies gilt insbesondere auch bei der On-Line-Auswertung mit Hilfe von Grafiken über den Bildschirm einer EDV-Anlage.

Da die Terminbearbeitung mit Hilfe der Planungstafeln sehr durchsichtig und übersichtlich ist, haben Personen und Unternehmen derartige Tafeln entwickelt, die im Handel erhältlich sind. Beispiele sind die GANNT- und PLANNET-Methode, wobei letztere auch noch den Ausweis der Pufferzeiten erlaubt. Dies ist aber bereits der Übergang zu der dritten Darstellungs- und Erfassungsmethode, der **Netzplantechnik**. Diese auf der Graphentheorie basierende Methode eignet sich besonders für einen komplexen und vernetzten Fertigungsablauf mit vielen Terminierungsschritten. Ihr Einsatz ist manuell und insbesondere auch über EDV möglich.

Mit Hilfe des Netzwerkes wird die Struktur des Fertigungsprozesses und dessen Zeitdauer dargestellt (vgl. Preitz, S. 323 f., Steinbuch/Olfert, S. 312 ff., Runzheimer I, S. 159 ff.). Die Elemente, aus denen das Netzwerk aufgebaut ist, sind

- Ereignisse (Zeitpunkte), die das Eintreten eines definierten Zustandes des Fertigungsprozesses kennzeichnen, also das Ende oder den Anfang von Teilvorgängen,
- Aktivitäten (Vorgänge, Verrichtungen), die Zeit benötigen, also ein Arbeitsgang, Transport u. ä. und
- Scheinaktivitäten (Nebenbedingungen). Diese werden wie Aktivitäten behandelt und dienen manchmal lediglich zur Unterscheidung zwischen betrieblichen und außerbetrieblichen Aktivitäten. Letztere erfordern also vom Betrieb selbst keinen Zeitaufwand, jedoch von Dritten (z. B. Lieferanten) und sind für den Fertigungsablauf ebenfalls wichtig.

In Netzwerken werden nun Ereignisse durch numerierte Kreise (Knoten) und Aktivitäten durch gerichtete Kanten (Pfeile) dargestellt (Scheinaktivitäten durch gestrichelte Pfeile). Diese Festlegung gilt allerdings nur für CPM (Critical Path Method) – und PERT (Program Evaluation and Review Technique)-Netze, bei MPM (Metra-Potential-Method)-Netzen sind beide vertauscht. Da die Vorgangspfeilnetze nach CPM am meisten verbreitet sind, wollen wir auf diese noch kurz eingehen (Näheres siehe bei Runzheimer I, S. 159 ff., Müller-Merbach, S. 247 ff.).

Jedem Pfeil wird der Zeitbedarf für die jeweilige Tätigkeit zugeordnet, und in die Ereigniskreise werden die Ereigniszeitpunkte mit frühestmöglichem Ereigniszeitpunkt und spätestem (zulässigen) Ereigniszeitpunkt eingetragen.

Wie bereits erwähnt, erhält man die frühestmöglichen Ereigniszeitpunkte durch Vorwärtsrechnung, die spätesten Ereigniszeitpunkte durch Rückwärtsrechnung. Ein Beispiel zeigt Abb. 34 (vgl. auch Preitz, S. 324/325).

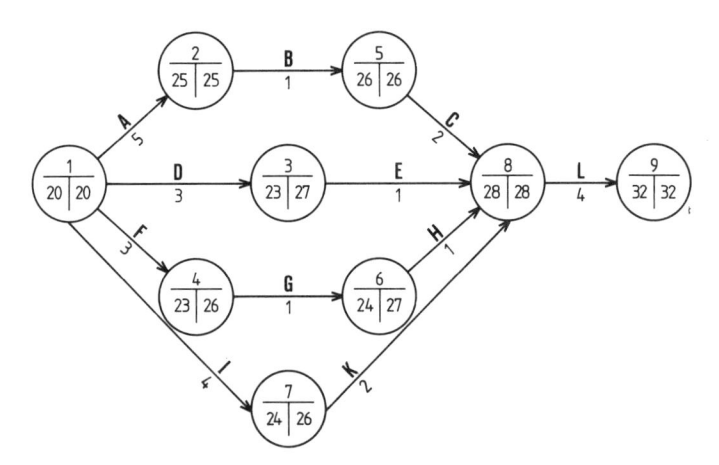

Abb. 34 Netzplan für die Erstellung eines Spezialgetriebes

In dem dargestellten Netzplan für ein Spezialgetriebe bedeuten:

		Zeitbedarf	Vorgänger
A:	Bau des Gußmodells für das Getriebegehäuse	5	–
B:	Gießen des Getriebegehäuses	1	A
C:	Bearbeiten (Fräsen, Bohren, Gewindeschneiden, Honen, Schleifen) des Getriebegehäuses	2	B
D:	Getriebewellen drehen, fräsen, bohren	3	–

E: Wärmebehandlung der Getriebewellen	1	D
F: Drehen, Fräsen, Bohren der Zahnräder	3	–
G: Zähne der Zahnräder fräsen	1	F
H: Wärmebehandlung der Zahnräder	1	G
I: Beschaffung der Lager und Dichtungen	4	–
K: Prüfung der Lager und Dichtungen	2	I
L: Zusammenbau des Getriebes	4	C, E, H, K

Die Zahlen unterhalb der Pfeile geben den Zeitbedarf für die jeweilige Tätigkeit an. In den Knoten sind neben der fortlaufenden Numerierung im oberen Teil links unten der frühestmögliche (errechnet durch Rückwärtsterminierung) und rechts unten der späteste Ereigniszeitpunkt (errechnet durch Vorwärtsterminierung) eingetragen, beginnend mit dem Starttag Nr. 20 des Fabrikkalenders.

Das Beispiel zeigt deutlich, wie bestimmte Tätigkeiten gleichzeitig durchgeführt werden können, wie Gehäuse, Wellen und Zahnräder fertigen und Bezug von Fremdteilen (erfaßt in den 4 parallel verlaufenden Wegen von 1 nach 8). Andere Tätigkeiten wiederum können erst begonnen werden, wenn alle vorgelagerten Aktivitäten beendet sind. Das gilt in unserem Beispiel für den Zusammenbau L. Dieser kann daher erst begonnen werden, wenn der zeitlängste Weg beendet ist. In unserem Beispiel ist das die Gehäusefertigung über A, B und C mit 8 Tagen. Die 3 restlichen Wege benötigen alle weniger Zeit (4, 5 und 6 Tage), sie haben also Schlupf- bzw. Pufferzeit. Hier wirken sich Störungen nicht direkt auf den Endtermin aus, wie dies bei der Gehäusefertigung der Fall ist (keine Pufferzeit, frühestmöglicher und spätester Termin ist gleich). Der Weg A, B, C, L wird daher als der kritische Pfad bezeichnet.

(dd) Teilzeiten des Durchlaufs

Wir haben bisher nur von Aktivitäten und Ereigniszeitpunkten gesprochen. Nun muß man allerdings für eine Planung und Überwachung der Durchlaufzeiten den zeitlichen Ablauf der Tätigkeiten genauer kennen. Daher unterteilt man üblicherweise die Durchlaufzeit in folgende Teilzeiten (vgl. auch Steinbuch/Olfert, S. 307 ff.):

Liege- zeit	Rüst- zeit	Bearbeitungs- zeit	Liege- zeit	Transport- zeit
Eintreffen des Werkstücks, Loses, Auftrags am Arbeits- platz			Auftrag ver- läßt Arbeits- platz	Eintreffen des Auftrags am nächsten Arbeitsplatz

Die Rüstzeit und Bearbeitungszeit sind im Arbeitsplan festgehalten. Ihre Ermittlung erfolgt über noch weiter detaillierte Zeit- und Arbeitsstudien, die im nächsten Abschnitt noch dargestellt werden. Grundsätzlich ist die **Rüstzeit** die Zeit zur Vor- und Nachbereitung eines Arbeitsplatzes bzw. einer Maschine, wie z. B. Einspannen eines Drehmeißels, Einstellen der Support-Anschläge usw. an einer Drehbank für einen Drehauftrag und Demontage nach Beendigung des Auftrags. Es ist klar, daß die Rüstzeit immer gleich sein wird, gleichgültig ob 100 oder 1000 Drehteile gefertigt werden. Die **Bearbeitungszeit** dagegen erhält man aus der Bearbeitungszeit pro Stück multipliziert mit der Stückzahl (Losgröße). Allerdings erbringen die Menschen (und oft auch Maschinen) nicht jeden Tag dieselbe Leistung, so daß hier der sog. Leistungsgrad (z. B.

90%, 100%, 110%) zu berücksichtigen ist. Die **Transportzeit** ist der Zeitbedarf für die Ortsveränderung der Werkstücke eines Auftrags von einem Arbeitsplatz zum anderen (oder Lagerplatz). Dabei ist darauf zu achten, daß bei kontinuierlicher Fertigung in der Regel nur die reine Beförderungszeit anfällt, bei Serien- und Kleinserienfertigung sind aber auch die Transport-Wartezeiten (vor Abladestelle u. ä.) und Transport-Prioritäten (Eilaufträge usw.) zu beachten, ebenso wie der Umfang der möglichen Beförderungsmenge pro Beförderungsmittel, wenn ein Auftrag durch Mehrfachtransporte befördert werden muß. Als Hilfsmittel für die oft recht komplizierten Transportvorgänge im Betrieb werden sog. Transportzeit-Matrizen mit Standortschlüsseln erstellt, deren Werte auf Zeitstudien basieren. Bei den technischen Transportmitteln werden in neuerer Zeit verstärkt prozeßrechnergesteuerte Transportvorrichtungen eingesetzt.

Die **Liegezeit** ergibt sich als Puffer vor und nach den Maschinen und Arbeitsplätzen bei Serien-, Kleinserien und Einzelfertigung. Sie resultiert aus Störungen in den zuvor genannten Tätigkeiten, aus der notwendigerweise nicht möglichen exakten Terminierung und aus den nicht gleichlangen Folge-Arbeitsgängen, wodurch ein Arbeitspuffer erforderlich ist. Diese vor allem zufälligen Größen sind in eine realistische Durchlaufterminierung einzubeziehen.

Damit kommt ein Wahrscheinlichkeitselement in unsere Überlegungen. Einen Ansatzpunkt zur Erfassung dieses Problembereichs liefert die sog. **Warteschlangentheorie**. Diese Theorie wurde entwickelt zur Beschreibung und optimalen Lösung von Warteschlangenproblemen. Diese treten immer dann im täglichen Leben auf, wenn vorübergehend oder ständig an eine Abfertigungs-/Bedienungsstelle (Schalter, Maschinen usw.) mehr Einheiten zur Abfertigung kommen (Kunden, Werkstücke usw.), als die Kapazität der Abfertigungseinheit bedienen kann. Die entstehenden Warteschlangen nennt man Zugangswarteschlangen, im Gegensatz zu den Abgangswarteschlangen, bei denen Bedienungsstationen (z.B. Taxis) frei sind und auf Einheiten zur Bedienung warten (vgl. bei Runzheimer II, S. 82 ff.).

Zur Analyse eines Warteschlangenproblems ist eine Schematisierung und die Ermittlung bestimmter Angaben notwendig, damit mit Hilfe eines Warteschlangenmodells das Problem gelöst werden kann. Dies sind:

Durchschnittliche Ankunftsrate λ

$$= \frac{\text{durchschnittliche Zahl der zugehenden Einheiten}}{\text{Zeiteinheit}}$$

Durchschnittliche Abfertigungsrate μ

$$= \frac{\text{durchschnittliche Zahl von Einheiten, die abgefertigt werden können}}{\text{Zeiteinheit}}$$

Beide Größen müssen empirisch ermittelt werden, wobei eine Abhängigkeit von der Zeit (Abendmüdigkeit) oder von der Warteschlangenlänge möglich ist. Mit Hilfe dieser Durchschnittswerte kann man weitere Größen ableiten, wie:

Durchschnittliche Auslastung des Bedienungszentrums (Verkehrsdichte)

$$\varrho = \frac{\lambda}{\mu}$$

Durchschnittliche Länge einer Zugangswarteschlange

$$\bar{l} = \frac{\lambda}{\mu - \lambda} = \varrho \cdot \frac{\mu}{\mu - \lambda}$$

Durchschnittliche Wartezeit $\bar{t} = \dfrac{\bar{l}}{\mu} = \varrho \cdot \dfrac{1}{\mu - \lambda}$

Setzt man für einfache Warteschlangenmodelle voraus, daß die Ankünfte durch bestimmte Wahrscheinlichkeitsverteilungen (z.B. Poisson-Verteilung) festgelegt sind und die Abfertigung „nach Ankunft" sowie unabhängig und regelmäßig erfolgt, so liegen analytische Lösungsansätze in der Literatur vor (vgl. Runzheimer II, S. 88 ff.). Bei komplizierteren Systemen (Parallel- und Hintereinanderschaltung der Abfertigungsstellen) wird jedoch die Simulation über EDV zur Lösung herangezogen.

Bei der Fertigungsablaufplanung und Fertigungssteuerung für mehrstufige und verzweigte Fertigungen von vielen verschiedenen Teilen wird das Netz von Warteschlangen besonders komplex und nur durch Simulation lösbar. Dabei ist vor allem neben der Ankunft der Aufträge an den Maschinengruppen, der Anordnung und Zahl der Maschinengruppen und der Verteilung der Rüst- und Bearbeitungszeiten die Zielsetzung wichtig. Die hier diskutierte kurze Durchlaufzeit bzw. Einhaltung des zugesagten Liefertermins ist meist nur ein Teil des verfolgten Zielsystems. So kommt das Ziel hohe und gleichmäßige Kapazitätsauslastung (vgl. im nächsten Abschnitt) mit geringen Fertigungs- und Lagerkosten meist noch hinzu, so daß wegen des dabei auftretenden Zielkonflikts die Problemlösung noch schwieriger wird.

Der gesamte Problemkomplex ist in der Literatur und Praxis bekannt unter „Reihenfolge- bzw. Maschinenbelegungsplanung mit Prioritätsregeln". Diese Prioritätsregeln, wie kürzeste Operationsregel, Fertigungsrestzeitregel, Wert-Regel, Liefertermnregel, First-In-First-Out-Regel, geben die Reihenfolge zur weiteren Bearbeitung der Produkte an, damit das angestrebte Ziel optimal bzw. befriedigend erreicht wird. Welche Prioritätsregel (bzw. Kombination von Regeln) in der gegebenen Fertigungssituation anzuwenden ist, soll die jeweilige Simulation zeigen (vgl. auch Schweitzer, S. 179 ff.; Runzheimer II, S. 100 ff.; VDI-Gesellschaft, S. 91 ff.).

(ee) Durchlaufzeitverkürzung

Wie bereits erwähnt, dient das Ergebnis der Durchlaufterminierung zur Ermittlung der Vorlaufzeiten in der Materialwirtschaft, als Basis für die Belastungssteuerung (Kapazitätsauslastung, siehe noch im nächsten Abschnitt) und zur Feststellung, wann ein Kunde beliefert werden kann. Nicht selten in der Praxis tritt der Fall auf, daß von außen (Wettbewerb, Vertragsstrafe u.a.) solche Termine vorgegeben werden, daß sie laut Durchlaufterminierung nicht eingehalten werden können oder es treten Störungen entlang des kritischen Pfades auf.

Damit sind Überlegungen notwendig, wie man doch noch mit besonderen Anstrengungen die Durchlaufzeit verkürzen könnte. Diese Aktivitäten sollten jedoch auf Ausnahmefälle beschränkt bleiben, da sie durchweg erhöhte Kosten verursachen und diese durch den besonderen Nutzen einer Einhaltung des Endtermins wenigstens ausgeglichen werden sollten.

Die Maßnahmen zur Durchlaufzeitverkürzung können sein (vgl. auch bei Steinbuch/Olfert, S. 317–323):

Teilung des Auftrags (Losteilung)
Sofern die erforderlichen Arbeitsplätze, Maschinen, Werkzeuge und Vorrichtungen im Betrieb vorhanden sind, kann ein Auftrag in zwei oder mehrere kleine Aufträge aufgeteilt und diese gleichzeitig begonnen werden. Allerdings vervielfacht sich dann die Rüstzeit, da für jeden Teilauftrag Rüstzeit anfällt (vgl. nachstehende Abb. 35).

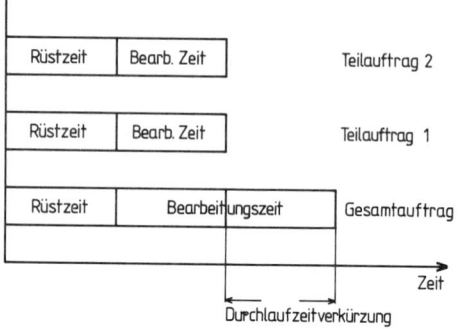

Abb. 35 Durchlaufzeitverkürzung bei Teilung des Auftrags

Die sog. **Arbeitsgangsplittung** ist analog zu sehen, da sich hier die Aufteilung auf zwei oder mehr Arbeitsplätze für lediglich einen Arbeitsgang (z. B. das Bohren) in der Bearbeitungsfolge für einen Auftrag vollzieht. Hier ist allerdings zu beachten, daß bei starker Reduzierung der Auftragsmenge für einen Arbeitsgang evtl. das Fertigungsverfahren nicht mehr effizient ist, also auf ein anderes übergegangen werden sollte.

Überlappung
Hier werden zwei oder mehrere Arbeitsgänge eines Auftrags parallel durchgeführt. Dies bedeutet z. B. bei der Fertigung von 100 Zahnrädern, daß mit dem Fräsen der Zähne nicht gewartet wird, bis alle 100 Zahnrad-Rohlinge gedreht sind, sondern daß bereits der erste oder die ersten 5 Rohlinge zur Fräsmaschine transportiert werden usw. Diese Überlappung kann man für die Bearbeitungszeit und die Rüstzeit durchführen, wobei natürlich die Auftragsmenge immer größer als 1 sein muß und die entsprechenden reibungslosen Transporte ohne Liegezeiten durchgeführt werden können. Die folgende Abb. 36 zeigt nochmals das vorgenannte Prinzip.

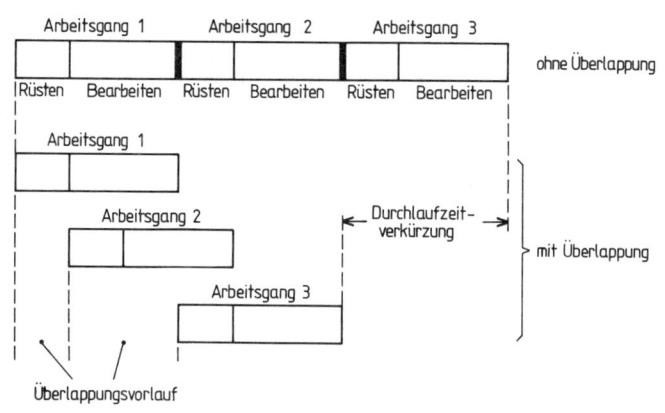

Abb. 36 Durchlaufzeitverkürzung bei Überlappung

Verkürzung von Liegezeit und Transportzeit

Wie bereits in Abschnitt bd. dargestellt, tritt zwischen Fertigstellung eines Auftrags an einem Arbeitsplatz und Beginn der Fertigung am nächsten Arbeitsplatz die sog. Übergangszeit auf, die sich aus Liegezeit und Transportzeit zusammensetzt. Auch hier kann man durch Vergabe von Prioritäten für zeitkritische Aufträge eine bevorzugte Abfertigung und Behandlung in Warteschlangen und beim Transport veranlassen.

Zusammenfassung von Teilefamilien

Da im Betrieb häufig Teile herzustellen sind, die ein gleiches bzw. sehr ähnliches Fertigungsverfahren benötigen (Teilefamilien), ist es sinnvoll, diese zu größeren Aufträgen zusammenzufassen. Die möglichen Kosteneinsparungen und eine Verkürzung der Durchlaufzeit resultieren aus der Einsparung von Rüstzeit und Lerneffekten in der Bearbeitung.

Zusammenfassend ist für alle diese Möglichkeiten der Durchlaufzeitverkürzung zu betonen, daß jeweils eine genauere Planung, Steuerung und Überwachung erforderlich ist. Für eine generelle Einführung einer derartig genauen und detaillierten Durchlaufterminierung in der Fertigung sind meist die Aufwendungen zu groß. Allerdings ist dies zusammen mit der nachfolgend noch zu diskutierenden Belastungssteuerung und Feinterminierung zu sehen.

c) Belastungssteuerung

Die enge Verknüpfung der Belastungssteuerung und Durchlaufterminierung wurde bereits betont. So muß die Terminsteuerung insbesondere die Engpaßverhältnisse aus der Belastungssteuerung kennen, um kurze Durchlaufzeiten zu erhalten und die Vorgabetermine einhalten zu können. Daher werden beide Aufgabenbereiche oft von einer Stelle in rückgekoppelten Arbeitsgängen im Betrieb wahrgenommen. Die Aufgabe der Belastungssteuerung ist, eine kostenminimale Fertigung durch eine hohe und gleichmäßige Kapazitätsauslastung zu erreichen. Dazu muß die Belastungssteuerung die verfügbare Kapazität bei Arbeitskräften und Sachmitteln kennen und dieser den Bedarf aus den Fertigungsaufträgen laufend gegenüberstellen. Differenzen zeigen Minderauslastung und Überlastung, die in oft mehrmaligen Iterationen ausgeglichen werden müssen (vgl. Steinbuch/Olfert, S. 323–335; Preitz, S. 325f.). Eine spezielle Vorgehensweise hierzu schlägt Wiendahl (Wiendahl, 44) mit seiner belastungsorientierten Fertigungssteuerung vor.

(aa) Verfügbare Kapazität

Das Fertigungsvermögen in einer Periode (= Kapazität) wird in der betrieblichen Praxis meist in Zeitmaßstäben ermittelt (ansonsten in Mengen oder Werten). Diese beziehen sich je nach der Fristigkeit der Planung auf Monat, Woche, Schicht oder Arbeitstag und auf einen Arbeitsplatz. Dabei wird mit Arbeitsplatz jede selbständige Arbeitsstelle bezeichnet, also Anlagen und Maschinen mit und ohne menschlicher Bedienung sowie rein manuelle Arbeitsstellen. Diese Arbeitsplätze sind zuerst mit Arbeitsplatzbezeichnung, Arbeitsplatznummer, evtl. Arbeitsplatzgruppe, Abteilung, Kostenstelle und evtl. Personalnummer des Arbeitsplatzinhabers zu erfassen und in einer Arbeitsplatzkartei bzw. Arbeitsplatz-Stammdatei zu dokumentieren. Dabei ist der laufende aktuelle Stand sicherzustellen.

Danach erfolgt die Ermittlung des zeitlichen Leistungsvermögens jedes Arbeitsplatzes in Stunden. Wird dies z.B. für eine Woche oder Schicht durchgeführt, so ist zu berücksichtigen, ob rund um die Uhr, in Doppelschicht, an Wochenenden und Feiertagen gearbeitet wird. Vorhersehbare und regelmäßige Kapazitätsminderungen sind abzuziehen wie Betriebsferien, Betriebsversammlung, Kurzarbeit, Reinigungs- und Wartungszeiten.

Mit diesen Überlegungen kann die sog. Normalkapazität abgeleitet werden, die jedoch noch nicht die effektiv zur Verfügung stehende Kapazität angibt. Die Differenz ist bestimmt durch nicht vorhersehbare Störungen (Maschinendefekt, Erkrankung von Mitarbeitern) und aus kurzfristigen Anpassungsmaßnahmen zur Vermeidung von Engpässen wie Überstunden, Einsatz von Springern u. a. Hier können nur Schätzungen aus Erfahrungswerten weiterhelfen, um die effektiv verfügbare Kapazität für die Zwecke der Belastungssteuerung festzusetzen (die tatsächlich verfügbare Kapazität kann nur im nachhinein festgestellt werden).

(bb) Kapazitätsbedarf

Um den Kapazitätsbedarf zu ermitteln, muß für jede Planungsperiode die Zeiterfordernis für jeden Auftrag und dessen Arbeitsgänge sowie für jeden Arbeitsplatz mit Hilfe der Daten aus den Arbeitsplänen festgestellt werden. Bei Arbeitsplätzen mit Einsatz von Arbeitskräften ist zusätzlich für jeden Arbeitsplatz der durchschnittliche voraussichtliche Leistungsgrad zu bestimmen, denn je höher dieser ist, desto geringer wird der Kapazitätsbedarf und umgekehrt. Der Leistungsgrad eines Menschen ergibt sich aus dem Verhältnis seiner Ist-Leistung zu einer Soll-Leistung und hängt daher ab von seiner Bewegungsgeschwindigkeit und der Beherrschung des Arbeitsvorgangs. Näheres dazu vgl. in Abschnitt E. Damit erhält man den Kapazitätsbedarf aus:

Kapazitätsbedarf = (Auftragsmenge · Bearbeitungszeit pro Stück + Rüstzeit) · Leistungsgrad.

Der so ermittelte Kapazitätsbedarf für jeden Arbeitsgang und Auftrag ist für jeden Arbeitsplatz bzw. Arbeitsplatzgruppe in der betrachteten Planperiode (z.B. Arbeitstag) aufzusummieren. Ein Beispiel für ein Kapazitätsbedarfs-Diagramm zeigt Abb. 37.

Im Betrieb werden noch häufig Plantafeln verwendet, die dann für die wichtigsten Arbeitsplätze/-Gruppen entsprechend der Abb. 37 Kapazitäts- und Belastungsstreifen

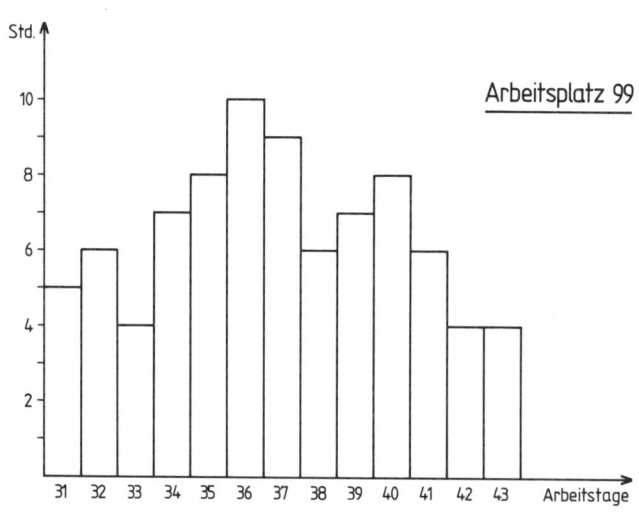

Abb. 37 Kapazitätsbedarf

ausweisen, um auch optisch Über- und Minder-Kapazitäten auszuweisen. Die weiteren Überlegungen zur Abstimmung und Verstetigung der Auslastung sollen nun noch dargelegt werden.

(cc) Abstimmung von Kapazitätsbedarf und verfügbarer Kapazität

Die Übereinstimmung von verfügbarer Kapazität und benötigter Kapazität für einen Arbeitsplatz dürfte zufällig und relativ selten sein. Daher werden Minderauslastung oder Überlastung die Regel sein.

Tragen wir in unser Kapazitätsbedarfsdiagramm die verfügbare Kapazität ein, so erhalten wir die folgende Abb. 38.

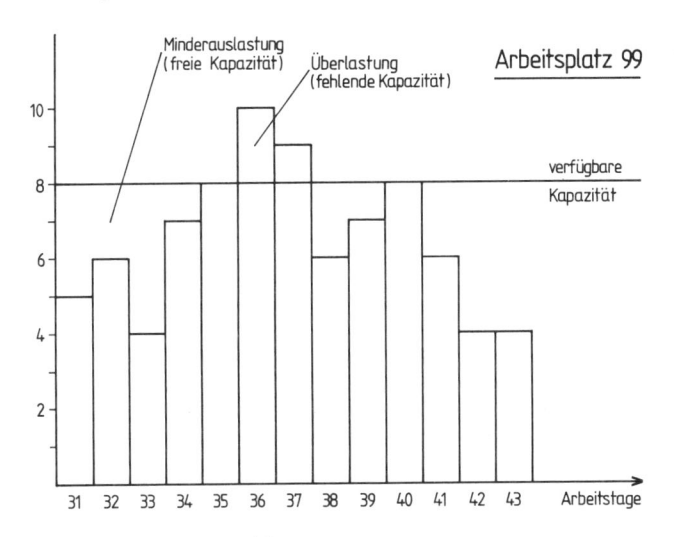

Abb. 38 Freie und fehlende Kapazitäten

Bei der Abstimmung ist es nun naheliegend, die fehlenden Kapazitäten an den Arbeitstagen 36 und 37 in den Tagen 38 und 39 einzuplanen, sofern der entsprechende Auftrag einen ausreichenden Puffer besitzt. Dasselbe gilt für ein Vorziehen dieser Überlast z. B. auf die Arbeitstage 33 und 34. Wie weit dieses Vorziehen und Zurückverlegen von Terminen möglich ist, muß die Durchlaufterminierung klären.

An dieser Stelle ist darauf hinzuweisen, daß man zwischen lang- und mittelfristigen sowie kurzfristigen Problemen der Anpassung unterscheiden kann (vgl. Steinbuch/Olfet, S. 331 ff.). Da es aber schwierig ist, eine klare Abgrenzung vorzunehmen, sollen die Problembereiche hier zusammen kurz dargestellt werden.

Aus lang- und mittelfristiger Sicht ist es möglich, eine Erhöhung der verfügbaren Kapazität durch Beschaffung von Mitarbeitern und Anlagen (zusätzlich oder Ersatz durch solche mit höherer Ausbringung), Einführung einer zusätzlichen Schicht, Vergabe von Lohnaufträgen und Einführung von Überstunden zu erreichen, eine Senkung durch Abbau von Arbeitsplätzen, Schicht, Lohnaufträgen und Überstunden, evtl. Einführung von Kurzarbeit.

Im Bereich der Fertigungsverfahren wird zur Kapazitätserhöhung (meist Rationalisierung genannt) oft versucht, die technologisch besseren Maschinen einzusetzen, höhere Maschinengeschwindigkeit zu fahren, Vorrichtungen und Werkzeuge zu verbessern sowie durch Wertanalyse und ergonomische Analysen den Fertigungsablauf zu beschleunigen. Die kurzfristigen Anpassungen der Fertigungskapazität werden insbesondere aus Störungen heraus erforderlich. Diese Störungen bewirken Terminabweichungen und Änderungen in der effektiv verfügbaren Kapazität. Bei den Störungen kann man unterscheiden zwischen arbeitsbedingten (Krankheit, Unfall, Arbeitsfehler usw.), anlagenbedingten (Defekt, Energieunterbrechung usw.), materialbedingten (fehlerhaftes und falsches Material usw.) und dispositionsbedingten (fehlende Unterlagen, falsche Organisation, Planungsfehler usw.) Störungen.

Zur Lösung der hierbei auftretenden Probleme können Springer und ein ständiger Reparaturtrupp eingesetzt werden, ebenso wie spezielle Terminverfolger zur Klärung der Engpässe bei Materialien und Unterlagen. Sie haben dann die Abstimmung der erforderlichen Kapazität für den freigegebenen Auftragsbestand mit der effektiv zur Verfügung stehenden Kapazität vorzunehmen. Dabei können die Terminverfolger die Maßnahmen zur Durchlaufzeitverkürzung einleiten (vgl. unter be.), die oben erwähnten Störungen beseitigen und evtl. sogar Ausweicharbeitsplätze einschalten oder Reihenfolgeänderungen veranlassen, selbstverständlich unter Berücksichtigung der bereits erwähnten Prioritätsregeln. Dies bedeutet aber ein schnelles, fehlerfreies und vollständiges Rückmeldesystem mit einer flexiblen und schnell reagierenden Auftrags- bzw. Arbeitszuteilung.

IV. Die Fertigungsvorbereitung mit Hilfe der EDV

Die vorstehenden Ausführungen zur Fertigungsplanung und Fertigungssteuerung haben gezeigt, daß zur Wahrnehmung der anfallenden Aufgaben eine große Zahl von Daten gesammelt, aufbereitet, gespeichert und verarbeitet werden müssen. Neben dem Umfang an Daten sind diese auch schnell und möglichst fehlerfrei zu erfassen und zu verarbeiten, oft in mehrfacher Ausfertigung für die Konstruktion, Fertigungsvorbereitung und Materialwirtschaft. Damit ist es naheliegend, die Aufgaben der Fertigungsvorbereitung mit Hilfe der elektronischen Datenverarbeitung (EDV) wahrzunehmen (vgl. bereits unter II.2 und III.2). Dieser Tatbestand führte dazu, daß schon recht frühzeitig für diesen Arbeitsbereich von den Computer-Herstellern sog. Standardprogramme angeboten wurden. Bis heute wurden diese Modularprogramme, so genannt, weil sie an die besonderen Gegebenheiten des Anwenders angepaßt (moduliert) werden können, ständig weiterentwickelt und auch auf die Belange von Kleinrechnern und Kleinunternehmen zugeschnitten. Die Entwicklung verlief dabei von der vor allem vergangenheitsorientierten Lohn- und Materialabrechnung in den 50iger Jahren, über die zukunftsbezogene Material- und Terminplanung der 60iger und 70iger Jahre bis zur On-Line- und Realtime-bezogenen Werkstattsteuerung der letzten Jahre. Dabei werden für die Aufgaben der Fertigungsplanung und -steuerung von den Herstellern und Software-Häusern meist mehrere Einzelprogramme angeboten, die in bestimmter Reihenfolge ablaufen. Dabei sind moderne Operations-Research-Verfahren in den Programmen eingebaut, wie Zeitreihenanalyse, Bedarfsvorhersage, ABC-Analyse, Netzplanerstellung, Simulation und Prioritätsregeln.

Es würde hier zu weit führen, auch nur die wichtigste modulare Anwender-Software näher zu charakterisieren. Sie tragen bereits der neuen Entwicklung der Bereitstellung von Computerleistung am Arbeitsplatz mit Dialogverarbeitung Rechnung (vgl. Kern, K.D., S. 122–130), wobei allerdings der weitere Ausbau von einfach zu handhabenden Datenbanksystemen mit Computer-Netzwerken – in die mehr und mehr die Personal-Computer (PC) einbezogen sind – notwendig ist.

3. Kapitel: Die Fertigung

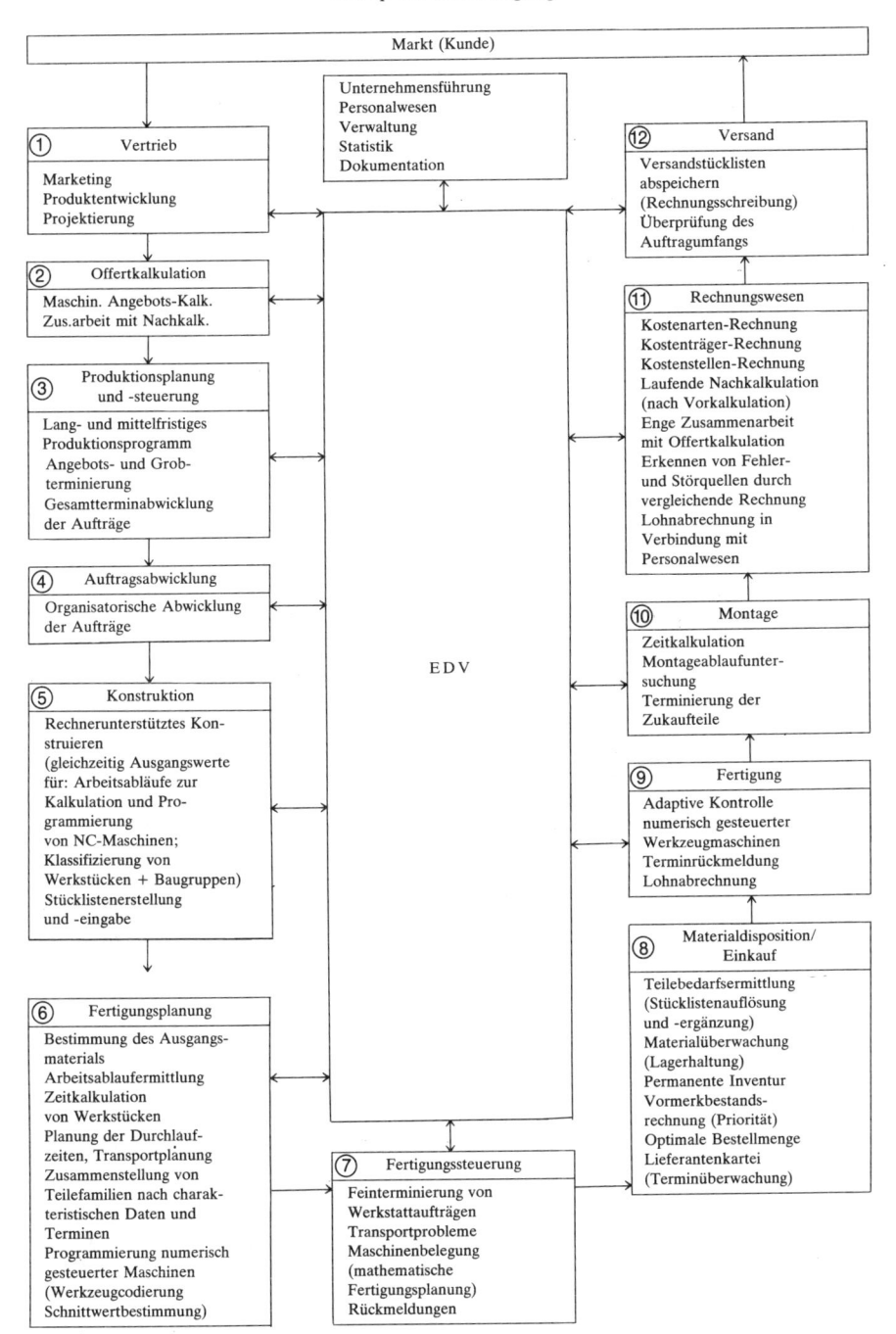

	Markt (Kunde)	
	Unternehmensführung Personalwesen Verwaltung Statistik Dokumentation	

① **Vertrieb**
Marketing
Produktentwicklung
Projektierung

⑫ **Versand**
Versandstücklisten
abspeichern
(Rechnungsschreibung)
Überprüfung des
Auftragumfangs

② **Offertkalkulation**
Maschin. Angebots-Kalk.
Zus.arbeit mit Nachkalk.

⑪ **Rechnungswesen**
Kostenarten-Rechnung
Kostenträger-Rechnung
Kostenstellen-Rechnung
Laufende Nachkalkulation
(nach Vorkalkulation)
Enge Zusammenarbeit
mit Offertkalkulation
Erkennen von Fehler-
und Störquellen durch
vergleichende Rechnung
Lohnabrechnung in
Verbindung mit
Personalwesen

③ **Produktionsplanung und -steuerung**
Lang- und mittelfristiges
Produktionsprogramm
Angebots- und Grob-
terminierung
Gesamtterminabwicklung
der Aufträge

④ **Auftragsabwicklung**
Organisatorische Abwicklung
der Aufträge

⑩ **Montage**
Zeitkalkulation
Montageablaufunter-
suchung
Terminierung der
Zukaufteile

EDV

⑤ **Konstruktion**
Rechnerunterstütztes Kon-
struieren
(gleichzeitig Ausgangswerte
für: Arbeitsabläufe zur
Kalkulation und Pro-
grammierung
von NC-Maschinen;
Klassifizierung von
Werkstücken + Baugruppen)
Stücklistenerstellung
und -eingabe

⑨ **Fertigung**
Adaptive Kontrolle
numerisch gesteuerter
Werkzeugmaschinen
Terminrückmeldung
Lohnabrechnung

⑧ **Materialdisposition/ Einkauf**
Teilebedarfsermittlung
(Stücklistenauflösung
und -ergänzung)
Materialüberwachung
(Lagerhaltung)
Permanente Inventur
Vormerkbestands-
rechnung (Priorität)
Optimale Bestellmenge
Lieferantenkartei
(Terminüberwachung)

⑥ **Fertigungsplanung**
Bestimmung des Ausgangs-
materials
Arbeitsablaufermittlung
Zeitkalkulation
von Werkstücken
Planung der Durchlauf-
zeiten, Transportplanung
Zusammenstellung von
Teilefamilien nach charak-
teristischen Daten und
Terminen
Programmierung numerisch
gesteuerter Maschinen
(Werkzeugcodierung
Schnittwertbestimmung)

⑦ **Fertigungssteuerung**
Feinterminierung von
Werkstattaufträgen
Transportprobleme
Maschinenbelegung
(mathematische
Fertigungsplanung)
Rückmeldungen

Abb. 39 Einsatzbereiche einer EDV im Unternehmen
Quelle: VDI-Gesellschaft, S. 4 und eigene Ergänzungen

Parallel zu der vorgenannten Entwicklung in der Praxis wurde auch die Zahl der Beiträge zur Fertigungsplanung und -steuerung, insbesondere mit Hilfe der EDV, in der Literatur unübersehbar. Die oft sehr speziellen Beiträge sollen hier nicht diskutiert und es soll lediglich auf die Beiträge des Vereins Deutscher Ingenieure (VDI-Gesellschaft Produktionstechnik) verwiesen werden.

Bei der Verwendung von EDV in der Fertigungsplanung und -steuerung ist hervorzuheben, daß die exakte Festlegung und Erfassung der bereits genannten Ziele (Termintreue, kurze Durchlaufzeiten, optimale Auslastung) und Voraussetzungen (Stücklisten, Arbeitsplan, Auftragserfassung, gegenseitige Terminabhängigkeit, Arbeitsplatzdaten, Kapazitätsfestlegung) besonders wichtig werden. Vor Einführung der EDV sind die vorliegenden betriebsspezifischen Bedingungen intensiv zu prüfen, insbesondere der vorliegende Fertigungstyp und die entsprechende Organisationsstruktur sowie das Teile- und Erzeugnisspektrum mit entsprechendem Kapazitätsbedarf.

Da sehr viele Unternehmen in Deutschland bereits EDV verwenden und auf einem beachtlichen Niveau angelangt sind, wird die Verflechtung der Anwendungsgebiete mit Rechnereinsatz immer bedeutsamer.

Aus diesem Grunde ist auch bei der Einführung und Verwendung von EDV im Bereich der Fertigungsvorbereitung auf die klare Festlegung der Anschlußstellen zu anderen Bereichen (Kostenrechnung, Materialwirtschaft, Vertrieb usw.) und für die gemeinsame Nutzung von Stammdaten (Stücklisten, Arbeitspläne usw.) zu achten. Die Abb. 39 zeigt die möglichen Einsatzbereiche einer integrierten EDV und die Bedeutung der Material- und Fertigungswirtschaft in diesem System. Dieser Bereich ist daher auch eines der am besten ausgebauten Gebiete für den Rechnereinsatz.

Nach unserer bisher verwendeten Terminologie für die Material- und Fertigungswirtschaft gehören zu diesem Bereich die Produktionsplanung ③, Fertigungsplanung ⑥, Fertigungssteuerung ⑦, Materialdisposition/Einkauf ⑧, Fertigung ⑨ und Montage ⑩ der Abb. 39. Diese andere Einteilung soll hier nicht verwirren, sondern lediglich nochmals auf die verschiedenen Möglichkeiten der Zusammenfassung der Einzeltätigkeiten verweisen. Die rasante Entwicklung in den letzten Jahren im Bereich Konstruieren ⑤ unter dem Schlagwort CAD = Computer Aided Design und die Fortschritte bei der Entwicklung der bereits erwähnten NC-, CNC- und DNC-gesteuerten flexiblen Fertigungszellen (⑥, ⑦ und ⑨), haben die Vision einer rechnerintegrierten Fertigung (CIM = Computer Integrated Manufacturing) (vgl. Scheer), ja sogar einer CAI = Computer Aided Industry, bei der CIM durch ein CAO = Computer Aided Office ergänzt wird, aufkommen lassen. Das CIM umfaßt danach CAD und CAP = Computer Aided Planning, CAM = Computer Aided Manufacturing (Werkstattsteuerung und -überwachung) sowie CAQ = Computer Aided Quality Assurance, die die Qualität aller 3 Bereiche CAD+CAP+CAM sicherstellen soll.

Das PPS = Produktionsplanung und -steuerung muß nun in Abstimmung mit den 4 erwähnten Bereichen und integriert in den erwähnten CIM ablaufen.

Zwar sind nach Aussagen von Experten (Scharf, S. 70) noch nirgends auf der Welt komplett integrierte CIM-Lösungen in Unternehmen eingeführt, doch beschäftigen sich die Spezialisten weltweit mit diesem Problemkreis (Milberg, S. 14–16; Mayer, S. 733–736; Klein, S. 10). Dabei ist die erste Voraussetzung, die noch zu schaffen ist, daß eine Verknüpfung von Rechnern, Steuerungen und Fertigungsanlagen verschiedener Hersteller über ein einheitliches Protokoll (MAP = Manufacturing Automation Protocol) möglich wird. Hierzu gibt es in USA und Europa entsprechende Standardisierungsgremien.

Da CIM-Lösungen hohe Investitionen erfordern, sind sie insbesondere für Klein- und Mittelunternehmen noch lange nicht realisierbar. Teillösungen in den Bereichen CAD/CAM und CAD/PPS sind jedoch anzustreben, da es hierzu mit UNIX-Maschinen/Pc's kostengünstige Lösungen gibt. Hier wurden in den letzten Jahren große Fortschritte mit neuen Netzwerken erzielt, die Alternativen zu MAP aufzeigen.

Diese ersten Schritte sind notwendig, um im internationalen Wettbewerb von der Produktionskostenlage, der Lieferbereitschaft und hoher gleichbleibender Qualität her bestehen und im Rahmen von flexiblen Arbeitszeiten optimal produzieren zu können.

E. Die Fertigungsdurchführung

I. Einführung

Die Fertigungsvorbereitung hat den Fertigungsablauf nun durchdacht und alle Aufträge und Anweisungen für eine Periode erstellt. Die Stellen zur Durchführung der Fertigung (Meister, Vorarbeiter, Arbeiter) erhalten die entsprechenden Unterlagen und können nun ihre Fachkenntnis zur Durchführung der Handlungen einsetzen, wobei sich die Führungskräfte vor allem auf ihre eigentlichen Führungsaufgaben konzentrieren können. Dazu gehört auch die Fertigungskontrolle (vgl. im nächsten Abschnitt F) mit den aus Störungen resultierenden Improvisationsaufgaben.

Bevor wir jedoch die Probleme der Fertigungskontrolle diskutieren, ist im folgenden der Problembereich der betrieblichen Einsatzgüter (Produktionsfaktoren) und deren Kombination zu diskutieren. Dieser Problembereich ist unter den beiden Hauptaspekten „Produktions- und Kostenfunktionen" und „Arbeitsstudium" zu sehen. Auch wenn es unüblich ist, diese Problembereiche im Rahmen der Fertigungsdurchführung zu diskutieren, so ist dies aus der Sicht der industriebetrieblichen Fertigung doch naheliegend. Beide Gebiete müssen, sollen sie für eine verbesserte Betriebsführung genutzt werden können, auf der konkreten Erfassung und Analyse eines etablierten Fertigungsprozesses aufbauen. Für den Bereich des Arbeitsstudiums ist die „Datenermittlung" sogar Voraussetzung für alle in diesem Gebiet darzustellenden Schwerpunkte (REFA, Teil 1, S. 10).

Damit sind nach einer kurzen Wiederholung zum System der Produktionsfaktoren die Grundzüge der Produktions- und Kostentheorie (Merkmale der Einsatzgüterkombination) in kurzer Form darzustellen und anschließend die wichtigsten Merkmale der Produktionsfaktoren (Einsatzgüter).

II. Das System der Produktionsfaktoren im Überblick

Wir haben bereits in den vorstehenden Abschnitten die Probleme der „Fertigung" und der „Materialwirtschaft" als die neben dem „Absatz" wichtigen **Realgüterphasen** des betrieblichen Produktionsprozesses diskutiert. Dies bedeutet, daß der betriebliche Leistungsprozeß umfassend gesehen wird, beginnend mit den Arbeitsvorgängen in der Beschaffung von Einsatzgütern im Markt, über die Vorratshaltung und Fertigung (Kombination und Transformation) bis zum Absatz der Güter am Markt. Dabei bezeichnet man die Einsatzgüter auch als Input oder Produktionsfaktoren und die gefertigten Güter als Endprodukte, Erzeugnisse oder Output.

Bei den Endprodukten kann man noch unterscheiden nach den für den Markt gefertigten Gütern (Marktleistungen, Absatzgüter) und den zum Wiedereinsatz im Produktionsprozeß bestimmten „Wiedereinsatzgütern". Bei weiter Fassung des Begriffs Wiedereinsatzgüter sind darunter auch alle Dienstleistungen und Informationen der Planung, Organisation, Leitung und Verwaltung zu verstehen. Diese Festlegung ist für die Betrachtung der Beziehungen zwischen Gütereinsatz und Güterausbringung – die durch die sog. Produktionsfunktion abgebildet werden – wichtig. Als die wichtigsten Einsatzgüter für den realen Produktionsprozeß werden die menschliche Arbeitskraft (auch Humanfaktoren genannt), die Werkstoffe (Repetierfaktoren) und die Leistungen der Betriebsmittel (Potentialfaktoren) angesehen. Da die Kombination dieser Einsatzgüter nicht naturgesetzlich vor sich geht, sondern in Arbeitsteilung, mit Verwendung von Technologien und in Ausrichtung an Zielen, muß geplant, organisiert und geleitet werden (wirtschaftliche Kombination und Ordnung des Leistungsprozesses). Daher wird der Faktor „menschliche Arbeit" noch getrennt nach ausführender (vollziehender) und leitender (dispositiver) Arbeit. Da wir hier jedoch zuerst das Ergebnis des gesamten Leistungsprozesses sehen wollen, ist diese Herauslösung der „Betriebsführung" (vgl. im 2. Teil dieses Buches) nicht sinnvoll.

Bevor wir also näher auf die Erfassung und Analyse der drei Produktionsfaktoren eingehen (vgl. die Abschnitte IV und V), wollen wir uns noch kurz mit der Abbildung der realen Relationen zwischen Input und Output beschäftigen.

III. Die Produktions- und Kostentheorie

1. Die Produktionsfunktionen

Wie bereits diskutiert, werden im betrieblichen Produktionsprozeß Produktionsfaktoren kombiniert, um bestimmte Leistungen (Endprodukte) zu erzeugen. So werden Schuhe mit Hilfe von Arbeitskräften, Maschinen, Energie, Leder, Leim, Nägeln usw. erstellt. Die Fragen im Betrieb stellen sich nun so, daß für konkrete Anwendungsbedingungen nach der Änderung der Einsatzmengen bei Erhöhung bzw. Senkung der Leistungsmengen (und umgekehrt) eine Aussage notwendig wird. Diese Erklärungs- und Prognosefunktion kann mit Hilfe der sog. **Produktionsfunktion** geleistet werden, die die quantiativen Beziehungen zwischen den eingesetzten Realgütern und den erzeugten Realgütern abbildet.

Bezeichnen wir den Output von m Produkten mit den Mengen o_1 bis o_m und den Input von n Einsatzgütern mit i_1 bis i_n, so lautet die Produktionsfunktion bei Verwendung der Vektorfunktion f:

$$(o_1, o_2, \ldots o_m) = f(i_1, i_2, \ldots i_n)$$

Wird nur ein Produkt hergestellt, so vereinfacht sich diese Funktion zu:

$$o = f(i_1, i_2, \ldots i_n)$$

Diese Funktion liefert das „Mengengerüst" für die Abhängigkeit der Endprodukte von den Einsatzgütern. Bei Ermittlung der umgekehrten Abhängigkeit, also der Relation zwischen Einsatzgütern und Produkten erhält man die sog. **Verbrauchsfunktion**

$$(i_1, i_2, \ldots i_n) = g(o_1, o_2, \ldots o_m)$$

bzw. bei Einproduktfertigung

$$(i_1, i_2, \ldots i_n) = g(o)$$

mit g als Vektorfunktion. Zur Darstellung in der Literatur werden aus Vereinfachungsgründen neben der Einproduktfertigung auch nur zwei Einsatzfaktoren betrachtet, um eine grafische Darstellung in der Fläche bzw. mit dem sog. Ertragsgebirge zu ermöglichen.

3. Kapitel: Die Fertigung

Wichtig ist, daß alle Einsatz- und Leistungsarten als gegeben und konstant in der Qualität vorausgesetzt werden müssen, da eine Änderung die Verwendung einer anderen Produktionsfunktion erforderlich macht. Daher ist es notwendig, den praktisch vorliegenden Fertigungsprozeß und dessen Anwendungsbedingungen genau zu kennzeichnen. Dabei können für einen großen Teil der industriellen Fertigungsprozesse folgende, zum Teil bereits früher erwähnte, Bedingungen verwendet werden:

- Mehrproduktfertigung
- Mehrstufige Fertigung
- Proportionale (lineare) oder nichtlineare Abhängigkeit der Einsatzgütermenge vom Fertigungsprogramm
- Limitationalität oder Substitutionalität der Einsatzgüterkombination
- Begrenzte Teilbarkeit der Einsatzgüter

Die mit Variation dieser Bedingungen in der Volks- und Betriebswirtschaftslehre untersuchten Produktionsfunktionen sind von großer Zahl und jeweils auf den konkreten Untersuchungsgegenstand zugeschnitten. So kann **eine** aggregierte Produktionsfunktion die Beziehungen auf Branchen- oder Volkswirtschaftsebene erfassen, auf Unternehmensebene ist dies jedoch oft nicht ausreichend. Hier hat man eine Vielzahl von produzierenden Arbeitsplätzen, die jeweils gegenseitig zuliefern und die alle mit einer Produktionsfunktion darzustellen sind. Zur Erfassung dieses Netzes von Funktionen ist weitgehend die Verwendung linear-limitationaler Beziehungen (sog. Leontief-Funktionen) und deren Vergleich zu verschiedenen Zeitpunkten ausreichend (sog. statische Darstellung). Der praktische Einsatz solcher Input-Output-Modelle erfolgt über die Stücklisten (vgl. 2. Kapitel, Abschnitt B.I.) und bei der mittelfristigen Produktprogrammplanung mit der „Linearen Programmierung".

Stellt man diese Input-Output-Beziehungen für einen Montageprozeß mit Hilfe eines Graphen (Gozinto-Graph) dar, so ergibt sich ein offenes statisches Input-Output-Modell mit limitationalem Gütereinsatz und proportionalem Verhältnis zwischen Einsatzgüterverbrauch und Fertigproduktmenge. Erweitert man diese Grundidee auf organisatorische Stellen im Betrieb und die Mengenflüsse zwischen diesen Stellen, so kann mit Hilfe dieser Leontief-Funktion (linear-limitationale Produktionsfunktion) eine mehrstufige Mehrproduktfertigung eines Unternehmens abgebildet werden.

Die übliche Darstellung dieser Funktion erfolgt in Matrixschreibweise; die Erweiterung um Ausschuß- und Programmdifferenzierungsbeziehungen ist damit möglich. Die schließlich ableitbare Produktionsfunktion vom Typ D ermöglicht eine anschauliche und präzise Analyse der Produktionsstruktur mit direktem und indirektem Bedarf an Produktionsfaktoren in Abhängigkeit vom Output.

Neben der oben erwähnten Produktionsfunktion vom Typ D gibt es weitere dynamisch ausgerichtete Funktionen, bezeichnet mit E und F. Deren Darstellung würde hier jedoch zu weit führen, insbesondere da deren Verwendung im betrieblichen Entscheidungsprozeß kaum vorliegt. Dies gilt auch für die Produktionsfunktion vom Typ A (= Ertragsgesetz) und C (= Verallgemeinerung von Typ A und B). Lediglich die Produktionsfunktion vom Typ B findet eine gewisse betriebliche Beachtung. Sie umfaßt als Spezialfall die bereits erwähnte Leontief-Funktion und die Gutenberg-Funktion, deren Merkmal die Abhängigkeit des Produktionskoeffizienten von der Produktionsgeschwindigkeit ist.

Für das Verständnis der Leontief-Funktion und zur Erläuterung und Darstellung der in der Produktions- und Kostentheorie verwendeten Begriffe wie Grenzertrag, Isoquanten, Grenzrate der Substitution und Minimalkostenkombination sollen hier 4 Produktionsfunktionen kurz und in ihrer Grundstruktur dargestellt und erläutert werden. Für eine Vertiefung wird auf die Spezialliteratur verwiesen, wie Fandel; Schneeweiß; Ott und Pfeiffer.

Wir verwenden nachfolgend ein vereinfachtes Modell mit konstanten Faktorpreisen, die Produktionsfaktoren stehen in unbegrenzter Höhe zur Verfügung, die Unternehmung ist eine ungeteilte Entscheidungseinheit, Probleme der Lagerhaltung bleiben unberücksichtigt und es wird nur ein Gut o mit zwei Produktionsfaktoren i_1 und i_2 hergestellt. Die Produktionsfunktion repräsentiert einen bestimmten Stand der Technik ohne technischen Fortschritt (nicht bei Abschnitt 1.4, wo ein Spezialfall vom Typ C, die sog. CES-Funktion dargestellt wird) und stellt jeweils die maximal mögliche Produktionsmenge dar (sog. effiziente Produktion).

Die Gestalt der Produktionsfunktion ist entsprechend dem zugrundeliegenden Typ von Produktionsmitteln verschieden. Das folgende Schema zeigt die Zusammenhänge:

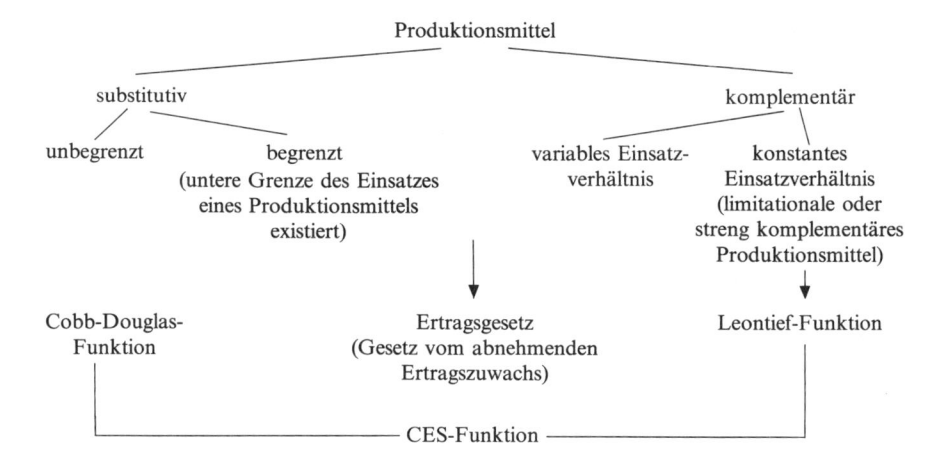

```
                           Produktionsmittel
                    ┌─────────────┴─────────────┐
              substitutiv                   komplementär
          ┌────────┴────────┐           ┌────────┴────────┐
     unbegrenzt         begrenzt    variables Einsatz-   konstantes
                  (untere Grenze des Einsatzes  verhältnis   Einsatzverhältnis
                   eines Produktionsmittels              (limitationale oder
                        existiert)                       streng komplementäres
                                                         Produktionsmittel)
                             │                                    │
                             ▼                                    ▼
     Cobb-Douglas-         Ertragsgesetz                    Leontief-Funktion
       Funktion         (Gesetz vom abnehmenden
                            Ertragszuwachs)
          └──────────────────── CES-Funktion ────────────────────┘
```

Substitutiv heißt, daß die Reduzierung eines Einsatzfaktors durch Mehreinsatz des anderen so kompensiert werden kann, daß die Ausbringung konstant bleibt. Dagegen bedeutet komplementär, daß der Einsatz beider Produktionsmittel (also ihr Zusammenwirken) notwendig ist, damit ein Ertrag zustandekommt (Beispiel: Milch und Kaffee). Die Proportionen können dabei noch varriieren, während bei limitationalen Einsatzfaktoren eine bestimmte Menge von 1 und von 2 vorliegen muß.

Zur graphischen Darstellung der Produktionsfunktion müssen wir dreidimensional zeichnen, weil wir zwei variable Faktoren und den Ertrag haben. Man erhält dann das sog. Ertragsgebirge. Die Höhe des Gebirges bezeichnet die produzierte Menge, die kardinal gemessen werden kann. Die Oberfläche dieses Ertragsgebirges zeigt die jeweiligen maximalen Erträge an, die mit bestimmten Kombinationen von i_1 und i_2 hergestellt werden können.

a) Das Ertragsgesetz

Eine erste Analyse erfolgte schon durch Turgot, dem Finanzminister Ludwigs XVI (1727–1781). Die Darstellung dieser Produktionsfunktion vom Typ A ist nicht einfach.

Sie ist jedoch in der Literatur meist ausführlich behandelt, obwohl ihre praktische Bedeutung relativ gering ist.

Das Ertragsgebirge, d.h., die graphische Darstellung der Produktionsfunktion o = o (i_1, i_2), mit den Schnittebenen zur detaillierten Erfassung der Eigenschaften ist nachfolgend dargestellt.

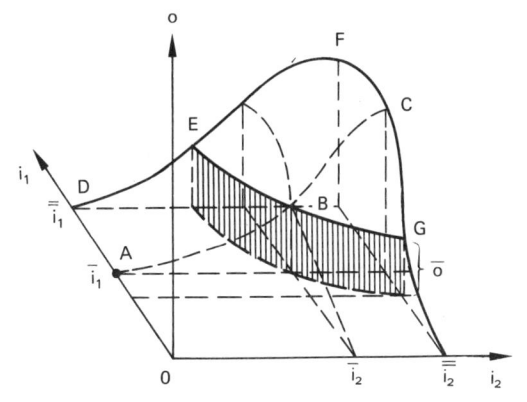

Abb. 40 Das Ertragsgebirge des „Ertragsgesetzes"

(aa) Schnitt parallel zur i_2-Achse senkrecht zur Grundfläche

Man erhält diesen Schnitt analytisch durch o = o $(\bar{i}_1, i_2)$ und geometrisch in der Ebene wie in Abb. 41 dargestellt.

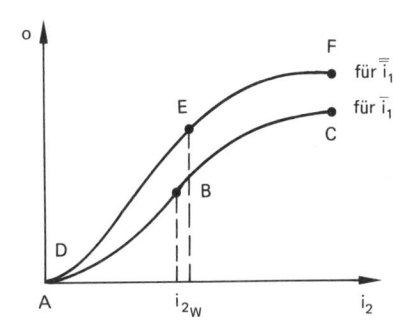

Abb. 41 Die Ertragskurve des Produktionsfaktors 2

Dies ist die Ertrags- oder Produktivitätskurve für Faktor 2 bei gegebener konstanter Faktormenge des Faktors 1. Die drei Eigenschaften der gezeichneten Kurven in Abb. 41 sind:
(1) Sie haben überall positive Steigung, d.h. der Grenzertrag bzw. die Grenzproduktivität des Faktors 2 ist positiv (unbegrenzte Faktorergiebigkeit). Analytisch gilt:

$$\frac{\partial o}{\partial i_2} > 0$$

(2) Die Steigung nimmt zuerst zu bis zum Wendepunkt (in diesem Punkt ist das Maximum erreicht) und dann ab:

Analytisch gilt:

$$\frac{\partial^2 o}{\partial i_2^2} = \begin{cases} 0 & \text{für } i_2 < i_{2w} \\ 0 & \text{für } i_2 = i_{2w} = \text{Maximum und Wendepunkt} \\ 0 & \text{für } i_2 > i_{2w} \end{cases}$$

Bei diesem Verlauf spricht man vom sog. (allgemeinen) Ertragsgesetz oder genauer „Gesetz vom abnehmenden Ertragszuwachs".

Von Interesse ist hier die sogenannte **Durchschnittsertragskurve** des **Faktors 2** (bei konstantem Faktor 1), den man analytisch wie folgt erhält:

$$\frac{o}{i_2} = \text{Durchschnittsertrag des Faktors 2}$$

Die Zusammenhänge zwischen (partieller) Ertragskurve, Grenzertragskurve und Durchschnittsertragskurve kann man graphisch wie in Abb. 42 darstellen.

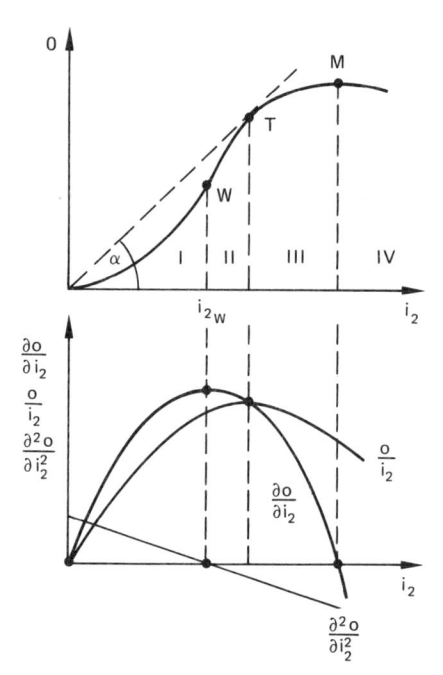

Abb. 42 Grenzertragskurve, Durchschnittsertragskurve und Steigung der Grenzertragskurve

Mit Hilfe der drei hervorgehobenen Punkte W, T und M auf der Ertragskurve können die drei Kurven charakterisiert werden:

- **Grenzertragskurve** $\left(= \text{Steigung der Ertragskurve} = \dfrac{\partial o}{\partial i_2}\right)$. In W ist die Steigung maximal (Wendepunkt), in M ist sie 0.

- **Durchschnittsertragskurve** $\left(= \dfrac{o}{i_2}\right)$ Die Darstellung wird erfaßt durch den tan α des

Fahrstrahls an die Ertragskurve. Die Kurve hat in T ein Maximum, davor ist sie zunehmend, danach abnehmend. In T fällt die Steigung des Fahrstrahls und der Tangente zusammen.

- Die Steigung der Grenzertragskurve nimmt bis auf Null ab (Maximum in W), danach ist sie negativ.

Die ökonomische Interpretation dieses Kurvenverlaufs lautet:

Bei knappen Produktionsmitteln dürfte die Produktion immer in der Phase III stattfinden, da hier von T mit maximalem Durchschnittsertrag des variablen Produktionsfaktors i_2 bis M mit maximalem Ertrag des konstanten Faktors i_1 ein optimaler Bereich liegt.

Nun kommen wir noch zur dritten Eigenschaft:

(3) Wird die Einsatzmenge des Faktors von $\bar{i}_1$ auf $\bar{\bar{i}}_1$ erhöht, so verschiebt sich die Ertragskurve des variablen Faktors 2 nach oben, wobei der Kurventyp gleich bleibt. Damit ist die Steigung dieser Kurve (bei $\bar{\bar{i}}_1$) in jedem Punkt größer als die der Kurve bei $\bar{i}_1$, woraus resultiert, daß sich die Grenzertragskurve (und die Durchschnittsertragskurve) nach oben verschiebt.

Analytisch bedeutet dies, daß die Kreuzableitung (zweite indirekte Ableitung) nach i_1 positiv ist, also

$$\frac{\partial^2 o}{\partial i_1 \cdot \partial i_2} > 0$$

(bb) Schnitt parallel zur i_1-Achse senkrecht zur Grundfläche

Hier gilt:

$$o = o(i_1, \bar{i}_2)$$

Man erhält die gleichen Ergebnisse wie unter (aa), jeweils statt i_2 steht i_1.

(cc) Schnitt parallel zur Grundfläche in der Höhe $\bar{o}$

Analytisch gilt:

$$\bar{o} = o(i_1, i_2)$$

In unserem Beispiel hat die Kurve negative Steigung und verläuft konvex zum Ursprung, also

$$\frac{di_1}{di_2} < 0 \quad \text{und} \quad \frac{d^2 i_1}{di_2^2} > 0$$

Man nennt diese Kurve „Isoquante" = Kurve gleichen Ertrages = geometrischer Ort aller Faktorkombinationen, die zu dem gleichen Ertrag führen. Eine **Isoquante** repräsentiert verschiedene Inputkombinationen oder Inputverhältnisse, die **ein** spezielles Outputniveau produzieren. Bei Bewegung entlang der Isoquante von P nach R in Abb. 43 können wir folgendermaßen argumentieren:

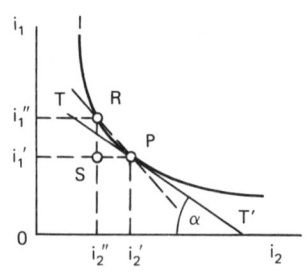

Abb. 43 Durchschnitts- und Grenzrate der technischen Substitution

Die Rate, mit der i_1 durch i_2 substituiert werden kann, ist

$$-\frac{(oi_1'' - oi_1')}{(oi_2' - oi_2'')} = -\frac{RS}{SP},$$

wobei das Minuszeichen die Abnahme von i_1 bei Zunahme von i_2 ausdrückt. Diesen Ausdruck bezeichnen wir mit **Durchschnittsrate der technischen Substitution**. Wenn sich nun R auf I entlang nach P bewegt, dann wird RS/SP immer mehr zum Maß für die Tangente TT' in P. Im Grenzfall (für sehr kleine Bewegungen in der Nähe von P) wird die Steigung von I in P (Tangente in P) als die **Grenzrate der technischen Substitution** von i_1 durch i_2 bezeichnet.

Es gilt:

$$\tan\alpha = -\frac{di_1}{di_2}.$$

Diese Grenzrate der technischen Substitution entspricht nun dem umgekehrten Verhältnis der Grenzproduktivitäten.

Die analytische Ableitung zu dieser Aussage lautet:

Wir haben die Produktionsfunktion $o = o(i_1, i_2)$ mit den Grenzproduktivitäten der beiden Produktionsmittel $\partial o/\partial i_1$ und $\partial o/\partial i_2$.

Das totale Differential dieser obigen Produktionsfunktion lautet:

$$do = \frac{\partial o}{\partial i_1} \cdot di_1 + \frac{\partial o}{\partial i_2} \cdot di_2$$

Da für die Bewegung entlang der Isoquante der Output konstant ist, also $do = 0$, gilt:

$$\frac{\partial o}{\partial i_1} \cdot di_1 = -\frac{\partial o}{\partial i_2} \cdot di_2$$

Grenzproduktivität des Faktors 1 — Grenzproduktivität des Faktors 2

$$\frac{di_1}{di_2} = -\frac{\dfrac{\partial o}{\partial i_2}}{\dfrac{\partial o}{\partial i_1}}$$

Grenzrate der technischen Substitution — Verhältnis der Grenzproduktivitäten

3. Kapitel: Die Fertigung

Dabei gibt die Grenzproduktivität eines Produktionsmittels die Änderung der Ausbringung an, die sich bei einer infinitesimal kleinen Änderung des Einsatzes dieses Produktionsmittels (also der Änderung um eine Einheit) bei Konstanz der übrigen Faktoreinsatzmengen ergibt.

Weiter fragen wir, unter welchen Voraussetzungen eine **abnehmende** Grenzrate der technischen Substitution vorliegt. Dies entspricht einem konvexen Verlauf der Isoquanten. Abb. 44 zeigt anschaulich, daß bei der verwendeten Form des Ertragsgesetzes eine abnehmende Grenzrate der Substitution vorliegt. So gilt, daß die Tangenten T_1, T_2, T_3 immer flacher werden, also der $\tan\alpha_1 > \tan\alpha_2 > \tan\alpha_3$. Bei der Argumentation mit der Durchschnittsrate ist von P nach Q die Steigung b/c und von Q nach R a/d. Da a < b und c < d, ist auch die Durchschnittsrate der Substitution kleiner.

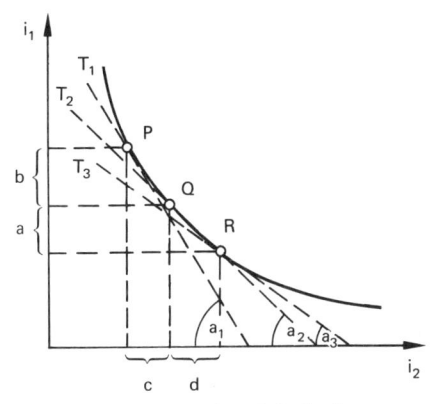

Abb. 44 Abnehmende Grenzrate der technischen Substitution

Die formal notwendige und hinreichende Bedingung soll hier nicht dargestellt werden.

Das „Gesetz" von der abnehmenden Grenzrate der technischen Substitution kann (ökonomisch) plausibel interpretiert werden. Steht ein Produktionsmittel reichlich, das andere spärlich zur Verfügung, so ist die Grenzproduktivität des ersteren niedrig, des anderen hoch. Bei Substitution verändert sich die relative Seltenheit und damit auch die Grenzproduktivitäten.

Zu erwähnen ist, daß das allgemeine Ertragsgesetz meist nur unvollständig verwendet wird. So ist der Verlauf über dem Punkt M (vgl. Abb. 42) hinaus abnehmend. Eine Isoquante würde sich dann aber wieder von den Achsen zurückbiegen (nicht wie in Abb. 43 und 44 parallel zu den Achsen auslaufen). Die entsprechenden Faktorkombinationen sind jedoch ökonomisch uninteressant, da die gleiche Ausbringung mit weniger von beiden Faktoren ebenfalls erreicht werden kann.

Schließlich ist die Tatsache wichtig, daß das ertragsgesetzliche Ertragsgebirge (Glokkenkurve) durch eine Anzahl von Schnitten parallel zur Grundfläche näher charakterisiert werden kann. Bei Schnitten parallel zur Grundfläche in gleichen Abständen erhält man eine Isoquantenschar (Randkurven), denen jeweils der entsprechende Ertragswert zugeordnet werden kann und deren Abstand zueinander zuerst abnimmt und dann zunimmt (vgl. Abb. 45). Dabei kommt die zuerst zunehmende und dann abnehmende Steigung der Hülle des Ertragsgebirges zum Ausdruck.

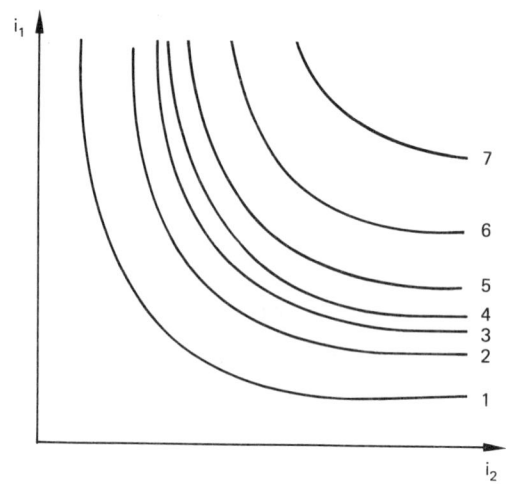

Abb. 45 Isoquantenschar bei Schnitten mit gleichen Abständen durch das Ertragsgebirge

b) Die Cobb-Douglas-Produktionsfunktion

Wicksell hat diese Funktion bereits 1913 verwendet, bekannt wurde sie jedoch nach Verwendung von Cobb und Douglas 1928 als gesamtwirtschaftliche Produktionsfunktion. Sie lautet:

$$o = a \cdot i_1^\alpha \cdot i_2^{1-\alpha}$$

mit $a > 0$ und $0 < \alpha < 1$
(Niveauparameter) (konstante partielle Produktionselastizitäten)

Dies ist eine **linear-homogene** (= homogen vom Grade 1) Produktionsfunktion (in den beiden Faktoren i_1 und i_2), denn es gilt:

$$k^r \cdot f(i_1, i_2) = f[(k \cdot i_1), (k \cdot i_2)]$$
$$k^r \cdot o = a(k \cdot i_1)^\alpha \cdot (k \cdot i_2)^{1-\alpha}$$

Bei $r = 1$ gilt:

$$k \cdot o = a k^\alpha \cdot k^{1-\alpha} \cdot i_1^\alpha \cdot i_2^{1-\alpha}$$
$$k \cdot o = a k^{\alpha + 1 - \alpha} \cdot i_1^\alpha \cdot i_2^{1-\alpha} = k \cdot o$$

Die allgemeine Form dieser Gleichung

$$o = a \cdot i_1^\alpha \cdot i_2^\beta$$

erfüllt diese Bedingung nicht, da die partiellen Produktionselastizitäten α und β beliebige Werte annehmen können. Auch diese Form wird bei empirischen Branchenanalysen verwendet, um den Wert für die vorliegenden Produktionselastizitäten zu ermitteln.

Bei einem Wert $\alpha + \beta = 1$ liegt die erwähnte linear-homogene Produktionsfunktion mit konstanten Skalenerträgen vor. Bei $\alpha + \beta > 1$ spricht man von zunehmenden, bei $\alpha + \beta < 1$ von abnehmenden Skalenerträgen bei homogener Produktionsfunktion.

3. Kapitel: Die Fertigung 259

Analog erfolgt die Einordnung bei sog. Skalenertragsfunktionen, die den Ertrag in Abhängigkeit von der totalen Faktorvariation (bei konstantem Faktoreinsatzverhältnis) untersuchen. Das Ertragsgebirge hat die in Abb. 46 dargestellte Form. Die Ertragskurve eines beliebigen der beiden Faktoren (anderer Faktor als konstant betrachtet) hat also positive, jedoch abnehmende Steigung, d.h. **abnehmende Ertragszuwächse** (vgl. Abb. 46 mit Schnitt parallel zur i_2-Achse in $\bar{i}_1$).

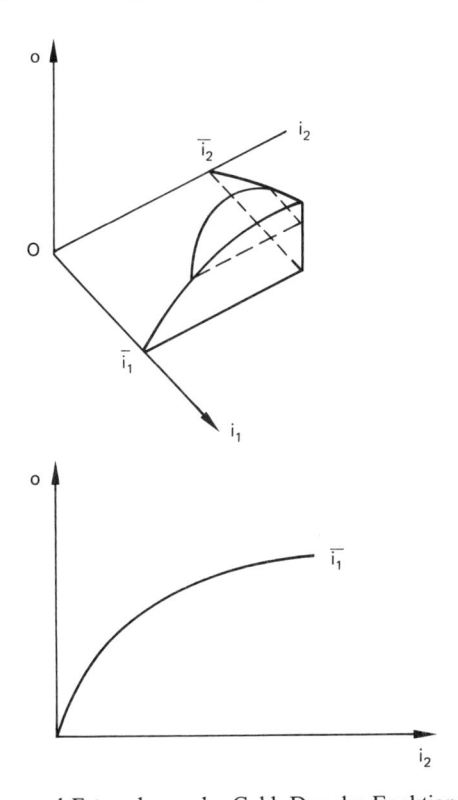

Abb. 46 Ertragsgebirge und Ertragskurve der Cobb-Douglas-Funktion

Die Cobb-Douglas-Funktion wird bei Analysen zu ökonomischen Aggregaten deshalb gerne verwendet, da sie mathematisch einfach ist (im Gegensatz zum Ertragsgesetz mit einer Gleichung 5. bzw. 7. Grades). So ergibt sich beispielsweise die Grenzertragskurve für den Faktor 2 zu:

$$\frac{\partial o}{\partial i_2} = (1-\alpha) \cdot i_2^{1-\alpha-1} \cdot a \cdot i_1^{\alpha} = (1-\alpha) a \cdot i_1^{\alpha} \cdot i_2^{-\alpha} \quad \Big| \cdot \frac{i_2}{i_2}$$

$$\frac{\partial o}{\partial i_2} = (1-\alpha) \cdot a \cdot i_1^{\alpha} \cdot i_2^{1-\alpha} \cdot i_2^{-1} = \frac{1-\alpha}{i_2} \cdot \sigma > 0$$

Die Steigung der Grenzertragskurve ist dagegen negativ, also

$$\frac{\partial^2 o}{\partial i_2^2} < 0.$$

Weiter erhält man die **Gleichung für die Isoquante** bei einer bestimmten Ausbringungsmenge $\bar{o}$:

$$i_1^\alpha = \frac{\bar{o}}{a \cdot i_2^{1-\alpha}} = \frac{\bar{o}}{a} \cdot i_2^{\alpha-1}$$

$$i_1 = \left(\frac{\bar{o}}{a}\right)^{\frac{1}{\alpha}} \cdot i_2^{\frac{\alpha-1}{\alpha}} = \left(\frac{\bar{o}}{a}\right)^{\frac{1}{\alpha}} \cdot i_2^{1-\frac{1}{\alpha}}$$

$$\frac{\partial i_1}{\partial i_2} = \left(\frac{\bar{o}}{a}\right)^{\frac{1}{\alpha}} \cdot \frac{\alpha-1}{\alpha} \cdot i_2^{-\frac{1}{\alpha}-1} = \left(\frac{\bar{o}}{a}\right)^{\frac{1}{\alpha}} \cdot \underbrace{\left(1 - \frac{1}{\alpha}\right)}_{< 0} \cdot i_2^{-\frac{1}{\alpha}} < 0$$

$$\frac{\partial^2 i_1}{\partial i_2^2} = \left(\frac{\bar{o}}{a}\right)^{\frac{1}{\alpha}} \cdot \underbrace{\left(1 - \frac{1}{\alpha}\right)}_{< 0} \cdot \underbrace{\left(-\frac{1}{\alpha}\right)}_{< 0} \cdot i_2^{-\frac{1}{\alpha}-1} > 0$$

Damit fällt die Isoquante monoton und ist konvex zum Ursprung. Dies bedeutet eine abnehmende Grenzrate der technischen Substitution. Bei Einbeziehung der Ergebnisse zum Ertragsgesetz des letzten Abschnitts läßt sich zusammenfassend festhalten:

Produktionsfunktionen vom Cobb-Douglas-Typ und ertragsgesetzliche Produktionsfunktionen haben gemeinsam, daß sie – zumindest in den Phasen II und III der Abb. 42 – abnehmende Grenzerträge bei steigendem Faktoreinsatz haben. Zudem gehen beide von substitutionalen Produktionsfaktoren aus.

c) Die Leontief-Produktionsfunktion

Die Leontief-Produktionsfunktion hat limitationale Produktionsmittel (streng komplementär). Damit ist (im Gegensatz zu den beiden obigen Produktionsfunktions-Typen) die Frage nach dem ökonomisch günstigsten Einsatzverhältnis von selbst beantwortet. Man kann diese Produktionsfunktion durch eine Reihe von Verbrauchsfunktionen wiedergeben. Betrachten wir 2 limitationale Produktionsmittel, dann lauten die Verbrauchsfunktionen, die simultan gelten müssen:

$$i_1 = a_1 \cdot o$$
$$i_2 = a_2 \cdot o$$

Damit ist:

$$\frac{i_1}{i_2} = \frac{a_1}{a_2}.$$

Das Verhältnis von $\frac{a_1}{a_2}$ und a_1 bzw. a_2 müssen mit zunehmenden Produktionsmengen o nicht unbedingt konstant sein, doch diese Konstanz wird meist angenommen. Damit haben wir es mit einer **linear-limitationalen** Produktionsfunktion zu tun.

Löst man obige Gleichungen nach a_1 und a_2 auf, so erhält man:

3. Kapitel: Die Fertigung

$$a_1 = \frac{i_1}{o} \qquad a_2 = \frac{i_2}{o}$$

a_1 gibt den **Faktorverbrauch des Produktionsmittels 1 pro Mengeneinheit des Endprodukts** an, analog a_2. Die Koeffizienten a_1 und a_2 bezeichnet man daher als **Input- oder Produktionskoeffizienten**.

Zeichnen wir wieder unser Ertragsgebirge, so sieht das recht einfach aus und zwar wie ein Pyramideneck. Das Einsatzverhältnis ist technisch notwendig und gegeben durch

$$\tan\alpha = \frac{i_1}{i_2} = \frac{a_1}{a_2}.$$

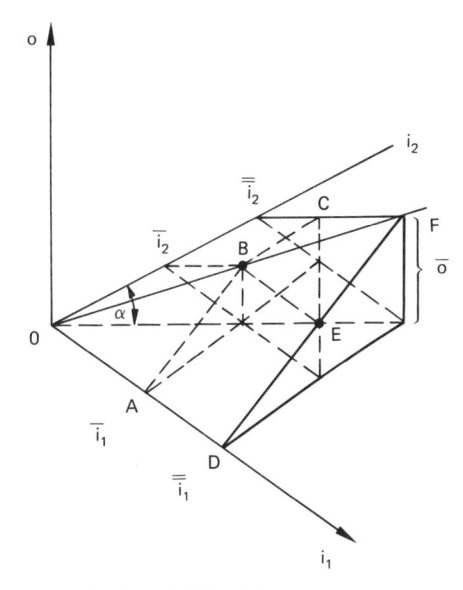

Abb. 47 Das Ertragsgebirge der Leontief-Funktion

Die partiellen Ertragsfunktionen wie z. B. Schnitt parallel zu i_2 (senkrecht zur Grundfläche) sind ökonomisch nicht sinnvoll, da das Limitationalitätsverhältnis einzuhalten ist und wir deshalb nicht einen Einsatzfaktor konstant halten und den anderen variieren können.

Die Ertragskurven schrumpfen zu einem Punkt, denn z. B. für den gegebenen Faktoreinsatz $\bar{i}_2$ besteht die Ertragskurve für Faktor 1 aus den Koordinaten $\bar{o}$ und $\bar{i}_1$, also dem Punkt F. Die Kurve des Durchschnittsertrags schrumpft ebenfalls zu einem Punkt zusammen.

Dasselbe gilt für eine Isoquante, denn ein Schnitt parallel zur Grundfläche hat eigentlich nur einen sinnvollen Punkt auf dem Strahl OF. Lassen wir beliebige Faktorkombinationen als Einsatz zu, dann kann man auch die linear-limitationale Produktionsfunktion schreiben:

$$o = \min\left(\frac{i_1}{a_1}, \frac{i_2}{a_2}\right).$$

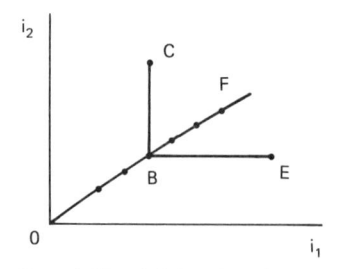

Abb. 48 Die Isoquante der Leontief-Produktionsfunktion

Der Produktionsfaktor, für den das kleinere Verhältnis in der Klammer gilt, spielt die Rolle des Engpaßfaktors (der andere wird im Überfluß eingesetzt), wenn $\frac{i_1}{a_1} = \frac{i_2}{a_2}$, dann sind wir auf dem Strahl OF.

Schneiden wir das Ertragsgebirge in der Höhe von B parallel zur Grundfläche, dann erhält man für die Isoquante die Linie CBE (vgl. Abb. 48). Die Punkte zwischen C und B und zwischen B und E sind ineffiziente Faktorkombinationen, da man den Überflußfaktor reduzieren kann, ohne daß sich die produzierte Menge verringert bzw. der knappe Faktor erhöht werden muß. In diesen Bereichen sind die Ertragszuwächse jeweils 0.

Weiter erhält man für einen Schnitt parallel zur i_2-Achse senkrecht zur Grundfläche die partielle Ertragskurve ABC (siehe Abb. 49) mit $\bar{i}_1$. Ökonomisch sinnvoll ist nur die Produktion in B, da mit der Erhöhung von i_2 der Ertrag o steigt (i_2 ist der limitierende Faktor) und danach konstant bleibt (i_1 ist der limitierende Faktor).

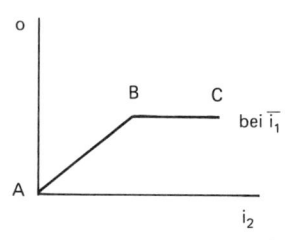

Abb. 49 Die partielle Ertragskurve der Leontief-Produktionsfunktion

Rufen wir uns die eingangs dieses Abschnitts III.1 gemachten Ausführungen zu den oft in Betrieben vorliegenden festen Einsatzverhältnissen von Vorprodukten zu Endprodukten (5 Räder pro PKW) und damit auch die zwischen den Fertigungsstellen in Erinnerung, so wird die Verwendung einer Input-Output-Matrix mit vielen Leontief-Produktionsfunktionen im Stücklistenwesen plausibel.

d) Die CES-Produktionsfunktion

Um die CES-Produktionsfunktion in ihrer Bedeutung und Verwendbarkeit bewerten zu können, ist deren etwas breitere Darstellung mit dem zusätzlichen Aspekt der Erfassung des technischen Fortschritts notwendig.

Das Phänomen „technischer Fortschritt" beschäftigt die Gemüter nicht nur in der Wirtschaftstheorie schon seit Beginn des sogenannten industriellen Zeitalters. Gründe dafür gibt es viele, wie die, daß man z.B. zyklische Erscheinungen im Wirtschaftsleben oder strukturelle Arbeitslosigkeit damit zu erklären versuchte.

Die Komponenten des technischen Fortschritts kann man in verschiedener Weise klassifizieren. So kann man Verbesserungen in der Ausbildung und Geschicklichkeit der Arbeiter, Produktverbesserungen, Verbesserungen in der Mobilität und Wirksamkeit der Produktionsfaktoren, organisatorische Verbesserungen usw. berücksichtigen. Diese Kräfte verweisen auf ein Wachstum des Outputs, das nicht auf eine Erhöhung der Menge der Produktionsfaktoren zurückgeht. In diesem Rahmen ist jedoch das Problem der Quantifizierung jeder dieser Einflüsse nicht lösbar.

Die Einteilung von technologischen Änderungen in neutral und nicht-neutral herrscht in der Literatur vor. Eine neutrale technologische Änderung beeinflußt die Produktionsfaktoren gleich, während eine nicht-neutrale die Inputs verschieden stark beeinflußt. An diesem Einfluß der technologischen Änderungen auf die Variablen sind wir vor allem interessiert und da er (mit Einschränkungen) meßbar ist, wird diese Einteilung auch hier verwendet.

Für ökonomische Analysen kann man nun vier Einflußgrößen bestimmen, die eine durch eine Produktionsfunktion verkörperte Technologie charakterisieren. Diese vier Charakteristika einer Produktionsfunktion zusammengenommen bezeichnet man auch als eine „abstrakte Technologie".

Diese vier Charakteristika sind:

(1) Die Effizienz einer Technologie.
   Sie bringt nur die reine Beziehung zwischen Faktoreinsatz und Faktorertrag zum Ausdruck, d.h. es tritt keine Wirkung auf die Beziehung zwischen den Faktoreinsätzen auf. Wenn also alle anderen Größen einer abstrakten Technologie gegeben sind, so determiniert die Effizienz den Output, der aus gegebenen Inputs resultiert.

(2) Die technologisch festgelegten Ertragszuwächse (returns to scale).
   Sie werden meist wie folgt definiert: Für einen gegebenen proportionalen Anstieg aller Faktoreinsätze erhält eine Firma konstante Ertragszuwächse (returns), wenn auch der Faktorertrag proportional wächst. Erhöht sich der Output überproportional, dann existieren steigende Ertragszuwächse (increasing returns), und bei unterproportionalem Anstieg fallende Ertragszuwächse (decreasing returns).

(3) Die Kapitalintensität einer Technologie.
   Sie ist gewöhnlich definiert als das Verhältnis der Mengeneinheiten von Kapital zu Arbeit. Dieses Verhältnis ist jedoch durch die technologischen Notwendigkeiten des Produktionsprozesses bestimmt und nicht durch die relativen Faktorangebote, welche durch die Knappheitspreise der Produktionsfaktoren bestimmt sind. Für jede gegebene Technologie wird sich damit die Kapitalintensitätscharakteristik wahrscheinlich nicht ändern mit laufenden Änderungen der relativen Faktorpreise oder des Outputs. Die Kapitalintensität ist also ein Teil der bestehenden Technologie.

(4) Die Substitutionselastizität zwischen Arbeit L und Kapital K.
   Zur Verdeutlichung der Diskussion um den arbeits- und kapitalsparenden technischen Fortschritt soll hier statt der abstrakten Bezeichnung für den Produktionsfaktor i_1 die Arbeit L und für den Produktionsfaktor i_2 das Kapital K verwendet werden.

Die Grenzrate der technischen Substitution s zwischen den beiden Faktoreinsätzen ist definiert als das Verhältnis zwischen den beiden Grenzprodukten. In der Grenzproduktivitätstheorie mit vollständiger Konkurrenz und Gleichgewichtsproduktion werden die Faktoren nach ihren Grenzprodukten entlohnt, so daß s auch gleich dem Faktorpreisverhältnis von Lohnrate w zur Kapitalertragsrate r ist:

$$s = \frac{\frac{\partial O}{\partial L}}{\frac{\partial O}{\partial K}} = \frac{w}{r}.$$

Die Substitutionselastizität zwischen den eingesetzten Produktionsfaktoren Kapital und Arbeit ist nun definiert als das Verhältnis der prozentualen Zu- oder Abnahme des Verhältnisses der Faktoreinsätze zur entsprechenden prozentualen Zu- oder Abnahme der Grenzrate der Substitution. Mit mathematischen Symbolen lautet diese Beziehung:

$$\sigma = \frac{d\left(\frac{L}{K}\right)}{\left(\frac{L}{K}\right)} : \frac{d(s)}{s}.$$

Es ist nun einfach, eine technologische Änderung in Veränderungen der charakteristischen Größen einer abstrakten Technologie zu definieren. So ergeben Variationen in der Effizienz und in den Ertragszuwächsen neutrale technologische Änderungen, nichtneutrale technologische Änderungen dagegen bei Variation der Kapitalintensität und der Substitutionselastizität. Verwenden wir wieder unser übliches Isoquanten-Diagramm, so erreicht man bei neutralem technischen Fortschritt eine (parallele) Verschiebung der Isoquanten, ohne daß sich die Grenzrate der technischen Substitution s, d.h. die Steigung der Isoquante ändert. Eine Änderung dieser Steigung tritt ein, wenn sich die Kapitalintensität und/oder die Substitutionselastizität bei nichtneutralem technischen Fortschritt ändern.

Da zwei Größen den nicht-neutralen technischen Fortschritt beeinflussen, erhebt sich natürlich die Frage, welche spezielle Variation dieser Größen einen arbeits- oder kapitalsparenden technischen Fortschritt erzeugt. Diese Frage kann am besten mit Hilfe der CES-Produktionsfunktion beantwortet werden, was im folgenden Abschnitt geschieht.

(aa) Die Ableitung der CES-Produktionsfunktion

Bis 1961 gab es zwei alternative Möglichkeiten, um die Substitutionsmöglichkeiten zwischen den Inputs und die Beziehungen zwischen Input und Output darstellen zu können und zwar:

- Die Leontief-Annahme der konstanten Outputkoeffizienten (Leontief-Funktion), d.h. es gibt keine Substitutionsmöglichkeit ($\sigma = 0$).

- Die Cobb-Douglas-Funktion, welche eine Substitutionselastizität zwischen Kapital und Arbeit von eins impliziert (wie hier unter b. verwendet).

In ökonomischen Analysen zeigte es sich jedoch, daß diese Voraussetzungen oft unnötig einschränkend sind.

Daher wurde eine verallgemeinerte Produktionsfunktion entwickelt (vgl. Pfeiffer, S. 9 ff.), die die notwendige Substitutionselastizität enthält und als Spezialfälle die beiden erwähnten Funktionen mit $\sigma = 0$, $\sigma = 1$ umfaßt. Die mathematische Ableitung der CES-Produktionsfunktion würde hier zu weit führen. Es soll daher hier nur die Gleichung aufgeführt werden:

$$O = \gamma [\delta \cdot K^{-\varrho} + (1-\delta) \cdot L^{-\varrho}]^{\frac{\gamma}{\varrho}}$$

Dies ist die Form der „Constant Elasticity of Substitution"-Produktionsfunktion, die üblicherweise verwendet wird. Die Bedeutung der einzelnen verwendeten Symbole ist:

O = Output oder Wertschöpfung
K = eingesetzter Kapitalservice
L = eingesetzte Arbeit
γ = Effizienz-Parameter
ϱ = Substitutionsparameter
δ = Verteilungsparameter oder Kapitalintensitätsparameter
v = Homogenitätsgrad der Funktion = Grad der Ertragszuwächse.

(bb) Die Eigenschaften der CES-Produktionsfunktion

Häufig wird auch eine Funktion mit dem Homogenitätsgrad $v = 1$ verwendet, d. h. es werden konstante Ertragszuwächse angenommen. Damit ist die CES-Produktionsfunktion linear und homogen in den beiden generellen Faktoreinsätzen K und L und diese Form läßt sich natürlich leichter handhaben.

Hier interessieren nun vor allem die Möglichkeiten der Darstellung des technischen Fortschritts mit Hilfe der CES-Produktionsfunktion. Die vier Parameter verkörpern nun genau die vier Charakteristiken der früher aufgezeigten Technologie und damit ist eine Ermittlung des technischen Fortschritts möglich.

(1) **Neutraler technischer Fortschritt**
Dieser wird angezeigt durch Variationen in der Effizienz und in den Ertragszuwächsen einer Technologie. So erzeugt ein Anstieg von γ in einer CES-Produktionsfunktion einen proportionalen Anstieg des Outputs, wenn alles andere konstant bleibt. Es erfolgt also eine Verschiebung der Effizienz einer CES-Technologie nach oben.

Der Faktor v, der die technologischen Ertragszuwächse anzeigt, beeinflußt ebenfalls die Grenzrate der Substitution nicht. Er zeigt jedoch nicht an, wieviel einer Änderung des Outputs einer Kostendegression oder -progression zugeschrieben werden kann. Das letztere verlangt eine genaue Kenntnis des Umfangs an verwendetem Input Kapital und Arbeit. Hier wird jedoch einer Änderung von v eine neutrale technologische Änderung zugeschrieben.

(2) **Nicht-neutraler technischer Fortschritt**
Wie schon angeführt, erscheint ein nicht-neutraler technischer Fortschritt (nach Hicks), wenn sich die Grenzrate der Substitution zwischen Arbeit und Kapital

$$s = \frac{\partial \sigma / \partial L}{\partial \sigma / \partial K}$$

ändert.

Für die CES-Produktionsfunktion ergibt sich die Ableitung:

$$s = \frac{1-\delta}{\delta} \left(\frac{L}{K} \right)^{\frac{1}{\sigma}}$$

Hier sieht man, daß eine nicht-neutrale technologische Änderung nur mit Variationen des Kapitalintensitätsparameters δ (er ist beschränkt auf $0 < \delta < 1$) und der Substitutionselastizität σ, sofern K/L als konstant angenommen wird, verbunden sein kann.

Betrachten wir nur eine Änderung von δ, so erhält man:

$$\frac{\partial s}{\partial \delta} = \frac{s}{\delta(\delta - 1)}$$

d.h. daß bei Zunahme von δ das Grenzprodukt der Arbeit abnimmt relativ zu dem des Kapitals bei jedem Kapital-Arbeits-Verhältnis. Die Änderung ist kapitalverbrauchend in dem Sinn, daß für jedes gegebene s ein größeres Kapital-Arbeits-Verhältnis notwendig ist, wenn δ ansteigt.

Die andere Quelle einer nicht-neutralen technologischen Änderung ist eine Veränderung von σ. Es ist:

$$\frac{\partial s}{\partial \sigma} = -\frac{s}{\sigma^2} \cdot \log\left(\frac{K}{L}\right).$$

Daraus kann man ersehen, da s immer positiv ist, daß

$$\frac{\partial s}{\partial \sigma} = \begin{cases} < 0, \text{ wenn } \frac{K}{L} > 1 \\ > 0, \text{ wenn } \frac{K}{L} < 1 \end{cases}$$

Wenn also der Input Arbeit schneller wächst als das Kapital, dann bewirkt ein Anstieg von σ eine Erhöhung von s, d.h. das Grenzprodukt der Arbeit steigt relativ zu dem des Kapitals. Dies wäre ein kapitalsparender technischer Fortschritt. Eine andere Argumentation wäre, daß ein Anstieg von σ impliziert, daß es nun relativ leichter ist Kapital gegen Arbeit zu substituieren bei jeder Kapitalintensität. Wenn nun das Kapital schneller wächst als die Arbeit, dann wird an der Grenze Kapital für Arbeit substituiert. Dann ist ein Anstieg von σ kapitalverbrauchend.

(cc) Graphische Darstellung der Eigenschaften einer CES-Produktionsfunktion

Um den Einfluß der Parameter der CES-Produktionsfunktion besser beurteilen zu können, soll hier kurz auf die dieser Funktion zugrundeliegenden Isoquanten eingegangen werden. Da der Effizienzparameter γ und der Homogenitätsparameter ν nach unseren Voraussetzungen nur eine neutrale Verschiebung im Niveau der Produktionsfunktion bewirken, sind diese Parameter zur Vereinfachung gleich 1 zu setzen. Damit betrachten wir folgende Form der CES-Produktionsfunktion:

$$O = [\delta K^{-\varrho} + (1-\delta) L^{-\varrho}]^{-\frac{1}{\varrho}}$$

Durch potenzieren mit $-\varrho$ erhält man:

$$\frac{1}{O^\varrho} = \frac{\delta}{K^\varrho} + \frac{1-\delta}{L^{-\varrho}}$$

Zieht man auf beiden Seiten $1/O^\varrho$ ab und multipliziert mit $-(OKL)^\varrho$, so ist

$$0 = K^\varrho L^\varrho - O^\varrho \cdot \delta \cdot L^\varrho - O^\varrho(1-\delta) K^\varrho$$

3. Kapitel: Die Fertigung 267

Nach Addition von $O^{2\varrho}(\delta - \delta^2)$ auf beiden Seiten und Faktorenzerlegung ergibt sich:

$$O^{2\varrho}(\delta - \delta^2) = (K^\varrho - \delta O^\varrho)(L^\varrho - (1-\delta)O^\varrho).$$

Da nun hier nur die Isoquanten interessieren, ist der Faktorertrag O als Konstante zu betrachten und damit erinnert der Aufbau dieser letzten Gleichung an eine gleichseitige Hyperbel.

Um den Einfluß der Substitutionselastizität auf die Form der Isoquanten bestimmen zu können, setzen wir in der letzten Gleichung $\sigma = 1$ und $\delta = 0{,}5$, beide konstant, und variieren σ bzw. ϱ. Dabei ergeben sich die Isoquanten in Abb. 50. Die relevanten Isoquanten sind die mit ($\sigma > 0$), die konkav von oben sind. Liegt ϱ im Intervall $0 \leq \varrho \leq \infty$ ($0 \leq \sigma \leq 1$), dann nähern sich die Isoquanten den parallel zu den Achsen liegenden Asymptoten, bzw. mit $\varrho = 0$ ($\sigma = 1$) fallen die Asymptoten mit den Achsen zusammen. Für $-1 < \varrho < 0$ ($1 < \sigma < \infty$) berühren die Isoquanten die Koordinatenachsen an einem Tangentenpunkt. Dieser Grenzfall zeigt an, daß man ein Gut nur mit einem Faktor produzieren kann. Dieses Ergebnis wurde so ausgelegt, daß man die CES-Produktionsfunktion für die richtige Beschreibung eines Produktionsprozesses nicht verwenden kann. Dies ist jedoch nicht der Fall, denn wie gezeigt trifft dies nur bei Grenzfällen mit $-1 < \varrho < 0$ ($1 < \sigma < \infty$) zu und wenn ein Faktor vollkommen frei wäre.

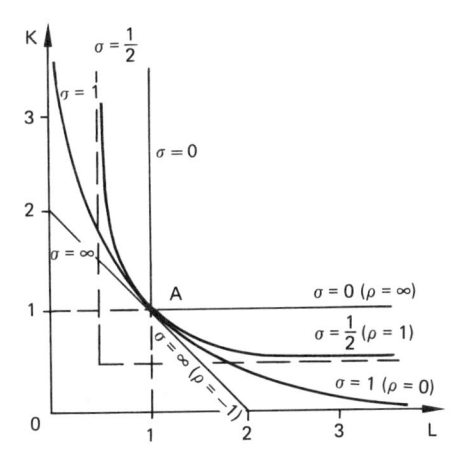

Abb. 50 Die Isoquanten der CES-Produktionsfunktion bei Variation der Substitutionselastizität σ

Man sieht aus Abb. 50, daß die altbekannte Cobb-Douglas-Funktion und die Leontief-Funktion in der CES-Produktionsfunktion als Spezialfälle enthalten sind.

Um den Einfluß des Kapitalintensitätsparameters δ darstellen zu können, halten wir $\varrho = $ konstant (wie auch σ) und variieren δ. Die Isoquanten haben dann die Form in Abb. 51.

Zusammenfassend kann man also sagen, daß σ die Krümmung und δ die Schiefe der Isoquanten der CES-Produktionsfunktion bestimmt.

Da die Grenzrate der Substitution bei einer bestimmten Kombination von Kapital und Arbeit durch die Steigung der Tangente in diesem Punkt angezeigt wird, sieht man sofort aus Abb. 51, daß eine Änderung von δ immer einen nicht-neutralen Effekt hat. Dies trifft jedoch nicht bei σ zu, es spielt dabei noch das Verhältnis von Kapital zu Arbeit

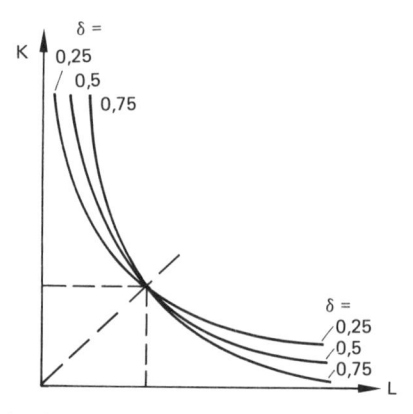

Abb. 51 Die Isoquanten der CES-Produktionsfunktion bei Variation der Kapitalintensität δ

eine Rolle. Aus Abb. 50 kann man dies ablesen, denn in Punkt A bleibt die Grenzrate der Substitution gleich trotz der Variation von σ. Bei allen anderen Faktoreinsatzverhältnissen ändert sich jedoch s.

(dd) Kritische Anmerkungen

Auch wenn die CES-Produktionsfunktion die allgemeinste der Produktionsfunktionen mit konstanter Substitutionselastizität ist und mit den vier Größen einer Technologie auch den technischen Fortschritt erfaßt, ist sie für viele praktische Zwecke nicht ausreichend. An erster Stelle steht, daß nur zwei Produktionsfaktoren erfaßt sind. Bei Analysen von Gesamtwirtschaft und Branchen ist dies nicht so entscheidend, da Vorleistungen erfaßt sind bzw. abgezogen werden können. Auf Unternehmensniveau will man jedoch gerade die Vorleistungsverflechtung untersuchen, was nur mit weiterentwickelten, mathematisch komplizierten CES-Funktionen möglich ist.

Weiter ist es schwierig, den Einfluß von technologischen Änderungen und von Kostendegressionen auf den Grad der Ertragszuwächse zu isolieren. Letztlich ist die Voraussetzung einer konstanten Substitutionselastizität unrealistisch, denn σ wird sich mit Änderung des Faktoreinsatzverhältnisses ändern und damit wird der technische Fortschritt überschätzt.

Ergänzend ist darauf hinzuweisen, daß es statistisch aufwendig und mit weiteren einschränkenden Annahmen verbunden ist, die Parameter der CES-Funktion empirisch zu ermitteln. Doch alle die genannten Einschränkungen sind auch für die anderen Produktionsfunktionen mit konstanter Substitutionselastizität gültig, so daß die CES-Funktion schon Vorteile durch die Erfassung von mehr Charakteristiken einer Technologie hat.

2. Die Kostenfunktionen

Die Einsatzgüter im Produktionsprozeß sind in der Regel knapp und daher kann ihnen ein Preis zugeordnet werden. Bewertet man den Verbrauch an Einsatzgütern mit diesem Preis, so nennt man diese bewerteten Mengen an Produktionsfaktoren Kosten (Werteverzehr zur Wertschöpfung).

Die Kostentheorie will nun für Erklärungs- und Prognosezwecke die Beziehungen zwischen der Höhe der Kosten und ihren Bestimmungsgrößen ermitteln. Da aber die

Kosten durch den Verbrauch von Einsatzgütern im Produktionsprozeß entstehen, ist der in der Produktionstheorie bzw. Produktionsfunktion erfaßte Produktionsprozeß der Ausgangspunkt für die Erfassung der Kosten. Die in der Produktionsfunktion und damit in der Verbrauchsfunktion angegebenen Einsatzmengen werden mit den jeweiligen Preisen multipliziert und zu dem so bezeichneten Gesamtwert „Kosten" zusammengefaßt. Diese werden dann in Abhängigkeit von den Ausbringungsmengen (Outputs) formal dargestellt, um den Zusammenhang zwischen Veränderungen des Outputs und den Veränderungen der Kosten untersuchen zu können. Die Kostenfunktion bei Verwendung der Vektorfunktion h lautet dann:

$$(K_1, K_2, \ldots K_n) = h(o_1, o_2, \ldots o_m)$$

Beschränken wir unsere Analyse wieder auf den Ein-Gut-zwei-Produktionsfaktoren-Fall, so ergeben sich die nachfolgend abgeleiteten Kostenfunktionen.

a) Optimale Produktionsplanung bei konstanten Faktorpreisen – Die Minimalkostenkombination

Bei substitutiven Produktionsmitteln muß der Unternehmer das Einsatzverhältnis für jede Ausbringung festlegen. Diese Festlegung wird wohl so ausfallen, daß die Kosten bei jeder Produktionsmenge so gering wie möglich sind. Diese Situation wird mit Minimalkostenkombination bezeichnet.

Damit erhalten wir folgende Problemstellung:

- Die Produktionsfunktion, ausgedrückt durch ein Isoquantensystem, betrachtet der Unternehmer als Datum.
- Ebenso betrachtet er die Preise für die beiden Produktionsmittel l_1 und l_2 als Datum (Mengenanpasser).

Gesucht ist also: minimale Kosten bei optimalem Faktormengeneinsatzverhältnis für eine feste Produktionsmenge.

Die Kostengleichung erhalten wir dann, bei gegebener Kostensumme K und konstanten Faktorpreisen l_1 und l_2, zu:

$$K = l_1 \cdot i_1 + l_2 \cdot i_2$$

bzw. für die Darstellung im $i_1 - i_2$-Diagramm:

$$i_2 = -\frac{l_1}{l_2} \cdot i_1 + \frac{K}{l_2}.$$

Dabei ist vorausgesetzt, daß die Fixkosten K_f gleich Null sind, um die Analyse zu vereinfachen.

Stellt man diese Funktion wie in Abb. 52 gezeigt dar, so erhält man die sog. Isokostenlinie oder Isotime mit den Koordinatenabschnitten $\frac{K}{l_1}$ und $\frac{K}{l_2}$ und der Steigung

$$\tan \alpha = \frac{di_2}{di_1} = -\frac{l_1}{l_2}.$$

Die Isotime ist damit der geometrische Ort aller Faktorkombinationen (i_1, i_2), die eine Unternehmung bei gegebenem Kostenbetrag K und gegebenen Faktorpreisen l_1 und l_2 maximal kaufen kann.

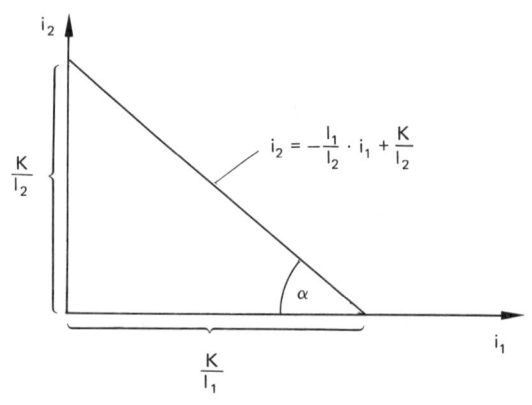

Abb. 52 Die Isotime

Für die **geometrische Bestimmung der Minimalkostenkombination** zeichnet man eine Schar von Isotimen (konstante Preise l_1 und l_2), die jeweils andere Kostenbeträge darstellen. Dazu eine Isoquante, die die gegebene Produktionsmenge darstellt.

Den optimalen Punkt P erhält man, wenn die Steigung der Substitutionstangente

$$\tan\alpha = \frac{di_2}{di_1} = -\frac{\frac{\partial o}{\partial i_1}}{\frac{\partial o}{\partial i_2}}$$

gleich der Steigung der Isotimen

$$\tan\alpha = \frac{di_2}{di_1} = -\frac{l_1}{l_2}$$

ist.

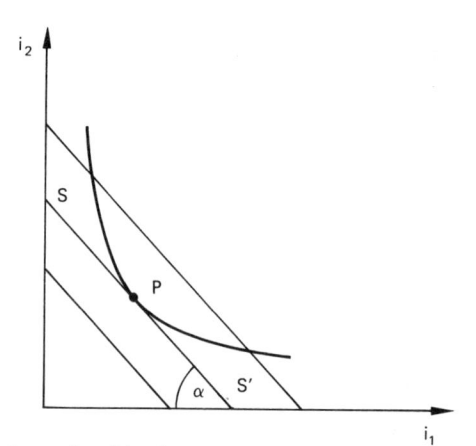

Abb. 53 Die Minimalkostenkombination

Daraus ergibt sich das **Gesetz der Minimalkostenkombination**:

$$\frac{\frac{\partial o}{\partial i_1}}{\frac{\partial o}{\partial i_2}} = \frac{l_1}{l_2} \quad \text{oder} \quad \frac{\frac{\partial o}{\partial i_1}}{l_1} = \frac{\frac{\partial o}{\partial i_2}}{l_2}.$$

Dieses Gesetz besagt: Wenn sich die Grenzproduktivitäten der eingesetzten Produktionsmittel wie deren Preise verhalten bzw. wenn der Grenzertrag des Geldes bei allen eingesetzten Produktionsmitteln gleich ist, dann ist die Minimalkostenkombination verwirklicht.

Analytisch kann diese Bedingung auch über die Lagrange-Funktion abgeleitet werden aus:

Minimiere $K = l_1 i_1 + l_2 i_2$
unter der Nebenbedingung $o = o(i_1, i_2) = \bar{o}$

Zu erwähnen ist, daß für die vorgenannten Produktionsfunktionen die Minimalkostenkombinationen konkret bestimmt werden können. Dies gilt nicht für die Leontief-Produktionsfunktion, da der Unternehmer stets die effiziente Kombination verwirklichen wird. Graphisch bedeutet dies, daß durch den effizienten Produktionspunkt P beliebig viele Isotimen gezeichnet werden können.

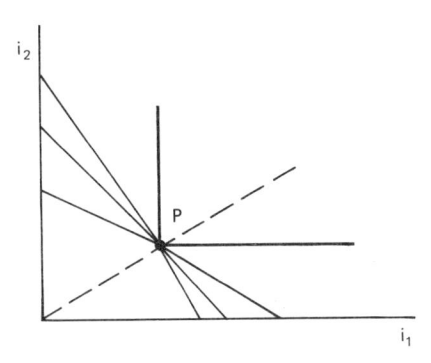

Abb. 54 Die Minimalkostenkombination bei limitationalen Produktionsmitteln

b) Der Expansionspfad

Im letzten Abschnitt haben wir nach der kostenminimierenden Faktorkombination bei gegebener Produktionsmenge gefragt. Jetzt wollen wir **alle kostenminimierenden Faktorkombinationen für jeweils gegebene, wachsende Produktionsmengen ermitteln**. Dies bedeutet, daß eine Schar von Isoquanten gegeben ist und wir für jede Isoquante den Punkt suchen, da die Steigung der Tangente an die Isoquante mit der Steigung der Isokostenlinie übereinstimmt (= Minimalkostenkombination). Verbinden wir diese Punkte, so erhalten wir die **Faktoranpassungskurve** oder auch **Expansionspfad** genannt.

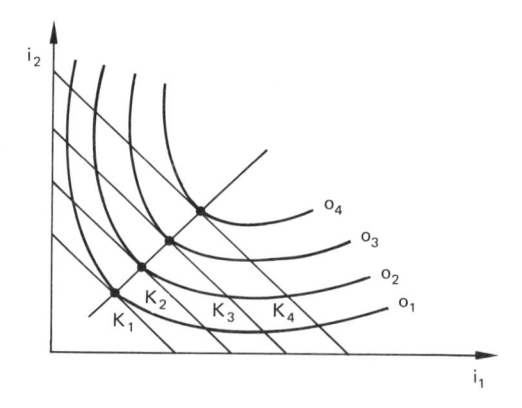

Aus dem vorgenannten sehen wir, daß jeder Isoquante und der entsprechenden Isokostenlinie eine bestimmte Produktionsmenge und eine bestimmte minimale Kostensumme zugeordnet ist. Damit können wir auch die Kostenfunktion bestimmen.

c) Die Kostenfunktion bei linear-homogenen Produktionsfunktionen (Konstante Skalenerträge)

Bei den linear-homogenen Produktionsfunktionen gilt, daß jede Output-Menge mit konstanter Faktorintensität produziert wird (Strahl aus dem Ursprung) und auf diesem Strahl eine konstante Skala der Produktionsmengen gegeben ist. Graphisch ergeben sich der Expansionspfad und die Kostenkurve nach Abb. 55.

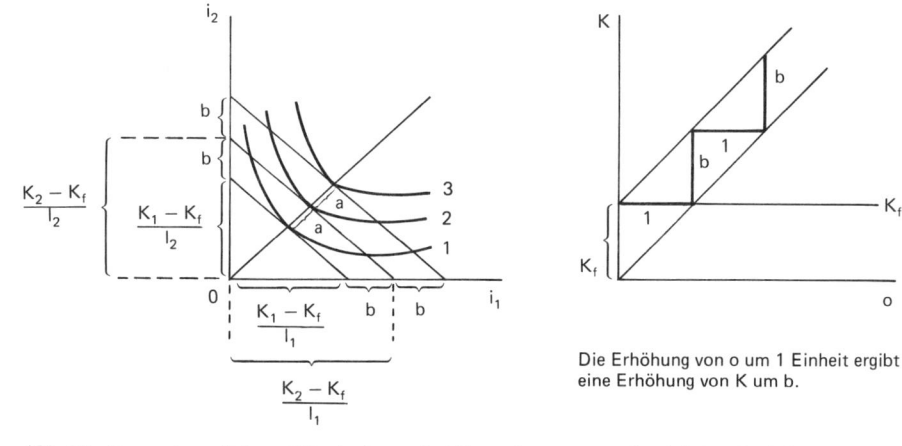

Die Erhöhung von o um 1 Einheit ergibt eine Erhöhung von K um b.

Abb 55 Expansionspfad und Kostenkurve bei linear-homogenen Produktionsfunktionen

Wir können die vorliegende Situation also kurz folgendermaßen charakterisieren:

Wir haben Schnitte durch das Ertragsgebirge mit gleichem Abstand, gleicher Abstand der Isoquanten, gleicher Abstand der Isotimen. Damit erhalten wir eine Gerade, ohne fixe Kosten K_f läuft sie aus dem Ursprung, mit K_f um diesen Betrag nach oben verschoben.

d) Die Kostenfunktion bei homogenen Produktionsfunktionen

Bei zunehmenden Skalenerträgen rücken die Isoquanten entlang des Strahls aus dem Ursprung immer weiter zusammen, ebenso die Isokostengeraden. Damit nehmen die Minimalkostenzuwächse mit zunehmender Produktionsmenge ab.

Bei abnehmenden Skalenerträgen rücken die Isoquanten und Isokostengeraden immer mehr auseinander, wir haben zunehmende Minimalkostenzuwächse.

Diese Kostenverläufe zeigt Abb. 56.

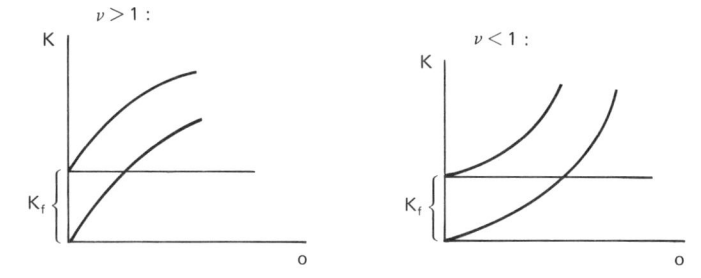

Abb. 56 Kostenfunktionen bei homogenen Produktionsfunktionen

e) Die Kostenfunktion bei nicht-homogener Produktionsfunktion

Wir unterstellen die Situation der Abb. 57. Die **Isoquanten- und Isokostengeraden-Abstände nehmen zuerst ab, dann zu**. Damit werden für jeweils eine zusätzliche Produktionsmengeneinheit die Minimalkostenzuwächse zuerst geringer, dann wieder größer (zunächst abnehmende, dann zunehmende Steigung der Kostenkurve).

Diesen Verlauf nennt man den **typischen** Kostenverlauf.

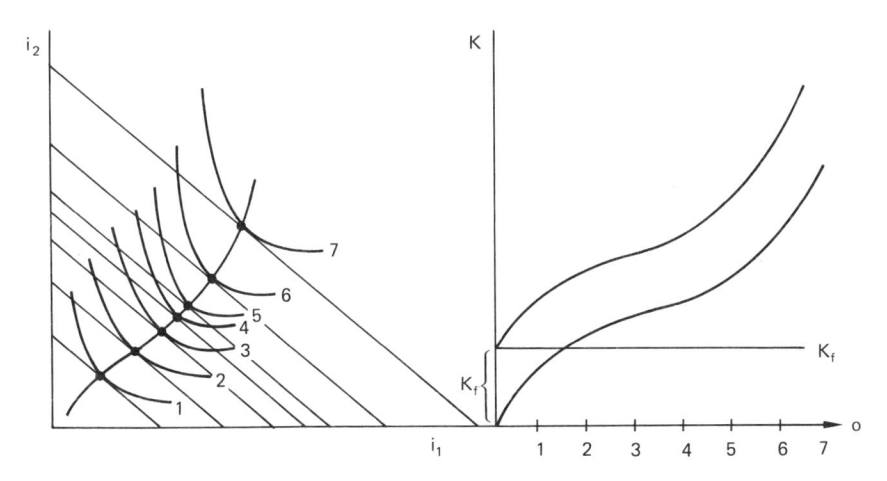

Abb. 57 Expansionspfad und Kostenkurve bei nicht-homogenen Produktionsfunktionen

Die Bezeichnung des typischen Kostenverlaufs als ertragsgesetzlichen Kostenverlauf ist nicht ganz richtig, denn das **Ertragsgesetz** gilt nur bei Variation **eines** Faktors (Schnitt parallel zu einer Achse, senkrecht zur Grundfläche).

Damit kann man direkt die Kostenfunktion ermitteln, d.h. es gibt keine Isoquanten, damit auch keine Wahl der optimalen Faktorkombination entlang des Expansionspfades. Es gilt:

$$K = l_1 \cdot i_1 + l_2 \cdot \bar{i}_2$$
$$K = \underbrace{l_1 \cdot f(o)}_{K_v(o)} + K_f$$

Multiplikation mit den Preisen,
fixe Kosten berücksichtigt.

Bei dieser Betrachtung ergibt sich aber eine gleiche Kostenfunktion wie in Abb. 57, daher die Bezeichnung ertragsgesetzliche Kostenfunktion. Abb. 58 zeigt den entsprechenden Verlauf und die Bezeichnungen aus der zuvor angegebenen Ableitung.

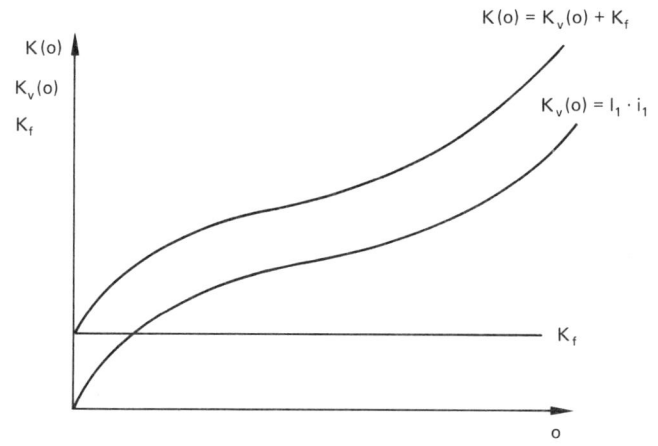

Abb. 58 Die ertragsgesetzliche Kostenkurve

f) Zusammenfassung

Bei verschiedenen betrieblichen Analysen zur Kostenlage und deren Einfluß auf die Preisstrategie ist die Betrachtung der Durchschnittskosten und Grenzkosten (was kostet eine zusätzliche produzierte Einheit eines Produkts) sinnvoll. Formal lauten die entsprechenden Gleichungen:

Gesamtkosten: $K = K_v(o) + K_f$

Durchschnittliche Fixkosten: $\dfrac{K_f}{o}$

Durchschnittliche variable Kosten: $\dfrac{K_v}{o}$

3. Kapitel: Die Fertigung 275

Durchschnittliche gesamte Kosten = Stückkosten:

$$\frac{K}{o} = \frac{K_v(o)}{o} + \frac{K_f}{o}$$

Grenzkosten:

$$K' = \frac{dK}{do} = \frac{dK_v(o)}{do} = \frac{\text{Kostenänderung}}{\text{Ausbringungsänderung}}.$$

Betrachten wir die vorstehend diskutierten Kostenfunktionen, so kann die Kostenfunktion bei homogenen Produktionsfunktionen entweder in linearer Form wie unter c) betrachtet werden oder in zusammengesetzter Form (zuerst $v > 1$, also zunehmende Skalenerträge, dann $v < 1$, also abnehmende Skalenerträge) wie unter e) bei der ertragsgesetzlichen Kostenfunktion. Daher werden die Durchschnittskosten und Grenzkosten für den ertragsgesetzlichen und den linearen Kostenverlauf in der Literatur dargestellt und – soweit passend – auch in der Praxis verwendet. Die gesamten Kostenfunktionen und deren Abhängigkeiten zeigt Abb. 59.

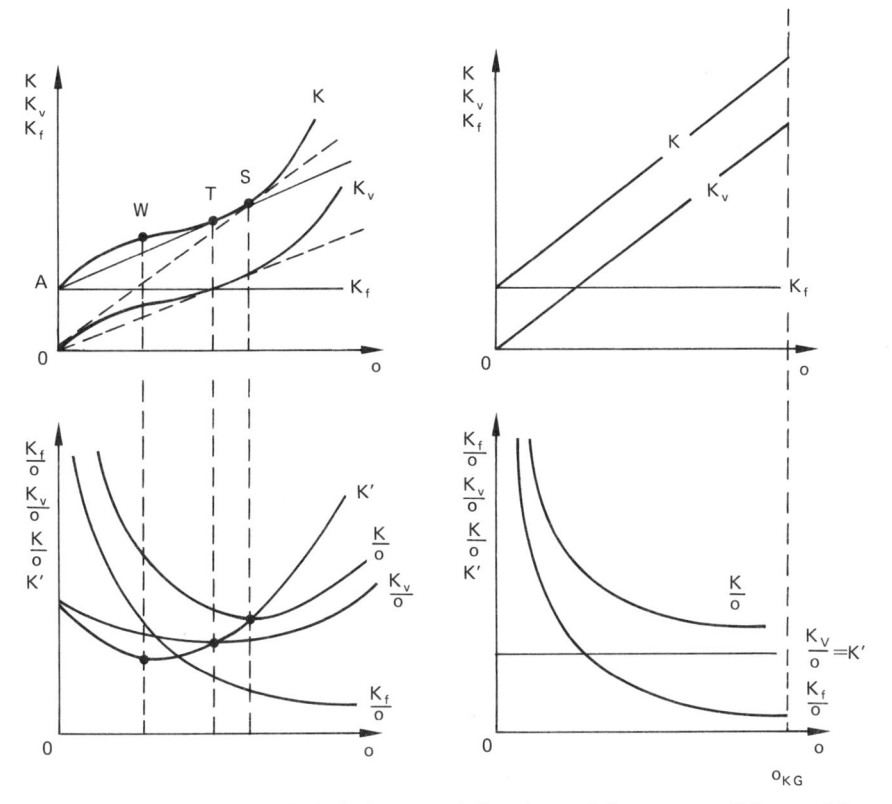

Abb. 59 Gesamtkosten, Durchschnittskosten und Grenzkosten bei ertragsgesetzlichem und linearem Kostenverlauf

Für die ertragsgesetzliche Kostenfunktion gilt:
- Im Wendepunkt W hat die Grenzkostenkurve K' ein Minimum.
- Im Punkt T hat die Steigung der Tangente den gleichen Wert wie der Fahrstrahl aus A. Da letzterer die durchschnittlichen variablen Kosten erfaßt, gilt in T, daß das Minimum der

$$\frac{K_v}{o} = K'$$

ist. Dieser Punkt wird daher auch Betriebsminimum bzw. Produktionsschwelle bezeichnet.
- In S ist die Steigung des Fahrstrahls aus 0 gleich der Steigung der Tangente. Es gilt also:

$$\frac{K}{o} = K'$$

Ab der entsprechenden Ausbringungsmenge steigen die Stückkosten wieder an. Man spricht daher auch vom Betriebsoptimum. Bei einem erzielbaren Marktpreis über diesen minimalen Stückkosten wird der Gewinn erzielt, der bei der Menge in S maximal ist.

Bei dem linearen Kostenverlauf existiert kein Betriebsminimum oder Betriebsoptimum. Ist ein Preis über den Stückkosten zu erzielen, so sollte für ein Gewinnmaximum die größtmögliche Menge verkauft und damit produziert werden, also die Menge an der Kapazitätsgrenze o_{KG}.

Bei diesen Überlegungen zum Gewinnmaximum ist zu beachten, daß sich der Gewinn aus der Differenz zwischen dem Wert der abgesetzten Endprodukte (Umsatz U) und den Kosten K ergibt, also zu

$$G = U - K.$$

IV. Die menschliche Arbeitsleistung

1. Einführung

Wie bereits erwähnt, wollen wir hier einige Überlegungen zum Einsatz der objektbezogenen ausführenden Arbeit anstellen. Die allgemein verwendete Definition der Arbeit umfaßt die physische (Muskelarbeit) und psychische (geistige Arbeit) Tätigkeit in Erfüllung einer Aufgabe im Arbeitssystem, in dem der Mensch, die Betriebsmittel und der Arbeitsgegenstand zusammenwirken (REFA, Teil 1, S. 16). Diese Definition umfaßt damit leitende und ausführende Arbeit, so daß die nachfolgenden Überlegungen zu einem großen Teil auch auf leitende Tätigkeiten übertragen werden können, dort jedoch differenziert und ergänzt werden müssen (siehe im zweiten Teil dieses Buches).

Der Anteil der Arbeit an der Betriebsleistung ist in jedem Unternehmen verschieden. Bei Herstellung von Dienstleistungen ist der Anteil in der Regel größer als bei der Herstellung von Sachgütern. Gleichzeitig besteht in einem Unternehmen in der Regel die Möglichkeit, eine Leistung mit verschiedenen Verfahren zu erstellen, die mehr oder weniger Arbeitseinsatz erfordern. D. h., bis zu einem gewissen Grad bestehen Substitutionsmöglichkeiten zwischen den Produktionsfaktoren, die auch den Einsatz der Arbeit nach oben und unten begrenzen (da das Wirtschaftlichkeitsprinzip gilt).

2. Bestimmungsfaktoren für die menschliche Arbeit

Ausgangspunkt der Beschäftigung mit der menschlichen Arbeit sollte die Frage sein, was der Mensch mit seiner Arbeit erreichen will. Das Geldverdienen steht hierbei zwar meist an erster Stelle und ist Mittel zur Befriedigung von vor allem physiologischen Bedürfnissen und Sicherheitsbedürfnissen. Die sozialen und psychologischen Bedürfnisse sowie die Bedürfnisse nach Selbstverwirklichung und Selbsterfüllung sind weniger mit Geld zu befriedigen. Diese „inneren Antriebe" (Willen zur Arbeit) bestimmen jedoch neben den Fähigkeiten und der aktuellen Disposition (körperliche Konstitution) das Leistungsangebot des Menschen. Die Fähigkeiten des Menschen werden dabei vor allem durch seine Begabung (Anlagen), seine Erfahrung, Ausbildung und Anpassung bestimmt. Einen Überblick über die wichtigsten Bestimmungsgründe für das Leistungsangebot des Menschen gibt Abb. 60.

Das Leistungsangebot (persönliche Komponenten) ist in seinen Komponenten im Betrieb immer gegenüber einer Arbeitsaufgabe bzw. deren Anforderungen (sachliche Komponenten) zu sehen. Ein Vergleich zeigt erst die **Eignung** eines Menschen für die Aufgabe.

Ein gutes Betriebsergebnis hängt damit vor allem vom Einsatz der Arbeitskraft entsprechend ihrer Eignung ab. Damit dies besser erfolgen kann, sind die Anforderungen, also die Arbeitsaufgabe, zu zerlegen (Mengen- und Artteilung), zu analysieren und zu gestalten. Diese Tätigkeiten zielen damit gleichzeitig auf die Ordnung der Bewegungsabläufe, auf Rationalisierung und Produktivitätssteigerung, indem der Arbeitsablauf und die Arbeitsplätze gestaltet und Arbeitszeit sowie Arbeitspausen festgelegt werden.

Zusammenfassend können wir festhalten, daß es im Betrieb um die Anpassung der Arbeit an den Menschen und umgekehrt des Menschen an die Arbeit geht, wobei die Eigenarten und Fähigkeiten des menschlichen Organismus für eine körpergerechte Gestaltung der Arbeitsplätze, Beanspruchung auf ein zulässiges Maß und Gestaltung der Umwelteinflüsse vor dem wirtschaftlichen Einsatz der menschlichen Fähigkeiten stehen sollten.

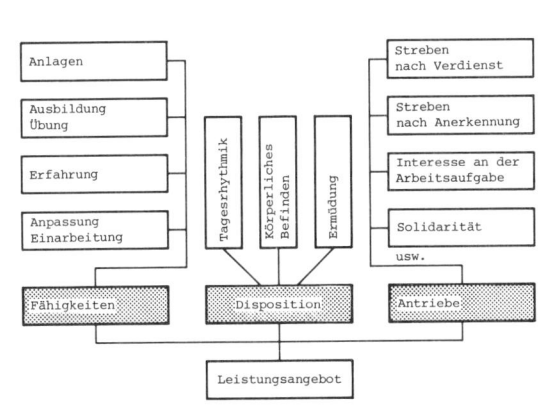

Abb. 60 Grundlagen des Leistungsangebots eines Menschen
Quelle: REFA, Teil 1, S. 98

Diese vorgenannten Aufgaben werden in der Lehre von der menschlichen Arbeit, der sog. Ergonomie, erforscht (REFA, Teil 1, S. 96).

Aus den vorgenannten Ausführungen können wir die beiden wichtigsten Problembereiche zur Optimierung der menschlichen Leistung im Betrieb ableiten:

(1) Die Schaffung optimaler Arbeitsbedingungen im weitesten Sinne (Gestaltung der sozialen Tatbestände) mit den Bereichen:

- Verhältnis der Arbeitskraft zur Arbeit und zum Arbeitsplatz und
- Verhältnis der Arbeitskraft zu den Vorgesetzten und Mitarbeitern.

(2) Die Höhe des Arbeitsentgelts entsprechend der Leistung („gerechte" Entlohnung).

Diese beiden Problembereiche wollen wir nachfolgend noch etwas näher betrachten.

3. Die Schaffung optimaler Arbeitsbedingungen

a) Die Arbeitsstudien

Das Arbeitsstudium liefert die Grundlagen zur Verbesserung der Arbeitssysteme und Erhöhung der Wirtschaftlichkeit des Betriebes unter Beachtung der Leistungsfähigkeit und der Bedürfnisse des Menschen. Die Schwerpunkte der Arbeitsstudien liegen in den Bereichen:

- Rationelle Gestaltung der Arbeit (Arbeitsablaufstudien; Arbeitsgestaltungsstudien, insbesondere Gestaltung des Arbeitsplatzes)
- Ermittlung der Leistungsvorgaben mit Hilfe der Arbeitszeitstudien
- Arbeitsbewertung mit Hilfe von Arbeitswertstudien

Damit werden auch die Grundlagen gelegt für die günstige Gestaltung der Arbeitszeit und für eine gerechte Entlohnung (Näheres dazu in den folgenden Abschnitten).

Die Begründer des heutigen modernen Arbeitsstudiums sind F. W. Taylor (1856–1915), F. B. Gilbreth (1868–1924), H. Fayol (1841–1925) und C. E. Bedaux (1888–1944).

Sie haben in allen Industrieländern das Arbeitsstudium angeregt, wobei in Deutschland die Entwicklung vor allem durch den am 30. September 1924 in Berlin gegründeten Reichsausschuß für Arbeitszeitermittlung (REFA) geprägt und vorangetrieben wurde. Heute hat der Verband nahezu 50 000 Mitglieder und trägt seit 1977 die Bezeichnung „REFA-Verband für Arbeitsstudien und Betriebsorganisation e. V." mit Sitz in Darmstadt im eigenen REFA-Haus. Die wichtigste Veröffentlichung dieses Verbandes sind die 6 Bände zur Methodenlehre des Arbeitsstudiums, deren Titel mit den bereits erwähnten Schwerpunkten des Arbeitsstudiums übereinstimmen (vgl. REFA, Teil 1–6).

In die Arbeitsstudien gehen Forschungsergebnisse der Arbeitswissenschaft, insbesondere der Ergonomie (Arbeitspsychologie, Arbeitsphysiologie), aber auch aus Bereichen der Betriebswirtschaftslehre (Kostenrechnung, Vor- und Nachkalkulation), der Statistik, der Sozial- und Rechtswissenschaften und der technologischen Verfahren ein, wobei die Kenntnis der Methoden zur Untersuchung (Analyse) und Gestaltung (Synthese) von Arbeitssystemen wichtig ist. Dabei kann ein Arbeitssystem mit Hilfe der Systembegriffe Arbeitsaufgabe, Arbeitsablauf, Eingabe, Ausgabe, Mensch (M), Betriebsmittel (B) und Umwelteinflüsse beschrieben werden (vgl. Abb. 61).

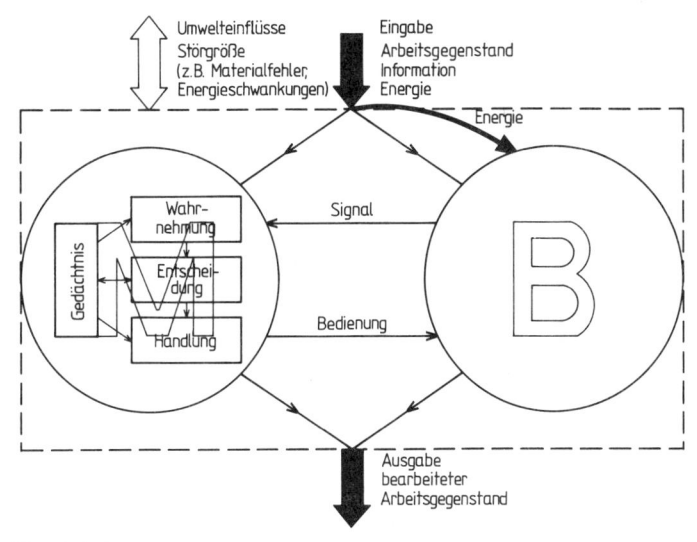

Abb. 61 Das Arbeitssystem
Quelle: REFA, Teil 1, S. 106

Die Arbeitsaufgabe kann dabei z. B. Löcher bohren oder Palette transportieren lauten, während der Arbeitsablauf durch die räumliche und zeitliche Folge im Zusammenwirken zwischen Mensch (körperliche und geistige Arbeit) und Geräten/Maschinen (Betriebsmittel) charakterisiert ist.

Die drei besonders wichtigen Bereiche der Arbeitszeitregelung, der Arbeitsplatzgestaltung und des Betriebsklimas für die Schaffung optimaler Arbeitsbedingungen sollen nachfolgend noch angesprochen werden.

b) Die Arbeitszeitregelung

Heute ist die Arbeitszeit in eine Vielzahl von Gesetzen bzw. von Verordnungen eingebunden, wie in der Arbeitszeitordnung, Gewerbeordnung, Bundesurlaubsgesetz, Unfallverhütungsvorschriften u. a.

Grundsätzlich ist bei der Festlegung der Arbeitszeit ein Kompromiß zu finden zwischen der notwendigen Ordnung eines Betriebes und der physiologischen Belastbarkeit des Menschen sowie dessen individuellen Interessen. Dabei kommt es vor allem auf die Länge und Häufigkeit der Arbeitspausen und auf Arbeitsbeginn und Arbeitsende (gleitende Arbeitszeit) an. Bei der Festlegung ist an die Einteilung der Arbeit in Übungsabschnitte, an die biologische Ermüdung, Arbeitsermüdung und Antriebsermüdung, an die Tagesrhythmik und das Lebensalter, an die Verkehrslage u.ä. zu denken.

Schließlich ist auch noch der Wunsch der arbeitenden Menschen nach Arbeitszeitverkürzung (z. B. 35-Stunden-Woche) zu beachten, der das Problem der Freizeitgestaltung für die Mitarbeiter in den Vordergrund rückt, ebenso wie die Bemühungen um eine Erhöhung der Ergiebigkeit einer Arbeitskraft.

c) Die Arbeitsplatzgestaltung

Bei der Arbeitsplatzgestaltung sind folgende Schwerpunkte zu beachten (vgl. REFA, Teil 3, S. 120ff.):

- Ergonomische Arbeitsplatzgestaltung
- Gestaltung des Bewegungsablaufs
- Technologische Gestaltung und Mechanisierung
- Verbesserung der Betriebsmittelnutzung

Dabei liegt traditionell der Schwerpunkt des Arbeitsstudiums auf den ersten beiden Bereichen. Bei der **ergonomischen Arbeitsplatzgestaltung** geht es **erstens** darum, den Arbeitsplatz an den Menschen anzupassen. Diese Anpassung erfolgt durch die anthropometrische Arbeitsplatzgestaltung über die Beachtung der Körpermaße (ein Beispiel für die Arbeitshöhen beim Sitzen zeigt Abb. 62) und die Gestaltung der Bedienungselemente.

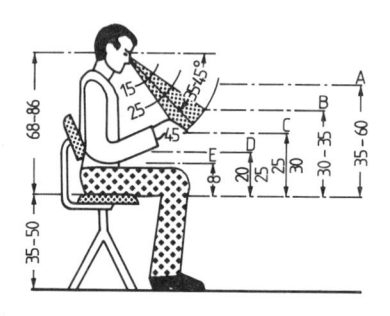

A Objekthöhe bei Feinarbeit

B Werkzeughöhe bei Maschinenarbeit
   Handarbeit mit Augenkontrolle

C Schreibtisch

D Schreibmaschinentisch
   Handarbeit ohne genaue Augenkontrolle, aber mit Ellenbogenfreiheit

E Minimaler Knieraum

Abb. 62 Arbeitshöhen bei sitzender Haltung in cm
Quelle: REFA, Teil 1, S. 113

Zum **zweiten** ist die physiologische Platzgestaltung wichtig, bei der auf die Vermeidung statischer Muskelarbeit, die Wahl der optimalen Kraftrichtung, auf Arbeitswechsel, aber auch auf Klima, Beleuchtung, Lärm, Einwirkung chemischer Stoffe und Schwingungen u. ä. zu achten ist. **Drittens** sind die arbeitspsychologischen Gestaltungsanforderungen von Bedeutung, die auf eine angenehme Umwelt durch Farbgestaltung, Abspielen von Musik, Aufstellen von Pflanzen u. a. zielen. **Viertens** ist daran zu denken, daß Arbeit ohne Aufnahme von Informationen nicht möglich ist. Daher sind die Bedingungen für eine Informationsaufnahme durch Sehen (Sehabstand, Beleuchtung), durch Hören (Signale, Geräusche) und durch Tasten (Bedienungselemente) bestmöglich zu gestalten. Arbeitsorganisatorische Gestaltungsmaßnahmen durch Aufgabenerweiterung (job enlargement), Aufgabenbereicherung (job enrichment), Aufgabenwechsel (job rotation) und Lösung des Menschen aus dem Arbeitstakt durch Puffer gewannen in letzter Zeit immer mehr an Bedeutung. Sie sind daher als ein **fünfter** Bereich hier zu erwähnen. Schließlich ist **sechstens** auch an die sicherheitstechnische Gestaltung des Arbeitsplatzes bei Beachtung der Vorschriften zur Unfallverhütung, der Arbeitsstättenverordnung (seit 1.5.1976 in Kraft) und des Maschinenschutzgesetzes (24.6.1968) zu denken.

Die **Gestaltung des Bewegungsablaufs** (Bewegungsstudium) spielt bei vorwiegend manueller Tätigkeit noch immer eine wichtige Rolle. Die Ergebnisse der Bewegungsstudien spielen vor allem bei den Systemen zur Vorherbestimmung von Zeiten (WF, MTM: siehe im nächsten Abschnitt) eine besondere Rolle. Die Gestaltung des Bewegungsablaufs umfaßt vier Bereiche:

- Bewegungsvereinfachung durch Veränderung der Einflußgrößen, die die einzelnen Bewegungselemente bestimmen (Erleichterung für das Greifen, Verkürzung der Bewegungslängen, Gewichtsminderung usw.).
- Bewegungsverdichtung durch Beidhandarbeit, Beseitigung von unproduktiven Arbeitsabschnitten usw.
- Teilmechanisierung, zu der man aus den Überlegungen zur Bewegungsvereinfachung und Bewegungsverdichtung kommt, deren Schwerpunkt ja in der zweckmäßigen Gestaltung und Anordnung von Betriebsmitteln mit relativ geringen Investitionskosten liegt. Die Teilmechanisierung erfordert dagegen bereits deutlich höhere Investitionskosten.
- Erweiterung der Arbeitsaufgabe, die aus den vorgenannten drei Bereichen resultiert und eine zu weitgehende Arbeitsteilung verhindert. Insbesondere die Tendenz zu nach Norm ausgestatteten Arbeitsplätzen bewirkt, daß möglichst viel Arbeitsinhalt an einem Arbeitsplatz untergebracht wird. Neuere Stichworte hierzu sind Job Enlargement und Job Enrichment.

An dieser Stelle ist zu erwähnen, daß neben der ergonomischen Arbeitsplatzgestaltung und dem Bewegungsstudium auch die **richtige Auswahl und Anwendung der Arbeitsverfahren** eine wichtige Rolle spielt. Die entsprechenden mehr technologisch orientierten Überlegungen sollen hier jedoch nicht angestellt werden.

Schließlich ist bei den zunehmend teurer werdenden **Betriebsmitteln** darauf zu achten, daß sie **zeitlich** und **technisch optimal genutzt** werden. Die „Nutzung" ist dabei einmal ein Problem der bereits erwähnten Arbeitsplanung und Arbeitssteuerung im Rahmen der Fertigungssteuerung, zum anderen ein Problem des Arbeitsstudiums (vgl. dazu noch in Abschnitt V).

Die vorgenannten Gesichtspunkte bei der Gestaltung einzelner Arbeitsplätze sind immer im Rahmen der gesamten Arbeitsablaufgestaltung zu sehen, insbesondere abgestimmt auf die Prinzipien der Werkbank-Fertigung, Fließfertigung, automatischen Fertigung usw.

d) Das Betriebsklima

Der etwas unscharfe Begriff Betriebsklima wird oft zur Charakterisierung der zwischenmenschlichen Beziehungen im Betrieb, aber auch für die Einstellungen und Verhaltensweisen der Arbeitnehmer zum Unternehmensganzen verwendet. Dieses Betriebsklima ist ein wichtiger Faktor für den Arbeitsfrieden und die Arbeitsmoral im Unternehmen. Es wird wesentlich beeinflußt durch die bereits erwähnten Arbeitsbedingungen, die nachfolgend noch zu diskutierende anforderungs- und leistungsgerechte Entlohnung (einschließlich Sozialleistungen), aber insbesondere auch durch die Personalführung (Führungsgrundsätze, Führungsstil). Sie muß ein Höchstmaß an Einfühlungsvermögen und Verständnis bringen, um bei den Mitarbeitern Vertrauen, Kameradschaft, Hilfsbereitschaft und eine positive Einstellung statt Neid, Mißgunst und Mißtrauen zu erzeugen. Unterstützend wirken hier die Grundideen der Demokratisierung über Mitbestimmung und Mitverantwortung. Das Betriebsverfassungsgesetz (BVG, seit 19.1.1972) und das Mitbestimmungsgesetz (MitbestG., seit 1.7.1976) sind in der Bundesrepublik Deutschland erste Schritte in dieser Richtung.

4. Das Arbeitsentgelt

a) Grundsätze der Entlohnung

Ausgangspunkt der Überlegungen ist, daß der Lohn gerecht sein muß. Da es dafür keinen Maßstab gibt, kann die Betriebswirtschaftslehre nur Aussagen zu einer relativen

Gerechtigkeit machen. Dieses Problem der Festlegung der Relationen zur „gerechten" Entlohnung verschiedener Tätigkeiten soll die **Arbeitsbewertung** lösen. Danach bemißt sich das Arbeitsentgelt nach dem Wert des produktiven Beitrags der Arbeitsverrichtung (Einsatz körperlicher Kraft und geistiger Fähigkeiten), also nach der **Leistung**. Je schwieriger die Arbeitsverrichtung, desto höher der Wert der Leistung.

Das Arbeitsentgelt wird damit bestimmt durch:

(1) die körperlichen und geistigen Anforderungen, die eine Arbeit an den Menschen stellt (Arbeitsschwierigkeit) und

(2) die tatsächliche Arbeitsleistung (Arbeitsdauer, Arbeitsmenge, Arbeitsgüte). Hierbei ist die sog. Normalleistung als Vergleichsmaßstab erforderlich. Man kommt über diese Betrachtung zu den verschiedenen Lohnformen.

Neben diesen schwierigkeits- und leistungsgerechten Komponenten des Lohnes soll er auch „sozialgerecht" sein, d.h. in die Höhe des Arbeitsentgelts sind z.B. Lebensalter, Familienstand, Mindestlohngarantie, bezahlter Urlaub, Urlaubsgeld, Zuschläge für ungünstige und lange Arbeitszeiten usw. einzubeziehen. Diese Sonderleistungen sind tarifvertraglich oder gesetzlich verankert; sie werden oft noch durch die sog. freiwilligen Sozialleistungen, wie Weihnachtsgeld, Pensionszusagen, Dienstwohnung usw. ergänzt.

Die noch zu diskutierende Beteiligung der Mitarbeiter am betrieblichen Erfolg (vgl. Abschnitt c.) ist u.a. auch unter dem Aspekt der sozialen Gerechtigkeit zu sehen.

b) Methoden der Arbeitsbewertung

Die Arbeitsbewertung soll eine Staffelung der Arbeitsentgelte nach dem Schwierigkeitsgrad der einzelnen Arbeitsverrichtungen durchführen. Die Bewertung der Arbeit erfolgt dabei unabhängig von der persönlichen Leistung des Mitarbeiters. Dabei ist die sog. Normalleistung für alle zu bewertenden Arbeiten der Ausgangspunkt. Diesen Normalleistungen werden Kennzahlen bzw. Punktzahlen (sog. Arbeitswerte) nach objektiven Verfahren zugeordnet, wobei die entsprechende Normalleistung von jedem geeigneten Arbeiter bei voller Übung auf Dauer und im Durchschnitt ohne Gesundheitsschädigung mindestens erreicht werden kann, bei Berücksichtigung der richtigen Verteil- und Erholungszeiten. Die Arbeitswerte sind dann (durch Vereinbarung) die objektiven Maßstäbe für die relative Lohnhöhe bei Normalleistung, d.h. die Lohnsatzdifferenzierung erfolgt entsprechend dem Schwierigkeitsgrad der Arbeitsgänge bzw. Arbeitsplätze. Nun gibt es eine Reihe verschiedener Methoden zur Arbeitsbewertung, die jedoch alle eine qualitative Arbeitsanalyse in Form einer genauen Arbeitsuntersuchung und Arbeitsbeschreibung voraussetzen. Dabei ist festzulegen, ob ein Arbeitsgang oder ein Arbeitsplatz untersucht wird, dann ist das **Arbeitssystem** und die **Arbeitssituation** zu untersuchen und zu beschreiben (REFA, Teil 4, S. 22ff.). Das Arbeitssystem umfaßt die Arbeitsaufgabe mit Tätigkeit und Arbeitsgegenstand, die Eingabe und Ausgabe, die Betriebsmittel (Arbeitsmittel), die Umwelteinflüsse und den Arbeitsablauf; die Arbeitssituation dagegen die organisatorischen Beziehungen mit Stellenbezeichnung, vorgesetzte Stelle, Weisungsrechte, Stellvertretung, Kontrolle und spezielle Befugnisse und Verpflichtungen.

Eine derartige Beschreibung eines Arbeitssystems und der Arbeitssituation wird meist Stellenbeschreibung genannt.

Da die Beschreibung eindeutig, zutreffend, ausführlich, verständlich, sachlich und einheitlich sein soll, kann diese in der Praxis (wo beobachtet und befragt wird) nur mit

Hauptanfor-derungsarten	REFA	Hagner/Weng (1952) (Lohnempfänger)	Nordwürtt.-Nordbaden Tarifvertrag vom 8.11.67 Metallind. (Lohnempf.)	Wirtschaftsvereinigung Eisen- u. Stahlind. (1971) (Gehaltsempfänger)	Zander (1972) (Lohn- und Gehaltsempfänger)
Können	1. Kenntnisse, 2. Geschicklichkeit	1. Arbeitskenntnisse und Erfahrung 2. Geschicklichkeit	1. Kenntnisse, Ausbildung und Erfahrung 2. Geschicklichkeit, Handfertigkeit	1. Fachkenntnisse 2. körperliche Geschicklichkeit	1.1 Geistige und körperliche Fähigkeit 1.2 Betriebserfahrung
Verantwortung	3. Verantwortung	3. Verantwortung a) Betriebsmittel und Erzeugnisse b) Sicherheit anderer c) Arbeitsablauf	6. Verantwortung für die eigene Arbeit 7. Verantwortung für die Arbeit anderer 8. Verantwortung für die Sicherheit anderer	3. Verantwortung für Arbeitsausführung und Arbeitsablauf 4. Verantwortung für Arbeitssicherheit 5. Verantwortung für Personalführung 6. Verantwortung für Kontakte	3.1 Verantwortung für eigene Arbeit 3.2 Verantwortung für Personalführung
Belastung	4. geistige Belastung 5 muskelmäßige Belastung	4. Arbeitsbeanspruchung a) Muskeln b) Sinne und Nerven c) Nachdenken	3. Belastung der Sinne und Nerven 4. Zusätzlicher Denkprozeß 5. Belastung der Muskeln	7. Nachdenken, Gestalten und Planen 8. Aufmerksamkeit 9. Muskelbelastung	2.1 Geistige Beanspruchung 2.2 Körperliche Beanspruchung
Umgebungseinflüsse	6. Umgebungseinflüsse	5. Umgebungseinflüsse a) Temperatur b) Wasser Feuchtigkeit, Säure Dämpfe c) Schmutz, Fett, Öl, Staub d) Gase e) Lärm und Erschütterung f) Blendung oder Lichtmangel g) Erkältungsgefahr h) Unfallgefahr	9. Schmutz 10. Staub 11. Öl/Fett 12. Temperatur 13. Nässe, Säure, Lauge 14. Gase, Dämpfe 15. Lärm 16. Erschütterung 17. Blendung/Lichtmangel 18. Erkältungsgefahr 19. Unfallgefahr 20. Hinderliche Schutzkleidung	10. Umgebungseinflüsse/ Unfallgefährdung	Erschwernisse durch Umgebungseinflüsse werden gesondert behandelt

Abb. 63 Gliederung der Anforderungsarten

Hilfe von Schemata und Formularen erfolgen (vgl. den Anforderungsermittlungsbogen in REFA, Teil 4, S. 18/19).

Die Beschreibung kann gleichzeitig zur Ermittlung der Anforderungen des Arbeitssystems an den Menschen (Anforderungsanalyse) verwendet werden. Dazu müssen allerdings die Anforderungsarten zuvor festgelegt werden. Eine Übersicht über die gebräuchlichen Anforderungsarten zeigt Abb. 63.

Nun sind die in der Arbeitsbeschreibung aufgezeichneten Anforderungsarten noch zu bewerten. Diese Bewertung der Arbeitsgänge oder Arbeitsplätze kann entweder summarisch oder analytisch erfolgen.

(aa) Summarische Arbeitsbewertung

Die summarische Arbeitsbewertung bezieht gleichzeitig alle Anforderungsarten in die Bewertung ein. Damit geht die Gesamtvorstellung des Bewerters in die Betrachtung ein. Dabei unterscheidet man zwischen:

(1) Rangfolgeverfahren,

das alle Arbeitsgänge bzw. Arbeitsplätze im Unternehmen durch paarweisen Vergleich entsprechend ihrem Schwierigkeitsgrad ordnet. Die so erhaltene Rangordnung ist einfach und kostengünstig durchzuführen, jedoch mit hohen Anforderungen an die bewertende Person verbunden und bei komplizierten Arbeitsstrukturen nicht geeignet. Da nur eine ordinale Skalierung erfolgt, kann keine kardinale Angabe über den Abstand zum nächsten Rang gemacht werden.

(2) Lohngruppenverfahren (Katalogverfahren),

das zuerst einen Lohngruppenkatalog für unterschiedliche Schwierigkeitsbereiche und Angabe von Richtbeispielen erstellt und dann alle Arbeitsgänge bzw. Arbeitsplätze entsprechend ihrem Schwierigkeitsgrad den einzelnen Lohngruppen zuordnet. Der Schwierigkeitsgrad innerhalb einer Lohngruppe gilt als gleich.
Ein Beispiel für einen solchen Lohngruppenkatalog zeigt Abb. 64.
Auch dieses Verfahren ist relativ einfach, übersichtlich und kostengünstig, wobei die Zahl der Lohngruppen und die Wahl der Beispiele dessen Brauchbarkeit bestimmen.

(bb) Analytische Arbeitsbewertung

Um die Gefahr einer allzu großen Schematisierung durch die Bewertung der Arbeitsschwierigkeit als Ganzes zu vermeiden, kann jede Anforderungsart isoliert bewertet und der Arbeitswert aus der Summe dieser einzelnen Kennzahlen errechnet werden. Dazu kann wieder der bereits erwähnte Anforderungsermittlungsbogen verwendet werden, auf dem ja z. B. wie bei den REFA-Bogen die Anforderungsarten Kenntnisse, Geschicklichkeit, Verantwortung, geistige Belastung, muskelmäßige Belastung und Umgebungseinflüsse verzeichnet sind (vgl. Abb. 63).

Nun wird auch hier das Reihenprinzip und das Stufenprinzip angewandt.

(1) Rangreihenverfahren

Danach wird für jede Anforderungsart eine Rangreihe bezüglich aller Arbeitsplätze bzw. Arbeitsgänge vorgenommen. Bei REFA wird die Stellung in der Rangreihe durch Werte zwischen 0 und 100 in Fünfersprüngen beim Rangreihenverfahren mit getrennter Gewichtung und von 0 bis zu einer jeweils für jede Anforderungsart festgelegten Zahl beim Rangreihenverfahren mit gebundener Gewichtung festgelegt.

Gruppe	Lohngruppendefinitionen
1	Arbeiten einfacher Art, die ohne vorherige Arbeitskenntnisse nach kurzer Anweisung ausgeführt werden können und mit geringen körperlichen Belastungen verbunden sind
2	Arbeiten, die ein Anlernen von 4 Wochen erfordern und mit geringen körperlichen Belastungen verbunden sind
3	Arbeiten einfacher Art, die ohne vorherige Arbeitskenntnisse nach kurzer Anweisung ausgeführt werden können
4	Arbeiten, die ein Anlernen von 4 Wochen erfordern
5	Arbeiten, die ein Anlernen von 3 Monaten erfordern
6	Arbeiten, die eine abgeschlossene Anlernausbildung in einem anerkannten Anlernberuf oder eine gleichzubewertende betriebliche Ausbildung erfordern.
7	Arbeiten, deren Ausführung ein Können voraussetzt, das erreicht wird durch eine entsprechende ordnungsgemäße Berufslehre (Facharbeiten). Arbeiten, deren Ausführung Fertigkeiten und Kenntnisse erfordert, die Facharbeiten gleichzusetzen sind
8	Arbeiten schwieriger Art, deren Ausführung Fertigkeiten und Kenntnisse erfordert, die über jene der Gruppe 7 wegen der notwendigen mehrjährigen Erfahrungen hinausgehen
9	Arbeiten hochwertiger Art, deren Ausführung an das Können, die Selbständigkeit und die Verantwortung im Rahmen des gegebenen Arbeitsauftrages hohe Anforderungen stellt, die über die der Gruppe 8 hinausgehen
10	Arbeiten höchstwertiger Art, die hervorragendes Können mit zusätzlichen theoretischen Kenntnissen, selbständiger Arbeitsausführung und Dispositionsbefugnis im Rahmen des gegebenen Arbeitsauftrages bei besonders hoher Verantwortung erfordern.

Abb. 64 Beispiel für einen Lohngruppenkatalog
Quelle: REFA, Teil 4, S. 15

Die nicht immer leichte Einordnung der Anforderungsarten für alle Arbeiten soll durch die sog. Brückenbeispiele von REFA (vgl. REFA, Teil 4, S. 93 ff.) erleichtert werden. Zur Ermittlung des Gesamt-Arbeitswertes sind die einzelnen Wertzahlen bei der gebundenen Gewichtung zu addieren, während bei der getrennten Gewichtung die Anforderungsarten zu gewichten sind und die einzelne Wertzahl erst aus der Multiplikation des Rangreihenwertes mit dem Gewichtungsfaktor resultiert. Ein Beispiel hierzu zeigt Abb. 65.

(2) Stufenwertzahlverfahren
Beim Stufenwertzahlverfahren wird für jede Anforderungsart eine Punktwertreihe entsprechend den Beanspruchungsstufen (z. B. sehr gering, gering, mittel, groß, sehr groß, extrem groß) festgelegt (z. B. 0 bis 5). Die Gewichtung der einzelnen Anforderungsarten kann dann über eine getrennte Gewichtung oder über die maximal vergebbare Punktzahl für die einzelnen Anforderungsarten erfolgen.

Arbeitsplatz Nr. 33

Anforderungsarten (1)	Einreihung (2)	Gewichtungsfaktor (3)	Anforderungswert (2) × (3) = (4)
Kenntnisse	50	0,7	35
Geschicklichkeit	60	0,5	30
Verantwortung	75	0,8	60
geistige Belastung	45	0,6	27
muskelmäßige Belastung	30	0,4	12
Umgebungseinflüsse	35	0,7	24,5
Wertzahlsumme (Arbeitswert):			188,5

Abb. 65 Ermittlung des Gesamt-Arbeitswertes für den Arbeitsplatz Nr. 33 mit Hilfe des Rangreihenverfahrens mit getrennter Gewichtung

Der Gesamt-Arbeitswert für einen Arbeitsplatz bzw. Arbeitsgang ergibt sich dann aus der Summe aller den einzelnen Anforderungsarten zugeordneten Stufenpunktzahlen.

Wird in einem Unternehmen nach einem der vorgenannten Verfahren der Arbeitswert für alle Arbeitsplätze oder Arbeitsgänge bestimmt, so ist die Grundlage für eine schwierigkeitsgerechte Lohnsatzdifferenzierung gelegt. Die Umsetzung in verschiedene Lohnsätze (entsprechend den Schwierigkeitsgraden) kann nun unternehmensindividuell proportional, degressiv oder progressiv erfolgen, wobei Überlegungen zur Lohnsatznivellierung, Gesamtlohnsumme, Leistungsanreiz u. ä. eine Rolle spielen können. Sind die Relationen jedoch einmal festgelegt, so kann bei Verhandlungen zu Lohnerhöhungen über den sog. Ecklohn (eine bestimmte Lohngruppe = 100%) entschieden werden und damit sind alle anderen Löhne ebenfalls festgelegt.

c) Lohnformen

Die zuvor diskutierte Arbeitsbewertung legt die Anforderungen nach Schwierigkeitsgrad fest und bestimmt die relative Lohnhöhe. Dabei ist jedoch eine **Normalleistung** des Menschen unterstellt. Diese Normalleistung wird der Arbeitnehmer (in der gleichen Schwierigkeitsstufe) jedoch nicht immer halten können, sondern seine Leistung wird schwanken. Wenn sich diese Schwankungen auch im Lohn ausdrücken sollen, so ist die jeweilige Leistung zu erfassen und zu bewerten. Fordert man also, daß die persönliche Lohnbemessung nicht nur entsprechend der Schwierigkeit der Arbeit, sondern auch entsprechend der persönlichen Leistung erfolgen soll, dann ist neben der **Arbeitsbewertung** auch eine **Leistungsbewertung** erforderlich. Diese muß sich auf die Bestimmung der Normalleistung wie auch auf die Ermittlung der tatsächlichen Leistung beziehen. Damit ist auch der sog. Leistungsgrad aus dem Verhältnis von tatsächlicher Leistung und Normalleistung ermittelbar.

Bekannte Verfahren zur Leistungsbewertung sind die von Bedaux und REFA. Das REFA-Verfahren ist am weitesten verbreitet und ihm liegt folgendes Vorgehen zugrunde. Nach der bereits dargestellten Arbeitsanalyse und daraus Ermittlung von anforderungsabhängigen Kennzahlen (Lohngruppen, Wertzahlgruppen) erfolgt die Ermittlung der leistungsabhängigen Kennzahlen, die sich aus Mengen und Zeiten sowie einer Leistungsbewertung (Leistungsgradschätzung) ergeben. Die Ermittlung der Zeitbeanspruchung für alle Arbeitselemente und deren Verwendung für Vorgabezeiten und Soll-Ist-Vergleiche sind dabei eine wichtige Basis zur Ermittlung der Lohnhöhe. Die Grundzüge der REFA-Überlegungen sollen daher noch in Abschnitt d. dargestellt werden.

Die anforderungs- und leistungsabhängigen Überlegungen zusammen münden schließlich in das Verfahren zur Berechnung des Arbeitsentgelts für eine Arbeitsleistung bei gleicher Arbeitsschwierigkeit (Lohnform). Die in der Praxis verwendeten Hauptlohnformen sind

- Zeitlohn
- Akkordlohn
- Prämienlohn

Die vorstehenden Ausführungen sind in Abb. 66 nochmals übersichtlich dargestellt.

Das Ergebnis ist, daß in der Praxis die Lohnformen sich für jede Lohngruppe/Arbeitswertgruppe zusammensetzen aus dem anforderungsabhängigen Grundlohn (auch Tariflohn, Basislohn, Ausgangslohn bezeichnet) und dem – bei einer Leistung über der Bezugsleistung – leistungsabhängigen Anteil plus evtl. Zuschläge tariflicher (Schichtarbeit) oder übertariflicher Art.

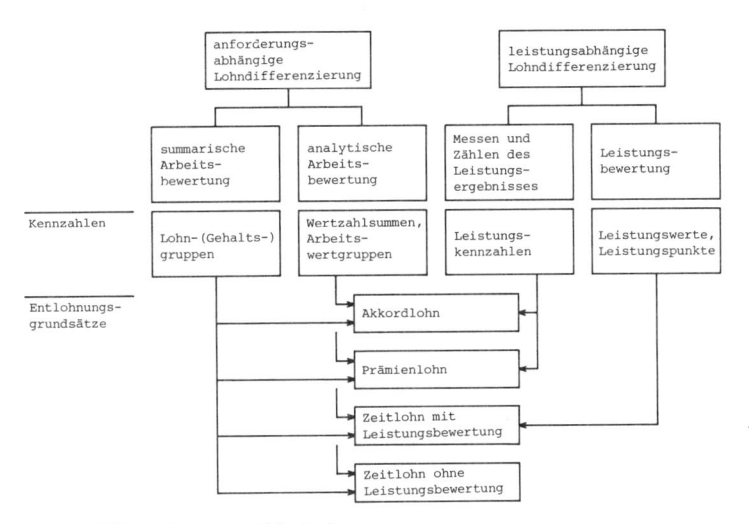

Abb. 66 Lohndifferenzierung und Lohnformen
Quelle: REFA, Teil 5, S. 12

(aa) Zeitlohn

Der Zeitlohn ist die Entlohnung einer Arbeitsleistung mit einem gleichen Lohnsatz pro Zeiteinheit. Er kann als Stundenlohn, Schichtlohn, Tageslohn, Wochenlohn, Monatslohn bzw. -gehalt und Jahreslohn vereinbart sein.

Beim sog. reinen Zeitlohn besteht keine direkte Abhängigkeit der Lohnhöhe von der Leistung, da hier weder die Zeitdauer noch der Lohnsatz an die Leistung gebunden ist. Zeitlohn ist sinnvoll, wenn eine Tendenz der Arbeitnehmer zu einem konstanten Leistungsgrad bei guter Qualitätssicherung vorliegt. Damit ist Zeitlohn vor allem anzuwenden, wenn die Qualität entscheidend ist, die Arbeit überschaubar und kontinuierlich ist, das Ergebnis jedoch schwer vorauszubestimmen ist (Reparatur, künstlerische Tätigkeit).

Der Zeitlohn mit Leistungsbewertung versucht dagegen, einen Bezug zwischen Lohn und Leistung herzustellen durch Gewährung einer Leistungszulage. Dabei unterscheidet man wie bei der Arbeitsbewertung eine summarische und analytische Leistungsbewertung. Die Beurteilung und Bewertung der Leistung des Mitarbeiters nimmt der unmittelbare Vorgesetzte in regelmäßigen Abständen vor, evtl. mit Hilfe einer Bewertungstafel für die einzelnen Leistungsarten (vgl. REFA, Teil 5, S. 58 ff.).

(bb) Akkordlohn

Bei dem Akkordlohn (auch Stücklohn genannt) wird die geleistete Arbeitsmenge entlohnt. Daher ist er verwendbar für regelmäßig wiederkehrende Arbeiten, die gleichartig und homogen sind und daher einen ausgeprägten mechanischen Charakter haben. Zudem soll die Arbeit akkordfähig und akkordreif sein, d. h. daß der Arbeitsablauf zeitlich und inhaltlich erfaßbar, das Leistungsergebnis mit wirtschaftlichem Aufwand meßbar und die Arbeit mit Hilfe des Arbeitsstudiums optimal gestaltet ist.

Der Akkordlohn kann unterschiedlich errechnet werden, wodurch man zwischen Geldakkord und Zeitakkord unterscheidet. Beim **Geldakkord** wird für eine bestimmte Leistung ein Geldbetrag vorgegeben, z. B. für jedes produzierte Stück 1,50 DM. Fertigt ein Arbeiter z. B. 10 Stück in einer Stunde, so ist sein

Stundenlohn = Stückzahl · Stücklohn = 10 · 1,50 DM = 15,– DM

Der Geldakkord ist in der Praxis nicht so günstig zu handhaben, da bei Tarifänderungen eine neue Akkordvorgabe erfolgen muß und für die Fertigungsvorbereitung sowieso Zeitvorgaben benötigt werden. Daher wird vielfach der **Zeitakkord** verwendet, bei dem für jedes hergestellte Stück im vorhinein eine bestimmte Zahl von Zeiteinheiten festgelegt und bei der Herstellung gutgeschrieben werden. Am Ende der Abrechnungsperiode bzw. pro Auftrag erfolgt dann die Umrechnung in Geld. Dies geschieht für den Stundenlohn mit Hilfe des sog. Minutenfaktors. Dieser ergibt sich aus dem Grundlohn, dividiert durch 60, wobei der Grundlohn sich aus dem tariflichen Mindestlohn (Normalleistung) und dem Akkordzuschlag für den normalerweise höheren Leistungsgrad des Akkordarbeiters zusammensetzt.

Beispiel: Tariflicher Mindestlohn 10,—
Akkordzuschlag 20 % 2,—
Grundlohn 12,—

Minutenfaktor $\frac{12}{60} = 0,2$

Den Stundenlohn des Akkordarbeiters erhält man durch Multiplikation der Stückzahl pro Stunde mit der Vorgabezeit je Stück und dem Minutenfaktor. Wenn ein Akkordarbeiter also 4 Stück in einer Stunde herstellt bei einer Vorgabezeit von 20 Minuten pro Stück, so ist sein

Stundenlohn = 4 · 20 · 0,2 = 16,– DM

Hier zeigt sich besonders deutlich die Bedeutung der Vorgabezeit, deren Ermittlung wir in Abschnitt d. noch diskutieren wollen.

(cc) Prämienlohn

Der Prämienlohn ist eine zusammengesetzte Lohnform mit einem leistungsunabhängigen (Grundlohn) und einem leistungsabhängigen (Prämie) Anteil. Der Prämienlohn der Ziele und Maßnahmen (mit Abschluß einer Betriebsvereinbarung, Information der Mitarbeiter, Erprobung) notwendig ist. Dabei ist das Kernstück der Vorbereitung eine Analyse des Arbeitsablaufs, der Arbeitsbedingungen und der Arbeitssituation mit der Festsetzung der Leistungskennzahlen. Die dazu notwendige Datenermittlung haben wir zum Teil schon angesprochen, der wesentliche Teil der Ermittlung der Zeiten soll jedoch nachfolgend noch diskutiert werden.

d) Die Ermittlung der Zeiten

Die Erfassung der Zeiten für Ablaufabschnitte spielt im Rahmen des Arbeitsstudiums eine besondere Rolle. Da aber die Zeit für die Ausführung einer Arbeit vom Menschen, dem Arbeitsverfahren, der Arbeitsmethode und den Arbeitsbedingungen abhängt, sind diese Einflußfaktoren mit zu erfassen; selbstverständlich auch die Bezugsmengen (hergestellte Stückzahl u.a.), auf die sich die Zeit bezieht.

Die ermittelten Zeiten (Daten) dienen zudem nicht allein der Entlohnung, sondern auch für alle Zwecke der Planung, Steuerung und Kontrolle des Betriebes.

Um nun Zeiten ermitteln zu können, ist eine Analyse der einzelnen Tätigkeiten des Arbeitsablaufs notwendig. Dazu gliedert man den Arbeitsablauf in Abschnitte, die durch **Zeitarten** beschrieben werden. Die Abschnitte bezeichnet man mit **Ablaufarten**, die je nach Zielsetzung unterteilt werden können. Eine mögliche Einteilung ist die von REFA, wobei unterschieden wird zwischen menschenbezogenen, betriebsmittelbezoversucht einen Kompromiß zwischen den „reinen" Lohnformen Zeitlohn und Akkordlohn und damit zwischen Qualität und Quantität zu erreichen. Auch hier ist Voraussetzung, daß die für die Prämienentlohnung zu verwendenden Leistungskennzahlen wirtschaftlich und objektiv meßbar sind, und daß sie vom Menschen in erträglicher Weise beeinflußbar sind.

Wird die Messung der Leistung auf die Mengenleistung bezogen, so spricht man von mengenprämienorientiertem Lohnsystem. Diese Systeme (Halsey-System, Rowan-System, Gantt-System, Bedaux-System) verwenden einen festen Lohnsatz und die Prämie, die sich aus einem Bruchteil der Differenz zum Stücklohn ergibt. Damit bringt die Mehrleistung für den Arbeiter nicht den vollen Mehrverdienst, wie z.B. beim Proportionalakkord, sondern nur einen Bruchteil, der mit höherer Leistung oft auch noch abnimmt. Dadurch soll erreicht werden, daß der Anreiz zur Mehrleistung auf Kosten der Qualität nicht zu groß und die Arbeitsleistung gleichmäßig wird.

Neben diesen Mengenprämien werden in der Praxis noch andere Prämien gewährt, wie

- Nutzungsprämien, um die Unterbrechungs-, Brach- und Nebennutzungszeiten von Betriebsmitteln gering zu halten;

- Güte- und Ersparnisprämien, um Nacharbeit und Ware 2. Wahl zu verringern bzw. um Energie, Material, Hilfsstoffe u.ä. zu sparen;

- Kombinierte Prämien, die eine Bevorzugung bestimmter Leistungsanreize (hohe Menge bei Überlastung der Betriebsmittel u.ä.) vermeiden sollen.

Insgesamt ist zu betonen, daß vor der betrieblichen Einführung eines Verfahrens zur anforderungs- und leistungsabhängigen Lohndifferenzierung eine gründliche Planung genen und arbeitsgegenstandsbezogenen (werkstoffbezogenen) Ablaufarten (vgl. REFA, Teil 2, S. 20ff.).

(aa) Die Ablaufarten nach REFA
(aaa) Menschenbezogene Ablaufarten

Einen Überblick zur Gliederung der Ablaufarten gibt Abb. 67.

Die einzelnen Ablaufarten umfassen also alle Ereignisse, die für einen Menschen im Rahmen eines Arbeitsverhältnisses auftreten können. So ist ein Mensch **im Einsatz**, wenn er während der Arbeitszeit Arbeitsaufgaben **ausführt** (z. B. Bohren, Fräsen) oder das Arbeitssystem auf die Erfüllung der Arbeitsaufgabe vorbereitet (**Rüsten**, z. B. Bohrer einspannen). Der Mensch ist dagegen **außer Einsatz**, wenn er längerfristig nicht zur Verfügung steht bzw. nicht beschäftigt werden kann (Krankheit, Urlaub, Weiterbildung, Auftragsmangel). Unter **Betriebsruhe** fallen dagegen gesetzlich, tariflich oder betrieblich geregelte Arbeitspausen (Kurzarbeit, Feiertage).

Kann bei der Untersuchung nicht eindeutig erkannt werden, welche Ablaufart vorliegt, so ist sie der Rubrik „**nicht erkennbar**" zuzuordnen und später mit zusätzlichen Informationen umzuordnen. Die Untergliederung der **Tätigkeit** erfolgt danach, ob sie planmäßig und unmittelbar (**Haupttätigkeit**) oder mittelbar (**Nebentätigkeit**) auf die Erfüllung der Arbeitsaufgabe gerichtet ist. Beispiele sind die Bearbeitung des Werkstücks oder das planmäßige Holen des Werkstücks. Ist eine Tätigkeit nicht vorauszubestimmen und wird sie ohne Auftrag ausgeführt (Behebung einer Störung), so wird sie als **zusätzliche Tätigkeit** bezeichnet.

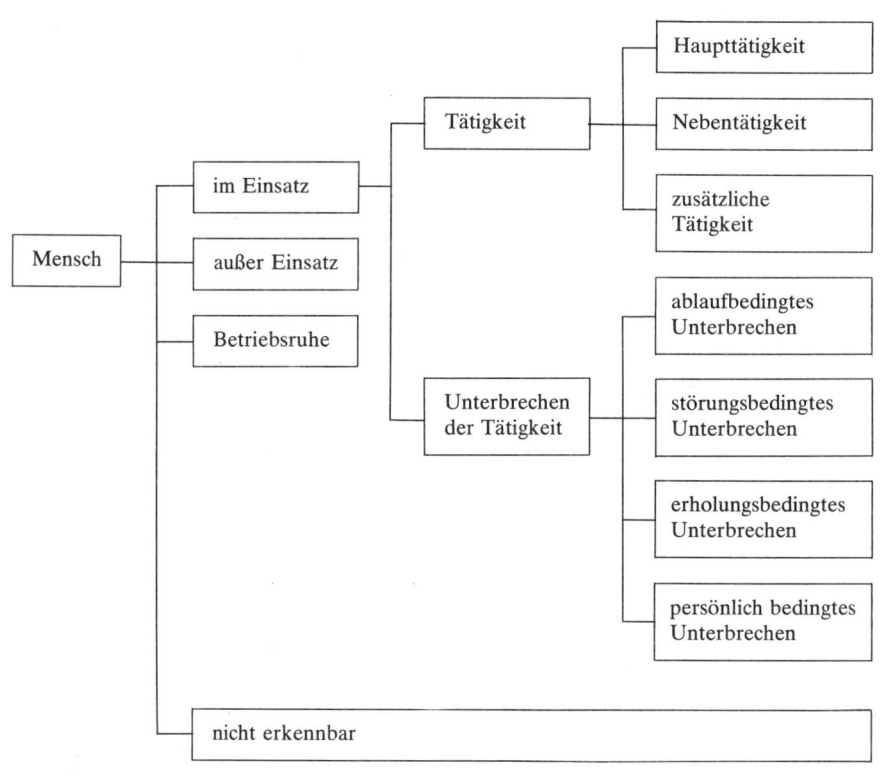

Abb. 67 Gliederung der Ablaufarten bezogen auf den Menschen

3. Kapitel: Die Fertigung　291

Die **Unterbrechung der Tätigkeit** kann schließlich **ablaufbedingt** sein durch planmäßiges Warten auf das Ende eines Ablaufabschnitts (automatischer Drehvorgang), **störungsbedingt** durch das Warten auf die Beseitigung von technischen, organisatorischen oder Informations-Mängeln (Warten auf Material), **erholungsbedingt** bei Unterbrechung zum Abbau der Arbeitsermüdung (Ausruhen nach Schmiedevorgang) und **persönlich bedingt** bei der Erledigung persönlicher Bedürfnisse (Zigaretten holen, Gang zur Toilette).

(bbb) Betriebsmittelbezogene Ablaufarten

Die Ablaufarten umfassen alle Ereignisse, die in Erfüllung einer Arbeitsaufgabe beim Zusammenwirken und außerhalb des Zusammenwirkens der Systemelemente vorkommen können (während eines Tages, einer Schicht, eines Auftrags, vom Kauf bis zum Verkauf oder der Verschrottung). Die Aufgliederung erfolgt genau wie bei den menschenbezogenen Ablaufarten, da die menschlichen Tätigkeiten ja die Nutzung des Betriebsmittels bestimmen. Daher ist in Abb. 67 jeweils nur das Wort „Tätigkeit" durch das Wort „Nutzung" zu ersetzen, um die entsprechende Ablaufgliederung bezüglich des Betriebsmittels zu erhalten. Auch die zuvor aufgeführten Beispiele sind für die betriebsmittelbezogenen Ablaufarten sinnvoll.

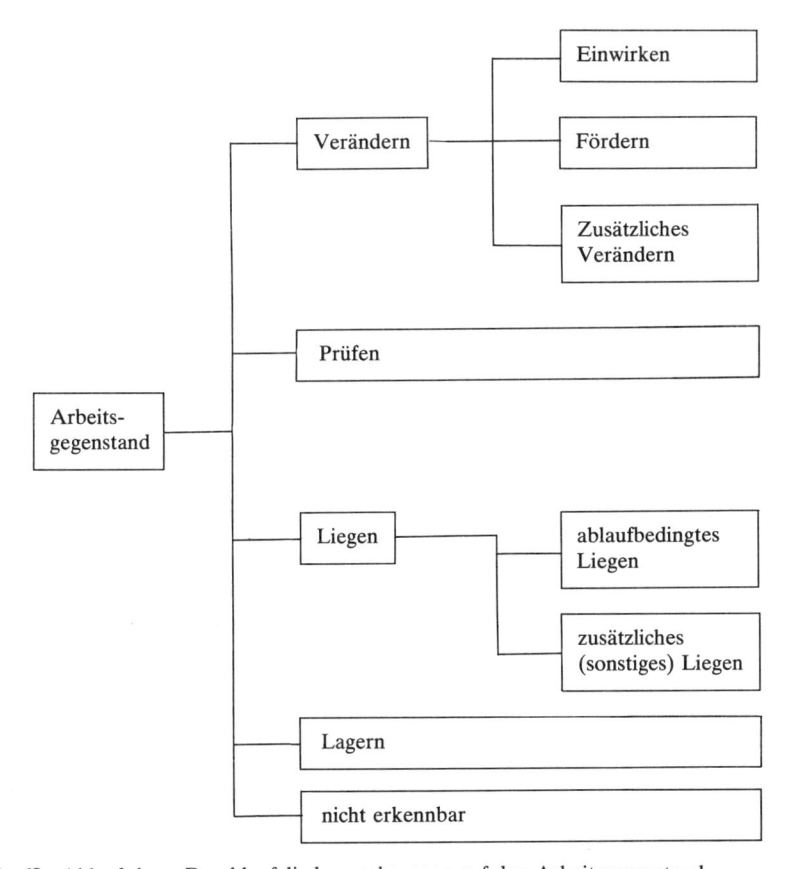

Abb. 68 Ablauf- bzw. Durchlaufgliederung bezogen auf den Arbeitsgegenstand

(ccc) Arbeitsgegenstandsbezogene Ablaufarten

Auch hier gilt, daß alle Ereignisse von der Ankunft (Wareneingang) bis zum Verlassen des Betriebes (Versand) für den Arbeitsgegenstand durch die Ablaufarten erfaßt werden. Es werden also nicht nur Tätigkeiten beim Zusammenwirken von Mensch, Betriebsmittel und Arbeitsgegenstand, sondern auch das Liegen und Lagern während des Materialflusses (Durchlauf) erfaßt.

Die Unterteilung nach REFA weist Abb. 68 aus.

Danach bedeutet **Verändern** eine Zustands-, Form-, Lage- oder Ortsveränderung des Arbeitsgegenstandes. Die Zustands- und Formveränderung geschieht durch **Einwirken** auf den Arbeitsgegenstand (Zerspanen, Erwärmen). Wird die Lage oder der Ort des Arbeitsgegenstandes verändert (handhaben, transportieren), so spricht man von **Fördern** (Fördermittel be- und entladen, Transport mit Gabelstapler). Geschieht dies ohne Vorausbestimmungsmöglichkeit, dann wird es als **zusätzliches Verändern** bezeichnet (nicht vorgesehene Nacharbeit).

Beim **Prüfen** erfolgt die Kontrolle der Arbeitsgegenstände im Materialfluß (Zählen der Auftragsmenge). Wird das Prüfen oder Verändern unterbrochen, so entsteht das **Liegen**, wobei die Unterbrechung aus dem **Ablauf** heraus (Puffer am Arbeitsplatz) oder durch Störungen (Energieausfall) (= zusätzliches Liegen) verursacht werden kann. Erfolgt das Liegen der Arbeitsgegenstände in Lagerbereichen, so spricht man von **Lagern** (Wareneingangslager, Zwischenlager, Verkaufslager).

Für den Begriff „nicht erkennbar" gilt das unter daa. Gesagte. Die vorgenannte Gliederung für den Ablauf und Durchlauf läßt sich bei den mengenmäßig abgrenzbaren Arbeitsgegenständen gut anwenden, schwer dagegen vor allem bei gasförmigen und flüssigen Arbeitsgegenständen.

(bb) Die Vorgabezeiten nach REFA

Im Arbeitsstudium spricht man von Vorgabezeiten, wenn Soll-Zeiten für die wesentlichen Ablaufabschnitte einer Arbeitsaufgabe **und** für nicht genau vorausbestimmbare Ablaufabschnitte festgelegt werden. Nach REFA sind damit Vorgabezeiten Soll-Zeiten für die von Menschen und Betriebsmitteln ausgeführten Arbeitsabläufe. Dabei enthalten die Vorgabezeiten für den Menschen

- Grundzeiten,
- Erholungszeiten und
- Verteilzeiten,

für das Betriebsmittel

- Grundzeiten und
- Verteilzeiten.

Dieser Aufbau orientiert sich also an den im vorigen Abschnitt dargestellten Ablaufarten. Die entsprechende Zuordnung von Ablaufart zu der Zeit je Einheit für den Menschen zeigt Abb. 69 und für das Betriebsmittel Abb. 70.

Damit gelten die Ausführungen zu den Ablaufarten auch für die hier zugeordneten Zeiten.

Die in den Abb. 69 und 70 angegebenen Zeiten beziehen sich auf die Mengeneinheit 1. Sie dienen als Grundlage zur Festlegung der Auftragszeit und der Belegungszeit für das Betriebsmittel.

3. Kapitel: Die Fertigung

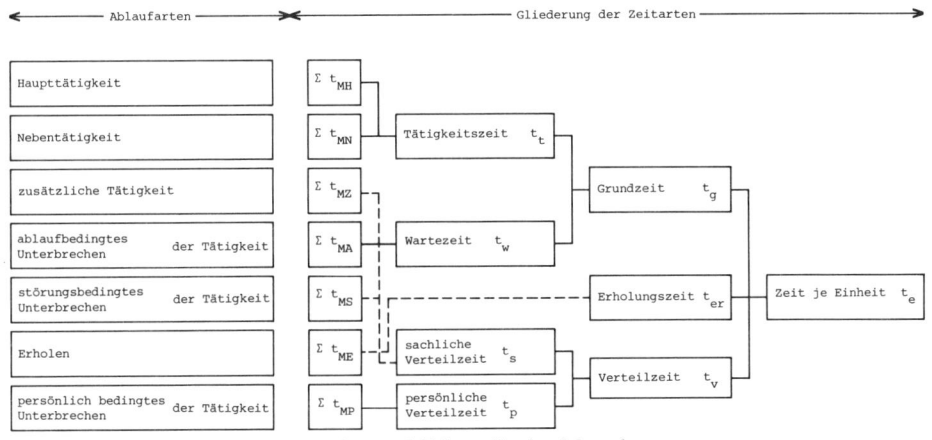

Abb. 69 Zuordnung von Ablaufart und Zeitart für den Menschen
Quelle: REFA, Teil 2, S. 47

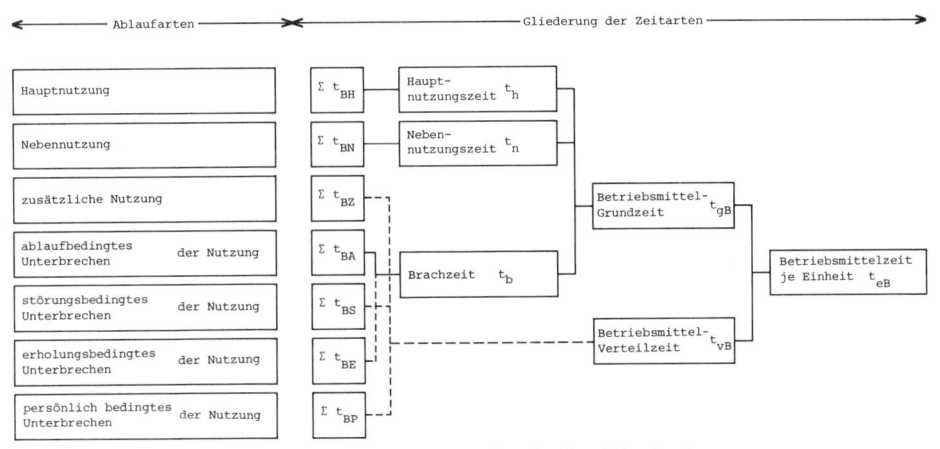

Abb. 70 Zuordnung von Ablaufart und Zeitart für das Betriebsmittel
Quelle: REFA, Teil 2, S. 49

Die **Auftragszeit** (Vorgabezeit für das Ausführen eines Auftrags) besteht aus der Ausführungszeit, die man als Produkt aus der Auftragsmenge und der Zeit je Einheit erhält und aus der Rüstzeit, die wiederum in die Rüstgrundzeit, Rüsterholungszeit und Rüstverteilzeit untergliedert werden kann. Analog gilt für die **Belegungszeit des Betriebsmittels** (Vorgabezeit für die Belegung des Betriebsmittels durch einen Auftrag) die Unterteilung in Betriebsmittel-Ausführungszeit, ermittelt durch Multiplikation von Auftragsmenge und Betriebsmittelzeit je Einheit und Betriebsmittel-Rüstzeit, mit der Aufteilung in Betriebsmittel-Rüstgrundzeit und Betriebsmittel-Rüstverteilzeit.

Nun haben wir eine Einteilungsmöglichkeit der Ablauf- und Zeitarten diskutiert, jedoch noch nichts zur Ermittlung dieser Zeiten gesagt. Dies soll im nächsten Abschnitt erfolgen.

(cc) Methoden der Zeitermittlung

Unser Ziel ist, die Soll-Zeiten zu erhalten. Die wichtigste Grundlage sind bereits früher einmal erfaßte Ist-Zeiten.

Diese Ist-Zeiten werden z. B. repräsentativ erfaßt, ausgewertet und in Form von Tabellenzeiten für kleine Ablaufabschnitte zusammengestellt. Man spricht hier von Systemen vorbestimmter Zeiten. Damit können die Soll-Zeiten für größere Ablaufabschnitte zusammengesetzt werden, wobei die Methode für Ist- und Planabläufe verwendet werden kann. Hat man weder Soll- noch Ist-Zeiten (evtl. zu teuer), so kann man die Soll-Zeiten entweder durch Vergleich mit gemessenen Abläufen und ergänzenden Schätzungen oder durch Verwendung von Leistungsdaten der Betriebsmittel (Berechnung) ermitteln.

Der Kern auch für die Soll-Zeiten sind also entsprechend transformierte Ist-Zeiten. Diese tatsächlich vom Menschen und Betriebsmittel gebrauchten Zeiten für die Ausführung bestimmter Ablaufabschnitte können – um die wichtigsten Formen zu erwähnen – durch Schätzung, durch die REFA-Zeitaufnahme oder eine Multimomentaufnahme ermittelt werden.

Einen Überblick über die erwähnten Methoden der Zeitermittlung zeigt Abb. 71.

Nachfolgend wollen wir noch etwas näher auf die Ist-Zeitermittlung und die Systeme vorbestimmter Zeiten eingehen.

(aaa) Die Ist-Zeitermittlung

Die erwähnte, ungenaueste Methode der Ist-Zeitermittlung, die **Schätzung**, sollte nach Teilvorgängen getrennt erfolgen und nur von einem Arbeitsstudienmann vorgenommen werden, der erfahren und geübt ist und den Arbeitsablauf genau kennt.

Die **REFA-Zeitaufnahme** benötigt weniger Voraussetzungen, jedoch auch die Fähigkeit zur Gliederung und Beurteilung des Ablaufs, aber auch die Beherrschung der Zeitaufnahmetechnik und die Beurteilung des Leistungsgrades. Da die Zeitaufnahme die auf den Menschen bezogenen Zeiten erfaßt und diese für den gleichen Ablauf (nach Arbeitsverfahren, Arbeitsmethode, Arbeitsbedingungen) zukünftig zur Planung,

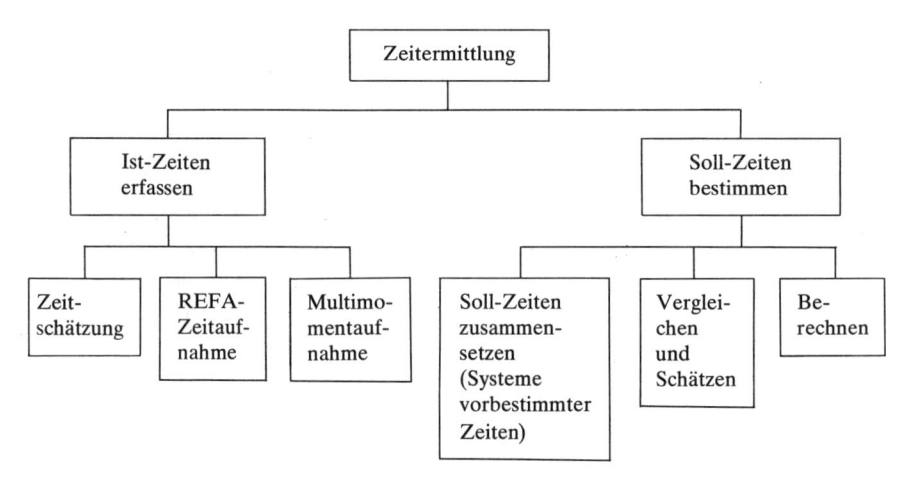

Abb. 71 Methoden zur Ermittlung von Zeiten für Ablaufabschnitte

Steuerung, Kontrolle und Entlohnung dienen sollen (Soll- und Planzeiten), muß z. B. folgendes beachtet werden:

- Es ist ein reproduzierbares Protokoll der Zeitaufnahme anzufertigen. Hilfsmittel sind dabei eine Vielzahl von Zeitaufnahmegeräten (Stoppuhren, Filmkamera, Impulsgeber, Zeitschreiber u. a.) sowie der Zeitaufnahmebogen. Ein Beispiel für einen ausgefüllten und ausgewerteten (Rückseite, letzte 3 Spalten) Zeitaufnahmebogen zeigen die Abb. 72 und 73.

Der Zeitaufnahmebogen hat Urkundencharakter.

- Keine Diskussionen während der Zeitaufnahme und Wahl eines neutralen und günstigen Beobachtungsstandorts
- Unterrichtung des beobachteten Mitarbeiters vor Beginn der Untersuchung
- Information des Vorgesetzten und des Betriebsrats
- Beachtung betrieblicher und tarifvertraglicher Regelungen.

Wichtig ist nun noch, daß für eine Soll-Zeit, die ja aus der Ist-Zeit ermittelt werden soll, stets eine „normale" Leistung zugrundegelegt werden muß. Diese Bezugsleistung, der der Leistungsgrad 100 % zugewiesen wird, ist auch für die Zeitaufnahme wichtig. So kann der Mensch nicht jeden Tag die gleiche Leistung erbringen (ebenso nicht verschiedene Menschen) und damit kann auch eine durchschnittliche Ist-Zeit einer Arbeitsperson nur bedingt als Soll-Zeit verwendet werden. Daher hat der Arbeitsstudienmann die beobachtete Ist-Leistung zu einer vorgestellten Bezugsleistung in Beziehung zu setzen (Leistungsgrad). Da die Leistung bei der Zeitaufnahme die Mengenleistung ist, wird der Leistungsgrad durch folgende Gleichung erfaßt:

Leistungsgrad in % =

$$= \frac{\text{beeinflußbare Ist-Mengenleistung bei beobachtetem Bewegungsablauf}}{\text{Bezugs-Mengenleistung bei vorgestelltem Bewegungsablauf}} \cdot 100$$

Die Beschreibung der Bezugsleistung stellt ein Grundproblem des Arbeitsstudiums dar. Der Arbeitsstudienmann hat dazu das Erscheinungsbild des Bewegungsablaufs zu beobachten und mit einem vorgestellten Bewegungsablauf (z. B. REFA-Normalleistung, mit harmonischen, natürlichen und ausgeglichenen Einzelbewegungen, Bewegungsfolgen und deren Koordinierung) zu vergleichen. Dabei versucht er, die Intensität, erfaßt durch Bewegungsgeschwindigkeit und körperliche und geistige Anspannung, und Wirksamkeit (Güte der Arbeitsweise) – zu erkennen an einer zügigen, geläufigen, ruhigen, zielsicheren, beherrschten Arbeitsweise – zu beurteilen. Nach diesen Kriterien beurteilt der Zeitstudienmann jeden Ablaufabschnitt mit Hilfe des Leistungsgrades (z. B. nach REFA in Fünferschritten, vgl. Abb. 73, unter L) und ermittelt daraus einen durchschnittlichen Leistungsgrad ($\bar{L}$). Lautet der so errechnete Wert z. B. 115 %, so ist die ermittelte Ist-Zeit um 15 % über der Soll-Zeit.

An dieser Stelle ist noch darauf hinzuweisen, daß eine Zeitaufnahme in ihren Einzelzeiten eine Stichprobe aus einer Grundgesamtheit darstellt, und daß daher bei der Auswertung die entsprechenden statistischen Voraussetzungen und Auswertungsverfahren (Streuzahlverfahren, Variationszahlverfahren) zu beachten sind.

Schließlich ist noch kurz die **Multimomentaufnahme** als dritte Form der Ist-Zeitermittlung zu erwähnen. „Die Multimomentaufnahme besteht in dem Erfassen der Häufigkeit zuvor festgelegter Ablaufarten an einem oder mehreren gleichartigen Arbeitssystemen mit Hilfe stichprobenmäßig durchgeführter Kurzzeitbeobachtungen" (REFA, Teil 2, S. 232).

Z 2 neu	REFA-Zeitaufnahmebogen für Abläufe mit Wiederholungen	Ablage-Nr. 4367
		Blatt 1 von – Blättern

Arbeitsaufgabe **Anbaufläche an Klemmkasten fräsen**

Auftrag Nr. **28 637**	Menge m des Arbeitsauftrages **40 Stück**	Abteilung **Fräserei**	Kostenstelle **16**
Datum der Zeitaufnahme **18.3.71**	Beginn Uhrzeit **10:02** Menge **9**	Ende Uhrzeit **10:37** Menge **18**	Dauer **35 min**

	Zusammenstellung der Zeit je Einheit	Zeit in	Herkunft
Fräsmaschine			
TK (M) TK	Grundzeit t_g		
	Erholungszeit t_{er} bei z_{er} = %		
	Verteilzeit t_v bei z_v = %		
zu fräsende Fläche: Breite: **80 mm**	sonstige Zuschläge		
Länge: **100 mm**	Zeit je Einheit t_{e1}		
An.-u. Überlauf: **20 mm**	$t_{e1}/t_{e100}/t_{e1000}$ in min/h		
	Rüstzeit t_r in min/h		

Arbeitsverfahren und Arbeitsmethode **Gleichlauffräsen mit Walzenfräser**

Werkstück aus Transportkasten nehmen und in Vorrichtung einlegen, spannen, Fräser anstellen, fräsen, ausspannen, aus Vorrichtung nehmen, in Transportkasten legen, Frästisch zurückfahren

Arbeitsgegenstand (Eingabe)	Benennung	Werkstoff	Zustand bei Eingabe	Zeichn-Nr.	Werkstoff Nr.	Maße, Formen, Gewichte
	Klemmkasten	*GG 12*	*gut*	*5/478*	–	*1,0 kg*

Mensch	Name	Personalnummer	m	w	Alter	Dauer der Ausübung ähnlicher Aufgaben	der unters. Aufgabe
	Schreiber	*413*	×		*36*	*3 Jahre*	*8 Stück*

Betriebsmittel	Benennung, Type	Anz	Betriebsmittel-Nr.	Baujahr	technische Daten, Zustand	
	Universalfräsmaschine	*1*	*4*	*1966*	*gut*	
	Spannvorrichtung	*1*	*4896*	–		
	Walzenfräser SS	*1*	–	–	*Länge 100 mm*	

Umgebungseinflüsse **Maschinenlärm der Fräserei ca. 80 Phon**	Entlohnung **Prämienlohn**

Bemerkungen

Qualität des Arbeitsergebnisses **O.K.**

Bearbeiter **Huber**	geprüft **Fritsch**	Datum **22.3.71**	gültig ab **22.3.71** bis

Abb. 72 Vorderseite eines ausgefüllten und ausgewerteten Zeitaufnahmebogens

3. Kapitel: Die Fertigung 297

Abb. 73 Rückseite eines ausgefüllten und ausgewerteten Zeitaufnahmebogens

Danach beobachtet der Arbeitsstudienmann zu vorher festgesetzten Zeitpunkten auf Betriebsrundgängen die Art des Ablaufs bestimmter Arbeitssysteme (z.B. Maschine steht still). Diese Form ist sinnvoll, wenn z.B. der Anteil der ablaufbedingten Unterbrechungen der Arbeitszeit an fünf Maschinen während einer Schicht ermittelt (und reduziert) werden soll. Um hierbei unwirtschaftliche Zeitaufnahmen für alle fünf Maschinen über eine lange Zeit – da die Ablaufarten unregelmäßig auftreten können – zu vermeiden, wird eine stichprobenmäßige Untersuchung mit Hilfe von Rundgängen vorgeschlagen.

Dazu muß der zu untersuchende Arbeitsablauf zuerst in Ablaufarten untergliedert und in zufälligen Zeitabständen die jeweils vorliegende Ablaufart in Form von Strichen oder Kurzzeichen auf einem Vordruck erfaßt werden. Dabei ist allerdings auf das Vorliegen der statistischen Voraussetzungen zu achten, insbesondere auf eine ausreichende Anzahl von Beobachtungen, damit der ermittelte Häufigkeitsanteil mit einem statistischen Vertrauensbereich bezüglich des wahren Wertes angegeben werden kann. Deshalb ist in jedem Fall eine sorgfältige Planung der Multimomentaufnahme erforderlich, wobei folgender Ablauf zu empfehlen ist:

- Auswahl der Arbeitssysteme mit den entsprechenden Menschen und Betriebsmitteln
- Festlegung und Beschreibung der Ablaufarten
- Festlegung der Zahl der Notierungen (Beobachtungsumfang)
- Festlegung eines Rundgangsplans mit Zahl der Rundgänge, Startzeitpunkte (Zufalls-Stunden- und Minuten-Tafel), Rundgangwege (Beobachtungsfolge) und Beobachtungsstandpunkte
- Vorbereitung eines Vordrucks (Multimomentaufnahmebogen) mit den zuvor festgelegten Programmschritten und schriftliche Fixierung der Rundgänge (Striche, Kurzzeichen)
- Auswertung (Gesamtzahl, Anteil, Vertrauensbereiche, Brauchbarkeit).

Die Vorteile einer Multimomentaufnahme, nämlich

- keine Meßgeräte erforderlich,
- nur kurze Bindung des Arbeitsstudienmannes an den beobachteten Arbeitsplatz (40 bis 70% geringerer Zeitaufwand als bei Zeitaufnahmen mit der Stoppuhr)
- Beobachtung relativ vieler Arbeitsplätze,
- langer Beobachtungszeitraum mit gesichertem Abbild des Ist-Ablaufs,
- die Durchführung der Beobachtung erfordert keine sehr hohe Qualifikation (dagegen die Planung und Auswertung),
- die Auswertung geht relativ schnell,

lassen sich zur Ermittlung von betrieblichen Kennzahlen, zur Untersuchung von Arbeitsabläufen für die Fertigungsplanung und -steuerung und für die Ermittlung der Verteilzeitzuschläge bei der Vorgabezeitermittlung besonders gut nutzen. Nicht bzw. bedingt geeignet ist dieses Verfahren zur Ermittlung von Leistungsgraden, zur Gestaltung des Arbeitsplatzes und Arbeitsvorganges und zur Ermittlung von Ursachen für Störungen und Abwesenheit; sachliche Fehler und bewußte Beeinflussung der Ergebnisse sind schwer zu erkennen.

(bbb) Systeme vorbestimmter Zeiten

Die Merkmale der Systeme vorbestimmter Zeiten sind, daß man bestimmte Bewegungselemente, die voll beeinflußbar sind (sog. manuelle Tätigkeiten), systematisch und sehr detailliert erfassen und sie als Soll-Zeiten verwenden kann.

Das Vorgehen bei der Bestimmung von Soll-Zeiten für manuelle Abläufe mit Hilfe der Systeme vorbestimmter Zeiten sollte in zwei Schritten erfolgen:

(1) Gliederung des Arbeitsablaufs in Bewegungselemente. Die wesentlichen Bewegungselemente Hinlangen, Bringen, Greifen, Verrichten, Fügen und Loslassen genügen bereits für die Analyse des Arbeitsablaufs. Allerdings wird die Analyse auch damit bereits recht komplex, wenn man beide Hände des Menschen in die Betrachtung einbezieht.

(2) Zuordnung der Zeiten
Den festgestellten Bewegungselementen sind dann Zeiteinheiten zuzuordnen, die aus Bewegungszeittabellen entnommen werden können.

Aus der Vielzahl der Systeme vorbestimmter Zeiten sind das Work-Factor-Verfahren und das Methods-Time-Measurement-Verfahren in Deutschland am gebräuchlichsten. Sie sollen daher nachfolgend noch kurz charakterisiert werden. Beide Verfahren sind allerdings nur verwendbar, wenn der Arbeitsablauf konstant und reibungslos ist, der Arbeitsplatz genormt und stationär ist, der Werkstoff in Qualität und Abmessung gleich bleibt und wenn zu den synthetisch ermittelten Standardzeiten für die manuellen Tätigkeiten noch Zuschläge für Erholungszeiten, persönliche Bedürfnisse und Warte- und Verteilzeiten gemacht werden. Ebenso dürfen Erkenntnisse der Arbeitspsychologie und -physiologie nicht vernachlässigt werden, so daß die Soll-Zeiten trotz Verwendung dieser Verfahren nicht allein am grünen Tisch ermittelt werden können.

Das **Work-Factor-Verfahren** verwendet acht Grundbewegungen mit Unterelementen, für die Bewegungszeittabellen vorliegen. Die darin enthaltenen Zeiten berücksichtigen

- das bewegte Körperteil,
- den zurückgelegten Weg,
- das zu transportierende Gewicht (bzw. den Widerstand) und
- die Bewegungsbeherrschung, wobei die Richtungskontrolle (Steuern), Sorgfalt (Präzision, Vorsicht), Richtungsänderung (Umweg) und das Bewegungsziel von Bedeutung ist.

Auch das **Methods-Time-Measurement-Verfahren** verwendet Normzeitwerte für bestimmte Grundbewegungen in der manuellen Arbeit. Die Grundbewegungen sind sieben Hand-Arm-Bewegungen, drei Blickfunktionen und fünf Körper-, Bein- und Fußbewegungen. Zu diesen Grundbewegungen werden Einflußfaktoren (Bewegungslänge, Bewegungsfälle, Kraftaufwand usw.) angegeben, die beim Ablesen der Zeitelemente aus der Bewegungstabelle berücksichtigt werden müssen. Dabei treten auch qualitative, vom Arbeitsstudienmann zu beurteilende Einflußgrößen auf.

Insgesamt ist zu erwähnen, daß das bewegungsanalytische Betrachten von Bewegungsabläufen nicht nur für die Vorgabezeitermittlung, sondern auch für die Rationalisierung von manuellen Arbeitsabläufen ein gutes Hilfsmittel ist und daher in Zukunft noch erheblich an Bedeutung gewinnen wird.

e) Erfolgsbeteiligung

Die Erfolgsbeteiligung gehört nicht zum Lohn im engeren Sinne, sie wirkt aber auf die Höhe des Arbeitsentgelts. So interpretieren manche die Erfolgsbeteiligung als Lohnnachzahlung, aber auch als Teilhabe am Überschuß. Dabei sind alle Ansätze auf die theoretische Überlegung zurückzuführen, daß der erwirtschaftete Ertrag entsprechend ihrem produktiven Beitrag auf die Produktionsfaktoren Kapital und Arbeit zu verteilen ist. Dieses Zurechnungsproblem ist in der Praxis nicht lösbar, so daß der dahinter stehende Grundsatz sozialer Gerechtigkeit nur in einem Kompromiß näherungsweise verwirklicht werden kann. Die vertraglichen Entgelte für die Arbeit und das Fremdkapital sind nur zufällig gleich ihrem produktiven Beitrag, so daß die Gewinn- und Verlustbeteiligung einen Ausgleich schaffen soll. Da eine Verlustbeteiligung der Mitarbeiter nicht durchführbar ist, wird diese bei den entsprechenden Beteiligungsmodellen ausgeschlossen und im Betrieb eine entsprechende Rücklage gebildet.

Bei der Diskussion um die Erfolgsbeteiligung der Mitarbeiter spielen allerdings meist die zuvor genannten Probleme der Gleichbehandlung der Produktionsfaktoren keine große Rolle.

Im Vordergrund stehen

- betriebspolitische Zielsetzungen, wie Erhöhung der Arbeitsproduktivität, Entwicklung eines partnerschaftlichen Verhältnisses mit mehr Interesse am betrieblichen Geschehen und dem Abbau von Spannungen sowie einer Verminderung der Fluktuation und
- gesellschaftspolitische Zielsetzungen wie Mitbestimmung und Vermögensbildung.

Die Ermittlung der Höhe der Erfolgsbeteiligung und der Bemessungsgrundlage kann nach einer Vielzahl von Systemen erfolgen. Dabei kann am Periodengewinn (Handelsbilanz, Steuerbilanz, ohne neutralem Gewinn), am Deckungsbeitrag (z.B. Umsatz minus Lohnsumme) oder an der betrieblichen Wertschöpfung (Umsatz minus Materialkosten und Fremddienste) angeknüpft werden.

In der Praxis gibt es inzwischen eine Vielzahl von Systemen, wie das der Duisburger Kupferhütte AG, der Rosenthal AG, den Spindler-Werken, der Firma Pieroth u. a..

V. Die Betriebsmittel und Werkstoffe

Die Produktionsfaktoren Betriebsmittel und Werkstoffe (Material) wurden bereits ausführlich diskutiert. Sie sollen daher an dieser Stelle nur der systematischen Vollständigkeit wegen angesprochen werden.

Zu den **Betriebsmitteln** gehören die gesamte technische Apparatur, aber auch Grundstücke, Gebäude, Verkehrsmittel, Transport- und Büroeinrichtungen. Charakteristisch für die Betriebsmittel ist, daß sie beim Produktionsvorgang nicht auf einmal verbraucht werden, sondern eine bestimmte **technische Nutzungsdauer** (Lebensdauer) haben. Die Betriebsmittel erfahren eine Wertminderung durch Nutzung, Witterungseinflüsse und technischen Fortschritt. Diese Wertminderungen müssen in die Kosten eingerechnet werden (= Abschreibungen), um das Leistungsvermögen der Betriebsmittel in qualitativer und quantitativer Hinsicht (Kapazität) in optimaler Weise aufrechterhalten zu können. Entscheidungen über Neu-, Ersatz-, Erweiterungs-, Rationalisierungs- und Desinvestitionen sind also über die gesamte Lebensdauer eines Unternehmens zu treffen. Die wichtigsten Einflußfaktoren bei diesen Entscheidungen wurden im 3. Kapitel, Abschnitt C bereits ausführlich diskutiert. Die Überlegungen zum optimalen zeitlichen Einsatz der Betriebsmittel wurden ebenfalls bereits in Abschnitt E. IV. 4. d. dargestellt.

Zu den **Werkstoffen** zählen Rohstoffe, Hilfsstoffe, Betriebsstoffe und fertige Einbauteile (incl. Handelswaren). Sie sind die Ausgangs- und Grundstoffe, aus denen durch Umformung, Substanzänderung oder Einbau neue Fertigprodukte hergestellt werden. Die im Rahmen der Fertigung auftretenden Vorrats-, Terminierungs- und

Ausnutzungsprobleme hinsichtlich der Werkstoffe (des Materials) sind bereits ausführlich im 2. Kapitel und im 3. Kapitel, Abschnitt E.IV.4.d. erörtert worden.

F. Die Fertigungskontrolle

Wir wollen die Fertigungskontrolle nicht nur aus der engeren Sicht des Qualitätswesens sehen, sondern auch die Kontrollen des Fertigungs- und Materialflusses (Durchführungskontrollen) und Kostenkontrolle einbeziehen. Diese drei Bereiche sind zwar stark gegenseitig abhängig, sollen aber hier aus systematischen Gründen getrennt dargestellt werden.

I. Die Durchführungskontrolle

Der Fertigungs- und Materialfluß mit dem Einsatz der Arbeitskräfte und der Betriebsmittel müssen ständig überwacht und kontrolliert werden. Die vorstehenden Ausführungen haben bereits gezeigt, daß die Fertigungsunterlagen ja bereits als Rückmeldeformulare angelegt sind, um eine zwangsläufige Kontrolle und Eingriffsmöglichkeit aus Soll-Ist-Vergleichen zu haben. Dazu gehören

- Materialkontrolle mit Lagereingangs- und Lagerausgangskontrolle u.a. (vgl. 2. Kapitel)

- Anlagenkontrolle, um drohende Störungen rechtzeitig zu erkennen oder gar präventiv durch Spezialisten vorzubeugen (Instandhaltungsstrategien) und

- Arbeitsfortschritts- und Personalkontrolle, welche eine ureigene Aufgabe der Leitungsorgane ist.

Die Produktkontrolle, auch Fertigungskontrolle im engeren Sinne, gehört ebenfalls hierher. Da es dabei aber vor allem um die Prüfung der Produktmenge geht und diese wiederum sehr stark von der Qualität und Ausführung der Produkte abhängt, wird sie meist im Bereich „Qualitätswesen" mitbehandelt.

II. Das Qualitätswesen

1. Die Qualität

Qualität bedeutet Beschaffenheit und damit Eigenschaften eines Gutes. Die Beschaffenheitsmerkmale und Eigenschaften bestimmen damit die Eignung des Gutes für einen bestimmten Zweck. Die Definitionen der Deutschen Gesellschaft für Qualität, der DIN 66050 u.a. sprechen auch von der Qualität als der Gesamtheit aller Merkmale eines Produktes oder einer Dienstleistung, die die Eignung für einen bestimmten Verwendungszweck festlegen (vgl. Botta, Sp. 1748).

Damit ergeben sich die Forderungen an die Qualität vom Verwendungszweck her. Entsprechend dem Vorgehen im Unternehmen zur Verwirklichung einer bestimmten Qualität unterscheidet man auch zwischen der Entwurfsqualität, der Planungsqualität und der Fertigungsqualität. Die **Entwurfsqualität** wird in der Entwicklung und Konstruktion festgelegt und ergibt sich vor allem aus den Kundenforderungen, aber auch aus der Qualität der Konkurrenz und aus den eigenen Ansprüchen. Zur Realisierung der Entwurfsqualität muß erst eine Planung erfolgen, die die sog. **Planungsqualität** festlegt. Die tatsächlich dann erzielte **Fertigungsqualität** (Ausführungsqualität) sollte so weit wie möglich mit der Planungs- und Entwurfsqualität übereinstimmen. Diese Qualitäten sind zudem im **zeitlichen Ablauf** (dynamische Qualität) sicherzustellen, wobei man auch von Zuverlässigkeit spricht.

Alle Aktivitäten im Unternehmen zur Sicherung der Qualität werden von der Institution „Qualitätswesen" wahrgenommen. Doch welche Aktivitäten können das sein? Diese sind sicher auf die erwähnten Merkmale und Eigenschaften des Gutes zu richten, wie dessen mechanische, elektrische, chemische, sensorische und biologische Beschaffenheit. Dabei ist die Unterscheidung wichtig, daß manche Eigenschaften durch messen und zählen, andere nur durch qualitative Form (Attribute vorhanden oder nicht wie z. B. Geruch, Geschmack) bestimmt bzw. beurteilt werden können. In der Regel ist die Qualität eines Gutes nur durch mehrere Merkmale zu charakterisieren, wobei die Bedeutung der Merkmale für unterschiedliche Verwendungszwecke variieren kann. Daher ist es im Unternehmen oft schwierig, bestimmte Soll-Qualitäten zu fixieren. Bei Auftragsfertigung kann sie von Fall zu Fall vereinbart werden, bei Lagerfertigung ist ein Katalog repräsentativer Qualitätsmerkmale sinnvoll. Dieselben Überlegungen gelten für die Faktoreinsatzqualitäten, wobei noch an die der Produktqualität entsprechende Dimensionierung zu denken ist.

In der Praxis ist es schwierig, wenn nicht unmöglich, und daher meist auch wirtschaftlich nicht sinnvoll, einen exakten Soll-Wert für bestimmte Merkmale festzulegen. Es wird daher mit Bandbreiten, also mit einem oberen und unteren Grenzwert, gearbeitet. Liegt der entsprechende Wert für eine Qualitätseigenschaft im Rahmen dieser „Toleranz", so ist Fehlerfreiheit gegeben. Allerdings gibt es hier Abstufungen in den Fehlerarten, die von kritischen Fehlern (unbrauchbares Gut) über Haupt- und Nebenfehler (Brauchbarkeit ist vermindert) bis zu den nebensächlichen Fehlern (Schönheitsfehler) reichen.

2. Die Aufgaben des Qualitätswesens

Die übliche Unterteilung der Aufgaben des Qualitätswesens ist in Qualitätsplanung, Qualitätssteuerung und Qualitätsförderung (vgl. Steinbuch/Olfert, S. 367 ff.).

Dabei hat die **Qualitätsplanung** auszugehen vom Verwendungszweck, den Qualitätsanforderungen des Marktes, der eigenen Qualitätspolitik und den Fertigungsmöglichkeiten sowie von den Qualitätsvorschriften (Lebensmittel, Arznei, Normen, Unfallverhütung u. a.). Die Einzelaufgaben beziehen sich auf die planende Vorbereitung der Steuerung und Förderung der Qualität.

Die **Qualitätssteuerung** untergliedert sich in die Qualitätsprüfung und die Qualitätssicherung. Bei der **Qualitätsprüfung** ist entsprechend einer Prüfanweisung vorzugehen, in der festgelegt sein sollte, ob die Prüfung zu 100% (Vollprüfung) oder mit Hilfe einer Stichprobe erfolgen soll, ob eine Eigenprüfung (Mitarbeiter prüft eigene Arbeit) oder eine Fremdprüfung (durch Qualitätswesen) sinnvoll ist, ob die Prüfung am Arbeitsplatz oder an einer Prüfstelle durchzuführen ist, ob eine manuelle oder automatische Prüfung erfolgen soll und ob die Prüfung zerstörend oder nicht zerstörend sein soll. Die **Qualitätssicherung** soll Qualitätsfehler vermeiden, d. h. sie verwendet die Ergebnisse von Qualitätsprüfungen, um Fehlerursachen zu finden, diese zu bewerten und um Maßnahmen zur Fehlerbehebung (Unterweisung, Änderung des Fertigungsverfahrens, Ersetzung des Werkzeugs u. a.) einleiten zu können.

Die Maßnahmen zur **Qualitätsförderung** erstrecken sich von den Hilfen zum Gebrauch des Erzeugnisses und Gewährleistungszusagen (sog. externe Maßnahmen) über die Qualitätsnormen und die Ausbildung zur Qualitätsarbeit bis zur Motivation der Mitarbeiter. Dabei sind vor allem Wettbewerbe zwischen Mitarbeitergruppen zu fehlerfreier Arbeit in Verbindung mit Prämien oder Auszeichnungen (Null-Fehler-Mitarbeiter) aktuell.

Diese Überlegungen zeigen, daß es in einem Unternehmen nicht nur darauf ankommt, einen Fehlerprozentsatz einzuhalten oder alle „schlechten" Produkte auszusondern, sondern daß die Ergebnisse der Überwachung in Korrekturmaßnahmen eingehen. Daher ist ein geeignetes Qualitätsinformationssystem (Qualitätssicherungs-System) zu etablieren, das in einem Qualitätsregelkreis einen Abbau der Qualitätsmängel erreicht durch Einflußnahme auf Qualitätsplanung, Qualitätssteuerung und Qualitätsförderung.

3. Methoden zur Qualitätssicherung

Wird eine Vollkontrolle, d. h. Messung bzw. Feststellung von Merkmalen an jedem einzelnen Gut (Ist) und Vergleich mit dem jeweiligen Soll, unwirtschaftlich, so ist eine Zufallsstichprobe sinnvoll. Dann wird die Qualitätssicherung aber zu einem statistischen Problem. Dies bedeutet, daß Teilmengen einer Gesamtheit in ihrer Qualität für die Gesamtheit herangezogen werden. Inwieweit dies möglich ist, mit welcher Sicherheit solche Aussagen unter welchen Voraussetzungen gemacht werden können und wie die entsprechenden Methoden möglichst wirtschaftlich im Unternehmen eingesetzt werden können, dies versucht die **statistische Qualitätskontrolle** zu lösen.

Die statistischen Methoden bauen auf der Wahrscheinlichkeitsrechnung auf und erlauben daher Aussagen mit der Angabe einer Wahrscheinlichkeit. Dies bedeutet, daß z. B. bei der Kontrolle gute Partien zurückgewiesen und schlechte Partien angenommen werden trotz richtigem Stichprobenplan, dies allerdings mit der Möglichkeit zur Berechnung der durchschnittlichen Häufigkeit dieser falschen Entscheidungen. Dazu ist es beispielsweise notwendig die Ergebnisse von Messungen, Gewichtsbestimmungen u. a. m. nicht allein in Tabellen zu erfassen, sondern in Häufigkeitsverteilungen darzustellen, da die Qualitätseigenschaften um den Sollwert streuen. Eine solche „Verteilungskurve" mit den entsprechenden Häufigkeiten bzw. Summenhäufigkeiten zeigt Abb. 74 für die Gewichte von 100 keramischen Röhren.

Die Ergebnisse dieser Häufigkeitsanalyse für das Vorkommen bestimmter Werte können in Säulendiagrammen oder Häufigkeitspolygonzügen dargestellt werden, wobei aber auf die Einteilung in Meßwertklassen (zwischen 5 und 20) zu achten ist.

Gewicht in g	Häufigkeit	Summen-Häufigkeit
1,70 |	1	1
1,71 |	1	2
1,72 |||	3	5
1,73 ЖТ	5	10
1,74 ЖТ ЖТ |	11	21
1,75 ЖТ ЖТ ЖТ |||	18	39
1,76 ЖТ ЖТ ЖТ ЖТ ||||	24	63
1,77 ЖТ ЖТ ЖТ |||	18	81
1,78 ЖТ ||||	9	90
1,79 ЖТ ||	7	97
1,80 ||	2	99
1,81 |	1	100
	100	

Abb. 74 Häufigkeitsanalyse aus den Gewichten von 100 keramischen Röhren
Quelle: Schaafsma/Willemze, S. 23

Die obige Strichauswertung der Abb. 74 kommt einem Säulendiagramm bereits sehr nahe. Bei der Auswertung charakteristischer Merkmale von Erzeugnissen in verschiedenen Industriezweigen zeigt sich immer wieder eine mehr oder weniger gleiche Form, die der sog. Normalverteilung recht nahe kommt. Dies hat neben einigen noch zu diskutierenden Vorteilen die Vereinfachung bei der eindeutigen Charakterisierung der Verteilung zur Folge, daß der **Mittelwert** und die **Standardabweichung** (Streumaß um den Mittelwert) als Kennzahlen ausreichen und keine **Schiefemaße** notwendig sind. Die Normalverteilung, auch Gauß'sche Verteilung genannt, ist um den Mittelwert symmetrisch. Damit können die Ausprägungen einer Qualitätseigenschaft, die um den Mittelwert = Medianwert streuen, durch Angabe der Fläche unter der Verteilungskurve erfaßt werden. So liegen beispielsweise 95% aller Ausprägungen zwischen den Grenzen Mittelwert ± 2 mal Standardabweichung. Damit kann mit Hilfe einer zufällig entnommenen Stichprobe mit ausreichendem Umfang (in der Praxis über 15) und der darin gefundenen Häufigkeit einer Merkmalsausprägung der Mittelwert und die Standardabweichung errechnet und als Schätzwerte für die entsprechenden Werte der Grundgesamtheit verwendet werden. Bei Festlegung einer Streubreite von 2 mal Standardabweichung liegen mit 95% Wahrscheinlichkeit dann alle Merkmalsausprägungen der Grundgesamtheit in diesem Wertebereich.

Die statistischen Hilfsmittel erlauben es, den Schwerpunkt der Kontrolle auf die Fertigung und nicht in die Endkontrolle für das Fertigfabrikat zu verlegen. Diese Fertigungskontrolle hat zum Ziel, den Fertigungsvorgang zu beherrschen. Dies ist der Fall, wenn die Qualität des Erzeugnisses konstant ist, d. h. wenn der Fertigungsvorgang Erzeugnisse mit festem Mittelwert und fester Streuung liefert. Die Hilfsmittel dazu sind das Wahrscheinlichkeitspapier und die Kontrollkarten.

Das **Wahrscheinlichkeitspapier** dient für eine einfache nichtrechnerische Ermittlung des Mittelwerts und der Standardabweichung. Das entsprechende Koordinatennetz eines Wahrscheinlichkeitspapiers enthält auf der Senkrechten eine lineare Einteilung und auf der Waagrechten eine Wahrscheinlichkeitsskala in Prozent, deren Einteilung so gewählt ist, daß bei Vorliegen einer Normalverteilung für eine Beobachtungsreihe sich eine gerade Linie ergibt. Die Ableitung dieser Einteilung erfolgt über die Summenhäufigkeitskurve einer Normalverteilung (logistische Funktion). Entsprechend wird eine ermittelte Häufigkeitsverteilung in eine Summenkurve transformiert und diese Werte in das Wahrscheinlichkeitspapier eingetragen. Erhält man eine gekrümmte Kurve, liegt eine schiefe Verteilung zugrunde, bei einer geraden Linie eine Normalverteilung. Gleichzeitig markiert dann der Schnittpunkt der Geraden mit der 50%-Linie

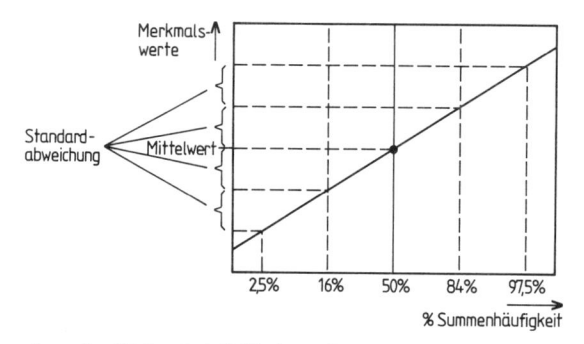

Abb. 75 Anwendung des Wahrscheinlichkeitspapiers

den Mittelwert, da bei einer symmetrischen Verteilung stets 50% der Werte kleiner als der Mittelwert sind. Gleichzeitig liegen 68% des Beobachtungsmaterials zwischen Mittelwert ± Standardabweichung. Daher sind die Werte im Schnittpunkt der Geraden mit der 16%- und 84%-Linie abzulesen und zu halbieren; der so erhaltene Wert ergibt die Standardabweichung.

Eine vereinfachte Darstellung dieses Vorgehens zeigt Abb. 75.

Um auch den zeitlichen Verlauf des Fertigungsvorgangs bzw. der Merkmalsausprägungen für die Qualität zu erfassen, werden sog. **Kontrollkarten** verwendet. Sie weisen die zeitliche Entwicklung der Qualitätseigenschaften mit den oberen und unteren Toleranzgrenzen, evtl. auch Warngrenzen, aus. Qualitätsänderungen werden hier durch den Trend in den erfaßten Werten frühzeitig angezeigt.

Es gibt eine Vielzahl von Kontrollkarten, die je nach der erfaßten statistischen Kenngröße aufgebaut sind. So können bei einer Stichprobe von z. B. 10 Stück alle Werte eingezeichnet werden oder der größte und kleinste Wert oder der Mittelwert. Interessiert auch der Verlauf der Streuung, so kann auch die jeweilige Standardabweichung erfaßt werden. Eine spezielle Art einer Kontrollkarte ist die sog. **Kreuzkarte**, in die jeweils die Zahl der fehlerhaften Teile in einer Stichprobe (durch **Ankreuzen** der entsprechenden vorgedruckten Zahl) und die Ausschußspezifizierung eingetragen werden. Ein Kreuzchen oberhalb einer Linie, die aus einer Häufigkeitsverteilung abgeleitet wird, zeigt eine unbefriedigende Qualität. Diese Kreuzkarte wird bei der Attributenkontrolle verwendet.

Trotz der Sorgfalt bei der Kontrolle des Fertigungsvorgangs können fragwürdige Qualitäten auftreten. Daher ergibt sich die Notwendigkeit z. B. Abnahmeprüfungen von Lieferantenteilen vorzunehmen. Diese Kontrollen müssen umfassender sein, da die „Vorgeschichte" meist nicht genügend bekannt ist. Hier ist es sinnvoll sog. Stichprobenpläne zwischen Käufer und Verkäufer vertraglich zu vereinbaren. Dieser Stichprobenplan sollte die Bereiche für die Losgrößen (Partiegrößen) mit den dazugehörigen Stichprobengrößen und Annahmezahlen enthalten. Daraus ist z. B. zu entnehmen, daß für gelieferte Partien zwischen 3200 und 10000 Stück eine Stichprobe von 125 Stück zu entnehmen ist. In dieser Stichprobe dürfen höchstens 3 fehlerhafte Teile sein, wenn die Partie als gut angenommen werden soll.

Die Basis für einen solchen Stichproblenplan sollte die sog. **Annahmekennlinie** abgeben, die den Zusammenhang zwischen dem Ausschußprozentsatz in einer Partie p und der Annahmewahrscheinlichkeit P bei einer gegebenen Stichprobengröße n und einer bestimmten zugelassenen Fehlerzahl c in der Stichprobe abbildet. Abb. 76 zeigt fünf dieser Annahmekennlinien bei verschiedenen n-c-Kombinationen.

Der Grundgedanke dieser Annahmekennlinien ist der, daß z. B. eine Stichprobe von 100 Stück bei 20facher Wiederholung fehlerhafte Stücke zwischen 0 und 10 oder mehr ausweisen kann. Daher besteht die Möglichkeit, daß bei Festlegung von maximal 3 fehlerhaften Stücken eine Partie mit weniger als 3 abgelehnt wird und eine mit mehr als 3 angenommen wird.

Die letztere Möglichkeit wird Annahmewahrscheinlichkeit genannt; mit ihr wird die Annahmekennlinie ermittelt. Damit kann ermittelt werden, daß bei $n = 100$ und $c = 2$ (Kurve III in Abb. 76) eine Partie mit 1% Ausschuß eine Wahrscheinlichkeit von 0,91 besitzt, angenommen zu werden.

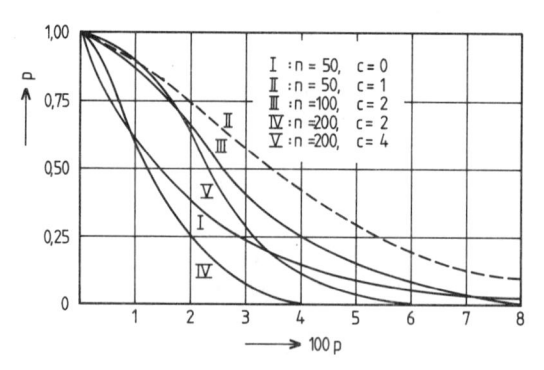

Abb. 76 Annahmekennlinien verschiedener Stichprobenschemata
Quelle: Schaafsma/Willemze, S. 195

Da die Ermittlung der Stichprobenschemata, insbesondere wenn sie auf weiteren Größen, also nicht nur auf n und c aufbauen, recht aufwendig wird, werden diese Schemata logisch geordnet und gesammelt. Man spricht dann von Stichprobensystemen.

4. Die Qualitätskosten

Die Aufgaben der Qualitätssicherung verursachen Kosten, genannt Qualitätskosten, die zu den betriebswirtschaftlichen Kostenbegriffen zu zählen sind. Zu den Qualitätskosten zählen:

- Kosten für vorbeugende Maßnahmen, insbesondere der Fehleranalyse und Fehlerverhütung, Qualitätsförderung, Qualitätsplanung, Schulung des Qualitätsbewußtseins, aber auch die Kosten für die Qualitätsabteilung
- Prüfkosten, also Kosten für die Feststellung von Fehlern bzw. Fehlerfreiheit
- Fehlerkosten, die z.B. für Nacharbeit, Ausschuß und Garantieinanspruchnahme entstehen, aber auch aus Konstruktionsänderungen wegen mangelhafter Qualität.

Alle diese Kostenarten sind gegenseitig voneinander abhängig. Daher ist es schwierig, ein Ziel für die Qualitätskosten festzulegen. Der Tendenz nach kann allerdings gesagt werden, daß bei einer Reduzierung des Fehleranteils in der Produktmenge die Kosten für die Prüfung und Vorbeugung progressiv steigen, die Kosten für die Fehlerbeseitigung dagegen degressiv fallen. Diese gegenläufigen Kostenverläufe bringen damit ein Optimierungsproblem, das auf die Bestimmung des optimalen Anteils fehlerhafter Erzeugnisse im Hinblick auf die Qualitätskosten hinausläuft. Dieses Optimum ist wegen der gegenseitigen Abhängigkeit der Kosten jedoch kaum bestimmbar.

III. Die Kostenkontrolle

Ein wichtiger Anstoß für Lenkungsmaßnahmen im Fertigungsbereich soll nicht allein von der technologisch-mengenmäßigen Seite der Kontrolle kommen, sondern auch von der Kostenrechnung. Dazu benötigt man Zielgrößen (Sollgrößen), um daran die erzielten Ergebnisse (Kontrollgrößen, Istgrößen) messen und eine Ursachenanalyse für Abweichungen einleiten zu können. Ein solches System von Sollgrößen können vor allem Teilkostenrechnungssysteme liefern, da sie nur die durch die Fertigungsentscheidungen anfallenden zusätzlichen (entscheidungsrelevanten) Kosten erfassen. Damit ist bei unveränderter Kapazität die Kontrolle eine Deckungs- oder Auslastungskontrolle. Es kann sinnvoll sein, für die entscheidungsrelevanten Einzel- und Gemeinkosten je Kostenstelle eine Abweichungsanalyse durchzuführen, wenn vorher entsprechende Plangrößen bei Berücksichtigung des Beschäftigungsgrads erarbeitet wurden.

Nähere Ausführungen zu den Kostenrechnungssystemen sind im 7. Teil, I. Abschnitt dieses Buches zu finden.

Literaturverzeichnis

Botta, V.: Qualität und Qualitätsüberwachung, in: (12), Sp. 1747–1756
Brankamp, K.: Fertigung und Konstruktion, a. Stand und Tendenzen moderner Fertigung, in: (6), S. 711–738
Bundesministerium für Wirtschaft (Hrsg.) (Referat Presse und Information): Ökonometrische Methodenbank, Studienreihe 22, Bonn 1978
Demmer, K. H., Joost, H.: Wertanalytik, in: (6), S. 1345–1359
Ellinger, T., Wildemann, H.: Praktische Fälle zur Produktionssteuerung, Wiesbaden 1978
Engel, K. H. (Hrsg.): Handbuch der neuen Techniken des Industrial Engineering, 3. Auflage, München 1979
Engel, K. H.: Einführende Gedanken zum Industrial Engineering, in: (6), S. 17–30
Eversheim, W.: Fertigung und Konstruktion, b. Die Konstruktion als Element des Fertigungsprozesses, in: (6), S. 739–753
Fandel, G.: Produktion I, Berlin-Heidelberg-New York-Tokyo 1987
Grupp, B.: Stücklisten- und Arbeitsplanorganisation mit Bildschirmeinsatz, Wiesbaden 1985
Hansen, H. R. (Hrsg.): Informationssysteme im Produktionsbereich, München – Wien 1975
Hackstein, R.: Produktionsplanung und -steuerung (PPS) – Ein Handbuch für die Betriebspraxis, Düsseldorf 1984
Johnston, J.: Econometric Methods, 2nd Edition, Tokyo 1972
Kern, K. D.: Stand und Entwicklungstendenzen des Computereinsatzes auf dem Gebiet der Produktionsplanung und -steuerung, in: TEX, Zeitschrift der Fachhochschule Reutlingen, Heft 26/27, April 1980, S. 122–130
Kern, W. (Hrsg.): Handwörterbuch der Produktionswirtschaft, Stuttgart 1979
Klein, H. J.: Integration flexibler Materialflußsysteme, in: Industrie-Anzeiger, Nr. 10, 1987, S. 10–13
Knittel, T.: Produktionsplanungs- und -steuerungssystem, Sindelfingen 1986
Krankenhagen, G., Mommertz, K. H.: Vom Bohren, Drehen und Fräsen, in: Kultur und Technik, 4. Jahrgang, Heft 1, München 1980, S. 52–58
Leserer, M.: Grundlagen der Ökonometrie, Göttingen 1980
Mayer, G. S.: Automatisierung mit CIM, in: Werkstatttechnik, Jg. 76 (1986), Nr. 12, S. 733–736
Milberg, J.: Rechnerintegrierte Konstruktion und Produktion, in: Industrie-Anzeiger, Nr. 85, 1986, S. 14–16
Müller-Merbach, H.: Operations-Research, Methoden und Modelle der Optimalplanung, 3. Auflage, München 1973
Oeldorf, G., Olfert, K.: Materialwirtschaft, 5., durchgesehene und verbesserte Auflage, Ludwigshafen 1987
Ott, A. E.: Grundzüge der Preistheorie, Durchgesehener Neudruck der 3., überarbeiteten Auflage, Göttingen 1989
Pfeiffer, R.: Die Ermittlung des technischen Fortschritts mit Hilfe der CES-Produktionsfunktion, München 1967
Preitz, O. (Hrsg.): Allgemeine Betriebswirtschaftslehre für Studium und Praxis, 2. Auflage, Baden-Baden – Bad Homburg vor der Höhe, 1974
REFA-Verband für Arbeitsstudien und Betriebsorganisation e. V.: Methodenlehre des Arbeitsstudiums.

Dritter Teil: Materialwirtschaft und Fertigung

Teil 1, Grundlagen, 6. Auflage, München 1978
Teil 2, Datenermittlung, 6. Auflage, München 1978
Teil 3, Kostenrechnung, Arbeitsgestaltung, 6. Auflage, München 1978
Teil 4, Anforderungsermittlung (Arbeitsbewertung), 4. Auflage, München 1977
Teil 5, Lohndifferenzierung, 2. Auflage, München 1977
Teil 6, Arbeitsunterweisung, 2. Auflage, München 1976
Runzheimer, B.: Operations-Research I, Lineare Planungsrechnung und Netzplantechnik, Wiesbaden 1978
Operations-Research II, Methoden der Entscheidungsvorbereitung bei Risiko, Wiesbaden 1978
Schaafsma, A.H., Willemze, F. G.: Moderne Qualitätskontrolle, Statistische und organisatorische Grundlagen der Qualitätsgestaltung, 7. Auflage, Hamburg 1973
Scharf, A.: Marktorientierung vor Kostendenken-Losgröße Eins, in: Hard and Soft, Dezember 1986, S. 67–70
Scheer, A.-W.: CIM, Der computergesteuerte Industriebetrieb, 4. Auflage, Berlin, Heidelberg, New York, London, Paris, Tokio, 1990
Schierenbeck, H.: Grundzüge der Betriebswirtschaftslehre, 9. Auflage, München – Wien 1987
Schneeweiß, Ch.: Einführung in die Produktionswirtschaft, Berlin – Heidelberg 1987
Schweitzer, M.: Einführung in die Industriebetriebslehre, Berlin – New York 1973
Steinbuch, P. A., Olfert, K.: Fertigungswirtschaft, 4. überarbeitete und erweiterte Auflage 1989
VDI-Gesellschaft Produktionstechnik (Hrsg.): Elektronische Datenverarbeitung bei der Produktionsplanung und -steuerung. II. Fertigungsterminplanung und steuerung, 2. Auflage, VDI-Taschenbücher, T23, Düsseldorf 1974
Wiendahl, H.-P.: Belastungsorientierte Fertigungssteuerung, Grundlagen, Verfahrensaufbau, Realisierung, München – Wien, 1987

Vierter Teil: Marketing

1. Kapitel:
Marketing – Begriff und Abgrenzung

Der Marketingbegriff – erstmals im amerikanischen Schrifttum Mitte der dreißiger Jahre verwendet – hat seit seiner Übernahme in die deutschsprachige Literatur Ende der fünfziger, Anfang der sechziger Jahre gegen zwei Vorurteile zu kämpfen. Zum ersten steht Marketing im Verdacht, lediglich ein modischer Amerikanismus für den herkömmlichen Absatzbegriff zu sein. Zum zweiten gibt es für Marketing unzählige Definitionen, die dazu noch erheblich voneinander abweichen. Sie reichen von „läßt sich nicht übersetzen" (Bossle, S. 9) über „Schlagwort für die Ermittlung, Weckung und Befriedigung verborgener Verbraucherwünsche" (Großer Brockhaus 1958) bis zur „marktorientierten Unternehmenspolitik" (Tietz, S. 1). Kotler definiert Marketing (1977, S. 12) als „jene menschlichen Tätigkeiten, die darauf abzielen, Austauschprozesse zu erleichtern und durchzuführen". Diese Begriffsvielfalt hat zur Folge, daß der Marketingbegriff im Verdacht steht, unseriös, zumindest aber unwissenschaftlich zu sein.

Voraussetzung für eine wissenschaftliche Verwendung des Marketingbegriffes ist demnach die Abgrenzung der Begriffe Absatz und Marketing sowie das Herausarbeiten jener Faktoren, die allen Marketingdefinitionen gemeinsam sind.

A. Absatz und Marketing

Das funktionale Denken in der Betriebswirtschaftslehre hat dazu geführt, daß die Gesamtleistung eines Unternehmens gedanklich in Teilleistungen zerlegt wird, die als Funktionen bezeichnet werden. Als die wesentlichsten Funktionen werden Beschaffung, Produktion, Absatz sowie die Finanzierung angesehen.[1] Dabei verkörpert die Absatzfunktion gewissermaßen die letzte Phase des Leistungsprozesses; seine Aufgabe ist es, die erstellte Leistung auf den Absatzmärkten unterzubringen.

Die Absatzfunktion kann nun ihrerseits wieder in Teilleistungen untergliedert werden. Für Seyffert (S. 9) bestehen sie im wesentlichen in der Raumüberwindung zwischen Herstellungs- und Verbrauchsort sowie in dem Ausgleich der zeitlichen Spannung zwischen Herstellungs- und Verbrauchszeitpunkt. Damit ist Absatz gleichbedeutend mit Handel im weitesten Sinne und ist darauf ausgerichtet, bestehende Spannungen durch die Zusammenführung von Angebot und Nachfrage auszugleichen.

Diese funktionale Betrachtungsweise leidet unter einem erheblichen Mangel. Sie geht gewissermaßen von einem idealen Markt aus, auf dem das Problem der Marktmacht nicht existiert. Nun zeigt aber ein Blick in die Wirtschaftsgeschichte, daß solche Märkte, auf denen sich Anbieter und Nachfrager gleichrangig gegenüberstehen eher die Ausnahme sind. In der Realität haben entweder die Produzenten eine stärkere Position, weil die Nachfrage das Angebot übersteigt. Wir sprechen dann von einem Verkäufermarkt. Oder aber das Angebot ist größer als die Nachfrage und der Käufer ist dem Verkäufer gegenüber im Vorteil, weil er zwischen mehreren Anbietern wählen kann. Wir bezeichnen eine solche Situation als Käufermarkt.

---

[1] Gutenberg unterscheidet sieben Funktionen: 1. die Führungsfunktion, 2. Beschaffungsfunktion, 3. Absatzfunktion, 4. Funktion der Leistungserstellung, 5. Gestaltungsfunktion, 6. Finanzierungsfunktion, 7. Kontrollfunktion (vgl.: Gutenberg, S. 23).

Nun ist unbestreitbar, daß Marketing – wie immer der Begriff definiert wird – sich mit der Verwertung der Produktion beschäftigt und damit dem Absatzbegriff zumindest sehr nahe ist. In der Tat besteht der einzige Unterschied zwischen Absatz und Marketing in der Berücksichtigung der Marktmacht: während diese Frage im Rahmen der Absatzliteratur nicht unmittelbar angesprochen wird, scheint sie für den Marketingbegriff das entscheidende Merkmal zu sein. Marketing ist nichts anderes, als die **Erbringung der absatzwirtschaftlichen Leistung unter den Bedingungen eines Käufermarktes**. Marketing ist demnach kein Ersatzbegriff für Absatz, sondern bedeutet Absatz in einer ganz bestimmten Marktsituation.

B. Die Entwicklung des Marketing-Begriffs

Das, was inhaltlich mit dem Begriff Marketing umschrieben wurde, hat sich in der Vergangenheit offensichtlich mehrfach gewandelt. Dies scheint die Hauptursache für die vielen existierenden Marketing-Definitionen zu sein. Im Rückblick lassen sich mindestens vier solcher Phasen unterscheiden, in denen dem Begriff Marketing andere Inhalte zugeordnet wurden, wobei der Begriff inhaltlich ständig erweitert wurde.

1. Die Verschiebung der Marktmacht setzt den potentiellen Käufer in die Lage, zwischen mehreren Anbietern auszuwählen. Der Produzent muß sich systematisch um seine Kunden bemühen. Die dafür geeigneten Instrumente wie Verkaufsorganisation, Preis- und Produktpolitik oder Werbung werden beschrieben. Marketing bedeutet in dieser ersten Phase, die in der Bundesrepublik etwa auf die Zeit 1958 bis 1965 zu datieren ist, die Lehre von den Instrumenten der Marktbeeinflussung und deren gemeinsame Anwendung, die als Marketing-Mix bezeichnet wird.

2. Die Beschreibung der Marketing-Instrumente hat gewissermaßen statischen Charakter. Die Sicherstellung eines dauerhaften Markterfolges ist aber ein dynamischer Vorgang; der Markt muß ständig bearbeitet werden, die Instrumente und das Marketing-Mix regelmäßig daraufhin überprüft werden, ob das vorgegebene Ziel auch erreicht wird. In dieser Periode, die sich etwa auf die Jahre von 1965 bis 1970 datieren läßt, bedeutet Marketing vorzugsweise der dauerhafte Prozeß der Marktbearbeitung; Marketing wird definiert als ein zielgerichtetes Entscheidungssystem.

3. Unter den Bedingungen eines Käufermarktes ist der Absatzmarkt Hauptengpaß für das Unternehmen. Eine erfolgreiche Unternehmensführung ist mit einer erfolgreichen Marktbearbeitung identisch: das Unternehmen kann nicht das verkaufen, was es produziert, sondern muß das herstellen, was von den Kunden nachgefragt wird. Damit wird der Absatzmarkt zum Ausgangspunkt für eine erfolgreiche Unternehmensführung. Ab 1970 etwa wird Marketing verstärkt in diesem Sinne als marktorientierte Unternehmensführung definiert.

4. Die konsequente Ausrichtung des Unternehmens auf den Absatzmarkt führt häufig zu Problemen mit der bestehenden Unternehmensorganisation. In der Regel gliedert sie das Unternehmen nach dem Tätigkeitsprinzip, während eine Verantwortlichkeit für Produkte und Märkte fehlt. Dieser Sachverhalt wurde in der jüngsten Vergangenheit verstärkt diskutiert. Marketing bekam die Bedeutung von marktorientierter Unternehmensorganisation.

Damit wird deutlich, daß die vielen Marketing-Definitionen gewissermaßen eine historische Ursache haben. Sie lassen sich damit erklären, daß sie sich jeweils nur auf einen oder einige der genannten Sachverhalte beziehen.

Es ist nun sicher ein müßiges Unterfangen, eine Definition zu entwickeln, die alle Aspekte berücksichtigt. Sie wäre entweder zu umfangreich oder zu allgemein. Statt dessen erscheint eine gesonderte Darstellung der vier Entwicklungsstufen dem Verständnis von Marketing zuträglicher zu sein.

2. Kapitel:
Marketing als marktorientierte Unternehmensführung

Die Hauptaufgabe jeder Unternehmensführung besteht darin, das Unternehmen so zu steuern, daß die gesetzten Ziele erreicht werden. Dabei ist zunächst nicht so wichtig, welche Ziele im einzelnen formuliert werden, als vielmehr die Frage nach der Grundrichtung: wohin soll das Unternehmen geführt werden, was soll bewirkt werden. Vereinfachend läßt sich feststellen, daß jede Führung darauf abzielt, den Hauptengpaß, der das Wachstum des Unternehmens begrenzt, zu überwinden. Diese Orientierung am Hauptengpaß kann als Führungsprinzip bezeichnet werden. Kotler (1977, S. 17) und Bidlingmaier (S. 13) sprechen in diesem Zusammenhang von einer Konzeption; im amerikanischen Schrifttum ist dafür der Ausdruck „Unternehmensphilosophie" üblich geworden. Grundsätzlich kann jeder betriebliche Funktionsbereich zu einem solchen Engpaß werden, der das Gesamtwachstum des Unternehmens primär bestimmt.

A. Historische Ansatzpunkte

In der rückblickenden Betrachtung läßt sich der Produktionsbereich unschwer als ein einstiger dominierender Engpaß begreifen. Die Entwicklung von der Handwerks- zur Industriewirtschaft war gekennzeichnet durch den Ersatz der Hand- durch Maschinenarbeit, die einen größeren Ausstoß bei geringeren Kosten je Leistungseinheit ermöglichte, was sich wiederum in einer zunehmenden Nachfrage niederschlug. Als erfolgreich galten die Unternehmen, die durch neue Maschinen und Fertigungsverfahren die Produktion vergrößern konnten.

Das bedeutet aber nichts anderes als eine erfolgreiche Überwindung des Engpasses Produktion durch entsprechende Maßnahmen der Unternehmensführung. Da der Hauptengpaß innerhalb des Unternehmens lag, bezeichnet Matheis eine Konzeption, die auf Überwindung dieses Engpasses zielt, als **„Führung von innen"** (S. 3).

Der Wechsel von Verkäufer- zum Käufermarkt bedeutet nun nichts anderes als eine Verlagerung des betrieblichen Engpasses. Nicht mehr die Produktion, sondern der Absatz wird zum Prüfstein des Unternehmenserfolges. Damit wandelt sich auch die produktionsorientierte in eine marktorientierte Unternehmensführung. Erfolgreich ist jenes Unternehmen, das sich am besten auf die Wünsche seiner Kunden einstellen kann. In Anlehnung an Matheis kann dies als **„Führung von außen"** bezeichnet werden. Abb. 1 zeigt schematisch diese Entwicklung für die Bundesrepublik.

Aus dieser Entwicklung kann sicher nicht geschlossen werden, daß der Absatzmarkt ständig Hauptengpaß für die Unternehmen bleiben muß. So ist durchaus vorstellbar, daß andere Funktionsbereiche, wie etwa Finanzierung oder Beschaffung zu dominierenden Engpässen werden können. Die große Sorge der Gegenwart besteht ja gerade darin, daß die Energieversorgung zu einer solchen Schlüsselgröße für die künftige Wirtschaftsentwicklung werden könnte.

Marketing im Sinne einer marktorientierten Unternehmensführung geht damit weit über den Absatzbegriff hinaus. Marketing so definiert bedeutet, daß nicht mehr die Produktion, sondern der Markt Ansatzpunkt für das unternehmerische Handeln ist: es kann nur das produziert werden, was der Markt auch abzunehmen bereit ist.

Der Weg zum totalen Käufermarkt

Entwicklungsphase	Nachfrage	Orientierungsdaten	Marktsituation	Engpaß-Sektoren- und Führungs-Konzepte	
				Industrie	Handel
1948	Nachholbedarf, wenig strukturiert, überschaubare Märkte	Sozio-ökonomische und demographische Merkmale, bestimmender Faktor »Kaufkraft«. Einkommenspyramide.	Verkäufermarkt	**Engpaß:** Produktion **Führungskonzept:** produktionsorientiert	**Engpaß:** Warenbeschaffung **Führungskonzept:** einkaufs- und verteilerorientiert.
ca. 1960	Massennachfrage hält an. Auflösungsprozesse der Gesamtmärkte in Teilmärkte	Das Masseneinkommen und das frei disponierbare Einkommen wachsen. Kaufkraft und sozio-demographische Merkmale verlieren an Aussagekraft für die Marketing-Politik	Übergang zum Käufermarkt	**Engpaß:** Finanzierung und Organisation. Wachsender Bedarf an Kapazitäten bei Handel und Industrie (Fertigung, Kapital, Verkaufsflächen). **Führungskonzept:** Finanz- und organisationsorientiert. Erste Phase des Marketings im Sinne von Absatzförderung. Differenzierung der Verkaufs- und Betriebsformen.	
1965–1970	Phase der Marktzersplitterung, Marktsegmente	Anhaltende Einkommens-Explosion. Psychologische Kriterien bestimmen zunehmend das Kaufverhalten	Der totale Käufermarkt	Marketing wird zur Führungskonzeption.	Engpaß Markt Industrialisierung des Handels-Marketing
				Zweite Konzentrationswelle	

Abb. 1
Quelle: Industriemagazin 4/72, S. 54

B. Führungsprinzip und Unternehmensorganisation

Zwischen Führungsprinzip und Unternehmensorganisation bestehen nun enge Zusammenhänge. Jede Unternehmensleitung bedarf zur Durchsetzung ihrer Entscheidungen eines organisatorischen Rahmens, der festlegt, in welche Teilbereiche das Unternehmen zergliedert wird und welche Befugnisse diesen Instanzen zugeordnet werden, um im Rahmen einer solchen Delegation die Durchführung der Unternehmensentscheidungen sicherzustellen. Damit wird auch für die Gestaltung der Unternehmensorganisation der betriebliche Engpaß zum entscheidenden Kriterium.

Die Führung von innen basiert – wie oben bereits dargestellt – auf dem Engpaß im Produktionsbereich. Dem entspricht eine Zergliederung des Unternehmens nach dem Tätigkeitsprinzip, die üblicherweise als Stablinien-Organisation bezeichnet wird. Verlagert sich nun der betriebliche Engpaß, muß dies Auswirkungen sowohl auf das Führungsprinzip wie auch auf die Unternehmensorganisation haben: beide müssen dem neuen Engpaß Rechnung tragen.

Der Wandel vom Verkäufer- zum Käufermarkt stellt eine solche Verlagerung dar. Der Markt wird zum Engpaß und damit zum Ansatzpunkt für unternehmerische Entscheidungen. Das bedeutet für die Unternehmensorganisation, daß anstelle der Gliederung nach Tätigkeiten eine solche nach Märkten oder Produkten treten muß, um den Engpaß Markt möglichst gut zu überwinden.

Die verstärkte Diskussion dieser Gesichtspunkte gerade in der jüngsten Vergangenheit läßt den Schluß zu, daß in vielen Unternehmen zwar akzeptiert wird, daß der Engpaß sich verlagert hat, aber die entsprechenden Konsequenzen für die Unternehmensorganisation nicht gezogen wurden. Die Verantwortung für alle Tätigkeiten ist bis ins Detail geregelt; niemand aber ist für Kunden und Produkte zuständig.

C. Marktorientierte Unternehmensorganisationen

Eine Berücksichtigung der Produktverantwortung in der Unternehmensorganisation kann grundsätzlich auf zweierlei Weise erfolgen. Entweder bleibt die Stab-Linien-Organisation erhalten und die Produktverantwortung wird einer neu zu bildenden Instanz zugewiesen, oder aber die bisherige, an den Tätigkeiten orientierte Struktur wird durch eine Gliederung nach Produkten oder Märkten ersetzt. Als Ergebnis der ersten Möglichkeit kann das Produkt-Management angesehen werden, während als Beispiel für die zweite Überlegung die Spartenorganisation zu nennen ist.

I. Das Produkt-Management

Beim Produkt-Management bleibt – wie bereits angedeutet – die bestehende Stab-Linien-Organisation erhalten. Zusätzlich wird die Produktverantwortung einer neu zu bildenden Instanz, eben dem Produkt-Management übertragen.

Die Bezeichnung „product-manager" oder „brand-manager" ist im amerikanischen Schrifttum – allerdings mit wechselnden Inhalten – seit 1894 belegt (Grünenberg, S. 123). Das Produkt-Management-Konzept – so wie es heute verstanden wird – wurde erstmals 1928 bei der Einführung einer neuen Marke unter der Bezeichnung „brand-management" angewendet. Ab 1960 wurde das in den USA erfolgreiche Konzept von amerikanischen Firmen zunehmend auf die europäischen Tochterunternehmen übertragen.

Die Hauptaufgabe eines Produkt-Managers besteht darin, gewissermaßen als braintrust für „sein" Produkt zu wirken und alle erreichbaren Informationen zu sammeln, wie beispielsweise Marktforschungsergebnisse oder Absatzzahlen. Die daraus abgeleiteten Erkenntnisse sollen dann durch den Produkt-Manager wieder in den Leistungsprozeß des Unternehmens eingebracht werden.

Die Eingliederung des Produkt-Managers in eine bestehende Organisation kann entweder als Stabs- oder als Linieninstanz erfolgen. In der Praxis hat es sich jedoch gezeigt, daß ein Produkt-Manager als Linieninstanz die in ihn gesetzten Erwartungen nicht erfüllen kann, weil er eben dann nur für einen Teilbereich verantwortlich ist. Soweit das Produkt-Management-Konzept in der Praxis verwirklicht ist, ist es durchweg als Stabsstelle konzipiert. Abb. 2 zeigt ein vereinfachtes Beispiel einer Unternehmensorganisation, in dem die Produkt-Manager als Stabsstellen integriert sind.

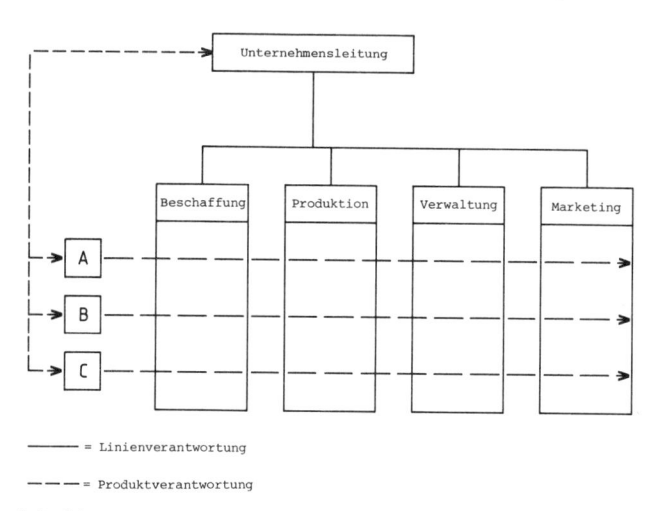

Abb. 2 Produkt-Management-Organisation als Stabsstellenkonzept

Durch die Zielsetzung und die organisatorische Eingliederung bedingt, besteht die Haupttätigkeit des Produkt-Managers in der Datensammlung und Datenanalyse, die in Form von verbesserten Planungen wiederum in den Leistungsprozeß einfließen sollen.

Obgleich das Konzept des Produkt-Managementes auf den ersten Blick besticht, sind seine Schwächen nicht zu übersehen. Die Kritik läßt sich in zwei Punkten zusammenfassen:

1. Als Hauptnachteil wird die organisatorische Verankerung als Stabsstelle angesehen. Sie räumt dem Produkt-Manager keine Weisungsrechte ein, um wünschenswerte Entwicklungen in Gang zu bringen. Er ist auf Kooperation mit den Linieninstanzen angewiesen. Fehlt diese Bereitschaft, bleibt die Tätigkeit des Produkt-Managers ergebnislos. Als praktikable Lösung dieses Problems hat sich in der Praxis eingebürgert, das Produkt-Management unmittelbar der Unternehmensführung zuzuordnen. Häufig wird seine Stellung dadurch gestärkt, daß ihm ein unmittelbares Vortragsrecht bei der Geschäftsleitung eingeräumt wird. Bei mangelnder Bereitschaft der Linieninstanzen zur Kooperation können dann die wünschenswerten Veränderungen durch die Unternehmensleitung initiiert werden.

2. Eine weitere Schwachstelle ist darin zu sehen, daß Produktorientierung nicht zwangsläufig Kunden- oder Marktorientierung bedeuten muß. Vielmehr deuten die ständigen Diskussionen dieses Themas darauf hin, daß Probleme der Technologie und Fertigungstechnik im Vordergrund stehen. Dieser Trend ist naturgemäß umso stärker, je komplizierter die Produkttechnologie ist. Sie erhalten mitunter einen so hohen Stellenwert, daß marktbezogene Überlegungen zu kurz kommen. So wird vor allem im Investitionsgüterbereich die geforderte Marktorientierung und die Praxis des Produkt-Managementes zunehmend als Widerspruch empfunden (Lettau, S. 16).

II. Die Divisions-(Sparten-)Organisation

Die zweite Möglichkeit, eine Produktverantwortung in die bestehende Unternehmensorganisation einzuführen, besteht darin, die funktionale, tätigkeitsbezogene Gliederung durch eine Gliederung nach Produkten oder Märkten zu ersetzen. Dies führt dazu, daß ein Mehrproduktunternehmen gewissermaßen in mehrere Einproduktunternehmen zerlegt wird. Eine solche Organisationsform wird als Spartenorganisation, Divisionalisierung oder als Bildung von operativen Unternehmensbereichen bezeichnet. Insbesondere der in den USA gebräuchliche Terminus Division macht das Besondere dieser Organisation deutlich. Als Division werden Teilbereiche eines Unternehmens bezeichnet, die gewissermaßen als quasi selbständige Unternehmen am Markt auftreten und dabei auch gegen andere Divisions des gleichen Unternehmens konkurrieren können. Als Beispiel aus der Bundesrepublik sei auf die Firmen VW und Audi verwiesen.

Die weitere Untergliederung der Sparte erfolgt üblicherweise nach Funktionen. Sind mehrere Produktbereiche in einer Sparte zusammengefaßt, so kann die funktionale Gliederung durch das Produkt-Management-Konzept erweitert werden. Daneben sind Gliederungen nach Märkten oder nach Kundengruppen weitere Gestaltungsmöglichkeiten von Divisions.

Sollen solche operativen Unternehmensbereiche ihre Aufgabe erfüllen, so müssen sie im Rahmen der globalen Unternehmenszielsetzung eigenverantwortlich geführt werden. Dazu müssen den Divisions operationale Ziele vorgegeben und die zur Realisierung notwendigen Kompetenzen übertragen werden. Hinsichtlich der übertragenen Kompetenzen lassen sich zwei verschiedene Konzeptionen unterscheiden:

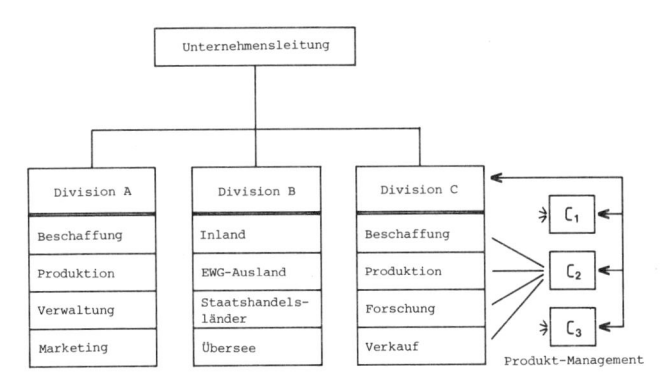

Abb. 3 Gliederungsschema einer Spartenorganisation. Verschiedene Varianten der Untergliederung

1. Beim Profit-Center-Konzept ist die Spartenführung allein für die Realisierung einer vorgegebenen Gewinngröße – etwa in Form einer Return on Investment-Kennziffer – verantwortlich.
2. Einen Schritt weiter geht das Investment-Center-Konzept. Hier ist die Spartenführung nicht nur für die Realisierung der Erfolgsgröße, sondern auch für die gesamte Investitionspolitik verantwortlich.

Die strikte Trennung der beiden Konzeptionen scheint allerdings wenig realitätsnah zu sein. Denn es ist zu fragen, wie eine Division wirklich Gewinnverantwortung tragen kann, wenn sie nicht gleichzeitig über die dafür notwendigen Investitionen entscheiden kann.

Der wesentliche Vorteil der Spartenbildung ist die ausgeprägte Produktverantwortlichkeit in der Division. Daneben führt die Spartenbildung zu kleineren und damit leichter zu führenden Unternehmenseinheiten.

Diesen Vorteilen stehen jedoch gewichtige Nachteile gegenüber; sie lassen sich in den folgenden Punkten zusammenfassen:
1. Die Bildung von operativen Unternehmensbereichen ist nur dann sinnvoll, wenn daraus lebensfähige Divisions entstehen.
2. Die verhältnismäßig große Selbständigkeit der Sparten kann dazu führen, daß die Spartenleitung die Globalzielsetzung unterläuft und Eigenziele verfolgt, die durchaus nicht in Übereinstimmung mit der globalen Zielsetzung stehen müssen.
3. Es läßt sich nicht vermeiden, daß in den verschiedenen Divisions gleichgelagerte Funktionen zu bewältigen sind. Dies führt – wie in der Praxis zu beobachten ist – zu einer starken Aufblähung solcher Funktionen, die sich in deutlich höheren Kosten niederschlägt. Als besonders gravierendes Beispiel wird hier immer die steigende Tendenz der Verwaltungskosten angeführt.

Die beiden letztgenannten Nachteile haben dazu geführt, daß eine Reihe von wichtigen Funktionen nicht an die Divisions delegiert, sondern als „zentrale Bereiche" unmittelbar der Unternehmensspitze zugeordnet werden. In der Regel zählen dazu der Finanz- und Personalbereich, soweit es sich bei dem letzteren um Führungspositionen handelt, sowie die Forschung und Entwicklung. Diese zentralen Bereiche sind nicht mit

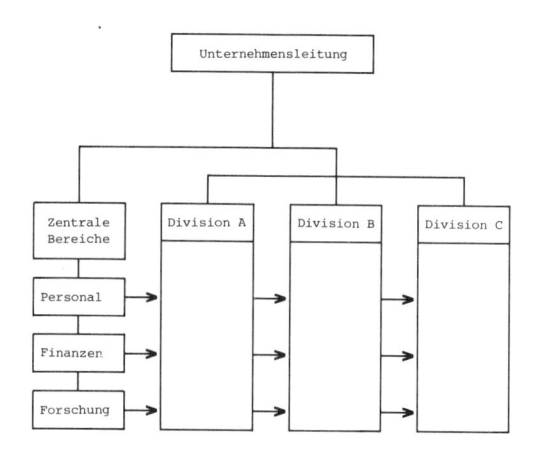

Abb. 4 Spartenorganisation mit zentralen Bereichen

Stabsstellen zu verwechseln. Obgleich sie auch Stabstätigkeiten ausführen, besteht der wesentliche Unterschied darin, daß sie gegenüber den Divisions Weisungs- und Kontrollbefugnisse besitzen. Abbildung 4 zeigt beispielhaft die Anordnung solcher zentralen Bereiche in einer Spartenorganisation.

Augenfällig ist, daß Spartenorganisationen vorzugsweise im Bereich der Investitionsgüterindustrie anzutreffen ist, während das Produkt-Management eher in der Konsumgüterindustrie Anwendung findet. Dies dürfte jedoch weniger von den Produktionsinhalten als vielmehr von der Unternehmensgröße abhängig sein. Denn nur die Zerlegung von Großunternehmen führt zu Divisions von einer lebensfähigen Größe.

III. Die Matrix-Organisation

Das grundlegende Problem sowohl für das Produkt-Management wie auch für die Divisions-Organisation besteht darin, daß die Kompetenzen für funktionale und produktbezogene Entscheidungen zwangsläufig von einer Person wahrgenommen werden müssen. So muß beispielsweise auch im Rahmen des Produkt-Managementes der Einkaufsleiter die produktabhängige Entscheidung treffen, welche Materialien einzukaufen sind. Er kann sich vom Produkt-Manager beraten lassen, muß aber nicht. Er ist als Funktionsspezialist und als Produktgeneralist anzusprechen. Umgekehrt ist der Produktspezialist im Rahmen der Divisions-Organisation auch für funktionale Entscheidungen, beispielsweise den Einkauf zuständig, obgleich er in diesem Falle auch nur als Generalist anzusprechen ist. Als Ergebnis dieser Überlegungen müßte demnach jeder Entscheidungsträger Funktions- und Produktspezialist sein, obgleich er in Wirklichkeit nur eines von beiden sein kann.

Die Lösung dieses Problems kann nur darin bestehen, objektbezogene Entscheidungen dem Produktspezialisten, funktionale Entscheidungen hingegen dem Funktionsspezialisten zuzuordnen. Das führt in letzter Konsequenz dazu, daß die Gesamtkompetenz in eine funktionale und eine objektbezogene Teilkompetenz aufgelöst werden muß. Dadurch entstehen zwei Kompetenzstränge, deren Kombination miteinander zu einer zweidimensionalen Unternehmensorganisation führt, die als Matrix-Organisation bezeichnet wird.

Entwickelt wurde sie von der NASA im Rahmen des Apollo-Programms als Projektorganisation. Der Unterschied zwischen Projekt- und Matrixorganisation besteht darin,

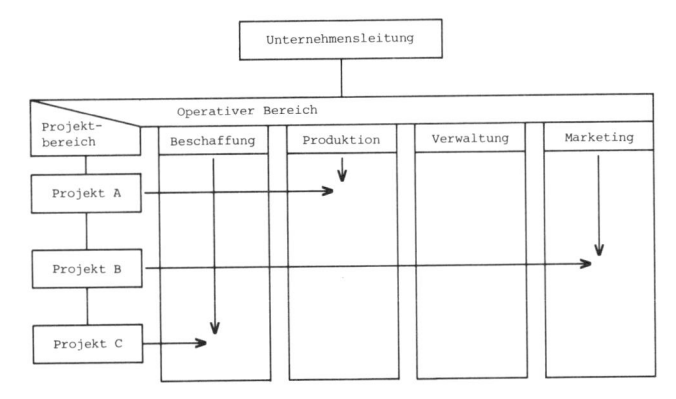

Abb. 5 Matrix-Organisation am Beispiel eines Projektmanagementes

daß die Projektgruppe ein Team auf Zeit ist, während die Matrix-Organisation dauerhafter Natur sein soll.

Anhand der Abb. 5 soll Aufbau und Funktionsweise beispielhaft als Projektorganisation dargestellt werden. Ein funktional gegliedertes Unternehmen bildet für die Entwicklung neuer Produkte drei Projekt-Teams. Sie sind für die Realisierung der ihnen gestellten Aufgaben voll verantwortlich. Sie legen fest, was in welcher Qualität herzustellen ist. Aufgabe der Funktionsbereiche ist es, diese Anforderungen zu realisieren. Das Projekt-Team legt fest, was zu produzieren ist, der Produktionsbereich bestimmt wie und wann es gemacht wird.

Soweit Erfahrungen aus der Praxis vorliegen, bezogen sie sich primär auf Projektteams. Hier hat sich die Matrix-Organisation für die Bewältigung von begrenzten Aufgaben gut bewährt. Inzwischen liegen ähnlich positive Erfahrungen auch für eine auf Dauer angelegte Matrix-Organisation in der Form von „Strategischen Geschäftseinheiten" vor. So hat das Wirtschaftsministerium von Nordrhein-Westfalen in einem Pilotprojekt das Konzept der Strategischen Geschäftseinheiten für die mittelständische Industrie erprobt (vgl. Lessing/Gröger).

3. Kapitel:
Marketing als entscheidungsorientiertes System

A. Zum Systemgedanken

Die Orientierung der Unternehmenskonzeption am Engpaß Markt zeigt, daß Marketing nicht auf einen Teilbereich des Unternehmens beschränkt ist, sondern das gesamte Unternehmen umfaßt. Die Teilbereiche des Unternehmens müssen zusammenwirken, um den Engpaß Markt zu überwinden. Damit kann das Unternehmen als System begriffen werden, wobei unter dem Systembegriff ein aus Teilen nach allgemeinen Regeln zusammengesetztes, zielgerichtetes Ganzes zu verstehen ist. Die Teilbereiche des Unternehmens können als Elemente des Systems Unternehmen begriffen werden, wobei diese Elemente ihrerseits wieder aus Untersystemen bestehen können.

Dieses System Unternehmen ist entscheidungsorientiert. Um einen gewünschten Soll-Zustand zu erreichen, müssen Eingriffe in dieses System vorgenommen werden. Diese Eingriffe vollziehen sich in einer Phasenfolge. Der gewünschte Soll-Zustand kann als Ziel definiert werden, das erreicht werden soll. Die erste Phase besteht in der Informationssammlung und Auswertung, es erfolgt sodann die Entscheidung, die Realisierung und die Kontrolle, ob der gewünschte Zustand erreicht wurde. Abweichungen können durch verbesserte Entscheidungen in einem weiteren Durchlauf eliminiert werden. Solche Prozesse, die das Endglied wieder mit der Anfangsphase verbinden werden als geschlossene Systemabläufe bezeichnet und können in Form eines kybernetischen Regelkreises dargestellt werden (Abb. 6).

Aus den allgemeinen Unternehmenszielen können die Marketing-Ziele abgeleitet werden. Sodann sind die Probleme zu beschreiben, beispielsweise die Aufnahmefähig-

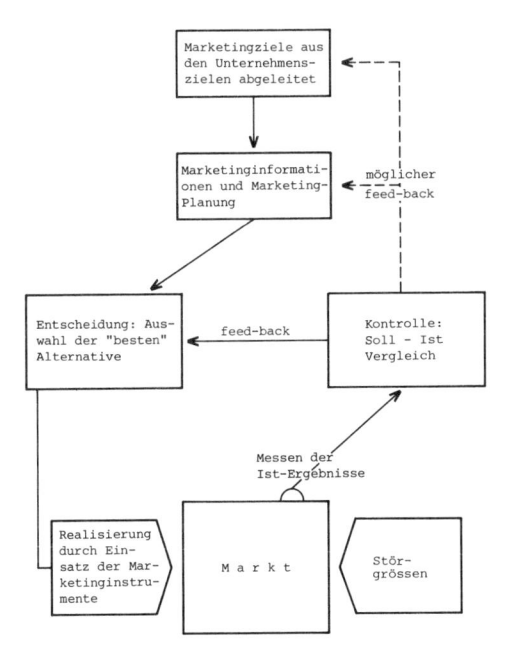

Abb. 6 Marketingsystem

keit eines Marktes. Über diese Probleme sind Informationen zu beschaffen und auszuwerten. Als Konsequenz ergeben sich verschiedene Handlungsalternativen (Pläne), aus denen dann in der Entscheidungsphase die am besten geeignete Variante auszuwählen ist. Die Umsetzung in die Praxis erfolgt in der Phase der Realisierung durch den Einsatz der Marketing-Instrumente. Informationsmängel bewirken, daß das Ist-Ergebnis in der Regel vom Soll-Zustand abweicht. Ein Vergleich beider Größen zeigt das Maß der Abweichung, das dann zu einer als „feed-back" bezeichneten Entscheidungskorrektur führt, die sowohl in die eigentliche Entscheidungsphase, wie aber auch bei der Zielsetzung oder der Informationssammlung einmünden kann.

Im Rahmen der weiteren Darstellung sollen die genannten Stufen im einzelnen angesprochen werden mit Ausnahme der Ergebnisfeststellung und des Soll-Ist-Vergleiches, die üblicherweise dem Rechnungswesen zugeordnet werden.

B. Marketing-Ziele

Ziele sind nichts anderes als die Beschreibung eines gewünschten Zustandes. Jede Zielformulierung beinhaltet zwei Probleme. Zuerst ist die Zieldimension zu bestimmen, die Größe also, in der die Zielerreichung gemessen werden soll. Die Dimension für das Unternehmensziel sind üblicherweise Ertrags- oder Mengengrößen wie Gewinn, Umsatz, Produktions- oder Verkaufsmengen. Zum zweiten ist der Umfang der Zielerreichung so zu bestimmen, daß die Zielverwirklichung auch nachprüfbar ist. Bestimmungen wie „maximaler Gewinn" oder „optimale Auslastung der Produktionskapazität" sind dafür nicht geeignet.

Aus den allgemeinen Unternehmenszielen, die in der Regel langfristig festgelegt sind, sind sodann die Marketingziele abzuleiten, wobei „ableiten" konkretisieren bedeutet. Sieht beispielsweise das Unternehmensziel eine bestimmte Gewinngröße vor, so hat die Marketing-Zielsetzung diesen Gesamtgewinn auf die einzelnen Produktgruppen des Sortimentes aufzuteilen und über die dafür notwendigen Umsätze bei gegebenen Kosten in Stückzahlen umzurechnen. Dabei werden die Marketing-Ziele nicht einseitig von den Unternehmenszielen bestimmt. Da der betriebliche Engpaß der Markt ist, bildet diese Größe zugleich auch den Begrenzungspunkt für das Unternehmensziel insgesamt: die Marketingziele beeinflussen auch das Unternehmensziel.

Da solche Konkretisierungen auch für die Funktionsbereiche vorgenommen werden müssen, ergibt sich daraus ein ganzes Zielsystem für das Unternehmen. Dabei besteht die Gefahr, daß solche abgeleiteten Ziele sich untereinander ausschließen, daß Zielkonflikte bestehen. Solche Konflikte können auf zweierlei Weise verhindert werden:

1. Ein Ziel wird zum Hauptziel erklärt, die abgeleiteten Ziele werden als wünschenswerte oder unabdingbare Nebenbedingungen in die Zielformulierung aufgenommen.
2. Mit einer streng hierarchischen Gliederung in über- und untergeordnete Ziele, wobei die untergeordneten Ziele zugleich als Methoden angesehen werden können, um die Oberziele zu erfüllen. Es entstehen **Zweck-Mittelreihen** (vgl. Abb. 18). Kritisch bleibt jedoch anzumerken, daß eine solche Hierarchie zwar Konflikte zwischen Ober- und Unterzielen, nicht jedoch zwischen Subzielen auf gleicher Ebene verhindern kann.

C. Die Informationsbeschaffung

I. Zur Bedeutung von Informationen

Entscheiden heißt, zwischen mehreren Alternativen auswählen, wobei jene Alternative gesucht wird, mit der das Ziel möglichst gut zu verwirklichen ist. Entscheiden setzt demnach immer Informationen darüber voraus, wie gut die einzelnen Maßnahmen das Ziel zu erreichen vermögen. Damit werden die verfügbaren Informationen zur Schwachstelle des Entscheidungsprozesses.

Bezüglich des Informationsumfangs, der zur Verfügung steht, lassen sich mehrere Entscheidungssituationen unterscheiden. Stehen für eine Entscheidung – beispielsweise die Durchführung einer Werbekampagne – alle relevanten Informationen zur Verfügung, so läßt sich bereits im Augenblick der Entscheidung das Ergebnis exakt vorhersagen. Eine solche Situation wird als **Entscheidung unter Sicherheit** bezeichnet.

In der Regel ist jedoch nur ein Teil der benötigten Informationen verfügbar, weil aus Zeit- oder Kostengründen die fehlenden Informationen nicht beschafft werden können. Dies führt dazu, daß mehrere Ergebnisse eintreten können, wobei für den Eintritt der einzelnen Situationen Wahrscheinlichkeiten angegeben werden können. Es handelt sich um eine **Entscheidung unter Risiko**.[1]

Stehen keine oder nur geringe Informationen bei einer Entscheidung zur Verfügung, so kann zwar hypothetisch aufgelistet werden, welche Ergebnisse denkbar sind, es kann aber nicht bestimmt werden, welches der denkbaren Ergebnisse die mutmaßlich größten Chancen hat. Eine solche Situation wird als **Entscheidung unter Ungewißheit** bezeichnet.

Marketingentscheidungen sind grundsätzlich Entscheidungen unter Ungewißheit, weil ein Großteil der wichtigsten Informationen – wie Kaufverhalten der Konsumenten oder die Entwicklung der Spar- und Investitionsneigung – nicht oder nur unter großen Schwierigkeiten beschafft werden können. Durch die Bereitstellung von zusätzlichen Informationen können Entscheidungen unter Ungewißheit in solche unter Risiko umgewandelt werden.

II. Die Marketinginformation

Die Beschaffung und Bereitstellung von marktbezogenen Informationen ist Aufgabe der betrieblichen **Marktforschung**. Sie kann sich darauf beziehen, die gegenwärtigen Marktverhältnisse darzustellen. In diesem Fall spricht man von Marktanalyse. Sie zeigt lediglich die bestehenden Fakten auf, nicht jedoch wie die Entwicklung dieser Fakten verlaufen ist. So kann beispielsweise mit Hilfe der Marktbeobachtung der gegenwärtige Marktanteil für ein bestimmtes Produkt ermittelt werden. Ob dieser Marktanteil jedoch steigende oder fallende Tendenz hat, kann die Marktbeobachtung nicht klären.

---

[1] Bei der Entscheidung unter Risiko wird in der Literatur noch einmal danach unterschieden, ob für die einzelnen Alternativen objektive oder subjektive Wahrscheinlichkeiten angegeben werden können. Eine solche Unterteilung ist ohne praktische Bedeutung, weil sich objektive Wahrscheinlichkeiten nur aus der Vergangenheit ermitteln lassen. Dies würde aber zu der unhaltbaren Feststellung führen, daß die Zukunft allein von der Vergangenheit bestimmt wird. Vgl. dazu Schulte S. 29 ff.

Eine solche Information kann nur dadurch gewonnen werden, daß die Entwicklung des Marktanteils laufend ermittelt wird. Eine solche fortlaufende Erhebung von Marktdaten wird als Marktuntersuchung bezeichnet. Marktbeobachtung und Marktuntersuchung unterscheiden sich demnach nicht durch die zu beschaffenden Daten, sondern durch die Frage, ob diese Beschaffung einmalig ist oder laufend erfolgt. Bildlich gesprochen liefert die Marktbeobachtung ein Foto, die Marktuntersuchung einen Film der Marktverhältnisse.[1]

Das Ziel der Marktforschung besteht darin, Daten über das Erkenntnisobjekt Markt zu beschaffen und für die unternehmerischen Entscheidungen zur Verfügung zu stellen. Diese Daten können im Einzelfall sehr unterschiedlich sein, lassen sich aber zu zwei großen Gruppen, den objektiven oder quantitativen Daten einerseits und den subjektiven oder qualitativen Daten andererseits zusammenfassen.

1. Objektive (quantitative) Marktdaten

Als objektiv werden solche Daten bezeichnet, mit deren Hilfe das Marktvolumen bestimmt werden kann. So wäre beispielsweise die Zahl der potentiellen Kunden und ihre soziografische Gliederung nach Alters- und Geschlechtsgruppen ein solches quantitatives Marktdatum. Üblicherweise konzentriert sich die Marktforschung auf die in Abbildung 7 dargestellten quantitativen Datengruppen: Abnehmerstruktur, Ermittlung des Bedarfs, Konkurrenzanalyse und Ermittlung des Absatzpotentials.

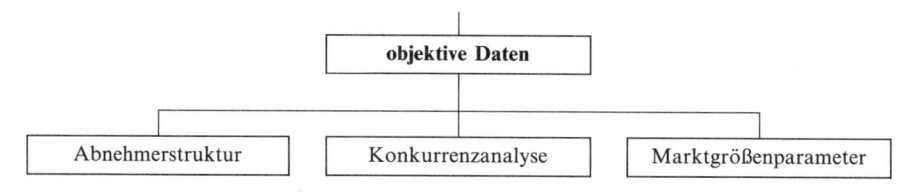

```
                    objektive Daten
                          |
        ┌─────────────────┼─────────────────┐
  Abnehmerstruktur   Konkurrenzanalyse   Marktgrößenparameter
```

Abb. 7 Objektive (quantitative) Marktdaten

(1) Unter dem Begriff **Abnehmerstruktur** ist die Klassifizierung der Kunden nach Branchen, Regionen und/oder Unternehmensgröße zu verstehen. Während für die Herstellung von Konsumgütern jede Person oder jeder Haushalt als Abnehmer in Frage kommt, und sich somit die Frage auf demografische Gliederung sowie die regionale Bevölkerungsverteilung reduziert, sind Informationen über die Abnehmerstruktur bei Herstellern von Investitionsgütern von großer Bedeutung. Die Ermittlung beginnt im konkreten Fall bei den Ausgangsrechnungen eines Unternehmens. Die Kunden werden zunächst einem Branchenraster zugeordnet. Sodann werden alle übrigen den Branchen zugehörigen Firmen als potentielle Kunden ermittelt und diese dann regional entsprechend der Absatzgebiete auf die einzelnen Außendienstmitarbeiter aufgeteilt. Diese erhalten eine Namensliste der Unternehmen, die noch nicht Kunde sind, die nach Wichtigkeit geordnet ist.

---

[1]) In der Literatur finden sich noch weitere Einteilungsmöglichkeiten für die Marktforschung, beispielsweise in demoskopische und ökoskopische Marktforschung, wobei die demoskopische Marktforschung die Daten ermittelt, die mit den Marktteilnehmern in Zusammenhang stehen, während die ökoskopische Marktforschung die marktspezifischen Daten ermittelt. Vgl. dazu Schrader, S. 67 und Weihrauch, S. 117.

(2) Die **Konkurrenzanalyse** ist gewissermaßen das Gegenstück zur Kundenstrukturuntersuchung; sie erhellt die Wettbewerbssituation. Informationen über die Konkurrenz sollten sich auf drei Bereiche erstrecken. Zunächst sind die Konkurrenzunternehmen mit ihren wichtigsten Daten wie Unternehmensform, Beschäftigtenzahl oder Umsatz namentlich aufzulisten. Des weiteren muß sich eine solche Untersuchung auf die von der Konkurrenz angebotenen Einzelprodukte und Sortimente erstrecken, soweit sie unmittelbar oder mittelbar mit den eigenen Leistungen konkurrieren. Im Mittelpunkt sollte dabei ein technischer Vergleich stehen, der die Vor- und Nachteile der eigenen Produkte gegenüber den Konkurrenzfabrikaten aufdeckt. Zu diesem Bereich gehört auch die Klärung der Frage, welche Patente und Lizenzen Konkurrenzunternehmen verwenden. Diese Untersuchung ist zweckmäßigerweise von der Entwicklungsabteilung durchzuführen, wobei darauf zu achten ist, daß keine – leider häufig anzutreffende – Schönfärberei betrieben wird.

Die Konkurrenzuntersuchung muß schließlich durch eine Analyse der Marktaktivitäten der Konkurrenzunternehmen abgerundet werden. Es bedarf wohl keiner besonderen Betonung, daß dies der schwierigste Teil der Konkurrenzuntersuchung darstellt, weil von einzelnen punktuellen Informationen, beispielsweise der Preispolitik oder der Werbeaktivitäten, auf die dahinter stehende Marktstrategie geschlossen werden muß. Die Erhebung dieser Informationen sollte durch den Außendienst erfolgen, weil er bei seinen Kundenkontakten am ehesten solche Daten erlangen kann. Allerdings ist es notwendig, ein entsprechendes Frageraster und Rückmeldesystem zu entwickeln, das eine kontinuierliche Erfassung der Informationen gewährleistet.

(3) Neben der Abnehmerstruktur und der Konkurrenzanalyse kommt der Messung der Marktgröße die wichtigste Bedeutung zu. Dabei wird üblicherweise zwischen der Größe eines Gesamtmarktes und der von Firmenmärkten einzelner Wettbewerber unterschieden. Eine theoretische Größe stellt das **Marktpotential** dar. Darunter wird die Menge an Einheiten (oder Umsatz) verstanden, die während einer Periode auf einem relevanten Markt theoretisch abgesetzt werden könnte. Im Gegensatz dazu stellt das **Marktvolumen** die in einer Periode auf einem Relevanzmarkt von allen Wettbewerbern tatsächlich realisierte (oder prognostizierte) Absatzmenge (oder Umsatz) dar. Werden beide Größen zueinander in Relation gesetzt, stellt das Ergebnis die Marktsättigung (Marktausschöpfung) in Prozent des Marktpotentials dar. Die rechnerische Formel lautet:

$$\text{Marktsättigung} = \frac{\text{Marktvolumen}}{\text{Marktpotential}} \times 100$$

Analoge Größen lassen sich auch für Firmenmärkte ermitteln. Den Teil des Marktpotentials, den ein Unternehmen theoretisch abdecken könnte, wird als **Absatzpotential** bezeichnet. Mit dem Begriff **Absatzvolumen** werden schließlich die durch ein Unternehmen tatsächlich realisierten (oder geplanten) Verkäufe in einer Periode bezeichnet. Der prozentuale Anteil des Absatzvolumens am Marktvolumen stellt den Marktanteil eines Unternehmens auf einem Markt dar. Die Formel dafür lautet:

$$\text{Marktanteil} = \frac{\text{Absatzvolumen}}{\text{Marktvolumen}} \times 100$$

Markt- und Absatzpotential sind weitgehend theoretische Größen. Deshalb stößt ihre Ermittlung in der Praxis auf vielfältige Schwierigkeiten. Trotz aller Vorbehalte handelt es sich um wichtige Größen, weil mit ihrer Hilfe noch nicht ausgeschöpfte Marktreserven sichtbar gemacht werden können, die ja die Attraktivität von Märkten in der Zukunft bestimmen.

2. Subjektive (qualitative) Marktdaten

Die quantitativen Marketinginformationen beschreiben die Größe eines Marktes, die Stärke der dort herrschenden Wettbewerbsverhältnisse sowie die Wachstumschancen für das einzelne Unternehmen. Noch wichtiger für den Markterfolg eines Unternehmens aber sind die Kenntnisse über die Faktoren, die den Kaufentscheidungsprozeß beeinflussen und steuern. Sie werden als qualitative oder subjektive Faktoren bezeichnet.

Kaufentscheidungsprozesse können zunächst einmal danach gegliedert werden, ob einzelne Personen oder Personengruppen die Entscheidungen treffen. Man spricht von Individual- und Kollektiventscheidungen. Ein zweites Einteilungskriterium sind die Träger der Entscheidungen. Hier kann nach Haushalten und Unternehmen unterteilt werden. Aus den beiden Merkmalen läßt sich die nachfolgende Matrix bilden, wobei die wichtigsten Felder durch die Kombinationen Individuum/Haushalt sowie Kollektiv/Unternehmen gekennzeichnet sind.

	Haushalt	Unternehmen
Individuum	Kaufentscheidung Konsumgüterbereich	Kaufentscheidung d. Alleinverantwortlichen
Kollektiv	Familienentscheidung	Entscheidung des Einkaufsgremiums

Abb. 8

Kollektiventscheidungen sind typisch für Unternehmen. So müssen bei Investitionsentscheidungen sowohl technische Spezifikationen wie wirtschaftliche Sachverhalte berücksichtigt werden. Die Kaufentscheidung wird für das Produkt fallen, dessen Problemlösungspotential den technischen und wirtschaftlichen Anforderungen am nächsten kommt. Diese Objektivierung von Entscheidungen führt dazu, daß Entscheidungsparameter, die in der Person des einzelnen am Entscheidungsprozeß Beteiligten begründet sind (subjektive Kriterien), keine nennenswerte Rolle spielen.

Bei Individualentscheidungen treffen eine Vielzahl von Reizen – wie attraktives Design, ansprechende Werbung und/oder ein vorteilhafter Preis – auf die Persönlichkeitsstruktur des Entscheidenden. Welche Prozesse dieses Aufeinandertreffen auslöst, läßt sich im einzelnen nicht nachvollziehen.

Diesem Mangel versucht man dadurch abzuhelfen, daß man den in der Person ablaufenden Entscheidungsprozeß als „black box" betrachtet. Ähnlich wie beim Fotografieren die Vorgänge im Inneren des schwarzen Kastens nicht dargestellt sondern nur am fertigen Bild sichtbar gemacht werden können, versucht man durch

Veränderung der Reize (Stimuli) eine Änderung der Ergebnisse zu erreichen. Ziel dieser Verfahren ist es, Kausalbeziehungen zwischen der Variation der Stimuli und der Ergebnisänderung aufzudecken.

Diese Forschungen haben zu einer Vielzahl von Hypothesen geführt, die vor allem von der Soziologie und der Psychologie stark befruchtet worden sind. Obgleich die einzelnen Theorien differieren, stimmen sie darin überein, daß die Antriebskräfte für den individuellen Entscheidungsprozeß Emotion, Motivation und Einstellungen sind.

```
              ┌──────────────┐
              │  subjektive  │
              │    Daten     │
              └──────┬───────┘
        ┌────────────┼────────────┐
        ▼            ▼            ▼
   ┌─────────┐  ┌──────────┐  ┌────────────┐
   │ Emotion │  │Motivation│  │ Einstellung│
   └─────────┘  └──────────┘  └────────────┘
```

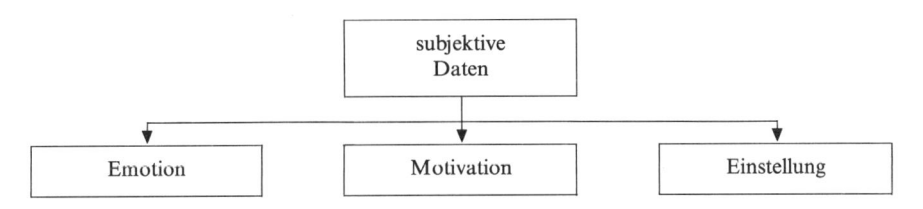

Abb. 9 Subjektive (qualitative) Daten

(1) „Emotionen sind Empfindungen, die als angenehm oder unangenehm empfunden werden. Man spricht von Gefühlen, Affekten oder typischer Erregung" (Meffert, S. 118). Es handelt sich demnach um Stimuli, die den Menschen gewissermaßen aus einem Gleichgewichtszustand herausholen und damit die Grundbedingung für Änderungen schaffen. Emotionen können sowohl positiver wie negativer Art sein. In der Umgangssprache werden sie beispielsweise als Freude, Ärger oder Selbstbestätigung bezeichnet. Nach übereinstimmender Auffassung ist das Vorhandensein von Emotionen die Voraussetzung für Entscheidungen.

(2) **Motive** sind die Antriebskräfte des menschlichen Handelns. Sie entstehen aus Mangelzuständen, die das Individuum veranlassen, Mittel und Wege zu suchen, um solche Mangelzustände zu überwinden. In der wirtschaftswissenschaftlichen Theorie werden sie als Bedürfnisse bezeichnet. Es ist zu unterscheiden zwischen primären und sekundären Motiven, wobei die primären die existentiellen Bedürfnisse, wie Hunger, Durst und Geborgenheit, umfassen. Die sekundären Motive entspringen den sozialen Bedürfnissen und können im Laufe der Zeit erheblichen Wandlungen unterworfen sein. Handlungen werden in der Regel nicht durch ein einzelnes Motiv, sondern durch ein Motivbündel ausgelöst, das als Motivation bezeichnet wird.

Die Motivforschung im Bereich des Marketing ist darauf gerichtet, die Beweggründe aufzudecken, die zum Kauf oder Nichtkauf eines Produktes führen. Dies erscheint dann sinnvoll, wenn die handelnden Personen die Motivation kennen, sie aber – aus welchen Gründen auch immer – nicht preisgeben wollen, oder aber wenn die Motivationen den handelnden Personen selbst nicht bewußt sind.

Zur Gewinnung von Daten bedient sich die Motivforschung der Exploration, der Projektionsverfahren und der Assoziierungstechniken. Explorationen sind Tiefeninterviews, scheinbar zwanglose Gespräche, bei denen speziell ausgebildete Psychologen die Motive im Gespräch freizulegen versuchen. Projektionsverfahren sind Tests, bei denen die Testperson gewissermaßen als Schiedsrichter angerufen wird. Sie ermöglichen ihm, seine Meinung ohne Gesichtsverlust auf eine scheinbare Drittperson zu übertragen („Was glauben Sie, wird Ihr Vorgesetzter zu diesem Problem sagen?"). Das bekannteste dieser Testverfahren ist der Rosenzweigtest. Abbildung 10 zeigt ein Beispiel, bei dem die Testperson angeben soll, welche Meinung die angesprochene Person zum Problem „Verbesserungsvorschläge" wohl haben wird.

Auch bei den Ergänzungstechniken handelt es sich um Tests, entweder in der Form der Wortassoziierung oder der Satzergänzung. Im ersten Fall muß spontan geäußert werden, was der Testperson zu einem genannten Wort einfällt, während im zweiten Fall ein angefangener Satz vollendet werden soll. In beiden Fällen soll die spontane und damit unkontrollierte Antwort einen Zugang zu den Motivationen eröffnen.

Abb. 10
Quelle: Röhrich, Anhang B, S. 20

(3) Unter den subjektiven Daten kommt der Einstellung die größte Bedeutung zu. Sie wird definiert als die subjektiv erfaßte Fähigkeit eines Gegenstandes zur Befriedigung vorhandener Bedürfnisse. Es gilt als gesichert, daß Einstellungen das Ergebnis von Lernprozessen sind, die es einem Individuum ermöglichen, ein Produkt als geeignet (nicht geeignet) zur Deckung eines bestimmten Bedürfnisses zu bewerten. Basieren solche Lernprozesse vorwiegend auf gefühlsmäßigen Einschätzungen und weniger auf objektiven Informationen, so spricht man von **Images**, die in der Form von Produkt- und Firmenimages auftreten können. Unter Image ist „die Gesamtheit aller Vorstellungen" anzusehen, „die ein Meinungsgegenstand beim Verbraucher aktiviert" (Schrader, S. 96).

Mithin handelt es sich um ein Bild – besser Abbild –, das sich ein potentieller Verwender von einem Produkt und/oder Unternehmen macht. Dieses Bild beruht – wie oben ausgeführt – nicht auf umfassenden Informationen, sondern bildet sich weitgehend gefühlsmäßig. Es ist unzweifelhaft, daß Marken ihren Erfolg dem positiven Image verdanken. Ebenso unzweifelhaft dürfte sein, daß Firmenimages die positive Einschätzung von Produkten als Grundlage haben.

Bei der Messung von Images besteht – wie auch bei den übrigen subjektiven Daten das Problem, wie qualitative Aussagen quantifiziert werden können. Für diesen Zweck wurden eine Reihe von Skalierungsverfahren entwickelt, wobei die wichtigsten die aus dem semantischen Differential abgeleiteten Image-Rater-Verfahren und Polaritätsprofil sind.

3. Kapitel: Marketing als entscheidungsorientiertes System 331

Während beim Image-Rater-Verfahren der Befragte sein Statement in eine von 0% bis 100% reichende Skala einzuordnen hat, werden beim Polaritätsprofil gegensätzliche Begriffspaare vorgegeben. Der positiven wie negativen Ausprägung wird üblicherweise eine dreiwertige Skala sowie ein Mittelwert zugeordnet, so daß für die Beurteilung eines Sachverhaltes sieben Bewertungsstufen zur Verfügung stehen.

Die Beurteilung von Bewerbern für den Außendienst soll anhand der Kriterien Erscheinung, Ausbildung, Fachkenntnisse, Flexibilität und Glaubwürdigkeit erfolgen. Die Bewertungsbogen für die beiden Verfahren könnten folgendes Aussehen haben.

	Erfüllung in Prozent					
	0	20	40	60	80	100
Erscheinung Ausbildung Fachkenntnisse Flexibilität Glaubwürdigkeit						

Abb. 11 Bewertungsbogen nach Image-Rater-Verfahren

Bewertungsbogen nach Polaritätsprofil

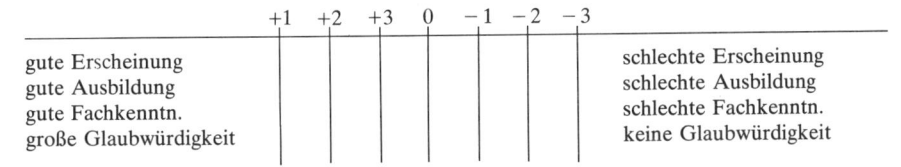

	+1	+2	+3	0	−1	−2	−3	
gute Erscheinung gute Ausbildung gute Fachkenntn. große Glaubwürdigkeit								schlechte Erscheinung schlechte Ausbildung schlechte Fachkenntn. keine Glaubwürdigkeit

Abb. 12 Bewertungsbogen nach Polaritätsprofil-Verfahren

Werden die einzelnen Bewertungspunkte in den Skalen miteinander durch Linien verbunden, entsteht ein Profil. Die Erstellung einer Rangreihe der Bewerber erfolgt durch einen Vergleich der einzelnen Profile untereinander und mit einem Idealprofil.

Bei der Darstellung von Produkt und Firmenimages wird das Polaritätsprofil bevorzugt angewandt, weil es erheblich einfacher ist, mit einer dreiwertigen Beurteilung für die positive und negative Ausprägung als mit einer Prozentskala zu arbeiten. Da sich aber mehr als zwei Merkmalsausprägungen im zweidimensionalen Raum nicht darstellen lassen, müssen mit Hilfe der Faktorenanalyse die Vielzahl der imagebildenden Größen auf die zwei wichtigsten reduziert werden, aus denen dann ein Modell in Matrixform gebildet werden kann.

Abbildung 13 zeigt als Beispiel die Einordnung von Publikumszeitschriften in ein solches Modell, wobei als Parameter die beiden Begriffspaare Spannung/Entspannung sowie Seriosität/Inseriosität verwendet werden. Die so ermittelte Ist-Imageposition kann nun durch entsprechende Maßnahmen in Richtung der Wunschposition verändert werden. Dabei ist zu berücksichtigen, daß Imageveränderungen sich in sehr langen Zeiträumen abspielen.

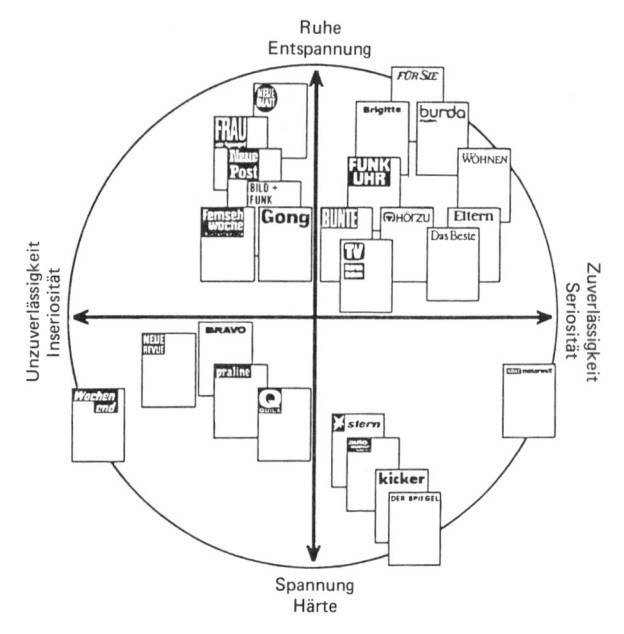

Abb. 13
Quelle: Manager-Magazin 10/75, S. 57

D. Die Techniken der Informationsgewinnung

Neben der Bestimmung der Bereiche, über die Informationen benötigt werden, ist weiter von Wichtigkeit, wo und mit welchen Verfahren solche Informationen gewonnen werden können. Für eine Klassifizierung der Verfahren bieten sich zwei Ansatzpunkte an: die Herkunft des Basismaterials und die Art der Informationsgewinnung.

Nach der Herkunft des Basismaterials läßt sich zwischen interner und externer Marktforschung unterscheiden, wobei intern bedeutet, daß die Daten aus dem Unternehmen selbst stammen. Als extern gelten die Informationen, die außerhalb des Unternehmens erhoben werden.

Legt man die Art der Datengewinnung zugrunde, ergibt sich eine Einteilung in Sekundär- und Primärmarktforschung. Als Sekundärforschung werden solche Verfahren bezeichnet, die ihre Informationen aus bereits vorhandenen Datenbeständen ableiten, während Primärinformationen erst durch spezielle Erhebungstechniken gewonnen werden müssen.

Aus der Kombination der beiden Einteilungskriterien läßt sich gemäß Abbildung 14 eine Matrix mit vier Feldern bilden, die zugleich als die Arbeitsfelder der Marktforschung angesehen werden können. In der Praxis indes findet eine Vereinfachung dadurch statt, daß sich die Einteilung in Sekundär- und Primärforschung als dominierend durchgesetzt hat.

Wie / Woher	Sekundär	Primär
Intern	Auswertung von im Unternehmen vorhandener Quellen z. B. Auftragsstatistik	z. B. Befragung der Mitarbeiter im Außendienst
Extern	Auswertung von Quellen, die in anderem Zusammenhang erstellt wurden z. B. Bevölkerungsstatistik	z. B. Befragung

Abb. 14 Gliederungsmatrix für Marktforschung

I. Gewinnung von Sekundärinformationen

Das Charakteristische der Sekundärforschung wird durch den englischen Ausdruck „desk research" („Schreibtischforschung") sehr zutreffend umschrieben. Die Informationsgewinnung erfolgt durch das Auswerten bereits vorhandener interner oder externer Datensammlungen. In der Praxis gibt es eine so große Anzahl verfügbarer Quellen, daß ihre detaillierte Aufzählung den Rahmen dieser Arbeit sprengen würde. Als wesentliche interne Quellen kommen in Frage:

1. Angebots-, Auftrags- und Umsatzstatistik
2. Kunden- und Außendienstberichte
3. Kostenrechnung

Für die Sekundärforschung stehen eine Vielzahl von externen Quellen zur Verfügung; als die wesentlichsten Gruppen gelten:

1. Die amtliche Statistik, insbesonders die Veröffentlichungen des Statistischen Bundesamtes, der Bundesbank sowie der Statistischen Landesämter (Vgl. Hüttner, S. 34 ff.)
2. Veröffentlichungen von Wirtschaftsorganisationen und Fachverbänden, beispielsweise von Industrie- und Handelskammern
3. Veröffentlichungen wirtschaftswissenschaftlicher Institute
4. Veröffentlichungen in der Fachliteratur und Fachzeitschriften
5. Messe- und Ausstellungspublikationen, Firmenveröffentlichungen

Die Vorteile der Sekundärforschung liegen auf der Hand. Einmal entstehen keine Erhebungskosten, zum anderen ist das Datenmaterial sofort verfügbar und schnell auswertbar. Dem stehen als gravierende Nachteile gegenüber, daß es sich zumeist um altes und damit nicht mehr aktuelles Material handelt, dessen Erhebungsmethoden in der Regel nicht bekannt sind.

II. Gewinnung von einmaligen Primärinformationen

Je spezieller die Fragestellung ist, umso gezieltere Informationen werden benötigt. Sie müssen durch spezifische Verfahren bei den Marktpartnern erhoben werden. Der entsprechende englische Begriff field-research („Feldforschung") macht deutlich, daß diese Informationen gewissermaßen „vor Ort" gewonnen werden müssen.

Zweckmäßigerweise sind die Verfahren danach zu unterscheiden, ob die Ermittlung der Daten einmal oder in regelmäßigen Abständen immer wieder erfolgt. Die wesentlichen Verfahren, mit denen die Primärinformationsgewinnung betrieben wird, sind die Befragung, Beobachtung, das Experiment und die Simulation.

(1) Das bei weitem wichtigste Verfahren ist die **Befragung**, die ganz überwiegend als mündliche Umfrage mittels eines Fragebogens durchgeführt wird. Demgegenüber tritt die schriftliche Befragung an Bedeutung zurück, weil in der Regel nur wenige Fragen in eine solche schriftliche Umfrage aufgenommen werden können und die Rücklaufquote häufig unbefriedigend ist. Die in den USA häufig praktizierte telefonische Umfrage wird in der Bundesrepublik erst in jünster Vergangenheit vermehrt eingesetzt, weil bislang die Telefondichte, insbesondere in den ländlichen Räumen der Bundesrepublik unbefriedigend war.

Das methodische Hauptproblem ist die Frage, ob alle Marktteilnehmer (Vollerhebung) oder nur ein Teil (Teilerhebung) befragt werden sollen. Eine Vollerhebung erscheint dann sinnvoll, wenn die zu befragende Zahl gering ist. Diese Möglichkeit hat beispielsweise ein Hersteller von Spezialmaschinen, der vielleicht weltweit an nur 400 potentielle Kunden verkaufen kann. Bei Konsumgütern verbietet sich aus Zeit- und Kostengründen eine Vollerhebung, weil praktisch jede einzelne Person, die als Käufer in Frage kommt, befragt werden müßte. In diesen Fällen wird lediglich eine Stichprobe befragt. Allerdings muß bei einer solchen Teilerhebung sichergestellt sein, daß die ermittelten Daten die gleichen Ergebnisse bringen wie eine Vollerhebung; die befragte Stichprobe muß repräsentativ sein!

Diese Repräsentanz kann auf zweierlei Weise erreicht werden. Einmal besteht die Möglichkeit, ein verkleinertes Modell der zu befragenden Gesamtheit zu bilden, wobei die signifikanten Merkmale der Gesamtheit im gleichen Verhältnis bei der Stichprobe vorhanden sein müssen. Solche Verfahren werden unter dem Sammelbegriff Quota-Verfahren zusammengefaßt.

Repräsentative Ergebnisse können auch durch eine zufällige Auswahl der zu Befragenden erzielt werden, wenn die Stichprobe so groß angelegt wird, daß sich nach dem Gesetz der großen Zahl eine Normalverteilung ergibt und wenn die Zufallsauswahl nicht durch systematische Fehler verzerrt wird. Das bedeutet, daß bei einer zufälligen Auswahl jedes Element der Grundgesamtheit die gleiche Chance haben muß, in die Stichprobe aufgenommen zu werden. Solche Verfahren werden nach dem englischen Wort für Zufall als Randomverfahren bezeichnet.

Die einfachen Formen der Zufallsauswahl, wie auswürfeln oder auslosen, entsprechen am ehesten dem theoretischen Urnenmodell. Aus einer Urne werden dabei Kugeln gezogen, die mit jeweils einer Zahl versehen sind, die Zahl wird notiert und die Kugel wieder in die Urne zurückgegeben. Das Ergebnis ist eine Zufallszahlentabelle, die heute aber einfacher durch eine EDV-Anlage generiert werden kann.

Beginnt eine solche Tabelle beispielsweise mit den Zahlen 023, 857, 699, so werden aus der Grundgesamtheit – etwa einer Einwohnermeldekartei – die 23. und von da weiterzählend die 857. und 699. Karte gezogen und diese Personen in die Stichprobe aufgenommen. Beim Buchstaben- und Geburtstagsverfahren werden durch Zufallsverfahren bestimmte Buchstaben beziehungsweise bestimmte Kalenderdaten ausgewählt. Alle Namen, die mit den gewählten Buchstaben beginnen oder alle Personen, die an den gezogenen Kalenderdaten Geburtstag haben, bilden die Stichprobe. Bei mehrstufigen Verfahren werden kombinierte Zufallsverfahren angewendet. So werden zum Beispiel mit Hilfe einer Zufallszahlentabelle zunächst die zu befragenden Gebiete – meist amtliche Stimmbezirke oder Postleitzahlenbereiche – ausgewählt und innerhalb dieser Gebiete die zu befragenden Personen nach dem Zufall ausgewählt (vgl. zu den verschiedenen Verfahren Hüttner, S. 102 ff.).

Nach Erkenntnissen der Marktforscher müssen Quota- und Random-Verfahren als gleichwertig angesehen werden. Im Rahmen der betrieblichen Marktforschung besitzen Quota-Verfahren jedoch noch immer ein Übergewicht in der Anwendung.

(2) Bei der **Beobachtung** werden die Personen nicht befragt, sondern die Informationen aus ihrem Verhalten abgeleitet. Sachlich ist zwischen Feld- und Laborbeobachtung zu unterscheiden, wobei letztere vorzugsweise in der Motivforschung Anwendung findet. Für die Feldbeobachtung haben sich in der Praxis drei Anwendungsfälle herauskristallisiert:

1. Informationen über Mengenbewegungen, wie etwa bei Verkehrszählungen oder Ermittlung der Passantenfrequenz einer Straße. Solche Zahlen können beispielsweise wesentliche Informationen für die Standortwahl eines Einzelhandelsunternehmen sein.
2. Informationen über Konsum- oder Verhaltensgewohnheiten, etwa die Beobachtung welche Abverkaufszahlen an welchen Plätzen innerhalb eines Super-Marktes erzielt werden.
3. Reaktionen auf Marketingmaßnahmen, etwa die Ermittlung des Aufmerksamkeitserfolges einer Schaufenster- oder Messestandgestaltung.

Die Beobachtung rangiert in ihrer Bedeutung deutlich hinter der Befragung, weil sie eben nur Informationen in beschränktem Umfang bereitstellen kann.

(3) **Experimente** gewinnen ihre Informationen nach dem bereits erläuterten „black-box-Prinzip". In einer Datenkonstellation wird ein Datum geändert, die übrigen konstant gehalten. Veränderungen im Ergebnis werden dem geänderten Datum zugerechnet. Auch hier ist formal zwischen Labor- und Feldexperimenten zu unterscheiden, wobei die Grenze zwischen Labor-Test und Labor-Beobachtung fließend ist.

Bevorzugtes Anwendungsgebiet von Feld-Experimenten sind Markttests, um die Wirkung einzelner Marketing-Instrumente zu überprüfen oder die beste Marktstrategie zu ermitteln. Solche Markttests gehen regelmäßig der Einführung neuer Produkte voraus, wobei häufig die Preispolitik und die Produktgestaltung im Mittelpunkt stehen.

(4) Unter den Methoden der primären Datengewinnung hat die **Simulation** derzeit die geringste Bedeutung. Ihre Anwendung ist zunächst davon abhängig, daß alle wesentlichen Daten und deren Interdependenzen in ein mathematisches Modell eingearbeitet werden. Bei Änderungen der einzelnen Variablen können dann die Änderungen im Ergebnis rechnerisch ermittelt werden. Damit ist die Simulation nichts anderes als die Durchführung von Experimenten mittels eines Marktmodells. Die Vorteile liegen auf der Hand: anstelle von zeitraubenden und sehr kostenträchtigen Tests, lassen sich die gleichen Ergebnisse einfacher, schneller und billiger durch die Simulation gewinnen.

Die praktische Bedeutung von Simulationsverfahren ist – wie bereits dargestellt – gering, weil es noch immer große Schwierigkeiten bereitet, solche mathematischen Modelle realitätsnah zu konstruieren. Die Hauptschwierigkeiten bestehen darin, daß an sich nicht quantifizierbare Daten wie Investitions- oder Sparneigung in solche Modelle als quantifizierbare Größen eingehen müssen.

Eine gewisse Bedeutung hat die Simulation in der betriebswirtschaftlichen Ausbildung in der Form von Planspielen erreicht.

III. Gewinnung von laufenden Primärinformationen

Fortlaufende Ermittlung von Primärdaten bedeutet, daß der gleiche Sachverhalt bei den gleichen Elementen (Personen, Unternehmen) einer Gruppe in regelmäßigen Abständen erhoben wird. Es geht dabei weniger um den Umfang der zu ermittelnden Daten als vielmehr um die Darstellung der Veränderungen zwischen zwei Erhebungen; aus zeitpunktbezogenen werden zeitraumbezogene Daten. Die dabei angewandten Verfahren werden als **Panelverfahren** bezeichnet, wobei unter Panel ein gleichbleibender, repräsentativ zusammengesetzter Personenkreis verstanden wird.

Panels existieren auf allen Wirtschaftsstufen; so wird zwischen Verbraucher-, Händler- und Produzentenpanels sowie Panels für Spezialzwecke unterschieden.

Das bedeutendste Verbraucherpanel dürfte jenes des Statistischen Bundesamtes sein, dessen monatliche Berichte über Einkaufsmengen und Preise als Grundlage für die Berechnung der Preisindices dienen. Auf Händlerebene kommt den Einzelhandelspanels die größere Bedeutung zu. Ihr Vorzug ist darin zu sehen, daß eine Fülle von Konsumenteninformationen über Einkäufe durch vergleichsweise geringe Angaben über Händlerverkäufe ersetzt werden. Neben der Gesellschaft für Konsumforschung in Nürnberg unterhält die Firma Nielsen das wohl bedeutendste Einzelhändlerpanel in der Bundesrepublik. Die benötigten Daten werden dadurch gewonnen, daß für bestimmte Warengruppen regelmäßig Inventur gemacht wird und aus den Anfangsbeständen, den Zugängen und den Endbeständen die Verkaufsmengen errechnet werden.

Produzentenpanels werden häufig als Spezialpanel geführt und erstrecken sich vorwiegend auf den Bereich der Investitionsgüterindustrie. Eine gewisse Bedeutung hat hier der Investitionstest des ifo-Instituts für Wirtschaftsforschung (München) erlangt, weil mit seiner Hilfe die Veränderungen in der Investitionsneigung der Unternehmen dargestellt werden kann.

Der Einsatz von Panels ist indes nicht unumstritten. Die Kritik erstreckt sich auf zwei Punkte. So ist einmal zu beobachten, daß Personen, die für ein Panel ausgewählt wurden, entweder ihr Einkaufsverhalten ändern (Panel-Effekt) oder aber, daß die angegebenen Verbrauchsmengen größer als der tatsächliche Verbrauch sind (overreporting). Diese Sachverhalte werden von den Instituten nicht bestritten. Sie weisen aber darauf hin, daß sich ein solches atypisches Verhalten wieder in dem Maße verliert, wie sich die Panelmitglieder an die neue Rolle gewöhnen.

Der zweite Einwand bezieht sich auf die Fiktion, daß das Panel im Zeitablauf unverändert bleiben würde. Tatsächlich aber unterliegt jedes Panel einem natürlichen Abgang, sei es, daß Mitglieder sterben oder aber ihre Mitarbeit einstellen. Dem versucht man dadurch zu begegnen, daß bei der Bildung des Panels eine größere Zahl von Elementen in das Panel aufgenommen wird, als für die Herstellung der Repräsentanz notwendig ist. Sinkt das Panel dann unter die notwendige Mindestmenge, wird es durch ein neues ersetzt. Eine weitere Möglichkeit besteht darin, die Abgänge durch entsprechende Neuberufungen auszugleichen. Dabei darf jedoch nicht übersehen werden, daß nach einer gewissen Zeit ein vollständiger Austausch der Panelmitglieder stattgefunden hat und daß Ergebnisse nur noch bedingt vergleichbar sind.

E. Auswertung der Daten

In der Regel liefern die erhobenen Daten nicht unmittelbar die gewünschte Information. Dazu muß die Datenflut aufbereitet und analysiert werden. Abb. 15 zeigt schematisch diesen Prozeß im Zusammenhang.

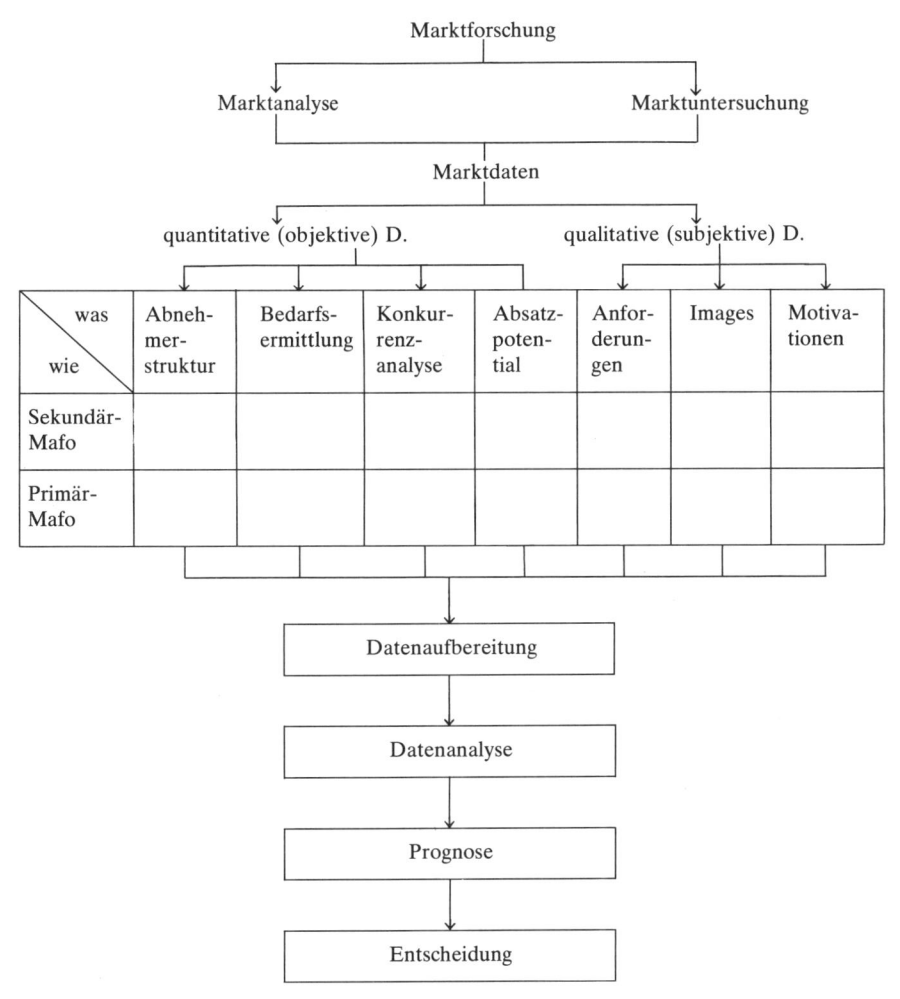

3. Kapitel: Marketing als entscheidungsorientiertes System 337

```
                          Marktforschung
                    ┌──────────┴──────────┐
                    ↓                     ↓
              Marktanalyse          Marktuntersuchung
                    └──────────┬──────────┘
                               ↓
                           Marktdaten
              ┌────────────────┴────────────────┐
              ↓                                 ↓
       quantitative (objektive) D.       qualitative (subjektive) D.
```

was \ wie	Abnehmer-struktur	Bedarfs-ermittlung	Konkur-renz-analyse	Absatz-poten-tial	Anfor-derun-gen	Images	Motiva-tionen
Sekundär-Mafo							
Primär-Mafo							

```
                    ┌──────────────────┐
                    │ Datenaufbereitung │
                    └────────┬─────────┘
                             ↓
                    ┌──────────────────┐
                    │   Datenanalyse   │
                    └────────┬─────────┘
                             ↓
                    ┌──────────────────┐
                    │     Prognose     │
                    └────────┬─────────┘
                             ↓
                    ┌──────────────────┐
                    │   Entscheidung   │
                    └──────────────────┘
```

Abb. 15 Prozeß der Informationsgewinnung

Hinsichtlich der Auswertungsverfahren lassen sich verschiedene Gruppen unterscheiden. Mit Hilfe der univariaten Methoden kann lediglich eine Variable analysiert beispielsweise eine Häufigkeitsverteilung angegeben werden. Dies soll anhand der Fragen 12 und 21 einer Befragung von Autobesitzern (Abb. 16) demonstriert werden. Mit Frage 12 wurden Autobesitzer danach gefragt, welcher der drei genannten Größenklassen ihr PKW zuzuordnen ist. Die Auswertung der Variable „PKW-Größe" ergab, daß 10% der Autobesitzer Kleinwagen, 60% Mittelklassewagen und 30% Wagen der gehobenen Klasse fuhren. In ähnlicher Weise wurde mit Frage 21 die Tankgewohnheit analysiert.

In beiden Fällen handelt es sich um eine univariate Auswertung, weil nur jeweils eine Variable Gegenstand der Analyse ist. Weitere Möglichkeiten einer univariaten Auswertung sind Zeitreihen, etwa in der Form von Trendberechnungen oder von Darstellungen saisonaler Schwankungen.

Frage 12: In welche Gruppe ordnen Sie ihren Pkw ein?

Pkw-Größe	absolut	%
Kleinwagen (bis 900 ccm)	100	10
Mittelklasse (bis 1900 ccm)	600	60
Gehobene Klasse (ab 1900)	300	30
Σ	1000	100

Frage 21: Wo tanken Sie?

Tankgewohnheit	absolut	%
Markenbenzin	600	60
konzernfrei	400	40
Σ	1000	100

Kreuztabulierung

Frage 21 \ Frage 12	bis 900		900 bis 1900		ab 1900		Σ	
Markenbenzin	10	1,7%	300	50%	290	48,3%	600	100
	10%		50%		96,7%			
konzernfrei	90	22,5%	300	75%	10	2,5%	400	100
	90%		50%		3,3%			
Σ	100		600		300		1000	
	100%		100%		100%			

Abb. 16 Datenauswertung

Interessantere Ergebnisse lassen sich dann gewinnen, wenn zwei Variable miteinander verglichen werden. Solche Verfahren werden als bivariate Analyseverfahren bezeichnet. Das am häufigsten angewendete Verfahren ist die Kreuztabulierung. Ihre Funktionsweise soll an dem bereits angesprochenen Beispiel (Abb. 16) deutlich gemacht werden. Werden die Ergebnisse der Fragen 12 und 21 in Matrixform dargestellt und miteinander verzahnt, so ergeben sich daraus eine Vielzahl von zusätzlichen Informationen, so zum Beispiel, daß 90% der Kleinwagenbesitzer konzernfrei tanken oder daß unter den Kunden von Konzerntankstellen die Mittelklassewagenbesitzer mit 50% den größten Anteil stellen.

Neben der Kreuztabulierung rechnen weiter Regressions- und Korrelationsanalyse zu den bivariaten Auswertungsverfahren, wobei die Regression Aussagen darüber trifft, welche Abhängigkeit zwischen zwei Merkmalen (Variable) besteht, beispiels-

3. Kapitel: Marketing als entscheidungsorientiertes System 339

weise inwieweit der Marktanteil eines Produktes von den Werbeaufwendungen für dieses Produkt abhängig ist. „Während die Regressionsrechnung für jeden Wert der unabhängigen Variablen Art und Größe des Zusammenhangs mit der abhängigen Variablen ermittelt, gibt die Korrelationsrechnung die Stärke des Zusammenhangs in einer einzigen Zahl, dem Korrelationskoeffizienten an." (Weihrauch, S. 124, dort auch Beispiele und Formeln für die Berechnung). Dieser Koeffizient schwankt zwischen $+1$ und -1, wobei -1 keine und $+1$ totale Korrelation bedeutet.

Sollen mehr als zwei Variable simultan ausgewertet werden, so ist dies nur noch mit Hilfe von multivariaten Analyseverfahren möglich. Darunter sind mathematisch-statistische Verfahren zu verstehen, die das gesamte zur Verfügung stehende Datenmaterial simultan verarbeiten. Ihr Ziel ist es, die verwirrende Vielfalt des Datenmaterials auf die wesentlichen Sachverhalte zu reduzieren. Das ist aber nur mit einem sehr hohen Rechenaufwand möglich, der ohne EDV-Einsatz nicht zu bewältigen ist.

Zu den für die Praxis bedeutendsten Verfahren gehören neben der multiplen Regression die Typologie und die Faktoranalyse.

Da im Zusammenhang mit Imageuntersuchungen bereits auf die Faktoranalyse hingewiesen wurde, sollen anhand eines einfachen Beispiels die Grundzusammenhänge dargestellt werden (Beispiel entnommen: Infratest, S. 86).

Wie Abbildung 17 zeigt, treten bei einer Reihe von Individuen die Variablen „rote Haare", „Sommersprossen" und „Kurzsichtigkeit" auf, wobei auffällt, daß die Größen rote Haare und Sommersprossen immer gemeinsam auftreten. Beide Variable sind Ausprägungen eines Faktors „Pigmente". Die Faktoranalyse hat ihre größte Bedeutung bei der Ermittlung der marktbeschreibenden Faktoren für Modelle im zweidimensionalen Raum, wie sie bei Imageuntersuchungen notwendig sind.

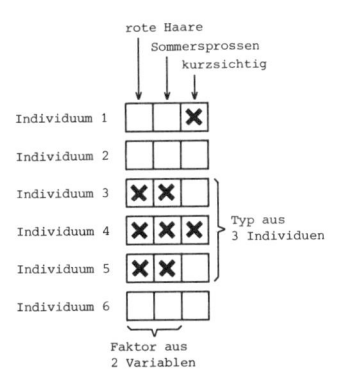

Abb. 17 Schematische Darstellung von Faktoranalyse und einer Typologie
Quelle: Infratest S. 86

Die Typologie ist eine Untersuchung, bei der festgestellt werden soll, ob eine Personengruppe durch typische Merkmale sich in Untergruppen zerlegen läßt. Als Ergebnis einer solchen Analyse entstehen Häufigkeitsgruppierungen (Klumpen oder Cluster), weshalb die Typologie auch häufig als Cluster-Analyse bezeichnet wird (vgl. Abb. 17). Hauptanwendungsbereich ist die Segmentierung von Märkten in Teilmärkte.

4. Kapitel:
Die Marketing-Planung

Planen bedeutet die Beschreibung eines in der Zukunft gewünschten Zustandes und die Festlegung der Wege, wie dieser Zustand erreicht werden soll. „Planung ist ein Prozeß, in dessen Ablauf die Unternehmensresourcen mit den Unternehmenszielen und -chancen in Einklang gebracht werden" (Kotler 1977, S. 359). Mithin umfaßt sie sowohl die Quantifizierung der Ziele wie auch der Methoden, mit denen ein Ziel realisiert werden soll.

Entsprechend des zu planenden Prozesses sind verschiedene Planungstypen zu unterscheiden. Ausgehend vom betrieblichen Engpaß wird zunächst das Hauptziel formuliert und die grundlegenden Methoden festgelegt. Eine solche Planung, bei der sowohl das (die) Ziel(e) wie auch die Methoden Gegenstand der Planung sind, wird als strategische Planung bezeichnet. Im Beispiel der Abbildung 18 soll das Globalziel durch die Methoden Umsatzausweitung, bessere Kapazitätsauslastung und Kostensenkung erreicht werden.

Diese Methoden werden nun ihrerseits aber wieder zu vorgegebenen Bereichszielen, zu deren Realisierung wiederum die entsprechenden Verfahren festgelegt werden müssen. Diese Planung ist mithin dadurch gekennzeichnet, daß sie sich lediglich auf die Planung der Methoden erstreckt, während die Subziele aus den übergeordneten Methoden abgeleitete Größen darstellen. Eine solche Planung wird als taktische Planung bezeichnet. So soll in dem angeführten Beispiel (Abb. 18) die verbesserte Kapazitätsauslastung als vorgegebenes Ziel durch einen verbesserten Materialfluß, eine Verkürzung der Fertigungszeiten und eine verbesserte Arbeitsvorbereitung erreicht werden.

Diese Maßnahmen bestehen ihrerseits wieder aus einzelnen Prozeßabläufen. Die Planung solcher Operationen bedeutet in der Regel eine Terminplanung, wann welche Prozesse beginnen oder beendet sein müssen; die entsprechende Planung wird als operative Planung bezeichnet.

Dadurch, daß die Methoden der übergeordneten zu vorgegebenen Zielen der nachgeordneten Planungsstufe werden, entsteht ein hierarchisch gegliedertes Zielsystem, das als Ziel-Mittel-Reihe und dessen grafische Darstellung als Relevanzbaum bezeichnet wird.

Das Verhältnis der drei Planungstypen könnte etwa wie folgt umschrieben werden: die strategische Planung legt fest, wohin das Unternehmen gelangen will, und bestimmt die grundsätzliche Richtung, die eingeschlagen werden soll. Die taktische Planung bestimmt die Beförderungsmittel und die operative Planung legt fest, wann und in welcher Intensität diese Beförderungsmittel eingesetzt werden sollen.

Dieses Grundschema der Planung hat auch für die Marketing-Planung Gültigkeit.

A. Strategische Marketing-Planung

Da unter den Bedingungen eines Käufermarktes der Markt der betriebliche Hauptengpaß ist, ist die strategische Marketing-Planung in der Regel mit der Unternehmensplanung identisch. Formal ist sie dadurch gekennzeichnet, daß sie langfristig ist. Das bedeutet in der Praxis im Durchschnitt etwa vier Jahre, obgleich in der Literatur immer wieder eine mindestens zehnjährige Planfrist gefordert wird. Es ist jedoch eine grundsätzliche Tendenz zu Fristverlängerungen zu konstatieren.

342   Vierter Teil: Marketing

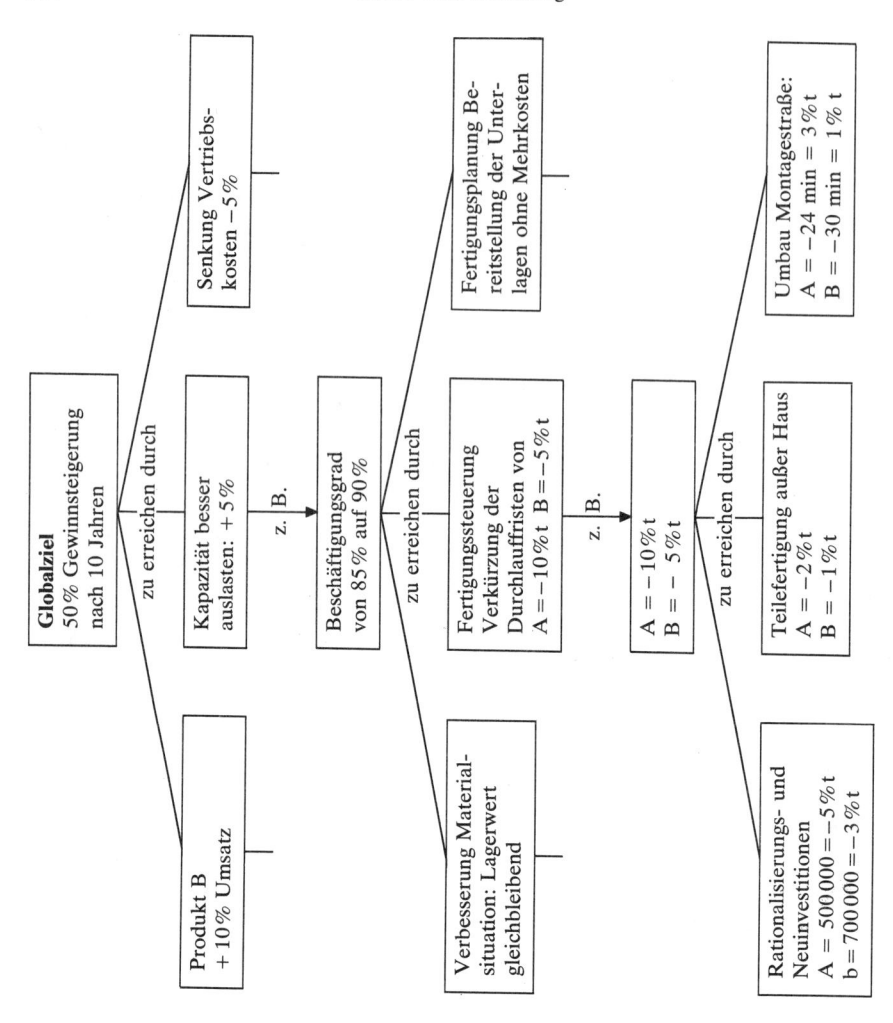

Globalziel
50% Gewinnsteigerung nach 10 Jahren

zu erreichen durch:
- Senkung Vertriebskosten −5%
- Kapazität besser auslasten: +5%
- Produkt B +10% Umsatz

z. B. Beschäftigungsgrad von 85% auf 90%

zu erreichen durch:
- Fertigungsplanung Bereitstellung der Unterlagen ohne Mehrkosten
- Fertigungssteuerung Verkürzung der Durchlauffristen von A = −10% t B = −5% t
- Verbesserung Materialsituation: Lagerwert gleichbleibend

z. B. A = −10% t
B = −5% t

zu erreichen durch:
- Umbau Montagestraße: A = −24 min = 3% t B = −30 min = 1% t
- Teilefertigung außer Haus A = −2% t B = −1% t
- Rationalisierungs- und Neuinvestitionen A = 500 000 = −5% t b = 700 000 = −3% t

Strategische Planung		Taktische Planung		Operative Planung	
Global-Ziel	Global-maßnahmen	Sub-ziele	Sub-maßnahmen	Operative Ziele	Operative Maßnahmen

Abb. 18 Relevanzbaum einer Ziel-Mittel-Reihe

4. Kapitel: Die Marketing-Planung

Für die strategische Marketing-Planung stehen zwei Verfahren zur Verfügung: die Gap-(Lücken-)Planung sowie die Planung von strategischen Geschäftseinheiten (SEGs).

Der Grundgedanke der Gap-Analyse besteht darin, Lücken zwischen den Unternehmenszielen einerseits und der Entwicklung auf der Basis der derzeitigen Geschäftslage andererseits sichtbar zu machen. Ausgehend von der gesamtwirtschaftlichen Lage und den Stärken/Schwächen des Unternehmens wird zunächst prognostiziert, welche Ergebnisse in der Zukunft zu erwarten sind, wenn die Unternehmensaktivitäten auf dem bisherigen Niveau „eingefroren" werden. Als Ergebnis entsteht eine Kurve des „extrapolierten Ertrages", die auch als Momentum-Linie bezeichnet wird. Sie markiert zugleich das erwartete Mindestergebnis.

Sodann wird die gleiche Planung unter der Bedingung wiederholt, daß die Marketing-Aktivitäten der Zukunft optimiert werden, daß sie also der erkennbaren Marktentwicklung angepaßt werden. Als Ergebnis entsteht eine Kurve des unter realistischen Bedingungen möglichen Ertrages. Schließlich bilden die Ertragserwartungen, die aus der Unternehmenszielsetzung abgeleitet werden, die Obergrenze der Planung.

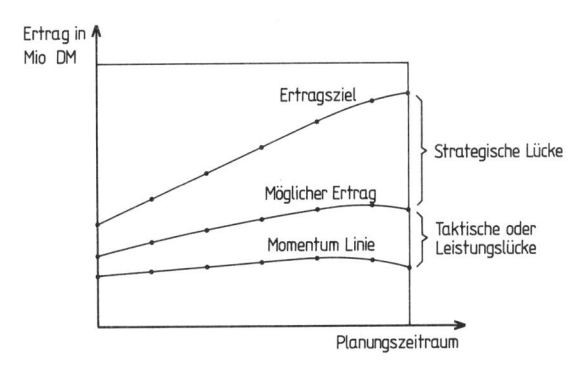

Abb. 19 GAP-Planung (nach v. Falkenhagen: Langfristplanung in der Praxis, Volkswirt 26/68, S. 30)

In der Regel sind diese drei Kurven – wie Abb. 19 zeigt – nicht deckungsgleich. Es bilden sich Lücken. Die Differenz zwischen dem extrapolierten und möglichen Ertrag wird als taktische (Leistungs-)Lücke bezeichnet. Sie kann durch eine Optimierung der bisherigen Unternehmensstrategie geschlossen werden.

Die Differenz zwischen dem Ertragsziel und dem möglichen Ertrag stellt die strategische Lücke dar. Sie kann nur dadurch geschlossen werden, daß das Unternehmen zusätzliche Aktivitäten ins Auge faßt, beispielsweise neue Produkte auf den Markt bringt oder neue, bislang nicht bearbeitete Märkte erschließt. Ist dies nicht möglich, kann die Lücke nur dadurch geschlossen werden, daß die Ertragserwartungen nach unten revidiert werden.

Die Planung von strategischen Geschäftseinheiten (SGE) basiert auf dem **Produkt-Portfolio-Verfahren**, wobei als SEG eine Problemlösung für einen ganz bestimmten Markt (Anwendergruppe) bezeichnet wird. Der Ausdruck Portfolio stammt aus dem Bankbereich und umschreibt die Zusammensetzung eines Wertpapierdepots unter Beachtung der Faktoren Ertragskraft und Risiko der einzelnen Anlagewerte.

Übertragen auf den Bereich der strategischen Planung bedeutet dies, daß die vom Unternehmen angebotenen Problemlösungen entweder Erträge erwirtschaften oder verbrauchen. Dabei orientiert sich die PortfolioAnalyse sowohl an Umwelt- wie an Unternehmensfaktoren; sie stellt mithin ein Produkt/Markt-Planungsschema dar. Die Portfolio-Matrix, die in ihrer frühesten Version von der Boston Consulting Group (BCG) entwickelt wurde, basiert auf den beiden Kriterien „relativer Marktanteil" (RMA) und „Marktwachstum", wobei unter relativem Marktanteil der eigene Marktanteil gemessen am wichtigsten Wettbewerber zu verstehen ist. Beide Kriterien lassen sich grob in „hoch" und „nieder" einteilen und in Matrixform anordnen. Es entsteht eine Matrix (Abb. 20) mit vier Feldern:

	Marktwachstum	
hoch	**Fragezeichen** (question marks)	**Stars** (stars)
nieder	**Arme Hunde** (poor dogs)	**Zahlkühe** (cash cows)
	nieder	hoch relativer Marktanteil

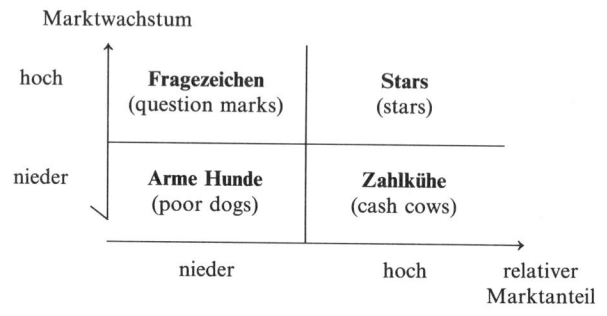

Abb. 20 Portfolio Matrix

1. Produkte, die durch einen niederen relativen Marktanteil und niederes Wachstum gekennzeichnet sind, werden von der BCG als „arme Hunde" bezeichnet. Es handelt sich um Produkte, die keine Zukunftsaussichten mehr haben.
2. Die Merkmalskombination hoch/hoch bezeichnet umgekehrt Produkt-Marktfelder, deren Marktwachstum sehr rasch verläuft und die eine gute Wettbewerbssituation aufweisen. Sie werden als Stars bezeichnet.
3. Produkt mit einem hohen RMA aber mit geringem Marktwachstum sind in der Regel Marktführer in etablierten Märkten, die entsprechende Erträge erwirtschaften. In der Terminologie der BCG werden sie als „Zahl-Kühe" (cash-cows) bzeichnet
4. Schließlich befinden sich SGEs mit niederem RMA aber einem großen Marktwachstum in einer Situation, die durch erhebliche Risiken gekennzeichnet ist, ob die Problemlösung sich am Markt durchsetzen kann. Sie wurden deshalb von der BCG „Fragezeichen" genannt.

Die strategische Planung hat sich nun darauf zu konzentrieren, daß das Leistungsangebot ein Optimum zwischen ertragbringenden und ertragverbrauchenden SGEs darstellt.

B. Taktische Marketing-Planung

In der taktischen Marketingplanung werden die in der strategischen Planung festgelegten Methoden zu vorgegebenen Zielen. Sie ist durch eine Detaillierung in zwei Richtungen, einer zielorientierten Aufgliederung und einer zeitlichen Untergliederung gekennzeichnet. Als Folge dieser Detaillierung zerfällt die taktische Marketingplanung in eine Vielzahl von Einzelplänen, wie beispielsweise den Umsatz-, Werbe- oder Verkaufsförderungsplan, wobei dem Umsatzplan die größte Bedeutung zukommt (Abb. 21).

Für die Ermittlung des mutmaßlichen Marktvolumens, das die Grundlage für jede Umsatzplanung darstellt, gibt es zwei Ansatzpunkte. Einmal kann die Planung bis auf die Ebene der Außendienstmitarbeiter delegiert werden, weil sie ja den besten Überblick haben. Sie wird als Planung von unten bezeichnet. Der Gesamtumsatzplan würde sich dann aus der Addition der Einzelpläne ergeben. Die zweite Möglichkeit besteht darin, auf Grund der Marktforschungsergebnisse den künftigen Umsatz zu errechnen und diesen dann auf die einzelnen Mitarbeiter aufzugliedern. Sie kann analog als Planung von oben bezeichnet werden.

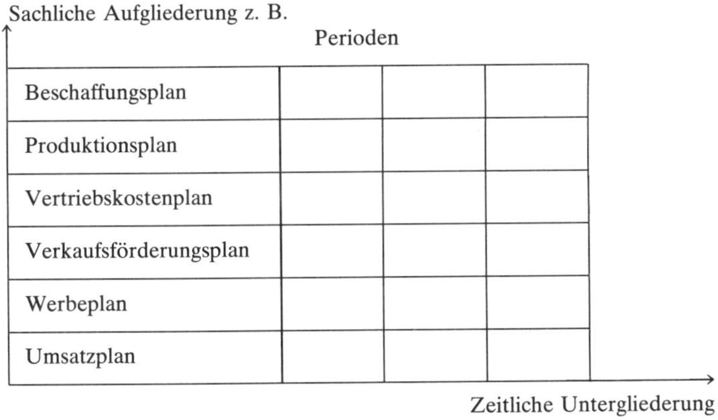

Sachliche Aufgliederung z. B.

Perioden

Beschaffungsplan			
Produktionsplan			
Vertriebskostenplan			
Verkaufsförderungsplan			
Werbeplan			
Umsatzplan			

Zeitliche Untergliederung

Abb. 21 Taktische Planung

Während die strategische Planung – wie bereits dargestellt – im Prinzip eine Mehrjahresplanung ist, führt die zeitliche Untergliederung in der Regel zu taktischen Jahresplänen. Wie aus Abbildung 18 zu ersehen ist, führt die Auf- und Untergliederung zu einer starken Ausweitung der Planungstätigkeiten. Umfaßt die strategische Planung einen Zeitraum von fünf Jahren, so kann dieser Zeitraum durch einen einzigen Plan abgedeckt werden. Bei vier strategischen Methoden entstehen aber auf der taktischen Ebene bereits $4 \times 5 = 20$ Pläne, die zu erstellen sind.

C. Operative Marketing-Planung

Während die strategische Planung zielorientiert, die taktische Planung im wesentlichen mittelorientiert ist, ist die operative Planung ablauf- und damit zeitorientiert. Im Grunde genommen geht es darum, den zeitlichen Ablauf von Maßnahmen zu planen. Die operative Marketingplanung ist in der Regel daran zu erkennen, daß es sich eben um eine Zeitplanung mit Hilfe von Balkendiagrammen oder Netzplänen handelt. Typische Beispiele aus dem Marketingbereich wären etwa die Planung für die Einführung eines neuen Produktes, die Ablaufplanung einer Werbekampagne oder von Verkaufsförderungsaktivitäten.

5. Kapitel:
Entscheidungsfindung

Als Ergebnis der Planung stehen den Unternehmen eine Reihe von möglichen Strategien zur Verfügung, um das gesteckte Ziel zu erreichen. Es ist nun jene auszuwählen, die das Ziel am besten erfüllt. Entscheiden ist damit als Wahlhandlung charakterisiert und setzt daher mindestens zwei, höchstens jedoch eine noch überschaubare Anzahl von Lösungsalternativen voraus.

Entscheiden bedeutet ferner, das gewählte Ziel bestmöglich zu erreichen, die Zielerreichung zu optimieren. Optimieren kann sowohl maximieren wie auch minimieren bedeuten, so beispielsweise, wenn ein Unternehmen einen möglichst hohen Gewinn anstrebt (maximieren) oder wenn ein Ziel mit möglichst geringen Kosten (minimieren) realisiert werden soll. Der Entscheidungsvorgang schließlich verläuft in der Form der Negativauswahl. Das bedeutet, daß die erkennbar schlechteren Strategien solange ausgeschieden werden, bis eine Alternative, eben die beste oder – exakt ausgedrückt – die am wenigsten schlechte Lösung übrigbleibt.

Wie bereits dargestellt, wird dieser Prozeß dadurch erschwert, daß in der Regel die Unternehmen nicht nur eine Zielgröße, sondern ein ganzes Zielbündel in Form von Haupt- und Unterzielen verfolgen. Unterziele können den Charakter von bindenden und/oder wünschenswerten Nebenbedingungen annehmen. So könnte beispielsweise ein Unternehmen der Metallverarbeitung ein Gewinnziel anstreben (Hauptziel) unter Beachtung der bestehenden tarifrechtlichen Vereinbarungen (bindendes Nebenziel) und der selbst auferlegten Beschränkung, keine Rüstungsgeschäfte zu betreiben (wünschenswerte Nebenbedingung). Abbildung 22 zeigt diese Zusammenhänge auf.

Um den Auswahlprozeß durchführen zu können, müssen die einzelnen Aktionsmöglichkeiten miteinander vergleichbar sein. Sie müssen mithin bewertet, also rechenbar gemacht werden. Dafür sind verschiedene Verfahren entwickelt worden, die unter dem Sammelbegriff „Entscheidungstechniken" zusammengefaßt werden.

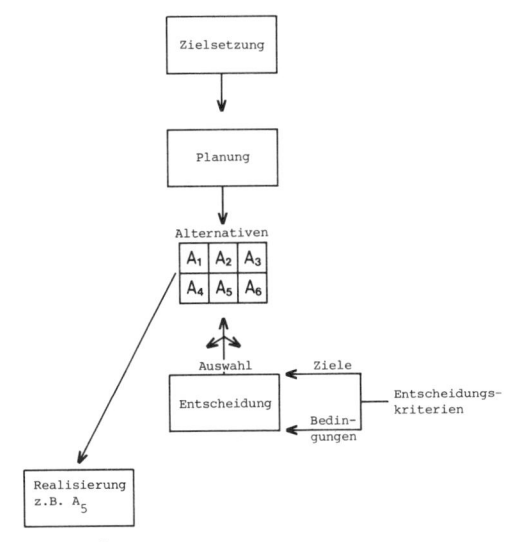

Abb. 22 Entscheidungsprozeß

Ob die errechneten Ergebnisse aber auch tatsächlich eintreten, ist wiederum vom Einfluß der Umwelt, genauer vom Informationsstand über diese Einflüsse und damit von der Entscheidungssituation abhängig. Wie bereits dargestellt sind Marketingentscheidungen Entscheidungen unter Ungewißheit, im günstigsten Falle solche unter Risiko. Die anwendbaren Entscheidungstechniken werden ganz wesentlich von der jeweiligen Entscheidungssituation mitbestimmt.

A. Entscheidung unter Risiko

Wie bereits dargestellt, besteht das Risiko darin, daß nur ein Teil der notwendigen Informationen verfügbar ist, um das Ergebnis eindeutig vorherzusagen. Infolgedessen kann eine Entscheidung zu einer Reihe von Resultaten führen, für deren Eintritt jedoch Wahrscheinlichkeiten angegeben werden können.

Für Entscheidungen unter Risiko haben sich in der Marketingpraxis zwei Rechenverfahren eingebürgert: die **Nutzwertanalyse** und das **Entscheidungsbaumverfahren**. Die Vorgehensweise beider Verfahren soll anhand von Beispielen demonstriert werden.

Ein Automobilwerk stehe vor der Entscheidung einen neuentwickelten PKW entweder mit einer herkömmlichen Stahlblech- oder aber einer Kunststoffkarosserie auf den Markt zu bringen. Die Kriterien, auf die bei dieser Entscheidung zu achten ist, seien die Zugfähigkeit, das Korrosionsverhalten, die Schweißfähigkeit und Verformbarkeit des Materials sowie der Materialpreis, die Verarbeitungskosten sowie die Marktattraktivität des Produktes.

Kriterien	max. Punktzahl je Kriterium	Produktanforderungen	Materialeigenschaften von	
			Stahlblech	Glasfaser
Korrosionsverhalten	10	9	2	8
Zugfestigkeit	10	8	8	2
Schweißfähigkeit	10	3	5	3
Verformbarkeit	10	5	4	6
Materialpreis	10	7	9	5
Verarbeitungskosten	10	4	9	4
Marktattraktivität	10	7	5	7

Tab. 1

Kriterien	Bewertung für	
	Stahlblech	Glasfaser
Korrosionsverhalten	18	72
Zugfestigkeit	64	16
Schweißfähigkeit	15	9
Verformbarkeit	20	30
Materialpreis	63	35
Verarbeitungskosten	36	16
Marktattraktivität	35	49
	251	227

Tab. 2

Abb. 23 Beispiel für eine Nutzwertanalyse

5. Kapitel: Entscheidungsfindung

Der erste Schritt besteht nun darin, den einzelnen Kriterien entsprechend ihrer Wichtigkeit einen Punktewert zuzuordnen. Er beträgt im Beispiel 10 Punkte für jedes Kriterium. In einem zweiten Schritt werden diese Punkte entsprechend den Produktanforderungen vergeben, beispielsweise für die Schweißfähigkeit 3 Punkte (Abb. 23). Hohe Punktzahl bedeutet dabei große, niedere entsprechend geringere Anforderungen. In einem dritten Schritt schließlich wird die Eignung der beiden Materialien im Hinblick für die genannten Kriterien ermittelt. Auch dies geschieht durch die Vergabe entsprechender Punktewerte. Hohe Punktzahl bedeutet „gute Eignung", niedere „schlechte Eignung". Aus Abbildung 20 geht hervor, daß die Eignung von Glasfaser bezüglich der Korrosion deutlich besser (8 Punkte) als die von Stahlblech (2 Punkte) ist.

Die eigentliche Bewertung erfolgt nun dadurch, daß die Punkte der Produktanforderung mit denen der Materialeignung für jedes Kriterium multipliziert werden. So ergeben sich für das Kriterium Korrosionsverhalten bei Stahlblech 9 × 2 = 18 Punkte, während der entsprechende Wert bei Glasfaser 9 × 8 = 72 Punkte beträgt. Die Addition der Einzelwerte ergibt als Gesamtbewertung für Stahlblech 251 Punkte, während Glasfaser nur 227 Punkte erreicht und damit als schlechtere Lösung anzusehen ist. Für die Nutzwertanalyse gibt es im Bereich des Marketing vielfältige Anwendungsmöglichkeiten, beispielsweise die Bewertung von Vertriebswegen, von unterschiedlichen Werbeobjekten oder für Entscheidungen, welche Produkte ins Sortiment aufzunehmen oder zu löschen sind.

Das Entscheidungsbaumverfahren ist formal eine grafische Darstellung eines Entscheidungsproblems, das mit einer Wahrscheinlichkeitsrechnung gekoppelt ist. Die Vorgehensweise soll ebenfalls an einem Beispiel dargestellt werden.

Ein Unternehmen will ein neues Produkt auf den Markt bringen. Die Entwicklungsabteilung präsentiert zwei Vorschläge, A und B, von denen jedoch nur einer realisiert werden kann. Um die beiden Vorschläge bis zur Serienreife zu entwickeln, ist noch bei A mit Entwicklungskosten von 200 000 DM und bei B mit 800 000 DM zu rechnen, die im Falle einer nicht erfolgreichen Markteinführung als Verluste zu betrachten sind. Würde auf dem Markt ein durchschnittlicher Erfolg zu erzielen sein, würde das für A einen Umsatz von 800 000 DM und für B einen solchen von 400 000 bedeuten. Bei einem guten Erfolg könnte von A ein Umsatz von 2 000 000 DM und für B ein solcher von 4 000 000 DM erwirtschaftet werden.

Die Wahrscheinlichkeit für den Eintritt der verschiedenen Marktsituationen wurde von der Marktforschungsabteilung wie folgt geschätzt:

	Ausfall	mittlerer Erfolg	guter Erfolg
Produkt A	0,1	0,6	0,3
Produkt B	0,1	0,7	0,2

Die Entscheidungsfindung beginnt nun damit, daß zunächst die Struktur des Entscheidungsproblems grafisch dargestellt wird, wobei den beiden Alternativen die jeweiligen Konsequenzen zugeordnet werden. Abbildung 24 zeigt den Entscheidungsbaum für das vorliegende Beispiel. Die Umsatzprognosen der einzelnen Alternativen werden nunmehr mit den zugehörigen Wahrscheinlichkeiten gewichtet. Das Ergebnis sind die entsprechenden Erwartungswerte. Es ist nun jene Alternative zu wählen, bei der die Summe der einzelnen Erwartungswerte am größten ist. Das wäre für das Produkt B ein Wert von 1 000 000 DM, während der entsprechende Wert für A 1 060 000 DM betra-

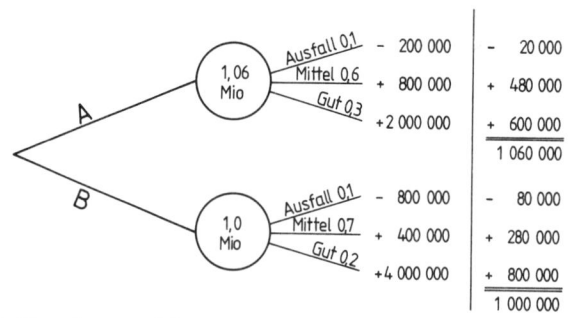

```
                  Ausfall 0,1   - 200 000      -  20 000
         ⎛1,06⎞ ──Mittel 0,6   + 800 000      + 480 000
    A ───⎝ Mio⎠───
                  ──Gut 0,3    +2 000 000     + 600 000
                                              ──────────
                                               1 060 000

                  Ausfall 0,1   - 800 000      -  80 000
         ⎛1,0 ⎞ ──Mittel 0,7   + 400 000      + 280 000
    B ───⎝ Mio⎠───
                  ──Gut 0,2    +4 000 000     + 800 000
                                              ──────────
                                               1 000 000
```

Abb. 24 Entscheidungsbaumverfahren

gen würde. Mithin weist A einen höheren Erwartungswert auf und ist demnach das Produkt, das unter Berücksichtigung des Risikos das beste Ergebnis liefert.

Neben der Möglichkeit, eine beste Lösung aufzufinden, liegt der Vorzug des Entscheidungsbaumverfahrens im pädagogischen Bereich. Es zwingt dazu, ein Entscheidungsproblem formallogisch in seine Bestandteile aufzusplitten, was in der Regel einen wichtigen Schritt für jede Entscheidungsfindung darstellt.

B. Entscheidung unter Ungewißheit

Ungewißheit bedeutet, daß die denkbaren Konsequenzen einer Entscheidung aufgelistet, daß aber für die einzelnen Alternativen keine Eintrittswahrscheinlichkeiten angegeben werden können, mithin alle möglichen Ergebnisse die gleiche Wahrscheinlichkeit haben. In solchen Fällen besteht nur die Möglichkeit, anhand von individuellen Regeln zu entscheiden. Eine solche Entscheidungsregel könnte etwa lauten: Wähle die Strategie, die in allen denkbaren Situationen einen Verlust vermeidet!"

Theoretisch wären zwei Fälle von Ungewißheit denkbar. Einmal könnte es eine Ungewißheit über die Umweltsituation, zum anderen eine solche über Ergebnisse von Entscheidungen sein. In der Praxis reduziert sich das in der Regel auf die Umweltsituation, weil über Ergebnisvorhersagen häufig ein höheres Maß von Informationen vorliegen.

In der Literatur sind eine Reihe von solchen Entscheidungsregeln für Ungewißheitssituationen entwickelt worden. Die bedeutendsten sind die Minimax-, die Minimum-Regret-Regel sowie das Hurwicz-(Optimismus-Pessimismus-)Kriterium. Sie sollen anhand eines Beispiels dargestellt werden.

Ein Unternehmen möchte durch zusätzliche Marktaktivitäten seine Position verbessern. Geplant sind eine verstärkte Werbung, eine Preissenkung oder eine Kombination beider Aktionen. Der erwartete Gewinn der einzelnen Aktionen ist entscheidend von der Konjunkturlage abhängig. Die Gewinnerwartungen der einzelnen Aktionen bei den einzelnen Konjunktursituationen sind in der Matrix der Abbildung 25 zusammengefaßt.

(1) Die **Minimax-Entscheidungsregel** besagt nun, daß jene Aktion zu wählen ist, bei der das ungünstigste Ergebnis noch am besten ausfällt oder mathematisch ausgedrückt: Maximiere das Minimum. Bezogen auf unser Beispiel sind die ungünstigsten Ergebnisse bei einer rezessiven Konjunkturlage gegeben. Das beste Ergebnis in dieser Situa-

Hand- Umwelt- lungs- Situa- Alter- tion nativen	S_1 gute Konjunktur	S_2 mäßige Konjunktur	S_3 rezessive Entwicklung
A 1 Werbe- kampagne	400	300	240
A 2 Preis- senkung	650	650	200
A 3 Werbe- kampagne + Preissenkung	700	560	140
	S_1	S_2	S_3
A_1	–300	–350	0
A_2	–50	0	–40
A_3	0	–90	–100

Matrix 1

Abb. 25 Entscheidung unter Ungewißheit

tion liefert die Aktion A1 mit einem Gewinn von 240 Geldeinheiten. Sie wäre demnach auszuwählen.

Es fällt auf, daß die Minimax-Regel stark pessimistisch geprägt ist. Mitunter wird in der Literatur auch als Gegenstück eine Maximin-Regel vorgeschlagen, die eine optimistische Grundstimmung als Entscheidungsbasis besitzt. Danach wäre jene Aktion zu wählen, bei der das beste Ergebnis den geringsten Wert aufweist. Bezogen auf das vorliegende Beispiel sind die besten Ergebnisse bei S1 zu erwarten; das geringste Ergebnis liefert mit 400 GE ebenfalls die Aktion A1.

(2) Die **Minimum-Regret-Regel** (Kriterium des geringsten Bedauerns, Savage-Niehans-Regel) geht von einer besonderen Formulierung des Risikos aus. Es ist definiert als das Bedauern (Regret) des Entscheidungsträgers, das er empfindet, wenn eine andere als die erwartete Situation eintritt. Dieses Bedauern kann in Zahlen ausgedrückt werden durch die Differenz des tatsächlich realisierten zum möglichen Gewinn.

Angenommen in unserem Beispiel habe das Unternehmen die Aktion A1 realisiert, weil es mit einer guten Konjunktur (S1) gerechnet hat. Tatsächlich ist die Konjunktur nur durchschnittlich (S2) und das Unternehmen realisiert einen Gewinn von 300 GE. Hätte es aber A2 gewählt, wäre der Gewinn auf 650 GE gestiegen. Die Differenz zwischen 650 GE abzüglich 300 GE = 350 GE ist der rechnerische Wert des Bedauerns. Die Regretwerte für alle drei Aktionen lassen sich dadurch ermitteln, daß die höchsten Ergebnisse in den S-Spalten gleich Null gesetzt werden und die Differenz zu den übrigen Spaltenergebnissen ermittelt und jeweils in einer neuen Matrix eingetragen werden. Matrix 2 der Abb. 22 zeigt die jeweils errechneten Werte.

Die Savage-Niehans-Regel besagt nun, daß jene Handlungsalternative zu wählen sei, bei der die maximalen Regretwerte (Zeilenmaxima) am geringsten sind. Da im vorliegenden Beispiel der Maximalwert für A1 = 350 GE, für A2 = 50 GE und A3 = 100 GE beträgt, wäre die Preissenkung (A2) die gesuchte Strategie.

(3) Wie schon bei der Darstellung der Minimax-Regel betont, wird die Entscheidung davon geprägt, ob der Entscheidende Optimist oder Pessimist und damit bereit ist, ein größeres oder kleineres Risiko einzugehen. Diese Risikobereitschaft ist die Grundlage des **Optimismus-Pessimismus-Kriterium** (Hurwicz-Regel). Sie fordert, daß jede Person, die Entscheidungen zu treffen hat, mit einem Optimismus- beziehungsweise Pessimismus-Parameter zu bewerten ist. Beträgt die Risikobereitschaft eines Entscheidenden beispielsweise 20% (oder 0,2 so die übliche Schreibweise), so bedeutet dies, daß er zu 20% optimistisch ist, daß die günstigste Situation eintritt, und zu 80% pessimistisch mit dem Eintritt der ungünstigsten Situation rechnet.

Der Optimismus-Pessimismus-Wert jeder Handlungsalternative läßt sich dadurch ermitteln, daß der schlechteste Wert mit dem Pessimismus-, der beste mit dem Optimismus-Parameter gewichtet wird. Für das vorliegende Beispiel würde das zu folgenden Werten führen:

A1: $(400 \times 0,2) + (240 \times 0,8) = 272$
A2: $(650 \times 0,2) + (200 \times 0,8) = 290$
A3: $(700 \times 0,2) + (140 \times 0,8) = 252$

Die Hurwicz-Regel besagt nun, daß jene Aktion zu wählen ist, die bei gegebenem Optimismus-Pessimismus-Parameter den höchsten Wert erreicht. Im vorliegenden Beispiel wäre dies mit 290 GE die Aktion A2.

Im allgemeinen wird den hier dargestellten Entscheidungsregeln wenig praktische Bedeutung beigemessen, weil ihr Ansatz zu theoretisch und damit zu realitätsfern sei. Auf zwei Punkte sollte jedoch hingewiesen werden. Mit Hilfe dieser Regeln wird erstmals versucht, die Entscheidungsfaktoren zu erfassen, die in der Person des Entscheidenden begründet sind. Daneben ist auch hier auf die pädagogische Wirkung hinzuweisen. Versuche, solche Regeln für praktische Entscheidungssituationen zu formulieren, führen zumindest zu einer besseren Strukturierung und damit zu einem besseren Verständnis der Entscheidungsprobleme.

6. Kapitel:
Die Realisierung

Die Marktforschung liefert die Informationen, die im Rahmen der Marketingplanung in alternative Strategien umgesetzt werden. Der Entscheidungsprozeß hat die Aufgabe, die optimale Strategie auszuwählen. Realisieren bedeutet, durch den Einsatz spezifischer Instrumente für die Marktbearbeitung die vorgegebenen Zielgrößen zu verwirklichen.

Die Gesamtheit aller zur Verfügung stehenden Marktbearbeitungsinstrumente wird nach Gutenberg als „absatzpolitisches Instrumentarium" bezeichnet (17, S. 123 ff.). Dabei sind sachlich zwei Problemkreise zu unterscheiden. Jeder Einsatz eines solchen Instrumentes setzt voraus, daß die Wirkungsweise des Instrumentes bekannt ist. Ein zweites Problem besteht darin, daß bei der Festlegung einer Strategie entschieden werden muß, in welchem Umfang von den einzelnen Instrumenten Gebrauch gemacht werden soll. Dieser Sachverhalt wird üblicherweise mit dem Begriff Marketing-Mix umschrieben. In den folgenden Kapiteln soll zunächst die Wirkungsweise der einzelnen Marketinginstrumente beschrieben werden, während die Probleme des Marketing-Mix dem abschließenden Kapitel 11 vorbehalten sein sollen.

Die Vielzahl der Instrumente läßt sich – wie Abbildung 26 zeigt – in drei Gruppen zusammenfassen:

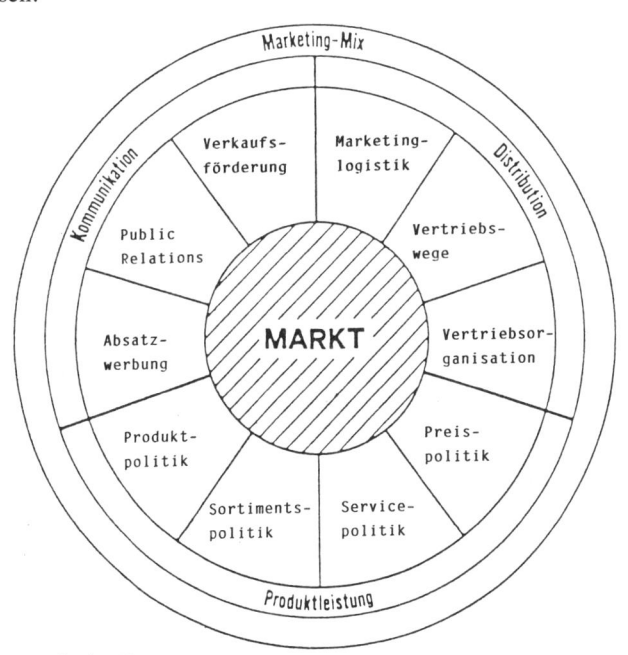

Abb. 26 Die Marketing-Instrumente

1. Im Mittelpunkt des Instrumentariums steht das Leistungsangebot, die Produktpolitik. Im einzelnen zählen dazu die Produkt- und Sortimentspolitik in engerem Sinne, wobei das Problem der Produktlöschung ebenfalls ein Teil der Produktpolitik darstellt, sowie die Diversifikation und die Preispolitik.

Obgleich in den Augen des Verwenders die Attraktivität des Angebotes sich aus dem Produktnutzen und dem geforderten Preis zusammensetzt, also einen Teil der Produktpolitik bildet, soll aus Gründen einer besseren Darstellung die Preispolitik in einem gesonderten Hauptkapitel abgehandelt werden.

2. Eine weitere Gruppe von Instrumenten läßt sich unter dem Begriff der Distribution zusammenfassen. Ihre Aufgabe besteht darin, die Distanz zwischen Hersteller und Verwender zu überbrücken. Zur Distribution zählen die Vertriebs-(Außendienst-)Organisation, die Festlegung der Vertriebswege und die Marketing-Logistik, die mitunter auch als „physische Distribution" bezeichnet wird.

3. Schließlich wird unter den Bedingungen eines Käufermarktes der Informationsfluß zwischen Hersteller und Verwender immer wichtiger. Unter dem Sammelbegriff der Kommunikationsinstrumente sollen Verkaufsförderung, Public Relations und Absatzwerbung zusammengefaßt werden.

7. Kapitel:
Die Distribution

Unter dem Begriff der Distribution werden alle Maßnahmen zusammengefaßt, mit deren Hilfe Zeit und Raum zwischen Hersteller und Verwender einer Leistung überwunden werden. Ihre Aufgabe besteht mithin darin, eine marktfähige Leistung zum richtigen Zeitpunkt an den Ort der Nachfrage zu bringen. Dies soll mit Hilfe der Einzelinstrumente Vertriebsorganisation, Vertriebswege und Logistik erreicht werden. Alle drei Instrumente zielen – wie Abbildung 27 zeigt – auf eine optimale Marktversorgung, die ihrerseits Marktpräsenz voraussetzt.

Abb. 27 Distributionsinstrumente

A. Vertriebsorganisation

Die Vertriebsorganisation – üblicherweise als Außendienst bezeichnet – ist die Visitenkarte jedes Unternehmens gegenüber seinen Kunden. Ihr werden eine Reihe von Aufgaben zugewiesen, wobei natürlich an erster Stelle der Verkauf der produzierten Leistung steht. Neben dieser fast „klassischen" Aufgabe treten aber zunehmend die Kundenberatung und/oder die Warenpräsentation als gleichwertige Zielsetzung.

Der Aufbau einer Außendienstorganisation wirft vor allem zwei Fragen auf, deren Beantwortung natürlich von der konkreten Zielsetzung abhängig ist. Zunächst geht es um die Frage, ob eine solche Organisation zentral geführt werden kann oder ob aus Gründen der Marktbearbeitung eine dezentrale Organisationsform günstiger ist. Diese Fragen werden unter dem Begriff des Vertriebssystems subsumiert. Daneben ist zu klären, wie weit die Vertriebsorganisation in den Markt eindringen soll. Soll sie bis zum Letztverbraucher in eigener Regie durchgeführt werden oder sollen fremde Absatzmittler eingeschaltet werden. Diese Grundfrage, ob eigene oder fremde Absatzmittler, wird nach Gutenberg als Absatzform bezeichnet (S. 124 ff.). Auf beide Fragen gibt es keine eindeutigen Antworten; wohl aber lassen sich eine Reihe von Grundsätzen nennen, die im konkreten Falle die Entscheidung erleichtern können.

Das **Vertriebssystem** hat – wie bereits dargestellt – die Frage zu beantworten, ob die Außendienstorganisation von einem zentralen Platz aus oder von dezentralen Niederlassungen geführt werden soll. In der Praxis gibt es eine fast unübersehbare Fülle von konkreten Lösungen, wobei im Bereich der Investititonsgüterindustrie eher die zentrale, im Bereich der Gebrauchsgüterindustrie eher die dezentrale Lösung vorherrscht.

Entscheidend für die Wahl des Vertriebssystems dürfte zunächst die Art der abzusetzenden Leistung sein. Je mehr ein Produkt für den unmittelbaren Gebrauch bestimmt ist, umso stärker geht die Tendenz zu einer dezentralen Organisation. Des weiteren hängt das Vertriebssystem vom Konzept der Marktbearbeitung ab. Eine intensive Marktbearbeitung erfordert einen engen Kundenkontakt. Das aber läßt sich nur mit einer dezentralen, dicht am Kunden angesiedelten Organisation erreichen. Schließlich wird das Vertriebssystem auch von den Wettbewerbsverhältnissen auf den jeweiligen Märkten beeinflußt. Je härter der Wettbewerb umso größer die Tendenz zur dezentralen Organisation, weil bei ausgereizten Wettbewerbspositionen eine rasche Akquisition über den Markterfolg entscheidet.

Betrachtet das Vertriebssystem die Distribution unter dem Aspekt der Marktbearbeitung, so steht bei der Frage der **Absatzform** die rechtliche Stellung des Außendienstes im Mittelpunkt der Überlegungen, genauer, ob die Marktbearbeitung von einer eigenen oder einer fremden Organisation durchgeführt werden soll. In der Praxis lassen sich vielfältige Ausgestaltungen der Absatzform nachweisen; sie reichen vom Verkauf an den Endverbraucher durch Mitarbeiter des Herstellers bis zu den „klassischen" Formen der Marktbearbeitung durch den Groß- und Einzelhandel. Für die konkrete Gestaltung der Organisation unter dem Aspekt der Absatzform gibt es ebenfalls keine Patentrezepte. Es können höchstens Kriterien genannt werden, die bei dieser Entscheidung zu beachten sind.

An erster Stelle ist auch hier die gewünschte Marktbearbeitung zu nennen. Eine intensive Marktbearbeitung ist auf Dauer nur mit einer eigenen Organisation möglich, weil nur sie einem Weisungsrecht des Unternehmens unterliegt. Das aber ist die Voraussetzung für eine erfolgreiche intensive Marktbearbeitung.

Daneben spielt die Übersichtlichkeit des Marktes eine Rolle. Je unübersichtlicher ein Markt ist, umso eher ist die Bearbeitung durch einen Marktspezialisten erfolgreich. Das aber sind in der Regel selbständige Kaufleute (Vertreter), die die Besonderheiten des von ihnen betreuten Marktes sehr genau kennen.

Schließlich spielen die Kosten für die Vertriebsorganisation und ihre Anpassungsfähigkeit eine wichtige Rolle. In den Zeiten steigender Umsätze war es günstiger eine Organisation, mit Angestellten – beispielsweise Reisenden – aufzubauen, weil ihre Entlohnung in Form eines Gehaltes und nur zu einem geringen Teil als Umsatzprovision zu relativ gleichbleibenden Kosten führt. Bei schwankenden oder rückläufigen Umsätzen dagegen ist eine Verprovisionierung günstiger. Eine solche Entlohnung ist aber die bei Vertretern übliche Form. Diese Überlegungen haben dazu geführt, daß sich dem Handelsvertreter gerade in jüngster Zeit neue Berufsmöglichkeiten eröffnet haben.

Die Entscheidungsfelder der Vertriebsorganisation lassen sich aus den Überlegungen zum Vertriebssystem und zur Absatzform herleiten. An erster Stelle steht die Entscheidung, ob der Markt durch Vertreter oder Reisende bearbeitet werden soll. Der Reisende als Mitarbeiter des Unternehmens kann als Produktspezialist angesehen werden, während der Vertreter ein Marktspezialist ist. Diese Entscheidung bindet in der Regel ein Unternehmen für sehr lange Zeit, weil ein Wechsel in der Vertriebsorganisation mit sehr vielen Unwägbarkeiten verbunden ist, die sehr wohl zu dauerhaften negativen Entwicklungen führen können.

Ein zweites Entscheidungsfeld ist die Zerlegung des Gesamtmarktes in möglichst gleichartige Verkaufsbezirke, die jedem Außendienstmitarbeiter die gleichen Chancen einräumen und die gleichzeitig so groß gehalten werden, daß eine sinnvolle Marktbearbeitung möglich ist. Innerhalb der einzelnen Verkaufsbezirke gilt es eine optimale Routengestaltung für die Kundenbesuche zu finden, wobei „optimal" entweder eine Minimierung der Fahrstrecke oder der Fahrzeiten bedeutet.

B. Vertriebswege

Bei der Darstellung und Behandlung der Vertriebswege (Absatzwege, Absatzkanäle) erscheint es sinnvoll, zwischen den Vertriebswegen einerseits und der Logistik andererseits zu unterscheiden. Während die Logistik die speziellen Probleme des Warenumschlags umfaßt (und in einem gesonderten Kapitel abgehandelt wird), ist unter dem Begriff Vertriebsweg „eine durch Kauffunktionen verbundene Folge von Distributionsorganen" zu verstehen (Peise, S. 40). Es geht um die Festlegung der Umschlagsstationen, die ein Produkt vom Hersteller zum Verwender durchläuft.

Aus der Sicht des Herstellers stehen grundsätzlich zwei Alternativen zur Wahl. Er kann einmal unmittelbar an den Endverwender verkaufen, wie das im Bereich der Investitionsgüterindustrie vorherrschend ist; es handelt sich um einen direkten Vertriebsweg. Werden selbständige Absatzmittler, etwa Handelsvertreter, Groß- und/oder Einzelhandelsbetriebe in den Distributionsprozeß eingeschaltet, so spricht man von einem indirekten Absatzweg.

Wie Darstellung 28 zeigt – die im übrigen keinen Anspruch auf Vollständigkeit erhebt – existieren in der Praxis eine Fülle von Möglichkeiten, konkrete Vertriebswege festzulegen. Betrachtet man die zurückliegenden Jahre, so ist deutlich eine Tendenz zum direkten Vertrieb, also zum Verkauf an den unmittelbaren Endverwender festzu-

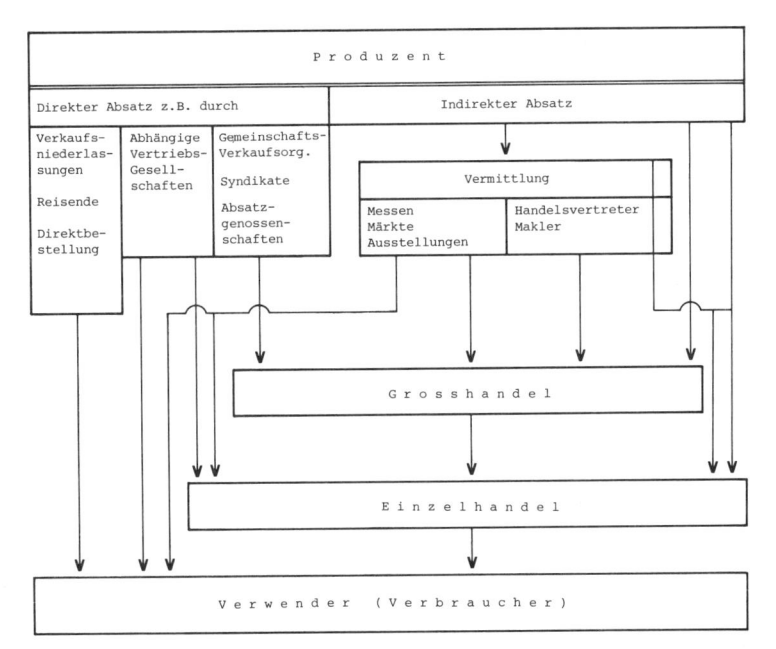

Abb. 28 Nach Geschka, H.: Produkte auf ihrem Weg zum Verbraucher in Maschinenmarkt/Industriejournal 78/72 S. 225

stellen. Diese Feststellung gilt auch für den Bereich der Konsumgüter; neben Firmen wie Avon und Vorwerk, die ihre Produkte schon immer unmittelbar an den Endverwender abgesetzt haben, ist in den zurückliegenden Jahren eine Steigerung der direkten Verkaufsaktivitäten im Konsumgüterbereich etwa in Form von „Kaffeefahrten" oder Hausparties zu beobachten.

Aber auch dort, wo der indirekte Vertriebsweg grundsätzlich noch besteht, läßt sich eine Tendenz zur Verringerung der Distributionsstufen in aller Regel durch Ausschaltung des Großhandels erkennen. Seit der Gründung des ersten Warenhauses (Au Bon Marché in Paris) kurz vor der Jahrhundertwende geht die Entwicklung kontinuierlich zu größeren und kapitalkräftigeren Betriebsformen im Einzelhandel. Seit 1948 lassen sich in der Bundesrepublik drei Entwicklungslinien verfolgen:

1. Selbständige Einzelhändler schließen sich zu Einkaufsgenossenschaften zusammen, um beim Einkauf Großhandelskonditionen zu erzielen. Die Genossenschaft übernimmt die Beschaffungsfunktion für die angeschlossenen Einzelhandelsfirmen. Als Beispiele können die EDEKA und die REWE genannt werden.

2. Großhändler und Einzelhändler schließen sich zu sogenannten „freiwilligen Ketten" (Chain Stores) zusammen. Das Kernstück dieser Kooperation besteht darin, daß die angeschlossenen Einzelhändler unter gleichem Erscheinungsbild aber als selbständige Unternehmer am Markt operieren, während der Großhändler die Beschaffung und betriebswirtschaftliche Beratung übernimmt. Die Vorstellung, daß Groß- und Einzelhändler sich als gleichwertige Partner gegenüberstehen, kann nicht aufrecht erhalten werden. In der Praxis sind die Großhandelszentralen die dominierenden Partner. Als Beispiele für diese Entwicklung seien die SPAR und die AFU genannt.

3. In zunehmendem Maße entstehen in Form der Supermärkte und Versandhäuser kapitalstarke Einzelhandelsorganisationen, die in der Vergangenheit einen erheblichen Umsatzanteil an sich gezogen und viele kleine Einzelhandelsbetriebe in ihrem Einzugsgebiet zur Aufgabe gezwungen haben.

Diese oben skizzierte Entwicklung hat dazu geführt, daß die Zahl der potentiellen Kunden für den Hersteller immer kleiner geworden ist. An die Stelle vieler kleiner Kunden sind wenige aber große Einkaufsinstitutionen getreten. Das hat zu einer deutlichen Verschiebung der Marktmacht von den Herstellern zum Handel geführt, die vom Handel ganz offensichtlich dazu benutzt wird, Leistungen auf die Hersteller abzuwälzen. So ist es beispielsweise üblich geworden, das Risiko für die Einführung eines neuen Produktes, dem Hersteller dadurch aufzubürden, daß er die Regalfläche mieten und für die Präsentation der Ware sorgen muß. Diesem Druck versuchen die Hersteller soweit es geht durch den Übergang zu direkten Vertriebswegen zu entgehen.

Diese Entwicklung hat aber noch zu einer weiteren Konsequenz geführt. Mit dem Wandel vom Verkäufer- zum Käufermarkt ist keine Gewähr mehr dafür gegeben, daß mit dem Verkauf an den Handel der Markterfolg gesichert ist. Dies ist erst dann der Fall, wenn es dem Hersteller gelingt, die Kunden seiner Kunden von der angebotenen Leistung zu überzeugen. Die Folge davon ist, daß auch nach dem Verkauf an den Handel der Hersteller Sorge tragen muß, den Absatz seiner Produkte an den Endverwender sicherzustellen; wesentliche Funktionen, wie Werbung oder Verkaufsförderung, verbleiben dauerhaft beim Hersteller. Er muß in gewisser Weise eine Doppelstrategie anwenden. Auf der einen Seite hat er dafür zu sorgen, daß der Absatzweg entsprechend bevorratet wird. („to load the pipeline"). Dieser Sachverhalt wird auch als „Push-Effekt" bezeichnet. Anderseits muß er durch geeignete Aktionen dafür sorgen, daß der

Abverkauf im Vertriebsweg in Gang kommt, daß also eine Sogwirkung entsteht, die die Pipeline zum Fließen bringt („Pull-Effekt").

Unter Berücksichtigung der oben dargestellten Entwicklung, bleibt die Festlegung des optimalen Vertriebsweges eine der wesentlichen Entscheidungen innerhalb der Marketing-Strategie. Sie ist umso gravierender, als ihre Wirkung außerordentlich langfristig ist und zugleich die Anwendungsmöglichkeiten der übrigen Marketing-Instrumente berührt. So hat beispielsweise ein indirekter Vertriebsweg Auswirkungen auf die Preis-, genauer auf die Rabattpolitik.

Um den für ein Produkt optimalen Vertriebsweg zu finden, sind eine ganze Reihe von Entscheidungstatbeständen zu berücksichtigen.

Als ein wesentlicher Faktor sind die Kosten der einzelnen Vertriebswege zu nennen. Sie spielen besonders bei der Grundentscheidung „direkt" oder „indirekt" eine wichtige Rolle. Grundsätzlich gilt die Regel: je direkter, umso teurer! Dabei sind nicht nur die Kosten alternativer Vertriebswege zu vergleichen, sondern es ist auch zu prüfen, ob die Mehrerlöse, die beim direkten Absatz erzielt werden können, die Mehrkosten des Vertriebswegs zumindest ausgleichen.

Als weiteres Kriterium für die Bewertung von Vertriebswegsalternativen ist die Kundenstruktur zu nennen. Der gesuchte Vertriebsweg muß die Gewähr dafür bieten, daß mit ihm auch die potentiellen Kunden erreicht werden können. Besteht die Zielgruppe beispielsweise aus Personen mit überdurchschnittlichem Einkommen, dann muß das Produkt dort angeboten werden, wo die Zielgruppe üblicherweise einkauft, etwa in Fachgeschäften.

Neben den Kosten und der Kundenstruktur ist die gewünschte Marktbedienung ein weiteres Auswahlkriterium. Mit einer intensiven Marktbedienung wird versucht, die Gesamtnachfrage in einem Markt möglichst vollständig zu erfassen. Dies erfordert in der Regel die Einschaltung mehrerer Vertriebswege nebeneinander. So werden Tabakprodukte nicht nur über den Fachhandel, sondern auch über Gaststätten, Automaten, Kioske und den Lebensmitteleinzelhandel abgesetzt. Eine exklusive Marktbedienung liegt dann vor, wenn nur ein bestimmtes Marktsegment bedient werden soll und der Vertriebsweg auf dieses Segment abgestimmt wird. Eine Mischform zwischen intensiver und exklusiver Marktbedienung stellt das Franchising dar, das sich in jüngster Vergangenheit einer zunehmenden Beliebtheit erfreut. Bei diesem System stellt der Franchisinggeber ein attraktives Marketing-System zur Verfügung, das der Franchisingnehmer innerhalb eines regionalen Marktsegmentes exklusiv nutzen kann, wobei er seinen Teilmarkt intensiv bearbeitet. Die Erscheinungsformen von freiwilligen Ketten und Franchising-Systemen sind in der Vergangenheit immer ähnlicher geworden, so daß heute in vielen Fällen kaum noch Unterschiede bestehen.

Schließlich können die Produkteigenschaften eine wesentliche Rolle bei der Auswahl des Vertriebsweges spielen. So liegt es auf der Hand, daß verderbliche Güter, wie Obst, Gemüse oder Blumen einen kurzen Vertriebsweg mit einem schnellen Warenumschlag benötigen, um die Produkte frisch zum Verbraucher zu bringen. In der Literatur existieren eine ganze Reihe von Verfahren, die auf der Nutzwertanalyse basieren, um den optimalen Vertriebsweg zu finden. Sie gehen auf eine grundlegende Arbeit von L. V. Aspinwal zurück; sie soll im folgenden kurz beschrieben werden (zitiert nach Kotler 1977, S. 92 ff.).

Zur Klassifizierung eines beliebigen Produktes verwendet Aspinwal die folgenden fünf Kriterien:

1. Die Bruttohandelsspanne, ausgedrückt in Prozenten vom Verkaufspreis aus gerechnet.
2. Die Wartezeit zwischen zwei Kaufakten, definiert durch die Formel Zeit (meist ein Jahr): Beschaffungshäufigkeit im gleichen Zeitraum.
3. Die Konsumzeit; sie ist identisch mit der Nutzungsdauer eines Gutes, ausgedrückt in Zeiteinheiten (Tage, Wochen, Monate, Jahre).
4. Die Suchzeit, die der Käufer aufwenden muß, um eine Kaufgelegenheit für das Produkt zu finden und den Kaufakt abzuwickeln.
5. Die Individualanpassung; darunter ist vor allem die Erklärungsbedürftigkeit zu verstehen, also die notwendige Beratung, die den Käufer in die Lage versetzt, das Produkt zu nutzen.

Diese Kriterien werden nun für die zu prüfenden Produkte anhand eines groben Rasters mit „hoch", „mittel" oder „nieder" bewertet. Produkte deren Merkmale durchweg mit hoch bewertet werden, bezeichnet Aspinwal als „rote" Güter. Produkte, deren Kriterien durchweg als nieder eingestuft werden, bezeichnet er als „gelbe" Güter, während er Güter mit unterschiedlicher Bewertung als „orange" Güter bezeichnet.

Aspinwal schlägt nun vor, die Bewertungen auf einer Skala abzutragen, deren unteres Ende die roten, das obere Extrem die gelben Güter darstellen und leitet daraus eine Regel für die zugehörigen Vertriebswege ab: je höher das Produkt auf der Skala rangiert, umso direkter soll der Vertriebsweg sein und umgekehrt.

In der Praxis werden alternative Vertriebswege mit Hilfe von Nutzwertanalysen miteinander verglichen, wobei die Bewertung auf einem Vergleich der Produktanforderungen an einen Vertriebsweg mit den gegebenen Eigenschaften eines Vertriebsweges basiert.

C. Marketing-Logistik

Im Rahmen der Distribution sorgt die Marketing-Logistik für den physischen Warenfluß vom Hersteller zum Käufer. Sie umfaßt damit die Funktionen Lagern, Umschlagen und Transportieren. Diese Warenbewegung kann unter zwei Aspekten gesehen werden. Einmal stellt sie das Endglied des Fertigungsprozesses dar und muß die Produktion kontinuierlich von den hergestellten Einheiten entlasten. Andererseits aber muß die Warenbewegung so erfolgen, daß sie den Wünschen der Kunden gerecht wird und zugesagte Lieferfristen auch eingehalten werden.

Unter den Bedingungen des Käufermarktes ist den Kundenwünschen Priorität einzuräumen, weil in Märkten, die durch eine zunehmende Preisnivellierung bei qualitativ vergleichbaren Produkten gekennzeichnet sind, schließlich derjenige Erfolg haben wird, der am schnellsten zu liefern in der Lage ist. Damit wird die Schnelligkeit und die Qualität der Warenbewegung zu einem entscheidenden Marketing-Instrument. Dieser Sachverhalt läßt sich auf jeder Investitionsgütermesse beobachten, wo häufig höhere Preise akzeptiert werden, wenn die Lieferfristen entsprechend kurz sind. Im Endeffekt entspricht die Marketing-Logistik einem Lieferservice, der sich an den Kundenwünschen orientiert.

Dieser Lieferservice besteht aus den beiden Komponenten Lieferzeit und Lieferbereitschaft (vgl. Hirsch, S. 46 ff.). Die Lieferzeit umfaßt die gesamte Zeitspanne zwischen Erteilung eines Auftrages und Ablieferung der Waren beim Kunden. Sie beinhaltet die Postlaufzeit, die Zeit für die Auftragsbearbeitung, unter Umständen die Fertigungs- und Lagerzeit sowie die Transportzeit für die Auslieferung. Eine

Verkürzung der Lieferzeit setzt eine Analyse der Teilzeiten voraus. Häufig genügen schon organisatorische Verbesserungen, beispielsweise in der Auftragsbearbeitung, um eine Verkürzung der Lieferzeit zu erreichen.

Unter Lieferbereitschaft ist die Fähigkeit zu verstehen, die innerhalb eines bestimmten Zeitraums zugesagten Auslieferungen auch tatsächlich auszuführen. In der Regel wird sie als Prozentgröße angegeben und stellt ein Güteurteil dar. So habe ein Unternehmen beispielsweise für die 38. Woche von 100 zugesagten Auslieferungen nur 80 ausführen können. In diesem Falle würde die Lieferbereitschaft 80% betragen.

Je kürzer die Lieferzeit, umso mehr muß die Lieferbereitschaft mit hohen Lagerbeständen und damit mit hohen Kosten erkauft werden. Geht sie tendenziell nach unten, besteht der Preis in einer möglichen verschlechterten Marktstellung.

In den Augen des Kunden verschmelzen Lieferfrist und -bereitschaft zu einer nicht zu trennenden Einheit, eben dem Lieferservice. Für ihn tritt aber als weiteres bestimmendes Moment hinzu, ob das Unternehmen in der Lage ist, ein bestimmtes Service-Niveau über längere Zeit hinweg zu halten, ob das Unternehmen lieferzuverlässig ist. Dabei ist zwischen einer objektiven und subjektiven Lieferzuverlässigkeit zu unterscheiden. Objektiv ist sie dann gegeben, wenn zugesagte Lieferzeit und Lieferbereitschaft dauerhaft erbracht und vom Kunden auch so eingestuft werden. Eine subjektive Lieferzuverlässigkeit würde vorliegen, wenn der objektive Sachverhalt und die subjektive Einschätzung nicht übereinstimmen, wenn beispielsweise ein Unternehmen seine Zusagen nicht dauerhaft einhalten könnte, dies aber von den Kunden nicht bewußt registriert werden würde.

Untersuchungen haben ergeben, daß in vielen Fällen ein Lieferservice angeboten wird, dessen Niveau von den Kunden nicht entsprechend honoriert wird. So hatte ein Nahrungs- und Genußmittelhersteller seinen Kunden (Groß- und Einzelhandel) eine Auslieferung innerhalb von drei Werktagen nach Auftragseingang zugesagt. Die Folge dieser sehr kurzen Lieferfrist war, daß die LKW häufig nur mit halber Ladung ihre Route befahren mußten. Kam es andererseits zu einer saisonal bedingten sprunghaften Nachfrage, sank die Lieferbereitschaft häufig auf Werte um 60% ab.

Eine Umfrage bei den Kunden brachte das Ergebnis, daß sie mit einer wöchentlichen Auslieferung durchaus zufrieden wären. Das Unternehmen stellte probeweise auf eine Auslieferung innerhalb von fünf Werktagen nach Auftragseingang um, was ein objektive Verschlechterung des Lieferservice bedeutete, die aber von den Kunden akzeptiert wurde. Als Nebeneffekt konnte das Unternehmen eine beachtliche Kostenreduzierung im Logistik-Bereich erzielen.

Die Marketing-Logistik kann mithin als black-box begriffen werden, deren Inputgröße die Kosten und deren Output der gewünschte Lieferservice ist. Da in Käufermärkten das Serviceniveau nicht unter den von den Kunden erwarteten Standard gesenkt werden kann, können steigende Kosten nur durch Rationalisierungen ausgeglichen werden. Diese Bemühungen konzentrieren sich darauf, die kostengünstigsten Transportmittel und Transportwege zu finden. Dies umfaßt sowohl Entscheidungen darüber, ob eigene oder fremde Transportmittel eingesetzt werden sollen, wie auch Verfahrens- und Kostenvergleiche zwischen verschiedenen Transportmitteln, etwa LKW oder Flugzeug, in Abhängigkeit von den zu transportierenden Gewichten. Bei der Bestimmung der günstigsten Transportwege geht es in der Regel um eine Zeit- oder Entfernungs- und damit um eine Kostenminimierung.

Des weiteren versucht man eine Verbesserung der Marketing-Logistik durch das Auffinden von günstigen Standorten zu erreichen. Diese Fragen werden umso wichtiger, je großräumiger die Märkte werden, wie das im Rahmen der EG der Fall ist. Als kostengünstig können solche Standorte angesehen werden, bei denen die Kosten für die Anlieferung, Entladung, Lagerung und Transportkosten zu den Kunden ein Minimum erreichen.

Schließlich hat auch die Lagerhaltung Einfluß auf Kosten und Lieferservice. In der Praxis geht es um die Frage, inwieweit Lagerbestände dauerhaft abgebaut werden können, ohne daß eine Serviceverschlechterung eintritt, mithin die Kapitalbindung reduziert werden kann. Daneben spielt die Einführung neuer Lagertechniken, etwa Hochregallager, die durch EDV-Anlagen gesteuert werden, eine gewichtige Rolle, weil in der Regel durch deren Einführung eine erhebliche Reduzierung der Lagerkosten erreichbar ist.

8. Kapitel:
Produkt-Politik

Im Mittelpunkt aller Marketingaktivitäten muß die angebotene Leistung – sei es Einzelprodukt oder Leistungsprogramm – stehen, denn nur ein Angebot, das den Wünschen der Kunden entspricht, wird auf Dauer eine gesicherte Marktposition erringen.

Der Produktbegriff wird verschieden interpretiert. Einmal kann er vorwiegend unter technischen Aspekten als Ergebnis des Produktionsprozesses gesehen werden. Daneben tritt aber der marktbezogene Aspekt, der im Produkt vorzugsweise ein Mittel zur Nutzenstiftung sieht. Unter diesem marktbezogenen Aspekt unterscheidet Kotler drei verschiedene Produktbegriffe (Kotler 1977, S. 415ff.).

Der „substantielle" Produktbegriff hebt auf die physische Einheit ab, die am Markt angeboten wird. Die Leistung besteht beispielsweise aus Drehbänken, Autos oder EDV-Anlagen. Als Produkt wird die physische Einheit gesehen. Der „erweiterte" Produktbegriff umfaßt die physische Einheit und die damit zusätzlich angebotenen Leistungen, wie Drehbank **und** numerische Steuerung, Auto **und** Kundendienst oder EDV-Hard- **und** -Software. Das Angebot besteht nicht mehr aus einer einzelnen Leistung, sondern in der Regel aus einem Leistungsbündel. Die „generische" Produktdefinition schließlich sieht die angebotene Leistung ausschließlich unter dem Aspekt der Nutzenstiftung, der Fähigkeit also, Kundenprobleme zu lösen. Produkt ist Problemlösung!

Unter dem Primat des Käufermarktes gewährleistet nur eine Leistungsbetrachtung im Sinne des gegnerischen Produktbegriffes eine dauerhafte Existenzsicherung des anbietenden Unternehmens. Diese Überlegungen lassen sich in den Strategien vieler Unternehmen verfolgen. So stellte die Firma ERCO auf dem Marketing-Treff 1980 während der Frühjahrsmesse in Hannover ihre Strategie unter der einprägsamen Formel „Problemlöser für Lichtprobleme" vor (Deutsche Marketingvereinigung, S. 15).

A. Produktlebenszyklus

Da Politik im weitesten Sinne Lehre vom Handeln bedeutet, ist unter Produktpolitik nichts anderes als das marktgerechte Gestalten der angebotenen Leistung zu verstehen. Dieses marktorientierte Gestalten ist kein einmaliger Vorgang, sondern ein dauerhafter Prozeß, dessen Ursache im ständigen Wandel der Märkte zu sehen ist.

Diese Änderungen können einmal dadurch ausgelöst werden, daß sich im Laufe der Zeit Bedürfnisse verschieben können. Solche Entwicklungen vollziehen sich in der Regel verhältnismäßig langsam.

Zum anderen aber können neuartige, bessere Problemlösungen zu abrupten Veränderungen in der Nachfrage führen. Beide Entwicklungen führen zum gleichen Ergebnis: sie verkürzen die Nutzungszeit für die angebotenen Leistungen. Die Folge davon ist, daß in immer kürzeren Zeiträumen bestehende Produkte den Änderungen angepaßt, und solche Produkte, die keinen Markt mehr haben, durch andere Problemlösungen ersetzt werden müssen.

Für die Beurteilung der einzelnen Leistungen ist es nun wichtig zu wissen, ob es sich um junge Produkte handelt, die noch als Problemlöser fungieren können, oder ob mit einer raschen Verdrängung durch neuartige Angebote gerechnet werden muß. Diese Analyse wird durch das Modell des Produktlebenszyklus ermöglicht. Dieses Modell entspricht einem Koordinatensystem, dessen Abszisse die Zeitachse, die Nutzungsdauer eines Produktes also, darstellt. Über dieser Zeitachse wird auf der Ordinate der Erfolg des Produktes abgetragen. Als Maßgrößen können verkaufte Stückzahlen, Umsätze, Gewinne und Verluste oder Deckungsbeiträge verwendet werden. Das Ergebnis ist eine modellmäßige Kurve, eben der Lebenszyklus eines Produktes, wie er in Abbildung 29 beispielhaft dargestellt ist.

Dieser Lebenszyklus läßt sich – wie Abb. 29 zeigt – in zwei Teilzyklen untergliedern: den Entstehungs- und den Marktzyklus. Der Entstehungszyklus läßt sich in die Analyse- und Prognose- sowie in eine Innovationsphase einteilen. Im Bereich der Analyse suchen Unternehmen nach möglichen profitablen Marktfeldern. Die Prognose versucht, die langfristigen Entwicklungstendenzen solcher Marktfelder darzustellen. Die gewonnenen Erkenntnisse werden in der Innovationsphase in konkrete Problemlösungen umgesetzt. Sie kann als der Bereich der technischen Produktentwicklung bezeichnet werden, umfaßt aber auch Markttests, um Aufschluß über die Erfolgsaussichten des Produktes zu erhalten.

Der Marktzyklus seinerseits läßt sich in die Phasen Einführung, Marktdurchdringung, Reife und Degeneration zerlegen. Die Einführungsphase ist dadurch gekennzeichnet, daß den aufgelaufenen Kosten der Entwicklung und den laufenden Kosten der Markteinführung nur geringe Umsatzerlöse gegenüberstehen, weil die Erstkäufer naturgemäß ein hohes Risiko eingehen und die Mehrheit zuwartet, bis erste Ergebnisse über die Produkteignung vorliegen. Eine erfolgreiche Markteinführung ist dann gegeben, wenn die Umsatzerlöse die laufenden Kosten decken und die Überschüsse dazu verwendet werden können, den aufgelaufenen Verlustsaldo abzubauen. Erfahrungsgemäß erreicht die ganz überwiegende Anzahl von neu eingeführten Produkten in der Bundesrepublik dieses Stadium nicht; sie erweisen sich als Flop.

Die Phase der Marktdurchdringung ist durch eine rasche Marktausweitung gekennzeichnet. Sie findet ihre Erklärung darin, daß die Risiken des Erstkaufs bei der Mehrheit der potentiellen Kunden als zunehmend unbedeutend angesehen werden. Das Marktwachstum kann so stark sein, daß die Nachfrage zeitweise dem Produktionsvolumen vorauseilt. Dies hat zur Folge, daß neue Anbieter auftreten, die zunächst das Marktwachstum beschleunigen. Trotzdem sind Fertigungsengpässe typisch für diese Phase.

Der Übergang von der Marktdurchdringung zur Marktreife ist dann gegeben, wenn die monatlichen Zuwachsraten des Umsatzes zu stagnieren beginnen. Dies ist auf eine Marktsättigung zurückzuführen. Die Nachfrage wird zunehmend vom Ersatzbedarf bestimmt. Der Markt wird endgültig zum Hauptengpaß.

Ein Produkt erreicht dann die Degenerationsphase, wenn die Produkterträge die Kosten nicht mehr decken und das Produkt mit Verlust abschließt. Spätestens jetzt muß sich die Unternehmensleitung klar darüber werden, ob das Produkt verbessert und wieder in die Gewinnzone zurückgeführt werden kann (Relaunch) oder ob es eliminiert werden muß. In diesem Falle ist der Lebenszyklus vollendet.

Entstehungs- und Marktzyklus weisen gegenwärtig unterschiedliche Zeitbedarfe auf: einer zeitlichen Verlängerung des Entwicklungszyklus steht eine ständige Verkürzung des Marktzyklus gegenüber. Er liegt bei Investitionsgütern durchschnittlich zwischen 45 und 60, bei Konsumgütern bei etwa 15 bis 20 Monaten. Mithin steht einer tendenziell längeren Entwicklungszeit eine sich ständig verkürzende Nutzungszeit gegenüber. Damit verstärkt sich die Gefahr, daß die Unternehmen die Kosten für

8. Kapitel: Produkt-Politik   365

	Analyse	Prognose	Innovationsphase	Einführung	Durchdrg.	Reife	Degenera.
Merkmale:							
Umsätze:				niedrig	schnelles Wachstum mäßig	langsames Wachstum hoch	Abnahme niedrig
Cash Flow:				negativ	Mehrheit		Nachzügl.
Kunden:				Trendsett.	steigend	viele	abnehmend
Konkurrenten:				wenige			

— Umsatz, Absatz
– – Gewinn

Entstehungszyklus | Marktzyklus

PRODUKTLEBENSZYKLUS

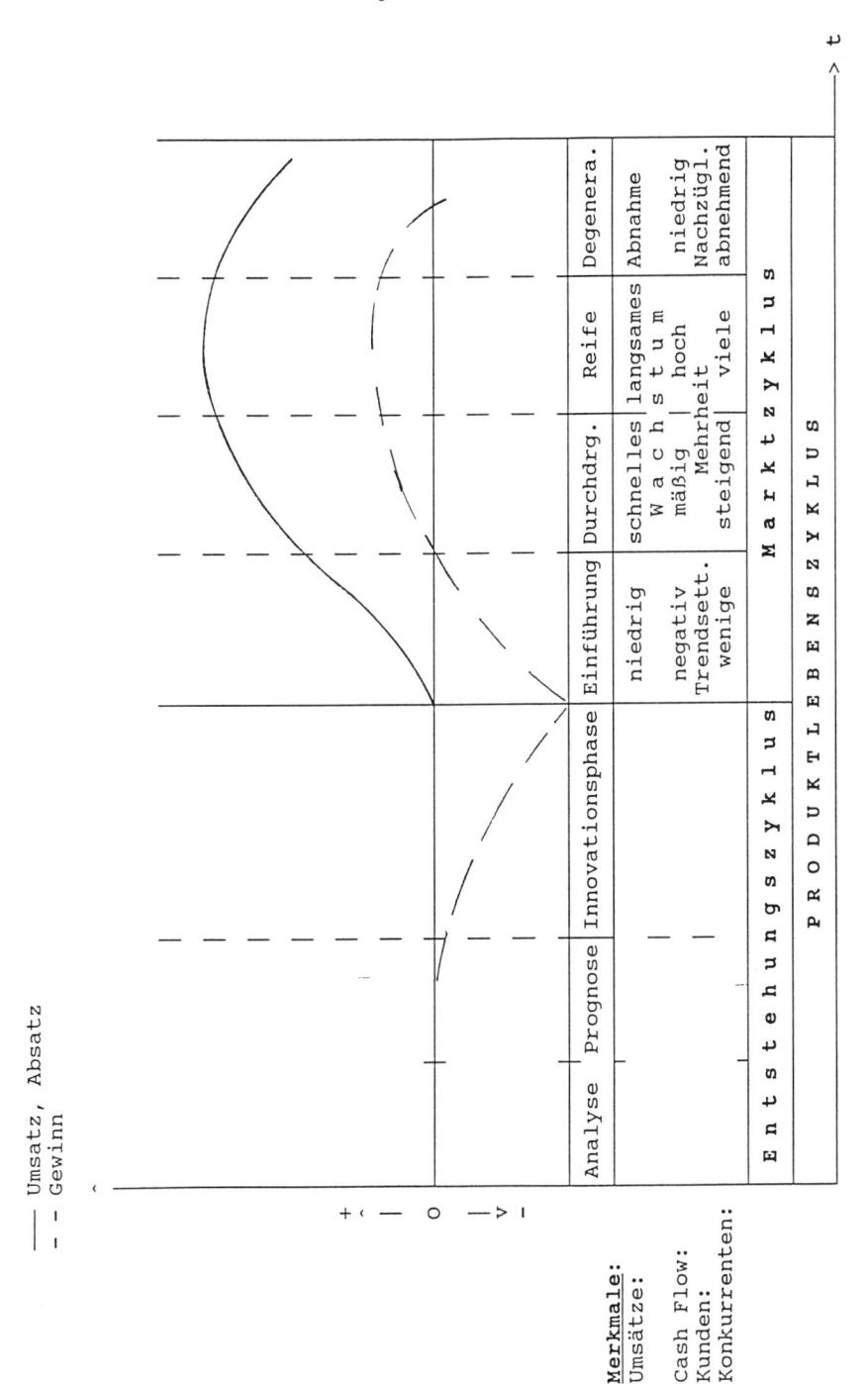

Abb. 29 Produktlebenszyklus

die Produktentwicklung nicht mehr erwirtschaften können. Das zwingt sie dazu, eine kontinuierliche Produktpolitik zu betreiben, die dazu führt, daß bereits im Zeitpunkt der Markteinführung mit der Entwicklung der Nachfolgeprodukte gegonnen werden muß.

Für das (Teil-)Modell des Marktzyklus ergeben sich zwei Anwendungsmöglichkeiten. Zum einen läßt sich damit die „Lebensgeschichte" eines bestimmten Produktes im Zeitablauf verfolgen. Zum anderen eignet es sich als Analyseinstrument, um die Marktstellung einzelner Sortimentsteile zu einem Zeitpunkt darzustellen. Um die einzelnen Produkte eines Sortimentes auf der Lebenskurve einordnen zu können, bedient man sich der Portfolio-Analyse. Sie ist – wie bereits dargestellt – ein Verfahren, das vorzugsweise für die strategische Planung verwendet wird, eignet sich aber auch als Analyseinstrument. Sie bietet sich deshalb an, weil – vgl. Abb. 20 u. 29 – zwischen den einzelnen Matrixfeldern des Portfolios und den Phasen des Marktzyklus enge Zusammenhänge bestehen. So lassen sich Produkte, die sich in der Markteinführung befinden, der Fragezeichenposition zuordnen. Problemlösungen, die die Phase der Marktdurchdringung erreicht haben, können als „Stars" identifiziert werden, während die „Zahlkühe" Produkte in der Reifephase darstellen. Schließlich handelt es sich bei den „armen Hunden" um SGSs, die die Phase der Degeneration erreicht haben.

B. Produktpolitische Grundstrategien

Die Analyse der einzelnen Komponenten eines Leistungsangebotes ist Grundlage und Ausgangspunkt für jede Produktpolitik. Ihr Ziel muß darin bestehen, die einzelnen Produkte so zu gestalten, daß ihre Chancen in der Gegenwart und in der Zukunft liegen.

Die Produktpolitik wird durch zwei Determinanden bestimmt: durch das Produkt und seinen Markt. Je nachdem, ob es sich um bisherige oder neue Produkte und Märkte handelt, ergeben sich gemäß Abb. 30 vier grundlegende strategische Ansatzpunkte, die auch als produktpolitische Grundstrategien interpretiert werden können.

Produkt \ Markt	gegenwärtig	neu
gegenwärtig	Marktdurchdringung (Marktintensivierung)	Marktentwicklung
neu	Produktentwicklung und Produktlöschung	Diversifikation

Abb. 30 Produktpolitische Grundstrategien

8. Kapitel: Produkt-Politik

I. Marktdurchdringung

Die Strategie der Marktdurchdringung (Marktintensivierung) besteht darin, die bestehenden Produkt-Markt-Potentiale besser zu nutzen.

Eine solche Verbesserung kann auf dreierlei Weise erreicht werden (Becker S. 125 ff):
a) Gewinnung von bisherigen Nichtverwendern. Diese Strategie läßt sich nur in Märkten mit Wachstumsreserven anwenden.
b) Konsumintensivierung bei den bisherigen Verwendern
c) Abwerbung von Kunden bei der Konkurrenz

Eine Marktintensivierung gemäß den Punkten b und c hat zur Voraussetzung, daß die Produkte speziell auf die Probleme solcher Verwendergruppen zugeschnitten werden. Dies wird als Produktpositionierung bezeichnet. Der Weg, um eine solche Positionierung durchzuführen, ist die Marktsegmentierung. Darunter versteht man die Zerlegung eines Gesamtmarktes in Teilmärkte, die in sich als homogene Teilgruppe begriffen und als potentielle Zielgruppe identifiziert werden kann. Jedes Segment zeichnet sich dadurch aus, daß es intern homogen, gegenüber anderen Segmenten aber deutlich heterogen ist.

Bei Konsumgütern lassen sich zwei Gruppen von Segmentierungskriterien unterscheiden. Häufig handelt es sich um demografische Merkmale wie Alter, Geschlecht, Familienstand, Ausbildung und Einkommen. Daneben werden aber auch psychografische Größen, beispielsweise Einstellungen und Nutzenerwartungen oder Lebensgewohnheiten (life-style-Merkmale) verwendet. Bei Investitionsgütern sind dies die angebotenen und erwarteten Produktfunktionen sowie die eingesetzte Technologie.

Die Marktsegmentierung führt dazu, daß anstelle eines Gesamtmarktes nach kaufentscheidenden Kriterien untergliederte Teilzielgruppen identifiziert werden können, die gemeinsame Bedürfnisse haben. Werden die Produktangebote auf diese Probleme ausgerichtet, erhalten sie bei den Mitgliedern dieser Zielgruppe eine höhere Priorität und damit eine verbesserte Kaufchance. Becker (S. 223) spricht in diesem Zusammenhang von „Scharfschützenkonzept". Die Gefahr der Segmentierung besteht darin, daß die Zergliederung zu weit getrieben wird und Marktsegmente gebildet werden, die kein entsprechend großes Marktpotential mehr beinhalten. Man spricht von einer Marktfragmentierung.

II. Marktentwicklung

Jede Marktstrategie beinhaltet zwei Risikofaktoren: die Beherrschung der Produkttechnologie und die Vertrautheit mit dem Markt. Die Strategie der Marktentwicklung geht von dem Prinzip aus, für eine existierende Problemlösung neue Märkte im Sinne neuer Anwendergruppen zu finden. Es liegt in der Logik der Sache, daß solche Märkte als „benachbarte Märkte" bezeichnet werden können, wobei „benachbart" sowohl geografisch wie auch der Technologie benachbart bedeuten kann. So kann beispielsweise der Hersteller von Haushaltkühlschränken aus seinem Produkt Kühlgeräte für Gaststätten oder den Lebensmittelhandel entwickeln, beziehungsweise seine Produkte, die bislang nur auf dem nationalen Markt distribuiert wurden, auch in der gesamten EG anbieten.

Das Instrument für die Strategie der Markterweiterung ist die Produktvariation. Sie ist dadurch gekennzeichnet, daß die Zahl der angebotenen Produktvarianten so erhöht wird, daß die neuen Märkte optimal bedient werden können (vgl. Abb. 31). Die

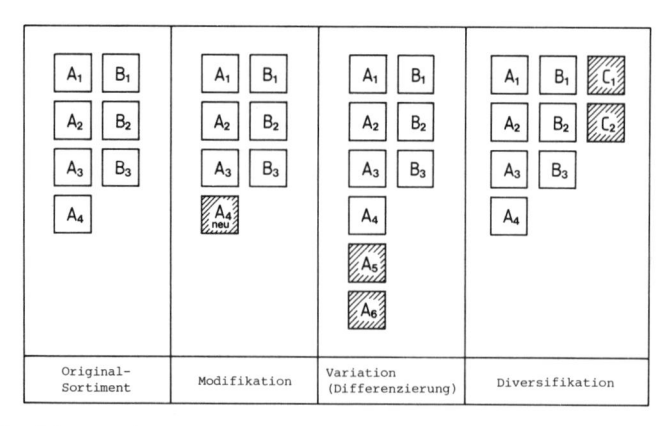

Abb. 31 Produktstrategien
Quelle: Scheuing, E.: Das Marketing neuer Produkte, S. 33

große Gefahr der Produktvariation besteht in einer Aufblähung der Variantenzahl. Sie kann theoretisch soweit getrieben werden, daß am Ende letztlich für jeden Kunden eine eigene Variante mit der Konsequenz angeboten wird, daß keine Erträge mehr erwirtschaftet werden.

III. Produktentwicklung

Im Gegensatz zur Marktentwicklung basiert die Strategie der Produktentwicklung auf der Kombination, für bekannte und bisher bediente Märkte neue Problemlösungen zu entwickeln und anzubieten. Betrachtet man die gegenwärtigen Marketingaktivitäten, scheint die Produktentwicklung eine der bevorzugten Strategien zu sein. Das kann einmal seine Ursache in der Verkürzung der Lebenszyklen haben, andererseits versuchen aber Unternehmen offensichtlich durch eine rasch aufeinanderfolgende Einführung von neuen Produkten Vorteile in stagnierenden Märkten zu gewinnen. Diese Politik wird pauschal auch als Innovationspolitik bezeichnet. Im strengen Wortsinn dürfte dieser Terminus aber nur bei der Einführung wirklicher Neuheiten im Sinne von neuen Basistechnologien angebracht sein. Üblicherweise wird aber auch die Umsetzung neuer Basistechnologien in neue Anwendungsformen unter Innovation verstanden. Keinesfalls sollten jene Produkte dem Begriff der Innovation zugeordnet werden, die einen Nachbau bereits vorhandener Problemlösungen („mee-too-Produkte") darstellen.

Als Instrument der Produktentwicklung gilt die Produktmodifikation: Produkte, die sich in der Degenerationsphase befinden, werden durch Varianten ersetzt, die dem Problemlösungsstandard entsprechen. Im Gegensatz zur Marktentwicklung bleibt die Zahl der angebotenen Produktvarianten dabei unverändert (Abb. 31). Das bedeutet jedoch, daß mit jeder Entscheidung, ein neues Produkt einzuführen, gleichzeitig darüber befunden werden muß, ob bisherige Varianten aus dem Markt genommen werden sollen. Das Problem besteht darin, daß solche Produkte nicht gleichzeitig in allen Märkten ihre Bedeutung verlieren, sondern für einzelne Marktsegmente durchaus noch eine gewisse Zeit von Bedeutung sein können. Produktlöschungen sollen Entlastung bringen. Sie kann in einer Reduzierung der Kosten und in

Zusammenhang damit in einer Gewinnverbesserung, in der Freisetzung von Fertigungskapazitäten oder in der Reduzierung von Lagerbeständen bestehen. Diese Entlastungskriterien lassen erkennen, daß in der Praxis die Forderungen nach Produktlöschungen in der Regel nicht von der Marketingleitung ausgehen, sondern häufig gegen deren Votum getroffen werden.

IV. Diversifikation

Die strukturelle Verkürzung der Lebenszyklen zwingt die Unternehmen dazu, in immer kürzeren Abständen neue Problemlösungen zu erarbeiten. Mit Produkt- und Marktentwicklung versuchen sie, die Lebenszyklen bestehender Produkte zu verlängern. Führen diese Strategien nicht mehr zum Ziel, müssen neue Erfolgspotentiale in Form von neuen Problemlösungen für neue Märkte gefunden werden. Diese Strategie wird als Diversifikation bezeichnet.

Im Grunde beinhaltet diese Strategie ein doppeltes Problem: einmal müssen die Unternehmen in Märkte eindringen, die sie nicht kennen. Zum anderen benötigen sie dazu andersartige Technologien, die sie sich erst aneignen müssen. Diese Risiken versucht man dadurch einzuschränken, daß man entweder Märkte bearbeitet, deren Struktur wenigstens teilweise bekannt ist oder deren Problemlösungen mit bekanntem know how entwickelt werden können. Aus diesen Überlegungen ergeben sich drei Diversifikationsansätze:

1. Bleibt das Unternehmen auf der gleichen Verarbeitungsstufe und versucht in Nachbarmärkte zu diversifizieren, spricht man von einer **horizontalen Diversifikation**. Sie liegt beispielsweise dann vor, wenn ein Hersteller von Waschmaschinen sein Programm durch Geschirrspüler erweitert. Die „Nachbarschaft" besteht in diesem Falle in der gleichen Abnehmerschicht und im vergleichbaren Fertigungs-know-how. Die Vorteile der horizontalen Diversifikation liegen auf der Hand: sowohl die technologischen wie die Marktprobleme lassen sich relativ leicht in den Griff bekommen. Darin liegt aber auch der Nachteil: eine Risikostreuung ist mit dieser Strategie nur bedingt möglich.

2. Dringt ein Unternehmen – ausgehend von seinem bisherigen Markt – in vorgelagerte oder nachfolgende Marktstufen ein, so wird dies als **vertikale Diversifikation** bezeichnet. Bisher bezogene oder gelieferte (Teil-)Produkte werden in das eigene Leistungsprogramm integriert. Vertikale Diversifikation läßt sich vorzugsweise im Bereich der Grundstoffindustrie beobachten, die sich zur Sicherung des Absatzes ihrer Erzeugnisse in der weiterverarbeitenden Industrie engagiert. So haben sich alle namhaften Stahlhersteller Beteiligungen in der weiterverarbeitenden Industrie erworben. Die große Gefahr besteht in der „Vorwärtsdiversifikation", weil hier bisherige Kunden zu Wettbewerbern werden.

3. Bei der **lateralen Diversifikation** bestehen zwischen dem bisherigen Leistungsprogramm und dem neuen Produkt ebensowenig noch Ähnlichkeiten wie zwischen dem bislang belieferten und dem neuen Markt. Sie ist die intensivste Form der Diversifikation, bei der sowohl die Markt- wie auch die technologischen Risiken voll zum Tragen kommen. Auf der anderen Seite bringt sie ein Höchstmaß von Risikostreuung, die die Unternehmen von Branchenkrisen weitgehend unabhängig machen. Offensichtlich scheuen die Unternehmen dieses große Risiko, denn erfolgreiche Beispiele für eine laterale Diversifikation lassen sich in der Praxis schwer nachweisen.

Von den Diversifikationsformen sind die Methoden der Diversifikation zu unterscheiden. Sie stellen gewissermaßen die Wege dar, wie diversifiziert werden kann.

Als „klassisches" Verfahren gilt die Eigenentwicklung, die entweder im eigenen Unternehmen oder als Auftragsentwicklung in Forschungseinrichtungen durchgeführt werden kann. Die Anpassungsfähigkeit der mittelständischen deutschen Industrie basiert im wesentlichen auf Forschung und Entwicklung im eigenen Hause. Die Risiken der Eigenentwicklung, insbesondere das Kostenrisiko, kann durch eine Lizenznahme wesentlich eingeschränkt werden. Lizenzvereinbarungen sind vor allem im internationalen Rahmen weit verbreitet, lassen sich aber auch auf nationalen Märkten in Form von Regionallizenzen nachweisen.

Zu den Diversifikationsmethoden ist schließlich auch der Erwerb ganzer Unternehmen zu rechnen. Der Vorteil gegenüber der Lizenznahme ist darin zu sehen, daß nicht nur eine neue Problemlösung sondern das gesamte know-how und die notwendige Marktkenntnis zur Verfügung steht.

Schließlich hat – namentlich in jüngster Zeit – die Kooperation als Methode der Diversifikation zunehmend Bedeutung erlangt. Kooperation bedeutet, daß mehrere selbständige Konkurrenten ihre Fertigung so abstimmen, daß jeder nur einen Teilbereich abdeckt und die übrigen Produkte von den Partnern zugekauft werden. Die Firmen Bosch und Siemens haben die Fertigung von Haushaltsgeräten (Waschmaschinen, Kühlschränke) auf die Haushaltsgeräte-Union, einer Tochter der beiden Unternehmen, übertragen und beziehen die baugleichen Produkte unter ihrer jeweiligen Marke.

Werden Diversifikationsformen und -methoden – wie in Abb. 32 – miteinander in einer Matrix kombiniert, so ergeben sich 12 Felder, die gleichsam die möglichen Strategien für eine Diversifikationspolitik darstellen. So wäre beispielsweise eine mögliche Strategie laterale Diversifikation durch Unternehmenserwerb denkbar.

Methoden \ Formen	horizontale D.	vertikale D.	laterale D.
Eigenentwicklung			
Lizenzerwerb			
Unternehmenskauf			
Kooperation			

Abb. 32 Matrix der möglichen Diversifikationsstrategien

V. Der Innovationsprozeß

Wichtiger als die Klassifizierung nach Formen und Methoden der Diversifikation ist jedoch der Prozeß, der zum Auffinden neuer Problemlösungen führt. Dieser Prozeß, der auch als Innovationsprozeß bezeichnet wird, läßt sich als Folge einzelner Schritte begreifen, wie sie in Abbildung 33 vereinfacht dargestellt sind.

Der Hauptengpaß innerhalb dieses Prozesses ist die Suche nach neuen Problemlösungen, die „Ideenproduktion". In dem Maße, wie sich die Marktzyklen bestehender Produkte verkürzen, ist es notwendig, neue Problemlösungen an ihre Stelle zu

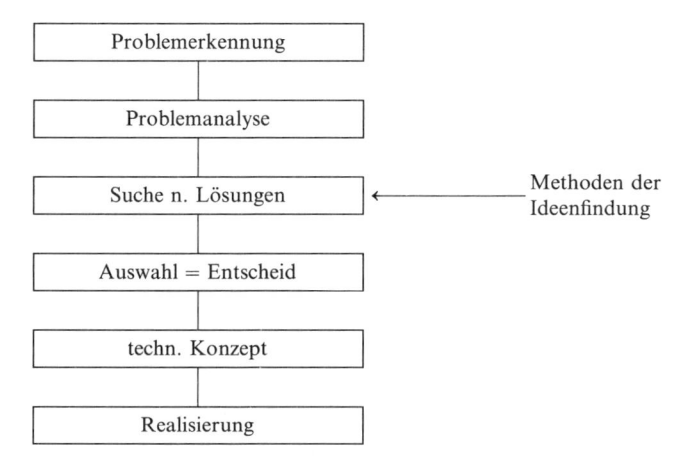

```
Problemerkennung
       │
   Problemanalyse
       │
   Suche n. Lösungen    ←────    Methoden der
       │                          Ideenfindung
   Auswahl = Entscheid
       │
   techn. Konzept
       │
   Realisierung
```

Abb. 33 Problemlösungsprozeß

setzen. Da nicht alle Ideen gleich gut geeignet sind, bedarf es einer größeren Anzahl von Ideen, um daraus eine erfolgversprechende Problemlösung ableiten zu können. Nach einer Untersuchung der amerikanischen Unternehmensberatung Booz, Allen & Hamilton sind durchschnittlich 58 Ideen notwendig, um daraus ein marktfähiges Produkt abzuleiten (zitiert nach Poth, S. 47). Berücksichtigt man ferner, daß etwa 80% aller neu eingeführten Produkte sich in der Vergangenheit als Flop erwiesen haben, so kommen statistisch 300 Produktvorschläge auf eine erfolgreiche Markteinführung.

Da durch die Verkürzung der Markt- und einer Verlängerung der Entwicklungszyklen eine kontinuierliche Suche nach neuen Problemlösungen in immer kürzerer Zeit notwendig wird, kann dieser Prozeß nicht mehr dem Zufall überlassen werden. Deshalb wird versucht, diesen Prozeß der Ideenfindung planmäßig als Gruppenprozeß zu initiieren.

In der jüngeren Vergangenheit ist eine zunehmend größer werdende Zahl von Suchmethoden entwickelt worden. Sie lassen sich – entsprechend Abbildung 34 – in zwei große Gruppen zusammenfassen.

Bei den verschiedenen Methoden der rezeptiven Ideensuche spielt das Unternehmen mehr oder weniger eine passive Rolle. Die zufällig an das Unternehmen herangetragenen Vorschläge werden aufgegriffen und geprüft. Von einer systematischen Suche kann nicht gesprochen werden.

Der rezeptiven Ideensuche stehen die Verfahren aktiver Ideengewinnung gegenüber, wobei das Schwergewicht eindeutig bei den intuitiven Methoden und in gewissem Umfang bei den systematisch-logischen Verfahren liegt. Demgegenüber ist die Delphi-Methode als ein Verfahren der Langfristprognose anzusehen, die für die Gewinnung neuer Ideen nur am Rande von Bedeutung ist.

Innerhalb der systematisch-logischen Verfahren kommt die größte Bedeutung dem von dem Schweizer Ingenieur Zwicky entwickelten Verfahren der **Morphologie** zu. Sie zerlegt das Gesamtproblem in als Parameter bezeichnete Teilprobleme und listet die

```
                        Suchmethoden zur Ideengewinnung
        ┌───────────────────────┴───────────────────────┐
   rezeptive Ideensuche                            aktive Ideensuche
```

- unaufgeforderte Lizenz- u. Firmenkaufangebote

Ideen durch
- betriebliches Vorschlagswesen
- interne Produktentwicklungsvorschläge

Einschaltung spezialisierter Ideenmittler:
- Unternehmens- u. Lizenzmakler
- Patentwirtschafter
- Erfinderringe

empirische Methoden:
- Befragung von Ideenträger (z. B. Kunden, Konstrukteure, Branchenkenner, Wissenschaftler)
- Beobachtung v. Messen und Ausstellungen
- Auswertung v. Fachpublikationen

systematisch-logische Verfahren
- Morphologie
- Funktionsanalyse
- Problemlösungsbaum

intuitive Methoden
- Brainstorming
- Brainwriting (Methode 635)
- Synektik

kombinierte Verfahren
Delphi-Befragung

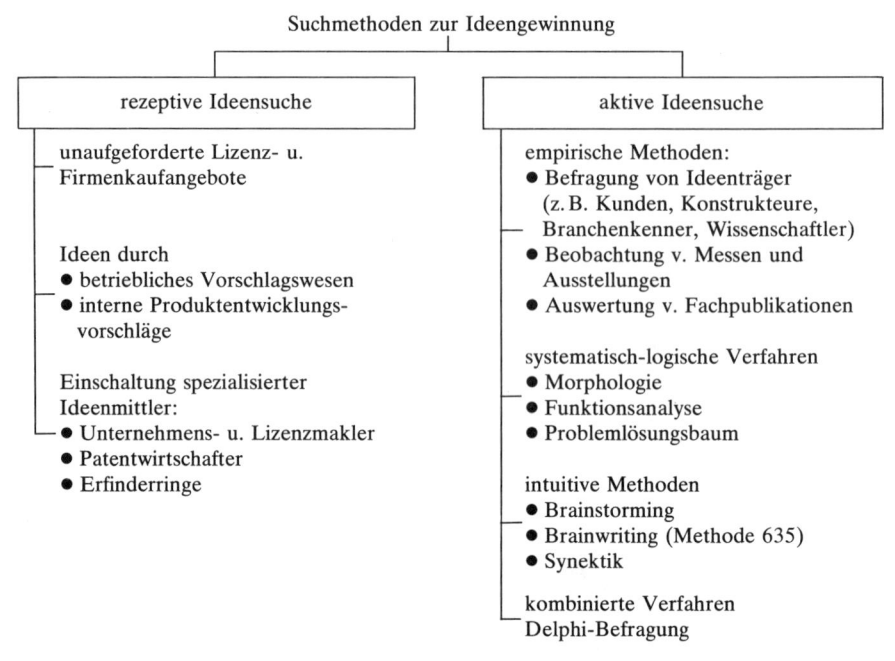

Abb. 34 Methoden der Ideenfindung

jeweils bekannten technischen Lösungsmöglichkeiten auf. So entsteht eine Matrix, die üblicherweise als „morphologischer Kasten" bezeichnet wird. Auf der Vertikalen sind die Parameter, auf der Horizontalen die Lösungsmöglichkeiten abgetragen. Die optimale Gesamtproblemlösung ergibt sich aus der Summe der Teiloptima für die einzelnen Parameter.

Im Rahmen der intuitiven Methoden gilt das **Brainstorming** als ältestes Verfahren. Es basiert auf dem Gedanken, daß Mitglieder einer Gruppe möglichst ungehemmt und spontan Ideen äußern, die von anderen Mitgliedern der Gruppe aufgegriffen und weiterentwickelt werden können. Die so gewonnenen Vorschläge werden dann in weiteren Sitzungen auf ihre Brauchbarkeit hin überprüft. Geschieht die Gedankenäußerung schriftlich, werden die Verfahren als **Brainwriting** bezeichnet.

Das anspruchsvollste und schwierigste Verfahren stellt die **Synektik** dar. Sie versucht, neue Ideen dadurch zu gewinnen, daß sie nach Analogien für das Problem – etwa aus dem Bereich der Natur – sucht. Ein mehrstufiger Verfremdungsprozeß soll zu neuen Problemlösungen führen. Die Synektik zählt zu den erfolgreichsten, gleichzeitig aber auch zu den schwierigsten Verfahren. Ihre Anwendung setzt eine professionelle Steuerung des Gruppenprozesses voraus.

Um aus einer großen Anzahl von gesammelten Vorschlägen die erfolgversprechenden Ideen auszusondern, müssen alle Vorschläge bewertet werden. Dazu eignen sich die Verfahren der Nutzwertanalyse. Die grundlegende Vorgehensweise ist in Abb. 35 dargestellt.

8. Kapitel: Produkt-Politik 373

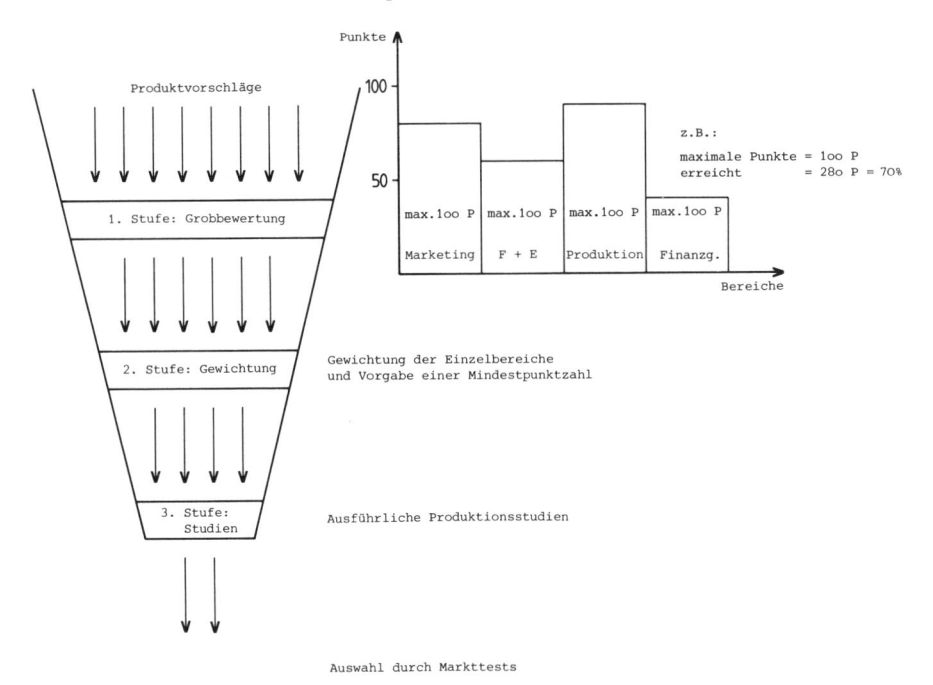

Abb. 35 Ideenselektion

Alle Vorschläge werden zunächst einer Grobbewertung unterzogen. Dies kann beispielsweise dadurch erfolgen, daß die wichtigsten Unternehmensbereiche bis zu 100 Punkte für die Idee vergeben können. Je höher die Punktezahl, umso erfolgreicher wird die Idee eingeschätzt. Alle Ideen, die eine Mindestpunktzahl – beispielsweise 250 Punkte – nicht erreichen, werden ausgeschieden.

Die verbleibenden Vorschläge werden in einer zweiten Runde einer Feinbewertung unterzogen. Sie kann darin bestehen, daß pro Unternehmensbereich eine Mindestpunktzahl – beispielsweise 75 Punkte – erreicht werden müssen. Ideen, die diesen Wert in einem Unternehmensbereich nicht erreichen, werden zurückgestellt.

Erfahrungsgemäß verbleiben nach einer solchen Feinbewertung weniger als zehn Ideen, für die dann ausführliche Markt- und Machbarkeitsstudien erstellt werden müssen. Die nach dieser Prozedur als aussichtsreich eingestuften Vorschläge müssen schließlich durch Markttests überprüft werden, bevor an eine Markteinführung zu denken ist.

C. Programm- (Sortiments-)Politik

Die gleichen Überlegungen wie für die Gestaltung von Einzelprodukten gelten auch für das gesamte Leistungsangebot, das Sortiment. Es muß ebenso wie das Einzelprodukt entsprechend den Verwenderwünschen gestaltet werden. Gegenwärtig läßt sich eine ausgeprägte Tendenz vom Einzelprodukt zu einem abgerundeten Sortiment als optimale Problemlösung für Kundensegmente erkennen.

Zur Bestimmung der Sortimentspolitik können die beiden Parameter Sortimentstiefe und Sortimentsbreite herangezogen werden, wobei mit Breite die Anzahl der Produktlinien, mit Tiefe die Zahl der Varianten je Produktfamilie gemeint ist (Abbildung 36). Je nachdem, wie die Märkte bedient werden sollen, lassen sich daraus zwei grundsätzliche Strategien ableiten. Bei extensiver Bearbeitung eines unsegmentierten Marktes bietet sich die Strategie „weites und flaches Sortiment" an, während bei Konzentration auf einzelne Marktsegmente und intensiver Marktbedienung die Strategie „enges und tiefes Sortiment" sinnvoll erscheint.

Große Schwierigkeiten bereitet in der Praxis die Feinabstimmung, welche Produkte noch ins Leistungsprogramm aufzunehmen sind, wo also im konkreten Fall die Grenzen der Sortimentspolitik zu ziehen sind. Drei Prinzipien bieten sich für eine solche Abgrenzung an:

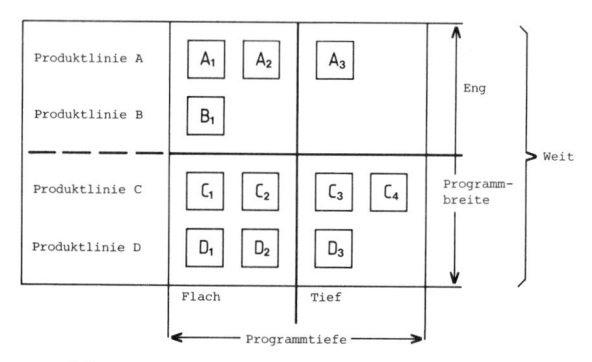

Abb. 36 Sortimentspolitik

1. Produkttreue: das Unternehmen spezialisiert sich auf eine bestimmte Leistung und nimmt alles in sein Programm auf, was damit in Zusammenhang steht. Dieses Prinzip findet sich häufig im Bereich der Grundstoffindustrie, beispielsweise wenn ein Aluminiumhersteller alles anbietet, was aus Aluminium hergestellt werden kann.

2. Problemtreue: darunter ist eine Spezialisierung auf bestimmte Problembereiche zu verstehen. Das Sortiment umfaßt alles, was als Problemlösung in Frage kommt, beispielsweise verschiedene Antriebssysteme für den Problembereich Antrieb.

3. Wissenstreue: sie ist gewissermaßen ein Spezialfall der Problemtreue. Spezialwissen – etwa über neue Produktionstechniken – wird in Problemlösungen für unterschiedliche Anwendungsbereiche umgesetzt. Als Beispiel sei die Lasertechnik genannt. Firmen, die über ein entsprechendes know how verfügen, setzen dieses Wissen in ganz unterschiedliche Problemlösungen – beispielsweise medizinische Geräte und Schweißtechnik – um.

D. Service-Politik

Unter dem Begriff der Service-Politik ist nicht das Angebot von Dienstleistungen als Hauptprodukte eines Unternehmens, sondern vielmehr die Anreicherung der Kernprodukte mit zusätzlichen Service-Leistungen zu verstehen. Der Unterschied soll anhand von Abbildung 37 deutlich gemacht werden. Nach Kotler (1977, S. 415 ff.) können folgende Produktkategorien unterschieden werden (vgl. Abb. 37):

1. Kernprodukt: darunter ist die physische Einheit zu verstehen, die das Unternehmen anbietet, beispielsweise ein PC.
2. Kernprodukt und zusätzliche Serviceleistungen, beispielsweise PC und die dazu benötigte Software.
3. Dienstleistung als Hauptprodukt und zusätzliche Geräte: als Beispiel könnte etwa an die Heizkostenabrechnung und -verteilung gedacht werden, die von Unternehmen angeboten werden. Gleichzeitig werden auch die dafür notwendigen Geräte (Verdunstungsmesser) mit vertrieben.
4. Reine Dienstleistung als Kernprodukt, beispielsweise Unternehmensberatung.

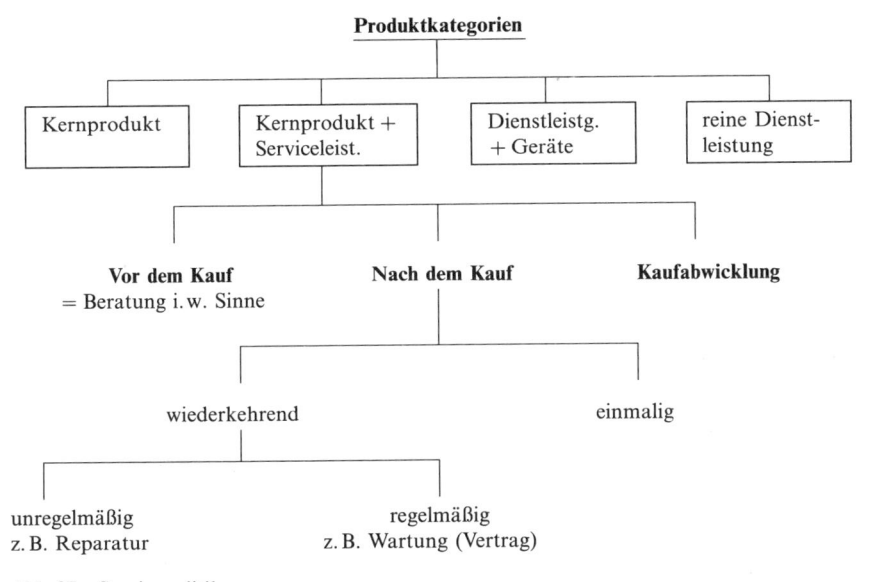

```
                          Produktkategorien
          ┌──────────────┬──────────────┬──────────────┐
   Kernprodukt    Kernprodukt +   Dienstleistg.   reine Dienst-
                  Serviceleist.    + Geräte        leistung
                        │
          ┌─────────────┼─────────────┐
   Vor dem Kauf    Nach dem Kauf    Kaufabwicklung
   = Beratung i.w. Sinne   │
                      ┌───┴────┐
                 wiederkehrend  einmalig
                      │
              ┌───────┴───────┐
         unregelmäßig     regelmäßig
         z. B. Reparatur  z. B. Wartung (Vertrag)
```

Abb. 37 Servicepolitik

Unter dem Aspekt einer Servicepolitik ist der unter Punkt 2 beschriebene Sachverhalt wichtig. Der Wettbewerb führt dazu, daß technische und ökonomische Vorteile eines Anbieters relativ schnell nivelliert werden. Durch Zusatzleistungen, die in der Regel stark personengebunden sind, kann das Unternehmen eine Einzelstellung im Wettbewerb erreichen, die von den Wettbewerbern nicht so schnell aufgeholt werden kann und die sich dann in besseren Erträgen niederschlagen.

Je nachdem zu welchem Zeitpunkt diese Zusatzleistungen erbracht werden, können unterschieden werden (Vgl. Abb. 37):

1. Service-Leistungen vor einem Kaufabschluß; es handelt sich um Beratungen im weitesten Sinne. Sie sind die Voraussetzung dafür, daß ein Auftrag überhaupt erst erlangt wird (order getting).

2. Service-Leistungen bei der Kaufabwicklung. Dazu rechnen die Übernahme der Transport- und Aufstellungskosten oder die kostenlose Schulung und Einweisung beim Käufer.

3. Service-Leistungen als Folge eines abgewickelten Auftrages (After-sales-services), beispielsweise die regelmäßige Wartung, die Ausführung von Reparaturen oder die Rücknahme und das Recycling von Verpackungsmaterial und verbrauchten Produkten.

Diese Zusatzleistungen sind dann interessant, wenn es sich um regelmäßig wiederkehrende Leistungen handelt, weil sie zu zusätzlichen Erträgen führen und wiederum Grundlage für nachfolgende Geschäfte sein können. Reparaturleistungen werden gegenwärtig von einer Vielzahl von Anbietern erbracht. Die Politik der Hersteller von Investitionsgütern scheint darauf hinauszulaufen, die Geräte mit individuellen Diagnose-Systemen auszurüsten. Dies führt dazu, daß nur noch der Hersteller in der Lage ist, Wartung und Reparatur eines solchen Gerätes durchzuführen. Es ist unschwer zu erkennen, daß dies dem Hersteller eine monopolartige Position bei der Wartung einräumt, die von anderen Anbietern nicht so schnell gefährdet werden kann. Es ist zu erwarten, daß die zunehmende Verschärfung des Wettbewerbs zu einer verstärkten Hinwendung zur Service-Politik vor allem im Bereich Investitions- und langlebiger Gebrauchsgüter führen wird.

9. Kapitel:
Preispolitik

In den Augen des Käufers ist der geforderte Preis ein Bestandteil des Produktnutzens, der sich aus angebotener Leistung und gefordertem Preis bildet. Für den Anbieter einer Leistung ist die Preisforderung die einzige Möglichkeit, seine Kosten wieder ersetzt zu bekommen und einen Gewinn zu erzielen. Preispolitik bedeutet, daß durch eine bewußte Gestaltung und Veränderung der Preisforderung die Marketingziele erreicht werden.

A. Einflußfaktoren

Preispolitik ist nur möglich, wenn zwischen dem geforderten Preis und der absetzbaren Menge ein Zusammenhang besteht. Auf diesen Sachverhalt hat insbesondere die nationalökonomische Theorie hingewiesen, die im Preis die einzige Variable sah (und sieht), um die absetzbare Menge zu beeinflussen. Auch in der Betriebswirtschaftslehre werden diese mikroökonomischen Ansätze für theoretische Analysen herangezogen (vgl. Kotler, S. 397ff., Nieschlag/Dichtl/Hörschgen, S. 227). Zwischen Preisforderung und absetzbarer Menge besteht ein funktionaler Zusammenhang. Steigende Preise bewirken im Normalfall abnehmende, sinkende Preise zunehmende Verkaufsmengen. Werden für alle denkbaren Preise die zugehörigen Mengen ermittelt und die gefundenen Werte in eine Preis-Mengen-Matrix eingetragen und die Punkte miteinander verbunden, entsteht die Preis-Absatzkurve für das betrachtete Produkt, die aus Gründen der vereinfachten Darstellung üblicherweise als Gerade dargestellt wird (Abbildung 38). Die Steigung der Preis-Absatzkurve zeigt die Stärke an, mit der

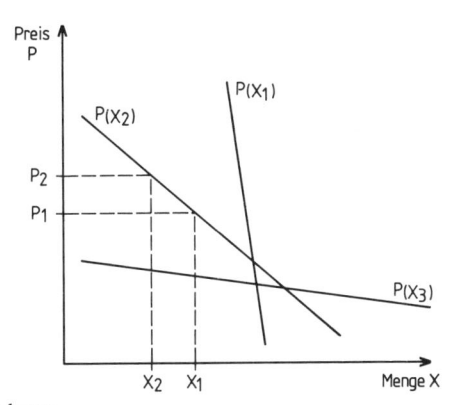

Abb. 38 Preis-Absatzkurve

Käufer des Gutes auf Preisänderungen reagieren. Sie wird als Preiselastizität der Nachfrage bezeichnet, wobei unter Elastizität der „Umfang der Wirkung infolge der Umfangänderung einer Ursache" zu verstehen ist (Scheibler, S. 110). Werden die prozentuale Mengenänderung der prozentualen Preisänderung gegenübergestellt, so ergibt sich als Quotient ein Elastizitätskoeffizient:

$$E = \frac{\text{Mengenänderung in \%}}{\text{Preisänderung in \%}} \text{ beispielsweise } \frac{8\%}{10\%} = 0,8$$

Drei Fälle sind zu unterscheiden:

1. Ist der Elastizitätskoeffizient kleiner 1 und geht gegen 0, so wird dies als unelastische Nachfrage bezeichnet. Sie bewirkt, daß Preisänderungen keine entsprechenden Mengenänderungen gegenüberstehen. Die Preisabsatzkurve hat einen sehr steilen Verlauf (vgl. Abb. 38, Kurve $P_{(x1)}$).

2. Als Sonderfall kann die Situation angesehen werden, in der die Elastizität den Wert 1 erreicht, weil eine entsprechende Preisänderung durch eine gleichgroße Mengenanpassung ausgeglichen wird. Offensichtlich ist Preispolitik in einer solchen Situation wenig sinnvoll (Abb. 38 Kurve $P_{(x2)}$).

3. Steigt der Wert des Elastizitätskoeffizienten über 1, so wird die Situation als elastische Nachfrage bezeichnet, weil einer Preisänderung eine überproportionale Mengenänderung gegenübersteht. Die Preisabsatzkurve verläuft in diesem Falle sehr flach (Abb. 38, $P_{(x3)}$).

Aus diesen Überlegungen ist nun unschwer abzuleiten, daß bei einem Koeffizienten von gerade 1 kein, in den beiden anderen Situationen aber sehr wohl ein preispolitischer Spielraum besteht. Geht man vereinfacht von einem Marketingziel der Gewinnmaximierung aus, so ist dies offensichtlich durch Preiserhöhung bei unelastischer und Preissenkung bei elastischer Nachfrage tendenziell zu realisieren.

Neben der Preiselastizität der Nachfrage ist die Marktsituation eine weitere Einflußgröße für die Preispolitik, wobei die Marktverhältnisse üblicherweise durch die Zahl der Marktteilnehmer und den Vollkommenheitsgrad des Marktes beschrieben werden. Das Ergebnis ist das Marktformenschema für vollkommene und unvollkommene Märkte, wobei als Kriterien für einen vollkommenen Markt die Nutzenmaximierung der Nachfrager beziehungsweise die Gewinnmaximierung der Anbieter, eine vollkommene Markttransparenz, sofortige Reaktionen bei Anpassungsprozessen sowie das Fehlen von Präferenzen jeglicher Art gelten.

Es ist das Verdienst Gutenbergs, diese volkswirtschaftstheoretischen Modellansätze in die betriebswirtschaftliche Betrachtungsweise übertragen zu haben. Er analysiert die preispolitischen Möglichkeiten anhand eines Angebotsmonopols, eines Angebotsoligopols sowie der atomistischen Konkurrenz auf vollkommenen Märkten (S. 178 ff.). Er kommt zu dem Ergebnis, daß unter den Bedingungen des vollkommenen Marktes Preispolitik beim Monopol und Oligopol, nicht aber bei der atomistischen Konkurrenz möglich ist.

In einem weiteren Schritt hebt Gutenberg die Bedingung des vollkommenen Marktes auf. Neben den Preis als alleinigem Bestimmungsfaktor treten Präferenzen in Form von Standortvorteilen, besserem Kundenservice oder Werbung, die aus homogenen heterogene Produkte machen. Die Summe dieser nichtpreislichen Vorteile bezeichnet Gutenberg als akquisitorisches Potential.

Bei Preisänderungen hat dieses Nutzenpotential eine positive Wirkung. Ist eine Preiserhöhung beispielsweise geringer als der Nutzenverlust, der bei Konsumverzicht eintreten würde, werden die Käufer nicht mit Mengenbeschränkungen auf eine Preiserhöhung reagieren. Dies wird erst dann der Fall sein, wenn die Negativwirkung der Preiserhöhung größer ist als die positive Wirkung des akquistorischen Potentials; an diesem Punkt knickt die Preis-Absatzkurve ab.

Solche Punkte sind sowohl bei Preiserhöhungen wie auch bei Preissenkungen nachweisbar. Als Folge nimmt die Preis-Absatzkurve die in Abbildung 39 dargestellte Form an. Zwischen den Punkten A und B ist die Nachfrageelastizität tendenziell unelastischer als jenseits dieser Punkte.

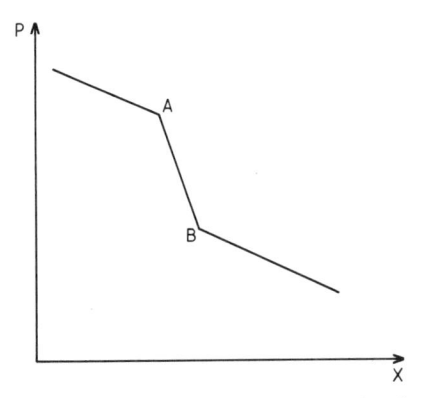

Abb. 39 Wirkung des Akquisitorischen Potentials auf die Preis-Absatzkurve

Damit gewinnen diese Überlegungen unmittelbar praktische Bedeutung. Wenn es gelingt, für Produkte und/oder anbietendes Unternehmen solche Präferenzen aufzubauen – und die gesamte Marketingstrategie zielt ja darauf ab, heterogene Produkte zu schaffen – muß für jedes Produkt ein solcher mehr oder weniger großer preispolitischer Spielraum existieren, der dann durch eine entsprechende zielgerichtete Politik ausgenutzt werden kann.

B. Preispolitische Strategien

Als Ansatzpunkte für eine praktische Preispolitik bieten sich – wie Abb. 40 zeigt – verschiedene Alternativen an. Grundsätzlich können Unternehmen zwischen den Prinzipien einer aktiven oder adaptiven Preispolitik wählen, wobei adaptiv bedeutet, daß die Preisstrategie von Konkurrenzunternehmen übernommen wird. So ist häufig zu beobachten, daß auf oligopolartigen Märkten kleine Anbieter ihre Preise um einen bestimmten Prozentsatz unter denen des Marktführers festsetzen; sie verfolgen die Strategie der Leitpreise.

Baut die Preisbildung auf den Kosten auf, so handelt es sich um eine Kostenpreis- oder Vorgabpreispolitik. Sie hat eine gewisse Bedeutung bei der Einzelfertigung sowie bei Leistungen, die für die öffentlichen Hände erbracht werden.

Bilden die Marktverhältnisse den Orientierungsrahmen für die Preispolitik, so wird deutlich, daß sie als Marketinginstrument nicht isoliert gesehen werden kann. Der Preis ist einerseits das Äquivalent für die angebotene Leistung. Andererseits ist der aktuelle Zustand des Marktes zu berücksichtigen, der sich darin äußert, ob die potentiellen Verwender bereit sind, den aufgrund des Leistungsangebotes fixierten Preis auch zu bezahlen.

Die angebotene Leistung besteht aus der Problemlösung und der aquisitorischen Leistung. Die Festlegung eines Preises wird demnach von zwei Parametern bestimmt: der Preishöhe und dem angebotenen Leistungsumfang. Beide Parameter lassen sich in Tabellenform anordnen. Werden sie jeweils in „hoch" und „nieder" unterteilt, entsteht eine Matrix mit vier Feldern, von denen jedes einer Grundstrategie der Preispolitik entspricht (Abb. 40).

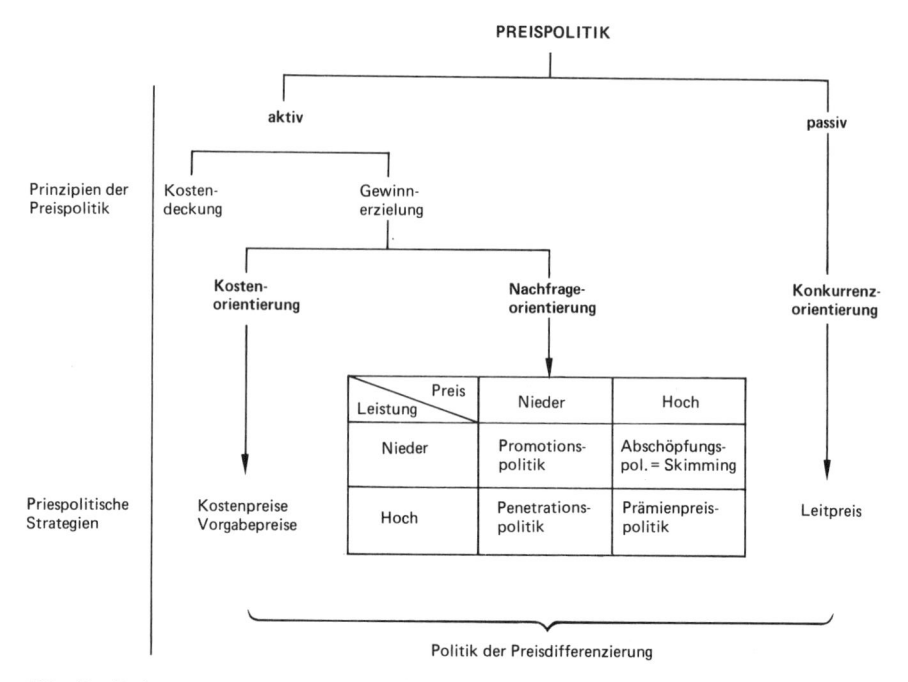

Abb. 40 Preisstrategien

	Preis Nieder	Preis Hoch
Leistung Nieder	Promotionspolitik	Abschöpfungspol. = Skimming
Leistung Hoch	Penetrationspolitik	Prämienpreispolitik

Preispolitik: aktiv / passiv

Prinzipien der Preispolitik: Kostendeckung, Gewinnerzielung (Kostenorientierung, Nachfrageorientierung), Konkurrenzorientierung

Preispolitische Strategien: Kostenpreise / Vorgabepreise — Politik der Preisdifferenzierung — Leitpreis

1. Die Promotionspreispolitik ist dadurch gekennzeichnet, daß eine durchschnittliche Leistung zu einem betont niedrigen Preis angeboten wird. Für eine solche Strategie sind zwei Gründe denkbar. Entweder soll die Problemlösung für einen möglichst breiten Käuferkreis erschwinglich sein oder das Preisniveau steht so unter Druck, daß bei gegebenem Preisniveau Kostendeckung nur durch Reduzierung der angebotenen Leistung erreicht werden kann.

2. Wird ein hochwertiges Produkt zu einem betont niedrigen Preis angeboten, so wird dies als Penetrationspreispolitik bezeichnet. Die Ursachen für eine solche Politik können vielfältiger Natur sein. Eine zeitlich begrenzte Anwendung dieser Strategie ist bei Markteinführungen zu beobachten. In Form von Einführungs- oder Messepreisen wird dem Erstkäufer ein zusätzlicher Anreiz gegeben, um mögliche Kaufhemmnisse zu überwinden. Das Ziel des Anbieters ist es, eine möglichst schnelle Distribution zu erreichen.

Eine langfristige Variante der Penetrationsstrategie ist dann gegeben, wenn Anbieter ihre Leistung ganz bewußt zu einem niedrigen Preis anbieten, um den Wettbewerbern ein Eindringen in den Markt zu erschweren. Diese Politik ist beispielsweise bei der Firma Polaroid zu beobachten, die inzwischen den Markt für Sofortbildkameras eindeutig dominiert.

Schließlich sind auch Lockvogelangebote dieser Strategie zuzuordnen. Dabei werden geringe Mengen eines Produktes zu deutlich niedrigen Preisen angeboten, um Kunden anzulocken, die dann – nach dem Abverkauf der „Lockvögel" – möglicherweise den regulären Preis akzeptieren.

3. Die Abschöpfungs- oder Skimmingstrategie läßt sich häufig bei Produktneueinführungen und bei Produkten in der Degenerationsphase beobachten. Solange die Wettbe-

9. Kapitel: Preispolitik

werber einem neu eingeführten Produkt nichts Gleichwertiges entgegenzusetzen haben, wird das Produkt zunächst mit einem hohen Preis angeboten, der dann mit zunehmendem Wettbewerbsdruck reduziert wird.

Bei Produkten, die sich in der Degenerationsphase befinden, wird mit dieser Strategie häufig die Markteliminierung eingeleitet. Beiden Erscheinungsformen wohnt etwas Unseriöses inne. Das wird bei Betrachten der Extremsituation deutlich: wenig Leistung für einen hohen Preis. Eine solche Strategie wird üblicherweise als „Bauernfängerei" bezeichnet.

4. Die Prämienpreispolitik schließlich ist dadurch gekennzeichnet, daß eine hochwertige Leistung zu einem entsprechend hohen Preis auf den Markt kommt. Die hohe Leistung kann sowohl in einer überragenden Problemlösung wie auch in einer hohen aquisitorischen Leistung ihre Ursache haben. Die Prämienpreispolitik ist üblicherweise die Strategie des Marktführers. Abbildung 41 zeigt die Preis-Leistungsmatrix mit beispielhafter Darstellung einiger Preisstrategien.

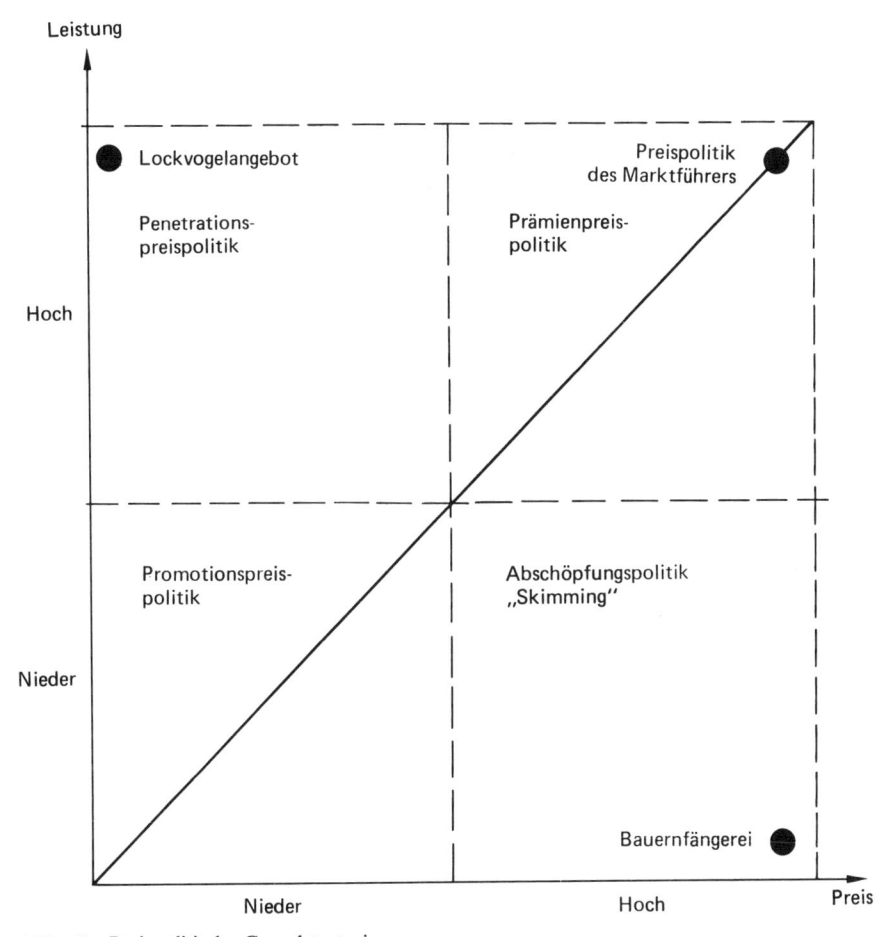

Abb. 41 Preispolitische Grundstrategien

Werden die gleichen Produkte zu unterschiedlichen Preisen auf unterschiedlichen Märkten angeboten, so liegt die Strategie der Preisdifferenzierung vor. Sie verfolgt ein doppeltes Ziel: einerseits die vorhandenen Fertigungskapazitäten auszulasten und andererseits die Konsumentenrente abzuschöpfen. Die Zusammenhänge sollen durch folgendes Beispiel deutlich gemacht werden: Ein Unternehmen habe eine Produktionskapazität von 1000 Einheiten. Bei einem Preis von DM 100 werden 800 Einheiten über den Fachhandel an gewerbliche Kunden abgesetzt. Um die Kapazität auszulasten, müßte der Preis auf DM 90 gesenkt werden. Dabei würden aber die Kunden, die bereit sind 100 Mark zu bezahlen einen Vorteil, eben die Konsumentenrente, in Höhe von 10 Mark erhalten. Abb. 42 zeigt diese Situation. Deshalb geht das Unternehmen einen anderen Weg. Es bietet die restlichen 200 Einheiten als Hobbygeräte über eine Supermarktkette zu DM 90 an. Unterstellt, daß die Selbstkosten je Gerät DM 60 betragen, so hat das Unternehmen bei einem Absatz von 800 Einheiten zu DM 100 einen Gewinn von DM 32 000, im Falle der Preissenkung einen solchen von DM 30 000, mit der Preisdifferenzierung aber einen Gewinn von DM 32 000 + 200(90−60) = 38 000 Mark erwirtschaftet.

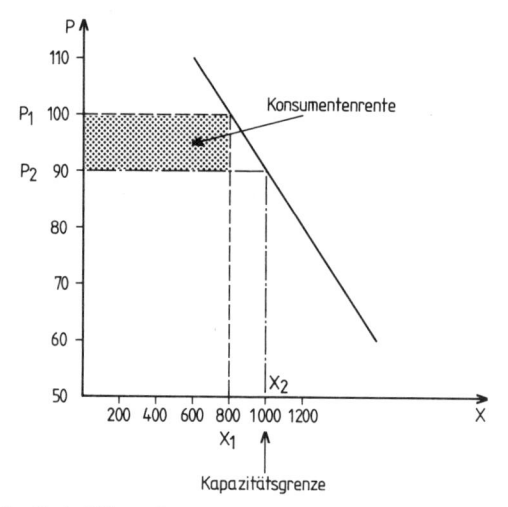

Abb. 42 Modell der Preisdifferenzierung

Die Strategie der Preisdifferenzierung läßt sich in der Praxis durch eine Vielzahl von Beispielen belegen. So betreibt die Bundesbahn mit der Vergabe von Senioren- und Jugendkarten eine persönliche, das Hotel- und Gaststättengewerbe mit Saison- und Nachsaisonpreisen eine zeitliche und Industrieunternehmen mit unterschiedlichen Inlands- und Exportpreisen eine örtliche Preisdifferenzierung.

Kritisch muß allerdings auf die notwendigen Bedingungen für diese Strategie hingewiesen werden. Grundvoraussetzung ist, daß der Gesamtmarkt in Teilmärkte segmentiert werden kann und daß zwischen den einzelnen Marktsegmenten kein Güteraustausch stattfindet. Diese Voraussetzung ist in der Regel bei persönlicher und zeitlicher, nicht aber unbedingt bei örtlicher Differenzierung gegeben. Preisdifferenzierung läßt sich darüber hinaus – und das ist eine weitere Voraussetzung – nur dann erfolgreich betreiben, wenn die Absatzmenge primär von den geforderten Preisen abhängig ist, wenn also der Preis die Funktion eines Aktionsparameters besitzt.

Die Vielzahl der in Abbildung 40 dargestellten preispolitischen Strategien könnte leicht den Eindruck erwecken, daß den Unternehmen für ihre Preispolitik eine große Zahl alternativer Strategien zur Verfügung steht. Erfahrungen aus der Praxis bestätigen eher das Gegenteil: die Preispolitik wird als Marketinginstrument außerordentlich vorsichtig eingesetzt. Dies dürfte wohl damit zusammenhängen, daß der preispolitische Spielraum nach unten durch die Kosten, nach oben durch die Marktverhältnisse begrenzt ist und daß dieser Spielraum tendenziell enger wird. Es scheint, daß nur in der Phase der Produkteinführung eine echte Wahlmöglichkeit zwischen den dargestellten Strategien besteht. In allen übrigen Phasen des Lebenszyklus sorgt der Wettbewerb dafür, daß durch eine Nivellierung des akquisitorischen Potentials dieser Handlungsspielraum immer enger wird. Nur wenn es dem Unternehmen gelingt, einer solchen Nivellierung dauerhaft zu entgehen, wird sich ein entsprechender Handlungsspielraum für preispolitische Strategien erhalten lassen.

C. Instrumentarium der Preispolitik

Eine Orientierung der Preispolitik an den Markt- oder Wettbewerbsverhältnissen bedeutet nicht, daß bei diesen Ansätzen Kostenüberlegungen keine Rolle spielen. Sie sind im Gegenteil von entscheidender Bedeutung, weil die Selbstkosten je Leistungseinheit die Untergrenze der Preisforderung darstellen, die, zumindest auf lange Sicht, durch die erzielten Preise gedeckt werden muß. Damit ist eine funktionsfähige Kostenrechnung Voraussetzung für jede preispolitische Entscheidung.

Die üblichen Kalkulationsverfahren, wie Zuschlagskalkulation und Maschinenstundensatzrechnung, erfüllen diese Forderung nicht. Sie sind Verfahren, die mit Durchschnittskosten rechnen. Die angefallenen Kosten einer Periode werden nachträglich durch die genannten Verfahren den hergestellten Leistungen zugerechnet. Das Ergebnis sind dann durchschnittliche Selbstkosten je Leistungseinheit, die von den tatsächlich angefallenen Kosten für eine bestimmte Einheit abweichen können.

Diese individuellen Selbstkosten können nur mit Hilfe einer Grenzkostenrechnung ermittelt werden, wobei als Grenzkosten die Kosten bezeichnet werden, die zusätzlich anfallen (wegfallen), wenn eine Einheit mehr (weniger) gefertigt wird. Diese Kosten werden vereinfachend als variable Kosten bezeichnet, im Gegensatz zu den fixen Kosten, die nicht von der Leistung, sondern von der Zeit abhängig sind. Grenzkostenrechnungen haben sich in Form der Deckungsbeitragsrechnung durchgesetzt. Ihr Rechensystem läßt sich anhand der Abbildung 43 erläutern. Von den Nettoerlösen (ohne Mehrwertsteuer) werden die variablen Kosten abgezogen. Die verbleibende Restgröße, der Deckungsbeitrag, hat dem Rechenverfahren auch den Namen gegeben. Die Summe der Deckungsbeiträge einer Periode hat zunächst die fixen Kosten zu decken. Erst ein überschießender Betrag wird zu einem Gewinn.

Für den Preisbildungsprozeß sind nun zwei Situationen zu unterscheiden:
1. Für ein völlig neues Produkt, das bislang noch nicht auf dem Markt war, sollen die Selbstkosten für die Bestimmung der Preisuntergrenze ermittelt werden.
2. Das Produkt, für das der Preis festgelegt werden soll, ist bereits von der Konkurrenz auf dem Markt eingeführt worden; es existiert ein Marktpreis.

Das Problem im ersten Falle besteht darin, daß zwar die variablen Kosten je Leistungseinheit ermittelt und die Gesamtsumme der zu deckenden Fixkosten bestimmt werden können, daß aber die Absatzmenge nicht bekannt ist. Sie muß durch eine Ab-

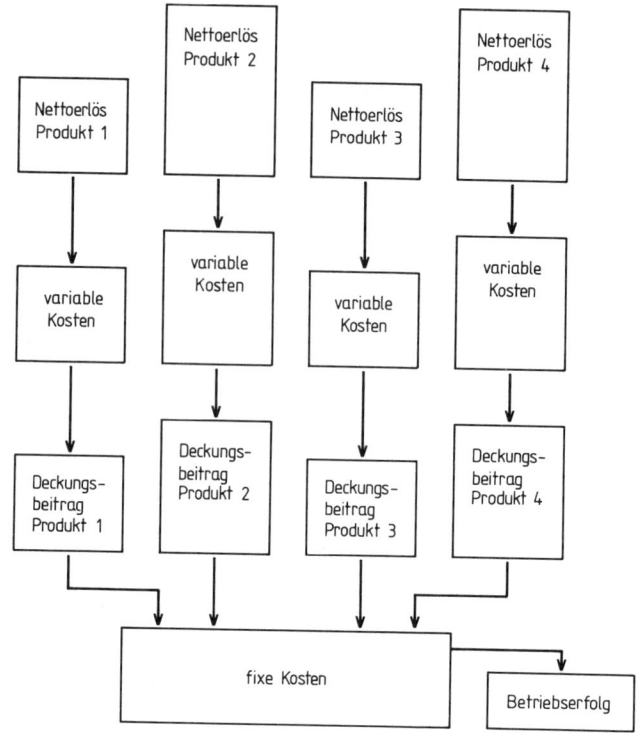

Abb. 43 Grundschema der Deckungsbeitragsrechnung

satzprognose ermittelt werden. Die Selbstkosten lassen sich dann dadurch bestimmen, daß zu den variablen Kosten die anteiligen Fixkosten addiert werden, die durch eine Division der Fixkosten durch die erwartete Absatzmenge ermittelt werden. Dieser Sachverhalt soll an einem Beispiel verdeutlicht werden.

Ein Unternehmen möchte ein völlig neu entwickeltes Produkt auf dem Markt einführen. Es sollen die Selbstkosten als Untergrenze für den Preisbildungsprozeß ermittelt werden. Die variablen Kosten betragen DM 8, die Fixkosten für das erste Jahr DM 360 000, die erwartete Absatzmenge 80 000 Stück.

Die Selbstkosten setzen sich aus den variablen und den anteiligen Fixkosten zusammen. Sie lassen sich wie folgt errechnen:

$$\frac{360\,000}{80\,000} = 4{,}50 + 8{,}- = DM\ 12{,}50$$

Die langfristig zu deckende Preisuntergrenze beträgt DM 12,50. Diese Form der Kalkulation wird auch als progressive Kalkulation bezeichnet.

Ist das Produkt bereits auf dem Markt eingeführt oder haben die Wettbewerber vergleichbare Produkte in ihrem Sortiment, so hat sich für das Produkt ein Marktpreis gebildet, der den Rahmen der preispolitischen Entscheidung absteckt. Unter Berücksichtigung des gegebenen Marktpreises und der individuellen Kostensituation muß geprüft werden, ob das Produkt noch einen Gewinn abwirft. Auch diese Überlegungen sollen anhand eines Beispiels dargestellt werden.

9. Kapitel: Preispolitik

Für ein vor einigen Monaten eingeführtes Produkt soll die Gewinnsituation überprüft werden. Das Unternehmen geht bei fixen Kosten von 300 000 DM je Monat und einer Absatzmenge von 100 000 Stück im gleichen Zeitraum von einem durchschnittlichen Nettoerlös von DM 5 bei variablen Kosten von DM 2,50 aus. Die Überprüfung der gegenwärtigen Situation ergibt folgendes Ergebnis:

Nettoerlöse 5 × 100 000	= 500 000
abz. variable Kosten 2,5 × 100 000	= 250 000
= Deckungsbeitrag	250 000
– fixe Kosten	300 000
= Ergebnis	– 50 000

Um den Verlust in einen Gewinn zu verwandeln müßte entweder mehr abgesetzt oder die Preise verändert werden. Die Größe, bei der Erlöse und Kosten gleich groß sind, wird als Break-Even-Punkt und die dafür notwendige Absatzmenge als Break-Even-Menge bezeichnet. Sie kann errechnet werden, indem die fixen Kosten durch den Deckungsbeitrag je Einheit dividiert wird. Dieser beträgt DM 5 – 2,50 = 2,50 DM

$$\frac{360\,000}{2,50} = 144\,000 \text{ Einheit}$$

Um in die Gewinnzone zu kommen, müßte der Absatz also um 44% gesteigert werden.

Bei der Überprüfung der Preispolitik sollen zwei alternative Strategien geprüft werden: Preiserhöhung von 10% bei einer Mengenabnahme von 10% oder einer Preissenkung von ebenfalls 10% bei einer Mengensteigerung von 10%. Die Konsequenzen beider Alternativen lassen sich wie folgt berechnen. Bei einer Preissenkung würde sich folgende Situation ergeben:

Nettoerlös 110 000 × 4.50	= 495 000
– variable Kosten 110 000 × 2.50	= 275 000
= Deckungsbeitrag	220 000
– fixe Kosten	300 000
Erfolg	–80 000

Durch die Preissenkung würde sich der Verlust vergrößern. Eine Preiserhöhung würde zu folgendem Ergebnis führen:

Nettoerlöse 90 000 × 5.50	= 495 000
– variable Kosten 90 000 × 2.50	= 225 000
= Deckungsbeitrag	270 000
– fixe Kosten	300 000
Erfolg	–30 000

Der Verlust wäre zwar bei einer Preiserhöhung noch nicht ausgemerzt, aber er hätte sich um fast 50% reduziert.

Diese wenigen Beispiele lassen erkennen, daß eine Kostenrechnung mit situationsbezogenen Informationen unabdingbare Voraussetzung für eine effiziente Preispolitik ist.

10. Kapitel:
Kommunikationspolitik

Die volkswirtschaftliche Arbeitsteilung bringt es mit sich, daß Hersteller und Verwender eines Produktes in der Regel nicht mehr identisch sind. Als Folge entstehen Märkte, auf denen ein Interessenausgleich zwischen Anbieter und Nachfrager stattfindet. Die Kehrseite dieses Prozesses ist ein zunehmendes Informationsdefizit, wer welche Leistung anbietet beziehungsweise nachfragt. Es entsteht ein Bedarf an zusätzlichen Informationen.

Informationsbereitstellung und -übermittlung verursacht Kosten. Unter den Bedingungen eines Käufermarktes müssen diese Kosten vom Anbieter einer Leistung getragen werden. Er hat dafür zu sorgen, daß die potentiellen Verwender einer Leistung alle notwendigen Informationen über diese Leistung erhalten. Daraus ergibt sich zwangsläufig, daß solche Informationen nicht wertneutral sind; sie entspringen immer der Interessenlage dessen, der die Kosten dafür zu tragen hat, unter den Bedingungen des Käufermarktes eben des Anbieters.

Diese Informationen sollen bestimmte (positive) Einstellungen erzeugen und letztlich Kaufhandlungen auslösen. Um diesen Prozeß der Beeinflußung darzustellen, wird neuerdings das Kommunikationsmodell als Denkrahmen verwendet (Kotler, S. 492; Reiser, S. 140). Es basiert auf einer Sender – Empfänger – Konstellation. Ein Sender strahlt über bestimmte Kanäle Botschaften aus, die von einem Empfänger aufgenommen werden, der seinerseits als Sender fungiert und Rückmeldungen an den Ausgangssender übermittelt. Abbildung 44 zeigt die Zusammenhänge in vereinfachter Form.

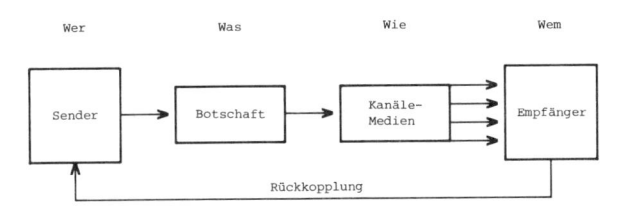

Abb. 44 Kommunikationsmodell

Überträgt man dieses Modell auf den Bereich der Marketinginformationen, so entspricht dem Sender der Anbieter einer Leistung, die Botschaft enthält die Informationen, während die Kanäle den Medien entsprechen, mit deren Hilfe die Informationen zum potentiellen Verwender transportiert werden. Diese vervollständigen das Modell durch die Möglichkeit, Antworten an den Anbieter zurückzusenden.

Diesem Modell wird die Praxis der Marketingkommunikation nicht gerecht. Noch immer ist festzustellen, daß der Informationsfluß einseitig vom Anbieter zum Verwender verläuft, während eine Rückkopplung kaum stattfindet. Sie läßt sich in Ansätzen höchstens im Bereich der Investitionsgüterindustrie feststellen, weil eine effektive Problemlösung nur durch eine entsprechende Zusammenarbeit zwischen Anbieter und Verwender realisiert werden kann.

Als Instrumente der Kommunikationspolitik im Marketingbereich gelten die (Absatz-)Werbung, Verkaufsförderung und Public Relations.

Um die unterschiedliche Zielsetzung der einzelnen Instrumente deutlich zu machen, sei nochmals auf die im 7. Kapitel dargestellte Push- und Pullstrategie eingegangen. Sie setzt Aktionen des Herstellers gleichzeitig an zwei Punkten voraus. Zunächst sind die Vertriebswege zu bevorraten (Push-Strategie). Gleichzeitig muß auf der Abnehmerseite eine Sogwirkung erzeugt werden, um den Abverkauf in Gang zu bringen (Pull-Strategie).

Hauptaufgabe der drei genannten Kommunikationsinstrumente besteht nun gerade darin, diese Pullwirkung zu initiieren. Wie in Abbildung 45 dargestellt, sind die Adressaten der Werbung die potentiellen Verwender, die durch die Werbung spezifische Produktinformationen erhalten. Demgegenüber stehen im Mittelpunkt von Public Relations-Maßnahmen Informationen über das Unternehmen als Ganzes, gewissermaßen über die Persönlichkeit Unternehmen, die insbesonders für die interessierte Umwelt bestimmt sind. So würde beispielsweise die Inbetriebnahme einer verbesserten Kläranlage sowohl die zuständigen Behörden wie auch die anliegende Wohnbevölkerung interessieren. Das Ziel der Verkaufsförderung schließlich ist die Forcierung des Abverkaufs durch besondere Aktionen sowohl im Bereich des Außendienstes wie auch der Absatzmittler und Verwender.

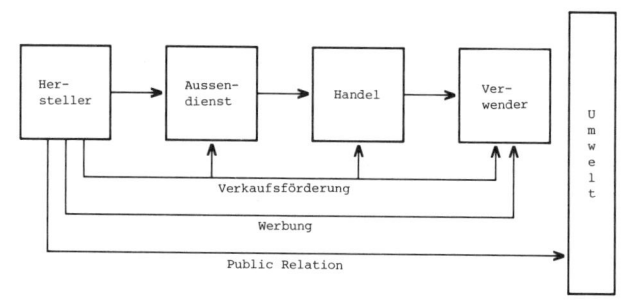

Abb. 45 Kommunikationsinstrumente

A. Verkaufsförderung

Unter den Kommunikationsinstrumenten stellt die Verkaufsförderung nicht nur das jüngste, sondern auch das inhaltlich am wenigsten klar abgegrenzte Instrument dar. So wird der angesprochene Bereich gelegentlich als Merchandising und/oder Sales Promotion bezeichnet. Geht man von dem ursprünglichen Wortsinn aus, so umfaßt die Verkaufsförderung alle Maßnahmen, die darauf gerichtet sind, den Hinausverkauf am Verkaufspunkt, kurz als POP (= Point of Purchase) bezeichnet, zu stimulieren. Kotler (Kotler, S. 490) umschreibt die Verkaufsförderung als eine Vielzahl von Aktivitäten, „die formal nicht als Werbung, persönlicher Verkauf oder Publicity klassifiziert werden können".

Für dieses Konzept der Abverkaufsförderung ergeben sich gemäß Abbildung 46 drei Ansatzpunkte: der eigene Außendienst (Staff Promotion), die Wiederverkäufer (Merchandising) und der Verbraucher (Consumers Promotion).

Die **Staff-Promotion** umfaßt im wesentlichen die Schulung und Aktivierung des herstellereigenen Außendienstes. Bevorzugte Maßnahmen sind neben der klassischen Schulung vor allem Verkaufswettbewerbe, bei denen zum Teil beachtliche Preise zu gewinnen sind.

10. Kapitel: Kommunikationspolitik

		Verkaufsförderung	
Zielt auf	eigenen Außendienst	Absatzmittler = Handel	Verbraucher Am Pop
Sub-Instrumente	Verkäufer-Förd. = Staff Promotion	Abverkaufs-Förd. = Merchandising	Verbraucher-Förd. = Consumer's Promotion
Maßnahmen	• Schulung • Verkaufswettbewerbe	• Warenpräsentation • Regal Pflege • Displays	• Produktproben • Zugaben • Rabatte • Gewinnspiele • Testüberlassungen • Symposien

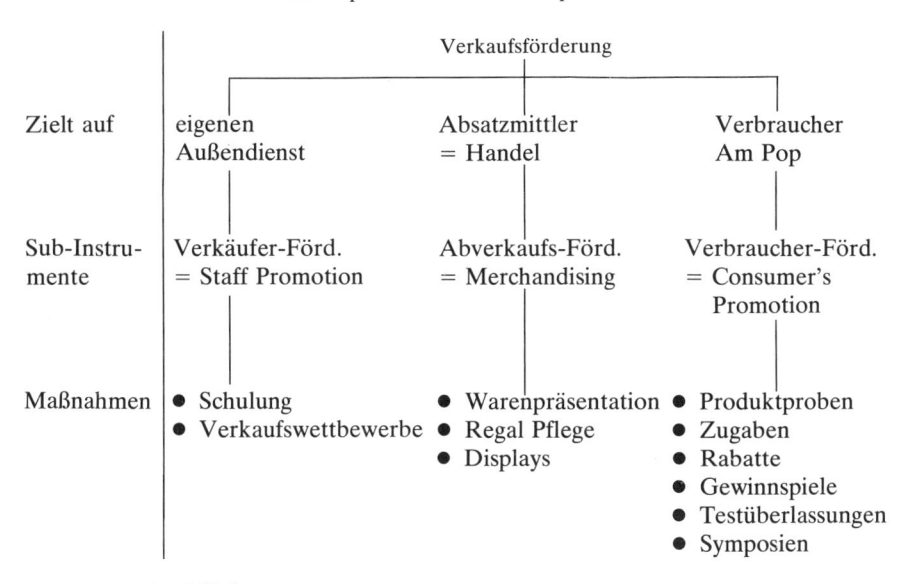

Abb. 46 Verkaufsförderung

Das Schwergewicht der Verkaufsförderung kommt – zumindest im Konsumgüterbereich – dem **Merchandising** zu. Unter diesem Begriff werden alle Aktionen des Herstellers am POP zusammengefaßt, die den Hinausverkauf forcieren sollen. Dazu gehören die Warenpräsentation, etwa die Beschickung der Regalflächen, das Auszeichnen, die Regalpflege und die Bereitstellung von Display-Material. Darunter sind optische Verkaufshilfen wie Aufsteller oder Aufkleber zu verstehen, die innerhalb des Verkaufsraums plaziert werden.

Durch die Verschiebung der Marktmacht hat der Handel diese eigentlich für ihn typischen Tätigkeiten auf den Hersteller zurück verlagert, der für diese Tätigkeiten den eigenen Außendienst oder spezialisierte Service-Unternehmen heranzieht. Diese Entwicklung hat zu teilweise heftig kritisierten Auswüchsen geführt. So ist es üblich geworden, daß für die Aufnahme neuer Artikel ins Handelssortiment „Kostenbeiträge" bis zu DM 5000,– je Artikel zu zahlen sind, oder daß Regalfläche für bis zu 10 000 DM je laufenden Meter jährlich vom Hersteller „gemietet" werden müssen (Vgl. ASW 1/75, S. 17). Obgleich die Bundesregierung bereits 1975 diese Wettbewerbsverstöße in einem „Sündenregister" gebrandmarkt und die Kartellbehörde auch bereits Ermittlungen angestellt hat, hat sich an der kritisierten Praxis bislang wenig geändert.

Ein dritter Ansatzpunkt für Verkaufsförderungsmaßnahmen ist die **Consumers Promotion**. Damit werden alle Maßnahmen umschrieben, die am Verkaufsort auf die unmittelbare Beeinflussung des Verbrauchers abzielen. Beliebte Maßnahmen sind die Verteilung von Produktproben, Zugaben beim Kauf, Sonderpreise in Form von zeitlich begrenzten Einführungspreisen und die Veranstaltung von Gewinnspielen. Die Bedeutung von Gewinnspielen liegt weniger im unmittelbaren Kaufanreiz als darin, daß während der Laufzeit eines solchen Spieles das Produkt im Bewußtsein der Käufer gehalten wird.

Bei allen diesen Aktionen sind jedoch die rechtlichen Grenzen zu beachten die in der Bundesrepublik besonders eng gezogen sind. Insbesonders sind das Gesetz gegen den unlauteren Wettbewerb (UWG), das Rabattgesetz und die Zugabenverordnung zu beachten, wobei der Zugabenverordnung wohl die größte Bedeutung zukommen dürfte. Zugaben sind grundsätzlich nicht erlaubt. Als Ausnahme von diesem Generalverbot dürfen nur Güter von geringem Wert beim Kauf zugegeben werden, wobei es bei der Wertbemessung nicht auf den objektiven, sondern auf den subjektiven Wert ankommt, den die Zugabe in den Augen des Käufers hat (vgl. Nees, S. 231 ff.). Darunter hat vor allem die Zugabe von Gutscheinen und Sammelpunkten zu leiden, weil auch für große Punktzahlen nur geringwertige Güter – wie beispielsweise Sammelbilder – erworben werden können, während die dazugehörigen Alben zusätzlich gekauft werden müssen. In den westlichen Industriestaaten, beispielsweise in Frankreich, den Benelux-Staaten oder aber den USA und Kanada gibt es diese engen rechtlichen Beschränkungen nicht. In diesen Ländern ist die Zugabe ein ganz wesentliches Mittel der Verbraucheraktivierung geblieben.

Im Bereich der Investitionsgüterindustrie lassen sich nur ansatzweise Verkaufsförderungsaktivitäten feststellen. Die zeitweilige Überlassung von Geräten für Testzwecke oder die Durchführung von Informationsveranstaltungen in Form von Symposien können hier genannt werden. So führt ein Hersteller von Kunststoffverarbeitungsmaschinen regelmäßig solche Symposien durch, bei denen über Verarbeitungsprobleme von neuartigen Werkstoffen informiert und anschließend auf Maschinen des Herstellers die Verarbeitung demonstriert wird.

Bei einem Vergleich der verschiedenen Subinstrumente der Verkaufsförderung und deren einzelner Maßnahmen, fällt als gemeinsames Ziel auf, daß sie alle auf die kurzfristige Stimulierung des Umsatzes abzielen. Dem entspricht auch die Bedeutungszunahme der Verkaufsförderung in schwierigen Zeiten. Unabhängig davon deuten jedoch die Etatentwicklungen der Unternehmen darauf hin, daß die Bedeutungszunahme der Verkaufsförderung in den zurückliegenden Jahren zu Lasten der Absatzwerbung gegangen ist.

B. Public Relations

Es ist eine müßige Streitfrage, ob Public Relations (PR) als Marketing-Instrument anzusehen ist. Entsprechend der Abbildung 45 hat sie die Aufgabe, die interessierte Öffentlichkeit mit Informationen über das Unternehmen zu versorgen. Während der Gegenstand der klassischen Absatzwerbung Produktionformationen sind, haben Public Relations zum Ziel, über vertrauensbildende Maßnahmen letztlich ein positives Firmenimage zu bilden. Damit tragen Public Relations als Kommunikationsinstrument ganz erheblich zum Markterfolg bei.

Neben der sachlichen Unterscheidung zwischen Public Relations und Werbung läßt sich ein weiterer, methodischer Unterschied nennen. Die Werbung kauft entsprechende Medien und bestimmt den Inhalt der Werbebotschaft. Demgegenüber müssen Public Relations die Medien durch Form und Inhalt ihrer Informationen überzeugen; sie haben keinen weiteren Einfluß auf die Medien.

Die Bedeutung von PR-Maßnahmen liegen auf der Hand, wenn man verfolgt, wie sich die Einschätzung deutscher Unternehmen im Bewußtsein der Öffentlichkeit gewandelt hat. Seit Mitte der sechziger Jahre ist diese Einstellung zunehmend kritischer geworden. Auch gegenwärtig ist dieser Entfremdungsprozeß höchstens verlangsamt aber noch nicht gestoppt. Indizien dafür sind die vielfältigen Klagen, daß wirtschaftliche und unternehmensbezogene Themen in Fernsehen, Rundfunk aber auch in Schulbüchern verzerrt dargestellt würden. Die Ursache dieser Entfremdung kann darin gesehen werden, daß Unternehmen wie Verbände es weithin versäumt haben, im Rahmen eines demokratischen Meinungsbildungsprozesses ihre Positionen entsprechend zu vertreten.

Was unter dem Begriff Öffentlichkeit zusammengefaßt wird, ist jedoch keine homogene Erscheinung. Sie läßt sich in typische Gruppen zerlegen, die ganz unterschiedliche Informationsbedürfnisse haben. An erster Stelle sind die Arbeitnehmer und deren Angehörige zu nennen, die vorzugsweise an Informationen über das Wohlergehen des Unternehmens interessiert sind, weil davon die Sicherheit der Arbeitsplätze abhängt. Als weitere Gruppe der Öffentlichkeit können die Geschäftspartner angesehen werden, also Kapitalgeber, Lieferanten und Kunden. Ihr Informationsbedürfnis konzentriert sich auf die gegenwärtige geschäftliche Situation und deren künftige Entwicklung. Als ein weiterer Teil der Öffentlichkeit, der zunehmend Gewicht erhält, ist die Bevölkerung anzusehen, die im „Dunstkreis" des Unternehmens wohnt. Sie ist vor allem an Informationen über die Belastung der Umwelt interessiert. Nicht selten waren gerade in jüngster Vergangenheit die im Einzugsbereich von Unternehmen wohnende Bevölkerung der Hemmschuh für die Verwirklichung neuer Technologien. Insgesamt bleibt festzustellen, daß gerade hier eine sehr starke Sensibilisierung der Öffentlichkeit stattgefunden hat.

Schließlich bilden die politischen Instanzen einen wesentlichen Teil der Öffentlichkeit. Ihr Informationsbedürfnis konzentriert sich darauf, ob die gesetzlichen Richtlinien beachtet und die entsprechenden Verordnungen eingehalten werden.

So vielgestaltig sich die Öffentlichkeit für das Unternehmen darstellt, so vielgestaltig sind die Methoden, die einzelnen Gruppen mit Informationen zu versorgen. Dabei ist der Grundsatz zu beachten, daß solche Informationswege zu wählen sind, mit denen die Informationen auch zur jeweiligen Zielgruppe gelangen.

Neben Werkzeitschriften sind besonders Firmenjubiläen mit Tagen der offenen Tür und Firmenbesichtigungen geeignet, um Mitarbeiter, Bevölkerung und politische Instanzen mit entsprechenden Informationen zu versorgen. In zunehmendem Maße trägt auch die Gestaltung der Geschäftsberichte dem Informationsbedürfnis der Geschäftspartner Rechnung. Mit der Entwicklung von Sozialbilanzen versuchen die Unternehmen die wirtschaftliche Berichterstattung durch Informationen über gesellschaftliche Leistungen zu ergänzen, so etwa die Tatsache, daß leitende Mitarbeiter großer Unternehmen ehrenamtlich Schulunterricht erteilen.

Gerade die Entwicklungen der jüngsten Vergangenheit lassen erkennen, daß dem Instrument Public Relations ein verstärktes Gewicht beigemessen wird. Es soll die Leistungen des Unternehmens für Volkswirtschaft und Gesellschaft glaubwürdig und allgemein verständlich darstellen, um Konfliktsituationen zwischen Unternehmen und Öffentlichkeit vorzubeugen oder zu entschärfen. Es gilt heute als sicher, daß die Auseinandersetzung über die Nutzung der Kernenergie anders verlaufen wäre, wenn die Energieversorgungsunternehmen dem sich abzeichnenden Konflikt einen anderen Stellenwert eingeräumt hätten.

Hinter dieser Neuorientierung von Public Relations verbirgt sich der Versuch, Unternehmen mit einem einheitlichen Erscheinungsbild in der Öffentlichkeit auszustatten. Diese Bemühungen, die in der Diskussion unter dem Begriff der Corporate Idendity zusammengefaßt werden, beziehen sich nicht nur auf das optische Erscheinungsbild, sondern in viel stärkerem Maße auf den Aufbau eines positiven Firmenimages.

Obgleich Public Relations wesentlich älter als die Entwicklung des Marketing-Begriffs sind, wird ihre Bedeutung als Marketing-Instrument an dieser Stelle sehr deutlich sichtbar. Diese Bedeutung besteht darin, über vertrauensfördernde Informationen ein positives Image aufzubauen, das letztlich einen entscheidenden Beitrag zur Absicherung des Markterfolges leistet. Allerdings lassen sich in der Praxis noch immer genügend Beispiele für eine wenig effektive Koordinierung von Public Relations und den übrigen Kommunikationsinstrumenten finden.

C. Werbung

Im Rahmen der Kommunikationspolitik ist die Absatzwerbung das wichtigste und wohl auch das älteste Instrument. Entsprechend der Abbildung 42 besteht ihre Aufgabe darin, den potentiellen Verwender einer Leistung mit entsprechenden Produktinformationen zu versorgen, wobei diese Informationen letztlich die Kaufbereitschaft erhöhen sollen. Ob dies tatsächlich der Fall ist, kann höchstens empirisch dadurch ermittelt werden, daß der zusätzliche Input in Form von Werbekosten mit dem zusätzlichen Output an Werbewirkung verglichen wird. Was sich jedoch im Inneren der „Black Box Kaufentscheidung" abspielt, wie also die Werbebotschaften den Entscheidungsprozeß im einzelnen beeinflussen, darüber lassen sich höchstens Hypothesen aufstellen (Vgl. dazu Reiser, S. 136ff. und die dort angegebene Literatur).

Eng mit dieser Frage verbunden ist die Kritik, der sich die Werbung heute konfrontiert sieht. Diese Vorwürfe lassen sich in der saloppen Formulierung zusammenfassen, daß die Werbung den Umworbenen dazu verleitet, Geld auszugeben, das er nicht hat, für Dinge, die er nicht benötigt! Aus den vielfältigen Versuchen, diese These zu beweisen oder zu widerlegen, scheint sich herauszukristallisieren, daß die Werbung wohl in der Lage ist, die individuelle Rangskala von Bedürfnissen zu verändern, nicht aber einer gegebenen Bedürfnisstruktur neue Bedürfnisse hinzuzufügen.

Ausgehend von Abbildung 44 läßt sich der Kommunikationsprozeß der Werbung in drei typische Phasen einteilen:
1. Entwicklung einer Werbestrategie durch Zielfixierung und Bestimmung der Zielgruppe
2. Realisierung der Werbestrategie durch Bestimmung der Werbebotschaft und Auswahl der Werbemedien
3. Ermittlung des Werbeerfolges

I. Werbestrategie

Bei der Konzeption einer Werbestrategie sind zwei Fragen zu klären. Einmal ist zu bestimmen, welches Ziel die Werbung erreichen, zum anderen, wer informiert werden soll.

Mit der Zielformulierung beginnen in der Regel die Mißverständnisse über die Werbung. Obwohl sie ein Kommunikationsinstrument ist, werden ihr häufig Marketingziele in Form von Umsatz- oder Gewinngrößen vorgegeben, etwa durch die Formulierung, daß durch den Einsatz von 1 Mio DM Werbekosten eine Umsatzsteigerung von 10% erreicht werden soll. Im Rahmen der Marketing-Instrumente besteht die spezielle Aufgabe der Werbung in der Übermittlung von Produktinformationen und der Verbesserung des Informationsstandes bei den Umworbenen. Dieses Ziel muß operational, das heißt meßbar, formuliert werden. Dazu ist es notwendig den Wirkprozeß der Werbung in einzelne Phasen zu zerlegen. Als Ergebnis entstehen Modelle der Kaufbereitschaft, deren bekanntestes die AIDA-Formel darstellt (zu den verschiedenen Modellen vgl. Kotler, S. 497). Die Buchstaben bedeuten im einzelnen:

A = Attention = Aufmerksamkeit erregen
I = Interest = Interesse wecken
D = Desire = Besitzwunsch auslösen
A = Action = zum Kauf führen

Aus einer solchen Phasenfolge lassen sich verschiedene Stufen von Wissenszuständen ableiten. Colley (S. 74 ff.) unterscheidet die Stufen Unwissenheit, Bekanntheit, Wissen, Überzeugung und Aktion und bezeichnet sein Modell der Kaufbereitschaft als Kommunikationsspektrum (Abb. 47).

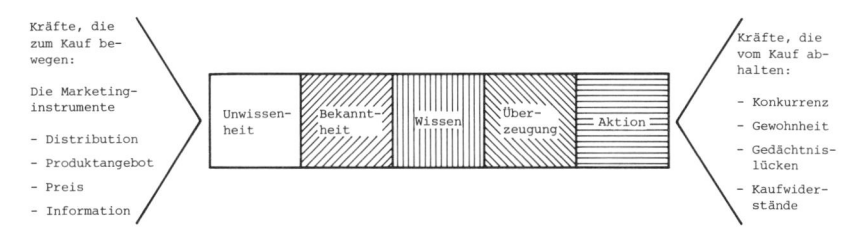

Abb. 47 Kommunikationsspektrum

Für jede der Stufen läßt sich ein Werbeziel operational formulieren, etwa dergestalt, daß der Informationsstand der Umworbenen in den einzelnen Stufen eine gewisse Größe – meist ein Prozentwert der Gesamtheit – erreichen soll. So könnte beispielsweise festgelegt werden, daß durch eine Werbeaktion der Wissensstand so verbessert wird, daß jeweils 5% der Umworbenen der nächsten Stufe zugerechnet werden können, was sich letztlich in einer Abnahme bei Unwissenheit und in einer Zunahme der Aktionsstufe niederschlagen würde. Die durch die Werbung eingetretenen Veränderungen lassen sich durch Befragungen vor und nach der Kampagne ermitteln. So hat die Zeitschrift DER SPIEGEL in einer über insgesamt 13 Monate laufenden Untersuchung ermittelt, in welchem Umfang die vorgegebenen Werbeziele bei 32 Unternehmen durch eine kontinuierliche Werbung erreicht wurden (Vgl. dazu Spiegel-Verlag). In der Praxis ist jedoch sowohl die Formulierung von ökonomischen wie außerökonomischen Werbezielen üblich, obgleich – um die Ausführungen nochmals zu wiederholen – die Vorgabe von Gewinn- oder Umsatzzielen eine Verwechslung von Werbe- und Marketingzielen darstellt.

Gemeinsam mit der Festlegung der Werbeziele muß auch die Bestimmung der Zielgruppe erfolgen, weil die Formulierung eines operationalen Ziels nur in Bezug auf eine konkrete Zielgruppe erfolgen kann. Deshalb ist in der Praxis die Zielformulierung und die Bestimmung der Zielgruppe ein simultaner und kein Stufenprozeß. Für die Abgrenzung und Beschreibung lassen sich drei Ansatzpunkte verwenden.

(1) Die nächstliegende Form der Zielgruppenbestimmung ist die namentliche Erfassung derjenigen, die angesprochen werden sollen. Diese Vorgehensweise bietet sich immer dann an, wenn die Zielgruppe verhältnismäßig klein ist. So lassen sich wahrscheinlich die potentiellen Abnehmer einer Spezialmaschine leicht namentlich ermit-

teln und in Form von Adressenlisten abspeichern. Im Rahmen der Marktsegmentierung wurden solche Adressenlisten auch für potentielle Käufer von Konsumgütern ermittelt. Die einzelnen Segmente sind nach berufs- und besitzspezifischen sowie regionalen Gesichtspunkten gegliedert und können von den darauf spezialisierten Direktwerbe-Unternehmen für eine ein- oder mehrmalige Verwendung gekauft werden. Soweit die Informationen nur ungeschützte Daten enthalten, ist nach dem Datenschutzgesetz lediglich zu beachten, daß durch den Verkauf der Adressen keine mißbräuchliche Verwendung ermöglicht wird.

Das Direktmarketing hat in den zurückliegenden Jahren zunehmend an Bedeutung gewonnen. Das dürfte im wesentlichen auf zwei Faktoren zurückzuführen sein. Einmal führt die gezielte Ansprache zu deutlich niedrigeren Kosten je Werbekontakt, während auf der anderen Seite eine höhere Kaufrate zu erreichen ist, die darüber hinaus ohne Schwierigkeiten exakt ermittelt werden kann.

(2) Handelt es sich um große Zielgruppen, die sich nicht weiter segmentieren lassen, wie das bei Verbrauchsgütern des täglichen Bedarfs der Fall ist, so kann die Zielgruppe nur nach statistisch erfaßbaren Merkmalen abgegrenzt werden. Solche Merkmale können Geschlecht, Alter oder die Zugehörigkeit zu bestimmten Berufsgruppen sein; sie werden als demografische Merkmale bezeichnet. Die Zielgruppenbestimmung anhand demografischer Merkmale ist die im Konsumgüterbereich vorherrschende Methode. Dahinter verbirgt sich die vereinfachende Vorstellung, daß die Bedürfnisstruktur von Einzelpersonen von diesen Merkmalen bestimmt wird.

(3) Im Rahmen der sich ständig verfeinernden Methoden der Marktsegmentierung hat sich herausgestellt, daß demografische Merkmale allein offensichtlich nicht ausreichen, um Zielgruppen adäquat zu beschreiben. Neben den statistisch erfaßbaren Merkmalen spielen zunehmend auch subjektive Daten wie positive oder negative Einstellung eine kaufentscheidende Rolle; sie werden als „AIO-Statements" bezeichnet, wobei die einzelnen Buchstaben für folgende Inhalte stehen:

A = Activities: womit beschäftigen sich die Menschen während der Arbeit und Freizeit?
I = Interests: wofür interessieren sie sich?
O = Opinion: welche Meinung haben sie zu den Gegenwartsproblemen?

Durch diese Daten gehen Kriterien wie „konservativ", „progressiv", „modern" oder moralische Ansichten in die Beschreibung der Zielgruppe ein.

Durch die Kombination von demografischen Merkmalen- und AIO-Statements lassen sich Zielgruppen schärfer segmentieren. Die Verdichtung solcher Daten hat dazu geführt, daß daraus sogenannte Persönlichkeitstypen entwickelt worden sind. In der Bundesrepublik dürfte die wohl bedeutendste die Frauentypologie der Zeitschrift Brigitte sein.

II. Realisieren der Werbestrategie

Ist das Werbeziel fixiert und die Zielgruppe konkretisiert, muß die Strategie in entsprechende Aktionen umgesetzt werden. Dieser Vorgang beinhaltet zwei Probleme. Zum einen muß die Werbebotschaft formuliert und in eine attraktive Form gebracht werden. Zum anderen sind die Werbeträger, die Medien, auszuwählen, mit deren Hilfe die Werbebotschaft zur Zielgruppe transportiert werden soll.

Sowohl Empfänger wie Sender knüpfen an die Werbebotschaft bestimmte Erwartungen. Die Zielgruppe als Empfänger erwartet in erster Linie Informationen über die entsprechenden Produkte, wobei die gemachten Aussagen beweisbar oder nachvollziehbar sein sollten. Die Unternehmen als Sender wollen ihrerseits durch die Werbung erreichen, daß durch einen verbesserten Informationsstand das Produkt aus der anonymen Masse der Mitwettbewerber herausgehoben, daß aus einem homogenen letztlich ein heterogenes Produkt wird.

Die Gestaltung der Werbeaussage umfaßt die Festlegung des Werbeinhalts sowie die Bestimmung der äußeren Form, wobei natürlich der inhaltlichen Aussage die größere Bedeutung zukommt. Sie ist dann unproblematisch, wenn das Produkt Vorteile besitzt, die es für einen großen Interessentenkreis attraktiv machen. In diesem Falle handelt es sich um eine funktionale Ansprache des potentiellen Verbrauchers. Sie dürfte im Bereich der Investitionsgüterwerbung der Normalfall sein, während bei Konsumgütern der technische Standard weitgehend vergleichbar ist. Eine Werbung mit scheinbaren Vorteilen könnte rasch zu negativen Ergebnissen führen.

Technologische Produktvorteile sind Vorteile auf Zeit, weil der Wettbewerb zwangsläufig zu einer Nivellierung des technischen Standards auf der Basis des besten Produktes führt. In einer solchen Situation können entweder wirtschaftliche Sachverhalte, wie Preiswürdigkeit oder günstige Zahlungsmodalitäten oder aber zusätzliche Leistungen, wie Kundendienst oder besondere Garantiezusagen Gegenstand der Werbebotschaft sein. Eine solche ökonomische Ansprache verfolgt natürlich den gleichen Zweck, Produkte aus der Namenslosigkeit ins Bewußtsein der Verwender zu bringen und aus homogenen heterogene Produkte zu machen.

Bestehen weder echte funktionale noch ökonomische Vorteile, sind also die Grundnutzen der Wettbewerbsprodukte vergleichbar, so besteht die Möglichkeit, zusätzliche Nutzenerwartungen – meist in Form von psychologischen Effekten – herauszustellen. Solche psychologischen Ansprachen lassen sich vor allem auf Märkten mit einem intensiven Wettbewerb beobachten. Mit Hilfe der Werbung versucht man den Produkten ein unverwechselbares Image als Persönlichkeit zu geben, weil in solchen Situationen keine Produkte, sondern positive Images gekauft werden. Als Beispiele für psychologische Ansprachen sei auf die hart umkämpften Waschmittel- und Zigarettenmärkte verwiesen. Die eingangs geschilderten Vorbehalte gegen die Werbung beziehen sich durchweg auf diese Werbung mit psychologischen Inhalten.

Ist der Inhalt der Werbebotschaft bestimmt, sind die Werbemedien auszuwählen, mit deren Hilfe die Informationen zu den Empfängern transportiert werden sollen. Dafür steht eine fast unübersehbar große Zahl von Werbeträgern zur Verfügung. Sie reicht von Postwurfsendungen über Plakate, Zeitungs- und Zeitschriftenanzeigen, Dauerwerbung in Sportstadien und auf Bahnhöfen bis zu Kino-, Funk- und Fernsehspots, wobei diese Aufzählung keinen Anspruch auf Vollständigkeit erhebt.

Bei der Medienselektion sind zwei Gesichtspunkte zu beachten. Zunächst müssen sie in der Lage sein, die geplante Zielgruppe auch tatsächlich zu erreichen. Zum anderen müssen sich die Kosten in dem vom Werbebudget gezogenen Rahmen bewegen.

Bei den Vorschlägen, wie das Werbebudget zu bestimmen ist, weichen die theoretischen Ansätze und die in der Praxis üblicherweise verwendeten Methoden erheblich voneinander ab. Die theoretischen Vorschläge basieren entweder auf Grenzkosten- und Grenzertragsüberlegungen oder auf konkurrenzbezogenen Ansätzen (vgl. Meffert, S. 427ff.). In der Praxis wird die Gesamthöhe des Etats entweder mit einem bestimmten Prozentsatz vom Umsatz ermittelt oder die Unternehmen orientieren sich an den Etatgrößen der Konkurrenzunternehmen. Sehr beliebt ist auch das Verfahren als Werbeetat die Größe auszuweisen, die nach Abzug aller Kosten noch übrig bleibt („affordable method"). Der logisch einleuchtendste Ansatz wäre wohl der, den Gesamtetat aus der Zielsetzung abzuleiten und seine Größe nur an den Grad der Zielerreichung zu binden.

Für die Auswahl der Medien gelten wie dargestellt zwei Forderungen: die Zielgruppe muß mit den ausgewählten Medien erreicht werden und die Kosten müssen sich in dem durch den Werbeetat gezogenen Rahmen bewegen. Die Fähigkeit eines Mediums, eine ausgewählte Zielgruppe zu erreichen und zu informieren, wird als **Reichweite** bezeichnet. Sie gibt an, wieviel Personen einen Kontakt mit dem Medium haben können. Im einfachsten Fall kann sie als räumliche Größe begriffen werden. Die räumliche Reichweite ist identisch mit dem Verbreitungsgebiet eines Werbeträgers, beispielsweise dem Verkaufsgebiet einer regionalen Tageszeitung. Soll zum Ausdruck gebracht werden, inwieweit ein Werbeträger eine durch demografische Merkmale beschriebene Zielgruppe erreichen kann, so spricht man von qualitativer Reichweite.

Reicht ein Medium aus, um die Zielgruppe abzudecken, so liegt eine Vollstreuung vor. Dies dürfte jedoch nur in Ausnahmefällen zutreffen. In der Praxis ist eher das Gegenteil, eine Unterstreuung, zu beobachten, sodaß mehrere Medien miteinander kombiniert werden müssen, um eine annäherungsweise Vollstreuung zu erreichen. Dabei läßt sich nicht vermeiden, daß auf der einen Seite Überschneidungen in der Reichweite der einzelnen Medien bestehen und daß andererseits Personengruppen angesprochen werden, die nicht der Zielgruppe zugerechnet werden. Solche Überstreuungen, insbesonders in Form der Überschneidung werden in der Regel in Kauf genommen, weil sie ja eine Intensivierung der Werbewirkung bedeuten. Der Einsatz von Medien mit unterschiedlicher Reichweite zur Abdeckung einer Zielgruppe und die dabei auftretenden Unter- und Überstreuungen sind beispielhaft in Abbildung 48 dargestellt. Die tatsächliche oder Nettoreichweite R der verschiedenen Medien läßt sich nach der folgenden Formel bestimmen:

$$R = M1 + M2 + M3 - (M1,2 + M1,3 + M2,3) + M1,2,3$$

Nun lassen sich auch hier mehrere Medienkombinationen vorstellen, mit denen das gesetzte Werbeziel erreicht werden kann. Die Auswahl wird dann in der Weise vorge-

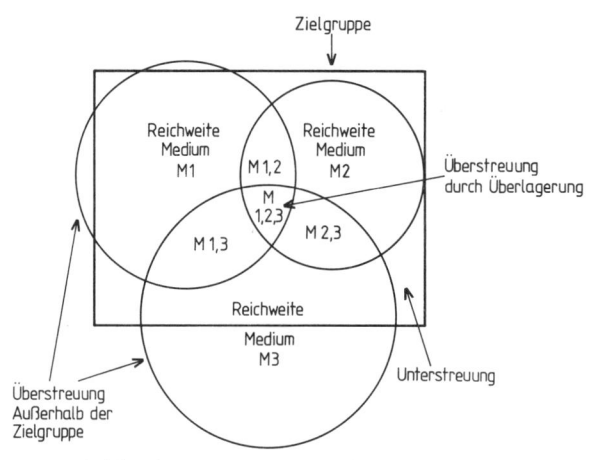

Abb. 48 Zielgruppe, Reichweiten, Streuverluste

nommen, daß die kostengünstigste Kombination ausgewählt wird, wobei als Entscheidungskriterium üblicherweise der sogenannte „Tausenderpreis" dient. Darunter ist der Kostensatz zu verstehen, der für die Herstellung von 1000 Werbekontakten anfällt. Bei Druckmedien läßt sich der Tausenderpreis in seiner einfachsten Form dadurch errechnen, daß der Preis einer Anzeige mit 1000 multipliziert und durch die Vertriebsauflage dividiert wird:

$$\text{Tausenderpreis} = \frac{\text{Preis einer Anzeigenseite} \times 1000}{\text{Vertriebsauflage}}$$

Da die Medien in der Regel nicht nur durch eine Person genutzt werden, müssen neben den unmittelbaren Empfängern die sogenannten Mitleser oder Mithörer ermittelt werden. Man erhält die Leser je Nummer (Hörer je Spot) dadurch, daß zur Vertriebsauflage die Mitleser dazugerechnet werden. Wird der Preis der Anzeige durch diese Größe dividiert, so erhält man für eine Zeitschrift beispielsweise den Kostensatz für 1000 Lesekontakte (Hörerkontakte).

Mit Hilfe des Tausenderpreises kann innerhalb einer Mediengruppe – wie beispielsweise Druckmedien – die kostengünstigste Alternative ermittelt werden. Jedoch eignet er sich nur sehr beschränkt für einen Inter-Mediavergleich, weil zwar die Streukosten pro 1000 Kontakte beispielsweise für eine Zeitschrift und das Werbefernsehen, nicht jedoch die unterschiedlichen Werbewirkungen ermittelt werden können.

III. Werbeerfolgskontrolle

Es ist nicht so sehr erstaunlich, daß für Werbeaktionen die Frage nach der Erfolgskontrolle gestellt wird. Erstaunlich ist vielmehr die Tatsache, daß diese Forderung nur für die Werbung und nicht auch für die übrigen Marketing-Instrumente erhoben wird. Das mag darauf zurückzuführen sein, daß die Werbung eines der ältesten und zugleich kostenintensivsten Marketing-Instrumente darstellt. So wird dem amerikanischen Unternehmer John Wanamaker der Ausspruch zugeschrieben, daß die Hälfte seiner Werbung zum Fenster hinausgeschmissen sei, ihm aber niemand sagen könne, welche Hälfte das sei.

Erfolgskontrolle bedeutet, den Grad der Zielerreichung festzustellen. Das Ziel der Werbung besteht in der Übermittlung von Informationen. Infolgedessen ist das Ziel der Werbung ein verbesserter Informationsstand bei der Zielgruppe. Trotzdem wird in der Praxis – wie oben dargestellt – zwischen einem außerökonomischen und ökonomischen Werbeziel unterschieden, wobei der außerökonomische Erfolg dem eigentlichen Kommunikationsziel entspricht, während als ökonomischer Werbeerfolg der Erfolgsanteil angesehen wird, der durch den Einsatz der Werbung zusätzlich erzielt wird.

Der außerökonomische Werbeerfolg besteht darin, daß durch zusätzliche Informationen der potentielle Verwender einen verbesserten Informationsstand über Produkte und/oder Anbieter erhält. Die Ermittlung eines außerökonomischen Werbeerfolges ist – wie Abb. 49 zeigt – grundsätzlich von zwei Ansatzpunkten aus möglich.

Unter Zugrundelegung des Kommunikationsspektrums (vgl. Abb. 47) oder ähnlicher Stufenmodelle lassen sich durch Befragungen vor einer Werbeaktion die Umworbenen den einzelnen Stufen zuordnen. Nach Ablauf der Werbeaktion wird die gleiche Erhebung nochmals durchgeführt. Quantitative Veränderungen zwischen den einzelnen Stufen werden nach dem Prinzip der „black box" als Erfolg der Werbeaktion angesehen.

```
                            WERBEERFOLG
                      = Werbeertrag − Werbekosten
           ┌──────────────────────┴──────────────────────┐
    außerökonomischer Ansatz                    ökonomischer Ansatz
    ┌──────────┴──────────┐              ┌──────────────┴──────────┐
 Ermittlung von      Ermittlung von Ver-   BuBaW-Verfahren      Testmarktverfahren
 Bekanntheitsgraden  haltensänderungen
 * Berührungserfolg                      = Bestellung unter Bezug-
 * Beeindruckungserf.                      nahme auf ein Werbemittel
 * Erinnerungserfolg
 * Interessenweckungs-
   erfolg
              ┌──────────┼──────────┐           ┌───────────┴─────────┐
          emotionale  kognitive  emot.-kogn.  Abverkaufstest     kontrollierter
          Wirkung    Wirkung    Wirkung      = unkontrollierter      Test
                                                Test
```

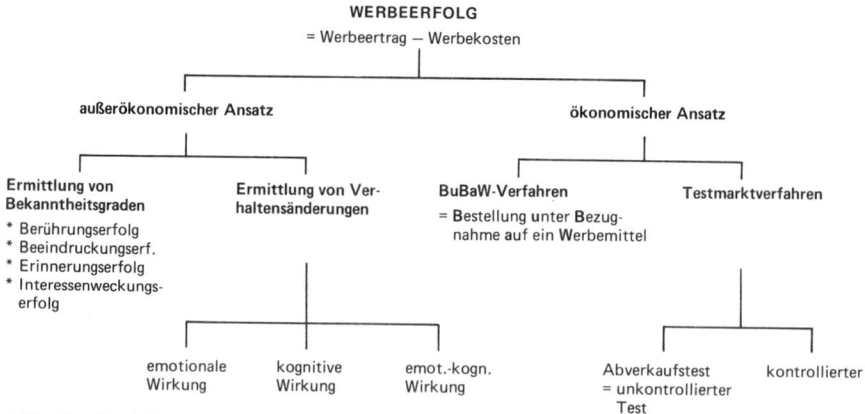

Abb. 49 Ermittlung des Werbeerfolges

Die Darstellung eines so ermittelten Werbeerfolges geschieht häufig in der Form von Dispersionszahlen. Dabei wird die Anzahl der einer Stufe zuzurechnenden Umworbenen zur Gesamtzielgruppe in Relation gesetzt. Behrens (S. 116ff.) schlägt folgende Kennzahlen vor:

Berührungserfolg
Beeindruckungserfolg
Erinnerungserfolg
Interessenweckungserfolg
Aktionserfolg.

Der Berührungserfolg wird beispielsweise durch den Quotienten

$$\frac{\text{Zahl der von der Werbung Berührten}}{\text{Zahl der Werbegemeinten}}$$

dargestellt. In der Praxis ist es nun außerordentlich schwierig, zwischen Berührungs-, Beeindruckungs- und Erinnerungserfolg zu unterscheiden. Aus diesem Grund beschränkt man sich häufig auf die Ermittlung des Erinnerungserfolges. Seine Ermittlung geschieht nach der Formel:

$$\text{Erinnerungserfolg} = \frac{\text{Zahl der Werbeerinnerer}}{\text{Zahl der Werbegemeinten}}$$

Werden auf die Frage des Interviewers, an welche Anzeigen – beispielsweise in einer bestimmten Zeitschrift – sich der Befragte erinnert, spontan solche Anzeigen aufgezählt, spricht man von einem „ungestützten Erinnerungserfolg". Ist eine solche spontane Erinnerung nicht möglich, so muß der Interviewer durch Vorlage einer Anzeigensammlung nachhelfen. In einem solchen Falle spricht man von einem „gestützten" Erinnerungserfolg.

An die Stelle einzelner Stufen der verschiedenen Modelle können auch konkrete Informationsziele – wie Erhöhung des Bekanntheitsgrades einer Marke oder Verbesserung des Firmenimages um x % – treten. Beispiele für ein solches Vorgehen können der Untersuchung „Eff-Kurven" (Spiegel-Verlag) entnommen werden.

10. Kapitel: Kommunikationspolitik 399

Ein zweiter Ansatz für die Messung des außerökonomischen Werbeerfolges stellt die Ermittlung von Verhaltensänderungen von Personen und Personengruppen dar, die durch zusätzliche Informationen bewirkt werden. Diese Verhaltensänderungen können emotionale wie kognitive Ursachen haben. Emotionale Veränderungen aktivieren körperliche Funktionen – beispielsweise Erhöhung der Pulsfrequenz – die mit entsprechenden Geräten gemessen werden können. Kognitive Wirkungen bedeuten durch die Aktivierung von Lernprozessen ein verbessertes Wissen. Verständliche Texte oder einprägsame Darstellungen bewirken eine stärkere und zeitlich längere Präsenz der darin enthaltenen Informationen.

Für das Auslösen einer Kaufaktion ist es wohl notwendig, daß sowohl die emotionale wie auch die kognitive Ebene gleichermaßen aktiviert werden. Sachwissen und positive Anmutung führen zu einer positiven Veränderung der Einstellung, die ihrerseits die Voraussetzung für verbesserte Kaufchancen ist.

Als ökonomischer Werbeerfolg wird die zusätzliche Umsatz-, Absatz- oder Gewinngröße angesehen, die aufgrund einer Werbeaktion erzielt wurde. Eine einfache und vor allem vom Versandhandel angewandte Methode ist das BuBaW-Verfahren (= **B**estellung **u**nter **B**ezugnahme **a**uf **W**erbemittel) Es kann dann sinnvoll eingesetzt werden, wenn der Verkauf primär durch den Einsatz von Werbemitteln gesteuert wird. So können beispielsweise Anzeigen, die in verschiedenen Medien plaziert wurden, mit unterschiedlichen Chiffren versehen werden, mit deren Hilfe der Umsatz dem auslösenden Medium zugeordnet werden kann. Überall dort aber, wo der Erfolg das Ergebnis vom Zusammenwirken aller Marketing-Instrumente ist, läßt sich mit diesem Verfahren der spezifische Anteil der Werbung am Umsatz nicht mehr isolieren. In diesem Falle wird der Werbeerfolg mit Hilfe eines Testmarktverfahrens ermittelt. Es funktioniert nach dem Black-Box-Prinzip. Alle Marketing-Instrumente als Inputgrößen werden konstant gehalten, lediglich die Werbung verändert. Änderungen der Erfolgsgröße werden dann als spezifischer Werbeerfolg angesehen.

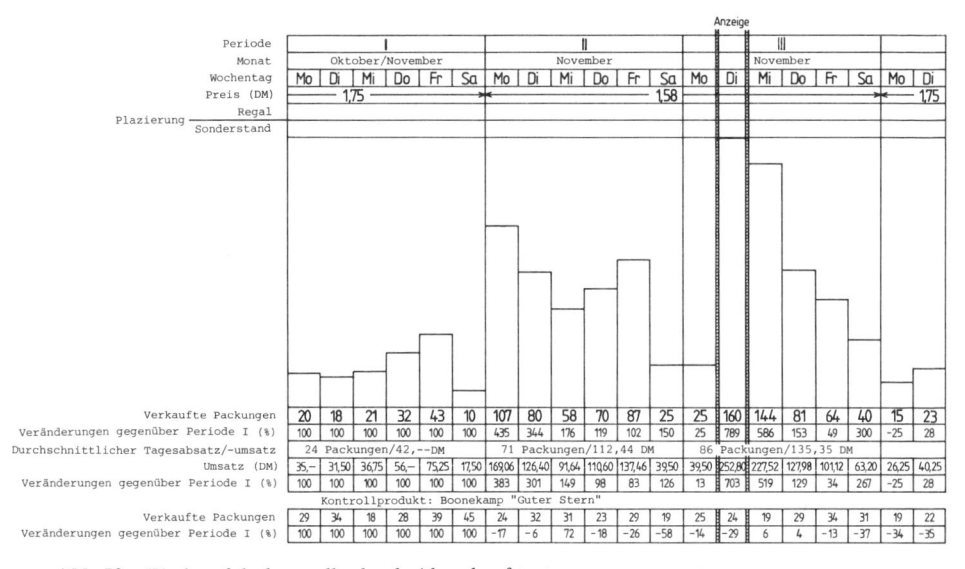

Abb. 50 Werbeerfolgskontrolle durch Abverkaufstest

In seiner einfachsten Form wird der Testmarkt als Abverkaufstest im Einzelhandel angewendet. Dabei werden die täglichen Abverkaufszahlen für den zu bewerbenden Artikel ermittelt. Übersteigen nach Durchführung einer Werbeaktion die Verkäufe die durchschnittlichen Abverkaufszahlen, so gilt die Differenz als Werbeerfolg. Abbildung 50 zeigt das Ergebnis eines solchen Abverkaufstestes.

Das Problem bei solchen Verfahren besteht darin, daß alle Erfolgsänderungen der Werbung zugerechnet werden, auch wenn sie von anderen Faktoren verursacht wurden. Fällt beispielsweise eine Werbekampagne mit einem Konjunkturanstieg zusammen, so läßt sich der zusätzliche Erfolg nicht mehr in den eigentlichen Werbeerfolg und den Konjunkturanteil aufspalten.

Diese Schwierigkeiten versucht man dadurch zu umgehen, daß neben dem eigentlichen Testmarkt noch ein Kontrollmarkt eingerichtet wird, der in allen wesentlichen Faktoren dem Testmarkt entsprechen muß. Lediglich auf dem Testmarkt wird die Werbung verändert. Ergeben sich zwischen Test- und Kontrollmarkt Erfolgsdifferenzen, so können diese als spezifischer Erfolgsanteil der Werbung am Gesamterfolg angesehen werden.

Je nach der Versuchsanordnung lassen sich vier Testmarktverfahren unterscheiden. Abb. 51 zeigt die grundsätzlichen Möglichkeiten. Die EBA-Anordnung ist mit dem Abverkaufstest identisch. Der EBA-CBA-Versuchsaufbau gilt als das Verfahren, das am ehesten geeignet ist, den Werbeerfolg im Sinne eines zusätzlichen, durch eine Werbemaßnahme erreichten Umsatzes zu isolieren.

TYP	TESTANORDNUNG
E–B–A	E = Testmarkt (experimental group) B = vorher (before) A = nachher (after) Messung Testmarkt vorher – nachher
EB–AC	E = Testmarkt C = Kontrollmarkt Messung E = vor, C = nach Aktion
EBA–CBA	EBA = Testmarkt vorher – nachher CBA = Kontrollmarkt vorher – nachher
EA–CA	EA = Testmarkt nachher CA = Kontrollmarkt nachher

Abb. 51 Möglichkeiten der Test- und Kontrollmarktanordnung

Trotz aller Verfeinerungen bestehen gegenüber den Testmarktverfahren Vorbehalte. So wird es kaum möglich sein, zwei völlig identische Teilmärkte zu finden, zwischen denen darüberhinaus keine Interdependenzen bestehen. Der wesentlichste Vorbehalt dürfte indessen darin zu sehen sein, daß das Ziel der Werbung Informationsverbesserung ist, die letztendlich im Zusammenwirken mit den übrigen Instrumenten zu einer Erfolgsverbesserung führt.

11. Kapitel
Das Marketing-Mix

Zur Realisierung ihrer Marketingziele leiten die Unternehmen ihre Strategie aus dem Marketinginstrumentarium ab. Sie besteht in der für die Zielerreichung optimalen Kombination der Instrumente. Sie wird als Marketing-Mix bezeichnet.

Die beiden Begriffe Marketing-Mix und Marketing-Strategie werden in der deutschsprachigen – und soweit erkennbar auch in der amerikanischen Literatur als synonym angesehen. Lediglich Becker nimmt in dieser Frage eine abweichende Stellung ein. Für ihn besteht eine Strategie aus Grundsatzregelungen, „konstante Vorgaben, Richtlinien oder Leitmaximen, durch welche ein konkreter Aktivitätsrahmen sowie eine bestimmte Stoßrichtung ... des unternehmerischen Handelns determiniert wird" (S. 70). Diese Grundsatzregelung bezeichnet er als Konzeption, der die Auswahl der Instrumente als Feinabstimmung untergeordnet ist.

In der Praxis stößt die Suche nach der optimalen Kombination auf erhebliche Schwierigkeiten. Einmal unterstellt, daß die vier Instrumente Distribution, Produkt-, Preis- und Kommunikationspolitik keine Subinstrumente besitzen würden und jedes Instrument fünf unterschiedliche Intensitäten besitzen würde, so würden sich daraus allein $5^4 = 625$ denkbare Kombinationen ergeben. Unter realistischer Annahme, daß jedes Instrument aus einer Vielzahl von Subinstrumenten besteht, die in einer unendlich großen Zahl von Intensitäten zum Einsatz kommen können, ist die Zahl der möglichen Kombinationen unendlich groß. Die Suche nach der optimalen Kombination scheitert daran, daß die dargestellten Entscheidungstechniken bei noch vertretbarem Kosten- und Zeitaufwand dazu nicht mehr in der Lage sind.

Als weitere Schwierigkeit ist zu berücksichtigen, daß zwischen den einzelnen Instrumenten Abhängigkeiten bestehen, daß sie sich gegenseitig beeinflussen. Diese Beeinflussung kann einmal in einer gegenseitigen Verstärkung bestehen. So läßt sich die Wirkung von Abverkaufsmaßnahmen dadurch steigern, daß die beiden Instrumente Preis (Sonderpreis) und Werbung zusammen eingesetzt werden, wie dies in Abb. 46 dargestellt ist. Zum anderen können sich die Instrumente gegenseitig substituieren. So kann eine schwächere Produktpolitik durch einen knapp kalkulierten Preis ausgeglichen werden.

Als drittes Problem ist schließlich die Wirkungsdauer der Instrumente und der einzelnen Kombinationsmöglichkeiten zu nennen, die in aller Regel nicht bekannt sind. So gibt es noch immer keine gesicherten Erkenntnisse über die Wirkungsdauer von Werbemaßnahmen, die sich auch praktisch verwerten lassen.

Diese Schwierigkeiten schlagen sich auch in den Lösungsansätzen nieder. Sie sind durchweg theoretischer Art, deren Übertragung auf die Praxis mit erheblichen Problemen verbunden ist. Biedlingmaier (S. 65 ff.) unterscheidet drei Ansätze:

1. Die Marginalanalyse: ein gegebener Etat ist so auf die einzelnen Instrumente aufzuteilen, daß der Grenzertrag aller Instrumente gleich ist. Das bedeutet, daß „mit der letzten Geldeinheit für Servicegestaltung derselbe Ertragszuwachs erzielbar sein muß, wie mit der letzten Geldeinheit, die für produktpolitische Maßnahmen eingesetzt wird" (S. 66).

2. Die dynamische Programmierung: der Entscheidungsprozeß wird in Einzelschritte zerlegt. Im ersten Schritt wird ein gegebener Marketingetat auf zwei Instrumente, in weiteren Schritten auf eine zunehmende Zahl von Instrumenten aufgeteilt. Ziel dieser schrittweisen Aufteilung ist die Suche nach dem maximalen Gewinnbeitrag des einzel-

nen Instruments. Der maximale Gesamterfolg addiert sich aus den Maximas der einzelnen Instrumente.

3. Die Simulation: sie versucht, konkrete Märkte in einem mathematischen Modell abzubilden. Durch eine ständige Variierung der Inputgrößen – beispielsweise der Marketinginstrumente – wird versucht jene Kombination zu finden, die den maximalen Ertrag bringt.

Alle drei Verfahren leiden unter dem starken theoretischen Ansatz, der sich vor allem darin zeigt, daß die benötigten Daten nicht zur Verfügung stehen und – wenn überhaupt – nur unter großen Schwierigkeiten beschafft werden können. So müßten bei marginalanalytischen Ansätzen zunächst die spezifischen Erfolgsbeiträge der einzelnen Instrumente definiert und ermittelt werden, um die Grenzerträge vergleichbar darstellen zu können. Die gleichen Probleme, die bei der Bestimmung des ökonomischen Werbeerfolgs dargestellt wurden, wären für alle Instrumente zu lösen.

Gegen die dynamische Programmierung läßt sich einwenden, daß sie die Interdependenzen der Instrumente untereinander vernachlässigt und das Gesamtoptimum gleichsetzt mit der Summe der einzelnen Instrumentenoptima. Die Simulation schließlich ist bislang daran gescheitert, daß die Marktmodelle nicht realitätsnah konstruiert werden konnten. Die Durchrechnung der einzelnen Alternativen, der eigentliche Auswahlprozeß also, dürfte demgegenüber kaum Schwierigkeiten bereiten.

Gemessen an den Problemen der genannten Lösungsansätze dürfte es in der Praxis keine auch nur annäherungsweise befriedigenden Marketingstrategien geben. Tatsache aber ist, daß Unternehmen ohne Engpaßstrategien keine Überlebenschance hätten. Das bedeutet, daß Unternehmen in der Praxis andere Wege bei der Strategiefindung beschreiten müssen.

Hier bietet der Ansatz von Becker (S. 114) eine plausible Erklärung. Die Festlegung einer Marketingkonzeption im Sinne von Grundsatzregelungen setzt Rahmenbedingungen, die die Vielzahl der möglichen Alternativen bei den Einzelinstrumenten erheblich einschränken und häufig auf eine überschaubare Zahl von Varianten reduzieren. Sieht die Marketingkonzeption eines Unternehmens beispielsweise vor, daß ein neu auf den Markt kommendes Produkt als „Marktführer" positioniert werden soll, so kann dies nur über „beste Produktqualität zu einem entsprechend hohen Preis" realisiert werden. Nach Becker vollzieht sich die Strategiebildung in mehreren Schritten: die Festlegung einer Marketingkonzeption führt zu einer Grobauswahl, in welcher Weise die Instrumente eingesetzt werden sollen, während die Feinabstimmung durch das Marketing-Mix erfolgt.

Dieser oben skizzierte Lösungsansatz läßt sich in der Praxis sehr wohl nachweisen. Die Folge davon ist, daß die meisten Unternehmen zumindest befriedigende Lösungen finden. Als befriedigend werden solche Instrumentalkombinationen angesehen, die ein fixiertes Mindestziel unter Einhaltung eines festgelegten Etats erreichen. Es ist zu beobachten, daß die Aufteilung des Gesamtetats auf die einzelnen Instrumente häufig von Zufälligkeiten abhängt und damit nicht optimal ist. Hier könnten die oben skizzierten theoretischen Lösungsansätze einen Beitrag in dem Sinne liefern, daß sie möglicherweise geeignet sind, Suboptimas zwischen zwei Instrumenten aufzufinden.

Literaturverzeichnis

Ackoff, R. L.: Unternehmensplanung, München und Wien 1972
Al-Ani, A.: Moderne Entscheidungstechniken in Schriftenreihe des Marketing Bd. 5, Düsseldorf 1971
Batelle-Institut: Probleme und Methoden des Marketing in Produktions- und Investitionsgüterindustrie, Bd. 1–6, Frankfurt 1968
Becker, J.: Grundlagen der Marketing-Konzeption, München 1988/2
Behrens, K. Ch.: Absatzwerbung, Wiesbaden 1963
Bender, M.: Die Messung des Werbeerfolges, Würzburg – Wien 1976
Biedlingmaier, J.: Marketing, Bd. 1 + 2, Hamburg 1973
Bischof, P.: Produktlebenszyklus im Investitionsgüterbereich, Göttingen 1970
Colley, R.: Gezielter werben – Werbung ohne Streuverlust, München 1967
Domizlaff, H.: Die Gewinnung des öffentlichen Vertrauens, Hamburg 1982
Dornieden, U.: Produktpolitik in Operatives Marketing Bd. 2, Wiesbaden 1976
Enis, B.: Marketing Principles, Santa Monica/Cal 1980/3
Geisbüsch/Weeser-Krell/Geml: Marketing, Landsberg a. L. 1987
Grafers, H. W.: Investitionsgütermarketing, Stuttgart 1980
Grünenberg, N.: Das Produktmanagement im Marketing, in ZfB 6/74 – 9/74
Gutenberg, E.: Grundlagen der Betriebswirtschaftslehre, Bd. 2, Der Absatz, Berlin-Heidelberg-New York 1966
Harlander, N.: Optimales Marketing-Mix, Operatives Marketing Bd. 4, Wiesbaden 1978
Hill, W.: Marketing, Bd. 1 + 2, Bern – Stuttgart 1972
Hirsch, E.: Lieferservice als Determinande der betrieblichen Warenverteilung, Schriftenreihe zum Marketing Bd. 4, Düsseldorf 1967
Hüttel, K.: Produktpolitik, Ludwigshafen 1988
Hüttner, M.: Informationen für Marketingentscheidungen, München 1979
Kotler, Ph.: Marketing-Management, Stuttgart 1977/3
Kotler, Ph.: Marketing-Management, Stuttgart 1982/4
Lessing/Gröger: Führen mit strategischen Geschäftseinheiten, Düsseldorf 1982
Matheis, R.: Praxis des Marketing, VDI, Düsseldorf owA
Meffert, H.: Marketing, Wiesbaden 1977
Michels, W.: Systematische Produktüberwachung in Maschinenbauunternehmen, Aachen 1972
Naumann/Zarth: Der Verkäufer von morgen, Frankfurt 1985
Nees, H.: Wettbewerbsrecht, Operatives Marketing Bd. 2, Wiesbaden 1976
Nieschlag/Dichtl/Hörschgen: Marketing, Berlin 1984/14
Peise, G.: Akquisitorische Distribution, Operatives Marketing Bd. 3, Wiesbaden 1977
Poth, L. G.: Checkliste für Neuproduktideen aw 21/70, S. 47 ff.
Poth, U. A.: Praktisches Lehrbuch der Werbung, Landsberg a. L. 1982/3
Reiser, G.: Werbung, Operatives Marketing Bd. 3, Wiesbaden 1977
Reiser, G.: Public Relations, Operatives Marketing Bd. 3, Wiesbaden 1977
Rickhof, H.-Ch.: Strategieentwicklung, Stuttgart 1989
Rogge, H.-J.: Marktforschung, München 1981
Röhrig, A.: Die Werkzeitschrift als Instrument der innerbetrieblichen Kommunikation, Dissertation Mannheim 1962
Ruhland, J.: Werbeträger, Bad Homburg 1978
Schär, F. J.: Handelsbetriebslehre, Leipzig 1924/4
Tietz, B.: Marketing, Tübingen-Düsseldorf 1978
Weis, H. C.: Marketing, Ludwigshafen 1985/5

**Fünfter Teil:
Investition und Finanzierung**

1. Kapitel:
Grundlegung

A. Leistungs- und finanzwirtschaftlicher Bereich der Unternehmung

Neben den drei leistungswirtschaftlichen Teilbereichen der Unternehmung – Beschaffung, Leistungserstellung und Leistungsverwertung – existiert als vierter der finanzwirtschaftliche Bereich. Dieser unterscheidet sich von den vorgenannten allerdings erheblich.

In der Regel sind Vorgänge im finanzwirtschaftlichen Bereich ein Spiegelbild für entsprechende Aktivitäten in den anderen Teilbereichen der Unternehmung. Dies bedeutet aber nicht, daß die Prozesse innerhalb der leistungs- und finanzwirtschaftlichen Bereiche der Unternehmung zeitlich deckungsgleich oder kurzfristig aufeinanderfolgend ablaufen müssen. Es sind vielmehr erhebliche Zeitsprünge denkbar.

Zumeist sind leistungs- und finanzwirtschaftliche Prozesse dadurch miteinander gekoppelt, daß durch leistungswirtschaftlich induzierte Vorgänge – z. B. Kauf einer Maschine, Order von Rohstoffen, Verkauf von Fertigprodukten etc. – **Zahlungsströme** induziert werden. **Auszahlungen**, die die Unternehmung leistet, werden auch als **Ausgaben** bezeichnet, während **Einzahlungen** auch mit dem Terminus **Einnahmen** belegt werden. Hier ist allerdings zu berücksichtigen, daß die Unternehmung nicht unbedingt für empfangene (gewährte) Leistungen sofort Zahlungen leistet (erhält), da sie Zahlungsziele in Anspruch nehmen (gewähren) kann (muß). Ist dies der Fall, baut sie Kreditoren- bzw. Debitorenbestände auf. Einnahmen (Ausgaben) werden erst dann zu Einzahlungen (Auszahlungen), wenn derartige Kreditbeziehungen enden.

Allerdings können Ausgaben und/oder Einnahmen auch ohne einen leistungswirtschaftlichen Vorgang entstehen. Dies wären z. B. Zinszahlungen an Kreditgeber, Steuerzahlungen an den Fiskus etc. in Form von Ausgaben, während andererseits Subventionen des Staates an die Unternehmung Einnahmen darstellen.

Die Unternehmung wird also durch Güter-, Leistungs- und Zahlungsströme durchflossen, wobei in der Regel – Ausnahmen gibt es einige – die Zahlungsströme den übrigen entgegengesetzt fließen.

Der Zahlungsmittelbestand der Unternehmung wird durch entsprechende Einzahlungen gespeist und durch Auszahlungen abgebaut.

Die nachstehende Abb. 1 veranschaulicht diesen betriebswirtschaftlichen Gesamtprozeß (Schäfer, S. 32).

Unter Einbeziehung des **Kapitalbegriffs** lassen sich Einnahmen und Ausgaben differenzierter betrachten.

Die Betriebswirtschaft benötigt zur Leistungserstellung und -verwertung **Kapital**, worunter die **Gesamtheit aller dem Betrieb zur Verfügung gestellten Sachmittel (Realkapital) und Finanzmittel (Geldkapital)** subsumiert werden. Dabei ist das Kapital auf der Passivseite der Bilanz ausgewiesen und seiner Herkunft nach in **Eigen- und Fremdkapital** gegliedert. Über die Verwendung des Kapitals gibt die Aktivseite der Bilanz Auskunft. Dies zeigen die Positionen des Anlage- und Umlaufvermögens.

Einnahmen und Ausgaben können nun entsprechend ihrer Beeinflussung auf den Kapitalbedarf der Unternehmung charakterisiert werden. Was die Ausgaben betrifft, so unterscheiden sie sich nach Heinen (S. 68) darin, ob sie der Betriebswirtschaft Ka-

DER BETRIEBSWIRTSCHAFTLICHE GESAMTPROZESS

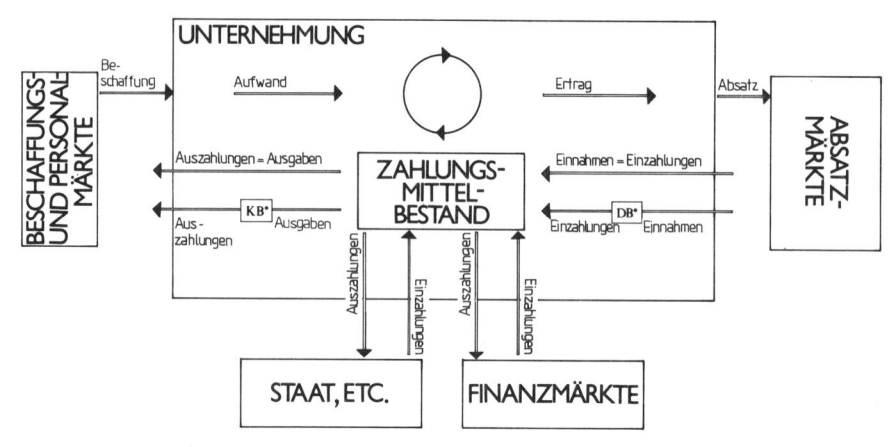

Abb. 1 Der betriebswirtschaftliche Gesamtprozeß

*DB = Debitorenbestand
*KB = Kreditorenbestand

pital entziehen oder befristet binden. Andererseits führen Einnahmen der Betriebswirtschaft Kapital zu oder setzen dieses frei. Somit werden die Zahlungsströme präziser mit den Begriffen **ausgabenrelevante Zahlungsströme** bzw. **einnahmenrelevante Zahlungsströme** belegt.

Die betrieblichen Zahlungsströme lassen sich nunmehr wie folgt systematisieren:

Betriebliche Zahlungsströme
I. **Einnahmerelevante Zahlungsströme**
   1. **Kapitalfreisetzende Einnahmen**
      (a) Einnahmen aus der marktlichen Verwertung der betrieblichen Leistungen bis zur Höhe ihrer Selbstkosten.
      (b) Einnahmen aus der marktlichen Verwertung nicht verzehrter Produktionsfaktoren bis zur Höhe ihres Buchwerts.
      (c) Einnahmen aus Rückzahlungen gewährter Kredite bis zur Höhe ihres jeweiligen Nennwerts.
      (d) Einnahmen aus der Auflösung von sonstigen Geld- und Kapitalanlagen bis zur Höhe der jeweiligen Buchwerte.
   2. **Kapitalzuführende Einnahmen**
      (a) Einnahmen aus der Finanzierung mit Eigen- oder Fremdkapital.
      (b) Einnahmen aus Überschüssen, die aus der marktlichen Verwertung betrieblicher Leistungen und nicht verwertbarer Produktionsfaktoren sowie aus der Rückzahlung gewährter Kredite oder aus der Auflösung von Geld- und Kapitalanlagen entfallen.
      (c) Zins- und Dividendeneinnahmen.
      (d) Einnahmen aus Subventionszahlungen.

1. Kapitel: Grundlegung

II. Ausgabenrelevante Zahlungsströme
1. Kapitalbindende Ausgaben
(a) Ausgaben zur Bezahlung von Produktionsfaktoren.
(b) Einmalige und laufende Ausgaben, die im Zusammenhang mit Kreditaufnahmen entstehen (Fremdkapitalzinsen, Provisionen etc.).
(c) Zahlungen gewinnunabhängiger Steuern.

2. Kapitalentziehende Ausgaben
(a) Ausgaben zur Gewinn- bzw. Dividendenausschüttung.
(b) Ausgaben zum Zweck der Fremdkapitaltilgung.
(c) Ausgaben zum Zweck der Eigenkapitalentnahme oder der Eigenkapitalherabsetzung.
(d) Ausgaben für Gewinnabhängige Steuern.
(e) Ausgaben zur Rückführung erhaltener Subventionen.
(f) Ausgaben zur Abdeckung entstandener Verluste.

Grundsätzlich vollziehen sich leistungs- und finanzwirtschaftliche Vorgänge innerhalb einer Betriebswirtschaft in einer jeweils eigenen zeitlichen Ordnung, wobei die leistungswirtschaftlichen Prozesse erhebliche Wirkungen auf die Quantität und die Struktur der Zahlungsströme haben können.

B. Kapitalbedarf, Finanzierung und Investition

Zwischen der Beschaffung betrieblicher Einsatzfaktoren und dem Absatz der erstellten Leistungen liegt im Normalfall ein erheblicher Zeitraum. Die Unternehmung ist daher meist kaum in der Lage, die ausgabenrelevanten und einnahmenrelevanten Zahlungsströme quantitativ und zeitlich aufeinander abzustimmen. Dadurch entsteht Kapitalbedarf, dessen Höhe, Art und zeitliche Dimension durch bestimmte Determinanten beeinflußt wird. Dieser grundsätzlichen Frage wird im 2. Kapitel nachgegangen.

Ist ein Kapitalbedarf gegeben, so muß die Betriebswirtschaft dafür sorgen, daß er gedeckt wird, damit sie jederzeit den ordnungsgemäß an sie herangetragenen Zahlungsverpflichtungen nachkommen kann.

Die Deckung eines gegebenen Kapitalbedarfs wird hier als Finanzierung verstanden (Hahn, S. 35 f.). Dieser im weiteren Verlauf verwendete Finanzierungsbegriff wird in der Literatur z.T. nicht akzeptiert. So finden sich einerseits Autoren, die den Finanzierungsbegriff noch enger fassen und unter Bezug auf den abstrakten Kapitalbegriff lediglich ganz bestimmte Kapitalbeschaffungsformen (z.B. lediglich langfristiges Kapital) als Finanzierung anerkennen.

Andere Autoren – z.B. Rössle – gehen über diesen sich am abstrakten Kapitalbegriff orientierenden Terminus hinaus und beziehen das Realkapital in ihren Finanzierungsbegriff mit ein. Hierdurch wird aber der Begriff der Finanzierung mit dem der Finanzwirtschaft gleichgesetzt und zudem eine gewisse Vorherrschaft gegenüber anderen Funktionsbereichen der Unternehmung aufgebaut.

Schließlich entwickelte sich in jüngster Zeit der sog. monetäre Finanzierungsbegriff, der sich lediglich an Zahlungsströmen ausrichtet. So versteht z.B. Köhler (S. 435ff.) unter Finanzierung „die Gesamtheit der Zahlungsmittelzuflüsse (Einzahlungen) und die beim Zugang nicht monetärer Güter vermiedenen sofortigen Zahlungsmittelabflüsse (Auszahlungen)". Auch dieser Begriff soll aus den schon oben genannten Gründen nicht Verwendung finden.

Wie oben bereits festgestellt, wird das auf der Passivseite der Bilanz ausgewiesene Kapital in Eigen- und Fremdkapital unterschieden, was sich aus den damit verbundenen jeweilig unterschiedlichen Rechten und Verpflichtungen für die kapitalhingebenden Personen ergibt.

Während das **Eigenkapital** mit ganz bestimmten Herrschafts- und Vermögensrechten, dem Anspruch auf Gewinnbeteiligung bzw. der Verpflichtung zur Verlustübernahme ausgestattet ist, hat das **Fremdkapital** lediglich ein Anrecht auf den Erhalt des vertraglich vereinbarten Nutzungsentgelts für die Kapitalüberlassung (Zinsen, Provisionen, Gebühren etc.) und die nominale Kapitalrückzahlung.

Die Rechte und Verpflichtungen bezüglich des Eigenkapitals sind bei den verschiedenen Rechtsformen der Unternehmung unterschiedlich gestaltet. Hierzu wird auf die Ausführungen im ersten Teil dieses Buches verwiesen.

Kriterien	Eigenkapital	Fremdkapital
1. Haftung	nach Rechtsform der Unternehmung: mind. in Höhe der Einlage, ggf. mit dem gesamten Privatvermögen	Gläubigerstellung: keine Haftung
2. Ertragsanteil	Teilhabe an Gewinn u. Verlust	fixierter Anspruch auf Nutzungsentgelt, kein GuV-Anteil
3. Vermögensanspruch	Quotenanspruch, wenn Liquidationserlös> Schulden	Rückanspruch in Höhe der Gläubigeranforderung
4. Unternehmensleitung	grundsätzlich berechtigt, de facto oft nicht	grundsätzlich ausgeschlossen, aber teilweise faktische Möglichkeit
5. zeitliche Verfügbarkeit des Kapitals	i.d.R. unbegrenzt, z. T. kurzfristig kündbar	i.d.R. zeitlich begrenzt
6. steuerliche Belastung	Gewinn voll belastet entsprechend der Rechtsform durch ESt; KörpSt; GewST.	Zinsen als Aufwand (mit Einschränkung bei der GewSt) steuerlich absetzbar
7. finanzielle Kapazität	begrenzt durch finanzielle Kapazität und/oder Bereitschaft bisheriger Kapitalgeber sowie neuer Kapitalgeber zu weiterer Kapitalhingabe	begrenzt durch die Einschätzung des mit der Kapitalhingabe verbundenen Risikos durch die potentiellen Kapitalgeber

Abb. 2 Die Merkmale des Eigen- und Fremdkapitals

Aus der vorstehenden Abbildung (nach Perridon/Steiner, 16; Schierenbeck, 19) sind die wesentlichen Unterschiede zwischen Eigen- und Fremdkapital an einigen Merkmalen aufgezeigt.

Normalerweise lassen sich die Kapitalien entsprechend der Ausstattung dem Eigen- oder Fremdkapital zuordnen, weswegen dann in Bezug auf das zur Finanzierung verwendete Kapital von **Eigen- oder Fremdfinanzierung** gesprochen wird.

Allerdings können einige Kapitalien, da ihnen entweder Merkmale fehlen oder atypisch zusätzliche Rechte zugeordnet sind, dem Eigen- oder Fremdkapital nicht eindeutig subsumiert werden. In diesem Fall spricht man nach Hahn (S. 201) von **Mischformen** der Finanzierung. Bei ihnen handelt es sich auf der einen Seite um unvollständige Eigenkapitalien, andererseits um Fremdkapitalien mit Eigenkapitalrechten.

Die **Quellen**, aus denen ein gegebener Kapitalbedarf finanziert werden kann, liegen innerhalb der Unternehmung – **Innenfinanzierung** – sowie andererseits außerhalb der Unternehmung – **Außenfinanzierung**. Dabei können die Innen- und Außenfinanzierung mit Eigen- oder/und Fremdkapital erfolgen.

Mit der **Länge der Kapitalüberlassungsdauer** kann die Finanzierung in **kurz-, mittel- oder langfristig** umschrieben werden, während schließlich der **Finanzierungsanlaß** eine weitere Unterscheidungsmöglichkeit in **Gründungs-, Erweiterungs- oder Wachstums-, Umfinanzierung und schließlich Sanierungsfinanzierung** zuläßt.

Hier soll die grundsätzliche **Klassifizierung** nach der Mittelherkunft (Kapitalquellen) **in Außen- und Innenfinanzierung**, der Rechtsstellung des Kapitals bzw. der Kapitalgeber in **Eigen- und Fremdfinanzierung** sowie nach der Fristigkeit in **kurz-, mittel- und langfristige Finanzierung** erfolgen.

Finanzierung wird nur auf Grund eines gegebenen Kapitalbedarfs erforderlich. Damit besteht grundsätzlich die Möglichkeit durch geeignete Maßnahmen – **Finanzierungsersatzmaßnahmen** – den Kapitalbedarf zu reduzieren, wodurch Kapitalbeschaffungsmaßnahmen ganz oder teilweise überflüssig werden.

Im Zusammenhang mit der Finanzierung stellt sich die Frage nach der Kapitalverwendung, denn in der Regel wird das abstrakte Kapital in reale Vermögenswerte überführt und dort über einen mehr oder weniger langen Zeitraum gebunden. Dieser Vorgang wird mit dem Terminus **Investition** umschrieben, während die später erfolgende Kapitalfreisetzung als Desinvestition bezeichnet wird.

Die **Finanzwirtschaft der Unternehmung** umfaßt somit sämtliche Aktivitäten, die auf die Erfassung und Steuerung der Zahlungsströme, Ermittlung und Beeinflussung von Kapitalbedarf, Finanzierung und Investition sowie die möglicherweise hieraus resultierenden Folgeprobleme gerichtet sind.

C. Die Zielsetzungen finanzwirtschaftlichen Handelns

Finanzwirtschaftliches Handeln baut auf Entscheidungen auf, die ihrerseits auf ganz bestimmten Kriterien basieren. Es handelt sich bei diesen Kriterien um Ziele, die letztlich von der Unternehmensleitung in Form von Oberzielen (Formalziele) formuliert werden. Aus ihnen abgeleitete Unterziele (Sachziele) werden den Teilbereichen der Unternehmung vorgegeben. Unterstellt wird in diesem Zusammenhang ein in sich geschlossenes, also widerspruchs- und somit konfliktfreies Zielsystem.

Die finanzwirtschaftlichen Ziele einer Unternehmung werden allgemein mit Rentabilität, Liquidität, Sicherheit und Unabhängigkeit formuliert, wobei diese Ziele dann in einen absoluten Konflikt zueinander geraten können, wenn sie jeweils in ihrem jeweilig höchsten Erfüllungsgrad verfolgt werden. Zur Vermeidung von Antinomien müssen somit Zielkompromisse erreicht werden, soll nicht ex ante auf jede anstehende finanzwirtschaftliche Handlung verzichtet werden.

Der Kompromiß verdichtet sich in der Regel in Form einer Zielfunktion mit einer zu maximierenden Variablen, wobei die übrigen Ziele als Nebenbedingungen berücksichtigt werden. Dies – auf die hier anstehende Fragestellung übertragen – bedeutet, daß die Rentabilität die zu maximierende Variable ist, während die anderen Ziele die Nebenbedingungen bilden.

I. Das Rentabilitätsziel

Rentabilität ist eine betriebswirtschaftliche Maßzahl, die sich aus dem Verhältnis von Gewinn zu eingesetztem Kapital ergibt. Da beide Größen unterschiedlich definierbar sind, ergeben sich – der Interessenlage entsprechend – unterschiedliche Rentabilitätskennziffern.

Hier werden folgende Rentabilitätskennziffern unterschieden:

(1) $\text{Gesamtrentabilität} = \dfrac{\text{Kapitalgewinn}}{\text{Gesamtkapital}} \times 100$

(2) $\text{Eigenkapitalrentabilität} = \dfrac{\text{Jahresüberschuß}}{\text{Eigenkapital}} \times 100$

(3) $\text{Betriebskapitalrentabilität} = \dfrac{\text{Betriebsgewinn}}{\text{betriebsnotwendiges Kapital}} \times 100$

(4) $\text{Umsatzrentabilität} = \dfrac{\text{Gewinn}}{\text{Umsatz}} \times 100$

In der Regel ist das Rentabilitätsstreben aus der Sicht des Unternehmers, Aktionärs, auf die Erreichung einer möglichst hohen Eigenkapitalrentabilität ausgerichtet; Geschäftsführer und Vorstände von Aktiengesellschaften richten ihr Augenmerk i.d.R. mehr auf die Betriebskapital- und Umsatzrentabilität. Die Umsatzrentabilität gibt in Verbindung mit der Kapitalumschlagshäufigkeit erste wesentliche Hinweise auf die Ursachen der erzielten Gesamtrentabilität. Errechnet wird der Return on Investment (ROI) wie folgt:

$\text{ROI} = \text{Umsatzrentabilität} \times \text{Kapitalumschlagshäufigkeit}$

$\text{Kapitalumschlagshäufigkeit} = \dfrac{\text{Umsatz}}{\text{Gesamtkapital}}$

Möglichkeiten, aus finanzwirtschaftlicher Sicht einen Beitrag zur Rentabilitätserhöhung zu leisten, sind in vielerlei Hinsicht gegeben. Sie zielen in zwei Hauptrichtungen. Es sind dies das Streben nach möglichst geringen Kapitalkosten und nach möglichst hohen Erlösen aus dem Geldvermögen. Ersteres schlägt sich i.d.R. in Bestrebungen nieder, möglichst geringe Kapitalmengen nachzufragen, diese zu niedrigen Kapitalpreisen zu finanzieren und schließlich die Kapitalbindungsdauer möglichst kurz zu gestalten (Hahn, 6, S. 30).

II. Das Liquiditätsziel

Der Terminus Liquidität wird in der Literatur im unterschiedlichen Sinne wie folgt ausgelegt.

(1) Liquidität ist die Eigenschaft von Vermögensgütern in Zahlungsmittel zurückverwandelt zu werden.
Hier sind aus betriebswirtschaftlicher Sicht zwei Aspekte wesentlich. Zunächst wird nach dem Zeitraum gefragt, innerhalb dessen sich unter normalen Bedingungen des Unternehmensprozesses die Freisetzung vollzieht (natürliche Liquidität). Die andere Frage zielt auf die Möglichkeit der vorfristigen Umwandlung von Vermögensgütern in Zahlungsmittel ab (mit oder ohne Disagio) – künstliche Liquidität –.

(2) Liquidität wird als die Eigenschaft eines Wirtschaftssubjektes verstanden, zu jedem Zeitpunkt allen Zahlungsverpflichtungen, die ordnungsgemäß sind, fristgerecht und im vollen Umfang nachkommen zu können.
Es geht also hier darum, daß die Schuldner- und Vermögenspositionen zeit- und wertmäßig zueinander ins Verhältnis gesetzt werden. Eine mögliche Unterdeckung muß ggf. durch entsprechende Mengen an Zahlungsmitteln ausgeglichen werden. Hier stehen zu bleiben, würde allerdings bedeuten, daß die Frage lediglich als statisches Problem gesehen wird. Wesentlich wichtiger ist die dynamische Betrachtungsweise auf der Basis von Ein- und Auszahlungsreihen mit Hilfe des Finanzplanes, da nur bei Berücksichtigung des dynamischen Aspekts die jederzeitige Zahlungsfähigkeit der Unternehmung gesichert werden kann.

Im weiteren Verlauf wird die Unternehmensliquidität als die Fähigkeit verstanden, allen ordnungsgemäß an sie herangetragenen Zahlungsverpflichtungen fristgerecht und im vollen Umfang nachkommen zu können.

Die Unternehmensleitung wird in ihrem Liquiditätsstreben grundsätzlich alle technischen Möglichkeiten nutzen, damit sie zu jedem Zeitpunkt zahlungsfähig ist (Einsatz eines Finanzplanungssystems). Dennoch kann sie sich nicht ausschließlich auf dieses Instrument verlassen. Sie wird deshalb in einem bestimmten Umfang Kassenbestände, Bestände an relativ geldnahen Vermögenswerten halten und sich zusätzlich möglichst umfangreiche Kreditlinien durch die Hausbanken einräumen lassen. Zusätzlich kann zur Sicherstellung der Unternehmensliquidität darauf geachtet werden, Forderungen möglichst frühzeitig einzutreiben und bestehende Verbindlichkeiten spät zu begleichen.

III. Das Sicherheitsziel

Mit jeder wirtschaftlichen Betätigung sind nicht nur Gewinnchancen, sondern auch Verlustgefahren verbunden. Vor diesem Hintergrund ist das Sicherheitsstreben zu sehen, das auf die Kapitalerhaltung ausgerichtet ist.

Wird ein Risiko schlagend, d. h. ein Verlust realisiert, so muß die Abdeckung in letzter Konsequenz durch entsprechend vorhandenes Eigenkapital gewährleistet sein. Insofern muß aus finanzwirtschaftlicher Sicht eine risikoadäquate Finanzierung erfolgen, die auf eine ausreichende Eigenkapitalquote ausgerichtet ist.

Auf der anderen Seite muß finanzwirtschaftliches Handeln darauf ausgerichtet sein, im Zuge von Investitionsentscheidungen die Inkaufnahme von zu hohen Risiken in jedem Falle zu vermeiden und auch sonst in anderen Tätigkeitsfeldern (z. B. Zahlungsverkehr-Währungsrisiken) die Risiken möglichst gering zu halten.

IV. Das Unabhängigkeitsziel

Die vierte Zielsetzung richtet sich auf die Erhaltung der unternehmerischen Dispositionsfreiheit und findet im Unabhängigkeits- bzw. Souveränitätsstreben seinen Niederschlag. Aus finanzwirtschaftlicher Sicht geht es hauptsächlich darum, daß die Entscheidungsfreiheit der Unternehmensleitung in keiner Weise durch finanzwirtschaftliche Aktivitäten eingeengt wird. Gegebenenfalls sind finanzwirtschaftliche Maßnahmen auf die Ausweitung der unternehmerischen Dispositionsfreiheit auszurichten. Beispiel: Substitution von Fremd- durch Eigenkapital, Fremdkapital durch Kreditkapital anderer Arten (z.B. Lieferantenkredit durch Bankkredit) und/oder anderer Fristigkeit.

V. Zielkonflikte

Die oben bereits erwähnten Konflikte sind grundsätzlich mehr oder weniger zwischen allen Zielen möglich. Es sollen daher einige Ausprägungen genereller Art skizziert werden.

Das Rentabilitätsstreben wird durch ausgeprägtes Liquiditätsstreben negativ beeinträchtigt (z.B.: Halten von zu hohen Kassenbeständen). Andererseits kann auch das Liquiditätsziel durch zu ausgeprägtes Rentabilitätsstreben gefährdet sein (z.B.: Einräumung von Zahlungszielen (Lieferantenkrediten) in einem Umfang, der sich einerseits positiv auf die Rentabilität, andererseits negativ auf die Liquidität auswirkt.

Auch das Sicherheits- und Rentabilitätsstreben beeinträchtigen einander. Dennoch ist das Streben nach Sicherheit von einem bestimmten Stadium ab eine dem Rentabilitätsstreben gleichgerichtete Zielsetzung. Diese Situation ergibt sich z.B. dann, wenn Risiken nicht eingegangen werden, weil die mit ihnen verbundenen Verlustgefahren höher eingeschätzt werden als die entsprechenden Gewinnchancen. Sie wird aber auch dann erkennbar, wenn mögliche Risiken gegen Zahlung einer „Prämie", die rentabilitätsmindernd wirkt, ausgeschlossen werden (z.B.: Finance-Hedging).

Ähnliche Feststellungen können auch für das Verhältnis von Unabhängigkeits- zu Rentabilitätsziel getroffen werden, denn einerseits verhalten sich beide Zielsetzungen in ihrer absoluten Ausprägung zueinander konfliktär, andererseits können sie einander in gleicher Richtung unterstützen.

2. Kapitel:
Der Kapitalbedarf der Unternehmung

A. Die Determinanten des Kapitalbedarfs

Wie oben bereits festgestellt, entsteht Kapitalbedarf immer dann, wenn Auszahlungen und entsprechende Einzahlungen zeitlich auseinanderfallen, wobei die Auszahlungen dann zeitlich vor den Einzahlungen anfallen. Dies ist zweifellos der Normalfall, weil – bedingt durch die Eigenart der güter- und leistungswirtschaftlichen Prozesse – zwischen Auszahlungen und Einzahlungen gewisse Zeiträume der Kapitalbindung (Kapitalbindungsdauer) entstehen. Was die **Höhe des Kapitalbedarfs** betrifft, so **ergibt sich diese zu jedem Zeitpunkt aus der Differenz der kumulierten Auszahlungen und Einzahlungen.** Die Ursachen sind, abgesehen von der Kapitalbindungsdauer, unterschiedlicher Art und im Rahmen der Literatur als Kapitalbedarfskomponenten oder Determinanten des Kapitalbedarfs erfaßt und systematisiert worden.

In Deutschland hat sich offensichtlich der Ansatz Erich Gutenbergs (5) durchgesetzt, der als Hauptdeterminanten des Kapitalbedarfs ansieht:
1. Prozeßanordnung
2. Prozeßgeschwindigkeit
3. Beschäftigungsgrad
4. Produktions- und Absatzprogramm
5. Betriebsgröße
6. Preisniveau.

Dabei ist die Prozeßgeschwindigkeit der reziproke Wert der oben angesprochenen Kapitalbindungsdauer.

Diesem Ansatz soll hier nicht gefolgt werden, da Gutenberg die letzte Determinante konstant hält. Hinzu kommt, daß dieser Ansatz gewisse formale Nachteile hat. Sie liegen in der zu starken Orientierung am System der Haupt-Kosteneinflußgrößen.

Hier wird dem Ansatz Oswald Hahns (6) gefolgt, der die Kapitalbedarfskomponenten in ein Mengen-, Wert-, Zeitgerüst einordnet, wobei er als Teilelemente der Mengenkomponente die bereits bei Gutenberg genannten Hauptdeterminanten 1;3;4 und 5 unterordnet.

Dieses System sieht wie folgt aus:
1. Mengenkomponente
   (a) Prozeßanordnung
   (b) Betriebsgröße
   (c) Leistungsprogramm
   (d) Nutzungsgrad
2. Zeitkomponente – Prozeßgeschwindigkeit
3. Wertkomponente – Preise der Einsatzfaktoren.

Bei der Untersuchung der Frage nach der Wirkung dieser Größen auf den Kapitalbedarf kann hier nur äußerst knapp die komplexe Problematik beleuchtet werden.

zu 1: Die Beeinflussung des Kapitalbedarfs durch die Mengenkomponente

Unterstellt wird im Zusammenhang mit allen diesen Untersuchungen, daß zur Erstellung einer bestimmten Leistung bzw. eines bestimmten Gutes ein eindeutig determinierter **Grundprozeß** vollzogen werden muß. Dieser Grundprozeß verursacht – bedingt durch die damit verbundene Anlagennutzung, Lagerhaltung sowie die Einräumung von Zahlungszielen – einen bestimmten Kapitalbedarf. Die Höhe des Gesamtkapitalbedarfs verhält sich hierbei in positiver Korrelation zum Umfang der Anlagennutzung, Lagerhaltung und Kreditgewährung.

(a) Kapitalbedarf und Prozeßanordnung

Durch die Prozeßanordnung wird die zeitliche Anordnung von Grundprozessen festgelegt.

Wenn im Rahmen eines bestimmten Zeitabschnittes eine bestimmte Menge von Produkten bzw. Leistungen erstellt werden soll, was durch eine entsprechende Zahl gleicher Prozesse vollzogen werden kann, so sind zwei unterschiedliche Anordnungen dieser Prozesse denkbar.

Es sind dies ein paralleler Ablauf mit gleichzeitigem Beginn und Ende oder die zeitlich gestaffelte Abfolge.

Es zeigt sich nun, daß die Struktur des Kapitalbedarfs durch die Prozeßanordnung ganz wesentlich beeinflußt wird. Dies soll an folgendem Beispiel demonstriert werden:

Ein bestimmtes Produktionsvolumen ist zu erbringen. Hierzu sind insgesamt sechs Prozesse gleicher Art zu vollziehen. Der Kapitalbedarf ergibt sich durch Auszahlungen (–) in der Abfolge je Prozeß im Zeitverlauf –40, –30, –30 und wird durch eine Einzahlung (+) von 100 anschließend getilgt.

Drei unterschiedliche Fälle sind gegeben.

Fall A: sechs nacheinander gestaffelte Prozesse laufen ab. Der Kapitalbedarf steigt auf ein bestimmtes Niveau und verharrt dort.

Prozeß-zeitraum \ Prozeßnummer	1	2	3	4	5	6	7	8	9	Kapitalbedarf
1	–40									40
2	–30	–40								110
3	–30	–30	–40							210
4	+100	–30	–30	–40						210
5		+100	–30	–30	–40					210
6			+100	–30	–30	–40				210
7				+100	–30	–30	–40			210
8					+100	–30	–30	–40		210
9						+100	–30	–30	–40	210

Abb. 3 Der Kapitalbedarf bei gestaffelter Prozeßanordnung (Fall A)

Fall B: die sechs Prozesse werden zu je zwei Gruppen à drei Prozesse zusammengefaßt. Nach Vollzug der ersten drei Prozesse beginnt die Gruppe mit den folgenden Prozessen. Es zeigt sich, daß der Kapitalbedarf gegenüber Fall A erheblich schwankt.

Fall C: die sechs Prozesse werden so geschaltet, daß sie zugleich ablaufen. Anschließend können die folgenden sechs Prozesse neu beginnen. Es zeigt sich, daß hier im Gegensatz zu den Fällen A und B der Kapitalbedarf besonders stark schwankt.

Zu bedenken wäre, daß durch die Prozeßanordnung nicht nur die Struktur des Kapitalbedarfs maßgeblich beeinflußt wird. Eine Nacheinanderschaltung von Prozessen be-

2. Kapitel: Der Kapitalbedarf der Unternehmung

Prozeß-zeitraum \ Prozeß-nummer	1 + 2 + 3	4 + 5 + 6	7 + 8 + 9	8 + 9 + 10	Kapital-bedarf
1	−120				120
2	−90				210
3	−90				300
4	+300	−120			120
5		−90			210
6		−90			300
7		+300	−120		120
8			−90		210
9			−90		300
10			+300	−120	120

Abb. 4 Der Kapitalbedarf bei einer teilweisen Parallelschaltung von Prozessen (Fall B)

Prozeß-zeitraum \ Prozeß-nummer	1,2,3,4,5,6	7,8,9,10,11,12	13,14,15, 16,17,18	19,20,21, 22,23,24	Kapital-bedarf
1	−240				240
2	−180				420
3	−180				600
4	+600	−240			240
5		−180			420
6		−180			600
7		+600	−240		240
8			−180		420
9			−180		600
10			+600	−240	240

Abb. 5 Der Kapitalbedarf bei vollständiger Parallelschaltung von Prozessen (Fall C)

deutet in der Regel, daß das Anlagenpotential besser genutzt werden kann, was entsprechende kapitalbedarfssenkende Wirkungen hat, da bei gleichgeschalteten Prozessen immer ungenutzte Kapazitäten vorhanden sind.

(b) Kapitalbedarf und Betriebsgröße
Es steht fest, daß mit zunehmender (abnehmender) Betriebsgröße der Kapitalbedarf steigt (fällt). Fraglich ist nur in welchem Maße (proportional, über- oder unterproportional). Zumeist dürfte eine überproportionale (unterproportionale) Kapitalbedarfszunahme (-abnahme) mit steigender (fallender) Betriebsgröße gegeben sein, wobei allerdings die Untersuchungen auf den Einzelfall abgestellt sein müssen.

(c) Kapitalbedarf und Leistungsprogramm
Die Abhängigkeit des Kapitalbedarfs vom Leistungsprogramm ist bekannt. Bis auf den Fall „Umfang des Typenprogramms" kann eine generalisierende Aussage nicht vorgenommen werden, da bisher eine Gesetzmäßigkeit nicht festgestellt werden konnte. Was den Umfang des Typenprogramms betrifft, so ist zwischen dem Umfang des Programms

und der Höhe des Kapitalbedarfs eine eindeutig gleichgerichtete Wechselbeziehung gegeben.

(d) Kapitalbedarf und Nutzungsgrad

Durch den Nutzungsgrad wird grundsätzlich der Umfang der Inanspruchnahme der in der Betriebswirtschaft eingesetzten Kapazitätseinheiten bezeichnet. Eine Erhöhung (Senkung) des Nutzungsgrades führt damit zu einem steigenden (fallenden) Produktionsvolumen bei ebenfalls zunehmendem (abnehmendem) Faktorverbrauch. Dies führt im Ergebnis zu einem vermehrten (herabgesetzten) Faktorverbrauch. Auch hier stellt sich wieder die Frage nach der Höhe der Abhängigkeit wachsenden (sinkenden) Kapitalbedarfs von der Höhe des Nutzungsgrades. Entsprechend der möglichen Anpassungsmaßnahmen – quantitative, zeitliche und intensitätsmäßige Anpassung – sind unterschiedlich hohe Abhängigkeiten denkbar. In der Regel kann davon ausgegangen werden, daß sich der Kapitalbedarf bei quantitativer Anpassung proportional, bei zeitlicher Anpassung leicht unterproportional (hier sind geringfügige Abweichungen denkbar) gleichgerichtet zur Veränderung des Nutzungsgrades bewegt. Im Falle der intensitätsmäßigen Anpassung wird erwartet, daß sich der Kapitalbedarf nicht verändert.

zu 2. Die Beeinflussung des Kapitalbedarfs durch die Zeitkomponente

Was die Prozeßgeschwindigkeit betrifft, so ist sie der reziproke Wert der Kapitalbindungsdauer.

Bei konstantem Geschäftsvolumen hat eine Erhöhung (Senkung) der Prozeßgeschwindigkeit eine Verkürzung (Verlängerung) der Kapitalbindungsdauer zur Folge, was zu einer Senkung (Erhöhung) des Kapitalbedarfs führt. Dabei ist es unerheblich, ob die Ursache der Geschwindigkeitsveränderung im leistungs- oder/und finanzwirtschaftlichen Bereich der Unternehmung liegt.

zu 3. Die Beeinflussung des Kapitalbedarfs durch die Preiskomponente

Grundsätzlich ist davon auszugehen, daß steigendes (fallendes) Preisniveau auf den Kapitalbedarf in positiver Korrelation wirkt. Unterstellt wird hierbei allerdings, daß sich die Komponenten des Grundprozesses (Lagerhaltung, Zahlungsgewohnheiten etc.) nicht ändern. Möglich wäre aber, daß die Unternehmung in Reaktion auf Preisniveauverschiebungen Veränderungen im Grundprozeß vornimmt. In diesem Falle wird zumindest der Grad der Kapitalbedarfsveränderungen in Abhängigkeit von Preisniveauvariationen schwächer.

B. Die Ermittlung des Kapitalbedarfs

Zur Einleitung und Abwicklung jeglicher Finanzierungsaktivitäten ist die exakte Kenntnis über den gegebenen Kapitalbedarf in seiner quantitativen und qualitativen Dimension erforderlich. Das Wissen um die Determinanten des Kapitalbedarfs ist in diesem Zusammenhang zwar hilfreich, es kann aber nicht ausreichen. Instrumente zur Kapitalbedarfsermittlung wurden durch die Betriebswirtschaftslehre schon relativ frühzeitig entwickelt. Es handelt sich hierbei um Verfahren, die globale Aussagen über den Kapitalbedarf in sehr engen Grenzen und unter erheblichem Vorbehalt zulassen.

Auf der anderen Seite bieten Verfahren der finanzwirtschaftlichen Planungsrechnungen gute Möglichkeiten, einen Kapitalbedarf zu bestimmten Zeitpunkten und für bestimmte Zeiträume zu ermitteln. Dies geschieht im allgemeinen im Rahmen der Finanzplanung. Die Anlässe zur Kapitalbedarfsermittlung sind einerseits aus dem Postulat der ständigen Zahlungsfähigkeit der Unternehmung gegeben. Andererseits entstehen spezifische Situationen, aus denen heraus eine Kapitalbedarfsermittlung erforderlich ist (z.B. Gründung einer Unternehmung, Planung umfangreicher Investitionsvorhaben etc.).

I. Kapitalbedarfsermittlung mit Hilfe allgemeiner Verfahren

Schon relativ frühzeitig werden in der betriebswirtschaftlichen Literatur allgemeine Verfahren zur Kapitalbedarfsermittlung erörtert, wobei hier stellvertretend Rieger genannt werden soll.

Derartige Verfahren können unter erheblichen Vorbehalten zur Kapitalbedarfsprognose spezifischer Vorhaben eingesetzt werden. Dies soll am Beispiel einer Unternehmensgründung erläutert werden.

Im Rahmen einer Unternehmensgründungsplanung wird auf der Basis eingehender Untersuchungen eine Absatz- und davon abgeleitet eine Produktionsplanung vorgenommen. Hieraus ergibt sich – immer unterstellt Eigenfertigung – ein bestimmter Bedarf an Fertigungskapazitäten.

Die Ermittlung des Kapitalbedarfs für das Anlagevermögen ist nun relativ einfach, da lediglich die im Rahmen von Anlagegütern insgesamt entstehenden Kosten – also einschließlich der Transport-, Einrichtungs- und sonstigen Kosten- ermittelt werden müssen.

Die Kapitalbedarfsermittlung für das Umlaufvermögen ist schwieriger. Hier wird allgemein davon ausgegangen, daß die Unternehmung einen **täglichen Bedarf an bewerteten Einsatzfaktoren** hat. Dieser Bedarf ist mit der **durchschnittlichen Dauer der Kapitalbindung** zu multiplizieren.

Was die Dauer der Kapitalbindung betrifft, so ist diese von einigen Größen abhängig. Dies demonstriert die nachstehende Abbildung nach Seelbach.

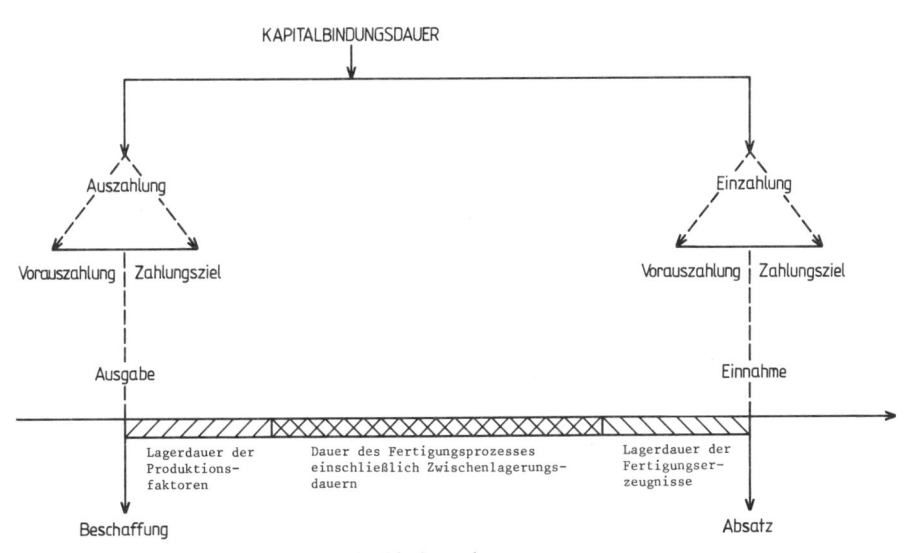

Abb.6 Die Komponenten der Kapitalbindungsdauer

Die bewerteten Einsatzfaktoren werden nun unter drei Gruppen subsumiert:
- täglicher Lohneinsatz
- täglicher Werkstoffeinsatz
- täglicher Einsatz an Gemeinkosten, die zu Zahlungen führen.

Es leuchtet ein, daß die durchschnittliche Kapitalbindungsdauer bei den Einsatzfaktoren unterschiedlich ist, weswegen hier eine entsprechende Definition vorab notwendig ist.

Sie ergibt sich bei den drei verschiedenen Gruppen wie folgt:

Bewertete Einsatzfaktoren	∅ Kapitalbindungsdauer
täglicher Werkstoffeinsatz	(Rohstofflagerdauer-Lieferantenziel) + Fertigungsdauer + Lagerdauer der Fertigprodukte + Debitorenziel
täglicher Lohneinsatz	Fertigungsdauer + Lagerdauer der Fertigprodukte + Debitorenziel
täglicher Einsatz an Gemeinkosten, die Zahlungen induzieren	Rohstofflagerdauer + Fertigungsdauer + Lagerdauer der Fertigprodukte + Debitorenziel (das Lieferantenziel wird hier nicht berücksichtigt)

Abb. 7 Definition der durchschnittlichen Kapitalbindungsdauer bei unterschiedlich bewerteten Einsatzfaktoren

An einem Beispiel soll nun der Kapitalbedarf für das Umlaufvermögen ermittelt werden.

Gegeben ist ein täglicher Werkstoffeinsatz von DM 28 000,—, ein täglicher Lohneinsatz von DM 122 000,— und ein täglicher Einsatz an Gemeinkosten, die Zahlungen induzieren von DM 18 000,—; als Zeitbedarf ist gegeben: Rohstofflagerdauer 35 Tage; Lieferantenziel: 15 Tage; Fertigungsdauer einschließlich fertigungsbedingter Zwischenlagerung: 8 Tage; Fertigwarenlager: 11 Tage; Zielgewährung (Debitorenziel): 15 Tage.

Damit ergibt sich Kapitalbindung aus:

(1) täglichem Werkstoffeinsatz	× Kapitalbindungsdauer	= 28 000 × 54 = 1 512 000,00 DM
(2) täglichem Lohneinsatz	× Kapitalbindungsdauer	= 122 000 × 34 = 4 148 000,00 DM
(3) täglichem Einsatz aus Gemeinkosten, die Zahlungen induzieren	× Kapitalbindungsdauer	= 18 000 × 69 = 1 242 000.00 DM

Kapitalbedarf aus Umlaufvermögen insgesamt	= 6 902 000,00 DM

Berücksichtigt man nun noch einen Kapitalbedarf, der im Rahmen der Unternehmensgründung (Gründungskosten sowie allg. Anlaufkosten) anfällt, dann ergibt sich unter Berücksichtigung einer Mindestkassenhaltung zur Sicherung der Liquidität folgendes System zur Erfassung des Kapitalbedarfs im Rahmen einer Unternehmensgründung:

Kapitalbedarf für das Anlagevermögen	DM
+ Kapitalbedarf für das Umlaufvermögen	DM
+ Sonstiger Kapitalbedarf (Gründungs-, Anlaufkosten sowie Mindestkassenhaltung)	DM
Gesamtkapitalbedarf	DM

Das hier dargestellte allgemeine Verfahren beruht auf dem Ansatz Wilhelm Riegers (Rieger'sche Formel) und hat im Zeitablauf zahlreiche Modifikationen erfahren.

Mit der Anwendung dieses methodischen Ansatzes zum Zweck der Kapitalbedarfsermittlung sind aber aus folgenden Gründen erhebliche Risiken verbunden:

(a) durch die Einbeziehung von Durchschnittsgrößen aus der Erfolgs- und Kostenrechnung können Zahlungsströme und damit mögliche Unter- oder Überdeckungen nicht dargestellt werden;

(b) die Prämissen der Konstanz von Beschäftigungs- und Absatzniveau sowie eines daraus resultierenden regelmäßigen Geldzuflusses sind allenfalls für einen äußerst kurzen Zeitraum gültig und führen bei einer undifferenzierten Übernahme unweigerlich in eine existentielle Unternehmenskrise;

(c) die im Regelfall nicht gegebene Festlegung des Planungshorizontes (Zeitraum ad infinitum) ist – insbesondere unter Berücksichtigung der Aussagen von (b) – untragbar, da sie mittel- bis langfristig unweigerlich zu einer krassen Fehlprognose führen muß.

Moderne Verfahren der Kapitalbedarfsrechnung basieren daher nicht mehr auf Durchschnittsgrößen aus der Erfolgs- und Kostenrechnung, sondern auf den Zahlungsströmen, wobei die Kapitalbedarfserfassung im Rahmen der Finanzplanung erfolgt.

II. Die Kapitalbedarfsermittlung mit Hilfe des Finanzplans

Wie oben bereits festgestellt, entsteht Kapitalbedarf dadurch, daß die ausgaben- und einnahmenrelevanten Zahlungsströme zeitlich und wertmäßig nicht in Deckung gebracht werden können.

Folgerichtig kann ein Kapitalbedarf in seiner quantitativen und qualitativen Dimension ermittelt werden, indem man die Zahlungsströme erfaßt und unter Berücksichtigung eines gegebenen Zahlungsmittelbestandes der Vorperiode saldiert. Im Falle der Unterdeckung ist ein Kapitalbedarf gegeben.

Das **Grundschema** für ein derartiges Rechensystem sieht in stark vereinfachter Form wie folgt aus, wobei – da es sich um einen **Finanzplan** handelt – über die reine Kapitalbedarfsermittlung hinaus die Anpassungsmaßnahmen im Falle der Unterdeckung bzw. Überdeckung berücksichtigt werden müssen.

Dieses Grundschema wird der spezifischen Zielsetzung entsprechend unterschiedlich weit aufgefächert (vgl. dazu Abb. 9).

Die Hauptaufgabe der Finanzplanung besteht darin, der Unternehmensleitung Kenntnis über die zukünftige Zahlungsfähigkeit der Unternehmung zu geben, um so eine mögliche Illiquidität aufzudecken und diese durch geeignete Maßnahmen abzuwenden. Zusätzlich erfüllt die Finanzplanung den Zweck, künftig auftretende tempo-

	P_1	P_2	P_3
1. Anfangsbestand an Zahlungsmitteln (= Endbestand an Zahlungsmitteln der Vorperiode)			
2. ./. voraussichtliche Auszahlungen (aufgefächert nach verschiedenen Kriterien)			
3. + voraussichtliche Einzahlungen (aufgefächert nach verschiedenen Kriterien)			
4. Unterdeckung/Überdeckung			
5. Ausgleichs- bzw. Anpassungsmaßnahmen (unter Berücksichtigung von 6.) (a) bei Unterdeckung (b) bei Überdeckung			
6. Endbestand an Zahlungsmitteln			

Abb. 8 Grundschema des Finanzplans

räre Liquiditätsüberschüsse zu prognostizieren, wodurch die Unternehmungsleitung Möglichkeiten zu entsprechenden rentabilitätserhöhenden Dispositionen erhält.

Dabei ist zu berücksichtigen, daß ein Finanzplanungssystem nicht losgelöst von anderen Planungssystemen in der Unternehmung gesehen werden kann. Es ist vielmehr – wie die Planungssysteme anderer Funktionsbereiche der Unternehmung – ein Teilplanungssystem innerhalb der umfassenden Unternehmensplanung. Auf Grund zahlreicher Interdependenzen der Finanzwirtschaft mit den übrigen Funktionsbereichen der Unternehmung, basiert die Finanzplanung aus Informationen aus diesen Bereichen, die Auskunft über Tatbestände geben, durch die künftig Zahlungsströme ausgelöst werden. Diese Informationen müssen allerdings gewisse Qualitätsanforderungen erfüllen, damit die allgemeinen Anforderungen an Planungssysteme, die eine Finanzplanung im besonderem Maße erbringen muß, erfüllt werden. Hierbei handelt es sich um die allgemeinen **Grundsätze der Vollständigkeit, Zeitpunktgenauigkeit und Beitragsgenauigkeit der Planungsansätze,** wobei entsprechend dem Grundsatz der materiellen Bedeutung und Wirtschaftlichkeit Kosten und Nutzen der Informationsbeschaffung und -verarbeitung gegeneinander aufzuwiegen sind.

Finanzpläne werden für unterschiedlich lange Zeiträume erstellt, wobei die Aussagequalität mit zunehmendem Zeithorizont abnehmen muß, da präzises Datenmaterial für mittel- bis langfristige Prognoserechnungen nicht zur Verfügung steht.

Da eine Finanzplanung die oben formulierten Aufgaben nur erfüllen kann, wenn sie die relevanten Planungsgrößen tages- oder wochengenau erfaßt und ausweist, stellt sich die Frage, wie weit ein derartiger Zeitraum reichen kann und inwieweit darüberhinausgehende Finanzpläne überhaupt sinnvoll sind.

Im Regelfall stellen die meisten Unternehmen einen wochengenauen Finanzplan über einen Zeitraum von ein bis drei Monaten auf. Weitergehende Zeiträume können durch die Finanzplanung lediglich in größere Planungsintervalle (Monate, Quartale) aufgegliedert werden. Damit ist aber eine wochengenaue Planung über einen längeren Zeit-

Kurzfristiger Finanzplan für die Monate Januar/Februar 19.. Werte i. Tsd. DM

Planungsintervalle	Monate	Januar				Februar			
	Wochen	1	2	3	4	1	2	3	4
1. Zahlungsmittelbestand der Vorperiode									

2. Auszahlungen
2.1 Auszahlungen für laufendes Geschäft
    2.1.1 Gehälter, Löhne
    2.1.2 Rohstoffe
    2.1.3 Hilfsstoffe
    2.1.4 Betriebsstoffe
    2.1.5 Frachten
    2.1.6 Versicherungen
    2.1.7 Steuern und Abgaben
    2.1.8 Mieten, Pachten
    2.1.9 .....
2.2 Auszahlungen für Investitionszwecke
    2.2.1 Sachinvestitionen
    2.2.2 Finanzinvestitionen
2.3 Auszahlungen im Rahmen des Finanzverkehrs
    2.3.1 Kredittilgung
    2.3.2 Akzepteinlösung
    2.3.3 Zinszahlungen
    2.3.4 Eigenkapitalherabsetzung
    (z. B. Privatentnahmen)									

3. Zwischensumme									

4. Einzahlungen
4.1 Einzahlungen aus ordentlichen Umsätzen
    4.1.1 Barverkäufe
    4.1.2 Begleichungen von Forderungen
    aus Lieferungen und Leistungen
4.2 Einzahlungen aus geplanten Desinvestitionen
    4.2.1 Anlagenverkäufe
    4.2.2 Auflösung von Finanzinvestitionen
4.3 Einzahlungen aus Finanzerträgen
    4.3.1 Zinserträge
    4.3.2 Beteiligungserträge									

5. Unterdeckung/Überdeckung									

6. Ausgleichs- bzw. Anpassungsmaßnahmen
6.1 Bei Unterdeckung
    6.1.1 Kreditaufnahme
    6.1.2 Eigenkapitalerhöhung
    6.1.3 Sonstige Maßnahmen*
6.2 Bei Überdeckung
    6.2.1 Kreditrückführung
    6.2.2 Anlage in liquiden Mitteln									

7. Zahlungsmittelbestand am Ende der Planperiode									

*hierunter sollen die Finanzierungsersatzmaßnahmen subsumiert werden.

Abb. 9 Beispiel für einen kurzfristigen Finanzplan

raum, der ein Quartal überschreitet, nicht möglich, womit sich die oben gestellte Frage beantwortet.

Die Unternehmensleitung kann sich aber helfen, indem sie zunächst einen Finanzplan für den Zeitraum eines Jahres erstellt, der – mit Ausnahme der ersten ein bis drei Monate – umfangreichere Planungsintervalle (z.B. Quartale) umfaßt. Mit fortschreitender Zeit wird die wochenweise Planung im Verfahren der Neuplanung auf die Stadien mit den größeren Planungsintervallen übernommen (rollierendes Verfahren).

Was die Fristenklassifikation von Finanzplänen angeht, so ist bislang eine einheitliche Nomenklatur weder im Schrifttum noch in der Praxis erkennbar. Hier sollen Finanzpläne, die einen Zeitraum bis zu einem Jahr abgreifen als kurzfristig bezeichnet werden, während Pläne bis zu drei Jahren als mittelfristig und darüberhinaus als langfristige Finanzpläne klassifiziert werden. Das vorstehende Beispiel zeigt in Abb. 9 einen kurzfristigen Finanzplan nach Perridon/Steiner (S. 340).

Die notwendigen Daten, die im Rahmen der Planung von Zahlungsvorgängen erforderlich sind, können aus den übrigen Teilplänen der Unternehmung – z.B. Beschaffungs-, Fertigungs-, Absatz-, Personalplanung gewonnen werden. Teilweise sind, da zunächst nur Mengenpläne vorliegen, mit Hilfe von Informationen des Rechnungswesens Ausgaben und Einnahmen zu berechnen. Anschließend wird dann deren Liquiditätswirksamkeit festgestellt, die sich in Zahlungen zu bestimmten Zeitpunkten niederschlägt.

Was die Auszahlungen betrifft, so sind diese in der Regel präzise zu prognostizieren. Schwieriger ist es bei den Einzahlungen, da diese vom Verhalten Dritter abhängen. In diesen Fällen ist eine Vorhersage ihrer Fälligkeit mit Hilfe von **Verweilzeitverteilungen** möglich. Derartige Verteilungen zeigen die Verweildauer von Einheiten in einem definierten Zustand an. Mit dem Übergang in einen neuen Zustand ist die jeweilige Verweilzeit beendet. So kann beispielsweise mit Hilfe von Verweilzeitdauern das Forderungsspektrum analysiert werden, was dann Aussagen über die Verweilzeiten von Forderungen im Bestand bis zur Liquiditätswirksamkeit zuläßt.

Der Anfangsbestand an Zahlungsmitteln einer Periode (= Endbestand der Zahlungsmittel der Vorperiode nach Ausgleichs- oder Anpassungsmaßnahmen) entspricht der geforderten Mindestklassenhaltung.

Neben dem laufenden Finanzplan, der mit dem Terminus Standardfinanzplan bezeichnet wird, können noch Teilfinanzpläne aufgestellt werden.

Derartige Planungssysteme erstrecken sich nur auf Teilbereiche der Zahlungsströme und werden erstellt, um lediglich Teile von Ein- und Auszahlungsbewegungen gesondert zu erfassen. Dies kann z.B. im Zusammenhang mit der Planung und Realisation von umfangreichen Investitionsvorhaben notwendig sein. Derartige Teilplanungssysteme, die einmalig im Zusammenhang mit spezifischen Vorhaben, aber auch permanent für z.B. bestimmte Unternehmensbereiche aufgestellt werden, stehen nicht unabhängig neben der Standardplanung, sondern sind von ihr abgeleitete Systeme.

Neben der Erfassung der Zahlungsströme sowie der Ermittlung einer Über- oder Unterdeckung unter Berücksichtigung des Zahlungsmittelbestandes der Vorperiode, werden im Rahmen der Finanzplanung die notwendigen Ausgleichsmaßnahmen erfaßt. Sie laufen **im Falle der Unterdeckung auf Finanzierungsmaßnahmen** hinaus und/oder können **bzw.** müssen durch **Finanzierungsersatzmaßnahmen** ergänzt bzw. ersetzt werden.

Im Falle der **Überdeckung** wird die Unternehmensleitung aus Rentabilitätsgesichtspunkten entweder für die **zeitweise Anlage der überschüssigen Liquidität** sorgen (z. B. Anlage in Tagesgeld) **oder/und Kredite** (z. B. Kontokorrentkredite) **zurückführen.**

In beiden Fällen (Über- oder Unterdeckung) hängen die Maßnahmen aber in erster Linie vom festgestellten Zeitraum, über den sich ein derartiger Tatbestand erstrecken wird, ab.

3. Kapitel:
Investition

A. Grundlegung

I. Investition und Investitionsarten

Durch die betriebliche Investitionstätigkeit wird jeweils in einem bestimmten Umfang Kapital gebunden. Dieses Kapital wird im Zeitablauf bis zum Ende der Nutzungsdauer der Investition freigesetzt (Desinvestition), wobei sich dieser Vorgang entweder schrittweise über den Zeitraum der Nutzungsdauer oder erst mit ihrem Ende in einem Zuge vollzieht.

Hier soll als **Investition die Überführung des abstrakten Kapitals in reale Vermögenswerte** verstanden werden, womit die Investition als Prozeß und als Zustand umschrieben werden kann.

Eine nähere Beschreibung der Investition ist nach verschiedenen Gesichtspunkten möglich, wobei sich zunächst die Klassifikation nach der Investitionsmöglichkeit in unterschiedliche Vermögenskategorien anbietet. Danach wird in **Sachinvestitionen** (Anlagevermögen plus Umlaufvermögen) und **Finanzinvestitionen** differenziert.

Als weitere Möglichkeit der Unterscheidung bietet sich die Klassifikation von betrieblichen Investitionen nach ihrem zeitlichen Anfall im genetischen Unternehmensprozeß und nach dem jeweils vorherrschenden Investitionsmotiv an. Danach wird wie folgt unterschieden:

1. Gründungs- oder Erstinvestition
– einmaliger Investitionsakt im Rahmen der Unternehmensgründung

2. Folgeinvestitionen
– sämtliche Investitionen, die während der Unternehmensexistenz nach der Unternehmensgründung getätigt werden

(a) **Ersatzinvestitionen**
– Ersatz wirtschaftlich und/oder technisch verbrauchter Betriebsmittel

(b) **Rationalisierungsinvestitionen**
– Investitionen, die zur Erfüllung einer wirtschaftlicheren Leistungserstellung getätigt werden

(c) **Erweiterungsinvestitionen**
– Investitionen, die zur Erweiterung des Leistungspotentials getätigt werden

(d) **Sicherungsinvestitionen**
– dienen zur Sicherung der Beschaffungs- und/oder Absatzmärkte sowie der Sicherung der Fertigungsprozesse

II. Die Investitionsentscheidung

In der Regel sind mit Investitionsentscheidungen Wirkungen verbunden, die die Unternehmung nachhaltig positiv oder negativ treffen können, oft bis weit in die Zukunft reichen und zudem schwer reversibel, wenn nicht irreversibel sind.

Dies trifft vor allem für Sachinvestitionen zu, da mit ihnen das Leistungsprogramm, die Leistungsstrukturen, die Fertigungstiefe und die Kostenstruktur der Unternehmung beeinflußt – bei Großinvestitionen u. U. festgeschrieben – wird. Hinzu kommt, daß Investitionen in einem entsprechenden Umfang über einen längeren Zeitraum hinweg Kapital binden, dessen Amortisation bei einer angemessenen Verzinsung nicht unbedingt gesichert ist, da mit jeder Investition neben der Gewinnchance auch eine entsprechende Verlustmöglichkeit verbunden ist.

Im Rahmen der Investitionsentscheidung wird darüber befunden, ob überhaupt und wenn ja, in welche realen Vermögenswerte abstraktes Kapital überführt werden soll. Dabei muß diese Entscheidung als rational charakterisiert werden, da sie zielorientiert ist und die aus ihr resultierenden Maßnahmen zur Zielerfüllung beitragen sollen.

Was die mit dieser Entscheidung verfolgten Ziele betrifft, so sind dieses die aus den oben bereits angesprochenen Formalzielen abgeleiteten Sachziele, die ihrerseits operational formuliert sein müssen.

Soweit im Rahmen der Investitionsentscheidung quantifizierbare Größen berücksichtigt werden können, bieten sich zur Entscheidungshilfe **Investitionsrechnungen** an, mit denen die wirtschaftliche Vorteilhaftigkeit eines Investitionsobjektes, von Investitionsalternativen oder von Investitionsprogrammen begutachtet werden kann.

Allerdings sind nicht alle entscheidungsrelevanten Größen quantifizierbar.

Solche **nicht-quantifizierbare Faktoren (Imponderabilien)** können

(a) **technischer Art** (z. B. Unfallhäufigkeit, leichte/schwierige Bedienbarkeit, nur mit Einsatz von Fachpersonal zu fahren, hohe/niedrige Umweltbelastung etc.)

(b) **wirtschaftlicher Art** (z. B. zu starker Abhängigkeitsgrad vom Lieferanten, zu einseitige Ausrichtung auf ein Fertigungsprogramm etc.)

(c) **sonstiger Art** (Prestige, Unabhängigkeit)

sein, die alle im Rahmen der Entscheidung berücksichtigt werden und oftmals in ihr ein höheres Gewicht als die der quantifizierbaren Faktoren erhalten. Versuche, die imponderabilen Faktoren doch quantifizierbar zu machen (z. B. Nutzwertanalyse), sind bislang nur von begrenztem Erfolg gekrönt.

Zweifellos aber sind die Ergebnisse der Investitionsrechnung im Rahmen des Entscheidungsaktes von wesentlicher Bedeutung, zumal durch sie die mit einer Investitionsentscheidung verbundenen wirtschaftlich quantifizierbaren Folgen klar und unzweideutig herausgearbeitet werden können. Dieser Fragenkomplex wird im folgenden Abschnitt betrachtet.

Die Qualität (i. S. von Treffsicherheit) der Investitionsentscheidungen hängt ab von

(a) der Quantität und Qualität der Informationen über die gegenwärtige und zukünftige Entwicklung;

(b) der Anwendung der dem jeweils gegebenen Problem entsprechenden Entscheidungsmethoden;

(c) dem Fachwissen, der Erfahrung, dem Informationsstand der Entscheidungsträger, die ihrerseits in eine geeignete Organisationsstruktur eingeordnet sein müssen.

In diesem Zusammenhang kommt der Lösung des Informationsproblems die entscheidende Bedeutung zu, da jede Investitionsentscheidung auf die Zukunft ausgerichtet ist, und die mit ihr verbundenen Konsequenzen auch erst zeitlich entsprechend eintreten. Bedingt durch die zwangsläufig unvollkommene Information über die Zukunft kann aber lediglich vom Eintreten bestimmter Erwartungen über künftige Entwicklungen ausgegangen werden.

Die Entscheidungskonsequenzen sind damit nicht mit entsprechender Sicherheit prognostizierbar. Es stehen aber Verfahren zur Verfügung, die in bestimmten Fällen unter eindeutigen Prämissen in gewissen Grenzen Prognosen über den Eintritt von Handlungsfolgen zulassen.

B. Die Verfahren der Investitionsrechnung

Die Literatur zeigt eine Fülle von Investitionsrechnungsverfahren, die sich wie folgt klassifizieren lassen.

Einerseits werden die Verfahren zur isolierten Beurteilung einzelner Investitionsprojekte bzw. -objekte eingesetzt. Andererseits bestehen Methoden, die es ermöglichen, von der isolierten Betrachtungsweise Abstand zu nehmen und bestehende Interdependenzen zu anderen Funktionsbereichen der Unternehmung im Rahmen von Programmentscheidungen zu berücksichtigen.

Die jeweiligen Methoden werden somit

- den Verfahren zur Beurteilung einzelner Investitionsobjekte
- den Verfahren zur Lösung zu Programmentscheidungen

subsumiert, wobei sich nun weitere Klassifikationsmöglichkeiten anbieten.

Was die Verfahren zur Beurteilung einzelner Investitionsobjekte betrifft, so ist man in der Lage, mit Hilfe der einen Methodengruppe die zeitlichen Unterschiede anfallender Zahlungen zu berücksichtigen (finanzmathematische oder dynamische Verfahren), was die statischen Verfahren nicht zulassen.

Die Verfahren zur Lösung von Programmentscheidungen werden dem Schwerpunkt ihrer Ausrichtung entsprechend in die produktions- und budgetorientierten Modelle unterteilt.

Somit ergibt sich folgendes Klassifikationsschema, dem die weiter unten dargestellten Methoden – mit Ausnahme von III – zugeordnet werden:

I. Verfahren zur Beurteilung einzelner Investitionsobjekte bei sicheren Erwartungen

1. Statische Verfahren
(a) Kostenvergleichsrechnung
(b) Gewinnvergleichsrechnung
(c) Rentabilitätsvergleichsrechnung
(d) Amortisationsrechnung

2. Dynamische Verfahren
(a) Kapitalwertmethode
(b) Annuitätenmethode
(c) dynamische Amortisationsrechnung
(d) Interne-Zinssatz-Methode

II. Verfahren zur Lösung von Programmentscheidungen bei sicheren Erwartungen

1. Die produktionsorientierten Modelle
2. Die budgetorientierten Modelle

III. Die Verfahren unter Berücksichtigung unsicherer Erwartungen bei einzelnen Investitionsobjekten und bei der Lösung von Programmentscheidungen

Zu den Verfahren, die die Unsicherheit berücksichtigen, wird auf die Literatur (Blohm/Lüder; Kern; Schneider) verwiesen.

I. Die Verfahren zur Beurteilung einzelner Investitionsobjekte

1. Die statischen Verfahren

Diese Methoden werden als statisch charakterisiert, weil sie – im Gegensatz zu den dynamischen Verfahren – den zeitlichen Unterschied im Anfall von Zahlungen wertmäßig nicht berücksichtigen. Auch im Zeitablauf sich ergebende Änderungen der zu berücksichtigenden Ertrags-, Aufwands- und Kostengrößen werden nicht erfaßt, wobei in der Regel die dem Investitionsakt folgende Periode als repräsentativ für die gesamte Nutzungsdauer angenommen wird. Dieser Umstand kann zu eklatanten Fehlentscheidungen führen, weswegen diese Methoden grundsätzlich nur als Entscheidungshilfen bei kurz- bis mittelfristigen Investitionsvorhaben herangezogen werden sollten. In der Praxis sind die statischen Verfahren allerdings weit verbreitet, was nicht zuletzt an ihrer unkomplizierten Handhabung liegt.

a) Die Kostenvergleichsrechnung

Mit Hilfe dieses Verfahrens werden die Kosten zweier oder mehrerer Investitionsalternativen gegenüber gestellt, um so die (das) kostengünstigste Anlage (Verfahren) zu ermitteln. Im Rahmen eines derartigen Kostenvergleichs müssen die gesamten anfallenden Kosten erfaßt und in die Bewertung einbezogen werden, wobei unterstellt wird, daß die Ertrags-(Erlös-)struktur sämtlicher Vergleichsobjekte gleich ist. Diese Annahme bezieht sich auch auf die intensitätsmäßige und zeitliche Nutzungsmöglichkeit (Nutzungsdauer) der Investitionsalternativen.

Die Periodengesamtkosten umfassen die fixen Kosten der Anlagenexistenz und die nutzungsbedingten variablen Kosten, wobei ein Vergleich auf Basis der Durchschnittskosten je Zeiteinheit (in der Regel ein Jahr) oder auf Basis der durchschnittlichen Kosten je Leistungseinheit (LE) bzw. der Stückkosten erfolgen kann.

Bei gleicher quantitativer Ausbringung der zu vergleichenden Investitionsprojekte kommen beide Rechenmethoden zum gleichen Ergebnis. Ist die mengenmäßige Ausbringung der Alternativen unterschiedlich, so kann nur die Methode auf Basis der Stückkosten bzw. der Kosten je LE Anwendung finden.

aa) Das Auswahlproblem

Wenn mehrere (mindestens zwei) Investitionsalternativen zur Wahl stehen, soll mit Hilfe dieser Methode die **kostengünstigste Alternative** gefunden werden, wobei die **Kosten je Zeiteinheit** oder die **Kosten je Leistungseinheit** miteinander zu vergleichen sind.

Werden Investitionsalternativen mit einer Nutzungsdauer von mehreren Perioden miteinander verglichen, so werden Durchschnittskosten pro Periode unterstellt, wobei entweder die Kosten des ersten Jahres als repräsentativ für die Folgeperioden gelten, oder aber die voraussichtlichen durchschnittlichen Kosten je Periode für die Nutzungsdauer zu ermitteln sind.

Die folgende Abb. 10 enthält ein Beispiel zur Auswahl der kostengünstigeren Alternative auf Basis eines Vergleichs der durchschnittlichen Kosten je Zeiteinheit.

Auf Grund dieses Rechenergebnisses ist die Alternative B die kostengünstigere.

In der Regel werden sich die verschiedenen Alternativen hinsichtlich ihrer Leistung bzw. Ausbringung je Zeiteinheit voneinander unterscheiden. In diesem Falle führt ein Kostenvergleich auf der Grundlage der Durchschnittswerte zu keinem sinnvollen Ergebnis.

3. Kapitel: Investition

Alternative	A	B
Grunddaten		
Anschaffungskosten DM	180 000,—	225 000,—
Lebensdauer (Jahre)	6	6
Ausbringung LE/Jahr	75 000	75 000
I. Fixe Kosten		
1. Abschreibungen DM/Jahr*	30 000,—	37 500,—
2. Zinsen (12% p. a. auf $^{1}/_{2}$ Anschaffungskosten)** DM/Jahr	10 800,—	13 500,—
3. Sonstige fixe Kosten DM/Jahr	39 000,—	43 300,—
4. Summe der fix. Kosten DM/Jahr	79 800,—	94 300,—
II. Variable Kosten		
1. Löhne u. Lohnnebenkosten DM/Jahr	187 000,—	143 000,—
2. Materialkosten DM/Jahr	275 000,—	276 500,—
3. Energiekosten, Werkzeugkosten und andere var. Kosten DM/Jahr	29 000,—	39 000,—
4. Summe der var. Kosten DM/Jahr	491 000,—	458 500,—
III. Summe der Kosten insges. (Pos. I/4 + II/4) DM/Jahr	570 800,—	552 800,—

* Die Abschreibungen errechnen sich linear, wobei über die gesamte Nutzungsdauer abgeschrieben wird.
** Unterstellt wird zunächst vollständige Fremdfinanzierung. Bei linearer Abschreibung über die volle Nutzungsdauer wird der durchschnittliche jährliche Kapitaleinsatz mit $^{1}/_{2}$ Anschaffungskosten angesetzt. Darauf wird der Zins berechnet.

Abb. 10 Kostenvergleich auf der Grundlage von Durchschnittswerten

Als Methode bietet sich die Kostenvergleichsrechnung auf Basis der Kosten je Leistungseinheit an. Das folgende Beispiel illustriert dieses Verfahren.

In diesem Falle wird bei den vorgegebenen Leistungsmengen die Wahl auf die Alternative B fallen, da die Kosten um DM 0,51 je LE unter denen der Alternative A liegen.

Bei dem hier vorgenommenen Kostenvergleich werden die Auslastungen ganz bestimmter Kapazitäten unterstellt. Von wesentlicher Bedeutung ist die Beantwortung der Frage, bei welcher Auslastung zwei unterschiedliche Anlagen gleich hohe Kosten je LE aufweisen, bzw. von welcher Ausbringungsmenge ab die eine Anlage kostengünstiger arbeitet als die alternative Anlage. Gefragt wird hier also nach der kritischen Auslastung bzw. nach der kritischen Menge.

Zur **Berechnung der kritischen Auslastung** sind die Kostenfunktionen der alternativen Investitionsprojekte zu ermitteln, da die kritische Auslastung in dem Punkt liegt, wo sich die beiden Kostenfunktionen schneiden.

Bezogen auf das Beispiel in Abb. 11 sind die Kostenfunktionen:

Alternative A: $K_A = 4{,}01 \text{ LE} + 17\,500$
Alternative B: $K_B = 3{,}46 \text{ LE} + 22\,575$

Alternative	A	B
Grunddaten		
Anschaffungskosten DM	120 000,—	140 000,—
Lebensdauer (Jahre)	10	10
Ausbringung LE/Jahr	14 000	17 500
I. Fixe Kosten		
1. Abschreibungen DM/Jahr	12 000,—	14 000,—
2. Zinsen (6% p.a. auf $^1/_2$ Anschaffungskosten) DM/Jahr	3 600,—	4 200,—
3. Sonstige fixe Kosten DM/Jahr	1 900,—	4 375,—
4. Summe der fix. Kosten DM/Jahr	17 500,—	22 575,—
II. Variable Kosten		
1. Löhne u. Lohnnebenkosten DM/Jahr	25 000,—	29 000,—
2. Materialkosten DM/Jahr	28 000,—	27 500,—
3. Energie u. andere var. Kosten DM/Jahr	3 140,—	4 050,—
4. Summe der var. Kosten DM/Jahr	56 140,—	60 550,—
III. Summe der Kosten		
insges. (Pos. I/4+II/4) DM/Jahr	73 640,—	83 125,—
IV. Kosten je LE (Stückkosten)		
1. Fixe Kosten je LE (DM)*	1,25	1,29
2. Variable Kosten je LE (DM)*	4,01	3,46
3. Kosten je LE insgesamt (DM)	5,26	4,75

* Die fixen Kosten je LE bzw. var. Kosten je LE werden ermittelt, indem die Summe der fix. Kosten bzw. die Summe der var. Kosten durch die Ausbringungsmenge dividiert werden.

Abb. 11 Kostenvergleich auf der Grundlage der Kosten je LE

Die Formel zur Errechnung der kritischen Auslastung lautet wie folgt:

$$M_{kr} = \frac{K_{fixA} - K_{fixB}}{k_{varB} - k_{varA}}$$

Dabei sind K_{fixA} (k_{varA}) bzw. K_{fixB} (k_{varB}) die fixen (variablen) Kosten je Zeiteinheit (Leistungseinheit) für die Alternative A bzw. B.

Die kritische Auslastung ergibt sich für diesen Fall daher wie folgt:

$$M_{kr} = \frac{17\,500 - 22\,575}{3,46 - 4,01}$$

$$M_{kr} = 9\,227 \text{ LE.}$$

Die kritische Auslastung liegt somit bei 9 227 LE, was bedeutet, daß bis zur Ausbringung von 9 227 LE/Jahr die Alternative A kostengünstiger als die Alternative B wäre, während bei Ausbringungsmengen von über 9 227 LE/Jahr der Fall umgekehrt liegt. Die Klärung einer derartigen Fragestellung ist betriebswirtschaftlich insofern relevant, als im Zeitablauf die zeitweise Reduzierung der Ausbringungsmenge erforderlich werden kann. Für diesen Fall muß die Bestimmung der kritischen Auslastung geklärt werden, da diese Information durchaus ein zusätzliches Entscheidungskriterium ist.

bb) Das Ersatzproblem
Häufig ist im Verlauf der Nutzungsdauer eines Investitionsgutes die Frage zu klären, ob der Ersatz durch eine neue Anlage für die Unternehmung vorteilhafter ist.

Als Methoden bieten sich auch hier Kostenvergleiche auf Basis von Durchschnittswerten je Zeitabschnitt bei gleicher mengenmäßiger Ausbringung bzw. auf Grundlage der Kosten je LE bei unterschiedlicher mengenmäßiger Ausbringung an.

Ermittelt werden mit Hilfe dieser Verfahren die Kostenunterschiede zwischen der alten Anlage und der Neuinvestition, wobei dies für einen Vergleichszeitraum bzw. eine Vergleichsperiode erfolgt. Diese Vergleichsperiode entspricht der Restnutzungsdauer der alten Anlage, wobei sich die Frage stellt, ob die alte Anlage zu Beginn oder am Ende dieser Vergleichsperiode ersetzt werden soll.

Wie bei dem Wahlproblem werden die durchschnittlichen Kosten des ersten Jahres der Vergleichsperiode als repräsentativ für die Folgeperioden der restlichen Nutzungsdauer angenommen.

Im Rahmen der Klärung des Ersatzproblems mit Hilfe der Kostenvergleichsrechnung müssen bestimmte Kostenbestandteile berücksichtigt werden, die im Falle des reinen Auswahlproblems nicht einzubeziehen sind. Dies sind für die alte Anlage
1. die Minderung des Liquidationserlöses je Zeitabschnitt im Verlauf der Vergleichsperiode, wobei der Liquidationserlös geschätzt wird,
2. die kalkulatorischen Zinsen auf das durchschnittlich gebundene Kapital.

Daneben werden desgleichen sonstige fixe Kosten und die variablen laufenden Kosten berücksichtigt.

Bei der neuen Anlage werden neben den variablen Kosten je Zeitabschnitt der Abschreibungsbetrag sowie die kalk. Zinsen auf das während der Nutzungsdauer durchschnittlich gebundene Kapital erfaßt.

Die Anwendung der Methode wird am folgenden Beispiel in Abb. 12 demonstriert.

Im gegebenen Fall wäre der Ersatz der alten Anlage durch das neue Investitionsobjekt vorteilhaft, da die neue Anlage mit durchschnittlich um DM 1034,29 niedrigeren Kosten arbeitet als die alte Anlage.

Die Kostenvergleichsrechnung ist allein schon aus den oben skizzierten Gründen, die für alle statischen Verfahren gelten, stark eingeschränkt aussagefähig. Hinzu kommt, daß durch dieses Verfahren die Ertragsseite der Investition überhaupt nicht berücksichtigt wird. Sie unterstellt quasi, daß die Erträge alternativer Investitionsprojekte gleich hoch sind, was sicherlich nur in Ausnahmefällen zutreffend ist. Da bei Ersatz- bzw. Rationalisierungsinvestitionen in der Regel von gleichbleibenden Erlösen ausgegangen wird, sollte dieses Verfahren hier Anwendung finden.

b) Die Gewinnvergleichsrechnung
Wie bereits oben angesprochen, unterstellt die Kostenvergleichsrechnung gleich hohe Erträge bei den zum Vergleich anstehenden Investitionsalternativen. Dies ist nur selten

Alternative	Alte Anlage	Neue Anlage
Grunddaten		
Anschaffungskosten DM	28 500,00	37 700,00
Lebensdauer (Jahre)	7	7
Ausbringung LE/Jahr	1 200	1 200
Restnutzungsdauer der alten Anlage (Jahre)*	4	
Liquidationserlös zu		
(a) Beginn der Vergleichsperiode DM	11 200,00	
(b) am Ende der Vergleichsperiode DM		
I. Fixe Kosten		
1. Abschreibungen DM/Jahr**		5 385,71
2. Durchschnittliche Verringerung des Liquidationserlöses DM/Jahr	2 800,00	
3. Zinsen***		
(a) 8% auf ½ Anschaffungskosten DM/Jahr		1 508,00
(b) 8% auf durchschn. geb. Kapital Liquidationserlös DM/Jahr	448,00	
4. Sonstige fixe Kosten DM/Jahr	300,00	620,00
5. Summe der fix. Kosten DM/Jahr	3 548,00	7 513,71
II. Variable Kosten		
1. Löhne u. Lohnnebenkosten DM/Jahr	16 000,00	9 500,00
2. Materialkosten DM/Jahr	1 900,00	1 900,00
3. Energie u. andere var. Kosten DM/Jahr	1 500,00	3 000,00
4. Summe d. var. Kosten DM/Jahr	19 400,00	14 400,00
III. Summe der Kosten insges. (Pos. I/5 + II/4) DM/Jahr	22 948,00	21 913,71

* Restnutzungsdauer der alten Anlage = Vergleichszeitraum
** Abschreibungen je Jahr = linear über die gesamte Laufdauer bei Restwert = O.
*** Zinsen = kalk. Zinsen.

Abb. 12 Die Lösung des Ersatzproblems mit Hilfe der Kostenvergleichsrechnung

realistisch, da bei den meisten Investitionsalternativen die sich ihnen zuzuordnenden Erlöse verändern, was daran liegt, daß sich – z. B. durch unterschiedliche Qualitäten – die Absatzpreise anders gestalten lassen. Es sind also die Kosten und die Erlöse in den Vergleich einzubeziehen, wodurch die Leistungsunterschiede der zum Vergleich anstehenden Alternativen errechenbar werden.

In der Regel wird der Gewinn (Erlöse – Kosten) der ersten Periode als repräsentativ für die Folgeperioden angenommen und somit als Durchschnittsgewinn für die Folgeperioden angesetzt. Das Verfahren wird an folgenden Beispielen demonstriert – im ersten Fall bei gleicher, im zweiten Fall bei unterschiedlicher Ausbringung je Zeiteinheit.

Alternative	A	B
1. Kosten insgesamt DM/Jahr	470 800,—	452 000,—
2. Erlöse insgesamt DM/Jahr	510 200,-	505 000,-
3. Gewinn DM/Jahr	39 400,-	53 000,-

Anschaffungskosten bei Alternative A: 180 000,–; Alternative B: 185 000,–
Ausbringungsmenge: je 10 000 LE/Jahr

Abb. 13 Gewinnvergleich auf der Grundlage von Durchschnittswerten bei gleicher Leistungsabgabe der Alternativen

Alternative	A	B
1. Kosten insgesamt* DM/Jahr	73 640,-	83 125,-
2. Erlöse insgesamt DM/Jahr	112 000,-	117 000,-
3. Gewinn DM/Jahr	38 360,-	33 875,-
4. Ausbringung LE/Jahr	14 000	17 500
5. Gewinn/LE DM	2,74	1,94

* Die Daten hierzu sind aus Beispiel Abb. 11 entnommen

Abb. 14 Gewinnvergleich bei ungleicher Leistungsabgabe der Alternativen

Im ersten Beispiel ergibt die Berechnung, daß bei nahezu gleichem Kapitaleinsatz und einer gleichen Ausbringung, die Alternative B einen um 13 600,— DM höheren Gewinn p. a. erwirtschaftet.

Im zweiten Beispiel auf der Basis des Beispiels Abb. 14 zeigt sich bei etwas unterschiedlichem Kapitalbedarf für die Investitionsalternativen, daß die Kostenvergleichsrechnung und die Gewinnvergleichsmethode sehr wohl zu unterschiedlichen Ergebnissen kommen können. Während die Gewinnvergleichsmethode der Alternative A gegenüber der Alternative B eindeutig den Vorrang gibt (die Gewinndifferenz je LE in DM/Jahr beträgt 0,80 DM), liegt der Fall bei der Kostenvergleichsrechnung umgekehrt.

Das wesentliche Problem im Rahmen der Anwendung der Gewinnvergleichsrechnung dürfte in der Isolierung der relevanten Kosten- und Erlösgrößen liegen, weswegen das Verfahren bei der Beurteilung kleiner Investitionsvorhaben kaum zur Anwendung kommen sollte. Zusätzlich kommt erschwerend hinzu, daß in der Regel – ausgehend von einer einzigen Periode – sämtliche Größen und somit auch die Kosten und Erlöse über die gesamte Nutzungsdauer als konstant betrachtet werden. Dies ist problematisch, da sich einerseits im Zeitablauf nicht unerhebliche Schwankungen bei den Kosten und Erlösen ergeben können, andererseits der unterschiedliche zeitliche Anfall durch dieses statische Verfahren nicht berücksichtigt werden kann.

Da die Gewinne nicht zum ursprünglichen Kapitaleinsatz ins Verhältnis gesetzt werden, sollten nur Investitionsalternativen mit gleichem oder annähernd gleichem Kapitaleinsatz mit Hilfe dieses Verfahrens auf ihre Vorteilhaftigkeit untersucht werden.

Sinnvoll ist die Anwendung dieser Methode bei Neu- und Erweiterungsinvestitionen, die einen kurz- bis mittelfristigen Zeitraum umfassen.

c) Die Rentabilitätsvergleichsrechnung

Dieses Verfahren ist dem Grunde nach lediglich eine Erweiterung der Gewinnvergleichsrechnung, wobei hier aber nicht der absolute, sondern der durchschnittliche Gewinn je Zeitabschnitt – bezogen auf das durchschnittlich gebundene Kapital – von Bedeutung ist. Damit wird ein gravierender Nachteil der Gewinnvergleichsmethode behoben, zumal auch alternative Investitionsobjekte mit stark divergierendem Kapitaleinsatz vergleichbar werden.

Die Rentabilität einer Investition wird definiert als die durchschnittliche Verzinsung des durchschnittlich gebundenen Kapitals innerhalb eines Zeitabschnitts.

Die Formel lautet:

$$Re = \frac{Ge}{Ka} \times 100 \; (\%/Ze)$$

Re = Rentabilität
Ge = durchschnittlicher Gewinn
Ka = durchschnittlich gebundenes Kapital
Ze = Zeiteinheit

Das Vorteilhaftigkeitskriterium im Rahmen der Entscheidung lautet bei der Beurteilung von

(a) einzelnen Investitionsvorhaben: Eine Investition ist dann vorteilhaft, wenn ihre Rentabilität gleich oder größer als die geforderte Mindestrentabilität ist;
(b) zwei oder mehr Investitionsalternativen zwischen denen entschieden werden soll: vorteilhaft ist die Alternative, die die höchste Rentabilität aufweist, wobei eine geforderte Mindestrentabilität nicht unterschritten werden darf.

Was die Bestimmung des durchschnittlich gebundenen Kapitals betrifft, so wird im Zusammenhang mit seiner quantitativen Bestimmung davon ausgegangen, daß bei einem Investitionsvorhaben Kapital in abnutzbaren und nicht-abnutzbaren Wirtschaftsgütern gebunden ist. Kapital, welches in nicht-abnutzbaren Wirtschaftsgütern gebunden ist, wird in voller Höhe angesetzt. Zu nicht-abnutzbaren Wirtschaftsgütern gehören z. B. Grundstücke u. Gebäude. Darunter wird auch das Umlaufvermögen subsumiert, da dieses während der gesamten Nutzungsdauer permanent ein Mindestvolumen an Kapital bindet.

Das in abnutzbaren Wirtschaftsgütern gebundene Kapital wird linear über den gesamten Zeitraum der Nutzung abgeschrieben, wodurch sich als Ansatz für das durchschnittlich eingesetzte Kapital ergibt:

$$Ka_{aW} = \frac{A_{oaW}}{2}.$$

Ka_{aW} = durchschnittlich eingesetztes Kapital für abnutzbare Wirtschaftsgüter
A_{oaW} = Anschaffungskosten für abnutzbare Wirtschaftsgüter

Werden also durch das eingesetzte Kapital abnutzbare und nicht-abnutzbare Wirtschaftsgüter finanziert, dann ändert sich die oben für die Errechnung der Rentabilität angegebene Formel wie folgt:

$$Re = \frac{Ge}{(Ka_{nW} + Ka_{aW})} \times 100 (\%/Ze)$$

Ka_{nW} = durchschnittlich eingesetztes Kapital für nicht-abnutzbare Wirtschaftsgüter

Bei einer Gesamtbeurteilung des Verfahrens sind die gleichen – z. T. schwerwiegenden – Bedenken wie bereits oben bei der Gewinnvergleichsmethode zu nennen. Der wesentliche Vorteil dieses Verfahrens gegenüber der Gewinnvergleichsmethode liegt aber in der Einbeziehung des durch das Investitionsvorhaben durchschnittlich gebundenen Kapitals. Die Methode eignet sich in erster Linie zur Beurteilung von Neu-, Erweiterungs- und Rationalisierungsinvestitionen.

d) Die Amortisationsrechnung

Mit Hilfe dieser Methode soll die statische Amortisationszeit ermittelt werden, die sich aus dem Zeitraum errechnet, der zwischen der investitionsobjektinduzierten Kapitalbindung und seiner durch entsprechende Rückflüsse bewirkten Freisetzung liegt.

Dabei ergeben sich die Rückflüsse aus der Summe von Gewinn und Abschreibungen des Investitionsprojektes.

Die Amortisationszeit (Wiedergewinnungszeit) wird ermittelt, indem der ursprüngliche Kapitaleinsatz durch die jährlichen Abschreibungen und den durchschnittlichen Jahresgewinn dividiert wird.

Die Formel hierzu lautet:

$$\text{Amortisationszeit} = \frac{\text{Kapitaleinsatz (DM)}}{\text{(durchschn. jährl. Gewinn + Abschreibungen DM/Jahr)}}.$$

Werden zwei oder mehr Investitionsalternativen miteinander verglichen, so gilt die Alternative als die vorteilhaftere, die die kürzere bzw. kürzeste Wiedergewinnungszeit aufweist, was am folgenden Beispiel demonstriert wird.

Alternative	A	B
1. Kapitaleinsatz DM	150 000,—	170 000,—
2. Abschreibungen DM/Jahr*	37 500,—	42 500,—
3. durchschnittlicher Gewinn	20 000,—	28 500,—

* Die Abschreibungen errechnen sich linear auf eine jeweilige Nutzungsdauer von 4 Jahren bezogen.

Abb. 15 Amortisationsvergleichsrechnung bei durchschnittl. jährlichen Rückflüssen

$$\text{Amortisationszeit Alternative A} = \frac{150\,000}{(37\,500 + 20\,000)} = 2{,}61 \text{ Jahre}$$

$$\text{Alternative B} = \frac{170\,000}{(42\,500 + 28\,500)} = 2{,}39 \text{ Jahre}.$$

Die hier verwendete Variante der Amortisationsvergleichsrechnung geht von jährlich durchschnittlichen Rückflüssen aus, die während der gesamten Nutzungsdauer konstant bleiben. Will man diesen Nachteil vermeiden und Rückflüsse in ihrer unterschiedlichen Höhe berücksichtigen, bietet sich als zweite Variante die Kumulationsrechnung an. Bei ihr werden die Rückflüsse so lange kumuliert, bis der ursprüngliche Kapitaleinsatz erreicht ist. Die Anwendung der Kumulationsrechnung illustriert das folgende Beispiel.

Alternative	A	B
1. Kapitaleinsatz DM/Jahr	120 000,—	140 000,—
2. Nutzungsdauer Jahre	5	5
3. Abschreibungen	24 000,—	28 000,—
4. Rückflüsse* DM/Jahr		
1. Jahr	24 000,—	58 000,—
2. Jahr	33 000,—	58 000,—
3. Jahr	59 000,—	58 000,—
4. Jahr	69 000,—	53 000,—
5. Jahr	64 000,—	53 000,—

* folgende Gewinne werden p. a. in der Folge 1.–5. Jahr erwirtschaftet: i, Tsd. Alternative A: 0,00 DM; 9,0; 35,0; 45,0; 40,0; Alternative B: 30,0; 30,0; 30,0; 25,0; 25,0.

Abb. 16 Amortisationsvergleichrechnung mit Hilfe der Kumulationsrechnung

Im Fall der Alternative B erfolgt die Amortisation im Verlaufe des 3. Jahres, was bei der Alternative A erst im 4. Jahr der Fall ist. Aus diesem Grund ist die Alternative B der Investitionsmöglichkeit A vorzuziehen.

Die Amortisationsrechnung wird eingesetzt, um den Zeitraum bis zur Wiedergewinnung des eingesetzten Kapitals zu ermitteln. Sie stellt somit auf die Kapitalbindungsdauer, nicht aber auf die Wirtschaftlichkeit ab.

Die Anwendung eines derartigen Verfahrens erscheint sinnvoll, wenn berücksichtigt wird, daß mit zunehmender Kapitalbindungsdauer das Risiko einer Investition zunimmt, weswegen jede Unternehmensleitung an einer möglichst frühzeitigen Amortisation des eingesetzten Kapitals interessiert ist. Insofern bietet die Anwendung dieses Verfahrens ein nützliches, zusätzliches Kriterium im Rahmen der Entscheidungsfindung. Es ist allerdings nicht zu empfehlen, daß dieses Verfahren als alleinige Entscheidungshilfe herangezogen wird, da nicht nur Wirtschaftlichkeitsgesichtspunkte, sondern auch der Zeitraum nach dem Amortisationszeitpunkt außer acht gelassen wird. Bei einer Totalbetrachtung kann sich unter Einbeziehung von Wirtschaftlichkeitskriterien (Kosten- und Ertragswirtschaftlichkeit) durchaus ein unter Amortisationsgesichtspunkten vorteilhaftes Ergebnis umkehren.

2. Die finanzmathematischen Verfahren

Im Gegensatz zu den statischen Verfahren **berücksichtigen die dynamischen Methoden den zeitlichen Unterschied im Anfall von Zahlungen während der Nutzungsdauer von Investitionsprojekten.** Dies hat zur Folge, daß die anfallenden Zahlungen im Rahmen eines Investitionsprozesses auf einen Zeitpunkt – **Bezugszeitpunkt** – auf- oder abgezinst werden.

Zu diesem Zweck wird eine Investition als eine Zahlungsreihe definiert, die sich aus Auszahlungen (gekennzeichnet durch ein negatives Vorzeichen) und Einzahlungen (gekennzeichnet durch ein positives Vorzeichen) zusammensetzt.

Bei diesen Zahlungen handelt es sich um

(a) einmalige Zahlungen

(aa) **Auszahlungen**, die im Rahmen der Anschaffung des Investitionsprojektes anfallen (Anlage- und Umlaufvermögen);
(bb) **Einzahlungen**, die aus dem Liquidationserlös des Investitionsprojektes am Ende der Nutzungsdauer fällig werden;

(b) laufende Zahlungen

(aa) **Auszahlungen**, die zur Durchführung von Fertigungs-, Absatz- und anderen Aktivitäten fällig werden;
(bb) **Einzahlungen**, die aus dem Absatz anfallen.

Der Einfachheit halber geht man davon aus, daß die Ein- und Auszahlungen jeweils am Jahresende gebündelt anfallen, weswegen die im Verlaufe eines Jahres wirksam werdenden Zahlungen auf das jeweilige Jahresende aufgezinst werden. Anschließend werden aus diesen aufgezinsten Ein- und Auszahlungen Differenzen gebildet, die zu Einzahlungs- oder Auszahlungsüberschüssen führen. Im Normalfall dürften Einzahlungsüberschüsse vorliegen. Die laufenden, am Jahresende anfallenden Überschüsse – zu denen auch die am Nutzungsende anfallenden Liquidationserlöse zählen – werden als **Rückfluß** bezeichnet. Die zu unterschiedlichen Zahlungszeitpunkten anfallenden Rückflüsse haben jeweils einen **Zeitwert**. Sie werden auf einen Bezugszeitpunkt ab- oder aufgezinst. Dabei kann der Bezugszeitpunkt auf den Beginn oder das Ende des Planungszeitraumes gelegt werden. Liegt der Bezugszeitpunkt am Beginn (Ende) des Planungszeitraumes, werden die abgezinsten (aufgezinsten) Zahlungen als **Barwert (Endwert)** bezeichnet.

Was die Klassifikation der finanzmathematischen Verfahren betrifft, so erfolgt diese bei den Verfahren zur Beurteilung einzelner Investitionsvorhaben auf der Grundlage der jeweils zur Anwendung kommenden finanzmathematischen Vorteilsmaßstäbe.

Dieses sind die Kapitalwertmethode einschließlich der ihr zuzurechnenden Variante der Annuitätenmethode sowie die Interne-Zinssatz-Methode.

Allen diesen Verfahren ist als Prämisse ein vollkommener Kapitalmarkt vorgegeben, auf dem die Unternehmen zu jedem Zeitpunkt im beliebigen Umfang zu einem bestimmten einheitlichen Kapitalmarktzinssatz die notwendigen Mittel beschaffen und ihre Finanzinvestitionen tätigen können.

Bei einem Auseinanderfallen der Haben- und Sollzinssätze – dies ist realiter der Fall – sind die Kapitalwert-, Annuitäten- und Interne-Zinssatz-Methode daher nur unter gewissen Vorbehalten anwendbar.

An ihre Stelle können dann die Vermögensendwert- bzw. die Sollzinssatzmethode in ihren jeweiligen Varianten treten, da diese unterschiedliche Soll- und Habenzinssätze berücksichtigen. Allerdings entstehen mit der Anwendung dieser Methoden neue Probleme, weswegen die Verfahren nicht unbedingt zu besseren Ergebnissen führen (Blohm/Lüder, S. 107ff.).

a) Die Kapitalwertmethode

Der auf einen bestimmten Zeitpunkt (Bezugszeitpunkt) errechnete **Kapitalwert einer Investition ergibt sich aus den auf diesen Bezugszeitpunkt abgezinsten Rückflüssen** (einschließlich eines angefallenen abgezinsten Liquidationserlöses), **vermindert um den Barwert der Anschaffungsauszahlungen für diese Investition.**

Die Errechnung der Barwerte erfolgt mit Hilfe eines Rechenzinsfußes, dem Kalkulationszinssatz. Bezeichnet man mit

C_0 = Kapitalwert
t = Perioden von 0−n
I_0 = Investitionsauszahlung zur Anschaffung zum Zeitpunkt t_0
$E_t - A_t = R_t$ = Einzahlungsüberschuß bzw. Auszahlungsüberschuß in der Periode t = Rückfluß
L_n = Liquidationserlös des Investitionsgutes am Ende der Nutzungsdauer n
i = Kalkulationszinssatz

dann ergibt sich

$$C_0 = -I_0 + \sum_{t=1}^{n} (E_t - A_t) \frac{1}{(1+i)^t}, \text{ bzw.}$$

$$C_0 = -I_0 + \sum_{t=1}^{n} \frac{R_t}{(1+i)^t}.$$

Soweit ein Liquidationserlös am Ende der Nutzungsdauer anfällt,

$$C_0 = -I_0 + \sum_{t=1}^{n} \frac{R_t}{(1+i)^t} + \frac{L_n}{(1+i)^t}.$$

Tritt der Fall jährlich gleich anfallender Rückflüsse (R_t) auf, so vereinfacht sich die Lösung unter Anwendung von Rentenbarwertfaktoren wie folgt:

$$C_0 = -I_0 + R_t \frac{(1+i)^t - 1}{i(1+i)^t}.$$

Der Kalkulationszinssatz dient bei der hier dargestellten Kapitalwertmethode zur Abzinsung aller anfallenden Zahlungen auf den Bezugszeitpunkt (Zeitausgleichsfunktion). Seine Höhe richtet sich nach der Höhe des Kapitalmarktzinses und spiegelt damit die Finanzierungskosten und die Reinvestitionsmöglichkeiten wider. Er repräsentiert aber auch die Erwartungen der Unternehmensleitung im Hinblick auf die zu erzielende Mindestverzinsung des einzusetzenden Kapitals. Damit ist in ihm – als Äquivalent für das mit jeder Investitionstätigkeit verbundene Risiko – eine Risikoprämie enthalten, deren Höhe sich in positiver Korrelation zum Investitionsrisiko verhält. Es leuchtet ein, daß die Bestimmung des Kalkulationszinssatzes nicht ganz unproblematisch ist, zumal subjektive Momente bei seiner Findung eine u. U. nicht geringe Rolle spielen. Angesichts seiner Bedeutung – der Kalkulationszinsfuß beeinflußt durch seine Höhe entscheidend die Höhe des Kapitalwertes – bildet die Problematik seiner Bestimmung einen nicht zu unterschätzenden Nachteil für die Anwendung der Kapitalwertmethode.

Das Vorteilskriterium der Kapitalwertmethode besagt, daß eine Investition um so vorteilhafter ist, je höher bei einem gegebenen Kalkulationszinsfuß ihr Kapitalwert ist.

Da der Kapitalwert einer Investition nach der Kapitalwertmethode den Maßstab für die Verzinsung und Amortisation des eingesetzten Kapitals und einen erwirtschafteten Überschuß darstellt, muß er möglichst größer Null, mindestens gleich Null sein, damit die Investition als vorteilhaft angesehen werden kann.

3. Kapitel: Investition

Eine Investition ist somit immer vorteilhaft, wenn ihr Kapitalwert nicht negativ ist.

Die Errechnung des Kapitalwertes einer Investition wird am Beispiel in Abb. 17 demonstriert, wobei die Barwertfaktoren mühelos mit Hilfe handelsüblicher Taschenrechner ermittelt werden können.

Beispiel:
Im Rahmen eines geplanten Investitionsvorhabens werden Anschaffungsauszahlungen (I_o) zum Zeitpunkt t_o in Höhe von 145 000,— DM getätigt. In den folgenden Jahren (1–6) wird jeweils zum Jahresende ein Einzahlungsüberschuß fällig. Die jeweiligen Rückflüsse zum Zeitwert sind aus der Tabelle zu ersehen. Ist die geplante Investition bei einem Kalkulationszinssatz von $i = 0,12$ vorteilhaft?

Jahr (Periodenende)	Rückflüsse (Zeitwert) in DM	Abzinsungs- faktoren bei $i = 0,12$	Barwerte der jährlichen Rückflüsse in DM
1	20 000,—	0,89285714	17 857,14
2	45 000,—	0,79719388	35 873,72
3	45 000,—	0,71178025	32 030,11
4	48 000,—	0,63551808	30 504,87
5	47 500,—	0,56742686	26 952,78
6	40 000,—	0,50663112	20 265,24
Summe der Barwerte der jährl. Rückflüsse		DM	163 483,86
Anschaffungsauszahlungen I_0		DM	−145 000,00
Kapitalwert C_o		DM	18 483,86

Abb. 17 Ermittlung des Kapitalwertes C_o einer Investition

Bei einem $C_o = 18 483,86$ DM ist die Investition vorteilhaft.

Die Höhe des Kapitalwertes C_o einer Investition ist abhängig
(a) vom Umfang der Einzahlungs- bzw. Auszahlungsüberschüsse,

Kalkulations- zinsfuß	Kapitalwert C_o
0,04	67 525,35 DM
0,06	53 414,31 DM
0,08	40 637,14 DM
0,10	29 038,43 DM
0,12	18 483,87 DM
0,14	8 856,94 DM
0,16	56,34 DM
0,18	−8 006,34 DM
0,20	−15 408,41 DM
0,22	−22 214,70 DM

Abb. 18 Der Einfluß des Kalkulationszinssatzes auf die Höhe des Kapitalwertes

(b) von der zeitlichen Struktur anfallender Einzahlungs- und/oder Auszahlungsüberschüsse,
(c) von der Höhe des Kalkulationszinssatzes.

Unter Bezug auf das vorhergehende Beispiel Abb. 17 zeigt sich, daß der Kapitalwert C_o mit wachsendem Kalkulationszinssatz ab- und schließlich negative Werte annimmt – vgl. Abb. 18.

Hier wird deutlich von welcher Bedeutung die Bestimmung des Kalkulationszinssatzes ist, da die Höhe des Kapitalwertes einer Investition bei sonst konstanten E_t, A_t, I_o, L_n, t allein mit dem Zinssatz i variiert.

b) Die Annuitätenmethode

Bei diesem Verfahren handelt es sich um eine Variante der Kapitalwertmethode. Mit seiner Hilfe wird ein errechneter Kapitalwert C_o unter Verwendung des entsprechenden Kapitalwiedergewinnungsfaktors, der von i und t abhängig ist, in eine Reihe von gleich hohen Zahlungen auf n Perioden einer Investition verteilt.

Der zur Anwendung kommende Kapitalwiedergewinnungsfaktor stellt sich als reziproker Wert des Rentenbarwertfaktors allgemein wie folgt dar:

$$\frac{i(1+i)^t}{(1+i)^t - 1}.$$

Danach lautet die Formel für die Annuität (A_n) einer Investition

$$A_n = C_0 \frac{i(1+i)^t}{(1+i)^t - 1}.$$

Das allgemeine Vorteilskriterium lautet dann:
Eine Investition ist dann vorteilhaft (unvorteilhaft), wenn ihre Annuität positiv (negativ) ist.

Wenn die Errechnung der Annuität auch einen zusätzlichen Rechenschritt bedeutet, so hat die Methode aus der Sicht der Praxis insofern einen Vorteil, als hier die Betrachtungsweise in periodischen Gewinnen im Vordergrund steht.

Bezogen auf das Beispiel in Abb. 15 ergibt sich nach der Annuitätenmethode A_n = 4495,75 DM.

c) Die dynamische Amortisationsrechnung

Mit Hilfe dieses Verfahrens soll die Länge der Kapitalwiedergewinnungszeit (pay-off period) unter Berücksichtigung der Zinsen errechnet werden. Der Amortisationszeitraum ist als derjenige definiert, innerhalb dessen sich das in Höhe des Kalkulationszinssatzes verzinste ursprünglich eingesetzte Kapital durch entsprechende Rückflüsse wiedergewonnen wird. Damit ist dieser Zeitraum wie folgt definiert:

$$I_o = \sum_{t=1}^{n} \frac{R_t}{(1+i)^t}$$

I_o = Kapiteleinsatz in der Periode O,
R = Rückfluß in DM/Jahr
i = Kalkulationszinssatz

Technisch vollzieht sich der Ermittlungsvorgang im Kummulationsverfahren. Die Barwerte der Rückflüsse werden damit solange kummuliert, bis sie den ursprünglichen Kapitaleinsatz vollständig abdecken.

Unter Verwendung des Beispiels Abb. 17 ergibt sich:

Jahr (Periodenende)	Barwerte der jährlichen Rückflüsse in DM	
1	17 857,14	
2	35 873,72	
3	32 030,11	
4	30 504,87	
5	26 952,78	
6	20 265,24	← Amortisation im Zeitraum Januar/6. Jahr

Als vorteilhaft gilt unter dem Kriterium der Amortisationszeit diejenige Investition, deren Amortisationszeitraum ≥ dem geforderten Höchstamortisationszeitraum ist.

Unabhängig vom unterschiedlichen Ermittlungsansatz des Amortisationszeitraums gelten zu diesem Verfahren hinsichtlich der Anwendungsmöglichkeit und der Aussagefähigkeit die Aussagen (mit Ausnahme derjenigen zum spezifischen Rechenansatz), die bereits oben zur statischen Amortisationsrechnung erfolgt sind.

d) Die Interne-Zinssatz-Methode

Mit Hilfe der Internen-Zinssatz-Methode versucht man den Zinssatz zu ermitteln, bei dem sich ein Kapitalwert von Null ergibt. Dies bedeutet, daß der Barwert der Investitionsauszahlungen gleich dem Barwert der Rückflüsse (einschließlich dem Barwert des Liquidationserlöses) ist. Damit kennzeichnet der interne Zinsfuß die Rentabilität (vor Abzug von Zinsen) des noch nicht amortisierten Kapitals.

Der interne Zinssatz (r) wird ermittelt, indem die Kapitalwertfunktion gleich Null gesetzt wird.

$$0 = -I_0 + \sum_{t=1}^{n} \frac{R_t}{(1+i)^t}.$$

Die Errechnung stellt sich wie folgt dar. Ausgehend von der oben getroffenen Feststellung, daß der **interne Zinssatz der Diskontierungszinssatz ist, bei dem der Kapitalwert gleich Null wird**, ist die obige Gleichung wie folgt umzuformen:

$$I_0 = \sum_{t=1}^{n} \frac{R_t}{(1+i)^t}.$$

Im klassischen „Zwei-Zahlungs-Fall" läßt sich der Interne Zinsfuß einer Investition einer Investition ohne Schwierigkeiten durch Umformung der o.a. Gleichung und Auflösung nach r errechnen. Danach ergibt sich:

$$r = \left(\frac{R_t}{I_0}\right)^{\frac{1}{t}} - 1$$

Beispiel:

Kauf von Rohdiamanten für 12 000 000,— DM, die nach Ablauf von zwei Jahren für DM 15 000 000,— wieder verkauft werden sollen. Es errechnet sich ein Interner Zinsfuß von: r = 0,1180 (11,80%).

Bei der Auflösung nach r ergeben sich aber bei Investitionen, bei denen mehrperiodisch Zahlungen anfallen, u.U. Schwierigkeiten (Polynom n-ten Grades für die zu ermittelnde Größe r mit bis zu n-reellen Nullstellen).

Man verfährt daher bei der Ermittlung des internen Zinssatzes, indem man mit Näherungslösungen arbeitet, wie folgt:

(a) man wählt zunächst einen beliebigen Kalkulationszinssatz i_1 und errechnet den entsprechenden Kapitalwert C_{o1};
(b) ein zweiter Kalkulationszinssatz i_2 wird gewählt und der entsprechende Kapitalwert C_{o2} errechnet. Bei der Wahl dieses zweiten Kalkulationszinssatzes ist so zu verfahren, daß C_{o2} negativ (positiv) wird, wenn durch die Wahl von i_1 C_{o1} positiv (negativ) geworden war;
(c) die eigentliche Ermittlung kann nun auf dem rechnerischen oder graphischen Wege erfolgen.

Die **rechnerische Ermittlung** erfolgt mit Hilfe der Formel

$$r = i_1 - C_{01} \frac{i_2 - i_1}{C_{02} - C_{01}}$$

durch lineare Interpolation oder Extrapolation.

Im Beispiel Abb. 15 war ein Kapitalwert $C_0 = 18 483,86$ DM bei einem Kalkulationszinssatz $i = 0,12$ errechnet worden.

Bei einem Kalkulationszinssatz von $i = 0,18$ errechnet sich für dieses gleiche Investitionsvorhaben ein Kapitalwert von $- 8006,34$ DM.

Eingesetzt in die Formel ergibt sich

$$r = 0,12 - 18 483,86 \frac{0,18 - 0,12}{- 8 006,34 - 18 483,86}$$

$$r = 0,161 865 732$$

Eine Berechnung mit Hilfe dieses ermittelten Zinsfußes zeigt, daß der interne Zinssatz für diese Investition noch nicht gefunden wurde, da der Kapitalwert C_o in diesem Fall $-725,74$ DM beträgt.

Durch mehrmaliges Probieren mit alternativen Kalkulationszinsfüßen und entsprechenden Kapitalwerten wird dann schrittweise der interne Zinssatz errechnet. Dieser ist im vorliegenden Fall $r = 0,1601338882$, wobei die Praxis mit $r = 0,16$ rechnet.

Die **graphische Ermittlung** des internen Zinssatzes geht zunächst auch von der rechnerischen Ermittlung zweier unterschiedlicher C_o-Werte aus. Das Ergebnis zeigt sich dann bei graphischer Interpolation entsprechend Abb. 19.

Was die **Frage nach dem Vorteilhaftigkeitskriterium** betrifft, so wird **bei Anwendung des internen Zinssatzes eine Investition dann als vorteilhaft bezeichnet, wenn der interne Zinssatz über dem Kapitalmarktzinssatz liegt.** Dabei wird unterstellt, daß die Unternehmung jederzeit die notwendigen Kapitalien zu einem bestimmten Kapitalmarktzinssatz – der dem Kalkulationszinsfuß entspricht – finanzieren und investieren kann.

3. Kapitel: Investition

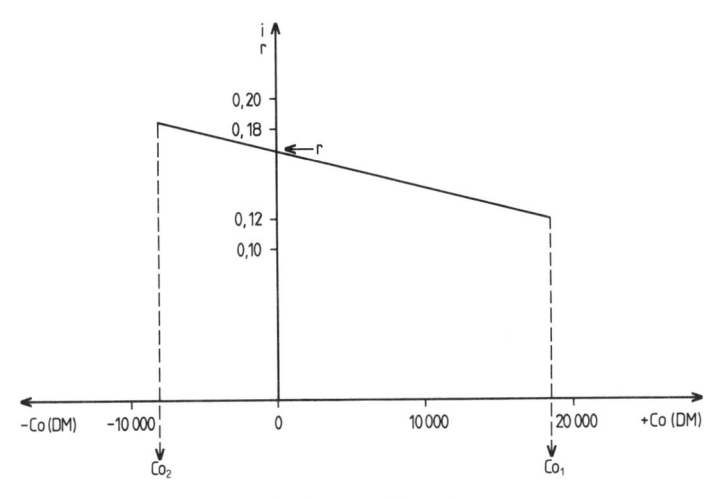

Abb. 19 Graphische Interpolation des internen Zinssatzes

In allen Fällen, in denen die Zahlungsreihe einer Investition nur einmal das Vorzeichen wechselt und zudem mit Auszahlungsüberschüssen beginnt – die zeitlich vorlaufende Auszahlungsphase ist also von der Einzahlungsphase zu trennen – kommt die Interne-Zinsfuß-Methode zu eindeutigen Ergebnissen, d.h., daß ein positiver, negativer oder kein Interner Zinsfuß errechnet wird.

Die folgende Zahlungsreihe (sie entsteht durch Kundenvorauszahlungen bei gleichzeitiger Gewährung eines Lieferantenkredits – jeweils an den Investor) möge dies verdeutlichen:

$$t_0 = +2209{,}72; \quad t_1 = -5302{,}91; \quad t_2 = 3159{,}65.$$

Der Verlauf der nachstehend graphisch dargestellten Kapitalwertkurve sowie Berechnungen zeigen, daß die Anwendung der Internen Zinsfußmethode zur Mehrdeutigkeit in ihrer Aussage führen kann, da folgende zwei Lösungen gefunden werden:

$$r_1 = 10{,}04\% \qquad \text{sowie } 29{,}93\%.$$

Die ökonomische Interpretation ist aber insofern einfach, als nur der erste Interne Zinsfuß für die Entscheidungsfindung relevant ist.

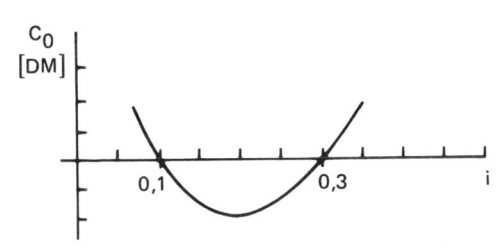

Abb. 20 Kapitalwertkurve zum Beispiel.

Da derartige Zahlungsreihen in der Realität durchaus vorkommen können (Schneider, S. 215), sollte die Anwendung der Internen Zinsfußmethode im Zweifelsfall nur erfolgen, wenn die o. a. Voraussetzungen gegeben sind.

Welche Bedeutung die **ökonomische** Interpretation aus einem gefundenen Rechenansatz für einen Investitionskalkül hat, zeigt folgendes Beispiel (Lücke, 1975, S. 142):

	Projekt A	Projekt B
t_0	-1000	$+1000$
t_1	$+900$	-900

In beiden Fällen errechnet sich ein $r = -0,1$.

Im Fall A entsteht ein Verlust in Höhe von 10% des Anfangsbetrages, während in Fall B der negative interne Zinsfuß nicht als relativer Verlust anzusehen ist, da die Einzahlungen > Auszahlungen sind und zudem zeitlich vor diesen anfallen.

e) Der Vergleich sich ausschließender Alternativen

Die Lösung des Wahlproblems mit Hilfe finanzmathematischer Verfahren muß immer vor dem Hintergrund der diesen Methoden unterstellten Prämissen gesehen werden.

Danach sind Alternativen nur dann miteinander vergleichbar, wenn das zu jedem Zeitpunkt gebundene Kapital gleich hoch ist und die Lebensdauern identisch sind. Dies ist aber nicht der Regelfall, da sich Investitionsprojekte normalerweise durch betragliche oder/und zeitliche Differenzen voneinander unterscheiden.

Zur Herstellung der Vergleichbarkeit werden daher entweder Ergänzungsinvestitionen z. B. in Form von Finanzinvestitionen am Kapitalmarkt getätigt, was als möglich unterstellt wird – vgl. Kapitalmarktannahmen. Oder es wird der implizite Verfahrensvergleich mit Hilfe der Differenzinvestition vorgenommen. Hier handelt es sich um eine fiktive Investition, deren Zahlungsreihe der Differenz der beiden Investitionsalternativen entspricht.

Bei der Anwendung der **Kapitalwertmethode** besteht zunächst also die Möglichkeit der Durchführung einer Ergänzungsinvestition (expliziter Vergleich).

Im Rahmen eines derartigen Vorteilhaftigkeitsvergleiches ist vorab festzustellen, daß die einzubeziehenden Investitionsalternativen das Kriterium der absoluten Vorteilhaftigkeit erfüllen müssen. Sie sind somit nur in den Vorteilhaftigkeitsvergleich einzubeziehen, wenn sie jeweils einen positiven Kapitalwert aufweisen.

Da die Kapitalwertmethode die Verzinsung der **Ergänzungsinvestition** zum Kalkulationszinssatz unterstellt (Kapitalmarktannahme), wird ihr Kapitalwert immer Null. Insofern sind in diesem Fall lediglich die Kapitalwerte der Investitionsalternativen miteinander zu vergleichen. Die Investition wird als die vorteilhaftere angesehen, die den höchsten Kapitalwert C_0 aufweist.

Bei dem Vergleich mit Hilfe der **Differenzinvestition** wird deren Zahlungsreihe ermittelt, indem die Zahlungsreihen der Investitionsalternativen auf Basis der Ausgangssituation von einander subtrahiert werden. Sodann wird der Kapitalwert der Differenzinvestition errechnet.

Ist der Kapitalwert der Differenzinvestition positiv, so ist die Investition, die in der Ausgangssituation die höhere Kapitalbindung verursacht, vorzuziehen. Voraussetzung ist aber, daß auch in diesem Fall die in den Vergleich einzubeziehenden Investitionsalternativen jeweils das Kriterium der absoluten Vorteilhaftigkeit erfüllen.

Grundsätzlich führen beide Verfahren (expliziter und impliziter Vergleich) zum gleichen Ergebnis, da der Kapitalwert der Differenzinvestition gleich der Differenz der Kapitalwerte der beiden Ausgangsinvestitionen (aus deren Zahlungsreihen die Differenzinvestition gebildet wird s. o.) ist (Blohm/Lüder, S. 59).

Eine elegantere Beurteilungsmöglichkeit bietet in diesem Zusammenhang die Anwendung der Internen-Zinssatz-Methode. Dies muß aber vor dem Hintergrund gesehen werden, daß der Kapitalwert einer Investition bei sonst konstanten Größen (E_t, A_t, I_o, L_n, t) allein mit dem Zinssatz i variiert. So kann in bestimmten Fällen die zunächst bei einem niedrigen Zinssatz bestehende Vorteilhaftigkeit einer Investitionsalternative zugunsten der anderen Alternative bei einem höheren Zinssatz umschlagen.

Dies wird am folgenden Beispiel Abb. 21 demonstriert. Gegeben sind zwei Investitionsalternativen A und B sowie die Zahlungsreihe der erforderlichen Differenzinvestition:

Jahr (Periodenende)	Investitionsalternative A	B	Differenzinvestition D
0	−132 100,—	−99 000,—	−33 100,—
1	+ 66 200,—	+ 57 950,—	+ 8 250,—
2	+ 87 120,—	+ 59 000,—	+ 28 120,—

Danach ergeben sich, wie aus der nachstehenden Abb. 21 ersichtlich, für die Investitionsalternativen A und B folgende Kapitalwerte bei den angegebenen Kalkulationszinsfüßen:

Kalkulations- zinsfuß i	Kapitalwert Alternative A	Kapitalwert Alternative B
0,02	16 538,99	14 522,68
0,04	12 101,18	11 269,97
0,054717	8 980,67	8 980,67
0,06	7 889,32	8 179,60
0,08	3 887,65	5 240,40
0,10	81,82	2 442,14
0,12	−3 541,33	−224,49

Abb. 21 Vergleich zweier sich ausschließender Investitionsmöglichkeiten anhand ihrer Kapitalwerte bei alternativen Kalkulationszinssätzen

Wie aus dem Beispiel ersichtlich, schlägt die zunächst bestehende Vorteilhaftigkeit der Investitionsalternative A mit einem bestimmten Zinssatz, dem **kritischen Zinssatz**, zugunsten der Investitionsalternative B um.

Dabei entspricht, wie rechnerisch leicht zu ermitteln, dieser kritische Zinsfuß genau dem internen Zinssatz der Differenzinvestition. Dieser errechnet sich für unser Beispiel ebenfalls auf $r_D = 0{,}054717$.

Somit kann durch Errechnung des internen Zinssatzes der Differenzinvestition der kritische Zinssatz ermittelt werden. Es genügt um festzustellen, ob der kritische Zinssatz größer oder kleiner als der Kalkulationszinssatz ist. Ist der interne Zinssatz der Differenzinvestition größer als der Kalkulationszinssatz, so ist die Investitionsalternative, die in der Ausgangssituation die höhere Kapitalbindung verursacht, vorzuziehen.

Der vorstehende Fall betraf die betragliche Differenz. Bestehen zeitliche Differenzen zwischen zwei Investitionsalternativen, so wird grundsätzlich ebenso wie vorstehend verfahren.

Man ergänzt also eine kurzlebige Investition so um eine Anschlußinvestition, daß ein gleich langer Nutzungszeitraum für die Alternativen gegeben ist. Kann eine Anschlußinvestition nicht erfolgen, so wird unterstellt, daß die Investition mit Ablauf ihrer Nutzungsdauer identisch wiederholt werden kann. Schließlich besteht die Möglichkeit zu unterstellen, die Überschüsse der kürzerfristigen Investition bis zum Ende der längerfristigen Investition zum Kalkulationszinssatz erneut anlegen zu können. Die Kapitalwerte werden in diesem Fall – wie errechnet – miteinander verglichen.

Für die **Annuitätenmethode** gelten, da es sich um eine Variante der Kapitalwertmethode handelt, grundsätzlich die zur Kapitalwertmethode getroffenen Ausführungen. Allerdings gilt dies nur, wenn sich die Annuitäten auf einen gleichen Vergleichszeitraum beziehen.

Bei der **Internen-Zinssatz-Methode** wird unterstellt, daß die Kapitalanlage zu beliebigen Zinssätzen getätigt werden kann. Durch diese zur Kapitalwertmethode abweichende Prämisse (Kapitalanlage zum Kalkulationszinssatz) können aber Vorteilhaftigkeitsvergleiche mit Hilfe der Internen-Zinsfuß-Methode und der Kapitalwertmethode zu unterschiedlichen Ergebnissen führen.

f) Der Einfluß von Steuern auf die Investitionsentscheidung

Steuern können bei Einbeziehung in den Investitionskalkül auf Grund der mit ihnen verbundenen Wirkungen auf die Investitionsentscheidung einen erheblichen Einfluß haben. Die Einbeziehung der Steuerwirkungen in den Investitionsentscheidungsprozeß ist allerdings insofern schwierig, weil sie nicht nur auf das einzelne Investitionsprojekt isoliert werden dürfen. Vielmehr ist die Gewinn- und Steuerplanung (in diesem Zusammenhang z.B.: Strategie von Verlustvorträgen) über den gesamten Planungszeitraum für die Gesamtunternehmung zu berücksichtigen. Modelle, die verschiedene Komponenten berücksichtigen, existieren (Albach, 2). Sie sind zudem auf einmalige Investitionen und Ersatzinvestitionen anwendbar.

Die mögliche Wirkung von Steuern auf die Vorteilhaftigkeit einer Investition demonstriert D. Schneider (S. 311 ff.) am folgenden Fall:

Eine Investition habe folgende Zahlungsreihe:

t_0	t_1	t_2	t_3
-3000	0	$+2000$	$+1760$

Die Finanzierung erfolgt vollständig mit Eigenkapital. Der Kalkulationszinsfuß beträgt 10% und ist einer alternativen Anlage am Kapitalmarkt (Finanzanlage) äquivalent. Die Kapitalwertberechnung ergibt: $C_0 = -24{,}79$ Währungseinheiten. Die Investition ist somit unvorteilhaft.

Unter Berücksichtigung von Gewinnsteuern ergibt sich folgendes Bild: angenommener Steuersatz: 50%; Kalkulationszinssatz unter Berücksichtigung des Steuersatzes (i_s) nunmehr 5%. Begründung: der gewählte Zinssatz ist ein Opportunitätszinssatz zur Finanzanlage, der um den Steuersatz bereinigt werden muß. Berechnung:

$$i_s = i - \frac{50}{100} i$$
$$i_s = 0{,}1 - 0{,}5 \times 0{,}1 = 0{,}05$$

Im weiteren Verlauf ist zunächst der **steuerpflichtige Gewinn** zu berechnen. Er beträgt unter Berücksichtigung der jährlichen Abschreibung und der Möglichkeit, einen Verlustvortrag gem. §10d EStG aus Jahr 1 in Jahr 2 zu verrechnen: im Jahr 1 = 0; Jahr 2 = 0; Jahr 3: +380 Währungseinheiten.

Die Zahlungsreihe sieht nun wie folgt aus:

t_0	t_1	t_2	t_3
−3000	0	+2000	+1380

Bei einem Kalkulationszins von $i = 0{,}05$ errechnet sich $C_0 = 6{,}15$ Währungseinheiten. Die Investition ist also vorteilhaft. Die Umdrehung der Vorteilhaftigkeitsverhältnisse wird als **Steuerparadoxon** bezeichnet und kann in der Wirkung noch verstärkt werden, wenn Eigenkapital durch Fremdkapital substituiert wird.

Der Effekt wird möglich, weil (a) Gewinnminderungen durch Abschreibungen eintreten können, was entsprechende Wirkungen auf die Struktur der Zahlungsreihe und die Höhe der Zeitwerte einzeln anfallender Zahlungen haben kann, (b) der Kalkulationszinsfuß der Sachinvestition herabgesetzt wird.

g) Verfahren zur Bestimmung von Nutzungsdauerentscheidungen und des optimalen Ersatzzeitpunktes

In der Regel sind die Nutzungsdauern von Investitionsobjekten begrenzt, wobei dies aus technischen oder/und wirtschaftlichen Gründen der Fall sein kann.

Die **technische Nutzungsdauer** beschreibt den Zeitraum, innerhalb dessen ein Investitionsobjekt überhaupt in der Lage ist, eine technische Leistung abzugeben.

Die **wirtschaftliche Nutzungsdauer** eines Investitionsobjektes definiert den Zeitraum, innerhalb dessen eine wirtschaftliche Nutzung sinnvoll ist.

In der Regel ist der Zeitraum der wirtschaftlich sinnvollen Nutzung eines Investitionsobjektes kürzer als der seiner technischen Nutzungsmöglichkeit.

Die **Bestimmung der optimalen Nutzungsdauer** kann theoretisch im Zusammenhang mit der grundsätzlichen Einsatzentscheidung, also vor Installation des Investitionsobjektes, erfolgen. Da aber eine derartige Berechnung wegen der hiermit verbundenen Schwierigkeiten bei der Datengewinnung und -aufbereitung selten zu brauchbaren Ergebnissen führt, wird zumeist in der Praxis während der Nutzung eines Investitionsobjektes die Entscheidung auf sofortigen oder späteren Ersatz (Ersatzproblem) reduziert.

Nach Dieter Schneider (S. 249 ff.) stellt sich das **Nutzungsdauerproblem im Zusammenhang mit folgenden Vorgängen:**
1. Die einmalige Investition
2. Die wiederholte Investition (Investitionsketten)

(a) einmalige identische Wiederholung
(b) mehrfache identische Wiederholung
(c) unendliche identische Wiederholung

3. Die wiederholten nicht-identischen Investitionen

Bei der **einmaligen Investition** erfolgt die Bestimmung der optimalen Nutzungsdauer durch schrittweise Berechnung des Kapitalwertes der Investition für den Fall, daß das Investitionsobjekt nach einem, zwei, drei, vier ... Jahren abgebrochen wird. Die oberste Grenze bildet die technische Nutzungsdauer. Das Jahr, für welches bei der variierten Nutzungsdauer der höchste Kapitalwert ermittelt wurde, ist als die optimale Nutzungsdauer definiert.

Die Fälle **wiederholter identischer Investitionen** sind für die Praxis nahezu ohne Bedeutung, weswegen hier nur kurz auf die Ermittlung der optimalen Nutzungsdauer der einmaligen Wiederholung hingewiesen wird. Dabei bedeutet identisch nicht die körperliche Identität. Gemeint ist vielmehr die wirtschaftliche Identität. Die Nutzungsdauer der Grundinvestition wird wie folgt ermittelt: Bestimmung der optimalen Nutzungsdauer der Anschlußinvestition. Hierzu wird das oben beschriebene Verfahren der einmaligen Investition angewendet. Anschließend wird die optimale Nutzungsdauer der Erstinvestition desgleichen wie bei der einmaligen Investition schrittweise ermittelt, wobei die jeweiligen diskontierten Kapitalwerte der Anschlußinvestition in die Berechnungen einzubeziehen sind. Die optimale Nutzungsdauer der Erstinvestition ist durch den höchsten Gesamtkapitalwert definiert.

Wiederholte nicht-identische Investitionen spiegeln den betrieblichen Normalfall wider. Da eine Nutzungsdaueroptimierung in diesen Fällen in der Regel sehr schwierig, wenn nicht unmöglich ist, tritt die Frage des optimalen Ersatzzeitpunktes in den Vordergrund. Die Frage des Ersatzproblems zielt auf zwei Alternativen ab, die wie folgt lauten:

1. Ersatz zum jetzigen Zeitpunkt oder
2. Ersatz zu einem späteren Termin.

Abgesehen vom oben schon beschriebenen kalkulatorischen Ansatz im Rahmen der Kostenvergleichsrechnung besteht die Möglichkeit, zur Lösung die Annuitätenmethode oder die Kapitalwertmethode heranzuziehen, wobei sich gewisse Schwierigkeiten ergeben können. Auf eine ausführliche Beschreibung dieser Verfahren wird hier verzichtet und auf die Literatur verwiesen (Kern).

3. Verfahren zur Lösung von Programmentscheidungen

Eine wesentliche Schwäche der klassischen finanzmathematischen Verfahren liegt in der isolierten Betrachtungsweise einzelner Investitionsvorhaben. Hierdurch werden bestehende Interdependenzen zu einzelnen Funktionsbereichen gar nicht – allenfalls äußerst mangelhaft – berücksichtigt. Eine einzelne Investition ist aber grundsätzlich im betrieblichen Gesamtzusammenhang zu sehen, da sie unterschiedliche Auswirkungen auf andere Funktionsbereiche sowie auf leistungs- und finanzwirtschaftliche Prozesse hat.

Von wesentlicher betriebswirtschaftlicher Bedeutung ist der Gesamtumfang möglicher Interdependenzen, die im Interdependenzproblem ihren Niederschlag finden.

Lösungsansätze werden in der Literatur mit Hilfe unterschiedlicher Modellansätze durch Simultanplanung zur Bestimmung eines Optimums mehrerer Variabler unter

Anwendung eines Rechenverfahrens der mathematischen Programmierung erörtert. Dem Schwerpunkt ihrer Aufgabenstellung entsprechend werden die verschiedenen Ansätze zwei unterschiedlichen Modellkategorien zugeordnet. Es sind die
- produktionsorientierten Modelle,
- budgetorientierten Modelle.

Die **produktionsorientierten Modelle** sind auf die simultane Investitions- und Produktionsprogrammplanung mit Hilfe des Operations Research ausgerichtet. Lösungsansätze wurden z.B. von Förster/Henn und Jacob entwickelt.

Während Förster/Henn von einem Zweiproduktbetrieb mit zwei Fertigungsstufen ausgehen, ist das Modell von Jacob komplexer, da er eine Mehrproduktunternehmung mit mehreren Fertigungsstufen unterstellt. Zusätzlich berücksichtigt er das Ersatzproblem. Beide Modelle vernachlässigen aber Finanzierungsaspekte weitgehend.

Die **budgetorientierten Modelle** sollen optimale Investitions- und Finanzierungsprogramme mit Hilfe der Verfahren des Operations Research simultan ermitteln. Den grundlegenden Ansatz hierzu lieferte Dean, indem er die Kapitalnachfragekurve (Volumina der möglichen Investitionsobjekte, geordnet nach fallenden internen Zinsfüßen) und die Kapitalangebotskurve (Kapitalangebot, geordnet nach steigenden Finanzierungskosten) gegenüberstellt. Das gewinnoptimale Investitions- und Kapitalvolumen ergibt sich aus dem Schnittpunkt beider Kurven.

Albach dagegen arbeitet mit einem Modell, welches die verschiedenen Investitionsobjekte und die möglichen Finanzierungsalternativen, jeweils mit ihren Kapitalwerten, enthält. Als Nebenbedingung ist die Sicherstellung der Zahlungsfähigkeit (Liquiditätsnebenbedingung) formuliert. Als Ziel gilt es den Gesamtkapitalwert für beide Programme (Finanzierungs- und Investitionsprogramm) zu maximieren. Die wesentliche Kritik gegen diesen Ansatz richtet sich zunächst auf die Formulierung gewisser Restriktionen, die für den Finanzierungsbereich gesetzt sind, und auf die Frage der Bestimmung des Kalkulationszinssatzes.

4. Kapitel:
Die Finanzierung

Zur Finanzierung eines gegebenen Kapitalbedarfs steht eine Vielzahl von Finanzierungsalternativen zur Verfügung. Das dem weiteren Verlauf zugrunde liegende Klassifikationsschema richtet sich nach den oben erwähnten Kriterien. Die erwähnten Mischformen (z. B. Optionsanleihe, Wandelanleihe) werden aus Gründen der besseren Übersichtlichkeit im weiteren Verlauf den Grundformen zugeordnet.

A. Die Außenfinanzierung mit Eigenkapital

Auf Grund seiner oben gekennzeichneten besonderen Merkmale, kommt dem Eigenkapital und damit seiner Finanzierung eine besondere Bedeutung zu. Grundsätzlich erfolgt eine Außenfinanzierung mit Eigenkapital im Zuge von Unternehmensgründungen. Was die Finanzierungsanlässe im weiteren genetischen Unternehmensprozeß betrifft, so sind hier unternehmensinterne und/oder unternehmensexterne Bestimmungsfaktoren von Bedeutung.

Interne Einflußgrößen können sein: besonders risikoreiche und/oder großvolumige Investitionsvorhaben; Vorstellungen, die auf die Umgestaltung von Kapitalstrukturen hinauslaufen etc. Unternehmensexterne Faktoren wären z. B. eine günstige Marktsituation, Einflüsse von Dritten (Banken, Lieferanten, gesetzliche Normen etc.).

Einen weiteren Einfluß auf die Eigenkapitalbeschaffungsmöglichkeiten hat die Rechtsform der Unternehmung, da sie – wenn auch nicht allein – die Zugangsmöglichkeit zum organisierten Kapitalmarkt (Börse) bestimmt. Unternehmen mit der Zugangsmöglichkeit zu hochorganisierten Kapitalmärkten werden als emissionsfähig bezeichnet. Emissionsfähig sind lediglich große Aktiengesellschaften und Kommanditgesellschaften auf Aktien, während alle Unternehmen anderer Rechtsformen sowie kleine Aktiengesellschaften als nichtemissionsfähig klassifiziert werden.

I. Die Beteiligungsfinanzierung nicht-emissionsfähiger Unternehmen

Diese Unternehmen müssen die Beteiligungsfinanzierung auf Märkten vornehmen, die einen Vergleich zu den hochorganisierten Märkten nicht standhalten können. Das liegt daran, daß Unternehmen nur dann bereit sein werden, zusätzliches Kapital aufzunehmen – bzw. Kapitalgeber nur dann Kapitalbeteiligungen eingehen werden, wenn auf Grund jeweils abzuschließender Verträge die einzuräumenden

- Mitgliedschaftsrechte,
- Gewinnansprüche,
- Haftungsverpflichtungen,
- Vermögensansprüche (im Fall der Liquidation oder Auseinandersetzung)

eindeutig und zweifelsfrei geregelt sind. In praxi führt dies im Hinblick auf die vorgenannten Kriterien dazu, daß jeweils ausgesprochen individuell ausgehandelte Abmachungen vertraglich fixiert werden. Als Folge sind die Märkte für Beteiligungskapital von erheblicher institutioneller Schwäche, da die Homogenität und Fungibilität der Güter nicht gegeben sind, räumliche, zeitliche und persönliche Präferenzen bestehen und Markttransparenz kaum existiert.

- Die Beteiligungsfinanzierung bei der **Einzelunternehmung** steht und fällt mit der Finanzkraft des Einzelunternehmers. Außenfinanziertes Eigenkapital wird durch Zuführung entsprechender Mittel aus dem Privatvermögen des Unternehmers aufgestockt. Soweit dies dem Unternehmer nicht mehr möglich ist oder opportun erscheint, kann er der Unternehmung lediglich durch die Aufnahme eines stillen Gesellschafters außenfinanziertes Eigenkapital zuführen.

• Die Außenfinanzierung mit Eigenkapital erfolgt bei der **Offenen Handelsgesellschaft (OHG)** zunächst auch durch Einbringen entsprechender Mittel aus dem Privatvermögen der Gesellschafter. Grundsätzlich besteht hier die weitere Aufnahmemöglichkeit neuer Gesellschafter, wodurch dann die Eigenkapitalbasis entsprechend verbreitert werden kann. Allerdings stehen einer unbegrenzten Aufnahme neuer Gesellschafter schwerwiegende Gründe entgegen. Bei unbeschränkt solidarischer Haftung sind neue Gesellschafter nur zu gewinnen, wenn sie gleichberechtigte Leitungsfunktionen ausüben können. Hier sind aus der Natur der Sache enge Grenzen gesetzt, da entsprechende Positionen i. d. R. nur begrenzt verfügbar sind.

• Für die **Kommanditgesellschaft** gilt, was die Zuführung neuen Eigenkapitals durch die Gewinnung neuer Komplementäre betrifft, das gleiche wie bei der OHG. Allerdings stellt sich die Außenfinanzierung mit Eigenkapital im Gegensatz zur OHG dadurch etwas günstiger, als zusätzlich Kommanditisten aufgenommen werden können. Deren Haftungsbasis ist lediglich auf die Kapitaleinlage beschränkt. Sie nehmen außerdem keinerlei Leitungsfunktion innerhalb der Gesellschaft wahr.
Begrenzt wird diese an sich gute Finanzierungsquelle im wesentlichen aus zwei Gründen. Zunächst ist eine Kapitalanlage in Form von Kommanditeinlagen in der Regel risikoreicher als alternative Kapitalanlagemöglichkeiten. Hinzu kommt aber außerdem, daß Kommanditeinlagen eine äußerst geringe Fungibilität aufweisen.

• Die Beteiligungsfinanzierung der **Gesellschaft mit beschränkter Haftung (GmbH)** hat grundsätzlich, auf Grund des gesetzlich verbesserten Anlegerschutzes, eine günstigere Ausgangslage als die der KG bei der Beschaffung neuer Kommanditeinlagen. Durch die Ausgabe zusätzlicher GmbH-Anteile wird das bis dato fixierte Stammkapital erhöht. Da aber kein organisierter Markt für GmbH-Anteile existiert, und zudem deren Übertragung auch der notariellen Beurkundung bedarf, ist auch de facto hier der Außenfinanzierung mit Eigenkapital eine sehr enge Grenze gezogen.

• Die Außenfinanzierung mit Eigenkapital der **eingetragenen Genossenschaft (eG)** ist ähnlich zu sehen wie die der GmbH. Neues außenfinanziertes Beteiligungskapital wird beschafft, indem entsprechend neue Anteile an bisher beteiligte oder hinzukommende Genossen gegen Einlagen ausgegeben werden. Wesentlich ist allerdings, daß Kapitalabflüsse, die durch den Austritt von Genossen am Ende eines Geschäftsjahres erfolgen, überkompensiert werden.

• Was die Beteiligungsfinanzierung **nicht-emissionsfähiger Aktiengesellschaften (AG's) bzw. nicht-emissionsfähiger Kommanditgesellschaften auf Aktien (KGaA)** betrifft, so wird auf die unbedingt einzuhaltenden einschlägigen Vorschriften des Aktiengesetzes und den folgenden Abschnitt verwiesen. Ansonsten gilt auch für diesen Kreis der Unternehmen grundsätzlich, daß sie gegenüber den emissionsfähigen Unternehmen bei der Außenfinanzierung mit Eigenkapital benachteiligt sind, weil ihnen kein entsprechend hoch organisierter Markt zur Verfügung steht. Dennoch befinden sich diese Unternehmen gegenüber den übrigen nicht-emissionsfähigen Unternehmen im Vorteil, weil ihre Anteile oft an speziellen Märkten gehandelt werden (ungeregelter Freiverkehrsmarkt) und so die Möglichkeiten, Beteiligungskapital zu erhalten, eindeutig günstiger sind.

II. Die Beteiligungsfinanzierung emissionsfähiger Unternehmen

Lediglich Unternehmen in der Rechtsform der **Aktiengesellschaft (AG)** oder der **Kommanditgesellschaft auf Aktien (KGaA)** haben bei der Erfüllung bestimmter Anforderungen gem. § 38 Börsengesetz den Zugang zur Börse.

Der Vorteil für die **Aktiengesellschaften** in der Beteiligungsfinanzierung liegt darin, daß sie große Kapitalvolumina finanzieren können und – soweit dies nicht durch die Hauptversammlung beschlossen wird – dieses Kapital ad infinitum zur Verfügung haben. Die Aktionäre hingegen sind ihrerseits nicht dazu verpflichtet ihre Anteile an der Aktiengesellschaft (**Aktien**) für alle Zeiten zu halten. Sie können vielmehr in der Regel ihre Aktien zu jedem Zeitpunkt verkaufen, ohne daß die Aktiengesellschaft davon berührt wird. Die **Fungibilität** der Aktie als Inhaberaktie beruht darauf, daß sie ohne Formalitäten übertragen werden kann und zudem die Mitgliedschafts-, Informations- sowie Gewinnanspruchsrechte der Aktionäre gesetzlich genormt sind.

Aktien stückeln das Grundkapital einer Aktiengesellschaft in kleinere übertragbare Anteile und verbriefen dieses Anteilsrecht an der Gesellschaft in Effekten. Ihr Mindestnennbetrag beträgt gem. § 8 AktG DM 50,–, wobei Aktien nicht mit einem Disagio, wohl aber mit einem Agio emittiert werden dürfen (Verbot der Unterpariemission gem. § 9 AktG).

Grundsätzlich stehen der Aktiengesellschaft für die Emission unterschiedliche Aktiengattungen zur Verfügung, die nach den Kriterien (a) der **Stückelung**, (b) **Übertragbarkeit** und (c) dem **Umfang der verbrieften Rechte** klassifiziert werden können.

a) Stückelung der Aktie

Soweit Aktien auf einen festen Nennbetrag in einer bestimmten Geldeinheit lauten, handelt es sich um Summen- oder **Nennwertaktien**. Nennwertaktien sind in der Bundesrepublik Deutschland die einzig zulässige Form, wobei gem. § 8 AktG der Mindestnennbetrag auf DM 50,– lauten muß, höhere Aktiennennbeträge auf volle Einhundert Deutsche Mark.

Im Gegensatz hierzu lauten (nennwertlose) **Quotenaktien** auf einen bestimmten Anteil am Eigenkapital (z. B. 1/10000). Quotenaktien sind in Deutschland nicht zugelassen.

b) Übertragbarkeit der Aktie

Nach ihrer Übertragbarkeit können drei verschiedene Aktienformen unterschieden werden. Dies sind die **Inhaber-**, die **Namens-** und die **vinkulierte Namensaktie**.

Bei der **Inhaberaktie** vollzieht sich die Eigentumsübertragung durch Einigung und Übergabe gem. § 929 BGB, wobei Inhaberaktien nur dann ausgegeben werden dürfen, wenn der Nennbetrag voll einbezahlt ist. In Deutschland gelten Inhaberaktien als die übliche Aktiengattung.

Liegen **Namensaktien** vor, so gilt gem. § 67(2) AktG im Verhältnis zur Gesellschaft nur als Aktionär, wer als solcher in das Aktienbuch eingetragen ist. Die Nennbeträge dieser Aktiengattung müssen nicht voll einbezahlt sein. Eine Übertragung von Namensaktien ist gem. § 68 AktG nur durch Indossament möglich, wobei dieser Vorgang der Gesellschaft anzumelden ist. Nach Überprüfung der Ordnungsmäßigkeit der Übertragung erfolgt ein entsprechender Vermerk im Aktienbuch des Unternehmens.

Bei der **vinkulierten Namensaktie** kommt hinzu, daß ihre Übertragung grundsätzlich gem. §68 (2) AktG an die Zustimmung der Gesellschaft gebunden ist, was ihre Handelbarkeit aber kaum erschwert.

c) Umfang der verbrieften Rechte

Nach dem Umfang der durch sie verbrieften Rechte kann man **Stamm-** und **Vorzugsaktien** unterscheiden.

Stammaktien – sie sind die normalerweise vorliegende Gattung – verbriefen ihren Inhabern folgende Rechte, wie sie lt. Aktiengesetz eingeräumt werden. Dies sind im wesentlichen:

- das Recht auf **Teilnahme an der Hauptversammlung**, sowie damit verbunden: das **Recht auf Auskunftserteilung, Stimmrecht und Anfechtung von Hauptversammlungsbeschlüssen**,
- das **Recht auf Dividende**,
- das **Recht auf Anteil am Liquidationserlös**,
- das **Bezugsrecht**.

Vorzugsaktien räumen ihren Inhabern im Verhältnis zu den Stammaktionären gewisse Vorrechte ein, die allerdings unterschiedlicher Art sein können. Vorzüge können gewährt werden in Form der besonderen Ausgestaltung des Stimmrechtes (heute in Deutschland gem. § 12(2) – Mehrstimmrechte – unzulässig (Ausnahmen sind u.U. möglich), im Recht auf Dividende, in einer Bevorzugung des Rechtes auf Liquidationserlös. Allerdings kann die Gewährung von Vorzügen gleichzeitig mit der Einschränkung anderer Rechte verbunden sein. Folgende Formen von Vorzügen sind denkbar:

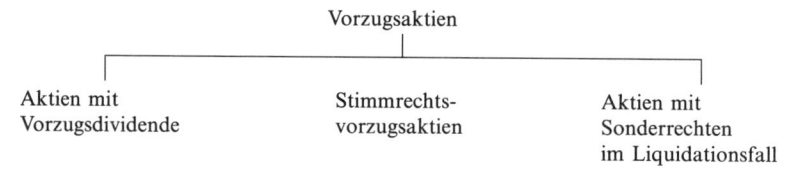

```
                          Vorzugsaktien
        ┌───────────────────────┼───────────────────────┐
   Aktien mit              Stimmrechts-            Aktien mit
   Vorzugsdividende        vorzugsaktien           Sonderrechten
                                                   im Liquidationsfall
```

Abb. 22 Formen von Vorzugsaktien

(1) Vorzugsaktien mit prioritätischem Dividendenanspruch

Hier erhalten die Vorzugsaktionäre im Zuge der Gewinnausschüttung vorweg einen fest vorgegebenen Dividendensatz. Sodann werden die Stammaktien mit einer Dividende bedient, bis dieser Dividendensatz dem der Vorzugsaktien entspricht. Darüberhinaus zu zahlende Gewinnausschüttungen erfolgen gleichmäßig an beide Aktionärsgruppen.

Gewinnausschüttung in DM	Dividende in DM je Vorzugsaktie	Dividende in DM je Stammaktie
300 000,–	1,50	–
600 000,–	3,–	–
900 000,–	3,–	1,50
1 200 000,–	3,–	3,–
1 800 000,–	4,50	4,50
2 400 000,–	6,–	6,–

Abb. 23 Beispiel für den Verlauf einer Dividendenzahlung an Vorzugs- und Stammaktionäre bei steigender Gewinnausschüttung

Das nachstehende Beispiel zeigt einen möglichen Verlauf der Dividendenzahlung auf Vorzugs- und Stammaktien bei wachsender Gewinnausschüttung.

Das Grundkapital einer Aktiengesellschaft beträgt 20 Mio DM und ist in 200 000 Vorzugsaktien und 200 000 Stammaktien – im Nennwert von jeweils 50,– DM – gestückelt. Vereinbart ist, daß die Vorzugsaktionäre eine Vorzugsdividende von 3,00 DM je Vorzugsaktie erhalten. Sodann sind die Stammaktien solange zu bedienen, bis auch auf sie eine Dividende von 3,00 DM je Aktie entfällt. Ein danach verbleibender Restbetrag ist an die Stamm- und Vorzugsaktionäre gleichmäßig zu verteilen (vgl. hierzu Abb. 23).

(2) Vorzugsaktien mit Überdividende (Mehrdividende)

In diesem Falle haben die Vorzugsaktionäre im Gegensatz zu (1) einen Anspruch darauf, daß der an sie zu zahlende Dividendensatz immer um einen vereinbarten Satz (z. B. 2,— DM Dividendenvorzug je Aktie) über dem liegt, der an die Stammaktionäre zu zahlen ist.

(3) Limitierte Vorzugsaktie

Bei dieser Aktiengattung wird die Vorzugsdividende auf einen ex ante festgelegten Höchstbetrag limitiert. Die Inhaber dieser Vorzugsaktien werden daher – im Gegensatz zu den anderen Aktionären – von einem bestimmten Dividendenausschüttungsvolumen ab – nicht mehr bedient.

(4) Kumulative Vorzugsaktien

Kumulative Vorzugsaktien sind mit dem Recht auf eine zu zahlende Mindestdividende ausgestattet. Diese ist den Vorzugsaktionären in späteren Jahren aus den Geschäftsjahren, in denen durch die Aktiengesellschaft kein Gewinn ausgeschüttet wurde, nachzuzahlen. Die Nachzahlung hat grundsätzlich vor jeglicher Dividendenzahlung an die Stammaktionäre zu erfolgen. Soweit kumulative Vorzugsaktien ohne Stimmrecht ausgestattet sind (Regelfall), wird ihren Inhabern, soweit in einem Jahr die Dividendenzahlung ganz oder teilweise ausgefallen und im folgenden Geschäftsjahr eine Nachzahlung einschließlich der dann zu zahlenden Mindestdividende nicht oder nur teilweise erfolgt ist, das Stimmrecht zuerkannt. Dieses Stimmrecht erlischt erst wieder, wenn die Rückstände und die für das laufende Jahr zu zahlende Mindestdividende geleistet worden sind.

(5) Stimmrechtsvorzugsaktien

Diese Form sichert ihren Inhabern den Vorzug eines Mehrstimmenrechts gegenüber allen anderen Aktionären zu. Gem. § 12 (2) AktG sind Mehrstimmrechte unzulässig. Lediglich in Sonderfällen können die zuständigen Behörden des Bundeslandes, in dem die Aktiengesellschaft ihren Sitz hat, Ausnahmen machen und die Emission von Mehrstimmrechtsaktien zulassen (§ 12 (2, 2) AktG).

(6) Aktien mit Sonderrechten im Liquidationsfall

Hierbei handelt es sich um Aktien, die ihren Inhabern im Liquidationsfall Vorrechte vor allen anderen Aktionären bei der Auflösung der Unternehmung zusichern.

Die Ursache für die Emission der verschiedenen Aktienformen ist grundsätzlich vor dem jeweils aktuellen Hintergrund im Zeitpunkt einer jeden Emission zu sehen.

Dennoch ist generell festzustellen, daß Emissionen von Aktien mit
- Dividendenvorrechten in schwierigen Kapitalmarktlagen oder/und problematischenSituationen einer Unternehmensexistenz,
- Mehrstimmrechten zur Sicherung einer Stimmrechtsquote bei sinkendem Kapitalanteil,
- Sonderrechten im Liquidationsfall in problematischen Situationen einer Unternehmensexistenz

emittiert werden.

Vorzugsaktien werden dann emittiert, wenn eine erfolgreiche Unterbringung von Stammaktien nicht gesichert erscheint. Derartige Situationen ergeben sich z. B. in einer allgemein ungünstigen Kapitalmarktsituation oder dann, wenn die Aktien eines Unternehmens zu Unterpari an der Börse notiert werden.

Eigenkapitalerhöhungen können gem. AktG nach verschiedenen Formen erfolgen, wobei allerdings nicht jede Kapitalerhöhung einen Beteiligungsfinanzierungseffekt auslöst. Unter Anwendung dieses Kriteriums lassen sich die Kapitalerhöhungsformen gem. AktG wie folgt systematisieren:

```
                    Kapitalerhöhungsformen
                         gem. AktG
                    ┌────────┴────────┐
         Kapitalerhöhungen mit      Kapitalerhöhungen ohne
         Beteiligungsfinanzierungs-  Beteiligungsfinanzierungs-
              effekt                 effekt gem. §§ 207–216 AktG
    ┌────────────┼────────────┐
Ordentl. Kapitalerhöhung  Bedingte Kapital-   Genehmigtes
gegen Einlagen gem.       erhöhung gem.       Kapital gem.
§§ 182–191 AktG           §§ 192–201 AktG     §§ 202–206 AktG
```

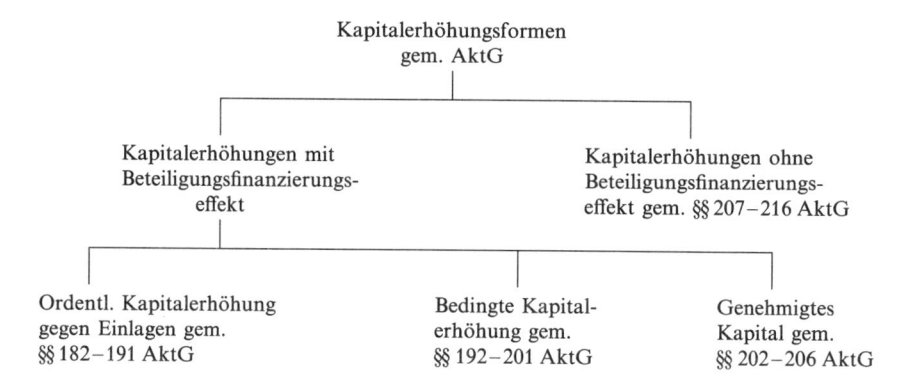

Abb. 24 Kapitalerhöhungsformen gem. Aktiengesetz

a) Kapitalerhöhungen mit Beteiligungsfinanzierungseffekt
(aa) **Die ordentliche Kapitalerhöhung gem. §§ 182–191 AktG bildet die Normalform der Beteiligungsfinanzierung. In ihrem Rahmen erfolgt eine Erhöhung des Grundkapitals durch die Ausgabe neuer (junger) Aktien.** Fünf Voraussetzungen müssen allerdings gegeben sein, damit eine Kapitalerhöhung rechtswirksam ist:

1. Drei Viertel des auf der Hauptversammlung vertretenen Grundkapitals muß der Kapitalerhöhung zustimmen, wobei – sollten verschiedene Aktiengattungen existieren – innerhalb jeder Aktiengattung jeweils eine Dreiviertel-Mehrheit gegeben sein muß (§ 182(1) AktG).

2. Das Grundkapital soll gem. § 182(4) nicht erhöht werden, als noch ausstehende Einlagen auf das bisherige Grundkapital erlangt werden können (Ausnahmen gelten hier nur für Versicherungsgesellschaften).

3. Der Beschluß zur Erhöhung des Grundkapitals ist gem. § 184(1) zur Eintragung in das Handelsregister anzumelden.

4. Die Durchführung des Kapitalerhöhungsbeschlusses ist gem. § 188(1) AktG zur Eintragung in das Handelsregister anzumelden, da erst

5. mit der Eintragung der Durchführung das Grundkapital als erhöht gilt (§ 189 AktG). Den alten Aktionären steht dabei ein Recht zum Bezug neuer Aktien zu (**Bezugsrecht**). Dieses Bezugsrecht dient dem Schutz der Altaktionäre vor Stimmrechts- und Vermögensverschiebungen, die ihnen – werden sie nicht im Rahmen der Kapitalerhöhung entsprechend berücksichtigt – zwangsläufig entstehen.

Was die möglichen Stimmrechtsverschiebungen angeht, so ist ohne weiteres erkennbar, daß sich das Stimmengewicht der Altaktionäre zwangsläufig zu ihren Ungunsten verschieben muß, wenn im Rahmen einer Grundkapitalerhöhung neue Anteilsrechte geschaffen werden, von deren Erwerb die bisherigen Altaktionäre ausgeschlossen sind.

Was den möglichen Vermögensverlust der vom Bezug junger Aktien ausgeschlossenen Altaktionäre betrifft, so würde dieser nicht eintreten, wenn:

1. im Rahmen der Kapitalerhöhung nicht nur das Grundkapital, sondern auch das Rücklagenkapital erhöht würde. Begründung: würde lediglich das Grundkapital aufgestockt, so würde das bisherige Rücklagenkapital einem größeren Grundkapitalvolumen zuzurechnen sein;

2. das neue Grundkapital erst mit der Wertstellung für die Unternehmung dividendenberechtigt wäre. Begründung: erst von diesem Zeitpunkt an kann dieses Kapital produktiv eingesetzt werden.

Zur Vermeidung dieser Nachteile wird die Unternehmung dem einzelnen Aktionär gem. § 186 AktG ein Recht zum Bezug junger Aktien einräumen, welches der Altaktionär allerdings nicht auszuüben braucht.

Zwei Möglichkeiten sind hier denkbar, die im Zusammenhang mit der zu wählenden **Emissionsform (Selbstemission oder Fremdemission)** zu sehen sind.

Sollen die jungen Aktien in Form der Selbstemission – siehe unten – plaziert werden, so wird den Altaktionären das Bezugsrecht unmittelbar eingeräumt. Wird die Fremdemission – siehe unten – gewählt, so wird das Bezugsrecht mittelbar eingeräumt. Hier werden die Altaktionäre zunächst formell vom Bezug der jungen Aktien ausgeschlossen, zugleich aber mit einem Bankenkonsortium eine Übernahme der jungen Aktien vertraglich vereinbart. Zugleich verpflichtet sich aber das Bankenkonsortium den Altaktionären junge Aktien gem. Bezugsrecht anzubieten (Kühner, S. 476f.).

Das gem. §186(1) AktG einzuräumende Bezugsrecht kann allerdings von der Hauptversammlung mit Dreiviertel-Mehrheit des dort vertretenen Grundkapitals ausgeschlossen werden (gem. §186(4); 124(1) AktG).

Der **rechnerische Wert eines Bezugsrechtes** wird durch die folgenden vier Komponenten beeinflußt: **Bezugsverhältnis, Bezugskurs der neuen Aktien, Börsenkurs der alten Aktien** sowie die **Dividendenberechtigung der jungen Aktien.**

Der Einfachheit halber soll zunächst die vierte Komponente unberücksichtigt bleiben.

Das **Bezugsverhältnis** drückt die Relation: altes Grundkapital zu Erhöhungskapital aus.

Der **Börsenkurs** der alten Aktien ist der Preis, zu dem die Aktien an diesem Markt gehandelt werden. Zwei Verfahren der Preisnotierung sind möglich: Preis je Stück

(Stücknotierung) – in Deutschland seit 1969 üblich – oder die Notierung i.v.H. des Nennwertes (Prozentnotierung).

Mit dem **Bezugskurs** bestimmt die Unternehmung, zu welchem Kurs die jungen Aktien durch Ausübung des Bezugsrechtes erworben werden können. Dabei wird die Kursfestsetzung durch zwei Grenzen bestimmt. Die Untergrenze ist durch das Verbot der Unterpariemission gem. § 9 AktG gegeben. Demnach müssen die neuen Aktien mindestens zu ihrem Nennwert emittiert werden. Der Bezugskurs müßte aber – sollte sich die AG an dieser Untergrenze orientieren – höher liegen, weil die Emissionskosten zu berücksichtigen wären. Die Obergrenze wird durch den Börsenkurs gebildet, da niemand daran Interesse haben könnte, junge Aktien zu einem höheren als dem Börsenpreis der alten Aktien zu beziehen.

Die Bestimmung des rechnerischen Bezugsrechtswertes soll nun an dem folgenden Beispiel demonstriert werden:

Das bisherige Grundkapital einer AG soll von 3 000 000,– DM auf 4 000 000,– erhöht werden.

Bezugsverhältnis somit: 3:1.
Der Börsenkurs der alten Aktien beträgt DM 480,–.
Der Bezugskurs wird mit DM 390,– festgelegt.

Damit ergibt sich der Wert des Bezugsrechts aus der Differenz des alten und neuen Mischkurses wir folgt:

3 alte Aktien à DM 480,–	= DM 1440,–
1 junge Aktie à DM 390,–	= DM 390,–
4 Aktien	DM 1 830,–
damit ergibt sich ein neuer Durchschnittswert je Aktie 1 830,– : 4	= DM 457,50
Wert des Bezugsrechtes: Börsenwert der alten Aktien ./. neuer Durchschnittswert je Aktie 480,– ./. 457,50	= DM 22,50

Zum gleichen Ergebnis kann man auch unter Anwendung einer einfachen Formel, die in der Praxis häufig Anwendung findet, gelangen.

Danach ist der rechnerische Wert des Bezugsrechts =

$$\frac{\text{Börsenkurs der Altaktie} - \text{Bezugskurs der jungen Aktie}}{\text{Bezugsverhältnis} + 1}$$

Bei dem oben gewählten Beispiel ergibt sich:

$$\frac{480 - 390}{3:1 + 1} = 22{,}50.$$

4. Kapitel: Die Finanzierung

Schließlich kann der rechnerische Wert des Bezugsrechts noch durch die vierte Komponente – **Dividendenberechtigung der jungen Aktien für das Geschäftsjahr ihrer Ausgabe** – beeinflußt werden. So entsteht ein **Dividendennachteil**, wenn die junge Aktie für das laufende Geschäftsjahr nicht voll dividendenberechtigt ist. Zum Zweck der Bereinigung wird der Dividendennachteil zum Bezugskurs addiert. Unter Berücksichtigung des Dividendennachteils errechnet sich der Bezugsrechtswert wie folgt:

$$\text{Rechnerischer Wert des Bezugsrechts} = \frac{\text{Börsenkurs der Altaktie ./. Bezugskurs} + \text{Dividendennachteil}}{\text{Bezugsverhältnis} + 1}$$

$$\text{Dividendennachteil} = \text{voraussichtliche Dividende} \left(1 - \frac{\text{Dividendenberechtigungszeitraum der jungen Aktie}}{\text{Dividendenberechtigungszeitraum der alten Aktie}}\right)$$

Bei Anwendung auf das obige Beispiel sollen die jungen Aktien für das laufende Geschäftsjahr für fünf Monate dividendenberechtigt sein. Es wird von einer voraussichtlichen Dividende von 12,— DM ausgegangen.

$$\text{rechnerischer Bezugswert} = \frac{480 - (390 + 6{,}96)}{3:1+1} = 20{,}76 \text{ DM}.$$

Der **wirkliche Wert des Bezugsrechtes** wird vom **rechnerischen Wert** allerdings in der Regel abweichen, da die Bezugsrechte an der Börse gehandelt werden. Dieser **Bezugsrechtshandel** erstreckt sich in der Regel auf die gesamte Bezugsfrist (mit Ausnahme der beiden letzten Tage).

Die Unternehmung wird grundsätzlich daran interessiert sein, die jungen Aktien zu einem möglichst hohen Kurs zu emittieren, da das hierdurch zu erlangende **Agio** (Differenz von Bezugskurs zu Nennwert) entsprechend ist. Dieses Agio wird gem. §272 (2) HGB, §150(1) AktG in die Kapitalrücklage eingestellt und ist somit künftig nicht mit Dividende zu bedienen. Allerdings dürfte ein zu hoher Bezugskurs die Altaktionäre u. U. leicht dazu bewegen, ihre Bezugsrechte zu verkaufen, was dann wieder zu einem starken Kursrückgang der Altaktien führen würde.

Als **Emissionsform** stehen die Alternativen **Selbstemission** oder **Fremdemission** zur Wahl.

Im Rahmen der **Selbstemission** obliegt es der Unternehmung für die Unterbringung der jungen Aktien am Kapitalmarkt selbst zu sorgen. In der Regel wird es den meisten Unternehmen wegen eines fehlenden Absatzsystems oder des nicht gegebenen direkten Zugangs zur Börse nicht möglich sein, diesen Weg zu wählen. Lediglich Banken oder Unternehmen, deren Kapital durch einen kleinen direkt ansprechbaren Aktionärskreis gehalten wird, können diesen Emissionsweg gehen.

Im Rahmen der **Fremdemission** werden die jungen Aktien **durch eine Bank oder durch ein Bankenkonsortium** übernommen. Zwei Unterbringungsformen stehen dem Konsortium offen. Im Rahmen der reinen Begebung (**Begebungskonsortium**) werden die Effekten in der Eigenschaft als Kommissionär übernommen. Das mit dem Absatz verbundene Risiko verbleibt bei der emittierenden Unternehmung.

Im Rahmen der reinen Übernahme (**Übernahmekonsortium**) werden die Effekten fest in Eigenbesitz übernommen und der Unternehmung im Gegenzug der Gegenwert abzüglich eines Entgelts zur Verfügung gestellt.

(bb) Die **bedingte Kapitalerhöhung gem. §§ 192–201 AktG** kann nur zu einer Kapitalerhöhung mit Beteiligungsfinanzierungseffekt führen, als von einem Umtausch bzw. Bezugsrecht Gebrauch gemacht werden kann, das die Unternehmung auf die neuen Aktien einräumt.

Diese Kapitalerhöhungsform darf lediglich zu folgenden Zwecken beschlossen und angewendet werden (**gem. § 192(2) AktG**):
- zur Gewährung von Umtausch- oder Bezugsrechten an Gläubiger von Wandelschuldverschreibungen,
- zur Vorbereitung des Zusammenschlusses mehrerer Unternehmen,
- zur Gewährung von Bezugsrechten an Arbeitnehmer der Gesellschaft (Belegschaftsaktien, Gewinnbeteiligung).

Dabei darf der Nennbetrag des bedingten Kapitals die Hälfte des Grundkapitals nicht übersteigen (§ 192(3) AktG).

(cc) Das **genehmigte Kapital gem. §§ 202–206 AktG** dient dem Vorstand der Unternehmung zur Berechtigung, kurzfristig – entsprechend einer möglichst günstigen Kapitalmarktlage – das Eigenkapital durch Außenfinanzierung zu erhöhen, oder Belegschaftsaktien auszugeben. Hierzu wird der Vorstand gem. § 202 AktG für einen Zeitraum von höchstens fünf Jahren ermächtigt, wobei der Nennbetrag des genehmigten Kapitals den Nennbetrag des Grundkapitals um dessen Hälfte nicht übersteigen darf.

b) Kapitalerhöhungen ohne Beteiligungsfinanzierungseffekt

Die **Kapitalerhöhung aus Gesellschaftsmitteln gem. §§ 207–220 AktG hat keinen Beteiligungsfinanzierungseffekt** und stellt damit auch keine Finanzierung oder Umfinanzierung dar, **da** hier lediglich **Berichtigungs-** bzw. **Zusatz-** oder **Gratisaktien** ausgegeben werden. Technisch vollzieht sich der Vorgang, indem Eigenkapitalanteile – die bislang in der Kapital- oder Gewinnrücklage ausgewiesen waren – in Grundkapital umgewandelt werden. Damit **ändert** sich **die Höhe des Eigenkapitals nicht**, wohl **aber** seine **strukturelle Zusammensetzung**. Die bisherigen Aktionäre haben gem. § 212 AktG im Verhältnis ihrer Anteile am bisherigen Grundkapital ein Bezugsrecht, welches ihnen nicht entzogen werden kann.

Die Voraussetzungen der Kapitalerhöhung aus Gesellschaftsmitteln sind im wesentlichen, daß gem. § 207 AktG die Hauptversammlung nur eine Grundkapitalerhöhung durch Umwandlung der Kapitalrücklage und von Gewinnrücklagen beschließen kann, wenn

1. für den Beschluß und seine Anmeldung die Voraussetzungen gem. § 182 Abs. 1 Satz 1, 2 und 4, § 184 Abs. 1 erfüllt sind,
2. der letzte Jahresabschluß festgestellt wurde,
3. dem Beschluß eine Bilanz zugrunde gelegt wird.

Die Kapital- und Gewinnrücklagen dürfen nur in Grundkapital umgewandelt werden, wenn sie in der letzten Jahresbilanz bzw. der dem Beschluß zugrunde liegenden anderen Bilanz ausgewiesen sind, oder, wenn sie im letzten Beschluß über die Verwendung des Jahresüberschusses oder des Bilanzgewinns zu diesen Rücklagen ausgewiesen sind.

4. Kapitel: Die Finanzierung

Vorbehaltlich der vorstehenden Ausführungen können gem. §208(1) AktG Gewinnrücklagen und deren Zuführungen in voller Höhe, die Kapitalrücklage und die gesetzliche Rücklage sowie deren Zuführungen nur, soweit sie den zehnten Teil oder per Satzung bestimmten höheren Teil des bisherigen Grundkapitals übersteigen, in Grundkapital umgewandelt werden.

Durch die Ausgabe von Berichtigungs-, Zusatz- oder Gratisaktien erhöht sich das Vermögen der Aktionäre nicht. Zwar erhöht sich durch die Ausgabe von Berichtigungsaktien die Gesamtzahl umlaufenden Aktien. Aber deren Kurswert sinkt, da das unveränderte aber anders strukturierte Eigenkapital (Grundkapital plus Rücklagen) von einer größeren Zahl von Aktien repräsentiert wird. Dies zeigt das nachfolgende Beispiel.

Beispiel:
Grundkapitalerhöhung der XY-AG von 2000 Mio. DM im Verhältnis 4:1 zu Lasten der Gewinnrücklagen. Ausgewiesen sind Gewinnrücklagen in Höhe von 700 Mio. DM und Kapitalrücklagen in Höhe von 500 Mio. DM.

Vor einer Kapitalerhöhung errechnet sich ein Bilanzkurs, der den inneren Wert, nicht den Marktwert repräsentiert, wie folgt:

$$\text{Bilanzkurs} = \frac{\text{Eigenkapital}}{\text{Grundkapital}} \times 100\,(\%)$$

Eigenkapital = Grundkapital + Rücklagen

Bilanzkurs = 160%.

Nach der Kapitalerhöhung sinkt der Bilanzkurs auf 128%. Am Beispiel in der Abb. 25 ist erkennbar, daß sich das Vermögen eines einzelnen Aktionärs – gemessen am Bilanzkurs – im Zuge einer Kapitalerhöhung aus Gesellschaftsmitteln nicht verändert.

	Anzahl der Aktien Nennwert 100,— DM	Bilanzkurs i.v.H.	Vermögen DM
Vor der Kapitalerhöhung	4	160	640,—
Nach der Kapitalerhöhung	5	128	640,—

Abb. 25 Wirkung einer Kapitalerhöhung aus Gesellschaftsmitteln auf das Vermögen eines einzelnen Aktionärs.

Die Gründe für Kapitalerhöhungen liegen auf folgenden Ebenen:
- einerseits ist der Börsenkurs der Aktie so hoch, daß ihre Handelbarkeit hierunter leidet,
- andererseits sind bei ausgezeichneter Ertragslage des Unternehmens die Dividendensätze im Vergleich zu anderen Unternehmen sehr hoch, was u.U. optisch sehr ungünstig wirkt. Nunmehr kann künftig ein unverändert hohes Dividendenvolumen ausgeschüttet werden, was aber bei einer höheren Aktienzahl zu niedrigeren Dividendensätzen führt.

Bei der **Kommanditgesellschaft auf Aktien (KGaA)** gilt bezüglich der Beteiligungsfinanzierung durch den oder die Komplementär(e) das gleiche wie bei der KG. Die Verbreiterung der Eigenkapitalbasis kann aber grundsätzlich dadurch geschaffen werden, daß die alten Kommanditaktionäre zusätzlich Aktien zeichnen oder neue Kommanditaktionäre gewonnen werden. Hier bieten sich den emissionsfähigen KGaA gegenüber den nichtemissionsfähigen KGaA nicht unerhebliche Vorteile. Allerdings ist die Rechtsform der KGaA in Deutschland kaum vertreten.

B. Die Außenfinanzierung mit Fremdkapital

Eine weitere Möglichkeit, den gegebenen Kapitalbedarf zu finanzieren, bietet die Aufnahme von Krediten und dadurch die Zuführung entsprechenden Kapitals. Vom Volumen her ist diese Form der Finanzierung für die Unternehmen in allen westlichen Ländern von größter Bedeutung. Weiter oben waren die Charakteristika der Fremdkapitalfinanzierung bereits herausgearbeitet worden.

Die Kredite lassen sich nach den Kriterien der **Dauer der Kreditüberlassung (Fristigkeit)**, **Art des Kreditgebers**, nach dem **Verwendungszweck** und der **Besicherung** klassifizieren.

Was die **Fristigkeit** betrifft, so ist bislang ein einheitlicher Klassifikationsmaßstab nicht erkennbar. Während das **HGB Verbindlichkeiten mit Restlaufzeiten von: bis zu einem Jahr (vgl.: § 268(5) HGB), über ein Jahr (vgl.: § 268(4) HGB), mehr als fünf Jahren (vgl.: § 285(1a) HGB)** kennt, klassifiziert die **Deutsche Bundesbank** wie folgt: **Kredite mit einer Laufdauer bis zu einem Jahr (kurzfristige Kredite)**, mit einer **Laufdauer bis zu vier Jahren (mittelfristige Kredite)**, Kredite mit einer **Laufdauer über vier Jahre (langfristige Kredite)**. Im weiteren Verlauf wird dem Systematisierungsansatz der Bundesbank gefolgt.

Die **Art des Kreditgebers** zielt darauf ab, ob der Kredit durch ein Kreditinstitut, Lieferanten, Kunden, den Staat oder sonstige Personen gewährt wird.

Der **Verwendungszweck** wird durch die Bezeichnung Investitionskredit, Umsatzmittelkredit, Zwischenfinanzierungskredit gekennzeichnet.

Die **Besicherungsform** des Kredites gibt ein weiteres Einteilungskriterium – z.B. Bürgschaftskredit, Hypothekarkredit.

I. Die Voraussetzungen einer Kreditfinanzierung

1. Die Kreditprüfung

Vor Einräumung eines Kredites werden die potentiellen Kreditgeber prüfen, ob seitens des Kreditbewerbers der Wille und die Fähigkeit bestehen, die einzuräumende Kreditsumme und das Nutzungsentgelt zu den zu vereinbarenden Terminen im vollen Umfang zu leisten.

Diese **Kreditprüfung** zerfällt in zwei Teilbereiche und zwar in die **Kreditwürdigkeitsprüfung** und die **Kreditfähigkeitsprüfung**.

Der Umfang der Kreditprüfung hängt vom beabsichtigten Kreditvolumen, der beabsichtigten Kreditüberlassungsdauer und der Kreditbesicherungsqualität ab. Schließlich werden nicht immer alle Kreditgeber eine Kreditprüfung vornehmen. Dies ist aber gem. § 18 KWG in bestimmten Fällen für die Banken zwingend erforderlich.

Die **Kreditwürdigkeitsprüfung stellt auf das Vertrauen in die für die Kreditrückzahlung verantwortliche(n) Person(en) ab.** Da diese Persönlichkeit(en) durch eine Reihe von Eigenschaften, wie Vorbildung, fachliche und persönliche Unternehmereigenschaften, charakterliche Anlagen, Solidität usw. geprägt ist (sind), ist es das Ziel der Kreditwürdigkeitsprüfung, diese Eigenschaften aufzudecken.

Die **Kreditfähigkeitsprüfung** zerfällt in **zwei** Teilbereiche: Prüfung der **rechtlichen Kreditfähigkeit** und der **wirtschaftlichen Kreditfähigkeit**.

Im Hinblick auf die Prüfung der **rechtlichen Kreditfähigkeit** wird untersucht, inwieweit der Kreditbewerber oder die mit seiner Vertretung beauftragte Person **die Fähigkeit besitzt, rechtsgültige Kreditgeschäfte abzuschließen** und **sich damit dem Gläubiger gegenüber in rechtswirksamer Weise zu verpflichten**.

Die Prüfung auf die **wirtschaftliche Kreditfähigkeit** erfolgt, um offenzulegen, **ob der spätere Kreditnehmer in der Zukunft überhaupt in der Lage sein wird, die vereinbarten Nutzungsentgelte** (Zinsen, Gebühren, Provisionen) **und die Kreditrückzahlung im vollen Umfang und termingerecht zu leisten**.

2. Die Stellung von Kreditsicherheiten

Auch nach einer erfolgten Kreditprüfung durch den Kreditgeber, die ein insgesamt positives Ergebnis zeigt, wird die Herauslegung eines Kredites in der Regel von der Sicherheitenstellung abhängig gemacht. Sicherheiten sollen dem Gläubiger die Möglichkeit geben, sich aus ihnen zu befriedigen, wenn ein eingeräumter Kredit durch den Schuldner nicht mehr abgedeckt werden kann.

Die Form der Sicherheitenstellung hängt in der Regel mit der Art des zu gewährenden Kredites zusammen. So werden z.B. Forderungsabtretungen nicht zur Absicherung langfristiger Investitionskredite herangezogen, weil sich der Forderungsbestand in seinem Volumen und seiner Struktur (Einzelzusammensetzung) laufend ändert.

Das nachstehende Tableau gibt eine kurze Übersicht der wesentlichen Kreditsicherheiten, wobei die Details im Zusammenhang mit der hierzu angegebenen Spezialliteratur erarbeitet werden sollten (Obst/Hintner):

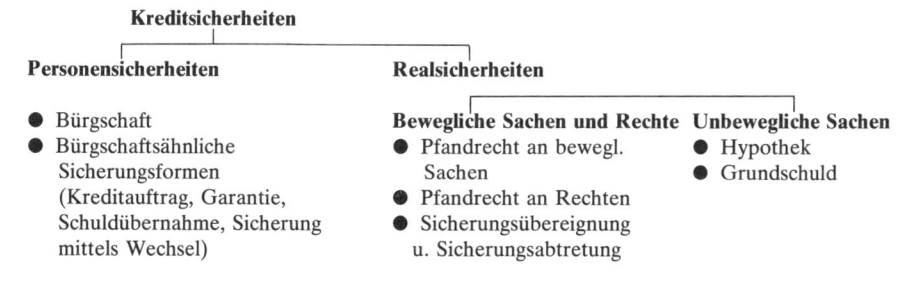

Kreditsicherheiten

Personensicherheiten	Realsicherheiten	
● Bürgschaft	**Bewegliche Sachen und Rechte**	**Unbewegliche Sachen**
● Bürgschaftsähnliche Sicherungsformen (Kreditauftrag, Garantie, Schuldübernahme, Sicherung mittels Wechsel)	● Pfandrecht an bewegl. Sachen	● Hypothek
	● Pfandrecht an Rechten	● Grundschuld
	● Sicherungsübereignung u. Sicherungsabtretung	

Abb. 26 Übersicht der wesentlichen Kreditsicherheiten

II. Die Finanzierung durch kurz- und mittelfristiges Fremdkapital

Soll ein gegebener kurz- oder mittelfristiger Kapitalbedarf fristenkongruent finanziert werden, so steht der kapitalsuchenden Unternehmung eine recht große Anzahl von Alternativen zur Verfügung. Diese wären auf der einen Seite Kredite, die aufgrund eines leistungswirtschaftlich orientierten Grundgeschäftes erhältlich sind. Hierzu zählen die Kundenanzahlung und der Lieferantenkredit. Bei allen übrigen Kreditformen ist dies nicht zwingend notwendig.

1. Die Kundenanzahlung

In bestimmten Wirtschaftszweigen (Schiffbau, Wohnungsbau, Industrieanlagenbau) werden grundsätzlich **vor Lieferung der Ware Vorauszahlungen durch den Abnehmer** verlangt. Der Grund liegt in der Regel darin, daß die Fertigstellung einen längeren zeitlichen Rahmen umfaßt (zumeist mehrere Jahre). Je nach Branchenusancen und Marktstellung des Lieferanten kann dieser die Höhe und zeitliche Struktur der Zahlungsleistungen während der Vertragsverhandlungen beeinflussen. Derartige Zahlungen stehen der Unternehmung zinslos zur Verfügung und bilden für diese nicht nur eine günstige Finanzierungsquelle, sondern auch ein gewisses Sicherungsinstrument gegen eine spätere Nichtabnahme durch den Besteller. Das Risiko, welches dem Abnehmer durch die Krediteinräumung eingeht, kann durch ein Bankaval (vgl. Avalkredit) ausgeschlossen werden.

2. Der Lieferantenkredit

Der Lieferantenkredit (Handelskredit) wird nur im Zusammenhang mit dem Absatz einer Ware durch den Lieferanten an den Abnehmer eingeräumt. Dies geschieht in der Form, daß dem Abnehmer nach Erhalt von Lieferungen oder Leistungen der zu zahlende Preis zinslos gestundet wird. Dem Abnehmer wird also **durch den Lieferanten nicht etwa ein Kredit in Form von Geldmitteln gewährt, sondern lediglich die Zahlungsverpflichtung hinausgeschoben (Gewährung eines Zahlungszieles).** Der Kredit kann in **zwei Formen** gewährt werden. Entweder als **Buchkredit in unverbriefter** oder **als Wechselkredit in verbriefter Form.** Bei der Gewährung des Lieferantenkredits in Form des Buchkredits wird der Lieferant ein entsprechendes Debitorenkonto belasten, während bei dem Abnehmer ein Kreditorenkonto zu erkennen ist. Zum Wechselkredit wird auf den entsprechenden Abschnitt unten verwiesen.

In der Regel wird der Lieferantenkredit in der Form gewährt, daß der Abnehmer den Rechnungsbetrag sofort oder innerhalb einer bestimmten Frist – **Skontofrist** – unter Abzug eines bestimmten Prozentsatzes – **Skontosatz** – zu begleichen hat. Wird innerhalb der Skontofrist der Rechnungsbetrag unter Abzug des Prozentsatzes nicht beglichen, so kann der Kunde ein Zahlungsziel ausnutzen. Allerdings ist in diesem Falle der volle Rechnungsbetrag ohne Abzug zu begleichen.

Was die Kosten eines derartigen Kredites betrifft, so ist zu beachten, daß diese in den Abnahmepreis einkalkuliert sind. Sie können bei Nichtausnutzung des Kredites (Zahlung innerhalb der Skontofrist) abgezogen werden.

Die Zinsbelastung errechnet sich nach einem vereinfachten Verfahren, bezogen auf Jahresbasis wie folgt:

$$i = \frac{\text{Skontosatz}}{(\text{Zahlungsfrist} - \text{Skontofrist})} \times 360$$

Beispiel: Rechnungsbetrag DM 10000,–. „Zahlbar innerhalb 8 Tagen mit 3% Skonto" oder innerhalb 30 Tagen netto Kasse".

$$i = \frac{3}{(30-8)} \times 360 = 49{,}09\% \,.$$

Vielfach wird auch der Effektivzinssatz unter Anwendung des Konzepts der internen Zinssatzmethode (Zwei-Zahlungs-Fall) auf Basis von 365 Tagen empfohlen, da die oben beschriebene Methode die tatsächliche Zinsbelastung unterzeichnet.

$$r = \left(\frac{K_n}{K_o}\right)^{\frac{365}{v}} - 1$$

$r = 0{,}6575$

K_o = Zahlung im Zeitpunkt o
(Betrag um Skonto bereinigt)
K_n = Zahlung im Zeitpunkt n
(Betrag ohne Skontoabzug)
v = Zahlungsfrist minus Skontofrist

Bedingt durch die Unterjährigkeit überzeichnet dieses Verfahren allerdings die tatsächliche Effektivzinsbelastung.

Unabhängig von der gewählten Berechnungsmethode wird ersichtlich, daß ein **Lieferantenkredit ein ausgesprochen teurer Kredit** ist, der sehr leicht durch einen anderen, kostengünstigeren Kredit – z.B. Kontokorrentkredit – substituiert werden könnte.

Dennoch ist dieser Kredit vor allen Dingen bei kleinen Unternehmen sehr beliebt. Dies hat folgende Gründe:

(1) Lieferantenkredite werden in erster Linie aus absatzpolitischen Gründen gewährt. Damit ist der jeweilige Lieferant nicht daran interessiert, vor Krediteinräumung umfangreiche Kreditprüfungen vorzunehmen, was vor allen Dingen vor Bankkrediteinräumungen der Fall ist. Kreditprolongationen sind in der Regel ohne Umstand zu erreichen, da der Lieferant an einer festen leistungswirtschaftlichen Verbindung interessiert ist. Dem Lieferanten ist sogar daran gelegen, daß der Kunde in eine gewisse Abhängigkeit kommt, damit dann die Konditionen im Grundgeschäft diktiert werden können.

(2) Eine umfangreiche Kreditbesicherung erfolgt in der Regel nicht. Einzige Form: Eigentumsvorbehalt an der gelieferten Ware.

(3) Oft können die Abnehmer den wahren Preis für den Lieferantenkredit aufgrund mangelnder Kenntnisse nicht erkennen.

3. Der Kontokorrentkredit

Als Kredit in laufender Rechnung ist der **Kontokorrentkredit ein Buchkredit, der die Existenz eines Kontokorrentkontos zur formalen Grundlage hat,** wobei derartige Kredite von Lieferanten (vgl.: Lieferantenkredit) und von Kreditinstituten gewährt werden.

Über ein Kontokorrentkonto werden bei einem Kreditinstitut sämtliche Zahlungsvorgänge eines Kunden abgewickelt, wobei am Ende einer Periode (Monat, Halbjahr, Jahr) die gegenseitigen Ansprüche und Leistungen saldiert werden. Allerdings ist durch die Führung eines Kontokorrentkontos bei einer Bank nicht schon die Gewährung eines Kontokorrentkredites gewährleistet. Hierzu bedarf es einer entsprechenden Kreditvereinbarung, innerhalb derer die Bank dem Kunden eine entsprechende Kreditzusage erteilt. Im Rahmen dieser Zusage räumt das Kreditinstitut seinem Kunden eine (Kontokorrent–)**Kreditlinie** ein. Der Kunde kann nun im Rahmen dieser eingeräumten Kreditlinie, die zugleich ein Kreditlimit darstellt, den Kontokorrentkredit in Anspruch nehmen. Dies bezieht sich auf den Zeitraum, das Volumen und den Verwendungszweck.

Die rechtliche Grundlage für diesen Kredit bilden das HGB (§§ 355–357) sowie die AGB (Allgemeine Geschäftsbedingungen).

Kontokorrentkredite sind de jure kurzfristiger Natur, da sie in der Regel kurzfristig aufgekündigt werden können. Im Einzelfall ist dies aber von der jeweils getroffenen Vereinbarung abhängig. De facto sind diese Kredite oft langfristiger Art, was u.U. mit der Kreditverwendung zusammenhängt.

Abwicklungstechnisch sind zwei Varianten möglich. In England und den USA wird der gesamte eingeräumte Kredit auf einem kreditorischen Konto gutgeschrieben. Von diesem Konto wird dann abdisponiert. Bei der zweiten – heute in Deutschland üblichen Methode – wird der Kreditrahmen lediglich auf dem Konto vermerkt, worauf das Konto bis zur vereinbarten Kreditlinie debitorisch geführt werden kann. Sollte ein Kunde eine Kreditlinie ohne vorherige Vereinbarung mit dem Kreditinstitut überschreiten, entsteht ein **Überziehungskredit**, der eine Überziehungsprovision nach sich zieht.

Die Kosten des Kontokorrents errechnen sich aus einer Reihe von Teilkomponenten. Diese sind:

Der **Sollzins**, der auf Basis des Diskontsatzes der Deutschen Bundesbank mit einem Aufschlag von 3,5–5,0 Punkten berechnet wird. Durch seine Kopplung an den Diskontsatz paßt sich der Sollzins automatisch an die allgemeine Entwicklung des Zinsniveaus an.

Die effektive Höhe des zur Berechnung kommenden Sollzinssatzes hängt von der Bonität und Verhandlungsmacht des einzelnen Bankkunden ab, wobei aber lediglich die Höhe des Aufschlags verhandlungsfähig ist.

Zusätzlich wird eine **Kredit- oder Bereitstellungsprovision** berechnet, wobei die jeweils zur Anwendung kommenden Berechnungsmodalitäten sehr unterschiedlich sind. Folgende Möglichkeiten sind denkbar (Hielscher/Laubscher, S. 83f.):

(1) die Kreditprovision wird dem Sollzins zugeschlagen (Zinszuschlag);

(2) die Kreditprovision wird auf die zugesagte Kontokorrentlinie berechnet;

(3) die Kreditprovision wird auf den monatlichen oder vierteljährlichen Spitzenbedarf berechnet;

(4) die Kreditprovision wird auf die Differenz zwischen Kreditlinie und den tatsächlich in Anspruch genommenen Kredit berechnet.

Es setzt sich aber immer stärker durch, daß die Bank lediglich einen **Nettozinssatz** berechnet, der die beiden Komponenten Sollzins und Kreditprovision enthält. In diesem Fall liegt der Aufschlag bei ca. 4–6,5 Prozentpunkte über dem Diskontsatz.

Die **Überziehungsprovision** wird bei der Überschreitung der vereinbarten Kreditlinie berechnet und kann zwischen 1,5 % und 4,5 % p. a. schwanken. Zusätzlich können noch Kontoführungsgebühren erhoben werden. Hier allerdings bieten sich dem Kunden gute Verhandlungsspielräume. Eine nicht unwesentliche Kostenkomponente bildet schließlich die **Valutierung** (Wertstellung) der Zahlungsvorgänge durch die Bank. In der Regel erfolgen Gutschriften mit einer gewissen zeitlichen Verzögerung, während Belastungen ohne oder mit geringem Zeitverzug vorgenommen werden.

Die tatsächlichen **Kosten eines Kontokorrentkredites** sind im Normalfall durch den Kunden nur sehr schwer zu ermitteln, da einmal die Kreditkosten durch eine große Variationsmöglichkeit der Teilpreise bestimmt werden und andererseits – bedingt durch die hohe Frequenz der Kontobewegungen sowie die unterschiedliche Ausnutzung der Kreditlinie – die Berechnung sehr aufwendig ist.

Die Teilpreise sind im einzelnen:

- **Sollzins,**
- **Kredit- oder Bereitstellungsprovision,**
- **Überziehungsprovision,**
- **Umsatzprovision oder Kontoführungsgebühren,**
- **Wertstellungsusancen der Bank.**

Zusätzlich werden oftmals Barauslagen berechnet.

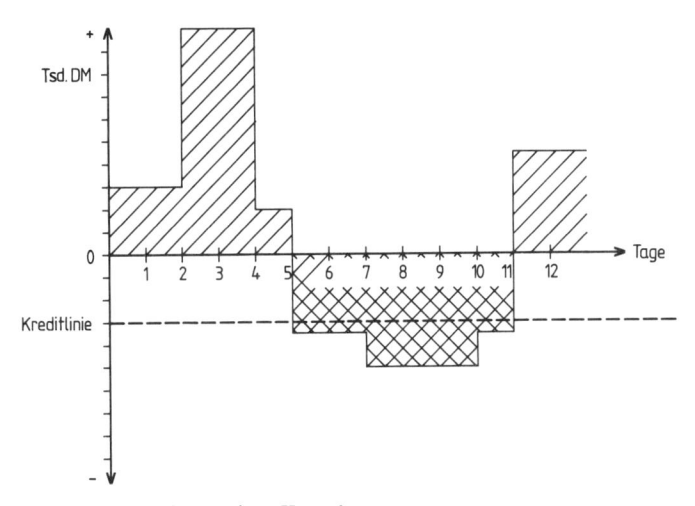

Abb. 27 Soll/Haben-Positionen eines Kontokorrent

Die vorstehende Abbildung zeigt über einen Zeitraum von 12 Tagen die Soll/Haben-Positionen auf einem Kontokorrent mit der zeitweisen Ausnutzung der Kreditlinie und der Inanspruchnahme eines Überziehungskredits.

In der Regel ist der Kontokorrentkredit für die einzelne Unternehmung ein ausgezeichnetes Finanzierungsinstrument, da hiermit der kurzfristig entstehende Kapitalbedarf schnell und geräuschlos finanziert werden kann.

Was die Besicherung betrifft, so werden die Kreditinstitute vor einer Krediteinräumung und nach einer Kreditprüfung die Stellung von Sicherheiten verlangen. In der Regel werden hier im Grundbuch eingetragene Sicherheiten, Forderungsabtretungen sowie Sicherungsübereignungen herangezogen. Andere Besicherungsformen sind allerdings auch möglich.

4. Der Diskontkredit

Kauft ein Kreditinstitut unter Abzug von Zinsen in Wechselform verbriefte Forderungen, die noch nicht fällig sind, so gewährt es Einreichern einen Diskontkredit, den sie sich in Wechselform verbriefen lassen (siehe auch oben **Lieferantenkredit**). Durch diesen vorfristigen Forderungsverkauf kann so der bisherige Wechselbesitzer eher über entsprechende Zahlungsmittel verfügen.

Der Wechsel ist gem. Art. 1 Wechselgesetz mit bestimmten Bestandteilen zu versehen. Diese sind:
1. Bezeichnung als Wechsel im Text der Urkunde und zwar in der Sprache, in der sie ausgestellt ist;
2. die unbedingte Anweisung, eine bestimmte Geldsumme zu zahlen;
3. den Namen dessen, der zahlen soll (Bezogener);
4. die Angabe der Verfallzeit;
5. die Angabe des Zahlungsortes;
6. den Namen dessen, an den oder an dessen Order gezahlt werden soll;
7. die Angabe des Tages und des Ortes der Ausstellung;
8. die Unterschrift des Ausstellers.

Es sind zu unterscheiden der **gezogene Wechsel** und der **Eigenwechsel**. Der **gezogene Wechsel** wird vom Aussteller auf den Bezogenen gezogen. Er lautet auf die Anweisung, eine bestimmte Geldsumme bei Fälligkeit an den Remittenten zu zahlen.

Der **Eigen- oder Solawechsel** ist ein Zahlungsversprechen. Hier ist der Aussteller zugleich Schuldner.

Die Technik der Diskontkreditgewährung ist derart, daß eine Bank ihrem Kunden eine Diskontkreditlinie einräumt, bis zu der sie bereit ist, entsprechendes Wechselmaterial anzukaufen. Der Kreditnehmer erhält die diskontierte (abgezinste) Wechselsumme sofort auf seinem Konto gutgeschrieben.

Die Kreditinstitute sind allerdings in erster Linie daran interessiert, bundesbankfähiges Wechselmaterial zu diskontieren, weil dieses Material gegebenenfalls bei der Bundesbank zum Rediskont eingereicht werden kann.

Bundesbankfähiges Material zeichnet sich durch folgende Eigenschaften aus:
Es müssen sog. **gute Handelswechsel** sein,

- denen ein Handels- oder Warengeschäft zugrunde liegt,
- deren Restlaufzeit höchstens drei Monate beträgt,
- die mindestens drei gute Unterschriften tragen,
- die an einem Bankplatz (LZB-Platz) fällig gestellt sind.

Die **Kosten** für **Diskontkredite** liegen unter denen für Kontokorrentkredite und setzen sich aus folgenden Komponenten zusammen:
- Sollzins,
- Wechselsteuer,
- Nebengebühren.

Der **Sollzins** hängt in erster Linie von der Höhe des jeweiligen Diskontsatzes der Deutschen Bundesbank ab, wird aber andererseits mit bestimmt von der Bonität und damit Verhandlungsposition des Einreichers sowie schließlich von der Liquiditäts- und damit Wettbewerbssituation der konkurrierenden Banken.

In der Regel liegt dieser Satz für Wechsel, die auf einen Bankplatz ausgestellt sind, bei ca. 1,5–3,5 Prozentpunkte über Diskontsatz, für andere Wechsel bei ca. 3,5–5 Prozentpunkte über dem jeweiligen Diskontsatz.

Die Höhe der effektiven Kosten kann aber nur ermittelt werden, wenn der nominale Zinssatz auf den Diskonterlös bezogen wird. Somit dürfte der effektive Zinssatz immer über dem nominalen Zinssatz liegen.

Die **Wechselsteuer** beträgt 0,15 DM je angefangene 100 DM Wechselsumme (lediglich bei inländischen Wechseln). Sie kann bei sehr kurzen Laufzeiten die Gesamtkosten erheblich beeinflussen.

Schließlich wären noch die **Nebengebühren** zu erwähnen, die allerdings in der Regel gering sind, sich aus Teilbeträgen zusammensetzen und von Bank zu Bank – je nach Verhandlungsmacht des Kunden – unterschiedlich angerechnet werden.

Die Stellung besonderer Kreditsicherheiten ist bei dem Diskontkredit in der Regel nicht erforderlich, weil aufgrund der besonderen Wechselstrenge für die Banken ausreichend Durchgriffsmöglichkeiten bestehen.

5. Der Lombardkredit

Ein **Lombardkredit entsteht durch Einräumung eines kurzfristigen Krediteres gegen die Verpfändung beweglicher und leicht realisierbarer Vermögensobjekte** (gem. §§ 1204–1296 BGB).

Derartige Vermögensobjekte sind:
- **Effekten**,
- **Wechsel**,
- **Edelmetalle**,
- **Waren**.

Zwei wesentliche Voraussetzungen müssen aus der Sicht des Gläubigers im Hinblick auf die Faustpfänder erfüllt sein:

Erstens sind – da sich die Lombardierung auf das Rechtsinstitut der Verpfändung gründet – **die Effekten** (Effektenlombard) und **Wechsel** (Wechsellombard) **dem Kreditinstitut auszuhändigen**, **Edelmetalle und Waren** (Warenlombard) **gegen Dispositionspapiere oder** gegen eine **Sicherungsübereignung zu verpfänden**.

Zweitens müssen die Vermögensgegenstände **leicht realisierbar**, d.h. marktfähig sein. Auch wenn dies der Fall ist, erfolgt eine **Beleihung – und damit die Kreditgewährung – nur bis zu einer Höchstquote des festgestellten Marktwertes**. Dieser Beleihsatz liegt i.d.R. entsprechend dem (im Pfandobjekt liegenden) Risiko eines fallenden Liquiditätsgrades zwischen 50 und 75% des Marktwertes.

Die **Kosten des Lombardkredites** liegen in der Regel über denen eines Diskontkredites, wobei die Banken in der Regel als **Lombardsatz 1% p.a. über dem Sollzins für Diskontkredite plus eine Kreditprovision** berechnen.

6. Die Kreditleihe

In bestimmten Fällen benötigt ein Unternehmen von seiner Hausbank keinen unmittelbaren Geldkredit, sondern die Kreditwürdigkeit seiner Bank, die damit ihr eigenes Ansehen (Standing) einsetzt. Hier kann sich ein Geldkredit anschließen.

a) Der Akzeptkredit

Akzeptiert eine Bank einen von ihrem Kunden auf sie gezogenen Wechsel, so verpflichtet sie sich, dem Wechselinhaber zum Zeitpunkt der Fälligkeit den ausgewiesenen Wechselbetrag zu zahlen. In diesem Falle liegt ein Akzeptkredit vor (**Fall 1 – reiner Akzeptkredit**). Der Kunde kann nun seinem Gläubiger den Wechsel weiterreichen, der diesen Wechsel dann wiederum seiner Bank zum Diskont weiterreichen kann.

Andererseits kann auch die akzeptierende Bank den Wechsel direkt diskontieren (**Fall 2 – Verbindung eines Akzeptkredits mit einem Diskontkredit**).

Der Bankkunde muß sich allerdings verpflichten, den Wechselbetrag spätestens einen Tag vor Fälligkeit anzuschaffen.

Soweit derartige Wechsel bestimmte Anforderungen erfüllen, können sie von der **Privatdiskont-AG** zu dem günstigen Privatdiskontsatz diskontiert werden (**Fall 3**).

Diese Anforderungen an die einzelnen Abschnitte sind:

- Die Aussteller müssen von unzweifelbarer Bonität sein,
- die Restlaufzeit darf höchstens 90 Tage betragen,
- die Beträge müssen auf mindestens 100 000,– DM lauten und sollten 5 000 000,– DM nicht überschreiten und müssen durch 5000 teilbar sein,
- sie dürfen nur der Finanzierung von Einfuhr, Ausfuhr, Transithandelsgeschäften, des grenzüberschreitenden Lohnveredelungsverkehrs oder zur Finanzierung internationaler Warengeschäfte zwischen zwei außerdeutschen Ländern dienen. Die dem Grundgeschäft zugrunde liegende Nummer der Einfuhr- bzw. Ausfuhrerklärung und die Angabe der finanzierten Ware sowie des Käuferlandes müssen auf dem Abschnitt eingetragen sein.

Die Bank berechnet dem Kunden:
Im Fall 1 (reiner Akzeptkredit):

- die Akzeptprovision mit 1,5 % – 3,0 % p. a.
- die Wechselsteuer
- Bearbeitungsgebühren 0,5 – 0,7 % p. a.

Im Fall 2 (Verbindung eines Akzeptkredites mit einem Diskontkredit):

- die Akzeptprovision mit 1,5 % – 3,0 % p. a.
- die Wechselsteuer
- Sollzins für Diskontkredite.

Im Fall 3 (Ankauf zu den Sätzen der Privatdiskont AG möglich):

- die Akzeptprovision mit 1,5 – 3,0 % p. a.
- die Wechselsteuer
- Geldsatz der Privatdiskontnotierung
- Bearbeitungsgebühr der Privatdiskont AG 0,2 % p. a.

Auf Grund des mit der Akzepteinräumung verbundenen hohen Risikos – die Bank haftet letztlich wechselrechtlich als Hauptschuldner – werden Akzeptkredite nur an Bankkunden mit hoher Bonität gewährt.

b) Der Avalkredit

Auch beim Avalkredit handelt es sich um eine **Kreditleihe**. Auf der Grundlage der §§ 765–778 BGB in Verbindung mit §§ 349–351 BGB **verbürgt sich die avalierende Bank gegenüber dem Gläubiger ihres Kunden,** für dessen gegenwärtige und/oder zukünftige Zahlungsverbindlichkeiten einzustehen.

Für den Bankkunden ergibt sich hierdurch der Vorteil, daß er eine Hinterlegung von Bargeld oder eine Stellung von Kautionen in bestimmten Situationen nicht vorzunehmen braucht, wodurch liquide Mittel anderweitig verwendet werden können.

Die Kosten von Avalen werden in der Regel wie folgt berechnet:
- Avalprovision 1,5–4% p. a.
- zusätzliche Kreditkosten bei Inanspruchnahme des Avals 4–6% p. a. über dem jeweiligen Diskontsatz.

Bürgschafts- oder Garantieübernahmen finden in erster Linie Anwendung:
- zur Abdeckung von Mängelrisiken in Form einer Lieferungs-, Leistungs- oder Gewährleistungsgarantie;
- zur Abdeckung von Erfüllungsrisiken in Form der Vertragserfüllungsgarantie;
- bei öffentlichen Ausschreibungen (Bietungsgarantien);
- zur Besicherung gestundeter Zölle, Frachten ein Zoll- bzw. Frachtstundungsaval;
- zur Abdeckung von Prozeßbürgschaften;
- im Rahmen von Außenhandelsgeschäften: Bietungs-, Liefer- und Leistungsgarantien; Gewährleistungs- und Vertragserfüllungsgarantien; Kreditsicherungsgarantien und Konossementsgarantien.

c) Sonderformen (Rembours- und Negoziationskredit)

Im Zusammenhang mit einer **Außenhandelsfinanzierung kann der Bankkunde als Sonderform eines Akzeptkredites einen Rembourskredit in Anspruch nehmen**. In diesem Falle stellt die inländische Bank dem inländischen Importeur auf der Grundlage eines Dokumentenakkreditivs die ihr von einer ausländischen Bank eingeräumte Kreditfazilität zur Verfügung. Dieser kann dann hieraus seine Verbindlichkeiten aus einem Importgeschäft tilgen.

Der Vorgang stellt sich dann wie folgt dar (**in praxi sind allerdings eine Vielzahl von Varianten bekannt**):

Der Importeur nimmt bei seiner Hausbank einen Akzeptkredit in Anspruch. Daraufhin zieht der Exporteur auf die Hausbank des Importeurs einen Wechsel, den er dann bei seiner Bank zum Diskont einreichen kann. Für die Zeichnung der Tratte erhält die Hausbank des Importeurs die dem Akkreditivauftrag entsprechenden Dokumente.

Im weiteren Verlauf stellt die Hausbank des Importeurs – rechtzeitig vor Fälligkeit – der Bank des Exporteurs den Wechselbetrag zu Lasten des Importeurs zur Verfügung.

Der Vorteil liegt für den Importeur darin, daß er vor Fälligkeit des Wechsels nicht durch einen Abfluß von Liquidität belastet wird und bereits über die Ware verfügen kann. Die Kosten stellen sich wie folgt:
- Akkreditivgebühren,
- Diskontsätze für erstklassige Bankakzepte,
- Akzeptprovision der Auslandsbank,
- ausländische Wechselstempelkosten.

Im Unterschied zum Rembourskredit **verpflichtet sich beim Negoziationskredit die Bank des Exporteurs, einen Wechsel, gezogen auf den Importeur, zu diskontieren, bevor dieser Wechsel vom Importeur oder dessen Bank akzeptiert ist**. Voraussetzung ist allerdings, daß der Importeur vorab bei der Bank des Exporteurs (unter Einschaltung der eigenen Hausbank) zu dessen Gunsten ein Dokumenten-Akkreditiv eröffnen läßt. Dieses ist mit einer entsprechenden Negoziationsklausel versehen.

Auch hier sind Varianten bekannt. Einmal besteht die Möglichkeit, daß der Wechsel auf die Hausbank des Importeurs gezogen wird – „order to negotiate". Die zweite Möglichkeit besteht darin, daß dem Importeur das Dokumenten-Akkreditiv direkt ausgestellt wird – „commercial letter of credit". Dieser kann dann die Tratte zusammen mit den notwendigen Dokumenten jeder Bank seiner Wahl zum Diskont einreichen.

d) Das Scheck-Wechsel-Tauschverfahren

Ein im Handel übliches und häufig praktiziertes Verfahren der Kreditleihe, das mit einem Diskontkredit verbunden ist. Der Käufer einer Ware begleicht unter Skontoabzug eine Warenrechnung per Scheck und läßt im gleichen Zuge vom Lieferanten der Ware einen Wechsel auf sich ziehen, den er akzeptiert. Im Regelfall reicht der Käufer den Wechsel (Umkehrwechsel) seiner Bank zum Diskont zum Zweck der Refinanzierung seiner Scheckzahlung ein.

Der Vorteil für den Käufer liegt eindeutig im kostengünstigen Finanzierungsinstrument, während der Vorteil für den Lieferanten in einem Bargeschäft besteht. Allerdings haftet der Lieferant grundlos als Wechselaussteller einer Wechselverbindlichkeit mit dem u.U. damit verbundenen erheblichen Risiko.

III. Die Finanzierung durch langfristiges Fremdkapital

1. Die Festzinsanleihe

a) Die Anleihe mit periodischen Zinszahlungen

Das **klassische Finanzierungsinstrument zur Deckung eines gegebenen langfristigen, großvolumigen Kapitalbedarfs ist die Emission einer festverzinslichen Schuldverschreibung über den organisierten Kapitalmarkt (Börse) mit periodischen Zinszahlungen.** Für derartige Schuldverschreibungen hat sich allgemein der Terminus Industrieobligation eingebürgert, obwohl diese Emissionen auch von Unternehmen anderer Branchen (z.B. des Handels) vorgenommen werden können und werden.

Schuldverschreibungen werden nicht nur von Unternehmen, sondern – zumindest in Deutschland – in viel größerem Umfang vom Bund, der Bundesbahn, Bundespost, den Ländern und Städten emittiert.

Gem. § 12 Kapitalverkehrsteuergesetz sind **Schuldverschreibungen Wertpapiere, die festverzinsliche Forderungsrechte verbriefen,** wobei diese Wertpapiere auf den Inhaber lauten oder durch Indossament übertragen werden können oder in Teilabschnitten ausgefertigt und mit Zinsscheinen versehen sind.

Gem. § 792 BGB verpflichtet sich der Emittent einer Industrieobligation den Gläubigern gegenüber zu bestimmten Leistungen.

Diese sind im wesentlichen die Zahlung eines bestimmten Nutzungsentgeltes (Zins) für den Zeitraum der befristeten Kapitalüberlassung und die fristgerechte Rückzahlung dieses ihm überlassenen Kapitals.

Das mit diesem Finanzierungsinstrument zu deckende Kapitalvolumen bewegt sich in Größenordnungen von 10 bis zu weit über 1 Mrd. DM.

Zur Finanzierung dieser Finanzvolumina wird **die gesamte Anleihesumme in Teilbeträge gestückelt und so in Teilschuldverschreibungen verbrieft.** Diese **Teilschuldverschreibungen** sind in der Regel **Inhaberpapiere**, was ihre Übertragbarkeit erleichtert.

In diesen beiden Tatbeständen (Möglichkeit der Stückelung und Ausstattung als Inhaberpapier) liegt die Vorteilhaftigkeit dieses Finanzierungsinstrumentes. Die Unternehmung kann so einerseits große Kapitalbeträge zu festen Konditionen für lange Zeiträume beschaffen, während die Gläubiger andererseits nicht unbedingt bis zum Ende der Laufzeit gebunden sind. Sie können – ohne daß dies die Unternehmung berührt – ihre Schuldverschreibungen veräußern.

Emissionsfähig sind grundsätzlich Unternehmen aller Rechtsformen. Allerdings hat sich in der Praxis durchgesetzt, daß nur **große AG's oder GmbH's** (letztere sind allerdings eine Ausnahme) Schuldverschreibungen emittieren.

Die Gründe liegen in bestimmten **Bonitätsanforderungen**, die **seitens staatlicher Stellen** im Zusammenhang mit der Emissionsgenehmigung, der **Börsen** im Zusammenhang mit der Börseneinführung und großer **Kapitalanleger** in Hinblick auf die Hereinnahme in das Anlageportefeuille erfüllt werden müssen. Diese Kriterien erfüllen in der Regel nur große Unternehmen in der Rechtsform einer AG oder GmbH.

Im Rahmen des **Zulassungsverfahrens zur Notierung und zum amtlichen Handel an deutschen Wertpapierbörsen** werden weitere Prüfungen notwendig, die ebenso wie die **Prüfung institutioneller Kapitalanleger** (Versicherungen, Fonds) **auf die Bonität des Anleiheschuldners** abgestellt sind.

Was die **Begebung der Industrieobligation** betrifft, so sind – wie bei der Emission von Aktien – die Formen der **Selbst-** oder der **Fremdemission** möglich. Aus den dort angegebenen Gründen wird in der Regel der Weg der Fremdemission beschritten, wobei auch hier – sollte die Emission einem **Konsortium** übertragen werden – ein **Begebungs- oder** ein **Übernahmekonsortium** zur Wahl stehen.

Die **Bedingungen, zu denen die jeweilige Anleihe emittiert** wird, zielen im wesentlichen auf das **Anleihevolumen**, die **Verzinsung**, die **Emissions- und Rückzahlungsmodalitäten** ab. Sie werden auch mit dem Terminus „Ausstattung der Anleihe" belegt.

Das **Volumen** wird durch den Zweck bestimmt, zu dem die Anleihe begeben wird (z. B. Finanzierung eines entsprechenden Investitionsvorhabens). Der **Nominalzins**, welcher über die gesamte Laufzeit fest liegt, richtet sich nach den herrschenden Konditionen am Kapitalmarkt. Nur in Ausnahmefällen ist später eine Zinssatzänderung möglich. In diesem Falle muß die Anleihe vom Schuldner gekündigt und eine neue – sog. **Konvertierungsanleihe** – aufgelegt werden. Den bisherigen Gläubigern werden Teilschuldverschreibungen der neuen niedriger verzinslichen Anleihe angeboten. Dieser Schritt ist allerdings nur möglich, wenn die Anleihebedingungen eine Kündigung zulassen.

Die Zinszahlungen erfolgen auf Grund des **Nominalzinssatzes**, der – lt. Anleihebedingungen – als Prozentsatz des Nennwertes p.a. ausgewiesen ist. Als Zahlungsweise kann viertel-, halb- oder jährlich festgelegt sein, wobei die vierteljährliche Zahlung für die Gläubiger günstiger als die halb- oder jährliche Zahlungsweise ist, da sich hierdurch für sie die Effektivverzinsung erhöht.

Abweichend vom Nominalzinssatz ergibt sich aber für die Unternehmung als Anleiheschuldnerin (die Gläubigersituation wird hier nicht betrachtet) eine höhere Effektivzinsbelastung. Diese hängt im Wesentlichen von den Emissionsmodalitäten ab.

Im Rahmen der Emission kann die Ausgabe der Anleihe zu einem Kurs erfolgen, der dem Nennwert entspricht – **Pari-Emission** –. Der Ausgabekurs kann allerdings auch unter dem Nennwert – **Unter-Pari-Emission** – liegen. Der Kursabschlag (Disagio) würde entsprechend seiner Höhe in Abhängigkeit der Anleihelaufzeit zu einem – abweichend vom Nominalzinssatz – höheren Effektivzinssatz führen.

Zusätzlich entstehen der Unternehmung noch weitere **einmalige Kosten** im Rahmen des Emissionsvorgangs. Diese sind pauschal, wobei sich z. T. erhebliche Verschiebungen ergeben können:

Kostenart	Kosten i. v.H. des Nennbetrages
– **Kosten der Vorbereitung und Auflegung** (Prov. an Bankenkonsortium, Veröffentlichungs- u. Druckkosten, Kontroll- u. Prüfkosten	ca. 3,0–4,0
– **Besicherungskosten**	ca. 0,4–0,5
– **Kosten der Börseneinführung**	ca. 0,6–0,7
Insgesamt also	ca. 4,0–5,2

Unterstellt man nach einem Beispiel von Süchting (S. 125) die Emission einer Industrieobligation über 100 Geldeinheiten vom Zinstyp 10%, einer Laufzeit von 10 Jahren und einer Tilgung am Ende der Laufzeit, so sind der Disagiobetrag und die einmaligen im Zusammenhang mit der Emission anfallenden Kosten auf die gesamte Laufdauer wie folgt zu verteilen und entsprechend eine Effektivzinsbelastung wie folgt zu ermitteln:

- Nominalzins 10%
- Emissionskurs 97
- Laufzeit 10 Jahre
- Begebungskosten 5% des Nennwertes

jährliche	
Zinsen	10,— DM
Disagio	0,30 DM
Begebungskosten	0,50 DM
	10,80 DM

Der Unternehmung stehen im Zuge der Emission nicht 100,– DM, sondern lediglich 92,– DM (100 ./. 3,– Disagio ./. 5,– Begebungskosten) zur Verfügung. Bezogen auf diesen Betrag entsprechen DM 10,80 einer Effektivbelastung von 11,38%. Da aber neben den einmaligen Kosten der Emission noch laufende Fremdleistungskosten (Treuhandgebühr, Kuponeinlösungsprovision, Auslosungsprovision sowie ev. Kurspflegekosten) anfallen, stellt sich die Effektivzinsbelastung für die Unternehmung noch höher.

Die Entscheidung zur Pari-Emission oder Unterpari-Emission wird in der Regel erst kurz vor dem Emissionszeitpunkt getroffen, weil hierdurch – entsprechend der aktuellen Kapitalmarktsituation – eine Feineinstellung der Konditionen erfolgen kann. Wird ein Disagio gewährt, so kann gem. §250 (3) HGB der Unterschiedsbetrag zwischen dem höheren Rückzahlungskurs und Ausgabebetrag unter die Rechnungsabgrenzungsposten der Aktivseite aufgenommen werden. Der Betrag ist gesondert auszuweisen und kann – entsprechend der Laufzeit – in gleichmäßigen jährlichen Raten abgeschrieben werden.

Die **Tilgung der Anleihe** kann auf verschiedene Weise erfolgen. Denkbar sind folgende Modalitäten:

(1) Üblich ist heute, daß nach mehreren tilgungsfreien Jahren (in der Regel 5–6 Jahre) die **Tilgung im Annuitätenverfahren** vollzogen wird. Dies bedeutet, daß nach Ablauf der tilgungsfreien Zeit jährlich ein gleichbleibend fester Betrag für die Tilgung und Verzinsung bereitgestellt wird. Charakteristisch ist für dieses Verfahren, daß im Zeitablauf die Zinsquote am Gesamtbetrag fällt, während der Tilgungsanteil steigt.

(2) Bei diesem Verfahren sind in der Regel desgleichen zunächst einige tilgungsfreie Jahre gegeben. Anschließend erfolgt die **Tilgung der Anleiheschuld in gleich hohen Jahresraten** bis zum Ende der Laufzeit.

Bei den Verfahren (1) und (2) werden die zu tilgenden Anleihestücke durch **Auslosung** von Reihen, Serien oder Stückenummern ermittelt. Zu diesem Zweck erfolgt vor der Emission entsprechend der Tilgungsplanung eine entsprechende Klassifikation. Die Auslosung erfolgt unter notarieller Aufsicht.

(3) Die **gesamte Tilgung** der Anleihe erfolgt **am Ende der Laufzeit**.

(4) Die **Tilgung** erfolgt **durch Rückkauf** der Anleihe **über die Börse**. Dies hat bei niedrigen Kursen für die Unternehmung den Vorteil, daß sie bei einem vorgegebenen Betrag eine dem niedrigeren Kursniveau entsprechend höhere Tilgung vornehmen kann. Zusätzlich haben derartige Rückkäufe einen kursstützenden Effekt.

(5) Schließlich kann auf Grund eines vertraglich eingeräumten Kündigungsrechts die gesamte Anleihe durch den Schuldner nach Ablauf von ex ante festgelegten Freijahren **vorfristig gekündigt und getilgt** werden. Um den Gläubigern keine zu großen Nachteile entstehen zu lassen, bieten sich zwei unterschiedliche Verfahren: (a) die Tilgung erfolgt mit einem ex ante festgelegten Kursaufschlag, der – auf den Rückzahlungstermin bezogen – gestaffelt fällt; (b) den Anleihegläubigern wird die Möglichkeit eröffnet, im Rahmen eines Konversionsverfahrens, eine neu aufzulegende Anleihe (**Konversionsanleihe**) zu Vorzugskonditionen zu zeichnen. Die Ausübung des vorfristigen Kündigungsrechts wird für die Anleihegläubiger dann interessant, wenn das Marktzinsniveau im Vergleich zu demjenigen, welches im Emissionszeitpunkt der zu kündigenden Anleihe gegeben war, deutlich gefallen ist.

Die **Kündigung der Anleihe durch die Gläubiger**, die eine vorzeitige Tilgung nach sich ziehen würde, ist **in den seltensten Fällen möglich**. Hier wäre als Vorbedingung die Existenz einer entsprechenden Vertragsklausel – nach der im Jahre 1953 mit Kündigungsrecht ausgestatteten Anleihe der Fa. Degussa auch als **Degussaklausel** bezeichnet – erforderlich.

Die **Besicherung** von Industrieobligationen erfolgt in der Regel durch Grundpfandrechte, seltener durch Bürgschaften anderer Unternehmen.

b) Die Nullkuponanleihe (Zerobond)

Bei Nullkuponanleihen handelt es sich um den **Typ einer endfälligen Anleihe**, der grundsätzlich dem der Festzinsanleihe zuzuordnen ist. Im Gegensatz zu dieser erfolgen beim

Zerobond aber **während der Laufdauer keinerlei periodische Zinszahlungen**, da die Zinsen angesammelt, verzinst (**Zinseszinseffekt**) und bei Fälligkeit zusammen mit der Tilgung ausgezahlt werden.

Die Nullkuponanleihe findet sich am Markt in **zwei Varianten**:

(a) die **reine Nullkuponanleihe**, bei der sich der Emissionskurs bei gegebenem Zinssatz und definierter Laufdauer durch Abzinsung des Rückzahlungspreises ergibt. Dieser Typ hat sich allgemein durchgesetzt.

(b) die Aufzinsungs- oder **Zinssammel-Anleihe**. Bei dieser Variante erfolgt die Bestimmung des Rückzahlungspreises bei gegebenen Zinssatz sowie definierter Laufdauer durch die Aufzinsung des Ausgabekurses.

Für die sich finanzierende Unternehmung hat die Kapitalbeschaffung via Emission Zerobond den Vorteil, daß sie im Vergleich zur traditionellen Festzinsanleihe einerseits eine **längere Kapitalüberlassungsdauer** erreicht, da die Anleger den Zerobond aus steuerlichen Gründen präferieren (Verlagerung von Steuern aus Zinseinnahmen auf einen Zeitraum, in welchem die Grenzsteuerbelastung im Vergleich zu vorherigen Zeiträumen sinkt). Andererseits hat die Unternehmung den Vorteil, daß **Zinszahlungen während der Laufdauer entfallen**. Nachteilig kann sich u.U. auswirken, daß Nullkuponanleihen bei Änderungen der Marktzinssätze im Gegensatz zu traditionellen Festzinsanleihen **überproportionale Kursschwankungen** aufweisen, was bei unterlassener Kurspflege zu **u.U. erheblichen Standingverlusten** führt. Als Emittenten für diese Anleiheform kommen aufgrund der langen Laufdauern sowie der Zinszahlungen am Laufzeitende nur Unternehmen der **höchsten Bönitätsstufe** in Betracht.

2. Indexierte Anleihen

Indexierte (Index) Anleihen sind Schuldverschreibungen, bei denen die Emissionsdenomination und/oder Zinszahlungen und/oder Tilgungsleistungen indexiert sind.

a) Anleihen mit indexierter Emissionsdenomination

Hierbei handelt es sich um Anleihen, die nicht in einer Währungseinheit sondern in einem Index denominiert sind. Bevorzugt sind seit längerer Zeit in **ECU** (European Currency Unit) denominierte Anleihen. Die **ECU** wurde 1979 eingeführt und hat die Funktion der

- **Rechnungseinheit** in allen Bereichen der Europäischen Gemeinschaft,
- **Rechen-, Transaktions- und Reserveeinheit** zwischen den am Europäischen Währungssystem (EWS) beteiligten Zentralbanken.

Die ECU ist als Währungskorb konstruiert und als Summe der an ihm beteiligten festen Währungsbeträge definiert, wobei sich die Korbzusammensetzung im Zeitverlauf ändern kann. Der Wert der ECU sowie die Umrechnungskurse im Verhältnis zu den anderen Währungen ändert sich börsentäglich auf Basis des Dollarkurses der einzelnen Währungen. Auf Basis der Vereinbarungen im EWS dürfen die einzelnen Korbwährungen aber nur plus/minus 2,25% um die ECU-Leitkurse schwanken (Beyer/Bestmann).

Die Zinszahlungen und Tilgungen erfolgen bei diesen Anleihen in ECU, sind also anschließend in die gewünschte Währung zu transferieren.

b) Anleihen mit indexierter Tilgungsleistung

Seit langer Zeit ist die Indexierung der Tilgungsleistung bekannt. Diese Anleiheform bietet sich dem Investor im Regelfall als hervorragendes Hedginginstrument, da er sich hiermit über lange Zeiträume gegen mögliche Risiken (z.B. hohe Inflationsraten) absichern kann. Sie eröffnet einem Investor aber u.U. zugleich auch die Möglichkeit auf eine Spekulation.

Als Indices finden Anwendung:

- **Rechnungseinheiten** (z.B. ECU) – Rechnungseinheitenanleihen –,
- **Sachwerte** (z.B. Gold, Öl etc.) – Sachwertanleihe, Gold-, Ölanleihe –
- **Indices** (z.B. Inflationsrate, Aktienindex) – Aktienindex-Anleihe –.

In Phasen hoher Inflationsraten bietet sich eine derartige Anleihe oft als einziges Finanzierungsinstrument, wobei die Indexierung der Tilgung den Vorteil einer unter den herrschenden Marktkonditionen übliche Verzinsung eröffnet. Für den Emittenten ist aber mit der Emission einer derartigen Index-Anleihe ein u.U. **überproportionales Risiko** des Indexanstiegs und damit **der zu erbringenden Tilgungsleistung** gekoppelt. Er kann sich davor z.T. oder vollständig schützen. Als Möglichkeiten bieten sich einerseits die Begrenzung der Tilgungsleistung durch die Fixierung des Indexanstiegs an einer Obergrenze. Oder, was neuerdings bei **Aktienindex-Anleihen (Bull-Bear-Anleihe)** üblich ist, durch die Emission des Anleihevolumens in zwei Tranchen. Die Wertentwicklung jeder dieser Tranchen ist entweder an einen ihr zugeordneten steigenden (**Bull-**) oder fallenden (**Bear-**) Index (Begrenzung jeweils nach oben bzw. unten) gekoppelt. (Beyer/Bestmann).

c) Die Anleihe mit variabler Verzinsung (Floating Rate Note)

Floating Rate Notes sind Anleihen, bei denen sich die laufende Verzinsung mit einem gewissen Zeitverzug in periodischen Abständen (viertel- oder halbjährlich) den jeweils aktuellen Geldmarktsätzen (Bid- oder Offered Rate plus/minus Auf-/Abschlag) anpaßt (**Zinsindexierte Anleihen**). Seit dem 1. Mai 1985 ist die Emission von DM-Floating Rate Notes in Deutschland gestattet.

Die relevanten **Geldmarktsätze**, die die **Funktion des Referenzzinssatzes** haben, sind die an dem Finanzplatz aktuellen Sätze, an dem die Titel erstmals eingeführt werden. Diese sind z.B. für: London: London Interbank Offered Rate (**LIBOR**), London Interbank Bid Rate (**LIBID**); Frankfurt: Frankfurt Interbank Offered Rate (**FIBOR**).

Von Bedeutung ist in diesem Zusammenhang die Methode der Referenzzinssatzermittlung unter Mitwirkung von neunzehn Kreditinstituten sowie deren arbeitstägliche Festlegung und Publikation durch die Privatdiskont AG.

Der Vorteil des Finanzierungsinstruments Floating Rate Note liegt für den Emittenten darin, daß es in schwierigen Kapitalmarktlagen (insbes. stark fluktuierender Zinssätze bei steigendem Trend), in denen potentielle Investoren nur schwer zu langfristigen Kapitalanlagen zu bewegen sind, die Finanzierung großer Volumina langfristigen Kapitals erlaubt.

Eine eventuelle Kurspflege durch den Emittenten wird im Regelfall allenfalls kurz vor dem Kupontermin notwendig.

Den Nichtbanken eröffnet diese Form der Kapitalanlage den Vorteil, daß sie Investitionen zu Interbankenkonditionen unter minimalen Kursrisiken vornehmen können, wobei wegen der Floating-Konstruktion umfangreiche Abschreibungen in Phasen eines allgemein steigenden Zinsniveaus weitgehend entfallen.

Da langfristig gesehen mit der Emission einer **reinen Floating Rate Note** für den Emittenten bei einem allgemein steigenden Zinsniveau (Hochzinsphase) ein erhebliches

Zinssatzrisiko verbunden ist, wird er an der Begrenzung dieses Risikos interessiert sein. Das Risiko des Investors ist entgegengesetzt und besteht darin, daß der Zinssatz und damit die laufende Verzinsung seiner Kapitalanlage bei allgemein fallendem Zinsniveau außerordentlich stark absinkt.

Zum teilweisen Ausschluß dieser Risiken wurden inzwischen **Varianten** zur klassischen Floating Rate Note entwickelt. Es handelt sich einmal um den **Cap-Floater**, bei dem **Zinsanpassungen nur bis** zu einer ex ante definierten **Höchstgrenze** des Marktzinsniveaus erfolgen. Mit der Erreichung dieses definierten Höchstzinssatzniveaus wird die Verzinsung festgeschrieben. Die Aktivierung des Zinsanpassungsautomatismus erfolgt erst mit der Unterschreitung des Höchstzinssatzniveaus.

Für den Anleger ist mit der Investition in eine klassische Floating Rate Note grundsätzlich das Risiko einer (zeitweise) extrem sinkenden Nominalverzinsung verbunden. Aus diesem Grunde wurde der **Floor-Floater** entwickelt, bei denen Zinsanpassungen nur bis auf eine definierte Zinsuntergrenze (**Floor**) erfolgen können. Damit ist für den Investor die Mindestverzinsung der Kapitalanlage in Höhe des Floor auch dann garantiert, wenn der Referenzzins plus Aufschlag (z. B. Drei-Monats-FIBOR plus 0,5) unterhalb des Floor liegen. Die Aktivierung des Zinsautomatismus erfolgt in diesem Fall erst wieder bei steigendem Zinsniveau mit Überschreitung der vereinbarten Zinssatzuntergrenze.

Weiterhin existieren Floater, die mit einem Cap und einem Floor ausgestattet sind. Derartige Floater werden als **Mini-Max-Anleihe** bezeichnet. Bei geringer Differenz zwischen Cap und Floor ähneln derartige Mini-Max-Anleihen einer Festzinsanleihe.

Im Gegensatz zum klassischen Floater, ergibt sich bei dem **Inversen Floater** die **Nominalverzinsung** dadurch, als **von einem definierten (festen) Zinssatz ein variabler Referenzzins abgezogen wird**. Beispiel: 15 % minus LIBOR plus 3/8. Die **Nominalverzinsung steigt** hier also **mit fallendem Marktzins**. Oft wird bei diesem Anleihetyp für die ersten 6–18 Monate ex Emission die Verzinsung auf den Ausgangszinssatz (z. B. 15 %) festgeschrieben. Erst dann setzt der Zinsanpassungsmechanismus ein. Auch bei dem Inversen Floater sind mit einer Zinsober- bzw. -untergrenze ausgestattete Varianten bekannt.

3. Die Wandelschuldverschreibung

In schwierigen Kapitalmarktlagen ist die Unterbringung einer reinen Industrieobligation u. U. nur zu äußerst ungünstigen Konditionen, an welche die emittierende Unternehmung über einen langen Zeitraum hinweg gebunden wäre, möglich.

Hier bietet sich als Finanzierungsinstrument die Wandelschuldverschreibung an, welche der emittierenden Unternehmung und dem künftigen Obligationär gewisse Vorteile verspricht.

Wandelschuldverschreibungen sind Schuldverschreibungen, die dem Obligationär ein Recht auf Umtausch in Aktien der emittierenden Unternehmung gestatten (§ 221 AktG).

Die Ausgabe von Wandelschuldverschreibungen bedarf eines entsprechenden Beschlusses der Hauptversammlung gem. § 221 AktG in Verbindung mit §§ 192, 193 AktG (**bedingte Kapitalerhöhung**).

Grundsätzlich steht hiernach den Aktionären der Gesellschaft ein gesetzliches Bezugsrecht zu, welches aber ausgeschlossen werden kann.

4. Kapitel: Die Finanzierung

Bei der Ausgabe von Wandelschuldverschreibungen ist neben den bei der Industrieobligation üblichen Größen (Laufzeit, Nominalzinssatz, Disagio, Zinszahlungstermine) festzulegen:

(a) **das Wandlungsverhältnis** (Umtauschverhältnis).
Es legt fest, wie viele Obligationen zum Umtausch in eine Aktie benötigt werden.

(b) der **frühestmögliche Umtauschtermin,** zu dem vom Umtauschrecht Gebrauch gemacht werden kann.

(c) die **Umtauschfrist.**

(d) die durch die Obligationäre zu leistenden **Zuzahlungen,** die bei dem Umtausch der Anleihestücke in Aktien zu leisten sind. Der Höhe nach können die Zuzahlungen (aa) fest, (bb) variabel (während der Umtauschfrist gestaffelt steigend oder fallend) oder (cc) dividendenabhängig gestaltet werden können.

(e) oder anstelle von Zuzahlungen durch die Obligationäre **Rückzahlungen,** die bei der Wandlung **durch die Unternehmung an die Obligationäre** geleistet werden.

Aus dem Wandlungsverhältnis und den zu leistenden Zuzahlungen bzw. Rückzahlungen ergibt sich der Umtauschpreis.

Beispiel:
XY–AG – Wandelobligation vom 1. April 1990;
Umtauschverhältnis: 6 : 2, Zuzahlung DM 50,— je Aktie (Nennwert 50,— DM). Das Wandlungsrecht kann im Zeitraum 1.1.1993–1.1.1996 (Ende der Laufzeit) ausgeübt werden. Der Wandelobligationär für je 6 Wandelanleihen unter Zuzahlung von DM 100,— DM, zwei Stück Aktien im Nennbetrag von 50,— DM

Die Unternehmung kann durch entsprechende Gestaltung der Komponenten a–d in einem gewissen Grade den Umtausch der Wandelanleihen (Fremdkapital) in Aktien (Eigenkapital) steuern. Will sie z.B. erreichen, daß vom Umtauschrecht möglichst früh Gebrauch gemacht wird, so wird der frühestmögliche Umtauschtermin kurzfristig nach dem Emissionstermin festgelegt und die Zuzahlungen für die Dauer der verbleibenden Umtauschfrist steigend gestaffelt.

Mit dem Umtausch der Wandelobligationen in Aktien gehen die Obligationen und damit das Fremdkapital unter. Es entsteht neues Eigenkapital.

Der Nominalzinssatz bei Wandelobligationen liegt in der Regel deutlich unter dem von normalen Teilschuldverschreibungen und ist dadurch gerechtfertigt, daß die Wandelobligationäre mit dem Bezug dieser Anleihestücke und dem damit verbundenen Wandelungsrecht nicht unerhebliche Chancen zu einem Zusatzgewinn verbinden können. Dieser tritt dann ein, wenn die Aktienkurse der Unternehmung in der Zukunft haussieren.

4. Die Optionsschuldverschreibung (Bezugsrechtsobligation)

Bei der Emission von Bezugsrechtsobligationen vom „klassischen Typ" steht den Obligationären im Gegensatz zur Wandelanleihe nicht das Recht zur Umwandlung des durch sie gezeichneten Fremdkapitals unter Zuzahlung in Aktienkapital zu, sondern lediglich ein **Recht auf Bezug von Aktien (Option).** Nach einer Optionsausübung bleibt also das Fremdkapital weiter bestehen. Die Bedingungen der Option werden vor der Emission festgelegt, wobei – wie bei der Wandelanleihe – gem § 221 AktG in Verbindung mit §§ 192, 193 AktG ein entsprechender Beschluß durch die Hauptversammlung getroffen werden muß (**bedingte Kapitalerhöhung**).

Für die emittierende Unternehmung, die auch diese Emission zu günstigeren Bedingungen als die bei einer normalen Industrieobligation emittieren kann, besteht zusätzlich der Vorteil, daß sie, da das Fremdkapital mit der Optionsausübung nicht untergeht, im Gegensatz zur Wandelobligation neben dem Eigenkapital zusätzlich weiter das relativ günstig finanzierte Fremdkapital zur Verfügung hat.

Möglich ist im Rahmen der Emission, daß die Unternehmung Bezugsrechtsobligationen mit oder ohne abtrennbare Optionsscheine ausgibt. Können die Optionsscheine abgetrennt werden, so sind sie selbst handelbar, was die Attraktivität der Optionsanleihe nur erhöht.

Neue Formen der Bezugsrechtsobligation ermöglichen dem Obligationär unter bestimmten Bedingungen den Bezug von

(a) Aktien einer anderen Unternehmung,
(b) festverzinslichen Anleihestücken einer Folgeanleihe der Emittentin,
(c) Genußscheinen der Emittentin,
(d) einer bestimmten Menge von Fremdwährungseinheiten,
(e) einer bestimmten Menge eines Edelmetalls oder von Rohöl.

Alle Formen von Optionsschuldverschreibungen ermöglichen der Emittentin die Finanzierung des Kapitalbedarfs zu außergewöhnlich günstigen Konditionen (extrem niedriger Effektivzins), da sie dem Anleihezeichner eine Kapitalanlage bietet, die eine hochspekulative Komponente in sich birgt.

5. Die Gewinnobligation

Die Gewinnschuldverschreibung gewährt ihrem Inhaber ein Nutzungsentgelt für die Kapitalüberlassung, das an eine Dividendenausschüttung (mit oder ohne garantierten Basiszins) gekoppelt ist. Ihre Emission ist gem. § 221 AktG an einen entsprechenden Beschluß der Hauptversammlung gebunden, wobei den Aktionären ein Bezugsrecht zusteht.

6. Das Schuldscheindarlehen

Die Finanzierung mittel- oder langfristig großvolumigen Kapitalbedarfs durch Aufnahme von Schuldscheindarlehen hat in Deutschland insbesondere nach der Währungsreform vom 21.6.1948 eine besondere Bedeutung angenommen.

Bei diesem Finanzierungsinstrument handelt es sich um ein **Darlehen gegen Schuldschein oder Schuldurkunde gem. § 607 BGB, § 344 HGB**. Der Schuldschein stellt kein Wertpapier dar und hat lediglich beweissichernde Funktion. Er erleichtert dem Gläubiger die Beweisführung, indem er die Beweislast auf den Schuldner verlagert. Da der Gläubiger bei Verlust des Schuldscheins sein Recht auch anderweitig geltend machen kann, ist die Ausstellung eines Schuldscheins im Zuge eines derartigen Kredits nicht unbedingt erforderlich. Wird also auf die Ausstellung eines Schuldscheins verzichtet, so tritt an seine Stelle ein Darlehensvertrag. Die Übertragung eines Schuldscheins erfolgt durch Zession, die aber u.U. an die Zustimmung des Kreditnehmers gebunden ist.

Finanziert werden Volumina ab 100000,– DM und darüber, wobei u.U. Größenordnungen bis zu über 100 000 000,– DM erreicht werden. Dies ist aber nicht die Regel.

Als Kapitalgeber kommen in erster Linie Privatversicherer (hier in erster Linie Lebensversicherungsunternehmen), Sozialversicherungsträger und Kreditinstitute (Realkreditinstitute, Universalbanken) in Betracht.

Der **Kreis der schuldscheinfähigen Unternehmen**, die sich mit Hilfe dieses Instrumentes finanzieren können, ist größer als derjenige, der sich des Instrumentes der Industrieobligation bedienen kann. Allerdings kommen auch hier **nur große und hochbonitäre Unternehmen** in Frage. Dies liegt in erster Linie an den hohen Anforderungen, die die Kapitalsammelstellen und deren Aufsichtsbehörde an das Material, in welchem das Kapital angelegt wird, stellen.

Diese Anforderungen finden ihren Ausdruck in der **Deckungsstockfähigkeit**, die erreicht werden muß. Unternehmen der Versicherungswirtschaft müssen demzufolge gem. §§ 54ff. VAG sowie den Richtlinien des Bundesaufsichtsamtes für das Versicherungswesen ihre Kapitalien anlegen.

Die Finanzierung mit Hilfe eines Schuldscheindarlehens kann grundsätzlich auf folgenden verschiedenen Wegen und in unterschiedlichen Formen vorgenommen werden:

(a) Beschaffung ohne Einschaltung eines Vermittlers (selbstvermittelte oder direkte Schuldscheindarlehen)
In diesem Falle wendet sich die darlehenssuchende Unternehmung direkt an die potentiellen Gläubiger.

(b) Beschaffung unter Einschaltung eines Vermittlers – Bank/Finanzmakler – (fremdvermittelte oder indirekte Schuldscheindarlehen)
Dieser zweite Weg wird im Regelfall beschritten, weil die kapitalsuchenden Unternehmen zumeist keinerlei Markttransparenz bezüglich der Kapitalanbieter und/oder der aktuellen Marktkonditionen haben. Bei großvolumigen Darlehen ist dieser Schritt wegen der damit verbundenen Unterbringungsschwierigkeiten ohnehin notwendig.

Was die Fristigkeit der Darlehen betrifft, so wird im Hinblick auf die Kongruenz von Kapitalbedarf und Kapitalüberlassungsdauer in

(1) **fristenkongruente Schuldscheindarlehen**
(2) **revolvierende Schuldscheindarlehen**

unterschieden.

Zu (1): hier ist die Kongruenz zwischen Kapitalbindungs- und -überlassungsdauer gegeben. Soweit Kreditinstitute bei der Darlehensbeschaffung eingeschaltet sind, können sich diese zu einer Festübernahme verpflichten. Damit liegt das Risiko der Unterbringung am Markt bei ihnen (Plazierungsrisiko). Im anderen Falle trägt die kapitalsuchende Unternehmung das Risiko.

Zu (2): in diesem Falle ist ex ante keine Kongruenz gegeben. Sie kann lediglich dadurch hergestellt werden, daß über die Gesamtlaufzeit von x Jahren mehrere kürzerfristige Darlehen zeitlich so nacheinander geschaltet werden (revolvierend), daß die Finanzierung über den gewünschten Gesamtzeitraum gesichert ist. Zwei Risiken sind hierbei allerdings zu beachten. Zunächst das sog. **Transformationsrisiko**. Es wird schlagend, wenn eine Anschlußfinanzierung nicht gelingen sollte. Dieses Risiko kann die kapitalsuchende Unternehmung durch entsprechende Vertragsgestaltung auf die vermittelnde Bank abwälzen. Als weiteres Risiko wäre das **Zinssatzänderungsrisiko** zu nennen. Auch dieses Risiko, welches jeweils im Zeitpunkt einer neuen Anschlußfinanzierung wirksam werden kann, ist auf die darlehensvermittelnde Bank übertragbar.

Somit ergeben sich die verschiedenen Formen von Schuldscheindarlehen nach den Kriterien des Beschaffungsweges, der Fristenkongruenz und der Übernahme von Risiken wie folgt:

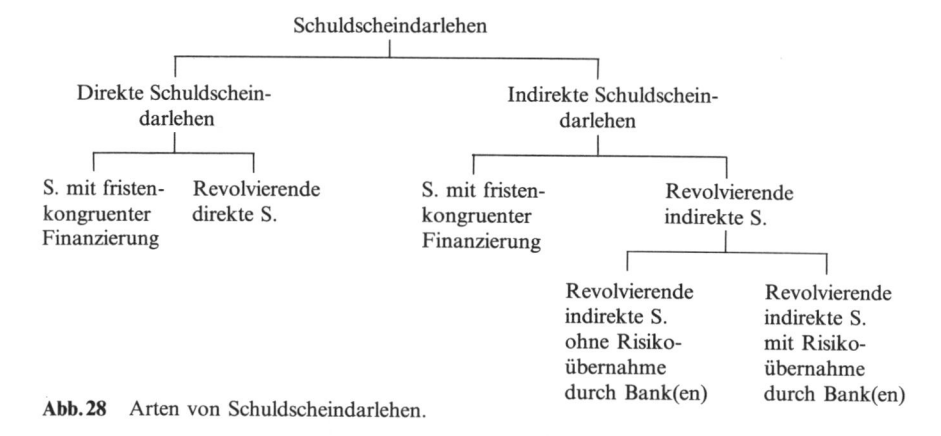

```
                          Schuldscheindarlehen
                ┌─────────────────┴─────────────────┐
      Direkte Schuldschein-                Indirekte Schuldschein-
           darlehen                              darlehen
        ┌──────┴──────┐                    ┌──────────┴──────────┐
  S. mit fristen-  Revolvierende      S. mit fristen-     Revolvierende
  kongruenter     direkte S.          kongruenter          indirekte S.
  Finanzierung                        Finanzierung
                                                       ┌──────────┴──────────┐
                                                  Revolvierende         Revolvierende
                                                  indirekte S.          indirekte S.
                                                  ohne Risiko-          mit Risiko-
                                                  übernahme             übernahme
                                                  durch Bank(en)        durch Bank(en)
```

Abb. 28 Arten von Schuldscheindarlehen.

Die Darlehensbesicherung erfolgt grundsätzlich durch erststellige Grundschulden, die sofort vollstreckbar sind (Zwangsvollstreckungsklausel). Ausnahmen (Bürgschaft eines Kreditinstitutes, Negativklausel etc.) sind möglich.

Die Laufzeit von Schuldscheindarlehen wird allgemein mit maximal 15 Jahren angegeben. Gerade diese Finanzierungsform bietet aber die Möglichkeit, die Kapitalbedarfs- und Kapitalüberlassungsfristen in Übereinstimmung zu bringen, was bei der Finanzierung mit Hilfe von Industrieobligationen in der Regel auf Grund der jew. Marktusancen nicht gelingt. Hinzu kommt, daß die finanzierende Unternehmung die notwendigen Kapitalien auch ratenweise in Anspruch nehmen kann.

Die Tilgung vollzieht sich in der Regel entsprechend den individuellen Vereinbarungen der Vertragspartner.

Die Kosten des Schuldscheindarlehens stellen sich für den Schuldner in der Regel geringfügig günstiger als die bei der Finanzierung durch Obligationenemission. Zwar liegt der Nominalzinssatz bei Schuldscheindarlehen um ca. 0,4–0,5 Prozentpunkte über dem der Industrieobligation, dennoch ist die Effektivbelastung geringer, da die Veröffentlichungs- und Druckkosten, Kontroll- und Prüfungskosten sowie die Kosten der Börseneinführung, Kuponcinlösungskosten, Auslosungsprovision und die im Regelfall anfallenden Kurspflegekosten wegfallen.

Lediglich die Vermittlungskosten und ggf. eine Treuhandprovision werden wirksam.

Eine vorfristige Tilgung durch den Darlehensnehmer ist allerdings selten möglich.

Die nachstehende Abb. zeigt einen Vergleich zwischen der Industrieanleihe und dem Schuldscheindarlehen.

Kriterium	Festverzinsliche Industrieanleihe	Schuldscheindarlehen
Schuldner	nur emissionsfähige Unternehmen	nur hochbonitäre Unternehmen mit überragender Branchenposition; nicht an bestimmte Rechtsform gebunden
Gläubiger	Institutionelle Kapitalanleger, Privatanleger	Institutionelle Kapitalanleger
Volumen	10 Mio DM bis mehrere 100 Mio DM	100 000 DM bis 100 Mio DM
Schuldurkunde	Wertpapier	kein Wertpapier, lediglich beweiserleichterndes Dokument
Fungibilität	nach Einführung in den Börsenhandel gegeben	generell nicht gegeben; mit Genehmigung des Schuldners abtretbar
Laufdauer	den herrschenden Marktbedingungen entsprechend – schwankend zwischen 10 und 35 Jahren	i.d.R. in Grenzen individuell festlegbar – max. 15 Jahre –
Tilgungsverfahren	nach Tilgungsverfahren gem. Anleihebedingungen (während/ Ende d. Laufzeit) sowie freihändiger Rückkauf möglich; außerdem u.U. vorzeitige Kündigung	Tilgungsplan gem. Vertrag, vorzeitige Kündigung nur in sehr seltenen Fällen vorgesehen
Besicherung	Buch- oder Briefgrundschulden ohne Zwangsvollstreckungsklauseln. In Sonderfällen lediglich Negativklausel	Briefgrundschulden mit Zwangsvollstreckungsklauseln
Kosten	Zinsen: ca. 0,5 Prozentpunkte über dem herrschenden Marktzins für Bundesanleihen plus jew. i.v.H. des Nennwertes: 3-4 Kosten der Vorbereitung und Auflegung, 0,4-0,5 Besicherungskosten, 0,6-0,7 Börseneinführungskosten	Zinsen: ca. 1 Prozentpunkt über dem herrschenden Marktzins für Bundesanleihen plus Vermittlungskosten plus Treuhandgebühren (indiv. vereinbart) plus 0,4-0,5 Besicherungskosten; insges.: kostengünstiger als Anleihe

Abb. 29 Vergleich zwischen festverzinslicher Industrieobligation und Schuldscheindarlehen

7. Das langfristige Darlehen

In der Regel werden den Unternehmen von Kreditinstituten und Versicherungsunternehmen langfristige Kredite gegen die Einräumung hochrangiger Sicherheiten eingeräumt. Derartige Sicherheiten sind:

(a) Hypotheken gem. § 1113 BGB
– in Form von Buch- oder Briefhypotheken,

(b) Grundschulden gem. § 1191 BGB
– in Form einer Buchgrundschuld oder Briefgrundschuld,
(c) Rentenschulden gem. § 1199 BGB

Ihre Existenz setzt allerdings entsprechend beleihungsfähige Grundstücke voraus, über die nicht immer alle Unternehmen verfügen.

Die Laufzeiten derartiger Darlehen können bis zu maximal 30 Jahre reichen. Meist sind jedoch kürzere Laufzeiten – dem Finanzierungszweck entsprechend – üblich.

Die Tilgung entspricht in der Regel dem vorher aufgestellten Tilgungsplan, der meist in die Kreditverhandlungen eingebracht wird. Marktüblich sind Darlehenstilgungen in Form von Annuitäten in gleichbleibenden viertel- oder halbjährlichen Raten unter Vorschaltung einer tilgungsfreien Zeit oder aber die Gesamttilgung am Ende der Laufdauer.

Die Darlehenskosten setzen sich aus mehreren Komponenten zusammen. Auf Grund der individuellen Vertragsgestaltungsmöglichkeiten und der unterschiedlichen Verhandlungsstärke der Partner variieren die Teilpreise in Höhe und Kombination von Darlehensvertrag zu Darlehensvertrag.

Folgende Kostenarten fallen in der Regel an:

- **einmalige Kosten**

Besicherungskosten (Schätzkosten, Beurkundungs- u. Eintragungsgebühren), Abschlag (Damnum, Disagio),

- **laufende Kosten**

Sollzins (fest über die Gesamt- bzw. eine Teillaufzeit, variabel über die Gesamtlaufzeit),
Bereitstellungsprovision,
Spesen, Bearbeitungsgebühren,
Sonstige Kosten.

Die effektiven Kosten werden hauptsächlich durch die Komponenten Sollzins, Disagio, Gesamtlaufzeit und Tilgungsmodalitäten beeinflußt.

8. Finanzierung mit Hilfe staatlich verbürgter Förderkredite

Langfristige Investitionen können u. U. durch vom Staat zinssubventionierte langfristige Kredite erfolgen. Derartige Kredite werden im Rahmen sog. Kredit- und Zuschußprogramme (Förderprogramme) herausgelegt und durch die Kreditanstalt für Wiederaufbau oder/und die Deutsche Ausgleichsbank über die zwischengeschaltete Hausbank des Kreditantragstellers gewährt. Die Krediteinräumung hängt in erster Linie von der Förderungswürdigkeit der geplanten Investition ab, wobei die Förderung selbst im Regelfall auf ein definiertes Volumen (i. v. H. der Investitionssumme oder auf eine bestimmte Höchstsumme) begrenzt ist. Die Kreditkonditionen sind insofern außerordentlich vorteilhaft, weil sie sich durch einen sehr niedrigen Zins bei hohem Auszahlungskurs, einen relativ langen tilgungsfreien Zeitraum und eine lange Kreditlaufdauer auszeichnen.

9. Der Genußschein

Genußscheine verbriefen ein Recht am Reingewinn (Genußrecht), z.T. auch einen Anteil am Liquidationserlös einer Aktiengesellschaft. Ursprünglich waren sie kein originäres Finanzierungsinstrument. Sie hatten lediglich die Funktion, in schwierigen Situationen die Finanzierung der Unternehmung zu erleichtern. Da die Genußscheine Gläubigerrechte verbriefen, wurden sie bislang vor allen Dingen im Zuge von Unternehmensgründungen (Sachgründungen mit schwierigen Bewertungsfragen), Sanierungsfällen und hiermit gekoppelter Umfinanzierung oder dem Erlaß von Verbindlichkeiten emittiert.

In jüngster Zeit wird auch in Deutschland der Genußschein als originäres Finanzierungsinstrument entdeckt, der (a) einerseits die Finanzierung mit einer **Kapitalform** erlaubt, die einen ausgesprochen **eigenkapitalähnlichen Charakter** hat, **ohne**, daß damit **Mitgliedschaftsrechte** verbunden sind (die auch nicht, wie bei der stimmrechtslosen Vorzugsaktie aufleben können), (b) bei entsprechender Ausgestaltung **steuerlich wie Fremdkapital** behandelt wird und damit – im Gegensatz zur Finanzierung mit Eigenkapital – erhebliche Kostenvorteile aufweist.

Die Emission von Genußscheinen ist im Rahmen der Hauptversammlung gem. § 221(1) AktG mit mindestens $^3/_4$ Mehrheit des vertretenen Grundkapitals zu beschließen. Sind mehrere Gattungen von Aktien vorhanden, so bedarf der Beschluß der Hauptversammlung zu seiner Wirksamkeit der Zustimmung der Aktionäre jeder Gattung. Gem. §§ 221(4), 186 AktG haben die Aktionäre ein Bezugsrecht.

Die Laufzeit des Genußscheinkapitals reicht von acht Jahren (Untergrenze) bis unbegrenzt, wobei eine Kündigung u. U. möglich ist. Die Tilgung erfolgt bei Gesamtfälligkeit. Das Genußscheinkapital wird lediglich durch das das Vermögen des Emittenten besichert und in Form von Inhaberpapieren verbrieft.

10. Die mittel- und langfristige Finanzierung über Absicherungsfazilitäten in Verbindung mit der Emission von Notes oder Euro Commercial Papers

Die Finanzierung mittel- und/oder langfristigen Kapitalbedarfs ist multinationalen Unternehmen der höchsten Bonitätsstufe durch ein Instrumentarium möglich, welches Ende der 70er entwickelt und seit Mitte der 80er Jahre mit zunehmend großem Erfolg in vielen Varianten eingesetzt wird (Bestmann, 1988). Diese vornehmlich unter den Kürzeln RUF und NIF, aber auch MOF etc. bekannte Technik wird nachfolgend in ihren wesentlichen Grundzügen beschrieben.

Das **RUF-Konzept** ist grundsätzlich wie folgt angelegt:

Unter Vermittlung eines Arrangeurs schließt eine kapitalsuchende Unternehmung mit einer Bankengruppe in Form einer **Revolving Underwriting Facility (RUF)** einen Vertrag, der es ihr erlaubt, einen Kapitalbedarf innerhalb eines vertraglich fixierten Zeitraums (i.d.R. 5 bis 7 Jahre) bis zum vertraglich vereinbarten Höchstvolumen (back-up facility, stand-by facility) durch die revolvierende Emission kurzfristiger Titel in Form von **Euro Notes** oder **Euro Commercial Papers** (ECP's) zu finanzieren.

Bei Euro Notes und Commercial Papers handelt es sich um promissory notes (rechtlich einem Solawechsel gleichzusetzen). Sie sind frei übertragbare unbesicherte Inhaberpapiere, die nicht börsenfähig sind. Die Laufdauer von Euro Notes ist auf 3, 6, 9, 12 Monate standardisiert, während Commercial Papers von 7 bis zu 365 (in den USA bis zu 270) Tagen Laufdauer haben können. Die durchschnittliche Laufdauer der Euronotes beträgt 3, 6 Monate, während die der Euro Commercial Papers sich innerhalb der Zeitspanne 90 und 180 Tage bewegt. Bis vor kurzer Zeit war die durchschnittliche Laufdauer der Euro Commercial Papers im Gegensatz zu denen der in den USA emittierten CP'S mit 90 oder 180 Tagen standardisiert. Inzwischen geht auch die Entwicklung bei den ECP's in Richtung auf kürzere und gebrochene Laufzeiten, womit den Intentionen der Investoren besser entsprochen werden kann. Die Euro Commercial Papers sind in US-$, £, DM denominiert, und in Beträgen von 500000 bis 1000000 oder einem Vielfachen davon gestückelt.

Zwischen Vertragslaufdauer, die die Absicherungsfazilität betrifft und der Laufdauer der Notes bzw. Commercial Papers ist somit zu unterscheiden. Die Unternehmung kann nun auf Vertragsbasis bis zum Maximalvolumen die Notes oder ECP's emittieren.

Die Unterbringung der Papiere am Primärmarkt erfolgt durch eine einzelne Bank (**sole placing agent**) zu einem Maximalcoupon (Höchstzinssatz, der möglichst unterschritten werden soll). Die nicht placierungsfähigen Titel werden durch das oben erwähnte Bankenkonsortium bis zur vereinbarten back-up facility zum Maximalcoupon übernommen. Damit eröffnet das RUF-Konzept der Unternehmung die Möglichkeit, einen im Zeitablauf fluktuierenden mittel- bis langfristigen Kapitalbedarf unter Emission kurzfristiger Titel zu finanzieren, wobei das Risiko der Anschlußfinanzierung ausgeschlossen ist.

Die Finanzierungskosten sind zunächst davon abhängig, in welchem Volumen Titel unter Maximalcoupon im Markt untergebracht werden bzw. zum Maximalcoupon übernommen werden. Der Maximalcoupon errechnet sich aus Referenzzinssatz (i.d.R. LIBOR) plus Aufschlag x%.

Beispiel: Libor plus 0,25%. Die Höhe des Aufschlags richtet sich in erster Linie nach der Bonität des Emittenten sowie seiner Verhandlungsstärke. Zusätzlich werden eine „front end management fee" in Höhe von ca. 0,30% fällig (zahlbar in gleichen Tranchen über die Vertraglaufdauer verteilt) sowie eine „underwriting fee" von ca. 0,125% (zahlbar halbjährlich) berechnet. Insgesamt stellt sich diese Finanzierungsform im Vergleich zu anderen Finanzierungsalternativen um ca. 0,2–0,5 basis points (1 basis point = 0,01 Prozentpunkte) günstiger, bietet aber eine größere Flexibilität in der Kapitalaufnahme und Tilgung. Die RUF-Konzeption wurde inzwischen weitgehend durch die **Note Issuance Facility (NIF)** abgelöst. Diese Konzeption unterscheidet sich von der RUF dadurch, daß der Sole Placing Agent durch ein **Tender Panel** (Gruppe von Banken) substituiert wird, das die Notes im Markt plaziert. Das Tender Panel erwirbt die Notes im Bietungsverfahren, wobei die Institute den Zuschlag erhalten, die die niedrigsten Zinsgebote abgeben. Dieses Auktionsverfahren wird durch den **Tender Panel Agent** periodisch organisiert und abgewickelt. Wie bei der RUF besteht auch hier auf vertraglicher Basis die Übernahmeverpflichtung von Notes durch ein Bankenkonsortium bis zu einem Höchstvolumen (standby facility, back up line) zu einem Maximalcoupon.

Die Finanzierungskosten dieser Konzeption sind im Vergleich zu derjenigen der RUF geringer, da im Regelfall die Gesamtplazierungskraft der Tender Panel Mitglieder größer ist als die eines Sole Placing Agents.

Neben der NIF und RUF existieren eine Reihe von Absicherungsfazilitäten, die sich nur geringfügig von ihnen unterscheiden. Darüberhinaus wurden Absicherungsfazilitäten entwickelt, die es durch ihre Konstruktion erlauben durch die gleichzeitige Emission unterschiedlicher Geldmarkttitel in voneinander abweichender Denomination in verschiedenen Laufzeitbereichen bei variierender Preisgestaltung die erforderlichen Kapitalien zu beschaffen. Beispiele: **MOF** (Multi Option Facility), **BONUS** (Borrowers Option for Notes and Underwritten Facility (Beyer/Bestmann).

Das oben beschriebene Finanzierungskonzept wird in letzter Zeit vermindert eingesetzt, da es für die daran beteiligten Banken wegen der allgemein eingeführten Verpflichtung zur Unterlegung mit Eigenkapital erheblich an Attraktivität verloren hat. Praktiziert wird daher heute überwiegend die Variante „Nichtabgesicherte Fazilität", die die Banken zur Übernahme nicht plazierter Titel in das eigene Portefeuille nicht verpflichtet. Dies bedeutet für die Emittenten letztlich, daß das Plazierungsrisiko bei ihnen verbleibt. Damit sollte dieses Finanzierungskonzept auch grundsätzlich nur zur Deckung kurzfristigen Kapitalbedarfs eingesetzt werden. Zu beobachten ist aber, daß die Emittenten hiermit auch mittelfristige Kapitalbedarfe finanzieren.

Bislang waren derartige Finanzierungskonstruktionen im deutschen Kapitalmarkt nicht üblich, da ihnen das Genehmigungsverfahren für die Begebung inländischer Schuldverschreibungen gem. §§ 795 und 808a BGB und die Börsenumsatzsteuer entgegenstanden. Mit der Aufhebung des Genehmigungsverfahrens und der Börsenumsatzsteuer zum 1.1.1991 zeigt sich, daß sich nun auch in Deutschland relativ schnell wachsender CP-Markt heranbildet.

11. Finanzierung mit Swaptransaktionen

Bei **Swaptransaktionen** handelt es sich um neuartige **derivative Finanzierungsformen**, die an den internationalen Finanzmärkten praktiziert werden. Grundsätzlich sind an Swaptransaktionen zwei Partner unterschiedlicher Bonität interessiert, die aufgrund ihrer jeweiligen Zielsetzung ihren jeweiligen gleichhohen Kapitalbedarf unterschiedlich finanzieren wollen. Jeder der Partner hat im Vergleich zum anderen in bestimmten Finanzmarktsegmenten relative Vorteile, die mit einer Swaptransaktion (Swap = Tausch) zum jeweiligen Vorteil der Partner ausgenutzt werden sollen. Bei Swaptransaktionen werden in einer Vielzahl von Varianten **drei Grundformen** praktiziert, wobei im Zuge der Abwicklung im Regelfall ein Kreditinstitut zwischengeschaltet ist:

- **Zinsswap:** Tausch einer zinsfixen in eine zinsvariable (zinsvariable in zinsvariable) Verbindlichkeit jeweils gleicher Denomination.

- **Währungsswap:** Tausch einer zinsfixen in eine zinsfixe Verbindlichkeit jeweils unterschiedlicher Denomination.

- **Zins- und Währungsswap:** Kombination von Zins- und Währungsswap.

Beispiel für einen klassischen Zinsswap:

A und B hätten zur Finanzierung eines jeweils gegebenen Kapitalbedarfs die Alternativen Festzinsanleihe oder zinsvariable Finanzierung. B hat im Vergleich zu A ein geringeres Rating, welches durch einen entsprechenden Zinsaufschlag ausgeglichen werden muß. A könnte die zinsvariable Finanzierung zu **LIBOR + 0,25%**, **B zu LIBOR + 0,5%** darstellen.

Die Finanzierung per Festzinsanleihe wäre für **A zu 11,75%**, für **B zu 12,75%** möglich.

Während A ein Zinssatzänderungsrisiko nicht sehr hoch einschätzt und sich daher durch das Eingehen zinsvariabler Verbindlichkeiten finanzieren würde, will die Unternehmung B das Zinssatzänderungsrisiko unbedingt ausschließen.

Auf Basis eines Swapabkommens emittiert A mit Hilfe einer zwischengeschalteten Bank eine Festzinsanleihe zu 11,75%. Die Bank zahlt A periodisch die fälligen Zinsen. Sie erhält von B 12% (0,25% als Vermittlerprovision und 11,75 für die Zinszahlungen an A). B nimmt zinsvariable Mittel zu LIBOR +0,5 auf und erhält von der Bank LIBOR-Zahlungen, die diese von A erhalten hat.

Damit ergibt sich folgendes Bild:

A hat durch diese Swaptransaktion gegenüber der Möglichkeit sich die Mittel direkt, d.h. ohne Swap zu beschaffen, **einen Zinsvorteil von 0,25%**.

B hat ebenfalls einen **Zinsvorteil von 0,25%**. Die Unternehmung erhält auf Grund der Swapvereinbarung zinsfixe Mittel zu 12,50% (11,75% ab A plus 0,25% an die Bank plus 0,50% Aufschlag bei der zinsvariablen Finanzierung) im Vergleich zu 12,75% bei der Emission einer Festzinsanleihe. Die Unternehmung B erhält die benötigten Kapitalien außerdem zum Festzinssatz.

Die **Bank** erhält für ihre Dienstleistungen 0,25%.

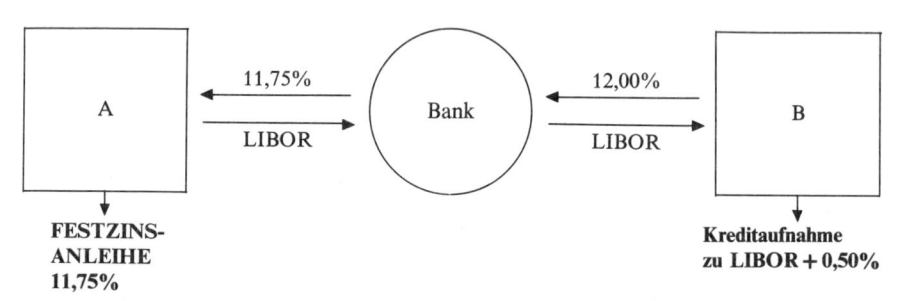

```
                11,75%              12,00%
   ┌───┐    ←──────────   ┌────┐   ←──────────   ┌───┐
   │ A │                  │Bank│                  │ B │
   └───┘     LIBOR        └────┘      LIBOR       └───┘
            ──────────→            ──────────→
     │                                              │
     ▼                                              ▼
  FESTZINS-                                    Kreditaufnahme
  ANLEIHE                                      zu LIBOR + 0,50%
  11,75%
```

Abb. 30 Beispiel eines Zinsswaps

C. Die Innenfinanzierung

Im Rahmen der Innenfinanzierung bietet sich eine weitere Möglichkeit zur Bereitstellung notwendigen Kapitals.

Grundsätzlich beruht die **Voraussetzung dieser Finanzierungsform auf** einer entsprechenden **Überschußerzielung durch die Unternehmung**. Diese Überschüsse werden im laufenden Umsatzprozeß über das gesamte Wirtschaftsjahr hin erwirtschaftet und stehen bis zur Verwendungsentscheidung der Unternehmung befristet (Hahn, 6, S. 304) zur Verfügung.

Von wesentlicher Bedeutung ist weiterhin die Frage der Verwendung dieser Überschüsse. Innen- bzw. Selbstfinanzierung liegt dann vor, wenn diese Mittel in der Unternehmung befristet oder unbefristet verbleiben.

Im wesentlichen stehen der Unternehmung die beiden Möglichkeiten Finanzierung aus einbehaltenem Gewinn und andererseits die Finanzierung über die Dotierung von Rückstellungen offen.

I. Die Finanzierung aus einbehaltenem Gewinn

Diese Finanzierungsform wird auch mit dem Begriff Selbstfinanzierung im engeren Sinne umschrieben, wobei hier zwischen zwei Möglichkeiten unterschieden wird. Diese sind:

(1) offene Selbstfinanzierung
(2) stille Selbstfinanzierung.

4. Kapitel: Die Finanzierung

zu (1) offene Selbstfinanzierung:

Die Quelle, aus der eine offene Selbstfinanzierung erfolgen kann, ist der **versteuerte Gewinn** der Unternehmung.

Entsprechend der Rechtsform der Unternehmung werden nichtausgeschüttete Gewinne bei

- der **Einzelunternehmung und bei Personengesellschaften** dem Kapitalkonto(en) des/der Inhaber(s) gutgeschrieben.

- **Kapitalgesellschaften mit festem Nominalkapital** (GmbH, AG, Genossenschaft) in die Rücklagen eingestellt.

Bei Aktiengesellschaften kann die Zuführung in die gesetzlichen, freien und statuarischen Rücklagen erfolgen.

Gemäß § 150(1) AktG ist in der Bilanz des nach §§ 242, 264 HGB aufzustellenden Jahresabschlusses eine **gesetzliche Rücklage** zu bilden. In diese Rücklage ist der **zwanzigste Teil des** um einen Verlustvortrag aus dem Vorjahr geminderten **Jahresabschlusses** einzustellen, **bis die gesetzliche Rücklage und die Kapitalrücklagen** nach § 272 Abs. 2 Nr. 1–3 HGB zusammen den zehnten oder den statuarisch bestimmten höheren Teil des Grundkapitals erreichen.

Durch die Bildung der gesetzlichen Rücklage ist zumindest teilweise die Gewinnverwendung der Aktiengesellschaft zwangsweise festgelegt. Auch durch eine **satzungsgemäße Regelung (statuarisch)** kann die Bildung von Rücklagen und somit die Gewinnverwendung z. T. festgelegt sein. Dies ist allerdings im gegebenen Fall von Gesellschaft zu Gesellschaft unterschiedlich geregelt.

Des weiteren dürfen gem. § 58 AktG bis zu 50 v. H. des Jahresüberschusses in andere Gewinnrücklagen eingestellt werden. Allerdings gilt dies nur solange, als diese Rücklagen 50 v. H. des Grundkapitals nicht übersteigen.

Der über die Bildung offener (gesetzlicher und freier) Rücklagen einbehaltene Gewinn bietet der Unternehmung den Vorteil, daß sie über zusätzliches Eigenkapital verfügen kann, welches sie in der Zukunft – solange es in den Rücklagen verbleibt – nicht durch ein Entgelt bedienen muß. Da die Anteilseigner andererseits ein Interesse daran haben, einen möglichst hohen Gewinnanteil ausgeschüttet zu erhalten, können sich zwischen ihnen und den Unternehmensinteressen Zielkonflikte ergeben.

Die Frage der Gewinnausschüttung ist aber auch unter steuerlichem Aspekt zu prüfen. So kann es unter dem Einfluß des gespaltenen Körperschaftsteuersatzes – 36% für ausgeschüttete und 50% für einbehaltene Gewinne – bei inländischen Kapitalgesellschaften, Erwerbs- und Wirtschaftsgenossenschaften günstiger sein, einen Gewinn vollständig auszuschütten und anschließend über eine Kapitalerhöhung wieder hereinzuholen, als ihn ganz oder teilweise einzubehalten. Dieses Verfahren wird als „**Schütt-aus-hol-zurück-Verfahren**" bezeichnet. Allerdings wird ein befriedigender Erfolg nur erreicht, wenn der gesamte Ertrag des Aktionärs nach Steuern an die Unternehmung wieder zurückfließt.

Während die Einstellung versteuerten Gewinnes in die offenen Rücklagen für die Unternehmung Selbstfinanzierung mit langfristigem Eigenkapital bedeutet, bietet die **Bildung eines Gewinnvortrages** (bei Aktiengesellschaften gem § 174(4) AktG) **lediglich die Möglichkeit einer kurzfristigen Innenfinanzierung mit Eigenkapital**, da über die Gewinnverwendung zu einem späteren Zeitpunkt entschieden wird.

zu (2) stille Selbstfinanzierung:
Eine weitere Möglichkeit der Innenfinanzierung bietet die stille Selbstfinanzierung. Sie ist **technisch möglich, indem die Unternehmung legal durch gezielte Maßnahmen handels- und steuerrechtliche Bewertungsspielräume ausnutzt, um** hierdurch **einen unversteuerten Gewinnanteil nicht auszuweisen und einzubehalten.** Allerdings ist die Bildung stiller Reserven nur mit einer entsprechenden finanzwirtschaftlichen Auswirkung verbunden, wenn durch sie ein erwirtschafteter Gewinn einbehalten werden kann.

Die Bewertungsmaßnahmen sehen in diesem Zusammenhang grundsätzlich folgende Möglichkeiten vor – wobei zu einzelnen Fragen in diesem Zusammenhang auf den Abschnitt Bilanzen verwiesen wird:
1. **Unterbewertung von Aktiva,**
2. **Überbewertung von Passiva.**

Die im Rahmen der stillen Selbstfinanzierung gebundenen Mittel stehen der Unternehmung nur bis zum Zeitpunkt der Auflösung der stillen Reserven zur Verfügung, wobei sich diese Auflösung z. T. von selbst, also unfreiwillig ergibt. Tritt dieser Fall ein, so erfolgt eine entsprechende Versteuerung.

Somit ergibt sich für die Unternehmung bis zu diesem Tatbestand zunächst neben dem Vorteil der Einbehaltung nicht ausgewiesener Gewinne eine Steuerstundung, verbunden mit einem entsprechenden Liquiditätsvorteil, was schließlich bedeutet, daß das Finanzamt einen zinslosen Kredit einräumt.

Allerdings ist diese Finanzierungsform nicht immer unproblematisch, weil im Falle der unfreiwilligen Auflösung stiller Reserven durch die dann notwendig werdende Versteuerung Liquiditätsprobleme auftreten können. Hinzu kommt, daß in diesem Falle der Gewinnausweis entsprechend beeinflußt wird, was zu entsprechenden Ansprüchen der Gesellschafter an die Unternehmung führen kann.

II. Finanzierung über die Dotierung von Rückstellungen

Die Bildung von Rückstellungen erfolgt zur Abdeckung ungewisser Schulden und für drohende Verluste aus schwebenden Geschäften. Durch ihre Bildung wird die Vollständigkeit des Schuldenausweises im jeweiligen Jahresabschluß und die Erfolgsabgrenzung zwischen den einzelnen Geschäftsjahren angestrebt.

Die durch die gebildeten Rückstellungen einbehaltenen Beträge stehen bis zum Zeitpunkt ihrer etwaigen Auflösung dem Unternehmen zu Finanzierungszwecken zur Verfügung.

In der Regel sind Rückstellungen mittel- bis langfristiger Natur. Zu den **Passivierungsmöglichkeiten nach Handels- (§ 249 HGB) und Steuerrecht** vgl.: Abschnitt Bilanzen, 3. Kapitel.

Rückstellungen müssen gem. § 249 HGB (nach Steuerrecht gilt das Maßgeblichkeitsprinzip) gebildet werden für:

(a) ungewisse Verbindlichkeiten (u.a. Pensionsverpflichtungen, Rückstellungen für Prozeßverpflichtungen und für Garantieverpflichtungen), (b) drohende Verluste aus schwebenden Geschäften, (c) Gewährleistungen ohne rechtliche Pflicht, (d) im Geschäftsjahr unterlassene Instandhaltung, die innerhalb von drei Monaten nachgeholt wird (e) im Geschäftsjahr unterlassene Abraumbeseitigung, die innerhalb von 12 Monaten nachgeholt wird.

Rückstellungen nach (d), die nach Ablauf von 3 Monaten aber vor Ablauf von 12 Monaten nachgeholt werden sollen sowie Aufwandsrückstellungen nach § 249(2) HGB können nach Handelsrecht gebildet werden, sind aber steuerrechtlich verboten. Auch Steuerrückstellungen werden in der Steuerbilanz nicht anerkannt, da sie keine Betriebsausgabe darstellen.

Den **mittel- bis langfristig größten Finanzierungseffekt** haben i.d. **Rückstellungen für Prozeßrisiken sowie Bergschäden- und Pensionsrückstellungen.**

Bergschädenrückstellungen werden zur Vorsorge gegen die Folgen bereits bekannter oder künftig möglicherweise eintretender Bergschäden gebildet. Derartige Rückstellungen sind langfristiger Natur, können aber nur durch einen begrenzten Kreis von Unternehmen gebildet werden.

Von wesentlicher Bedeutung für große und z.T. mittelgroße Unternehmen sind die **Pensionsrückstellungen**, denen hier etwas mehr Raum gewidmet werden soll.

Unternehmen, die ihren Mitarbeitern oder deren Angehörigen im Falle der Erreichung einer bestimmten Altersgrenze oder/und im Falle der Invalidität eine betriebliche Zusatzversorgung gewähren wollen, können zu diesem Zweck entweder

(a) einen entsprechenden Vertrag mit einem Individualversicherer abschließen, der gegen ein entsprechendes Entgelt (Prämie) dieses Risiko übernimmt,

(b) einer betriebseigenen Versorgungs- oder Pensionskasse diese Verpflichtung gegen die Zahlung eines bestimmten Betrages übertragen,

(c) eine entsprechende betriebliche Zusage machen, wobei in diesem Fall aus der getroffenen Pensionszusage von der Möglichkeit, eine entsprechende **Pensionsrückstellung** zu dotieren, Gebrauch gemacht werden kann.

Nur der Fall (c) interessiert in diesem Zusammenhang.

Gem. § 249 Abs. 1 HGB sind Pensionsrückstellungen zwingend zu bilden. Allerdings gilt die Passivierungspflicht nur für Pensionszusagen, die nach dem 1.1.1987 erfolgen. Für Pensionszusagen, die bis zum 31.12.1986 gegeben wurden, besteht ein Passivierungswahlrecht. Allerdings sind Erhöhungen von diesen Pensionszusagen auch zu passivieren.

Eine **Pensionsrückstellung wird steuerrechtlich allerdings nur anerkannt, wenn gem. § 6a EStG; § 9 ESt DV, Abschn. 41 Ziff. 8 EStR.**

(a) der Berechtigte einen einklagbaren Rechtsanspruch auf einmalige oder laufende Pensionszahlungen hat;

(b) dieser Rechtsanspruch schriftlich fixiert und dokumentiert ist;

(c) sie an Mitarbeiter gewährt wird, die bis zur Mitte des Wirtschaftsjahres das 30. Lebensjahr vollendet haben;

(d) die Pensionszusage nicht jederzeit nach Belieben des Arbeitgebers – ohne die Interessenlage des Berechtigten zu berücksichtigen – widerrufen werden kann.

Handelsrechtlich sind im Rahmen der Passivierung diese o.a. Vorbehalte nicht von Bedeutung.

Die Höhe der Pensionsrückstellungen wird nach dem versicherungs-mathematischen Wert der Pension errechnet, wobei für Männer/Frauen ein Pensionsalter von 65/60 Jahren unterstellt wird.

Unter Berücksichtigung der jeweiligen Lebenserwartung wird der kapitalisierte

Wert der voraussichtlichen Pensionszahlungen zum Zeitpunkt des beginnenden Pensionsalters ermittelt.

Dieser Wert wird auf den Zeitpunkt der Rückstellungsbildung diskontiert und der Betrag in die Rückstellung eingebracht. Anschließend kann die Unternehmung – bezogen auf den jeweiligen Wert der Rückstellung am Jahresanfang – jeweils jährlich 6% Zinsen am Jahresende den Rückstellungen neu hinzufügen.

Werden die Pensionsrückstellungen steuerlich anerkannt, so verringert sich die Ertragssteuerbelastung für die Unternehmung. Insofern liegt hier ein erster finanzwirtschaftlicher Effekt vor. Weiterhin wird sich dieser Effekt vergrößern, wenn und solange die Unternehmung das System der Pensionszusagen und damit die Rückstellungsdotierung für diese Verpflichtungen neu einführt. Von einem bestimmten Stadium ab werden sich die Pensionsrückstellungen auf einem bestimmten Niveau einpendeln, worauf die Unternehmung unter der Prämisse, daß sich nicht Strukturverschiebungen innerhalb der Pensionsberechtigten ergeben, ein festes Potential von Finanzierungsmitteln aus den Pensionsrückstellungen zur Verfügung hat.

Problematisch kann die Sachlage allerdings werden, wenn auf Grund ungünstiger Bedingungen die Pensionsrückstellungen abgebaut werden müssen.

Derartige negative Einflußgrößen können sein:

(a) eine sich ungünstig verschiebende Altersstruktur bedingt z.B. durch entsprechende Fluktuationen von Mitarbeitern bestimmter Jahrgänge;

(b) eine hohe quantitative Belastung durch viele Todesfälle;

(c) wegen ungünstiger Ertragsaussichten können Pensionszahlungen nicht mehr aus dem laufenden Versorgungsaufwand gezahlt werden.

Eine derartige Sachlage ist aber in gewissen Grenzen ex ante mit Hilfe einer guten Finanzplanung zu erkennen.

D. Die Entscheidung zwischen den Finanzierungsalternativen

Ist ein Kapitalbedarf quantitativ und zeitlich definiert und sind die zu seiner Finanzierung möglichen Alternativen bekannt und erhältlich, so stellt sich die Frage nach der Wahl zwischen ihnen.

Die Ableitung einer derartigen Entscheidung orientiert sich in der Regel an der oben generell beschriebenen Zielfunktion. Diese wird für jede Unternehmung aus einer gegebenen Situation für einen bestimmten Zeitraum formuliert, woraus die Unternehmung dann ihr Finanzierungsverhalten ableitet. Dies bedeutet aber, daß jede Unternehmung – selbst dann, wenn auch andere Unternehmen einen gleich definierten Kapitalbedarf haben – aus den ihr eigenen Rentabilitäts-, Liquiditäts-, Sicherheits- und Souveränitätsbestrebungen individuelle Nachfragepräferenzen im Hinblick auf das zu finanzierende Kapital hat.

Ein angenommener langfristiger Kapitalbedarf von DM 500000,– würde somit möglicherweise von der Unternehmung A-AG durch entsprechend außenfinanziertes Eigenkapital, durch die Unternehmung B-AG durch die Plazierung eines fristenkongruenten Schuldscheindarlehens und durch die Unternehmung C-AG durch Inanspruchnahme eines bereits eingeräumten Kontokorrentkredites finanziert, wobei die C-AG die Umfinanzierung nach 12 Monaten beabsichtigt.

Hiermit wird zugleich erkennbar, daß allgemein gültige Finanzierungsregeln nicht aufgestellt werden können.

In der Literatur finden sich zwar Finanzierungsmodelle, die aber in der Regel mit Pauschalannahmen arbeiten und zudem lediglich spezifische Problemkreise erfassen. Hierbei handelt es sich um Modelle der optimalen Verschuldung und Modelle der optimalen Selbstfinanzierung. Die Darstellung der verschiedenen Ansätze würde den Rahmen des Buches sprengen, weswegen auf entsprechende Literatur verwiesen wird (Gutenberg, E.; Schneider, D.; Spremann).

Dennoch werden in der Literatur Finanzierungsregeln bzw. Finanzierungsgrundsätze genannt, auf deren Einhaltung in modifizierter Form von Banken und Versicherungen im Rahmen der Kreditvergabeentscheidungen eine mehr oder weniger starke Beachtung schenken. Hierbei handelt es sich um Normen, die in Form von Bilanzkennzahlen formuliert sind und Forderungen (a) hinsichtlich der Passivkapitalstrukturierung (**vertikale Finanzierungsregeln**) darstellen, oder (b) auf die Relationen Kapitalbeschaffung und -verwendung (**horizontale Finanzierungsregeln**) abstellen. Die sich finanzierende Unternehmung muß die aufzunehmenden Kapitalien in ihrer Qualität somit derart wählen, daß – zumindest mittelfristig – den Finanzierungsregeln entsprechend eine adäquate Strukturierung des Passivkapitals erhalten bleibt, wobei gleichzeitig bestimmte Relationen zwischen Kapitalbeschaffung und -verwendung gewahrt werden müssen. Da die Unternehmen des nichtfinanziellen Sektors in der Bundesrepublik Deutschland im starken Maße auf die Fremdfinanzierung bei Kreditinstituten und Versicherungen angewiesen sind, finden diese Finanzierungsregeln entsprechend Beachtung, obwohl die aufgestellten Normen einer kritischen Prüfung z.T. nicht standhalten können und einander z.T. widersprechen.

I. Vertikale Finanzierungsregeln

Diese Normen zielen auf die Fremdkapital/Eigenkapitalrelation ab und spiegeln damit den statischen Verschuldungsgrad (V) wider, der wie folgt formuliert ist:

$$V = \frac{\text{Fremdkapital}}{\text{Eigenkapital}}.$$

Die Regel fordert nun in unterschiedlichen Varianten:

(1) $\dfrac{\text{Fremdkapital}}{\text{Eigenkapital}} \leq 1$, bzw.

(2) $\dfrac{\text{Fremdkapital}}{\text{Eigenkapital}} \leq 2$.

Im Hinblick auf die restriktivere Norm (1) wurde früher von den kreditgebenden Banken gefordert, daß das Eigenkapital-/Fremdkapitalverhältnis mindestens 1:1 betragen müsse, damit die Gläubiger nicht stärker als die Eigentümer am Unternehmensrisiko teilhaben müßten.

Das Gläubigerrisiko wurde somit in negativer Korrelation zum Eigenkapital gesehen und gleichzeitig stillschweigend unterstellt, daß bei auftretenden Verlusten allenfalls das Eigenkapital, nicht jedoch das Fremdkapital berührt werden könnte, wenn nur diese Norm erfüllt wäre. Das hierin zum Ausdruck kommende Sicherheitsstreben der Gläubiger ist aber durch eine derartige Norm nicht erfüllbar. Dies liegt nicht zuletzt an der Nichtberücksichtigung von Risikofaktoren, die unternehmens- und/oder branchenspezifischer Natur sein können.

Dennoch steht fest, daß mit steigendem Fremdkapitalanteil das Gläubigerrisiko wächst und ebenso das Liquiditätsziel der Unternehmung (feste Zins- und Tilgungsbelastung auch in schlechten Ertragslagen) u. U. gefährdet ist.

Die hier getroffenen Feststellungen gelten auch für die zweite Variante, deren weniger restriktive Forderungen heute von den deutschen Industrie- und Handwerksunternehmen knapp erfüllt werden.

Unter Rentabilitätsgesichtspunkten kann aber unter bestimmten Bedingungen die Finanzierung eines gegebenen Kapitalbedarfs durch Fremdkapital anstatt mit Eigenkapital vorteilhaft sein (**Leverage-Effekt**).

Danach bewirkt – unter bestimmten Bedingungen – bei einem gegebenen Gesamtkapitalbedarf eine anteilige Fremdkapitalerhöhung solange eine Steigerung der Eigenkapitalrentabilität, als die Gesamtkapitalrentabilität über dem Fremdkapitalzins liegt. Dies zeigt das Beispiel Abb. 31.

Grunddaten: Gesamtkapitalbedarf: 150000,- DM, Fremdkapitalzinsen: 9%, Gesamtkapitalrentabilität: 20%, erwarteter Gewinn vor Fremdkapitalzinsen: 30000,- DM.

Dieser Zusammenhang läßt sich allgemein wie folgt demonstrieren:

EK   = Eigenkapital
FK   = Fremdkapital
GKR = Gesamtkapitalrentabilität
EKR = Eigenkapitalrentabilität
FKR = Fremdkapitalrentabilität (= Fremdkapitalzins)

Kapitalgewinn = GKR(EK + FK),   oder

Kapitalgewinn = EKR × EK + FKR × FK.

Beide Gleichungen zusammengefaßt und nach EKR aufgelöst ergibt:

$$EKR = GKR + \frac{GKR \times FK - FKR \times FK}{EK}$$

$$EKR = GKR + (GKR - FKR)\frac{FK}{EK}$$

Situation		A	B	C
Eigenkapital	DM	100000,–	75000,–	50000,–
Fremdkapital	DM	50000,–	75000,–	100000,–
Gesamtkapital	DM	150000,–	150000,–	150000,–
Gewinn vor FK-Zinsen	DM	30000,–	30000,–	30000,–
./. Zinsen für FK	DM	4500,–	6750,–	9000,–
Gewinn nach Zinsen	DM	25500,–	23250,–	21000,–
Eigenkapitalrentabilität %		25,5	31,0	42,0

Abb. 31 Darstellung des Leverage-Effektes

Damit wird erkennbar, daß die Eigenkapitalrentabilität von den drei Größen Gesamtkapitalrentabilität, Verschuldungsgrad sowie Fremdkapitalzins abhängig ist. Solange GKR > EKR, bewirkt ein zunehmender Verschuldungsgrad eine steigende Eigenkapitalrentabilität. Dieser Hebeleffekt (Leverage-Effekt) des zunehmenden Verschuldungsgrades hebt sich auf, wenn die Differenz zwischen der Gesamtkapitalrentabilität und Fremdkapitalrentabilität gleich Null wird. Wird GKR < FKR ergibt sich ein negativer Leverage-Effekt, der in letzter Konsequenz zum Verlust des Haftungskapitals führen kann. Dabei kann der negative Leverage-Effekt leistungs- und/oder finanzwirtschaftliche Ursachen haben.

Wollte nun eine Unternehmensleitung einerseits die goldene Finanzierungsregel in ihrer restriktiveren Form (1:1 Regel), andererseits die höchst mögliche EKR durch Ausnutzung des Leverage-Effekts realisieren, gerät sie unweigerlich in einen Zielkonflikt. Dessen Ursache resultiert darin, daß die beiden unterschiedlichen Zielsetzungen jeweils mit dem Anspruch der Realisierung auf ihren höchsten Erfüllungsgrad verfolgt werden und dabei in den absoluten Konflikt zueinander geraten.

II. Horizontale Finanzierungsregeln

1. Die goldene Finanzierungsregel

Nach dieser Finanzierungsregel ist die Liquidität einer Unternehmung bei gleichzeitig reibungslos ablaufendem Unternehmensprozeß unter der Voraussetzung gesichert, daß die Kapitalüberlassungs- und Kapitalbindungsdauern übereinstimmen. Somit wird die **Fristenkongruenz von Mittelherkunft und Mittelverwendung** gefordert.

Da aber die Zurechenbarkeit der aufgenommenen Kapitalien zu den entsprechenden Vermögenswerten in der Regel nicht möglich ist, erübrigt sich im Grunde genommen jede weitere Erörterung. Dennoch sollen weitere kritische Anmerkungen getroffen werden. Die Liquidität der Unternehmung wird bei Befolgung dieser Regel nur gewährleistet, wenn die folgenden Voraussetzungen gegeben sind.

Die gebundenen Kapitalien müssen vollständig und wie zeitlich geplant wieder freigesetzt werden. Es wird die problemlose Anschlußfinanzierung der fälligen Kapitalien unterstellt. Diese kann in Form der Prolongation bestehender Vertragsverhältnisse (ggf. mit entsprechenden Konditionsanpassungen) oder durch den Ersatz des zu tilgenden Kapitals durch andere Kapitalien erfolgen. Schließlich wird vorausgesetzt, daß die Unternehmungsleitung allen sonstigen Zahlungsverpflichtungen jederzeit nachkommen kann.

Damit stellt diese Norm letztlich auf die Fähigkeit der Unternehmung ab, den fälligen Kapitalbedarf jederzeit finanzieren zu können. Hierzu bedarf es aber grundsätzlich nicht der Einhaltung einer Fristenkongruenz von Kapitalherkunft und -verwendung. Wesentlich ist hier vielmehr, eine Kapitalbeschaffung unter dem Gesichtspunkt der Abstimmung von Ein- und Auszahlungsströmen unter Berücksichtigung der Finanzplanung vorzunehmen.

2. Die goldene Bilanzregel

Über die zu allgemeinen Forderungen der goldenen Finanzierungsregel hinaus fordert die goldene Bilanzregel die Einhaltung bestimmter Relationen zwischen bestimmten Kapital- und Vermögensarten.

Die Regel fordert in ihrer ursprünglichen Fassung die absolute Finanzierung des Anlagevermögens mit Eigenkapital

$$(1) \quad \frac{\text{Anlagevermögen}}{\text{Eigenkapital}} \leq 1, \text{ bzw.}$$

in ihrer abgewandelten Fassung die absolute Finanzierung des Anlagevermögens durch Eigen- und langfristiges Fremdkapital, also

$$(2) \quad \frac{\text{Anlagevermögen}}{\text{Eigenkapital} + \text{langfr. Fremdkapital}} \leq 1.$$

Auch diese Finanzierungsregel hält einer kritischen Prüfung nicht stand, denn die hier relevanten Informationen entstammen der Bilanz. Sie zeigen damit nicht, wie die Freisetzungsprozesse der Aktiva verlaufen und welche effektiven Fälligkeiten die Passiva aufweisen. Auch ist es nicht sinnvoll, die verschiedenen Bilanzpositionen zu aggregieren und dann aus ihrer Gegenüberstellung Aussagen über die finanzielle Stabilität einer Unternehmung abzuleiten.

3. Sonstige horizontale Finanzierungsregeln

Hier sollen noch zwei Regeln, deren Einhaltung desgleichen die Liquidität der Unternehmung sicherstellen soll, erwähnt werden. Es sind dies

(1) die Liquidität 2. Grades (quick ratio).

$$\frac{\text{monetäres Umlaufvermögen}}{\text{kurzfristige Verbindlichkeiten}} \geq 1$$

Hier wird das monetäre Umlaufvermögen als Umlaufvermögen minus Vorräte und geleistete Anzahlungen verstanden.

(2) die Liquidität 3. Grades (current ratio)

$$\frac{\text{Umlaufvermögen}}{\text{kurzfristige Verbindlichkeiten}} \geq 2$$

Auch hier gilt, daß durch die Zusammenfassung von Bilanzpositionen und deren Gegenüberstellung eine Aussage zur Liquidität einer Unternehmung kaum sinnvoll ist. Hinzu kommt, daß sich diese Größen auf einen zurückliegenden Stichtag beziehen, was zweierlei Folgen hat bzw. haben kann:

a) innerhalb der einzelnen Positionen haben sich erhebliche Umschichtungen ergeben,
b) der Liquiditätsgrad verschiedener Aktiva kann sich erheblich verschlechtert haben (künstliche Liquidität),
c) die Aktiva unterscheiden sich zusätzlich in ihrer natürlichen Liquidität voneinander.

E. Finanzierungsersatzmaßnahmen

Finanzierung wird nur dann notwendig, wenn ein bestimmter Kapitalbedarf gegeben ist. Insofern könnte eine Unternehmung aus Gründen z. B. mangelnder oder schwieriger Erhältlichkeit geeigneten Kapitals oder zu hoher Finanzierungskosten bei der Ur-

4. Kapitel: Die Finanzierung

Kapitalbedarf ⇐ ① Normalfall
Deckung des Kapitalbedarfs durch Finanzierung
– in Form der Innen- oder/und Außenfinanzierung mit Eigen- u./o. Fremdkapital sowie Mischformen

⇐ ② Vollständige Deckung des zunächst festgestellten Kapitalbedarfs aus unternehmensinternen und/oder -externen Gründen nicht möglich.
Somit zunächst Maßnahmen zu (a) – Finanzersatzmaßnahmen, dann (b) – Finanzierung des gesenkten Kapitalbedarfs

verminderter Kapitalbedarf
⇒ (a) Senkung des Kapitalbedarfs durch Finanzierungsersatzmaßnahmen
– Vermögens-Liquidation als Kapitalersatz
– Fremdeigentum als Vermögensersatz
– Funktionsausgliederung als Substanzersatz

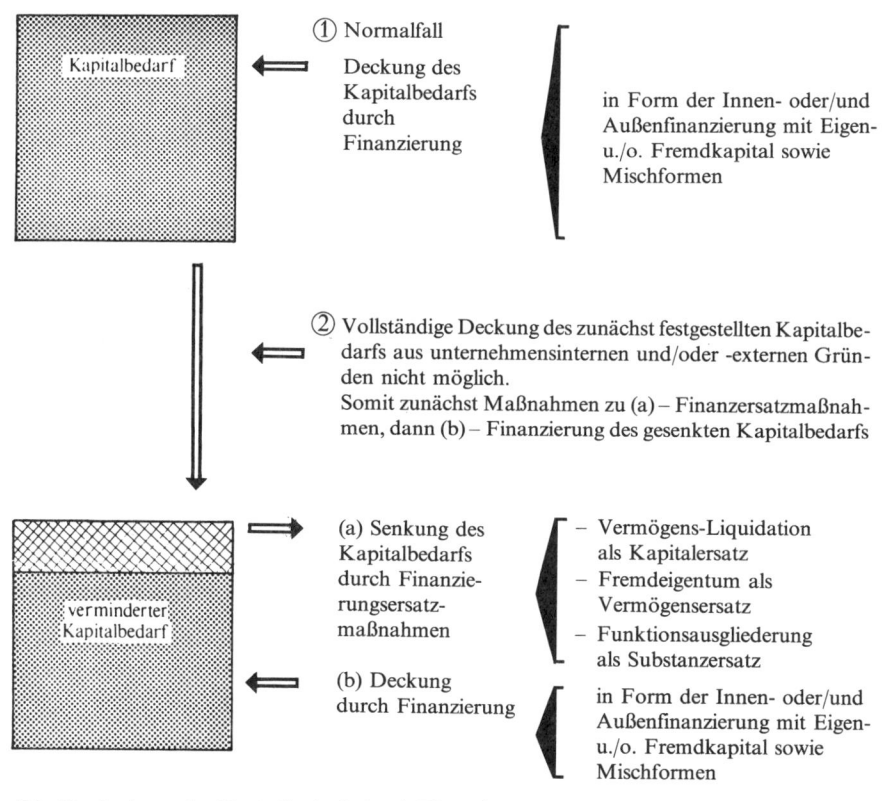

⇐ (b) Deckung durch Finanzierung
– in Form der Innen- oder/und Außenfinanzierung mit Eigen- u./o. Fremdkapital sowie Mischformen

Abb. 32 Senkung des Kapitalbedarfs durch Finanzierungsersatzmaßnahmen

sache aller Finanzierungsaktivitäten – dem Kapitalbedarf – beginnen, um diesen zu reduzieren (vgl. Abb. 32). Alle Maßnahmen, die hier ansetzen, sind Finanzierungsersatzmaßnahmen und werden nicht – wie z.T. in der Literatur üblich – der Finanzierung zugeordnet (Hahn, S. 147 ff.).

Den grundsätzlichen Ansatzpunkt aller Kapitaleinsparungsmaßnahmen bieten die bereits oben angesprochenen **Hauptdeterminanten des Kapitalbedarfs**, die Mengen-, Preis- und Zeitkomponente, wobei in erster Linie der Beeinflussung von Mengen- und Zeitkomponente Bedeutung beizumessen ist. Umgesetzt auf die betriebliche Praxis bedeutet dies, daß – soweit bereits finanzierte Kapitalien in der Unternehmung im Anlage- und Umlaufvermögen gebunden sind – diese Mittel ganz oder teilweise dauerhaft oder zeitlich begrenzt freigesetzt werden (Kapitalfreisetzung im Anlage- und Umlaufvermögen). Außerdem könnte die Unternehmung statt Investitionen vorzunehmen und dann eigenes Vermögen zu nutzen, auf die Investition selbst verzichten, um dann Fremdeigentum als Vermögensersatz zu nutzen (Hahn, S. 148).

I. Kapitalfreisetzung im Anlage- und Umlaufvermögen als Finanzierungsersatzmaßnahme

1. Die Kapitalfreisetzung im Anlagevermögen

a) Die vorzeitige Vermögensliquidation

Grundsätzlich bietet sich als erste Möglichkeit die der vorzeitigen Vermögensliquidation. In diesem Falle veräußert die Unternehmung für sie nicht wesentlich erscheinende Teile des Anlagevermögens, um so das freigesetzte Kapital in anderen Investitionsvorhaben zu binden. Eine besondere Form ist hierbei die des Sale-and-Lease-back-Verfahrens (vgl. hierzu weiter unten das Financial-Leasing). Abgesehen von dieser spezifischen Variante dürfte im Normalfall die vorzeitige Vermögensliquidation nicht leicht vollziehbar sein. Sie ist abhängig von den möglichen Auswirkungen auf das Leistungspotential der Unternehmung, dem Liquidationsgrad des Anlagegutes, den steuerlichen Auswirkungen und anderen Komponenten wie z. B. Standing gegenüber den Kreditinstituten.

b) Der Kapitalfreisetzungs- und Kapazitätserweiterungseffekt der Abschreibungen

Abschreibungen haben, soweit sie planmäßig erfolgen, die Aufgabe, Anschaffungs- und Herstellungskosten von Wirtschaftsgütern mit mehrperiodischem Gebrauch auf den Zeitraum der Nutzung zu verteilen.

Im Rahmen der **bilanziellen Abschreibung** werden die Anschaffungskosten als Aufwand auf die Nutzungsperioden verteilt, wobei dieser Aufwand in die Gewinn- und Verlustrechnung eingeht.

Im Rahmen der Kostenrechnung erfolgt die **kalkulatorische Abschreibung** auf der Basis des Wiederbeschaffungsprinzips. Hierdurch soll erreicht werden, daß in jedem Falle eine **Substanzhaltung bei gegebener Differenz von Anschaffungs- zu Wiederbeschaffungspreisen** gewährleistet ist.

Werden über die erzielten Absatzpreise von Wirtschaftsgütern – in die die kalkulatorischen Abschreibungen eingerechnet sind – entsprechende Zahlungsmittelzuflüsse an die Unternehmung induziert, so findet ein entsprechender Desinvestitionsprozeß hiermit seinen Abschluß. Bisher im Anlagevermögen gebundene Finanzierungsmittel werden somit über die Umsatzerlöse freigesetzt. Der gesamte Vorgang wird mit dem Terminus **Kapitalfreisetzungseffekt** umschrieben. Im Grunde genommen findet lediglich eine Vermögensumschichtung (Aktivtausch) statt.

Da die freigesetzten Mittel nicht unbedingt uno actu in ein gleiches Anlagegut reinvestiert werden müssen bzw. können, stehen sie der Unternehmung **in der Regel zeitlich begrenzt** bis zum jeweiligen Reinvestitionsakt zur Verfügung.

Unter bestimmten Konstellationen ist es aber möglich, einen **dauerhaften Kapitalfreisetzungseffekt** zu erreichen, indem mehrere gleichartige Anlagegüter mit unterschiedlichen (nacheinander gelagerten) Reinvestitionszeitpunkten vorhanden sind.

Dieser Fall wird durch das folgende Beispiel demonstriert:
Eine Unternehmung investiert zu fünf aufeinanderfolgenden Zeitpunkten je 10 000,– DM in eine Maschine. Die Abschreibung erfolgt linear über einen Zeitraum von fünf

4. Kapitel: Die Finanzierung   501

Jahren. Die jährliche Abschreibung je Maschine beträgt somit 2000,- DM. Die Finanzierungsmittel für die Investitionen zu den fünf verschiedenen Zeitpunkten werden jeweils im Rahmen der Außenfinanzierung beschafft. Nach vollständiger Abschreibung der Maschinen erfolgt zu Beginn der Folgeperiode die Reinvestition in eine gleiche Anlage. Die alte Anlage scheidet jeweils aus.

In der nachstehend aufgeführten Abb. 33 sind die jährlichen Abschreibungsbeträge für die einzelnen Aggregate ausgeworfen. Hieraus ist ersichtlich, daß - obwohl vom Zeitpunkt Ende des 5. Jahres an die jährlichen Abschreibungsgegenwerte jeweils zu Ersatzinvestitionen (ER) verwendet werden - dauerhaft vom Zeitpunkt Ende des 4. Jahres an ein Kapitalfreisetzungseffekt in Höhe von DM 20000,- erreicht wird.

Aggregat	Ende Jahr	1	2	3	4	5	6	7	8	9	10
Maschine 1		2000	2000	2000	2000	2000	2000ER	2000ER	2000ER	2000ER	2000ER
Maschine 2		–	2000	2000	2000	2000	2000	2000ER	2000ER	2000ER	2000ER
Maschine 3		–	–	2000	2000	2000	2000	2000	2000ER	2000ER	2000ER
Maschine 4		–	–	–	2000	2000	2000	2000	2000	2000ER	2000ER
Maschine 5		–	–	–	–	2000	2000	2000	2000	2000	2000ER
Summe der Abschreibungen pro Jahr		2000	4000	6000	8000	10000	10000	10000	10000	10000	10000
kumulierte Abschreibungen		2000	6000	12000	20000	30000	30000	30000	30000	30000	30000
Ersatzinvestition		–	–	–	–	10000	10000	10000	10000	10000	10000
Kapitalfreisetzung		2000	6000	12000	20000	20000	20000	20000	20000	20000	20000

Abb. 33 Der Kapitalfreisetzungseffekt

Die Unternehmung könnte somit über den Kapitalfreisetzungseffekt einen zunächst gegebenen Kapitalbedarf reduzieren, indem sie das über die Abschreibungsgegenwerte freigesetzte Kapital einsetzt. In diesem Fall könnte die Unternehmung beispielsweise die jeweils freigesetzten Kapitalien im Rahmen der Ersatzinvestitionen einsetzen. Sie benötigt dann nicht - wie zunächst vorgesehen - im Rahmen der Außenfinanzierung DM 50000,-, sondern lediglich DM 30000,-.

Selbstverständlich bieten sich auch andere Alternativen zur Kapitaleinsparung durch den Einsatz der freigesetzten Kapitalien, wie z. B. die vorzeitige Rückführung von Krediten, die zu anderen Zwecken beansprucht wurden, die Nichtausnutzung von eingeräumten Kontokorrentkrediten, Lieferantenkrediten etc.

Zusammenfassend kann festgestellt werden, daß ein Kapitalfreisetzungseffekt gegeben ist, wenn die ermittelten Abschreibungssätze über die Umsatzerlöse der Unternehmung in Form von Einzahlungen zugeflossen sind. Die Wahl der Abschreibungsmethode (linear, degressiv, progressiv, nach der Maßgabe der Beanspruchung des Wirtschaftsgutes) ist grundsätzlich ohne Belang, solange die Abschreibungsbeträge im Zeitablauf dem tatsächlichen Nutzungsverlauf entsprechen.

Aggregat \ Ende Jahr	1	2	3	4	5	6	7	8	9	10	11
Maschine 1	2000	2000	2000	2000	2000	2000ER	2000	2000	2000	2000	2000ER
Maschine 2	–	2000	2000	2000	2000	2000	2000ER	2000	2000	2000	2000
Maschine 3	–	–	2000	2000	2000	2000	2000	2000ER	2000	2000	2000
Maschine 4	–	–	–	–	2000	2000	2000	2000	2000ER	2000	2000
Maschine 5	–	–	–	2000	2000	2000	2000	2000	2000ER	2000ER	2000
Maschine 6^{EW}	–	–	–	–	2000	2000	2000	2000	2000	–	2000ER
Maschine 7^{EW}	–	–	–	–	–	–	2000	2000	2000	2000	2000
Maschine 8^{EW}	–	–	–	–	–	–	–	–	–	–	–
Summe der Abschreibungen p.a.	2000	4000	6000	10000	14000	14000	16000	16000	16000	14000	16000
kumulierte Abschreibungen	2000	6000	12000	12000	16000	20000	16000	22000	18000	22000	18000
Erweiterungsinvestitionen	–	–	10000	10000	–	10000	–	–	–	–	–
Ersatzinvestitionen	–	–	–	–	10000	10000	10000	20000	10000	20000	10000
Kapitalfreisetzung	2000	6000	2000	2000	6000	–	6000	2000	8000	2000	8000

Abb. 34 Kapazitätserweiterungseffekt

Ein dem Nutzungsverlauf vorangehender Abschreibungsverlauf führt in einem entsprechenden Maße zur stillen Selbstfinanzierung. Ein dem Abschreibungsverlauf voraneilender Nutzungsverlauf verlagert die Kapitalfreisetzung zeitlich auf spätere Zeiträume, weswegen sich der Effekt abschwächt.

In der Literatur wird allgemein unter dem Terminus **„Lohmann-Ruchti-Effekt"** bzw. **„Marx-Engels-Effekt"** auf ein Phänomen hingewiesen, nach welchem der Kapitalfreisetzungseffekt u. U. zu einem **Kapazitätserweiterungseffekt** führen kann.

Dieser Fall tritt offensichtlich dann ein, wenn die freigesetzten Mittel nicht nur zu den jeweiligen Ersatzzeitpunkten reinvestiert werden, sondern für Erweiterungsinvestitionen in gleichartigen Aggregaten verwendet werden.

Dieser Effekt soll am nachstehenden Beispiel Abb. 34 demonstriert werden.

Wiederum investiert eine Unternehmung DM 10000,— zu an fünf aufeinanderfolgenden Zeitpunkten in je eine Maschine. Die nutzungsbedingte Abschreibung erfolgt linear über einen Zeitraum von fünf Jahren. Die Finanzierungsmittel für die Investitionsmaßnahmen werden im Rahmen der Außenfinanzierung beschafft. Zu den Zeitpunkten Ende der Jahre 3; 4; 6 erfolgen jeweils Erweiterungsinvestitionen (EW), wodurch sich die Periodenkapazität insgesamt erhöht. Dieser Kapazitätserweiterungseffekt führt in diesem Fall dauerhaft zu einer Periodenkapazitätserweiterung auf 8 Aggregate mit entsprechender Leistungsabgabe.

Unter **Periodenkapazität** wird hier die Fähigkeit einer einzelnen Anlage oder eines gesamten Anlagenbestandes verstanden, eine bestimmte Menge an Leistungseinheiten innerhalb einer Zeiteinheit (hier Periode als ein Jahr verstanden) abzugeben. Die **Totalkapazität** ist auf die gesamte Nutzungsdauer eines Aggregates oder Anlagenbestandes bezogen. Die Totalkapazität entspricht der Summe der Periodenkapazitäten oder **Periodenkapazität × Nutzendauer**. Unterstellt wird hinsichtlich der intensitätsmäßigen Nutzung, daß die Anlagen eine Leistung im Sinne der Optimalkapazität abgeben.

Es leuchtet nun ein, daß die Kapazitätserweiterung lediglich die Periodenkapazität betrifft. Die Totalkapazität ändert sich nicht, wobei betriebswirtschaftlich auch nur die Periodenkapazität relevant ist. Der auf die Periodenkapazität bezogene Kapazitätserweiterungseffekt errechnet sich bei linearer Abschreibungsmethode und einer Nutzung von n Jahren nach der Formel:

$$KEF = 2 \frac{n}{n+1}$$

Der Effekt erhöht (vermindert) sich bei Anwendung der degressiven (progressiven) Abschreibungsmethode.

Der Kapazitätserweiterungseffekt tritt grundsätzlich nur ein, wenn die Grundvoraussetzungen des Kapitalfreisetzungseffektes gegeben sind und die freigesetzten Mittel – soweit nicht zu Reinvestitionen eingesetzt – zu Erweiterungsinvestitionen in gleiche Anlagen verwendet werden.

Dabei wird vorausgesetzt, daß grundsätzlich die Anlagen auf dem gleichen technischen Stand bleiben und die Wiederbeschaffungskosten auf dem Ausgangsniveau verharren (Konstanz der Preise). Schließlich ist die höchstmögliche Wirkung des Kapazitätserweiterungseffektes zusätzlich abhängig von der Länge der Abschreibungsdauer und einer hinreichenden Teilbarkeit der Anlagen. Grundsätzlich sind einzelne Anlagen nicht teilbar. Allerdings können gleichzeitig Investitionen in mehrere Anlagen zu nacheinander folgenden Zeitpunkten erfolgen, wodurch diese Bedingung erreicht wird. Werden dann im Zeitablauf kleinere Abschreibungsbeträge freigesetzt, so kann schneller die Neu- bzw. Wiederanlage erfolgen.

Es ist bekannt, daß diese Prämissen in der Realität selten vorkommen, weswegen ein voller Kapazitätserweiterungseffekt kaum erreichbar ist. Hinzu kommt, daß die Unternehmung immer in der Lage sein muß, die erhöhten Kapazitäten ausnutzen zu können, was sie nur unter der Bedingung eines aufnahmewilligen Marktes tun kann. Schließlich wäre zu bedenken, daß eine Kapazitätserweiterung immer einen zusätzlichen Kapitalbedarf induziert (z. B. durch zusätzliche Lagerhaltung, weitere Investitionen in anderen Bereichen der Unternehmung), der dann finanziert werden muß.

2. Die Kapitalfreisetzung im Umlaufvermögen

a) Allgemeine Möglichkeiten

Kapitalfreisetzung mit dem Effekt der Kapitaleinsparung kann im Bereich des Umlaufvermögens in erster Linie durch die Beeinflussung der Zeitkomponente, teilweise auch durch die der Mengendeterminante, erreicht werden.

Generell bieten sich an:

- Verkürzung der kapitalbindenden Prozesse (Rationalisierungsmaßnahmen),
- Erhöhung der Kassenumschlagsgeschwindigkeit,
- Abbau von zu hohen Eingangs-, Zwischen- und Ausgangslagern,
- Abbau von Forderungsbeständen.

Durch die Einleitung dieser Maßnahmen wird **allgemein** eine **Veränderung der Teilkapital- bzw. Teilvermögensumschläge** angestrebt, was sich dann in einer **Kapitalfreisetzung** niederschlagen soll. So bewirkt z.B. eine Erhöhung des Debitorenumschlags[1] bzw. Verkürzung der Debitorenumschlagsdauer[2] einen sinkenden durchschnittlichen Debitorenbestand und damit eine Kapitalfreisetzung – vgl. Abb. 35 –.

Situation *vor* Erhöhung des Debitorenumschlags	Situation *nach* Erhöhung des Debitorenumschlags
Debitorenumschlag[1]: 5	Debitorenumschlag: 6
Debitorenumschlagsdauer[2]: 72 Tage	Debitorenumschlagsdauer[2]: 60 Tage
Zielverkauf: 1 200 000,— DM	Zielverkauf: 1 200 000,— DM
durchschnittlicher Debitorenbestand[3]: 240 000,— DM	durchschnittlicher Debitorenbestand[3]: 200 000,— DM Kapitalfreisetzung: DM 40 000,—

[1] $\text{Debitorenumschlag} = \dfrac{\text{Zielverkauf}}{\text{durchschnittlicher Debitorenbestand}}$

[2] $\text{Debitorenumschlagsdauer} = \dfrac{360}{\text{Debitorenumschlag}}$

[3] $\text{durchschnittlicher Debitorenbestand} = \dfrac{\text{Zielverkauf}}{\text{Debitorenumschlag}}$

Abb. 35 Kapitalfreisetzung durch Verkürzung der Debitorenumschlagsdauer

Ein Kapitalfreisetzungseffekt wird auch die Erhöhung des Lagerumschlags[1] bzw. Verkürzung der Lagerumschlagsdauer[2] erreicht, da hierdurch der durchschnittliche Lagerbestand sinkt – vgl. Abb. 36 –.

Situation *vor* Erhöhung des Lagerumschlags[1]	Situation *nach* Erhöhung des Lagerumschlags
Jahresumsatz: 9 000 000,— DM	Jahresumsatz: 9 000 000,— DM
Lagerumschlag: 5	Lagerumschlag: 6
Lagerumschlagsdauer[2]: 72 Tage	Lagerumschlagsdauer[2]: 60 Tage
durchschnittlicher Lagerbestand[3]: 1 800 000,— DM	durchschnittlicher Lagerbestand[3]: 1 500 000,— DM Kapitalfreisetzung: 300 000,— DM

[1] $\text{Lagerumschlag} = \dfrac{\text{Umsatz}}{\text{durchschnittlicher Lagerbestand}}$

[2] $\text{Lagerumschlagsdauer} = \dfrac{360}{\text{Lagerumschlag}}$

[3] $\text{durchschnittlicher Lagerbestand} = \dfrac{\text{Umsatz}}{\text{Lagerumschlag}}$

Abb. 36 Kapitalfreisetzung durch Verkürzung der Lagerdauer

Diese generell formulierten Maßnahmen sind im Einzelfall auf ihre Anwendungsmöglichkeit zu überprüfen. Hierbei ist aber zu bedenken, daß sie aus finanzwirtschaftlicher Sicht richtig sein mögen, ihre Einleitung aus leistungswirtschaftlicher Sicht hingegen nicht vertretbar ist.

Von besonderer Bedeutung ist in diesem Gesamtzusammenhang das Factoring, weil mit diesem Instrument nicht nur ein Kapitalfreisetzungseffekt verbunden ist.

b) Das Factoring

Bedingt durch die Gewährung von Zahlungszielen sind in der Regel in den Forderungen aus Lieferungen und Leistungen über einen längeren Zeitraum bei den Unternehmen umfangreiche Kapitalbeträge gebunden. Soweit diese Forderungen in Wechselform verbrieft sind, bietet sich der Unternehmung die bereits oben beschriebene Möglichkeit, einen Wechseldiskontkredit zu beschaffen.

Einen anderen Weg bietet das **Factoring, bei dem ein Factor die bei seinem Klienten angelaufenen Forderungen ankauft und ggf. bei einem sich ergebenden Ausfall das volle Risiko übernimmt.**

Insofern erfüllt das Factoring für die Unternehmung eine **Finanzierungsfunktion** (de facto handelt es sich um eine Finanzierungsersatzmaßnahme). Die **Risikoübernahme eines Forderungsausfalls wird im Rahmen der Delkrederefunktion** vom Factor gegen eine Gebühr, die von den beiden Faktoren Bonität des Abnehmers und Bonität jedes einzelnen Kunden abhängt, übernommen. Als weitere Bedingung wird der Factor für die Ausübung der Delkrederefunktion allerdings verlangen, daß ihm die Gesamtforderungen der Unternehmung oder eines Umsatzbereiches zum Kauf angeboten werden.

Die **Dienstleistungsfunktion**, die vom Factor schließlich zusätzlich angeboten werden kann, **umschließt die Fakturierung, die Führung der Debitorenbuchhaltung des Kunden, das Inkasso und das Mahnwesen.**

Der Ankauf der Forderungen durch den Factor vollzieht sich

- zum Ankaufstag, zu welchem dem Klienten bei Übernahme der Forderungen der Ankaufspreis gutgeschrieben wird,

- zum Zahlungseingang der Forderungen (oder zum durchschnittlichen Fälligkeitstag), wobei dem Klienten auf die Zahlungen ein Vorschuß in Höhe von 70–90 v. H. gewährt werden kann.

In der Regel wird vom Rechnungsgesamtbetrag ein Teilbetrag in Höhe von 10% einbehalten und über ein Sperrkonto abgewickelt, da neben Forderungsausfällen Skonti und Mängelrügen auftreten können.

Soweit die Abtretung der Forderungen an den Factor in offener Form erfolgt, handelt es sich um **notifiziertes Factoring.** Der Klient zeigt in diesem Falle seinen Kunden an, daß sie mit befreiender Wirkung an den Factor zahlen sollen. Beim „nicht-notifizierten Factoring" erhalten die Kunden des Klienten von der Abtretung keine Kenntnis. Sie leisten also die Zahlungen an ihren Lieferanten, der die Zahlungen an seinen Factor weiterleitet.

Die **Kosten des Factoring** setzen sich entsprechend den vertraglich vereinbarten Funktionen zusammen. Die sind in der Regel bei der

- **Finanzierungsfunktion**

im Fall (a) Ankauf zu einem Diskont
im Fall (b) Berechnung des üblichen Kontokorrentzinssatzes

- **Delkrederefunktion**

0,2–0,4% des Gesamtumsatzes

- **Dienstleistungsfunktion**

abhängig vom vereinbarten Service und mengenmäßigen Leistungsanfall, in der Regel ca. 0,5–3,0% des Gesamtumsatzes

Das Factoring kann für die Unternehmen u. U. folgende Vorteile haben:

- vorfristige Freisetzung des in Außenständen gebundenen Kapitals und damit die Erhöhung der Kapitalumlaufsgeschwindigkeit,

- Erhöhung der Liquidität,

- bei vereinbarter Ausübung der Delkrederefunktion durch den Factor: Aufhebung des Ausfallrisikos beim Klienten,

- bei vereinbarter Servicefunktion durch den Factor: entsprechende Funktionsausgliederung (Inkasso, Debitorenbuchführung, Mahnwesen) und damit u. U. Kostensenkungseffekt insbesondere bei kleinen Unternehmen.

Mögliche Probleme ergeben sich in dem Augenblick, in welchem der Vertrag mit dem Factor aufgelöst wird und die Unternehmung die Funktionen – insbesondere die Servicefunktion – wieder in eigene Verantwortung übernehmen möchte, da dann das geeignete Personal, know how und die Betriebsmittel (EDV-Anlage) fehlen.

Für große Unternehmen dürfte die vertragliche Einbeziehung der Dienstleistungsfunktion durch den Factor nicht vorteilhaft sein. Ebenso wird das Factoring für alle Unternehmen, die mit kurzen oder keinen Zahlungszielen arbeiten, unvorteilhaft sein.

II. Fremdeigentum als Vermögensersatz

Eine wesentliche Möglichkeit zur Reduzierung des Kapitalbedarfs liegt in der Nutzung von Fremdeigentum gegen ein entsprechendes Entgelt, wobei dieses Fremdeigentum sowohl Werkstoffe als auch Anlagen umfassen kann.

1. Fremdeigentum als Vermögensersatz bei Werkstoffen

Was die Werkstoffe betrifft, so kann aus finanzwirtschaftlicher Sicht das Fremdeigentum als Vermögensersatz dadurch nutzbar gemacht werden, daß die Unternehmung ihre Halbfabrikate

(a) verkauft und sich gleichzeitig zur Rücknahme zu einem ex ante fixierten Preis verpflichtet,

(b) verkauft und sich zum Rückkauf zum dann aktuellen Tagespreis verpflichtet,

(c) verkauft, wobei keine Rücknahmeverpflichtungen eingegangen werden.

Hahn (S. 147 ff.) nennt als weitere Möglichkeiten: Ersatz von Eigengeschäften durch Kommissionsgeschäfte oder – statt Verarbeitung eigener Werkstoffe – die Durchführung von Lohnfertigung.

2. Fremdeigentum als Vermögensersatz bei Anlagen – Leasing

Was das Fremdeigentum als Vermögensersatz bei Anlagen betrifft, so dürfte in erster Linie die Miete oder Pacht von Betriebsmitteln in Frage kommen. Aus finanzwirtschaftlicher Sicht erscheint hier das Leasing von besonderer Bedeutung.

Im Zusammenhang mit der Investitionsgüterbeschaffung bietet sich als **Alternative zur Finanzierung das Leasing** (lease: Mietvertrag, Pachtvertrag; to lease: mieten, vermieten).

Hierbei handelt es sich um einen **Vertrag, auf Grund dessen ein Leasing-Geber einem Leasing-Nehmer ein Wirtschaftsgut über einen bestimmten entsprechend fixierten Zeitraum gegen ein Entgelt** zur **Nutzung überläßt.** Der Leasing-Nehmer mietet also ein Wirtschaftsgut, anstatt es zu kaufen.

Die **Erscheinungsformen des Leasing** können nach verschiedenen Gesichtspunkten wie folgt klassifiziert werden:

(1) nach der Art des Leasing-Gegenstandes

- **Konsumgüter-Leasing** (Kraftfahrzeuge, Fernsehgeräte)
- **Investititionsgüter-Leasing**

Mobilien-Leasing (bewegliche Anlagegüter)
Immobilien-Leasing (unbewegliche Anlagegüter)

(2) nach dem Leasing-Geber

- **Hersteller-Leasing** (Direct-Leasing)

Zwischen dem Leasing-Geber – Hersteller des Investitionsgutes – und dem Leasing-Nehmer steht kein Dritter.

- **Leasing durch Leasing-Finanzierungs-Gesellschaften**
Die Leasing-Finanzierungs-Gesellschaft kauft ein Investitionsgut vom Hersteller oder einem Dritten und least dieses an den Leasing-Nehmer.

(3) nach dem Verpflichtungscharakter des Vertrages
- **Operate-Leasing-Verträge**
In der Regel normale kurzfristige Mietverträge im Sinne des BGB (Laufdauer 3–5 Jahre), die dem Mieter ein kurzfristiges Kündigungsrecht einräumen. Daher liegen nahezu alle Risiken bei dem Vermieter. Der Mieter trägt das Risiko einer Fehlentscheidung im Hinblick auf das gemietete Wirtschaftsgut lediglich bis zum frühestmöglichen Kündigungstermin.

- **Financial-Leasing-Verträge**
Zwischen Leasing-Nehmer und Leasing-Geber wird ein langfristiger Vertrag geschlossen, der über einen längeren Zeitraum hinweg unkündbar ist. Während dieser Grundmietzeit, die kürzer als die betriebsgewöhnliche Nutzungsdauer des Wirtschaftsgutes ist, trägt der Leasingnehmer das volle Investitionsrisiko und im Normalfall die Wartungskosten des Leasing-Objektes.

Eine spezifische Variante des Financial-Leasing bildet das **Sale-Lease-Back-Verfahren**, bei dem eine Unternehmung ein Wirtschaftsgut käuflich erwirbt, um es anschließend an eine Leasing-Finanzierungsgesellschaft zu veräußern und zurückzuleasen.

Da es sich beim Operate-Leasing um ein reines Mietverhältnis handelt, bei dem der Vermieter de facto die gesamten Investitionsrisiken trägt, soll hier lediglich das Financial-Leasing als Finanzierungsersatzmaßnahme weiter betrachtet werden.

Im Hinblick auf die Verwertungsmöglichkeiten des Leasing-Objektes können Verträge des Financial-Leasing unterschiedlich formuliert sein.

(1) Vollamortisationsverträge (full-pay-out-Verträge)
Hier decken die gesamten Leasingraten während der Grundmietzeit das eingesetzte Kapital des Leasing-Gebers, dessen Finanzierungskosten für die noch nicht geleisteten Beträge, dessen Risikoprämie, seine Verwaltungskosten sowie seinen Gewinn.
Nach Ablauf der Grundmietzeit können im Hinblick auf die Verwertung des Leasing-Objektes folgende Möglichkciten vertraglich fixiert werden:

(a) Vollamortisationsvertrag ohne Optionsrecht
Der Leasing-Nehmer muß das Wirtschaftsgut an den Leasing-Geber zurückgeben, dem dann die weitere Verwertung freisteht.

(b) Vollamortisationsvertrag mit fixiertem Optionspreis
Bei Vertragsabschluß wird ex ante der Optionspreis für das Wirtschaftsgut nach Ablauf der Grundmietzeit festgelegt.

(c) Vollamortisationsvertrag mit Mietverlängerungsoption
Nach Ablauf der Grundmietzeit kann der Leasing-Nehmer eine Vertragsverlängerung verlangen.

(2) Teilamortisationsverträge (non-full-pay-out-Verträge)
Bei diesen Vertragsformen decken die gesamten Leasingraten während der Grundmietzeit nicht das eingesetzte Kapital des Leasing-Gebers, dessen Finanzierungskosten

für noch nicht geleistete Leasingraten, dessen Risikoprämie, seine Verwaltungskosten und seinen Gewinn voll ab. Der Leasing-Geber wird also wegen des erheblichen Risikos versuchen, den sich während der Grundmietzeit nicht amortisierenden Teil vertraglich abzusichern.

Hierzu sind folgende Vertragskonstruktionen denkbar:

(a) Teilamortisationsvertrag mit Andienungsrecht des Leasing-Gebers

Die Vertragskonstruktion sieht vor, daß nach Ablauf der Grundmietzeit der Leasing-Geber dem Leasing-Nehmer eine Vertragsverlängerung vorschlagen kann. Wird diese nicht akzeptiert, kann der Leasing-Nehmer zum Kauf des Wirtschaftsgutes gezwungen werden. Der dann fällige Kaufpreis wird ex ante bei Vertragsabschluß fixiert.

(b) Teilamortisationsvertrag mit Erlösbeteiligung des Leasing-Nehmers

In diesem Falle kann vereinbart werden, daß der Leasing-Nehmer nach Ablauf der Grundmietzeit bei Veräußerung des Wirtschaftsgutes am, über den Restwert hinausgehenden, Erlös beteiligt wird.

Da das Leasing als Finanzierungsersatzmaßnahme betrachtet wird, soll hier kurz auf die möglichen Vorteile und die innewohnende Problematik eingegangen werden.

Zunächst wird geprüft, ob die Unternehmung durch Inanspruchnahme eines Leasingkontraktes, im Gegensatz zur traditionellen Finanzierung, die eigene Verschuldungsgrenze beeinflußt. Dies ist sicher dann der Fall, wenn die Bilanzierung dieses Vorgangs erfolgt und die potentiellen Kapitalgeber der Unternehmung ihr Kapitalhingabeverhalten an Finanzierungsregeln orientieren. Eingeschränkt wird die Finanzierungskapazität aber auch dann, wenn die Kreditgeber die Frage nach den laufenden Zahlungsverpflichtungen einer Unternehmung stellen, die durch einen Leasingkontrakt sicherlich erheblich erweitert werden. Beide Tatbestände werden somit, da sie von den Gläubigern als Negativum gewertet werden, die Verschuldungskapazität der Unternehmung negativ beeinflussen.

Weiterhin stellt sich die Frage nach der Erhältlichkeit eines Leasingkontraktes, da teilweise unterstellt wird, daß im Rahmen derartiger Vertragsabschlüsse von den Leasing-Gebern keine Kreditprüfungen vorgenommen werden. Dies dürfte allenfalls im Rahmen des Direct-Leasing der Fall sein, da die Hersteller das Leasing als absatzpolitisches Instrument betrachten und insofern von der Durchführung derartiger Untersuchungen absehen können. Leasing-Finanzierungsgesellschaften werden aber in jedem Fall Kreditprüfungen vornehmen, da im Falle eines Risikoeintritts für sie die Verwertung des verleasten Wirtschaftsgutes (bei in der Regel stark gesunkenem Liquiditätsgrad) mit erheblichen Problemen und in der Regel mit großem Verlust verbunden ist.

Was die Liquidität des Leasing-Nehmers betrifft, so ist diese in der Regel zu Beginn des Leasingzeitraumes im Vergleich zur Finanzierung erheblich entlastet. Dies liegt zunächst daran, daß die Unternehmung im Zusammenhang mit dem Leasing-Engagement keinen Eigenkapitalabfluß – in der Regel ca. 20%–30% des Investitionsvolumens – hat. Zusätzlich kann sich im ersten Jahr durch in der Regel niedrig liegende Leasingraten eine Liquiditätsentlastung im Vergleich zur Finanzierung ergeben. Im weiteren Zeitverlauf wird die Liquiditätsbelastung beim Leasing höher als bei einer normalfinanzierten Investition liegen.

In jedem Fall entsteht ein erheblicher Liquiditätszufluß beim Leasingnehmer im Zuge des Sale-Lease-Back-Verfahrens.

Die Beurteilung des Leasing unter dem Rentabilitätsaspekt zeigt, daß das Leasing generell teurer ist als der Kauf eines Investitionsgutes mit begleitender traditioneller Finanzierung, da die Leasing-Geber im Rahmen ihrer wirtschaftlichen Betätigung eine Gewinnentwicklung anstreben.

Über diese generelle Aussage hinaus müßte in jedem Einzelfall ein Vergleich zwischen Leasing und der jeweils möglichen Finanzierungsalternative unter Einbeziehung folgender Faktoren getroffen werden. Diese Größen wären in erster Linie: Länge der Nutzungsdauer des Investitionsgutes, Länge der Leasingvertragsdauer, Vertragsgestaltung mit den Konsequenzen der Verwertungsmöglichkeiten des Leasinggutes nach Ablauf der Grundmietzeit, Konditionen, zu denen eine Finanzierung möglich wäre.

In diesem Zusammenhang ist zudem die Frage der steuerlichen Zuordnung des Leasing-Objektes von erheblicher Bedeutung. Durch eine Entscheidung des Bundesfinanzhofes und einen anschließend hierauf beruhenden Erlaß durch den BdF ist wie folgt zu verfahren:

Die steuerliche Zurechnung des Leasing-Objektes erfolgt gem. Erlaß des BdF vom 19.4.1971, IV B/2–S 2170– 31/71 BStBl 1971, S. 264:

(1) Leasing-Vertrag ohne Optionsrecht	**bei dem Leasing-Geber,** wenn die Grundmietzeit mindestens 40% und höchstens 90% der betriebsgewöhnlichen Nutzungsdauer des Leasings-Gegenstandes beträgt. Ansonsten bei dem Leasing-Nehmer.
(2) Leasing-Vertrag mit Verlängerungs-Optionsrecht	**bei dem Leasing-Geber,** wenn die Grundmietzeit mindestens 40% und höchstens 90% der betriebsgewöhnlichen Nutzungsdauer des Leasing-Gegenstandes beträgt und die Anschlußmiete den Werteverzehr des Leasinggegenstandes deckt. Ansonsten bei dem Leasing-Nehmer.
(3) Leasing-Vertrag mit Kaufoptions-Recht	**bei dem Leasing-Geber,** wenn die Grundmietzeit mindestens 40% und höchstens 90% der betriebsgewöhnlichen Nutzungsdauer des Leasing-Gegenstandes beträgt und der Kaufpreis bei der Option mindestens dem Buchwert des Leasing-Gegenstandes entspricht. Ansonsten bei dem Leasing-Nehmer.
(4) Spezialleasing	**in jedem Fall bei dem Leasing-Nehmer.**

Abb. 37 Die steuerliche Zurechnung des Leasing-Objektes

Unter Einbeziehung der Komponenten Liquidität, Rentabilität und Verschuldungskapazität wird die Frage des Nutzens und eines Nachteils einer Leasing-Entscheidung in der Regel nur im Einzelfall getroffen werden können. Sicher aber ist, daß vor allen Dingen viele kleine und mittlere Unternehmen – auf Grund ihrer schmalen Eigenkapitaldecke – in der Inanspruchnahme des Leasing als Finanzierungsalternative oft die einzige Möglichkeit zur Erschließung neuer ihnen zur Verfügung stehender Produktionskapazitäten sehen.

Literaturverzeichnis

Albach, H.: Investition und Liquidität. Die Planung des optimalen Investitionsbudgets, Wiesbaden 1962.
Bestmann, U.: Börsen und Effekten von A–Z, 2. überarb. u. erw. Aufl., München 1991.
Bestmann, U.: Innovationen an den internationalen Finanzmärkten: Absicherungsfazilitäten, nicht abgesicherte Plazierungsvereinbarungen und Euro-Commercial-Paper-Programme aus der Sicht der kapitalnachfragenden Unternehmen, in: Neuere Entwicklungen in Betriebswirtschaftslehre und Praxis, Festschrift für Prof. Dr. Oswald Hahn, hrsg. von: Beyer, H.-T., Schuster, L., Zimmerer, C., Frankfurt a.M. 1988, S. 224–238.
Beyer, H.-T./Bestmann, U.: Finanzlexikon, 2. überarb. u. erw. Aufl., hrsg. von U. Bestmann, München 1989.
Blohm, H./Lüder K.: Investition, 5. überarb. u. erg. Aufl., München 1983.
Brealey, R./Myers, S.: Principles of Corporate Finance, 2. Aufl., New York 1984.
Büschgen, H. E. (Hrsg.): Handwörterbuch der Finanzwirtschaft, Stuttgart 1976.
Dean, J.: Top management policy on plant, equipment and product development, New York/London 1951.
Eilenberger, G.: Betriebliche Finanzwirtschaft, 3. Aufl. München/Wien 1989.
Förster, K./Henn, R.: Dynamische Produktionstheorie und Lineare Programmierung, Meisenheim/Glan 1957.
Francis, J. C.: Modern Investments and Security Analysis, New York usw. 1988.
Göppl, H./Bühler, W./Rosen, R. Frhr. v.: Optionen und Futures, Frankfurt/M. 1990.
Gutenberg, E.: Die Finanzen, 7. Aufl., Berlin/Heidelberg/New York 1975.
Hahn, O.: Finanzwirtschaft, 2. Aufl., Landsberg 1983.
Hax, K.: Langfristige Finanz- und Investitionsentscheidungen, in: Handbuch der Wirtschaftswissenschaften, Bd. 1, hrsg. v. K. Hax u. T. Wessels, 2. Aufl., Köln-Opladen 1966, S. 399–489.
Hielscher, U./Laubscher, H.-D.: Finanzierungskosten, 2. Aufl., Frankfurt 1991
Jacob, H.: Neuere Entwicklungen in der Investitionsrechnung, in: ZfB, 34. Jg., 1964, S. 487–507, 551–594.
Kern, W.: Investitionsrechnung, Stuttgart 1974.
Köhler, R.: Zum Finanzierungsbegriff einer entscheidungsorientierten Betriebswirtschaftslehre, in: ZfB, 39. Jg., S. 435 ff.
Kolb, R. W.: Financial Management, Glenview, Ill. 1987.
Kolb, R. W.: Investments, Glenview, Ill./London 1986.
Krause, M.: Die Kreditleihe, in: Handbuch der Unternehmensfinanzierung, hrsg. v. O. Hahn, München 1971, S. 623–642.
Kruschwitz, L.: Finanzmathematik, München 1989.
Kühner, M.: Die Emissionspolitik der Aktiengesellschaft, in: Handbuch der Unternehmensfinanzierung, hrsg. v. O. Hahn, München 1971, S. 474–492.
Lumby, S.: Investment appraisal & financing decisions, 3. Aufl., Wokingham, Berkshire 1988.
Merl, G.: Finanzinnovationen bei Banken: Neuere Entwicklungen in Betriebswirtschaftslehre und Praxis, Festschrift für Prof. Dr. Oswald Hahn, hrsg. von: Beyer, H.-T., Schuster, L., Zimmerer, C., Frankfurt a.M. 1988, S. 212–222.
Obst/Hintner: Geld-, Bank- und Börsenwesen, 37. Aufl., hrsg. v. N. Kloten u. H. v. Stein, Stuttgart 1980.
Perridon, L./Steiner, M.: Finanzwirtschaft der Unternehmung, 6. Aufl., München 1991.
Seelbach, H.: Determinanten des Kapitalbedarfs, in: Handwörterbuch der Finanzwirtschaft, hrsg. von H. E. Büschgen, Stuttgart 1976, Sp. 973–987.
Schierenbeck, H.: Grundzüge der Betriebswirtschaftslehre, 7., völlig neu bearb. u. wesentl. erw. Aufl., München/Wien 1985.
Schneider, D.: Investition und Finanzierung, 4. verb. Aufl., Opladen 1975.
Spremann, K.: Investition und Finanzierung, 3. Aufl., München 1990.
Süchting, J.: Finanzmanagement, 4. Aufl., Wiesbaden 1984.
Tietze, J.: Einführung in die angewandte Wirtschaftsmathematik, Braunschweig/Wiesbaden, 3. Aufl. 1990.
Vormbaum, H.: Finanzierung der Betriebe, 7. Aufl., Wiesbaden 1986.

Sechster Teil:
Personalwesen

1. Kapitel:
Grundlagen des betrieblichen Personalwesens

A. Zunehmende Bedeutung des betrieblichen Personalwesens im Rahmen der Unternehmenspolitik

Die betriebliche Personalwirtschaft hat sich in der Zeit seit dem 2. Weltkrieg ganz entscheidend gewandelt.

Zuvor war die betriebliche Personalarbeit eine fast ausschließlich verwaltungsmäßige Tätigkeit. Veränderungen in der Einstellung des Menschen zur Arbeit, Wandlungen in den Anforderungen an die Führungskräfte, neue rechtliche Tatbestände stellen an die Personalpolitik des Unternehmens und an den einzelnen Vorgesetzten veränderte Verhaltenserwartungen.

Der harte Konkurrenzkampf zwingt die Unternehmen zu einer rationellen Wirtschaftsführung. So müssen sie auch im Personalbereich systematisch planend vorgehen. Der Personalbedarf muß möglichst genau vorausgeschätzt werden. Die Fortbildung der Mitarbeiter muß entsprechend rechtzeitig gesteuert werden. Konjunkturelle Schwankungen, die sich ja auf die Arbeitsmarktsituation auswirken, müssen gemeistert werden.

Die Vorgesetzten haben es heute mit einem neuen Mitarbeitertypus zu tun. Er stellt höhere Anforderungen an den Führungsstil und die Führungsqualitäten der Vorgesetzten. Es ist deshalb eine wesentliche Aufgabe im Rahmen des betrieblichen Personalwesens auf eine entsprechende Auswahl der Führungskräfte im Unternehmen zu achten und für ihre dauernde Fortbildung zu sorgen.

B. Zielsetzung und Aufgabenstellung des betrieblichen Personalwesens

I. Ziele des betrieblichen Personalwesens

1. Wirtschaftliche Ziele

Das Unternehmen ist in erster Linie darauf ausgerichtet, Rentabilität zu erwirtschaften. Es stellt Produkte oder Leistungen dem Markt zur Verfügung, die für die Investition oder den Konsum unerläßlich sind. Die Herstellung dieser Produkte oder Leistungen muß aber rentabel erfolgen. Wenn ein Unternehmen keine Gewinne erwirtschaften kann, so wird es über kurz oder lang aus dem Wettbewerb ausscheiden. Diesen strengen Regeln des Marktmechanismus müssen alle Funktionen im Unternehmen zugeordnet werden.

Dies gilt auch für die Personalwirtschaft. Unter wirtschaftlichem Aspekt muß es deshalb das Ziel der Personalwirtschaft sein, eine möglichst hohe Effizienz der menschlichen Arbeitskraft im Betrieb zu erreichen.

Daraus ergeben sich im einzelnen folgende Unterziele bzw. **Aufgaben der Personalwirtschaft:**

a) **Bereitstellung der für den Unternehmenszweck erforderlichen Arbeitskräfte.** Dazu gehört auch die Fortbildung des Personals, damit aufgrund einer mittel- oder langfristigen Personalplanung die freiwerdenden Positionen entsprechend besetzt werden können. Sind aus dem eigenen Unternehmen die erforderlichen Arbeitskräfte nicht zu beschaffen, so müssen sie auf dem Arbeitsmarkt geworben werden. Sind Arbeitskräfte in bestimmten Abteilungen nicht mehr sinnvoll einsetzbar, so muß überlegt werden, in welchen anderen Abteilungen eine Verwendung für sie besteht. Unter Umständen läßt sich eine Trennung dann nicht vermeiden, wenn im gesamten Unternehmen entsprechende Aufgaben nicht zur Verfügung stehen.

b) **Verbesserung der Arbeitsleistung** im Betrieb. Diesem Ziel wird insbesondere durch eine verbesserte Mitarbeiterführung von seiten der Vorgesetzten näher gekommen. Es hat sich immer mehr gezeigt, daß die **Zufriedenheit** der Mitarbeiter am Arbeitsplatz eine gesteigerte Leistung bewirkt. Hierauf haben die Vorgesetzten einen maßgebenden Einfluß. Es ist deshalb eine wesentliche Aufgabe des Personalwesens durch inner- und außerbetriebliche Schulungen eine Erhöhung der Qualität der Menschenführung im Unternehmen zu erreichen.

2. Soziale Ziele

Die **soziale Struktur** im Unternehmen ist gekennzeichnet durch **Gruppen**. Diese Gruppen sind zurückzuführen auf die Beziehungen zwischen den Mitarbeitern. Aus dem Unternehmensziel ergeben sich die **formellen Beziehungen**. Es entstehen Abteilungen, Werkstätten, Montagegruppen, die bestimmte Produktionsergebnisse zu erbringen haben.

Neben diesen formellen Beziehungen gibt es aber auch **informelle Beziehungen,** die auf Kontakten, die über das rein Betriebliche hinausgehen, beruhen. Gespräche über Urlaub, Kindererziehung, Freizeit und Hobbys gehören hierher. Die informellen Beziehungen decken sich nur teilweise mit den formellen, d. h. die Personenkreise überschneiden sich. Die informellen Beziehungen eines Mitarbeiters schließen also nicht alle Angehörigen der eigenen Arbeitsgruppe mit ein, gehen aber andererseits auch über die eigene Arbeitsgruppe hinaus und in andere Arbeitsgruppen hinein.

Das Unternehmen stellt ein **soziales Gebilde** dar, weil die in ihm arbeitenden Menschen durch vielfältige Beziehungen miteinander in Verbindung stehen. Das betriebliche Personalwesen muß diese Mitarbeiterstrukturen erkennen. Es kommt darauf an, das **Betriebsklima** so gut wie möglich zu gestalten. Deshalb muß sich das Personalwesen nicht nur mit der Verbesserung der materiellen Verhältnisse auseinandersetzen wie z. B. Lohn und Gehalt, Arbeitszeit, Altersversorgung, sondern auch mit Problemen, die sich auf die immateriellen Verhältnisse im Betrieb beziehen. Beispielsweise gehören hierzu Verbesserungen der Arbeitsverhältnisse durch günstigere räumliche Bedingungen, Lichtverhältnisse, Lärm oder Abbau der Monotonie durch Ersatz der Fließfertigung durch Gruppenarbeit oder Einführung eines Prämiensystems anstelle des Akkordsystems, außerdem Einrichtungen wie Kantine, Waschräume, Sportabteilungen oder die Gestaltung des Betriebsausflugs. Alle Aktionen des betrieblichen Personalwesens erfüllen beide Zielsetzungen. Sie haben immer **wirtschaftliche wie soziale Auswirkungen.**

II. Aufgaben des betrieblichen Personalwesens

Das Personalwesen hat es mit einem mehr statischen Bereich, der **Personalverwaltung,** und einem mehr dynamischen Bereich, der **Personalpolitik,** zu tun.

Die Personalverwaltung führt die Personalkarteien, die Personalakten, erstellt die Personalstatistiken, entwickelt Formulare. Die Personalpolitik als der dynamische Teil muß auf die fortwährende Weiterentwicklung des Unternehmens achten. Sie steht des-

1. Kapitel: Grundlagen des betrieblichen Personalwesens

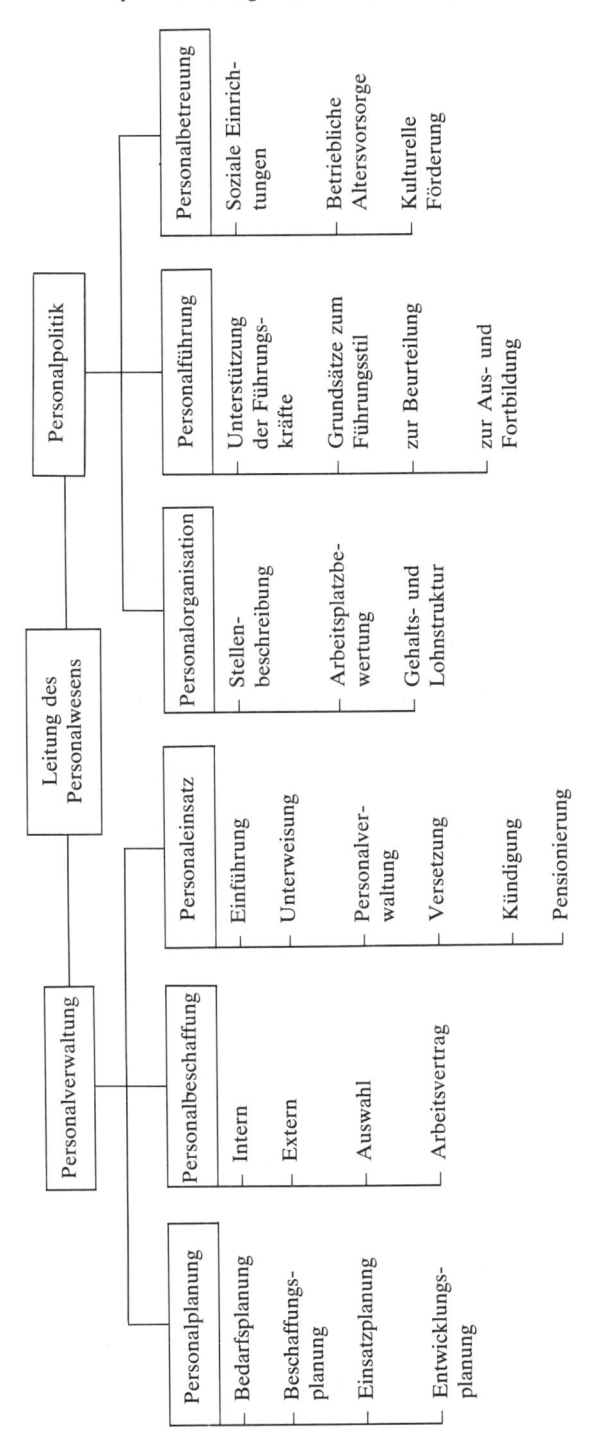

```
                           Leitung des
                          Personalwesens
    ┌──────────────────────────┼──────────────────────────┐
Personalverwaltung                                  Personalpolitik
    │                                                     │
┌───┼────┬──────────────┐              ┌─────────────────┼──────────────┐
Personal-  Personal-   Personal-      Personal-      Personal-      Personal-
planung    beschaffung einsatz        organisation   führung        betreuung
│          │           │              │              │              │
├Bedarfs-  ├Intern     ├Einführung    ├Stellen-      ├Unterstützung ├Soziale Ein-
│planung   │           │              │beschreibung  │der Führungs- │richtungen
├Beschaf-  ├Extern     ├Unterweisung  ├Arbeitsplatzbe-│kräfte       ├Betriebliche
│fungs-    │           │              │wertung       ├Grundsätze zum│Altersvorsorge
│planung   ├Auswahl    ├Personalver-  ├Gehalts- und  │Führungsstil  ├Kulturelle
├Einsatz-  │           │waltung       │Lohnstruktur  ├zur Beurteilung│Förderung
│planung   └Arbeitsvertrag             │              │              │
├Entwick-              ├Versetzung                   └zur Aus- und
│lungs-                │                               Fortbildung
│planung               ├Kündigung
                       │
                       └Pensionierung
```

Abb. 1

halb in enger Zusammenarbeit mit der Produktion, dem Absatz, dem Organisationswesen, dem Finanzwesen.

Aus diesen Aufgabenschwerpunkten lassen sich die wesentlichen **Funktionen des betrieblichen Personalwesens** ableiten, wie sie in Abb. 1 dargestellt sind.

Der Leitung des Personalwesens sind im allgemeinen **Stabstellen** zugeordnet, die sich mit speziellen Aufgaben wie Beurteilungswesen, Führungsprobleme, Regelung der Arbeitszeit zu befassen haben. Sie besitzen keine Entscheidungs- oder Anordnungsbefugnis.

C. Organisatorische Einordnung des betrieblichen Personalwesens

Mit der zunehmenden Bedeutung des betrieblichen Personalwesens in den letzten 20–30 Jahren hat sich auch die organisatorische Eingliederung des Personalwesens im Unternehmen verändert. Zuvor hatten nur größere Unternehmen mit 3000 und mehr Beschäftigten eine **eigene Personalabteilung.** Eine Vertretung im Vorstand hatte der Personalbereich nur in seltenen Ausnahmefällen.

Heute ist bei Unternehmen mit etwa 1000 Mitarbeitern eine Personalabteilung durchaus üblich, ebenso finden wir bei den großen Aktiengesellschaften den Personalbereich durch ein **Vorstandsmitglied** vertreten.

Diese Entwicklung ist insgesamt zu begrüßen. Unternehmen, die sich heute davon noch ausschließen, sollten ebenfalls der Tatsache Rechnung tragen, daß die Leistung im Unternehmen auf die Menschen, die dort tätig sind, zurückzuführen ist und nicht nur die organisatorische, verwaltungsmäßige Betreuung dieser Menschen, sondern auch ihre sinnvolle Eingliederung, anlagengerechte Förderung und mitarbeiterbezogene Motivation wichtige Aufgaben im Rahmen der gesamten Unternehmenspolitik darstellen.

2. Kapitel:
Personalorganisation

A. Organisation der Aufgabenteilung

In jedem Betrieb müssen die Aufgaben auf die Mitarbeiter zugeteilt werden. Dabei geht es darum, eine möglichst optimale Aufteilung der Aufgaben zu erreichen. Es ist zu berücksichtigen, daß sich die Aufgaben im Betrieb jeden Tag ändern. Schon die Menschen ändern sich, sie werden älter, und neue Mitarbeiter treten in den Betrieb ein.

Sobald ein Betrieb aus mehr als einem Mitarbeiter besteht, müssen die Aufgaben bereits aufgeteilt werden. Je größer der Betrieb, desto schwieriger wird sich dieses Problem gestalten.

In der Produktion müssen die Arbeiten nicht nur auf die Menschen, sondern auch auf Maschinen verteilt werden. Die Maschinen können aber nur ganz bestimmte Operationen durchführen. Die Aufteilung von Arbeiten auf Maschinen ist deshalb vergleichsweise viel leichter, als die Verteilung von Aufgaben auf die Menschen im Betrieb.

Bei der Aufgabenteilung kommt es aus diesen Gründen oft zu **Fehlern**: Arbeiten werden überhaupt niemandem zugeteilt, Arbeiten werden mehreren Mitarbeitern zugleich zugeteilt, einem Mitarbeiter werden zuviele Arbeiten, einem anderen zuwenige Arbeiten zugeteilt, einem Mitarbeiter werden zu schwierige Arbeiten zugeteilt, einem anderen hingegen Arbeiten, die unterhalb seiner Qualifikation liegen.

I. Berufsfachliche Gesichtspunkte

Die **Arbeitsteilung** in der Wirtschaft hat zu einer weit verzweigten beruflichen Aufteilung geführt. Dementsprechend wurden unterschiedliche **Ausbildungsziele** für die einzelnen Berufe entwickelt.

Bei der Aufteilung der Aufgaben im Betrieb wird man aus diesem Grunde die **berufliche Ausbildung** der Mitarbeiter in erster Linie heranziehen. Ein Jurist wird rechtliche Aufgaben bekommen, ein Betriebswirt kaufmännische, ein Ingenieur technische. Trotzdem treffen wir es in der Praxis häufig an, daß Aufgaben rein wirtschaftlicher Natur einem technischen Direktor zugeordnet sind, daß rechtliche Aufgaben von einem kaufmännischen Direktor bearbeitet werden, obwohl der Syndikus des Unternehmens hierfür sicherlich der geeignetere Mann wäre und der Syndikus andererseits für soziale Fragen die Zuständigkeit besitzt.

Diese oft unlogischen Aufgabenaufteilungen können nur aus der Entwicklung des Unternehmens vom Kleinbetrieb zu einem großen Konzern verstanden werden. Ihre Ursachen sind **historischer Natur**. Hier müßte eine **Bereinigung der Aufgabenteilung** durchgeführt werden.

Wenn nicht streng nach berufsfachlichen Gesichtspunkten aufgeteilt wird, so ergeben sich insbesondere zwei Nachteile. Es kommt sehr leicht zu **Überschneidungen der Aufgabenbereiche**: der Techniker redet dem Kaufmann in wirtschaftliche Angelegenheiten hinein und umgekehrt der Kaufmann dem Techniker in technische.

Der zweite Nachteil ist, daß bei einer nicht nach berufsfachlichen Gesichtspunkten vorgenommenen Aufgabenverteilung häufig Techniker Kaufleuten und umgekehrt Kaufleute Technikern unterstehen. Oder aber es kommt zu **Mehrfachunterstellungen**, wobei dann Reibereien zwischen den Vorgesetzten auf dem Rücken des Mitarbeiters ausgetragen werden.

Eine Aufteilung der Aufgaben des Betriebes nach **berufsfachlichen Gesichtspunkten** wird dazu beitragen, Leerlauf im Betrieb, unwirtschaftliche und spannungsfördernde Aufgabenüberschneidungen und Mehrfachunterstellungen zu vermeiden.

II. Räumliche und personelle Überschaubarkeit

Der Aufgabenbereich muß eine **Größenordnung** besitzen, die es ermöglicht, daß in räumlicher, sachlicher und menschlicher Hinsicht der sichere Überblick und die ständige Kontrollmöglichkeit nicht verloren gehen.

Am leichtesten lassen sich in diesem Zusammenhang Begrenzungen des Aufgabenbereiches in **räumlicher Hinsicht** festlegen. Jede gute Mitarbeiterführung verlangt das persönliche Gespräch, das in gewissen Zeitabständen stattfindet. Darüber hinaus muß der Vorgesetzte bei plötzlich auftauchenden Problemen für die Mitarbeiter rasch erreichbar sein. Eine Delegation von Vorgesetztenaufgaben sollte dann vorgenommen werden, wenn aufgrund großer räumlicher Entfernungen der persönliche Kontakt darunter leiden muß.

Die hier angeschnittene Fragestellung hängt eng zusammen mit der **personellen Überschaubarkeit**, d. h. der Zahl der unmittelbar unterstellten Mitarbeiter. Auch hier gibt es Grenzen der menschlichen Leistungsfähigkeit.

Wieviele Mitarbeiter einem Vorgesetzten unmittelbar unterstellt werden sollen, läßt sich nicht für alle Bereiche ganz einheitlich festlegen. Wir können feststellen, daß in der mittleren und erst recht in der oberen Führungsschicht der Unternehmen selten mehr als drei bis höchstens zehn unmittelbar unterstellte Mitarbeiter anzutreffen sind. Auf der unteren Führungsebene dagegen, z.B. bei den Betriebsleitern oder bei den Meistern, finden wir sehr viel höhere Zahlen. Nicht selten unterstehen einem Meister 100 und mehr Mitarbeiter. Dieser Meister wird seinen Mitarbeitern menschlich sicher nicht mehr gerecht werden können, einfach weil deren Zahl zu groß ist. Hier wäre die Delegation von Führungsaufgaben erforderlich. Als Obergrenze könnte man auf der unteren Führungsebene die Zahl von 20 unterstellten Mitarbeitern nennen.

III. Übereinstimmung von Aufgabe, Kompetenz und Verantwortung

Mit jeder übertragenen Aufgabe müssen auch die entsprechenden **Kompetenzen** vergeben werden. Nur so kann von dem Mitarbeiter auch die Verantwortung für die ordnungsgemäße Durchführung der Aufgabe verlangt werden.

In den **Stellenbeschreibungen** sind deshalb Aufgaben und Kompetenzen exakt festzulegen. Es muß auch zum Ausdruck gebracht werden, welche der Aufgaben und Kompetenzen vom Stelleninhaber weiterdelegiert werden dürfen und welche Aufgaben er persönlich wahrzunehmen hat.

Durch die **Delegation** einer Aufgabe kann auf keinen Fall die Verantwortung abgewälzt werden. Jeder, der eine Aufgabe delegiert, bleibt **nach wie vor in der Verantwortung**. Diese wird sich nun insbesondere auf die Auswahl des Mitarbeiters, an den die Aufgabe delegiert wurde, beziehen, auf seine Unterweisung, Einweisung und die Kontrolle.

B. Organisation der Einheit der Auftragserteilung

Jeder Mitarbeiter im Betrieb soll nur **einen Vorgesetzten** haben, von welchem er direkte Anordnungen erhält. Wir bezeichnen dies als einfache Unterstellungsverhältnisse. Nur auf diese Weise ist die Einheit der Auftragserteilung zumindest von der organisatorischen Seite her sichergestellt.

In der Praxis kommt es immer wieder vor, daß jemand von mehreren Stellen Anordnungen erhält. Dabei widersprechen sich diese Anordnungen sehr häufig. Damit muß es zwangsläufig zu **Konfliktsituationen** für den Ausführenden kommen. Wir bezeichnen diesen Tatbestand als Mehrfachunterstellung.

Es geht bei der Organisation der Auftragserteilung darum, solche **Mehrfachunterstellungen zu vermeiden** und damit die Einheit der Auftragserteilung herzustellen. Für die Praxis bedeutet dies, daß die Stellenbeschreibungen sorgfältig darauf abgestimmt sein müssen, Mehrfachunterstellungen nicht zuzulassen.

C. Planen und Gestalten der Arbeitsplätze

Die Personalleitung muß bereits bei der Planung der Arbeitsplätze einbezogen werden. Andernfalls kommen menschlich-soziologische Gesichtspunkte zu kurz.

Der Kaufmann wird insbesondere Rentabilitätsüberlegungen anstellen, der Techniker wird sich vor allem um die zweckmäßige Aufstellung, um die richtige Auswahl und notwendige Anzahl der Maschinen kümmern, der Architekt muß versuchen, insbesondere die Ansprüche des Technikers von der baulichen Seite her zu realisieren, wobei er außerdem ästhetische und sogar künstlerische Vorstellungen zur Verwirklichung bringen möchte.

Bei all diesen Planungen eines neuen Projekts können leicht Aufgaben übersehen werden, die von Anfang an einbezogen werden müßten und die fachlich nur von der Personalleitung bewältigt werden können. Insbesondere geht es dabei um Fragen wie: Sind die notwendigen Arbeitskräfte in dem vorgesehenen Gebiet zu erhalten? Müssen Maßnahmen der Wohnungsbeschaffung ergriffen werden? Sind gesundheitliche und psychologische Aspekte bei der Gestaltung der Arbeitsplätze ausreichend berücksichtigt? Welche Gruppenbildungen werden sich voraussichtlich ergeben? Wird den Vorgesetzten die erforderliche Übersicht gewährt?

Wenn solche Aufgaben übersehen werden, dann kann es dazu kommen, daß später umgestellt und umorganisiert werden muß, wobei sich doch der Optimalzustand nicht mehr erreichen läßt. Da jeder Arbeitsplatz nicht nur eine technische und eine wirtschaftliche, sondern auch eine menschliche Beziehung im Betrieb darstellt, muß die Personalleitung von vornherein in die Planung einbezogen werden. Ganz besonders wird in diesem Zusammenhang die räumliche Überschaubarkeit der unterstellten Aufgabenbereiche zu planen sein. Die Menschen, die zusammenarbeiten müssen, sollen auch räumlich möglichst beisammen sein. Der Vorgesetzte soll nahe Wege zu seinen Mitarbeitern haben und umgekehrt.

Bei der **Gestaltung der Büros** stellt sich die Frage, ob kleine Büros oder Großraumbüros errichtet werden sollen. Bei den **Kleinbüros** gehen für den Mittelgang und die Verbindungen zwischen den Büros ca. 20% der Fläche verloren. Als gravierender Nachteil der Kleinbüros hat sich gezeigt, daß Veränderungen in der Besetzung solcher Kleinbüros, wenn sachliche Notwendigkeiten dies erforderlich machen sollten, außerordentlich schwer durchführbar sind. Die **Überschaubarkeit** vonseiten des Vorgesetzten ist bei den Kleinbüros nicht gegeben.

In **Großraumbüros** muß durch Stellwände dafür gesorgt werden, daß Störungen und Ablenkungen durch benachbarte Kollegen und vorüberlaufende Personen auf ein Minimum beschränkt werden. Dies kann in der Praxis durch entsprechende architektonische Maßnahmen ohne größere Schwierigkeiten verwirklicht werden.

Neben der räumlichen Organisation gehören auch Arbeitszeit, Pausen und Urlaub in den Bereich der Planung der Arbeitsplätze.

Die **Arbeitszeit** ist in den **Tarifverträgen** geregelt. In fast allen Bereichen wurde sie in den letzten Jahren gesenkt und beträgt heute im Durchschnitt etwa 38 Wochenstunden, die an fünf Arbeitstagen geleistet werden. Am weitesten fortgeschritten ist die Arbeitszeitverkürzung im Metallbereich, wo die tarifliche Arbeitszeit ab Oktober 1995 nur noch 35 Wochenstunden beträgt.

Die Tarifverträge regeln auch, unter welchen Voraussetzungen über die regelmäßige Arbeitszeit hinaus Mehrarbeit geleistet werden darf.

Beginn und Ende der täglichen Arbeitszeit sowie die zeitliche Lage und die Dauer der **Pausen** werden von Unternehmen zu Unternehmen unterschiedlich in Übereinstimmung mit dem **Betriebsrat** geregelt. In den Verwaltungen der Betriebe wird im allgemeinen um 7.30 Uhr begonnen. In den Werkstätten liegt der Beginn der Arbeit in der Regel bei 7.00 Uhr. Nur wenige Betriebe haben für Verwaltung und Produktion einen gemeinsamen Arbeitsbeginn.

Die erhebliche Verkehrsballung zu Beginn und am Ende der Arbeitszeit war der wesentlichste Grund für eine flexiblere Gestaltung derselben in Form der sogenannten **gleitenden Arbeitszeit**. Die Erfahrungen der Firmen mit dieser Einrichtung, die seit Mitte der 60iger Jahre in der Bundesrepublik aufkam, sind im großen und ganzen positiv: Fehlzeiten zur Erledigung privater Angelegenheiten sind geringer geworden, das Betriebsklima wurde positiv beeinflußt, die Verkehrsstauungen vor Beginn und nach Ende der Arbeitszeit sind erheblich zurückgegangen, so daß auch ein Zuspätkommen zur Arbeit weit seltener wurde.

Für die praktische Durchführung der gleitenden Arbeitszeit mußten entsprechende Regelungen getroffen werden. So wurde eine **Blockarbeitszeit** eingeführt, in der alle Mitarbeiter anwesend sein müssen. Außerdem müssen durch **Zeitsummenzähler** die Zeiten der Anwesenheit der einzelnen Mitarbeiter festgehalten werden. In der Praxis hat sich gezeigt, daß sich für die meisten Mitarbeiter dabei Gleitzeitguthaben ergeben. Das Zählwerk des Zeitsummenzählers addiert täglich seine Arbeitszeit. Außerdem wird die **Sollarbeitszeit** festgehalten. Auf diese Weise kann jeder Mitarbeiter bis zum jeweiligen Tage feststellen, ob sich bei ihm ein persönliches Zeitguthaben oder aber eine Zeitschuld ergibt.

Die gleitende Arbeitszeit gehört in den Bereich der **Flexibilisierung der Arbeitszeit**. Sie gewinnt im Zusammenhang mit der von den Gewerkschaften geforderten **Arbeitszeitverkürzung** an Bedeutung. Die Unternehmerseite bietet dem Arbeitnehmer durch eine flexible Gestaltung der Tages- und Wochenarbeitszeit mehr zusammenhängende Freizeit. Andererseits ergeben sich für das Unternehmen bessere Kapazitätsauslastungen, weniger Fehlzeiten und eine Steigerung der Arbeitsproduktivität. Auch die **Teilzeitarbeit** ist eine Möglichkeit der Flexibilisierung der Arbeitszeit, wobei insbesondere das **Job-Sharing** zu nennen ist, das vorsieht, daß ein Vollzeitarbeitsplatz und dessen Aufgabenerledigung auf zwei Arbeitnehmer verteilt wird. Die Problematik der **Arbeitszeitgestaltung** insgesamt befindet sich im Augenblick in einer heftigen Diskussion, so daß mit Vereinbarungen, die längere Zeit standhalten werden, erst in einigen Jahren zu rechnen sein wird.

Zur Planung der Arbeitsplätze gehört auch die Einbeziehung des **Urlaubs**. Bei gleichmäßiger Verteilung der Urlaubsbeanspruchung über das ganze Jahr würden etwa sieben Prozent der Belegschaft in Urlaub sein. Da sich der Urlaub aber auf gewisse Zeiten konzentriert, ist die Abwesenheit in den Ferienwochen sehr viel größer. Bei der Planung der Arbeitsplätze müssen solche Personalveränderungen berücksichtigt werden.

Eine Vereinfachung für die Personalleitung in dieser Hinsicht stellt der **Betriebsurlaub** dar. In diesem Falle müssen nicht Urlaubsvertretungen bei der Personalplanung einbezogen werden. Lediglich auf der Produktionsseite muß der Ausfall während der Urlaubswochen in Rechnung gestellt werden.

D. Organisation des Personalbereichs

I. Personalleiter

Der für den Funktionsbereich Personal verantwortliche Personalleiter kann auch die Bezeichnung Personaldirektor, Personalchef, Leiter des Personalwesens haben.

Ausgangspunkt für die Einordnung des Personalleiters in die Gesamtorganisation des Unternehmens ist die Fixierung des Aufgabenbereichs. Seine Stellung innerhalb der Betriebshierarchie wiederum wird **Ausdruck der Bedeutung** sein, die die Unternehmensleitung dem Personalwesen beimißt.

So, wie der technische Leiter für den Produktionsbereich und der kaufmännische Leiter für den wirtschaftlichen Bereich eines Unternehmens verantwortlich sind, muß der Personalleiter für den **gesamten personellen Bereich** im Unternehmen verantwortlich sein. Die Verantwortung der einzelnen Vorgesetzten für ihre Mitarbeiter bleibt damit bestehen. Allerdings müssen die Aufgabenbereiche zwischen der Personalleitung und den Vorgesetzten der Abteilungen exakt abgegrenzt sein. Eine dauernde Zusammenarbeit ist in der Praxis erforderlich.

Für das **Berufsbild des Personalleiters** sind die Kenntnisse von Bedeutung, die man als Voraussetzungen von einem Bewerber für eine solche Position verlangen wird. Es handelt sich insbesondere um arbeits- und sozialrechtliche sowie tarifrechtliche Kenntnisse, Kenntnisse des Steuerrechts und dabei vor allem des Lohnsteuerrechts, Fähigkeiten auf dem Ausbildungs- und Fortbildungssektor sowie psychologisches Einfühlungsvermögen. Außerdem sind betriebswirtschaftliche Kenntnisse von großer Wichtigkeit, weil der Personalleiter die Gesamtzusammenhänge im Betrieb übersehen muß. Aufgrund seiner dauernden Konfrontation mit dem Arbeitsmarkt sind ebenfalls volkswirtschaftliche Kenntnisse notwendig. In Produktionsunternehmen wird der Personalleiter auch gewisse technische Kenntnisse haben müssen, denn sonst würde bei Fragen der Arbeitsplatzbewertung und bei Problemen der Entgeltgestaltung das erforderliche Verständnis für die technischen Zusammenhänge fehlen.

Die **Aufgabe des Personalleiters** liegt damit in der Verantwortung für alle mit dem Arbeitseinsatz, der Arbeit und Entlohnung von Menschen im Betrieb entstehenden Fragen. Voraussetzung für die Erfüllung dieser Aufgabe ist eine Kombination von Fähigkeiten und Kenntnissen auf den Gebieten der Menschenkunde, des Arbeitsrechts und der Betriebswirtschaft.

II. Arbeitsdirektor

Eine besondere Regelung gilt für Unternehmen des Bergbaus und der eisen- und stahlerzeugenden Industrie (Montanbereich) sowie für Unternehmen, die dem Montanbereich nicht angehören, jedoch in der Regel mehr als 2000 Arbeitnehmer beschäftigen. In diesen Unternehmen ist gemäß den Mitbestimmungsgesetzen von 1951 und 1976 ein **Arbeitsdirektor** für Personal- und Sozialfragen zuständig.

Der Arbeitsdirektor wird nur von den **Arbeitnehmervertretern** im Aufsichtsrat bestellt. Er ist Vorstandsmitglied wie die anderen auch, mit den gleichen Rechten und Pflichten.

III. Personal- und Sozialabteilung

1. Aufgaben

Dem Personalleiter untersteht die Personal- und Sozialabteilung.
Welche Aufgaben obliegen dieser Abteilung im einzelnen? (Siehe hierzu auch Abb. 1).

Weil die Bildung der Arbeitsbereiche nicht nur an technisch-wirtschaftlichen Gegebenheiten ausgerichtet sein darf, so ist es eine wichtige Aufgabe der Personalleitung, bei der **Planung der Arbeitsplätze** mitzuwirken. Der Personalmann wird dann darauf achten, daß z.B. Mehrfachunterstellungen nicht vorkommen. Bei der Planung der Arbeitsplätze stellen der Organisationsplan und der Stellenplan die entscheidenden Grundlagen dar.

Die zweite Aufgabe ist die **Besetzung der Arbeitsplätze**. Hierbei geht es darum, den richtigen Mann an den richtigen Platz zu stellen. Auch dies wiederum geschieht in enger Zusammenarbeit mit der zuständigen Fachabteilung. Organisationsmittel zur Erfüllung dieser Aufgabe sind der Personalbogen, die Personalakte und die Personalkartei.

Die dritte Funktion betrifft die **Gestaltung des Entgelts**. Dabei bedeutet Entgelt mehr als nur den Lohn für geleistete Arbeit. Hinzu kommen die betrieblichen Sozialleistungen. Diese betreffen z.B. die betriebliche Altersvorsorge, die Kantine, die Werksbücherei.

Der vierte Aufgabenbereich bezieht sich auf die **Aus- und Fortbildung**. Die dauernde Fortbildung der Mitarbeiter, insbesondere der Führungskräfte, ist eine ständige Aufgabe des Unternehmens, weil sich in technischer, wirtschaftlicher und gesellschaftlicher Hinsicht fortwährend Wandlungen ergeben. Die Vorgesetzten, die ja ihre Mitarbeiter zu unterweisen haben, müssen auf dem neuesten Stand der Entwicklung sein. Ihre Fähigkeiten und Kenntnisse auf dem Gebiet der Menschenführung müssen durch Seminare immer wieder vertieft und ausgebaut werden.

Die Ausbildung der Auszubildenden geschieht im dualen System, teilweise im Unternehmen und teilweise durch die Berufsschulen.

Die fünfte Funktion der Personalleitung besteht in der **Unterstützung bei der Personalführung**. Diese liegt zwar bei den jeweiligen Vorgesetzten, die Personalleitung wird aber Hilfestellungen geben, z.B. durch die Einrichtung des Beurteilungswesens.

Hierzu müssen nicht nur die entsprechenden Unterlagen bereitgestellt werden, sondern die Vorgesetzten sind laufend über die Handhabung und die Möglichkeiten dieses Führungsinstruments zu unterrichten.

Weitere Hilfestellungen werden gegeben durch die Personal- und Sozialstatistik, wo

Fehlzeiten, Krankenstand, Beschwerden, Fluktuationen und andere personelle Daten festgehalten werden.

Als sechste Aufgabe ist noch die **Betreuung spezieller Sozialeinrichtungen** zu nennen. Hierzu zählen z. B. die Werksküche, Heime, Darlehen für Wohnungsbau, Altersvorsorge, sportliche Einrichtungen.

2. Abteilungsgliederung

Bei der Organisation des Personalbereichs muß zuerst die Frage geklärt werden, ob eine einheitliche Personalverwaltung für alle Arbeitnehmer unter einer Personalleitung durchgeführt werden soll oder ob nach Arbeitern und Angestellten getrennt werden soll. Eine Trennung dürfte den heutigen gesellschaftlichen und arbeitsrechtlichen Vorstellungen nicht mehr entsprechen. Es genügt, wenn eine Kennzeichnung auf der Personalakte vorgenommen wird, ähnlich der Kennzeichnung von männlichen und weiblichen Arbeitnehmern.

Zur Gliederung der Aufgabenbereiche im Personalwesen verweisen wir auf Abb. 2, die wir aus dem Personalleiterhandbuch von Goossens entnommen haben[1]. Hier werden drei Typen der Gliederung der Aufgabenbereiche im Personalwesen unterschieden, wobei Typ eins für kleinere und mittlere Unternehmen bis zu 1000 Beschäftigte in Frage kommen dürfte.

IV. Ablauforganisation im Personalbereich

Auch der Arbeitsablauf im Personalwesen muß geordnet sein. Dazu gehören ein Aktenplan, die Registratur, der Schriftverkehr und die Sachbearbeitung.

Der **Aktenplan** ist nach Sachgebieten gegliedert. Alle Schriftstücke, die für mehrere Mitarbeiter oder gar für die Gesamtheit der Mitarbeiter Bedeutung haben, werden nach diesen Sachgebieten geordnet abgelegt. Jene Schriftstücke, die nur einen Mitarbeiter betreffen, werden in der Personalakte dieses Mitarbeiters gesammelt.

Die **Registratur** hat die Aufgabe, die eingehende Post zu verteilen und die Schriftstücke zu registrieren. Die ausgehende Post wird im Registraturbuch festgehalten. Großunternehmen werden eine zentrale Registratur haben. Daneben sollten die einzelnen Abteilungen ihre eigene Registratur führen. Dies gilt auch für die Personalabteilung. Der gesamte Schriftverkehr der Personalabteilung wird über die Registratur geleitet. Alle Eingänge werden mit Registraturstempel und Eingangsdatumstempel versehen. Alle ausgehenden Schreiben werden in das Registraturbuch eingetragen.

Die **Unterzeichnung des Schriftverkehrs** muß vom Personalleiter einwandfrei geregelt sein. Alle Schreiben, die Angelegenheiten von grundsätzlicher Bedeutung betreffen, werden dem Personalleiter selbst zur Unterschrift vorgelegt. In den anderen Fällen sind die Abteilungsleiter zur Unterzeichnung der ausgehenden Post berechtigt, soweit die Unterschriftsbefugnis nicht an nachgeordnete Mitarbeiter delegiert worden ist.

Für die Bearbeitung eines Eingangs ist der mit dem **Registraturstempel** bezeichnete Sachbearbeiter zuständig.

---

[1] Goossens, F.: Personalleiter-Handbuch, München 1981, S. 215

Sechster Teil: Personalwesen

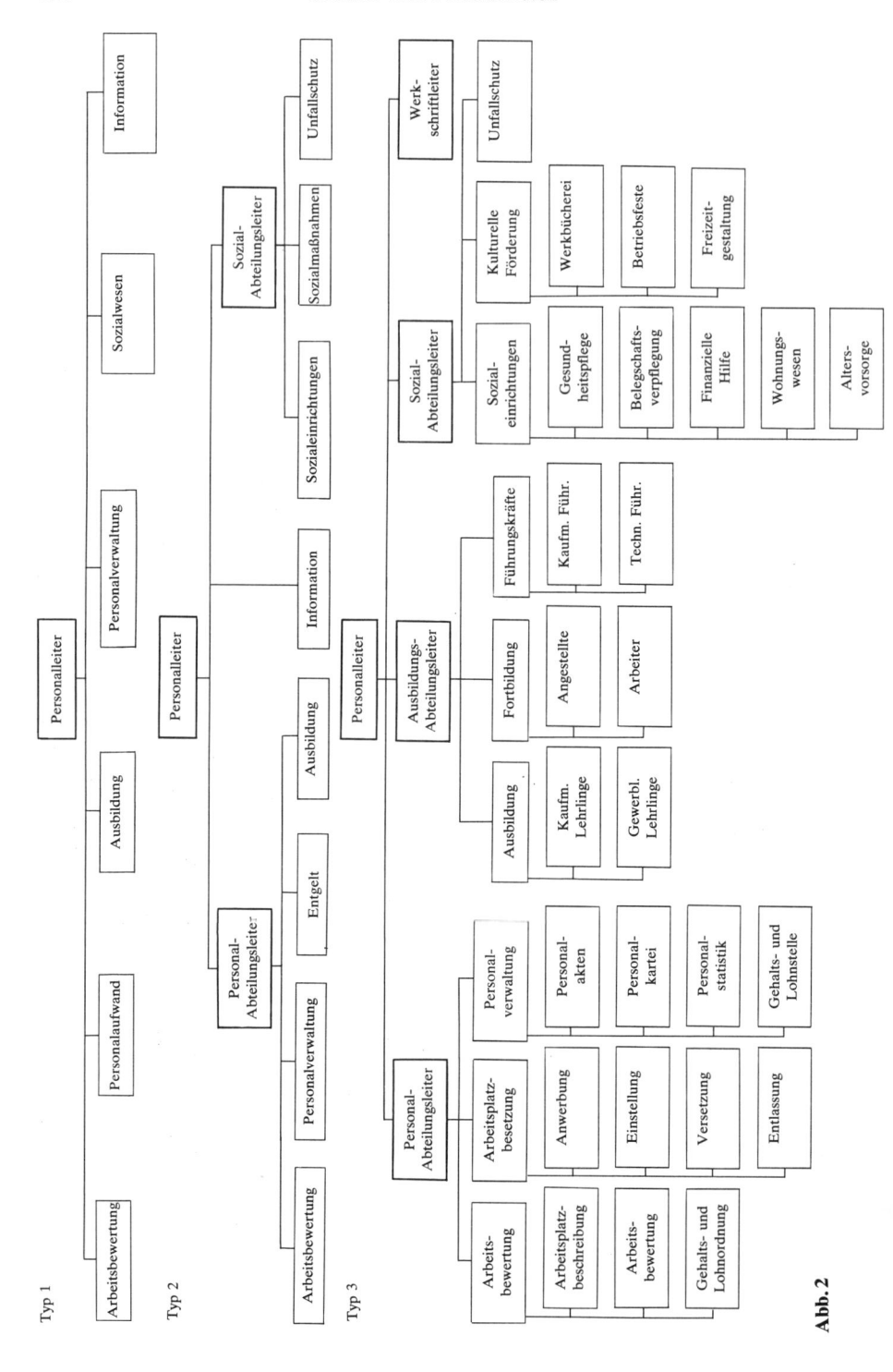

Typ 1

- Personalleiter
  - Arbeitsbewertung
  - Personalaufwand
  - Ausbildung
  - Personalverwaltung
  - Sozialwesen
  - Information

Typ 2

- Personalleiter
  - Personal-Abteilungsleiter
    - Arbeitsbewertung
    - Personalverwaltung
    - Entgelt
    - Ausbildung
    - Information
  - Sozial-Abteilungsleiter
    - Sozialeinrichtungen
    - Sozialmaßnahmen
    - Unfallschutz

Typ 3

- Personalleiter
  - Personal-Abteilungsleiter
    - Arbeitsbewertung
      - Arbeitsplatzbeschreibung
      - Arbeitsbewertung
      - Gehalts- und Lohnordnung
    - Arbeitsplatzbesetzung
      - Anwerbung
      - Einstellung
      - Versetzung
      - Entlassung
    - Personalverwaltung
      - Personalakten
      - Personalkartei
      - Personalstatistik
      - Gehalts- und Lohnstelle
  - Ausbildungs-Abteilungsleiter
    - Ausbildung
      - Kaufm. Lehrlinge
      - Gewerbl. Lehrlinge
    - Fortbildung
      - Angestellte
      - Arbeiter
    - Führungskräfte
      - Kaufm. Führ.
      - Techn. Führ.
  - Sozial-Abteilungsleiter
    - Sozialeinrichtungen
      - Gesundheitspflege
      - Belegschaftsverpflegung
      - Finanzielle Hilfe
      - Wohnungswesen
      - Altersvorsorge
    - Kulturelle Förderung
      - Werkbücherei
      - Betriebsfeste
      - Freizeitgestaltung
  - Werkschriftleiter
  - Unfallschutz

Abb. 2

E. Arbeitsordnung und Betriebsverfassung

I. Arbeitsordnung

In der Arbeitsordnung werden Einzelheiten des Arbeitsverhältnisses geregelt, die in den überbetrieblichen Tarifverträgen nicht enthalten sind. Die Rechtsgrundlage der Arbeitsordnung ist durch § 77 des **Betriebsverfassungsgesetzes** von 1972 gegeben. Andere Bezeichnungen für Arbeitsordnung sind auch **Betriebsvereinbarung** oder **Betriebsordnung**. Die Arbeitsordnung bedarf der Zustimmung des **Betriebsrats**.

Die Arbeitsordnung hat für alle Mitarbeiter Gültigkeit, unabhängig davon, ob der Mitarbeiter gewerkschaftlich organisiert ist oder nicht. Änderungen der Arbeitsordnung sind nur nach Kündigung und Neuabschluß mit dem Betriebsrat möglich.

Obwohl die Arbeitsordnung dem Rechtswesen im Betrieb zuzuordnen ist, sollte sie so abgefaßt sein, daß sie **von allen Mitarbeitern verstanden werden** kann. Wenn sie für Nichtjuristen unverständlich ist, so wird damit nur Mißtrauen und Ablehnung geschaffen.

Was soll nun in erster Linie **in der Arbeitsordnung geregelt** werden? Wir wollen dazu beispielhaft einige Stichpunkte nennen: Ablösung bei Schichtwechsel, Abschlagszahlungen, Abtretung von Lohn und Gehalt, Abwesenheitsmeldung, Arbeitsbeginn, Arbeitszeit, Beschädigung von Firmeneigentum, Beschwerden, Betriebsbuße, Betriebsgeheimnis, Darlehen, Dienstreisen, Erfindungen, freiwillige Sozialleistungen, Geheimhaltungspflicht, Krankmeldung, Kurzarbeit, Leistungszulagen, Mahlzeiten, Passierschein, Pausen, politische Betätigung, Probearbeitsverhältnis, Stechkarte, Telefonbenutzung, Überstunden, übertarifliche Bezahlung, Umzugskosten, Urlaub, Verbesserungsvorschläge, Werksausweis, Werkswohnungen, Zeugnis.

Zur schnellen Orientierungsmöglichkeit empfiehlt es sich, als Anhang zur Arbeitsordnung ein **Stichwortregister** anzufügen.

II. Betriebsrat

1. Wahl

Für die Wahl des Betriebsrates finden sich die maßgeblichen Vorschriften im **Betriebsverfassungsgesetz** von 1972.

Ein Betriebsrat ist zu wählen, wenn der Betrieb mehr als 20 Arbeitnehmer beschäftigt. Von mindestens fünf bis zwanzig Arbeitnehmern ist ein **Betriebsobmann** zu wählen.

Der Betriebsrat wählt aus seiner Mitte den **Vorsitzenden** und dessen Stellvertreter. Der Vorsitzende ist allerdings kein besonderes Organ mit eigenen Rechten, sondern hat eigentlich nur die **Sprecherrolle** des Gesamtbetriebsrats. Das entscheidende Gremium für alle Fragen, bei denen der Betriebsrat ein Mitwirkungs- bzw. ein Mitbestimmungsrecht hat, ist damit der gesamte Betriebsrat und nicht etwa nur der Vorsitzende oder sein Stellvertreter. Der Gesamtbetriebsrat kann auch nicht seine Aufgaben durch Beschluß auf den Vorsitzenden oder einen Betriebsratsausschuß delegieren.

Trotzdem werden in der Praxis häufig Ausschüsse des Betriebsrats gebildet. Sie haben die Aufgabe, Entscheidungen des Betriebsrats vorzubereiten, so daß das Gremium leichter zu einem Entschluß kommen kann.

2. Aufgaben

Der Betriebsrat ist das gesetzliche Vertretungsorgan der gesamten Arbeitnehmerschaft gegenüber der Betriebsleitung.

Wichtig in diesem Zusammenhang ist die Unterscheidung zwischen Mitbestimmung und Mitwirkung. Der Betriebsrat hat ein **Mitbestimmungsrecht** in allen sozialen Angelegenheiten und er hat die Möglichkeit der **Mitwirkung** in personellen und wirtschaftlichen Fragen des Unternehmens.

Die Mitbestimmung in den sozialen Angelegenheiten umfaßt die Verwaltung der betrieblichen Sozialeinrichtungen, Beginn und Ende der täglichen Arbeitszeit und der Pausen, den Urlaubsplan, Berufsausbildung, Regelung von Akkord- und Stücklohnsätzen, Aufstellung von Entlohnungsgrundsätzen, Einführung neuer Entlohnungsmethoden.

Bei personellen Fragen hat der Betriebsrat das Recht der Mitwirkung, wenn es um Neueinstellungen geht, um Versetzungen oder Entlassungen.

Im wirtschaftlichen Bereich betrifft seine Mitwirkung geplante Betriebsveränderungen, z.B. entscheidende Rationalisierungsmaßnahmen, wenn dabei wesentliche Nachteile für die Belegschaft entstehen könnten.

Zur Bewältigung dieser Aufgaben ist im Betriebsverfassungsgesetz vorgesehen, daß Arbeitgeber und Betriebsrat einmal im Monat zu einer Besprechung zusammentreten sollen. Die gemeinsam gefaßten Beschlüsse werden dann von der Arbeitgeberseite durchgeführt. Der Betriebsrat darf nicht in die Betriebsleitung eingreifen, wodurch klargestellt ist, daß der Betriebsrat kein Anordnungsrecht gegenüber Vorgesetzten und Mitarbeitern besitzt.

Nach dem Betriebsverfassungsgesetz hat der Betriebsrat das Recht, **Beschwerden** von Arbeitnehmern entgegenzunehmen und durch Verhandlungen mit dem Arbeitgeber auf die Abstellung der Ursachen solcher Beschwerden einzuwirken. Das darf allerdings in der Praxis nicht dazu führen, daß sich Arbeitnehmer sofort beim Betriebsrat beschweren und dieser auch sogleich aktiv wird, wenn ein Arbeitnehmer glaubt, nicht gerecht behandelt worden zu sein. Zunächst einmal muß der Arbeitnehmer selbst den Versuch unternehmen, mit seinen Vorgesetzten die Sache ins Reine zu bringen. Erst wenn dies nicht gelingt, so kann er sich mit seiner Beschwerde an den Betriebsrat wenden. Würde der Vorgesetzte sofort umgangen und eine Beschwerde beim Betriebsrat eingereicht, so würde dies ohne Zweifel für die Zusammenarbeit im Betrieb schädliche Folgen haben.

III. Wirtschaftsausschuß

In Unternehmen mit mehr als einhundert ständig beschäftigten Arbeitnehmern ist ein **Wirtschaftsausschuß** zu bilden. Dieser hat gem. §106(1) BetrVG die Aufgabe, wirtschaftliche Angelegenheiten mit der Unternehmensleitung zu beraten und den Betriebsrat zu unterrichten. Der Wirtschaftsausschuß soll gem. §108 BetrVG **mindestens einmal monatlich unter Teilnahme des Unternehmers oder seines Vertreters tagen.**

Dem **Unternehmer** obliegt die **Pflicht der** rechtzeitigen und umfassenden **Information des Wirtschaftsausschusses**

(a) über die **wirtschaftlichen Angelegenheiten** des Unternehmens. Hierzu gehören insbesondere:

1. die wirtschaftliche und finanzielle Lage des Unternehmens;
2. die Produktions- und Absatzlage;
3. das Produktions- und Absatzprogramm;
4. Rationalisierungsvorhaben;
5. Fabrikations- und Arbeitsmethoden, insbes. Einführung neuer Arbeitsmethoden;
6. die Einschränkung oder Stillegung von Betrieben oder Betriebsteilen;
7. die Verlegung von Betrieben oder Betriebsteilen;
8. die Zusammenlegung von Betrieben;
9. die Änderung der Betriebsorganisation oder des Betriebszwecks sowie
10. sonstige Vorgänge und Vorhaben, welche die Interessen der Arbeitnehmer des Unternehmens wesentlich berühren können.

(b) insbesondere die sich daraus ergebenden **Auswirkungen auf die Personalplanung.**

Der Wirtschaftsausschuß besteht gem. §107(1) BetrVG aus mindestens drei und höchstens sieben Mitgliedern, die dem Unternehmen angehören müssen. Mindestens ein Ausschußmitglied muß zugleich dem Betriebsrat angehören. Die Mitglieder des Wirtschaftsausschusses werden durch den Betriebsrat berufen und entlassen. Einzelheiten hinsichtlich der Berufung, Abberufung und Amtszeit regelt §107(2) BetrVG.

Gem. §107(3) BetrVG kann der Betriebsrat mit Stimmenmehrheit seiner Mitglieder die Aufgaben des Wirtschaftsausschusses einem Ausschuß des Betriebsrats übertragen.

3. Kapitel: Personalaufwand

A. Gliederung des Personalaufwands

I. Begriff

Jeder Betrieb macht Aufwendungen, um das Unternehmensziel erreichen zu können, d.h. die Güter oder Leistungen herzustellen, die das Unternehmen auf dem Markt anbietet. Die Summe aller Aufwendungen stellen den Gesamtaufwand des Betriebes dar.

Wenn wir uns fragen, wofür die Aufwendungen getätigt worden sind, so stellen wir fest, daß entweder für Sachgüter Aufwendungen erforderlich waren, d.h. es wurde Geld in Maschinen, Werkzeuge, Material umgewandelt oder aber die Aufwendungen wurden für den arbeitenden Menschen im Betrieb getätigt. Diese letzteren Aufwendungen fassen wir zusammen unter dem Begriff **Personalaufwand**.

II. Gliederung

Die Hauptgliederung beim Personalaufwand wird gegeben durch die Unterscheidung in Arbeitsaufwand und Sozialaufwand.

Der **Arbeitsaufwand** entsteht als Entgelt für die geleistete Arbeit. Hinzu kommen zusätzliche Leistungen des Unternehmens, soweit sie mit dem Arbeitseinsatz bzw. der Arbeitsleistung eines bestimmten Mitarbeiters zusammenhängen. Dies betrifft z.B. Leistungszuschläge, Prämien und Erfolgsbeteiligungen.

Der **Sozialaufwand** bezieht sich auf Sozialeinrichtungen wie die Werksküche, sportliche und kulturelle Förderung der Belegschaft. Auch Zuwendungen an bestimmte Arbeitnehmer gehören dann zum Sozialaufwand, wenn sie nicht auf die Arbeitsleistung bezogen sind. Hierzu werden beispielsweise zinslose Darlehen, Aufwendungen für Erholung und Kuren und dergleichen gerechnet.

B. Gestaltung des Personalaufwands

Nach unseren bisherigen Ausführungen ergibt sich für die Gestaltung des Personalaufwands ebenfalls die Zweiteilung in Arbeitsaufwand und Sozialaufwand.

Für die **Gestaltung des Arbeitsaufwands** steht die **gerechte Abgeltung der Arbeitsleistung** im Vordergrund. Es ist dies die Frage nach dem „gerechten Lohnschlüssel". Man muß dabei von der Binsenweisheit ausgehen, daß nirgendwo in der Welt endgültige Gerechtigkeit realisierbar ist. Dies gilt auch für die Lohnfindung.

Auf die Grundhöhe haben volkswirtschaftlich gesehen verschiedene Faktoren Einfluß: Die Tarifparteien, die augenblickliche konjunkturelle Situation, Angebot und Nachfrage auf dem jeweiligen Arbeitsmarkt.

Für den Betrieb stellt sich die außerordentlich schwierige Aufgabe, eine möglichst **leistungsgerechte Entlohnung** zu finden. Hinter gleicher Leistung muß auch die gleiche Entlohnung stehen. Letzten Endes muß man sich immer vor Augen führen, daß die Entlohnung für den Arbeitnehmer doch an erster Stelle steht, wenn es um die Zufriedenheit am Arbeitsplatz, um Leistungsansporn und Leistungsbereitschaft geht, wobei allerdings die anderen Einflußfaktoren nicht unterschätzt werden dürfen, insbesondere die Behandlung des Mitarbeiters durch seinen Vorgesetzten.

Bei der Entgeltsuche haben aber **außerbetriebliche Faktoren** eine erhebliche Bedeutung. Wir haben schon auf die Tarifabmachungen der Tarifparteien hingewiesen. Außerdem ist zu bedenken, daß der Betrieb in der Regel bereit sein wird, eine höher qualifizierte Tätigkeit auch mit einem höheren Lohn auszustatten. Wenn aber das Angebot an Arbeitskräften für eine solche Tätigkeit auf dem Arbeitsmarkt sehr hoch ist, kann es durchaus sein, daß eine höher qualifizierte Arbeit nicht höher entlohnt wird als eine weniger hoch qualifizierte, für die auf dem Arbeitsmarkt sehr schwer Arbeitskräfte zu finden sind.

Die Höhe der Entlohnung ist also einmal von der Einstufung dieser Tätigkeit im Betrieb abhängig, anderseits auch von der Situation von Angebot und Nachfrage auf dem Arbeitsmarkt.

Insgesamt gesehen kommt es darauf an, dem Mitarbeiter das Gefühl zu geben, daß seine Arbeitsleistung auch entsprechend honoriert wird und daß er in der Relation zu den anderen einigermaßen gerecht behandelt wird. Dies ist im Hinblick auf die **Motivation** von größter Wichtigkeit, weil die anderen Möglichkeiten der Mitarbeitermotivation, auf die wir noch zu sprechen kommen werden, dann kaum anwendbar sein dürften, wenn der Mitarbeiter von vornherein aufgrund einer nach seiner Meinung ungerechten Entlohnung bereits demotiviert ist.

Der Motivation der Mitarbeiter soll auch die **Gestaltung des Sozialaufwands** dienen. Es wird hierbei aber nicht vom Leistungsgedanken ausgegangen. Jedes Unternehmen stellt ein wirtschaftliches und soziales Gebilde dar. Leistungsgesichtspunkte allein können deshalb nicht Grundlage der Personalwirtschaft sein, wenngleich sie im Vordergrund stehen mögen. Die Mitarbeiter erwarten heute, daß die Unternehmensleitung auch auf sozialem Gebiet Akzente setzt.

Ein Teil des Sozialaufwands hat die Hilfe für Belegschaftsmitglieder in deren persönlichen Angelegenheiten zum Ziel. In Frage kommen hier Hilfen bei der Wohungssuche, Unterstützung finanzieller Art beim Bau eines eigenen Hauses oder dem Kauf einer eigenen Wohnung, Beihilfen im Krankheitsfalle und bei Kuren, betriebliche Unterstützung bei der Altersvorsorge.

Die **Altersvorsorge** ist ein Beispiel dafür, daß ein Aufwand sowohl Arbeits- wie auch Sozialaufwand sein kann. Solange der Mitarbeiter aktiv tätig ist, können die für seine Altersversorgung abgeführten Beträge durchaus leistungsbezogen sein. Diese Leistungen sind dann ohne Zweifel zum Arbeitsaufwand zu rechnen. Werden später vom Betrieb aber Leistungen erbracht, die unabhängig von der früheren Arbeitsleistung des Mitarbeiters sind, so handelt es sich um Sozialaufwand.

Neben den Hilfen für den einzelnen Mitarbeiter gibt es Aufwendungen im Rahmen des Sozialaufwandes, die eine Förderung der gesamten Belegschaft bedeuten. Es handelt sich hierbei um Maßnahmen, die auf die Bildung und Festigung der Betriebsgemeinschaft abzielen. Hierzu gehören Betriebsausflüge, Sportvereine, Belegschaftsfeiern, Freizeitmaßnahmen für die Belegschaftsmitglieder, die Werksbücherei.

C. Leistungsentgelt

Die wesentliche Aufgabe bei der Gestaltung des Arbeitsaufwands ist die **gerechte Entlohnung der Arbeitsleistung**. Es kommt darauf an, die innerbetriebliche Lohngerechtigkeit soweit wie möglich zu verwirklichen. Da alle Fragen der Arbeitsbewertung und

Lohnfindung in erster Linie personelle Angelegenheiten sind, ist hier federführend und entscheidend die **Personalabteilung** zuständig.

I. Arbeitsplatz- und Stellenbeschreibung

Wenn es in einem Betrieb noch keine Arbeitsplatzbeschreibungen gibt, so wird man mit jener Abteilung beginnen, wo man annehmen darf, am schnellsten und reibungslosesten zu Ergebnissen zu kommen. Dabei wären einfache, leicht zu beschreibende Tätigkeiten zunächst besonders geeignet. Außerdem ist auch wichtig, daß der betreffende Abteilungsleiter Aufgeschlossenheit für die Aufgabe der Stellenbeschreibung zeigt.

Jede Person führt eine oder mehrere Tätigkeiten innerhalb einer Gruppe aus. Die Summe dieser Tätigkeiten stellt den **Arbeitsplatz** dar. Dieser ist auch räumlich fixiert. Der Arbeitsplatz muß aber nicht durch einen bestimmten Punkt gekennzeichnet sein, er kann sich auch räumlich an verschiedenen Orten ergeben, wie dies z. B. beim Reisenden der Fall ist. Die **Tätigkeitsbeschreibung** muß alle Arbeiten, die eine Person im Betrieb durchzuführen hat, schriftlich festhalten. Die Summe aller Tätigkeitsbeschreibungen in einer Abteilung enthält also alle Arbeiten, die in dieser Abteilung durchzuführen sind.

Die Sprache der Stellenbeschreibungen muß einheitlich sein. Aus diesem Grunde ist es zweckmäßig, vor Erarbeitung von Stellenbeschreibungen die damit befaßten Personen entsprechend zu schulen. Darüber hinaus empfiehlt es sich, zur Erleichterung der Eintragungen ein Formblatt zu verwenden.

Damit der für eine bestimmte Abteilung mit der Aufnahme der Tätigkeitsbeschreibungen beauftragte Mitarbeiter rascher und reibungsloser seine Arbeit verrichten kann, ist es zweckmäßig, wenn die Mitarbeiter der für diese Arbeit anstehenden Abteilung bereits zwei Tage zuvor davon unterrichtet werden. Sie können sich dann schon stichpunktartig ihre Tätigkeiten zusammenstellen.

Das Formular wird dann von einem Beauftragten der Personalabteilung mit Hilfe des Mitarbeiters, dessen Tätigkeiten zu beschreiben sind, ausgefüllt. Es wird von beiden unterschrieben und dem zuständigen Abteilungsleiter zur Abzeichnung vorgelegt. Dieser muß dann eventuell auftretende Kompetenzüberschneidungen bereinigen. Ergibt sich später die Notwendigkeit einer neuen Tätigkeitsbeschreibung aufgrund von inzwischen eingetretenen Änderungen, so wird das gleiche Verfahren angewendet.

II. Arbeitsstudie (Arbeitsmethode und Arbeitsablauf)

Die Tätigkeitsbeschreibung muß nun zur **Stellenbeschreibung** weiterentwickelt werden. Dazu ist es notwendig, die Tätigkeitsbeschreibungen unter verschiedenen Gesichtspunkten zu überprüfen und abzustimmen.

Zuerst ist zu untersuchen, ob die betreffende Tätigkeit zur Erfüllung des Unternehmungszweckes auch **notwendig** ist. Dies wird die Personalabteilung in Zusammenarbeit mit den zuständigen Vorgesetzten zu klären haben.

Außerdem ist zu überprüfen, ob bei den Arbeitsmethoden zur Einrichtung der Tätigkeiten auch die richtige, die beste Methode angewandt wird. Wir sprechen in diesem Zusammenhang von der **Arbeitsbestmethode**. Um dieser Frage nachgehen zu können, muß man am Arbeitsplatz den Arbeitenden beobachten. Der Untersuchende tut sich dann leichter, wenn mehrere Beschäftigte die gleiche Tätigkeit ausüben. Nur ein Fachmann kann die Aufgabe der Herausfindung der Arbeitsbestmethode lösen.

Abteilung:		Art der Tätigkeit:		Art der Tätigkeit:	
erstellt durch:		Lohn- bzw. Gehaltsgruppe		Lohn- bzw. Gehaltsgruppe	
Datum:		Arbeitsentgelt DM		Arbeitsentgelt DM	
(Unterschrift)		Name:		Name:	
Nr.	Arbeitsaufgabe	Tätigkeit	Std.	Tätigkeit	Std.
1.					
2.					
3.					
4.					
5.					
6.					
7.					
8.					
	Stunden gesamt				

Abb. 3 Arbeitsverteilungsübersicht

Danach muß der Frage nachgegangen werden, ob die einzelnen Arbeitskräfte auch für ihre Tätigkeiten **geeignet** sind. Hier ist insbesondere die fachliche und charakterliche Eignung sowie die entsprechende Neigung zu erforschen. Durch eine zu hohe Qualifikation des Mitarbeiters für diese Tätigkeit würde z. B. die notwendige Neigung in der Regel nicht erreicht.

Eine weitere wesentliche Aufgabe ist es, das **Zusammenspiel** innerhalb der Arbeitsgruppen sowie zwischen den Abteilungen zu untersuchen. Es muß dabei festgestellt werden, in welcher zeitlichen Reihenfolge die einzelnen Tätigkeiten durchgeführt werden, damit sie ohne Zeitverluste ineinander übergehen können.

Außerdem ist der Frage nachzugehen, **in welcher Gruppe** bzw. Meisterei bzw. Abteilung die einzelnen Tätigkeiten am zweckmäßigsten vorgenommen werden sollten.

Zur Gewinnung eines besseren Überblicks ist es hilfreich, die einzelnen Tätigkeitsbeschreibungen in einer gesamten **Arbeitsverteilungsübersicht** zusammenzufassen (Siehe hierzu Abb. 3).

Wie aus den bisherigen Darlegungen bereits zu entnehmen ist, hat die **Arbeitsstudie** einmal den Zweck, die notwendigen Vorarbeiten für die Feststellung der **Normalleistung** bei den einzelnen Tätigkeiten zu erarbeiten, zum anderen aber verfolgt sie auch das Ziel, das **Zusammenspiel** zwischen den Mitarbeitern und den Abteilungen sowie die **Methode** der Ausführung der Tätigkeiten möglichst zu optimieren.

Jede Tätigkeit kann dann noch weiter in einzelne **Arbeitsvorgänge** zerlegt werden. Wir sprechen hier von der **Darstellung des Arbeitsablaufs.** Es geht darum, die zeitliche Reihenfolge der Handlungen bzw. Verzögerungen festzustellen, die Art der Handlungen bzw. Verzögerungen, die Personen, die handeln bzw. durch die die Verzögerung erfolgt. Es können dann für jede Tätigkeit **Arbeitsablaufübersichten** etwa nach dem folgenden Schema erstellt werden (Abb. 4).

Aus der Erstellung der Arbeitsstudien werden sich in der Regel **Rationalisierungsmaßnahmen** ergeben. Man wird sich z. B. fragen, ob sich nicht Verzögerungen vermeiden lassen. Außerdem lassen sich vielleicht durch den Einsatz technischer Hilfsmittel oder Maschinen die Tätigkeiten rationalisieren.

Wenn alle Arbeiten der Arbeitsstudie durchgeführt sind, so wird man Änderungen des bisherigen Systems in aller Regel vornehmen müssen. Danach müßten dann als Ergebnis all dieser Arbeiten folgende Punkte realisiert sein: Der derzeit beste Arbeitsablauf, die derzeit beste Abteilungsgliederung, die derzeit beste Aufgabenzuteilung auf die Mitarbeiter, die derzeit beste Arbeitsmethode.

Da es sich nach Abschluß der Arbeiten immer nur um die Realisierung des derzeitig besten Standes handeln kann, ist von Zeit zu Zeit eine neue Arbeitsstudie erforderlich.

Außerdem ist es notwendig, die gefundenen Erkenntnisse den Mitarbeitern beizubringen. Eine entsprechende **Unterweisung** der Mitarbeiter wird also die logische Konsequenz dieser Arbeiten darstellen. Die Unterweisung muß darauf hinzielen, daß alle Mitarbeiter dazu gebracht werden, nach der **Arbeitsbestmethode** zu arbeiten.

III. Normalleistung

Jede Entlohnung, die an der Leistung orientiert sein soll, muß von der Normalleistung ausgehen. Das Problem ist also zunächst, für jede Tätigkeit die Normalleistung zu finden.

Bezeichnung:					
Abteilung:					
erstellt durch:					
Datum:					
(Unterschrift)					
				Beauftragter Mitarbeiter	
Nr.	Stufe im Arbeitsablauf	Std.	Arbeitsvorgang	Name	Tätigkeitsbezeichnung
1					
2					
3					
4					
5					
6					
7					
8					
Stunden gesamt:				Zahl der Mitarbeiter:	

Abb. 4 Arbeitsablaufübersicht

Dieser Aufgabe hat sich insbesondere der **REFA-Verband** angenommen. Er wurde 1924 als „Reichsausschuß für Arbeitszeitstudien" gegründet. Heute trägt er den Namen „Verband für Arbeitsstudien-REFA-e.V.".

REFA hat auch den **Begriff der Normalleistung** definiert. Folgende Kriterien sind dabei von Bedeutung: Ausreichende Eignung, volle Übung nach vollzogener Einarbeitung, normaler wirksamer Kräfteeinsatz, keine Gesundheitsschädigung. Wenn diese Voraussetzungen gegeben sind, so wird als Mittelwert der natürlichen Leistungsschwankungen die Normalleistung als Ergebnis herauskommen.

Aus der Definition dieses Begriffs ist zu erkennen, daß es sich hier um einen überbetrieblichen Terminus handelt. In der Praxis kann man jedoch nicht davon ausgehen, daß bei gleichen Tätigkeiten in verschiedenen Betrieben die genau gleiche Normalleistung zugrunde gelegt werden kann. Die Vielzahl der Arbeitsbedingungen wird stets dazu führen, daß unterschiedliche Ansätze bei der Normalleistung herauskommen müssen. Dabei werden auch einem erfahrenen Zeitstudienmann Fehler von 5% nach oben oder unten zugestanden werden müssen.

Es wäre nicht richtig, die empirisch festgestellte Durchschnittsleistung als Normalleistung anzusetzen. Vielmehr muß der Zeitstudienmann von Fall zu Fall die Normalleistung **schätzen**. Ohne Schätzung geht es nicht. Es wäre durchaus vorstellbar, daß eine ganze Gruppe in ihrer Durchschnittsleistung unter oder auch über der Normalleistung liegt. Deshalb wird man an der Schätzung nicht vorbeikommen können. Die auf diese Weise festgestellte Normalleistung entspricht nach REFA einem Leistungsgrad von 100 Prozent. Aufgrund der Normalleistung wird die **Vorgabezeit** für eine bestimmte Tätigkeit festgestellt. Man kann aber statt der Zeitvorgabe die Normalleistung auch in Stück, Meter, Kilogramm vorgeben.

Bildet man das Verhältnis aus der verlangten Normalleistung und der tatsächlichen Leistung so erhält man den **Leistungsfaktor**. Ein Leistungsfaktor über eins zeigt eine Mehrleistung, ein Leistungsfaktor unter eins eine Minderleistung an.

Die Festsetzung einer Normalleistung ist nicht in jedem Falle möglich. Dies gilt für qualifizierte Arbeiten in Werkstatt und Büro. Auch läßt sich dann eine Normalleistung nicht festlegen, wenn verschiedenartige Tätigkeiten ausgeführt werden. Beispielsweise werden von einer Sekretärin Telefongespräche vermittelt, Diktate aufgenommen, Schreibarbeiten ausgeführt, Besucher empfangen, Sitzungen protokolliert usw. Diese Arbeiten werden unterschiedlich anfallen. In solchen Fällen läßt sich eine Normalleistung nicht setzen.

IV. Tätigkeitsbewertung

1. Methoden

Die Bewertung von Tätigkeiten stellt den Betriebswirt ohne Zweifel vor eine außerordentlich schwierige Aufgabe. Eine wissenschaftlich objektive und unangreifbare Methode gibt es nicht. Um wieviel höher soll die Arbeit eines jungen Diplomkaufmanns und Assistenten der Geschäftsleitung gegenüber einem Facharbeiter an der Drehbank eingestuft werden? Es könnte sich ergeben, daß aufgrund eines Mangels an gelernten Drehern die Entlohnung für diese Fachkräfte höher liegt als die für einen akademisch ausgebildeten Diplomkaufmann.

Trotz solcher Schwierigkeiten kann dem Problem der Bewertung von Tätigkeiten in der Praxis nicht ausgewichen werden. Die Entlohnung nach der Leistung, so schwierig auch die Bewertung sein mag, kommt unserem Gerechtigkeitsempfinden immer noch am nächsten. Der andere Weg wäre die völlig gleiche Entlohnung aller Arbeitskräfte, wobei Unterschiede in der Größe der Familie berücksichtigt werden könnten. Sehr bald aber wird dann der Gutwillige und Fleißige sich betrogen fühlen, weil er auch nicht mehr erhält als der Faule und Untüchtige. Wenn es gelingt, die Tätigkeiten einigermaßen leistungsgerecht zu bewerten, so werden die Arbeitnehmer mit der daraus resultierenden Entlohnung im großen und ganzen auch zufrieden sein.

Bei der Bewertung der Tätigkeiten unterscheiden wir zwei Methoden: die summarische und die analytische Arbeitsbewertung.

Bei der **summarischen Arbeitsbewertung** werden alle Tätigkeiten in einer Rangfolge bewertet. Es wird also eine Liste erstellt, an deren Anfang die Tätigkeit steht, die als die schwierigste eingeschätzt wird, an deren Ende jene Tätigkeit steht, die als die einfachste eingestuft wird. Grundlage für die summarische Arbeitsbewertung sind die **Tätigkeitsbeschreibungen**. Die Bezeichnung summarisch kommt daher, weil hier alle einzelnen Anforderungen an eine Tätigkeit zusammengefaßt werden in eine einzige globale Beurteilung.

Bei der **analytischen Arbeitsbewertung** dagegen wird jede Tätigkeit in ihre einzelnen Anforderungen aufgegliedert. Für jede Anforderungsart wird eine Wertzahl festgelegt. Es müssen dann nur die Wertzahlen aller Anforderungen, die eine Tätigkeit enthält, addiert werden. Diejenige Tätigkeit mit der höchsten Summe der Wertzahlen steht dann am Anfang der Liste.

2. Auswahl und Gewichtung der Anforderungsmerkmale

Voraussetzung für die analytische Arbeitsbewertung ist es, für jede Tätigkeit einzelne **Anforderungsarten** zu finden. Nach Möglichkeit sollten es nicht mehr als 6 bis 15 pro Tätigkeit sein.

Folgende **Kriterien** können dabei herangezogen werden: Fachkönnen, Belastung, Verantwortung, Umwelt. Wie aus dem folgenden Schema zu ersehen ist, werden diese Kriterien dann noch weiter unterteilt. Ein unterschiedliches Vorgehen bei Angestellten und Arbeitern dürfte nicht zweckmäßig sein, weil die Automation nicht nur in der Werkstatt, sondern auch im Büro immer weiter fortschreitet, so daß dadurch die Grenzen fließend geworden sind.

Bezüglich der **Gewichtung** wäre es am praktikabelsten, wenn alle Merkmale gleich nebeneinander stünden. Oft wird man aber in der Praxis unter dem Gesichtspunkt einer gerechten Bewertung nicht umhin kommen, Gewichtungen vorzunehmen.

3. Aufstellung eines Bewertungsschemas

Das Bewertungsschema sollte für Angestellte und Arbeiter gleich sein. Das einheitliche Schema ermöglicht es, Vergleiche zwischen Arbeitsplätzen in der Werkstatt und im Büro durchzuführen. Der Wert einer Arbeit kann nicht davon abhängen, ob sie im Angestelltenverhältnis oder im Arbeitsverhältnis ausgeübt wird. Deshalb ist es nicht zweckmäßig, mit zwei Schemen zu arbeiten.

Das Bewertungsschema führt eine Reihe von **Anforderungsmerkmalen** auf. Für jede Anforderungsart wird dann eine **Wertzahl** eingetragen. Der Vergleich der Summen der Wertzahlen für jede Tätigkeit ergibt dann die Rangfolge der Tätigkeiten untereinander.

3. Kapitel: Personalaufwand

Bezeichnung der Tätigkeit:		Abteilung:	Mitarbeiter	Datum:	erstellt durch: (Unterschrift)	
	Anforderungsart	Bewertung der Anforderungen (evtl. Zwischenwerte) 0 10 20 30 40 50 60 70 80 90 100				Punkte
Fachkönnen	1. Fachkenntnisse					
	2. Gewandtheit					
	3. Körperliche Geschicklichkeit					
Belastung	4. Konzentration					
	5. Körperliche Anstrengung					
	6. Disponieren					
Verantwortung	7. Verantwortung für Material					
	8. Verantwortung durch Delegation					
	9. Verantwortung für die Gesundheit anderer					
Umwelt	10. Lärm					
	11. Schmutz					
	12. Temperatur					
					Summe:	

Abb. 5 Arbeitsbewertung

Die **Anforderungsarten** werden sich auf folgende vier Hauptgruppen beziehen: Fachkönnen, Belastung, Verantwortung, Umwelt. Diese Anforderungshauptgruppen werden dann noch weiter untergliedert, wie dies aus unserer Abb. 5 zu ersehen ist.

Die entscheidende Schwierigkeit liegt natürlich darin, die **Wertzahlen** für die einzelnen Anforderungsarten der jeweiligen Tätigkeit festzulegen. Die höchste Wertzahl wird man zweckmäßigerweise bei jeder Anforderungsart mit 100 festlegen. Wenn man so vorgeht, haben alle Anforderungsarten das gleiche Gewicht. Will man eine unterschiedliche Gewichtung erreichen, so kann man einzelne Anforderungsarten anstatt mit der Höchstpunktzahl von 100 nur mit einer solchen von 60 oder 50 versehen.

Um nun der großen Schwierigkeit des Herausfindens der Punktzahl für eine Anforderungsart am besten begegnen zu können, empfiehlt es sich, zunächst einmal – ohne Punkte festzulegen – für jede Anforderungsart eine **Rangreihe** aufzustellen. Es werden dann bei einer Tätigkeit z. B. die Fachkenntnisse an oberster Stelle stehen. Daran anschließend folgen beispielsweise Disponieren, Verantwortung für Betriebsmittel und Erzeugnisse, Aufmerksamkeit usw. Bei einer anderen Tätigkeit ergibt sich eine andere Rangfolge der Anforderungsarten. Bei einer dritten wiederum eine andere. Nun ist es einfacher, den einzelnen Anforderungsarten Punktzahlen zu geben. Die Anforderungsart, die bei einer Tätigkeit an oberster Stelle steht, wird die höchste Punktzahl innerhalb dieser Tätigkeit erhalten. Man wird sich überlegen, ob man die Höchstzahl von 100 oder vielleicht nur 90 oder 80 Punkte vergibt. Die an zweiter Stelle liegende Anforderungsart wird entsprechend weniger Punkte bekommen.

V. Entgeltfestsetzung

1. Tarifgruppen

Wenn man den Punkten, die aufgrund der Arbeitsbewertung für die einzelnen Tätigkeiten errechnet wurden, Geldeinheiten zuordnet, so hat man das Entgelt, das der Normalleistung dieser Tätigkeit entspricht.

Bei der Entlohnung sind aber die maßgeblichen **Tarifverträge** zu beachten. Diese untergliedern die Arbeitnehmer nach verschiedenen **Lohngruppen**. Je nach Tarifvertrag können dies drei oder gar neun Lohngruppen sein. Man muß also entsprechend den vergebenen Punkten die einzelnen Tätigkeiten in das Lohngruppenschema des Tarifvertrages einordnen.

Die Lohngruppeneinteilung der Tarifverträge sieht einen **Ecklohn** vor, der einer etwa in der Mitte liegenden Tarifgruppe entspricht. Dies wäre z. B. bei acht Lohngruppen die Lohngruppe vier oder fünf. Für diese Lohngruppe wird das Entgelt ausgehandelt und durch prozentuale Zu- bzw. Abschläge auf den Ecklohn das Entgelt der übrigen Lohngruppen errechnet.

2. Entgelte für Mehrleistung

Eine Entlohnung, bei der die Leistung im Vordergrund steht, wird bei einer Mehrleistung die Möglichkeit einer höheren Bezahlung einschließen.

Wir müssen davon ausgehen, daß die **Normalleistung** mit 100 Prozent anzusetzen ist. Wird eine Mehrleistung erbracht, so sollte diese auch honoriert werden. Dazu ist es notwendig, daß zunächst festgestellt wird, um wieviel die Mehrleistung die Normalleistung überschreitet, und anschließend eine **Bewertung der Mehrleistung** in Geldeinheiten erfolgt.

Die Schwierigkeiten, die bei der Feststellung der Normalleistung aufgetreten sind, begegnen uns auch bei der Bestimmung der Höhe der Mehrleistung.

Dort wo die Normalleistung einfach feststellbar war, z.B. weil das Ergebnis der Produktion in Kilogramm, Stück, Liter, Meter usw. zu bestimmen ist, wird auch die Feststellung der Mehrleistung nicht schwer fallen.

Dort hingegen, wo es sich um **komplexe Tätigkeiten** handelt, die verschiedene Arbeitsvorgänge betreffen, ist das Feststellen der Mehrleistung ebenso schwierig wie zuvor die Messung der Normalleistung. Man wird dort ohne **Schätzung** nicht auskommen. Eine Hilfe dafür stellt das **Beurteilungssystem** dar, auf das wir im 5. Kapitel eingehen werden.

Die zweite Aufgabe besteht wie gesagt darin, die Mehrleistung **mit Geldeinheiten zu bewerten**. Dabei ist zu überlegen, ob die Mehrleistung proportional, degressiv oder progressiv abgegolten werden soll. Ein **progressives** Vorgehen schafft einen besonders starken Leistungsanreiz, könnte aber zu Überspannungen führen. In der Regel wird sich eine **proportionale** Anpassung empfehlen, weil bei einer **degressiven** Entlohnung der Mehrleistung der Leistungsanreiz meist nicht ausreichend ist. Die Entscheidung wird letzten Endes von Fall zu Fall je nach Art der Arbeit zu treffen sein.

Es muß außerdem geklärt werden, ob eine **Höchstgrenze** in der Bezahlung gesetzt werden soll. Dies könnte beispielsweise in der Weise geschehen, daß eine Mehrleistung nur dann entlohnt wird, wenn sie nicht über 140 Prozent der Normalleistung liegt. Dies bedeutet, daß eine Mehrleistung von 160 Prozent ebenso entlohnt wird wie eine Mehrleistung von 140 Prozent. Diese Überlegungen sind deshalb angebracht, weil das System der Entlohnung von Mehrleistungen unter Umständen zu einem Einsatz des Arbeitnehmers führt, der seiner Gesundheit schadet. Hier liegt es durchaus im Interesse des Mitarbeiters, wenn von der Unternehmensleitung her eine **Obergrenze** für die Entlohnung der Mehrleistung gesetzt wird.

3. Aufstellen einer Gehalts- und Lohnordnung

Das Ergebnis all dieser Arbeiten wird sich dann in der Gehalts- und Lohnordnung des Betriebes wiederfinden.

Dabei kann man zwischen Angestellten und gewerblichen Arbeitnehmern unterscheiden. Es ist aber auch durchaus möglich, nur eine einzige Übersicht für alle Gruppen im Betrieb zu erstellen.

D. Entgeltformen

Soweit eine gesetzliche oder tarifliche Regelung nicht besteht, hat der **Betriebsrat** nach dem Betriebsverfassungsgesetz ein **Mitbestimmungsrecht** bei der Einführung von neuen Entlohnungsmethoden. Dieses Mitbestimmungsrecht bezieht sich nur auf die Arbeitnehmer im Sinne des Betriebsverfassungsgesetzes, also nicht auf die „leitenden Angestellten".

Der Betriebsrat hat auch ein Mitbestimmungsrecht bei der Regelung von Akkord- und Stücklohnsätzen.

I. Zeitlohn

Beim Zeitlohn wird ein bestimmtes Entgelt für eine **Zeiteinheit** (Stunde, Monat) gewährt. Die **Lohnkosten je Zeiteinheit** sind **konstant**. Die **Lohnkosten je Leistungseinheit** (Stückkosten) **nehmen** bei steigender Leistungsmenge je Zeiteinheit **ab**.

Der Zeitlohn kann als **mittelbarer Leistungslohn** betrachtet werden, der **Stücklohn**, der sich ja rein am Ergebnis der Arbeit orientiert, als **unmittelbarer Leistungslohn**. Der **Zeitlohn** findet sich insbesondere bei den Angestellten. Er wird auch bei gewerblichen Arbeitnehmern dann angewendet, wenn sich eine Leistungsmessung in Leistungseinheiten deshalb verbietet, weil die Art der Arbeit so diffizil ist, daß jeder Zeitdruck vermieden werden muß. Auch dann, wenn der Arbeitnehmer nicht den geringsten Einfluß auf das Tempo des Arbeitsablaufes hat, wie z. B. bei der Maschinenkontrolle, wird man nicht den Stücklohn, sondern den Zeitlohn wählen.

Bei der Entlohnung nach Zeiteinheiten liegt in der Entlohnungsform selbst kein ständiger Anreiz zur bestmöglichen Leistung. Dies muß hier auf andere Weise erreicht werden. Es ist eine Aufgabe der Menschenführung, die notwendige Motivation der Mitarbeiter zu bewirken.

II. Stücklohn (Akkordlohn)

Beim Stücklohn oder Akkordlohn wird ein fester **Betrag pro Leistungseinheit** gewährt. Die **Stückkosten** bleiben damit **konstant**. Der **Verdienst** des Arbeiters steigt **proportional zur Leistungsmenge**.

Die **Berechnungsgrundlage** beim Akkordlohn ist also nicht eine Zeiteinheit, sondern eine Sachmenge. Es gibt zwei unterschiedliche Berechnungsmethoden und deshalb spricht man einmal vom Geldakkord und das andere mal vom Zeitakkord.

Beim **Geldakkord** wird ein Geldbetrag pro Leistungseinheit, der **Akkordsatz**, vorgegeben. Der Lohn errechnet sich dann durch die Multiplikation der Stückzahl mit dem Akkordsatz. Der Akkordsatz gibt an, wieviel für eine Leistungseinheit bezahlt wird.

Bei der **Ermittlung des Akkordsatzes** wird folgendermaßen vorgegangen: Ausgangsgröße ist der **Stundenlohn** einer vergleichbaren Arbeit. Hierzu werden noch 10 bis 20% **Akkordzuschlag** gerechnet, weil derjenige, der unter der stärkeren Nervenbelastung des Akkords arbeitet, eine günstigere Ausgangslage haben soll. Beträgt der Stundenlohn einer vergleichbaren Arbeit beispielsweise 14,– DM und es wird ein Akkordzuschlag von 10% herangezogen, so ergibt sich der sogenannte **Akkordrichtsatz** mit 15,40 DM. Dieser Betrag wird dann durch die Stückzahl, die der Normalleistung entsprechen würde, dividiert. Beträgt diese Stückzahl angenommen 60, so ergeben sich in unserem Beispiel 0,26 DM pro Stück. Leistet ein Arbeiter nun nicht nur 60 Stück in der Stunde, sondern 70, so ergibt sich für ihn eine Entlohnung pro Stunde von 0,26 DM × 70 = 17,97 DM.

Der **Zeitakkord** baut darauf auf, daß dem Arbeiter für jedes geleistete Stück **Vorgabeminuten** gutgeschrieben werden.

Für jede Arbeit wird eine Vorgabezeit in Minuten angegeben. Der Akkordrichtsatz wird auf den Geldbetrag umgerechnet, der für eine Minute Akkordarbeit zu bezahlen ist. Der Akkordrichtsatz wird also durch 60 Minuten geteilt. Auf diese Weise ergibt sich der **Minutenfaktor**.

3. Kapitel: Personalaufwand

Damit erhalten wir für den Verdienst folgende Formel:

Erzielte Stückzahl × Vorgabezeit pro Stück × Minutenfaktor = Entlohnung

Zur Berechnung folgendes **Beispiel:** Akkordrichtsatz DM 15,40 : 60 Minuten ergibt einen Minutenfaktor von 0,26 DM. Die Vorgabezeit soll 4 Minuten pro Stück betragen. Wenn die durchschnittlich abgelieferte Stückzahl pro Stunde 20 Stück beträgt, so erhalten wir 80 Vorgabeminuten. Das Entgelt errechnet sich dann wie folgt: 80 Minuten × 0,26 DM/Minute = DM 20,80.

Bei einer **Lohnerhöhung** infolge einer neuen tariflichen Vereinbarung bleibt die Zeitvorgabe, die ja auf der gemessenen Normalleistung beruht, unverändert. Beim Zeitakkord muß lediglich der Minutenfaktor verändert werden, weil wir wegen der Lohnerhöhung jetzt einen neuen Akkordrichtsatz bekommen.

Unsere bisherigen Ausführungen bezogen sich auf den **Einzelakkord.** Daneben können wir den **Gruppenakkord** unterscheiden. Hier erbringt eine Gruppe von Arbeitern eine bestimmte Leistung und danach wird der Gesamtlohn in der geschilderten Weise entweder als Geld- oder Zeitakkord errechnet. Dieser Gesamtlohn wird dann entweder nach Köpfen oder nach festen Sätzen verteilt. Bei der Verteilung nach festen Sätzen müßte der Leistungsanteil einzelner Arbeiter höher angesetzt werden als der der übrigen.

Der Gruppenakkord hat den Vorteil, daß die Zusammengehörigkeit unterstützt wird. Auch die gegenseitige Kontrolle ist größer, weil Drückebergerei eines einzelnen sich ja für die gesamte Gruppe nachteilig auswirken würde.

III. Leistungszulagen und Prämien

Bei besonderen Leistungen können Leistungszulagen gezahlt werden. Dies kann sowohl beim Akkord- wie auch beim Zeitlohn durchgeführt werden.

Bei der Leistungszulage wird keine direkte Verbindung zwischen der Mehrleistung und der Leistungszulage hergestellt. Eine Mehrleistung muß jedoch gegeben sein, damit eine Leistungszulage gezahlt werden kann.

Leistungszulagen werden z.B. gezahlt bei besonderer **Verantwortung** oder bei besonderer Beeinträchtigung durch **Lärm** oder **Schmutz**.

Der **Prämienlohn** ist dagegen eine Lohnform, die neben dem vereinbarten Grundlohn ein zusätzliches Entgelt für Mehrleistungen des Arbeitnehmers vorsieht, die sich in Zahlen ausdrücken läßt. Hier wird also eine Verbindung zwischen der zu messenden Mehrleistung und der Prämie hergestellt. Wird die Prämie unmittelbar nach der Menge oder der Zeit berechnet, so ersetzt sie in der Praxis im allgemeinen den Akkordlohn. Es wird dann von einer bestimmten Menge ab eine Prämie pro Stück ausgeworfen. In diesem Fall wird die Prämie zum Zeitlohn gezahlt.

Es kann aber auch **Prämienlohn** in einem **Akkordsystem** gewährt werden. Hier können z.B. **Qualitätsprämien** gegeben werden, wenn der Ausschuß eine bestimmte Menge unterschreitet. Auch können Prämien für Termineinhaltung, Sparsamkeit mit Werkzeugen und Material oder bei verringerten Unfallzahlen ausgegeben werden.

IV. Sozialzulagen

Sozialzulagen werden zum Leistungsentgelt des Arbeitnehmers aufgrund seiner sozialen, insbesondere seiner familiären Verhältnisse bezahlt. Die Sozialzulagen richten sich in ihrer Höhe also nach dem Familienstand, der Kinderzahl, der Lage der Wohnung zum Arbeitsplatz. Die Sozialzulagen sind entweder in den **Tarifverträgen** oder in **Betriebsvereinbarungen** oder auch **Einzelarbeitsverträgen** geregelt.

Auch die Leistungen des Arbeitgebers zu **Versicherungen** für den Arbeitnehmer gehören zu den Sozialzulagen. Hierher zu rechnen sind die Arbeitgeberbeiträge zur Kranken-, Renten- und Arbeitslosenversicherung. Was diese Beiträge anbelangt, so kann man auch von einem „unsichtbaren Lohn" sprechen.

Eine wichtige Sozialzulage ist die sogenannte **Auslösung**. Sie stellt eine geldliche Entschädigung für die Mehrkosten dar, die dem Arbeitnehmer dadurch entstehen, daß die Firma ihn an einen auswärtigen Platz zur Arbeit entsendet. Insbesondere bei Betrieben mit Montagearbeiten spielt die Auslösung eine große Rolle.

Die **Weihnachtsgratifikation** wird in der arbeitsgerichtlichen Rechtsprechung als Entgelt für Arbeit betrachtet. Sie ist entweder im Tarifvertrag verankert oder wird aufgrund einer Betriebsvereinbarung bezahlt oder ganz einfach ohne jede Vereinbarung als freiwillige betriebliche Leistung. Die Rechtsprechung geht davon aus, daß bereits dann ein Rechtsanspruch auf Zahlung einer Weihnachtsgratifikation vorliegt, wenn die Weihnachtsgratifikation dreimal bezahlt wurde. Wurde aber bei der Zahlung ein Vorbehalt hinsichtlich der Freiwilligkeit der Zahlung und künftiger Zahlungen vorgebracht, so entsteht diese Verpflichtung selbstverständlich nicht.

V. Erfolgsbeteiligung

1. Ziele

Wenn wir uns Gedanken darüber machen, aus welchem Grunde denn eine Erfolgsbeteiligung an die Arbeitnehmer gezahlt wird oder gezahlt werden soll, so stoßen wir auf die **Ziele** der Erfolgsbeteiligung.

Wir können dabei dreierlei Arten von Zielen unterscheiden, nämlich betriebspolitische, sozialpolitische und gesellschaftspolitische Ziele.

Zu den **betriebspolitischen Zielen** zu rechnen sind die Förderung der Identifikation der Mitarbeiter mit dem Betrieb, eine stärkere Bindung der Mitarbeiter an den Betrieb, d. h. eine Bekämpfung der Fluktuation, eine Förderung der Zufriedenheit der Mitarbeiter mit ihrem Betrieb und mit ihrer Arbeit, ein größeres Verständnis der Mitarbeiter für betriebswirtschaftliche Zusammenhänge, Vorteile bei der Anwerbung neuer Mitarbeiter.

Als **sozialpolitisches Ziel** wäre der Versuch einer direkteren Aufteilung der Betriebsergebnisse zwischen den Produktionsfaktoren Arbeit und Kapital zu nennen. Hierher zu rechnen ist auch das Bestreben, eine breitere Vermögensbildung in der Gesellschaft zu erreichen. Auch die Überwindung von Klassengegensätzen, soweit solche überhaupt noch zu registrieren sind, ist ein sozialpolitisches Ziel der Erfolgsbeteiligung.

Ein **gesellschaftspolitisches Ziel** ist die Abwehr betriebsfremder, insbesondere gewerkschaftlicher und staatlicher Einflüsse auf den Betrieb. Solche Einflüsse könnten zum Beispiel durch überbetriebliche Mitarbeiterbeteiligungsmodelle ausgeführt werden. Ein gesellschaftspolitisches Ziel der Erfolgsbeteiligung ist es auch, wenn durch sie eine Stärkung der freiheitlichen, marktwirtschaftlichen Wirtschafts- und Gesellschaftsordnung erreicht werden soll.

2. Hauptformen

a) Produktionsbeteiligung

Die Bemessungsgrundlage wird in diesem Fall durch die Quantität der in einem bestimmten Zeitabschnitt, in der Regel einem Jahr, erbrachten betrieblichen Leistung, gemessen in Stück, Meter, gegeben.

b) Wertschöpfungsbeteiligung

Die Wertschöpfung bringt die eigene Leistung des Betriebes zum Ausdruck. Die Summe aller Wertschöpfungen in einer Volkswirtschaft ergibt das Sozialprodukt.

Wir ermitteln die Wertschöpfung eines Betriebes, indem wir vom Umsatz die Vorleistungen anderer Betriebe abziehen. Für Wertschöpfung wird auch häufig der Begriff value added verwendet.

Die Wertschöpfung eignet sich deshalb gut als Ansatz für die Erfolgsbeteiligung, weil hier die eigentliche Leistung des Unternehmens in den Mittelpunkt gestellt wird. Außerdem wird berücksichtigt, ob die hergestellten Produkte auf dem Markt auch ihre Abnehmer gefunden haben. Wenn der Umsatz gesteigert werden konnte, so hat auch die Wertschöpfung in der Regel einen Zuwachs erfahren. Diese Methode erfaßt also die Produktionsleistung im Unternehmen und gleichzeitig auch den Absatzerfolg.

c) Umsatzbeteiligung

Die Umsatzbeteiligung stellt auf den Verkaufsumsatz ab, wobei in den meisten Fällen auch noch die außerordentlichen und die betriebsfremden Erträge mit einbezogen werden wie zum Beispiel einmalige Abfindungen, Veräußerungserlöse aus Vermögensgegenständen des Anlagevermögens, Umsätze aus dem Verkauf von Wertpapieren und Beteiligungen, obgleich solche Geschäfte nicht die eigentliche Aufgabe des Unternehmens sind.

Bemessungsgrundlage ist der Firmenumsatz.

Ebenso wie bei der Wertschöpfungsbeteiligung muß eine Sollzahl festgelegt werden. Wird dieses Soll, z. B. ein Umsatz von 30 Millionen DM, um 3 Millionen überschritten, so wird aus den 3 Millionen Mehrumsatz an die Belegschaft eine zuvor prozentual vereinbarte Erfolgsbeteiligung ausgeschüttet.

Ein erheblicher Vorteil der Umsatzbeteiligung ist die **einfache Verständlichkeit**. Dies kann man für die Wertschöpfungsbeteiligung nicht behaupten, die allein vom Begriff her der Belegschaft sehr viel schwerer verständlich zu machen ist.

Ein weiterer Vorteil ist die Einfachheit der Feststellung der Bemessungsgrundlage, nämlich des Umsatzes. Man wird einfach den steuerlichen Umsatz heranziehen, wodurch alle Probleme der Feststellung der Bemessungsgrundlage dieser Beteiligungsform ausgeschlossen sind.

Ein Nachteil der Umsatzbeteiligung liegt darin, daß lediglich auf den Umsatz, nicht aber auf den Gewinn abgestellt wird. Eine Umsatzsteigerung muß ja noch lange nicht auch eine Gewinnsteigerung zur Folge haben. Diese Tatsache kann durch die Umsatzbeteiligung nicht erfaßt werden. Es kann hier eintreten, daß eine Erfolgsbeteiligung ausgeschüttet wird, obwohl das Unternehmen Verluste gemacht hat. Es ist ja vorstellbar, daß der Umsatz über die vorgesehene Sollzahl hinausgestiegen ist, auf der anderen Seite aber Kostenerhöhungen eingetreten sind, die das Unternehmen in die Verlustzone gebracht haben.

Allen bisher besprochenen Formen der Erfolgsbeteiligung ist gemeinsam, daß sie eine Beteiligung der Arbeitnehmer unabhängig vom Gewinn und Verlust der Unternehmung auswerfen. Im Gegensatz hierzu machen die Gewinnbeteiligungssysteme eine Auszahlung an die Arbeitnehmer davon abhängig, ob tatsächlich ein Gewinn entstanden ist.

d) Ausschüttungsgewinnbeteiligung

Bemessungsgrundlage bildet hier der an die **Kapitaleigentümer ausgeschüttete Gewinn**. Diese Beteiligungsform bietet sich deshalb insbesondere für **Aktiengesellschaften** an.

Dabei sind **zwei Formen** zu unterscheiden: die Dividendensatz-Gewinnbeteiligung und die Dividendensummen-Gewinnbeteiligung.

Bei der **Dividendensatz-Beteiligung** geht man von dem Prozentsatz der Dividende, der an die Eigentümer ausgeworfen wird, aus. Die Beteiligung kann dabei so geregelt werden, daß die Aktionäre zunächst eine „Vordividende" erhalten, z. B. 4%, und erst die diesen Prozentsatz übersteigende Dividende, z. B. weitere 4%, wird auf den Lohn bzw. das Gehalt ausbezahlt. Dies würde bedeuten, daß jeder Arbeitnehmer eine Beteiligung von 4% erhält. Man kann auch für jedes Prozent Dividende einen niedrigeren oder höheren Satz auf die Löhne und Gehälter ausschütten, z. B. 0,8% oder 1,2%.

Der Vorteil dieser Beteiligungsform liegt darin, daß der Arbeitnehmer verhältnismäßig leicht übersehen kann, wieviel er zu seinem Entgelt noch oben drauf bekommt, sobald die Hauptversammlung die Höhe der Dividende beschlossen hat. Ein Nachteil dieser Beteiligungsform ist, daß hier der Einsatz von Kapital und der Einsatz von Arbeitskraft miteinander vermischt werden. Die Arbeit hat ja ihr Entgelt bereits durch den Lohn bekommen, während das Kapital seinen „Lohn" ausschließlich aus der Dividende erhält. Dieser Gesichtspunkt würde dafür sprechen, dem Kapital eine „Vordividende" zuzugestehen.

Außerdem wird man bei der Dividendensatz-Beteiligung berücksichtigen müssen, daß heute Dividenden von 14, 16, 18, 20% durchaus keine Seltenheit sind, weil die Kurse sehr gestiegen sind. Man wird deshalb für jedes Prozent Dividende nicht 1% Beteiligung zahlen können, sondern man wird einen Satz von vielleicht 0,4 oder 0,5% für 1% Dividende zur Grundlage nehmen müssen. Werden z. B. 18% Dividende an die Aktionäre ausgeschüttet und wird eine Vordividende in Höhe von 8% veranschlagt, so verbleiben 10%, wobei beispielsweise für jeden Prozentpunkt 0,5% herangezogen werden. Dies würde eine Beteiligung für die Arbeitnehmer von 5% bedeuten.

Es muß bei der Überlegung, welche Beteiligungsform man einführen soll, auch das Verhältnis des Grundkapitals zur Lohn- und Gehaltssumme betrachtet werden. Wenn das Grundkapital kleiner als die Lohn- und Gehaltssumme ist, so würde bei einer Dividendensatz-Beteiligung ohne Berücksichtigung einer Vordividende und bei Zugrundelegung des gleichen Prozentsatzes für die Beteiligung wie für die Dividende an die Arbeitnehmer ein höherer Anteil an Gewinn ausbezahlt werden als an die Aktionäre, obwohl die Arbeitnehmer ja in Form von Löhnen und Gehältern bereits das Entgelt für ihre Arbeit erhalten haben. Solche Ungereimtheiten können aber, wie schon erläutert, durch eine Vordividende und durch einen niedrigeren Prozentsatz für die Beteiligung ausgeräumt werden.

Bei der **Dividendensummen-Beteiligung** geht man von der Gesamtsumme der Dividende, die an die Aktionäre ausgeschüttet wird, aus. Entweder wird der gleiche Betrag oder ein bestimmter Prozentsatz davon auch an die Belegschaft als Erfolgsbeteiligung ausgezahlt. Die Ausschüttung an die Belegschaft steigt also proportional mit dem Grundkapital und der Dividende. Sie ist auf diese Weise unabhängig von der Höhe der Lohn- und Gehaltssumme. Je größer die Zahl der Belegschaftsmitglieder, auf die eine bestimmte Beteiligungssumme auszuschütten ist, desto geringer der Anteil des einzelnen. Hier entsteht also der Anreiz, die Belegschaftsgröße möglichst niedrig zu halten. Ein solcher Anreiz wird bei der Dividendensatz-Beteiligung nicht erzielt. Auch bei der Dividendensummen-Beteiligung kann der Arbeitnehmer verhältnismäßig leicht die Höhe seiner Beteiligung feststellen, sobald die Hauptversammlung über die Dividendenzahlung entschieden hat.

e) Unternehmungsgewinnbeteiligung

Die Bemessungsgrundlage wird bei dieser Beteiligungsform durch den in der Bilanz ausgewiesenen **Unternehmungsgewinn** gegeben. Damit ist die Beteiligung der Arbeitnehmer unabhängig von der Ausschüttung an die Eigentümer.

Um einen Streit über die Höhe des jeweiligen Gewinns zu vermeiden, empfiehlt es sich, eine geprüfte Bilanz heranzuziehen.

f) Substanzgewinnbeteiligung

Hier geht es um die Überlegung, die Arbeitnehmer gewissermaßen den Kapitaleigentümern gleichzustellen und sie zu **Mitunternehmern** zu machen. Bemessungsgrundlage ist hier neben dem ausgewiesenen **Bilanzgewinn** die **Substanzveränderung des Eigenkapitals** im Vergleich zum Vorjahr. Der Arbeitnehmer sammelt auf diese Weise von Jahr zu Jahr Vermögen an. Bei seinem Ausscheiden aus dem Betrieb erhält er dann dieses angesammelte Vermögen. Während der Zeit seiner Mitgliedschaft erhält er auf dieses Vermögen eine Dividende.

Die Berechnung des jährlichen Vermögenszuwachses des einzelnen Arbeitnehmers erfolgt in folgender Weise: Es wird die Summe aus dem bilanzmäßigen Gewinn und dem Vermögenszuwachs gebildet. Hieraus wird wiederum ein bestimmter Prozentsatz für die Ausschüttung an die Arbeitnehmer zur Verfügung gestellt. Davon entfällt auf den einzelnen Arbeitnehmer ein Anteil, der dem Verhältnis seines durchschnittlichen Jahreslohnes zur Lohnsumme aller Arbeitnehmer entspricht.

Der Vorteil dieser Beteiligungsform besteht in der Tatsache, daß sich der Arbeitnehmer als Mitbeteiligter am Unternehmungskapital fühlen kann. Damit wird ein Weg aufgezeigt, der geeignet ist, die Gegensätze zwischen Kapital und Arbeit aufzuheben. Konsequenterweise müßte allerdings auch eine Beteiligung am **Verlust** des Unternehmens eingebaut werden. Das Verfahren hat jedoch den Nachteil, daß es für die Belegschaft nicht ganz einfach zu verstehen ist.

3. Berechnung

Im Zusammenhang mit der Berechnung der Erfolgsbeteiligung muß zunächst die Frage geklärt werden, wie der **Kreis der Arbeitnehmer abzugrenzen** ist, der an der Erfolgsbeteiligung teilhaben soll.

Die erste Möglichkeit besteht darin, **alle** Mitarbeiter im Betrieb an der Erfolgsbeteiligung teilhaben zu lassen. Das hat den Vorteil der Einfachheit, außerdem werden Rivalitäten zwischen Arbeitnehmern, die an der Erfolgsbeteiligung teilhaben und solchen, die nicht teilhaben, vermieden.

Wenn man Gruppierungen vornimmt, so muß man darauf achten, daß der **Gleichbehandlungsgrundsatz** nicht verletzt wird. Das bedeutet in der Praxis, daß Gruppierungen durch sachliche Erwägungen begründet werden müssen. Solche Überlegungen könnten zum Beispiel sein: Betriebszugehörigkeit, Rangstufe im Betrieb, Arbeiter oder Angestellter.

Wenn man die **Betriebszugehörigkeitsdauer** heranzieht, so wird man auf diese Weise von vornherein eine Gruppe nicht an der Erfolgsbeteiligung teilhaben lassen, nämlich jene, die die notwendige Dauer der Zugehörigkeit noch nicht aufweisen kann. Dies läßt sich auch ohne weiteres damit begründen, daß Neueintretende eine gewisse Zeit benötigen, bis sie echt am Erfolg des Betriebes mitwirken können. Die Dauer wird entsprechend unterschiedlich je nach Art des Betriebes ausfallen. Man kann die Wartezeit bei Angestellten länger festlegen als bei Arbeitern, weil man auf dem Standpunkt stehen kann, daß Arbeiter rascher produktiv im Betrieb eingesetzt werden können als Angestellte, die in der Regel eine längere Einarbeitungszeit benötigen.

Ein weiterer Gesichtspunkt für die Festlegung der Wartezeit wäre die Belohnung der **Treue** zum Betrieb. Wenn die Wartezeit nur drei oder auch sechs Monate beträgt, so werden jene Betriebszugehörigen, die schon zehn und mehr Jahre dem Betrieb die Treue gehalten haben, sich als nicht gerecht behandelt vorkommen. Deshalb wählen viele Betriebe eine Wartezeit, die länger als ein Jahr ausmacht, häufig drei Kalenderjahre.

Wenn man die **Rangstufe** im Betrieb zugrundelegt, so könnte man z. B. für alle Arbeiter eine Erfolgsbeteiligung wählen, die mehr an der Produktion ausgerichtet ist, während man für die Angestellten eine am Gewinn oder am Umsatz orientierte Erfolgsbeteiligung heranzieht.

Wie bei der Weihnachtsgratifikation muß auch bei der Erfolgsbeteiligung überlegt werden, welcher Betrag vom Unternehmungserfolg für diese Zwecke abgezweigt werden soll. Das ist die Frage nach dem **Schlüssel**, der angeben soll, welcher Anteil vom Gesamterfolg für die Gesamtheit der Arbeitnehmer abzuzweigen sein wird.

Meist wird man einen festen Prozentsatz vom Gewinn, vom Umsatz usw. nehmen. Es gibt aber auch in der Praxis Fälle, wo dieser Prozentsatz je nach der Größe des Gewinns, des Umsatzes usw. schwankt.

Aber nicht nur der Gesamtanteil der Erfolgsbeteiligung am Ergebnis der Unternehmung muß festgelegt werden, sondern auch die **Aufteilung** der Erfolgsbeteiligung auf die einzelnen Arbeitnehmer.

Am einfachsten wäre es zweifellos, gleichmäßig **nach Köpfen** zu verteilen. Die Argumentation wäre, daß jeder ja nach seiner Leistung bereits sein Entgelt erhalten hat und die darüberhinausgehende Erfolgsbeteiligung jedem nun gleichermaßen zusteht.

Trotzdem wird in der Praxis häufig eine **Abstufung** vorgenommen. Diese erfolgt zum Beispiel nach folgenden Gesichtspunkten: Betriebszugehörigkeit, Alter, Funktion, Arbeitsentgelt, Anwesenheit im Betrieb. Es werden dann für diese Merkmale Punkte vergeben und die Erfolgsbeteiligung ist entsprechend höher oder niedriger. In der Praxis wird man eine bestimmte Anzahl Grundpunkte an jeden vergeben und dann für die einzelnen Merkmale Zusatzpunkte. Dann wird der in DM ausgewiesene Gesamtanteil der Arbeitnehmerschaft durch die Summe aller Punkte dividiert, so daß man einen DM-Wert für jeden Punkt erhält. Dieser DM-Wert muß dann bei jedem einzelnen Arbeitnehmer mit der individuellen Punktzahl multipliziert werden, um seinen Anteil zu errechnen.

4. Formen der Ausschüttung

Bezüglich der Formen der Ausschüttung gibt es verschiedene Möglichkeiten. Zunächst wäre es denkbar, die Erfolgsbeteiligung an die **Gemeinschaft aller Arbeitnehmer** auszuschütten. Dies könnte z. B. in der Form der Errichtung und Aufrechterhaltung von Sozialeinrichtungen wie einer betrieblichen Unterstützungskasse, Werksbücherei, Ferienheimen geschehen.

In den meisten Fällen wird man aber eine Zuweisung an den **einzelnen Arbeitnehmer** bevorzugen. Das Interesse der Arbeitnehmer ist in einem solchen Fall in der Regel größer. Dabei sind folgende Formen zu unterscheiden: Barzahlung in einem Betrag oder in Teilbeträgen oder Anweisung auf das Sparkonto oder Gutschrift für den Kauf von Wertpapieren oder Belegschaftsaktien.

Bei der Barzahlung ist es günstiger, in einem Betrag oder zumindest in wenigen größeren Beträgen auszuzahlen. Splittert man auch die Auszahlung auf viele Einzelbeträge auf, so wird die Erfolgsbeteiligung sehr bald als eine zusätzliche, angenehme Lohnerhöhung betrachtet. Am zweckmäßigsten dürfte es im Falle der Barausschüttung sein, zwei Termine zu wählen, wobei der eine vor Beginn der Urlaubszeit und der zweite vor Weihnachten liegen sollte.

Wenn es die Erfolgsbeteiligung von der Höhe her erlaubt, sollte auf keinen Fall alles in bar ausgeschüttet werden, sondern ein Teil einer längeren Anlageform zugeführt werden. Wenn für die **Altersvorsorge** etwas getan werden soll, so wird der angesammelte Betrag erst zum Ausscheiden des Mitarbeiters aus dem Erwerbsleben fällig. Es bietet sich dann eine jährliche Ausschüttung an, die bei den Mitarbeitern auf Konten gutgeschrieben wird. Eine Freigabe der angesammelten Erfolgsbeteiligung im Falle des Ausscheidens des Mitarbeiters vor dem Erreichen der Altersgrenze oder der Erwerbs- bzw. Berufsunfähigkeit ist nicht anzuraten. Würde so vorgegangen, so würden viele Arbeitnehmer den Arbeitsplatz nur deshalb wechseln, um an die angesammelte Erfolgsbeteiligung heranzukommen. Man würde auf diese Weise nicht zu einer Bindung der Mitarbeiter an den Betrieb durch die Erfolgsbeteiligung gelangen, sondern im Gegenteil die Fluktuation der Mitarbeiter unterstützen.

Anstelle einer Gutschrift auf ein Konto, das entsprechend der Vereinbarung bis zur Pensionierung bzw. Erwerbs- oder Berufsunfähigkeit des Arbeitnehmers gesperrt ist, kommt auch eine Anlage in der Form von Wertpapieren in Frage. Die Verfügung über diese Wertpapiere unterliegt dann der gleichen Sperre wie im Falle des Sparkontos die Verfügung über das Konto.

Bei Aktiengesellschaften ergibt sich die Möglichkeit, die Einzelbeteiligung durch **Ausgabe von Aktien** an die Arbeitnehmer zu regeln. Es kann dem Arbeitnehmer auch das Recht zum Kauf von Firmenaktien zu einem Vorzugskurs eingeräumt werden. Der Arbeitnehmer kann in diesem Fall seinen Erfolgsanteil nur realisieren, wenn er auch aus eigenen Mitteln eine entsprechende Summe für den Aktienkauf aufwendet. Die Dauer der Anlage beträgt im Falle der Aktie 5 Jahre, weil eine frühere Veräußerung steuerschädlich sein würde.

5. Rechtliche und steuerliche Gesichtspunkte

Die Erfolgsbeteiligung kann **rechtlich** in verschiedener Weise geregelt werden.

Viele Unternehmen legen Wert darauf, von Jahr zu Jahr in ihrer Entscheidung bezüglich der Erfolgsbeteiligung frei zu sein. Sie möchten die Erfolgsbeteiligung in Form einer freiwilligen Unternehmensleistung **ohne Rechtsanspruch** gestalten. Von Jahr zu

Jahr wird dann neu festgelegt, nach welchem System und in welcher Weise ausgeschüttet werden soll. Wenn ein Rechtsanspruch nicht entstehen soll, so muß jedesmal vom Empfänger schriftlich bestätigt werden, daß es sich um eine freiwillige Leistung der Firma handelt.

Die Treue zur Firma mit Hilfe der Erfolgsbeteiligung wird besser gefördert, wenn sich die Firma dazu entschließt, die Erfolgsbeteiligung regelmäßig und mit Rechtanspruch zu gewähren. Es werden dann von der Firma die Richtlinien und Verfahrensweisen in einer **Satzung** festgelegt.

Als dritte rechtliche Gestaltungsmöglichkeit kommt die **Betriebsvereinbarung** in Frage. Dadurch wird dem Betriebsrat eine Mitwirkung eingeräumt.

Von großer Wichtigkeit für den Arbeitnehmer ist die **steuerliche** Seite der Erfolgsbeteiligung. Diese ist im „Gesetz zur Förderung der Vermögensbildung der Arbeitnehmer" vom 12. Juli 1961 und im „Zweiten Gesetz zur Förderung der Vermögenbildung der Arbeitnehmer" vom 1. Juli 1965 geregelt.

Zunächst einmal wird dort festgelegt, daß es zu einer vermögenswirksamen Anlage des Arbeitnehmers nicht irgendwelcher zusätzlicher Leistungen des Arbeitgebers bedarf. Die vermögenswirksame Anlage kann also ebenso aus dem laufenden Arbeitsentgelt erfolgen.

Wenn der Arbeitgeber jedoch steuerbegünstigte Aufwendungen im Rahmen des Vermögensbildungsgesetzes für seine Arbeitnehmer tätigt, so müssen diese allen Arbeitnehmern des Betriebes ohne Ausnahme zugestanden werden. Hier können somit nicht Auszubildende oder erst kurze Zeit im Betrieb Beschäftigte von der steuerbegünstigten Zuwendung ausgeschlossen werden.

Die Leistungen im Rahmen der Vermögensbildung, die der Betrieb für den Arbeitnehmer aufbringt, sind bis zu DM 936,– steuerfrei.

4. Kapitel:
Personalplanung und Personalbeschaffung

A. Planung des Personalbedarfs

I. Ziel der Personalplanung

Die Personalplanung ist ein wesentlicher Bestandteil der vorausschauenden Unternehmenspolitik. Das Unternehmen ist letzten Endes so gut wie seine Mitarbeiter. Da qualifizierte Mitarbeiter normalerweise nicht von heute auf morgen zu finden sind, ist es notwendig, möglichst weit im voraus den Personalbedarf zu bedenken und die Deckung dieses Bedarfs entsprechend zu planen.

Ziel der Personalplanung ist es, jederzeit das erforderliche Personal nach Anzahl und Qualität bereitzustellen. Wir können dabei eine kurzfristige (bis zu einem Jahr), mittelfristige (bis zu fünf Jahren) und langfristige (bis zu 10 Jahren) Personalplanung unterscheiden. Bei hoch qualifizierten Mitarbeitern wird man längere Planungsfristen, teilweise bis zu 10 Jahren, vorsehen. Je geringer die Qualifikation, desto kürzer ist der Planungszeitraum. Die Planung des Bedarfs an Arbeitern wird auf drei Monate gehen, für Angestellte ohne Führungsfunktion auf ein Jahr und für Angestellte mit Führungsfunktion auf drei bzw. fünf Jahre.

Die besondere Schwierigkeit für die Personalplanung liegt darin, daß sie mit den übrigen betrieblichen Planungsbereichen wie der Absatzplanung, der Produktionsplanung und der Investitionsplanung **abgestimmt** werden muß. Wird z. B. eine Betriebserweiterung geplant, so muß überlegt werden, welche neu zu schaffenden Arbeitsplätze diese Maßnahme zur Folge hat. Geplante Umsatzerhöhungen um eine bestimmte Quote für die nächsten Jahre bedingen auf der anderen Seite eine entsprechende Ausweitung der Produktion, außerdem Investitionen, und dies alles hat gleichzeitig einen weiteren Personalbedarf zur Folge.

Neben diesem durch Umsatz, Produktion und Investition steigenden oder auch bei Einschränkungen abnehmenden Personalbedarf ist auch der durch Pensionierung oder Invalidität oder Tod entstehende **Ersatzbedarf** bei der Personalplanung zu bedenken. Der Ersatzbedarf bezieht sich auf das Ausscheiden von Mitarbeitern aus dem Betrieb. Neben Alter, Invalidität und Tod kommen dabei noch folgende Gründe in Betracht: Wechsel zu einem anderen Unternehmen (Fluktuation), Ausscheiden wegen Heirat, Einberufung zur Bundeswehr, Besuch weiterführender Schulen.

Zur **Ermittlung des Personalbedarfs für einen bestimmten Zeitpunkt** kann folgendes Schema dienen:

gegenwärtiger Personalbestand
./. Abgänge infolge Ausscheidens aus dem Betrieb oder infolge Beförderungen und Versetzungen
+ Zugänge durch bereits feststehende Neueintritte, Beförderungen, Versetzungen, Rückkehr von der Bundeswehr, Rückkehr von Fortbildungsmaßnahmen, Übertritt aus dem Lehr- in das ordentliche Arbeitsverhältnis
= zu erwartender Personalbestand im betreffenden Zeitpunkt

Aus diesem Schema ergibt sich der zu erwartende Personalbestand einer Abteilung oder auch des ganzen Betriebs zu einem bestimmten Zeitpunkt. Rechnet man hierzu die geplanten Neueinstellungen aus dem Ersatzbedarf und dem zusätzlichen Bedarf bzw. zieht man die geplanten Personaleinsparungen ab, so erhält man den geplanten Personalbestand zu einem bestimmten Zeitpunkt.

II. Voraussetzungen

Voraussetzungen einer wirksamen Personalplanung sind vorliegende Planungen des Absatzes, der Produktion und der Investition. Auch geplante Rationalisierungsmaßnahmen müssen berücksichtigt werden. Sie führen entweder zu einer Personaleinschränkung oder jedenfalls zu einer qualitativen Umstrukturierung des Personals.

Weitere Voraussetzungen sind die für die Personalplanung notwendigen **Statistiken.** Sie betreffen die Altersstruktur der Belegschaft, die Fehlzeiten und die Fluktuation. Die Fehlzeitenstatistik ist wichtig für die Ermittlung des Bedarfs an sogenannten **Springern.**

Als Springer werden Mitarbeiter bezeichnet, die die verschiedensten Arbeiten ausführen können und dann einspringen, wenn die betreffenden Mitarbeiter, die diese Arbeiten regelmäßig erledigen, aus Gründen wie Krankheit, Urlaub, Fortbildungsseminare ausfallen.

Für eine gute Personalplanung sind außerdem volkswirtschaftliche Statistiken von Bedeutung. Insbesondere ist es wichtig, die **Arbeitsmarktentwicklung** zu beobachten. Außerdem müssen Konjunkturprognosen in die Planung einbezogen werden. Auch die voraussichtlichen Regelungen der Arbeitszeit und der Sozialgesetzgebung sind bei der Personalplanung zu beachten.

III. Hilfsmittel

Für die Planung des Personalbedarfs lassen sich verschiedene Hilfsmittel heranziehen: Stellenpläne, Stellenbesetzungspläne, Stellenbeschreibungen, Nachfolge- und Laufbahnpläne.

Im **Stellenplan** werden die in einer Abteilung notwendigen Arbeitsplätze nach Anzahl und Bezeichnung festgehalten. Der **Stellenbesetzungsplan** zeigt darüber hinaus, ob und von welchen Mitarbeitern die einzelnen Stellen besetzt sind. Dabei werden neben dem Namen auch in Kurzform Vollmachten angegeben sowie das Geburts- und Eintrittsjahr und die Tarifgruppe.

Die **Stellenbeschreibung** hält die Zielsetzung eines Arbeitsplatzes, die mit dem Arbeitsplatz verbundenen Aufgaben und Kompetenzen und die Beziehungen zu anderen Arbeitsplätzen fest. Daraus gehen die Anforderungen hervor, die bei Besetzung der Stelle an den Bewerber zu stellen sind.

Die **Nachfolge- und Laufbahnpläne** halten fest, von welchem Stelleninhaber für welchen Zeitraum eine Position ausgefüllt wird. Eine zweckdienliche Personalplanung wird neben dem Stelleninhaber einen erstrangigen Nachfolger für den Fall des Ausfalls des Stelleninhabers vorsehen, eventuell auch einen zweitrangigen Nachfolger für den Fall, daß der zuerst Genannte ausfallen sollte. Auf diese Weise können für die verschiedenen Stellen und die Mitarbeiter Nachfolge- bzw. Laufbahnpläne erstellt werden. Änderungen der Planung treten natürlich immer wieder ein. Gründe dafür sind die Fluktuation von Mitarbeitern, Todesfälle oder Invalidität, vielleicht auch ein Abfall der Arbeitsleistung eines vorgesehenen Nachfolgers, die zu einer Veränderung des Nachfolgeplans führt.

B. Anwerben neuer Mitarbeiter

I. Der innerbetriebliche Arbeitsmarkt

Für die Personalbeschaffung gibt es zwei Wege: Besetzung der vakanten Stelle durch bereits im Unternehmen tätige Mitarbeiter, also über den sogenannten innerbetrieblichen Arbeitsmarkt, sowie Anwerbung neuer Mitarbeiter von außen, d. h. Inanspruchnahme des außerbetrieblichen Arbeitsmarktes.

Bevor man meist aufwendige Aktionen zur Anwerbung neuer Mitarbeiter außerhalb des Betriebes unternimmt, dürfte es sich als zweckmäßig erweisen, zunächst einmal im eigenen Betrieb Umschau zu halten. Um den innerbetrieblichen Arbeitsmarkt in der notwendigen Weise zu aktivieren, ist es erforderlich, Wege zu suchen, die dazu dienen, den für die zu besetzenden Stellen in Betracht kommenden Mitarbeitern die entsprechenden Informationen zukommen zu lassen. Dazu können Anschläge am Schwarzen Brett dienen, Rundschreiben, Verteilen von Listen, auf denen die zu besetzenden Stellen aufgeführt sind. All diese Maßnahmen werden als innerbetriebliche oder **interne Stellenausschreibung** bezeichnet. Der **Betriebsrat** kann nach dem novellierten Betriebsverfassungsgesetz vom 15. Januar 1972 eine interne Ausschreibung verlangen.

Erhält ein Bewerber aus dem eigenen Unternehmen die Stelle, so wird eine **Versetzung** erforderlich. Die beiden betroffenen Vorgesetzten des Bewerbers müssen sich über den Versetzungstermin einigen. Ist der Bewerber gerade mit einem bestimmten Projekt betraut, so wird die Versetzung erst nach Ablauf dieser Arbeit vorgenommen. Die innerbetriebliche Versetzung erfolgt **ohne Probezeit**, weil ja über den Mitarbeiter bereits Beurteilungsunterlagen vorliegen.

Eine erhebliche Rolle im Zusammenhang mit innerbetrieblichen Stellenbesetzungen spielen die Vorgesetzten, die nun veranlaßt sind, Mitarbeiter abzugeben. Hierbei gibt es oft Schwierigkeiten zu überwinden. Die Unternehmensführung muß darauf achten, daß die Einstellung der Vorgesetzten bezüglich der Versetzung von Mitarbeitern aus ihrer Gruppe positiv ist. Es muß dem Vorgesetzten klar gemacht werden, daß es auch für ihn eine Auszeichnung ist, wenn aus seiner Gruppe immer wieder Mitarbeiter für andere Aufgaben zu verwenden sind. Der Vorgesetzte muß wissen, daß es eine wichtige Aufgabe innerhalb seiner Führungsrolle ist, Mitarbeiter heranzuziehen, die für neue Aufgaben in Frage kommen. Wenn sich diese Einstellung bei den Vorgesetzten durchsetzt, so hat der Mitarbeiter auch keine Hemmungen, sich für eine andere Stelle zu bewerben.

II. Externe Personalbeschaffung

Wenn die innerbetrieblichen Möglichkeiten zur Deckung des Personalbedarfs nicht ausreichen, muß das Unternehmen den externen Arbeitsmarkt in Anspruch nehmen. Es werden Anzeigen in der Presse aufgegeben, die Arbeitsämter eingeschaltet, Schulen oder Hochschulen angeschrieben. Die Bewerber wenden sich daraufhin unter Einsendung ihrer Unterlagen an das Unternehmen. Das am häufigsten eingesetzte Werbemittel im Rahmen der externen Personalbeschaffung stellt die **Stellenanzeige** dar.

Von **offenen Stellenanzeigen** sprechen wir, wenn die Firma in der Anzeige ihren Namen bekannt gibt, so daß jeder Interessent weiß, mit wem er es zu tun hat. Unter dem Gesichtspunkt einer möglichst optimalen Bewerberauslese ist diese Form der Anzeige im allgemeinen der **Chiffreanzeige** vorzuziehen. Bei dieser melden sich oft gerade qualifizierte Bewerber nicht, weil sie es ablehnen, sich bei einer Firma zu bewerben, deren

Namen sie nicht einmal kennen. Auch muß der Bewerber befürchten, sich bei seiner eigenen Firma zu bewerben. Der Vorteil der Chiffreanzeige für die inserierende Firma liegt darin, daß eine Information unerwünschter Interessenten vermieden wird.

Inhaltlich sollten bei der Stellenanzeige folgende Punkte berücksichtigt werden:

a) Notwendige **Informationen** über das Unternehmen, z. B. über Standort, Größe, Mitarbeiterzahl.

b) Angaben über die zu besetzende **Stelle**, z. B. Gründe für die Stellenvakanz, Aufgabenbereich, Kompenzen, Status.

c) **Entwicklungsmöglichkeiten** im Unternehmen, z. B. Nennung der in absehbarer Zeit erreichbaren höheren Position, Angaben über die auf längere Sicht mögliche Karriere.

d) Aufführung der vom Unternehmen verlangten **Voraussetzungen** bezüglich der Anforderungen an den Bewerber in persönlicher und fachlicher Hinsicht.

e) **Leistungen** des werbenden Unternehmens: Lohn bzw. Gehalt, Wohnung, Arbeitszeit, Erfolgsbeteiligung, Altersversorgung.

f) **Eintrittstermin** und erforderliche **Bewerbungsunterlagen**.

C. Personalauslese

I. Beurteilungsunterlagen

Alle Unterlagen, die geeignet sind, einen Bewerber bezüglich der ausgeschriebenen Stelle zu beurteilen, nennen wir **Beurteilungsunterlagen.** Um eine erste Vorauswahl treffen zu können und ein späteres Vorstellungsgespräch gründlich vorzubereiten, müssen die Bewerbungsunterlagen zunächst analysiert und bewertet werden. Die **Analyse** bezieht sich auf vier Gesichtspunkte:

- formale Gestaltung
- Vollständigkeit
- Stilistische Gestaltung
- Inhalt

Bei der Prüfung der **formalen Gestaltung** ist auf die Sauberkeit der Form und die Klarheit der Gliederung zu achten.

Bei **unvollständigen Bewerbungsunterlagen** sollte der Bewerber aufgefordert werden, die fehlenden Unterlagen nachzureichen oder zum Vorstellungsgespräch mitzubringen.

Das Bewerbungsschreiben und der Lebenslauf können auf sprachliche **Stileigentümlichkeiten** hin untersucht werden, weil sie einen gewissen sprachlichen Spielraum zulassen. Man wird dabei untersuchen, ob der Stil des Bewerbes dynamisch ist oder statisch, sachlich oder emotional, überheblich oder bescheiden, flüssig oder schwerfällig.

Der Analyse der inhaltlichen Angaben des Bewerbers kommt eine besondere Bedeutung zu. Die **Inhaltsanalyse** erstreckt sich zunächst auf den Informationsgehalt der Bewerbung. Die Bewerbungsunterlagen müssen Hinweise auf die Qualifikation des Bewerbers enthalten, Aussagen über den derzeitigen Beschäftigungszustand (gekündigt oder ungekündigt), Angaben über die derzeitigen Einkommensverhältnisse und eventuell auch über die Verdienstvorstellungen bezüglich der neuen Position, Fixierung des frühesten Eintrittstermins.

Die Inhaltsanalyse wird weiterhin versuchen, eventuell vorhandene Diskrepanzen zwischen der zuletzt versehenen und der angestrebten Position aufzudecken. Wichtig ist auch, die **Zeitfolge** der Beschäftigungen zu untersuchen, eventuelle Lücken festzustellen. Außerdem muß auf die Häufigkeit des Arbeitsplatzwechsels geachtet werden. Dabei ist der Arbeitsplatzwechsel durchaus unterschiedlich zu beurteilen. In jungen Jahren wird der Arbeitsplatz meist häufiger gewechselt als später. Dies kann auf das gesunde Bestreben zurückzuführen sein, den Gesichtskreis zu erweitern und sich bei verschiedenen Firmen zu orientieren. Auch werden Außendienstpositionen häufiger gewechselt als Innendienstpositionen. Außendienstmitarbeiter kommen mehr herum, sie erfahren mehr, und so bleibt es oft nicht aus, daß sie eine Chance, die sich ihnen bietet, für einen rascheren Aufstieg nützen.

Andererseits muß es bedenklich stimmen, wenn der Arbeitsplatz ziemlich oft und immer nur nach einer Zugehörigkeit von einigen Monaten gewechselt wurde. Es ist weiterhin darauf zu achten, ob mit dem Arbeitsplatzwechsel eventuell ein positioneller Abstieg verbunden war oder ein positioneller Aufstieg.

Aussagen über den Komplex des **Arbeitsplatzwechsels** sind aus dem **Lebenslauf** zu entnehmen. Außerdem gibt uns der Lebenslauf Auskunft über das Alter des Bewerbers, seine Ausbildung und die Branchen, die er bis jetzt durchlaufen hat. Dabei wird sich ergeben, ob der Bewerber bislang mehr bei Großbetrieben oder bei Kleinbetrieben gearbeitet hat.

Bei der Analyse der **Zeugnisse** werden die Arbeitszeugnisse ein größeres Gewicht haben als die Zeugnisse der Ausbildungsstätte. Die Analyse der **Arbeitszeugnisse** wird sich vor allem auf folgende Punkte beziehen: Dauer und Inhalt der Tätigkeit, Leistung, soziales Verhalten und Verhalten gegenüber den Vorgesetzten, Grund des Ausscheidens.

Termine des Ausscheidens aus den Unternehmen, denen der Bewerber früher angehörte, sind genau unter die Lupe zu nehmen. Liegt ein Ausscheiden innerhalb der Kündigungsfrist vor, so wäre beim Vorstellungsgespräch zu erkunden, ob es sich hier um eine Trennung aus besonderem Grund gehandelt hat und von wem diese Trennung ausgegangen ist.

Einer kritischen Betrachtung müssen auch die **Aussagen über Leistungen und Verhaltensweisen** des Mitarbeiters unterzogen werden. Für den Ersteller des Zeugnisses liegt die Schwierigkeit darin, daß er auf der einen Seite wahrheitsgemäße Auskünfte geben möchte, auf der anderen jedoch auch durch ungünstige Aussagen dem Mitarbeiter seinen weiteren beruflichen Weg nicht verbauen möchte. Diesem Dilemma weichen die Ersteller der Zeugnisse dadurch aus, daß sie Formulierungen wählen, die objektiv betrachtet keine nachteilige Aussage darstellen, dem Kenner solcher Formulierungen aber doch die notwendigen Hinweise geben.

So haben sich hier im Laufe der Zeit bestimmte Formeln entwickelt:

„Hat die ihm übertragenen Arbeiten ständig zu unserer vollsten Zufriedenheit erledigt" bedeutet: sehr gute Leistungen.

„Hat die ihm übertragenen Arbeiten stets zu unserer vollen Zufriedenheit erledigt" bedeutet: gute Leistungen.

„Hat die ihm übertragenen Arbeiten zu unserer vollen Zufriedenheit erledigt" bedeutet: befriedigende Leistungen.

„Hat die ihm übertragenen Arbeiten zu unserer Zufriedenheit erledigt" bedeutet: ausreichende Leistungen.

"Hat die ihm übertragenen Arbeiten im großen und ganzen zu unserer Zufriedenheit erledigt" bedeutet: mangelhafte Leistungen.

Außerdem haben sich **Spezialformulierungen** herausgebildet, die objektiv wiederum nichts Negatives bedeuten, in Wirklichkeit aber doch auf wesentliche Schwächen des Bewerbers hinweisen:

"Er bemühte sich, den Anforderungen gerecht zu werden" bedeutet: er hat versagt.

"Er hat versucht, die ihm gestellten Aufgaben zu lösen" bedeutet: die Versuche verliefen ohne Erfolg.

"Er hatte Gelegenheit, alle lohnbuchhalterischen Arbeiten zu erledigen" bedeutet: die Gelegenheit war vorhanden, ein Erfolg stellte sich nicht ein.

"Er erledigte seine Aufgaben mit beachtlichem Interesse" bedeutet: er war zwar eifrig, aber die Ergebnisse enttäuschten.

"Er hat alle Arbeiten ordnungsgemäß erledigt" bedeutet: es fehlt ihm an Eigeninitiative.

"Er hat sich im Rahmen seiner Fähigkeiten eingesetzt" bedeutet: er hat sich bemüht, aber es kam nicht viel dabei heraus.

"Er zeigte für seine Arbeit Verständnis" bedeutet: er war faul.

"Durch seine Geselligkeit trug er zur Verbesserung des Betriebsklimas bei" bedeutet: er neigt zu übertriebenem Alkoholgenuß.

"Im Kollegenkreis galt er als toleranter Mitarbeiter" bedeutet: er hat laufend bei den anderen Mitarbeitern gegen die Vorgesetzten gearbeitet.

Meist wird als Bewerbungsunterlage von den Bewerbern auch ein **Lichtbild** und von einigen Firmen werden Referenzen angefordert. Der Aussagefähigkeit des Lichtbilds kann nur geringe Bedeutung beigemessen werden. Bei Außendienstpositionen wird man ihm eine gewisse Beachtung schenken müssen.

Auch **Referenzen** können für die Beurteilung eines Bewerbers keine allzu große Aussagekraft erbringen. Meist handelt es sich um Persönlichkeiten, die dem Bewerber einen Gefallen tun wollen, mit ihm gut bekannt oder gar befreundet sind.

Die meisten Firmen übersenden heute dem Bewerber einen **Personalfragebogen,** den dieser mit seinen Unterlagen ausgefüllt einreichen möge. Der Personalfragebogen enthält folgende Abschnitte: Angaben zur Person, Ausbildungsweg, bisherige berufliche Positionen, spezielle Kenntnisse.

Bei der Erstellung eines Personalfragebogens ist zu beachten, daß der Betriebsrat nach § 94 des Betriebsverfassungsgesetzes hinsichtlich des Inhalts ein **Zustimmungsrecht** hat. Dadurch sollte eine Kontrolle eingebaut werden, durch indiskrete Fragen in die Intimsphäre des Bewerbers einzudringen. Der Arbeitgeber hat aber das Recht, im Personalfragebogen alles zu erfragen, was für die ausgeschriebene Position objektiv von Bedeutung sein könnte. Dabei lassen sich Fragen, die die Persönlichkeitssphäre stark berühren, nicht vermeiden.

Berechtigte Fragen können sich zum Beispiel auf Krankheiten beziehen, wenn diese Gesichtspunkte für den vorgesehenen Arbeitsplatz von Bedeutung sind. Bei Frauen ist die Frage nach einer bestehenden Schwangerschaft zulässig, weil ja damit Rechtsfolgen für das Arbeitsverhältnis verbunden sind. Fragen nach Vorstrafen sind erlaubt, wenn zum Beispiel die Stelle eines Kassierers oder Revisors zu besetzen ist. Getilgte Vorstrafen müssen jedoch nicht angegeben werden. Politische Fragen sind nicht zulässig. Dies gilt sowohl bezüglich der Mitgliedschaft in einem erlaubten politischen Verband oder einer Partei wie auch bezüglich der Einstellung zu politischen Fragen insgesamt.

II. Vorstellungsgespräch

Aus den Beurteilungsunterlagen werden diejenigen Bewerber ausgesucht, die in die engere Auswahl kommen. Das Vorstellungsgespräch (Interview) ist dann die entscheidende Auswahlmethode.

Man unterscheidet das freie, das strukturierte und das standardisierte Interview.

Beim **freien Interview** sind Gesprächsinhalt und Ablauf nicht vorgegeben. Der Interviewer kann sich völlig flexibel dem Gesprächspartner und der jeweiligen Situation anpassen.

Beim **strukturierten Interview** ist ein bestimmter Rahmen vorgegeben. Dies geschieht in Form von Kernfragen, die auf jeden Fall gestellt werden sollen. Auch hier gibt es also einen erheblichen Freiheitsspielraum für den Interviewer.

Das **standardisierte Interview** wird aufgrund von vorgegebenen Fragen durchgeführt. Es läuft darauf hinaus, daß der Interviewer einen Fragebogen auszufüllen hat. Gegenüber einer schriftlichen Befragung hat das standardisierte Interview lediglich den Vorteil, daß der Interviewer die gestellten Fragen erläutern kann.

In der Praxis wird das Vorstellungsgespräch meist in der Form des freien oder des strukturierten Interviews durchgeführt.

Der Interviewer ist bestrebt während des Gesprächs folgende **Informationen über den Bewerber** zu erhalten:

- eine **Verhaltensstichprobe:** Sie bezieht sich auf Stimme, Sprachgebrauch, allgemeines Erscheinungsbild, Nervosität, Ausgeglichenheit usw. Es geht dabei darum, einen persönlichen Eindruck von dem Bewerber zu gewinnen.
- **Biographische Daten:** Der Interviewer möchte sich ein Bild über den Leistungsstand und die Einsatzfähigkeit des Bewerbers machen. Er wird außerdem versuchen, Daten, die aus den Bewerbungsunterlagen nicht zu ermitteln waren, nunmehr zu ergänzen.
- **Fachwissen:** Durch fachliche Fragen versucht der Interviewer, Aufschluß über die fachliche Eignung des Bewerbers zu erhalten.
- **Integrationsfähigkeit:** Der Interviewer versucht zu ermitteln, inwieweit der Bewerber bereit ist, sich in die ihm zugedachte Arbeitsgruppe einzuordnen.
- **Erwartungen:** Die Zielvorstellungen und Erwartungen des Bewerbers bezüglich seiner weiteren Entwicklung müssen im Vorstellungsgespräch abgeklärt werden.

Für den Interviewer ist es sehr wichtig, sich auf das Vorstellungsgespräch intensiv **vorzubereiten.** Er wird sich in diesem Zusammenhang die **Stellenbeschreibung** der vakanten Position noch einmal genau ansehen. Außerdem dienen ihm die **Bewerbungsunterlagen** für die Vorbereitung. Er wird sich Lücken oder Unklarheiten aus den Bewerbungsunterlagen notieren. Außerdem wird er sich einprägen bzw. notieren, welche **Entwicklungsmöglichkeiten** die zu besetzende Position bietet, wie ihr finanzieller Rahmen aussieht und welche internen oder externen Weiterbildungsmöglichkeiten sich für den Bewerber ergeben.

Für den **thematischen Aufbau** eines Vorstellungsgespräches lassen sich allgemeingültige Regeln aufstellen:

Das Gespräch wird eingeleitet durch die **Begrüßung** und gegenseitige Vorstellung. Der Interviewer bedankt sich für die Bewerbung und das Zustandekommen des Gesprächs. Er versichert dem Bewerber die Vertraulichkeit der Bewerbung. Er erkundigt sich über die Anreise des Bewerbers.

Im nächsten Schritt geht der Interviewer auf die **persönliche Situation** des Bewerbers ein. Er spricht mit ihm über dessen Wohnort, seine Familie, das Elternhaus, die landsmannschaftliche Herkunft.

Die dritte Phase des Gesprächs bezieht sich dann auf die **Ausbildung** des Bewerbers. Neben dem schulischen Werdegang wird über betriebsinterne und betriebsexterne Weiterbildungsabsichten gesprochen.

Daran schließt sich in der nächsten Phase die Besprechung der **beruflichen Entwicklung** des Bewerbers an. Es geht um den erlernten Beruf, die bisherigen Positionen und die Berufspläne.

Im folgenden Abschnitt des Gesprächs gibt der Interviewer dem Bewerber eine **Übersicht über das Unternehmen** insgesamt, die Abteilung, in die der Bewerber eintreten soll, die Gruppe, in der er arbeiten wird, die Aufgaben, die auf ihn zukommen werden.

Die nächste und damit sechste Phase des Gesprächs beinhaltet die eigentlichen **Vertragsverhandlungen**. Es wird über das Gehalt gesprochen, außerdem über weitere Leistungen des Unternehmens, die in den Vertrag aufgenommen werden sollen. Der Interviewer wird auch Leistungen des Unternehmens nennen, die vertraglich nicht vereinbart werden, aber allen Mitarbeitern aufgrund einer Betriebsvereinbarung zustehen.

Das Gespräch wird abgeschlossen mit der **Verabschiedung** und der Information an den Bewerber, wann und in welcher Form er über das Ergebnis des Vorstellungsgespräches unterrichtet werden wird.

Jeder Interviewer wird sich eine Reihe von **Spezialfragen** zurecht legen, die ihm helfen, Rückschlüsse auf die Eignung des Bewerbers für die betreffende Position zu ziehen. Von diesen Spezialfragen sollen hier nur einige beispielhaft angeführt werden:

- Worauf beruht Ihr Interesse, in unserem Unternehmen zu arbeiten?

Durch diese Frage soll erforscht werden, ob den Bewerber das Aufgabengebiet interessiert oder eventuell nur das erwartete hohe Gehalt bzw. die sozialen Leistungen des Unternehmens.

- Sind Sie in der Freizeit gern allein oder bevorzugen Sie die Geselligkeit in der Gemeinschaft?

Bei vielen Positionen ist es wichtig, daß der Bewerber Kontaktfähigkeit besitzt. Es gibt natürlich Positionen, wo es auf diese Frage weniger ankommt.

- Wie steht Ihre Frau zu dem beabsichtigten Stellenwechsel?

Von seiten der Ehefrau kann die Arbeitsmotivation positiv oder negativ beeinflußt werden.

- Wie würde sich Ihre Frau zu einer eventuellen Versetzung in eine andere Stadt stellen?

Wenn von dem Bewerber erwartet wird, daß er sich in geografischer Hinsicht mobil zeigt, so ist der Einfluß der Frau in diesem Punkt von großer Bedeutung.

- Haben Sie neben Ihrer beruflichen Tätigkeit an sonstigen Weiterbildungsmaßnahmen teilgenommen?

4. Kapitel: Personalplanung und Personalbeschaffung 559

Damit wird erkundet, ob der Bewerber auch hinsichtlich seiner Weiterbildung Aktivitäten entwickelt hat.
- Wie sind Sie zu Ihrer gegenwärtigen Position gekommen?
Hat sich der Bewerber damals Gedanken über seine weitere berufliche Entwicklung gemacht, d. h. hat er wirkliche Zielvorstellungen entwickelt oder war mehr der Zufall ausschlaggebend.
- Können Sie einen typischen Arbeitstag Ihrer derzeitigen Position schildern?
Es zeigt sich, ob der Bewerber das Aufgabengebiet, das er zur Zeit zu betreuen hat, flüssig darzustellen weiß. Außerdem kann verglichen werden, ob seine Aussagen mit den Angaben in den Unterlagen übereinstimmen und inwieweit seine derzeitige Tätigkeit mit dem zu vergebenden Aufgabengebiet identisch ist.
- Warum wollen Sie Ihre derzeitige Stelle aufgeben?
Eventuelle negative Aussagen, die der Bewerber über seine derzeitige Position macht, müssen auf ihre Berechtigung hin überprüft werden.

Für eine Position kann letzten Endes immer nur ein Bewerber eingestellt werden. Den anderen Bewerbern muß dann abgesagt werden. Der **Absagebrief** sollte so abgefaßt sein, daß der Bewerber dadurch nicht entmutigt wird. Er soll einen guten Eindruck von der Firma behalten.

III. Eignungstestverfahren

Nach den zu testenden Eigenschaften unterscheidet man in
- Intelligenz-,
- Fertigkeiten-,
- Leistungs-,
- Persönlichkeitstests.

Bei den **Intelligenztests** wird die Fähigkeit gemessen, bestimmten geistigen Anforderungen gerecht zu werden. Dabei unterscheidet man verschiedene Arten von Intelligenz:
- verbales Verständnis,
- Rechenfähigkeit,
- quantitatives Denken,
- Wahrnehmungsschnelligkeit,
- räumliches Sehen.

All diese Arten von Intelligenz werden durch entsprechende Methoden zu messen versucht. Den zu testenden Personen werden entsprechende Aufgaben vorgelegt.

Die **Fertigkeitentests** sollen die Auswirkungen von Lernerfahrungen unter möglichst unbekannten Bedingungen messen. Häufig angewendet wird hierbei das Drahtbiegen. Testpersonen sollen Draht so biegen, daß bestimmte, zum Beispiel durch einen Overhead-Projektor gezeigte Figuren entstehen. Dies muß innerhalb einer vorgegebenen Zeit erreicht werden. Auf diese Weise soll die manuelle Geschicklichkeit festgestellt werden.

Leistungstests messen die Auswirkungen von Lernerfahrungen unter bekannten Bedingungen. Typische Beispiele dafür sind Abschlußprüfungen am Ende eines Schuljahres oder einer Ausbildung.

Durch **Persönlichkeitstests** sollen verschiedene Seiten einer Persönlichkeit herausgearbeitet werden. Die Testpersonen müssen zum Beispiel ankreuzen, für welche auf dem Testbogen angegebenen Tätigkeiten, Gegenstände, Personen sie Interesse oder Ablehnung aufbringen. Auf diese Weise sollen die Interessen der Testpersonen gefunden werden. Grundlage für diese Tests ist die empirisch nachgewiesene Tatsache, daß Personen eines bestimmten Berufsbereichs zu gemeinsamen Interessen neigen. Bestimmte Interessen können also Hinweise darauf geben, ob eine Person für einen Beruf geeignet ist oder nicht.

Man versucht auch über sogenannte **projektive Verfahren** ein Bild von der Persönlichkeit der Testpersonen zu erhalten. Der Bewerber soll ein ihm vorgelegtes Bild interpretieren. Für dieses Verfahren werden Bilder gewählt, bei denen die Bewerber in der Regel dazu neigen, die eigene Persönlichkeit in das vorgelegte Bild hineinzuinterpretieren.

D. Der Arbeitsvertrag

I. Zustandekommen

Jedem Arbeitsverhältnis liegt ein Arbeitsvertrag zugrunde. Durch den Arbeitsvertrag wird das **Arbeitsverhältnis** begründet.

Wie jeder Vertrag, so entsteht auch der Arbeitsvertrag durch Einigung zwischen den **Vertragsparteien**. Die Einigung erstreckt sich auf alle Vertragspunkte, über die die beiden Parteien oder auch nur eine der beiden Parteien eine Vereinbarung wünschen. Solche Punkte sind in erster Linie der Zeitpunkt der Arbeitsaufnahme, die Höhe des Entgelts, das Aufgabengebiet, soziale Leistungen der Firma, Vertragsdauer und Kündigungsfrist.

Bevor ein Arbeitsvertrag abgeschlossen wird, muß der **Betriebsrat** unterrichtet werden. Die Unterrichtung bezieht sich auf den Arbeitsplatz und die Person des Bewerbers. Zweckmäßigerweise wird diese Unterrichtung schriftlich vorgenommen. Die Unterrichtung des Betriebsrats muß so rechtzeitig erfolgen, daß dieser genügend Zeit hat, sich über seine Stellungnahme klar zu werden. Da der Betriebsrat nach dem Betriebsverfassungsgesetz ein Mitbestimmungsrecht bei der Eingruppierung hat, wird man die Lohn- und Gehaltsgruppe angeben, in welche der Bewerber eingestuft werden soll. Der Betriebsrat hat dann innerhalb einer Woche nach der Mitteilung Gelegenheit, gegen die geplante Einstellung Bedenken zu äußern. Verweigert der Betriebsrat seine Zustimmung, so kann der Arbeitgeber beim Arbeitsgericht beantragen, die Zustimmung zu ersetzen.

Die **Unternehmung kann** allerdings **aus sachlichen Gründen, die dringend geboten erscheinen,** eine **vorläufige Einstellung gegen** die **Bedenken des Betriebsrates vor Ablauf der 7-Tage-Frist** vornehmen. Hiervon ist der **Betriebsrat sofort zu unterrichten. Bestreitet** der **Betriebsrat** unverzüglich die **Notwendigkeit der Einstellung,** so **kann** der **Arbeitgeber** diese **Maßnahme nur aufrechterhalten, wenn er beim** zuständigen **Arbeitsgericht die Ersetzung der Zustimmung** des Betriebsrates **und die Feststellung beantragt, daß** die **Maßnahme** aus sachlichen Gründen **dringend erforderlich war.**

Bei **minderjährigen Arbeitnehmern** bedarf es zum Abschluß des Arbeitsvertrages der Zustimmung des gesetzlichen Vertreters. Diese Zustimmung ist nur dann nicht erforderlich, wenn der gesetzliche Vertreter den Minderjährigen generell ermächtigt hat, ein Arbeitsverhältnis zu begründen.

II. Form und Inhalt

Die Form des Arbeitsvertrages ist **nicht vorgeschrieben.** Der Arbeitsvertrag kann somit rechtswirksam sowohl durch schriftliche als auch durch mündliche Vereinbarung zwischen Arbeitgeber und Arbeitnehmer geschlossen werden. Eine Ausnahme davon kann im **Tarifvertrag** festgelegt werden, d. h. es kann zwischen den Tarifvertragsparteien vereinbart werden, daß Arbeitsverträge in schriftlicher Form abgeschlossen werden müssen. An sich empfiehlt es sich immer, aus Beweisgründen die getroffenen Vereinbarungen schriftlich zu fixieren. Dadurch werden Konflikte, wie sie bei mündlichen Vereinbarungen häufig entstehen können, vermieden.

Der **Inhalt des Arbeitsvertrages** erstreckt sich im allgemeinen auf folgende Punkte:

- **Vertragsparteien:** Die Arbeitgeberfirma wird genau nach Bezeichnung, Rechtsform und Sitz angegeben; wird zum Beispiel als Vertragspartner auf Arbeitgeberseite ein mit eigener Rechtspersönlichkeit ausgestattetes Zweigwerk eines Stammwerkes genannt, so richten sich die Vertragsansprüche des Arbeitnehmers nur gegen dieses Zweigwerk. Demgegenüber steht als zweite Vertragspartei der Arbeitnehmer mit Name und Anschrift.
- **Dienststellung und Aufgabenbereich:** Eine kurze Beschreibung des Aufgabenbereichs ist wegen einer eventuellen Haftung des Arbeitnehmers sowie wegen der tätigkeitsbedingten Qualifikation zum leitenden Angestellten notwendig. Ebenso wird eine Bezeichnung der Dienststellung des Arbeitnehmers angegeben zum Beispiel Personalsachbearbeiter, Programmierer, Assistent der Geschäftsleitung. Der Text lautet dann in etwa: „Die Firma überträgt Herrn ... mit Wirkung vom ... die Funktion eines ..., die mit folgenden Vollmachten versehen ist; ... Herr ... nimmt folgende Aufgaben eigenverantwortlich wahr: ...". Außerdem wird auf die Stellenbeschreibung hingewiesen.
- **Arbeitszeit:** Hier wird meist auf den Tarifvertrag verwiesen, weil in den meisten Fällen die Arbeitszeit tarifvertraglich geregelt ist. Sollte eine tarifvertragliche Regelung nicht vorliegen, so ist die Arbeitszeit im Arbeitsvertrag anzugeben. Außerdem muß die Verpflichtung zu Überstunden und das dafür zu leistende Entgelt geregelt werden.
- **Bezüge:** Das monatliche Bruttogehalt wird eingetragen, außerdem eventuell die Bezahlung eines 13. Monatsgehaltes oder eines Urlaubsgeldes.
- **Trennungsentschädigung und Reisekostenvergütung:** Für den Fall einer längeren Trennung von der Familie, wodurch eine doppelte Haushaltsführung notwendig wird, leistet die Firma eine Trennungsentschädigung. Die Trennungsentschädigung wird befristet gewährt, weil man davon ausgeht, daß der Arbeitnehmer nach einer gewissen Zeit eine Wohnung am Ort des neuen Arbeitsplatzes finden kann. Die Reisekostenvergütung betrifft den Ersatz von Kosten, die dem Arbeitnehmer bei Reisen im Auftrag der Firma entstehen. Die Sätze sind in der Regel nach der Höhe des Gehalts gestaffelt.
- **Urlaub:** Die Mindestregelung für Urlaubsgewährung ergibt sich aus dem **Bundesurlaubsgesetz.** Tarifverträge und firmeninterne Abmachungen gehen über diesen Mindesturlaub hinaus. Für die Staffelung des Urlaubs ist die Stellung im Unternehmen maßgeblich, außerdem die Dauer der Betriebszugehörigkeit und das Lebensalter. Entsprechendes muß im Arbeitsvertrag niedergelegt sein.
- **Altersversorgung:** Viele Firmen bieten im Rahmen ihrer sozialen Leistungen eine betriebliche Altersversorgung. Im Arbeitsvertrag wird die Wartezeit, die meist zwischen fünf und zehn Jahren beträgt, angegeben. Es wird auf die betriebliche Ruhegeldordnung verwiesen.

- **Wettbewerbsverbot:** Diese sogenannte **Konkurrenzklausel** wird bei Mitarbeitern aufgenommen, deren Wechsel zur Konkurrenz für das Unternehmen besonders schädlich sein könnte. Es wird dann im Arbeitsvertrag festgelegt, daß der Arbeitnehmer für die Dauer von einem halben oder einem Jahr nach Beendigung des Arbeitsverhältnisses weder direkt oder indirekt für ein Unternehmen tätig wird, das mit den gleichen Produkten konkurriert. Die festgelegte Verpflichtung darf zwei Jahre nicht überschreiten. Wird das Arbeitsverhältnis allerdings fristgerecht vom Arbeitgeber gekündigt, so tritt die Konkurrenzklausel nicht in Kraft. Anders verhält es sich bei fristloser Kündigung des Arbeitgebers wegen vertragswidrigen Verhaltens des Arbeitnehmers. In diesem Falle bleibt die Konkurrenzklausel in Kraft.

- **Vertragsdauer und Kündigung:** Die ersten Monate des Arbeitsverhältnisses gelten als **Probezeit**. Meist werden hier drei oder sechs Monate vereinbart. Die Probezeit soll beiden Parteien die Möglichkeit geben, sich ein Bild darüber zu machen, ob eine längerfristige Zusammenarbeit sinnvoll erscheint. Die gesetzliche Mindestkündigungsfrist innerhalb der Probezeit beträgt einen Monat zum Monatsende. Außerhalb der Probezeit beträgt die gesetzliche Kündigungsfrist für Angestellte sechs Wochen zum Quartalsschluß. Für Angestellte mit längerer Betriebszugehörigkeit gelten dann entsprechend längere Kündigungsfristen.

5. Kapitel:
Personalführung

A. Führungsaufgaben

Unter **Personalführung** verstehen wir die folgenden Grundaufgaben eines jeden Vorgesetzten:
- Planen und Disponieren,
- Aufträge erteilen,
- Kontrollieren,
- Pflege der Gruppenbeziehungen.

Diese Elemente der Personalführung finden wir beim Meister ebenso wie beim Vorstandsmitglied. Nur das Ausmaß der Verantwortung ist unterschiedlich.

Wir fassen das Kapitel „Personalführung" bewußt kurz, weil dieser Gegenstand eingehend im zweiten Teil dieses Buches behandelt wurde.

I. Planen und Disponieren

Die wichtigste Aufgabe des Vorgesetzten ist es, vorausschauend zu planen und zu disponieren. Viele Vorgesetzte werden dieser Aufgabe nicht ausreichend gerecht, weil es an der Planung des eigenen Arbeitseinsatzes und an der Delegation von Aufgaben an Mitarbeiter fehlt.

Bevor eine Arbeit in Angriff genommen wird, sollte der Vorgesetzte fragen, **wozu** diese Arbeit überhaupt dient. Überflüssige Arbeiten werden auf diese Weise vermieden. Vielleicht hatte eine Arbeit in früheren Jahren einen Sinn, inzwischen ist sie aber nicht mehr notwendig.

Wenn die Frage nach der Notwendigkeit einer Arbeit bejaht wird, so muß sich der Vorgesetzte weiterhin fragen, ob diese Arbeit zu seinem **Aufgabenbereich** zählt. Es wäre denkbar, daß aus überkommener Gewohnheit die Arbeit von ihm ausgeführt wird, obwohl sie eigentlich in ein anderes Ressort gehört. In diesem Falle wäre eine personalorganisatorische Änderung der Verantwortungsbereiche durchzuführen.

Wenn die Arbeit sinnvoll ist und in die Zuständigkeit des betreffenden Vorgesetzten fällt, so ist als nächstes zu klären, **wann** die Arbeit geschehen soll. Dies bedeutet, daß eine zeitliche Eingliederung der Arbeit im Rahmen der Erfüllung der übrigen Aufgaben vorzunehmen ist.

Anschließend muß der Vorgesetzte klären, **wer** von seinen Mitarbeitern die Arbeit durchführen soll. Bei sich wiederholenden Arbeiten wäre auf längere Zeit festzulegen, wer die Arbeit ausführt.

Schließlich muß die Frage nach dem **Wie** der Arbeitsausführung beantwortet werden. Hierzu ist das Fachwissen des Vorgesetzten erforderlich. Seine ständige Aufgabe ist es dabei, sich **Arbeitsverbesserungen** zu überlegen. Vorschläge kommen auch von den Mitarbeitern, wobei das **betriebliche Vorschlagswesen** eine besondere Rolle spielt. Durch diese Einrichtung wird es ermöglicht, die Mitarbeiter anzuregen, Verbesserungsvorschläge zu bringen und sie durch Prämien für brauchbare Vorschläge zu belohnen.

Wenn der Vorgesetzte richtig plant und disponiert, dann wird er auch Zeit zum persönlichen Gespräch mit seinen Mitarbeitern haben. Der gute Vorgesetzte zeichnet sich dadurch aus, daß er nicht ständig in Zeitdruck ist, eben weil er sorgfältig vorausplant.

II. Aufträge erteilen

Jeder Vorgesetzte hat sich fortwährend mit der Erteilung von Aufträgen zu beschäftigen. Dabei ist es für ihn wichtig, bestimmte Gesichtspunkte zu beachten.

Es ist nicht gut, wenn der Vorgesetzte an eine Gruppe von Mitarbeitern einen Auftrag erteilt, ohne dabei einen **Verantwortlichen** für die Durchführung zu benennen. Auf diese Weise kommt es leicht zu **Doppelarbeit** und **Kompetenzüberschneidungen.** Der Vorgesetzte muß darauf achten, daß er bei der Auftragsvergabe immer einen Mitarbeiter für die Durchführung des Auftrags verantwortlich macht.

Für den Vorgesetzten ist der Sinn eines Auftrages oft völlig klar, nicht aber für den Mitarbeiter. Der Vorgesetzte muß sich deshalb davon überzeugen, ob der Mitarbeiter den Auftrag auch **richtig verstanden** hat. Bei schriftlichen Anordnungen muß er sich intensiv mit der Frage befassen, ob der Mitarbeiter den Auftrag aufgrund der vorgesehenen Formulierung auch richtig verstehen wird.

Der Vorgesetzte sollte Entscheidungen, die ihm selbst zwar als unwesentlich erscheinen, seinen Mitarbeitern aber durchaus wichtig sind, nicht von sich abschieben, indem er zum Beispiel bemerkt: „Das müßt Ihr unter Euch selbst ausmachen". In solchen Fällen wird die Entscheidung dann durch den **informellen Gruppenführer** getroffen. Daraus ergibt sich aber die Gefahr, daß bei für den Betriebsablauf wichtigen Entscheidungen der informelle Gruppenführer von seiten der Mitarbeiter eine zu starke Position gegenüber dem Vorgesetzten eingeräumt erhält. Der Vorgesetzte sollte also Entscheidungen, die ihm selbst nicht als bedeutungsvoll erscheinen, wo aber die Mitarbeiter von ihm ein Wort der Entscheidung erwarten, auch selbst treffen.

Der Vorgesetzte sollte immer darauf achten, daß seine Mitarbeiter bezüglich ihrer Auslastung eine gewisse **Vorausschau** besitzen. Sie sollten nicht nur im Moment einen Auftrag zu erledigen haben, sondern darüber hinaus wissen, welche Aufträge demnächst auf sie zukommen. Dies vermittelt ihnen die Gewißheit, informiert zu sein und vom Vorgesetzten ernst genommen zu werden.

Hierher gehört auch die Notwendigkeit, daß der Vorgesetzte seinem Mitarbeiter erläutert, **warum** dieser Auftrag ausgeführt werden muß und warum er in einer bestimmten Weise ausgeführt werden sollte. Insbesondere bei Änderungen von Aufträgen ist dies von Bedeutung. Der Mitarbeiter hat sich einen Plan für die Erledigung des Auftrags zurechtgelegt und nun soll er einen anderen Auftrag zuerst erledigen und die schon begonnene Arbeit abbrechen. Es wäre hier sehr ungünstig, dem Mitarbeiter einfach zu sagen, daß er nun die begonnene Arbeit liegen lassen möge und sich der neuen zuwenden soll. Vielmehr ist es im Interesse der Motivation des Mitarbeiters vonnöten, ihm zu erklären, warum nun der neue Auftrag vordringlicher sei.

III. Kontrollieren

Ziel jeder Kontrolle sollte in erster Linie die Verbesserung der Arbeit und die Entfaltung der Fähigkeiten der Mitarbeiter sein.

Dazu ist es notwendig, daß der Vorgesetzte die erforderlichen fachlichen Kenntnisse besitzt und darüber hinaus die Fähigkeit hat, Menschen zu führen. Der Vorgesetzte muß Zeitpunkt und Form einer Anerkennung oder einer Korrektur richtig treffen. Der Mitarbeiter will ja wissen, was sein Vorgesetzter von seiner Arbeit hält, d. h. ob der Vorgesetzte zufrieden mit der Arbeit ist oder nicht. Der Vorgesetzte kommt deshalb nicht damit aus, sich einem Mitarbeiter gegenüber zu dessen Arbeit überhaupt nicht zu äußern. Die **Anerkennung** soll den Mitarbeiter in seiner Leistung bestätigen und zur Entfaltung seiner Persönlichkeit anspornen, die **Korrektur** hingegen soll dazu führen, daß die Arbeit in Zukunft besser ausgeführt wird. Dabei ist es sehr sinnvoll, wenn der Mitarbeiter vom Vorgesetzten dazu aufgefordert wird, sich Gedanken darüber zu machen, wie die Arbeit künftig besser gemacht werden könnte. Auf diese Weise wird die **Selbständigkeit** des Mitarbeiters gefördert. In diesem Zusammenhang ist auch die regelmäßige **Beurteilung** der Mitarbeiter zu sehen, auf die wir weiter unten eingehen werden.

IV. Pflege der Gruppenbeziehungen

Um eine Gruppe gut führen zu können, muß der Vorgesetzte die Beziehungen innerhalb dieser Gruppe genau kennen. Er muß wissen, wer mit wem besonders verbunden ist oder aus welchen Gründen heraus Abneigungen bestehen.

Wir unterscheiden in diesem Zusammenhang formelle und informelle Beziehungen in der Gruppe. Die **formellen Beziehungen** betreffen die Zusammenarbeit, die durch die Erledigung der Arbeitsvorgänge bedingt ist. Mit den **informellen Beziehungen** ist jene Kommunikation gemeint, die sich auf private Sorgen, Nöte, Freuden, Erlebnisse bezieht. Die informellen Beziehungen schließen nicht alle Mitglieder einer Arbeitsgruppe zusammen, reichen aber andererseits in andere Arbeitsgruppen hinein.

Ohne informelle Beziehungen wird es in keinem Betrieb abgehen. Sie werden heute auch nicht mehr, wie häufig in früheren Zeiten, von den Vorgesetzten negativ beurteilt. Der Mitarbeiter möchte auch mit einem Kollegen einige private Worte wechseln können. Er freut sich, wenn sein Vorgesetzter ihn auf irgendwelche für ihn wichtigen privaten Ereignisse anspricht und sich dafür interessiert. Er fühlt sich auf diese Weise nicht nur als Arbeitskraft, sondern auch als Mensch ernst genommen. Für den Vorgesetzten kommt es darauf an, die informellen Beziehungen in seiner Gruppe einigermaßen zu übersehen und sie im richtigen Rahmen zu halten. Sie sollen auf der einen Seite nicht zuviel Arbeitszeit kosten, auf der anderen Seite aber auch nicht zu sehr unterdrückt werden.

B. Führungsstil

Befragungen bei Arbeitnehmern ergaben: Punkt eins ist nicht die Bezahlung, sondern die **Zufriedenheit** am Arbeitsplatz. Diese hängt wieder in erster Linie von der Menschenführung ab und damit vom Führungsstil. Wir unterscheiden den autoritären und den kooperativen Führungsstil. Es handelt sich um ein Kontinuum von Führungsstilausprägungen. Auf der einen Seite als Extrem der autoritäre Führungsstil und auf der anderen Seite der kooperative Führungsstil. Die Praxis wird dann dazwischen liegen, entweder mehr dem autoritären oder dem kooperativen Führungsstil zugewandt.

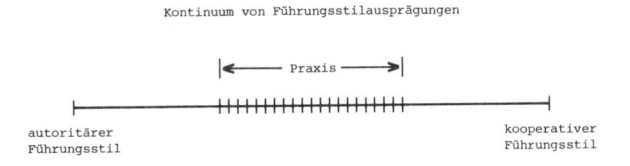

Kontinuum von Führungsstilausprägungen

|←— Praxis —→|

autoritärer Führungsstil — kooperativer Führungsstil

I. Autoritärer Führungsstil

Für den autoritären Führungsstil lassen sich folgende **Kennzeichen** nennen:
- Aktivität nur beim Führenden
- Vorgesetzter hat Entscheidungs- und Anweisungskompetenz
- Untergebener hat Anweisungen zu akzeptieren und auszuführen
- Vorgesetzter kontrolliert, ob und inwieweit Anweisungen befolgt wurden
- Untergebener hat kein Kontrollrecht gegenüber dem Vorgesetzten

Typisch für den autoritären Führungsstil ist es, daß man sich bezüglich organisatorischer Probleme insbesondere mit der **Strukturierung von Weisungsbefugnissen** befaßt. Außerdem neigt der Vorgesetzte bei diesem Führungsstil mehr dazu, gegenüber seinen Mitarbeitern auf **Distanz** zu gehen. Dies geschieht deshalb, weil eine Reduzierung des Abstands die Rangunterschiede verwischen würde, wodurch die Institution des Vorgesetzten abgebaut und sein Durchsetzungsvermögen herabgesetzt würde. Die **Rangunterschiede** sind gewissermaßen bei diesem Führungsstil institutionalisiert. In reiner Form wird der autoritäre Führungsstil in der Praxis allerdings kaum anzutreffen sein.

II. Kooperativer Führungsstil

Für den kooperativen Führungsstil lassen sich folgende **Merkmale** nennen:
- Die interpersonale Trennung von Entscheidung, Ausführung und Kontrolle wird gemildert.
- Die ausschließliche Entscheidungskompetenz des Vorgesetzten wird ersetzt durch ein Mitwirkungs- bzw. Mitbestimmungsrecht der Untergebenen.
- Der Untergebene wird aufgrund von Entscheidungen, an deren Zustandekommen er mitgewirkt hat, tätig, so daß eine gesonderte Anweisung ihre Funktion verliert.
- Kontrolle wird zur Selbstkontrolle.
- Dem Untergebenen steht das Recht der Kritik gegenüber dem Vorgesetzten zu.

Zu welchen **Ergebnissen** wird nun die Anwendung des kooperativen Führungsstils führen?

a) Es kommt zu einer stärkeren **Integration** des Mitarbeiters in die Zwecke des Unternehmens als beim autoritären Führungsstil. Dabei differiert die Intensität der Integration, je nachdem, ob der Mitarbeiter bereits an Zielentscheidungen des Unternehmens oder nur an Entscheidungen darüber, wie ihm vorgegebene Ziele erreicht werden sollen, mitgewirkt hat. In die gleiche Richtung wirkt die Kontrolle der Vorgesetzten insofern, ob sie sich auf Ziel- oder Mittelentscheidungen bezieht. Für die Intensität der Mitwirkungsrechte des Mitarbeiters lassen sich drei Stufen unterscheiden: das bloße Angehörtwerden, die Mitberatung, die tatsächliche Mitentscheidung.

b) Der kooperative Führungsstil führt zu einer **Verringerung des hierarchischen Gefälles.** Es entsteht eine geringere Distanz zwischen Führern und Geführten. Die Kontakte sind wesentlich intensiver als beim autoritären Führungsstil.

c) Es wird eine neue **innere Einstellung** bei Führern und Geführten bewirkt. Der Führer geht nicht mehr davon aus, daß er alles weiß und alles kann. Er beteiligt seine Mitarbeiter an den Entscheidungen. Gute Mitarbeiter sind deshalb für ihn nicht diejenigen, die sich seine Ansichten zu eigen machen, sondern die, die selbständig und mit einem gewissen Standvermögen neue Anregungen und Gedanken in den Problemlösungsprozeß einbringen und ihn dadurch fruchtbarer machen.

d) Die Mitwirkung an den Entscheidungen macht die Mitarbeiter **selbstbewußter.** Es entsteht das Gefühl des gegenseitigen Aufeinander-Angewiesen-Seins. Der Mitarbeiter empfindet sich als selbständige Persönlichkeit, nicht als austauschbaren, weisungsgebundenen Funktionsträger.

C. Führungstechniken

I. Führung durch Zielvereinbarung

Dieses Führungsmittel ist typisch für den kooperativen Führungsstil. Man hat hierbei in der Praxis folgende **Erfahrungen** gemacht:
- Diejenigen, die sich hohe Ziele gesetzt hatten, leisteten mehr als diejenigen, die sich niedrigere Ziele gesetzt hatten.
- Spezifizierte Ziele führten zu höherer Leistung als nur allgemein formulierte.
- Schwer erreichbare Ziele haben mehr motiviert als leicht erreichbare Ziele.
- Bei freier Wahl zwischen Zielen entschied man sich überwiegend für die leichteren Ziele.
- Die Ziele müssen von den Mitarbeitern akzeptiert werden, wenn sie motivieren sollen.

Mit Hilfe der Führung durch Zielvereinbarung sollen die genannten positiven Motivationseffekte genutzt und gleichzeitig die Aktionen der einzelnen Mitarbeiter auf die übergeordneten Unternehmensziele ausgerichtet werden. An der Spitze stehen die globalen Ziele des gesamten Unternehmens. Diesen untergeordnet sind dann die Ziele der einzelnen Direktoren, darunter wieder die Ziele der Prokuristen, Abteilungsleiter und schließlich die Ziele des einzelnen Mitarbeiters. Entscheidend für diese Führungstechnik ist, daß die Ziele **nicht befohlen** werden, sondern in gegenseitiger Absprache zu vereinbaren sind. Sie werden von Zeit zu Zeit an die veränderten Bedingungen angepaßt. Der generelle Rahmen für die Ziele wird durch die **Stellenbeschreibungen** gegeben. Schwierigkeiten entstehen durch die Notwendigkeit, die Ziele so zu definieren, daß sie eindeutig und meßbar sind.

Vorteile dieser Führungstechnik sind:
- Zwang zur Vorausschau
- Möglichkeit der Beurteilung der Mitarbeiter anhand von Ergebnissen, nicht nur anhand von Verhaltensweisen
- Größere persönliche Entfaltung des Mitarbeiters
- Aktivitäten der Mitarbeiter, die am Gesamtziel der Unternehmung vorbeigehen, werden vermieden.

Als **Nachteile** bzw. Gefahren dieser Führungstechnik müssen gesehen werden:
- Die Festlegung von Aufgaben und Zielen kann leicht dazu führen, daß nur noch diese angestrebt werden und darüber hinaus vielleicht sogar nur die quantifizierbaren Teilziele.
- Die Mitwirkung bei den Zielen bzw. sogar deren Festlegung kann ein Gefangensein in der eigenen Schlinge zum Ergebnis haben, d.h. man kann bei Nichterreichung des Ergebnisses nur noch eingestehen, daß man sich in seinen eigenen Möglichkeiten getäuscht habe.

II. Delegation

Jeder Vorgesetzte soll sich durch Delegation von Verantwortung an seine Mitarbeiter für seine eigenen Aufgaben frei machen. Durch die Delegation erhält jeder Mitarbeiter einen Aufgabenbereich, der in der **Stellenbeschreibung** festgelegt ist.

In der Regel werden die anfallenden Aufgaben die Kompetenzen der Mitarbeiter nicht übersteigen, d. h. sie fallen in den Delegationsbereich des betreffenden Mitarbeiters. Es liegt dann **Kongruenz von Aufgabe und Kompetenz** vor und es ist nicht erforderlich, daß irgendwelche Entscheidungen von seiten des Vorgesetzten zu treffen sind. Nur in Ausnahmefällen, wenn die Kompetenzen der Mitarbeiter durch die Aufgabe überschritten werden, muß der Vorgesetzte die endgültige Entscheidung treffen.

Für den Mitarbeiter ergibt sich aus der Delegation die Verpflichtung, im Rahmen seines **Delegationsbereichs** selbständig zu handeln und zu entscheiden. Er ist dazu angehalten, sich Gedanken über Verbesserungsmöglichkeiten im Rahmen seines Delegationsbereichs zu machen. Er sollte seinen Vorgesetzten unaufgefordert laufend über den an ihn delegierten Bereich informieren und an seine Kollegen die notwendigen **Querinformationen** weitergeben.

Auch für den Vorgesetzten ergeben sich aus der Führungstechnik der Delegation verschiedene Aufgaben. Zunächst muß er stets darauf bedacht sein, daß die ihm unterstellten Bereiche mit entsprechend qualifizierten Mitarbeitern besetzt werden, weil die Notwendigkeit der selbständigen Entscheidung von seiten der Mitarbeiter höhere Ansprüche an diese stellt. Außerdem muß der Vorgesetzte mit seinen Mitarbeitern befristete Ziele ihrer Arbeit absprechen und Schwerpunkte setzen. Die **Information der Mitarbeiter** durch den Vorgesetzten ist eine wesentliche Voraussetzung dafür, ihnen selbständiges und eigenverantwortliches Arbeiten innerhalb ihres Delegationsbereichs zu ermöglichen.

III. Kontrolle

Über Kontrolle haben wir bereits im Rahmen der Führungsaufgaben gesprochen. Der Einsatz der Kontrolle als Führungsmittel hängt sehr vom Führungsstil ab. Je mehr dieser dem autoritären oder imperativen Führungsstil zuneigt, desto mehr wird von dem Führungsmittel der Kontrolle Gebrauch gemacht werden. Je stärker der Führungsstil zum kooperativen Führungsstil hingeht, desto mehr wird die Kontrolle durch **Selbstkontrolle** von seiten des Mitarbeiters ersetzt.

IV. Beurteilung und Förderung

In vielen Unternehmen werden heute regelmäßig Beurteilungen der Mitarbeiter durchgeführt. Die Beurteilung ist eine Aufgabe, die den **Vorgesetzten** zufällt.

Die Mitarbeiterbeurteilung ist eine unentbehrliche Hilfe bei der Durchführung wesentlicher Aufgaben der Personalführung wie Einstufung, Versetzung, Lohn- und Gehaltserhöhung, Beförderung, Schlichtung von Streitigkeiten, Entlassung.

Für den **Vorgesetzten** ergeben sich aus der Beurteilung laufend Anhaltspunkte für die Verbesserung der Leistung des Einzelnen und der ganzen Gruppe. Er erhält Erfahrungswerte für die Stärken und Schwächen seiner Mitarbeiter.

Für den **Beurteilten** bringt die regelmäßige Beurteilung den Vorteil, daß überdurchschnittliche Leistungen leichter erkannt und entsprechend gewürdigt werden können. Der Mitarbeiter wird regelmäßig über seinen Leistungsstand, seine Schwächen und Stärken orientiert.

Neben der Beurteilung aus den oben genannten **besonderen Anlässen** gibt es, wie gesagt, die **regelmäßige Mitarbeiterbeurteilung**. Sie wird meist einmal im Jahr, seltener alle zwei Jahre durchgeführt.

Die wesentlichen Inhalte der Mitarbeiterbeurteilung sind folgende:

- fachliches Können
- geistige Fähigkeiten, insbesondere Beweglichkeit, Durchdringung, Kreativität, sprachlicher Ausdruck
- Arbeitsstil, insbesondere Initiative, Arbeitsplanung, Arbeitstempo, Genauigkeit, Ausdauer, Belastbarkeit
- Zusammenarbeit, insbesondere Verhalten gegenüber den anderen Mitarbeitern, Verhalten als Führungskraft

Aus der Mitarbeiterbeurteilung ergibt sich der weitere **Einsatz** des Mitarbeiters und seine **Förderung**. Dabei werden die Anforderungen und die Befähigung des Mitarbeiters miteinander verglichen. Der beurteilende Vorgesetzte gibt Auskunft über die beabsichtigte Entwicklung des Mitarbeiters in seinem Dispositionsbereich.

Zur Mitarbeiterbeurteilung gehört auch das **Gespräch** zwischen dem Beurteilten und dem Vorgesetzten. Aus dem Gespräch ergeben sich Anregungen des Mitarbeiters für die Arbeit an den derzeitigen Aufgaben sowie Hinweise für Möglichkeiten seiner beruflichen Weiterentwicklung. An die **Methode** der Mitarbeiterbeurteilung sind folgende Anforderungen zu stellen:

- gute Anwendbarkeit, Verständlichkeit
- keine Verleitung zu vorschnellen Schlüssen (Urteilen)
- keine Geheimhaltung
- Stellungnahme des Mitarbeiters

Dem Mitarbeiter gegenüber soll die Beurteilung keinesfalls geheimgehalten werden. Es würden sich sonst alle möglichen Vermutungen ergeben, die der ertragreichen Zusammenarbeit zwischen dem Vorgesetzten und dem Mitarbeiter schädlich sein könnten. Auch muß der Mitarbeiter die Möglichkeit haben, zu der Beurteilung, die er durch den Vorgesetzten bekommen hat, seinerseits Stellung zu nehmen. Der Mitarbeiter unterschreibt die Beurteilung und fügt gegebenenfalls seine **Stellungnahme** hinzu.

Die **Gestaltung** des Beurteilungsbogens ergibt sich aus Abb. 6.

V. Information und Kommunikation

Insbesondere der kooperative Führungsstil macht ein gut ausgebautes Kommunikationssystem im Betrieb notwendig.

Kommunikation bedeutet:

- in Verbindung treten,
- Beziehung aufnehmen,
- sich mitteilen,
- Nachrichten und Informationen austauschen.

Jeder Mensch hat ein Bedürfnis nach Kommunikation. Diesem Bedürfnis muß auch im Betrieb Rechnung getragen werden. Deshalb sollten die Mitarbeiter laufend und ausreichend über die Ziele und die Ergebnisse der Abteilung und des gesamten Unternehmens informiert werden.

Bitte zurück bis ....
vertraulich an PA/Orga/Dir. ....

Beurteilung

Anlaß der Beurteilung:

Ende der Probezeit ○

turnusmäßig ○

Kündigung ○

........................○.

0 Tätigkeit mit Nebenfunktionen, Sonderaufgaben

Die Beschreibungen in den Bewertungsstufen a) bis e) sind lediglich Anhaltspunkte; Zutreffendes bitte rechts in den Kreisen ankreuzen.

☐ ankreuzen, falls (noch) keine Aussage möglich

● bedeutet: Aussage in jedem Falle erbeten

1 Leistungen und Fertigkeiten

11 Arbeitstempo (allgemein)
a) sehr schnell b) zügig c) nicht rasch, aber stetig d) schwankend, bleibt zurück e) zu langsam

12 Arbeitsgüte (allgemein)
a) sehr gut b) gut c) zufriedenstellend d) ausreichend e) unzureichend

13 Planung der eigenen Arbeit
a) plant weit und klar voraus b) verfährt planvoll und systematisch c) teilt sinnvoll ein d) umständlich e) verworren, planlos

14 Mündlicher Ausdruck
a) sehr gewandt und treffend b) flüssig und klar c) vermag sich verständlich auszudrücken d) Mängel e) ungewandt, unklar

15 Schriftlicher Ausdruck
a) sehr gewandt und treffend b) flüssig und klar c) vermag sich verständlich auszudrücken d) Mängel e) ungewandt, unklar

16 Diktieren
gut verständlich mit klaren Anweisungen   Mängel ....

2 Leistungsvoraussetzungen

20 Theoretische Kenntnisse/Fachwissen auf jetzigem Arbeitsgebiet
a) hervorragend b) versiert c) den Anforderungen gewachsen d) lückenhaft* e) unzureichend
* inwiefern? ....

21 Praktische Anwendung des Fachwissens
a) setzt optimal um b) erfolgreiche Anwendung c) überträgt recht gut in die Praxis d) hat allgemein Schwierigkeiten e) wirklichkeitsfremd

22 Wirtschaftlich/kaufmännisches Denken und Handeln/Kostendenken
a) ausgeprägtes wirtschaftl. Verständnis c) bestrebt, wirtschaftl. vertretbare Lösungen zu finden e) wenig Verständnis für kaufm. Belange

5. Kapitel: Personalführung

	a	b	c	d	e

23 Auffassungsgabe und geistige Beweglichkeit
a) erfaßt und verarbeitet auch schwierige Sachverhalte sehr schnell
b) beweglich und findig c) den Anforderungen gewachsen d) hat Schwierigkeiten, braucht Zeit e) schwerfällig → e ●

24 Aufgeschlossenheit
(für Neuerungen/Änderungen – auch für geschäftspol. Maßnahmen)
a) unterstützt tatkräftig neue Vorhaben b) nimmt Neuerungen bereitwillig auf c) geht mit d) schwer für Neuerungen zu gewinnen
e) sperrt sich grundsätzlich gegen Neuerungen → e ☐

25 Einsatzbereitschaft
a) sehr stark engagiert b) setzt sich stets ein c) erfüllt Aufgaben bereitwillig d) braucht Ansporn e) trotz Ansporn unzulänglich → e ●

26 Verantwortungsbereitschaft, Entscheidungsfähigkeit
a) auch in schwierigen Fragen sicher und unverzüglich b) überlegt und verantwortungsbewußt c) vorhanden d) zögernd oder voreilig
e) unentschlossen oder konfus / traut sich zuviel zu → e ☐

27 Selbständigkeit
a) absolut selbständig b) schöpft Möglichkeiten aus c) handelt im allgemeinen selbständig d) zögert und fragt oft e) braucht ständig Hilfe → e ☐

28 Gründlichkeit/Genauigkeit
a) äußerst genau b) sorgfältig c) im allgemeinen keine Beanstandungen
d) etwas oberflächlich e) nachlässig → e ●

29 Ausdauer/Belastbarkeit
a) steigert sich bei Arbeitsspitzen b) unbeirrt bei Termindruck
c) normaler Inanspruchnahme stets gewachsen d) wird nervös bei Arbeitsdruck e) versagt öfter → e ☐

3 Soziales Verhalten

31 Zusammenarbeit mit Vorgesetzten
(Mitarbeit, Vertreten der eigenen Meinung, Mut zum Widerspruch)
a) aktiv und couragiert b) offen und sicher c) positiv d) inaktiv, ausweichend e) unterwürfig oder querköpfig → e ●

32 Zusammenarbeit mit Gleichgestellten
a) fördert Zusammenarbeit b) gutes Verhältnis c) verträglich
d) fügt sich nicht leicht ein e) unverträglich → e ●

33 Auftreten
a) sicher, gewandt b) verbindlich c) zurückhaltend taktvoll
d) unsicher, ausweichend e) unangemessen → e ☐

34 Überzeugungskraft akquisitorisches Geschick
a) mitreißend b) kommt gut an c) behauptet sich d) gering e) fehlt → e ☐

4 Führungsfähigkeiten

40 Planung der Arbeit anderer
a) ausgeprägtes Talent b) systematisch und sinnvoll
c) teilt vernünftig ein d) plant wenig bzw. zu kurzfristig
e) unbegabt → e ☐

41 Bereitschaft zur Information der unterstellten Mitarbeiter
a) jederzeit umfassend b) das Wesentliche von sich aus
c) im allgemeinen ausreichend d) neigt zum Zurückhalten
e) gibt nichts weiter → e ☐

42 Fähigkeit, Mitarbeiter zu beurteilen und entsprechend richtig einzusetzen
a) äußerst treffsicher und konsequent b) urteilt zuverlässig und setzt gut ein c) im allgemeinen richtig d) nicht immer treffsicher e) häufige Fehlentscheidungen

43 Pädagogisches Geschick (Anleiten, Unterweisen, Erziehen)
a) methodisch sehr geschickt, ausgezeichnete Erfolge b) überlegtes Anleiten, erfolgreich c) brauchbare Ergebnisse d) nur bedingt gegeben e) fehlt

44 Bereitschaft und Fähigkeit zur Delegation an unterstellte Mitarbeiter
a) schöpft alle Möglichkeiten aus b) weitgehend und überlegt c) in Routineangelegenheiten d) ungern und nur gelegentlich e) zieht alles an sich

45 Setzen gemeinsamer Ziele/Schaffen von Zusammenarbeit
a) kann hervorragendes Team schaffen b) fördert gute Zusammenarbeit c) ausgeschlossen, d) tut sich schwer e) Zusammenarbeit gelingt nicht

46 Förderung der Selbständigkeit und systematischen Arbeit der Mitarbeiter
a) nachdrücklich und erfolgreich b) ständig bemüht c) gibt Spielraum und Hilfen d) schenkt nicht genügend Beachtung e) hindert

47 Verständnis und Eintreten für unterstellte Mitarbeiter
a) setzt sich stark ein b) verständnisvolles Eintreten c) wohlwollend bemüht d) ansprechbar e) teilnahmslos, gleichgültig

5 Zusammenfassende Stellungnahme

51 Gewichtung und Ergänzung – besondere Stärken und Schwächen – etwaige Leistungsbeeinträchtigungen:

52 Ist der Mitarbeiter richtig eingesetzt:

53 Erkennbare Entwicklungstendenzen:

54 Vorschläge (z. B. zur Förderung):

55 (bei Probezeit) Festanstellung: ja/nein vorzeitig zum .... ☐
Probezeit verlängern bis ....

---

6 Durchsprache der Beurteilung am .... durch .... ●

61 Neue oder abweichende Gesichtspunkte des/der Beurteilten: .... ●
....

62 Zufriedenheit mit jetziger Position? ja / nein inwiefern nicht? .... ●
....

63 Fühlt sich der/die Beurteilte richtig eingesetzt? ja / nein inwiefern nicht? .... ●
....

64 Eigene Wünsche, Pläne und Ziele? Welche? .... ●
....

5. Kapitel: Personalführung   573

65 Welche Kenntnisse auf anderen Fachgebieten (inkl. Sprachen)? .... ●
....

66 Welche eigenen Weiterbildungsbemühungen? .... ●
....

Datum/Unterschrift ....   Datum/Unterschrift ....
....
       (nächster Vorgesetzter)   (Beurteiler)

Diese Beurteilung wurde von mir gelesen und mit mir (dem/der Beurteilten) besprochen. ●
                                         ....
                                                 Datum/Unterschrift

Abb. 6.1 Beurteilung von Angestellten

Kommunikationsprobleme in den Betrieben entstehen oft dadurch, daß der Besitz bestimmter Informationen als **Statussymbol** gilt. So behält mancher Vorgesetzter oft Informationen für sich, obwohl sie auch für seine Mitarbeiter zur Erfüllung ihrer Aufgaben von Bedeutung wären.

Jede Information, die von oben nach unten oder umgekehrt über mehrere Verantwortungsstufen führt, hat jedesmal eine Art **Filter** zu passieren. Nur ein Teil der Information fließt dann weiter. Auf diese Weise geht Zeit verloren, werden Informationen verzerrt oder bewußt zurückgehalten.

Nicht selten haben Mitarbeiter darunter zu leiden, daß zwar viele Informationen von oben auf sie einströmen, sie selbst aber zuwenig um ihre Meinung gefragt werden. Dadurch fühlt sich der Mitarbeiter persönlich und in seiner Position zuwenig ernst genommen. Aus Gesprächen mit Praktikern läßt sich immer wieder erkennen, daß bezüglich der Information in den meisten Betrieben noch vieles verbessert werden müßte.

VI. Motivation

Die Mitarbeiter sollen die Arbeitsziele von sich aus bejahen und erreichen wollen. Dies ist die Aufgabe der Motivation. Der Vorgesetzte muß sich hier in der Kunst des persönlichen Einfühlungsvermögens üben.

Wie sich ein Mensch in bestimmten Situationen des täglichen Lebens verhält, ergibt sich nicht rein zufällig. Menschliches Verhalten ist motiviert. Die im Menschen liegenden Beweggründe für sein Verhalten nennen wir **Motive**. Dazu gehören Liebe, Eifersucht, Geltungsbedürfnis, Streben nach Sicherheit, Wohlstand usw. Manchmal streiten mehrere widersprüchliche Motive, die nicht zu vereinbaren sind, miteinander. In solchen Fällen liegt ein **Motivkonflikt** vor.

Nicht immer erkennen wir die wahren Beweggründe unseres Verhaltens. **Unbewußte Motive** bestimmen uns oft mehr als die bewußten. Zudem wird unser Verhalten meist von einem ganzen **Bündel von Motiven** gesteuert. Deshalb sprechen wir bei der Erklärung eines bestimmten Verhaltens von der Motivation.

Motivation ist das Zusammenspiel mehrerer Motive als Ursache konkreten Verhaltens.

Beurteilungs-merkmale	Zu beurteilen zum Beispiel an Hand von:	Beurteilungsstufen				
		A Die Leistung ist für eine Leistungs-zulage nicht ausreichend	B Die Leistung entspricht im allge-meinen den Anforde-rungen	C Die Leistung entspricht in vollem Umfang den Anfor-derungen (mittleres Leistungs-niveau)	D Die Leistung übertrifft die Anfor-derungen erheblich	E Die Leistung übertrifft die Anfor-derungen im hohem Maße
I Arbeits-quantität	Umfang des Arbeits-ergebnisses Arbeitsintensität Zeitnutzung	0	7	14	21	28
II Arbeits-qualität	Fehlerquote Güte	0	7	14	21	28
III Arbeits-einsatz	Initiative Belastbarkeit Vielseitigkeit	0	4	8	12	16
IV Arbeits-sorgfalt	Verbrauch und Behandlung von Arbeitsmitteln aller Art Zuverlässigem, rationellem, kosten-bewußtem Verhalten	0	4	8	12	16
V Betrieb-liches Zusammen-wirken	Gemeinsamer Erledigung von Arbeitsaufgaben Informations-austausch	0	3	6	9	12

Abb. 6.2 Beurteilung von gewerblichen Arbeitnehmern (nach dem Tarifvertrag der Bayerischen Metallindustrie)

Die von den Mitarbeitern zu verfolgenden betrieblichen **Arbeitsziele** sind weitgehend fremdbestimmt. Sie stehen häufig im Gegensatz zu den **persönlichen Zielen** der Mitarbeiter oder decken sich nur zu einem Teil mit ihnen. Eine Verbesserung der Übereinstimmung der Arbeitsziele mit den persönlichen Zielen der Mitarbeiter zu finden, ist die schwierige Aufgabe des Vorgesetzten auf dem Gebiet der Motivation. Durch gezielte Anreize sollen beim Mitarbeiter unbewußte oder nicht genügend bewußte Bedürfnisse geweckt und als Beweggründe für ein gewünschtes Arbeitsverhalten wirksam werden. Befriedigte Bedürfnisse hören auf, als Beweggründe des Verhaltens wirksam zu sein. Die motivierende Rolle müssen dann höhere Bedürfnisse übernehmen. Hierzu können wir beispielsweise rechnen: Anerkennung, Wertschätzung, Selbstachtung, Selbstverwirklichung, Persönlichkeitsentwicklung.

6. Kapitel:
Personalverwaltung

Im Rahmen der betrieblichen Personalwirtschaft spielt nach wie vor die reine Verwaltungstätigkeit eine erhebliche Rolle. Einstellungen, Versetzungen, Entlassungen bedingen verwaltende Büroarbeiten und machen Formblätter und Unterlagen erforderlich, damit im Bedarfsfall die notwendigen Daten greifbar sind. Wertvolle Dienste bei dieser Arbeit leisten die Personalakte, die Personalkartei und Personalstatistiken.

I. Personalakte

Die Personalakte dient dazu, alle Unterlagen eines Mitarbeiters, die für sein Arbeitsverhältnis von Bedeutung sind, geordnet aufzubewahren.

Zu diesem Zweck empfiehlt es sich, jedem Mitarbeiter eine **Stammnummer** zuzuteilen. Sie wird fortlaufend nach dem Eintrittsdatum zugewiesen. Auf diese Weise kann sie ohne weitere Verschlüsselung in die Datei übernommen werden.

Der **Inhalt** der Personalakte bezieht sich zunächst einmal auf die **Personalien** des Mitarbeiters. Hierzu gehören:
- Personalbogen
- Bewerbungsschreiben
- Zeugnisse
- polizeiliches Führungszeugnis
- ärztliches Zeugnis
- Familienstandsänderungen

Der zweite Teil der Personalakte betrifft den **Arbeitsvertrag.** Hier finden sich folgende Unterlagen:
- Anstellungsvertrag
- Zusatzvereinbarungen
- Änderung der Bezüge

Im dritten Teil der Personalakte werden alle die **Tätigkeit** betreffenden Unterlagen gesammelt. Dazu gehören:
- Beförderung
- Versetzung
- Beurteilungen
- Tätigkeitsberichte
- Erfolgreiche Beteiligung am betrieblichen Vorschlagswesen
- Disziplinarmaßnahmen

Der vierte Abschnitt der Personalakte bezieht sich auf die **Bezüge.** Hier werden alle Unterlagen gesammelt, die folgende Tatbestände betreffen:
- Grundentgelt
- Zusatzentgelt
- Vorschüsse
- Darlehen und Beihilfen
- Lohnsteuer
- Sozialversicherung
- sonstige Versicherungen

Der fünfte Abschnitt betrifft **Abwesenheiten**:
- Urlaub
- Krankheitsnachweise

In einem letzten Abschnitt wird der **Schriftverkehr** gesammelt.

Die Personalakte sollte **zentral** durch die Personalabteilung geführt werden. Sie unterliegt dem Prinzip der **Vollständigkeit**, d. h. sie ist regelmäßig um alle Unterlagen zu ergänzen, die das Arbeitsverhältnis eines Mitarbeiters betreffen. Neben dieser offiziellen Personalakte darf es keine weiteren Personalakten über einen Mitarbeiter im Betrieb geben, die inhaltlich von der offiziellen Akte abweichen. Der Mitarbeiter hat nach § 83 des BVG das Recht, in seine Personalakte Einsicht zu nehmen. Nicht einsichtspflichtig sind jene Unterlagen, die der Vorbereitung einer Beurteilung oder Entscheidung dienen oder Aussagen über andere Mitarbeiter mitenthalten, zum Beispiel Gehaltsgegenüberstellungen.

II. Personalkartei

Die zentrale Personalkartei hält in knapper, übersichtlicher Form alle Daten der Mitarbeiter nach dem Stellenplan geordnet fest.

Alle Änderungen werden sofort in der Kartei berücksichtigt. Auf diese Weise ist sie immer auf dem neuesten Stand zu halten und ermöglicht eine laufende statistische Auswertung der Daten.

III. Personalstatistiken

Durch Personalstatistiken sollen alle Beziehungen zwischen dem Betrieb und der Belegschaft, soweit sie sich in Zahlen ausdrücken lassen, erfaßt und ausgewertet werden.

Dabei sollten insbesondere folgende **Bereiche** beobachtet werden:
- die **Personalstruktur**: Zusammensetzung der Belegschaft nach bestimmten Merkmalen wie Arbeiter und Angestellte; gelernte, angelernte und ungelernte Arbeiter; männliche und weibliche Mitarbeiter; Alter; Familienstand; Dauer der Betriebszugehörigkeit.
- die **Personalbewegungen**: Zu- und Abgänge des Personals, wobei die Abgänge nach ihren Veranlassungen aufgeteilt werden können wie Pensionierungen, Invalidität, Todesfälle, Entlassung usw.
- die **Ausfallzeiten**: Urlaub, Krankheit, Streik.
- die gezahlten **Löhne und Gehälter**: aufgegliedert nach Lohnformen, nach Betriebsabteilungen.

Die Personalstatistiken können dann dazu dienen, verschiedene **Kennzahlen** zu ermitteln. Zu nennen sind hier insbesondere:

$$\text{Fluktuationsquote} = \frac{\text{Personalabgänge} \times 100}{\text{durchschnittlicher Personalstand im Berichtszeitraum}}$$

$$\text{Ausfallquote durch Krankheit} = \frac{\text{Ausfallstunden wegen Krankheit} \times 100}{\text{monatliche Arbeitsstunden}}$$

$$\text{Durchschnittlicher Sozialaufwand} = \frac{\text{gesamter Sozialaufwand}}{\text{Gesamtbelegschaft}}$$

Literaturverzeichnis

Albach, H. u. a.: Albach, H., Busse von Colbe, W., Sabel, H., Vaubel, L. (Hrsg.): Mitarbeiterführung, Text und Fälle, USW-Schriften für Führungskräfte, Bd. 9, Wiesbaden 1977.
Amthauer, R.: Die Beurteilung der Mitarbeiter. Probleme und Lösungsmöglichkeiten. Heft 14 der Schriftenreihe: Aus der Praxis betrieblicher Sozialpolitik, hrsg. v. Arbeitsring der Arbeitgeberverbände der Deutschen Chemischen Industrie e.V., Wiesbaden 1968
Arndt, H.-J., Fassbender, S.: Management-Weiterbildung, Frankfurt 1971.
BfBW: Der Bundesminister für Bildung und Wissenschaft (Hrsg.): Ausbildung und Beruf, 11. überarb. Aufl., Bonn 1978
Bisani, F.: Das Personalwesen in der Bundesrepublik Deutschland, Teil 1, Ergebnisse einer empirischen Untersuchung, Köln 1976.
Bloch, W.: Arbeitsbewertung, in: HWP, hrsg. v. E. Gaugler, Stuttgart 1975, Sp. 142–160.
Campbell, J. P. u. a.: Campbell, J. P., Dunnette, M. D., Lawler III, E. E., Weick Jr., K. E.: Management-Motivation, in: Grochla, E. (Hrsg.): Organisationstheorie, 1. Teilband, Stuttgart 1975.
Dierkes, M. Kopmann, U.: Von der Sozialbilanz zur gesellschaftsbezogenen Unternehmenspolitik – Ansätze zu einem Management System for Social Goals, in: Betriebswirtschaftliche Forschung und Praxis, Jg. 26, H. 4, Herne 1974.
Dirks, H.: Fortbildung in Industrieunternehmen. Theoretische Grundlagen und System der Anwendung, Stuttgart 1973.
Eckardstein, D. von: Laufbahnplanung für Führungskräfte, Berlin 1971.
Eckardstein, D. von, Schnellinger, F.: Betriebliche Personalpolitik, 2. Aufl., München 1975.
Engel, P.: Betriebliche Sozialleistungen, Köln 1977.
Esser, K., Falthauser K.: Beteiligungsmodelle, München 1974.
Fürstenberg, F.: Soziale Unternehmenspolitik. Strategien und Perspektiven, Berlin-New York 1977.
Gaugler, E., Kolvenbach, H., Weber, W.: Integration der betrieblichen Personal- und Bildungsplanung. Expertise f. d. BMfAS im Rahmen des Forschungsprojektes „Betriebliche Personalplanung" der DGfP e.V., Düsseldorf-Mannheim 1973.
Gaugler, E.: Betriebswirtschaftliche Aspekte der Arbeitszeitflexibilisierung, in: Personal, Nr. 8, München 1983.
Gaugler, E.: Betriebliche Personalplanung. Eine Literaturanalyse, Göttingen 1974.
Gaugler, E.: Personalwesen, betriebliches, in: Grochla, E., Wittmann, W. (Hrsg.): Handwörterbuch der Betriebswirtschaftslehre, Bd. I/2, Stuttgart 1975, Sp. 2956–2966.
Gaugler, E.: Erfolgsbeteiligung, in: HWP, hrsg. v. E. Gaugler, Stuttgart 1975, Sp. 794–807.
Gaugler, E., u. a.: Leistungsbeurteilung in der Wirtschaft. Verfahren und Anwendung in der Praxis. Schriftenreihe Verwaltungsorganisation, Dienstrecht und Personalwirtschaft, hrsg. v. F. Kroppenstedt und M. Lepper, Bd. 1, Baden-Baden 1978.
Goossens, F.: Personalleiter-Handbuch, München 1981.
Haas, H. U.: Kapitalbeteiligung der Arbeitnehmer, in: HWP, hrsg. v. E. Gaugler, Stuttgart 1975, Sp. 1089–1106.
Hackel, M.: Aufsichtsrat, in: Management Enzyklopädie, Bd. 1, München und Frankfurt 1975.
Haller, W.: Neue Formen der Organisation von Arbeits- und Betriebszeit, in: Personalführung, Nr. 6, 1983.
Hax, H.: Optimierung von Organisationsstrukturen, in: Grochla, E. (Hrsg.): HWO, Stuttgart 1973, Sp. 1083–1089.
Hax, K.: Personalpolitik der Unternehmung, Reinbek b. Hamburg 1977.
Hentze, J.: Personalwirtschaftslehre 2, Bern 1977.
Hoelemann, W.: Laufbahnplanung für Führungskräfte. zfbf-Kontaktstudium 28, 1976.
Graf Hoyos, C.: Motivation, in: Gaugler, E. (Hrsg.): HWP, Stuttgart 1975, Sp. 1390–1404.
Jungblut, M.: Nicht vom Lohn allein, elf Modelle für Mitbestimmung und Gewinnbeteiligung, Hamburg 1973.

Kieser, A., Kubicek, H.: Organisation, Berlin-New York 1977.
Klein, L.: Die Entwicklung neuer Formen der Arbeitsorganisation. Kommission für wirtschaftlichen u. sozialen Wandel, Göttingen 1975.
Kolbinger, J.: Arbeitsmarktpolitik am Arbeitsplatz durch Berufs- und Aufgabengestaltung, Österreichisches Institut für Arbeitsmarktpolitik, Linz 1977.
Kolbinger, J.: Personalwesen, in: Gaugler, E. (Hrsg.): HWP, Stuttgart 1975, Sp. 1708–1720.
Körschgen, W.: Beurteilungsseminare – ein sicheres Mittel zur Auswahl der Besten, in: Personalführung 1/76.
Kupsch, P. U., Marr, R.: Personalwirtschaft, in: Heinen, E. (Hrsg.): Industriebetriebslehre, 4. Aufl., Wiesbaden 1975.
Lattmann, C.: Leistungsbeurteilung als Führungsmittel. Zwecke und Aufgaben von Qualifikationssystemen, Bern 1975.
Lattmann, C.: Organisation des Personalwesens, in: HWP, hrsg. v. E. Gaugler, Stuttgart 1975, Sp. 1427–1442.
Lawler III, E.: Motivierung in Organisationen, Bern und Stuttgart 1977.
Löwisch, M.: Tarifvertragsrecht, in: HWP, hrsg. v. E. Gaugler, Stuttgart 1975, Sp. 1924–1935.
Mc Gregor, D.: Der Mensch in Unternehmen, 3. Aufl., Düsseldorf und Wien 1973.
Macharzina, K.: Führungstheorien und Führungssysteme, in: Macharzina, K., Oechsler, W. A. (Hrsg.): Personalmanagement, Bd. 1, Wiesbaden 1977.
March, J. G., Simon, H. A.: Organisation und Individuum, Wiesbaden 1976.
Maslow, A. H.: Psychologie des Seins, München 1973.
Maslow, A. H.: Motivation und Persönlichkeit, Olten und Freiburg 1977.
Mertens, D.: Neue Arbeitszeitpolitik und Arbeitsmarkt, in: Mitteilungen aus der Arbeitsmarkt- und Berufsforschung, Nr. 3, Nürnberg 1979.
Muszynski, B.: Wirtschaftliche Mitbestimmung zwischen Konflikt- und Harmoniekonzeptionen, Meisenheim 1975.
Neuberger, O.: Experimentelle Untersuchungen von Führungsstilen, in: Gruppendynamik 3/1972.
Olmstedt, B.: Job-sharing: an emerging work-style, in: International Labour Review, 1979.
Paulik, H. (Hrsg.): Handbuch der betrieblichen Aus- und Fortbildung, München 1977.
Pfeiffer, W., Dörrie, U., Stoll, E.: Menschliche Arbeit in der industriellen Produktion, Göttingen 1977.
Pillat, R., Maasch, E.: Personalbedarf, Handbuch für Anwerbung, Auswahl, Einstellung und Einsatz von Mitarbeitern, Freiburg 1973.
Pleiss, U.: Sozialleistungen, betriebliche, in: HWP, hrsg. v. E. Gaugler, Stuttgart 1975, Sp. 1821–1834.
Pornschlegel, H.: Der Tarifvertrag, Teil B, Köln 1971.
Pornschlegel, H., Birkwald, R.: Der Tarifvertrag, Teil A, Köln 1971.
Pullig, K.: Personalwirtschaft, München-Wien 1980.
Refa: Methodenlehre des Arbeitsstudiums, Teil 4: Anforderungsermittlung (Arbeitsbewertung), 3. Aufl., München 1975.
Refa: Methodenlehre des Arbeitsstudiums, Teil 5: Lohndifferenzierung, München 1974.
Rehbinder, M.: Optisches Arbeitsrecht, Heft 3, Betriebsverfassungsrecht in 23 Schaubildern, Herne-Berlin 1973.
Remer, A., Wunderer, R.: Entwicklungsperspektiven im betrieblichen Personalwesen, in: ZfbF, 29. Jg., 1977.
Remer, A.: Personalmanagement. Mitarbeiterorientierte Organisation und Führung von Unternehmungen, Berlin-New York 1978.
Rich, A.: Mitbestimmung in der Industrie. Probleme – Modelle – kritische Beurteilung. Eine sozialethische Orientierung, Zürich 1973.
Rosenstiel, L. von: Arbeitsmotivation und Anreizgestaltung, in: Macharzina/Oechsler (Hrsg.): Personalmanagement, Bd. I, Wiesbaden 1977.
Rüttinger, B., Rosenstiel, L. von, Molt, W.: Motivation des wirtschaftlichen Verhaltens. Reihe: Sozioökonomie 4, Stuttgart-Berlin-Köln-Mainz 1974.

Stopp, U.: Betriebliche Personalwirtschaft, Stuttgart 1975.
Strametz, D., Lometsch, A.: Leistungsbeurteilung in deutschen Unternehmen, Königstein/Ts. 1977.
Taylor, F. W.: Die Grundsätze wissenschaftlicher Betriebsführung. (The Principles of Scientific Management). Deutsche autorisierte Übersetzung von R. Roesler (1913). Neu herausgegeben u. eingeleitet von W. Volpert u. R. Vahrenkamp, Weinheim-Basel 1977.
Ulich, E.: Neue Formen der Arbeitsstrukturierung, in: Fortschrittliche Betriebsführung 23/1974, Heft 3, S. 187–196.
Wunderer, R.: Personalwesen als Wissenschaft, in: Personal – Stichworte der Zeitschrift Personal, 8/1975, S. 33–36.
Wunderer, R.: Personalwerbung, in: Gaugler, E. (Hrsg.): HWP, Stuttgart 1975, Sp. 1689–1708.

**Siebenter Teil:
Rechnungswesen**

Erster Abschnitt: Kostenrechnung

1. Kapitel: Grundlagen

A. Notwendigkeit und Aufgabe einer aussagefähigen Kosten- und Leistungsrechnung

Die Notwendigkeit einer aussagefähigen Kosten- und Leistungsrechnung für das Unternehmen wird einem klar, wenn man sich den **Hauptzweck** der Unternehmung vor Augen führt, der in der Regel die Erstellung von am Markt absetzbaren Leistungen (Güter- und/oder Dienstleistungen) ist. Die Leistungserstellung geschieht mit Hilfe sogenannter „Produktionsfaktoren", die, um den Leistungserstellungsprozeß zu optimieren, zweckorientiert (i.S. wirtschaftlichen Einsatzes) kombiniert werden müssen:

```
Produktions-  Beschaffungs- Leistungs-      Absatz-
faktoren      funktion      erstellungs-    funktion    Leistungen
                            funktion
                            (Produktions-
                            funktion)

Außenwelt                   Unternehmensebene                Außenwelt

Beschaffungs-               Kapital/Mehrgeld
markt                                                    Absatzmarkt
```

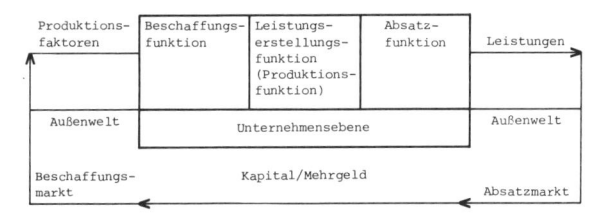

Abb. 1 Die Leistungserstellung im unternehmerischen Wertumlauf

Dieses Modell zeigt den **Kreislauf des Unternehmens**, der sich zwischen den Größen Beschaffung von Produktionsfaktoren, Kombination der beschafften Produktionsfaktoren (Leistungserstellung) und Absatz der erstellten Leistungen (Güter- und Dienstleistungen) bewegt. Mit dem Erlös für die verkauften Leistungen am Absatzmarkt erhält das Unternehmen wieder jene neuen Mittel in die Hand, die es zur Beschaffung neuer Produktionsfaktoren benötigt.

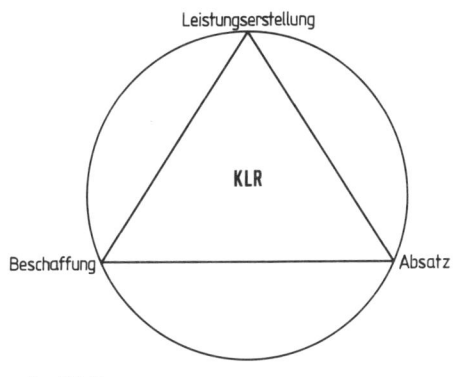

Abb. 2 Hauptaufgaben der KLR

Rieger veranschaulicht diesen kontinuierlichen Kreislauf, indem er sagt: Geld–Ware–(Mehr-)Geld.

Was ist nun die Aufgabe der Kostenrechnung in diesem Kreislauf?

Die Kosten- und Leistungsrechnung (KLR) muß einen reibungslosen Ablauf und eine permanente Wiederholung dieses Kreislaufes sicherstellen. Die KLR soll die Geld- und Leistungsströme zwischen den Bereichen Beschaffung, Produktion und Absatz nicht nur transparent werden lassen, sondern auch für einen störungsfreien Ablauf dieses Kreislaufs sorgen.

Zusammenfassend soll als **Globalziel der KLR** die Erfassung, Überwachung und Steuerung in die richtigen Bahnen, der im Unternehmen auftretenden Geld-, Zahlungs- und Leistungssysteme aufgestellt werden.

Um dieses Globalziel sicherzustellen, muß die KLR generell in der Lage sein, ausreichende Daten erfassen, aufbereiten und verarbeiten zu können. Die folgende Abbildung soll dies verdeutlichen:

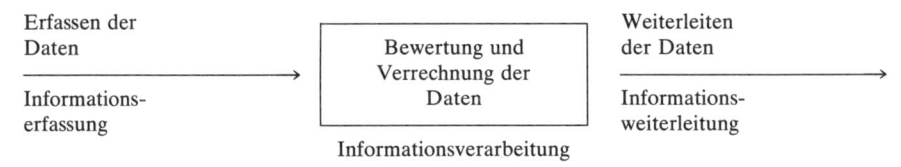

```
Erfassen der                                                  Weiterleiten
Daten                    Bewertung und                        der Daten
─────────────────►       Verrechnung der                      ─────────────────►
                         Daten
Informations-                                                 Informations-
erfassung                                                     weiterleitung
                         Informationsverarbeitung
```

Abb. 3 Allgemeine Aufgaben der Kostenrechnung

Neben dieser Globalaufgabenstellung gibt es eine Vielzahl spezieller Aufgaben für die KLR. Die Vielzahl dieser Einzelaufgaben kann man sich am besten verdeutlichen, wenn man die Kostenrechnung als ein Informationssubsystem des betrieblichen Rechnungswesens auffaßt, dessen Hauptaufgabe darin besteht, Darstellungsinformationen (Ermittlungsfunktion), Planungsinformationen (Vorgabe- und Prognosefunktion) und Kontrollinformationen (Kontrollfunktion) zu liefern:[1]

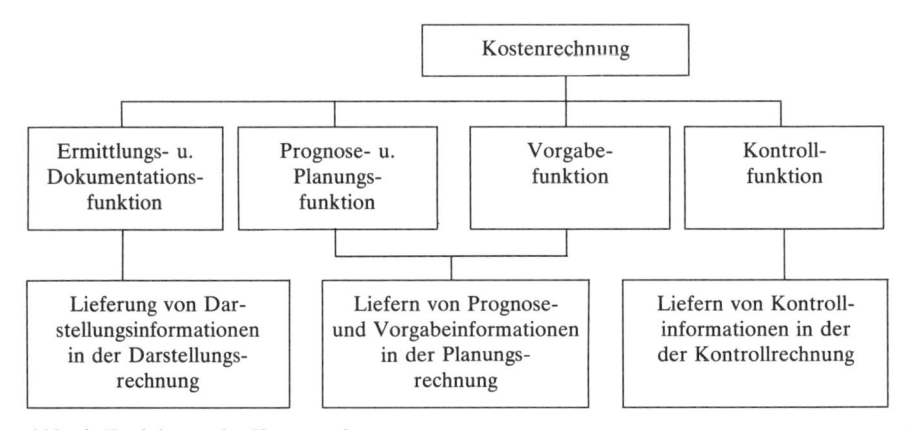

```
                         Kostenrechnung
        ┌───────────────┬──────┴──────┬───────────────┐
  Ermittlungs- u.   Prognose- u.   Vorgabe-        Kontroll-
  Dokumentations-  Planungs-       funktion        funktion
  funktion         funktion
        │                  │                           │
  Lieferung von Dar-  Liefern von Prognose-    Liefern von Kontroll-
  stellungsinformationen  und Vorgabeinformationen  informationen in der
  in der Darstellungs-    in der Planungs-       der Kontrollrechnung
  rechnung                rechnung
```

Abb. 4 Funktionen der Kostenrechnung

---

[1] Heinen E.: Industriebetriebslehre, Wiesbaden 1972, S. 709

1. Kapitel: Grundlagen

Sämtliche Ziele und Aufgaben der Kostenrechnung lassen sich diesen **Grundfunktionen** zuordnen, wie die folgende Übersicht zeigt:

Funktionen	Ziele	Beispiel:
Ermittlungsfunktion (Darstellungsrechnung)	Hauptziele: – Erfolgsermittlung – Gesamterfolg – Stückerfolg – Erfolge der Gruppen, Bereiche, Kostenträger und Kostenstellen – Preisentscheidungen – vollkostendeckende Angebotspreisermittlung – Preisuntergrenzen Nebenziele: – Wahl des Fertigungsverfahrens – Eigen- oder Fremdfertigung – Preisobergrenze für Beschaffungsgüter – Verrechnungspreise – Bemessung von Lizenzgebühren – Prüfung von Investitionsvorhaben – Inventurwerte für Handelsbilanz – Inventurwerte für Steuerbilanz – Wertverluste bei Schadensersatzforderungen – Feststellen des Versicherungswertes beim Abschluß von Versicherungsverträgen – Beantwortung von Behördenanfragen – Daten für Betriebsvergleiche	Ziel: Vollkostendeckende Angebotspreisermittlung Es werden alle Kosten für einen bestimmten Auftrag, für den ein Angebot abgegeben werden soll, ermittelt. Diese Kosten werden in der Kostenarten-, Kostenstellen und -trägerrechnung gesammelt und dokumentiert.
Prognose/ Vorgabefunktion (Planungsrechnung)	Hauptziele: – Betriebsdisposition und Betriebspolitik – Planung des optimalen Fertigungsprogramms (Sortimentspolitik) – Planung des Fertigungsprozesses (Fertigungstiefe, Arbeitsverteilung, Maschinenbelegung, Lagerhaltung, Losgröße) – Kapazitätsplanung (Mehrschichtbetrieb, Überstunden, Kapazitätsausweitung) – Sollgrößen für die Kostenvorgabe – Einsatz der Werbung (Werbemittel, Werbeträger) und Wahl des Absatzverfahrens (Vertriebsorganisation, Vertriebswege) Nebenziele: – Eigenerstellung und Fremdbezug – Investitionspolitik – Gestaltung der Beschaffungsverfahren (z. B. Beschaffungswege)	Beispiel: Ziel: Preiskontrolle Die in der Ermittlungsphase gesammelten Kosten für das Angebot werden in der Preiskontrolle (Kontrollfunktion) daraufhin überprüft, ob der Angebotspreis den tatsächlichen Kosten entspricht.
Kontrollfunktion (Kontrollrechnung)	Hauptziele: – Kontrolle des Betriebsgebarens – Kostenanalyse – Finden von Ansatzpunkten zur Kostensenkung – Preiskontrolle – Überprüfung von Investitionsvorhaben – Überprüfung von Losgrößen in Beschaffung und Fertigung Nebenziele: – Beurteilung, ob Lohnerhöhungen für das Unternehmen tragbar sind – Überprüfung der Vertretertätigkeit	

Zusammenfassende Übersicht zum Informationsgehalt der Kostenrechnung

Abb. 5

Die vorhergehende Übersicht versucht, alle möglichen Aufgaben und Ziele der Kostenrechnung den Grundfunktionen zuzuordnen. Die **Ermittlungsfunktion** erfolgt in der sogenannten Darstellungsrechnung und beinhaltet auch die sog. **Dokumentationsfunktion**. Wenn man bestimmte Daten ermittelt, so sollten sie auch entsprechend dokumentiert werden. Die **Prognose- und Planungsfunktion** erfolgt in der sogen. Planungsrechnung und die **Kontrollfunktion** wird durch die sogen. Kontrollrechnung ausgeführt. Ein Beispiel soll dies verdeutlichen:

Der Materialverbrauch in einem Unternehmen in einer bestimmten Zeitperiode kann sowohl der Ermittlungsfunktion zugeordnet werden, aber auch der Kontrollfunktion (wenn dadurch eine Kontrolle der entsprechenden Kostenstelle eingeleitet wird). Wenn die ermittelten Materialverbräuche dann auf die einzelnen Verursacher (z.B. Kostenstellen, Kostenträger) zugeordnet werden, so wird hier ebenfalls sowohl die Ermittlungsfunktion als auch die Kontrollfunktion angesprochen. Wenn dagegen lediglich der Materialverbrauch innerhalb einer Zeitperiode überwacht werden soll, so ist dies nur der Kontrollfunktion zuordenbar. Wenn der ermittelte Materialverbrauch für eine künftige Periode festgelegt werden soll, so wird hier die Prognose- und Planungsfunktion angesprochen.

Neben unternehmens**internen** Aufgaben gibt es eine Reihe von notwendigen **externen** Aufgaben, die beim Aufbau einer Kostenrechnung in der Praxis erkannt werden müssen. Zum großen Teil beruhen diese externen Aufgaben auf gesetzlichen Vorschriften, aber auch eine Reihe anderer externer Stellen erwartet Informationen durch die KLR:

- Gesellschafter
- Aufsichtsrat
- Gläubiger (Lieferanten, Kreditgeber, Banken)
- Belegschaft (meistens über den Betriebsrat)
- Finanzbehörden (Feststellen der Steuerlast)
- Öffentlichkeit (z.B. Presseveröffentlichung)
- Statistische Landesämter
- Bei der Bearbeitung öffentlicher Aufträge und Beantragung v. Subventionen, Grenzlandförderung, Berlinhilfegesetz, LSP usw.
- Kartellamt bei Firmenzusammenschlüssen
- Betriebsvergleiche

Es hat sich nicht nur der Anforderungskatalog an die externen Aufgaben des Rechnungswesens und damit auch der Kostenrechnung erweitert, sondern auch die internen Anforderungen sind zweifelsohne heute höher geworden. Man kann allgemein sagen, daß sich die Anforderungen und Aufgaben an das Rechnungswesen im Zeitablauf sehr stark verändert haben. Auch in der Zielsetzung zeichnet sich ein deutlicher Wandel ab. Stand ursprünglich die Vor- und Nachkalkulation der Produkte im Vordergrund, so rückt heute vor allem die Informationserarbeitung für unternehmerische Entscheidungen in den Mittelpunkt. Nicht zuletzt aufgrund sich verschärfender Wettbewerbsverhältnisse muß die KLR eine wesentlich detailliertere Kontrolle und Steuerung des Unternehmungsprozesses ermöglichen. Auch an die Flexibilität und Schnelligkeit der Kostenrechnung werden heute erhöhte Anforderungen gestellt. Diente ursprünglich die Kostenrechnung hauptsächlich dazu, für bestimmte Abrechnungszeiträume festzustellen, was geschehen war, so steht heute im Mittelpunkt der Kostenrechnung die Notwendigkeit, Informationen für Planungen und zukünftige Entscheidungen zur Verfügung zu stellen. Neben der Ermittlung und Kontrolle der Kosten und des Erfolges (Ermittlungs- und Kontrollfunktion) wird die Prognose- und Planungsfunktion der Kostenrechnung immer bedeutsamer. In der traditionellen Kostenrechnung wurden die Prognose- und Vorgabeinformationen meist vernachlässigt, man beschränkte sich auf Darstellungsinformationen und Kontrollinformationen. Die Notwendigkeit sowohl der Planung als auch der Prognose ist heute aber unbestritten. Es entsteht deshalb früher oder später in jedem Unternehmen die Forderung an die Kostenrechnung, durch einen Ausbau zur Planungsrechnung ausreichende Informationen für den betrieblichen Entscheidungsprozess zu liefern. Kurzfristige Dispositionen sind heute allein nicht mehr ausreichend. Erst durch eine bewußte Zielsetzung, durch ein auf Planung aufgebautes Kostenrechnungssystem wird eine echte Kostensteuerung ermöglicht. Wobei hier unter **Planung** nicht die Voraussage der Zukunft zu verstehen ist, sondern vielmehr die Notwendigkeit, durch aktives Handeln in der Gegenwart mit festgelegten Zielsetzungen die zukünftige Lage des Unternehmens zu beeinflussen. Der aufgestellte Plan wird zur zahlenmäßigen Willenserklärung des Unternehmens über das Betriebsgeschehen der Zukunft.

Mit dieser erweiterten Aufgabenstellung der Kostenrechnung entfällt auch ein häufig gebrauchtes Argument der Praxis, das gegen die Einführung einer Kostenrechnung verwendet wird. Man sagt vielfach, die KLR sei unnütz, weil sie ohnehin nur „historische Zahlen" liefere. Dieser Einwand trifft nur noch dann zu, wenn sich die Kostenrechnung darin erschöpft, Vergangenes zu beschreiben. Wenn jedoch die Kostenrechnung, und dies sollte Zielsetzung jeder Kostenrechnung sein, Mittelpunkt und wichtigste Informationsquelle des betrieblichen Planungs- und Entscheidungsprozesses wird, dann entfällt dieses häufig gegen die Kostenrechnung eingewandte Argument.

Je nach den spezifischen Aufgaben und den durch die Kostenrechnung beabsichtigten Zwecken fallen die **Informationsaufgaben** der Kostenrechnung unterschiedlich aus. Die Kostenrechnung sollte immer danach beurteilt werden, inwieweit sie ausreichende Informationen zur Erreichung der von der Unternehmung verfolgten Zwecke und Ziele zur Verfügung stellt. Auch die Entscheidung für ein bestimmtes Kostenrechnungssystem sollte immer von den Aufgaben und Zielen abhängig gemacht werden, die vom jeweiligen Unternehmen an die Kostenrechnung gestellt werden. Aufgaben und Ziele bestimmen den Rahmen, innerhalb dessen sich die Wahl des Kostenrechnungsverfahrens bewegen muß. In Einzelfällen wird ein einfaches Kostenrechnungsverfahren einen völlig ausreichenden Erkenntniswert haben. Man denke nur an die Fälle, wo staatlicherseits die Preise vorgeschrieben werden, an Kartellregelungen usw. hier würde die Preisfindung, sonst meist eine besonders wichtige Aufgabe der Kostenrechnung, weitgehend entfallen. Unabhängig von den unterschiedlichen Informationsaufgaben der KLR hat jede Kostenrechnung einem mehr oder weniger großen Katalog von Anforderungen gerecht zu werden:

- Richtigkeit
- Objektivität (Ausschaltung betriebsspezifischer Einflußgrößen, Ausrichtung am Branchenüblichen.)
- Normalität (Ausgleich von außergewöhnlichen Schwankungen im Wertverzehr.)
- Aktualität
- Genauigkeit
- Vollständigkeit
- Einmaligkeit
- Stetigkeit
- Einheitlichkeit
- Geschlossenheit

- Anpassungsfähigkeit und Flexibilität
  (Anpassung an Betriebsgröße, Betriebsablauf und Leistungsart)
- Vergleichbarkeit
- Übersichtlichkeit
- Wirtschaftlichkeit
- möglichst unmittelbare Zurechnung
- Nachweis durch Kostenbelege. (Diese Kriterien sind allerdings z.T. konkurrierend, d.h., die Erreichung des einen Ziels kann das Verfolgen eines anderen Ziels verhindern.)

Wirtschaftlichkeit, Aktualität, Objektivität und (relative) **Genauigkeit** sind Hauptforderungen an die Kostenrechnung. Durch **Einfachheit** und **Klarheit** soll der notwendige Arbeitsaufwand für die Kostenrechnung möglichst niedrig gehalten werden. Je schneller die benötigten Informationen zur Verfügung stehen, desto höher wird durch die damit verbundene Aktualität die Aussagefähigkeit der Kostenrechnung.

Da die Kostenrechnung die Wirtschaftlichkeit des Unternehmens kontrolliert, ist es zwingend, daß sie ebenfalls wirtschaftlichen Gesichtspunkten gerecht wird, d.h. sie darf nur bis zur **ökonomischen Grenze der Genauigkeit** gehen. Die Relation zwischen Ermittlung der Daten für die Kostenrechnung und deren Aussagewert muß optimiert werden. Grundsätzlich muß immer danach gefragt werden, ob der Erkenntniswert neuer zusätzlicher Kosteninformationen die zusätzlichen Kosten für die Informationsgewinnung rechtfertigt (Kosten/Nutzenanalyse der Informationserarbeitung).

Im gleichen Maße, wie die Anforderungen an Aussagefähigkeit und Informationsgehalt hinsichtlich der Unterstützung bei Entscheidungsprozessen an die Kostenrechnung gestiegen sind, sind auch die Anforderungen an die **Qualifikation der Mitarbeiter** der Kostenrechnung ständig gewachsen. Von einem Mitarbeiter in der Kostenrechnung wird heute verlangt, daß er Entscheidungsgrundlagen für die Unternehmungsleitung erarbeiten kann. Die Gegenwart zeigt eine wachsende Bedeutung der Kostenrechnung. Immer deutlicher erkennen die Unternehmen, daß die Kostenrechnung, überhaupt das gesamte betriebliche Rechnungswesen, eine unentbehrliche Informationsquelle für den unternehmerischen Entscheidungsprozeß ist. Nicht zuletzt die Stellenanzeigen weisen auf diese Entwicklungstendenz hin. Man darf sich aber durch diese positive Entwicklung nicht darüber hinwegtäuschen, daß in sehr vielen, insbesondere kleineren und mittleren Unternehmen, die Kostenrechnung immer noch sehr stark vernachlässigt ist. Wenn man empirische Untersuchungen heranzieht, so sieht man, daß sehr viele Unternehmen auch heute noch nicht einmal die Grundzüge einer Kostenrechnung aufzuweisen haben. Diese Untersuchungen zeigen auch sehr deutlich, daß in vielen Unternehmen immer noch die Buchhaltung die einzige Informationsquelle ist. Man kann auch heute noch das Argument hören, daß ein guter Unternehmer schon wisse, was verdient werde. Sicherlich, zu einem guten Unternehmer gehört auch Intuition. Aber zur Intuition gehört auch die Sicherheit, daß man richtig liegt – durch ausreichende Kontrolle. Man stelle sich nur vor, daß die Arbeitsplätze von vielleicht 1000 Beschäftigten von der Intuition eines Einzelnen abhängig sind!

Auch in jenen Unternehmen, die bereits eine Kostenrechnung haben, können deutliche Mängel im Kostenrechnungssystem festgestellt werden. So ergab die Befragung von 15 vergleichbaren Unternehmen in der Kunststoffbranche:

9 Unternehmen waren nicht in der Lage, bestimmte Artikel, die sie produzierten, überhaupt zu kalkulieren (sie hatten keinerlei Kalkulationsunterlagen). Die verbleibenden 6 Unternehmen versuchten dann, 6 Artikel nach ihren Kalkulationsrichtlinien

(allerdings mit gleichen Mengen und gleichen Kalkulationssätzen) durchzukalkulieren. Die unterschiedliche Betrachtungsweise der einzelnen Unternehmen zu Fragen wie kalkulatorische Zinsen, kalkulatorische Abschreibungen und überhaupt den Fragen des Kalkulationsschemas ergab z. T. beträchtliche Abweichungen wie die folgende Übersicht zeigt:[1]

Betrieb Artikel	1	2	3	4	5	6
A	1.341	–.–	1.200	1.200	900	1 342
B	3.017	–.–	3.906	1.500	2.390	3.037
C	776	340	550	530	600	1.094
D	5.442	5.600	6.460	5.540	5.900	7.482
E	9.335	9.000	12.200	13.800	15.266	20.107
F	9.853	10.000	12.000	13.200	16.202	21.091

Abb. 6 Unterschiedliche Kalkulationen in der Praxis

B. Hierarchische Einordnung der Kosten- und Leistungsrechnung

Die Einordnung der KLR innerhalb des betrieblichen Rechnungswesens in der Unternehmenshierarchie muß dem speziellen Aufgabenkatalog der KLR gerecht werden. Mit der richtigen Einordnung der KLR wird eine Art Vorentscheidung getroffen, ob und inwieweit die KLR der ihr vom Unternehmen gestellten Aufgabenstellung gerecht werden kann. Da die KLR Hauptbestandteil des Betrieblichen Rechnungswesens ist, wird die Frage der Einordnung des Betrieblichen Rechnungswesens in die Unternehmenshierarchie von entscheidender Bedeutung, auch für die Aussagefähigkeit der KLR. Mit der richtigen Einordnung des Betrieblichen Rechnungswesens entscheidet sich demnach auch, ob und inwieweit die KLR ihre Funktionen erfüllen kann. Allgemeine Richtlinien für die richtige Einordnung gibt es nicht, man muß hier immer auf den Einzelfall abstellen. Aber in den letzten Jahren ist hier ein deutlicher Wandel feststellbar. Die Notwendigkeit eines modernen Rechnungswesens, insbesondere einer aussagefähigen Kostenrechnung wird immer mehr Unternehmen bewußt und damit rückt das Betriebliche Rechnungswesen und damit auch die KLR immer stärker in den Mittelpunkt des unternehmerischen Interesses. Sehr viele Unternehmen sind dazu übergegangen, den Bereich Administration, dem das Betriebliche Rechnungswesen meist zugeordnet wird, entweder direkt dem Vorstand zu unterstellen oder hierfür sogar einen eigenen Vorstandsbereich zu bilden. Waren früher die Werkleiter eines bekannten großen amerikanischen Konzerns, der auch in Deutschland Tochtergesellschaften gegründet hat, der Ausbildung nach Techniker, so sind heute die Werkleiter häufig Kaufleute mit dem Ausbildungsschwerpunkt Betriebliches Rechnungswesen/KLR.

Unabhängig von der Frage, wie das Betriebliche Rechnungswesen innerhalb des Unternehmens eingeordnet ist (hier gibt es wie bereits gesagt keine allgemeinen Richtlinien, die Einordnung wird je nach den spezifischen Gegebenheiten des jeweiligen Unternehmens anders ausfallen), hat sich eine „traditionelle" Einteilung des Rechnungswesens herauskristallisiert:

---

[1]) Untersuchung während eines Betriebsvergleichs vom Verfasser durchgeführt.

```
Betriebliches
Rechnungswesen
    ├── Finanzbuchhaltung
    │   (Geschäfts- oder
    │   Finanzbuchhaltung)
    │
    ├── Kosten- und
    │   Leistungsrechnung
    │   (Betriebsbuchhaltung)
    │
    ├── Statistik
    │
    └── Planungsrechnung
```

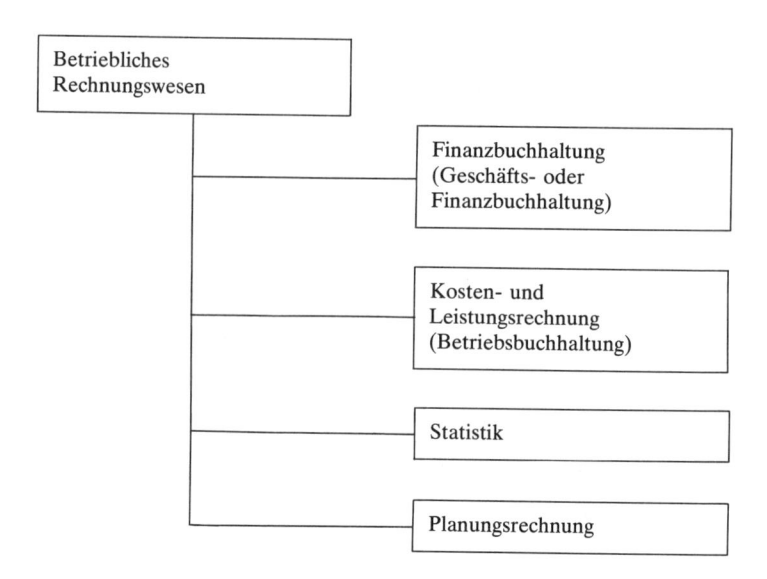

Abb. 7 Traditionelle Einteilung des Betrieblichen Rechnungswesens

Was sind nun die Unterschiede zwischen der Finanz- oder Geschäftsbuchhaltung auf der einen Seite und der Betriebsbuchhaltung oder Kosten- und Leistungsrechnung auf der anderen Seite?

Die Kostenrechnung erfaßt nur die Geschäftsvorgänge, die unmittelbar mit der betrieblichen Leistungserstellung zusammenhängen, d.h. die KLR unterscheidet sich in doppelter Hinsicht von der Geschäftsbuchhaltung:

1. Die Geschäftsbuchhaltung erfaßt und verbucht **alle** Transaktionen der Unternehmung mit Personen oder Geschäftspartnern außerhalb der Unternehmung, während die KLR nur jene Vorgänge erfaßt, die mit der betrieblichen Leistungserstellung in direktem Zusammenhang stehen.

2. Die KLR erfaßt alle Wertverbräuche (Kosten), die durch die betriebliche Leistungserstellung entstehen, unabhängig davon, ob dieser Wertverbrauch zu Auszahlungen an Personen außerhalb der Unternehmung führt oder nicht. Die Finanzbuchhaltung erfaßt dagegen nur den Wertverbrauch, der zu Aufwendungen nach außen führt. D.h., die KLR hat sich als Hauptaufgabe die Durchleuchtung des Betriebes (als Ort der Leistungserstellung) gestellt und zeigt den betrieblichen Wertverzehr (Kosten) und den betrieblichen Wertzuwachs (Leistung).

Die traditionelle Einteilung des Betrieblichen Rechnungswesens in Finanzbuchhaltung (Geschäftsbuchhaltung), Kosten- und Leistungsrechnung (Betriebsbuchhaltung), Statistik und Planungsrechnung, ist eine Einteilung, die der betrieblichen Praxis sicherlich nicht immer gerecht wird. Wenn man heute Praxisbeispiele betrachtet, so findet man diese (theoretische) Einteilung nur sehr selten. Viele Unternehmen bevorzugen heute folgende Einteilung:

```
Betriebliches
Rechnungswesen
                    ┬── Betriebs-      ┬── Betriebsabrechnung
                    │   wirtschaft     ├── Kalkulation
                    │                  └── Planung
                    │
                    └── Finanz-        ┬── Finanzbuchhaltung
                        wirtschaft     ├── Rechnungsprüfung
                                       ├── Kasse
                                       └── Versicherungen
```

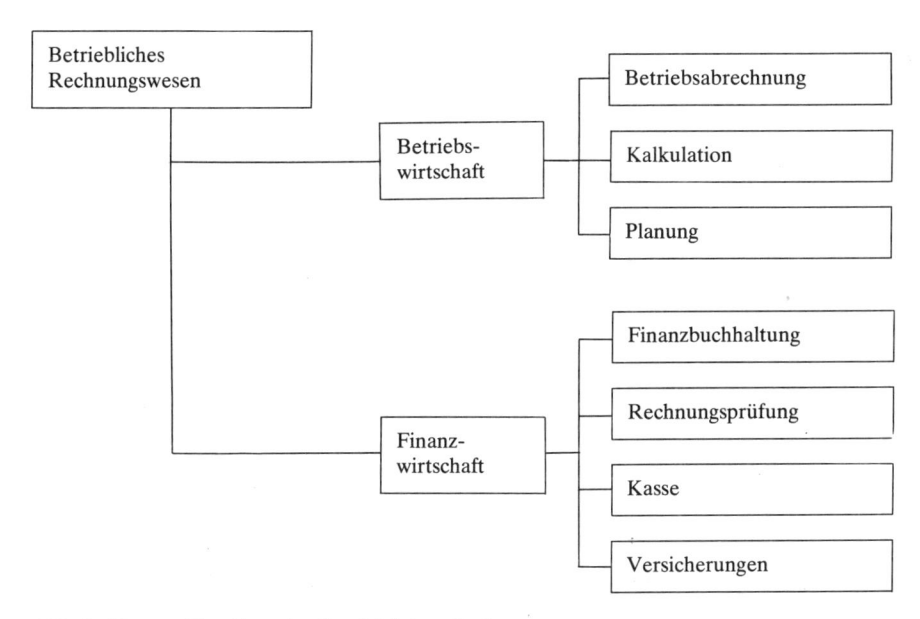

Abb. 8 Neuere Einteilung des Betrieblichen Rechnungswesens

Das folgende Beispiel zeigt die mögliche Einordnung der KLR in einem Großunternehmen:

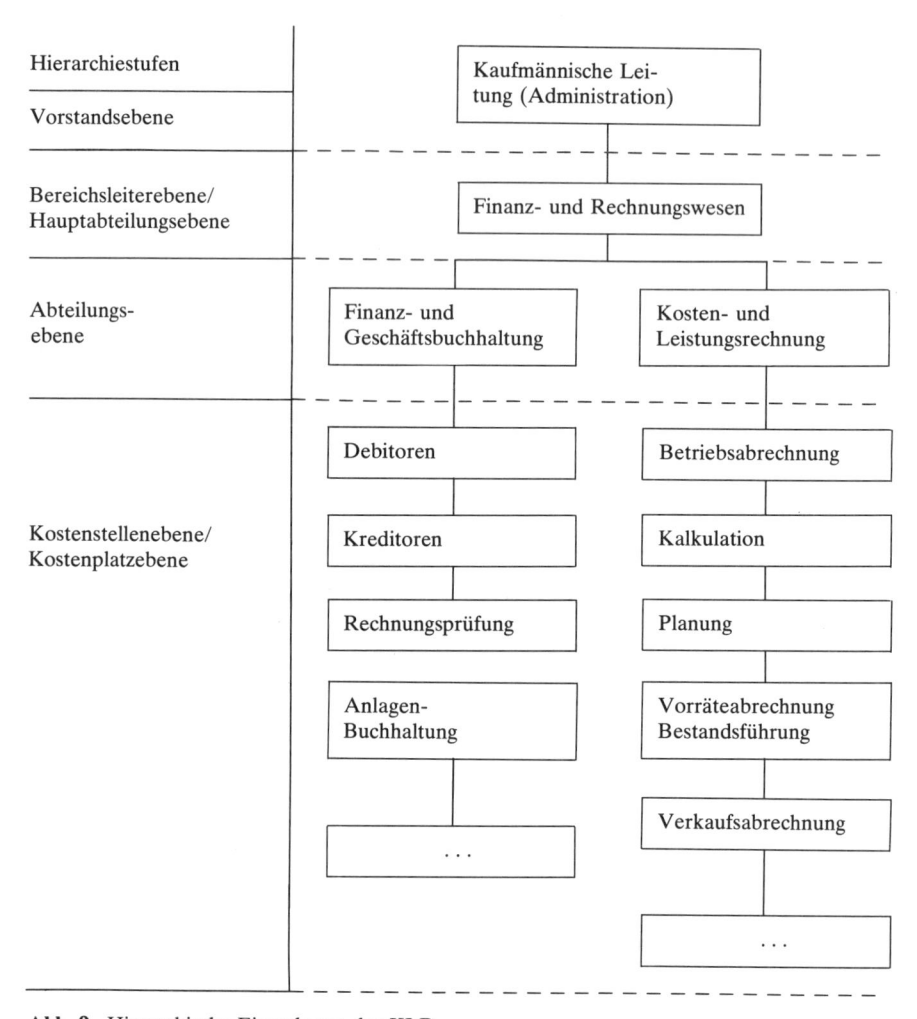

```
Hierarchiestufen              │    ┌──────────────────────┐
                              │    │ Kaufmännische Lei-   │
Vorstandsebene                │    │ tung (Administration)│
                              │    └──────────┬───────────┘
──────────────────────────────┼───────────────┼────────────
Bereichsleiterebene/          │    ┌──────────┴───────────┐
Hauptabteilungsebene          │    │ Finanz- und Rechnungswesen │
                              │    └──┬──────────────┬────┘
──────────────────────────────┼───────┼──────────────┼─────
Abteilungs-                   │  ┌────┴─────┐   ┌────┴─────┐
ebene                         │  │Finanz- und│   │Kosten- und│
                              │  │Geschäftsbuchhaltung│ │Leistungsrechnung│
                              │  └────┬─────┘   └────┬─────┘
──────────────────────────────┼───────┼──────────────┼─────
                              │  ┌────┴─────┐   ┌────┴─────┐
                              │  │ Debitoren│   │Betriebsabrechnung│
                              │  └────┬─────┘   └────┬─────┘
Kostenstellenebene/           │  ┌────┴─────┐   ┌────┴─────┐
Kostenplatzebene              │  │Kreditoren│   │Kalkulation│
                              │  └────┬─────┘   └────┬─────┘
                              │  ┌────┴─────┐   ┌────┴─────┐
                              │  │Rechnungsprüfung│ │Planung│
                              │  └────┬─────┘   └────┬─────┘
                              │  ┌────┴─────┐   ┌────┴─────┐
                              │  │Anlagen-  │   │Vorräteabrechnung│
                              │  │Buchhaltung│  │Bestandsführung│
                              │  └────┬─────┘   └────┬─────┘
                              │       │         ┌────┴─────┐
                              │       │         │Verkaufsabrechnung│
                              │      ...        └────┬─────┘
                              │                     ...
```

Abb. 9 Hierarchische Einordnung der KLR

Diese Einordnungsbeispiele sagen aber nichts über die Bedeutung der KLR aus. Sie ist sicher höher als es der üblichen hierarchischen Einordnung entspricht. Insbesondere dann, wenn das Rechnungswesen zum Controlling ausgebaut wurde und vielleicht unmittelbar dem Vorstand unterstellt wurde. Die KLR hat Einfluß auf alle Entscheidungsebenen des Unternehmens, d.h. auch auf die höchste Ebene unternehmerischer Entscheidungen, der Ebene der politischen Entscheidung, wie die folgende Abb. verdeutlichen soll:

1. Kapitel: Grundlagen

```
                    Ebene der politischen Entscheidungen
         Ver-
         dichte-
         ter Ge-
         samtbericht                                    Geschäfts-
         (Ergebnisbe-                                   leitung/
         richt, Soll-                                   Vorstand
         Ist-Vergleich,
         Kennzahlen)

       Bereichsergebnisse      Ebene der strategischen
       (Soll-Ist-Vergleich          Entscheidungen       Bereichsleiter
       des Bereichs,
       Kennzahlen des Bereichs)

     Ergebnisse der Hauptab-    Ebene der taktischen
     teilungen (Soll-Ist-Vergleich   Entscheidungen    Hauptabteilungsleiter
     der Hauptabteilungen, Kenn-
     zahlen des Bereichs)

                                Ebene der operati-
     Kostenstellenergebnisse   ven Entscheidungen      Kostenstellenleiter


           Berichtsebene        Entscheidungs-           Führungsebene
                                    ebene
```

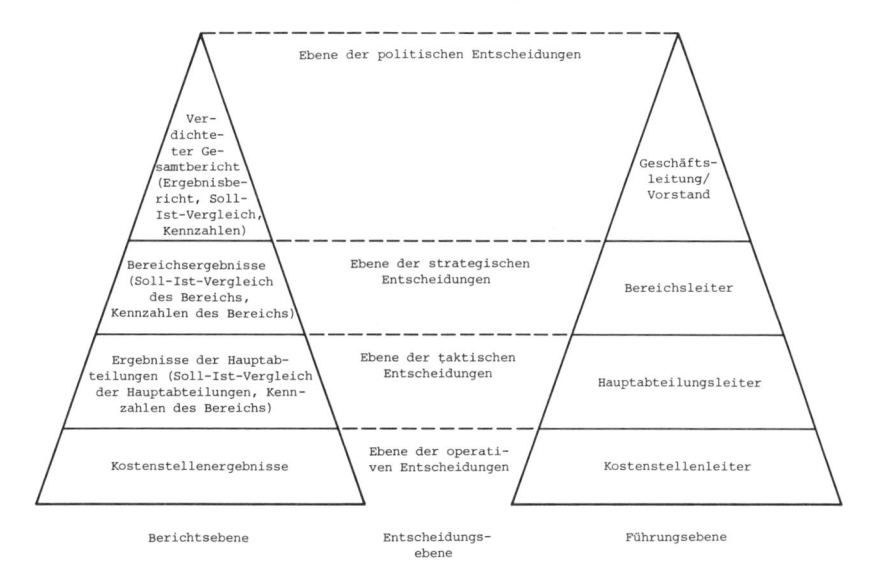

Abb. 10 Berichts-Hierarchie

C. Die Terminologie der Kosten- und Leistungsrechnung

Ein Mindestmaß an Kenntnis der Terminologie der KLR ist gerade für die Praxis unerläßlich. Es ist gerade in der Praxis feststellbar, daß selbst Leute, die glauben, von Kostenrechnung eine Ahnung zu haben, sich mit diesen Grundbegriffen immer noch sehr schwer tun.

Will man sich aber verständigen, so muß man eine einheitliche Terminologie auch in der Praxis anwenden. Vor allem die verschiedenen Inhalte und Zielsetzungen von der Finanzbuchhaltung auf der einen und der Kostenrechnung auf der anderen Seite verlangen klare begriffliche Abgrenzungen. Denn obwohl sich Finanzbuchhaltung und KLR gegenseitig bedingen und miteinander tatsächlich sehr eng verknüpft sind, so haben sie doch für die Zahlungs- und Leistungsvorgänge jeweils eine eigene Terminologie entwickelt. Während die Finanzbuchhaltung (Geschäftsbuchhaltung) gesetzliche Grundlagen hat, ist die Kostenrechnung (Betriebsbuchhaltung) ohne gesetzliche Vorschriften (Ausnahme: es handelt sich um **öffentliche Aufträge**, die nach der **LSP zu kalkulieren sind, bei Subventionen usw.**).

Die Kostenrechnung kann also im Gegensatz zur Buchhaltung völlig frei nach den Bedürfnissen des Unternehmens gestaltet werden ohne rechtliche Vorschriften. Man bezeichnet im übrigen die Finanzbuchhaltung auch als **externe Rechnung**, da sie sämtliche Vorgänge zwischen Unternehmung und der Umwelt erfaßt, während man die Kostenrechnung auch als **interne Rechnung** auffassen könnte, da sie nur die Vorgänge innerhalb des Unternehmens behandelt. So ist der **Kauf** von Rohstoffen ein externer Vorgang, der von der Finanzbuchhaltung erfaßt wird, während der **Verbrauch** von Rohstoffen als interner Vorgang von der Kostenrechnung verarbeitet werden muß. Man sieht an diesem Beispiel die sehr enge Verknüpfung von Finanzbuchhaltung und Kostenrechnung. Der externe Vorgang der Rohstoffbeschaffung ist zugleich die Grundlage für den kostenrechnerischen Vorgang Rohstoffverbrauch. Hinzu kommt, daß sich beide Bereiche überschneiden, einige Konten (Kosten- und Erlöskonten) werden sowohl in der Finanzbuchhaltung als auch in der Betriebsbuchhaltung benötigt.

I. Das Kostenverursachungsprinzip

Das **Kostenverursachungsprinzip** (besser Kosteneinwirkungsprinzip (Kosiol)) ist zweifelsohne das Grundprinzip der Kostenrechnung schlechthin. Es besagt nichts anderes, als daß die Kosten den Verursachern zugeordnet werden sollen. D. h. derjenige, der die Kosten verursacht hat, soll diese Kosten auch tragen. Dieses Prinzip wird in der Praxis oft bewußt oder unbewußt verletzt. Bewußt deshalb, weil es aus Wirtschaftlichkeitsgesichtspunkten oft nicht vertretbar ist, mit einem enormen Verwaltungsaufwand Kosten den Verursachern zuzuordnen und weil ein Teil der Kosten tatsächlich nicht den Verursachern zugeordnet werden kann (ein Großteil der Gemeinkosten z. B. wie soll Pförtner einzelnen Produkten zugeordnet werden?). Unbewußt werden Kosten aber oft in der Praxis falsch zugeordnet. So werden Kosten einzelnen Stellen zugeordnet, die für diese Kosten nichts können, weil sie sie nicht verursacht haben. Vor allem bei willkürlicher Schlüsselung und Weiterverrechnung von nicht direkt zuordenbaren Kosten wird oft das Kostenverursachungsprinzip verletzt. Eine Verletzung des Kostenverursachungsprinzipes gefährdet aber die Aussagefähigkeit der Kostenrechnung. Man sollte sich hier vor Pseudogenauigkeit hüten und lieber den Mut haben, deutlich werden zu lassen, daß man bestimmte Kosten nicht zuordnen kann, will man das Kostenverursachungsprinzip nicht verletzen.

Ein großer Teil von Informationen der Kostenrechnung kommt aus der Finanzbuchhaltung:

- Ein großer Teil der Kostenarten (Kostenklasse 4 alter GKR Kontenrahmen bzw. 6 und 7 neuer IKR Kontenrahmen)
- Bestände und Bestandsveränderungen bei Halb- und Fertigfabrikaten (Kontenklasse 7 alter Kontenrahmen bzw. Kontenklasse 5 neuer Kontenrahmen)
- Verkaufserlöse (Kontenklasse 8 alter und Kontenklasse 5 neuer Kontenrahmen)

Während die Finanzbuchhaltung alle Geschäftsvorfälle für das gesamte Unternehmen aufzeichnet und hierfür die Begriffe **Aufwand** und **Ertrag** verwendet, wird in der Kosten- und Leistungsrechnung nur der betriebliche Leistungsprozeß erfaßt. Sie arbeitet mit den Begriffen **Kosten und Leistung**. Der Anteil der Aufwendungen und Erträge, die nicht dem eigentlichen Betriebszweck dienen, werden in der KLR nicht berücksichtigt.

II. Der Kostenbegriff

Die Rechenelemente der Kostenrechnung sind die Kategorien **Kosten** und **Leistungen**. Unter **Kosten** versteht man hierbei den bewerteten Güter- und Dienstleistungsverzehr zur Erstellung und Verwertung (Absatz) betrieblicher Leistungen.

> Kosten = durch die Erstellung von Leistungen bewirkter, in Geldeinheiten ausgedrückter Verbrauch an Gütern und Dienstleistungen sowie öffentlicher Abgaben (Wertverzehr).

Demnach ist der Kostenbegriff durch 4 Merkmale definiert:

- Es muß ein **mengenmäßiger** Verbrauch (Verzehr) an Gütern und/oder Dienstleistungen vorliegen

1. Kapitel: Grundlagen

- Dieser Verzehr an Gütern oder Dienstleistungen muß **bewertet** werden
- Der bewertete Verzehr muß erfolgen, um eine **betriebliche Leistung** zu erzeugen (d.h., dem Betriebszweck dienen)
- Die betriebliche Leistung muß für die **Verwertung** am Markt direkt oder indirekt bestimmt sein.

> Betriebszweck = durch Entscheidungen der Unternehmensleitung festgelegter Gegenstand (Aufgaben- oder Tätigkeitsgebiet) der Unternehmung.

Nur wenn alle diese vier Merkmale gegeben sind, handelt es sich tatsächlich um Kosten!

Ein Beispiel soll das verdeutlichen:

Verbrennen in einem Industrieunternehmen sämtliche Roh-, Hilfs- und Betriebsstoffe, so handelt es sich zwar hier um einen Verzehr, aber dieser Verzehr erfolgt nicht, um eine betriebliche Leistung zu erzeugen.

Ein anderes Beispiel soll ebenfalls verdeutlichen, daß zum Kostenbegriff nicht nur ein mengenmäßiger Verbrauch erfolgen muß, sondern daß dieser Verzehr auch bewertet werden muß.

Periode		1	2	3	4
Menge (kg)	Material	10	12	8	4,5
Zeit (Std.)	Arbeit	20	20	18	16
Preis je Einheit (DM/kg)	Material	5	5	6	7
Preis je Einheit (DM/Std.)	Arbeit	10	12	13	14
Kosten (Menge x Preis) für	Material	50	60	48	31,5
Kosten (Zeit x Preis) für	Arbeit	200	240	224	224
Gesamtkosten		250	300	272	255,5

Abb. 11 Mengen-(Zeit-) u. Wertextension des Kostenbegriffs

In welcher Periode wurde am günstigsten gearbeitet?

Kosten setzen sich aus der Komponente Menge und Preis zusammen.

Mengenmäßig wurde in der 4. Periode am besten gearbeitet (nur 20,5 Mengeneinheiten wurden verbraucht). Preislich war aber sicherlich nicht die 4., sondern die 1. Periode am günstigsten (DM 15,– pro Einheit). Kostenmäßig ist ebenfalls in der 1. Periode mit DM 250,– am günstigsten gewirtschaftet worden.

III. Der Leistungsbegriff

Die **Leistung** – als Pendant zu den Kosten – ist das Ergebnis der betrieblichen Tätigkeit, die sich in der Leistungserstellung von Gütern und Dienstleistungen niederschlägt.

> **Leistung** = von einem Unternehmen geschaffene bzw. zur Verfügung gestellte Problemlösungen (Sachgüter und Dienstleistungen), deren Erzeugung dem Betriebszweck entspricht und die zu Markt- oder Verrechnungspreisen bewertet werden.
> = das bewertete Ergebnis des betrieblichen Leistungserstellungsprozesses.

Leistungen sind z.B. Essen und Getränke im Restaurant, Puppen in der Spielzeugfabrik.

Man unterscheidet zwischen **Absatzleistungen** und **Eigenleistungen**.

Absatzleistungen sind für den Markt bestimmte Leistungen (z.B. erstellte Güter beim Produktionsbetrieb, Gutachten beim Berater, „verlorener Prozeß" beim Rechtsanwalt).

Bei der Absatzleistung ist zu unterscheiden zwischen den absatzbestimmten Leistungen, die verkauft werden und dadurch zu **Erlösen** (Umsatzertrag) führen und jenen absatzbestimmten Leistungen, die nicht sofort verkauft werden können, sondern erst auf Lager gehen und zu einer Erhöhung der Bestände an Halb- und Fertigerzeugnissen führen.

Eigenleistungen sind für das eigene Unternehmen bestimmte Leistungen, die im eigenen Unternehmen erstellt werden (z.B. selbst erstellte Maschinen und Anlagen, selbst durchgeführte Reparaturen, Wartungsarbeiten, Marketing-Konzept der eigenen Marketing-Abteilung usw.).

IV. Unterschiede zwischen Aufwand und Kosten

Begriffspaar: Auszahlung – Einzahlung

Unter Auszahlung ist jeder Vorgang zu verstehen, bei dem Bargeld und/oder Buchgeld das Unternehmen verläßt. Das heißt, ein Auszahlungsvorgang ist immer mit einer Verminderung der liquiden Mittel des Unternehmens verknüpft (Verminderung des Kassenbestandes oder des jederzeit verfügbaren Bankguthabens).

> Auszahlung = alle Abgänge an Bar- und Buchgeld

Beispiele: Barentnahme, Bartilgung oder Barkauf, Barvorauszahlung, bare Privatentnahmen.

Der Einzahlungsbegriff ist analog zu verstehen. Demnach sind unter Einzahlung alle Vorgänge zu erfassen, bei denen dem Unternehmen Bargeld oder Buchgeld zugeführt wird, d.h., es erhöhen sich die Bestände an liquiden Mitteln (Bargeld- und Bankguthabenerhöhungen).

> Einzahlung = alle Zugänge an Bar- und Buchgeld

1. Kapitel: Grundlagen

Beispiel: Bareinzahlungen, Barkredite, Barvorauszahlungen und Barverkäufe sowie Bareinlagen.

Begriffspaar: Ausgabe – Einnahme

Erweitert man den eben definierten Begriff der Auszahlung bzw. der Einzahlung um die Bestandsveränderungen an Forderungen und Verbindlichkeiten, so erhält man bereits die Definition für das Begriffspaar Ausgaben bzw. Einnahmen.

> Ausgaben = Auszahlungen + Forderungsabgänge (Minderung des Forderungsbestandes) + Schuldenzugänge (Erhöhung des Schuldenbestandes)

> Einnahmen = Einzahlungen + Forderungszugänge (Erhöhung des Forderungsbestandes) + Schuldenabgänge (Minderung des Schuldenbestandes)

Begriffspaar: Erfolgswirksam – Bestandswirksam

Erfolgswirksam (sofort) sind solche Vorgänge, die unmittelbar zu einer Veränderung des Nettovermögens führen (Nettovermögen = Bruttovermögen ./. Schulden).
Beispiel: Zahlung von Zinsen, Löhnen, Mieten u.a. Einnahmen aus Zinsen, Mieten, verkauften Leistungen usw.

Bestandswirksam: (nicht erfolgswirksam) sind Vorgänge, die Brutto- und Nettovermögen in gleicher Weise verändern oder lediglich zu Umschichtungen auf der Aktiv- oder Passivseite der Bilanz führen.
Beispiel: Kapitaleinlagen und Kapitalrückzahlungen; Aufnahme und Rückzahlung von Schulden; Hingabe und Rückzahlung von Darlehen (Forderungen).

Bestandswirksam (später erfolgswirksam) sind Vorgänge, die zunächst keine Veränderung des Nettovermögens bewirken, die aber so ausgerichtet sind, daß sie im Laufe der Zeit regelmäßig zu einer Veränderung des Nettovermögens führen.
Beispiele: Kauf von Maschinen, Waren und Werkstoffen sowie Hingabe oder Hereinnahme von Vorauszahlungen.

Begriffspaar: Aufwand – Ertrag

Der Aufwandsbegriff

> Aufwand = der gesamte in einer Unternehmung innerhalb einer Abrechnungsperiode entstandene Wertverbrauch (= bewerteter Verzehr an Sachgütern und Diensten sowie öffentlichen Abgaben) ohne Objektivierung und Normalisierung und unabhängig davon, ob der Wertverzehr dem Betriebszweck dient oder nicht.

Der Aufwandsbegriff ist umfassender als die bisherigen Begriffe, denn es werden unter diesem Begriff alle von einem Unternehmen in einer Periode verbrauchten Güter und Dienstleistungen zusammengefaßt.

Der Ertragsbegriff

> Ertrag = die gesamten von einem Unternehmen innerhalb einer Abrechnungsperiode geschaffenen bzw. zur Verfügung gestellten Sachgüter und Dienste und zwar unabhängig davon, ob sie dem Betriebszweck dienen oder nicht (= der gesamte in Geld bewertete Wertzuwachs der Unternehmung in einer Periode.

Hierbei ist der Anteil des Ertrages, der dem Prozeß der betrieblichen Leistungserstellung und Verwertung entstammt (Wertzuwachs in Form erstellter Güter und Dienstleistungen) der sogenannte **Betriebsertrag**. Der Betriebsertrag entspricht der Betriebsleistung als dem Resultat der betrieblichen Tätigkeit. Betriebserträge können sowohl absatzbestimmte Leistungen wie auch Eigenleistungen sein.

Im Gegensatz dazu ist bei den **neutralen Erträgen** keine Beziehung zur Betriebsleistung vorhanden. Bei den neutralen Erträgen muß getrennt werden zwischen

- **betriebsfremden Erträgen** (sie entsprechen nicht dem Betriebszweck, z.B. Kursgewinne bei Wertpapieren, Stiftungen und Schenkungen, erhaltene Spenden, Gewinne aus Beteiligungen)
- **betriebliche außerordentliche Erträge** (z.B. Anlagenverkäufe über den Buchwert, Eingänge auf bereits abgeschriebene Forderungen, höhere Versicherungsleistungen als es dem Schadensfall entspricht)
- **das Gesamtergebnis betreffende Erträge** (z.B. Rückzahlung zuviel bezahlter Körperschaftssteuer oder Gewerbesteuerrückzahlung)
- **rechnungsmäßiger neutraler Ertrag** (werden nur rein buchungstechnisch als Pendant zu den Zusatzkosten gebildet, z.B. verrechnete kalkulatorische Abschreibungen, verrechnete kalkulatorische Kosten).

Die folgende Abbildung soll die Gesamtzusammenhänge erläutern:

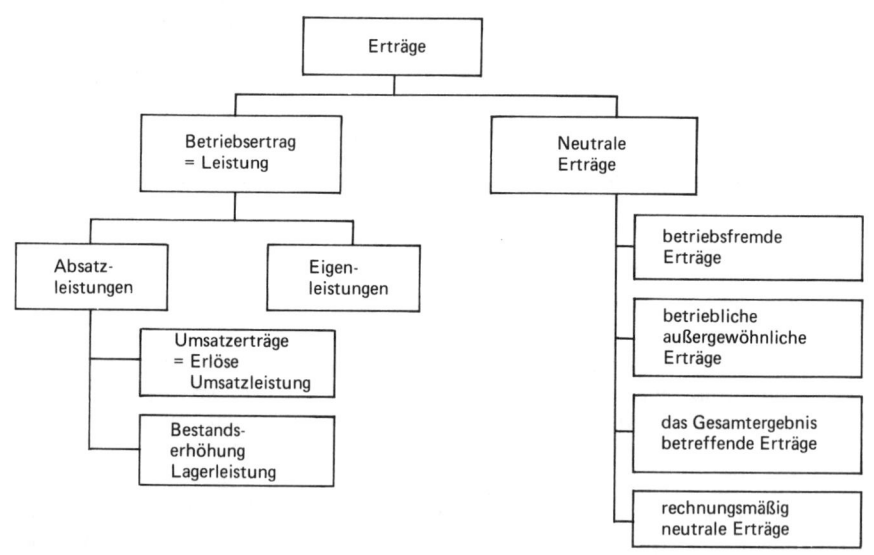

Abb. 12 Erträge

1. Kapitel: Grundlagen

Aus den Erträgen sind neutrale Erträge auszugliedern und der (verbleibende) Zweckertrag (Betriebsertrag = Leistung) geht in die Leistungsrechnung als Gesamtleistung ein, die dann noch durch **Zusatzleistungen (kalkulatorische Leistungen)** ergänzt werden müßte. Auch wenn derartige kalkulatorische Leistungen durchaus eine theoretisch begründbare Funktion erfüllen können (etwa bei der Feststellung des Abteilungserfolges) muß jedoch darauf hingewiesen werden, daß in der Praxis eine derartige Verrechnung bisher nicht üblich ist.

Wenn man sich die bereits erarbeiteten Definitionen für **Aufwand und Kosten** vor Augen führt, sieht man, daß **beide Begriffe** Wertverzehr **erfassen**, der im Unternehmen entstanden ist. Der Unterschied liegt darin, daß der **Wertverzehr** zum einen nach den **Vorschriften des Handels- und Steuerrechts** erfaßt und bewertet wird (Aufwand) und zum anderen nach dem Kriterium der **Verbesserung der Entscheidungsqualität** im Unternehmen erfaßt und bewertet wird (Kosten). Das heißt, diese beiden Begriffe sind nur zum Teil deckungsgleich – eine Folge der unterschiedlichen Zielsetzungen von Finanzbuchhaltung und Kostenrechnung.

Mit Hilfe des Schmalenbach-Schemas kann man sich die Unterschiede zwischen Aufwand und Kosten am einfachsten verdeutlichen:

Begriffe der Erfolgsrechnung	Aufwand		
	neutraler Aufwand	Zweckaufwand oder Betriebsaufwand oder kostengleicher Aufwand	
		Grundkosten oder aufwandsgleiche Kosten oder Kosten, zugleich Aufwand	Zusatzkosten oder kalkulatorische Kosten
		Kosten	
			Begriffe der Kostenrechnung

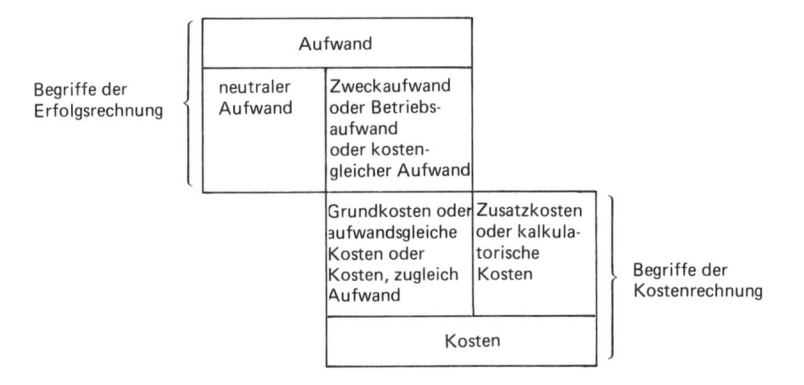

Abb. 13 Unterschiede Aufwand – Kosten

Der aus der Aufwandsrechnung in die Kostenrechnung eingehende **Zweckaufwand** (Betriebsaufwand, kostengleicher Aufwand) wird dort als **Grundkosten** (aufwandsgleiche Kosten; Kosten, zugleich Aufwand) bezeichnet. Der durch die Grundkosten nicht abgedeckte Wertverzehr der Kostenrechnung, die **Zusatzkosten (kalkulatorische Kosten)**, muß von dieser autonom, also unabhängig von der Aufwandsrechnung ermittelt werden.

Aus dieser Abbildung ergibt sich:
1. Kosten = betriebsnotwendiger Teil des Aufwandes, d.h., es gibt Aufwand, der zugleich Kosten ist (Zweckaufwand = Grundkosten)
2. Es gibt Aufwendungen, denen keine Kosten gegenüberstehen (neutraler Aufwand)
3. Es gibt Kosten, denen kein Aufwand gegenübersteht (Zusatzkosten).

D.h. die wichtigste Informationsquelle für die KLR ist die Finanzbuchhaltung! Es gilt deshalb, die Buchhaltung so zu gestalten, daß auch die Kostenrechnungsbelange nicht zu kurz kommen. In einigen Unternehmen ist es deswegen üblich, die Buchhaltungskonten weiter zu unterteilen. Teilweise werden sogar pro Kostenart und Kostenstelle jeweils eigene Konten generiert (nicht zuletzt deshalb, weil es die Buchhaltung gewöhnt ist, für später notwendige Summen jeweils eigene Konten zu verwenden). Dies würde jedoch durch die meist große Zahl von Kostenarten und Kostenstellen eine so große Anzahl von Konten bedingen, daß dies zu einer enormen Aufblähung der Buchhaltung führen würde. Geht man nur von 50 Kostenarten und vielleicht 30 Kostenstellen aus, so würde dies schon 1500 Konten bedeuten, weil die meisten Kostenarten in sämtlichen Kostenstellen anfallen können. Deshalb ist es oft besser, zu statistischen Aufzeichnungen neben den Buchhaltungskonten überzugehen. Zumindest bei der Kostenstellenunterteilung ist eine statistische Parallelerfassung neben dem Buchhaltungskonto fast immer empfehlenswerter. Eine gewisse Unterteilung nach Kostenarten wird sich allerdings bei einigen Konten nicht vermeiden lassen. Dieses Problem entfällt natürlich beim Einsatz von Datenverarbeitung, hier ist eine Zuordnung nach Kostenarten- und Kostenstellen je Buchungsbeleg unproblematisch.

Natürlich ist es auch möglich, die Daten für die KLR losgelöst und völlig unabhängig von den Zahlen der Buchhaltung zu ermitteln. Generell gibt es zwei Möglichkeiten der Datenerfassung für die KLR:

- Die Daten können von der Buchhaltung mit Hilfe von Umrechnungen übernommen werden (sortiert, anders verdichtet, abgegrenzt usw.)
- Die Daten können völlig losgelöst von der Buchhaltung separat durch eine eigene Informationsstelle der Kostenrechnung erfaßt werden.

Wenn man die häufige Möglichkeit benützt, die in der Finanzbuchhaltung ermittelten Verbrauchsgrößen heranzuziehen und in die Kostenrechnung zu übernehmen, muß man dabei berücksichtigen, daß diese Zahlen in der Buchhaltung unter anderen Kriterien ermittelt wurden, als dies für Kostenrechnungszwecke erforderlich wäre, und daß es Daten gibt, die für den Kostenrechner zwar von Bedeutung sind, die die Buchhaltung aber nicht erfaßt, z.B. die Zusatzkosten.

In der betrieblichen Praxis werden die beiden generellen Möglichkeiten zur Ermittlung von Kosteninformationen meist nicht alternativ, sondern parallel angewendet. Dies geschieht, indem man beispielsweise aus der betrieblichen Aufwandsrechnung diejenigen Aufwandsarten übernimmt, die auch den Kriterien der Kostenrechnung genügen (u.a. Objektivität).

Neben der Finanzbuchhaltung gibt es auch noch **andere Informationsquellen** für die Kostenrechnung, vor allem die Nebenbuchhaltungen (Lohn- und Gehaltsabrechnung, Materialbuchhaltung, Anlagenbuchhaltung), aber auch die Belege, die primär in der Kostenrechnung selbst generiert werden (innerbetriebliche Leistungsabrechnung, kalkulatorische Kostenarten, Abgrenzungen). Die folgende Übersicht soll zeigen, welche Datenquellen für die KLR im allgemeinen in Frage kommen (s. S.579f.)

All diese Quellen müssen vom Kostenrechner laufend auf Richtigkeit, Vollständigkeit und Wirtschaftlichkeit überprüft werden, um eine funktionierende KLR zu gewährleisten! Aber dieser Gesichtspunkt wird in der Praxis meist sträflich vernachlässigt, man glaubt, daß hier nicht die eigentlichen Probleme der Kostenrechnung liegen. Gerade hier – in der Datenerfassung – beginnen in der Praxis aber bereits die sich später so verhängnisvoll auswirkenden Fehler!

Art der Information	Quelle	Belegart
Gesamtpersonalaufwand evtl. gegliedert nach Gehältern, Löhnen (Brutto, Netto, Abzüge) und Lohn- und Gehaltsbestandteilen	Finanzbuchhaltung	Lohn- und Gehaltsbelege
Unterteilung des gesamten Personalaufwandes nach Lohn- und Gehaltsbestandteilen, Kostenstellen und Kostenträgern • Löhne (Fertigungs-, Hilfs- und Leistungslöhne, Nichtleistungslöhne) • Gehälter (Produktivgehälter, Nichtproduktivgehälter) • Personalnebenkosten (freiwillige Sozialkosten, gesetzliche Sozialkosten, sonstige Personalnebenkosten) • Überstunden – Nachtzuschläge – Sonn- und Feiertagszuschläge • Zuschüsse und Zulagen • Mehr- und Nacharbeit, Wartezeiten	Lohn- und Gehaltsabrechnung	Aufzeichnungen der Lohn- und Gehaltsabrechnungsbelege (evtl. Kontenunterteilung nach Kostenarten und Kostenstellengesichtspunkten) z. B. Stempelkarten, Stundenaufschreibungen usw.
Gesamtmaterialaufwand (evtl. unterteilt nach Materialarten)	Finanzbuchhaltung	Konten (Lagerzu- und -abgangsbelege)
Unterteilung des Gesamtmaterialaufwandes nach Kostenarten, Kostenstellen und Kostenträgern • Rohstoffe • Hilfsstoffe • Betriebsstoffe • fremdbezogene Teile • Handelswaren • sonstige Materialkosten	Materialbuchhaltung	Lagerkartei Bestandsrechnungen, Lagerzu- und -abgangsbelege
(kalk.) Abschreibungen	Anlagenbuchhaltung	Anlagenkartei (einschl. der Anlagenzu- und -abgangsbelege)
Innerbetriebliche Aufträge • selbst erstellte Maschinen und Anlagen • Eigenreparaturen und Wartung • Aufstellungs- und Abbruchkosten von Maschinen und Anlagen • Innerbetriebliche Leistungsverrechnung	Innerbetriebliche Leistungsabrechnung	interne Auftragsabrechnungsbelege
Kalkulatorische Kostenarten • kalk. Abschreibungen • kalk. Miete • kalk. Wagnis • kalk. Unternehmerlohn • kalk. Zinsen	Kostenrechnung/ Finanzbuchhaltung/ Anlagenbuchhaltung	interne Kostenrechnungsbelege, Buchungsbelege

Art der Information	Quelle	Belegart
Sonstige Kostenarten • Energiekosten • Telefon, Telex, Telegramm, Portokosten • Mieten und Pachten • Fremdleistungen • Büro- und Zeichenmaterial • Fremdreparaturen und Fremdinstandhaltungen • Reise- Werbe- und Repräsentationskosten • Rechts- und Beratungskosten • Steuern	Finanzbuchhaltung/ Kostenrechnung	Konten, Rechnungen, Zahlungsanweisungen, interne Aufzeichnungen, Kostenverteilungsbelege

Abb. 14 Datenquellen für die KLR

Bei jeder der genannten Quellen muß laufend überprüft werden, ob die gelieferten Informationen noch die Kriterien der Kostenrechnung erfüllen. So muß, wenn beispielsweise die in der Finanzbuchhaltung ermittelten Verbrauchsgrößen in die Kostenrechnung übernommen werden sollen, immer wieder berücksichtigt werden, daß diese Zahlen unter völlig anderer Zielsetzung ermittelt wurden, als dies für Kostenrechnungszwecke erforderlich wäre (z.B. aus steuerlichen Gründen möglichst hoch bewerteter Materialverbrauch in der Finanzbuchhaltung, dagegen objektiv erfaßter Verbrauch in der Kostenrechnung).

Integrierte oder isolierte Kosten- und Leistungsrechnung.

Selbstverständlich ist es auch möglich, die Daten für die Kosten- und Leistungsrechnung völlig losgelöst und unabhängig von den Zahlen der Buchhaltung zu ermitteln. Somit gibt es generell zwei verschiedene Möglichkeiten der Datenerfassung für das interne Rechnungswesen:

– Die Daten werden wenigstens zum Teil von der Buchhaltung direkt mit Hilfe von Umrechnungen (sortiert, anders verdichtet, abgegrenzt) übernommen (integrierte Kosten- und Leistungsrechnung). → **Einkreissystem.**

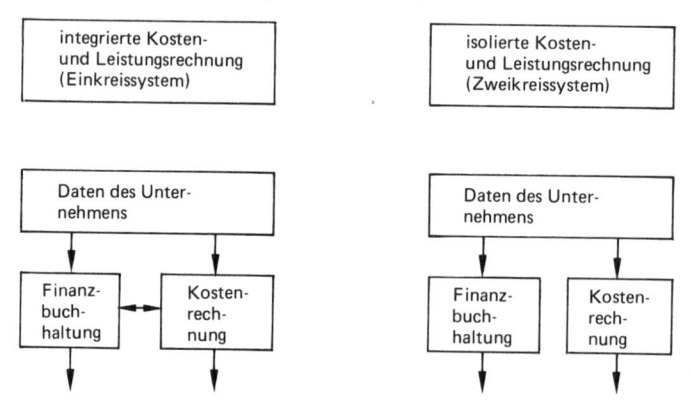

Abb. 15 Integrierte und isolierte Kosten- und Leistungsrechnung

1. Kapitel: Grundlagen

- Die Daten werden völlig losgelöst von der Buchhaltung separat durch eine eigene Informationsstelle der Kostenrechnung erfaßt (isolierte Kosten- und Leistungsrechnung). → **Zweikreissystem**.

In Abb. 15 ist der Informationsfluß bei integrierter und isolierter Kosten- und Leistungsrechnung aufgezeigt. Dadurch wird deutlich, daß die Zweigleisigkeit der Datenerfassung einen hohen Mehraufwand erforderlich macht, der den Kriterien der Kostenrechnung entsprechend wirtschaftlich gerechtfertigt sein muß. In der Praxis wird eine solche Rechtfertigung zwar im Fall der Großbetriebe, die vielfach eine zentrale Buchhaltung und dezentrale Kosten- und Leistungsrechnung besitzen, möglich sein; für die große Zahl von Klein- und Mittelbetrieben mit ihrem überschaubaren Rechnungswesen dürfte dagegen ein integriertes Konzept angebracht und angemessen sein.

2. Kapitel:
Die Basissteine eines Kostenrechnungssystems

Alle Kostenrechnungsverfahren basieren auf der Einteilung der Kostenrechnung in die Kostenarten-, Kostenstellen- und Kostenträgerrechnung. Es sollen deshalb zunächst einmal die **Gesamtzusammenhänge** zwischen der Kostenarten-, Kostenstellen- und Kostenträgerrechnung verdeutlicht werden und dann intensiv im einzelnen auf diese wichtigen Basissteine der Kostenrechnung eingegangen werden.

Die folgende Abbildung zeigt die Gesamtzusammenhänge:

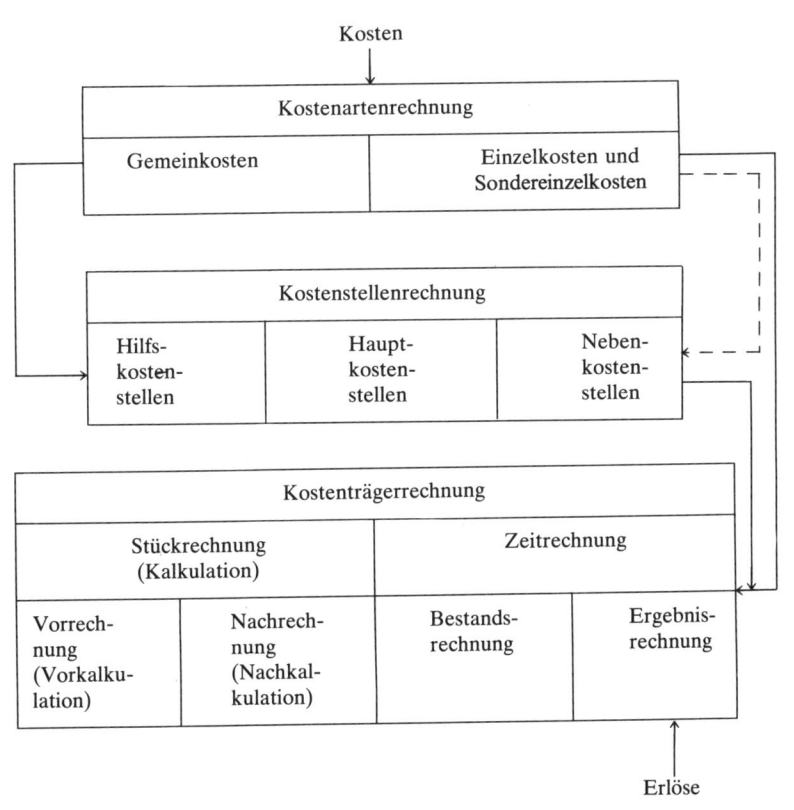

Abb. 16 Zusammenhänge zwischen Kostenarten-, Kostenstellen- und Kostenträgerrechnung

Man sieht bei dieser Abbildung die sehr enge Verknüpfung dieser unterschiedlichen Teilbereiche der Kostenrechnung. Alle Kosten werden zuerst in der **Kostenartenrechnung** gesammelt, in der die verschiedenen **Formen des betrieblichen Wertverzehrs** nach verschiedenen Kriterien differenziert erfaßt und abgegrenzt werden.

> Kostenartenrechnung = Erfassung und Abgrenzung der verschiedenen Formen des betrieblichen Wertverzehrs.

2. Kapitel: Die Basissteine eines Kostenrechnungssystems

Die Gemeinkosten gehen von der Kostenartenrechnung in die **Kostenstellenrechnung** und von dort in die **Kostenträgerrechnung**.

> Kostenstellenrechnung = Zurechnung der Kostenarten auf die verschiedenen Bereiche der Leistungserstellung.

In der **Kostenträgerrechnung** schließlich werden die angefallenen Kosten den betrieblichen **Leistungen (Kostenträger) zugerechnet**.

> Kostenträgerrechnung = Zurechnung der Kosten auf die betrieblichen Leistungen.

Die Einzelkosten und die Sondereinzelkosten fließen direkt in die Kostenträgerrechnung (allerdings in der Praxis werden die Einzelkosten und Sonderkosten oft aus Kostenstellengesichtspunkten ebenfalls statistisch in der Kostenstellenrechnung mitaufgeführt). Alle Kosten fließen in der Kostenträgerrechnung zusammen, in ihr „findet die Umgliederung der Kosten von der Herkunftsseite zur Hinkunftsseite des Betriebsgeschehens ihren Abschluß" (Schäfer).

Während die **Kostenartenrechnung** die in der Abrechnungsperiode angefallenen Kostenarten erfaßt (Fragestellung: **Welche** Kosten sind entstanden?), werden diese Kostenarten in der **Kostenstellenrechnung** gesammelt (Fragestellung: **Wo** sind die Kosten entstanden?) und schließlich in der **Kostenträgerrechnung** (Fragestellung: **Wofür** sind die Kosten entstanden?) auf die Kostenträger zugeordnet.

KOSTENARTENRECHNUNG	**welche** Kosten sind angefallen?
KOSTENSTELLENRECHNUNG	**wo** sind die Kosten angefallen?
KOSTENTRÄGERRECHNUNG	**wofür** sind die Kosten angefallen?

Beim Aufbau einer Kostenrechnung im Unternehmen werden deshalb die Kosten entsprechend der jeweiligen Informationsaufgaben der Kostenrechnung mehr oder weniger fein aufgegliedert (in der Kostenartenrechnung), das Unternehmen gleichzeitig in Abrechnungseinheiten unterteilt (in der Kostenstellenrechnung) und entsprechend der gewünschten Genauigkeit bzw. dem Informationsgehalt der Ergebnisse, das Kalkulationsverfahren festgelegt (in der Kostenträgerrechnung).

I. Die Kostenartenrechnung

Der **Kostenartenrechnung** fällt die Aufgabe zu, die Kosten nach einem festzulegenden Katalog von Kostenarten zu erfassen (Fragestellung: **Welche** Kosten sind entstanden?). Die Kostenartenrechnung beantwortet die Frage, welche Kostenarten in welcher Höhe in einem Unternehmen während einer bestimmten Abrechnungsperiode angefallen sind. Die Kostenartenrechnung ist abhängig von den an sie gestellten Informationsaufgaben und der verlangten Genauigkeit in der Kostenerfassung. Theoretisch ließen sich durch Erstellen entsprechender Belege sämtliche Kostenarten lückenlos erfassen. Wirtschaftlichkeitserwägungen, die Gefahr der administrativen Überlastung des zur

2. Kapitel: Die Basissteine eines Kostenrechnungssystems

Verfügung stehenden Personals und die Gefahr mangelnder Übersichtlichkeit stehen dem aber entgegen. Gerade hier wird aber in der Praxis oft nicht das richtige Maß zwischen notwendiger Kostenerfassung und übertriebener Kostenerfassung gefunden (so wird oft im Unternehmen einerseits der Verbrauch an Büromaterial lückenlos mit kostspieligsten Belegen erfaßt und andererseits der Materialverbrauch, der ein wesentlich größeres Gewicht hat, zum Teil sehr provisorisch z. B. durch Schätzungen ermittelt).

Der Kostenartenrechnung wird in Theorie und Praxis nicht das Gewicht eingeräumt, das ihr eigentlich zukommen müßte. Man glaubt, sie vernachlässigen zu können. So kann man oft in der betrieblichen Praxis sehen, daß nicht qualifizierte Personen kontieren (Lehrling, der aushilfsweise kontiert!). Oft ist in der Praxis auch die „Unsitte" der dezentralen Kontierung anzutreffen (jede empfangende Kostenstelle kontiert selbst!). Besonders bei der dezentralen Kontierung besteht die Gefahr, daß bewußt oder unbewußt falsche Kostenstellen belastet werden! Wenn man sich die Hauptaufgaben der Kostenartenrechnung vor Augen führt und bedenkt, daß sie Grundlage für die gesamte Kostenrechnung (Kostenartenkontrolle, Aufzeigen von Kostenentwicklungstendenzen, Ansatzpunkt für Kostensenkungsprogramme) ist, so kann man ohne Übertreibung sagen, daß es Sparen am falschen Platz wäre, wenn man die Kostenartenrechnung nicht mit dem nötigen Ernst betrachtet. Es wird ja nicht nur die Aussagefähigkeit der Kostenartenrechnung dadurch gefährdet, sondern auch die Aussagefähigkeit des gesamten Kostenrechnungssystems wird durch eine schlampige Kostenartenrechnung in Frage gestellt. Man sollte sich deshalb beim Aufbau der Kostenartenrechnung immer vor Augen führen, daß sie ja die Grundlage auch für die auf ihr aufbauende Kostenstellen- und Kostenträgerrechnung ist. D. h. bereits in der Kostenartenrechnung werden die Weichen für die Aussagefähigkeit des gesamten Kosteninformationssystems insbesondere auch der Betriebsabrechnung gestellt. Wir können also zusammenfassend sagen, **daß jede Kostenrechnung nur so genau und aussagefähig sein kann, wie sie auf präzisen und eindeutigen Werten der Kostenartenrechnung aufbauen kann.** Nichts erschwert eine Kostenrechnung mehr, als wenn man schon mit falschem Aussagematerial in der Kostenrechnung beginnt. Auch der Aufbau eines noch so fortschrittlichen Kostenrechnungssystems (z. B. flexible Plankostenrechnung) ändert nichts daran, daß die Aussagen, die auf einer falschen Kostenartenrechnung basieren, zwangsläufig falsch sein müssen!

Unerläßlich für die Aussagefähigkeit und damit aber auch für die Berechtigung einer Kostenartenrechnung überhaupt ist auch die sinnvolle Gliederung der Kostenarten. Grundsatz für eine zweckmäßige Kostenartengliederung:

Jeweils solche Kosten, die sich durch ein Merkmal von allen anderen eindeutig unterscheiden, müssen zu einer Kostenart zusammengefaßt werden!

- Gliederung der Kostenarten nach Art des Verzehrs bzw. Produktionsfaktoren
- Gliederung der Kostenarten nach ihrer Höhe (Wichtigkeit, Bedeutung)
- Gliederung nach primären und sekundären Kostenarten (nach der Herkunft)
- Gliederung nach Einzel- (Direkte), Gemein- (Indirekte) und Sonderkosten (Gliederung nach der Zuordenbarkeit oder nach der Verrechnung)
- Gliederung nach Verhalten der Kosten bei Änderungen des Beschäftigungsgrades
- Gliederung nach dem Kostenansatz
- Gliederung nach der Ausgabenwirksamkeit
- Gliederung nach betrieblichen Funktionen
- Gliederung nach Einzel- und relativen Einzelkosten (nach der Zuordenbarkeit)
- Gliederung nach der Entstehung der Kosten

- Gliederung nach der Häufigkeit der Kostenarten
- Gliederung nach dem Zeitbedarf

Aus den möglichen Gliederungskriterien muß sich das Unternehmen das für seine Zwecke geeignete Gliederungsmerkmal heraussuchen. Für die Praxis sind sicherlich nur die Gesichtspunkte
- Gliederung nach dem Verzehrswert
- Gliederung nach der Herkunft
- Gliederung nach der Zuordenbarkeit
- Gliederung nach Verhalten der Kosten bei Veränderungen des Beschäftigungsgrades
- Gliederung nach den betrieblichen Funktionen und
- Gliederung nach der Ausgabenwirksamkeit

von Bedeutung. Auf die Einteilung nach der Zuordenbarkeit und dem Verhalten der Kosten soll näher eingegangen werden.

Gliederung nach der Zuordenbarkeit

Nach ihrer Zuordenbarkeit oder Zurechenbarkeit (Verrechenbarkeit) kann man zwischen **Einzelkosten** (direkte Kosten) und **Gemeinkosten** (indirekte Kosten) sowie Sonderkosten unterscheiden.

Inwieweit im einzelnen die Unterteilung der Kostenarten nach Einzel-, Gemein- und Sonderkosten möglich ist, hängt weitgehend davon ab, wie exakt die Kostenerfassung bereits in der Kostenartenrechnung erfolgt.

> Einzelkosten = direkte Kosten = Kosten, die dem einzelnen Kostenträger direkt zugerechnet werden können und auch direkt zugerechnet werden sollen.

Sie können einem bestimmten Kostenträger (Leistung, Produkt, Auftrag) direkt zugerechnet werden, da sie für diesen Kostenträger ganz genau und leicht erfaßt werden können.

Beispiel:

In erster Linie die Personalkosten, vor allem die Fertigungslöhne (Voraussetzung sind allerdings auf den Kostenträger bezogene Zeitaufschreibungen) und die Materialkosten, vor allem Fertigungsmaterial (Voraussetzung: Auf Kostenträger bezogene Materialentnahmebelege).

Auch eine Vielzahl anderer Kostenarten kann u.U. durch exakte Aufschreibungen und ein entsprechendes Belegwesen direkt auf einzelne Kostenträger bezogen werden (z.B. auch Energiekosten durch exakte Messungen, Fremdleistungen durch sorgfältige Zuordnungen usw.).

> Gemeinkosten = indirekte Kosten = Kosten, die dem einzelnen Kostenträger nur indirekt zugeordnet werden können (echte Gemeinkosten) bzw. zugerechnet werden könnten, aber aus wirtschaftlichen Gesichtspunkten nicht zugerechnet wurden (unechte Gemeinkosten).

Indirekte Kosten werden nicht unmittelbar dem Kostenträger zugeordnet, sondern mittels Schlüssel.

2. Kapitel: Die Basissteine eines Kostenrechnungssystems

Beispiele:

Gehälter für Meister, Versicherungsbeiträge usw. Allgemeine Geschäftskosten, Verwaltungskosten, Fertigungsgemeinkosten.

Die meisten Kosten im Betrieb gehören zu den Gemeinkostenarten. Wie später noch zu zeigen sein wird, werden diese **Gemeinkosten den Kostenträgern** aufgrund bestimmter Bezugsgrößen (Einzelkosten, Fertigungszeit u.a.) **zugerechnet**. Hinzuweisen ist nochmals auf die Problematik der **unechten Gemeinkosten**, deren Verrechnung einen Verstoß gegen das Verursachungsprinzip darstellt (da diese Kosten direkt den Leistungen zugerechnet werden könnten; die hierin liegende Gefahr der Informationsverzerrung muß somit regelmäßig über den Nachweis entsprechender Wirtschaftlichkeit der gewählten Vorgehensweise entkräftet werden).

Sonderkosten = Sondereinzelkosten = Den Kostenträgern direkt zurechenbare Kostenarten, die auf kundenspezifische Besonderheiten (Sonderwünsche) zurückzuführen sind. Zu trennen ist zwischen Sondereinzelkosten der Fertigung und Sondereinzelkosten des Vertriebs.

Beispiele für Sondereinzelkosten der Fertigung:

Besondere Werkzeuge, Modelle, Lizenzen und Patentgebühren; spezifische Forschungs- und Entwicklungskosten; Lizenzgebühren auf der Basis von Mengeneinheiten.

Beispiele Sondereinzelkosten des Vertriebs:

Kosten für Spezialverpackung; besondere Versandart; Ausfuhr, Zölle; Provisionen; Kosten einer besonderen Transportversicherung u.ä.

Die besondere abrechnungstechnische Bedeutung der **Sondereinzelkosten** liegt darin, daß diese Kosten aufgrund ihres **unregelmäßigen** und **nicht vorhersehbaren Anfalls** nicht als Verrechnungsbasis für Gemeinkosten geeignet sind.

Weil innerhalb der Kostenrechnung neben die klassische Zielsetzung der Preiskalkulation von Leistungen weitere Entscheidungstatbestände getreten sind, ist darauf hinzuweisen, daß der Begriff Einzelkosten sich auch auf andere Objekte beziehen kann, so daß heute die Relativität von Einzelkosten, insbesondere im neueren Kostenrechnungsverfahren hervorzuheben ist.

Gliederung nach Verhalten der Kostenarten bei sich ändernder Beschäftigung

Generell ist das Verhalten der Kosten von verschiedenen **Kosteneinflußgrößen (Leistungsprogramm, Auftragsgröße, Preis und Qualität der Produktionsfaktoren, Beschäftigung, Betriebsgröße)** abhängig.

Kosteneinflußgrößen:

Die Unterscheidung zwischen fixen und variablen Kosten bezieht sich auf die Abhängigkeit der Kosten von Kosteneinflußgrößen. Weil die für eine bestehende Unternehmung bedeutsamste Kosteneinflußgröße in der Beschäftigung liegt, ist, wenn allein von fix und variabel gesprochen wird, immer diese Kosteneinflußgröße gemeint.

Im einzelnen werden (in Anlehnung an E. Gutenberg) zumeist folgende Kosteneinflußgrößen genannt:

1. Beschäftigung. Hieraus folgt die Trennung zwischen beschäftigungsfixen und beschäftigungsvariablen Kosten (Beispiele: Miete für die Geschäftsräume sind beschäftigungsfixe Kosten, d.h., unabhängig davon, ob viel oder wenig verkauft wird, ist der Betrag gleich hoch; Materialverbrauch ist beschäftigungsvariabel, d.h., je mehr – oder weniger – produziert wird, umso höher – oder niedriger – sind die Kosten).

2. Betriebsgröße. Mit zunehmender Betriebsgröße ergeben sich in Einkauf, Fertigung und Vertrieb Kostenvorteile (bis zu einem nur im Einzelfall bestimmbaren Optimum), die darin liegen, daß bestimmte Kosten gar nicht oder nur unwesentlich zunehmen (betriebsgrößenfixe Kosten, z.B. Grundgebühr beim Telefon). Andere Kosten (betriebsgrößenvariable Kosten, z.B. Personal) steigen dagegen mit zunehmender Größe annähernd proportional.

3. Leistungsprogramm. Je umfangreicher bei sonst gleichen Verhältnissen das Leistungsprogramm eines Betriebes ist, umso ungünstiger sind die Kostenverhältnisse. Dies hat seine Ursache in den bei großen Leistungsprogrammen anteilig höheren auflagen- oder losfixen Kosten, die immer bei einer Umstellung der Produktion zur Vorbereitung der neuen Fertigung anfallen.

4. Faktorqualität. Auch Veränderungen in der Qualität der eingesetzten Leistungsfaktoren (z.B. Einsatz verunreinigter Rohstoffe) hat einen Einfluß auf die Kosten, sofern eine bestimmte Toleranzgrenze (qualitätsfixer Bereich) überschritten wird und in der Folge, z.B. Nacharbeiten oder Ausschuß anfallen.

5. Faktorpreise haben direkten Einfluß auf die Kosten, sofern es sich dabei nicht um oszillatorische Schwankungen handelt (die durch Normalisierung ausgeglichen werden), sondern um strukturelle Veränderungen.

Nach der Abhängigkeit von der Veränderung der Kosten durch die Kosteneinflußgröße Beschäftigung oder Ausbringung unterscheidet man zwischen **fixen** (festen, nicht reagiblen), **variablen** (beweglichen, reagiblen) Kosten und **Mischkosten** (teils reagible, semivariable Kosten).

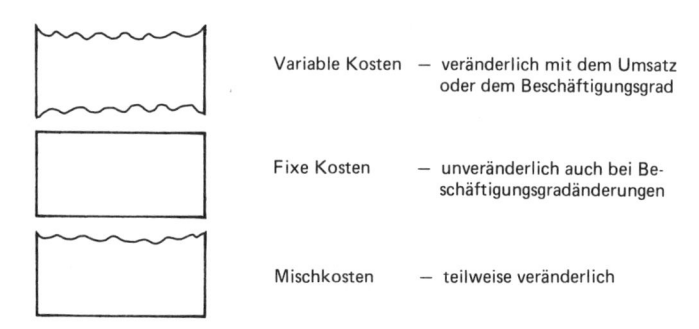

Variable Kosten	—	veränderlich mit dem Umsatz oder dem Beschäftigungsgrad
Fixe Kosten	—	unveränderlich auch bei Beschäftigungsgradänderungen
Mischkosten	—	teilweise veränderlich

Fixe Kosten

Fixe Kosten sind **zeitabhängig** und fallen unabhängig von der Höhe der Ausbringung **konstant** an, d.h. der Beschäftigungsgrad des Unternehmens ist auf die fixen Gesamtkosten ohne Einfluß (man bezeichnet die fixen Kosten als die „**Kosten der Betriebsbereitschaft**").

Das Verhalten der Kostenarten bei Ausnutzungsgradänderungen wird durch den sogenannten **Reagibilitätsgrad gemessen**. Er gibt die Relation der relativen Kostenände-

2. Kapitel: Die Basissteine eines Kostenrechnungssystems 611

rung zur relativen Ausnutzungsgrad- oder Beschäftigungsgradänderung an:

$$\text{Reagibilitätsgrad} = \frac{\text{prozentuale Kostenänderung}}{\text{prozentuale Ausnutzungsgradänderung}}$$

Hinweis:

wenn R = 0: nur fixe Kosten (auf einen bestimmten Zeitraum bezogen ist ihr Reagibilitätsgrad = 0)
wenn R = 1: nur variable Kosten.

Beispiele: Zeitabschreibungen, Zinsen, Versicherungsprämien, Mieten.

Unternehmen mit hoher Fixkostenbelastung: Hotel – Theater – und Verkehrsbetriebe.

Innerhalb der fixen Kosten sollte man unterscheiden zwischen **absolut fixen Kosten** und **sprungfixen Kosten** (stufenfixe Kosten, Sprungkosten, relativ fixe Kosten, intervallfixe Kosten). Die **absolut fixen Kosten** ändern sich innerhalb einer bestimmten Zeitperiode überhaupt nicht. Sie fallen auch an, wenn das Unternehmen einen sehr niedrigen Beschäftigungsgrad aufweist.

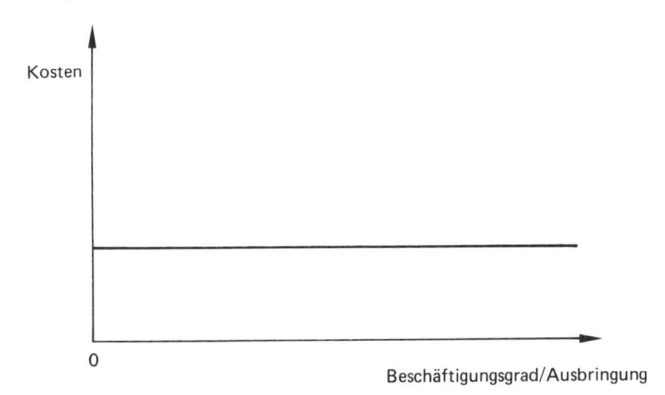

Die **Sprungkosten** sind dadurch gekennzeichnet, daß diese Kosten nur innerhalb verschiedener Beschäftigungsgrenzen fix erscheinen, während die gesamte Kostenentwicklung eine Tendenz zur Proportionalität verrät. Sie sind nur innerhalb bestimmter Grenzen vom Ausnutzungsgrad unabhängig. Bei Überschreiten dieser Grenzen steigen sie an, bleiben dann wieder innerhalb dieser Stufe fix. Sie entstehen aus der fehlenden Teilbarkeit der Produktionsfaktoren. Die Erhöhung eines Produktionsfaktors führt zu einem sprunghaften Ansteigen der Fixkosten:

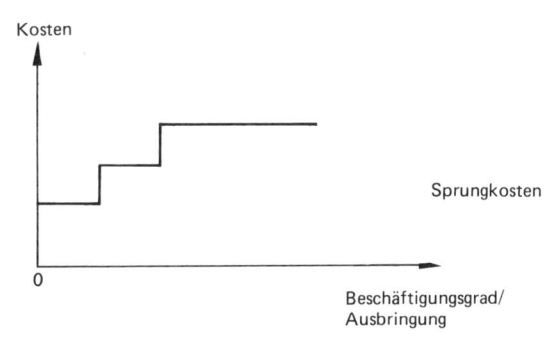

Beispiel: Eine Verkäuferin im Einzelhandelsgeschäft kann eine ganz bestimmte Menge von Kunden bedienen. Ob nun 1 oder mehrere Käufer von ihr bedient werden müssen, ihr Gehalt bleibt doch fest.

Wenn die Zahl der Kunden eine bestimmte Grenze überschritten hat, muß eine zweite Verkäuferin angestellt werden. Das Gehalt dieser zweiten Verkäuferin bleibt ebenfalls innerhalb bestimmter Ausbringungsmengen (Verkaufsmengen) konstant.

Innerhalb des Begriffs fixe Kosten sollte auch das Phänomen der sogenannten **Kosten-Remanenz** behandelt werden.

Die Kosten-Remanenz schildert einen oft in der betrieblichen Praxis zu beobachtenden Tatbestand, daß nicht nur ein Teil der Fixkosten sondern auch der variablen, die während einer Expansionsphase entstanden sind, bei rückläufiger Beschäftigung, z.B. in der Rezession, oft nicht wieder kurzfristig abgebaut werden können. Bei Kostensenkungsprogrammen und bei Sanierungsaktionen muß diesem Phänomen entsprechende Aufmerksamkeit gewidmet werden. Allerdings zeigt sich in diesem Zusammenhang auch, daß die „eisernen Kosten" (andere Bezeichnung für Fixkosten) auf einen längeren Zeitraum bezogen oft nicht mehr fix sind. Je länger man den Zeitraum wählt innerhalb der Betrachtung, desto weniger fixe Kosten finden wir in einem Unternehmen vor. Dies ergibt sich aus der Tatsache, daß ein Großteil der Fixkosten **zeitabhängig** ist (deshalb auch die Bezeichnung „zeitabhängige Kosten"). Sie entstanden durch eingegangene Vertragsbindungen, z.B. Raummieten, Leasing-Verträge, Grundgebühren für Strom, Gas, Wasser, Lohn- und Gehaltskosten aufgrund von Arbeitsverträgen.

Variable Kosten

Die variablen Kosten (bewegliche Kosten, oder auch mengenabhängige Kosten) ändern sich im Gegensatz zu den fixen Kosten mit dem Beschäftigungsgrad bzw. der Ausbringung. Sie sind im vollen Umfang leistungsbezogen und deshalb bezeichnet man sie auch als „leistungsabhängige Kosten". Sie sind also mengen- oder leistungsabhängige Kosten, allerdings nicht bei allen Kostenarten in gleichem Umfang. Je nach Reagibilitätsgrad verhalten sie sich:

- proportional
- progressiv
- degressiv
- regressiv

Proportionale Kosten

Proportionales oder lineares Kostenverhalten liegt dann vor, wenn sich die Kosten im gleichen Verhältnis zur Variation, d.h. zur Ausbringung verhalten.

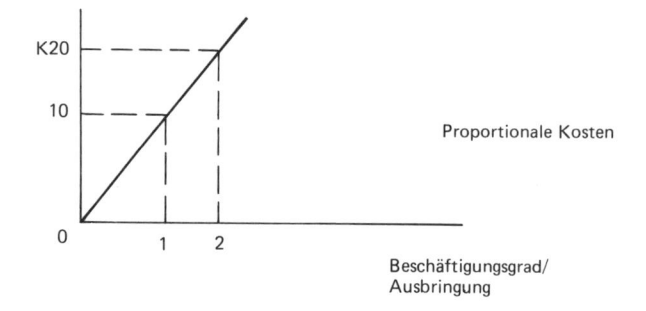

2. Kapitel: Die Basissteine eines Kostenrechnungssystems

Beispiele: Akkordlöhne, Fertigungsmaterial

Unternehmen mit überwiegend proportionalen Kosten sind Handwerksbetriebe, Reparaturwerkstätten und andere lohn- und fertigungsmaterialintensive Unternehmen.

Proportionales Kostenverhalten war in früheren Jahren in den meisten Unternehmen wesentlich stärker als heute zu beobachten, wo sehr viele Unternehmen z.T. äußerst anlageintensiv sind.

Progressive Kosten

Progressives Kostenverhalten ist gegeben, wenn sich die Kosten im stärkeren Verhältnis verändern, als dies der Beschäftigungsgradänderung entsprechen würde.

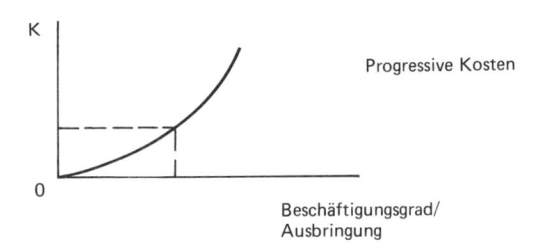

Beispiele: Minderleistungen von neu eingestelltem Personal, erhöhter Ausschuß, erhöhte Instandhaltungen, Wartung, Verschleiß, Überstunden-, Sonn-, Feiertags- und Nachtarbeitszuschläge, höhere Reparaturkosten bei steigendem Beschäftigungsgrad.

Degressive Kosten

Degressives Kostenverhalten ist dadurch gekennzeichnet, daß sich die Kosten bei steigender Ausbringung im geringeren Verhältnis verändern als dies der Beschäftigungsgradveränderung entsprechen würde. Das heißt, degressive Kosten sind unterproportionale Kosten, sie steigen nicht proportional, sondern schwächer als der Beschäftigungsgrad an.

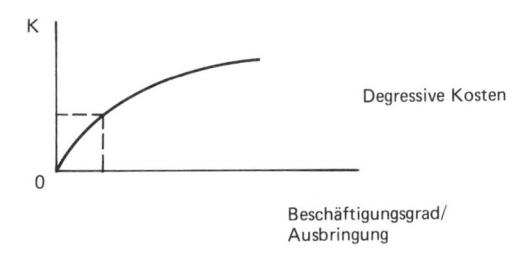

Beispiele: Instandhaltungskosten für Maschinen, Personalkosten, die sich mit erhöhter Ausbringung reduzieren, Aufsichtskosten, Material das in größeren Mengen eingekauft werden kann, Energiekosten usw.

Regressive Kosten

Regressive Kosten verhalten sich entgegengesetzt zur Beschäftigungsgradänderung. Bei zunehmender Beschäftigung fallen sie, und bei zurückgehender Beschäftigung steigen sie an.

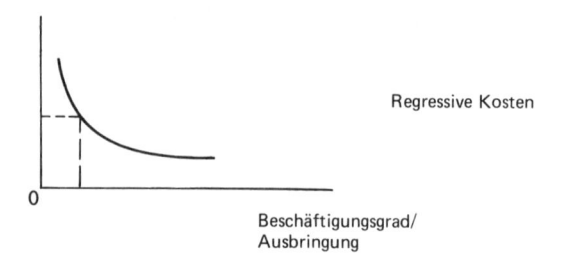

Beispiele: Übergang von Handarbeit auf Maschinenarbeit, Heizungskosten im Theater.

Mischkosten

Mischkosten oder semi-variable Kosten sind dadurch gekennzeichnet, daß sie neben **leistungsabhängigen** Kosten-Bestandteilen auch **zeitabhängige** Kosten-Anteile haben. Das heißt, sie setzen sich sowohl aus variablen, als auch fixen Bestandteilen zusammen.

Dabei kann die Mischung von variablen und fixen Kostenbestandteilen in zweierlei Weise auftreten, nämlich einerseits als **Fixkostensockel** und andererseits als **fixer Mindestbetrag**; Abb. 17 verdeutlicht den Zusammenhang.

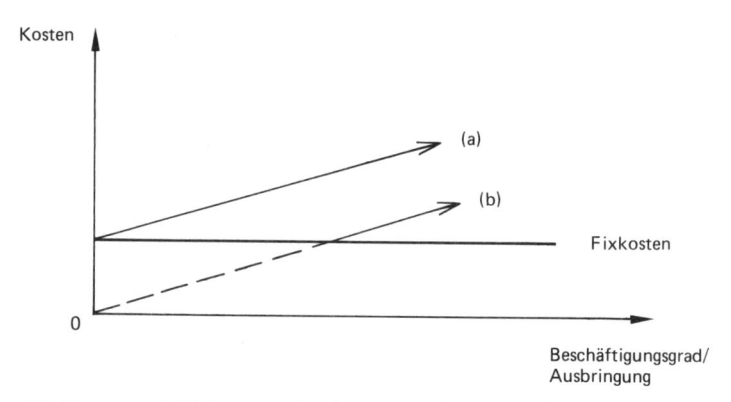

Abb. 17 Mischkosten mit Fixkostensockel (a) und mit fixem Mindestbetrag (b)

Beispiele für Mischkosten mit Fixkostensockel:

Energiekosten; Telefonkosten; Gehälter mit Prämienzuschlag, Entlohnung von Reisenden, EDV-Kosten.

Beispiele für Mischkosten mit **fixem Mindestbetrag**:

Wartungs- und Instandhaltungskosten; kalkulatorische Abschreibungen; Gehalt mit Überstundenzuschlag; Lizenzgebühren, Leasing-Verträge.

Die Mischkosten sollten bereits in der Kostenartenrechnung auf ein Minimum reduziert werden, indem man sorgfältig untersucht, wie sich das Verhältnis fix und variabel bei der einzelnen Fixkostenart verhält. Die Auflösung von Mischkosten erfolgt mit den Methoden der **Kostenauflösung** oder **Kostenspaltung**.

II. Die Kostenstellenrechnung

In der Kostenstellenrechnung wird die Frage beantwortet, **wo** welche Kosten in welcher Höhe entstanden sind. Sie stellt die Verbindung zwischen Kostenarten- und Kostenträgerrechnung her. Während die **Kostenträger-Einzelkosten** direkt in die Kostenträgerrechnung gehen, gehen die **Kostenträger-Gemeinkosten** zunächst in die Kostenstellenrechnung. Durch die Bildung von Kostenstellen will man die Zuordnung der Kostenträger-Gemeinkosten auf die Kostenträger erreichen. Daneben hat die Kostenstellenrechnung aber noch eine Reihe anderer Aufgaben:

- Man will erkennen, wo die Kosten angefallen sind.
- Die Kostenstellenrechnung ist ein Instrument zur Bildung der Kostenverantwortlichkeit.

1. Gliederung der Kostenstellen

Wenn wir in der Kostenartenrechnung festgestellt haben, daß eine aussagefähige, sinnvolle und wirtschaftliche Gesichtspunkte berücksichtigende Kostenartengliederung eine Hauptvoraussetzung für eine funktionierende Kostenrechnung ist, so ist die zweite Hauptvoraussetzung eine den Bedürfnissen des jeweiligen Unternehmens entsprechende Kostenstellengliederung.

Wonach muß sich eine Kostenstellengliederung im Unternehmen orientieren? Die **Bildung von Kostenstellen** muß sich immer nach den spezifischen, betriebsinternen Gegebenheiten ausrichten. Es gibt deshalb keine allgemein gültigen Richtlinien für die Bildung von Kostenstellen. Die betrieblichen Randbedingungen spielen hier eine entscheidende Rolle. Allerdings haben sich eine Reihe wesentlicher Kriterien für die Bildung von Kostenstellen herauskristallisiert. Bevor auf diese Kriterien eingegangen wird, stellt sich die Frage, was der Begriff Kostenstelle eigentlich bedeutet?

Kostenstelle = ein aus rechentechnischen Gründen gebildeter Teilbereich des Unternehmens, für den die Kostenbelastung besonders berechnet wird. D.h. Kostenstellen sind Ort der Kostenentstehung (Verursachung), aber auch Ort der Kostenzurechnung (Ort der Kostenverantwortlichkeit).

Wie bereits gesagt, es gibt für die Bildung von Kostenstellen keine allgemein gültigen Richtlinien. Für die **Wahl der Gliederungsprinzipien** haben die folgenden Parameter, die selbst wieder sehr stark voneinander abhängen, sehr starken Einfluß:

- Branche
- Betriebsgröße
- Produktionsprogramm
- Organisationsform
- Zweckmäßiger Arbeitsablauf
- Einfluß starker Persönlichkeiten
- Informationsbedürfnis (angestrebte Kalkulationsgenauigkeit/angestrebte Kostenkontrollmöglichkeit)

Bei der Bildung von Kostenstellen sollte man jedoch **vier Grundsätze** sehr stark beachten:

1. Kostenstelle und Verantwortungsbereich sollten so weit wie möglich übereinstimmen. D.h. die Kostenstelle sollte ein selbständiger Verantwortungsbereich sein, um eine wirksame Kostenkontrolle zu ermöglichen. Sie sollte deshalb auch, wenn möglich, eine räumliche Einheit sein, um Kompetenzüberschreitungen in der Praxis zu vermeiden.

2. Es muß sichergestellt sein, daß die Kostenzuordnung auf die Kostenstelle möglichst genau erfolgen kann, entsprechend dem Kostenverursachungsprinzip.

3. Der Buchungsaufwand für die Zuordnung der Kosten auf die Kostenstellen muß möglichst niedrig gehalten werden. D. h. für jede gebildete Kostenstelle müssen sich die Kostenbelege möglichst einfach kontieren lassen.

4. Bildung möglichst homogener Leistungsbereiche, für die sich dem Verursachungsprinzip entsprechende Kalkulationssätze finden lassen müssen (das Nichtzusammenlegen von Fertigungseinheiten mit erheblichen Kostenstrukturunterschieden).

Deshalb sollten im allgemeinen folgende Kriterien herangezogen werden:
– Grundfunktionen
– Verrichtungen
– räumliche Gegebenheiten
– Produkte oder Produktgruppen

Grundsätzlich aber muß gelten:

> Kostenstelle = Verantwortungsbereich.

Auf die Frage, wie weit die Unterteilung von Kostenstellen gehen sollte, kann ebenfalls nicht allgemein gültig beantwortet werden. Man sollte sich aber bei jeder Unterteilung folgende Fragen stellen:

– Ist die Unterteilung wirtschaftlich? (z.B. Trennung zwischen Debitoren- und Kreditorenbuchhaltung).
– Ist sie für die klare und übersichtliche Kostenerfassung notwendig?
– Dient sie der genauen Kalkulation und der effektiven Kosten- und Leistungskontrolle?

Nach erzeugnistechnischen Gesichtspunkten und nach kalkulatorischen Gesichtspunkten unterscheidet man:

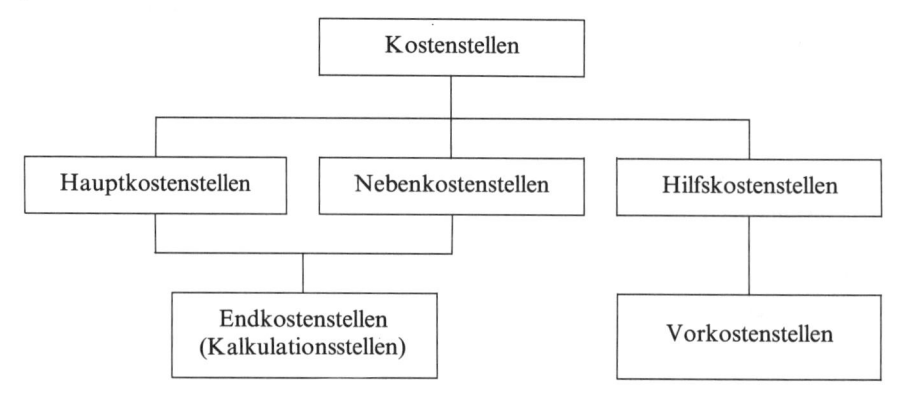

```
                        Kostenstellen
                             |
        ┌────────────────────┼────────────────────┐
        |                    |                    |
 Hauptkostenstellen   Nebenkostenstellen   Hilfskostenstellen
        |                    |                    |
        └────────┬───────────┘                    |
                 |                                |
         Endkostenstellen                  Vorkostenstellen
         (Kalkulationsstellen)
```

Hauptkostenstellen sind Kostenstellen, für die ein eigener Gemeinkostenzuschlag ermittelt wird. Sie sind gewissermaßen kalkulatorisch selbständig und werden deshalb auch „Kalkulationsstellen" genannt. Soweit es sich um Fertigungshauptkostenstellen handelt, sind dies die Stellen, die primär mit der Erstellung der betrieblichen Leistungen betraut sind, z. B. Dreherei, Bohrerei, Fräserei.

Nebenkostenstellen stehen abrechnungstechnisch in der gleichen Hierarchie wie Hauptkostenstellen. Auch für sie wird ein eigener Gemeinkostenzuschlag ermittelt. Der wesentliche Unterschied zu den Fertigungshauptkostenstellen besteht jedoch darin, daß die Nebenkostenstellen primär mit der Erstellung von Nebenleistungen betraut sind (Kuppelproduktion oder z. b. eigene Kistenherstellu

Hilfskostenstellen sind kalkulatorisch nicht selbständig. Es wird deshalb auch kein eigener Gemeinkostenzuschlag für sie ermittelt. Die auf den Hilfskostenstellen gesammelten Kosten werden auf die Haupt- und Nebenkostenstellen umgelegt. Hilfskostenstellen sind nur Kostensammelstellen, die ihre Endbeträge an die Hauptkostenstellen abgeben. Leistungen dieser Kostenstellen sind für den gesamten betrieblichen Leistungserstellungsprozeß genauso bedeutungsvoll, nur fehlt hier die unmittelbare Beziehung zwischen Leistung und Endprodukt.

2. Der Kostenstellenplan

In der Praxis findet man besonders häufig die Einteilung nach Funktionen einerseits und nach Verantwortungsbereichen andererseits. Man sollte versuchen, diese beiden Kriterien in Einklang zu bringen. Wichtig ist, daß sich die **Aufstellung eines Kostenstellenplanes** immer nach den Bedürfnissen des betreffenden Unternehmens orientieren muß. Bei größeren Unternehmen sollten die Kostenstellen neben ihren Bezeichnungen eine Kostenstellennummer erhalten, wobei sich meist eine Dezimalklassifikation anbietet.

Beispiel:

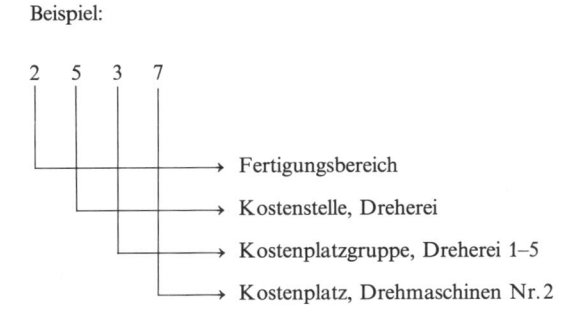

```
2   5   3   7
│   │   │   └─→ Fertigungsbereich
│   │   └─────→ Kostenstelle, Dreherei
│   └─────────→ Kostenplatzgruppe, Dreherei 1–5
└─────────────→ Kostenplatz, Drehmaschinen Nr. 2
```

Abb. 18 Kostenstellen-Nummer (Beispiel)

Bevor man in der Praxis einen Kostenstellenplan aufstellt, wird man folgende **Arbeitsschritte** einleiten:

1. Durchgang durch das Unternehmen und Aufnahme aller Kostenstellen.
2. Sortieren der Kostenstellen nach Bereichsgruppen.

3. Aufteilung innerhalb der Bereichsgruppen und Vergabe von Kostenstellennummern.

4. Erstellen des endgültigen verbindlichen Kostenstellenplanes.

Nach Funktionen, d.h. Tätigkeitsbereichen würde man folgende Hauptgruppen von Kostenstellen in einem Kostenplan aufnehmen:

Kostenstellengruppe		Zuordnungsmerkmale
Allgemeiner Bereich/ Verteilhilfsstellen		Sie sind Hilfskostenstellen, die dem Gesamtunternehmen dienen, die aber keine unmittelbar am Markt verwertbare Leistungen erstellen. Ihre Leistungen werden von allen Kostenstellen beansprucht. Beispiele: Gebäude, Grundstücke, Kesselhaus, Kraft- und Energieversorgung. Sozialeinrichtungen
Fertigungsbereich	Fertigungshaupt- und Nebenstellen	Hierzu gehören die produzierenden Fertigungsstellen, die sich unmittelbar am Produktionsprozeß beteiligen. Beispiele: Fräserei, Dreherei, Bohrerei, Montage, Lackiererei, Näherei.
	Fertigungshilfsstellen	Kostenstellen, die am Produktionsprozeß nur mittelbar beteiligt sind. Sie unterstützen die Fertigung, ohne das Produkt direkt zu bearbeiten. Beispiele: Arbeitsvorbereitung, Technische Leitung, Werkzeugmacherei, Reparaturwerkstatt, Konstruktionsbüro, Betriebshandwerker (z.B. Tischlerei, Schreinerei, Schlosserei), evtl. Lohnbüro
Entwicklungs- und Konstruktionsbereich		Kostenstellen des Entwicklungs- und Konstruktionsbereiches. Beispiel: Grundlagenforschung, Konstruktionsbüro. Entwicklungswerkstatt, Labor, Patentstelle, wissenschaftliche Bibliothek, wissenschaftliche Dokumentation
Materialbereich		Kostenstellen, die der Beschaffung, Annahme, Prüfung, Aufbewahrung, Lagerung und Ausgabe des gesamten Materialiensatzes dienen. Beispiele: Einkauf, Roh- Hilfs- und Betriebsstofflager (nicht Fertigwarenlager!), Wareneingangsprüfung
Verwaltungsbereich		Kostenstellen der Unternehmensführung, des betrieblichen Finanz- und Rechnungswesens, EDV, Planung und Statistik, Geschäftsleitung, Personalbüro, allgemeine Verwaltung
Vertriebsbereich		Die gesamte Vertriebsorganisation (Verkauf, Werbung, Verkaufsförderung, Marketing, Vertreterstab, Außenstellen), Fertigwarenlager, Versand und Ausgangsfuhrpark, Kundendienst

Kostenstellengruppe	Zuordnungsmerkmale
Neutraler Bereich	Betriebsfremder Bereich, dessen Kosten und Erträge zwar von der Finanzbuchhaltung erfaßt werden, aber wo mit dem betrieblichen Ergebnis kein Kausalzusammenhang besteht; Kostenstellen, die noch zum Unternehmen, aber nicht mehr zum Betrieb gehören (z.B. angegliederte Gärtnerei, Erholungsheim, Hundezucht)
Aussonderungsbereich	In diesem Bereich sind die Kosten für leerstehende Betriebsgebäude und ungenutzte Maschinen zuzuordnen, da sie in die Betriebsabrechnung nicht eingehen sollen, aber auch z.B. Vertriebs GmbH im Rahmen einer Organschaft, die im Hause eines angeschlossenen Unternehmens untergebracht ist.

Abb. 19 Kostenstelleneinteilung

3. Die Aufbau- und Ablauforganisation der Kostenstellenrechnung

Die folgende Abbildung zeigt neben der Grundstruktur der Kostenstellenrechnung (Betriebsabrechnungsbogen) auch gleichzeitig die Aufbau- und Ablauforganisation:

(Gemein-) Kostenarten \ Kostenstellen	Zahlen der Betriebsabrechnung	Allgemeine Hilfskostenstellen	Fertigungshilfskostenstellen	Fertigungshauptkostenstellen	Sonstige Hauptkostenstellen
1. Verteilen primärer Gemeinkosten auf die Kostenstellen nach dem Verursachungsprinzip					
2. Verteilen sekundärer Gemeinkosten (Durchführung der innerbetrieblichen Leistungsverrechnung)					
3. Ermittlung der Gemeinkostenverrechnungssätze (Bildung von Kalkulationssätzen)					
4. Ermittlung von Über- und Unterdeckungen (Kostenkontrolle)					
5. Ermittlung von Kennzahlen und Kostenkontrolle					

Abb. 20 Grundstruktur des Betriebsabrechnungsbogens (Kostenstellenrechnung in tabellarischer Form)

III. Die Kostenträgerrechnung

1. Der Kostenträgerbegriff

Führt man sich nochmals den Gesamtzusammenhang zwischen Kostenarten-, Kostenstellen- und Kostenträgerrechnung vor Augen, so zeigt sich, daß in der **Kostenträgerrechnung der Prozeß der Kosten- und Leistungsrechnung seinen Abschluß** findet. („Von der Herkunftsseite zur Hinkunftsseite", Schäfer). Kostenarten- und Kostenstellenrechnung sind in gewisser Weise Vorstufen der Kostenträgerrechnung.

Kostenträger = direkt oder indirekt dem Betriebszweck entsprechende Leistungen des Unternehmens.

Kostenträger sind die Leistungen oder Leistungsgruppen eines Unternehmens, die die ihnen zugeordneten Kosten „tragen" müssen, wobei man in der Regel die betrieblichen Absatzleistungen, d.h. die fertigen Erzeugnisse als Kostenträger ansieht = **Hauptkostenträger**. Falls sie im Unternehmen aber vorkommen, müssen auch die innerbetrieblichen Leistungen (z.B. selbsterstellte Anlagen, eigene Instandhaltungen usw.) = **Hilfskostenträger** und die Nebenkostenleistungen (Leistungen, die im Zusammenhang mit der Erstellung der Hauptkostenträger entstehen und neben diesen am Markt verkauft werden) = **Nebenkostenträger** als Kostenträger betrachtet und entsprechend behandelt werden.

Hauptkostenträger = Leistungen, deren Erstellung und Vertrieb der eigentliche Gegenstand des Unternehmens ist.

Nebenkostenträger = Leistungen, deren Erstellung in einem technischen oder wirtschaftlichen Zusammenhang mit der Erstellung der Hauptkostenträger steht. Sie werden neben den Hauptkostenträgern am Markt angeboten. Sie sind nicht Hauptzweck der Unternehmung.

Hilfskostenträger = Leistungen, deren Ergebnis zur Verwendung im eigenen Betrieb bestimmt ist. Sie dienen indirekt der Erstellung der Haupt- oder Nebenkostenträger (selbsterstellte Anlagen, eigene Instandhaltung).

Die folgende Abbildung soll zeigen, daß die Unterscheidung zwischen **absatzorientierten** und **innerbetrieblich orientierten Leistungen** weiter zu differenzieren ist, indem man bei den Außenaufträgen zwischen **Kundenauftragsfertigung** und Lagerfertigung/Standardfertigung und **Fertigung auf Verdacht** trennt und bei den innerbetrieblichen Leistungen zwischen **aktivierungspflichtigen** (und später meist durch Abschreibungen zu verrechnenden) und **nicht aktivierungspflichtigen** (als Aufwand bzw. Kosten zu verrechnenden) Innenaufträgen unterscheidet.

2. Kapitel: Die Basissteine eines Kostenrechnungssystems

```
                            Kostenträger
            ┌───────────────────┼───────────────────┐
Hauptkostenträger      Nebenkostenträger       Hilfskostenträger
(Hauptabsatz-          (Nebenabsatzleistung    (Innerbetriebliche
leistung)              z.B. bei Kuppelprodukten)  Leistung)
            └─────────┬─────────┘                   │
                 Absatzorientierte              Innerbetrieblich
                 Leistungen                     orientierte Leistungen
                 (Außenaufträge)                (Innenaufträge)
            ┌─────────┴─────────┐           ┌─────────┴─────────┐
   Auftragsfertigung    Lagerfertigung    aktivierungs-    nicht-
   (Kundenfertigung)    (Produktion auf   pflichtig        aktivie-
                        Verdacht = Stan-                   rungs-
                        dardfertigung                      pflichtig
```

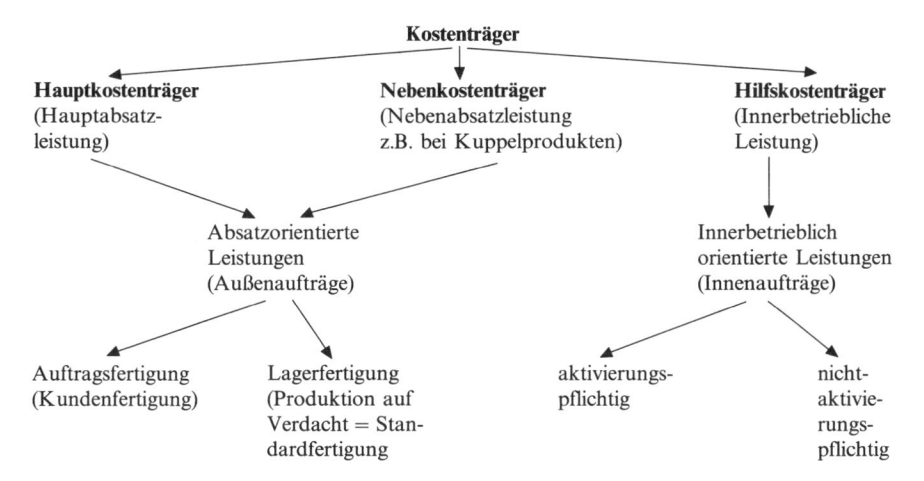

Abb. 21 Arten von Kostenträgern

Im allgemeinen kann man davon ausgehen, daß die Kostenträger solche betrieblichen Leistungen sind, deren Kosten durch Verkaufserlöse oder innerbetriebliche Verrechnung abgedeckt werden müssen. Gelegentlich wird jedoch der Kostenträgerbegriff weiter gefaßt, indem auch abrechnungstechnische Hilfsmittel, also Kostenträger fiktiver Art (**fiktive Kostenträger**), die besonders im Forschungs- und Entwicklungsbereich anzutreffen sind, mit einbezogen werden.

Die einzelnen Kostenträger sollten, insbesondere bei Betrieben mit einer breiten Leistungspalette, in zweckmäßiger Weise gruppiert werden, so daß auch **Absatzgebiete (Verkaufsbezirke), Absatzwege (Großhandel, Einzelhandel, Konzernhandel) und Kundengruppen (z.B. Elektroindustrie, Kunststoffindustrie, Automobilindustrie)** sowie **Verantwortungsbereiche** zu Kostenträgern bzw. **Kostenträgergruppen** werden, z.B. Profit Center (Zusammenfassung des Kostenstellenprinzips mit Kostenträgerrechnung).

Zusammenfassend kann man davon ausgehen, daß Kostenträger vor allem **verkaufsfähige Erzeugnisse** sind, unabhängig davon, ob sie im Betrieb gefertigt oder als Handelsware bezogen werden. Neben den verkaufsfähigen Erzeugnissen können aber auch **Vorprodukte** (Halbfabrikate, eigene Bauvorhaben, selbsterzeugter Strom, Entwicklungsaufträge usw.) als Kostenträger des Unternehmens aufgefaßt werden.

Unterschiedliche Aufgabenstellung von Kostenträgerstückrechnung und Kostenträgerzeitrechnung.

Die Frage der Kostenträgerrechnung „**wofür** die Kosten entstanden sind?" kann grundsätzlich durch zwei verschiedene Verfahren beantwortet werden:
– in der **Kostenträgerstückrechnung**
– und/oder **Kostenträgerzeitrechnung**

Es werden im allgemeinen beide Verfahren in einem Unternehmen angewendet, d.h. es handelt sich um keine Alternativen, sondern um Instrumente, die sich sinnvoll gegenseitig ergänzen. Beide Verfahren versuchen eine möglichst dem **Kostenverursachungsprinzip entsprechende Ermittlung der Kostenträgerkosten**; sie unterscheiden sich jedoch im Hinblick auf Zielsetzungen und Methoden.

Gemeinsam ist beiden Verfahren, daß festgestellt werden soll, welche Kosten die einzelnen Kostenträger verursacht haben, d.h., beide Verfahren sollen so weit wie möglich dem Kostenverursachungsprinzip entsprechen. Unterschiedlich ist jedoch die Zielsetzung und die Methode der beiden Verfahren:

```
                    Kostenträgerrechnung
                   /                    \
      Kostenträgerzeitrechnung        Kostenträgerstückrechnung
```

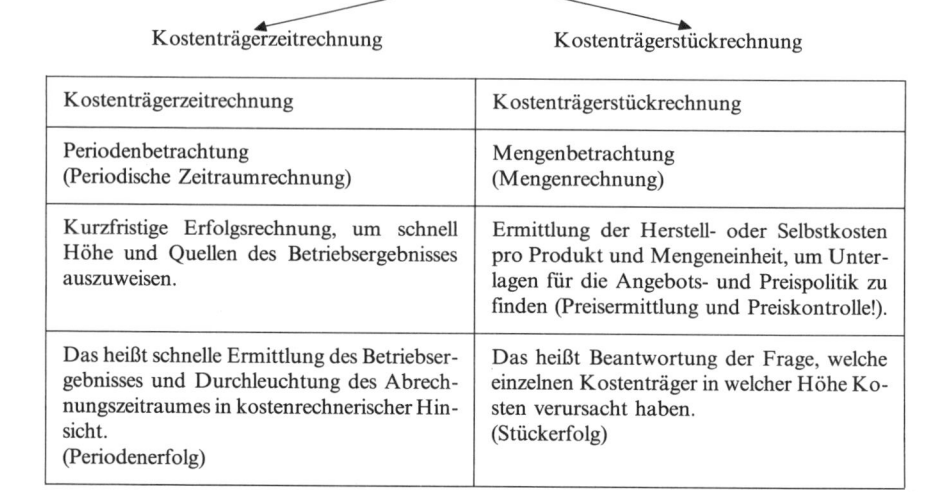

Kostenträgerzeitrechnung	Kostenträgerstückrechnung
Periodenbetrachtung (Periodische Zeitraumrechnung)	Mengenbetrachtung (Mengenrechnung)
Kurzfristige Erfolgsrechnung, um schnell Höhe und Quellen des Betriebsergebnisses auszuweisen.	Ermittlung der Herstell- oder Selbstkosten pro Produkt und Mengeneinheit, um Unterlagen für die Angebots- und Preispolitik zu finden (Preisermittlung und Preiskontrolle!).
Das heißt schnelle Ermittlung des Betriebsergebnisses und Durchleuchtung des Abrechnungszeitraumes in kostenrechnerischer Hinsicht. (Periodenerfolg)	Das heißt Beantwortung der Frage, welche einzelnen Kostenträger in welcher Höhe Kosten verursacht haben. (Stückerfolg)

Vereinfacht kann man also sagen:

```
                    Kostenträgerrechnung
                    /                  \
    Kostenträgerstückrechnung  ↔  Kostenträgerzeitrechnung
              ↓                              ↓
    Ermittlung des Stückerfolgs      Ermittlung des
                                     (periodischen) Betriebserfolgs
```

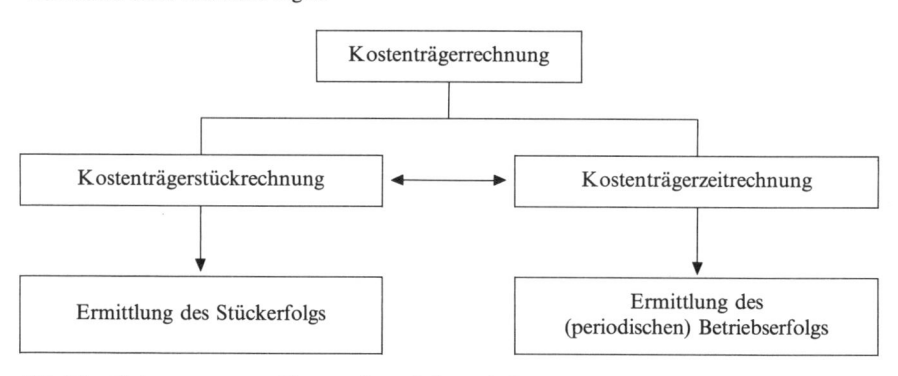

Abb. 22 Zielsetzungen von Kostenträgerstück- und Kostenträgerzeitrechnung

Kostenträgerstück- und -zeitrechnung sollen im folgenden näher erläutert werden. Dabei wird die Kostenträgerzeitrechnung an den Anfang gestellt, weil diese Rechnung sich direkt an die Kostenstellenrechnung anschließt, während Kostenträgerstückrechnungen als Objektrechnungen periodenunabhängig erfolgen.

2. Die Kostenträgerzeitrechnung (kurzfristige Erfolgsrechnung)

Im Gegensatz zur **Kostenträgerstückrechnung**, die ja, wie der Name schon verrät, die Kosten pro Leistungseinheit, d.h. je Stück (es können aber auch kg oder andere Maßeinheiten sein) ermittelt, stellt die **Kostenträgerzeitrechnung** den Erfolgen einer Periode auch die Kosten gegenüber. Die Kostenträgerzeitrechnung ist deshalb so wichtig, weil eine kurzfristige Ermittlung des Unternehmungserfolges in einer Periode für die Geschäftsleitung u. U. wesentlich wichtiger ist, als eine exakte Vorkalkulation einzelner Produkte. Vor allem ist es interessant, neben der Kosten- und Erlössituation zu erkennen, wie sich der Gesamterfolg auf die einzelnen Kostenträger (Kostenträgergruppen) verteilt. Sie bedient sich dabei der gleichen Methoden wie die Kostenträgerstückrechnung. Würde man lückenlos alle Aufträge einzeln einkalkulieren, so würde sich unter Berücksichtigung aller zeitlichen Abgrenzungen das Betriebsergebnis ergeben. In der Praxis ist eine lückenlose Nachkalkulation aber meist nicht durchführbar, vor allem in jenen Unternehmen mit sehr vielen Kostenträgern und vielen kleineren Aufträgen. Dort ist eine summarische Kostenträgerzeitrechnung durchzuführen, um die Erfolgsanalyse zu ermöglichen. Diese Erfolgsanalyse erfolgt in der Regel monatlich, teilweise aber auch nur vierteljährlich. Durch diese **Betriebsergebnisrechnung** sollen Informationen für den unternehmerischen Entscheidungsprozeß des Betriebserfolges ermöglicht werden.

Grundsätzlich gilt: Erlöse ./. Kosten = Bruttoergebnis.

Dieses Bruttoergebnis ist aber für die Kontrolle einzelner Produkte und Produktgruppen noch zu ungenau, vor allem ist dadurch keine Kontrolle des Erfolges einzelner Produktgruppen möglich.

Deshalb werden Erlöse und Kosten in der Kostenträgerzeitrechnung pro Produkt und/oder Produktgruppe einander gegenübergestellt. In diesem Fall kann man von einer Kosten- und Ergebnisrechnung sprechen; weil sie über die Kostenrechnung hinausgeht. Denn es werden hier nicht nur Kosten in die Untersuchung einbezogen, sondern auch die Erlöse werden gegenübergestellt.

Gliederung der Kostenträgerzeitrechnung
Für die Gliederung ist entscheidend, welches **Informationsbedürfnis** von Seiten der Unternehmungsleitung an die Kostenrechnung herangetragen wird. Dieses Informationsbedürfnis entscheidet auch darüber, wie die Perioden selbst gebildet werden (14-tägig, monatlich, vierteljährlich oder halbjährlich).

Das wichtigste Gliederungskriterium ist meistens die **Gliederung nach Kostenträgern**. Hierbei ist es allerdings erforderlich, eine vernünftige Kostenträgergruppeneinteilung vorzunehmen. Zu viele Kostenträger würden in der Kostenträgerzeitrechnung dazu führen, daß man die Übersicht verliert. Die Gliederung selbst kann nach den Produkten erfolgen, sie kann sich aber auch nach den Erfordernissen des Produktionsprozesses ausrichten. Generell könnte aber auch eine Unterteilung nach Absatzwegen oder Kundengruppen erfolgen. Gelegentlich interessant wäre auch die Untersuchung der Kostenträger nach den Gruppen Kleinaufträge und Großaufträge (Problem der Auftragsgröße und auftragsfixen Kosten).

Beispiele für Kostenträgergruppenbildung
Möbelfabrik: Einteilung in Wohnzimmermöbel, Schlafzimmermöbel, Polstermöbel.
Kunststoffverarbeitung: Einteilung in bedruckte und unbedruckte Ware, Folien und weiterverarbeitete Artikel.

Wie bereits auch die Kostenstellenrechnung, so kann auch die Kostenträgerzeitrechnung entweder **buchhalterisch** auf dem Betriebsergebniskonto oder in **statistisch-tabellarischer** Form durchgeführt werden. Generell gibt es zwei verschiedene Verfahren:
– Das Umsatzkostenverfahren
– Das Gesamtkostenverfahren

Umsätze/Kosten	Produktgruppe			Eigen-leistungen	Gesamt
	1	2	3		
Brutto-Umsatz ./. Erlösschmälerungen ./. Sondereinzelkosten des Vertriebes					
= Netto-Umsatzerlös ./. Herstellkosten der fakturierten Leistungen ./. Verwaltungs- und Vertriebsgemeinkosten					
= Betriebsergebnis (Umsatzergebnis)					

Abb. 23 Umsatzkostenverfahren

a) Das Umsatzkostenverfahren

In diesem Verfahren wird das „Umsatzergebnis" ermittelt. Sämtlichen in einer Periode angefallenen Erlösen (=fakturierte Leistungen) stellt man die hierfür angefallenen Selbstkosten gegenüber. Erlöse ./. Selbstkosten = Betriebsergebnis. Dieses Betriebsergebnis ist aber nur das Betriebsergebnis, das diesem Umsatz entspricht. Diejenigen Leistungen, die nicht umgesetzt wurden (Lagerleistungen), bleiben unberücksichtigt. Es gehen nur die Erzeugnisse in die Rechnung ein, die vom Lager verkauft wurden, nicht die Leistungen, die noch auf Lager sind.

Das ermittelte Betriebsergebnis nach dem Umsatzkostenverfahren berücksichtigt nicht alle Herstellkosten (der gesamten Periode) und auch nicht eventuelle Kostenabweichungen (bei Normal- oder Standardkosten).

b) Das Gesamtkostenverfahren

Das **Gesamtkostenverfahren** heißt deshalb Gesamtkostenverfahren, weil es im Gegensatz zum Umsatzverfahren die Gesamtkosten der Abrechnungsperiode berücksichtigt und auch die **Kostenabweichungen**. Es ist unter Berücksichtigung der neutralen Aufwendungen und Erträge und Bewertungsdifferenzen mit dem Bilanzergebnis abstimmbar.

Das Gesamtkostenverfahren baut auf folgenden Rechengang auf:

2. Kapitel: Die Basissteine eines Kostenrechnungssystems 625

Umsätze/Kosten	Produktgruppe			Eigen-leistungen	Gesamt
	1	2	3		
Brutto-Umsatz ∕. Erlösschmälerungen ∕. Sondereinzelkosten des Vertriebes					
= Netto-Umsatzerlös + Bestandserhöhungen ∕. Bestandsverminderungen	bewertet zu: Herstellkosten der Halb- und Fertigfabrikate				
= Betriebsleistung ∕. Herstellkosten der erstellten Leistung ∕. Verwaltungs- und Vertriebs- gemeinkosten					
= Betriebsergebnis (Normal- oder Standardkosten) + Kostenabweichungen					
= Betriebsergebnis (Istkosten)					

Abb. 24 Gesamtkostenverfahren

3. Die Kostenträgerstückrechnung

Bei den Aufgaben der Kostenrechnung stellten wir ganz am Anfang fest, daß die Kostenrechnung den betrieblichen Leistungserstellungsprozeß überwachen soll. In der **Kostenträgerstückrechnung** wird eines dieser Hauptziele erreicht: **Zu erkennen, was das einzelne erzeugte Produkt (Leistung) tatsächlich kostet.**

a) Formen der Kostenträgerstückrechnung

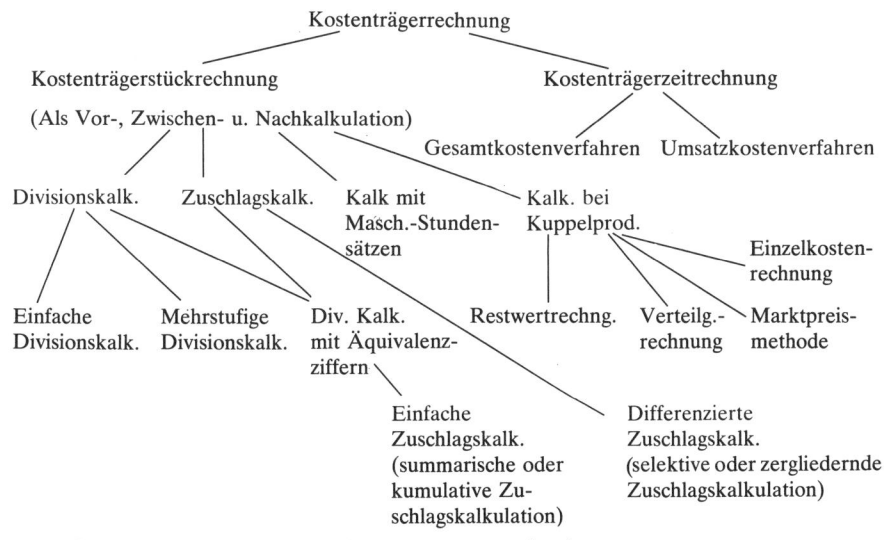

```
                        Kostenträgerrechnung
              ╱                                    ╲
Kostenträgerstückrechnung              Kostenträgerzeitrechnung
(Als Vor-, Zwischen- u. Nachkalkulation)        ╱            ╲
                                    Gesamtkostenverfahren   Umsatzkostenverfahren

Divisionskalk.   Zuschlagskalk.   Kalk mit          Kalk. bei
                                  Masch.-Stunden-   Kuppelprod.
                                  sätzen                              Einzelkosten-
                                                                      rechnung
   ╱       ╲            ╲              ╲                ╲       ╱
Einfache   Mehrstufige   Div. Kalk.    Restwertrechng.  Verteilg.-  Marktpreis-
Divisionskalk. Divisionskalk. mit Äquivalenz-           rechnung    methode
                            ziffern

                        Einfache              Differenzierte
                        Zuschlagskalk.        Zuschlagskalk.
                        (summarische oder     (selektive oder zergliedernde
                        kumulative Zu-        Zuschlagskalkulation)
                        schlagskalkulation)
```

Abb. 25 Gesamtübersicht Formen der Kostenträgerstückrechnung

Es kann im Rahmen dieser Abhandlung nicht auf die zahlreichen Kalkulationsverfahren in Theorie und Praxis eingegangen werden. Die **Wahl des Verfahrens** für das einzelne Unternehmen ist von Größe, Struktur, Branche, Produktionsform und anderen Faktoren abhängig. Das einzelne Unternehmen muß sich aus den vielfachen Formen der möglichen Kalkulationen das für seine Zwecke optimale System aussuchen.

b) Vor-, Zwischen-, Nachkalkulation

Alle Verfahren der Kostenträgerstückrechnung können in Form der **Vorkalkulation** (d. h. die Preisvorberechnung), in der **Zwischenkalkulation** (d. h. in einem bestimmten Fertigungsstadium möchte man feststellen, ob die bis dahin vorausberechneten Kosten tatsächlich eingetreten sind) und in der **Nachkalkulation** (d. h. hier wird festgestellt, was tatsächlich erreicht wurde gegenüber der ursprünglichen Vorbereitung) durchgeführt werden.

Die **Vorkalkulation** wird zeitlich vor dem Leistungsprozeß angestellt. Ihre Aufgabe ist es, sowohl im voraus den zu erwartenden Kostengüterverbrauch festzustellen, als den Verbrauch mit dem vermutlich richtigen Wertansatz zu bewerten. Man bezeichnet sie deshalb auch als Angebots- oder Offertkalkulation. Sie ist im Prinzip eine Planungsrechnung. Da zum Zeitpunkt der Vorkalkulation meist noch keine tatsächlichen Aussagen über den Kostenanfall gemacht werden können (z. B. bei Auftragsfertigung), muß sie gezwungenermaßen mit Normal- oder Plankosten arbeiten. Der voraussichtliche Mengenanfall (aufgrund der Kenntnisse der Arbeitsvorbereitung) wird mit den Normal- oder Planwerten der entsprechenden Kostenart multipliziert und somit die Plankosten pro Kostenart ermittelt. Meist verwendet man in der Praxis neben echten Planwerten (aufgrund analytischer Überlegungen) Durchschnittszahlen oder die Werte vergangener Perioden (Normalkosten).

Die **Zwischenkalkulation** ist zweckmäßig bei Kostenträgern mit langer Produktionsdauer (z. B. Luftfahrtindustrie, Anlagenbau, langjährige Entwicklungsprojekte, Schiffsbau). Die Zwischenkalkulation ist für Bilanzierungszwecke erforderlich, deshalb auch die gelegentliche Bezeichnung „Nachkalkulation von Halberzeugnissen".

Die **Nachkalkulation** wird nach Erstellung der Leistungen angestellt, d. h. sie kann mit den tatsächlichen Ist-Kosten (soweit sie durch das Rechnungswesen bekannt sind) arbeiten. Die Nachkalkulation ist also eine Kontrollrechnung, da sie die Sollwerte der Vorkalkulation mit den tatsächlich angefallenen Kosten (den Ist-Kosten) vergleicht. Die Nachkalkulation stellt damit nicht nur wertvolle Unterlagen für künftige Vorkalkulationen zur Verfügung, sondern auch fest, welche Kosten bei der Erstellung eines Kostenträgers tatsächlich angefallen sind (sowohl Mengen-, als auch Wertansätze) und ermittelt unter anderem:

- Grundlagen für die Erfolgskontrolle innerhalb der kurzfristigen Ergebnisrechnung
- Unterschiede gegenüber der Vorkalkulation (stellt evtl. fest, daß die Vorkalkulation mit falschen Kostensätzen arbeitet)
- Beurteilung des Vorkalkulationsverfahrens
- Überprüfung der Leistungen einzelner Kostenstellen
- Wirtschaftlichkeitsüberlegungen (erkennt evtl. Unwirtschaftlichkeiten und Schwachstellen)

Neben der grundsätzlichen Möglichkeit, alle Kalkulationen in Form der Vor-, Zwischen- und Nachkalkulation durchzuführen, muß sich ein Unternehmen auch entscheiden, ob es die Kalkulation und damit auch die Kostenrechnung insgesamt auf **Voll-** oder

2. Kapitel: Die Basissteine eines Kostenrechnungssystems

Teilkostenbasis durchführt. Allerdings sollte es sich – dies sei gleich vorab bemerkt – nie um eine Entscheidung Voll- oder Teilkostenrechnung handeln, sondern nur um die Entscheidung, Vollkostenrechnung und evtl. zusätzlich eine Teilkostenrechnung.

Ein in der Praxis häufig anzutreffendes Problem ist auch die Zuschlagskalkulation auf Vollkostenbasis!

Ein **Beispiel** soll die Problematik verdeutlichen:

Ein Unternehmen bearbeitet einen Kleinauftrag und einen Großauftrag zur gleichen Zeit. Die Kalkulation schaut dann meist wie folgt aus:

	Kleinauftrag	Großauftrag
Fertigungsmaterial MKG 5%	DM 100,— DM 5,—	100000,— 5000,—
Materialkosten	DM 105,—	105000,—
Fertigungslöhne FGK 100%	10 Std. à 10,— DM DM 100,— DM 100,—	1000 Std. à 10,— DM 10000,— 10000,—
Fertigungskosten	DM 200,—	20000,—
Herstellkosten	DM 305,—	125000,—
Verwaltungs- und Vertriebs-GK 20%	DM 61,—	25000,—
Selbstkostenpreis	DM 366,—	150000,—

Dieses Beispiel zeigt die Problematik der Zuschlagskalkulation. Jede Preiserhöhung würde erhöhte Zuschläge für Materialgemeinkosten bedeuten. Es ist außerdem zu fragen, inwieweit tatsächlich der Verwaltungsaufwand im Lager bei einem Großauftrag das 1000fache im Vergleich zum Kleinauftrag ausmacht. Außerdem: ein großer Teil der Materialgemeinkosten steht in keinem proportionalen Verhältnis zum Fertigungsmaterial (z.B. Lagerkosten, Einkaufskosten, Bezugskosten). Lagerung von Gold- oder Schwarzblech dürfte mit Ausnahme der Zinsbindung und des Risikos eigentlich gleich verwaltungsintensiv sein.

Besonders problematisch erscheinen auch die Fertigungsgemeinkostenzuschläge. Durch den immer stärkeren Einsatz von Maschinen gibt es Firmen, die mit 600% Fertigungsgemeinkosten arbeiten. Bei jeder Lohnerhöhung müßten die Zuschlagssätze entsprechend geändert werden. Sicherlich verursacht ein Kleinauftrag in der Fertigung prozentual wesentlich mehr Kosten als ein Großauftrag (auftragsfixe Kosten der Maschineneinstellung, der Arbeitsvorbereitung usw.).

Auch bei den Verwaltungs- und Vertriebsgemeinkosten zeigt sich die Problematik der Zuschlagskalkulation. Es ist nicht einzusehen, daß ein Großauftrag mit DM 25000,— Verwaltungskosten und Vertriebskosten belastet wird und ein Kleinauftrag nur mit DM 61,—. Wenn man die Kosten der Verwaltung und des Vertriebes analysiert, so stellt man fest, daß sicherlich mit DM 61,— kein Kleinauftrag vernünftig bearbeitet werden kann (Fakturierung, Einbuchung, Mahnung, Telefonate). Andererseits sind DM 25000,— für Verwaltungs- und Vertriebsgemeinkosten sicherlich zu hoch. Es wird hier das Kostenverursachungsprinzip als das Grundprinzip der Kostenrechnung sehr stark verletzt. Selbstverständlich sind diese Schwierigkeiten dem Kostenrechner seit langem bekannt, und man hat über den Einsatz der betrieblichen Rabattpolitik auch ein Mittel zur Hand, die Kalkulationsfehler bei Großaufträgen in gewissem Umfang zu korrigieren. Es sollte jedoch möglichst vermieden werden, einen Fehler durch einen anderen zu korrigieren, zumal, wenn dadurch der Gesamtüberblick verlorengeht.

Die folgenden Ausführungen sollen den Entscheidungsprozeß bzgl. des anzuwendenden Kostenrechnungsverfahrens erleichtern.

3. Kapitel:
Vollkostenrechnung oder Teilkostenrechnung?

Die „neueren Kostenrechnungsverfahren"
Im Vordergrund des Interesses der Kostenrechnung steht die Frage, wie wir gesehen haben, wie die Kostenrechnung heute und in der Zukunft richtig gestaltet werden muß, um die für die unternehmerischen Entscheidungsprozesse erforderlichen Kosteninformationen liefern zu können. Im Laufe der Zeit ist ein deutlicher Wandel in den Zielsetzungen der Kostenrechnung feststellbar. Stand ursprünglich die Vor- und Nachkalkulation der Produkte im Vordergrund, so steht heute neben der **Kostenkontrolle** vor allem das Liefern von Informationen zur Vorbereitung **unternehmerischer Entscheidungen** im Mittelpunkt.

Der Begriff „neuere" oder „moderne" Kostenrechnungsverfahren ist relativ, denn auch diese Verfahren werden schon seit Jahrzehnten diskutiert. Sie sind aber relativ neueren Ursprungs im Vergleich zu den traditionellen Kostenrechnungsverfahren und wurden verstärkt in den letzten 15 Jahren in der Praxis realisiert.

Wie unterscheiden sich nun die „neueren" von den „traditionellen" Kostenrechnungsverfahren? Sie unterscheiden sich nicht im **Kostenbegriff** und in der **Kostenerfassung**, sondern erst bei der **Verteilung** der Kosten auf die Kostenträger. Die neueren Kostenrechnungsverfahren verzichten weitgehend auf eine Schlüsselung und Verteilung von Gemeinkosten und fixen Kosten. Sie beruhen auf der Überlegung, daß den Kostenträgern nur Teile der Gesamtkosten zugeordnet werden können, deshalb sollte man von **Teilkostenrechnung** sprechen. Die verbleibenden Kosten (Fixkostenblock/Gemeinkostenblock) müssen letztlich aus den Erlösen aller Produkte gedeckt werden. Die zentrale Größe aller Teilkostenrechnungen ist der **Deckungsbeitrag**. Ein weiteres Charakteristikum neuerer Kostenrechnungsverfahren ist die differenzierte Betonung der **Erlösseite** (retrograde Betrachtungsweise), während bei den herkömmlichen Formen der Kostenrechnung die **Kostenseite** hervorgehoben wird.

Leider hat sich in der Praxis nicht der Begriff **Teilkostenrechnung**, sondern die Bezeichnung **Deckungsbeitragsrechnung** durchgesetzt. Dieser Begriff wird synonym für alle Erscheinungsformen in der Teilkostenrechnung verwendet. Besser wäre es aber, von Teilkostenrechnung zu sprechen. Das Kennzeichen all dieser Verfahren (die noch näher beschrieben werden) ist, daß nur Teile der Kosten den Kostenträgern zugeordnet werden. Im Gegensatz zur Vollkostenrechnung verzichtet die Deckungsbeitragsrechnung auf die Zuordnung aller Kosten und die Ermittlung von Gewinnen für den einzelnen Kostenträger. Entscheidend für die Beurteilung eines Kostenträgers ist der **Deckungsbeitrag** (und nicht der Gewinn, der in der Regel für den Kostenträger gar nicht ermittelt werden kann), der nach Abzug der variablen bzw. Einzelkosten, zur Deckung der Fixkosten (Grenzkostenrechnung) bzw. Gemeinkosten (Einzelkostenrechnung) des Unternehmens verbleibt. So lange ein Kostenträger einen positiven Deckungsbeitrag aufweist, trägt er zur **Fixkostendeckung** und damit zur Verbesserung des Betriebsergebnisses bei. Die Vollkostenrechnung führt hingegen durch die Proportionalisierung der Fixkosten und durch die Schlüsselung von Gemeinkosten bei der Beurteilung von Kostenträgern teilweise zu falschen Schlüssen und verletzt zweifelsohne das **Kostenverursachungsprinzip**.

Im folgenden soll unter **Deckungsbeitragsrechnung** (Teilkostenrechnung) = ein erlösbezogenes Kostenrechnungsverfahren verstanden werden, bei dem in der Kalkulation bewußt auf die Zurechnung **aller** Kosten auf die einzelnen Kostenträger verzichtet wird.

Erst in der Kostenträgerzeitrechnung werden alle für die verkauften Kostenträger angefallenen Kosten den entsprechenden Erlösen in mehreren Abrechnungsschritten gegenübergestellt.

Bei einer Diskussion für und wider traditionelle und neuere Kostenrechnungsverfahren darf die betriebliche Praxis nicht übersehen werden. Sie zeigt, daß die traditionellen Verfahren noch immer in vielen Betrieben vorherrschend sind.

Bevor man aber ein Urteil über den Wert eines Kostenrechnungsverfahrens für das einzelne Unternehmen fällt, muß man untersuchen, welche Aufgaben und Ziele die Kostenrechnung für das einzelne Unternehmen zu erfüllen hat. Aufgaben und Ziele bestimmen den Rahmen, innerhalb dessen sich die Wahl des Kostenrechnungsverfahrens bewegen kann. In Einzelfällen kann unter Umständen ein sehr einfaches Kostenrechnungsverfahren genügen, z.B. bei vorgeschriebenen staatlichen Preisen, Kartellregelungen, Einproduktunternehmen usw.

Generell hat ein Unternehmen folgende Wahlmöglichkeiten beim Kostenrechnungsverfahren:

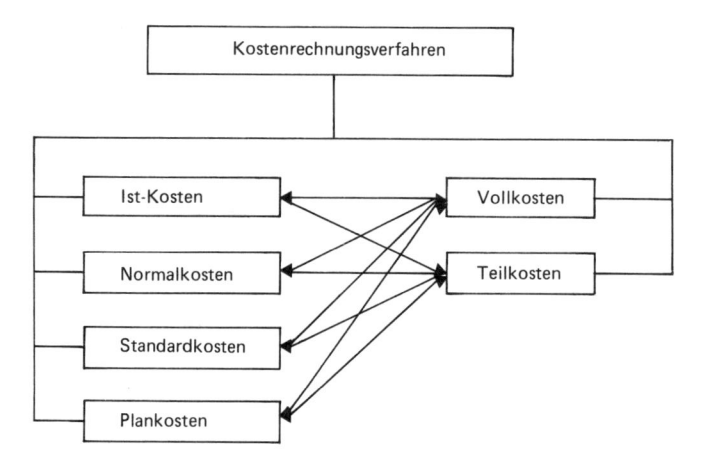

3. Kapitel: Vollkostenrechnung oder Teilkostenrechnung?

Das heißt, grundsätzlich kann der Controller sowohl die Voll- als auch die Teilkostenrechnung kombinieren mit Ist-, Normal-, Standard- und Plankosten:

Kostenbegriff \ Kostenrechnungssystem		Vollkostenrechnung	Teilkostenrechnung
Ist-Kosten (Kosten, die tatsächlich angefallen sind)	Vergangenheitsorientiert	×	×
Normalkosten (durchschnittliche normalisierte Ist-Kosten vergangener Perioden)		×	×
Standardkosten (durchschnittlich normalisierte Ist-Kosten mit Planansätzen)	Zukunftsorientiert	×	×
Plankosten (zukunftsorientierte, geplante Kosten mit Vorgabecharakter)		×	×

A. Wesensunterschiede von Vollkostenrechnung und Teilkostenrechnung

Es soll noch einmal darauf hingewiesen werden, daß die Vollkostenrechnung und Teilkostenrechnung sich nicht im **Kostenbegriff** und in der **Kostenerfassung** unterscheiden, sondern erst bei der **Verteilung** der Kosten auf die Kostenträger. Die Teilkostenrechnungsverfahren verzichten weitgehend auf eine Schlüsselung und Verteilung von Gemeinkosten und fixen Kosten, während die Vollkostenrechnung vor allem dadurch gekennzeichnet ist, daß sie alle Kosten (deshalb Vollkostenrechnung), die im Unternehmen anfallen, in ihrer vollen Höhe auf die Kostenträger verteilt. Durch die Verteilung sämtlicher Kosten auf die Kostenträger verstößt die Vollkostenrechnung in mehrfacher Weise gegen das sogenannte Verursachungsprinzip:

– Es werden fixe Kosten auf die Leistungseinheiten mit Hilfe von Zuschlagssätzen verteilt und damit proportionalisiert.
– Die Vollkostenrechnung ordnet die Gemeinkosten den Einzelkosten proportional zu.
– Gemeinkosten, die für mehrere Leistungsarten gemeinsam anfallen, werden auf die einzelnen Leistungsarten aufgeschlüsselt.

Beispiel der Vollkostenrechnung:

	Produkt 1	Produkt 2	Produkt 3	Gesamt
Erlöse	50000	30000	20000	100000
·/. Vollkosten	40000	24000	16000	80000
Erfolg/Gewinn	10000	6000	4000	20000

Infolge der technischen und wirtschaftlichen Entwicklung sind aber heute in vielen Betrieben die Voraussetzungen für eine sinnvolle Anwendung der Vollkostenrechnung nicht mehr gegeben. Die Gemeinkostenlast der Unternehmen steigt ständig und macht in einigen Branchen bereits ein Vielfaches der Einzelkosten aus, wodurch eine verursachungsgerechte Verrechnung sämtlicher in der Unternehmung anfallenden Kosten auf die Betriebsprodukte und -leistungen, insbesondere bei Anwendung der Zuschlagskalkulation immer fragwürdiger wird. Für große Teile der Gemeinkosten lassen sich keine sinnvollen und/oder wirtschaftlichen Verteilungsschlüssel finden, die auch nur annähernd dem Kostenverursachungsprinzip entsprechen. Durch die willkürliche Schlüsselung und Weiterverrechnung von Gemeinkosten wird das Verursachungsprinzip verletzt. Wenn es teilweise im Fertigungsbereich durch Maschinenstundensätze gelungen ist, eine wenigstens annähernde, verursachungsgerechte Verteilung der Gemeinkosten zu ermöglichen, führt die herkömmliche Zuschlagsbasis Herstellkosten bei den Verwaltungs- und Vertriebsgemeinkosten zu einer willkürlichen Verrechnung. Auch die Bezugsgrößenkalkulation liefert nur teilweise Lösungsansätze.

Im Gegensatz zur Vollkostenrechnung verzichten die neueren Kostenrechnungsverfahren auf die Ermittlung von Gewinnen für den einzelnen Kostenträger. Es werden lediglich stück- oder periodenbezogene Deckungsbeiträge ermittelt, dadurch wird der grundsätzliche Fehler der Vollkostenrechnung vermieden, die glaubt, daß jedem verkauften Stück auch ein Gewinn oder Verlust zugerechnet werden kann. Entscheidend für die Erfolgsermittlung ist aber der Deckungsbeitrag, den der Artikel nach Deckung seiner variablen bzw. Einzelkosten zur Fixkostenlast bzw. Gemeinkostenlast des Unternehmens beiträgt. Solange ein Produkt zu einem Preis über den Grenzkosten absetzbar ist, trägt es zur Fixkostendeckung und damit zur Verbesserung des Betriebsergebnisses bei. Würde man es aus dem Produktionsprogramm streichen, müßte die Fixkostenlast von den verbliebenen Artikeln allein getragen werden.

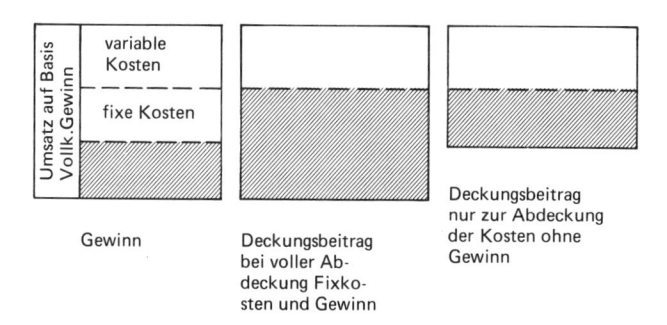

Abb. 26 Zusammenhänge Umsatz-Gewinn-Deckungsbeitrag

Die folgende Abbildung soll verdeutlichen, daß Deckungsbeitrag nicht gleich Gewinn ist, sondern die einzelnen Deckungsbeiträge zur Abdeckung der Gemeinkostenlast des Unternehmens beitragen.

3. Kapitel: Vollkostenrechnung oder Teilkostenrechnung? 633

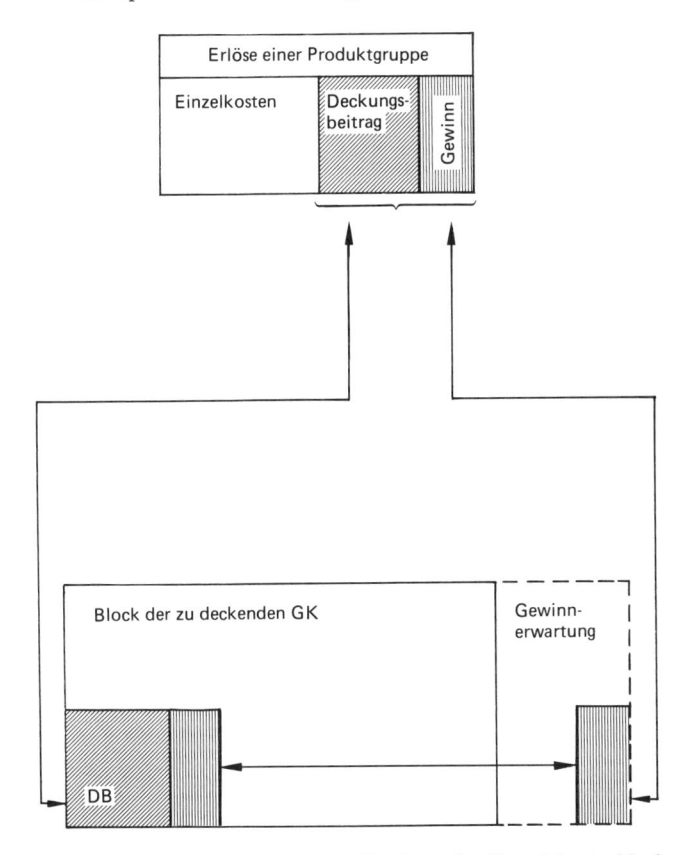

Abb. 27 Der Anteil des Deckungsbeitrages zur Deckung des Gemeinkostenblocks

Formen der Teilkostenrechnung

Die Teilkostenrechnung beruht auf der Überlegung, daß den Kostenträgern nur Teile der Gesamtkosten (die tatsächlich verursachungsgerecht zuordenbaren Kosten) zugeordnet werden können. Die verbleibenden Kosten (Fix- und/oder Gemeinkostenblock) müssen letztlich von den Erlösen aller Kostenträger gedeckt werden.

Die zentrale Größe aller Teilkostenrechnungsverfahren ist der **Deckungsbeitrag**.

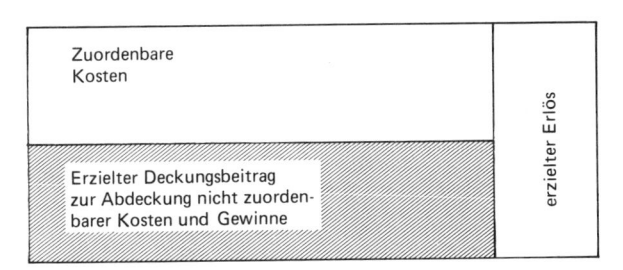

Abb. 28 Der Deckungsbeitrag als zentrale Größe in der Teilkostenrechnung

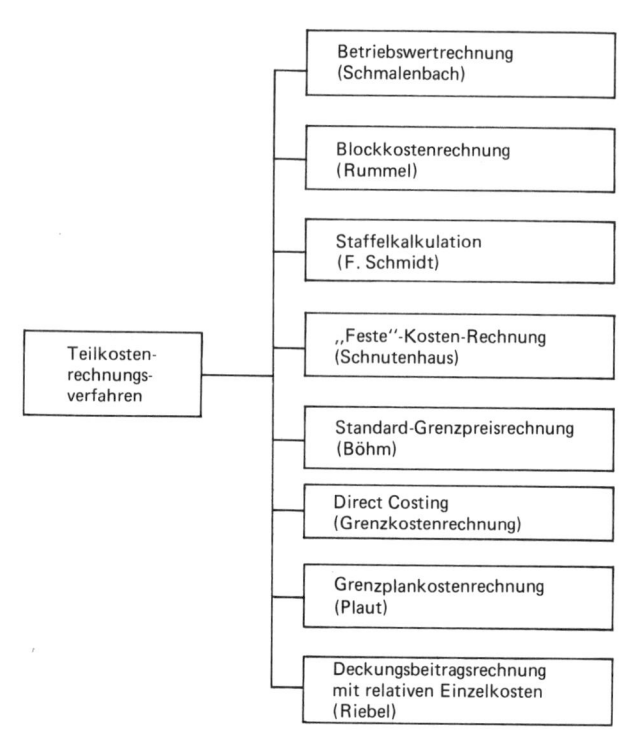

Folgende Teilkostenrechnungsverfahren wurden im Laufe der Zeit entwickelt:

```
                          ┌─ Betriebswertrechnung
                          │  (Schmalenbach)
                          │
                          ├─ Blockkostenrechnung
                          │  (Rummel)
                          │
                          ├─ Staffelkalkulation
                          │  (F. Schmidt)
                          │
   Teilkosten-            ├─ „Feste"-Kosten-Rechnung
   rechnungs- ────────────┤  (Schnutenhaus)
   verfahren              │
                          ├─ Standard-Grenzpreisrechnung
                          │  (Böhm)
                          │
                          ├─ Direct Costing
                          │  (Grenzkostenrechnung)
                          │
                          ├─ Grenzplankostenrechnung
                          │  (Plaut)
                          │
                          └─ Deckungsbeitragsrechnung
                             mit relativen Einzelkosten
                             (Riebel)
```

Abb. 29 Teilkostenrechnungsverfahren

Wenn man die Wesensunterschiede dieser verschiedenen Verfahren untersucht, stellt man fest, daß es im wesentlichen nur noch zwei vielleicht verschiedene Systeme der Teilkostenrechnung gibt; d.h., die Teilkostenrechnung läßt sich im wesentlichen auf zwei Grundvariationen zurückführen:

Auf die **Deckungsbeitragsrechnung mit relativen Einzelkosten** (Einzelkostenrechnung) und

die **Grenzkostenrechnung** (Direct Costing)

3. Kapitel: Vollkostenrechnung oder Teilkostenrechnung?

```
                    Teilkostenrechnung
                   /                  \
        Einzelkosten-              Grenzkosten-
        rechnung                   rechnung
                                   (Direct Costing)*
```

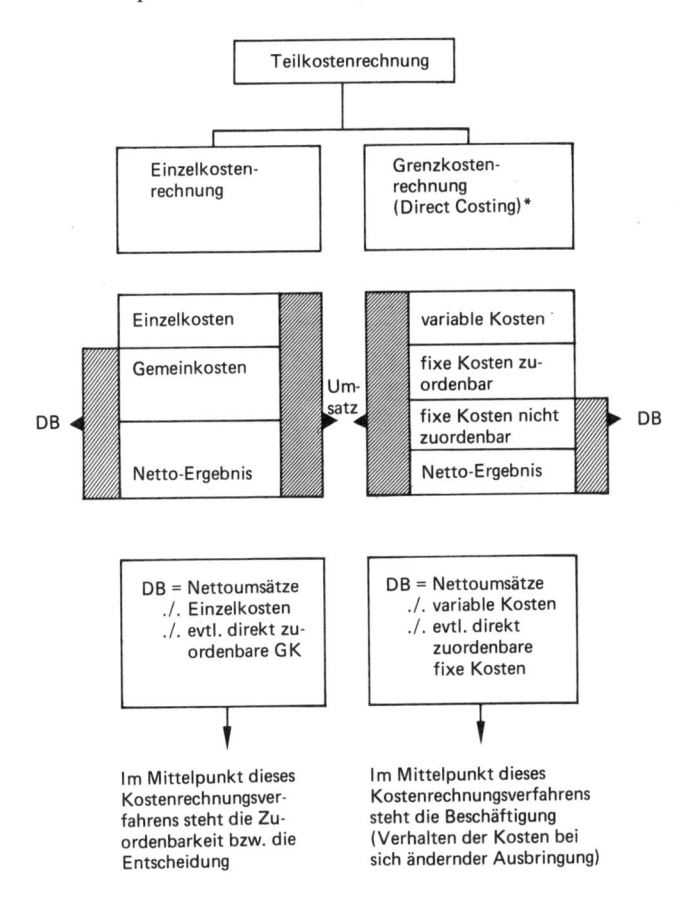

	Einzelkosten		variable Kosten	
DB ←	Gemeinkosten	Um-satz	fixe Kosten zuordenbar	→ DB
			fixe Kosten nicht zuordenbar	
	Netto-Ergebnis		Netto-Ergebnis	

DB = Nettoumsätze ./. Einzelkosten ./. evtl. direkt zuordenbare GK	DB = Nettoumsätze ./. variable Kosten ./. evtl. direkt zuordenbare fixe Kosten
↓	↓
Im Mittelpunkt dieses Kostenrechnungsverfahrens steht die Zuordenbarkeit bzw. die Entscheidung	Im Mittelpunkt dieses Kostenrechnungsverfahrens steht die Beschäftigung (Verhalten der Kosten bei sich ändernder Ausbringung)

*) im Deutschen fälschlich übersetzt!

Abb. 30 Unterschiede Einzelkostenrechnung – Grenzkostenrechnung

Grundschema der Teilkostenrechnung

Einzelkostenrechnung	Grenzkostenrechnung
Brutto-Erlöse	Brutto-Erlöse
·/. Erlösschmälerungen (Rabatte, Skonto, Boni usw.)	·/. Erlösschmälerungen (Rabatte, Skonto, Boni usw.)
= Netto-Erlöse	= Netto-Erlöse
·/. Einzelkosten (z.B. Materialeinzelkosten, Vertriebseinzelkosten)	·/. var. Kosten (Fertigungslöhne, Material)
DB I	DB I
·/. direkt zuordenbare GK (z.B. direkte Vertriebs- und Marketingkosten)	·/. zuordenbare Fixkosten (z.B. Gehalt, Produkt-Produktmanagement)
DB II	DB II

Abb. 31 Grundsätzlicher Aufbau Teilkostenrechnung.

B. Die Grenzkostenrechnung (Direct Costing)

Wichtigstes Merkmal der Grenzkostenrechnung ist die Trennung der Kosten in beschäftigungsfixe und beschäftigungsproportionale Bestandteile. Bei der Grenzkostenrechnung unterscheidet man zwei Verfahren:
- Grenzkostenrechnung mit summarischer Fixkostendeckung (einstufiges Direct Costing)
- Grenzkostenrechnung mit stufenweiser Fixkostendeckung (mehrstufiges Direct Costing).

Während das **einstufige Direct Costing** auf jegliche Verrechnung fixer Kosten auf die Kostenträger verzichtet, versucht das **mehrstufige Direct Costing** eine Aufspaltung des Fixkostenblockes. Die folgenden beiden Beispiele sollen die Unterschiede verdeutlichen:

Beispiel zum einstufigen Direct Costing

	Produkt 1	Produkt 2	Produkt 3	Gesamt
Erlöse ·/. variable Kosten	50000 20000	30000 25000	20000 5000	100000 50000
Deckungsbeitrag ·/. fixe Kosten	30000	5000	15000	50000 30000
Erfolg				20000

Abb. 32 Einstufiges Direct Costing

Beispiel zum mehrstufigen Direct Costing

	Produkt 1	Produkt 2	Produkt 3	Gesamt
Erlöse	50 000	30 000	20 000	100 000
./. variable Kosten	20 000	25 000	5 000	50 000
Erzeugnisdeckungs-beitrag	30 000	5 000	15 000	50 000
./. Erzeugnisfixkosten	2 500	1 000	1 500	5 000
Restdeckungsbeitrag I	27 500	4 000	13 500	45 000
./. Erzeugnisgruppen-fixkosten		7 000	3 000	10 000
Restdeckungsbeitrag II	27 500		7 500	35 000
./. Kostenstellen-fixkosten	2 000		1 000	3 000
Restdeckungsbeitrag III	25 500		6 500	32 000
./. Bereichsfixkosten	1 500		500	2 000
Restdeckungsbeitrag IV	24 000		6 000	30 000
./. Unternehmens-Fixkosten		10 000		10 000
Erfolg		20 000		20 000

Abb. 33 Mehrstufiges Direct Costing

C. Die Einzelkostenrechnung

Während das **Direct Costing** die Beschäftigungsschwankungen als Kosteneinflußgröße in den Mittelpunkt stellt, ist die **Einzelkostenrechnung** dadurch gekennzeichnet, daß sie nicht in fixe und variable Kosten trennt, sondern in Einzelkosten (direkte Kosten) und Gemeinkosten (indirekte Kosten).

Es stehen also nicht Beschäftigungsgradänderungen im Mittelpunkt, sondern es wird untersucht, in wieweit die Kosten den Kostenträgern/Kostenstellen zugeordnet werden können. Riebel führt zusätzlich den Begriff der „relativen Einzelkosten" ein, um die Kosten dem jeweiligen Entscheidungstatbestand zurechnen zu können. Relative Einzelkosten sind die dem jeweiligen Entscheidungstatbestand direkt zurechenbaren Kosten.

D. Die Mängel der Vollkostenrechnung

In der traditionellen Vollkostenrechnung werden, wie wir gesehen haben, nicht nur jene Kosten den Aufträgen zugeordnet, die direkt von ihnen verursacht werden, sondern auch die **Fixkosten**. Eine Zuordnung von Fixkosten ist aber nur durch mehr oder weniger willkürliche Zurechnungsschlüssel möglich.

Durch diese willkürliche Schlüsselung und Weiterverrechnung wird das Kostenverursachungsprinzip verletzt. Die anscheinend erreichte Genauigkeit ist eine Illusion.

	Produkt 1	Produkt 2	Produkt 3	Bezugs-ebene
Erlöse ./. Kostenträger-einzelkosten	50 000 30 000	30 000 20 000	20 000 10 000	I
Deckungsbeitrag I ./. Kostenträger-gruppeneinzelkosten	20 000	10 000 10 000	10 000 5 000	II
Deckungsbeitrag II ./. Unternehmens-einzelkosten		20 000 5000	5 000	III
Erfolg		20 000		

Abb. 34 Beispiel zur Einzelkostenrechnung

Man verwischt Fixkosten und variable Kosten, wodurch sie ihre Aussagekraft verlieren. Fixkosten können selten einzelnen Aufträgen zugeordnet werden, meist nur der gesamten Produktion oder höchstens einzelnen Produktgruppen.

Wie wir schon bei der Behandlung der Zuschlagskalkulation gesehen haben, widerspricht die Zuschlagskalkulation dem Kostenverursachungsprinzip und verfälscht die Kostenstruktur, wie in dem folgenden Beispiel gezeigt werden soll:

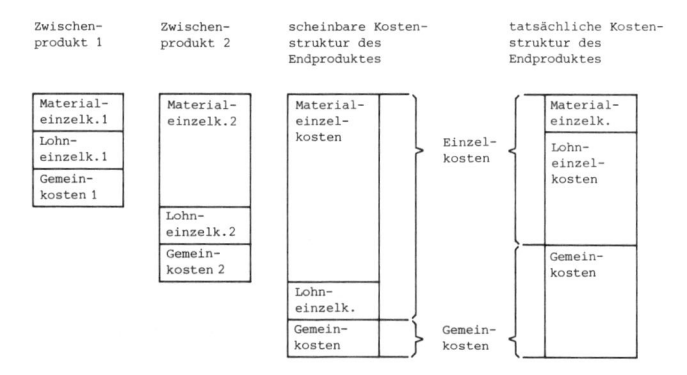

Abb. 35 Verfälschung der Kostenstruktur

Bei dieser Abbildung zeigt sich, daß die Gesamtkosten der ersten Produktionsstufe als Materialeinzelkosten der Produktionsstufe 2 in die Kalkulation eingehen. Bei mehreren Produktionsstufen gilt das analog, d.h. die Zuschlagskalkulation hat im Endergebnis Kostenbestandteile als Einzelkosten ausgewiesen, die in Wirklichkeit fixe oder variable Gemeinkosten sind.

Im Gegensatz zur Vollkostenrechnung verzichten die Teilkostenrechnungsverfahren auf die Ermittlung von Gewinnen für die einzelnen Kostenträger. Es werden lediglich

3. Kapitel: Vollkostenrechnung oder Teilkostenrechnung? 639

stück- oder periodenbezogene Deckungsbeiträge ermittelt. Dadurch wird der grundsätzliche Fehler der Vollkostenrechnung vermieden, die glaubt, daß jedem verkauften Stück auch ein Gewinn oder Verlust zugerechnet werden kann. Entscheidend für die Erfolgsermittlung ist aber der Deckungsbeitrag, den der Artikel nach Deckung seiner variablen bzw. Einzelkosten zur Fixkostenlast bzw. Gemeinkostenlast des Unternehmens beiträgt. Solange ein Produkt zu einem Preis über den Grenzkosten absetzbar ist, trägt es zur Fixkostendeckung und damit zur Verbesserung des Betriebsergebnisses bei. Würde man es aus dem Produktionsprogramm streichen, müßte die Fixkostenlast von den verbliebenen Artikeln allein getragen werden.

Daß die Erfolgsermittlung auf der Basis von Vollkosten unter Umständen zu falschen Schlüssen führen kann, soll das folgende Beispiel verdeutlichen:[1]

Produkte	Umsatzerlös	Kosten	Gewinn	Rangfolge
			nach Vollkostenrechnung	
1	170755	187144	−16389	7
2	285177	243876	41301	3
3	80076	78102	1974	5
4	450103	398978	51125	2
5	625554	545107	80447	1
6	102078	103077	− 999	6
7	300148	287606	12542	4

Produkte	Umsatzerlös	Grenzkosten	Deckungsbeitrag	Rangfolge
			nach Teilkostenrechnung	
1	170755	148403	22352	5
2	285177	208701	76476	4
3	80078	65101	14975	7
4	450103	270065	180038	1
5	625554	490108	135441	2
6	102078	85005	17073	6
7	300148	215109	85039	3

Abb. 36 Sortimentserfolgsermittlung nach Vollkostenrechnung und nach Teilkostenrechnung

Auch das nächste Beispiel zeigt, daß die Vollkostenrechnung keine Aussage darüber macht, in welcher Höhe sich die Artikel am Unternehmensergebnis beteiligen. Streicht man aufgrund von Vollkostenergebnissen Artikel aus dem Produktionsprogramm, so kann das unter Umständen für das Unternehmen schwerwiegende Folgen haben:[2]

---

[1] Entn.: Bussmann K.: Industrielles Rechnungswesen, Stuttgart 1963 S. 135
[2] Entn.: Gretz W.: Deckungsbeitragsrechnung als Grundlage gewinnorientierter Entscheidungen, in: RKW/AWV Fachinformationen Okt. 68 S. 2

Ein Unternehmen produziert die Produktgruppen A, B und C und ermittelt im Rahmen der Vollkostenrechnung folgende Werte (in 1000 DM):

	A	B	C	insg.
1. Erlöse	200	510	370	1080
2. Gesamtkosten	198	429	389	1016
3. Ergebnis	2	81	./. 19	64

Hätte man das „verlustbringende" Produkt vor Beginn der Rechnungsperiode aufgegeben, wäre – auch nach der Vollkostenrechnung – ein negatives Unternehmensergebnis die Folge gewesen, wie das nächste Beispiel zeigt.

	A	B	C	insg.
1. Erlöse	200	510		710
2. Gesamtkosten	240	511		751
3. Ergebnis	./. 40	./. 1		./. 41

Die Teilkostenrechnung wertet den Produkterfolg richtig:

	A	B	C	insg.
1. Erlöse	200	510	370	1080
2. Proportionale Kosten	150	415	265	830
3. Deckungsbeitrag (Produkterfolg)	50	95	105	250
4. Fixe Kosten	–	–	–	186
5. Ergebnis	–	–	–	64

Mit Hilfe der Teilkostenrechnung läßt sich feststellen, welchen Beitrag der Artikelerfolg zum Gesamterfolg leistet.

Abb. 37 Ermittlung des Artikelerfolgsbeitrages zum Gesamterfolg (Mängel der Vollkostenrechnung)

Die Vollkostenrechnung kann auch die folgenden Fragen nicht ausreichend beantworten:
- Wie wirkt sich die Annahme eines zusätzlichen Auftrages aus?
- In welcher Reihenfolge sollte man künftig die einzelnen Artikel fördern?
- Sollten einzelne Artikel oder Arbeitsgänge künftig eigengefertigt oder fremdbezogen werden?

Ein weiteres Beispiel soll das verdeutlichen:[1]

---

[1] Gretz W.: a.a.O., S. 1f.

3. Kapitel: Vollkostenrechnung oder Teilkostenrechnung? 641

Die Unternehmensführung steht z. B. vor der Alternative, einen zusätzlichen Auftrag des Produktes A über 20 000 DM anzunehmen oder abzulehnen. Das Vollkostenprinzip ergibt folgende Rechnung:

Erlös	20 000 DM
vorkalkulierte Vollkosten	22 000 DM
Ergebnis	./. 2 000 DM

Der Auftrag wäre demnach ein Verlustgeschäft von 2000 DM und daher abzulehnen. Nach dem Prinzip der Teilkostenrechnung sieht die Rechnung so aus:

Erlös	20 000 DM
proportionale Kosten	10 000 DM
Deckungsbeitrag	10 000 DM

Die Firma nimmt den Auftrag an. Daß diese Entscheidung richtig war, zeigt folgende Rechnung:

a) Nettoerlöse nach Durchführung des Auftrages insges.	620 000 DM
b) Gesamtkosten nach Durchführung des Auftrages	615 000 DM
c) Gewinn nach Annahme des Auftrages	5 000 DM
d) ./. Deckungsbeitrag des Auftrages	10 000 DM
e) Gewinn vor Annahme des Auftrages	./. 5 000 DM

Die Hereinnahme des Auftrages brachte einen zusätzlichen Deckungsbeitrag, der hier nicht nur die restlichen Fixkosten der Periode deckt, sondern in Höhe von 5000 DM zum Gewinn der Rechnungsperiode beiträgt. Die Höhe des Deckungsbeitrages entscheidet bei Unterbeschäftigung über die Annahme eines zusätzlichen Auftrags.

Abb. 38 Beispiel zur Frage: Soll der zusätzliche Auftrag angenommen werden?

E. Der Informationsgehalt der Teilkostenrechnung an Beispielen

Hauptaufgabe der Teilkostenrechnung besteht im Zurverfügungstellen aussagefähiger Entscheidungsgrundlagen. Neben den Zusatzinformationen, die wir bereits aus dem Vergleich Vollkostenrechnung und Teilkostenrechnung gesehen haben, stellt die Teilkostenrechnung noch eine Reihe weiterer Informationen zur Verfügung, z. B. die Frage, in welcher Reihenfolge soll man die einzelnen Artikel fördern?

	A	B	C	insges.
1. Deckungsbeitrag (in 1000 DM)	50	95	105	250
2. Durchlaufzeit durch Engpaßkostenstelle, z. B. „Dreherei" in 100 Std.	12,5	28,5	36	–
3. Deckungsbeitrag (in 1000 DM) / Durchlaufzeit durch Engpaßkostenstelle	$\frac{50}{12,5}=4$	$\frac{95}{28,5}=3,3$	$\frac{105}{36}=2,9$	–
4. Reihenfolge der Förderungswürdigkeit	1	2	3	

Abb. 39 Beispiel zur Frage: In welcher Reihenfolge soll man die einzelnen Artikel fördern?[1]

---

[1]) Entn.: Gretz W.: a. a. O. S. 1 f.

Ist die Produktion ausgelastet und gibt es an einem oder mehreren Teilen der Fertigung Engpässe, so ist dasjenige Produkt am günstigsten, das je Einheit des Engpasses den höchsten Deckungsbeitrag bringt. Während bei Engpaßsituationen gewöhnlich der Deckungsbeitrag je Kapazitätsstunde die maßgebliche Prioritätskennzahl ist (der als Kennzahl bei der Verkaufsprogrammplanung mit herangezogen werden sollte), bildet in Zeiten der Unterbeschäftigung der Deckungsbeitrag je Stück oder je Auftrag die Richtungskennzahl.

Auch die Frage, ob man in Zukunft bestimmte Leistungen vielleicht besser im eigenen Unternehmen erbringen sollte, kann von der Vollkostenrechnung auf der Basis von Ist-Kosten nicht ausreichend beantwortet werden. Bei unausgelasteter Kapazität dürfen die fixen Kosten nicht berücksichtigt werden. Man darf hier nicht die Vollkosten mit dem Angebot des Fremdbezugs vergleichen, sondern nur die variablen Kosten dem Angebotspreis gegenüberstellen. Nur wenn dieser niedriger als die Grenzkosten der eigenen Erzeugung ist, darf bei freier Kapazität die Entscheidung für den Fremdbezug fallen. Nur die Teilkostenrechnung ermöglicht auch eine objektive Beurteilung der Ertragskraft einzelner Sparten oder Produktgruppen.

Besonders wichtige Informationen stellt die Teilkostenrechnung dann zur Verfügung, wenn es in wirtschaftlich schwierigen Zeiten für das Unternehmen erforderlich sein kann, auf eine volle Kostendeckung zu verzichten. Die exakte Kenntnis von **Preisuntergrenzen** liefert zusätzliche Informationen, die preispolitische Entscheidungen beeinflußen können. Bei angenommen elastischem Markt könnte durch preispolitische Zugeständnisse auf Basis von Preisuntergrenzen der Beschäftigungsgrad unter Umständen erhöht werden. Auf lange Sicht darf man aber die Erzielung vollkostendeckender Preise trotzdem nicht aus dem Auge verlieren. Teilkostenüberlegungen können immer nur kurzfristig und für Einzelprobleme angestellt werden. Auf lange Sicht müssen sämtliche Kosten, also auch die Fixkosten gedeckt werden, will das Unternehmen nicht einen Substanzverzehr hinnehmen. Jeder Unternehmer muß sich außerdem darüber im klaren sein, daß ein niedriges Preisniveau, das aufgrund von Teilkostenüberlegungen entstanden ist, nicht ohne weiteres wieder auf Vollkostenhöhe angehoben werden kann. Problematisch bei den Teilkostenrechnungsverfahren ist außerdem, daß die geltenden Steuervorschriften noch immer eine Bewertung der Halb- und Fertigerzeugnisse zu Vollkosten vorsehen. Durch entsprechende Sonderrechnungen und parallel durchgeführte Vollkostenrechnungen können diese Informationen aber beschafft werden.

Daneben gibt es noch eine Reihe von Alternativlösungen, die die Teilkostenrechnung vorzubereiten hilft. U.a.:

- Auftragsauswahl
- Kauf oder Miete/Leasing
- Anschaffung zusätzlicher Lkw's (Eigenfuhrpark) oder verstärkte Inanspruchnahme von Speditionen (Fremdfuhrpark).
- Alternative fest angestellte Reisende oder selbständige Handelsvertreter.

Mit diesen wenigen Beispielen, die beliebig vermehrt werden können, sollte gezeigt werden:

1. Die Teilkostenrechnung ist unerläßliches Instrumentarium des unternehmerischen Entscheidungsprozesses.

3. Kapitel: Vollkostenrechnung oder Teilkostenrechnung?

2. Nur eine aussagefähige Teilkostenrechnung ist für die Steuerung und Kontrolle des Unternehmens zielführend.
3. Die Fehler der Vollkostenrechnung (durch willkürliche Zurechnung der Fixkosten auf den Kostenträger) werden in der Teilkostenrechnung vermieden.
4. Die DB-Rechnung ermöglicht eine aussagefähige Preisbildung.
5. Die Teilkostenrechnung ermöglicht eine echte Kostenkontrolle.
6. Die DB-Rechnung sichert eine erfolgsorientierte Programm- und Sortimentbeurteilung des Unternehmens.

Die folgende Übersicht, in der mögliche Ziele hinsichtlich des Informationsgrades im Vergleich zwischen Voll- oder Teilkostenrechnung untersucht werden, soll zusammengefaßt zeigen, daß die Teilkostenrechnung einen wesentlich höheren Informationsgehalt hat:

Funktionen	Kostenrechnungsverfahren	VKR	TKR
Grundfunktionen	Teilfunktionen		
Ermittlungsfunktion (Darstellungsrechnung)	Hauptziele		
	– Erfolgsermittlung	x	xx
	– Gesamterfolg	xx	xx
	– Stückerfolg	x	xx
	– Erfolge der Gruppen, Bereiche, Kostenträger und Kostenstellen	x	xx
	– Preisentscheidungen	x	xx
	– vollkostendeckende Angebotspreisermittlung	xx	x
	– Preisuntergrenzen	x	xx
	Nebenziele		
	– Wahl des Fertigungsverfahrens	x	xx
	– Eigen- oder Fremdfertigung	x	xx
	– Preisobergrenze für Beschaffungsgüter	x	xx
	– Verrechnungspreise	xx	xx
	– Bemessung von Lizenzgebühren	x	xx
	– Prüfung vom Investitionsvorhaben	x	xx
	– Inventurwerte für Handelsbilanz	xx	xx
	– Inventurwerte für Steuerbilanz	xx	x
	– Wertverluste bei Schadensersatzforderungen	xx	x
	– Feststellen des Versicherungswertes beim Abschluß von Versicherungsverträgen	xx	x
	– Beantwortung von Behördenanfragen	xx	x
	– Daten für Betriebsvergleiche	xx	xx

Funktionen		Kostenrechnungsverfahren	VKR	TKR
Grundfunktionen	Teilfunktionen			
Prognose/ Vorgabefunktion (Planungsrechnung)	Hauptziele – Betriebsdisposition und Betriebspolitik		x	xx
	– Planung des optimalen Fertigungsprogramms (Sortimentspolitik)		x	xx
	– Planung des Fertigungsprozesses (Fertigungstiefe, Arbeitsverteilung Maschinenbelegung, Lagerhaltung, Losgröße)		x	xx
	– Kapazitätsplanung (Mehrschichtbetrieb, Überstunden, Kapazitätsausweitung)		x	xx
	– Sollgrößen für die Kostenvorgabe		x	xx
	– Einsatz der Werbung (Werbemittel, Werbeträger) und Wahl des Absatzverfahrens (Vertriebsorganisation, Vertriebswege)		x	xx
	Nebenziele – Eigenerstellung und Fremdbezug		x	xx
	– Investitionspolitik		x	xx
	– Gestaltung des Beschaffungsverfahrens (z. B. Beschaffungswege)		x	xx
Kontrollfunktion (Kontrollrechnung)	Hauptziele – Kontrolle des Betriebsgebarens		x	xx
	– Kostenanalyse		x	xx
	– Finden von Ansatzpunkten zur Kostensenkung		x	xx
	– Preiskontrolle		x	xx
	– Überprüfung von Investitionsvorhaben		x	xx
	– Überprüfung von Losgrößen in Beschaffung und Fertigung		x	xx
	Nebenziele – Beurteilung, ob Lohnerhöhungen für das Unternehmen tragbar sind		xx	xx
	– Überprüfung der Vertretertätigkeit		x	xx
xx = geeignet zur Zielerreichung VKR = Vollkostenrechnung x = weniger geeignet zur TKR = Teilkostenrechnung Zielerreichung				

Abb. 40 Übersicht der durch die Teilkostenrechnung zur Verfügung gestellten Zusatzinformationen

4. Kapitel:
Die Planungsaufgabe der Kostenrechnung

Ergänzt werden sollte die Deckungsbeitragsrechnung mit einer **prospektiven Betrachtungsweise**. Denn eine echte Kostenkontrolle ist nur mittels einer Plankostenrechnung möglich. Die Kostenkontrolle ist mit einer Istkostenrechnung nicht möglich, weil

- sich nicht ohne weiteres erkennen läßt, ob Kostenabweichungen auf Beschäftigungs-, Preis- oder Mengenveränderungen zurückzuführen sind und
- in den vergangenheitsorientierten Istkosten die Unwirtschaftlichkeiten und Zufallsergebnisse vergangener Perioden enthalten sind. Es kann in der Istkostenrechnung nur gezeigt werden, wie sich die Kosten im Vergleich zu früheren Perioden entwickelt haben, nicht aber, ob wirtschaftlich gearbeitet wurde (man vergleicht Schlendrian mit Schlendrian lt. Schmalenbach).

Deshalb sollte die Teilkostenrechnung zur **Plankostenrechnung** ausgebaut werden, um echte Kontrollinformationen zu erhalten. Erst durch eine bewußte Zielsetzung durch ein auf Planung aufgebautes Kostenrechnungssystem wird eine echte Kostensteuerung möglich. Es kann hier nicht auf alle Arbeitsschritte bei der Plankostenrechnung eingegangen werden. Im Mittelpunkt stehen aber zweifelsohne drei Arbeitsgänge:

- Die Ermittlung und Vorgabe der Plankosten
- Der Soll-Ist-Vergleich
- Die Abweichungsanalyse

Im folgenden soll auf diese drei großen Arbeitsschritte näher eingegangen werden.

A. Die Ermittlung und Vorgabe der Plankosten (Kostenplanung)

Planung ist nicht Wahrsagen, sondern ist das analytische Abwägen von Notwendigkeiten und Möglichkeiten zur Erreichung bestimmter Zielvorstellungen. Planen heißt systematisches Suchen nach Alternativen und Entscheidungskriterien.

Drei große Fragen stehen beim Planungsprozeß im Mittelpunkt:
- **Wer** plant und trägt hierfür die Verantwortung?
- **Wie** wird geplant?
- **Was** wird geplant?

Wer plant und trägt hierfür die Verantwortung? Neben den Mitarbeitern der Planungsabteilung (wenn es eine Planungsabteilung im Unternehmen gibt, sonst Mitarbeiter z.B. des betrieblichen Rechnungswesens, der Controller usw.) **grundsätzlich** immer diejenigen, die den Plan später zu erfüllen haben. D.h. der Personenkreis, der später auch zur Verantwortung gezogen wird. Die Beachtung dieses Grundsatzes erleichtert eine Kostensteuerung, denn die verantwortlichen Bereichsleiter (Abteilungsleiter, Kostenstellenleiter) kennen ihr Fachgebiet und die tatsächlich realen Möglichkeiten. Sie sind mit den zu lösenden Problemen meist besser vertraut und ihr Urteil bietet eine sachliche Basis, die allerdings allein nicht ausreicht. Hinzukommen muß der höhere Informationsgrad der Planungsbevollmächtigten und deren meist höherer Objektivitätsgrad. Besonders die Objektivität ist bei den Kostenstelleninhabern nicht immer gegeben. Die Kostenvorgaben dürfen deshalb nie allein von Kostenstelleninhabern ermittelt werden! Das würde oft nur den Kostenstelleninteressen zugute kommen, nicht aber den allgemeinen Unternehmenszielen. Andererseits darf die Planung und Vorgabe von Kosten nicht ohne Mitarbeit und Zustimmung des Kostenstelleninhabers erfolgen.

Verantwortung kann nur übernommen werden, wenn man über den Grad der zu übernehmenden Verantwortung informiert wird und wenn man nach der direkten Auseinandersetzung mit dem Planenden auch bereit ist, Verantwortung zu tragen. Eine **Kostenvorgabe**, von der der Kostenstelleninhaber genau weiß, daß sie objektiv unerreichbar ist, kann auch durch sofortige Korrekturmaßnahmen und bei den ersten Abweichungen nicht eingehalten werden. Es gilt bei der Ermittlung und Vorgabe von Plankosten, die Informationen der „Planenden" und die Informationen der „Geplanten" gemeinsam zu er- und verarbeiten.

Wie wird geplant? Hier wird die Frage angeschnitten, nach welcher Methode geplant wird. Welche geeigneten Kennziffern und Bewertungsmaßstäbe gibt es? Wie detailliert muß die Planung sein und welche Darstellungsform ist erforderlich? Es kommt hierbei sehr stark auf die Struktur des jeweiligen Unternehmens an. Es gibt hier keine allgemein gültigen Richtlinien.

Was wird geplant? Die Frage nach dem, was geplant werden soll, ist die eigentliche Kernfrage. Es ist ein großer Unterschied, ob man Kosten nur in ihrer Gesamtheit plant oder ob man die Kosten detailliert bis zur kleinsten Kostenstelle erfaßt. Es gilt hierbei, sorgfältig die Kosten für den Planungsprozeß mit dem späteren Erkenntniswert der Plankostenrechnung abzuwägen. Es würde dem ökonomischen Prinzip widersprechen, wenn man z.B. für die Planung der Radiergummis in der Kostenstelle allgem. Verwaltung eine langwierige Kostenanalyse durchführen würde. Für die Kostensteuerung des Unternehmens dürfte es ziemlich belanglos sein, ob hier die Planung auf DM 100,— oder DM 200,— genau ist.

B. Der Soll-Ist-Vergleich

Wenn Plankosten ermittelt werden, so drängt sich von selbst ein laufender Vergleich geplanter und tatsächlich entstandener Kosten auf. Der **Soll-Ist-Vergleich** ist der zentrale Bereich jeder Plankostenrechnung. Er bildet die Brücke zwischen Plankosten auf der einen Seite und Istkosten auf der anderen Seite. Er läßt die Ergebnisse der „Planenden" und der „Geplanten" transparent werden. Der Soll-Ist-Vergleich gibt Auskunft darüber, ob die Ergebnisse der einzelnen Funktionsbereiche bzw. deren Stelleninhaber mit der Zielvorgabe übereinstimmen. Der Soll-Ist-Vergleich wird im allgemeinen nach folgendem Grundschema ablaufen:

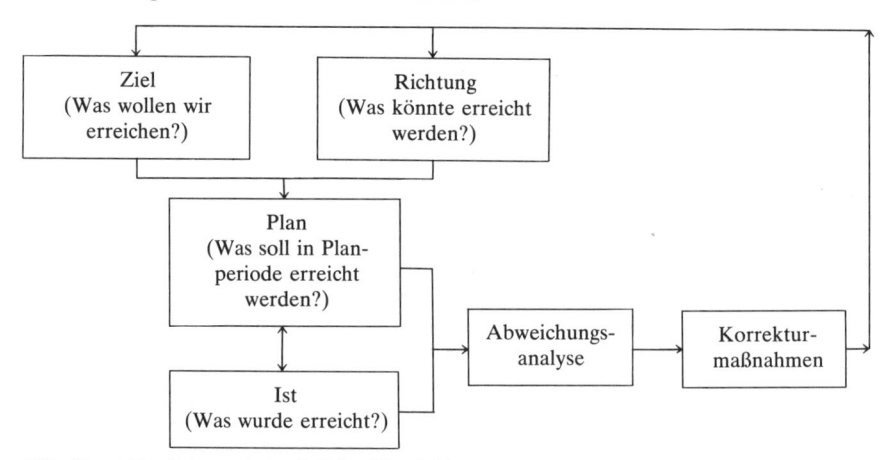

Abb. 41 Ablaufschema beim Soll-Ist-Vergleich

Der Soll-Ist-Vergleich ist zweifelsohne das wichtigste Informationsmittel für die Kontroll- und Steuerungsfunktion der Plankostenrechnung. Seine Ergebnisse müssen deshalb in regelmäßigen Zeitabständen (es werden monatliche, vierteljährliche, halbjährliche Zeitabschnitte vorgeschlagen und in der Praxis auch durchgeführt) den Leitern der Verantwortungsbereiche zugängig gemacht werden. Wann und wie die Ergebnisse des Soll-Ist-Vergleichs dem Kostenstelleninhaber oder auch der nächsthöheren Instanz mitgeteilt werden, kann von entscheidender Bedeutung dafür werden, wie ernst sowohl Unternehmungsleitung als auch der einzelne Kostenstellenleiter Kostenabweichungen nehmen. Das „Verkaufen" des Soll-Ist-Vergleichs entscheidet oft darüber, ob die Plankostenrechnung ihre Kostensteuerungsfunktion überhaupt erfüllen kann. Wenn der Soll-Ist-Vergleich keinerlei Reaktion herbeiruft, wenn er zur Gewohnheit wird, die niemand mehr besonders berührt, so hat die Plankostenrechnung ihre Berechtigung verloren.

C. Die Abweichungsanalyse

Vorab, bei Planungen treten zwangsläufig Abweichungen auf. Nicht die Höhe der Abweichung ist entscheidend, sondern der Grad der Zielerreichung! So wie es im täglichen Leben immer wieder unvorhergesehene Ereignisse gibt, die zu Veränderungen führen, so gibt es auch im Unternehmen immer wieder Unvorhergesehenes, das zu Planabweichungen führt. Aufgabe der Kostenrechnung muß es sein, veränderte Bedingungen rechtzeitig zu erkennen und die Unternehmungsleitung und die betroffenen Fachabteilungen durch die Abweichungsanalyse rechtzeitig zu informieren, um Korrekturentscheidungen herbeizuführen. Man kann im allgemeinen davon ausgehen, daß Soll = Ist eine Fiktion ist, ein erhoffter Fall, der fast nie eintreten wird. Die zum Kontrollprozeß gehörende **Abweichungsanalyse** zerfällt in folgende Arbeitsschritte:

Lfd. Nr.	Arbeitsschritte
1	Ermittlung von Richtzahlen (Meßzahlen)
2	Ableitung von Planwerten
3	Aufzeigen der Istwerte
4	Erkennen von Abweichungen (gemessen an den Planwerten)
5	Ermittlung von Abweichungsursachen
6	Definieren von Korrekturmaßnahmen
7	Abwägen der Korrekturmaßnahmen
8	Vorschlag von Korrekturlösungen
9	Herbeiführen von Entscheidungen hinsichtlich der Lösung
10	Veranlassen/Einleiten und Durchführung von Korrekturen

Abb. 42 Abweichungsanalyse

Sowohl negative als auch positive Abweichungen müssen zur Ursachenanalyse führen. Nur durch diese Analyse wird eine echte Beurteilung der Abweichung ermöglicht. Die

Ursachen für die Abweichungen können vielfältig sein:
- Sie können an einer fehlerhaften Planung (Planungsgebarung), Organisation und Durchführung liegen
- Die aufgestellten Ziele können unrealistisch gewesen sein (zu hoch, zu niedrig).
- Die Abweichungen können auf unvorhergesehenen externen Vorfällen beruhen,
- aufgrund von Rationalisierung und organisatorischen Verbesserungen entstehen,
- auf strukturelle Änderungen (Einsatz neuer Maschinen und Verfahrenstechniken) zurückzuführen sein,
- durch Änderung der Einkaufspreise und Wertansätze für Einsatzmaterialien, Fremdleistungen sowie Lohn- und Gehaltskosten entstanden sein,
- echte Mehr- oder Minderverbräuche der Menge sein.
- Die Ursache kann auch in zeitlicher Verschiebung im Kostenanfall zu suchen sein,
- auf Kontierungsfehlern beruhen, wenn z.B. die Istzahlen nicht erfaßt werden oder entsprechende Planwerte angesetzt werden,
- auf Veränderungen der Auftragszusammensetzung zurückzuführen sein.

Im allgemeinen unterscheidet man drei Hauptabweichungsarten:

a) Verbrauchsabweichungen	Sie entstehen durch den tatsächlichen Mehrverbrauch in Produktion und Verwaltung, z.B. Ausschuß, Mehrverbrauch von Büromaterial
b) Preisabweichungen	Sie entstehen durch Veränderung der Marktpreise für bestimmte Güter
c) Beschäftigungsabweichungen	Sie entstehen dadurch, daß der fixe Kostenblock durch eine höhere oder geringere Beschäftigung auf mehr oder weniger Leistung verteilt wird
Gesamtabweichung:	Verbrauchsabweichungen + Preisabweichungen + Beschäftigungsabweichungen

Abb. 43 Abweichungsarten

Je nach Art der Abweichung müssen die zutreffenden **Korrekturentscheidungen** unterschiedlich ausfallen. Es ist vor allem zu klären, wie die Abweichungen zustande gekommen sind, ob durch unrealistische Zielvorgaben, durch externe Störfaktoren (z.B. Preiserhöhung von Rohstoffen, tarifpolitische Erhöhung) oder durch mangelnde Leistung der verantwortlichen Stelleninhaber. So wird man Preisabweichungen nur in den seltensten Fällen dem Kostenstelleninhaber direkt anlasten können. Auch bei Beschäftigungsabweichungen ist genau zu prüfen, wer hierfür die Verantwortung trägt. So könnten die Ursachen beispielsweise fehlendes Material, fehlende Aufträge oder Maschinenausfälle wegen nicht ordnungsgemäß durchgeführter Wartungsarbeiten sein. Nur im letzten Fall wird man den entsprechenden Kostenstelleninhaber in der Produktion zur Veranwortung ziehen können. In den beiden ersten Fällen sind die Ursachen für die Kostenabweichung woanders zu suchen (Einkauf bzw. Verkauf). Wenn die Abweichungsursachen eindeutig geklärt sind, können sie in einem sogenannten **Abweichungsbericht** zusammengestellt werden.

Zusammenfassend sollte man folgende Gesichtspunkte bei **Abweichungsanalysen** berücksichtigen:

- Abweichungen, die einen bestimmten Standard oder bestimmte Normen überschreiten, sind zu kommentieren und zu erläutern. Allerdings sollten sich diese Erläuterungen nicht in Rechtfertigungen erschöpfen, sondern es sollten gezielte informative Hin-

4. Kapitel: Die Planungsaufgabe der Kostenrechnung

Lfd. Nr.	Abweichungsart	Informationsbezogen auf	Informations-empfänger
1	Material		
1.1	Materialpreisabweichung		
1.2	Lohnarbeitenabweichung		
1.3	Materialverbrauchsabweichung		
1.4	Materialverfahrensabweichung		
1.5	Ausschußmaterialabweichung		
2	Lohn		
2.1	Lohngruppenabweichung		
2.2	Lohnsatzabweichung (Tarif)		
2.3	Leistungsgradabweichung		
2.4	Losgrößenabweichung		
2.5	Lohnverfahrensabweichung		
2.6	Nacharbeitsabweichung		
3	Gemeinkosten		
3.1	Verbrauchsabweichung		
3.2	Intensitätsabweichung		
3.3	Beschäftigungsabweichung		
3.4	Verrechnungssatzabweichung		
4	Sonderkosten		
4.1	Typengebundene Werkzeugabweichung		
4.2	Sonstige Fertigungssonderkosten-abweichungen		

Abb. 44 Abweichungsanalyse

weise gegeben werden, wie die Zielerreichung doch noch erreicht werden könnte, d.h. konkrete Hinweise und Maßnahmen sollten enthalten sein.

• Abweichungen sollten nicht ermittelt werden, um die Schuldfrage zu klären oder Schuldige zu finden, sondern sie sollten Ausgangspunkt für neue Maßnahmen sein, sie sollen Lernprozesse induzieren. Es ist sicherlich informativ, die Höhe und die Ursachen der Abweichung zu erkennen, wesentlich wichtiger für das Unternehmen ist aber, daraus die nötigen Konsequenzen zu ziehen, um künftige Abweichungen zu verhindern.

• Soll-Ist-Vergleiche dürfen nicht zu Rechtfertigungsberichten oder Anklageschriften ausarten.

• Jeder Kostenstelleninhaber/Verantwortungsträger muß auch trotz evtl. ungünstiger Abweichungen im Soll-Ist-Vergleich die Chance haben, positiv in der Gesamtbeurteilung abzuschneiden, insbesondere wenn er sich bei der Zielerreichung tatsächlich bemüht hat und Abweichungstendenzen rechtzeitig gemeldet hat.

• Auch Abweichungsanalysegespräche dürfen nicht in Rechtfertigungsgespräche ausufern. In diesen Gesprächen sollten gemeinsam Gründe und Ursachen für die Abweichungen erarbeitet werden, sie sollten deshalb sachorientiert, nicht sanktionsorientiert sein.

• Eingriffe der Unternehmungsleitung oder einer anderen vorgesetzten Instanz sollten nur dann erfolgen, wenn die Abweichungen von den gesteckten Zielen festgelegte Bandbreiten und Toleranzgrenzen deutlich überschreiten.

• Auch Abweichungsanalysen müssen dem Kriterium der Wirtschaftlichkeit genügen. D.h. der Informationsnutzen aus einer Abweichungsanalyse muß höher sein als die Kosten für die eigentliche Abweichungsanalyse.

D. Entwicklungstendenzen

Der Trend in der betrieblichen Praxis deutet auf ein Kostenrechnungssystem hin, das bewußt als Informationsinstrument zur Unterstützung des unternehmerischen Entscheidungsprozesses angesehen wird. Teilkostenüberlegungen geben zusätzliche Entscheidungshilfen, die über den Informationsgehalt der traditionellen Vollkostenrechnung hinausgehen. Die große Aufgabe der Kostenrechnung wird heute weniger in der Ermittlungsfunktion als vielmehr in der Planungs- und Kontrollfunktion gesehen. Im Mittelpunkt des kostenrechnerischen Instrumentariums steht heute die Entscheidungsunterstützung, vor allem wie sie zur Erhöhung der Kosten-Nutzenrelation führt. Auf alle Fälle sollte man versuchen, den Informationsgehalt der Kostenrechnung dadurch zu erhöhen, daß man die Kostenstrukturen sichtbar macht. Der Trend geht eindeutig in diese Richtung, d. h. man möchte vor allem sehen, wie sich die Kosten pro Kostenträger, unterteilt nach variablen und fixen Kosten zusammensetzen.

Literaturverzeichnis

Bestmann/Preißler: Übungsbuch zur Betriebswirtschaftslehre, München 1991.
Buggert, W.: Technik der Kosten- und Leistungsrechnung, Darmstadt 1975.
Bussmann, K. F.: Industrielles Rechnungswesen, Stuttgart 1968.
Dörrie U./Kicherer H.:/Preißler P.: Die Kostenrechnung eines kunststoffverarbeitenden Unternehmens als Informationsbasis für produktions- und absatzwirtschaftliche Entscheidungen, in: Erfolgskontrolle im Marketing, Berlin 1975.
Haberstock, L.: Kostenrechnung 1, Wiesbaden 1976.
Heinen, E.: Industriebetriebslehre, München 1972.
Hoepfner/Preißler: Praxis der Betriebsabrechnung, Würzburg 1980.
Hummel, S./Männel, W.: Kostenrechnung 1, Wiesbaden 1978.
Pfeiffer, W./Preißler, P.: Der Erkenntniswert der Kostenrechnung, in: Erfolgskontrolle im Marketing, Berlin 1975.
Preißler, P./Dörrie, U.: Intensivkurs für Führungskräfte. Band 1: Grundlagen der Kosten- und Leistungsrechnung, 4. Auflage, München 1991.
Preißler, P.: Checklist: Operatives Controlling, 3. Auflage, München 1990.
Preißler, P.: Controlling, Lehrbuch und Intensivkurs, 4. Auflage, München 1991.
Stehle/Sanwald: Grundriß der industriellen Kosten- und Leistungsrechnung 1973.

Zweiter Abschnitt:
Bilanzen

1. Kapitel:
Betriebswirtschaftliche Grundlagen

A. Bilanzen als Informationsinstrument der Unternehmung

I. Wesen und Aufgaben

1. Begriff Bilanz

Das Wort „**Bilanz**" leitet sich etymologisch aus dem Lateinischen ab. Es bedeutet soviel wie eine gleichgewichtige zweischalige Waage. Auf wirtschaftliche und insbesondere betriebswirtschaftliche Verhältnisse übertragen bedeutet **Bilanz** eine **Gleichgewichtigkeit verschiedener Wertpositionen**. Man bezeichnet die beiden Seiten generell mit den Begriffen **Aktiva** und **Passiva**. Unternehmen (und auch Haushalte) verfügen für ihr wirtschaftliches Handeln über **Vermögensgegenstände konkreter und abstrakter Art** (z.B. Grundstücke, Maschinen, Waren, Beteiligungen, Patente, Geld, Forderungen). Diese bezeichnet man als Aktiva. **In gleicher Höhe** bestehen **abstrakte Ansprüche** auf das Vermögen des Unternehmens (bzw. Haushalts) von seiten der Inhaber in Form von **Eigenkapital** (steuerlich auch Reinvermögen genannt) und von Dritten in Form von **Fremdkapital**. Die Gleichung

Vermögen (Aktiva) = Eigenkapital + Fremdkapital (Passiva)

ist ex definitione immer ausgeglichen.

Bilanzen sind generell **zeitpunktbezogen** (Stichtagsbezug der Bilanz). Neben der genannten Grundstruktur einer Bilanz gibt es in der Praxis zahlreiche Variationen je nach Zwecksetzung und rechtliche Vorschriften (vgl. Punkt II dieses Abschnitts).

2. Buchführung und Bilanz als Teil des betrieblichen Rechnungswesens

Das betriebliche Rechnungswesen hat eine Reihe von verschiedenartigen Aufgaben zu erfüllen. Es umfaßt verschiedene, mehr oder weniger selbständige Komplexe, die man in folgende **vier Grundbereiche des Rechnungswesens** zusammenfaßt:

- (Finanz-)Buchhaltung und Bilanz
- Kosten- und Leistungsrechnung (Betriebsabrechnung und Kalkulation)
- (betriebliche) Statistik und Vergleichsrechnung (Betriebsanalyse und Betriebsvergleich)
- (Budget- und) Planungsrechnung

Alle vier Bereiche haben ihre besonderen Verfahren und Anwendungsgebiete; sie hängen zum Teil eng zusammen und ergänzen sich gegenseitig. Bisweilen sind sie nur funktional zu unterscheiden. So ist etwa bei der Gegenüberstellung der aktuellen Bilanz mit der Vorjahresbilanz der Ansatz einer statistischen Information zu sehen; oder es wird eine Absatzstatistik für die Vergangenheit gleichzeitig mit einer Absatzplanung für die Zukunft verbunden.

Die Aufgabe der **Finanzbuchhaltung** besteht darin, in einer Zeitraumrechnung alle Geschäftsvorfälle in chronologischer Reihenfolge aufzuzeichnen und in systematischer Weise zu ordnen. Sie wird zum Jahresabschluß ergänzt durch die **Inventur** als körperliche Bestandsaufnahme, die ihren Niederschlag im **Inventar** findet.

In der Grobstruktur des betrieblichen Rechnungswesens bildet die Bilanz bzw. der

Jahresabschluß nur einen Teil des Bereichs Buchhaltung und Bilanz. Die **Bilanz** oder der Jahresabschluß sind die **komprimierte Zusammenfassung und Momentaufnahme**, die aus der zahlenmäßigen Erfassung des betrieblichen Geschehens hervorgehen.

Neben der allgemeinen Buchhaltung steht die **Betriebsabrechnung** und **Kalkulation**. Der Bereich der Kostenrechnung kann zwar mehr oder weniger in die Finanzbuchhaltung integriert werden – zumindest bestehen enge Wechselbeziehungen, da die wesentlichen Zahlen des betrieblichen Werteverzehrs und der betrieblichen Leistungserstellung aus der Finanzbuchhaltung auch in die betriebliche Kostenrechnung eingehen –, praktisch aber bildet die Betriebsbuchhaltung in funktionaler und organisatorischer Hinsicht einen eigenen Bereich des betrieblichen Rechnungswesens. Während die Finanzbuchhaltung weitgehend rechtlichen Normen unterliegt, ist die **Organisation der Betriebsabrechnung fakultativ**. Der Betrieb kann sie weitgehend nach eigenen Zweckmäßigkeitsgesichtspunkten und Informationsbedürfnissen organisieren.

Betriebliche Statistik und Vergleichsrechnung sowie Planungsrechnungen sind ergänzende und freiwillige Informationsinstrumente der Unternehmen. Die betriebliche oder betriebswirtschaftliche Statistik und Vergleichsrechnung dient vor allem dazu, die vorhandenen Informationen aus Buchhaltung, Bilanz und Kostenrechnung sinnvoll aufzubereiten und ergänzende Informationen der Vergangenheit sowie außerbetriebliche Informationen zu verarbeiten und für Entscheidungen vorzubereiten.

In ähnlicher Weise ist die **Planungsrechnung** entwickelt worden. Auch diese Rechnung basiert zum großen Teil auf den Zahlen der betrieblichen Buchhaltung und Kostenrechnung. Als Ziel- und Prognoseinstrument versucht sie jedoch, das zukünftige Betriebsgeschehen zu prognostizieren und planbar zu machen.

3. Die Aufgaben von Bilanzen

a) Problematik der Aufgabenbestimmung

Bilanzen sind „**Informationsspeicher**". Informationen sind generell zweckgerichtet. Die Frage nach den Aufgaben von Bilanzen führt damit zu der Frage, welche Personen und Institutionen an Bilanzen interessiert sind und welche spezielle Information für die Adressaten wichtig ist. Eine einheitliche Antwort ist verständlicherweise nicht möglich. So ist beispielsweise das Interesse der Öffentlichkeit an der Bilanz eines Kleinbetriebs sicherlich nicht vergleichbar mit dem an einem Konzern einer Schlüsselindustrie; oder das Informationsinteresse über den ausschüttungsfähigen Gewinn zur Zahlung einer Dividende ist bei einem Großaktionär anders ausgerichtet als bei einem Kleinaktionär. Allein die Tatsache, daß es neben der Jahresabschlußbilanz eine Vielzahl von Variationen und Sonderbilanzen gibt, zeigt die unterschiedlichen Aufgabenbereiche von Bilanzen an. Bei der Aufzählung der Aufgaben beschränken wir uns auf den Bereich der Jahresabschlußrechnung.

b) Interessenten der Information

Fragen wir nach den **Personen und Institutionen**, die an Bilanzinformationen interessiert sind, stellt sich folgender Kreis heraus (vgl. Egner, S. 10 f.).

- **Eigentümer** und potentielle Eigentümer. Es handelt sich hier um die Anteilseigner, Aktionäre, Mitglieder einer Genossenschaft und alle die Personen, die durch Kauf von Anteilen Eigentümer werden können.
- **Gläubiger** und potentielle Gläubiger. Es handelt sich im wesentlichen um Lieferanten, aber auch um andere Gläubiger. Eine Überschneidung mit den Eigentümern ist

durchaus möglich, da Gläubiger zugleich auch Eigentümer sein können, wie etwa Banken, die Anteile an Unternehmen halten, oder Eigentümer einer GmbH, die der Gesellschaft Darlehen zur Verfügung stellen.
- **Arbeitnehmer** einschließlich potentieller Arbeitnehmer. Auch hier sind Überschneidungen mit dem genannten Personenkreis möglich.
- **Unternehmensleitung.** Bei Eigentümer-Unternehmen ist die Gruppe identisch mit den Eigentümern. In managementgeleiteten Unternehmungen bildet die Unternehmensleitung jedoch eine eigene Gruppe.
- **Marktpartner.** Es handelt sich hier um Lieferanten, Abnehmer, Konkurrenten einschließlich der potentiellen Marktpartner. Auch hier sind Überschneidungen mit anderen Gruppen möglich.
- **Fiskus** als Steuereinnehmer.
- **Sonstige Öffentlichkeit.** Die Gruppe ist recht heterogen und nicht eindeutig definierbar. Es handelt sich quasi um eine „Sammelposition", zu der der Staat und Verbände ebenso zu rechnen sind wie Presse, Wertpapieranalysten u.a.

Nur **aus den Interessen** der genannten Personen lassen sich die **Anforderungen an eine Bilanz ableiten.** Es ist verständlich, daß die Anforderungen nicht kongruent sein können. Für jede Zielgruppe müßte im Grunde eine gruppenorientierte Bilanz aufgestellt werden. Da das beim Jahresabschluß jedoch nicht der Fall ist und auch nicht der Fall sein kann, muß die Bilanz ein Kompromiß sein, der möglichst vielen Interessen gerecht wird. Es werden darum im folgenden die wichtigsten allgemeinen Aufgaben der Bilanz beschrieben und definiert.

c) Einzelaufgaben

Im Anschluß an Le Coutre (S. 25) kann man zwischen allgemeinen und Einzelaufgaben der Bilanz unterscheiden. **Allgemeine Aufgaben** sind im wesentlichen

- Wirtschaftsübersicht,
- Wirtschaftsergebnisfeststellung,
- Wirtschaftsüberwachung,
- Rechenschaftslegung.

Zu den **Einzelaufgaben** gehören

- Ermittlung des Erfolges und Nachweis der Kapitalerhaltung,
- Feststellung des Vermögens und Darstellung des Vermögensaufbaus (Vermögensstruktur),
- Kennzeichnung des Kapitalaufbaus (Kapitalstruktur),
- Darlegung der Investitionen und ihrer Finanzierung,
- Ausweis der Liquiditätslage.

II. Bilanzarten

Die Bilanz ist ein **Informationsinstrument**. Je nach Informationsempfänger und Informationsbedürfnissen haben Bilanzen unterschiedliche Aufgaben. Es ist verständlich, daß diese **Aufgaben nicht mit einer einheitlichen Bilanz erfüllt** werden können. In der Praxis gibt es eine Reihe von Bilanzarten, die nach verschiedenen Kriterien systematisiert werden können. Als wichtige Kriterien zur Unterscheidung von Bilanzarten gelten im Anschluß an Coenenberg (S. 3 ff.) die sich aus folgender Abb. 1 ergebenden Merkmale:

Unterscheidungs-kriterien	Bilanzarten										
Hauptsächliches Informationsziel	Erfolgsbilanz		Vermögensbilanz		Liquiditätsbilanz			Bewegungsbilanz			
Zugrunde liegende Rechtsnormen	Handelsbilanz		Steuerbilanz								
			Ertragsteuerbilanz		Vermögensaufstellung						
Stellung des Bilanzempfängers zum Unternehmen	Interne Bilanzen				Externe Bilanzen						
Zahl der einbezogenen rechtlich selbständigen Unternehmen	Einzelbilanz				Konzernbilanz						
Häufigkeit der Bilanzerstellung	laufende Bilanzen				Sonderbilanzen						
	Wochenbilanz	Monatsbilanz	Jahresbilanz	Mehrjahresbilanz	Gründungsbilanz	Umwandlungsbilanz	Auseinandersetzungsbilanz	Fusionsbilanz	Sanierungsbilanz	Vergleichsbilanz	Konkursbilanz

Abb. 1 Arten von Bilanzen

Das Schema ist in sich genügend aussagekräftig, so daß sich Erläuterungen weitgehend erübrigen. Die wichtigsten, häufigsten und in der Rechtsprechung und der betriebswirtschaftlichen Literatur am ausführlichsten behandelten Bilanzarten sind die Bilanzen, die aufgrund festgelegter Rechtsnormen des Handels- und Steuerrechts aufgestellt werden. Es handelt sich um die **Handelsbilanz** und **(Ertrag-)Steuerbilanz**. Sie sind externe Erfolgsbilanzen, die als laufende Bilanzen einmal jährlich zum Ende des Geschäftsjahres als Einzel- und ggf. als Konzernbilanz für rechtlich selbständige Unternehmen aufgestellt werden. Diese Bilanzen meint man im allgemeinen, wenn man nur von Bilanzen spricht, ohne einen näheren Zusatz zu geben. Dabei ist in der Praxis insgesamt die Steuerbilanz die wichtigere und häufigere Bilanz. Reine Handelsbilanzen werden weitgehend nur von den Kapitalgesellschaften aufgestellt, während sich praktisch alle Personenunternehmen mit Steuerbilanzen begnügen, denen jedoch als Basis handelsrechtliche Vorschriften zugrundeliegen.

Die Unterscheidung der **Bilanzarten nach** dem hauptsächlichen **Informationsziel** ist eine theoretisch interessante Unterscheidung, in der Praxis aber – abgesehen von der Bewegungsbilanz – von geringerer Bedeutung. Die Vermögens-, Liquiditäts- und Bewegungsbilanzen werden meistens aus den vorliegenden Handels- oder Steuerbilanzen abgeleitet. Nur bei besonderem Interesse, etwa bei Sanierungen, Auseinandersetzungen und ähnlichen Sonderanlässen, werden diese Bilanzen gezielt und eigenständig aufgestellt.

Bei **Bewegungsbilanzen** handelt es sich im eigentlichen Sinne nicht um Bilanzen, sondern um die Gegenüberstellung und Differenzrechnung zweier Bilanzen. In die Bewegungsbilanz gehen damit nur die **Nettoänderungsgrößen von Bilanzpositionen zweier Stichtage** (komparativ-statischer Vergleich) ein. Sie sind für finanz- und betriebsanalytische Untersuchungen wichtig und informativ (zur ausführlichen Darstellung vgl. Käfer, insbesondere S. 35 ff.).

1. Kapitel: Betriebswirtschaftliche Grundlagen

Nach dem Kreis der Empfänger kann man zwischen internen und externen Bilanzen unterscheiden. **Interne Bilanzen** werden in der Regel zur Information der Geschäftsleitung aufgestellt. Sie sind an Rechtsvorschriften nicht gebunden und können Informationen nach den individuellen Zwecksetzungen des Unternehmens aufbereiten. **Externe Bilanzen** werden dagegen in aller Regel nach rechtlichen Vorschriften aufgestellt; Ermessensspielräume werden im Interesse des Bilanzaufstellers häufig ausgenutzt.

Während alle Unternehmen Einzelbilanzen aufzustellen haben, haben Konzerne darüber hinaus nach handelsrechtlichen Gesichtspunkten **Konzernbilanzen** aufzustellen, die die Kapital- und Leistungsverflechtung zwischen den Unternehmen des Konzerns in besonderer Weise berücksichtigen.

Nach der Häufigkeit der Bilanzaufstellung unterscheidet man schließlich zwischen periodisch aufzustellenden Bilanzen und **Sonderbilanzen**, die aus bestimmten Anlässen aufgestellt werden. Hier erfolgt eine Konzentration auf die handels- und steuerrechtliche **Jahresabschlußbilanz**, die jährlich zum Ende des Geschäftsjahres von jedem Unternehmen aufgrund rechtlicher Vorschriften aufzustellen ist. Neben der Bilanz als Gegenüberstellung von Aktiva und Passiva, der sog. Bilanz i.e.S., besteht die **Jahresabschlußrechnung** aus mehreren Teilen, je nach Rechtsform des Unternehmens aufgrund besonderer rechtlicher Vorschriften und praktischer Handhabung.

Die Bestandteile des Jahresabschlusses haben für Personenunternehmen (Einzelkaufleute und Personengesellschaften) und Kapitalgesellschaften einen unterschiedlichen Umfang und setzen sich aus folgenden Einzelteilen zusammen, wobei der sog. Lagebericht der Kapitalgesellschaft nicht zu den Bestandteilen des eigentlichen Jahresabschlusses gerechnet wird:

- **Bilanz (i.e.S.)**
- **Gewinn- und Verlustrechnung**
- **Anhang**
- **Lagebericht**

Jahresabschluß der Personengesellschaft (Bilanz i.w.S.)

Jahresabschluß der Kapitalgesellschaft

ergänzende Information der Kapitalgesellschaft

In Literatur und Praxis werden Jahresabschluß und Bilanz häufig synonym gebraucht.

B. Bilanztechnische Grundlagen der Gewinnermittlung

I. Gewinnermittlung durch Bilanzvergleich (Betriebsvermögensvergleich)

Bilanzen sind **Zeitpunktgrößen**. **Gewinn** ist eine **Zeitraumgröße**, nämlich die Differenz zwischen den Aufwendungen und Erträgen einer Periode (eines Jahres). Da buchungstechnisch Aufwendungen und Erträge dem Eigenkapitalkonto zugerechnet werden – das Gewinn- und Verlustkonto ist ein Unterkonto des Kontos (Eigen-)Kapital –, kann man den Gewinn einer Periode auf zweierlei Weise ermitteln, als

- **Differenz** zwischen Aufwand und Ertrag **pro Periode** und als
- **Differenz** zwischen zwei **Stichtagsgrößen**.

Beide Wertermittlungen führen zum selben Ergebnis. Im ersteren Fall ist der Gewinn als Periodengröße zu definieren, im zweiten Fall als (Eigen-)Kapitalgröße und damit quasi als Bestandsgröße, jedoch als diejenige, die im Laufe der (letzten) Periode entstanden ist. Gewinn in diesem Sinne ist eine (Eigen-)Kapital-Änderungsgröße.

Diese (Netto-)Änderungsgröße kann man durch einen komparativ-statischen Vergleich zweier Bilanzen ermitteln.

Definiert man im Anschluß an die steuerliche Terminologie die **Addition aus Vermögen (positive Wirtschaftsgüter) und Schulden oder Fremdkapital (negative Wirtschaftsgüter)** als **Betriebs- oder Reinvermögen**, so ist „**Gewinn** ... der **Unterschiedsbetrag** zwischen dem Betriebsvermögen am Schluß des Wirtschaftsjahres und dem Betriebsvermögen am Schluß des vorangegangenen Wirtschaftsjahres" (§ 4 Abs. 1, 1. Halbsatz EStG).

Bilanz 31.12. Jahr 0			Bilanz 31.12. Jahr 1		
Aktiva	Passiva		Aktiva	Passiva	
Anlage-vermögen 50	Fremdkapital 65		Anlage-vermögen 70	Fremdkapital 70	
Umlauf-vermögen 45	Eigenkapital 30		Umlauf-vermögen 40	Ek alt 30 / Gewinn 10	EK neu 40
Vermögen 95	Kapital 95		Vermögen 110	Kapital 110	

Abb. 2 Gewinnermittlung durch Bilanzvergleiche

Die Differenz ist gegebenenfalls um die Einlagen oder Entnahmen im laufenden Wirtschaftsjahr zu korrigieren, weil diese Beträge das Eigenkapital (Betriebsvermögen) zwar ändern, aber nicht erfolgswirksam sind. Einlagen sind damit von der Differenzgröße abzuziehen, Entnahmen hinzuzurechnen (vgl. § 4 Abs. 1 EStG). Der Gewinn ist im obigen **Beispiel**, in dem keine Einlagen oder Entnahmen stattfinden, somit:

(Vermögen 31.12. Jahr 1 − Schulden 31.12. Jahr 1)
− (Vermögen 31.12. Jahr 0 − Schulden 31.12. Jahr 0)
= Gewinn im Jahr 1, oder in Zahlen: $(110-70) - (95-65) = 10$

Der Gewinn von 10 Einheiten ist der Bestandteil des Eigenkapitals, der von der vorhergehenden Stichtagsbilanz bis zur heutigen Bilanz entstanden ist. Man nennt diese Art der Gewinnermittlung auch Betriebsvermögensvergleich.

II. Bilanzenzusammenhang und Zweischneidigkeit der Bilanz

Werte und Bewertung von Aktiva und Passiva bestimmen den (Jahres-)Gewinn. Jede Wert- und/oder Bewertungsänderung ändert damit auch den Gewinn. Da die zu vergleichenden Betriebsvermögen (Bilanzen) aber **Glieder einer Kette von (Schluß-)Bilanzen** sind, führen **Wert- und Bewertungsänderungen** lediglich zu einer **zeitlichen Verlagerung von Gewinnen**; der **Totalgewinn**, definiert als die Summe aller Perioden- oder Jahresgewinne im „Leben" eines Unternehmens, wird **nicht beeinflußt**. So bewirkt beispielsweise eine Unterbewertung von Vorräten ein niedrigeres Betriebsvermögen am Ende des Wirtschaftsjahres und damit einen niedrigeren Gewinn; für das Folgejahr ist dann aber auch das Vergleichskapital niedriger. Die Gewinnminderung des Vorjahres wirkt sich im Folgejahr gewinnerhöhend aus, sofern die Vorräte im folgenden Jahr verkauft oder richtig bewertet werden.

1. Kapitel: Betriebswirtschaftliche Grundlagen

Die Aussage gilt für alle Positionen der Bilanz, beispielsweise auch für den Ansatz zu hoher (oder zu niedriger) Abschreibungen. Die zeitlichen Auswirkungen sind jedoch unterschiedlich. Während sich die sog. **stillen Reserven** aus der niedrigen Bewertung von Vorräten i.d.R. schon im Folgejahr wieder auflösen, geschieht die Auflösung bei abzuschreibenden Anlagen später, nämlich dann, wenn bei zu kurz angesetzter Abschreibungsdauer (nach Beendigung der Abschreibungsperiode) keine Abschreibungen mehr angesetzt werden können (weil die Anlage bereits auf „Null" abgeschrieben ist und in der Bilanz mit „Null" bewertet wird), die Anlage aber gleichwohl noch genutzt wird.

Wird die Anlage schließlich verkauft, wird der Rest der stillen Reserven aufgelöst (Erhöhung des „Bestandes" an Finanzmitteln gegenüber dem Wertansatz der Anlage von „Null").

Bilanzen							
A				**B**			
31.12. Jahr 0				31.12. Jahr 0			
Anlagen	120	EK	90	Anlagen	120	EK	90
Vorräte	50	FK	180	Vorräte	50	FK	180
Sonstiges Vermögen	100			Sonstiges Vermögen	100		
	270		270		270		270
31.12. Jahr 1				31.12. Jahr 1			
Anlagen	60	EK	100	Anlagen	80	EK	130
Vorräte	40	FK	180	Vorräte	50	FK	180
Sonstiges Vermögen	180			Sonstiges Vermögen	180		
	280		280		310		310
31.12. Jahr 2				31.12. Jahr 2			
Anlagen	0	EK	110	Anlagen	40	EK	150
Vorräte	50	FK	180	Vorräte	50	FK	180
Sonstiges Vermögen	240			Sonstiges Vermögen	240		
	290		290		330		330
31.12. Jahr 3				31.12. Jahr 3			
Anlagen	0	EK	170	Anlagen	0	EK	170
Vorräte	50	FK	180	Vorräte	50	FK	180
Sonstiges Vermögen	300			Sonstiges Vermögen	300		
	350		350		350		350

Abb. 3a Zweischneidigkeit der Bilanz, Bilanzenzusammenhang

Die Auflösung von Unterbewertungen der Aktiva und Überbewertungen der Passiva et vice versa geschieht u. U. nur langfristig, spätestens jedoch bei Liquidation des Unternehmens (Beispiele: Grundstücke, Beteiligungen, Wertpapiere).

Die Zusammenhänge werden an einem einfachen **Beispiel** erläutert: Bei Alternative A sind Vorräte im ersten Jahr um 10 Geldeinheiten (GE) unterbewertet, die Abschreibungen werden auf 2 Jahre anstatt 3 Jahre verteilt. Bei Alternative B sind die „richtigen" Werte angesetzt: Die Anlagen sind am Ende des dritten Jahres wertlos. Die übrigen Positionen, Sonstiges Vermögen, Fremdkapital und Eigenkapital oder Betriebsvermögen sind jeweils „richtig" bewertet. Einlagen und Entnahmen werden nicht getätigt.

Gewinnermittlung durch Betriebsvermögensvergleich		
Bezeichnung	A	B
BV/EK 31.12. Jahr 1 ./. BV/EK 31.12. Jahr 0	100 − 90	130 − 90
= Gewinn Jahr 1	+ 10	+ 40
BV/EK 31.12. Jahr 2 ./. BV/EK 31.12. Jahr 1	110 − 100	150 − 130
= Gewinn Jahr 2	+ 10	+ 20
BV/EK 31.12. Jahr 3 ./. BV/EK 31.12. Jahr 2	170 − 110	170 − 150
= Gewinn Jahr 3	+ 60	+ 20
BV/EK 31.12. Jahr 3 ./. BV/EK 31.12. Jahr 0	170 − 90	170 − 90
= (Total-) Gewinn Jahr 1–3	+ 80	+ 80

Abb. 3b Zweischneidigkeit der Bilanz, Gewinnermittlung

Die aus der Bilanzenverknüpfung resultierenden Schlußfolgerungen basieren auf dem **Bilanzenzusammenhang** oder der **Zweischneidigkeit der Bilanz**. Voraussetzung für eine richtige Gewinnermittlung, bei der letztlich alle Gewinne erfaßt werden, ist eine strenge, **formelle Bilanzkontinuität**, auch **Bilanzidentität** genannt, bei der die Werte der Anfangsbilanz eines Jahres mit den Werten der Schlußbilanz des Vorjahres identisch sind. Das Steuerrecht kennt darum formell gar keine „Anfangsbilanzen", sondern nur „Schlußbilanzen" (§ 4 Abs. 1 Satz 1 EStG, vgl. auch § 252 Abs. 1 Nr. 1 HGB).

Die Zusammenhänge sind für das grundsätzliche betriebswirtschaftliche Verständnis von Bilanzen ebenso wichtig wie für das Verstehen von Bilanzierungs- und Bewertungsfragen des Handels- und Steuerrechts und für bilanzpolitische Überlegungen. Sie werden darum in einer allgemeineren Form ergänzend dargestellt, wobei auch die Einlagen und Entnahmen explizit berücksichtigt werden.

Bezeichnet man das Vermögen (Aktiva) mit V, die Schulden mit S, das Betriebsvermögen (Reinvermögen/Eigenkapital) mit B, die Einlagen oder Zuführungen mit Z, die

Entnahmen mit E, den Gewinn mit G und belegt man die einzelnen Stichtage (Ende des Geschäftsjahres) oder Perioden/Jahre mit dem Index 0 bis n, so gilt:

$G_1 = (V_1 - S_1) - (V_0 - S_0) - Z_1 + E_1$
$G_2 = (V_2 - S_2) - (V_1 - S_1) - Z_2 + E_2$
$\vdots \qquad \vdots \qquad \vdots \qquad \vdots \qquad \vdots$

oder

$G_1 \quad = B_1 \quad - B_0 \quad - Z_1 \quad + E_1$
$G_2 \quad = B_2 \quad - B_1 \quad - Z_2 \quad + E_2$
$\vdots \qquad \vdots \qquad \vdots \qquad \vdots \qquad \vdots$
$G_{n-1} = B_{n-1} - B_{n-2} - Z_{n-1} + E_{n-1}$
$G_n \quad = B_n \quad - B_{n-1} - Z_n \quad + E_n$

Wie man unmittelbar sieht, ist das jeweilige positive Betriebsvermögen in der Folgeperiode wieder mit negativem Vorzeichen vorhanden. Der Gesamtgewinn als Summe aller Einzelgewinne über alle Perioden, den man auch als **Totalgewinn** oder -erfolg bezeichnet, ist somit

$$\sum_{i=1}^{n} G_i = B_n - B_0 - \sum_{i=1}^{n} Z_i + \sum_{i=1}^{n} E_i$$

Diese Aussage belegt noch einmal, daß zwischenzeitliche Bewertungen und damit auch Bewertungsfehler des Betriebsvermögens den Gesamtgewinn nicht beeinflussen, wenn das ursprüngliche Anfangsvermögen und das Endvermögen richtig bewertet sind. Jede zwischenzeitliche Bewertungsänderung bedeutet darum immer nur eine Gewinn- oder Verlustverlagerung in andere Perioden; spätestens bei der „richtigen" Bewertung oder beim Ausscheiden eines Gutes aus dem Betriebsvermögen wird der „richtige" Stand des Vermögens wiederhergestellt und (im Hinblick auf das betrachtete Gut) der „richtige" Gewinn ermittelt. Diese Aussage gilt nicht für die Einlagen/Zuführungen und Entnahmen. Hier führt eine „falsche" Bewertung, wie aus den Gleichungen leicht zu ersehen ist, immer zu einem auch endgültig falschen (Gesamt-)Gewinn.

C. Bilanztheoretische Grundgedanken

I. Fragestellungen zur Bilanztheorie

Bilanztheoretische Erörterungen haben in der Betriebswirtschaftslehre eine lange Tradition. Diese reicht in das vorige Jahrhundert zurück und ist auch heute noch nicht abgeschlossen. Ihre **Fragestellungen und Antworten haben in** mehr oder weniger **starkem Maße Eingang in die handels- und steuerrechtlichen Vorschriften zur Bilanzierung gefunden.** Zum Verständnis und zur besseren Interpretation der später abzuhandelnden rechtlichen Vorschriften sollen darum die Grundzüge der wichtigsten Bilanztheorien dargestellt werden. Die Kenntnis erleichtert das Verständnis für die Problematik der faktischen und rechtlichen Ausgestaltung von Jahresabschlüssen.

Den Bilanztheorien werden im allgemeinen zwei grundlegende Aufgaben zugewiesen. „Sie sollen einmal den Wesensgehalt der Bilanzmodelle erklären und zum anderen Empfehlungen für ihre Gestaltungen im Hinblick auf bestimmte Rechnungsziele ableiten" (Heinen, S. 34). Eine umfassende Bilanztheorie müßte dabei die genannten Aufgaben für alle Arten von Bilanzen erfüllen. Das ist jedoch nicht der Fall. Vielmehr beschränken sich alle Bilanztheorien weitgehend auf die Untersuchung der normalen Jahresabschlußbilanz. Dabei wird, je nach Standpunkt, auch die Gewinn- und Verlustrechnung einbezogen; in der sog. dynamischen Bilanztheorie spielt sie sogar die entscheidende Rolle.

Die erste Aufgabe konzentriert sich auf die **Erklärung des Bilanzinhalts und der Bilanzpositionen**, besonders auf die Darstellung der verrechnungstechnischen Einordnung im Rahmen eines Buchhaltungssystems.

Die interessantere zweite Fragestellung konzentriert sich mehr auf **materielle Bilanzfragen**, mit denen die **Fragen nach Bilanzzielen, Bilanzierungsregeln und Bewertungsregeln** für Vermögen und Erfolg beantwortet werden sollen. Dabei gibt es verschiedene Kriterien, nach denen die Bilanzauffassungen entwickelt werden können.

Fragt man nach den Hauptzwecken der Bilanz, so kann man zunächst zwischen der **monistischen und dualistischen Bilanzauffassung** unterscheiden. Im ersteren Fall wird der Bilanz eine Hauptaufgabe zugeschrieben, sei es die Ermittlung des Vermögens und Kapitals zum Bilanzstichtag (statische Bilanzauffassung) oder die Ermittlung des „richtigen" Periodenerfolges (dynamische Bilanzauffassung). Versucht man, beide Elemente, nämlich die Ermittlung der „richtigen" Werte der Aktiva und Passiva und der „richtigen" Größen des Erfolges, gleichzeitig zu erfassen, spricht man von einer dualistischen Bilanzauffassung (organische Bilanzauffassung). Darüber hinaus gibt es schon in der älteren Diskussion über Bilanztheorien den Versuch, die Bilanz unter Berücksichtigung aller an sie gestellten Aufgaben zu erstellen (totale Bilanzauffassung).

In neueren Diskussionen versucht man, den sich aus der statischen und dynamischen Bilanzauffassung ergebenden Widerspruch zwischen richtiger Erfolgs- und Vermögensermittlung durch Neuorientierung des Gewinn- und Vermögensbegriffs aufzulösen, indem man durch Anwendung investitionsrechnerischer Überlegungen eine Synthese zwischen (kapitalisiertem) Periodenerfolg und Stichtagswert einer Unternehmung herbeizuführen sucht.

Entsprechend den genannten Hauptmerkmalen teilt man die Bilanztheorien in folgende Kategorien auf:
- statische Bilanztheorie
- dynamische Bilanztheorie
- organische Bilanztheorie
- neuere bilanztheoretische Ansätze (vor allem zukunftsorientierte Bilanzkonzeptionen)

Die Grundkonzeptionen werden im folgenden dargestellt. Das Ziel der Darstellung liegt dabei nicht in einer ausführlichen Erörterung der Bilanztheorien, sondern in der Weckung des Verständnisses für die Probleme der Jahresabschlußrechnung.

II. Statische Bilanztheorie

Die **statische Bilanztheorie** ist ein **Oberbegriff für verschiedene Bilanzauffassungen**, die im Hinblick auf die Bilanzzwecke und den Bilanzinhalt in den Grundzügen übereinstimmen. Der Begriff selbst ist von Schmalenbach zur Unterscheidung von seiner dynamischen Bilanzauffassung geprägt worden. Die statischen Konzeptionen der Bilanzauffassung haben ebenso wie die dynamischen und neueren Auffassungen einen Entwicklungsprozeß durchgemacht, der auch in der Einteilung der Theorien zum Ausdruck kommt. So unterscheidet man bei der statischen Bilanztheorie zwischen der älteren und der neueren Bilanzauffassung, zu der auch die **totale Bilanzauffassung** von Le Coutre gezählt wird. Es bestehen trotz Übereinstimmung in den Grundzügen der Interpretation erhebliche Unterschiede im Hinblick auf Ausgestaltung und Funktion der Bilanz.

1. Ältere statische Bilanztheorie

Nach der älteren statischen Bilanztheorie ist die **stichtagsbezogene Vermögensdarstellung** des Unternehmens **Primärzweck** der Bilanz. Sie ist praktisch das zusammengefaßte Inventar, das auf der Aktivseite die Vermögenspositionen und auf der Passivseite die Schuldenpositionen aufzeigt; die Differenz ist das Reinvermögen des Unternehmens. Die **Erfolgsermittlung** hat nur einen **Sekundärzweck**. Hauptzielsetzung ist der **Gläubigerschutz** und die öffentliche Rechenschaftslegung. Die Bilanzaufstellung wurde unter dem Gesichtspunkt der möglichen Liquidation des Unternehmens gesehen. Daraus resultiert auch die Tendenz, die Bilanzpositionen nach dem **Zeitwertprinzip mit Tagespreisen** zu bewerten. Unter Berücksichtigung des Gläubigerschutzgedankens wurde diese **Bewertung durch Obergrenzen nach folgenden Prinzipien** bereits eingeschränkt:

- Bei den Gegenständen des Anlagevermögens bildeten die Anschaffungs- oder Herstellungskosten die Bewertungsobergrenze.
- Gegenstände des Umlaufvermögens können mit den Anschaffungs- oder Herstellungskosten oder mit dem höheren Marktpreis bewertet werden. Ist der Marktpreis niedriger, ist der niedrigere Ansatz zwingend vorgeschrieben.
- Immaterielle Werte können nur bilanziert werden, wenn sie entgeltlich erworben worden sind.
- Erkennbare Verluste sind bereits zu bilanzieren.

Die Grundprinzipien der statischen Bilanzauffassung haben in hohem Maße Eingang in handelsrechtliche Vorschriften gefunden.

2. Neuere statische Bilanztheorie

Die ältere Theorie ist auf der Basis der juristischen Auffassungen der Bilanz von Betriebswirten zu einer systematischen Bilanzlehre weiterentwickelt worden. Hauptvertreter dieser Schule ist **Le Coutre**, der durch eine geschlossene Konzeption, die **totale Bilanz**, die statische Bilanzauffassung von ihrer Einseitigkeit gelöst hat.

Le Coutre löst sich vor allem von den älteren Statikern und lehnt eine monistische Bilanzauffassung ab, indem er der **Bilanz** ausdrücklich **mehrere Zwecke** zuschreibt. Danach soll die Bilanz der **Information**, sowohl über **Bestände** als auch über eine **Aufwands- und Ertragsrechnung**, dienen. Sie hat im einzelnen **folgenden Zwecken zu dienen**:

- Betriebserkenntnis und Betriebsübersicht
- Betriebsführung
- Betriebsergebnisfeststellung
- Betriebsüberwachung
- Rechenschaftslegung

Die Anforderungen können von einer einzigen Bilanz nicht mehr erfüllt werden. Darum unterscheidet Le Coutre auch zwischen einer **Beständebilanz, Umsatzbilanz, Leistungsbilanz** und **Erfolgsbilanz**.

Er entwickelt die sog. totale Bilanz zu einem System, das nach dem strikten **Prinzip der Bilanzklarheit und Bilanzwahrheit** aufgestellt ist und auf der Vermögensseite folgende Hauptpositionen enthält:

- werbendes Kapital
- Sicherungskapital

- Sozialkapital
- Verwaltungskapital
- Überschußkapital

Das **werbende Kapital** umfaßt das geläufige Anlage- und Umlaufvermögen, jedoch nur, soweit es für betriebliche Zwecke unmittelbar erforderlich ist. Zum **Sicherungskapital** zählen die Vermögensbestandteile, die keine direkte Beziehung zur Betriebstätigkeit haben, aber ggf. für Dispositionen erforderlich sein könnten, wie etwa Liquiditätsreserven. Zum **Sozialkapital** gehören die sozialen Einrichtungen des Betriebes, wie Betriebswohnungen, Aufenthaltsräume u.a. Das **Verwaltungskapital** ist das vom Betrieb verwaltete Vermögen, das nicht in dessen Eigentum steht und auch nicht unmittelbar betrieblichen Zwecken dient. Unter **Überschußkapital** werden schließlich solche Teile verstanden, die nicht mehr oder noch nicht für den Betriebsprozeß benötigt werden. Es ist quasi das nicht betriebsnotwendige Vermögen.

Auch die Passiva, und hier insbesondere das Eigenkapital, werden gegenüber der üblichen Darstellung weiter aufgegliedert. Gewinn- und Verlustrechnung und Bilanz stehen gleichberechtigt nebeneinander. Daneben werden weitere Zusatzrechnungen aufgestellt.

III. Dynamische Bilanztheorie

Begründer und Hauptvertreter der dynamischen Bilanztheorie ist **Eugen Schmalenbach**. Die von ihm entwickelte Bilanzkonzeption wird auch als **Schmalenbachs dynamische Bilanz** bezeichnet. Ausgangspunkt der Überlegungen ist die Idee der richtigen **Ermittlung des Periodenerfolges**. Die Erfolgsermittlung ist die Hauptaufgabe der Jahresabschlußrechnung. Diese Betrachtungsweise ist eine völlige Abkehr von der – zumindest von den älteren Statikern – aufgestellten Forderung, in der Bilanz einen Vermögensausweis des Unternehmens darzustellen.

Ausgangspunkt der Überlegungen ist die Tatsache, daß **in der Totalperiode** einer Unternehmung der **Erfolg gleich der Differenz der Gesamteinnahmen und Gesamtausgaben** ist. Generell besteht die erste Bilanz eines Unternehmens, wenn man von Sacheinlagen absieht, aus der Position Kasse bzw. Liquidität auf der Aktivseite und (Anfangs-)Eigenkapital auf der Passivseite.

Mit Beginn der Tätigkeit werden von diesem Unternehmen Güter und Dienstleistungen beschafft (Ausgaben), die durch Kombination zu betrieblichen Leistungen erstellt werden und wiederum veräußert werden. Nach Beendigung der Gesamtlebensdauer eines Betriebes und seiner Liquidation ist die Endbilanz formal wie die Anfangsbilanz aufzustellen. Sie enthält auf der Passivseite zusätzlich zum Anfangskapital den in der Totalperiode erwirtschafteten Gewinn (sofern keine zwischenzeitlichen Einlagen oder Entnahmen erfolgt sind) und auf der Aktivseite den Gesamtendbestand an Liquidität. Schaubildlich sehen die Bilanzen wie folgt aus:

Erstbilanz/Anfangsbilanz		(Liquidations-)Endbilanz		
Aktiva	Passiva	Aktiva	Passiva	
Liquide Mittel/ Kasse	(Anfangs-) Eigenkapital	Liquide Mittel/ Kasse	(Anfangs-) Eigenkapital	(End-) Eigenkapital
			(Total-) Gewinn	

Abb. 4 Schema der Totalgewinnermittlung

1. Kapitel: Betriebswirtschaftliche Grundlagen

Die theoretisch richtige **Konzeption** zur Ermittlung **des Totalerfolges** ist **für die Praxis** jedoch **irrelevant**. Der Betrieb interessiert sich für die Ergebnisse der Teilperioden bzw. Geschäftsjahre. Darum ist der **Totalerfolg** durch ein entsprechend gestaltetes Rechnungswesen **zu periodisieren**. Das geschieht, indem der einzelnen Teilperiode in einer Aufwands- und Ertragsrechnung alle Aufwendungen und Erträge aus den Einnahmen und Ausgaben der laufenden Periode, der Vorperioden und der nachfolgenden Perioden in sinnvoller und angemessener Weise zugeordnet werden.

Die **Bilanz** als „**Darstellung des Kräftespeichers der Unternehmung**" nimmt neben den liquiden Mitteln und dem Kapital alle oben genannten Einnahme- und Ausgabepositionen auf, die noch nicht in der Aufwands- und Ertragsrechnung verrechnet worden sind. Zusätzlich sind einige weitere Abgrenzungen vorzunehmen. So sind etwa selbsterstellte Anlagen als „Ertrag, aber noch nicht Aufwand" zu aktivieren, da dieser als Abschreibungsaufwand erst in den Folgeperioden verrechnet wird. Entsprechende Positionen betreffen die Passivseite; „Aufwand, aber noch nicht Ertrag", wie etwa rückständige Reparaturen, sind als Passiva anzusetzen. Die Bilanz enthält damit praktisch nur sog. **schwebende Geschäfte**.

Die in der Bilanz gespeicherten zukünftig zu verrechnenden Posten werden von Schmalenbach wie folgt gegliedert:

Bilanzschema nach Schmalenbach	
AKTIVA	PASSIVA
1. Liquide Mittel 2. Ausgabe noch nicht Aufwand (z.B. Maschinen, die über mehrere Perioden genutzt werden; unverbrauchte Rohstoffe; Mietvorauszahlungen; Vorauszahlungen an Lieferanten) 3. Ausgabe noch nicht Einnahme (z.B. gewährte Darlehen) 4. Ertrag noch nicht Aufwand (z.B. selbsterstellte Anlagen, die in späteren Perioden genutzt werden) 5. Ertrag noch nicht Einnahme (z.B. Debitoren; Fertigfabrikate)	1. Kapital 2. Aufwand noch nicht Ausgabe (z.B. Lieferantenverbindlichkeiten) 3. Einnahme noch nicht Ausgabe (z.B. Aufnahme von Darlehen) 4. Aufwand noch nicht Ertrag (z.B. rückständige Instandsetzungen durch den eigenen Betrieb) 5. Einnahme noch nicht Ertrag (z.B. Vorauszahlungen von Kunden)

Abb. 5 Dynamische Bilanz

In entsprechender Weise läßt sich die Aufwands- und Ertragsrechnung interpretieren. Sie enthält alle in der Rechnungsperiode erfolgswirksam gewordenen Einnahmen und Ausgaben der jetzigen Periode und der Vor- und Nachperioden:

Erfolgsrechnung nach Schmalenbach	
Aufwand	Ertrag
1. Aufwand jetzt, Ausgabe jetzt (Kauf und Verbrauch von Rohstoffen) 2. Aufwand jetzt, Ausgabe früher (Abschreibung) 3. Aufwand jetzt, Ausgabe später (Verbrauch von Rohstoffen auf Kredit) 4. Aufwand jetzt, Ertrag jetzt (Produktion von Fabrikaten) 5. Aufwand jetzt, Ertrag früher (Abschreibung selbsterstellter Maschinen) 6. Aufwand jetzt, Ertrag später (rückständige Instandsetzungen durch eigene Werkstatt)	1. Ertrag jetzt, Einnahme jetzt (Verkauf von in der Periode produzierten Produkten) 2. Ertrag jetzt, Einnahme früher (Nachlieferung auf Grund von Anzahlungen) 3. Ertrag jetzt, Einnahme später (Produktion auf Lager, Verkauf auf Ziel) 4. Ertrag jetzt, Aufwand jetzt (Produktion von Fabrikaten) 5. Ertrag jetzt, Aufwand früher (Nachholung rückständiger Instandsetzungen durch eigene Werkstatt) 6. Ertrag jetzt, Aufwand später (Produktion von Maschinen zum eigenen Gebrauch)

Abb. 6 Dynamische Erfolgsrechnung

Die Überlegungen Schmalenbachs sind in der Folgezeit Grundlage wesentlicher Diskussionen über die Bilanzauffassungen in der Betriebswirtschaftslehre geworden. Sie haben nicht zuletzt die Rechtsprechung befruchtet, die in zunehmendem Maße die Bedeutung der Gewinn- und Verlustrechnung und der periodengerechten Gewinnermittlung beachtete.

Die Gedankengänge von Schmalenbach sind von anderen Betriebswirtschaftlern weiterentwickelt worden. Die wichtigste Weiterentwicklung ist die Theorie von **Walb**, der die bilanztheoretischen Überlegungen auf das gesamte Buchhaltungssystem übertragen hat. Das von Walb entwickelte Buchhaltungssystem mit einer **Zweikontentheorie**, in der zwischen **Konten der Zahlungsreihe und der Leistungsreihe** unterschieden wird, ist eine konsequente Vervollständigung der Schmalenbach'schen Theorie.

Eine noch weitere Vertiefung der Schmalenbach'schen und Walb'schen Gedankengänge ist von **Kosiol** vorgenommen worden. Er entwickelte die sog. **pagatorische Bilanz**, die als eine Weiterentwicklung und Vereinheitlichung der oben genannten Theorien zu interpretieren ist. In ähnlicher Weise wie die genannten Autoren geht auch **Sommerfeld** bei der Entwicklung seiner **eudynamischen Bilanz** von der Zielkonzeption der Ermittlung des Periodenerfolges aus. Er fügt jedoch die zusätzliche Forderung der **qualifizierten Substanzerhaltung** ein, die zu einem anderen Gewinnbegriff führt als bei der traditionellen dynamischen Bilanz. Durch eine extrem vorsichtige Vermögensbewertung zugunsten einer betrieblichen Substanzerhaltung wird der Erfolgsausweis gegenüber der traditionellen dynamischen Bilanzauffassung belastet (vgl. Schweitzer, Sp. 926 ff.).

IV. Organische Bilanztheorie

Begründer und **Hauptvertreter** der organischen Bilanztheorie ist **Fritz Schmidt**.

Die **organische Bilanztheorie** wird als **dualistische Theorie** bezeichnet. Sie versucht **gleichzeitig** die Zwecke der **Vermögens- und Erfolgsermittlung** zu realisieren. Im Hinblick auf die Vermögensermittlung ist sie statisch orientiert, im Hinblick auf die Erfolgsermittlung dynamisch. Die Unternehmung wird gekennzeichnet als eine Institution, die in der

Marktwirtschaft einem Strom in wechselnder Höhe und dadurch der dauernden Änderung der Werte ausgesetzt ist. Sie bewegt sich „in ihm und mit ihm schwimmend, selbst einen Teil desselben bildend" (Schmidt, S. 87). Aus der dauernden Änderung folgt „die Notwendigkeit der konsequenten Trennung der Vermögensrechnung von der Erfolgsrechnung" (Schmidt, S. 87).

Schmidt sieht wie Schmalenbach die Jahresrechnung zunächst als Ermittlung des Erfolgs eines Unternehmens an. Er unterscheidet jedoch zwischen **Umsatzerfolg** und Erfolg durch Wertänderung am ruhenden Vermögen, dem **Scheingewinn** bzw. **Scheinverlust**.

Der rechte Erfolg ist nur der Umsatzerfolg, da dieser auf die typische Unternehmenstätigkeit zurückzuführen ist. Scheingewinne (bei Inflation) und Scheinverluste (bei Deflation) entstehen durch Wertschwankungen am Beschaffungsmarkt. Diese sind durch eine korrigierte Erfolgsrechnung zu eliminieren. Durch eine konsequente **Erfolgsrechnung nach dem Tageswertprinzip**, bei dem Aufwendungen und Erträge nach den am Umsatztage herrschenden Marktpreisen berechnet werden, wird der richtige Umsatzerfolg ermittelt.

Da das Rechnungswesen der Unternehmen sich jedoch generell an den historischen Anschaffungswerten orientiert, sind in der Erfolgsrechnung die Differenzen zwischen Tageswerten und historischen Werten als Scheingewinne bzw. Scheinverluste gesondert zu erfassen und auszuweisen. Die Bilanz ist durch Korrekturwerte zu berichten.

Der Zusammenhang wird durch ein **Beispiel** erläutert: Die Anschaffungskosten einer Ware (in einem Handelsunternehmen) seien 80 Geldeinheiten (GE), der Umsatzerlös 100 GE, die Wiederbeschaffungskosten am Umsatztag 95 GE. Sonstige Aufwendungen fallen nicht an. Dann ergibt sich folgende Gewinn- und Verlustrechnung:

Gewinn- und Verlustrechnung nach F. Schmidt			
Aufwand		Ertrag	
Anschaffungskosten	80	Umsatzerlös	100
Wertänderung (der Anschaffungskosten bis zum Umsatztag) = Scheingewinn	15		
Reiner Umsatzgewinn	5		
	100		100

Abb. 7   Scheingewinnermittlung

Bei konsequenter Anwendung des Tageswertprinzips wird als Erfolg nur die Differenz zwischen Verkaufspreis und Wiederbeschaffungspreis am Umsatztag ausgewiesen. Die Anwendung dieses Prinzips führt aber nicht nur zur richtigen Erfolgsermittlung, sondern gleichzeitig zur **Erhaltung der Unternehmenssubstanz**, da auch die Bilanzposten von Scheingewinnen (und Scheinverlusten) befreit werden. Die „Wertänderung" in der Gewinn- und Verlustrechnung wird in der Bilanz auf einem besonderen Wertänderungs- oder Wertberichtigungskonto gebucht. Die rechenhafte Handhabung der **substantiellen Kapitalerhaltung** wird so zum beherrschenden Thema der organischen Bilanztheorie.

Wenngleich die Arbeiten von Schmidt kaum Niederschlag in rechtlichen Normen gefunden haben, da das gesamte Rechtssystem und auch die Jahresabschlußrechnung vom **Nominalwertprinzip** beherrscht werden, ist die organische Bilanztheorie von Schmidt bis heute eine der bedeutendsten betriebswirtschaftlichen Leistungen: Die Probleme der betrieblichen Substanzerhaltung spielen seit Jahren in der theoretischen und praktischen Diskussion der Bilanzierung eine wichtige Rolle, da die nominalistische Unternehmensrechnung durch Inflationsraten belastet ist, die möglicherweise zu einer Verfälschung der Jahresrechnung führen. Alle Modelle zur Substanzerhaltungsrechnung, die von einer Reihe von Unternehmen bereits neben der Bilanz durchgeführt werden und in der kalkulatorischen Rechnung schon weitgehend berücksichtigt werden, gehen in ihren Grundgedanken auf die Überlegungen von Schmidt zurück.

V. Neuere bilanztheoretische Ansätze

Die bilanztheoretische Diskussion hat sich lange Zeit auf die Fragen der oben skizzierten klassischen Bilanzauffassungen konzentriert. Neue Aspekte und Fragen auf der Basis alter Diskussionen wurden vor allem mit der großen Aktienrechtsform von 1965, der Verabschiedung der 4. EG-Richtlinie und der nationalen Umsetzung dieser Richtlinie in das Bilanzrichtliniengesetz (BiRiLiG) von 1985 sowie der Diskussion um die Bereinigung von Jahresabschlüssen um Inflationsraten aufgeworfen. Aus der Fülle der Bilanzdiskussionen stellen vor allem die sog. **zukunftsorientierten Bilanzkonzeptionen** gegenüber den klassischen Theorien der statischen, dynamischen und organischen Bilanz neue Ansätze dar (vgl. D. Schneider, Sp. 260 ff.).

Die Bilanz ist normalerweise ein vergangenheitsbezogenes Informationsinstrument, das am Ende einer Abrechnungsperiode über den Stichtag des Abschlusses berichtet. Man kann die **Information** über ein Unternehmen jedoch auch allein **aus den zukünftig zu erwartenden Entwicklungen** aufstellen und interpretieren. Der Vergangenheitsbezug hat allenfalls für die Anteilseigner als Dividendenbezieher und den Fiskus als Steuererheber Interesse. Beide sind aber auch in unterschiedlichem Maße an einer Prognose über die zukünftige Entwicklung interessiert. Nicht historische Werte, sondern Zukunftswerte, ggf. diskontiert auf den Gegenwartszeitpunkt, sind für alle Informationsempfänger von entscheidendem Interesse. Die neuere bilanztheoretische Diskussion bewegt sich darum zunehmend um Konzeptionen zur Gestaltung zukunftsorientierter Bilanzen. **Käfer** hat eine Theorie des Bilanzinhalts entwickelt, in der alle Bilanzpositionen aus den zukünftigen ökonomischen Größen erklärt werden. Er geht damit von der **Erkenntnis** aus, **daß alle Vermögensgegenstände nur im Hinblick auf ihre zukünftigen Nutzungen einen Wert besitzen** können. In die Bewertung des Vermögens gehen die Erwartungen künftiger Güter- und Leistungszugänge und künftiger Güter- und Leistungsabgaben ein. Entsprechend wird der Gewinn als **ökonomischer Gewinn** interpretiert, der allein durch die Werteverschiebungen aufgrund der Berücksichtigung zukünftiger Einnahmen und Ausgaben ermittelt wird.

In strikter Anwendung der Zukunftsorientierung ist der Gewinn nicht mehr aus Vergangenheits- oder Gegenwartswerten ableitbar, vielmehr ist er unter Zuhilfenahme der **Instrumente der Investitionsrechnung** zu ermitteln. Der (Perioden-)Gewinn ist dann gleich der Differenz der Ertragswerte zu Beginn und Ende eines Wirtschaftsjahres, wobei diese diskontierte Werte der zukünftigen Einnahmen und Ausgaben sind.

Die Überlegungen in diese Richtung sind aus betriebswirtschaftlicher Sicht nach heutiger Erkenntnis sicherlich richtig und sinnvoll. Sie stehen jedoch im Gegensatz zu ihrer praktischen Brauchbarkeit für eine handelsrechtliche und steuerrechtliche Bilanzierung. Die Unsicherheit der Zukunftsgrößen und der Mangel der Nachprüfbarkeit lassen sie für allgemeine Jahresabschlüsse kaum geeignet erscheinen. Sie bieten jedoch für zusätzliche unternehmensinterne Informationen interessante Ansatzpunkte.

2. Kapitel:
Rechtliche Grundlagen

A. Handelsrechtliche Vorschriften

I. Rechtsgrundlagen der EG

Nach dem Gründungsvertrag der Europäischen Gemeinschaft, den sog. römischen Verträgen vom 25.3.1957, verfolgt die EG nach der Präambel das Ziel, die Grundlagen für einen engeren Zusammenschluß der europäischen Völker zu schaffen. Ein wichtiges Instrument ist dabei die **Harmonisierung** von rechtlichen Rahmenbedingungen, um allen Mitgliedstaaten gleiche Ausgangsbedingungen und Chancen zu gewährleisten. Im Zuge dieser Zielsetzung hat die EG eine Reihe von Richtlinien erlassen, die den Mitgliedstaaten die Verpflichtung auferlegen, ihre nationale Gesetzgebung anzupassen. Die Richtlinien sind somit quasi Rahmengesetze für einzelstaatlich zu erlassende Gesetze.

Im Rahmen dieser Gesamtzielsetzung hat die EG **zur Koordinierung des Gesellschaftsrechts bisher** insgesamt **acht Einzelrichtlinien** verabschiedet (vgl. Abb. 8). Dabei ist die Vierte Richtlinie vom 25.7.1978 zur Koordinierung der einzelstaatlichen Vorschriften über Form und Inhalt des Jahresabschlusses und des Lageberichts von Aktiengesellschaften, Kommanditgesellschaften auf Aktien und Gesellschaften mit beschränkter Haftung sowie über die Offenlegung und Prüfung dieser Unterlagen, die sog. **Bilanzrichtlinie**, die wichtigste Richtlinie.

Der deutsche Gesetzgeber hat mit der Umsetzung in nationales Recht das gesamte Recht zur Aufstellung des Jahresabschlusses im **Bilanzrichtliniengesetz** (BiRiLiG) gänzlich neu geregelt. Darüber hinaus hat er **zugleich** die **Umsetzung** der 7. EG-Richtlinie, der sog. **Konzernrichtlinie**, und der 8. EG-Richtlinie, der sog. **Prüferrichtlinie**, in das Gesetz eingebracht. Im Rahmen dieses Kompendiums ist die Umsetzung der 4. EG-Richtlinie von Interesse, da der Gesetzgeber nämlich nicht nur die Vorschriften für den Abschluß von Kapitalgesellschaften und Konzernen aus der Richtlinie transformiert, sondern **zugleich** die Vorschriften für den **Jahresabschluß von Einzelkaufleuten und Personenhandelsgesellschaften gänzlich neu geregelt** hat.

Die Umsetzung der Richtlinien ist in einem **Artikelgesetz** vorgenommen worden, wodurch lediglich bestehende Gesetze geändert wurden. Die wichtigsten Änderungen betreffen das **HGB**. Hier ist ein **Drittes Buch** mit den Vorschriften über die **Handelsbücher** neu **eingefügt** worden. Insgesamt sind folgende Gesetze durch das BiRiLiG betroffen:

- Artikel 1: Änderungen des HGB
- Artikel 2: Änderungen des AktG
- Artikel 3: Änderungen des GmbHG
- Artikel 4: Änderungen des Gesetzes betreffend die Erwerbs- und Wirtschaftsgenossenschaften (GenG)
- Artikel 5: Änderungen des Gesetzes über die Rechnungslegung von bestimmten Unternehmen und Konzernen (PublG)

Weiterhin sind noch andere Gesetze geändert und Übergangsvorschriften (Artikel 11) erlassen worden. **Insgesamt** sind **39 Gesetze** geändert oder ergänzt worden. Das Gesetz selbst ist am 1. Januar 1986 in Kraft getreten.

Gesellschaftsrechtliche EG-Richtlinie	Inhalt	Geltungsbereich	Umsetzung in deutsches Recht
1. Richtlinie Publizitätsrichtlinie v. 9.3.1968 (ABl. Nr. L65, S. 8ff.)	Publizität, Wirksamkeit der von der Gesellschaft eingegangenen Verpflichtungen, Nichtigkeit der Gesellschaft	AG, KGaA, GmbH	Gesetz v. 15.8.1969 (BGBl. I S. 1146ff.)
2. Richtlinie Kapitalschutzrichtlinie v. 13.12.1976 (ABl. Nr. L26, S. 1ff.)	Gründung der AG, eigene Aktien, Kapitalerhöhung, Kapitalherabsetzung und Kapitalrückzahlung	AG	Gesetz v. 13.12.1978 (BGBl. I S. 1959ff.)
3. Richtlinie Verschmelzungsrichtlinie v. 9.10.1978 (ABl. Nr. L 295, S. 36ff.)	nationale Fusion: Verschmelzung durch Aufnahme oder Neubildung	AG	Gesetz v. 25.10.1982 (BGBl. I S. 1425ff.)
4. Richtlinie Bilanzrichtlinie v. 25.7.1978 (ABl. Nr. L 222, S. 11ff.)	Gliederung, Bewertung, Prüfung und Offenlegung von Jahresabschlüssen	AG, KGaA, GmbH	Bilanzrichtlinien-Gesetz v. 19.12.1985 (BGBl. I S. 2355ff.)
5. Richtlinie Schwellenwertrichtlinie v. 27.11.1984 (ABl. Nr. L314, S. 28)	Änderung der in ECU ausgedrückten Beträge der 4. EG-Richtlinie	AG, KGaA, GmbH	Bilanzrichtlinien-Gesetz v. 19.12.1985 (BGBl. I S. 2355ff.)
6. Richtlinie Spaltungsrichtlinie v. 17.12.1982 (ABl. Nr. L378, S. 47ff.)	Spaltung durch Übertragung auf mehrere Gesellschaften, Spaltung durch Gründung neuer Gesellschaften	AG	bisher keine Umsetzung
7. Richtlinie Konzernabschlußrichtlinie v. 13.6.1983 (ABl. Nr. 5 L 193, S. 1ff.)	Rechnungslegung im Konzern	Konzernunternehmen	Bilanzrichtlinien-Gesetz v. 19.12.1985 (BGBl. I S. 2355ff.)
8. Richtlinie Bilanzprüferrichtlinie v. 10.4.1984 (ABl. Nr. L126, S. 20ff.)	Zulassungsvoraussetzungen für die mit der Pflichtprüfung von Jahresabschlüssen der Kapitalgesellschaften beauftragten Personen	AG, KGaA, GmbH, Konzernunternehmen	Bilanzrichtlinien-Gesetz v. 19.12.1985 (BGBl. I S. 2355ff.)

Abb. 8 Gesellschaftsrechtliche EG-Richtlinien

II. Übersicht über die Vorschriften für alle Kaufleute

Die gesetzlichen Grundlagen zur **Rechnungslegung für alle Kaufleute** sind im ersten Abschnitt des Dritten Buches des Handelsgesetzbuches geregelt. Diese **Vorschriften gelten grundsätzlich**, sofern nicht Spezialvorschriften anzuwenden sind. Die Regelungen sind in Unterabschnitte und z.T. in Titel gegliedert:

Erster Abschnitt: Vorschriften für alle Kaufleute		
Unter-abschnitt	Anwendungsbereich	
1	Buchführung, Inventar	
2	Eröffnungsbilanz, Jahresabschluß	Titel: 1. Allgemeine Vorschriften 2. Ansatzvorschriften 3. Bewertungsvorschriften
3	Aufbewahrung und Vorlage	
4	Sollkaufleute, Landesrecht	

Abb. 9 Drittes Buch HGB: Gliederung des ersten Abschnittes

Der erste Unterabschnitt behandelt die **Buchführung** und das **Inventar**. § 238 HGB regelt die allgemeine **Buchführungspflicht**. Danach ist jeder Vollkaufmann verpflichtet, Handelsbücher zu führen und die Vermögenslage nach den **Grundsätzen ordnungsmäßiger Buchführung (GoB)** ersichtlich zu machen. Die Buchführung muß einem sachverständigen Dritten innerhalb angemessener Zeit einen Überblick über die Geschäftsvorfälle und Unternehmenslage vermitteln. Der Kaufmann ist verpflichtet, über alle Handelsbriefe Abschriften oder Kopien zurückzubehalten. Während § 239 HGB die **Art der Führung der Handelsbücher** bestimmt, enthalten die §§ 240, 241 HGB **Grundsätze für** die **Inventur** und das **Inventar**. Zu Beginn eines Handelsgewerbes und zum Bilanzstichtag ist jeweils eine körperliche Bestandsaufnahme (Inventur) erforderlich und ein art-, mengen- und wertmäßiges Verzeichnis aller Vermögensgegenstände (Inventar) zu führen. Abweichungen von der Stichtagsinventur sind möglich, wenn unter Anwendung der Grundsätze ordnungsmäßiger Buchführung durch andere Verfahren eine richtige Ermittlung des Bestandes der Vermögensgegenstände nach Art, Menge und Wert festgestellt werden kann (§ 241 Abs. 3 HGB). Ebenso sind **Vereinfachungsverfahren** durch Gruppenbewertung und Festwertverfahren unter bestimmten Voraussetzungen möglich (ausführliche Darstellung vgl. Gliederungspunkt B. IV. des 4. Kapitels).

Der zweite Unterabschnitt betrifft die **Eröffnungsbilanz** und den **Jahresabschluß**. Die §§ 242, 243 HGB beinhalten die Verpflichtung, eine Anfangs- oder Eröffnungsbilanz aufzustellen und danach jeweils zum Schluß eines Geschäftsjahres regelmäßig eine Jahresabschlußbilanz und eine Gewinn- und Verlustrechnung nach den Grundsätzen ordnungsmäßiger Buchführung aufzustellen. Dabei ist der Grundsatz der Klarheit und Übersichtlichkeit zu beachten (vgl. Gliederungspunkt B. I. des 3. Kapitels). Die §§ 244, 245 HGB enthalten Vorschriften über die **Sprache**, **Währungseinheit** und **Unterzeichnung**. In den §§ 246–256 HGB werden **Ansatz- und Bewertungsvorschriften** aufgeführt.

Da diese im Zusammenhang mit Vorschriften des Steuerrechts zu sehen sind, werden sie gesondert dargestellt.

Bestimmungen über **Aufbewahrung, Aufbewahrungsfristen** (§ 257 HGB) und Vorlage von Unterlagen (§§ 258 ff. HGB) sind inhaltlich im dritten Unterabschnitt geregelt.

Der vierte Unterabschnitt bestimmt die Anwendung des Handelsrechts auf **Sollkaufleute** (§ 262 HGB) und den **Vorbehalt landesrechtlicher Vorschriften** (§ 263 HGB). Im einzelnen wird auf den Gesetzestext verwiesen.

III. Ergänzende Vorschriften für Kapitalgesellschaften

Der zweite Abschnitt des Dritten Buches des HGB stellt ergänzende **Spezialvorschriften für Kapitalgesellschaften** dar und ist ebenfalls z.T. recht weitgehend untergliedert (vgl. Abb. 10).

Zweiter Abschnitt: Ergänzende Vorschriften für Kapitalgesellschaften		
Unter-abschnitt	Anwendungsbereich	
1	Jahresabschluß der Kapitalgesellschaft und Lagebericht	Titel: 1. Allgemeine Vorschriften 2. Bilanz 3. Gewinn- und Verlustrechnung 4. Bewertungsvorschriften 5. Anhang 6. Lagebericht
2	Konzernabschluß und Konzernlagebericht	Titel: 1. Anwendungsbereich 2. Konsolidierungskreis 3. Inhalt und Form des Konzernabschlusses 4. Vollkonsolidierung 5. Bewertungsvorschriften 6. Anteilmäßige Konsolidierung 7. Assoziierte Unternehmen 8. Konzernanhang 9. Konzernlagebericht
3	Prüfung	
4	Offenlegung, Veröffentlichung und Vervielfältigung, Prüfung durch das Registergericht	
5	Verordnungsermächtigung für Formblätter und andere Vorschriften	
6	Straf- und Bußgeldvorschriften, Zwangsgelder	

Abb. 10 Drittes Buch HGB: Gliederung des zweiten Abschnittes

Der erste Unterabschnitt erläutert den **Jahresabschluß** und den **Lagebericht**. Gem. § 264 HGB ist für Kapitalgesellschaften ein erweiterter Jahresabschluß, bestehend aus Bilanz, Gewinn- und Verlustrechnung und Anhang, sowie ein Lagebericht zu erstellen.

§ 264 Abs. 2 HGB beinhaltet den **„Grundsatz des true and fair view"**, d.h. der Jahresabschluß hat ein den tatsächlichen Verhältnissen entsprechendes Bild der Vermögens-, Finanz- und Ertragslage unter Beachtung der Grundsätze ordnungsmäßiger Buchführung zu vermitteln. Die §§ 265–283 HGB enthalten **Bilanzierungs- und Bewertungsvorschriften**, die §§ 284–288 HGB Vorschriften zum Anhang und der § 289 HGB Vorschriften zum **Lagebericht**, die im einzelnen im 5. Kapitel dargestellt werden.

Im zweiten Unterabschnitt erfolgt in den §§ 290–315 HGB die **Umsetzung der 7. EG-Richtlinie** (Konzernabschluß-Richtlinie). „Stehen in einem Konzern die Unternehmen unter der einheitlichen Leitung einer Kapitalgesellschaft (Mutterunternehmen) mit Sitz im Inland und gehört dem Mutterunternehmen eine Beteiligung nach § 271 Abs. 1 an dem oder den anderen unter der einheitlichen Leitung stehenden Unternehmen (Tochterunternehmen), so haben die gesetzlichen Vertreter des Mutterunternehmens in den ersten fünf Monaten des Konzerngeschäftsjahrs für das vergangene Konzerngeschäftsjahr einen Konzernabschluß und einen Konzernlagebericht aufzustellen." (§ 290 Abs. 1 HGB). Da diese Arbeit sich auf die Grundlagen des Jahresabschlusses konzentriert, beschränken sich die Ausführungen auf den Einzelabschluß. Für nähere Inhalte und Fragen zum **Konzernabschluß** wird auf die **Spezialliteratur** verwiesen (vgl. Angaben des Literaturverzeichnisses, insbesondere Coenenberg, Heinen, Fröschle/Kropp/Wöste, Küting/Weber, 1989, Wysocky/Wohlgemuth).

Der dritte Unterabschnitt führt Vorschriften zur **Prüfung** und der vierte Unterabschnitt Vorschriften zur **Offenlegung** auf. Beide werden im einzelnen im 5. Kapitel dargestellt. Der fünfte Unterabschnitt beinhaltet eine **Verordnungsermächtigung** für Formblätter und andere Vorschriften, während der sechste Unterabschnitt **Straf- und Bußgeldvorschriften** sowie **Zwangsgelder** enthält. Im einzelnen wird auf das Gesetz verwiesen.

IV. Vorschriften des Aktiengesetzes

Wenngleich die Vorschriften der Rechnungslegung aller Unternehmen im HGB zusammengefaßt sind, gibt es dennoch in den gesellschaftsbezogenen Gesetzen einige Sondervorschriften, so u.a. auch im Aktiengesetz (AktG).

Der fünfte Teil des Ersten Buches des Aktiengesetzes (AktG) enthält in den §§ 148–174 ergänzende Vorschriften über die **Rechnungslegung und Gewinnverwendung** von Aktiengesellschaften und Kommanditgesellschaften auf Aktien (KGaA).

Diese betreffen im wesentlichen die folgenden Bereiche:
- Gesetzliche Rücklage, Kapitalrücklage (§ 150 AktG)
- Vorschriften zur Bilanz (§ 152 AktG)
- Vorschriften zur Gewinn- und Verlustrechnung (§ 158 AktG)
- Vorschriften zum Anhang (§ 160 AktG)
- Prüfung des Jahresabschlusses (§§ 170, 171 AktG)
- Feststellung des Jahresabschlusses, Gewinnverwendung (§§ 172–174 AktG)

Darüber hinaus ist in § 58 AktG die **Verwendung des Jahresüberschusses** geregelt.

V. Sonstige Vorschriften

1. Spezialvorschriften für die GmbH und Genossenschaft

Für die **Gesellschaft mit beschränkter Haftung** (GmbH) sind im „Gesetz betreffend die Gesellschaften mit beschränkter Haftung" (GmbHG) einige **Spezialvorschriften zur**

Buchführung und Bilanzierung enthalten. Diese betreffen vor allem die Begrenzung der Ausschüttungen, den Ausweis des Eigenkapitals (§ 30 Abs. 1 und § 42 Abs. 1 GmbHG), die Pflicht zu ergänzenden Angaben in der Bilanz oder im Anhang, die Kreditbeziehungen zwischen der Gesellschaft und den Gesellschaftern (§ 42 Abs. 3 GmbHG) sowie die Abschlußprüfung (§ 42a GmbHG). Im übrigen nimmt das GmbH-Gesetz ausdrücklich Bezug auf das Handelsgesetzbuch (§ 42 Abs. 1 Satz 1 GmbHG).

Für die **Genossenschaft** sind im dritten Abschnitt des Dritten Buches des Handelsgesetzbuches **ergänzende Vorschriften** enthalten. Diese betreffen die

- Pflicht zur Aufstellung von Jahresabschluß und Lagebericht,
- Vorschriften zur Bilanz,
- Vorschriften zum Anhang,
- Vorschriften zur Offenlegung.

Weitere Spezialvorschriften sind für die Genossenschaften im „Gesetz betreffend die Erwerbs- und Wirtschaftsgenossenschaften" (GenG) enthalten (§ 33 GenG).

2. Rechnungslegung nach dem Publizitätsgesetz

Unternehmen sind unabhängig von ihrer Rechtsform nach dem „Gesetz über die Rechnungslegung von bestimmten Unternehmen und Konzernen" (PublG) zur Rechnungslegung, Prüfung und Bekanntmachung nach den Vorschriften des Handelsgesetzbuches verpflichtet. **Publizitätspflicht** besteht für alle Unternehmen, für die an drei aufeinanderfolgenden Abschlußstichtagen zwei der drei nachstehenden **Merkmale** zutreffen (§ 1 PublG):

- Die **Bilanzsumme** übersteigt 125 Mio DM,
- die **Umsatzerlöse** liegen über 250 Mio DM pro Jahr,
- das Unternehmen beschäftigt in den 12 Monaten vor dem Abschlußstichtag im Durchschnitt mehr als 5000 **Arbeitnehmer**.

Die Regelungen für Einzelunternehmen und Personengesellschaften sind weitgehend identisch mit den Publizitätspflichten der großen Kapitalgesellschaften. Für Konzerne gelten die Konzernrechnungslegungsvorschriften des Handelsgesetzbuches.

B. Steuerrechtliche Vorschriften

I. Grundsätzliche Rechnungslegungspflichten

Die **steuerrechtlichen Buchführungs- und Aufzeichnungspflichten** ergeben sich aus den Bestimmungen der Abgabenordnung (AO). § 140 AO bestimmt, daß jeder, der nach anderen Gesetzen als den Steuergesetzen rechnungspflichtig ist, diese Verpflichtung auch **im Interesse der Besteuerung** zu erfüllen hat. Damit werden die im HGB und anderen Gesetzen enthaltenen Vorschriften automatisch Bestandteil der steuerrechtlichen Vorschriften. Da nach § 238 Abs. 1 HGB **alle (Voll-)Kaufleute** verpflichtet sind, Bücher zu führen, ist damit eine entsprechende Verpflichtung für das Steuerrecht verbindlich gegeben. Neben dieser **abgeleiteten Buchführungspflicht** gibt es im Steuerrecht aber auch eine **originäre Buchführungspflicht** für Personen (Land- und Forstwirte, Kleingewerbetreibende), die nicht (Voll-)Kaufleute im Sinne des HGB sind. Der Kreis der Buchführungspflichtigen wird somit durch die Abgabenordnung gegenüber den handelsrechtlich Buchführungspflichtigen erweitert (§ 141 Abs. 1 AO). Darüber hinaus werden die Vorschriften über die Führung der Bücher zum Teil eigenständig präzisiert (§§ 142–147 AO) und in Sonderregelungen, wie beispielsweise Verordnungen über die Dokumentation von Wareneingängen und Warenausgängen, festgelegt.

II. Vorschriften zur steuerlichen Bilanzierung

Die Vorschriften zur steuerlichen Bilanzierung finden sich **vorwiegend** in den **§§ 4 bis 7 EStG** (Einkommensteuergesetz) sowie in steuerrechtlichen Sondervorschriften zur Bewertung (z.B. §§ 74ff. Einkommensteuerdurchführungsverordnung, EStDV). Darüber hinaus sind in den **Einkommensteuerrichtlinien** (EStR), **Körperschaftsteuerrichtlinien** (KStR) und **Gewerbesteuerrichtlinien** (GewStR) zahlreiche Regelungen zum Bilanzsteuerrecht zu finden. Diese Richtlinien haben zwar keine Gesetzeskraft, spielen aber als Richtlinien der Finanzbehörden für die praktische Bilanzierung eine wichtige Rolle. Zusätzlich gibt es eine umfangreiche **Rechtsprechung zum Bilanzsteuerrecht**, insbesondere des Bundesfinanzhofs (BFH), die Eingang in die tägliche Praxis bei der Aufstellung der Steuerbilanz findet.

Nach § 2 Abs. 1 EStG unterliegen folgende Einkunftsarten der Besteuerung:

1. Einkünfte aus Land- und Forstwirtschaft
2. Einkünfte aus Gewerbebetrieb
3. Einkünfte aus selbständiger Arbeit
4. Einkünfte aus nichtselbständiger Arbeit
5. Einkünfte aus Kapitalvermögen
6. Einkünfte aus Vermietung und Verpachtung
7. sonstige Einkünfte im Sinne des § 22 EStG

Die Einkünfte der drei ersten Einkunftsarten sind die Gewinne, die nach §§ 4–7 EStG ermittelt werden.

Dabei ermitteln Unternehmen (Gewerbebetriebe) ihren Gewinn regelmäßig durch einen **Betriebsvermögensvergleich** nach § 4 Abs. 1 EStG (vgl. 1. Kapitel, B.I.). Im Ausnahmefall wird der steuerliche Gewinn durch den „Überschuß der Betriebseinnahmen über die Betriebsausgaben" nach § 4 Abs. 3 EStG ermittelt; die Regelung ist für Unternehmen, die nach handelsrechtlichen Vorschriften Jahresabschlüsse aufzustellen haben, irrelevant. Alle mit dem Betriebsvermögensvergleich zusammenhängenden Fragen und Probleme werden unter dem Begriff **Bilanzsteuerrecht** zusammengefaßt; insofern ist das Bilanzsteuerrecht ein besonderer **Teil des Einkommensteuerrechts**.

III. Maßgeblichkeit der Handelsbilanz für die Steuerbilanz und Umkehrung des Prinzips

Das **Maßgeblichkeitsprinzip** der Handelsbilanz für die Steuerbilanz ist der wichtigste **Verknüpfungspunkt zwischen beiden Systemen**. § 5 Abs. 1 Satz 1 EStG schreibt vor, daß Gewerbetreibende, die „Bücher führen und regelmäßig Abschlüsse machen", für den Schluß des Wirtschaftsjahres das Betriebsvermögen anzusetzen haben, „das nach den handelsrechtlichen Grundsätzen ordnungsmäßiger Buchführung auszuweisen ist". Dieser **Grundsatz der Maßgeblichkeit der Handelsbilanz für die Steuerbilanz** besagt in Ergänzung zu § 140 AO, daß die handelsrechtlichen Buchführungsunterlagen grundsätzlich auch für die Aufstellung der Steuerbilanz maßgebend sind.

Damit sind die Unternehmen nicht verpflichtet, eine gesonderte Steuerbilanz aufzustellen. Es genügt, wenn dem Finanzamt eine Handelsbilanz eingereicht wird, die unter Beachtung der steuerlichen Spezialvorschriften korrigiert worden ist. Wenn man jedoch von den Kapitalgesellschaften, die Bilanzen zu veröffentlichen haben, absieht, werden faktisch **in den meisten Unternehmen nur Steuerbilanzen** aufgestellt; das sind dann Handelsbilanzen, die bereits die steuerlichen Vorschriften berücksichtigt haben.

Das Prinzip der Maßgeblichkeit läßt einige Variationen zu, die in folgende Kategorien eingeteilt werden können:

- Räumt das Steuerrecht ein Wahlrecht ein, etwa den Ansatz des niedrigeren Marktpreises (Teilwert) anstatt des (höheren) Anschaffungswerts, und verlangt das Handelsrecht den niedrigeren Wert, so muß dieser Wert auch in der Steuerbilanz angesetzt werden.
- Lassen das Handelsrecht und das Steuerrecht mehrere alternative Werte zu, z.B. (niedrigere) Börsenkurse bei Wertpapieren des Anlagevermögens anstatt der (höheren) Anschaffungskosten oder den Ansatz von allgemeinen Verwaltungskosten bei Fertigerzeugnissen, so ist in der Steuerbilanz der in der Handelsbilanz gewählte Ansatz maßgeblich.
- Bestehen handelsrechtliche Wahlrechte, z.B. bei der Wahl der Abschreibungsform, sind aber steuerlich nach § 7 EStG bestimmte Abschreibungen zwingend vorgesehen, so gelten für die Steuerbilanz die steuerlichen Vorschriften.

Darüber hinaus gibt es ein besonderes Problem, das in bestimmten Fällen praktisch zu einer **Umkehrung des Maßgeblichkeitsprinzips** führt. Spezielle steuerrechtliche Wahlrechte wie steuerliche Sonderabschreibungen, erhöhte Absetzungen, Rücklagen für Ersatzbeschaffungen (§ 6b EStG oder Abschnitt 35 EStR) und andere Vergünstigungen, z.B. die Bewertung mit einem Importwarenabschlag (§ 80 EStDV) oder die Bewertung nach dem sog. Lifo-Verfahren (§ 6 Abs. 1 Nr. 2a EStG) können nach den allgemeinen handelsrechtlichen Vorschriften in der Handelsbilanz i.d.R. (zunächst) nicht angesetzt werden. Die speziellen Vorschriften der §§ 247 Abs. 3 und 254 HGB erlauben aber den Ansatz der nur steuerlichen Werte grundsätzlich auch in der Handelsbilanz. Gleichzeitig verlangt die Vorschrift des § 5 Abs. 1 S. 2 EStG für die steuerliche Anerkennung ausnahmslos den Ansatz auch in der Handelsbilanz. Dadurch werden die Werte der Steuerbilanz mit den Werten der Handelsbilanz fest verknüpft. So entsteht bei formaler Gültigkeit des Maßgeblichkeitsprinzips der Handelsbilanz für die Steuerbilanz faktisch die Umkehrung des Maßgeblichkeitsprinzips. Steuerliche Wahlrechte können somit nur dann in Anspruch genommen werden, wenn sie vorher bereits in der Handelsbilanz enthalten sind. Will ein Unternehmen solche Wahlrechte ausüben, ist es gezwungen, in Umkehrung des allgemeinen Prinzips die **Handelsbilanz von der Steuerbilanz abhängig** zu machen.

Bei Kapitalgesellschaften ist der Ansatz von speziellen steuerlichen Werten nur dann zulässig, wenn das Steuerrecht den Ansatz auch in der Handelsbilanz zur Voraussetzung der steuerlichen Anerkennung verlangt (§§ 273 und 279 Abs. 2 HGB). Da dieses Postulat durch die umfassende Regelung in § 5 Abs. 1 S. 2 EStG immer gegeben ist, sind die Regelungen für die Kapitalgesellschaft irrelevant, wenn man von der (zeitlich auslaufenden) Ausnahme der Preissteigerungsrücklage (§ 74 EStDV) absieht. Ähnliches gilt für das Wertaufholungsgebot nach § 280 HGB. (Eine ausführliche Darstellung der Problematik findet sich im 5. Kapitel, Abschnitt D.II.).

C. Zusammenfassende Übersicht

Die wichtigsten allgemeinen Vorschriften über die handels- und steuerrechtlichen Rechnungslegungsvorschriften sind in Abb. 11 (vgl. Coenenberg S. 26f.) zusammengefaßt.

Die wichtigsten allgemeinen Vorschriften zur Bilanzierung

Gesetz, relevante §§, Geltungsbereich	Buchführung	Inventur	Aufstellung von Jahresabschluß und Lagebericht	Veröffentlichung	Konzernabschluß und Konzern-Lagebericht
HGB, §§ 238–263, alle Kaufleute	Vorgeschrieben (§ 238), einige konkrete Regeln in § 239, sonst nach GoB	Vorgeschrieben (§ 240), vorverlegte Stichtagsinventur u. permanente Inventur ausdrücklich zulässig (§ 241), sonst nach GoB	Bilanz u. GuV vorgeschrieben (§ 242), Anhang u. Lagebericht nicht erforderlich	Nicht vorgeschrieben	Nur in Ausnahmefällen, s. PublG
HGB, §§ 264–335, AktG, §§ 150–160, alle Kapitalgesellschaften	Vorgeschrieben § 264 II i.V.m. § 238, Einzelheiten nach GoB, wie alle Kaufleute	Vorgeschrieben, wie alle Kaufleute (§ 264 II)	Bilanz, GuV, Anhang u. Lagebericht vorgeschrieben (§ 264 I)	Generelle Veröffentlichung, für kleinere u. mittlere Gesellschaften Vereinfachungen (Registerpublizität) §§ 325–327	Aufstellung bei Vorliegen der Tatbestände des § 290
GenG, § 33, HGB, §§ 336–339, alle Genossenschaften	Vorgeschrieben § 17 II i.V.a. §§ 33 I GenG, Einzelheiten nach GoB (§ 336 I)	Wie alle Kaufleute	Bilanz, GuV, Anhang u. Lagebericht vorgeschrieben (§§ 336–338)	Einreichung von JA u. Lagebericht beim Gen.-register (§ 339), Erleichterungen für kleinere u. mittlere Genossenschaften (§ 339 III)	Nur in Ausnahmefällen, s. PublG

Die wichtigsten allgemeinen Vorschriften zur Bilanzierung

Gesetz, relevante §§, Geltungsbereich	Buchführung	Inventur	Aufstellung von Jahresabschluß und Lagebericht	Veröffentlichung	Konzernabschluß und Konzern-Lagebericht
PublG, §§ 1–15, alle Untern., die 2 von 3 Größenkriterien der §§ 1 bzw. 11 erfüllen	Wie HGB (§ 5 II)	Wie HGB (§ 5 II)	Weitgehend wie große Kapitalgesellschaften (§ 5)	Weitgehend wie bei Kapitalgesellschaften (§ 9)	Vorgeschrieben, wenn Konzern Größenkriterien des § 11 erfüllt (§§ 13–15)
AO, §§ 140–148, alle nach anderen Gesetzen Buchführungspflichtigen u. wer eines der Größenkriterien d. § 141 erfüllt	Vorgeschrieben (§ 141 I), einige konkrete Regeln in § 146, sonst nach GoB	Wie HGB (§ 141 I)	Wie HGB (§ 141 I)	Nicht vorgeschrieben	Nicht vorgeschrieben
EStG, §§ 4–7g, alle nach der AO Buchführungspfl.	Im EStG nicht geregelt	Vorgeschrieben (GoB, § 5 I)	Bilanz vorgeschrieben (§ 4 I), GuV vorgeschrieben durch GoB, Lagebericht nicht erforderlich	Nicht vorgeschrieben	Nicht vorgeschrieben

Abb. 11 Übersicht der Vorschriften zum Jahresabschluß

3. Kapitel:
Bilanzierungsvorschriften für alle Kaufleute

A. Grundsätze ordnungsmäßiger Buchführung und Bilanzierung

I. Begriff und Quellen

Gem. § 243 Abs. 1 HGB müssen die Grundsätze ordnungsmäßiger Buchführung (GoB) bei der Aufstellung des Jahresabschlusses beachtet werden. Als Grundsätze ordnungsmäßiger Buchführung und Bilanzierung soll hier die **Gesamtheit der Grundsätze und Regeln** gelten, die alle buchführungspflichtigen und bilanzierenden Kaufleute für **Buchführung, Inventur und Bilanzierung** anzuwenden haben.

Der Gesetzgeber hat an verschiedenen Stellen die Ordnungsmäßigkeit der Buchführung verlangt, den Inhalt dieses Begriffs aber nur teilweise ausgefüllt. Die **Generalklausel** des § 243 Abs. 1 HGB ist mit der Neuordnung des Rechts für den Jahresabschluß in einer Reihe von Einzelvorschriften des HGB kodifiziert worden. Die Grundsätze, die in den §§ 243 Abs. 2, 246 und 252 HGB enthalten sind, gelten jedoch nur als Teil des umfassenden Systems der GoB. Der Begriff ist darum ein **unbestimmter Rechtsbegriff**, dessen Inhalt aus anderen Quellen ergänzend aufzufüllen ist. Als allgemeine Quellen der GoB gelten

- **Rechtsordnung**, Handelsrecht, Steuerrecht und Rechtsprechung, insbesondere die Rechtsprechung des Reichsgerichts, des Reichsfinanzhofs (RFH), des Bundesgerichtshofs (BGH) und des Bundesfinanzhofs (BFH),
- praktische **Übung ordentlicher Kaufleute**,
- Richtlinien, **Erlasse, Empfehlungen und Gutachten** von Behörden und Verbänden,
- **wissenschaftliche Diskussion**.

Es ist verständlich, daß die Systematisierung und Gliederung der GoB in der Literatur nicht einheitlich erfolgt. Auch die Bezeichnung „**Grundsätze ordnungsmäßiger Buchführung**" bzw. „**Grundsätze ordnungsmäßiger Bilanzierung**" wird nicht einheitlich verwendet. In einer weiten Auslegung beinhalten die Grundsätze ordnungsmäßiger Buchführung auch die entsprechenden Grundsätze der Bilanzierung; in einer engen Auslegung werden für die Bilanzierung eigene Grundsätze postuliert (zur eingehenden Darstellung der GoB, vgl. Leffson). Nachfolgend werden zunächst die Bilanzierungsgrundsätze erörtert; die Bewertungsgrundsätze werden im nachfolgenden Kapitel gesondert besprochen.

II. Wichtige Einzelgrundsätze

1. Richtigkeit und Willkürfreiheit

Der Grundsatz der Richtigkeit und Willkürfreiheit ist nicht ausdrücklich im Gesetz erwähnt. Häufig als **Grundsatz der Wahrheit** oder Grundsatz der Bilanzwahrheit bezeichnet, fordert er eine möglichst weitgehende **Übereinstimmung mit den Tatsachen**. Das bedeutet, daß der Abschluß aus Aufzeichnungen der Buchführung abgeleitet werden muß, die unter Beachtung von Buchführungsvorschriften den Tatbestand richtig wiedergeben. Dabei muß die **materielle und formelle Ordnungsmäßigkeit** der Buchführung so geartet sein, daß ein „sachverständiger Dritter" die Aussagen objektiv nachvollziehen kann. Soweit **Schätzwerte** verwendet werden, müssen diese **innerhalb eines objektiv nachvollziehbaren Ermessensspielraums** liegen. Die Willkürfreiheit verlangt darüber hinaus, daß bei Bilanzierungs- oder Bewertungswahlrechten die Größen angesetzt werden, die nach der persönlichen Überzeugung des Bilanzierenden am wahrscheinlichsten sind.

Der Grundsatz der Wahrheit als **Prinzip absoluter Wahrheit** ist offensichtlich **unsinnig**. So ist es beispielsweise unzweckmäßig, zugunsten dieses Prinzips bei Inventurmethoden unwirtschaftliche Verfahren anzuwenden, die bei geringer Wertigkeit von Positionen zu einem unangemessenen Arbeitsaufwand führen. Das Prinzip der Wahrheit kann damit immer nur das **Prinzip einer relativen Bilanzwahrheit** beinhalten. Alle Maßnahmen einer **Bilanzverschleierung**, die auf eine unklare und undurchsichtige Darstellung von Bilanzpositionen und -werten hinweisen, und jegliche Art von **Bilanzfälschung**, bei der Bilanzwerte bewußt irreführend dargestellt werden, ist natürlich nicht nur unvereinbar mit den GoB, sondern u.U. sogar Straftatbestand (vgl. § 331 HGB).

2. Klarheit und Übersichtlichkeit

Der **Grundsatz der Klarheit und Übersichtlichkeit** steht als Postulat in § 243 Abs. 2 HGB. Der Jahresabschluß muß „klar und übersichtlich sein".

Nach § 238 Abs. 1 HGB wird jeder Kaufmann zur Führung von Büchern verpflichtet. Die **Ordnungsmäßigkeit der Buchführung** ist dabei nicht an die Verwendung bestimmter Buchführungssysteme gebunden. **In der Praxis der Unternehmensrechnung** ist jedoch **nur die doppelte Buchführung** in der Lage, diese Anforderungen zu erfüllen. Das System wird gekennzeichnet durch die Aufzeichnung der Geschäftsvorfälle in chronologischer Reihenfolge in ein Grundbuch oder Journal und in ein Hauptbuch oder sog. Sachkonten. Gleichzeitig werden i.d.R. Nebenbücher, z.B. Debitorenbuchhaltung, Kreditorenbuchhaltung, Kassenbuch, Lagerbuchführung, Anlagebuchhaltung, geführt. Neben einigen **Forderungen nach zeitgerechter, vollständiger, richtiger Aufzeichnung in deutscher Sprache** und dem **Verbot nachträglicher Änderung** gelten vor allem folgende **Prinzipien für eine ordnungsmäßige Buchführung**:

- **keine Buchung ohne Beleg**
- **Nachvollzug der Geschäftsvorfälle** vom Beleg über die Verbuchung der Bilanz und umgekehrt
- **Übersichtlichkeit der Informationsdarbietung**

Die **Übersichtlichkeit** der Informationsdarbietung muß so gestaltet sein, daß „ein sachverständiger Dritter sich in dem Buchführungswerk ohne große Schwierigkeiten in angemessener Zeit zurechtfinden" kann (BFH vom 18.2.1966, BStBl. III 1966, S. 496). Neben der **Beachtung allgemeiner Ordnungsprinzipien**, wie sinnvolle und numerierte Belegablage, sind vor allem Kontenrahmen für das Buchhaltungssystem zu verwenden. Zwar sind Kontenrahmen, die für verschiedene Branchen und Industriezweige vorliegen, nicht rechtsverbindlich, der ordentliche Aufbau eines Buchhaltungssystems erfordert aber praktisch die Anlehnung an ein Kontenrahmensystem.

3. Vollständigkeit und Verrechnungsverbot

Der **Grundsatz der Vollständigkeit** ist in § 246 Abs. 1 HGB geregelt. Er umfaßt den gesamten Jahresabschluß, d.h. sowohl sämtliche Aktiv- und Passivpositionen als auch alle Aufwendungen und Erträge.

Vollständigkeit bedeutet, daß alle buchungspflichtigen Vorgänge nicht nur erfaßt werden, sondern die Grundbuchungen möglichst auch zeitnah erfolgen. Dies erfordert zwar keine tägliche Aufzeichnung, jedoch muß ein zeitlicher Zusammenhang zwischen den Vorgängen und ihrer Verbuchung bestehen. Dieses Prinzip ist im Laufe der Zeit durch Einführung der EDV-Buchhaltung aufgelockert worden. So wird es etwa von der Finanzverwaltung als vertretbar angesehen, wenn bei externer Buchführung die Grundbuchungen eines Monats bis zum Ablauf des folgenden Monats vorgenommen werden. Dabei ist jedoch eine Belegsicherung durch geordnete Ablage der Urbelege zu gewährleisten.

Der Grundsatz der Vollständigkeit bezieht sich auch auf bestehende **Risiken**, die noch keine Auswirkung in den Geschäftsvorfällen gefunden haben. Sie finden ihren Niederschlag in der vorsichtigen Bewertung der Aktiva und Passiva sowie in der Bildung von Rückstellungen.

Der § 246 Abs. 2 HGB bestimmt weiterhin, daß keine Verrechnungen zwischen einzelnen Posten in der Bilanz sowie in der Gewinn- und Verlustrechnung durchgeführt werden dürfen. Dieses **Verrechnungsverbot** ist ein besonderer Ausdruck des Prinzips der Einzelbewertung (vgl. auch Gliederungspunkt A.III. des 4. Kapitels).

B. Inhalt des Jahresabschlusses

I. Bilanz

1. Übersicht

Die Bilanz beinhaltet gem. § 247 Abs. 1 HGB das Anlagevermögen, das Umlaufvermögen, das Eigenkapital, die Schulden und die Rechnungsabgrenzungsposten. Diese Positionen sind hinreichend aufzugliedern, wobei der Grundsatz der Klarheit und Übersichtlichkeit Maßstab für die Unterteilung ist.

Ein Bilanzgliederungsschema für Einzelkaufleute und Personengesellschaften ist zwar gesetzlich nicht vorgeschrieben, hat aber den Grundsätzen ordnungsmäßiger Buchführung zu entsprechen. Wenngleich die genauen Vorschriften zur Bilanzgliederung der Kapitalgesellschaften und der gesetzliche Verzicht einer solchen Gliederung für Nicht-Kapitalgesellschaften bedeutet, daß Personenunternehmen im Rahmen des § 247 Abs. 1 HGB und der GoB freie Hand haben, bietet sich dennoch das **Grundschema der Kapitalgesellschaft**, zumindest das der kleinen Kapitalgesellschaft, **als Gliederungsorientierung** an. Die nachfolgende Abbildung zeigt ein solches Schema; es kann als eine beispielhafte Ausgestaltung der Rechtsvorschriften gelten und ist an die besonderen Tatbestände des individuellen Unternehmens anzupassen. Wenn auch rechtlich diese schon recht weit gegliederte Form nicht zwingend sein mag, ist sie zumindest betriebswirtschaftlich dringend zu empfehlen. Die im Schema angegebenen Positionen werden im folgenden näher behandelt. Dabei wird, falls zur Klärung zweckmäßig, auch auf die ergänzenden Vorschriften für Kapitalgesellschaften zurückgegriffen, da hier häufig eindeutige und klare Aussagen zur Bilanzierung gemacht werden. Es ist zu beachten, daß diese Vorschriften für die Einzelkaufleute und Personengesellschaften nicht zwingend, aber in jedem Fall mit den GoB vereinbar sind.

Aktiva	Passiva

A. Anlagevermögen
  I. Immaterielle Vermögensgegenstände
  II. Sachanlagen
    1. Grundstücke, grundstücksgleiche Rechte und Bauten
    2. Technische Anlagen und Maschinen
    3. Andere Anlagen, Betriebs- und Geschäftsausstattung
    4. Geleistete Anzahlungen und Anlagen im Bau
  III. Finanzanlagen
    1. Beteiligungen
    2. Wertpapiere, Ausleihungen und sonstige Finanzanlagen
B. Umlaufvermögen
  I. Vorräte
    1. Roh-, Hilfs- und Betriebsstoffe
    2. Unfertige Erzeugnisse
    3. Fertige Erzeugnisse und Waren
    4. Geleistete Anzahlungen
  II. Forderungen
    1. Forderungen aus Lieferungen und Leistungen
    2. Forderungen an Gesellschafter
    3. Sonstige Forderungen
    4. Sonstige Vermögensgegenstände
  III. Wertpapiere
  IV. Flüssige Mittel
C. Rechnungsabgrenzungsposten
	A. Eigenkapital
	  1. Kapitaleinlagen unbeschränkt haftender Gesellschafter
	  2. Kapitaleinlagen der Kommanditisten
	B. Sonderposten mit Rücklageanteil
	C. Rückstellungen
	D. Verbindlichkeiten
	  1. Verbindlichkeiten gegenüber Kreditinstituten
	  2. Verbindlichkeiten aus Lieferungen und Leistungen
	  4. Verbindlichkeiten aus der Annahme gezogener und der Ausstellung eigener Wechsel
	  5. Verbindlichkeiten gegenüber Gesellschaftern
	  6. Sonstige Verbindlichkeiten
	E. Rechnungsabgrenzungsposten

Summe Aktiva	Summe Passiva

Abb. 12 Beispielhaftes Gliederungsschema der Bilanz für Nicht-Kapitalgesellschaften

2. Anlagevermögen

§ 247 Abs. 2 HGB definiert das **Anlagevermögen** als die **Gegenstände, „die bestimmt sind, dauernd dem Geschäftsbetrieb zu dienen"**. Der Begriff „dauernd" ist dabei nicht so zu verstehen, daß die Vermögensgegenstände praktisch als Daueranlage verstanden werden müssen, vielmehr ist der Begriff in **Abgrenzung zum Umlaufvermögen** zu sehen. Zum Anlagevermögen sind alle Vermögensgegenstände zu rechnen, die nicht für den kurzfristigen Umlaufprozeß bestimmt sind und deren Veräußerung normalerweise nur dann in Betracht kommt, wenn sie dem Unternehmen nicht mehr genügen oder wenn sie durch neue Vermögensgegenstände, beispielsweise Maschinen, ersetzt werden sollen. Damit sind Gegenstände an sich noch nicht als Anlage- oder Umlaufvermögen zu bilanzieren; ihre **Zuordnung** ergibt sich **allein aus der Zweckbestimmung** (ein Kraftfahrzeug ist im Industrieunternehmen Anlagevermögen, beim Kraftfahrzeughändler Umlaufvermögen).

Ein **Anlagespiegel** ist gesetzlich nicht vorgeschrieben. Für Zwecke der Bilanzklarheit und -vollständigkeit wäre eine Erstellung allerdings sinnvoll. Diese kann nach altem Muster oder nach den Vorschriften für Kapitalgesellschaften erfolgen. Da für Kapitalgesellschaften im Gegensatz zu den Einzelkaufleuten und Personengesellschaften ein Anlagespiegel erstellt werden muß, erfolgt im 5. Kapitel eine nähere Erläuterung.

Die im folgenden erläuterten Posten betreffen die allgemeine Beschreibung der wichtigsten Posten des Anlagevermögens.

- **Immaterielle Vermögensgegenstände**

Immaterielle Vermögensgegenstände des Anlagevermögens, die nicht entgeltlich erworben werden, dürfen gem. § 248 Abs. 2 HGB in der Handelsbilanz nicht aktiviert werden. Aus dem Umkehrschluß hieraus in Verbindung mit dem Vollständigkeitsgebot gem. § 246 Abs. 1 HGB ergibt sich dagegen für **entgeltlich erworbene immaterielle Vermögensgegenstände** des Anlagevermögens eine **Aktivierungspflicht** (vgl. Peat, Marwick, Mitchell & Co., S. 18). Als Beispiele sind Konzessionen, gewerbliche Schutzrechte und ähnliche Rechte sowie Lizenzen an solchen Rechten aufzuführen.

Die handelsrechtlichen Aktivierungspflichten und -verbote gelten auch in steuerlicher Hinsicht (vgl. § 5 Abs. 2 EStG).

Eine besondere Kategorie der immateriellen Werte ist der sog. **Geschäfts- oder Firmenwert**, auch Goodwill genannt. Er beinhaltet das Wertpotential eines Unternehmens, das über die bilanzierten Vermögensgegenstände (abzüglich Schulden) hinausgeht. Man unterscheidet dabei zwischen einem originären und einem (bei Verkauf eines Unternehmens realisierten) derivativen Geschäfts- oder Firmenwert. Nur für den entgeltlich erworbenen Geschäfts- oder Firmenwert besteht im Handelsrecht gem. § 255 Abs. 4 HGB ein Aktivierungswahlrecht, im Steuerrecht dagegen nach § 5 Abs. 2 EStG eine Aktivierungspflicht.

- **Sachanlagen**

Die Positionen **Grundstücke, grundstücksgleiche Rechte und Bauten** werden **zusammengefaßt**. Unter grundstücksgleichen Rechten werden die Rechte verstanden, die wie Grundstücke behandelt werden, z.B. Erbbaurecht, Erbpachtrecht u.a.

Die Position **Technische Anlagen und Maschinen** ist sehr pauschal gehalten. In der Praxis der Bilanzierung wird häufig eine weitere Unterteilung vorgenommen. Die **Abgrenzung** von Gebäuden zu technischen Anlagen und Maschinen oder zur Betriebs- und Geschäftsausstattung geschieht danach, ob eine getrennte Bewertung und Nutzung möglich ist. So gehören beispielsweise Heizungs- und Beleuchtungsanlagen in der Regel zur Position „Gebäude". Kraftanlagen und ähnliche Objekte, die man als selbständige Wirtschaftsgüter betrachten kann und getrennt von Baulichkeiten bewertet und abschreibt, werden zu den technischen Anlagen und Maschinen gezählt. **Abgrenzungsfragen** sind **in einer umfangreichen**, vor allem steuerlichen **Rechtsprechung** behandelt worden, **da die Zuordnung** von Wirtschaftsgütern verschiedener Bilanzpositionen **unter Umständen erhebliche Konsequenzen** für die Bewertung hat; Zeitdauer und Höhe der Abschreibungen hängen häufig von dieser Zuordnung ab. Im steuerlichen Bereich geht es dabei vor allem um die Abgrenzung der sog. **Betriebsvorrichtungen** (Krananlagen, Fahrstühle, Silogebäude, Transformatorengebäude u.a.), die als bewegliche Wirtschaftsgüter gelten, von den Gebäuden und den Gebäudeteilen (Ladeneinbauten, Schaufensteranlagen u.a.), die ebenfalls selbständige Wirtschaftsgüter sind (vgl. Körner, S. 268 ff. sowie Abschnitt 13 b und 42 Abs. 3 EStR).

Die Posten der **Anderen Anlagen und Betriebs- und Geschäftsausstattung** sind sehr heterogen. Grundsätzlich zählen hierzu alle beweglichen, nicht fest eingebauten Wirtschaftsgüter. Auch hier wird in der Praxis häufig weiter untergliedert, wobei zwischen Betriebsausstattung, Geschäftsausstattung, Fuhrpark, Werkzeugen u.ä. unterschieden wird.

Unter der Position **Geleistete Anzahlungen und Anlagen im Bau** werden neben den Anzahlungen alle Investitionen geführt, die zum Bilanzstichtag noch nicht fertiggestellt, d.h. noch nicht im Zustand der **Betriebsbereitschaft** sind.

Ein besonderes Problem ist die Frage der **Bilanzierung von Leasingobjekten**. Man unterteilt das Mieten von Objekten je nach Vertragsgestaltung in **operatives Leasing und Finanzierungs-Leasing**. Im ersten Fall handelt es sich in der Regel um eine normale (kurzfristige) Miete von Objekten. Die Mietzahlungen sind Aufwendungen. Im zweiten Fall geht es um die Entscheidung, Investitionen durch Kauf zu tätigen oder Objekte (langfristig) zu mieten. Dies ist zwar zunächst ein investitions- und finanzpolitisches Problem, es hat aber auch Konsequenzen für die Bilanzierung, da man bei wirtschaftlicher Betrachtung durchaus die Frage aufwerfen kann, bei wem das Investitionsgut zu bilanzieren ist.

Die Frage, ob ein Objekt beim **Leasing-Nehmer** oder **Leasing-Geber** bilanziert wird, hat nicht nur Einfluß auf den Ausweis von Vermögen und Kapital in der Bilanz und damit für die Vermögens- und Kapitalstruktur, sondern auch auf die Gewinn- und Verlustrechnung. Beim Kauf einer Anlage gehen in die Erfolgsrechnung Abschreibungen und (Fremdkapital-)Zinsen ein, bei Leasing die Leasing-Raten. Gerade beim Leasing können je nach der Ausgestaltung der Leasingverträge die Mietgebühren (Leasing-Raten) zu nicht unerheblichen Periodenverschiebungen des Aufwandsausweises führen (z.B. hohe anfängliche Mieten mit anschließend niedrigem Kaufrecht, der sog. Kaufoption). Es ist darum handelsrechtlich und steuerrechtlich eine wichtige Frage, nach welchen Kriterien diese Objekte im Jahresabschluß zu behandeln sind. Steuerrechtlich hat der sog. **Leasing-Erlaß** für Mobilien des Bundesministers der Finanzen vom 19.4.1971 (BStBl I 1971 S. 264) und ein zweiter Erlaß (für Immobilien) vom 21.3.1972 (BStBl I 1972 S. 188) Klärung gebracht. Die Erlasse schließen sich an Grundsatzentscheidungen des Bundesfinanzhofs (BFH) an.

Die verbindliche Regelung für die Steuerbilanz hat auch Konsequenzen für die Handelsbilanz. Allerdings ist die Bilanzierung in den Handelsbilanzen nach den steuerrechtlichen Regelungen nicht unumstritten. Da der BFH bei seiner Rechtsprechung jedoch auch die handelsrechtlichen Grundsätze ordnungsmäßiger Bilanzierung berücksichtigt hat, muß man die Bilanzierungsvorschriften nach Steuerrecht zumindest als vereinbar mit den GoB ansehen. (Zu Einzelfragen der Bilanzierung von Leasingobjekten vgl. Wöhe, S. 242 ff.).

Werden Vermögensgegenstände aufgrund der Vertragsgestaltung dem Leasing-Nehmer zugerechnet, so werden sie bilanziell wie ein **Ratenkaufvertrag** behandelt. Die Anschaffungs- oder Herstellungskosten des Leasing-Gebers werden beim Leasing-Nehmer aktiviert und in üblicher Weise abgeschrieben. Gleichzeitig werden in gleicher Höhe

Verbindlichkeiten passiviert. Die Leasing-Raten werden in einen Tilgungsanteil sowie einen Zins- und Kostenanteil aufgeteilt und entsprechend verbucht. Da es sich hierbei wirtschaftlich um Annuitätendarlehen handelt, steigt mit zunehmender Vertragsdauer der Tilgungsanteil, während der Zinsanteil entsprechend sinkt. Die praktische Bedeutung der Bilanzierung von Leasingobjekten beim Leasing-Nehmer ist jedoch nicht besonders groß, da die meisten Leasingverträge unter Beachtung der Leasing-Erlasse so gestaltet sind, daß eine Zurechnung beim Leasing-Nehmer nicht erforderlich ist.

- **Finanzanlagen**

Gem. § 271 Abs. 1 HGB sind Beteiligungen „Anteile an anderen Unternehmen, die bestimmt sind, dem eigenen Geschäftsbetrieb durch Herstellung einer dauerhaften Verbindung zu jenen Unternehmen zu dienen". Dabei gilt im Zweifel die Vermutung, daß die Anteile von über 20 v. H. am Nennkapital einer Gesellschaft als Beteiligung betrachtet werden. Diese Vermutung ist durch geeignete Umstände widerlegbar. Eine Mitgliedschaft in einer eingetragenen Genossenschaft gilt nicht als Beteiligung.

Treffen die Merkmale einer Beteiligung nicht zu, gelten Anteile als **Wertpapiere des Anlagevermögens.** Darunter fallen alle diejenigen Wertpapiere, die auf Dauer angelegt sind, bei denen aber eine Beteiligungsabsicht oder Beteiligungsvermutung fehlt. **GmbH-Anteile**, die keine Beteiligungen sind, sind gesondert auszuweisen, da diese Anteile **keine Wertpapiere** darstellen. Bei nur vorübergehend beabsichtigtem Bestand an Wertpapieren sind diese im Umlaufvermögen auszuweisen. Zu den Wertpapieren gehören neben Aktien auch festverzinsliche Wertpapiere sowie Wandelschuldverschreibungen u.a.

Bei der Position **Ausleihungen und sonstige Finanzanlagen** geht der Gesetzgeber von der nicht widerlegbaren Vermutung aus, daß langfristige Forderungen über die genannte Frist hinaus als dauernd dem Geschäftsbetrieb dienend angesehen werden. Dabei gilt die vertraglich **vereinbarte Dauer**, nicht die Restlaufzeit eines Darlehens. Eine zeitliche Frist für die Vertragsdauer ist vom Gesetzgeber nicht genannt. Man kann aber davon ausgehen, daß Laufzeiten ab 4–5 Jahren als langfristig gelten können und darum beim Anlagevermögen auszuweisen sind. Forderungen aus Leistungsgeschäften (z.B. langfristige Kaufpreisvereinbarungen) sind grundsätzlich keine Ausleihungen und darum immer im Umlaufvermögen zu bilanzieren.

3. Umlaufvermögen

Der **Begriff Umlaufvermögen** ist gesetzlich nicht definiert. In negativer Abgrenzung gehören dazu alle die Vermögensgegenstände, die nicht zum Anlagevermögen gehören. Durch die Vorgabe von Gliederungsvorschriften ist die Zuordnung im allgemeinen problemlos. Es gibt nur wenige Grenzfälle, bei denen eine solche Zuordnung schwierig sein kann (z.B. Wertpapiere).

Das **Bilanzschema** unterscheidet **vier Gruppen**:

- **Vorräte** = nichtmonetäres Umlaufvermögen, Sachumlaufvermögen
- **Forderungen und sonstige Vermögensgegenstände**
- **Wertpapiere**
- **Flüssige Mittel**

} = monetäres Umlaufvermögen, Finanzumlaufvermögen

- **Vorräte**

Die Untergliederung der Vorräte in

- **Roh-, Hilfs- und Betriebsstoffe,**
- **unfertige Erzeugnisse,**
- **fertige Erzeugnisse, Waren** und
- **geleistete Anzahlungen**

trägt vor allem industriellen Herstellungsbetrieben Rechnung. Für reine Handelsbetriebe kommt nur die dritte und vierte Position in Frage.

Als **Rohstoffe** bezeichnet man alle Stoffe, die unmittelbar in das Fertigprodukt eingehen und dessen Hauptbestandteil bilden. Rohstoffe eines Betriebes können im vorgelagerten Betrieb Enderzeugnisse, d.h. fertige Erzeugnisse und Waren sein (**Beispiel**: Tuch ist für die Weberei Fertigprodukt, für das abnehmende Bekleidungsunternehmen Rohstoff; Reifen sind für den Reifenhersteller fertige Erzeugnisse, für die Automobilfabrik Rohstoffe). **Hilfsstoffe** gehen zwar ebenfalls unmittelbar in das fertige Erzeugnis ein, stellen jedoch nur einen untergeordneten Bestandteil dar (z.B. Schrauben, Farbe). Abgrenzungen sind nicht immer unproblematisch; sie müssen betriebsindividuell unter dem Gesichtspunkt der Bilanzklarheit vorgenommen werden. **Betriebsstoffe** bilden keine direkten Bestandteile der Fertigerzeugnisse, sondern sind Stoffe, die bei der Herstellung direkt oder indirekt verbraucht werden (z.B. Brennstoffe, Schmiermittel).

Unfertige Erzeugnisse sind alle die Erzeugnisse, die **nicht mehr Rohstoffe**, aber auch **noch nicht Fertigerzeugnisse** sind. Der Fertigungsgrad kann sehr unterschiedlich sein. Häufig werden aus verrechnungstechnischen Gründen die dem Rohstofflager entnommenen Rohstoffe bereits als unfertige Erzeugnisse betrachtet, ebenso wie dem Fertigwarenlager noch nicht zugeführte Fertigerzeugnisse. Ein Problem liegt weniger in der Bilanzierung als in der Bewertung unfertiger Erzeugnisse.

Fertigerzeugnisse oder **Waren** sind alle selbstgefertigten und gekauften Vorräte, die das **Stadium der Versandfertigkeit** erreicht haben. Unter Waren sind Handelsartikel zu verstehen, die nicht bearbeitet werden oder nur ohne wesentliche Bearbeitung weiter veräußert werden.

Besondere Bilanzierungsfragen können **langfristige Fertigungsaufträge** und **Großanlagen** aufwerfen. Es ist üblich und mit den GoB vereinbar, die Posten noch so lange bei den unfertigen Erzeugnissen zu bilanzieren, wie diese noch nicht vom Kunden abgenommen oder abgerechnet worden sind. In diesen Fällen bietet es sich aber an, hierfür (zulässige) eigene Bilanzpositionen zu bilden oder nähere Angaben in einer „davon-Zeile" zu machen. Gehören **Vorräte zu mehreren Posten**, können Zuordnungsprobleme entstehen (z.B. Zement einer Bauunternehmung mit angeschlossenem Baustoffhandel). In diesem Fall sind die Vermögensgegenstände bei der Position anzusetzen (Rohstoffe oder Waren), bei der sie nach ihrer Bedeutung am ehesten bilanziert werden können. Gegebenenfalls sind nähere Erläuterungen zu machen; für Kapitalgesellschaften sind diese nach § 265 Abs. 3 HGB sogar ausdrücklich vorgeschrieben.

Die **Anzahlungen** entsprechen der Anzahlungsposition im Anlagevermögen, beziehen sich hier aber ausschließlich auf Vorleistungen auf **schwebende Geschäfte**. Es handelt sich in der Regel um Anzahlungen für noch zu liefernde Rohstoffe.

Unklarheiten entstehen für die Bilanzierung durch die **Abgrenzung zum Bilanzstichtag**. Oft sind Versandpapiere und Rechnungen bereits fertiggestellt, ohne daß die Produkte ausgeliefert sind. Eingehende Waren befinden sich noch auf dem Transport, während die Eingangsrechnungen bereits vorhanden sind (Unterwegs-Ware). Es ist durch organisatorische Vorkehrungen dafür zu sorgen, daß eine **stichtagsbezogene Abgrenzung** sichergestellt ist.

● **Forderungen und sonstige Vermögensgegenstände**

Forderungen werden in drei Einzelpositionen ausgewiesen: **Forderungen aus Lieferungen und Leistungen, Forderungen an Gesellschafter und sonstige Forderungen.** Unter **Forderungen aus Lieferungen und Leistungen** sind die vollen Rechnungsbeträge aus den Absatzleistungen des Betriebes zu bilanzieren. Eine Aufrechnung mit Verbindlichkeiten ist nicht möglich (Verrechnungsverbot § 246 Abs. 2 HGB); allerdings dürfen Gegengeschäfte gleicher Fälligkeiten mit den Unternehmen, die gleichzeitig Kunde und Lieferant sind, verrechnet werden.

Besitzwechsel werden nicht mehr eigenständig bilanziert, vielmehr werden sie der Ursprungsforderung zugeordnet. Das sind in der Regel Forderungen aus Lieferungen und Leistungen. Es erscheint jedoch zweckmäßig, bei der entsprechenden Position einen Vermerk über das Vorhandensein oder die Höhe von Besitzwechseln zu machen, um die unterschiedliche Qualität der Forderungen im Hinblick auf ihre Realisierungsmöglichkeiten hervorzuheben.

Die Position **sonstige Vermögensgegenstände** umfaßt einen Misch- und Sammelposten für alle Vermögensgegenstände, die in anderen Positionen nicht enthalten sind (z. B. Kostenvorschüsse, Steuererstattungsansprüche, GmbH-Anteile, die nicht auf Dauer gehalten werden, Schadenersatzansprüche u.a.).

● **Wertpapiere**

Die **Wertpapiere des Umlaufvermögens** sind ein Parallelposten zur entsprechenden Position des Anlagevermögens. Die Frage der Bilanzierung richtet sich nach der beabsichtigten Zwecksetzung, d.h. ob die Anlage als Daueranlage vorgesehen ist oder nicht.

● **Flüssige Mittel**

Die flüssigen Mittel werden in Kassenbestand und Schecks, Bank- und Postgiroguthaben und Guthaben bei Kreditinstituten unterteilt und auch bei Kapitalgesellschaften in einer Position bilanziert. Die **Bilanzierung von Schecks** ist normalerweise unproblematisch. Unter Schecks werden die einer Bank noch nicht eingereichten und die von der Bank zum Stichtag noch nicht gutgeschriebenen Schecks erfaßt. Häufig werden die Bankbuchungen nach den Auszügen der Bank vorgenommen. In diesem Fall werden Schecks erst mit der Gutschrift auf dem Bankkonto erfaßt. Bei ordnungsmäßiger Abwicklung ist eine solche Verfahrensweise durchaus mit den GoB vereinbar.

Guthaben bei Kreditinstituten sind Guthaben von täglich fälligen Geldern oder Geschäftsgeldern bei Banken, über die jederzeit verfügt werden kann. Auch **Festgelder** werden hier bilanziert, sofern man über sie vorfristig, ggf. unter Verrechnung eines Zinsausgleichs, verfügen kann. Eine Saldierung mit Bankschulden (etwa bei anderen Kreditinstituten) ist nicht zulässig.

4. Passiva

● **Eigenkapital**

Das **Eigenkapital** umfaßt die der Unternehmung von den Eigentümern ohne zeitliche Begrenzung zur Verfügung gestellten Mittel. Es ergibt sich rechnerisch aus der **Differenz**

von Vermögen und Schulden. Steuerlich nennt man dieses Eigenkapital Reinvermögen. Es ist die **Differenz zwischen den positiven und negativen Wirtschaftsgütern.**
In dieser einfachen Form erscheint das Eigenkapital aber nur bei der Einzelunternehmung. Bei **Personengesellschaften** setzt es sich aus der **Summe der Anteile der Gesellschafter** zusammen.

Personengesellschaften (Einzelkaufmann, offene Handelsgesellschaft, Kommanditgesellschaft, stille Gesellschaft) haben grundsätzlich ein **variables Eigenkapitalkonto**; da-

Eigenkapital in Abhängigkeit von der Rechtsform		
	Eigenkapital	
Rechtsform	konstant	variabel
Einzelfirma		Kapitalkonto des Einzelkaufmanns
Offene Handelsgesellschaft (OHG)	bei vertraglicher Vereinbarung	Kapitalkonten der OHG-Gesellschafter mit den jeweiligen Einlagen
Kommanditgesellschaft (KG)	Kapitalkonto(-en) mit der Einlage des/der Kommanditisten	Kapitalkonto(-en) mit der Einlage des/der jeweiligen Komplementärs(-e)
stille Gesellschaft	Einlage des/der stillen Gesellschafter(s)	Kapitalkonto mit der Einlage des Firmeninhabers
Genossenschaft		Geschäftsguthaben der Genossen Rücklagen
Gesellschaft mit beschränkter Haftung (GmbH)	Stammkapital bilanziell: Gezeichnetes Kapital	Kapitalrücklage Gewinnrücklagen Gewinn und Verlust (-Vortrag)
Aktiengesellschaft (AG)	Grundkapital bilanziell: Gezeichnetes Kapital	Kapitalrücklage Gewinnrücklagen Gewinn und Verlust (-Vortrag)
Kommanditgesellschaft auf Aktien (KGaA)	Grundkapital bilanziell: Gezeichnetes Kapital	Einlage des Komplementärs Kapitalrücklage Gewinnrücklagen Gewinn und Verlust (-Vortrag)

Abb. 13 Eigenkapital (ohne Jahresergebnis und ohne Sonderposten mit Rücklageanteil) und Rechtsformen

bei ist jedoch das Eigenkapital des Kommanditisten und des stillen Gesellschafters (dessen Einlage nach außen als Fremdkapital gilt) konstant. **Durch gesellschaftsvertragliche Regelung** werden allerdings häufig in **Anlehnung an** die Handhabung der **Kapitalgesellschaften** feste Kapitalkonten vereinbart, um auf diese Weise bei Personenhandelsgesellschaften die Stimmrechts- und Gewinnverteilung festzuschreiben. Dann haben diese Gesellschaften festes und bewegliches Kapital.

Bei **Kapitalgesellschaften** gibt es aufgrund gesetzlicher Vorschriften grundsätzlich **konstante Kapitalkonten**, die in der Bilanz als **gezeichnetes Kapital** ausgewiesen werden, unabhängig von der Höhe der auf das gezeichnete Kapital geleisteten Einzahlungen. Ggf. werden auf der Aktivseite der Bilanz **ausstehende Einlagen auf das gezeichnete Kapital** als Korrekturposten verbucht. Eigenkapitalanteile über das gezeichnete Kapital hinaus sind Rücklagen in Form der **Kapitalrücklage** und der **Gewinnrücklage** (zur näheren Erläuterung vgl. Abschnitt C. II. des 5. Kapitels).

Abb. 13 zeigt einen Überblick über die verschiedenen Eigenkapitalarten in Abhängigkeit von der Rechtsform. Dabei sind weitere Gesellschaftsformen berücksichtigt, die im Text nicht eigenständig erläutert sind (vgl. auch Coenenberg, S. 202 ff.). Die **Sonderposten mit Rücklageanteil**, die immer Eigenkapital enthalten und grundsätzlich in jeder Unternehmensform auftreten können, sind nicht aufgeführt. Sie werden nach ergänzenden Erläuterungen zum Eigenkapitalbegriff gesondert behandelt.

Die oben genannten Formen des Eigenkapitals sind identisch mit dem **rechnerischen Eigenkapital**, der Differenz zwischen Vermögen und Schulden zum Bilanzstichtag. Zählt man **stille Reserven** aus einer Unterbewertung der Aktiva und/oder Überbewertung der Passiva hinzu, erhält man das sog. **effektive Eigenkapital**.

Die Abb. 14 zeigt die Zusammenhänge für den Fall von stillen Reserven im Anlage- und Umlaufvermögen von jeweils 1 Mio DM. Natürlich ist auch eine Bilanz mit „negativen stillen Reserven" denkbar, wenn Aktiva überbewertet und Passiva unterbewertet sind.

Durch die Auflösung der stillen Reserven kann sich die Struktur der Bilanz nicht unerheblich verändern. Dieses ist für die Analyse und Beurteilung einer Bilanz u.a. von erheblicher Bedeutung.

Aktiva			BILANZ		Passiva
Anlagevermögen		10	Rechnerisches Eigenkapital	7	Effektives Eigen-
			Ausgleichsposten der stillen Reserven	2	kapital 9
stille Reserven		1			
Umlaufvermögen		5	Verbindlichkeiten		8
stille Reserven		1			

Abb. 14 Bilanz unter Berücksichtigung der stillen Reserven in den Aktiva

• Sonderposten mit Rücklageanteil

In der Regel werden Rücklagen aus versteuerten Gewinnen gebildet. Sie sind dann vollwertiges Eigenkapital. Der Gesetzgeber läßt jedoch unter bestimmten Voraussetzungen die Bildung von offenen Rücklagen zu Lasten des steuerlichen Gewinns zu. Da diese in der Regel in späteren Perioden wieder aufzulösen sind, tritt bei ihrer Bildung keine endgültige Steuerersparnis ein. Es gibt nur eine **Steuerverschiebung** oder einen **Steuerstundungseffekt** und dadurch einen Liquiditäts- und Zinsvorteil für den Betrieb. Ein **wirkliches Eigenkapital** besteht darum nur in Höhe des Rücklagepostens **nach Abzug** der hierauf **zu zahlenden Ertragsteuern.** Darum verlangt § 247 Abs. 3 HGB einen gesonderten Ausweis für diese **Mischposten aus Eigen- und Fremdkapital.**

Die aus steuerlichen Gründen gebildete Rücklage darf nach § 247 Abs. 3 HGB auch in der Handelsbilanz als **Sonderposten mit Rücklageanteil** gebildet werden. Da aber Voraussetzung für die steuerliche Anerkennung einer solchen Rücklage der Ausweis auch in der Handelsbilanz ist (umgekehrte Maßgeblichkeit nach § 5 Abs. 1 S. 2 EStG), ist bei beabsichtigtem steuerlichen Ansatz der Ansatz auch in der Handelsbilanz zwingend. Die **Steuerbilanz** wird hier **praktisch maßgeblich für die Handelsbilanz.**

Gleiches gilt im Ergebnis auch für Kapitalgesellschaften. Nach § 273 HGB wird für die Zulässigkeit des Ansatzes eines Sonderposten mit Rücklageanteil zwar ergänzend verlangt, daß das Steuerrecht einen entsprechenden Ansatz auch in der Handelsbilanz verlangt; da aber gerade dieses nach § 5 Abs. 1 S. 2 EStG generell erforderlich ist, ist der Sonderposten mit Rücklageanteil ausnahmslos auch in der Handelsbilanz der Kapitalgesellschaften zu bilden. Die einzige Ausnahme bildet die **Preissteigerungsrücklage** nach § 74 EStDV, die aber ausläuft, da sie letztmalig für Wirtschaftsjahre gebildet werden kann, die vor dem 1.1.1990 enden (§ 52 Abs. 1 Nr. 2 Buchst. m EStG).

Zu den steuerfreien Rücklagen gehören u.a. folgende Posten:

- Rücklage für Ersatzbeschaffung nach Abschnitt 35 EStR
- Rücklage nach § 6b EStG

Darüber hinaus gibt es eine Reihe weiterer Möglichkeiten zur Bildung steuerfreier Rücklagen (vgl. Wöhe, S. 796ff.).

• Rückstellungen

Während Rücklagen Eigenkapital darstellen, haben **Rückstellungen** den Charakter von **Fremdkapital,** dessen **Höhe und/oder Fälligkeit zum Zeitpunkt der Bilanzaufstellung ungewiß** ist. Unter Umständen werden Rückstellungen überhaupt nicht fällig, wenn der Grund für ihre Bildung später wegfällt.

Rückstellungen werden gebildet **zur periodengerechten Gewinnermittlung.** Sie werden in den Perioden als Aufwand verbucht, in denen die Ursache ihrer Bildung liegt. Sie sind zugleich ein Mittel, am Bilanzstichtag einen vollständigen Ausweis der Schulden zu ermöglichen. Wird die Verbindlichkeit fällig, wird die Zahlung (erfolgsneutral) ohne Belastung der Erfolgsrechnung mit der Rückstellung verrechnet. Mehr- oder Minderbeträge, die in der Regel bei Rückstellungen gerade wegen der nicht genau bestimmbaren Höhe entstehen, werden dagegen auf einem Erfolgskonto (sonstige betriebliche Aufwendungen oder Erträge) verbucht und beeinflussen dann die spätere Erfolgsrechnung.

Die **Höhe der** zu bildenden **Rückstellungen** muß durch **Schätzung** nach den GoB festgelegt werden. Hierbei ist das **Prinzip der Vorsicht** zu beachten. Darum können in den Rückstellungen durchaus **stille Reserven** enthalten sein. In Höhe dieser Reserven

3. Kapitel: Bilanzierungsvorschriften für alle Kaufleute   691

enthalten Rückstellungen Eigenkapital, das jedoch noch der (späteren) Besteuerung unterliegt. Neben der Regelung in § 249 HGB hat vor allem die steuerliche Rechtsprechung eine Reihe von Grundsätzen zur Bildung und Höhe von Rückstellungen entwickelt. (Zur ausführlichen Darstellung dieses Komplexes aus handels- und steuerrechtlicher Sicht vgl. beispielsweise Beck'scher Bilanz-Kommentar, S. 293ff.).

Die Abb. 15 zeigt zunächst eine **Übersicht** über die Passivierung von **Rückstellungen** nach Handels- und Steuerrecht mit der jeweiligen Angabe, ob eine Verpflichtung zur Bildung besteht oder ein Wahlrecht ausgeübt werden kann.

Art der Rückstellung	Handelsrecht § 249 HGB	Steuerrecht
1. Ungewisse Verbindlichkeiten	Pflicht	Maßgeblichkeit, aber § 5 Abs. 4 EStG u. Abschn. 31a Abs. 6–9 EStR beachten
u. a. Pensionsverpflichtungen	Pflicht (bei Zusagen ab 1.1.1987)	Prinzipiell Wahlrecht nach § 6 a EStG, aber Maßgeblichkeit beachten
2. Drohende Verluste aus schwebenden Geschäften	Pflicht	Maßgeblichkeit
3. Gewährleistungen ohne rechtliche Verpflichtung	Pflicht	Maßgeblichkeit
4. Im Geschäftsjahr unterlassene Aufwendungen für a) Instandhaltung, die innerhalb von 3 Monaten und	Pflicht	Maßgeblichkeit
b) Abraumbeseitigung, die im folgenden Jahr nachgeholt werden	Pflicht	Maßgeblichkeit
5. Rückstellungen nach 4a für Instandhaltung, die nach Ablauf von 3, aber innerhalb von 12 Monaten nachgeholt werden	Wahlrecht	Verbot (da handelsrechtlich Passivierungswahlrecht)
6. Aufwandsrückstellungen nach § 249 Abs. 2 HGB, z. B. für Generalüberholungen	Wahlrecht	Verbot (da handelsrechtlich Passivierungswahlrecht)

Abb. 15   Passivierung von Rückstellungen

In der Praxis werden **vor allem** folgende Rückstellungen für ungewisse Verbindlichkeiten gebildet:
- **Steuerrückstellungen**, vor allem Gewerbesteuerrückstellungen, bei Kapitalgesellschaften auch Körperschaft- und Vermögensteuerrückstellungen, die allerdings in

der Steuerbilanz nicht anerkannt werden, da sie steuerlich keine Betriebsausgabe darstellen,
- Rückstellungen für **Prozeßrisiken,**
- Rückstellungen für **Garantieverpflichtungen.**

Eine besondere Art der Rückstellungen für ungewisse Verbindlichkeiten ist die **Pensionsrückstellung.** Für sie besteht in der Steuerbilanz gem. § 6a EStG ein Passivierungswahlrecht, wobei **zur Anerkennung u.a. folgende Voraussetzungen** gegeben sein müssen:

- **Rechtsanspruch** des Pensionsberechtigten auf Pensionsleistungen
- **schriftliche Pensionszusage ohne Vorbehalt**

Falls in einem Jahr keine Zuführungen zu Pensionsrückstellungen vorgenommen worden sind, können diese in den folgenden Jahren nicht nachgeholt werden (Nachholverbot). Allerdings ist eine Nachholung bei Beendigung des Dienstverhältnisses oder bei Eintritt des Versorgungsfalles möglich (§ 6a Abs. 4 EStG).

Bei den **Aufwandsrückstellungen** handelt es sich um die Vorsorge für konkrete künftige Aufwendungen, die entweder dem laufenden Geschäftsjahr oder einem früheren zuzuordnen sind. Der Bilanzierende kann sich diesen Aufwendungen nicht entziehen, wenn er seinen Geschäftsbetrieb unverändert fortführen will. In der Praxis werden solche Rückstellungen beispielsweise für Großreparaturen und Generalüberholungen an eigenen Anlagen, für unterlassenen Forschungs- und Werbeaufwand u.a. gebildet. Da ihre **Bildung** in der **Steuerbilanz verboten** ist, ist die praktische Bedeutung zumindest für Personenunternehmen nicht besonders groß.

- **Verbindlichkeiten**

In der Bilanz sind alle Verbindlichkeiten/Schulden eines Unternehmens auszuweisen. Zur Ordnungsmäßigkeit der Buchführung gehört dabei eine weitere Aufgliederung, die aus dem Bilanzschema ersichtlich ist. Die Bilanzierung und Zuordnung der Verbindlichkeiten zu den einzelnen Positionen bringt im allgemeinen keine Schwierigkeiten mit sich.

5. Rechnungsabgrenzungsposten

Rechnungsabgrenzungsposten dienen der zeitlich richtigen Zuordnung von Aufwendungen und Erträgen. Nach § 250 HGB und § 5 Abs. 5 EStG sind als Rechnungsabgrenzungsposten auszuweisen

- auf der Aktivseite Ausgaben vor dem Abschlußstichtag, soweit sie Aufwand für eine bestimmte Zeit nach diesem Tag darstellen,
- auf der Passivseite Einnahmen vor dem Abschlußstichtag, soweit sie Ertrag für eine bestimmte Zeit nach diesem Tag darstellen.

Ferner dürfen bestimmte, als Aufwand berücksichtigte Zölle, Verbrauchsteuern und Umsatzsteuer für bestimmte Anzahlungen ausgewiesen werden. Im Steuerrecht besteht eine Ansatzpflicht.

Die Rechnungsabgrenzungsposten werden damit auf die **transitorischen Posten** begrenzt. Als **transitorische Aktiva** werden jene Ausgabenteile bezeichnet, die erst in der nächsten Periode als Aufwand verrechnet werden (z.B. Vorauszahlungen für Mieten, Versicherungen, Kraftfahrzeugsteuern). Als **transitorische Passiva** bezeichnet man die Einnahmen, die noch nicht oder noch nicht ganz zu Erträgen geworden sind (z.B. eingehende Vorauszahlungen für Mieten).

Die sog. **antizipativen Posten** betreffen auf der Aktivseite geldliche Ansprüche an

Dritte, beispielsweise an Lieferanten auf Gutschriften, Umsatzprämien, Ansprüche auf Steuerrückerstattungen u. ä., sowie auf der Passivseite Aufwendungen, die noch nicht zu fälligen Verbindlichkeiten geführt haben, wie z. B. noch zu zahlende Mieten, Versicherungsbeiträge, Löhne u. ä. Antizipative Aktiva und Passiva sind auf der Aktivseite unter der Position Forderungen oder „sonstige Vermögensgegenstände" und auf der Passivseite unter Verbindlichkeiten oder Rückstellungen zu bilanzieren.

Zu den Rechnungsabgrenzungsposten zählt auch das **Disagio, das die Differenz zwischen Auszahlungs- und Rückzahlungsbetrag einer Verbindlichkeit** darstellt. Dieses Disagio, auch **Damnum** genannt, darf in der Handelsbilanz als aktiver Rechnungsabgrenzungsposten geführt werden und muß jährlich planmäßig abgeschrieben werden, wobei eine Verteilung auf die Laufzeit möglich ist (§ 250 Abs. 3 HGB). In der Steuerbilanz gilt eine Aktivierungspflicht. Die Abschreibung muß auf die Laufzeit verteilt werden (Abschn. 37 Abs. 3 EStR).

6. Haftungsverhältnisse

Gem. § 251 HGB müssen Haftungsverhältnisse, sofern keine Passivierungspflicht besteht, unter der Bilanz vermerkt werden. Sie dürfen in einem Betrag ausgewiesen werden (gesonderter Ausweis bei Kapitalgesellschaften, § 268 Abs. 7 HGB). Als Haftungsverhältnisse gelten

- Verbindlichkeiten aus der Begebung und Übertragung von Wechseln, aus Bürgschaften, Wechsel- und Scheckbürgschaften, Gewährleistungsverträgen,
- Haftungsverhältnisse aus der Bestellung von Sicherheiten für fremde Verbindlichkeiten.

Eine Angabe ist auch dann erforderlich, wenn ihnen Rückgriffsforderungen gegenüberstehen.

II. Gewinn- und Verlustrechnung

Gem. § 242 Abs. 2 u. 3 HGB ist die **Gewinn- und Verlustrechnung Bestandteil des Jahresabschlusses**. Bezüglich der Gliederung der Gewinn- und Verlustrechnung gibt das Handelsgesetzbuch keine Auskunft. Sie hat den Grundsätzen ordnungsmäßiger Buchführung gem. § 243 Abs. 1 HGB zu entsprechen und muß klar und übersichtlich sein (§ 243 Abs. 2 HGB). Für Aufwendungen und Erträge der Gewinn- und Verlustrechnung besteht wie bei der Bilanz das Vollständigkeitsgebot und Verrechnungsverbot gem. § 246 Abs. 1 u. 2 HGB. Hilfsweise kann auch hier wie bei der Bilanz das **Gliederungsschema der kleinen Kapitalgesellschaft** für Einzelkaufleute und Personengesellschaften herangezogen werden (vgl. Abschn. B.III. des 5. Kapitels). In diesem Fall ist wie bei der Kapitalgesellschaft die Staffelform sowie das Umsatz- oder Gesamtkostenverfahren möglich und zulässig. Zusätzlich besteht für Nicht-Kapitalgesellschaften die Anwendungsmöglichkeit der sog. Kontoform.

Unabhängig von der Frage der Form der Gewinn- und Verlustrechnung gibt es bei Einzelkaufleuten und Personengesellschaften ein besonderes Problem im Hinblick auf die Verbuchung von **Leistungsbeziehungen zwischen** dem **Unternehmen und den Gesellschaftern**. Tätigkeitsvergütungen (Unternehmerlohn), Tantiemen und Zinsen für Gesellschafterdarlehen sind steuerrechtlich immer Gewinnbestandteile, handelsrechtlich aber können sie als Aufwand verbucht werden. Die Art der Verbuchung ist zumindest für die betriebswirtschaftliche Beurteilung des Jahresabschlusses und für einen Vergleich mit anderen Unternehmen (Betriebsvergleich) von Wichtigkeit. Die Art der Verbuchung sollte darum wenigstens durch einen Vermerk dokumentiert werden.

C. Ergänzungen zu den Bilanzierungsansätzen

I. Bilanzierungsgebote, -wahlrechte und -verbote

Bei der Aktivierung oder Passivierung wird zwischen Bilanzierungsgeboten, -wahlrechten und -verboten unterschieden. Dabei gilt nach § 246 Abs. 1 HGB zunächst das **Vollständigkeitsgebot**, welches besagt, daß in der Bilanz neben den Rechnungsabgrenzungsposten sämtliche Vermögensgegenstände und Schulden anzusetzen sind. Als bilanzierungsfähige Vermögensgegenstände gelten dabei nicht nur Sachen und Rechte im bürgerlich-rechtlichen Sinne, sondern alle Güter, die wirtschaftliche Werte darstellen, selbständig bewertbar und selbständig veräußerbar sind. Dabei steht die wirtschaftliche, nicht die rechtliche Betrachtung im Vordergrund, d. h. ein Vermögensgegenstand wird in dem Unternehmen bilanziert, dem es als **wirtschaftliches Eigentum** zugerechnet werden kann. So werden beispielsweise unter Eigentumsvorbehalt gelieferte Waren beim Käufer bilanziert, weil er das Verfügungsrecht hat, obwohl er nicht Eigentümer im juristischen Sinne ist.

Von dem Vollständigkeitsgebot und der wirtschaftlichen Betrachtungsweise gibt es aber **Ausnahmen**, die zu Bilanzierungsverboten oder Bilanzierungswahlrechten führen. Die Vorschriften der §§ 248, 253 und 255 HGB enthalten zum Teil solche Bilanzierungswahlrechte und -verbote.

Bilanzierungsverbote gelten vor allem für

- Aufwendungen für die Gründung des Unternehmens und für die Beschaffung des Eigenkapitals (§ 248 Abs. 1 HGB),
- immaterielle Vermögensgegenstände des Anlagevermögens, die nicht entgeltlich erworben wurden (§ 248 Abs. 2 HGB),
- Rückstellungen, die über den Rückstellungskatalog des § 249 HGB hinausgehen (§ 249 Abs. 3 HGB).

Die wichtigsten **Bilanzierungswahlrechte** können bei folgenden Positionen ausgeübt werden:

- Disagio (§ 250 Abs. 3 HGB)
- derivativer Geschäfts- oder Firmenwert (§ 255 Abs. 4 HGB)
- Aufwendungen für die Ingangsetzung und Erweiterung des Geschäftsbetriebs (§ 269 HGB) als sog. Bilanzierungshilfe für die Kapitalgesellschaften
- Rechnungsabgrenzungsposten für latente Steuern (§ 274 Abs. 2 HGB) als Bilanzierungshilfe für Kapitalgesellschaften
- Bildung von Passivposten aufgrund steuerrechtlicher Vorschriften als Sonderposten mit Rücklageanteil (§ 247 Abs. 3 HGB)
- Rückstellungen für unterlassene Aufwendungen für Instandhaltung, die **im folgenden Jahr** nachgeholt werden (§ 249 Abs. 1 Satz 3 HGB)
- besondere Aufwandsrückstellungen nach § 249 Abs. 2 HGB

In diesem Zusammenhang ist die Betrachtung der Steuerbilanz von besonderer Wichtigkeit, da die Wahlrechte der Handelsbilanz in der Steuerbilanz in der Regel anders behandelt werden. Der Bundesfinanzhof hat mit einem Urteil vom 03.02.1969 (BStBl II, 1969, S. 291) eine **Grundsatzentscheidung** getroffen, die folgende Beziehung zwischen der Handels- und Steuerbilanz herstellt: Ein **Aktivierungswahlrecht** in der Handelsbilanz bedeutet ein **Aktivierungsgebot** in der Steuerbilanz; ein **Passivierungswahlrecht** in der Handelsbilanz bedeutet ein **Passivierungsverbot** in der Steuerbilanz. Dabei soll das Passivierungsverbot für die Steuerbilanz allerdings nicht gelten, sofern das Steuerrecht ausdrücklich ein Passivierungswahlrecht einräumt (z.B. bei Pensionsrückstellungen auf Altzusagen).

Ausgenommen von diesem Grundsatz sind auch die genannten **Bilanzierungshilfen** für Kapitalgesellschaften, nämlich die Aufwendungen für die Ingangsetzung und Erweiterung des Geschäftsbetriebs und die Rechnungsabgrenzungsposten für latente Steuern.

II. Steuerrechtliche Abgrenzung zwischen Betriebs- und Privatvermögen

Besondere Fragen zur Bilanzierung von Wirtschaftsgütern ergeben sich durch die Frage der Abgrenzung zwischen der privaten Sphäre des Unternehmers und dem Unternehmen selbst.

Während das Handelsrecht hierzu keine besonderen Vorschriften enthält, unterscheidet das Steuerrecht zwischen drei Kategorien. (Vgl. beispielsweise die ausführliche Darstellung bei Körner, S. 228–252). Diese sind

- **notwendiges Betriebsvermögen**,
- **notwendiges Privatvermögen**,
- **gewillkürtes Betriebsvermögen**.

Notwendiges Betriebsvermögen sind alle Wirtschaftsgüter, die aufgrund ihrer Beschaffenheit oder aufgrund ihrer faktischen Anwendung im Betrieb zum Betriebsvermögen gerechnet werden müssen. Entscheidend ist die tatsächliche Beziehung des Wirtschaftsgutes zum Betrieb. Der Steuerpflichtige hat kein Wahlrecht. **Beispiele:** Produktionsmaschinen, Bürogebäude, Darlehen an Kunden.

Notwendiges Privatvermögen sind alle Wirtschaftsgüter, die entweder nach ihrer Art nur privat verwendet werden können oder die tatsächlich nur privat verwendet werden. Für diese Wirtschaftsgüter besteht ein Bilanzierungsverbot. **Beispiele:** privat genutzter Zweitwagen, Segelboot.

Gewillkürtes Betriebsvermögen liegt dann vor, wenn es sich um Wirtschaftsgüter handelt, die sowohl Privat- als auch Betriebsvermögen sein können. **Beispiele:** PKW für geschäftliche und private Zwecke, Wertpapiere, fremdgenutzte, d.h. vermietete oder verpachtete, Grundstücke oder Gebäude. Die Abgrenzung ist im Einzelfall oft recht schwierig. Das gewillkürte Betriebsvermögen kann nach dem Willen der Steuerpflichtigen zu den Wirtschaftsgütern des Betriebsvermögens oder des Privatvermögens gerechnet werden.

4. Kapitel:
Bewertungsvorschriften für alle Kaufleute

A. Bewertungsgrundsätze

Den einzelnen Bewertungsvorschriften des HGB gem. §§ 253–256 sind in § 252 **allgemeine Bewertungsgrundsätze** vorangestellt. Sie können als **Teil der kodifizierten GoB** angesehen werden. Durch ihre gesetzliche Fixierung erhalten sie für die Bewertung ein besonderes Gewicht; das heißt aber nicht, daß nur diese Regeln maßgeblich für die Bewertung sind. Die Generalnorm des § 243 Abs. 1 HGB zur Beachtung der GoB gilt auch hier.

Nach § 252 Abs. 2 HGB darf der Bilanzaufsteller in begründeten Ausnahmefällen von den Grundsätzen abweichen. Zu diesen Ausnahmefällen zählen in erster Linie zwingende gesetzliche Vorschriften. In welchen weiteren Fällen solche Ausnahmen vorliegen, ist zum Teil strittig (vgl. Beck'scher Bilanz-Kommentar, S. 485 ff. und Küting/Weber, 1990, S. 738 ff.).

Entsprechend der Maßgeblichkeit der Handelsbilanz für die Steuerbilanz gelten die einzelnen **Bewertungsgrundsätze auch für die Steuerbilanz**, sofern nicht steuerliche Spezialvorschriften anderes verlangen. Im folgenden werden die kodifizierten Einzelgrundsätze näher erläutert.

I. Bilanzidentität

Der Grundsatz der Bilanzidentität, auch **formelle Bilanzkontinuität** genannt, beinhaltet die Übernahme der Wertansätze aus der Schlußbilanz in die Eröffnungsbilanz (§ 252 Abs. 1 Nr. 1 HGB). Damit wird die Übereinstimmung der Schlußbilanz des Vorjahres mit der Anfangsbilanz des folgenden Geschäftsjahres gewährleistet. Dieses Postulat ist für die richtige Gewinnermittlung notwendig (Zweischneidigkeit der Bilanz).

Bei Kapitalgesellschaften wird die formelle Bilanzkontinuität durch § 265 Abs. 1 HGB erweitert. Danach ist auch die Gliederung der aufeinanderfolgenden Bilanzen und Gewinn- und Verlustrechnungen beizubehalten. Aus Gründen der Vergleichbarkeit der Bilanzen ist dieses auch bei Nicht-Kapitalgesellschaften sinnvoll und zu empfehlen.

II. Going-Concern-Prinzip

Gem. § 252 Abs. 1 Nr. 2 HGB ist die **Fortführung der Unternehmenstätigkeit** bei der Bewertung zu unterstellen. Dieses Going-Concern-Prinzip steht im Zusammenhang mit dem Realisationsprinzip (vgl. Gliederungspunkt IV. dieses Abschnittes), wonach die Anschaffungs- oder Herstellungskosten Grundmaßstäbe für die Bewertung sind.

Falls das Fortführungsprinzip wegen tatsächlicher oder rechtlicher Gegebenheiten nicht anwendbar ist, z. B. bei Konkurs eines Unternehmens, sind als Maßstäbe für die Bewertung die Einzelverkaufspreise (gemeiner Wert) anzusetzen.

Im **Steuerrecht** ist das Going-Concern-Prinzip in der **Teilwertdefinition** (§ 6 Abs. 1 Nr. 1 Satz 3 EStG) enthalten.

III. Stichtags- und Einzelbewertungsprinzip

§ 252 Abs. 1 Nr. 3 HGB besagt, daß der Bilanzstichtag maßgeblich für die Bewertung ist (**Stichtagsprinzip**), und daß Vermögensgegenstände und Schulden einzeln zu bewerten sind (**Einzelbewertungsprinzip**). Von dem Grundsatz der Einzelbewertung darf gem. §252 Abs. 2 HGB in Ausnahmefällen abgewichen werden. Hierzu zählen vor allem die **Bewertungsvereinfachungsverfahren**, auf die im Rahmen der Bewertungsvorschriften eingegangen wird (vgl. Gliederungspunkt B.IV. dieses Kapitels).

IV. Vorsichtsprinzip

Das Vorsichtsprinzip ist gesetzlich in §252 Abs. 1 Nr. 4 HGB geregelt und ist schon immer ein zentrales Prinzip der GoB gewesen. Es besagt, daß **alle vorhersehbaren Risiken und Verluste**, die bis zum Abschlußstichtag entstanden sind, zu berücksichtigen sind. Dabei sind auch **wertaufhellende Tatsachen** zu berücksichtigen, selbst wenn diese erst **zwischen dem Abschlußstichtag und dem Tag der Bilanzaufstellung** bekannt werden.

Unter wertaufhellenden Tatsachen versteht man solche Tatbestände und Ereignisse, die bereits bis zum Abschlußstichtag existent oder vorhersehbar waren, aber erst nach dem Abschlußstichtag bekanntgeworden sind (Beispiel: Zahlungsschwierigkeiten eines Schuldners, die erst später bekannt werden). Nicht zu berücksichtigen sind sog. wertbeeinflussende Tatsachen, die erst nach dem Abschlußstichtag auftreten (z.B. Unfall, Feuer). Der als **Wertaufhellungstheorie** aus der Steuerbilanz bekannte Grundsatz hat nun auch explizit Eingang in das Handelsrecht gefunden (vgl. Körner, S. 312 ff.).

Die konkrete Ausgestaltung des Grundsatzes der Vorsicht ist im einzelnen recht schwer zu definieren. Man beschränkt sich häufig darauf zu fordern, ein vorsichtiger Kaufmann habe drohende Risiken bei der Bilanzierung stärker zu berücksichtigen als mögliche Gewinnchancen. Darin spiegelt sich der alte **Grundsatz des Gläubigerschutzes** wieder. Den Gläubigern und Eigenkapitalgebern soll kein zu optimistisches Bild von der Lage des Unternehmens gegeben werden. Neben dem allgemeinen Vorsichtsprinzip finden sich somit auch alte **Elemente der statischen Bilanztheorie** wieder. Der Grundsatz der Vorsicht findet seinen konkreten Niederschlag in den folgenden **Einzelprinzipien**:

- Nach dem **Realisationsprinzip** dürfen Gewinne erst dann ausgewiesen werden, wenn sie bereits durch Umsätze realisiert wurden. Damit eng verbunden ist das

- **Imparitätsprinzip.** Während noch nicht realisierte Gewinne noch nicht ausgewiesen werden dürfen, müssen oder dürfen noch nicht realisierte Verluste bereits berücksichtigt werden (Verlustantizipation). Praktischen Ausfluß findet dieses Prinzip u.a. im (gesetzlich fixierten)

- **Niederstwertprinzip.** Danach wird von zwei möglichen Wertansätzen (Anschaffungs- oder Herstellungskosten bzw. Börsen- oder Marktpreis) nur der jeweils niedrigere Wert angesetzt. **Muß** der niedrigere Wert angesetzt werden, nennt man dieses **strenges Niederstwertprinzip**; **darf** der niedrigere Wert angesetzt werden, bezeichnet man dieses als **gemildertes Niederstwertprinzip**.

- Das **Höchstwertprinzip für Verbindlichkeiten** ergibt sich aus analoger Übertragung des Niederstwertprinzips der Aktivseite auf die Bewertung von Rückstellungen und Verbindlichkeiten der Passivseite.

V. Abgrenzungsprinzip

Gem. §252 Abs. 1 Nr. 5 HGB sind Aufwendungen und Erträge **unabhängig von** ihren **Zahlungszeitpunkten** im Jahresabschluß des entsprechenden Geschäftsjahres zu berücksichtigen. Durch diesen Abgrenzungsgrundsatz wird die Frage der **Periodisierung** der Geschäftsvorfälle geregelt. Durch Zurechnung oder Nichtzurechnung bestimmter Vermögensänderungen und Geschäftsvorfälle zu einer Periode wird der **Periodenerfolg** festgelegt. Dabei ist zu beachten, daß infolge der **Zweischneidigkeit der Bilanz** durch unterschiedliche Periodisierung zwar der Periodengewinn variiert werden kann, daß hierbei aber immer nur **Gewinn- und Verlustverlagerungen** vorgenommen werden können, die sich in Folgeperioden, spätestens jedoch in der Totalperiode, wieder ausgleichen (vgl. auch Gliederungspunkt B. II. des 1. Kapitels).

VI. Bewertungsstetigkeit

Nach dem Grundsatz der Bewertungsstetigkeit, auch **materielle Bilanzkontinuität** genannt, sollen Bewertungsmethoden beibehalten werden (§ 252 Abs. 1 Nr. 6 HGB). Dadurch wird die zeitliche Vergleichbarkeit der Wertansätze gewährleistet und damit auch die Gleichartigkeit der Gewinnermittlung.

Da es sich nur um eine Soll-Vorschrift handelt, kann von diesem Grundsatz auch abgewichen werden. Es ist jedoch die Einschränkung des § 252 Abs. 2 HGB zu beachten, der Abweichungen nur auf Ausnahmefälle beschränkt. So wird die bereits im Steuerrecht enger gefaßte **Methodenstetigkeit** auch im Handelsrecht kodifiziert. Insbesondere darf in der Regel die Abschreibungsmethode und die Methode zur Bewertung des Vorratsvermögens, z. B. die Art der Anwendung der Verbrauchsfolgeverfahren oder der Umfang des Ansatzes von Gemeinkosten bei der Bewertung unfertiger und fertiger Erzeugnisse, nicht geändert werden (vgl. Abschnitt B.). Zulässige und notwendige Abweichungen sind mindestens dann gegeben, wenn aufgrund einer gesetzlichen Vorschrift abgewichen werden muß oder abgewichen werden darf.

Beispiele solcher Abweichungen sind

- (steuerliche) Sonderabschreibungen (Umkehrung des Maßgeblichkeitsprinzips nach § 254 HGB),
- außerplanmäßige Abschreibungen auf Vermögensgegenstände des Anlagevermögens nach § 253 Abs. 2 Satz 3 HGB,
- Abschreibungen auf das Umlaufvermögen bei Anwendung des strengen Niederstwertprinzips nach § 253 Abs. 3 HGB,
- Ausnutzung von Bilanzierungswahlrechten oder Ansatzwahlrechten.

B. Grundlegende Bewertungsinhalte

Nach dem **Grundsatz der Einzelbewertung** sind alle Vermögensgegenstände und Schulden bzw. Wirtschaftsgüter zum Abschlußstichtag einzeln zu bewerten. Dabei geht es zum einen um die Frage nach dem **Bewertungsinhalt**, zum anderen um den **Wertansatz**. Im folgenden werden zunächst einige grundlegende Wertbegriffe dargestellt und erläutert, um sie später quasi als Module für die Bewertung der einzelnen Bilanzposten nach Handels- und Steuerrecht verwenden zu können. Bei den Einzelwerten sind dies die **Anschaffungskosten**, die **Herstellungskosten** und der (steuerliche) **Teilwert**.

Darüber hinaus gibt es einige **Bewertungsvereinfachungsverfahren**, deren Werte sich teilweise auf das Anlage- und Umlaufvermögen, teilweise nur auf das Umlaufvermögen beziehen. Auch diese Werte werden zunächst dargestellt, um sie später in gleicher Weise wie die oben genannten Werte verwenden zu können.

I. Anschaffungskosten

Die Anschaffungskosten sind in § 225 Abs. 1 HGB definiert. Der steuerrechtliche Begriff der Anschaffungskosten folgt dem Handelsrecht und ist in Abschn. 32a EStR ausführlich erläutert. Ausgangspunkt für die Bestimmung der Anschaffungskosten ist zunächst der **Anschaffungspreis**. Hinzu kommen die Anschaffungsnebenkosten, die erforderlich sind, um einen erworbenen Gegenstand in den **Zustand der Betriebsbereitschaft** zu versetzen, sowie ggf. auch **nachträgliche Anschaffungskosten** (z. B. spätere Erschließungsbeiträge bei Grundstückskäufen). Zu den Nebenkosten gehören u. a.

- Transport- und Transportnebenkosten (Versicherung),
- Montagekosten (z. B. für das Aufstellen von Maschinen),
- Vermittlungs- und Maklergebühren sowie Provisionen,
- Grunderwerbsteuer beim Kauf von Grundstücken,
- Notariats- und Rechtsanwaltskosten für die Beurkundung von Kaufverträgen,
- Zölle.

Preisnachlässe in Form von Rabatten und Skonti sind von den Anschaffungskosten abzusetzen. In die Bewertung geht darum nur der **Nettopreis** ein. Die **Vorsteuer**, die der Unternehmer nicht zu tragen hat, da er sie als Vorsteuerabzug gegenüber dem Finanzamt geltend macht, ist von den Anschaffungskosten abzusetzen.

Geldbeschaffungskosten oder **Finanzierungskosten** stehen nur in mittelbarem Zusammenhang mit der Anschaffung; das Gleiche gilt für Wechseldiskonte. Alle **Kreditkosten** zur Anschaffung eines Wirtschaftsgutes sind **keine Anschaffungsnebenkosten**, sondern Anschaffungskosten des Kredits. Sie bleiben bei der Bestimmung der Anschaffungskosten außer Ansatz.

Anschaffungskosten werden im allgemeinen durch eine sog. **progressive Wertermittlung** bestimmt. Das ist der übliche und oben dargestellte Weg. Es ist aber auch eine **retrograde Wertermittlung** denkbar, bei der man vom (Netto-)Verkaufspreis ausgeht und die Rohgewinnspanne abzieht, um den (Netto-)Einstandspreis zu erhalten. Diese Methode ist vor allem im Einzelhandel gebräuchlich und auch zulässig, wenn auf diese Weise die Anschaffungskosten genügend zuverlässig ermittelt werden können. Es ist ein vereinfachtes Verfahren zur Ermittlung der Anschaffungskosten, das dem Prinzip der Wirtschaftlichkeit der Wertermittlung Rechnung trägt.

Ein eigenständiges Problem ist die Frage, wie **Zuwendungen der öffentlichen Hand** bei den Anschaffungskosten zu behandeln sind. In der Handelsbilanz wird nach einem Gewohnheitsrecht ein **Wahlrecht** eingeräumt, solche Zuwendungen von den Anschaffungskosten abzusetzen und sie somit „**erfolgsneutral**" zu behandeln oder sie **erfolgswirksam** als Ertrag zu verbuchen.

Wichtiger ist die Behandlung in der Steuerbilanz, die aufgrund von Gesetzen oder Rechtsprechung eindeutig geregelt ist. Es gibt zwei Regelungsfälle, nämlich

- **steuerfreie Investitionszulagen** nach dem Investitionszulagengesetz (§ 5 Abs. 2 InvZulG) und nach dem Berlin-Förderungsgesetz (§ 19 Abs. 9 BerlinFG) sowie
- **steuerpflichtige Investitionszuschüsse**.

Erstere mindern nicht die Anschaffungskosten und sind auch nicht zu versteuern, so daß sie dem Unternehmen steuerfrei zufließen. Für sonstige öffentliche **Zuschüsse** (Subventionen) besteht nach einem Urteil des BFH vom 4.11.1965 (vgl. Abschn. 34 Abs. 3 EStR) ein **Wahlrecht**: Sie sind im Jahr der Anschaffung des Wirtschaftsgutes und der Zahlung der Zuschüsse sofort **erfolgswirksam** als Ertrag anzusetzen oder **erfolgsneutral** von den Anschaffungskosten zu subtrahieren; im letzteren Fall darf nur von den niedrigeren Anschaffungskosten abgeschrieben werden. Auch die erfolgsneutrale Verbuchung führt letztlich, allerdings über die gesamte Abschreibungsdauer, zu einer erfolgswirksamen Erfassung der Zuschüsse, so daß die Abschreibungsbeträge infolge der geminderten Anschaffungskosten niedriger sind. Die steuerliche Behandlung ist jeweils in Übereinstimmung mit der handelsrechtlichen Behandlung vorzunehmen (umgekehrte Maßgeblichkeit).

In gleicher Weise wie die steuerpflichtigen Zuschüsse wirken **Übertragungen stiller Reserven**, die das Steuerrecht in bestimmten Fällen gewährt. So können beispielsweise unter den Voraussetzungen des § 6b EStG die stillen Reserven, die bei dem Verkauf von bestimmten Wirtschaftsgütern aufgedeckt worden sind, auf neue Wirtschaftsgüter übertragen werden. Gleiches gilt nach den Vorschriften des Abschnitts 35 EStR, wonach stille Reserven, die durch höhere Gewalt und anschließende **Zahlung einer Entschädigung** (z.B. Versicherungsentschädigung nach Brand) aufgedeckt worden sind, auf Ersatzwirtschaftsgüter übertragen werden können. Die Übertragungen mindern die Anschaffungskosten mit der Folge verminderter Abschreibungen während der Nutzungsdauer eines Gutes.

II. Herstellungskosten

Herstellungskosten werden als **Bewertungsmaßstab der fertigen und unfertigen Erzeugnisse** gebraucht; aber auch Gegenstände des Anlagevermögens sind zu Herstellungskosten anzusetzen, wenn diese als sog. **selbsterstellte Anlagen** oder „andere aktivierte **Eigenleistungen**" selbst gefertigt werden. Der Begriff der Herstellungskosten ist handelsrechtlich in § 255 Abs. 2 HGB und **steuerrechtlich** in Abschnitt 33 EStR geregelt. Die **Begriffsinhalte** sind weitgehend **identisch**. Unterschiede gibt es jedoch bei der Frage, welche Kostenbestandteile in den Bilanzen angesetzt werden müssen oder dürfen.

Mit dem Begriff **Herstellungskosten** wird ein **Begriff der Kostenrechnung** – hier spricht man jedoch in der Regel von **Herstellkosten** – in die Bewertung für die Bilanz einbezogen. Die betriebswirtschaftliche Kostenrechnung versucht, bei der Ermittlung der Herstellkosten den gesamten **wertmäßigen Güter- und Dienstleistungsverzehr** zu erfassen. Dabei sind auch **kalkulatorische Kosten** als Zusatzkosten enthalten, die nicht gleichzeitig Periodenaufwand sind. Der **bilanzielle Kostenbegriff** weicht darum in einigen Punkten von dem Begriff der Kostenrechnung ab, da er sich auf die aufwandsgleichen Kosten beschränkt. Kalkulatorische Kosten dürfen darum, soweit ihnen keine entsprechenden Periodenaufwendungen gegenüberstehen, weder handels- noch steuerrechtlich angesetzt werden. Diese Zusatzkosten sind vor allem der **kalkulatorische Unternehmerlohn**, **erhöhte Abschreibungen**, d.h. kalkulatorische Abschreibungen vom Wiederbeschaffungswert, die über die bilanziellen Abschreibungen hinausgehen, und (kalkulatorische) **Zinsen**. Letztere gehören nach § 255 Abs. 2 HGB grundsätzlich nicht zu den Herstellungskosten, es sei denn, es handelt sich um Zinsen für Fremdkapital, das speziell zur Finanzierung eines bestimmten Vermögensgegenstandes aufgenommen worden ist (z.B. bei Bauten, Großaufträgen). (Bei Kapitalgesellschaften ist ein solcher Ansatz im Anhang zu vermerken.) Bei Bewertungswahlrechten (z.B. Ansatz der Verwaltungskosten) dürfen auch Zwischenwerte angesetzt werden.

Ein eigenes Problem ergibt sich dadurch, daß die **Berechnung der Herstellungskosten auf der Basis mehrerer Methoden** denkbar ist. So können in die Gemeinkostenzuschläge beispielsweise eingehen

- die tatsächlich angefallenen Kosten,
- die Kosten auf der Basis einer Normalbeschäftigung und
- die Kosten auf der Basis einer optimalen Beschäftigung.

Der Ansatz auf der Basis der Normalkosten- oder Optimalkostenrechnung wird als zulässig angesehen. Kosten einer Unterbeschäftigung, sog. **Leerkosten**, dürfen nicht angesetzt werden; es gilt das sog. **Leerkostenaktivierungsverbot**. Dieses Verbot ergibt sich aus den Formulierungen „angemessen" und „notwendig" in § 255 Abs. 1 S. 3 HGB (vgl. auch Abschn. 33 Abs. 8 EStR).

In der pauschalen Formulierung des § 255 Abs. 2 Satz 1 HGB sind „Herstellungskosten die Aufwendungen, die durch den Verbrauch von Gütern und die Inanspruchnahme von Diensten für die Herstellung eines Vermögensgegenstands, seine Erweiterung oder für eine über seinen ursprünglichen Zustand hinausgehende wesentliche Verbesserung entstehen." **Handelsrechtlich** sind von den gesamten Kosten **mindestens** die **Einzelkosten**, nämlich die Materialeinzelkosten, die Fertigungseinzelkosten und die Sonder(einzel)kosten der Fertigung anzusetzen, obwohl die gesetzliche Formulierung etwas unklar ist (§ 255 Abs. 2 Satz 2 HGB). Die Auslegung ergibt sich aber aus den weiteren Formulierungen des Gesetzes. Über die Einzelkosten hinaus können in der Handelsbilanz weitere Kosten angesetzt werden; in der Steuerbilanz müssen weitere Bestandteile aktiviert werden. Unter Beachtung der oben genannten Ausführungen ergibt sich der Ansatz der Herstellungskosten aus Abb. 16.

Handelsbilanz § 255 Abs. 2 HGB		Bestandteile der Herstellungskosten	Steuerbilanz Abschn. 33 EStR	
Pflicht	Satz 2	Materialeinzelkosten Fertigungseinzelkosten Sondereinzelkosten der Fertigung	Absatz 1	Pflicht
Wahlrecht	Satz 3	Materialgemeinkosten Fertigungsgemeinkosten Abschreibungen		
	Satz 4	Kosten der allgemeinen Verwaltung Aufwendungen für soziale Einrichtungen Aufwendungen für freiwillige soziale Leistungen Aufwendungen zur betrieblichen Altersversorgung	Absatz 2 u. 5	Wahlrecht
Verbot	Satz 5	Vertriebskosten	Absatz 2	Verbot

Abb. 16 Ansatz der Herstellungskosten in der Handels- und Steuerbilanz

III. Teilwert

Der **Teilwert** ist ein rein **steuerlicher Wert**. Er übernimmt im Steuerrecht weitgehend die Aufgaben, die im HGB die „beizulegenden Werte" wahrnehmen. Nach § 6 Abs. 1 Nr. 1 Satz 3 EStG ist der Teilwert der „Betrag, den ein Erwerber des ganzen Betriebes im Rahmen des Gesamtkaufpreises für das einzelne Wirtschaftsgut ansetzen würde; dabei ist davon auszugehen, daß der Erwerber den Betrieb fortführt".

Die **Legaldefinition**, die von einem fiktiven Käufer des Gesamtbetriebes ausgeht, macht den Teilwert **äußerst problematisch**. Zur Ermittlung des Teilwerts muß zunächst der Gesamtwert eines Betriebes ermittelt werden. Diese Ermittlung kann eigentlich nur nach einem Ertragswertverfahren vorgenommen werden. Dann ist das einzelne Wirtschaftsgut wiederum als „Teilwert" des Gesamtwertes festzulegen.

Infolge dieser Problematik und des gleichzeitigen Zwangs zur praktischen Anwendung in der **Bilanzierungspraxis** hat die (Steuer-)Rechtsprechung eine Reihe von Vermutungen, die sog. **Teilwertvermutungen**, entwickelt, die zu einer besseren Praktikabilität der Wertbestimmung führen; die wichtigsten sind folgende:

- Bei abnutzbaren Wirtschaftsgütern des Anlagevermögens ist der **Teilwert gleich den Anschaffungs- oder Herstellungskosten abzüglich Abschreibungen** bzw. Absetzungen für Abnutzung (AfA), auch **fortgeführte Anschaffungskosten** genannt, jedoch unter Berücksichtigung von zwischenzeitlichen Preisänderungen.
- Bei nicht abnutzbaren Wirtschaftsgütern des Anlage- und Umlaufvermögens entspricht der **Teilwert** in der Regel den **Wiederbeschaffungskosten** bzw. dem Börsen- oder Marktpreis am Bilanzstichtag.

Die **Vermutungen** sind grundsätzlich **widerlegbar**. Da der Ansatz des Teilwertes nur als niedrigerer Wert in Frage kommt und bei im allgemeinen steigenden Preisen die Anschaffungs- und Herstellungskosten, ggf. vermindert um Abschreibungen, die Obergrenze der Bewertung bilden, ist die praktische Bedeutung der Teilwertabschreibung und die Widerlegung der Vermutung nur bei Vorliegen bestimmter Voraussetzungen möglich. Solche sind z.B.

- gesunkene Wiederbeschaffungskosten (z.B. bei EDV-Anlagen),
- Fehlinvestitionen (die Anschaffung oder Herstellung hat sich als Fehlentscheidung erwiesen),
- Wertminderung durch technische oder modische Veralterung.

IV. Bewertungsvereinfachungsverfahren

Der **Grundsatz der Einzelbewertung** nach §252 Abs. 1 Nr. 3 HGB wird verschiedentlich **durchbrochen, da** die **Einzelbewertung** manchmal **unmöglich** ist (z.B. bei bestimmten Garantierückstellungen oder bei der Bewertung von Flüssigkeiten in einem Behälter) **oder unwirtschaftlich** ist. Das HGB ermöglicht hier einige Erleichterungen, die nach dem Maßgeblichkeitsprinzip grundsätzlich auch steuerlich anwendbar sind; allerdings gibt es für die Steuerbilanz einige Einschränkungen.

Die wichtigsten, auf Bewertungsvereinfachungsverfahren beruhenden Werte sind
- Festwerte,
- Gruppenwerte,
- Durchschnittswerte,
- Verbrauchsfolgewerte.

Sie betreffen grundsätzlich sowohl das Anlagevermögen (außer Verbrauchsfolgeverfahren) als auch das Umlaufvermögen und werden darum im Rahmen der grundlegenden Bewertungsinhalte behandelt.

1. Festwertverfahren

Die Festbewertung ist in §240 Abs. 3 HGB geregelt. Sie ist grundsätzlich auch für die Steuerbilanz zulässig (vgl. Abschn. 31 Abs. 3 u. 4 sowie Abschn. 36 Abs. 5 EStR).

Der **Ansatz zu Festwerten** stellt ein **besonderes Bewertungsverfahren** dar, bei dem für einen Vermögensgegenstand eine Menge festgelegt wird und die einzelnen Güter mit einheitlichen Preisen bewertet werden. Sie erscheinen so in der Bilanz von Jahr zu Jahr mit gleichen Werten. Sie werden nicht abgeschrieben; die jeweiligen Zugänge werden sofort als Aufwand verbucht. Damit wird vor allem eine **Vereinfachung des Rechnungswesens** erreicht.

Für die Anwendung der Festbewertung gelten nach § 240 Abs. 3 HGB folgende **Voraussetzungen:**

- Beschränkung des Verfahrens auf **Vermögensgegenstände des Sachanlagevermögens sowie Roh-, Hilfs- und Betriebsstoffe**
- **regelmäßiger Ersatz**
- **Gesamtwert von nachrangiger Bedeutung**
- **geringfügige Veränderungen** im Hinblick auf Größe, Wert und Zusammensetzung des Bestandes
- **körperliche Inventur in der Regel alle drei Jahre**

Der Festwert bleibt unverändert, solange der in ihm erfaßte Bestand nicht wesentlich beeinflußt wird. Eine nicht unerhebliche Änderung, wobei diese für die Steuerbilanz auf 10 v.H. des Wertes festgelegt ist, führt zu einer Anpassung des Festwertes (vgl. Abschn. 31 Abs. 4 EStR). **Typische Gegenstände** für eine Festbewertung sind: Gerüste im Baugewerbe, Werkzeuge in Fertigungsbetrieben, Geschirr und Bestecke in Hotels und Gaststätten, Behälter und Paletten in Fertigungs- und Handelsbetrieben.

2. Gruppenbewertung

Die Gruppenbewertung ist gem. § 240 Abs. 4 HGB für

- **gleichartige Vermögensgegenstände des Vorratsvermögens** und
- **gleichartige oder annähernd gleichwertige bewegliche Vermögensgegenstände**

möglich. Dabei werden die Vermögensgegenstände gruppenweise zusammengefaßt und mit dem gewogenen Durchschnittswert bewertet. Die Gruppenbewertung ist sowohl beim Anlage- als auch beim Umlaufvermögen möglich. Auch in der Steuerbilanz ist Gruppenbewertung möglich und zulässig, so daß die handelsrechtlichen Werte aufgrund des Maßgeblichkeitsprinzips auch für die Steuerbilanz gelten (vgl. Abschn. 36 Abs. 4 EStR).

3. Durchschnittsverfahren

Bei der Durchschnittsmethode oder Durchschnittsbewertung handelt es sich lediglich um eine Vereinfachung der Wertermittlung, nicht wie bei der Gruppenbewertung um eine Vereinfachung der Inventur. Das Verfahren ist damit eine (Ersatz-)Methode zur **Bestimmung der Anschaffungskosten** und kann bei der **Bewertung von vertretbaren Vermögensgegenständen** angewandt werden. Es ist sowohl in der Handels- als auch eingeschränkt auf vertretbare Wirtschaftsgüter des Vorratsvermögens in der Steuerbilanz zulässig (vgl. Abschn. 36 Abs. 3 EStR).

Bei dieser Art der Bewertung werden Preise als **arithmetische Durchschnittspreise** angesetzt. Es kommen drei Möglichkeiten in Betracht, nämlich

- **gewogene Durchschnittspreise** einschließlich des Anfangsbestandes,
- gewogene Durchschnittspreise ohne Anfangsbestand und
- **gleitende Durchschnittspreise**.

Zur Erläuterung dient folgendes Zahlenbeispiel, das auch für die Verbrauchsfolgeverfahren weiter verwendet wird.

4. Kapitel: Bewertungsvorschriften für alle Kaufleute 705

Datum	Vorgang	Anzahl Stck.	Preis DM	Wert DM
1. 1.	Anfangsbestand	100	15,—	1 500,—
5. 2.	Zugang	50	18,—	900,—
4. 5.	./. Abgang	./. 80		
10. 6.	Zugang	70	14,—	980,—
20.10.	./. Abgang	./. 90		
10.12.	Zugang	40	17,—	680,—
15.12.	./. Abgang	./. 60		
31.12.	Endbestand	30	1. 15,62 2. 16,—	1. 468,60 2. 480,—

Abb. 17 Durchschnittspreisermittlung beim Vorratsvermögen

Der **gewogene Durchschnitt einschließlich Anfangsbestand** beträgt 4060,- DM : 260 Stck. = 15,62 DM/Stck. Ermittelt man den **gewogenen Durchschnitt nur aus den Zugängen**, erhält man 2560,- DM : 160 Stck. = 16,00 DM/Stck. Der Endbestand von 30 Stck. wird im ersten Fall mit 468,60 DM und im zweiten Fall mit 480,- DM bewertet. Die Methode bietet sich vor allem bei im allgemeinen konstanten Preisverhältnissen an; geringe Preisschwankungen gleichen sich aus. Problematisch wird die Methode, wenn die Wiederbeschaffungskosten im Laufe des Geschäftsjahres in größerem Ausmaß steigen oder sinken. Dann weichen die so ermittelten Anschaffungskosten mehr oder weniger stark von den aktuellen Anschaffungs- oder Wiederbeschaffungskosten ab.

Eine **Verfeinerung des Verfahrens**, bei dem das Problem schwankender Preise besser berücksichtigt wird und eine zeitnähere Bewertung stattfindet, ergibt sich **bei Anwendung der gleitenden Durchschnittsmethode**. Hier werden alle Zu- und Abgänge wertmäßig sofort verrechnet und der Durchschnittspreis als gleitender Durchschnittspreis fortgeschrieben. Dieses Verfahren ist zwar aufwendiger, bei Anwendung von Bestands- und Wertermittlungen in der Warenwirtschaft mit Hilfe der elektronischen Datenverarbeitung jedoch unproblematisch. Im genannten Beispiel ergibt sich folgende Rechnung.

Datum	Vorgang	Anzahl Stck.	Preis DM	Wert DM
1. 1.	Anfangsbestand	100	15,—	1 500,—
5. 2.	Zugang	50	18,—	900,—
4. 5.	Bestand ./. Abgang	150 ./. 80	16,— 16,—	2 400,— 1 280,—
10. 6.	Bestand Zugang	70 70	16,— 14,—	1 120,— 980,—
20.10.	Bestand ./. Abgang	140 ./. 90	15,— 15,—	2 100,— 1 350,—
10.12.	Bestand Zugang	50 40	15,— 17,—	750,— 680,—
15.12.	Bestand ./. Abgang	90 ./. 60	15,89 15,89	1 430,— 953,30
31.12.	Bestand	30	15,89	476,70

Abb. 18 Gewogene Durchschnittspreisermittlung beim Vorratsvermögen

Der Preis liegt zwischen den oben ermittelten beiden Durchschnittspreisen. Das **Ergebnis ist abhängig von der Preisentwicklung der Zugänge und der zeitlichen Verteilung von Zu- und Abgängen**. Dabei erreicht man mit Hilfe der gleitenden Durchschnitte in jedem Fall einen im Hinblick auf den Zeitpunkt des Jahresabschlusses zeitnäheren Wert der Vorräte.

4. Verbrauchsfolgeverfahren

Nach § 256 HGB „kann für den Wertansatz **gleichartiger Vermögensgegenstände des Vorratsvermögens** unterstellt werden, daß die zuerst oder daß die zuletzt angeschafften oder hergestellten Vermögensgegenstände zuerst oder in einer sonstigen bestimmten Folge verbraucht oder veräußert worden sind". Eine **Einschränkung** erfährt die Vorschrift lediglich durch die notwendige Beachtung der **GoB**; damit soll ein Mißbrauch von Verbrauchsfolgeverfahren ausgeschlossen werden. Folgende Verbrauchsfolgeverfahren sind besonders gebräuchlich:

- Fifo-Verfahren, first in-first out
- Lifo-Verfahren, last in-first out
- Hifo-Verfahren, highest in-first out

Darüber hinaus gibt es noch einige andere, jedoch wenig verbreitete Verfahren. Während in der **Handelsbilanz im allgemeinen alle Verbrauchsfolgeverfahren zulässig** sind, soweit die unterstellte Verbrauchsfolge nicht in direktem Widerspruch zur Wirklichkeit steht, gilt **steuerlich** die Durchschnittsmethode generell als anerkannt; die Verbrauchsfolgeverfahren sind nur dann zulässig, **wenn die unterstellte Verbrauchsfolge** auch **dem tatsächlichen Verbrauch entspricht** (vgl. Abschn. 36 Abs. 3 u. 4 EStR).

Mit der Einführung einer neuen Vorschrift zur Bewertung nach § 6 EStG, nämlich § 6 Abs. 1 Nr. 2a EStG, ist die **Lifo-Methode** unter bestimmten Voraussetzungen auch

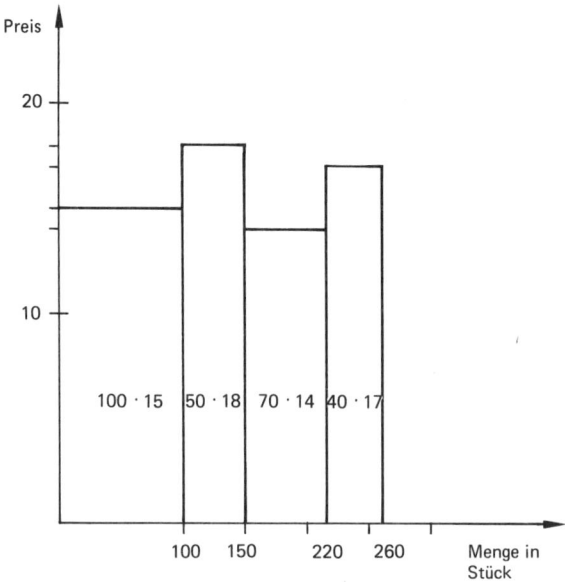

Abb. 19 Beispiel zur Bewertung nach Verbrauchsfolgeverfahren

in der **Steuerbilanz erlaubt**, ohne daß die unterstellte der realen Verbrauchsfolge entspricht. Diese Voraussetzungen sind:

- Gewinnermittlung nach § 5 EStG
- Bewertung gleichartiger Wirtschaftsgüter
- Übereinstimmung mit GoB
- gleiche Bewertungsmethode in der Handelsbilanz
- kein Bewertungsabschlag nach § 51 Abs. 1 Nr. 2 Buchstabe m ESTG (Importwarenabschlag lt. § 80 EStDV)

Das Lifoverfahren ist das einzige steuerlich zulässige Verfahren, das mit einer Unterstellung von Verbrauchsfolgen arbeitet. Von dieser Bewertungsmethode darf in Folgejahren nur mit Zustimmung des Finanzamts abgewichen werden. Näheres zur Anwendung des Verfahrens ist in Abschn. 36 a EStR geregelt.

Die diversen Verfahren sind grafisch zu veranschaulichen. In dem **Schaubild** (Abb. 19) sind die Zugänge entsprechend dem bereits verwendeten Zahlenbeispiel in ihrer zeitlichen Reihenfolge dargestellt. Daraus können die Werte nach den verschiedenen Verfahren leicht ermittelt werden.

Bei Anwendung des **Fifo-Verfahrens** ist unmittelbar ersichtlich, daß bei einem Endbestand von 30 Stück diese mit 17,– DM je Stück angesetzt werden. Ist der Endbestand größer als die zuletzt angeschaffte Menge von 40 Stück, so wird ein Teil der zuvor beschafften Menge von 70 Stück in die Bewertung mit hineingenommen. Beträgt der Endbestand beispielsweise 50 Stück, so ermittelt er sich aus 40 Stück à 17,– DM und 10 Stück à 14,– DM. Der Endbestand wird dann mit 16,40 DM je Stück bewertet.

Bei der **Lifo-Methode** werden die Bestände mit dem ältesten Wert bewertet. Im Beispiel beträgt er 15,– DM je Stück. Ist der Endbestand größer als 100 Einheiten, beispielsweise 120 Einheiten, wird die Lieferung vom 5.2. in die Bewertung mit einbezogen. Wie leicht nachzurechnen ist, wird der Endbestand mit 15,50 DM je Stück bewertet.

Beim **Hifo-Verfahren** wird unterstellt, daß die Vorräte mit dem höchsten Preis zuerst ausscheiden. Bei der Ermittlung des Preises für den Endbestand fallen darum die Lieferungen mit den höchsten Preisen heraus. In unserem Beispiel wird der Endbestand mit 14,– DM je Stück bewertet. Läge der Bestand über 70 Stück, jedoch unter 170 Stück, würde ein Teil des Anfangsbestandes in die Bewertung einbezogen.

Die genannten Verbrauchsfolgeverfahren sind als **Periodenverbrauchsfolgeverfahren** dargestellt. Sie können jedoch ebenso wie bei der Durchschnittsmethode als **permanente Verbrauchsfolgeverfahren** entwickelt werden. Die Methoden sind jedoch recht aufwendig und in der Praxis wenig gebräuchlich (vgl. Adler, Düring, Schmaltz, § 256 Tz. 27 ff.).

Es ist verständlich, daß die genannten Verfahren je nach zeitlicher und größenmäßiger Entwicklung der Preise zu unterschiedlichen Werten der Endbestände und zu einer mehr oder weniger großen positiven oder negativen Abweichung von den aktuellen Preisen bzw. Beschaffungskosten zum Abschlußstichtag führen. Je nach Preisentwicklung kommt es so zur Bildung oder Auflösung von stillen Reserven. Man kann die wichtigsten Auswirkungen wie folgt zusammenfassen:

Bei Anwendung des Lifo-Verfahrens werden bei steigenden Preisen stille Reserven gelegt; bei fallenden Preisen führt die Bewertung nicht nur zur Auflösung dieser Reserven, sondern es werden sogar „negative stille Reserven" gelegt, wenn die ermittelten Werte bilanziert werden, was allerdings aufgrund des Niederstwertprinzips nicht zulässig und möglich ist (vgl. Gliederungspunkt D.4. dieses Kapitels). Bei Anwendung des

Fifo-Verfahrens bei steigenden Preisen ist der ermittelte Wert zeitnah und kommt tendenziell dem Tageswert nahe; bei sinkenden Preisen ist der Wert zwar auch zeitnah, führt aber tendenziell zu einer Bewertung über dem Tageswert am Bilanzstichtag, wenn auch in viel geringerem Ausmaß als bei der Lifo-Methode. Die Hifo-Methode führt ohne Einschränkung tendenziell zur Legung von stillen Reserven, weshalb sie auch steuerlich ausnahmslos unzulässig ist.

C. Bewertung des Anlagevermögens

I. Bewertungsgruppen in der Handels- und Steuerbilanz

Das HGB teilt nach § 247 Abs. 1 das Vermögen in das Anlage- und das Umlaufvermögen ein. Eine gleiche Einteilung findet sich bei den Bewertungsvorschriften der §§ 252–256 HGB, insbesondere in § 253 HGB wieder. Dagegen unterteilt das Steuerrecht nach § 6 Abs.1 EStG die **Aktiva** in folgende **zwei Gruppen**:

- **Wirtschaftsgüter des Anlagevermögens, die der Abnutzung unterliegen**, und
- **andere Wirtschaftsgüter** des Betriebs (Grund und Boden, Beteiligungen, Umlaufvermögen).

Damit decken sich die Einteilungen nicht ganz. Wenn man von der Zuordnung des Grund und Bodens und der Beteiligungen im Steuerrecht zur zweiten Bewertungsgruppe absieht, ist die inhaltliche Abgrenzung jedoch deckungsgleich.

Trotz der scheinbar unbedeutenden Einteilung ergeben sich **einige praktische Konsequenzen aus der unterschiedlichen Gruppierung.** So gilt der Ansatz von **Grund und Boden** mit aufstehenden Gebäuden bürgerlich-rechtlich als Einheit, nicht jedoch für die handels- und steuerrechtliche Gewinnermittlung. Während Grund und Boden nach § 6 Abs. 1 Nr. 2 EStG zu den nicht abnutzbaren Wirtschaftsgütern zählen, sind die Gebäude nach § 6 Abs.1 Nr.1 EStG abnutzbare Wirtschaftsgüter, die auch abgeschrieben werden. Eine solche Trennung sieht das handelsrechtliche Gliederungsschema nicht vor, jedoch wird auch hier ohne direkte Ersichtlichmachung in der Bilanz die Abschreibung normalerweise nur von den aufstehenden Gebäuden vorgenommen.

Immaterielle Anlagewerte sind sowohl handels- als auch steuerrechtlich nur aktivierungs- und bewertungsfähig und auch -pflichtig, wenn sie entgeltlich erworben worden sind. Während Konzessionen, gewerbliche Schutzrechte und ähnliche Rechte bisher bereits sowohl handels- als auch steuerrechtlich abgeschrieben werden konnten, da sie als abnutzbare Wirtschaftsgüter galten, ist der **derivative Geschäfts- oder Firmenwert** im Zuge der Verabschiedung des Bilanzrichtliniengesetzes steuerlich in die Gruppe des abnutzbaren Anlagevermögens aufgenommen worden und somit jetzt auch in der Steuerbilanz nach § 7 Abs. 1 Satz 3 EStG abzuschreiben (vgl. auch Punkt III.2. dieses Abschnitts).

II. Die Wertansätze im Überblick

Ausgangswert und Höchstwert für alle Vermögensgegenstände bzw. Wirtschaftsgüter sind nach § 253 Abs.1 Satz 1 HGB und § 6 Abs.1 Nr.1 u. 2 EStG jeweils die **Anschaffungs- oder Herstellungskosten.** Sofern es sich um **abnutzbares Anlagevermögen** handelt, sind diese Werte um **planmäßige Abschreibungen bzw. Absetzungen für Abnutzung oder Substanzverringerung** zu vermindern. Es gilt neben dem **Anschaffungswertprinzip** auch

Abschreibungen nach Handelsrecht		Absetzungen und Abschreibungen nach Steuerrecht	
planmäßige Abschreibungen beim abnutzbaren Anlagevermögen §253 Abs.2 S.1 HGB		Absetzungen	Absetzungen für betriebsgewöhnliche Abnutzung (AfA) §7 Abs.1 S.1–4 u. Abs.2–5a EStG
			Absetzungen für Substanzverringerung (AfS) §7 Abs.6 EStG
außerplanmäßige Abschreibungen	auf den niedrigeren beizulegenden (Stichtags-)Wert §253 Abs.2 S.3 HGB	Abschreibungen	(außerplanmäßige) Absetzungen für außergewöhnliche technische oder wirtschaftliche Abnutzung (AfaA) §7 Abs.1 S.5 EStG
	im Rahmen vernünftiger kaufmännischer Beurteilung (nicht bei Kapitalgesellschaften) §253 Abs.4 HGB		Teilwertabschreibungen §6 Abs.1 Nr.1 u. 2 EStG
			Sonderabschreibungen oder erhöhte Absetzungen z.B. nach §§7e, f, g EStG §82a u. i EStDV, §14 BerlinFG
steuerrechtlich zulässige Abschreibungen durch Umkehrung des Maßgeblichkeitsprinzips §254 HGB (nur eingeschränkt bei Kapitalgesellschaften)			Sofortabschreibung geringwertiger Wirtschaftsgüter (GwG) §6 Abs.2 EStG

Abb.20 Übersicht über Abschreibungen und Absetzungen beim Anlagevermögen

das sog. **Fixwertprinzip**. Darüber hinaus können oder müssen handels- und steuerrechtlich unter Umständen weitere Wertkorrekturen vorgenommen werden; sie werden in den folgenden Ausführungen näher erläutert. Sofern diese Werte wahlweise angesetzt werden können, führen sie zu **Abweichungen vom Fixwertprinzip**.

Die Bestimmung der Höhe der Anschaffungs- oder Herstellungskosten ergibt sich bereits aus den dargestellten, grundlegenden Bewertungsinhalten (vgl. Punkt B. dieses Kapitels). Als **Ersatz der einzelnen Anschaffungs- oder Herstellungskosten** können bei Vorliegen der gesetzlichen Voraussetzungen auch **Festwerte** und **Gruppenwerte** angesetzt werden. Die Einzelheiten sind ebenfalls bereits dargestellt worden (vgl. Punkt B.IV. dieses Abschnitts).

Eine **Übersicht über** die **Wertkorrekturen** zu den Anschaffungs- und Herstellungskosten gibt Abb.20. Neben den dort genannten Abschreibungen, Absetzungen oder sonstigen gegenüber den Anschaffungs- oder Herstellungskosten niedrigeren Wertansätzen gibt es auch die Möglichkeit oder Pflicht, in bestimmten Fällen **Zuschreibungen oder Wertaufholungen** gegenüber Bilanzansätzen des Vorjahres vorzunehmen. Die Regelungen finden sich handelsrechtlich in §253 Abs.5 HGB und steuerrechtlich in §6 Abs.1 Nr.1 Satz 4, Nr.2 Satz 3 EStG. Wertkorrekturen werden in den folgenden Punkten im einzelnen erläutert. Über die hier aufgeführten Vorschriften hinaus gibt es für Kapitalgesellschaften einige besondere Vorschriften, insbesondere im Hinblick auf Zuschreibungen, die im 5. Kapitel gesondert behandelt werden.

III. Planmäßige Abschreibungen und Absetzungen

1. Grundlagen

Der **Begriff Abschreibungen** wird im HGB einheitlich für alle Wertminderungen von Gegenständen des Anlagevermögens und des Umlaufvermögens verwendet. In der Praxis verbindet man damit jedoch im allgemeinen nur die planmäßigen Abschreibungen. Die steuerliche Terminologie erweitert den Begriff durch zusätzliche Ausdrücke. Die planmäßigen Abschreibungen heißen hier **Absetzungen für Abnutzung** (AfA) und **Absetzungen für Substanzverringerung** (AfS); daneben gibt es weitere Arten von (außerplanmäßigen) Wertherabsetzungen. Im folgenden werden (zunächst) nur die planmäßigen Korrekturen erörtert.

Mit der **Abschreibung** auf Gegenstände des Anlagevermögens werden **zwei Zwecke** verfolgt:

- „richtige" Darstellung der Vermögenslage und
- „richtige" Ermittlung des Erfolges.

Gegenstände des Anlagevermögens dienen einem Unternehmen in der Regel langfristig. Dabei treten (bei den abnutzbaren Gegenständen) **Wertminderungen** auf, die auf

- **technische Abnutzung** oder
- **wirtschaftliche Entwertung**

zurückzuführen sind. Durch eine entsprechende Abschreibung werden die alten Bilanzansätze bzw. die Anschaffungs- oder Herstellungskosten entsprechend gekürzt.

Abschreibungen sind gleichzeitig Aufwandsposten in der Erfolgsrechnung. Sie **dienen der periodengerechten Verteilung der Anschaffungs- oder Herstellungskosten** auf die Jahre der Nutzung. Die Art der Ermittlung der Abschreibungen, die sog. **Abschreibungsmethoden**, und die daraus resultierende Höhe der jährlichen Abschreibungen sind darum für die Erstellung des Jahresabschlusses von besonderer Wichtigkeit.

Nach geltendem Recht dürfen **Abschreibungen nur von den Anschaffungs- oder Herstellungskosten** vorgenommen werden. Dieses Prinzip des Nominalismus führt in Zeiten allgemeiner Inflation zu Widersprüchen im Hinblick auf betriebswirtschaftlich richtige Bilanzansätze und eine gleichzeitige periodengerechte Gewinnermittlung. Bei stärkerer Geldentwertung könnte beispielsweise der Wert einer Maschine trotz technischen Verschleißes zum Jahresabschluß infolge höherer Marktpreise einen gleichen (nominellen) Wert gegenüber dem Vorjahr haben. Dann bräuchte zur Ermittlung eines richtigen Bilanzansatzes keine Abschreibung vorgenommen werden. Die Nichterfassung von Abschreibungen in der Gewinn- und Verlustrechnung brächte jedoch eine Verzerrung der Ertragsrechnung mit sich, da es sehr wohl bei der Produktion einen Werteverzehr der Anlage gibt. Bei steigenden Preisen der Anlagegüter führt der Ansatz von Abschreibungen auf die Anschaffungskosten zu falschen Ergebnissen und zum Ausweis von Scheingewinnen. Wenn eine Maschine **beispielsweise** einen Anschaffungspreis von 10000,- DM hat und ihr (Neu-)Preis sich in den zehn Jahren betrieblicher Nutzungszeit verdoppelt, stehen bei einer Ersatzinvestition nach zehn Jahren nur 50% aus Abschreibungsgegenwerten (als Aufwand verrechnete Abschreibungen) zur Verfügung. Der Betrieb hat regelmäßig zu wenig abgeschrieben und im Jahresabschluß Scheingewinne ausgewiesen.

4. Kapitel: Bewertungsvorschriften für alle Kaufleute

In die **Ermittlung der jährlichen Abschreibungen** gehen folgende Größen ein:

- **Nutzungsdauer**
- **Abschreibungsmethode**
- ggf. **Restverkaufserlös**

Bei der Bestimmung der Nutzungsdauer spricht das HGB von den Geschäftsjahren, „in denen der Gegenstand voraussichtlich genutzt werden kann" (§ 253 Abs. 2 Satz 2 HGB), und das Steuerrecht von der **betriebsgewöhnlichen Nutzungsdauer** (§ 7 Abs. 1 EStG). Die Finanzverwaltung hat sog. **AfA-Tabellen** herausgegeben, die als Orientierung für die Festsetzung der betriebsgewöhnlichen Nutzungsdauer dienen. Als **Bestimmungsgründe für** die Ermittlung der **Nutzungsdauer** gelten

- die technische Abnutzung,
- die wirtschaftliche Abnutzung und
- die zeitbedingte Abnutzung.

Durch diese drei Faktoren wird der Vorrat an Nutzungen, der in einem Anlagegut enthalten ist, im Laufe der betrieblichen Nutzungszeit aufgezehrt.

Die meisten **Gegenstände des Anlagevermögens unterliegen** beim Gebrauch einem **abnutzungsbedingten Verschleiß**; das Leistungspotential wird durch ständigen Gebrauch gemindert. Das Nutzungsende kann dabei plötzlich (z.B. Glühlampe) oder allmählich (Batterie) eintreten. Bei den meisten technischen Aggregaten, insbesondere bei Maschinen, läßt sich die technische Nutzungsdauer durch Wartung und Reparatur in mehr oder weniger starkem Maße beeinflussen. Im Grenzfall kann man diese technische Nutzungsdauer sogar beliebig ausdehnen, wenn man im Laufe der Zeit durch Reparaturen sukzessiv sämtliche Teile von Aggregaten austauscht.

Zu den technischen Bestimmungsfaktoren der Abnutzung zählt auch ein **natürlicher Verschleiß**. Er tritt als ruhender Verschleiß im Zeitablauf ein, auch ohne den Gebrauch von Anlagen. Die Minderung der Leistungsfähigkeit tritt durch zeitabhängige Einflußgrößen wie Verwittern, Verrosten, Zersetzen oder Verschmutzen ein.

In sog. **Gewinnungsbetrieben** (z.B. Betriebe der Urerzeugung wie Bergwerke, Steinbrüche, Kiesgruben) wird das Leistungspotential durch **Substanzminderung** allmählich verbraucht. Man kann diese Minderung vergleichen mit dem technischen Verschleiß von Aggregaten.

Neben den genannten Gründen beeinflussen **wirtschaftliche Gründe** den Nutzungsvorrat von Anlagegegenständen. Der **technische Fortschritt** durch Erfindungen, Weiterentwicklungen von Aggregaten und Änderungen der Fertigungstechnik läßt Anlagen aus wirtschaftlichen Gründen schneller veralten und verkürzt so die betriebliche Nutzungsdauer. Technisch neu entwickelte Anlagen sind in der Lage, die gleichen Leistungen billiger, besser oder bei höherer Kapazität zu erbringen. In die Bestimmung der Nutzungsdauer geht dabei sowohl der bereits **realisierte technische Fortschritt**, d.h. der Fortschritt, der bereits in die Herstellung neuer Aggregate eingeflossen ist, als auch der in der überschaubaren Zukunft **erwartete technische Fortschritt** ein. Letzterer ist zwar nicht genau bestimmbar, doch entspricht es dem Vorsichtsprinzip, ihn in angemessener Weise bei der Schätzung der Nutzungsdauer zu berücksichtigen (Beispiele: EDV-Anlagen, numerisch gesteuerte Werkzeugmaschinen).

Über den technischen Fortschritt hinaus beeinflussen **weitere wirtschaftliche Gründe** die Nutzungsdauer von Investitionen. Dazu gehören vor allem

- Nachfrageänderungen und Bedarfsverschiebungen,
- sinkende Wiederbeschaffungspreise bei schneller Entwicklung der Fertigungstechnik (z.B. elektronische Geräte),
- Mode- und Geschmacksänderungen,
- Fehlinvestitionen.

Zeitlich bedingte Abschreibungsfaktoren betreffen vor allem Beendigungen von Miet- und Pachtverhältnissen vor Beendigung der technischen Nutzungsfähigkeit von Anlagen, den Ablauf von Schutzrechten wie z.B. Patenten und den Ablauf von Konzessionen. Selbst dann, wenn nach Fristablauf der technische Nutzungsvorrat nicht aufgebraucht ist, kann ein Unternehmen die Leistungen wirtschaftlich nicht mehr in Anspruch nehmen.

Rechnet ein Betrieb damit, daß ein Anlagegegenstand nach der Nutzung im Betrieb noch veräußert werden kann, ist bei der Ermittlung der Abschreibung ggf. ein **Resterlös** zu berücksichtigen. Die Abschreibungen werden entsprechend geringer. Der **Ansatz eines Resterlöses** bei der Ermittlung der bilanziellen Abschreibungen ist jedoch **nicht üblich** und bis auf Ausnahmen (z.B. Schrottwert eines Schiffes) **steuerlich** auch **nicht zulässig**. Man kann positive Restwerte indirekt in der Schätzung der Nutzungsdauer berücksichtigen.

2. Die wichtigsten Abschreibungsmethoden

Wenn für Unternehmen (handelsrechtlich) auch die Abschreibungsmethoden nicht festgelegt sind, so können diese dennoch nicht willkürlich gewählt werden. Nach den GoB sind sie durch die wirtschaftlichen Gegebenheiten zu rechtfertigen. Es kommt dabei für das Unternehmen auf die relevanten wirtschaftlichen Daten der Vergangenheit und die Erwartungen der Zukunft an. Die **Wahl der Abschreibungsmethode** muß damit insbesondere der Inanspruchnahme und der Entwertung der Anlage im Hinblick auf eine **möglichst periodengerechte Aufwandsverrechnung** entsprechen. Es dürfen **keine willkürlichen stillen Reserven** gelegt werden; auch darf die Abschreibungsmethode nicht so gewählt werden, daß später außerplanmäßige Abschreibungen zu erwarten sind. Im Hinblick darauf, daß alle Abschreibungsgrößen auf Zukunftsschätzungen beruhen und damit erheblichen Unsicherheitsfaktoren unterworfen sind, ist jedoch jede Abschreibungspraxis zugelassen, die den wirtschaftlichen Gegebenheiten nicht offensichtlich widerspricht.

Steuerlich sind die gleichen Überlegungen maßgebend; jedoch gibt es hier nach §7 EStG eine **Einschränkung** der Abschreibungsmethoden **auf bestimmte Verfahren**; Einzelheiten werden bei der Darstellung der Methoden besprochen.

In der Praxis sind die **lineare Abschreibung** und die (**geometrisch-**) **degressive Abschreibung** die geläufigsten, nicht zuletzt wegen ihrer praktischen Handhabung und steuerrechtlichen Zulässigkeit.

a) Lineare Abschreibung

Die **lineare Abschreibung** ist **handels- und steuerrechtlich** (§7 Abs.1 EStG) **bei allen abnutzbaren Anlagegütern zulässig**. Bei Gebäuden oder Gebäudeteilen ist steuerrechtlich jedoch die Nutzungsdauer in §7 Abs.4 EStG gesetzlich fixiert.

Bezeichnet man die Anschaffungs- bzw. Herstellungskosten mit a_0, die Jahre der Nutzungsdauer mit n und die Abschreibungen mit a, so ist

$$a = \frac{a_0}{n}.$$

In der Praxis ist es häufig üblich, anstelle der Nutzungsdauer in Jahren die Abschreibung in Prozent des Anschaffungswertes anzugeben. Abschreibungen „mit 20%" bedeuten dann eine Nutzungsdauer von fünf Jahren.

Wird ein Restwert der alten Anlage angesetzt und bezeichnet man diesen mit R_n, ändert sich der Abschreibungsbetrag in

$$a = \frac{a_0 - R_n}{n}.$$

Unter **betriebswirtschaftlichen Gesichtspunkten** ist die lineare Abschreibung dann sinnvoll und periodengerecht, wenn die Leistungsabgabe tatsächlich gleichmäßig pro Abschreibungsperiode erfolgt. Das trifft jedoch nur zu, wenn unter Berücksichtigung auch der übrigen Aufwandsbelastungen wie Reparaturen, Stillstandszeiten u.ä. gleiche Aufwendungen pro Periode zu verzeichnen sind. Das ist häufig jedoch nicht der Fall. Im allgemeinen nehmen die Reparaturanfälligkeit und die daraus resultierenden zusätzlichen Belastungen mit dem Alter von Anlagen zu. Neben dieser technisch bedingten ungleichmäßigen Belastung der einzelnen Perioden nimmt im allgemeinen der wirtschaftliche Wert von Anlagen zu Beginn der Nutzungsdauer stärker ab als in späteren Jahren. Diesem Sachverhalt wird eher eine degressive Abschreibung gerecht.

b) Degressive Abschreibung

Kennzeichen dieser Abschreibungsmethode ist es, daß die Abschreibungen mit jährlich sinkenden Abschreibungsbeträgen vorgenommen werden. Sie kommen, abgesehen von praxisfernen Sonderformen, in folgenden **zwei Ausgestaltungen** vor:

- geometrisch-degressive Abschreibung
- arithmetisch-degressive Abschreibung

Die **gebräuchlichste Form**, nicht zuletzt wegen ihrer steuerlichen Anerkennung, ist die **geometrisch-degressive Abschreibung**, auch **Buchwertabschreibung** genannt. Sie wird häufig auch nur als degressive Abschreibung bezeichnet.

Geometrisch-degressive Abschreibung, 10 Jahre, 30%			
Jahr	Buchwert alt TDM	Abschreibung TDM	Buchwert neu TDM
1	100,000	30,000	70,000
2	70,000	21,000	49,000
3	49,000	14,700	34,300
4	34,300	10,290	24,010
5	24,010	7,203	16,807
6	16,807	5,042	11,765
7	11,765	3,530	8,235
8	8,235	2,471	5,764
9	5,764	1,729	4,035
10	4,035	1,211	2,824

Abb. 21 Geometrisch-degressive Abschreibungsmethode

Hierbei wird ein jährlich **konstanter Prozentsatz vom jeweiligen Buchwert als Abschreibung** verrechnet. Der anzusetzende **Abschreibungssatz** muß **über dem linearen Abschreibungssatz** liegen, da er sonst bereits im zweiten Jahr zu einer niedrigeren Abschreibung führen würde als bei linearer Abschreibung. Üblich sind Abschreibungssätze, die zwei- bis dreimal so hoch wie die linearen Abschreibungssätze sind. Die Methode wird durch ein Beispiel in Abb. 21 erläutert.

Durch die geometrisch-degressive Abschreibung wird eine Abschreibung auf Null nie erreicht. Es gibt mehrere Verfahren, dieses Problem zu lösen. So kann man etwa auf einen **Restwert** (Schrotterlös) abschreiben oder den Abschreibungssatz so wählen, daß zum Schluß der Nutzungsdauer nur noch ein geringer Wert erhalten bleibt, der im letzten Jahr voll abgeschrieben wird. Praktisch gebräuchlich ist auch die Kombination von degressiver und linearer Abschreibung, die im Gliederungspunkt 3.a) dieses Abschnitts dargestellt wird.

Die **arithmetisch-degressive Abschreibung** ist dadurch gekennzeichnet, daß die Abschreibungsbeträge jährlich um einen konstanten DM-Betrag fallen. Die bekannteste Form ist die sog. **digitale Abschreibung**. Hier ist die Abschreibungsdifferenz zwischen den Jahren gleich der Abschreibungsrate des n-ten Jahres. Der Degressionsbetrag wird ermittelt aus der Addition der Jahresziffern und aus den Anschaffungskosten. Bezeichnet man die Jahresziffern mit $t = 1, 2, \ldots, n$ und den Degressionsbetrag mit d, so wird dieser wie folgt ermittelt:

$$d = \frac{a_0}{\sum\limits_{t=1}^{n} t} = \frac{2a_0}{n(n+1)}$$

Für das obige Beispiel der geometrisch-degressiven Abschreibung ergeben sich hier folgende Zahlenwerte:

$$d = \frac{2 \cdot 100}{10 \cdot (10+1)} = 1{,}8182$$

Die Abschreibungstabelle entwickelt sich wie folgt:

Arithmetisch-degressive (digitale) Abschreibung, 10 Jahre				
Jahr	Buchwert alt TDM	Degressionsbetrag × Restjahre	Abschreibung TDM	Buchwert neu TDM
1	100,000	1,8182 × 10	18,182	81,818
2	81,818	1,8182 × 9	16,364	65,454
3	65,454	1,8182 × 8	14,546	50,908
4	50,908	1,8182 × 7	12,727	38,181
.	. . .	. . .	. . .	. . .
9	5,453	1,8182 × 2	3,636	1,817
10	1,817	1,8182 × 1	1,817[1])	0,000

[1]) Rundungsdifferenz

Abb. 22 Arithmetisch-degressive Abschreibungsmethode

Die digitale Abschreibung führt gegenüber der geometrisch-degressiven in den ersten Perioden zu niedrigeren Abschreibungen und dementsprechend zu höheren Buchwerten; die Anschaffungskosten werden jedoch durch die konstant fallenden Jahresraten auf Null zurückgeführt.

Im Vergleich der beiden degressiven Abschreibungsmethoden ist die **geometrisch-degressive Abschreibung** eindeutig die **wichtigste Methode, da** die **digitale Abschreibung steuerlich nicht mehr erlaubt** ist.

Unter betriebswirtschaftlichen Gesichtspunkten wird die **degressive Abschreibung** in vielen Fällen dem Entwertungsverlauf von Anlagegütern eher gerecht als die lineare Abschreibung. Sie wird vor allem **folgenden Faktoren eher gerecht:**
- **stärkere Entwertung** von Anlagegütern **zu Beginn der Nutzungsdauer**
- **Kompensation eines erhöhten Reparatur- und Wartungsaufwands gegen Ende der** wirtschaftlichen **Nutzungsdauer**
- Berücksichtigung des **Prinzips der Vorsicht**
- verstärkte Berücksichtigung des **Prinzips der Substanzerhaltung** bei Inflation
- weitgehende **Vermeidung außerplanmäßiger Abschreibungen**

Handelsrechtlich ist **jede Form der degressiven Abschreibung zulässig, sofern** die GoB beachtet werden. **Steuerrechtlich** ist **nur** die **geometrisch-degressive Abschreibung** bzw. **Absetzung erlaubt,** wobei die **Restriktionen** von § 7 Abs. 2 EStG **zu beachten** sind.

Danach gelten folgende Merkmale:
- **bewegliche Wirtschaftsgüter** des Anlagevermögens
- höchstens **dreifacher Satz** des linearen Abschreibungssatzes
- **höchstens 30 v. H.**
- **keine Absetzung für außergewöhnliche** technische und wirtschaftliche **Abnutzung**

Um in der Handels- und Steuerbilanz gleiche Wertansätze zu haben, sind die steuerrechtlichen Vorschriften auch handelsrechtlich zu beachten.

c) Leistungsbedingte Abschreibung

Bei der leistungsbedingten Abschreibung oder der **Abschreibung nach der Inanspruchnahme** geht man von der Fiktion aus, daß in einem Anlagegut ein quantifizierbares Nutzenbündel oder Leistungsbündel vorhanden ist, das nach Maßgabe der Inanspruchnahme vermindert wird. Als Nutzenbündel oder Leistungseinheiten werden mengenbezogene Größen erfaßt (Maschinenstunden, Kilometer, Stückzahl u.ä.). Die **Abschreibungen pro Leistungseinheit** ergeben sich durch Division der Anschaffungskosten durch die Summe der geschätzten Leistungseinheiten.

Beispiel: Die Anschaffungskosten eines LKW betragen DM 80000,–. Die geschätzte Kilometerleistung beträgt 400 000, die Abschreibungskosten pro km betragen somit DM 0,20.

Unter betriebswirtschaftlichen Gesichtspunkten hat diese Methode Vor- und Nachteile. Im Sinne einer perioden- und leistungsgerechten Zuordnung der Ausgaben ist sie als sinnvoll anzusehen. Die **Abschreibungskosten** sind bei den übrigen Abschreibungsmethoden zeitfixe oder **beschäftigungsfixe Kosten**; bei der Leistungsabschreibung sind die **Abschreibungskosten dem Beschäftigungsgrad proportional** (beschäftigungsproportionale Kosten). Als Nachteil ist festzustellen, daß im wesentlichen technische Gründe und der Beschäftigungsgrad die Höhe der Abschreibungen bestimmen. Die Wertminderungen durch wirtschaftliche Abnutzung und durch ruhenden Verschleiß, z. B. Korrosion bei Nichtgebrauch, gehen in die Rechnung nicht ein.

Die **Leistungsabschreibung** wird für die Ermittlung der bilanziellen Abschreibungen verhältnismäßig selten angewendet; das Verfahren eignet sich eher für die Kostenrechnung (etwa für die Ermittlung von Maschinenstundensätzen). Sie ist **handels- und steuerrechtlich** grundsätzlich **zulässig**. Für die steuerliche Anerkennung sind nach § 7 Abs. 1 Satz 4 EStG jedoch zwei Voraussetzungen erforderlich:

- Die **Methode** muß **wirtschaftlich begründet** sein. Dies liegt nur vor, wenn die Leistung in der Regel erheblich schwankt und damit der Verschleiß wesentliche Unterschiede aufweist.
- Der **Umfang der Leistung** pro Jahr muß **nachgewiesen** werden.

Eine **besondere Form der Leistungsabschreibung** ist die **Absetzung für Substanzverringerung** (AfS). Sie ist steuerrechtlich in § 7 Abs. 6 EStG **gesondert geregelt** und bezieht sich auf Bergbauunternehmen, Steinbrüche und andere vergleichbare Betriebe, die einen Verbrauch der Substanz mit sich bringen. Handelsrechtlich ist diese Abschreibung durch Substanzverringerung problemlos, da die allgemeinen Abschreibungsmethoden angewendet werden können.

d) Sonstige Abschreibungsmethoden

Nach Handelsrecht sind die Abschreibungsmethoden nicht vorgeschrieben. Es muß lediglich **planmäßig** abgeschrieben werden (vgl. § 253 Abs. 2 HGB). Aus diesem Grund sind weitere Abschreibungsmethoden denkbar. So kennt man beispielsweise die **progressive Abschreibung**, bei der die Abschreibung mit steigenden Abschreibungsbeträgen erfolgt. Ebenso ist eine **Abschreibung nach Maßgabe des Gewinns** grundsätzlich möglich, da auch hier die Planmäßigkeit eingehalten werden kann. Es ist jedoch fraglich, ob die genannten Abschreibungsmethoden mit den GoB noch vereinbar sind. **Durch** die **Einschränkung der Abschreibungsmethoden in der Steuerbilanz haben** darum für die meisten Unternehmen **lediglich** die auch **steuerrechtlich zulässigen Methoden praktische Bedeutung**.

3. Einzelfragen

a) Kombination und Wechsel der Abschreibungsmethoden

In der **Praxis** werden häufig Kombinationen der dargestellten Abschreibungsmethoden angetroffen. Das gilt vor allem für eine **Kombination zwischen**

- **degressiver und linearer Abschreibung** und
- leistungsabhängiger und linearer Abschreibung.

Die Kombination der (geometrisch-)degressiven und der linearen Abschreibung löst das Problem, daß die Buchwertabschreibung nicht zu einem Endwert von Null führt. Man beginnt mit der degressiven Abschreibung und geht nach einigen Jahren zur linearen Abschreibung über. Der dann vorhandene Restwert wird durch die Jahre der Restnutzungsdauer dividiert, und man erhält so den linearen (Rest-)Abschreibungssatz. Häufig wird **als Übergang das Jahr** gewählt, **in dem die lineare Abschreibung zu höheren Abschreibungsbeträgen führt**. In unserem Beispiel der geometrisch-degressiven Abschreibung ist das 8. Jahr das Jahr, in dem sich ein Übergang „lohnt". Die Abschreibung in den letzten drei Jahren beträgt dann TDM 2,745; bei Anwendung der degressiven Abschreibung im 8. Jahr würde sich nur eine Abschreibung in Höhe von TDM 2,471 ergeben.

4. Kapitel: Bewertungsvorschriften für alle Kaufleute 717

Restwerte bei linearer, geometrisch- und arithmetisch-degressiver (digitaler) Abschreibung, Nutzungsdauer 10 Jahre, (geometrisch-) degressiver Abschreibungssatz 30%.

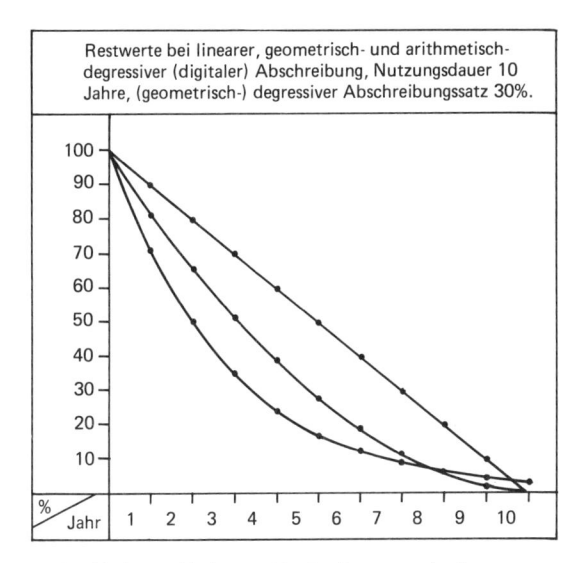

Abb. 23 Restwertverlauf bei verschiedenen Abschreibungsmethoden

Die Zusammenhänge gehen aus der Darstellung in Abb. 23 in allgemeiner Weise noch einmal hervor. Aus dem **Schaubild** ist der Verlauf der jeweiligen Restwerte bei linearer sowie geometrisch- und arithmetisch-degressiver Abschreibung zu erkennen. Gleichzeitig ist der Übergang auf die lineare Abschreibung im 8. Jahr eingezeichnet.

In der Handelsbilanz ist ein Übergang von einer Abschreibungsmethode zu einer anderen, ein sog. **Methodenwechsel**, wegen des Stetigkeitsprinzips (§ 252 Abs. 1 Nr. 6 HGB) erheblich **eingeschränkt** bzw. unmöglich. Ist ein Wechsel jedoch von vornherein geplant, kann man dies als eine **Methodenkombination** und somit als eine eigenständige Abschreibungsmethode ansehen, die handelsrechtlich **erlaubt** ist. **Steuerrechtlich** ist der **Übergang von der degressiven zur linearen Abschreibungsmethode** gem. § 7 Abs. 3 EStG zulässig; er stellt gem. § 252 Abs. 2 HGB eine Ausnahme vom Stetigkeitsgebot dar. Diese Kombination ist deshalb auch handelsrechtlich möglich und hat in der Praxis weite Verbreitung gefunden. Ansonsten ist ein Methodenwechsel weder handels- noch steuerrechtlich zulässig.

Bei der **Kombination der leistungsbedingten Abschreibung mit der linearen Abschreibung** wird gewöhnlich die Gesamtabschreibung zerlegt. In der Regel werden 50% der Anschaffungskosten zeitbedingt abgeschrieben und die anderen 50% nach Maßgabe der Leistungsabgabe als Aufwand verrechnet. Variationen dieser Form sind möglich. Durch die Kombination beider Verfahren wird versucht, den Ursachen sowohl der wirtschaftlichen als auch der technischen Abnutzung so weit wie möglich gerecht zu werden. Diese Kombination ist aber in der Praxis nur selten anzutreffen.

Eine besondere Frage ergibt sich bei einer möglichen **Änderung des Abschreibungsplans**. Normalerweise ist dieser zu Beginn der Nutzung festzulegen und es ist in den Folgejahren nach diesem Plan zu verfahren. Dennoch ist es denkbar, daß infolge besserer Erkenntnis später die Frage entsteht, den ursprünglichen Abschreibungsplan zu ändern. Dabei kann sich die Änderung beziehen auf die

- Änderung der Nutzungsdauer,
- Änderung der Abschreibungsmethode und
- Änderung der Abschreibungsbasis.

Änderungen des Abschreibungsplans sind insgesamt aus Gründen der Bilanzkontinuität nur selten möglich und auch steuerlich stark eingeschränkt; sie sind aber nicht ausgeschlossen. Insbesondere kann eine Änderung der Nutzungsdauer geboten erscheinen, wenn sich herausstellt, daß diese zu lang oder zu kurz gewählt wurde. Bei Schätzung einer zu langen Nutzungsdauer (z.B. bei generellem Übergang zu einem Mehrschichtbetrieb) ist es handels- und steuerrechtlich erlaubt, den Plan zu ändern. Ausgangspunkt für die neue Berechnung sind die fortgeführten Anschaffungs- oder Herstellungskosten. Die Folgeabschreibungen werden durch Kürzung der Restnutzungsdauer entsprechend erhöht (vgl. Küting/Weber, 1990, S. 842ff.).

Eine **Korrektur der Abschreibungsmethode** kommt wohl nur selten in Betracht; steuerrechtlich ist sie unzulässig, abgesehen vom Übergang der degressiven zur linearen Abschreibung. Eine **Änderung der Abschreibungsbasis** ergibt sich etwa nach außerplanmäßigen Abschreibungen, wobei es dann automatisch zu geringeren Abschreibungsbeträgen auf der Basis des niedrigeren Ausgangswertes bei konstanten (prozentualen) Abschreibungsquoten kommt.

b) Abschreibungsbeginn und Vereinfachungsregel

Der Zeitpunkt der Abschreibung beginnt bei einer Anschaffung mit der **Übertragung der Verfügungsgewalt**, bei der Herstellung mit dem **Zeitpunkt der Fertigstellung** oder dem **Zustand der Betriebsbereitschaft**. Die Abschreibungen sind grundsätzlich **pro rata temporis**, d.h. **zeitanteilig** zu bemessen. Nach GoB werden handels- und steuerrechtlich hierunter immer volle Monate verstanden. Somit beginnt die Abschreibung jeweils mit dem Monat, in dem der Vermögensgegenstand angeschafft oder hergestellt worden ist. Gleiches gilt für die Berechnung der Abschreibungen bei Abgängen von Vermögensgegenständen innerhalb eines Geschäftsjahres. Auch hierbei werden die Abschreibungen noch für den Monat voll angesetzt, in dem der Gegenstand aus dem Unternehmen ausgeschieden ist.

Für **abnutzbare, bewegliche Wirtschaftsgüter des Anlagevermögens** gibt es eine **Vereinfachungsregel**. Gem. Abschn. 44 Abs. 2 s. 2 EStR ist es „nicht zu beanstanden, wenn für die in der ersten Hälfte des Wirtschaftsjahres angeschafften oder hergestellten beweglichen Wirtschaftsgüter der für das gesamte Wirtschaftsjahr in Betracht kommende AfA-Betrag und für die in der zweiten Hälfte des Wirtschaftsjahres angeschafften oder hergestellten beweglichen Wirtschaftsgüter die Hälfte des für das gesamte Wirtschaftsjahr in Betracht kommenden AfA-Betrages angesetzt wird." Diese Regel ist auch handelsrechtlich zulässig und üblich. Darüber hinaus gelten steuerrechtlich, insbesondere bei Sonderabschreibungen, z.T. eigenständige, gesetzlich festgelegte Regeln für den Abschreibungsbeginn (vgl. z.B. § 7 Abs. 5 EStG).

c) Abschreibungen des Geschäfts- oder Firmenwerts

Immaterielle Anlagewerte werden planmäßig nach den üblichen Abschreibungsmethoden abgeschrieben. Steuerrechtlich ist nur die lineare Abschreibung zulässig. **Für den derivativen Geschäfts- oder Firmenwert** gibt es jedoch handelsrechtlich und steuerrechtlich **besondere Abschreibungsvorschriften**. Handelsrechtlich kann er nach § 255 Abs. 4 Satz 2 u. 3 HGB mit

- mindestens 25 v.H. in den vier Folgejahren nach der Aktivierung oder

- planmäßig in den Geschäftsjahren abgeschrieben werden, in denen er voraussichtlich genutzt wird.

Die erste Abschreibung läßt mehrere Variationen zu: Die Quote von 25% ist als Mindestquote anzusehen. Der Geschäfts- oder Firmenwert kann darum sowohl in kürzerer Zeit als auch sofort voll abgeschrieben werden. Der Beginn der Abschreibung kann auch bereits in das Jahr der Anschaffung gelegt werden. Wegen der nicht nach einem festen Plan vorzunehmenden Abschreibung nennt man diese Art auch **Willkürabschreibung**. Mit der zweiten Abschreibungsart, der planmäßigen Abschreibung, ist die Möglichkeit der **Anpassung der Handelsbilanz an die Steuerbilanz** gegeben. Nach § 7 Abs. 1 Satz 3 EStG gilt als **betriebsgewöhnliche Nutzungsdauer** des Geschäfts- oder Firmenwerts ein **Zeitraum von 15 Jahren**. Eine Abschreibung in gleicher Höhe in der Handelsbilanz gilt als zulässig. Auf diese Weise können in der Handels- und Steuerbilanz gleiche Werte ausgewiesen werden. In der Handelsbilanz ist aber auch eine kürzere (planmäßige) Abschreibungsdauer möglich. In Abb. 24 sind die handelsrechtlichen Mindestabschreibungen und die steuerrechtlich vorgeschriebenen Abschreibungen an einem Zahlenbeispiel auf der (Anschaffungs-)Basis von 100 (Geld-)Einheiten dargestellt.

	Jahr	1	2	3	4	5	...
Abschreibungen nach § 255 Abs. 4 Satz 2 HGB	Anschaffungskosten/ Restbuchwert (Jahresanfang)	100	100	75	50	25	ggf. Erinnerungswert
	Abschreibung		25	25	25	25	
	Restbuchwert (Jahresende)	100	75	50	25	0	
planmäßige Abschreibungen/Absetzungen nach § 255 Abs. 4 Satz 3 HGB u. § 7 Abs. 1 Satz 3 EStG	Anschaffungskosten/ Restbuchwert (Jahresanfang)	100	93,$\overline{3}$	86,$\overline{6}$	80,0	73,$\overline{3}$	Fortsetzung bis 15. Jahr
	Abschreibung	6,$\overline{6}$	6,$\overline{6}$	6,$\overline{6}$	6,$\overline{6}$	6,$\overline{6}$	
	Restbuchwert (Jahresende)	93,$\overline{3}$	86,$\overline{6}$	80,0	73,$\overline{3}$	66,$\overline{6}$	

Abb. 24 Handelsrechtliche Mindestabschreibungen und steuerrechtliche Absetzungen des Geschäfts- oder Firmenwerts

d) Abschreibungen auf Gebäude

Für die planmäßigen Abschreibungen auf Gebäude oder Gebäudeteile gibt es handelsrechtlich keine besonderen Vorschriften. Gebäude sind wie alle Vermögensgegenstände planmäßig unter Beachtung der GoB abzuschreiben. Dagegen gelten für die **Steuerbilanz** gesetzlich fixierte **Einzelvorschriften**. Es gibt neben einigen steuerlichen Sondervorschriften die

- lineare AfA gem. § 7 Abs. 4 EStG,
- degressive AfA gem. § 7 Abs. 5 EStG oder
- steuerlichen Sondervorschriften.

Gebäudeteile, die selbständige, unbewegliche Wirtschaftsgüter sind, sind nach § 7 Abs. 5a EStG wie Gebäude zu behandeln und unterliegen den gleichen Abschreibungsregeln. Dagegen gehören sonstige bauliche Anlagen, die Grundstücksbestandteile aber keine Gebäude oder Gebäudeteile sind, nicht zu den Gebäuden und unterliegen damit auch nicht diesen Abschreibungsvorschriften.

Als besondere Art der Abschreibung kann (neben bestimmten Sonderabschreibungen) die degressive **Gebäudeabschreibung** nach § 7 Abs. 5 EStG bezeichnet werden (vgl. auch Glade, S. 686 ff. und Körner, S. 367 ff.). Für inländische Gebäude, die zum Betriebsvermögen gehören, kann der Erwerber oder der Bauherr

- im Jahr der Anschaffung oder Fertigstellung und in den folgenden 3 Jahren jeweils 10%,
- in den darauffolgenden 3 Jahren jeweils 5% und
- in den darauffolgenden 18 Jahren jeweils 2,5%

absetzen. Bei Gebäuden im Privatvermögen gelten besondere Vorschriften. Voraussetzung für die Inanspruchnahme dieser Abschreibung im Falle der Anschaffung ist, daß der Hersteller für das Gebäude weder eine Absetzung für Abnutzung gem. § 7 Abs. 5 EStG noch erhöhte Absetzungen oder Sonderabschreibungen in Anspruch genommen hat.

Man bezeichnet die dargestellte degressive Methode auch als **Abschreibung in Staffelsätzen**. Sie ist zunächst nur für die Steuerbilanz üblich, gilt aber auch als zulässig für die Handelsbilanz, so daß bei Anwendung der steuerlichen Vorschriften für die Handelsbilanz die **Identität der Wertansätze** in beiden Bilanzen möglich ist. Das entspricht auch der betrieblichen Praxis.

IV. Außerplanmäßige Abschreibungen und sonstige Wertkorrekturen

Außer den planmäßigen Abschreibungen gibt es handelsrechtlich und steuerrechtlich sowohl beim abnutzbaren als auch beim nicht abnutzbaren Anlagevermögen einige **Korrekturwerte**, die entsprechend Abb. 20 im folgenden erörtert werden. Zusätzlich ist die Frage zu klären, wie die niedrigeren Korrekturwerte in den Folgebilanzen zu behandeln sind. Es handelt sich um Probleme, die mit den Stichworten **Zuschreibung, Wertaufholung und Beibehaltungswahlrecht** umschrieben werden.

1. Korrekturwerte in der Handelsbilanz

In der **Handelsbilanz** können von den Anschaffungs- oder Herstellungskosten bzw. von den aufgrund planmäßiger Abschreibungen fortgeführten Anschaffungs- oder Herstellungskosten **wahlweise** folgende **Korrekturwerte** angesetzt werden:

- **niedrigerer, am Abschlußstichtag beizulegender Wert** bei vorübergehender Wertminderung (§ 253 Abs. 2 Satz 3 HGB)
- **niedrigerer, nach vernünftiger kaufmännischer Beurteilung zulässiger Wert** (§ 253 Abs. 4 HGB)
- (niedrigerer) **steuerrechtlich zulässiger Wert** (§ 254 HGB)

Da jeweils nur ein niedrigerer Wert angesetzt werden kann und dieser nur wahlweise zum Ansatz kommt, bezeichnet man diesen Grundsatz als **gemildertes Niederstwertprinzip**. Es ist nur beim Anlagevermögen anwendbar, während beim Umlaufvermögen das strenge Niederstwertprinzip gilt. Aber auch beim Anlagevermögen gilt **ausnahmsweise ein strenges Niederstwertprinzip. Bei voraussichtlich dauernder Wertminderung** besteht eine **Abschreibungspflicht auf den beizulegenden Wert** gem. § 253 Abs. 2 Satz 3 HGB. Die einzelnen Werte werden im folgenden dargelegt. Dabei wird bereits auch auf einige **Besonderheiten bei Kapitalgesellschaften** hingewiesen, da es gerade hier Abweichungen zwischen den Vorschriften für alle Kaufleute und den ergänzenden Vorschriften für Kapitalgesellschaften gibt. Die Ergänzungen sind als Hinweis zu verstehen; die Einzelheiten werden im 5. Kapitel erörtert.

a) Beizulegender Wert

Nach § 253 Abs. 2 Satz 3, 1. Halbs. HGB können bei allen Vermögensgegenständen des Anlagevermögens außerplanmäßige Abschreibungen vorgenommen werden, um die Vermögensgegenstände mit dem niedrigeren, am Stichtag beizulegenden Wert anzusetzen.

Beispiele: Ein Unternehmen hat Wertpapiere gekauft und im Anlagevermögen bilanziert, deren Börsenkurs zum Bilanzstichtag unter den Anschaffungskosten liegt. Der niedrigere Wert (Tageswert, beizulegender Wert) kann angesetzt werden, wenn damit zu rechnen ist, daß die Kurse später wieder ansteigen; von dieser Annahme kann man bei Wertpapieren im allgemeinen ausgehen. Anders liegt der Fall etwa bei einem (gekauften) Patent, das durch eine Neuentwicklung weitgehend wertlos geworden ist; hier liegt eine dauernde Wertminderung vor.

Gründe für einen niedrigeren beizulegenden Wert am Bilanzstichtag liegen

- in der **Veränderung der technischen Fähigkeit des Anlagegutes**, z. B. als Folge von nicht vorhergesehener außergewöhnlicher Abnutzung oder Katastrophenverschleiß (Brand, Explosion u. a.),
- in **wirtschaftlichen Umständen**, z. B. Fehlinvestitionen oder Fortfall von Verwendungsmöglichkeiten, und
- in **gesunkenen Wiederbeschaffungskosten**.

Die Ermittlung des am Bilanzstichtag vorhandenen und beizulegenden Wertes ist unter Umständen recht schwierig, da Anlagegüter in der Regel dazu bestimmt sind, im Unternehmen langfristig zu bleiben. Insbesondere bei Gegenständen, die der Abnutzung unterliegen, ist ein marktorientierter Wert häufig nur schwer zu bestimmen. **Als Orientierungswerte** kommen der **Wiederbeschaffungswert**, der **Einzelveräußerungswert** und ggf. der Ertragswert in Frage.

Für die Technik der Erfassung der außerplanmäßigen Abschreibung kommen bei abnutzbaren Anlagegegenständen zwei Verfahren in Betracht. So kann

- eine **einmalige Abschreibung** bei unverkürzter Restnutzungsdauer vorgenommen werden und/oder
- eine **verkürzte Nutzungsdauer** angesetzt werden.

Bei einer außerplanmäßigen Abschreibung wird direkt auf den niedrigeren beizulegenden Wert abgeschrieben. Nach einer außerplanmäßigen Abschreibung werden, sofern nicht auf den Wert Null abgeschrieben worden ist, die planmäßigen Abschreibungen auf der Basis des niedrigeren Wertes fortgesetzt. Dabei ist für das Jahr der außerplanmäßigen Abschreibung zunächst die planmäßige Abschreibung anzusetzen und danach die Korrektur der außerplanmäßigen Abschreibung vorzunehmen.

Beispiel: Der Anschaffungswert einer Maschine beträgt 100 Geldeinheiten. Die Nutzungsdauer wird auf 10 Jahre geschätzt, und es wird linear abgeschrieben. Im dritten Jahr soll eine außerplanmäßige Abschreibung vorgenommen werden, da neue Maschinen gleicher Leistung wegen technischer Neuentwicklungen zum halben Preis angeboten werden. Die Nutzungsdauer ändert sich nicht. Der beizulegende Wert auf der Basis der fortgeführten fiktiven Anschaffungskosten beträgt Ende des dritten Jahres 35 Geldeinheiten, während die fortgeführten historischen Anschaffungskosten 70 Geldeinheiten betragen. Die außerplanmäßige Abschreibung beträgt dann 35 Geldeinheiten. Der Zusammenhang wird in Abb. 25 graphisch veranschaulicht.

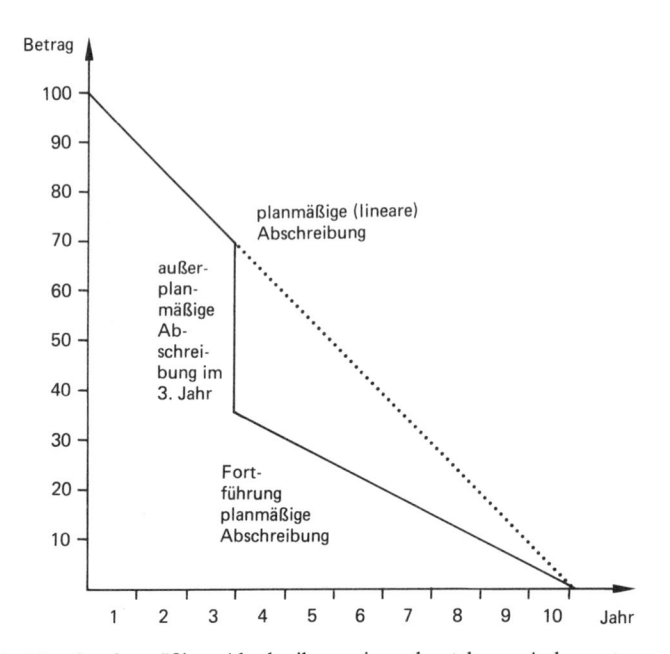

Abb. 25 Beispiel außerplanmäßiger Abschreibung eines abnutzbaren Anlagegutes

Bei einer dauernden Wertminderung besteht gem. § 253 Abs. 2 Satz 3, 2. Halbs. HGB eine **Pflicht zur außerplanmäßigen Abschreibung**. Die Feststellung, ob die Voraussetzungen vorliegen, ist in Grenzfällen schwierig und bedarf genauerer Überprüfung (vgl. Beck'scher Bilanz-Kommentar, S. 525 und Küting/Weber, 1990, S. 852ff.). Beim **Sachanlagevermögen** bedeutet etwa die Zerstörung einer Maschine (z.B. durch Brand) selbstverständlich eine dauernde Wertminderung; auch ein Preisverfall auf dem Beschaffungsmarkt dürfte in der Regel eine dauernde Wertminderung nach sich ziehen. Bei konjunkturellen Einbrüchen ist diese Frage jedoch nicht zu bejahen. Beim **Finanzanlagevermögen** gelten Senkungen von Werten etwa durch sinkende Börsenkurse regelmäßig nicht als dauernde Wertminderungen; lediglich bei außergewöhnlichen Umständen (Vergleich eines Unternehmens) kann man von dauernder Wertminderung ausgehen.

Bei **Kapitalgesellschaften** gelten modifizierte Regelungen: Die außerplanmäßige Abschreibung auf den niedrigeren beizulegenden Wert ist gem. § 279 Abs. 1 HGB beim Sachanlagevermögen nur bei dauernder Wertminderung erlaubt und geboten, während bei den Finanzanlagen die allgemeine Regelung für alle Kaufleute gilt. Insofern sind die „ergänzenden" Vorschriften für Kapitalgesellschaften in diesem Fall „ändernde" Vorschriften.

b) Ermessensabschreibungen

Die nach § 253 Abs. 4 HGB zulässigen „Abschreibungen ... im Rahmen vernünftiger kaufmännischer Beurteilung" werden auch als **Ermessensabschreibungen** bezeichnet. Innerhalb der allgemeinen Bewertungsgrundsätze ist dem Unternehmen ein **ergänzendes Wahlrecht** eingeräumt, **stille Reserven zu legen**. Dieses Recht gilt für das Anlage- und Umlaufvermögen. Dem handelsrechtlichen Wahlrecht steht ein **Verbot in der Steuerbilanz** gegenüber. **Für Kapitalgesellschaften** gilt gem. § 279 Abs. 1 Satz 1 HGB ein **Verbot** dieser Ermessensabschreibungen. Praktisch bleiben für die Anwendung von Ermessensabschreibungen nur die personenbezogenen Unternehmen übrig, die neben der Steuerbilanz eine eigenständige und abweichende Handelsbilanz aufstellen wollen. Da das nur wenige Unternehmen sind, ist die **praktische Bedeutung** des § 253 Abs. 4 HGB nur sehr **gering**.

c) Steuerrechtliche (Sonder-)Abschreibungen

Das Einkommensteuergesetz, die Einkommensteuerdurchführungsverordnung und einige Sondergesetze erlauben unter bestimmten Voraussetzungen **Sonderabschreibungen und erhöhte Absetzungen**. Diese Abschreibungen dienen nicht der periodengerechten Erfassung des Wertverzehrs von Anlagen sondern wirtschaftspolitischen Zwecken. Sie können unter die außerplanmäßigen Abschreibungen subsumiert werden, sind aber auch als eine besondere Form von Abschreibungen anzusehen.

Steuerrechtlich erhöhte Absetzungen oder Sonderabschreibungen können **beispielsweise** angesetzt werden nach

- § 7e EStG als Sonderabschreibung für bestimmte Steuerpflichtige,
- § 7g EStG als Sonderabschreibung zur Förderung kleiner und mittlerer Betriebe,
- § 82e EStDV bei abnutzbaren Wirtschaftsgütern, die der Forschung und Entwicklung dienen,
- § 14 Berlin-Förderungsgesetz (Berlin FG),
- § 36 Investitionshilfegesetz (IHG) zur Förderung von Investitionen in bestimmten Wirtschaftszweigen oder
- § 3 Zonenrandförderungsgesetz (ZonenRFG).

Mittelbar zählt man zu dieser Gruppe auch die Absetzungen nach § 6b EStG und Abschn. 35 EStR bei Anschaffung von Ersatzwirtschaftsgütern. (Zum Gesamtkomplex steuerrechtlicher Abschreibungen nach § 254 HGB vgl. beispielsweise Beck'scher Bilanz-Kommentar, S. 619ff.).

§ 254 HGB erlaubt es, diese steuerlichen Wertansätze gleichzeitig auch in der Handelsbilanz anzusetzen. Dies ist eine praktische **Umkehrung des Maßgeblichkeitsprinzips**. Das Steuerrecht macht ihre Anerkennung gem. § 5 Abs. 1 S. 2 EStG generell davon abhängig, daß die niedrigeren Werte auch in der Handelsbilanz angesetzt werden. Die Vorschriften gelten gleichermaßen für das Anlage- und Umlaufvermögen.

Bei Kapitalgesellschaften gilt die Regelung des § 254 HGB prinzipiell nur eingeschränkt für die Fälle, in denen das Steuerrecht die Anerkennung davon abhängig macht, daß die steuerlichen Wertkorrekturen auch in der Handelsbilanz vorgenommen werden (§ 279 Abs. 2 HGB). Da dieses durch die generelle Vorschrift des § 5 Abs. 1 S. 2 EStG immer gegeben ist, ist die Einschränkung ohne praktische Bedeutung.

2. Außergewöhnliche Abschreibungen und Absetzungen in der Steuerbilanz

Außerplanmäßige Abschreibungen sind im Steuerrecht differenzierter gestaltet als im Handelsrecht. Es können

- **Absetzungen für außergewöhnliche technische und wirtschaftliche Abnutzung (AfaA)** nach § 7 Abs. 1 Satz 5 EStG und
- Abschreibungen auf den niedrigeren Teilwert, sog. **Teilwertabschreibungen**, nach § 6 Abs. 1 Nr. 1 u. 2 EStG vorgenommen werden.

Beide Abschreibungsmethoden sind zwar verwandt, aber nicht identisch. Während die **AfaA** bei außergewöhnlicher technischer und/oder wirtschaftlicher Abnutzung angesetzt wird, berücksichtigt die Teilwertabschreibung vor allem gesunkene Wiederbeschaffungskosten. (Zu den Einzelheiten des Teilwerts wird auf Punkt B.III. verwiesen.) Darüber hinaus kann die AfaA auf mehrere Jahre verteilt und so praktisch in die planmäßigen Absetzungen integriert werden. Eine Einschränkung zur Anwendung der AfaA ist insofern gegeben, als diese nur bei linearer Abschreibung zulässig ist (vgl. § 7 Abs. 1 und Abs. 2 jeweils letzter Satz EStG). Obwohl gesetzlich zweifelhaft, läßt die Finanzverwaltung gem. Abschn. 44 Abs. 14 EStR die Möglichkeit von Absetzungen für außergewöhnliche technische oder wirtschaftliche Abnutzung auch bei Gebäuden zu, die degressiv abgeschrieben werden.

Die **Teilwertabschreibung** ist immer in einem Einmalbetrag vorzunehmen. Sie ist inhaltlich der handelsrechtlichen Abschreibung auf den niedrigeren beizulegenden Wert praktisch gleichzusetzen.

Die genannten niedrigeren steuerlichen **Wertansätze** sind ein **steuerrechtliches Wahlrecht**. Für den tatsächlichen Wertansatz gelten damit die Ansätze in der Handelsbilanz, die nach dem **Maßgeblichkeitsprinzip** für die **Steuerbilanz** zu übernehmen sind. Es sind auch Werte zwischen den (fortgeführten) Anschaffungskosten und den genannten niedrigeren Werten zulässig, sofern diese **Zwischenwerte** auch in der Handelsbilanz angesetzt werden können.

Neben den genannten Korrekturen läßt der Gesetzgeber in der Steuerbilanz zahlreiche **Sonderabschreibungen oder erhöhte Absetzungen** zu. Da er die Anerkennung in der Regel von dem gleichzeitigen Ansatz in der Handelsbilanz abhängig macht, sind auch hier die Handels- und Steuerbilanzwerte identisch. (Nähere Erläuterungen sind dazu im Punkt 1.c) dieses Abschnitts gemacht worden.)

3. Sofortabschreibung geringwertiger Wirtschaftsgüter

Nach § 6 Abs. 2 EStG können **geringwertige Wirtschaftsgüter** (GWG) des Anlagevermögens, die der Abnutzung unterliegen, im Jahr der Anschaffung, Herstellung, Einlage oder Eröffnung des Betriebes unter folgenden **Voraussetzungen** in voller Höhe als Betriebsausgaben und damit als Aufwand abgesetzt werden:

- Die Anschaffungs- oder Herstellungskosten des einzelnen Wirtschaftsgutes dürfen **DM 800,-** (ohne MWSt) nicht übersteigen.
- Das Wirtschaftsgut muß einer **selbständigen Bewertung fähig sein.**
- Das Wirtschaftsgut muß einer **selbständigen Nutzung fähig** sein (z. B. Schreibmaschine).
- Es muß ein **Bestandsverzeichnis** oder ein sonstiger ordnungsgemäßer Nachweis in der Buchführung geführt werden.

Abgrenzungsschwierigkeiten treten vor allem bei der Bestimmung der selbständigen Bewertungs- und Nutzungsfähigkeit auf. Nicht selbständig nutzbar sind etwa Wassermesser beim Hausanschluß oder Leuchtstoffröhren in einer Leuchtbandbeleuchtung. Nach der Rechtsprechung des BFH ist entscheidend die bestimmungsgemäße und für den einzelnen betrieblichen Zweck erforderliche Verwendung (vgl. im einzelnen Abschn. 40 EStR). Beim Ansatz als Betriebsausgaben handelt es sich um ein **Wahlrecht**. Die steuerrechtlichen Vorschriften gelten auch als vereinbar mit den handelsrechtlichen Wertansätzen. Deshalb kann die **Sofortabschreibung** nur vorgenommen werden, wenn sie **auch in** der **Handelsbilanz** erfolgt.

4. Zuschreibung, Wertaufholung

Zuschreibungen oder Wertaufholungen sind das **Gegenstück zu außerplanmäßigen Abschreibungen**; eine Zuschreibung bei nur planmäßigen Abschreibungen kommt generell nicht in Frage. Die handelsrechtlichen Regelungen der Zuschreibung sind für Personenunternehmen und Kapitalgesellschaften prinzipiell unterschiedlich. Die praktischen Auswirkungen sind für Kapitalgesellschaften im Vergleich zu anderen Unternehmen durch die besondere Ausgestaltung der Rechtsvorschriften jedoch bedeutungslos, wenn man von dem Gebot besonderer Dokumentationen absieht. Hier werden zunächst die Vorschriften für Nichtkapitalgesellschaften dargestellt; die Regelungen für Kapitalgesellschaften werden im nächsten Kapitel erläutert.

In der **Handelsbilanz** besteht gem. § 253 Abs. 5 HGB ein generelles **Beibehaltungswahlrecht** und damit auch ein **Zuschreibungswahlrecht** oder **Wertaufholungswahlrecht**, auch wenn die Gründe für die vorhergehende Abschreibung nicht mehr bestehen. Die Obergrenze des Bilanzansatzes ist durch die (fortgeführten) Anschaffungs- oder Herstellungskosten fixiert. Eine Wertaufholung kann ganz oder teilweise erfolgen, d.h. es sind auch **Zwischenwerte** zwischen dem alten Bilanzansatz und dem Wert zum Abschlußstichtag möglich.

Als **Beispiel** für die Korrektur außerplanmäßiger Abschreibungen eines abnutzbaren Anlagegutes dienen die bereits verwendeten Zahlen aus Abb. 25: Eine im dritten Jahr vorgenommene außerplanmäßige Abschreibung soll zu Beginn des sechsten Jahres wegen des Wegfalls der Gründe für die außerplanmäßige Abschreibung wieder rückgängig gemacht werden. Die Zuschreibung ist dann so vorgesehen, daß im sechsten Jahr noch eine planmäßige Abschreibung vorgenommen werden kann. Die Höchstgrenze der Zuschreibung sind die fortgeführten Anschaffungs- oder Herstellungskosten. Der Wertverlauf des Anlagegutes ist der graphischen Darstellung in Abb. 26 zu entnehmen.

Für nichtabnutzbare Vermögensgegenstände (des Anlage- oder Umlaufvermögens) möge folgendes Beispiel dienen:

- Anschaffungskosten im Jahr 01   100 Geldeinheiten
- beizulegender Wert (Marktwert)
  Ende Jahr 01 = Bilanzansatz   80 Geldeinheiten
- beizulegender Wert (Marktwert)
  Ende Jahr 02   110 Geldeinheiten

Als Bilanzansatz zum Ende des Jahres 02 kann ein Wert zwischen 80 und 100 Geldeinheiten angesetzt werden.

Zuschreibungen in der **Steuerbilanz** sind mit der Novellierung des § 6 Abs. 1 Nr. 1 EStG 1990 inzwischen einheitlich für abnutzbare und nicht abnutzbare Wirtschafts-

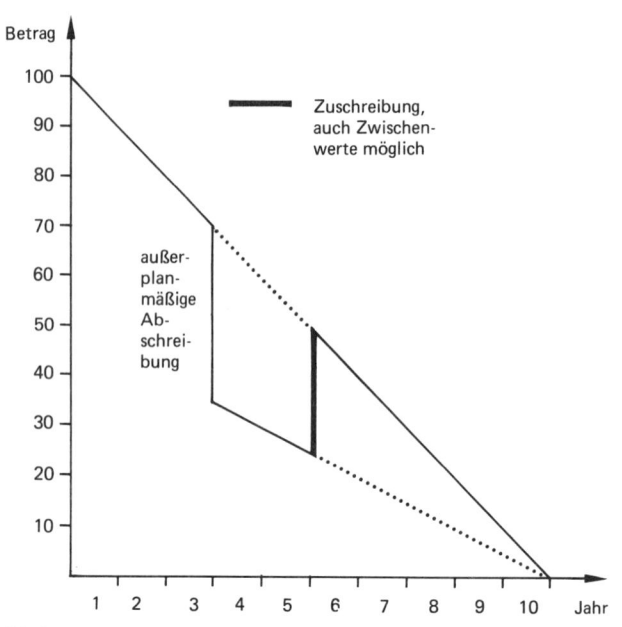

Abb. 26 Beispiel einer Zuschreibung (Wertaufholung) eines abnutzbaren Anlagegutes (in Ergänzung zu Abb. 25)

güter geregelt. Die Vorschriften stimmen materiell mit den handelsrechtlichen Regelungen überein, d. h. es besteht ein Wahlrecht für eine Zuschreibung, wobei die Wertobergrenze bei abnutzbaren Wirtschaftsgütern die fortgeführten Anschaffungs- oder Herstellungskosten und bei nicht abnutzbaren Wirtschaftsgütern die (historischen) Anschaffungs- oder Herstellungskosten sind (vgl. § 6 Abs. 1 Nr. 1 S. 4 und Nr. 2 S. 3 EStG). Es gilt somit generell und uneingeschränkt das **Maßgeblichkeitsprinzip**, so daß die Wertansätze der Handelsbilanz für die Steuerbilanz zu übernehmen sind.

D. Bewertung des Umlaufvermögens

I. Die Wertansätze im Überblick

Auch beim Umlaufvermögen gilt das **Prinzip der Einzelbewertung**. Es wird jedoch häufiger als beim Anlagevermögen **durch Ausnahmen unterbrochen**. Diese gelten insbesondere für die Bewertung des Vorratsvermögens. Nach § 240 Abs. 3 u. 4 HGB kommt dafür die **Gruppen- oder die Festbewertung** und nach § 256 HGB die Bewertung nach **Verbrauchsfolgeverfahren** in Frage. Die Wertansätze werden im folgenden Punkt 2. näher erläutert.

Beim Umlaufvermögen sind wie beim Anlagevermögen die **Anschaffungs- oder Herstellungskosten** Grundmaßstäbe und **Ausgangswerte** für die handelsrechtliche Bewertung (§ 253 Abs. 1 Satz 1 HGB). Diese erfahren eine Korrektur durch zwei Wertgruppen, bei denen zum einen eine **Abschreibungspflicht** und zum anderen ein **Abschreibungswahlrecht** besteht. Da es sich jeweils um niedrigere Werte handelt, bezeichnet man die Tatbestände auch als **strenges Niederstwertprinzip** oder **gemildertes Niederstwertprinzip**.

Abschreibungen auf niedrigere Korrekturwerte müssen bei Vorliegen eines
- **niedrigeren Börsen- oder Marktpreises** (§ 252 Abs. 3 Satz 1 HGB) oder
- **niedrigeren, am Abschlußstichtag beizulegenden Werts**, falls kein Börsen- oder Marktpreis feststellbar ist (§ 253 Abs. 3 Satz 2 HGB),

vorgenommen werden.

Damit orientiert sich das Umlaufvermögen wegen seiner höheren Marktnähe zunächst an Börsen- oder Marktpreisen. Erst wenn diese Werte fehlen, tritt an die Stelle der **beizulegende Wert**. Er ist ein Hilfswert, der bei Fehlen von Börsen- oder Marktpreisen die Funktion des aktuellen Stichtagswerts übernimmt. Er ist gesetzlich nicht definiert und muß im Einzelfall bestimmt werden. Dabei richtet er sich generell nach den Wiederbeschaffungskosten für den zu bewertenden Vermögensgegenstand. Bei marktnahen Vermögensgegenständen, insbesondere beim Vorratsvermögen, orientiert man sich soweit wie möglich am Absatzmarkt oder am Beschaffungsmarkt je nach „Marktnähe" des zu bewertenden Gutes (vgl. Küting/Weber, 1990, S. 857 ff.).

Als zweite Kategorie zur Wertkorrektur stehen wahlweise folgende Wertansätze zur Verfügung:
- **Wertschwankungswert** (§ 253 Abs. 3 Satz 3 HGB)
- **niedrigerer, nach vernünftiger kaufmännischer Beurteilung zulässiger Wert** (§ 253 Abs. 4 HGB)
- **steuerrechtlich zulässiger Wert** (§ 254 HGB)

Diese Wertansätze können die oben genannten noch unterschreiten.

Als Wertschwankungswert wird der im Hinblick auf **erwartete Wertschwankungen** ermäßigte Wert verstanden. Er führt zu einer **Durchbrechung des strengen Stichtagsprinzips** und ist schon aus diesem Grunde nur in der Handelsbilanz anwendbar. Er wird angesetzt, um später notwendige Korrekturen aufgrund von zukünftigen Wertschwankungen bereits am Abschlußstichtag zu berücksichtigen. So können beispielsweise Wertpapiere, Devisen und (weltmarktorientierte) Rohstoffe mit Bewertungsabschlägen belegt werden, um **zukünftige Wertschwankungen**, insbesondere Preissenkungen, vorwegzunehmen.

Der niedrigere, nach vernünftiger kaufmännischer Beurteilung anzusetzende Wert folgt den gleichen Prinzipien wie bei der Bewertung des Anlagevermögens. Die praktische Bedeutung ist nur gering; im übrigen ist er für Kapitalgesellschaften nicht erlaubt. Der steuerrechtlich zulässige Wert ist wie beim Anlagevermögen ein Wert, der zu einer Umkehrung des Maßgeblichkeitsprinzips führt und der es erlaubt, die nur steuerrechtlich zulässigen niedrigeren Wertansätze auch in der Handelsbilanz anzusetzen.

Die **steuerrechtlichen Bewertungsvorschriften** erfolgen nach § 6 Abs. 1 Nr. 2 EStG. Danach bilden die Anschaffungs- und Herstellungskosten ausnahmslos die Obergrenze; **der niedrigere Teilwert darf angesetzt werden**. Wegen der Maßgeblichkeit der Handelsbilanz für die Steuerbilanz hat dieses **Wahlrecht praktisch** jedoch **keine Bedeutung**, da der niedrigere Wert nach dem strengen Niederstwertprinzip handelsrechtlich angesetzt werden muß. Ist handelsrechtlich ein erhöhter Wertansatz nach § 253 Abs. 5 HGB gegenüber dem Vorjahr zulässig, darf er auch steuerlich angesetzt werden (vgl. § 6 Abs. 1 Nr. 2 Satz 3 EStG).

Der Ansatz des Wertschwankungswertes nach § 253 Abs. 3 HGB und eines Ermessenswertes nach § 253 Abs. 4 HGB in der Steuerbilanz ist verboten.

Zuschreibungen oder **Wertaufholungen** sind für das Umlaufvermögen sowohl in der Handelsbilanz als auch in der Steuerbilanz generell erlaubt, wenn die Gründe für die Abschreibung weggefallen sind. Allerdings können in beiden Bilanzen nach dem Maßgeblichkeitsprinzip nur gleiche Werte angesetzt werden. Zuschreibungen können bis zum höheren aktuellen Wert, höchstens jedoch bis zu den Anschaffungs- oder Herstellungskosten, erfolgen; auch **Zwischenwerte** sind **möglich**. Die Wertaufholungen können auch noch in späteren Perioden nachgeholt werden. (Für Kapitalgesellschaften gilt zwar prinzipiell ein Wertaufholungsgebot, es kommt jedoch gem. § 280 Abs. 2 HGB praktisch nicht zum Zuge, vgl. auch 5. Kapitel D.II.)

II. Einzelfragen zur Bewertung des Umlaufvermögens

- **Vorräte**

Die Bewertung der **Vorräte** richtet sich zunächst nach den allgemeinen Bewertungsvorschriften. Als **Hilfswerte** für die Anschaffungs- oder Herstellungskosten des Vorratsvermögens kommen verschiedene **Bewertungsvereinfachungsverfahren** in Frage. Diese sind

- **Festwerte,**
- **Gruppenwerte,**
- **Durchschnittswerte** und
- **Verbrauchsfolgewerte.**

Diese Werte sind im einzelnen in Abschnitt B.IV. dieses Kapitels dargestellt. Die Funktion eines Ersatzwertes für die Anschaffungs- oder Herstellungskosten erfordert jeweils einen Vergleich mit den aktuellen Stichtagswerten (Börsen- oder Marktpreise, beizulegender Wert). Sind sie niedriger, so sind diese anzusetzen. Auch bei Anwendung der Bewertungsvereinfachungsverfahren ist es (handelsrechtlich) zulässig, zusätzliche Abschreibungen im Hinblick auf Wertschwankungen oder im Rahmen vernünftiger kaufmännischer Beurteilung vorzunehmen.

Für eine Abschreibung nach § 254 HGB kommt der sog. **Importwarenabschlag** gem. § 80 Abs. 1 EStDV i. V. m. § 51 Abs. 1 Nr. 2 Buchst. m EStG in Frage. Danach können bestimmte Wirtschaftsgüter des Umlaufvermögens ausländischer Herkunft, deren Preis auf dem Weltmarkt wesentlichen Schwankungen unterliegt, mit einem besonderen Bewertungsabschlag bis zu 10 v. H. belegt werden und somit bis zur Höhe dieses Abschlages unter den Anschaffungskosten oder Börsen- bzw. Marktpreisen angesetzt werden. Die Inanspruchnahme des Abschlags ist an genau umschriebene Voraussetzungen gebunden und erfordert den gleichzeitigen Ansatz in der Steuer- und Handelsbilanz. Bei Ansatz eines Importwarenabschlags ist eine Bewertung nach der Lifomethode gem. § 6 Abs. 1 Nr. 2a EStG unzulässig.

- **Forderungen**

Ausgangswerte bei Forderungen sind grundsätzlich **Anschaffungskosten**, von denen nach dem strengen Niederstwertprinzip **Abschreibungen auf den niedrigeren beizulegenden Wert** vorzunehmen sind oder nach § 253 Abs. 3 Satz 3 und Abs. 4 HGB vorgenommen werden dürfen. In der Regel erfolgt der **Ansatz zu Nennwerten**. Das gilt sowohl für verzinsliche Geldforderungen aus der Gewährung von Darlehen als auch für Forderungen aus Lieferungen und Leistungen.

Bei der Bewertung von Forderungen ist **bei zweifelhaften oder uneinbringlichen Forderungen** eine **Wertkorrektur** nach § 253 Abs. 3 Satz 2 HGB vorzunehmen. **Uneinbringliche Forderungen sind abzuschreiben;** zweifelhafte Forderungen sind **mit ihrem wahrscheinli-**

chen Wert anzusetzen. Das Prinzip der Einzelbewertung gilt auch für die Bewertung von Forderungen. Daraus folgt **grundsätzlich** auch die **Einzelabschreibung** von Forderungen. (Bezüglich der Bewertung und Abschreibung von Forderungen vgl. Schmolke-Deitermann, S. 180 ff.).

Sowohl in der Handelsbilanz als auch in der Steuerbilanz ist es jedoch üblich, auch **Pauschalwertberichtigungen** auf den Gesamtbestand der ausgewiesenen Forderungen (in der Regel Forderungen aus Lieferungen und Leistungen) vorzunehmen; ein bestimmter Prozentsatz der Forderungen wird aufgrund von Erfahrungswerten abgeschrieben. Mit dem Ausweis von Pauschalwertberichtigungen wird das **allgemeine Kreditrisiko** erfaßt, worunter vor allem folgende Einzelrisiken zu verstehen sind:

- Risiko für Schuldner von an sich guter Bonität, die durch nicht vorhersehbare Ereignisse in Schwierigkeiten geraten
- Risiko durch das Abschwächen der Konjunktur auch bei Schuldnern von bisher guter Bonität
- Risiko bei Ausweitung des Umsatzes und Gewinnung neuer Kunden

Die **Bewertung des Einzelrisikos** rangiert vor der Beachtung der Pauschalrisiken, d.h. die Unternehmen haben so weit wie möglich die individuellen Risiken zu berücksichtigen und erst danach Pauschalwertberichtigungen zu bilden. Der Prozentsatz der Pauschalwertberichtigungen bezieht sich darum nur auf die Forderungen, die nicht einzelwertberichtigt sind. Die Höhe der Pauschalwertberichtigungen ist den individuellen betrieblichen Risiken anzupassen; ein Satz von 3 v. H. wird im allgemeinen angemessen sein, wobei eine Wechselwirkung zwischen der Ansatzhöhe der Einzel- und der Pauschalrisiken zu beachten ist (vgl. Beck'scher Bilanz-Kommentar, S. 587 ff.).

Sowohl beim Ansatz von Einzel- als auch Pauschalwertberichtigungen können die Beträge nur vom Nettobetrag der Forderungen ohne Umsatzsteuer angesetzt werden, da die Umsatzsteuer vom Fiskus beim endgültigen Ausfall einer Forderung zurückerstattet wird. Der **Bilanzausweis** der Forderungskorrekturen bei Personenunternehmen kann **passivisch** als Wertberichtigung auf Forderungen oder **aktivisch** durch Abzug von der Bilanzposition Forderungen erfolgen. Bei Kapitalgesellschaften ist nur die aktivische Korrektur zulässig (zur Buchungstechnik vgl. Schmolke/Deitermann, S. 181 ff.).

Die **steuerliche Bilanzierung** der Forderungen richtet sich nach § 6 Abs. 1 Nr. 2 EStG. Sie ist weitgehend der handelsrechtlichen Bilanzierung gleichzusetzen, wenn man von den handelsrechtlichen Bewertungswahlrechten absieht.

Einige **Sonderfragen** ergeben sich dann, wenn ein **unverzinsliches** oder gegenüber dem Marktzinssatz niedrig verzinsliches **Darlehen** zu bilanzieren ist. In diesem Fall ist durch Abzinsung des Forderungsbetrages ein unter dem Nennwert liegender Betrag anzugeben. Wird die Forderung zum **Nennbetrag** aktiviert, ist auf der Passivseite ein entsprechender Korrekturposten als Rechnungsabgrenzung aufzunehmen, der mit dem Wertzuwachs der Forderung jährlich entsprechend aufzulösen ist.

- **übrige Positionen**

Anzahlungen, Schecks, Kassenbestand, Bundesbank- und **Postscheckguthaben** und **Guthaben bei Kreditinstituten** sind grundsätzlich Forderungen und werden in der Regel zum Nennwert bewertet. Für Wechsel ist ein Diskontabzug bis zum Fälligkeitstag vorzunehmen. Bei Bankguthaben sind ggf. aufgelaufene Zinsen, die nicht zum Bilanzstichtag verrechnet sind, zu berücksichtigen.

Bei den **Wertpapieren des Umlaufvermögens** ist das **strenge Niederstwertprinzip** zu beachten. Sie sind zu den Anschaffungskosten einschließlich der Anschaffungsnebenkosten wie Maklergebühr, Courtage, Provisionen u.ä. zu bewerten. Ist der Tageskurs niedriger als die Anschaffungskosten, so ist der niedrigere Wert anzusetzen. Die Verfahren der Sammelbewertung sind auch hier zulässig, steuerrechtlich ist jedoch nur die Durchschnittsbewertung anwendbar.

Bei den **Rechnungsabgrenzungsposten** (einschl. Disagio) gibt es im allgemeinen keine Bewertungsprobleme. Zum Ansatz dieser Posten wird auf den Gliederungspunkt B.I.5. des 3. Kapitels verwiesen.

E. Bewertung der Passiva

I. Überblick

Bei der Bewertung der Passiva geht es um die **Bewertung der Gruppen**

- **Eigenkapital** einschließlich Rücklagen,
- **Sonderposten mit Rücklageanteil**,
- **Rückstellungen**,
- **Verbindlichkeiten** und
- **Posten der Rechnungsabgrenzung**.

Die Position Eigenkapital ist als Differenz zwischen Vermögen und Schulden zu sehen und erfährt insofern nur indirekt eine Bewertung. Die Sonderposten mit Rücklageanteil werden nach steuerlichen Sondervorschriften bewertet. Die gesetzlichen Regelungen zur **Bewertung** der Verbindlichkeiten sind nur pauschal formuliert. Sie finden sich in § 253 Abs. 1 Satz 2 HGB und § 6 Abs. 1 Nr. 3 EStG, wobei letztere Vorschrift nur auf die **sinngemäße Anwendung** der Bewertung **der nicht abnutzbaren Vermögensgegenstände** bzw. Wirtschaftsgüter verweist. Praktische Probleme treten nur bei der Bewertung der Verbindlichkeiten und Rückstellungen auf, die im nachfolgenden erläutert werden. Dabei wird eine Auswahl nach den wichtigsten und sich nicht selbst erklärenden Einzelposten getroffen.

II. Bewertung der Rückstellungen

§ 253 Abs. 1 Satz 2 HGB verlangt, Rückstellungen „nur in Höhe des Betrags anzusetzen, der nach vernünftiger kaufmännischer Beurteilung notwendig ist". Da aus der Natur der Rückstellungen der Rückstellungsbetrag unbekannt ist, muß er durch möglichst zuverlässige Schätzung ermittelt werden. Es gilt auch hier das **Fixwertprinzip**, d.h. es muß versucht werden, unter Beachtung des Grundsatzes vorsichtiger Schätzung den erforderlichen Rückstellungsbetrag zu ermitteln. Weder eine Über- noch eine Unterbewertung ist zulässig.

Es ist verständlich, daß je nach Art der Rückstellung unterschiedliche subjektive Einschätzungen in die Bewertung einfließen. Während bei einigen Rückstellungen, wie z.B. bei Pensionsrückstellungen, objektive statistische Daten und Wahrscheinlichkeiten berücksichtigt werden können, unterliegen andere Rückstellungen, wie Rückstellungen aus Prozeßrisiken oder Garantieverpflichtungen bei neueingeführten Produkten, stärkeren subjektiven Einflüssen.

1. Pensionsrückstellungen

Ein bedeutender Posten im Rahmen der Rückstellungen sind im allgemeinen die Pensionsrückstellungen. Sowohl handels- als auch steuerrechtlich sind besondere Verfahren zur Bestimmung der Rückstellungsbeträge entwickelt worden. Nach § 253 Abs. 1 Satz 2 HGB sind Pensionsrückstellungen wertmäßig wie andere Rückstellungen zu behandeln und nach vernünftiger kaufmännischer Beurteilung zu bewerten. Da es sich hier um Rentenverpflichtungen handelt, ist der Barwert anzusetzen. Steuerrechtlich ist der Ansatz in § 6a EStG geregelt.

Sowohl die handelsrechtlichen als auch die steuerrechtlichen Wertansätze sind auf der Grundlage versicherungsmathematischer Verfahren vorzunehmen. Dabei gehen in die Berechnung folgende Größen ein:

- **Zinsfuß**, der steuerrechtlich 6% beträgt und handelsrechtlich nach den GoB kaum überschritten werden darf
- **Wahrscheinlichkeiten** auf der Basis von statistischen Sterbetafeln
- **Invaliditätsrisiko** aufgrund statistischer Beobachtungen
- ggf. Berücksichtigung der Zusage zur Zahlung von Witwengeld

Auf der Basis dieser Größen lassen sich versicherungsmathematische Werte errechnen, aus denen der Rückstellungswert der Pensionsverpflichtung abzuleiten ist. Während die handelsrechtlichen Vorschriften insgesamt nur pauschal formuliert sind, gibt es steuerrechtlich gem. § 6a EStG detaillierte Vorschriften über die Bildung, Bewertung und Auflösung der Pensionsrückstellungen (vgl. auch Abschn. 41 EStR). Darum sind diese i.d.R. auch aus rein praktischen Gründen maßgeblich für die Wertansätze in der Handelsbilanz.

Für **Pensionsrückstellungen** gibt es in der Handelsbilanz eine **Ansatzpflicht** (wegen neuer gesetzlicher Regelung des HGB erst bei Neuzusagen ab 1.1.1987), während in der Steuerbilanz ein Ansatzwahlrecht besteht, das aber (bei Neuzusagen ab 1.1.1987) wegen des Maßgeblichkeitsprinzips praktisch irrelevant ist.

2. Andere Rückstellungen

Die Bewertung der anderen Rückstellungen ist wegen der Vielfältigkeit der Probleme kaum systematisch vorzunehmen. Die Kriterien für ihre Bewertung ergeben sich aus einer Vielzahl von Einzeltatbeständen und Einschätzungen. Häufig entwickeln sie sich aus einer langfristigen Handhabung und Übung in der betrieblichen Praxis (vgl. zu Einzelfragen beispielsweise Glade, S. 872 ff.).

Eine zuverlässige Schätzung erlauben allenfalls die **Steuerrückstellungen** für Gewerbesteuer und Körperschaftsteuer auf der Basis des zu ermittelnden Jahresergebnisses. Allerdings ist die Körperschaftsteuer abhängig von der Art der Gewinnverwendung, so daß die Rückstellung erst exakt nach einem Gewinnverwendungsbeschluß festgestellt werden kann.

Die Bewertung von **Rückstellungen für drohende Verluste aus schwebenden Geschäften** geschieht auf der Basis der Differenz zwischen dem Wert der Leistung und dem zu erwartenden Marktwert bei der Erfüllung des Geschäftes. Hat z.B. ein Unternehmen am Bilanzstichtag bereits Kontrakte zum Kauf von Waren abgeschlossen, wobei die Waren noch nicht geliefert sind, und ist erkenntlich, daß die Bezugspreise zum Bilanzstichtag oder später niedriger als bei Abschluß des Vertrages liegen werden, können für den Differenzbetrag zwischen Vertragswert und zu erwartendem Marktpreis Rückstellungen gebildet werden. Würden sich die Waren bereits im Besitz des Unternehmens befinden, müßte dieses nach dem strengen Niederstwertprinzip bei der Bewertung einen entsprechenden Wertabschlag vornehmen. Rückstellungen für drohende Verluste aus schwebenden Geschäften müssen sowohl in der Handels- als auch in der Steuerbilanz vorgenommen werden. Nach dem Imparitätsprinzip sind noch nicht realisierte, aber wahrscheinliche Verluste auszuweisen, während ein möglicher Gewinn aus schwebenden Geschäften nicht ausgewiesen werden darf.

Ein besonderes Problem ist die Bewertung der **Aufwandsrückstellungen** nach § 249 Abs. 2 HGB. Wegen der Neueinführung dieser Vorschrift haben sich noch keine einheitlichen Grundsätze herausgebildet. Der Gesetzgeber fordert für die Bewertung aber eine genaue Feststellung bestimmter Sachverhalte und die Bestimmung der Größenordnung, z. B. bei Großreparaturen, Rekultivierungen und Werbekampagnen zur nachhaltigen Sicherung der Absatzlage. Das Wahlrecht zur Bildung von Aufwandsrückstellungen und die Unzulässigkeit des Ansatzes in der Steuerbilanz kann in der Praxis leicht dazu führen, daß die Bildung und Auflösung dieser Rückstellungen ein nicht unwesentliches Instrument zur **Gewinnglättung** in der Handelsbilanz von (publizierenden) Kapitalgesellschaften sein wird.

III. Bewertung der Verbindlichkeiten

Nach § 253 Abs. 1 Satz 2 HGB sind **Verbindlichkeiten zum Rückzahlungsbetrag** anzusetzen. Bilanzierungswahlrechte sind ausgeschlossen. Steuerrechtlich sind Verbindlichkeiten unter sinngemäßer Anwendung der Vorschriften von § 6 Abs. 1 Nr. 2 EStG anzusetzen (vgl. § 6 Abs. 1 Nr. 3 EStG). Sie sind in der **Steuerbilanz** mit dem Nennbetrag, d. h. mit dem Rückzahlungsbetrag, zu passivieren (vgl. Abschn. 37 Abs. 1 EStR). Es besteht insofern kein Unterschied zwischen der Handels- und Steuerbilanz. Ist der zugeflossene Betrag geringer als der Rückzahlungsbetrag (Disagio, Damnum), besteht für die Handelsbilanz gem. § 250 Abs. 3 HGB ein Wahlrecht, für die Steuerbilanz eine Pflicht, den Betrag als Rechnungsabgrenzungsposten zu verbuchen (Abschn. 37 Abs. 3 Satz 1 EStR).

Eine **Abzinsung unverzinslicher** oder gegenüber dem Marktzins niedrig verzinslicher **Verbindlichkeiten** ist grundsätzlich **nicht möglich**. Der Ansatz nach § 253 Abs. 1 Satz 2 HGB verlangt auch für **Wechselverbindlichkeiten** den Ansatz der Wechselverpflichtungen in voller Höhe des Nennbetrages. **Rentenverpflichtungen**, für die eine Gegenleistung nicht mehr zu erwarten ist, sind zu ihrem versicherungsmathematischen Barwert anzusetzen.

F. Zusammenfassende Übersicht

Eine zusammenfassende Übersicht über Bilanzierungs- und Bewertungsvorschriften für die Aktiv- und Passivseite nach Handels- und Steuerrecht ist der Abb. 27 zu entnehmen. Besonderheiten aufgrund der „ergänzenden Vorschriften für Kapitalgesellschaften" sind dann bereits berücksichtigt, wenn sie eine Änderung gegenüber den Vorschriften für alle Kaufleute aufweisen. Zuschreibungen oder Wertaufholungen und Steuerabgrenzungen sind in der Tabelle nicht erfaßt.

4. Kapitel: Bewertungsvorschriften für alle Kaufleute

Bilanzposition	Handelsbilanz (HGB) = genereller Ausgangswert	Steuerbilanz (EStG) = generell: Maßgeblichkeit
I. Anlagevermögen		
1. Entgeltlich erworbene immaterielle Werte a) Anlagewerte	Aktivierungspflicht (§ 248 Abs. 2 US i.V.m. § 246 Abs. 1) Anschaffungskosten sonst wie I.2.a)	Aktivierungspflicht (§ 5 Abs. 2) Anschaffungskosten sonst wie I.2.a sofern „geschäftswertähnlich": wie I.2.b
b) Geschäftswert Firmenwert	Aktivierungswahlrecht (§ 255 Abs. 4) Anschaffungskosten (§ 253 Abs. 1, Satz 1) obligatorisch: Mindestabschreibung von 25% jährlich (§ 255 Abs. 4, Satz 2) wahlweise: Verteilung der Abschreibung auf die genutzten Geschäftsjahre (§ 255 Abs. 4, Satz 3) wahlweise: Vollabschreibung	Aktivierungspflicht (§ 5 Abs. 2) Anschaffungskosten (§ 6 Abs. 1 Nr. 1) obligatorisch: Abschreibung jährlich 6,67% (§ 7 Abs. 1, Satz 3) ggf. Teilwertabschreibung
2. Materielle Vermögensgegenstände des Anlagevermögens a) abnutzbar	Aktivierungspflicht (§ 246 Abs. 1) Anschaffungs- oder Herstellungskosten (§ 253 Abs. 1, Satz 1) obligatorisch: planmäßige Abschreibungen (§ 253 Abs. 2, Sätze 1 und 2) wahlweise: niedriger „beizulegender" Wert (§ 253 Abs. 2, Satz 3) obligatorisch: niedriger „beizulegender" Wert bei voraussichtlich dauernder Wertminderung (§ 253 Abs. 2, Satz 3) wahlweise: niedriger, nach vernünftiger kaufmännischer Beurteilung zulässiger Wert (§ 253 Abs. 4) wahlweise: niedriger steuerlich zulässiger Wert (§ 254), Umkehrung Maßgeblichkeit wahlweise: Beibehaltung niedriger Werte bei Wegfall der Gründe (§ 253 Abs. 5) oder Zuschreibung bis höchstens zu den um planmäßige Abschreibungen verminderten Anschaffungs- oder Herstellungskosten (§ 253 Abs. 1, Satz 1)	Aktivierungspflicht (§ 5 Abs. 1) Anschaffungs- oder Herstellungskosten (§ 6 Abs. 1 Nr. 1, Satz 1) obligatorisch: AfA bzw. AfS i.d.R. wahlweise: AfaA (§ 7 Abs. 1, Satz 5) wahlweise: niedriger Teilwert oder Zwischenwert (§ 6 Abs. 1 Nr. 1, Satz 2) wahlweise: Sonderabschreibungen, erhöhte Absetzungen aufgrund von Spezialvorschriften (z.B. §§ 6b, 7e) Vollabschreibung geringwertiger Wirtschaftsgüter (§ 6 Abs. 2)

Bilanzposition	Handelsbilanz (HGB)	Steuerbilanz (EStG)
b) nicht abnutzbar	Aktivierungspflicht (§ 246 Abs. 1) Anschaffungs- oder Herstellungskosten (§ 253 Abs. 1, Satz 1) wahlweise: niedrigerer „beizulegender" Wert (§ 253 Abs. 2, Satz 3) obligatorisch: niedriger bei voraussichtlich dauernder Wertminderung (§ 253 Abs. 2, Satz 3) wahlweise: niedrigerer, nach vernünftiger kaufmännischer Beurteilung zulässiger Wert (§ 253 Abs. 4) wahlweise: niedrigerer steuerlich zulässiger Wert (§ 254) wahlweise: Beibehaltung niedrigerer Werte bei Wegfall der Gründe (§ 253 Abs. 5) oder Zuschreibung bis höchstens zu den Anschaffungs- oder Herstellungskosten (§ 253 Abs. 1, Satz 1)	Aktivierungspflicht (§ 5 Abs. 1) Anschaffungs- oder Herstellungskosten (§ 6 Abs. 1 Nr. 2, Satz 1) wahlweise: niedrigerer Teilwert (§ 6 Abs. 1 Nr. 2, Satz 2) oder Zwischenwert obligatorisch: niedrigerer Teilwert bei voraussichtlich dauernder Wertminderung (§ 5 Abs. 1) wahlweise: Zuschreibung auf höheren Teilwert gegenüber letztem Bilanzansatz oder Zwischenwert (Obergrenze: Anschaffungs- oder Herstellungskosten) (§ 6 Abs. 1 Nr. 2, Satz 3) wahlweise: Übertragung stiller Reserven (z.B. § 6b)
II. Umlaufvermögen	Aktivierungspflicht (§ 246 Abs. 1) Anschaffungs- oder Herstellungskosten (§ 253 Abs. 1, Satz 1) obligatorisch: niedrigerer Börsen- oder Marktpreis (§ 253 Abs. 3, Satz 1) obligatorisch: niedrigerer „beizulegender" Wert, sofern kein Börsen- oder Marktpreis zu ermitteln (§ 253 Abs. 3, Satz 2) wahlweise: niedriger Wertansatz zur Vermeidung künftiger Wertschwankungen (§ 253 Abs. 3, Satz 3) wahlweise: niedrigerer, nach vernünftiger kaufmännischer Beurteilung zulässiger Wert (§ 253 Abs. 4)	Aktivierungspflicht (§ 5 Abs. 1) Anschaffungs- oder Herstellungskosten (§ 6 Abs. 1 Nr. 2, Satz 1) obligatorisch: niedrigerer Teilwert (§ 6 Abs. 1 Nr. 2, Satz 2 i.V.m. handelsrechtl. Niederstwertprinzip) wahlweise: höherer Teilwert gegenüber letztem Bilanzausweis oder Zwischenwert (Obergrenze: Anschaffungs- oder Herstellungskosten) (§ 6 Abs. 1, Nr. 2, Satz 3) wahlweise: Bewertungsabschläge, z.B. § 80 EStDV

4. Kapitel: Bewertungsvorschriften für alle Kaufleute

	wahlweise: niedrigerer steuerlich zulässiger Wert (§ 254) wahlweise: Beibehaltung niedrigerer Werte bei Wegfall der Gründe (§ 253 Abs. 5) oder Zuschreibung bis höchstens zu den Anschaffungs- oder Herstellungskosten (§ 253 Abs. 1, Satz 1)	
III. Disagio (als Rechnungsabgrenzungsposten)	Aktivierungswahlrecht (§ 250 Abs. 3, Satz 1) obligatorisch: Mindestabschreibung nach Laufzeit (§ 250 Abs. 3, Satz 2) wahlweise: Verteilung auf die Laufzeit wahlweise: Vollabschreibung	Aktivierungspflicht (Abschn. 37 Abs. 3 EStR) obligatorisch: Verteilung auf Laufzeit (Abschn. 37 Abs. 3 EStR)
IV. Eigenkapital (Gezeichnetes Kapital u. Rücklagen)	Nennbetrag (Saldo: Vermögen–Schulden)	Nennbetrag (Saldo: Vermögen–Schulden)
V. Rückstellungen 1. Pensionsrückstellungen	Passivierungspflicht (§ 249 Abs. 1, Satz 1) bei Zusagen ab 1987 Anwendung versicherungsmathematischer Grundsätze	Passivierungswahlrecht (§ 6a), aber Maßgeblichkeit bei Zusagen ab 1987 Bewertung mit Teilwert nach § 6a, Zinssatz 6%
2. sonstige Rückstellungen	Passivierungspflicht (§ 249 Abs. 1, Sätze 1 u. 2) Besondere Rückstellungen: Passivierungswahlrecht (§ 249 Abs. 1, Satz 3 u. Abs. 2) Betrag, der nach vernünftiger kaufmännischer Beurteilung notwendig ist (§ 253 Abs. 1, Satz 2)	Passivierungspflicht (§ 5 Abs. 1 u. § 5 Abs. 3) Besondere Rückstellungen: Passivierungsverbot Wert der am Stichtag bestehenden, in der Höhe oder Fälligkeit unbestimmten Last oder des drohenden Verlustes
VI. Verbindlichkeiten 1. Rentenverpflichtungen ohne Gegenleistung	Passivierungspflicht (§ 246 Abs. 1) Barwert (§ 253 Abs. 1, Satz 2)	Passivierungspflicht (§ 5 Abs. 1) Barwert nach versicherungsmathematischen Grundsätzen

Bilanzposition	Handelsbilanz (HGB)	Steuerbilanz (EStG)
2. Andere Verbindlichkeiten	Passivierungspflicht (§ 246 Abs. 1) Rückzahlungsbetrag (§ 253 Abs. 1, Satz 2)	Passivierungspflicht (§ 5 Abs. 1) Verfügungsbetrag oder Rückzahlungsbetrag obligatorisch: höherer Teilwert (§ 6 Abs. 1 Nr. 3 i.V.m. Nr. 2) wahlweise: niedrigerer Teilwert gegenüber letztem Bilanzausweis oder Zwischenwert (Untergrenze: Verfügungsbetrag) (§ 6 Abs. 1 Nr. 3 i.V.m. Nr. 2)
VII. Posten der Rechnungsabgrenzung	Passivierungspflicht (§ 250) Nennbetrag der abgegrenzten Einnahmen und Ausgaben	Passivierungspflicht (§ 5 Abs. 5) Nennbetrag der abgegrenzten Einnahmen und Ausgaben

Abb. 27 Übersicht über die Bilanzierung nach Handels- und Steuerrecht

5. Kapitel:
Ergänzende Vorschriften für Kapitalgesellschaften

A. Allgemeine Merkmale

I. Anwendungsgrundsatz

Der zweite Abschnitt des Dritten Buches des HGB enthält **ergänzende Vorschriften**, die für Kapitalgesellschaften (AG, KGaA, GmbH) **zusätzlich anzuwenden** sind. Daraus folgt, daß die Kapitalgesellschaften auch **alle Vorschriften des ersten Abschnitts** zu beachten haben, **sofern** diese **nicht im Widerspruch** zu den ergänzenden Vorschriften stehen. In diesem Fall gelten die spezielleren Vorschriften des zweiten Abschnitts. (Für eingetragene **Genossenschaften** sind in den §§ 336ff. HGB gesondert einige ergänzende Vorschriften enthalten.) Die Darstellung in einem eigenen Abschnitt erlaubt den **Umkehrschluß**, daß diese Vorschriften weder gesetzlich noch nach den GoB für Nichtkapitalgesellschaften verlangt werden können. Allerdings ist eine **freiwillige Anwendung** des zweiten Abschnitts **zulässig** und unter betriebswirtschaftlichen Gesichtspunkten auch **sinnvoll**.

II. Größenklassen

Bei prinzipieller Gleichheit der ergänzenden Vorschriften für alle Kapitalgesellschaften hat der Gesetzgeber eine Reihe von Differenzierungen vorgesehen, die an das Merkmal der Größe einer Kapitalgesellschaft anknüpfen. Das ist ein unmittelbarer Ausfluß der 4. EG-Richtlinie, die die Kapitalgesellschaften in **drei Kategorien** unterteilt. Während die großen Kapitalgesellschaften alle ergänzenden Vorschriften erfüllen müssen, sind für **mittelgroße und kleinere Gesellschaften** abgestufte **Erleichterungen** vorgesehen. Sie betreffen die Gliederung des Jahresabschlusses, die Prüfung, die Offenlegung und die Ausweispflicht im Anhang. Die Besonderheiten werden bei der Behandlung der Einzelvorschriften erläutert.

Die Eingruppierung in die drei Größenklassen wird gem. § 267 HGB mit Hilfe der Einteilungskriterien **Bilanzsumme, Umsatzerlöse und Arbeitnehmerzahl** vorgenommen. Dabei ist in § 267 Abs. 4 u. 5 HGB näher beschrieben, wie und zu welchem Zeitpunkt oder für welche Perioden die Größenmerkmale festgestellt werden. Generell gilt, daß zwei der drei Kriterien für die Zuordnung zu einer Größenklasse ausschlaggebend sind. Die Größenklassen sind der Abb. 28 zu entnehmen.

Größenklasse	Rechts-grundlage § 267 HGB	Merkmale		
		Bilanzsumme Mio DM	Umsatzerlöse Mio DM	Arbeitnehmer ⌀ Zahl
kleine KapG	Abs. 1	≤ 3,9	≤ 8,0	≤ 50
mittlere KapG	Abs. 2	> 3,9; ≤ 15,5	> 8,0; ≤ 32,0	> 50; ≤ 250
große KapG	Abs. 3	> 15,5	> 32,0	> 250
Zuordnung bei Vorliegen von zwei Merkmalen				

Abb. 28 Größenklassen der Kapitalgesellschaften

Unabhängig von diesen Einteilungsmerkmalen liegt immer eine große Kapitalgesellschaft vor, wenn ihre Wertpapiere an der Börse eines EG-Mitgliedstaates gehandelt werden (§ 267 Abs. 2 Satz 3 HGB).

III. Prüfung

Der Jahresabschluß, bestehend aus Bilanz, Gewinn- und Verlustrechnung und Anhang, sowie der Lagebericht sind gem. § 316 Abs. 1 HGB zu prüfen. Eine Ausnahme besteht für **kleine Kapitalgesellschaften**, für die nach § 316 Abs. 1 HGB eine Prüfung nicht erforderlich ist. Als **Prüfer** sind grundsätzlich **Wirtschaftsprüfer** oder Wirtschaftsprüfungsgesellschaften zugelassen. Als **Ausnahme** können **mittelgroße Gesellschaften mit beschränkter Haftung** auch durch **vereidigte Buchprüfer** oder Buchprüfungsgesellschaften geprüft werden (§ 319 Abs. 1 HGB). Um eine unabhängige Prüfung zu gewährleisten, gilt gem. § 319 Abs. 2 HGB ein strenger **Verbotskatalog**, der alle Tatbestände aufzählt, bei denen ein Abschlußprüfer für ein Unternehmen nicht prüfend tätig werden darf.

Der **Umfang der Prüfung** ist gesetzlich in § 317 Abs. 1 HGB geregelt. Die Prüfung umfaßt

- Jahresabschluß: – Bilanz, Gewinn- und Verlustrechnung, Anhang
  – Buchführung (u.a. Kontenplan, sachliche Richtigkeit der Kontenführung, Ordnungsmäßigkeit der Belege)
  – Beachtung der Gesetze und ergänzender Bestimmungen des Gesellschaftsvertrages oder der Satzung
- Lagebericht: – Einklang mit dem Jahresabschluß
  – Aufdeckung falscher Vorstellungen durch die sonstigen Angaben von der Lage des Unternehmens.

Für das Prüfungsergebnis ist ein **Prüfungsbericht** zu erstellen (§ 321 HGB). Liegen keine Einwendungen vor, so hat der Abschlußprüfer den Jahresabschluß mit einem **Bestätigungsvermerk** zu versehen (§ 322 HGB).

Die **Prüfung** gem. § 316 Abs. 1 Satz 1 HGB ist **Voraussetzung für die Feststellung des Jahresabschlusses** und bewirkt dessen Rechtskraft (§ 316 Abs. 1 Satz 2 HGB).

IV. Offenlegung

Die **Offenlegungspflicht**, ein **generelles Merkmal für** alle **Kapitalgesellschaften**, ist abschließend und vollständig in den §§ 325–329 HGB geregelt. Sie bezieht sich gem. § 325 Abs. 3 HGB auch auf Kapitalgesellschaften, die einen **Konzernabschluß** aufzustellen haben. Folgende Einzelbestandteile der Rechnungslegung sind nach § 325 Abs. 1 HGB zu publizieren, wobei es für kleine und mittelgroße Kapitalgesellschaften teilweise Erleichterungen gibt:

- Jahresabschluß (Bilanz, Gewinn- und Verlustrechnung und Anhang)
- Bestätigungsvermerk (oder Vermerk über dessen Versagung)
- Lagebericht
- Bericht des Aufsichtsrats, sofern ein Aufsichtsrat vorhanden ist
- Vorschlag für die Verwendung des Ergebnisses und der Beschluß über seine Verwendung unter Angabe des Jahresüberschusses oder Jahresfehlbetrags, wenn diese sich nicht bereits aus dem Jahresabschluß ergeben

Die Veröffentlichung geschieht für **große Kapitalgesellschaften** grundsätzlich im **Bundesanzeiger** und für **kleine und mittelgroße Kapitalgesellschaften** im **Handelsregister**, wo-

	Kapitalgesellschaft		
	kleine	mittelgroße	große
1. Frist zur Offenlegung	12 Monate (§ 326)	9 Monate (§ 325 Abs. 1)	9 Monate (§ 325 Abs. 1)
2. Offenzulegende Unterlagen: a) Bilanz	verkürzt (§ 266)	Sonderform (§ 266)	ungekürzt
b) Gewinn- und Verlustrechnung	entfällt (§ 326)	verkürzt (§ 276)	ungekürzt (§ 325)
c) Anhang – ohne Beteiligungsliste	verkürzt (§ 288) und ohne GuV-Rechnung (§ 326)	verkürzt (§ 288)	ungekürzt
d) Besondere Beteiligungsliste	nur Handelsregister	nur Handelsregister	nur Handelsregister (§ 325 Abs. 2 Satz 2)
e) Lagebericht	entfällt (§ 326)	ja (§ 325)	ja (§ 325)
f) Bestätigungsvermerk des Abschlußprüfers oder Negativattest	entfällt (§ 316 Abs. 1)	ja (§ 325)	ja (§ 325)
g) Soweit nicht aus Jahresabschluß ersichtlich: – Jahresergebnis	kann u.U. entfallen (§ 268 Abs. 1)	ja (§ 325)	ja (§ 325)
– Ergebnisverwendungsvorschlag	ja (§ 326)	ja (§ 325)	ja (§ 325)
– Ergebnisverwendungsbeschluß	ja (§ 326)	ja (§ 325)	ja (§ 325)
h) Bericht des Aufsichtsrates (bei GmbH, wenn AR vorhanden ist)	entfällt (§ 326)	ja (§ 325)	ja (§ 325)
3. Offenlegungsform	Handelsregister (Hinweis im Bundesanzeiger)	Handelsregister (Hinweis im Bundesanzeiger)	Bundesanzeiger

Abb. 29 Überblick über die Offenlegungsvorschriften der Kapitalgesellschaften

bei im Bundesanzeiger die Einreichung beim Handelsregister anzuzeigen ist. Diese eingeschränkte Publizität nennt man auch **Registerpublizität**. Die Offenlegung hat stets unverzüglich nach der Vorlage des Jahresabschlusses an die Gesellschafter zu erfolgen, jedoch **spätestens vor Ablauf von neun Monaten** nach dem Abschlußstichtag.

Die **Erleichterungen für kleine Kapitalgesellschaften** sind in § 326 HGB aufgezählt. Neben den Erleichterungen, die kleinen Kapitalgesellschaften bereits bei der Aufstellung des Jahresabschlusses gewährt werden, sind für die Offenlegung weitere Erleichterungen vorgesehen,

- Verlängerung der Offenlegungsfrist auf zwölf Monate,
- Befreiung von der Offenlegung der Gewinn- und Verlustrechnung und der entsprechenden Positionen im Anhang und
- Befreiung von der Offenlegung des Lageberichts.

Die Befreiung von der Angabe des Jahresergebnisses in der Bilanz bei teilweiser oder vollständiger Ergebnisverwendung nach § 268 Abs. 1 HGB entbindet die kleine Kapitalgesellschaft jedoch nicht von der Offenlegung, da das Jahresergebnis bei Nichtangabe in der Bilanz gesondert mit dem Vorschlag oder Beschluß über die Verwendung des Ergebnisses einzureichen ist (§ 326 Satz 2 HGB).

Für **mittelgroße Kapitalgesellschaften** gilt gem. § 327 HGB, daß die **Bilanz nur in verkürzter Form** wie bei kleinen Kapitalgesellschaften eingereicht werden muß, während die Aufstellung in der ausführlichen Form wie bei großen Kapitalgesellschaften erforderlich ist. Es sind **allerdings** eine Reihe von **Positionen zusätzlich** gesondert anzugeben oder im Anhang zu erläutern (§ 327 HGB). Weitere Erleichterungen sind dadurch gegeben, daß einige Positionen des Anhangs zum Handelsregister nicht eingereicht werden müssen (vgl. § 327 Nr. 2 HGB). Abb. 29 zeigt einen zusammenfassenden Überblick über die Offenlegungsvorschriften (vgl. Glade, S. 1765 f.).

B. Grundlegende Vorschriften zum Jahresabschluß und Lagebericht

I. Allgemeine Rechnungslegungsvorschriften

1. Inhalt und Fristen der Rechnungslegung

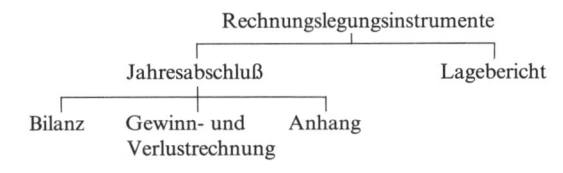

Die externen Rechnungslegungsinstrumente der Kapitalgesellschaften sind gem. § 264 Abs. 1 HGB gegenüber Personenunternehmen um einen Anhang und um einen Lagebericht zu erweitern. Die Beziehungen der Instrumente zueinander ergeben sich aus Abb. 30.

```
                    Rechnungslegungsinstrumente
                    ┌──────────────┴──────────────┐
                    Jahresabschluß            Lagebericht
         ┌──────────────┼──────────────┐
       Bilanz      Gewinn- und      Anhang
                   Verlustrechnung
```

Abb. 30 Rechnungslegungsinstrumente der Kapitalgesellschaft

Die **Aufstellungsfrist** beträgt **drei Monate** nach Abschluß des Geschäftsjahres. Für **kleine Kapitalgesellschaften** gibt es **Erleichterungen**; diese dürfen den Jahresabschluß „... auch später aufstellen, wenn dies einem ordnungsgemäßen Geschäftsgang entspricht" (§ 264 Abs. 1 HGB). Der Abschluß ist jedoch spätestens innerhalb von sechs Monaten nach Ablauf des Geschäftsjahres aufzustellen.

2. Generalnorm

Während die Norm des § 243 Abs. 1 HGB für alle Kaufleute verlangt, den Jahresabschluß nach den GoB aufzustellen, gilt **für Kapitalgesellschaften** eine **erweiterte Generalnorm** nach § 264 Abs. 2 Satz 1 HGB: „Der Jahresabschluß der Kapitalgesellschaft hat unter Beachtung der Grundsätze ordnungsmäßiger Buchführung ein den tatsächlichen Verhältnissen entsprechendes Bild der Vermögens-, Finanz- und Ertragslage der Kapitalgesellschaft zu vermitteln."

Diese Norm gilt als eine zentrale Vorschrift und leitet sich zum einen aus der alten Generalnorm des Aktiengesetzes, zum anderen aus dem angelsächsischen **Prinzip des true and fair view** ab, womit das Erfordernis eines wahrheitsgetreuen und richtigen Bildes der Unternehmenslage postuliert wird. Die pauschale Formulierung führt zu der Frage der Beziehung zu den Einzelvorschriften, d. h. zu der Frage nach der Primär- oder Sekundärfunktion der Generalnorm. Man kann davon ausgehen, daß die Generalnorm keine vorrangige Bedeutung für die Einzelvorschriften hat, sondern daß umgekehrt die Einzelvorschriften eine Primärfunktion haben und die Generalnorm heranzuziehen ist, um Lücken zu schließen und Zweifelsfragen zu klären (vgl. Beck'scher Bilanz-Kommentar, S. 802 ff.).

Die Begriffe der Vermögens-, Finanz- und Ertragslage können vereinfachend auch mit den Begriffen **wirtschaftliche Lage** oder **wirtschaftliche Verhältnisse** umschrieben werden. Ein ausreichender Einblick ist in der Regel dann möglich, wenn alle Einzelvorschriften zur Rechnungslegung beachtet werden und der Jahresabschluß in einer übersichtlichen Form und mit detailliertem Inhalt so vorgelegt wird, daß der Außenstehende angemessene Analysen vornehmen kann. Eine zusätzliche Dokumentation, etwa eine **Kapitalflußrechnung**, ist zwar wünschenswert, gilt aber nicht als notwendig (vgl. Küting/Weber, 1990, S. 1116). Für die Gewinnung eines vertieften Einblicks sind neben der Bilanz und der Gewinn- und Verlustrechnung der Anhang und der Lagebericht von großer Bedeutung. Erst die **Summe aller Informationen ergibt** ein genügend aussagekräftiges **Gesamtbild** des Unternehmens.

3. Allgemeine Gliederungsgrundsätze

In § 265 HGB werden allgemeine Grundsätze für die Gliederung des Jahresabschlusses aufgestellt. Sie können zugleich als Empfehlung, wenn auch nicht als Rechtsvorschrift, für Personenunternehmen gelten. Die wichtigsten Grundsätze:

- Die Darstellungsform ist beizubehalten, insbesondere gilt die **Gliederungsstetigkeit**. In Ausnahmefällen sind Abweichungen möglich, die aber im Anhang anzugeben und zu begründen sind.
- Jeder Posten der Bilanz und Gewinn- und Verlustrechnung ist um den **Vorjahresbetrag** zu ergänzen. Bei fehlender Vergleichbarkeit sind Erläuterungen im Anhang zu machen.
- Fällt ein Vermögensgegenstand oder eine Schuld unter mehrere Bilanzpositionen, so ist eine Angabe der **Mitzugehörigkeit** in der Bilanz oder im Anhang erforderlich, falls dieses aus Gründen der Klarheit und Übersichtlichkeit des Jahresabschlusses erforderlich ist. (Beispiele: Forderung aus einem Liefergeschäft an ein Tochterunternehmen; Baustoffe als Rohstoff und Handelsware in einem Bauunternehmen mit Baumarkt).

Aktivseite

- A. Ausstehende Einlagen
  - davon eingefordert:
- B. Aufwendungen für die Ingangsetzung und Erweiterung des Geschäftsbetriebs
- C. Anlagevermögen
  - I. Immaterielle Vermögensgegenstände
    1. Konzessionen, gewerbliche Schutzrechte und ähnliche Rechte und Werte sowie Lizenzen an solchen Rechten
    2. Geschäfts- oder Firmenwert
    3. geleistete Anzahlungen
  - II. Sachanlagen
    1. Grundstücke, grundstücksgleiche Rechte und Bauten einschließlich der Bauten auf fremden Grundstücken
    2. technische Anlagen und Maschinen
    3. andere Anlagen, Betriebs- und Geschäftsausstattung
    4. geleistete Anzahlungen und Anlagen im Bau
  - III. Finanzanlagen
    1. Anteile an verbundenen Unternehmen
    2. Ausleihungen an verbundene Unternehmen
    3. Beteiligungen
    4. Ausleihungen an Unternehmen, mit denen ein Beteiligungsverhältnis besteht
    5. Wertpapiere des Anlagevermögens
    6. sonstige Ausleihungen
- D. Umlaufvermögen
  - I. Vorräte
    1. Roh-, Hilfs- und Betriebsstoffe
    2. unfertige Erzeugnisse, unfertige Leistungen
    3. fertige Erzeugnisse und Waren

Passivseite

- A. Eigenkapital
  - I. Gezeichnetes Kapital
  - II. Kapitalrücklage
  - III. Gewinnrücklagen
    1. gesetzliche Rücklage
    2. Rücklage für eigene Anteile
    3. satzungsmäßige Rücklagen
    4. andere Gewinnrücklagen
  - IV. Gewinnvortrag/Verlustvortrag
  - V. Jahresüberschuß/Jahresfehlbetrag
- B. Sonderposten mit Rücklageanteil
- C. Rückstellungen
  1. Rückstellungen für Pensionen und ähnliche Verpflichtungen
  2. Steuerrückstellungen
  3. sonstige Rückstellungen
- D. Verbindlichkeiten
  1. Anleihen
     - davon konvertibel:
     - davon Restlaufzeit bis zu 1 Jahr:
  2. Verbindlichkeiten gegenüber Kreditinstituten
     - davon Restlaufzeit bis zu 1 Jahr:
  3. erhaltene Anzahlungen auf Bestellungen
     - davon Restlaufzeit bis zu 1 Jahr:
  4. Verbindlichkeiten aus Lieferungen und Leistungen
     - davon Restlaufzeit bis zu 1 Jahr:
  5. Verbindlichkeiten aus der Annahme gezogener Wechsel und der Ausstellung eigener Wechsel
     - davon Restlaufzeit bis zu 1 Jahr:
  6. Verbindlichkeiten gegenüber verbundenen Unternehmen
     - davon Restlaufzeit bis zu 1 Jahr:

          4. geleistete Anzahlungen
       II. Forderungen und sonstige Vermögensgegenstände
          1. Forderungen aus Lieferungen und Leistungen
             – davon Restlaufzeit mehr als 1 Jahr:
          2. Forderungen gegen verbundene Unternehmen
             – davon Restlaufzeit mehr als 1 Jahr:
          3. Forderungen gegen Unternehmen, mit denen
             ein Beteiligungsverhältnis besteht
             – davon Restlaufzeit mehr als 1 Jahr:
          4. sonstige Vermögensgegenstände
             – davon Restlaufzeit mehr als 1 Jahr:
       III. Wertpapiere
          1. Anteile an verbundenen Unternehmen
          2. eigene Anteile
          3. sonstige Wertpapiere
       IV. Schecks, Kassenbestand, Bundesbank- und
           Postgiroguthaben, Guthaben bei
           Kreditinstituten
    E. Rechnungsabgrenzungsposten
       I. Abgrenzungsposten für latente Steuern
       II. Disagio
       III. Sonstige Rechnungsabgrenzungsposten

          7. Verbindlichkeiten gegenüber Unternehmen,
             mit denen ein Beteiligungsverhältnis
             besteht
             – davon Restlaufzeit bis zu 1 Jahr:
          8. sonstige Verbindlichkeiten
             – davon aus Steuern:
             – davon im Rahmen der sozialen Sicherheit:
             – davon Restlaufzeit bis zu 1 Jahr:
       E. Rechnungsabgrenzungsposten

Abb. 31 Grundschema der Bilanzgliederung (abgewandelt gegenüber §266 HGB)

- Für die Posten der Bilanz und der Gewinn- und Verlustrechnung dürfen **weitere Untergliederungen** vorgenommen werden; ebenso dürfen **neue Positionen** hinzugefügt werden.
- Aus Gründen der Klarheit und Übersichtlichkeit des Jahresabschlusses darf die Gliederung und Bezeichnung der mit arabischen Zahlen versehenen Posten geändert werden. In bestimmten Fällen ist eine Zusammenfassung dieser Positionen möglich.
- Ein Posten, der im Geschäftsjahr und im Vorjahr keinen Betrag ausweist, ist nicht aufzuführen.

II. Bilanz

1. Gliederung

Unter Beachtung der allgemeinen Gliederungsgrundsätze des §265 HGB ist die Gliederung nach §266 HGB zwingend vorgeschrieben. Die Bilanz ist in **Kontoform** aufzustellen. **Kleine Kapitalgesellschaften** brauchen gem. §266 Abs. 1 Satz 3 HGB die mit arabischen Ziffern versehenen Positionen nicht aufzuführen; sie haben insofern **Erleichterungen**. (Für mittelgroße Kapitalgesellschaften gilt diese Erleichterung nur für die Offenlegung der Bilanz, nicht jedoch für die Aufstellung.) Das Gliederungsschema der Bilanz ist in Abb. 31 dargestellt, wobei einige Positionen eingearbeitet sind, die nicht im §266 HGB enthalten sind, aber bei Vorliegen der entsprechenden Tatbestände einzufügen sind. Es handelt sich um die Posten Ausstehende Einlagen, Aufwendungen für die Ingangsetzung und Erweiterung des Geschäftsbetriebs, Abgrenzungsposten für latente Steuern, Disagio und Sonderposten mit Rücklageanteil. Darüber hinaus sind weitere, seltene Posten ggf. noch zusätzlich einzufügen. Bei Gesellschaften mit beschränkter Haftung sind **Forderungen und Verbindlichkeiten gegenüber Gesellschaftern** gem. §42 GmbHG gesondert auszuweisen oder im Anhang anzugeben.

2. Ergänzende Erläuterungen

Der Inhalt der einzelnen Positionen ist größtenteils im 3. Kapitel erläutert (vgl. Punkt B.I. des 3. Kapitels). Hier wird darum nur auf die Ergänzungen eingegangen, die als spezielle Vorschriften für Kapitalgesellschaften gelten. Die Fragen zur Aufstellung der Bilanz unter Berücksichtigung der vollständigen oder teilweisen Verwendung des Jahresergebnisses (§268 Abs. 1 HGB), der Aufstellung eines besonderen Anlagespiegels (§268 Abs. 2 HGB), der Bilanzierung von negativem Eigenkapital (§268 Abs. 3 HGB) und einiger weiterer Besonderheiten der §§269–274 HGB werden aus sachlichen Zuordnungsgründen oder wegen ihrer Bedeutung gesondert erörtert.

Alle **Forderungen und Verbindlichkeiten** sind gem. §268 Abs. 4 und 5 HGB nach Fristigkeiten zu „schichten". Die Beträge mit **Restlaufzeiten** über ein Jahr sind jeweils **gesondert zu vermerken** oder im Anhang anzugeben. In Abb. 31 ist die Angabe bereits berücksichtigt. Unter Beträgen mit einer Restlaufzeit bis zu einem Jahr versteht man die Größen, die innerhalb des nächsten Jahres nach dem Bilanzstichtag rechtlich fällig werden. Das führt dazu, daß sowohl Forderungen als auch Verbindlichkeiten ggf. **zu splitten** sind: Bei (längerfristigen) Forderungen ist der Teil gesondert zu vermerken, der aufgrund der rechtlichen Gestaltung der Forderung später als nach einem Jahr zurückzuzahlen ist; bei Verbindlichkeiten ist umgekehrt der Teil zu vermerken, der innerhalb eines Jahres zurückzuzahlen ist. Dabei ist die rechtliche Vereinbarung maßgeblich, nicht die tatsächlich erwartete Zahlung. Die Aufteilung nach Fristigkeiten ist unter betriebswirtschaftlichen Gesichtspunkten generell begrüßenswert. Sie verbessert die Möglichkeit der Finanzanalyse und des Einblicks in die finanzielle Lage eines Unternehmens.

(Bei den Verbindlichkeiten ist nach § 285 Abs. 1 Nr. 1 u. 2 HGB eine zusätzliche Aufgliederung vorgeschrieben, die den finanzwirtschaftlichen Aussagegehalt weiter erhöht.)

Erhaltene Anzahlungen auf Bestellungen können gem. § 268 Abs. 5 HGB aktivisch von den Vorräten abgesetzt oder passivisch unter den Verbindlichkeiten gesondert ausgewiesen werden (vgl. Abb. 31). Beim aktivischen Ausweis sind die Anzahlungen vom Vorratsvermögen offen abzusetzen, so daß als (Haupt-)Bilanzposten nur der Nettobetrag erscheint. Ein solcher Ausweis erfordert die Kenntlichmachung der Anzahlungen in einer Vorspalte. Die Verrechnung mit den Vorräten ist eine **Durchbrechung des Saldierungsverbots** (§ 246 Abs. 2 HGB), die hier jedoch ausdrücklich erlaubt ist und betriebswirtschaftlich auch sinnvoll ist.

Der **Ausweis eines Disagios** nach § 250 Abs. 3 HGB ist für Kapitalgesellschaften strenger geregelt. Der Betrag ist in der Bilanz gesondert auszuweisen (vgl. Abb. 31) oder im Anhang anzugeben. Ähnliches gilt für den Ausweis der **Haftungsverhältnisse** nach § 251 HGB. Diese sind in differenzierter Weise unter der Bilanz oder im Anhang unter Angabe der gewährten Pfandrechte und sonstigen Sicherheiten anzugeben (§ 268 Abs. 7 HGB).

3. Anlagespiegel

Kapitalgesellschaften sind gem. § 268 Abs. 2 HGB verpflichtet, entweder in der Bilanz oder im Anhang für das **Anlagevermögen** und die Position „**Aufwendungen für die Ingangsetzung und Erweiterung des Geschäftsbetriebs**" einen ausführlichen Anlagespiegel aufzustellen. Während nach altem (Aktien-)Recht ein vereinfachter **Anlagespiegel** vorgeschrieben war, gilt jetzt eine Darstellung nach der sog. direkten **Bruttomethode**, deren wesentliches Element die Darstellung der Entwicklung des gesamten Anlagevermögens von der historischen Anschaffung aller Anlagegüter bis zum aktuellen Bilanzstichtag ist. Der Ausweis erfolgt in einem **Anlagegitter**, das **vertikal und horizontal gegliedert** ist. Die vertikale Gliederung ist identisch mit den Bilanzpositionen des Anlagevermögens. Die **horizontale Gliederung** ist in ihrer Form und Reihenfolge nicht vorgeschrieben, sie muß jedoch alle in § 268 Abs. 2 HGB genannten Positionen enthalten. Da durch die Angabe der Bruttogrößen die **Abschreibungen des laufenden Geschäftsjahres** nicht direkt zu ermitteln sind, sind diese in der Bilanz oder im Anhang gesondert zu vermerken. Dabei bietet es sich an, die laufenden Abschreibungen innerhalb des Anlagegitters nachrichtlich zu vermerken. Abb. 32 zeigt eine horizontale Gliederung des Anlagespiegels (weitere Formen vgl. etwa Beck'scher Bilanz-Kommentar, S. 897 und Küting/Weber, 1990, S. 1242 ff.).

Aus dem Anlagespiegel können die **historischen Anschaffungs- und Herstellungskosten** aller im Unternehmen noch vorhandenen Anlagegüter entnommen werden. Ausgehend von diesen Werten werden über die weiteren Spalten die Werte bis hin zum aktuellen Buchwert des Geschäftsjahres entwickelt. Abb. 33 zeigt an einem Beispiel, wie sich die Werte eines Vermögensgegenstandes vom Kauf bis zum Ausscheiden im jeweiligen Anlagespiegel eines Jahres niederschlagen: Im Jahr 1 wird eine Maschine für DM 100 000,– in der Mitte des Jahres angeschafft; es wird bei einer Nutzungsdauer von fünf Jahren linear abgeschrieben; im achten Jahr scheidet die Maschine (durch Verkauf oder Verschrottung) aus.

Während Abschreibungen im Anlagespiegel kumuliert angegeben werden, erfolgen **Zuschreibungen** nur für das laufende Geschäftsjahr. Bei der „Durchrechnung" der horizontalen Kette ergeben sich dann Probleme. Um diese Durchrechenbarkeit zu ermöglichen, werden die Zuschreibungen aus der Vorperiode mit den kumulierten Abschrei-

Bilanz-posten	Gesamte Anschaf-fungs-/Her-stellungs-kosten	Zugänge des Ge-schäfts-jahres +	Abgänge des Ge-schäfts-jahres −	Umbu-chungen des Ge-schäfts-jahres +/−	Zuschrei-bungen des Geschäfts-jahres +	Abschrei-bungen kumuliert −	Buchwert am Ende des Ge-schäfts-jahres	Buchwert am Ende des Vor-jahres	Abschrei-bungen des Ge-schäfts-jahres
	1	2	3	4	5	6	7	8	9

Abb. 32 Die horizontale Gliederung des Anlagespiegels

Bilanz-posten: Maschine	Gesamte Anschaf-fungs-(Her-stellungs-)kosten	Zugänge des Ge-schäfts-jahres +	Abgänge des Ge-schäfts-jahres −	Umbu-chungen des Ge-schäfts-jahres +/−	Zuschrei-bungen des Geschäfts-jahres +	Abschrei-bungen kumuliert −	Buchwert am Ende des Ge-schäfts-jahres	Buchwert am Ende des Vor-jahres	Abschrei-bungen des Ge-schäfts-jahres
Jahr	1	2	3	4	5	6	7	8	9
1	−	100	−	−	−	10	90	−	10
2	100	−	−	−	−	30	70	90	20
3	100	−	−	−	−	50	50	70	20
4	100	−	−	−	−	70	30	50	20
5	100	−	−	−	−	90	10	30	20
6	100	−	−	−	−	100	−	10	10
7	100	−	−	−	−	100	−	−	−
8	100	−	100	−	−	−	−	−	−

Abb. 33 Beispiel zur Entwicklung der Werte im Anlagespiegel

bungen verrechnet. Neben dem formellen Argument erscheint dieses auch sinnvoll, da ansonsten bei (mehrmaligen) Zuschreibungen nach entsprechenden vorherigen Abschreibungen die Summe aller Abschreibungen die Summe der historischen Anschaffungs- oder Herstellungskosten überschreiten würde.

Eine weitere „Ungereimtheit" bringen **geringwertige Wirtschaftsgüter**. Bei einer vollständigen Erfassung müßten diese wie alle anderen Anlagegüter bis zum Ausscheiden im Anlagespiegel verbleiben, was zu einem unangemessenen Aufwand führen würde. Sie können darum im Jahr der Anschaffung als Zugang und fiktiv im selben Jahr als Abgang ausgewiesen werden. Da bei dieser Art der Verbuchung die Abschreibungen auf diese Güter nicht sichtbar werden, besteht auch die Möglichkeit zu einer Variation des genannten Verfahrens dergestalt, daß im laufenden Jahr die Abschreibungen verbucht werden und im darauffolgenden Jahr der fiktive Abgang erfolgt (vgl. Küting/Weber, 1990, S. 1257 ff.).

III. Gewinn- und Verlustrechnung

1. Gliederung

Die Gewinn- und Verlustrechnung ist gem. § 275 Abs. 1 HGB für Kapitalgesellschaften in **Staffelform nach dem Gesamtkostenverfahren oder Umsatzkostenverfahren** zu erstellen. Damit räumt der Gesetzgeber ein Wahlrecht für die Form der Gewinn- und Verlustrechnung ein. Da nach dem bisherigen (Aktien-)Recht nur das Gesamtkostenverfahren zulässig war, gibt es mit diesem Wahlrecht eine neue Möglichkeit der Darstellung. Das Umsatzkostenverfahren ist vor allem für international operierende Unternehmen von Interesse, weil es international gebräuchlicher als das Gesamtkostenverfahren ist.

Beim Gesamtkostenverfahren wird die **Gesamtleistung** den gesamten Aufwendungen der Periode gegenübergestellt, wobei sich die Gesamtleistung aus den Umsatzerlösen, den Bestandsänderungen an fertigen und unfertigen Erzeugnissen, den anderen aktivierten Eigenleistungen und, obwohl das betriebswirtschaftlich problematisch ist, den sonstigen betrieblichen Erträgen zusammensetzt. Beim **Umsatzkostenverfahren** dagegen werden **den Umsatzerlösen** die für die Herstellung der abgesetzten Mengen **aufgewendeten Kosten gegenübergestellt**. Dafür ist das Vorhandensein einer **Kostenrechnung** erforderlich; die Anforderungen an das Rechnungswesen sind darum höher anzusetzen.

Beide Verfahren haben Vor- und Nachteile, so daß die Unternehmen individuell zu prüfen und zu entscheiden haben, welches Verfahren sie anwenden wollen. Da bisher ausschließlich das Gesamtkostenverfahren angewendet wurde, ist zu vermuten, daß dieses Verfahren auch in Zukunft überwiegen wird. Die Gliederung des Gesamtkosten- und Umsatzkostenverfahrens ist in Abb. 34 dargestellt (vgl. Gross/Schruff, S. 185); bei den weiteren Erläuterungen wird nur das Gesamtkostenverfahren berücksichtigt.

Den Gliederungen der Gewinn- und Verlustrechnung liegt eine bestimmte **Grundstruktur** zugrunde, die aus den Einzelpositionen durch Bildung einiger Hauptblöcke herausgefiltert werden kann. Abb. 35 zeigt diese Struktur (vgl. Meyer, S. 171). Die Zwischensummen „Betriebsergebnis" und „Finanzergebnis" sind dabei in der gesetzlichen Gliederung nicht vorgesehen, sondern nur eine Zusammenfassung der entsprechenden Einzelposten.

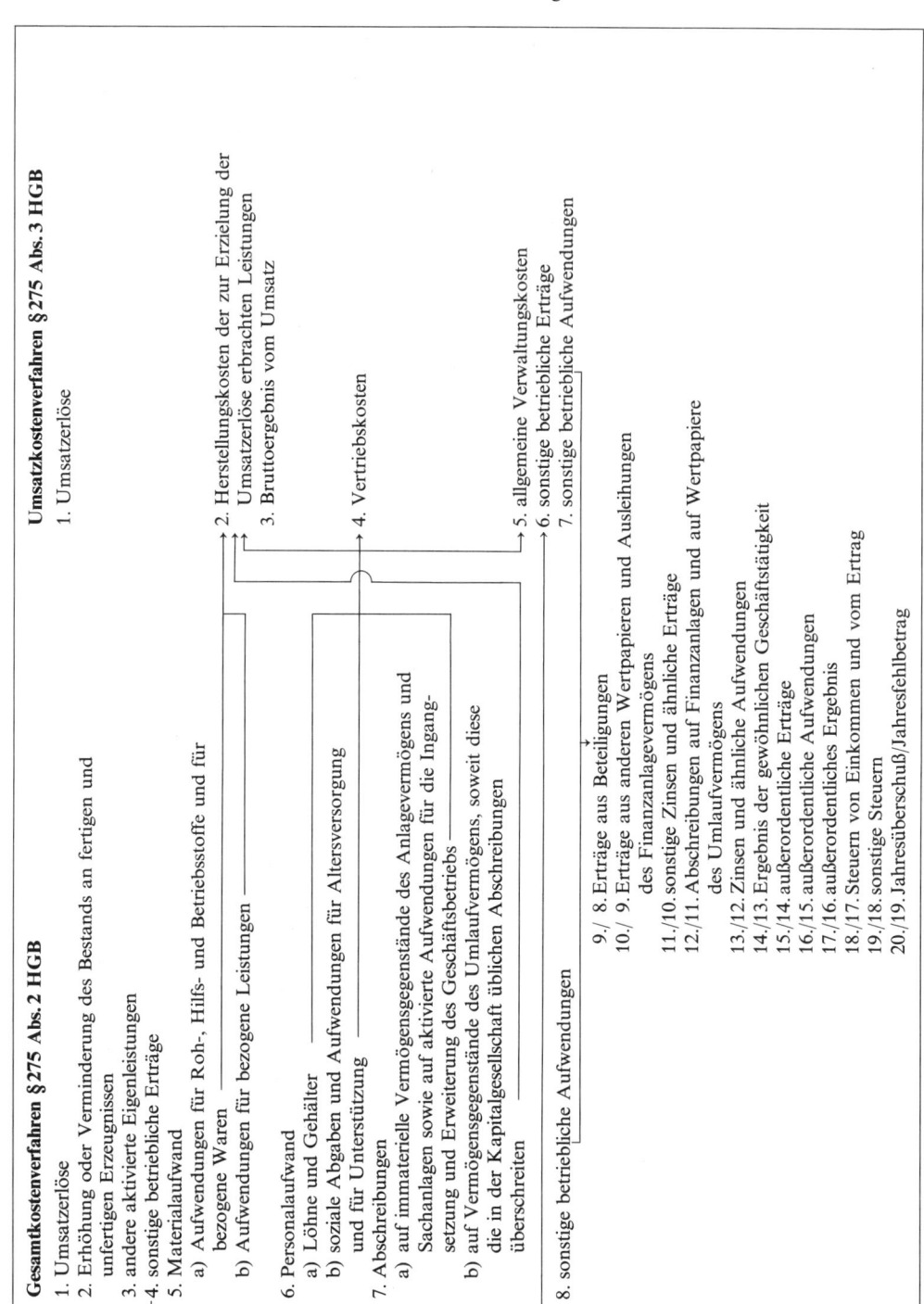

Gesamtkostenverfahren §275 Abs. 2 HGB

1. Umsatzerlöse
2. Erhöhung oder Verminderung des Bestands an fertigen und unfertigen Erzeugnissen
3. andere aktivierte Eigenleistungen
4. sonstige betriebliche Erträge
5. Materialaufwand
   a) Aufwendungen für Roh-, Hilfs- und Betriebsstoffe und für bezogene Waren
   b) Aufwendungen für bezogene Leistungen
6. Personalaufwand
   a) Löhne und Gehälter
   b) soziale Abgaben und Aufwendungen für Altersversorgung und für Unterstützung
7. Abschreibungen
   a) auf immaterielle Vermögensgegenstände des Anlagevermögens und Sachanlagen sowie auf aktivierte Aufwendungen für die Ingangsetzung und Erweiterung des Geschäftsbetriebs
   b) auf Vermögensgegenstände des Umlaufvermögens, soweit diese die in der Kapitalgesellschaft üblichen Abschreibungen überschreiten
8. sonstige betriebliche Aufwendungen

Umsatzkostenverfahren §275 Abs. 3 HGB

1. Umsatzerlöse
2. Herstellungskosten der zur Erzielung der Umsatzerlöse erbrachten Leistungen
3. Bruttoergebnis vom Umsatz
4. Vertriebskosten
5. allgemeine Verwaltungskosten
6. sonstige betriebliche Erträge
7. sonstige betriebliche Aufwendungen

9./ 8. Erträge aus Beteiligungen
10./ 9. Erträge aus anderen Wertpapieren und Ausleihungen des Finanzanlagevermögens
11./10. sonstige Zinsen und ähnliche Erträge
12./11. Abschreibungen auf Finanzanlagen und auf Wertpapiere des Umlaufvermögens
13./12. Zinsen und ähnliche Aufwendungen
14./13. Ergebnis der gewöhnlichen Geschäftstätigkeit
15./14. außerordentliche Erträge
16./15. außerordentliche Aufwendungen
17./16. außerordentliches Ergebnis
18./17. Steuern von Einkommen und vom Ertrag
19./18. sonstige Steuern
20./19. Jahresüberschuß/Jahresfehlbetrag

Abb. 34 Gliederung der Gewinn- und Verlustrechnung nach dem Gesamtkostenverfahren und dem Umsatzkostenverfahren

Bezeichnung	Postennummer Abs. 2	Postennummer Abs. 3
Betriebs-Ergebnis	1–8	1–7
Finanz-Ergebnis	9–13	8–12
= Ergebnis der gewöhnlichen Geschäftstätigkeit	14	13
+./. Außerordentliches Ergebnis	17 (15, 16)	16 (14, 15)
./. Steuern	18, 19	17, 18
= Jahresüberschuß/Jahresfehlbetrag	20	19

Abb. 35 Struktur der Gewinn- und Verlustrechnung nach dem Gesamt- und Umsatzkostenverfahren (§ 275 Abs. 2 u. 3 HGB)

Für **Aktiengesellschaften** ist die Gewinn- und Verlustrechnung gem. § 158 Abs. 1 AktG **um folgende Positionen zu verlängern**, damit die Gewinn- und Verlustrechnung nach einer (teilweisen) Ergebnisverwendung aufgestellt werden kann, wobei die Ergebnisverwendungsrechnung wahlweise auch im Anhang dargestellt werden kann:

1. Gewinnvortrag/Verlustvortrag aus dem Vorjahr
2. Entnahmen aus der Kapitalrücklage
3. Entnahmen aus Gewinnrücklagen
   a) aus der gesetzlichen Rücklage
   b) aus der Rücklage für eigene Aktien
   c) aus satzungsmäßigen Rücklagen
   d) aus anderen Gewinnrücklagen
4. Einstellung in Gewinnrücklagen
   a) in die gesetzliche Rücklage
   b) in die Rücklage für eigene Aktien
   c) in satzungsmäßige Rücklagen
   d) in andere Gewinnrücklagen
5. Bilanzgewinn/Bilanzverlust

2. Erläuterungen zu ausgewählten Positionen

Die Erläuterungen beschränken sich auf die wichtigsten Positionen und Inhalte, wobei die speziellen Posten nach § 275 Abs. 3 HGB wegen der geringen Bedeutung des Umsatzkostenverfahrens nicht besprochen werden. Auch die besonderen Vorschriften und Ausweispflichten bei verbundenen Unternehmen werden nicht erörtert.

- **Umsatzerlöse**

Umsatzerlöse sind Erlöse nach Abzug aller Erlösschmälerungen einschließlich Skonto und Umsatzsteuer aus „dem Verkauf und der Vermietung oder Verpachtung von für die gewöhnliche Geschäftstätigkeit der Kapitalgesellschaft typischen Erzeugnissen und Waren sowie aus von für die gewöhnliche Geschäftstätigkeit der Kapitalgesellschaft typischen Dienstleistungen" (§ 277 Abs. 1 HGB). Die Zuordnung zu den Umsatzerlösen in **Abgrenzung zu den sonstigen betrieblichen Erträgen** richtet sich damit nach dem tatsächlichen Geschehen aus der „gewöhnlichen Geschäftstätigkeit" und nicht unbedingt nach der Registereintragung oder der Satzung.

- **Bestandsveränderungen**

Als Bestandsveränderungen werden sowohl Mengen- als auch Wertänderungen angesetzt, d. h. es werden hier die **Bilanzdifferenzen** der fertigen und unfertigen Erzeugnisse zwischen der aktuellen und der vorjährigen Bilanz erfaßt. Bestandsänderungen von Roh-, Hilfs- und Betriebsstoffen und von bezogenen (Handels-)Waren werden beim Materialaufwand verrechnet. „Abschreibungen auf Vermögensgegenstände des Umlaufvermögens" werden bei den Bestandsänderungen nur dann gesondert unter dem Posten Nr. 7b ausgewiesen, wenn diese die üblichen Abschreibungen überschreiten (§ 277 Abs. 2, 2. Halbs. HGB); das sind in diesem Zusammenhang Abschreibungen aufgrund von erwarteten zukünftigen Wertschwankungen nach § 254 Abs. 3 Satz 3 HGB.

- **andere aktivierte Eigenleistungen**

Hier werden Leistungen erfaßt, die nicht für den unmittelbaren Absatz vorgesehen sind. Typische Fälle sind **selbsterstellte Anlagen**, für die im vergangenen Geschäftsjahr Aufwendungen entstanden sind und für die ein Gegenposten als Ertrag anzusetzen ist. Die Gegenbuchung des Ertrages erfolgt in der Bilanz beim Anlagevermögen. Strittig ist, ob unter diesem Posten auch selbsterstellte Roh-, Hilfs- und Betriebsstoffe zu erfassen sind oder ob diese bei den unfertigen und fertigen Erzeugnissen oder den Bestandsänderungen (an unfertigen und fertigen Erzeugnissen) zu verrechnen sind (vgl. Küting/Weber, 1990, S. 1506 und Glade, S. 1493 f.).

- **sonstige betriebliche Erträge**

Zu den sonstigen betrieblichen Erträgen gehören Erträge aus der gewöhnlichen Geschäftstätigkeit, soweit sie nicht bei den Umsatzerlösen, Bestandsveränderungen, anderen aktivierten Eigenleistungen oder im Finanzergebnis erfaßt werden. Sie sind quasi ein **Auffangposten** oder **Sammelposten** für alle Erträge, die nicht bei den bisher genannten und auch nicht bei den außerordentlichen Erträgen auszuweisen sind. Hierzu zählen insbesondere:

- Erträge aus dem Abgang von Gegenständen des Anlagevermögens
- Erträge aus Zuschreibungen zu Gegenständen des Anlagevermögens
- Erträge aus Zuschreibungen zu Forderungen wegen Kürzung einer Pauschalabschreibung (sog. Pauschalwertberichtigung, die nicht als „Wertberichtigung" auf der Passivseite ausgewiesen werden darf)
- Erträge aus der Auflösung von Rückstellungen
- Erträge aus der Auflösung des Sonderpostens mit Rücklageanteil (§ 281 Abs. 2 Satz 2 HGB), wobei die Beträge gesondert auszuweisen oder im Anhang zu vermerken sind
- Steuererstattungen (Besitz-, Verkehr-, Verbrauchsteuern)

Die periodenfremden Erträge sind gem. § 277 Abs. 4 Satz 3 HGB im Anhang zu erläutern (umstritten), sofern sie nicht von untergeordneter Bedeutung sind.

• Materialaufwand

Die Position ist im allgemeinen unproblematisch. Die **Aufwendungen für bezogene Leistungen** sind externe Vorleistungen, die von Dritten zur Herstellung der eigenen Produkte oder Erbringung der eigenen Leistung bezogen werden. Beispiele sind das Verzinken von Teilen in einer Verzinkerei, Stanzen in einem Spezialunternehmen, Lackieren von Teilen und Umschmelzen von Metallen in fremden Unternehmen, aber auch die Erledigung von Arbeiten durch sog. Subunternehmer. Im Einzelfall kann es Abgrenzungsschwierigkeiten geben.

• Abschreibungen

Die Abschreibungen werden in **zwei Gruppen** unterteilt, nämlich in Abschreibungen auf das Anlagevermögen (außer Finanzanlagen) und das Umlaufvermögen. Im ersteren Fall sind **sämtliche Abschreibungen des Geschäftsjahres**, d. h. sowohl die planmäßigen als auch die außerplanmäßigen einschließlich steuerlicher Sonderabschreibungen sowie die Abschreibungen auf immaterielle Vermögensgegenstände (einschl. Abschreibungen auf den derivativen Firmenwert) zu erfassen. Dennoch sind einige Besonderheiten zu beachten: **Außerplanmäßige Abschreibungen** sind gem. § 277 Abs. 3 Satz 1 HGB **gesondert auszuweisen oder im Anhang anzugeben**. Steuerliche Sonderabschreibungen, die nach § 254 HGB auch in der Handelsbilanz vorgenommen werden dürfen und nach § 5 Abs. 1 S. 2 EStG dort auch vorgenommen werden müssen, gehören ebenfalls zu den allgemeinen Abschreibungen; es besteht aber eine Pflicht zur gesonderten Angabe im Anhang (§ 285 Nr. 5 HGB). **Wahlweise** können steuerliche Mehrabschreibungen auch in der Weise vorgenommen werden, daß gem. § 281 Abs. 1 HGB auf der Passivseite ein **Sonderposten mit Rücklageanteil** gebildet wird. In diesem Fall sind die „(Mehr-)Abschreibungen", d. h. die Einstellungen in den Sonderposten, unter dem Posten „sonstige betriebliche Aufwendungen" zu verbuchen (§ 281 Abs. 2 Satz 2 HGB, vgl. auch Punkt C.III. dieses Kapitels und beispielsweise Küting/Weber, 1990, S. 1687 ff.).

Abschreibungen auf Vermögensgegenstände des Umlaufvermögens sind nur vorzunehmen, soweit diese die üblichen Abschreibungen überschreiten. **Normale Wertkorrekturen** werden damit **bei anderen Posten** erfaßt: Die üblichen Abschreibungen auf Vorräte werden bei den Bestandsveränderungen oder Materialaufwendungen, Abschreibungen auf Forderungen und sonstige Vermögensgegenstände bei den sonstigen betrieblichen Aufwendungen und Abschreibungen auf Wertpapiere des Umlaufvermögens unter einer eigenen Position (Nr. 13) gebucht. Wann Abschreibungen den üblichen Rahmen überschreiten, ist ein z. T. strittiges Abgrenzungsproblem. Abschreibungen wegen zu erwartender zukünftiger Wertschwankungen nach § 253 Abs. 3 Satz 3 HGB gelten gesetzlich als „unüblich" und sind nach § 277 Abs. 3 Satz 1 HGB gesondert auszuweisen oder im Anhang anzugeben. Unüblich dürften auch Forderungsausfälle sein, wenn sie das Ausmaß von durchschnittlichen Forderungsabschreibungen überschreiten; sie sind dann unter der Position „Abschreibungen" zu erfassen.

• sonstige betriebliche Aufwendungen

Dieser Posten der Gewinn- und Verlustrechnung ist die Gegenposition zu den „sonstigen betrieblichen Erträgen". Er ist ebenfalls ein **Auffangposten** oder **Sammelposten** und beinhaltet alle (restlichen) Aufwendungen aus gewöhnlicher Geschäftstätigkeit, die noch nicht in den anderen Aufwandsposten enthalten sind. Dazu gehören beispielsweise:
• Verluste aus dem Abgang von Gegenständen des Anlagevermögens
• Verluste aus dem Abgang von Gegenständen des Umlaufvermögens

- Abschreibungen auf Forderungen, sofern sie sich im üblichen Rahmen bewegen
- Einstellungen in Sonderposten mit Rücklageanteil, wobei diese entweder gesondert vermerkt oder im Anhang angegeben werden müssen (§ 281 Abs. 2 Satz 2 HGB)

- **außerordentliche Erträge und außerordentliche Aufwendungen**

Unter den außerordentlichen Erträgen und Aufwendungen sind nur die Geschäftsvorfälle zu verbuchen, die außerhalb der gewöhnlichen Geschäftstätigkeit anfallen (§ 277 Abs. 4 Satz 1 HGB). Sind die Beträge periodenfremd oder von besonderer **Wichtigkeit für die Ertragslage** des Unternehmens, ist eine Erläuterung notwendig (§ 277 Abs. 4 Sätze 2 u. 3 HGB). Die Abgrenzung zu den übrigen Aufwendungen und Erträgen ist z.T. schwierig. In der Regel fallen im Gegensatz zum früheren Recht nur noch wenige Aufwendungen und Erträge unter diese Posten. Beispiele: Erträge aus einem Gläubigerverzicht im Rahmen eines Vergleichs, Erträge aus dem Verkauf eines Teilbetriebs, Aufwendungen aus der Stillegung eines Teilbetriebs.

- **Steuern vom Einkommen und vom Ertrag**

Hierzu zählen die Körperschaftsteuer und die Gewerbeertragsteuer (Gewerbekapitalsteuer s. sonstige Steuern) sowohl der Periode als auch Steuernachzahlungen für vorherige Geschäftsjahre. Gem. § 278 HGB ist der Ergebnisverwendungsbeschluß Grundlage für die Berechnung der Steuern. Liegt ein Ergebnisverwendungsbeschluß nicht vor, dient der **Ergebnisverwendungsvorschlag als Berechnungsgrundlage**. Bei Abweichung des Beschlusses vom Vorschlag ist keine Berichtigung des Jahresabschlusses erforderlich.

- **sonstige Steuern**

Unter den sonstigen Steuern werden alle übrigen Steuern des Unternehmens (Besitz-, Verkehr- und Verbrauchsteuern) ausgewiesen. Sofern Steuern aktivierungspflichtig sind (Grunderwerbsteuer, Börsenumsatzsteuer, Eingangszölle), werden sie hier nicht erfaßt. Die Steuererstattungen aus Vorjahren sind unter den sonstigen betrieblichen Erträgen aufzuführen (vgl. Glade, 7, S. 1556).

3. Erleichterungen für kleine und mittelgroße Kapitalgesellschaften

Kleine und mittelgroße Kapitalgesellschaften brauchen gem. § 276 HGB folgende Positionen nicht gesondert auszuweisen:

Gesamtkostenverfahren

1. Umsatzerlöse
2. Erhöhung oder Verminderung des Bestands an fertigen und unfertigen Erzeugnissen
3. andere aktivierte Eigenleistungen
4. sonstige betriebliche Erträge
5. Materialaufwand

Umsatzkostenverfahren

1. Umsatzerlöse
2. Herstellungskosten der zur Erzielung der Umsatzerlöse erbrachten Leistungen
3. Bruttoergebnis vom Umsatz
4. sonstige betriebliche Erträge

Diese Einzelpositionen werden sowohl beim Gesamt- als auch beim Umsatzkostenverfahren in einer Summe, dem **Rohergebnis**, zusammengefaßt. Da keine inhaltliche Übereinstimmung zwischen den obigen Posten der beiden Verfahren besteht, werden sich die Rohergebnisse unterscheiden.

IV. Anhang

Gem. § 264 Abs. 1 HGB ist der **Anhang** bei Kapitalgesellschaften **Bestandteil des Jahresabschlusses**. Er ist in den §§ 284–289 HGB geregelt; darüber hinaus finden sich verstreut im Dritten Buch des HGB weitere Vorschriften. Zusätzlich gibt es ergänzende Anforderungen nach anderen Gesetzen, beispielsweise für Aktiengesellschaften gem. § 160 AktG oder für Gesellschaften mit beschränkter Haftung gem. § 42 Abs. 3 GmbHG. Bei einer Reihe von Positionen hat der Bilanzierende ein **Wahlrecht**, die Informationen entweder in der Bilanz, Gewinn- und Verlustrechnung oder im Anhang anzugeben. Für **kleine und mittelgroße Kapitalgesellschaften** gibt es gem. § 288 HGB Erleichterungen. Eine besondere **Form der Darstellung** des Anhangs ist nicht vorgeschrieben; sie hat sich nach den allgemeinen Grundsätzen des Jahresabschlusses zu richten (vgl. Beck'scher Bilanz-Kommentar, S. 1210 ff.). Die Summe der Vorschriften führt in Verbindung mit den Gestaltungsmöglichkeiten zu einer außerordentlich großen **Spannweite der Informationsdarbietung**.

Abb. 36 stellt eine Checkliste der Anhanginformationen dar, in der alle Vorschriften für den Einzelabschluß unter Berücksichtigung der Größenordnungen, ergänzender Vorschriften für besondere Rechtsformen und im Hinblick auf Offenlegungserleichterungen systematisch dargelegt sind (entnommen Göllert/Ringling, S. 27 ff.).

		Rechtsgrundlage	Erstellung	Veröffentlichung	Alternativangabe
1.	Erläuterungen und Angaben zu Bilanzierungs- und Bewertungsmethoden				
1.1	Methodenerläuterungen				
1.1.1	Angabe und Begründung, wenn wegen mehrerer Geschäftszweige verschiedene Gliederungsvorschriften zu beachten waren	§ 265 Abs. 4 Satz 2	K/G	K/G	–
1.1.2	Angabe und Begründung von Unterbrechungen der Darstellungsstetigkeit	§ 265 Abs. 1 Satz 2	K/G	K/G	–
1.1.3	Angabe der auf die Posten der Bilanz und der Gewinn- und Verlustrechnung angewandten Bilanzierungs- und Bewertungsmethoden	§ 284 Abs. 2 Nr. 1	K/G	K/G	–
1.1.4	Angabe der Grundlagen der Währungsumrechnung	§ 284 Abs. 2 Nr. 2	K/G	K/G	–
1.1.5	Angabe und Begründung von Abweichungen bei den Bilanzierungs- und Bewertungsmethoden sowie gesonderte Darstellung des Einflusses auf die Vermögens-, Finanz- und Ertragslage	§ 284 Abs. 2 Nr. 3	K/G	K/G	–
1.1.6	Angabe über die Einbeziehung von Fremdkapitalzinsen in die Herstellungskosten	§ 284 Abs. 2 Nr. 5	K/G	K/G	–
1.2	Angabe zu einzelnen Bewertungsmaßnahmen				
1.2.1	Ausweis eines Unterschiedsbetrags bei Anwendung einer Bewertungsmethode nach § 240 Abs. 4, § 256 Satz 1 (Durchschnittsbewertung, Verbrauchsfolgeverfahren wie Lifo etc.), wenn der Börsen- oder Marktpreis erheblich von dem bilanziellen Wertansatz abweicht	§ 284 Abs. 2 Nr. 4	K/G	K/G	–
1.2.2	Angabe und Begründung des Betrags der im Geschäftsjahr allein nach steuerrechtlichen Vorschriften vorgenommenen Abschreibungen, getrennt nach Anlage- und Umlaufvermögen (soweit er sich nicht aus der Bilanz oder der G&V-Rechnung ergibt)	§ 281 Abs. 2 Satz 1	K	K	–
1.2.3	Angabe und Begründung des Betrags der aus steuerlichen Gründen unterlassenen Zuschreibungen	§ 280 Abs. 3	K	K	–
1.2.4	Angabe der Rechtsgrundlagen für die Bildung des Sonderpostens mit Rücklageanteil	§ 273 Satz 2	K/G	K/G	Bilanz
1.2.5	Angabe der Rechtsgrundlagen bei Ausweis der steuerrechtlichen Abschreibungen im Sonderposten mit Rücklageanteil	§ 281 Abs. 1 Satz 2	K/G	K/G	Bilanz
1.2.6	Angabe der Gründe für die planmäßige Abschreibung des Geschäfts- oder Firmenwerts (gemäß § 255 Abs. 4 Satz 3)	§ 285 Nr. 13	K/G	K/G	–

		Rechts-grundlage	Erstel-lung	Veröffent-lichung	Alternativ-angabe
2.	Erläuterungen zum Jahresabschluß				
2.1	Allgemeine Erläuterungen				
2.1.1	Zusatzangaben, wenn der Jahresabschluß trotz Anwendung der Grundsätze ordnungsmäßiger Buchführung kein den tatsächlichen Verhältnissen entsprechendes Bild der Vermögens-, Finanz- und Ertragslage vermittelt	§ 264 Abs. 2 Satz 2	K/G	K/G	–
2.1.2	Angabe und Erläuterung nicht mit dem Vorjahr vergleichbarer Beträge einzelner Jahresabschlußpositionen	§ 265 Abs. 2 Satz 2	K/G	K/G	–
2.1.3	Angabe und Erläuterung angepaßter Vorjahresvergleichszahlen	§ 265 Abs. 2 Satz 3	K/G	K/G	–
2.2	Erläuterungen zur Bilanz				
2.2.1	Mitzugehörigkeitsvermerke bei Bilanzpositionen	§ 265 Abs. 3 Satz 1	K/G	K/G	Bilanz
2.2.2	Erläuterung zusammengefaßter Bilanzpositionen	§ 265 Abs. 7 Nr. 2	K/G	K/G	–
2.2.3	Erläuterung von Beträgen größeren Umfangs, die Vermögensgegenstände betreffen, die erst nach dem Stichtag rechtlich entstehen	§ 268 Abs. 4 Satz 2	K/G	K/G	–
2.2.4	Dgl. für Verbindlichkeiten, die erst nach dem Stichtag rechtlich entstehen	§ 268 Abs. 5 Satz 3	K/G	K/G	–
2.2.5	Darstellung der Entwicklung des Anlagevermögens und des Postens „Aufwendungen für die Ingangsetzung und Erweiterung des Geschäftsbetriebs" (Anlagenspiegel)	§ 268 Abs. 2 Satz 1	K/G	K/G	Bilanz
2.2.6	Angabe der Geschäftsjahresabschreibung für die Posten des Anlagevermögens sowie den Posten „Aufwendungen für die Ingangsetzung und Erweiterung des Geschäftsbetriebs"	§ 268 Abs. 2 Satz 3	K/G	K/G	Bilanz
2.2.7	Angabe, wenn bei erstmaliger Erstellung des Anlagenspiegels für Altbestände anstelle der ursprünglichen Anschaffungs-/Herstellungskosten die Buchwerte aus dem Vorjahresabschluß übernommen wurden	Art. 24 Abs. 6 EGHGB	K/G	K/G	–
2.2.8	Angabe der Ausleihungen, Forderungen und Verbindlichkeiten gegenüber Gesellschaftern	§ 42 Abs. 3 GmbHG	GmbH	GmbH	Bilanz
2.2.9	Angabe eines aktivisch abgegrenzten Disagios	§ 268 Abs. 6	K/G	K/G	Bilanz
2.2.10	Erläuterung zu aktivierten Ingangsetzungs- und Erweiterungskosten des Geschäftsbetriebs	§ 269 Satz 1	K/G	K/G	–
2.2.11	Erläuterungen zur aktivischen Abgrenzung latenter Steuern	§ 274 Abs. 2 Satz 2	K/G	K/G	–
2.2.12	Angabe der Rückstellung für latente Steuern	§ 274 Abs. 1	K/G	K/G	Bilanz
2.2.13	Erläuterung von sonstigen Rückstellungen, die in der Bilanz nicht gesondert ausgewiesen werden und einen nicht unerheblichen Umfang haben	§ 285 Nr. 12	mgK/G	gK/G	–
2.2.14	Angabe des Betrags nicht passivierter Rückstellungen für Pensionen und ähnliche Verpflichtungen aus Ansprüchen, die vor dem 1.1.1987 erworben wurden	Art. 28 Abs. 2 EGHGB	K/G	K/G	–
2.2.15	Angabe des Gesamtbetrags der Verbindlichkeiten				–
	– mit einer Restlaufzeit von über 5 Jahren	§ 285 Nr. 1a	K/G	K/G	
	– die durch Pfandrechte oder ähnliche Rechte gesichert sind, unter Angabe von Art und Form der Sicherheiten	§ 285 Nr. 1b	K/G	K/G	
	und Aufgliederung für jede in der Bilanz ausgewiesene Verbindlichkeitsposition, sofern sich diese Angaben nicht aus der Bilanz ergeben	§ 285 Nr. 2	mgK/G	gK/G	–
2.2.16	Angabe des Gewinn-/Verlustvortrages aus Vorjahr bei teilweiser Gewinnverwendung	§ 268 Abs. 1 Satz 2	K/G	K/G	Bilanz
2.2.17	Angabe bestimmter zusätzlicher Bilanzpositionen	§ 327 Nr. 1	–	mK/G	Bilanz
2.2.18	Angabe des Betrags der in andere Gewinnrücklagen eingestellten Eigenkapitalanteile von Wertaufholungen bei Vermögensgegenständen des Anlage- und Umlaufvermögens und von nur bei der steuerlichen Gewinnermittlung gebildeten Passivposten	§ 29 Abs. 4 GmbHG § 58 Abs. 2a AktG	K	K	Bilanz
2.2.19	Angabe des Betrags der im Geschäftsjahr vorgenommenen				

5. Kapitel: Ergänzende Vorschriften für Kapitalgesellschaften

		Rechts-grundlage	Erstellung	Veröffentlichung	Alternativangabe
	– Einstellungen in die Kapitalrücklage	§ 152 Abs. 2 Nr. 1 AktG	AG	AG	Bilanz
	– Entnahmen aus der Kapitalrücklage	§ 152 Abs. 2 Nr. 2 AktG	AG	AG	Bilanz
2.2.20	Angabe des Betrags der im Geschäftsjahr vorgenommenen				
	– Einstellungen in die Gewinnrücklagen aus dem Bilanzgewinn des Vorjahrs	§ 152 Abs. 3 Nr. 1 AktG	AG	AG	Bilanz
	– Einstellungen in die Gewinnrücklagen aus dem Jahresüberschuß des Geschäftsjahres	§ 152 Abs. 3 Nr. 2 AktG	AG	AG	Bilanz
	– Entnahmen aus den Gewinnrücklagen für das Geschäftsjahr jeweils gesondert zu den einzelnen Posten der Gewinnrücklagen	§ 152 Abs. 3 Nr. 3 AktG	AG	AG	Bilanz
2.2.21	Angaben über den Bestand und Zugang an Vorratsaktien sowie über deren Verwertung	§ 160 Abs. 1 Nr. 1 AktG	AG	AG	–
2.2.22	Angaben über den Bestand an eigenen Aktien und dessen Veränderung	§ 160 Abs. 1 Nr. 2 AktG	AG	AG	–
2.2.23	Angaben über die Gattungen von Aktien (Zahl und Nennbetrag)	§ 160 Abs. 1 Nr. 3 AktG	AG	AG	–
2.2.24	Angaben über das genehmigte Kapital	§ 160 Abs. 1 Nr. 4 AktG	AG	AG	–
2.2.25	Angaben über Wandelschuldverschreibungen und vergleichbare Wertpapiere	§ 160 Abs. 1 Nr. 5 AktG	AG	AG	–
2.2.26	Angaben über Genußrechte, Rechte aus Besserungsscheinen und ähnliche Rechte	§ 160 Abs. 1 Nr. 6 AktG	AG	AG	–
2.2.27	Erläuterung der Beträge, die aus Kapitalherabsetzungen/Auflösung von Kapital- und Gewinnrücklagen gewonnen und – zum Ausgleich von Wertminderungen, – zur Deckung von sonstigen Verlusten, – zur Einstellung in die Kapitalrücklage verwandt wurden	§ 240 Satz 3 AktG	AG	AG	–
2.2.28	Beifügung einer Sonderrechnung und Angabe der Gründe, falls eine anläßlich einer Sonderprüfung nach §§ 258 ff. AktG festgestellte Unterbewertung nicht mehr zu einer Korrektur der entsprechenden Bilanzansätze führt	§ 261 Abs. 1 Satz 3 AktG	AG	AG	–
2.2.29	Berichterstattung über den Abgang unterbewerteter Vermögensgegenstände und die Verwendung des Ertrags aus dem Abgang	§ 261 Abs. 1 Satz 4 AktG	AG	AG	–
2.2.30	Angabe des Änderungsbetrags der Geschäftsguthaben sowie der Haftsummen im Geschäftsjahr, Betrag der Haftsumme am Ende des Geschäftsjahres	§ 338 Abs. 1 Satz 2	G	G	–
2.3	Erläuterungen zur Gewinn- und Verlustrechnung und zum Jahresergebnis				
2.3.1	Erläuterung zusammengefaßter Positionen	§ 265 Abs. 7 Nr. 2	K/G	mgK/G	–
2.3.2	Angabe der außerplanmäßigen handelsrechtlichen Geschäftsjahresabschreibung nach § 253 Abs. 2 Satz 3 (Niederstwertabschreibungen)	§ 277 Abs. 3 Satz 1	K	mgK	G&V-Rechnung
2.3.3	Angabe der außerplanmäßigen handelsrechtlichen Geschäftsjahresabschreibung nach § 253 Abs. 3 Satz 3 (Abschreibungen unter den Niederstwert zur Berücksichtigung zukünftiger Wertschwankungen)	§ 277 Abs. 3 Satz 1	K	mgK	G&V-Rechnung
2.3.4	Erläuterung außerordentlicher Aufwendungen und Erträge, die für die Beurteilung der Ertragslage nicht von untergeordneter Bedeutung sind, hinsichtlich Betrag und Art	§ 277 Abs. 4 Satz 2	K/G	mgK/G	–
2.3.5	Dgl. für Erträge und Aufwendungen, die einem anderen Geschäftsjahr zuzuordnen sind	§ 277 Abs. 4 Satz 3	K/G	mgK/G	–
2.3.6	Angabe der Erträge aus der Auflösung des Sonderpostens mit Rücklageanteil/der Einstellungen in den Sonderposten mit Rücklageanteil	§ 281 Abs. 2 Satz 2	K/G	mgK/G	G&-Rechnung
2.3.7	Angabe des Ausmaßes, in dem das Jahresergebnis dadurch beeinflußt wurde, daß bei Vermögensgegenständen im Geschäftsjahr oder in früheren Geschäftsjahren steuerrechtliche Abschreibungen vorge-	§ 285 Nr. 5	mgK	gK	–

		Rechtsgrundlage	Erstellung	Veröffentlichung	Alternativangabe
	nommen oder beibehalten wurden oder ein Sonderposten nach §273 gebildet wurde; ferner des Ausmaßes erheblicher künftiger Belastungen, die sich aus einer solchen Bewertung ergeben				
2.3.8	Angabe, in welchem Umfang die Ertragsteuern das Ergebnis der gewöhnlichen Geschäftstätigkeit und das außerordentliche Ergebnis belasten	§285 Nr.6	K	mgK	–
2.3.9	Aufgliederung der Umsatzerlöse nach Tätigkeitsbereichen und Regionen	§285 Nr.4	gK/G	gK/G	–
2.3.10	Bei Anwendung des Umsatzkostenverfahrens: Angabe des Personalaufwands, gegliedert nach §275 Abs.2 Nr.6	§285 Nr.8b	K/G	mgK/G	–
2.3.11	Bei Anwendung des Umsatzkostenverfahrens: Angabe des Materialaufwands, gegliedert nach §275 Abs.2 Nr.5	§285 Nr.8a	mgK/G	gK/G	–
2.3.12	Gewinnverwendungsrechnung gem. §158 Abs.1 Satz 1 AktG	§158 Abs.1 Satz 2 AktG	AG	AG	G&V-Rechnung
3.	**Sonstige Angaben**				
3.1	Haftungsverhältnisse und sonstige finanzielle Verpflichtungen				
3.1.1	Angabe der Haftungsverhältnisse gemäß §251, jeweils gesondert (unter Angabe der gewährten Pfandrechte und sonstigen Sicherheiten)	§268 Abs.7	K/G	K/G	Bilanz
3.1.2	Angabe des Gesamtbetrags der sonstigen finanziellen Verpflichtungen, die nicht in der Bilanz erscheinen und auch nicht nach §251 anzugeben sind, sofern diese Angaben für die Beurteilung der Finanzlage von Bedeutung sind	§285 Nr.3	mgK/G	mgK/G	–
3.2	Beziehungen zu verbundenen Unternehmen und Beteiligungen				
3.2.1	Angabe der Haftungsverhältnisse gemäß §251, soweit solche Verpflichtungen verbundene Unternehmen betreffen	§268 Abs.7	K/G	K/G	Bilanz
3.2.2	Angabe gemäß §285 Nr.3, soweit die sonstigen finanziellen Verpflichtungen verbundene Unternehmen betreffen	§285 Nr.3	mgK/G	mgK/G	–
3.2.3	Angaben zu Beteiligungen (Name, Sitz, Anteil am Kapital, Eigenkapital, letztes Ergebnis)	§285 Nr.11	K/G	K/G	gesonderte Aufstellung
3.2.4	Angabe, wenn von der Ausnahmeregelung des §286 Abs.3 Satz 1 Nr.2 Gebrauch gemacht wurde (keine Angabe nach §285 Nr.11, weil nach vernünftiger kaufmännischer Beurteilung Nachteile zu erwarten sind)	§286 Abs.3 Satz 3	K/G	K/G	–
3.2.5	Hinweis auf die besondere Aufstellung des Anteilsbesitzes und den Ort ihrer Hinterlegung	§287 Satz 3	K/G	K/G	–
3.2.6	Angaben über wechselseitige Beteiligungen unter Nennung des Unternehmens	§160 Abs.1 Nr.7 AktG	AG	AG	–
3.2.7	Angabe über das Bestehen einer Beteiligung am berichtenden Unternehmen, wem die Beteiligung gehört, ob sie 25% übersteigt oder eine Mehrheitsbeteiligung ist	§160 Abs.1 Nr.8 AktG	AG	AG	–
3.3	Beziehungen zu Unternehmensorganen				
3.3.1	Angabe der Mitglieder des Geschäftsführungsorgans und eines Aufsichtsrats (Vorsitzende und Stellvertreter sind als solche zu bezeichnen)	§285 Nr.10	K	K	–
3.3.2	Angabe der Mitglieder des Vorstands und eines Aufsichtsrats einer Genossenschaft	§338 Abs.2 Nr.2	G	G	–
3.3.3	Angabe der Vorschüsse und Kredite an Mitglieder des Geschäftsführungsorgans, eines Aufsichtsrats, eines Beirats oder einer ähnlichen Einrichtung (unter Angabe der Zinssätze, der wesentlichen Bedingungen, der im Geschäftsjahr zurückgezahlten Beträge sowie zugunsten dieser Personen eingegangenen Haftungsverhältnisse), jeweils getrennt für jede Personengruppe	§285 Nr.9c	K	K	–
3.3.4	Angabe über die Gesamtbezüge (Gehälter, Gewinnbeteiligungen, Aufwandsentschädigungen, Versiche-	§285 Nr.9a	mgK	mgK	–

5. Kapitel: Ergänzende Vorschriften für Kapitalgesellschaften 757

		Rechts-grundlage	Erstel-lung	Veröffent-lichung	Alternativ-angabe
	rungsentgelte, Provisionen und Nebenleistungen jeder Art) für den unter 3.3.3 genannten Personenkreis (jeweils getrennt nach Gruppen). In die Gesamtbezüge sind auch Bezüge einzurechnen, die nicht ausgezahlt, sondern in Ansprüche anderer Art umgewandelt oder zur Erhöhung anderer Ansprüche verwendet werden. Außer den Bezügen für das Geschäftsjahr sind die weiteren Bezüge anzugeben, die im Geschäftsjahr gewährt, bisher aber in keinem Jahresabschluß angegeben worden sind.				
3.3.5	Gesamtbezüge (Abfindungen, Ruhegehälter, Hinterbliebenenbezüge und Leistungen verwandter Art) für frühere Mitglieder der bezeichneten Organe und ihre Hinterbliebenen (jeweils getrennt nach Gruppen), ferner der Betrag der für diese Personengruppe gebildeten Rückstellungen für laufende Pensionen und Anwartschaften auf Pensionen und der Betrag der nicht gebildeten Rückstellungen	§ 285 Nr. 9b	mgK	mgK	–
3.3.6	Angabe der Forderungen gegenüber Mitgliedern des Vorstandes/Aufsichtsrats einer Genossenschaft	§ 338 Abs. 3	G	G	–
3.4	Weitere Angaben				
3.4.1	Angabe der durchschnittlichen Arbeitnehmerzahl (getrennt nach Gruppen)	§ 285 Nr. 7	mgK/G	mgK/G	–
3.4.2	Angabe über die Zahl der im Laufe des Geschäftsjahres eingetretenen oder ausgeschiedenen Genossen sowie des Bestands am Geschäftsjahresende	§ 338 Abs. 1 Satz 1	G	G	–
3.4.3	Angabe von Name und Anschrift des Prüfungsverbandes, dem die Genossenschaft angehört	§ 338 Abs. 2 Nr. 1	G	G	–
3.4.4	Angabe der Mutterunternehmen, die für größten/kleinsten Kreis von Unternehmen Konzernabschluß aufstellen	§ 285 Nr. 14	K	K	–

Legende:
K = alle Kapitalgesellschaften
G = alle Genossenschaften
mK/G = mittlere Kapitalgesellschaften/Genossenschaften
mgK/G = mittlere und große Kapitalgesellschaften/Genossenschaften
gK/G = große Kapitalgesellschaften/Genossenschaften

Abb. 36 Checkliste Anhanginformationen

Die Inhalte der einzelnen Positionen erklären sich weitgehend aus den Erläuterungen in der Liste oder durch den Gesetzestext. Gegenüber dem bisherigen Recht der Aktiengesellschaften gibt es eine Reihe von Neuerungen, wobei die **Fristigkeiten der Verbindlichkeiten** (vgl. Checkliste 2.2.15) besonders bemerkenswert sind. Während in der Bilanz oder im Anhang sowohl bei Forderungen als auch bei Verbindlichkeiten die Trennung der Restlaufzeiten zwischen einem und mehreren Jahren vorzunehmen ist, werden die Anforderungen bei den Verbindlichkeiten erweitert, indem zusätzlich die Angabe der Restlaufzeiten von 1–5 Jahren und über 5 Jahre sowie Angaben zu den Sicherheiten verlangt werden. Diese Angaben, bei denen es für kleine Kapitalgesellschaften Aufstellungserleichterungen und für kleine und mittelgroße Kapitalgesellschaften Erleichterungen bei der Offenlegung gibt, werden zweckmäßigerweise in einem **Verbindlichkeitenspiegel** dargestellt. Er bietet besonders gute Einblicke in die Struktur der langfristigen Finanzierung und in die Finanzlage des Unternehmens. Abb. 37 zeigt ein Beispiel des Verbindlichkeitenspiegels (vgl. Göllert/Ringling, S. 32).

Art der Verbindlichkeit	Gesamt-betrag	davon mit einer Restlaufzeit von			gesicherte Beträge	Art der Sicherheit
		<1 Jahr	1–5 Jahren	>5 Jahren		
	TDM	TDM	TDM	TDM	TDM	
gegenüber Kredit-instituten	40000	25000	8000	7000	7000	Grundpfandrechte
aus Lieferungen und Leistungen	35000	35000				–
gegenüber verbundenen Unternehmen	18000	15000	3000		3000	Sicherungs-abtretung von Forderungen
gegenüber Gesellschaf-tern	12000		12000		12000	Grundpfandrechte
sonstige Verbindlich-keiten	5000	5000			–	–
Summe	110000	80000	23000	7000	22000	

Bilanzangabe (Detaillierung nach jeweiligen Bilanzformat)   Angabe freiwillig

Abb. 37 Verbindlichkeitenspiegel

V. Lagebericht

Der Lagebericht ist gem. §264 Abs.1 HGB bei Kapitalgesellschaften zusätzlich zum Jahresabschluß zu erstellen. Im Lagebericht ist **mindestens** eine **Darstellung des Geschäftsverlaufes und der Unternehmenslage** erforderlich. Diese soll ein entsprechendes Bild der tatsächlichen Verhältnisse vermitteln (§ 289 Abs.1 HGB). Außerdem sollen gem. § 289 Abs.2 HGB **zusätzliche Angaben** gemacht werden über
„1. Vorgänge von besonderer Bedeutung, die nach dem Schluß des Geschäftsjahres eingetreten sind;
2. die voraussichtliche Entwicklung der Kapitalgesellschaft;
3. den Bereich Forschung und Entwicklung."

C. Besondere Ansatzvorschriften

Die ergänzenden Vorschriften für Kapitalgesellschaften sehen in den §§ 269–274 HGB einige besondere Ansatzvorschriften vor, die im folgenden behandelt werden. Die Beteiligungen nach §271 Abs.1 HGB sind bereits erörtert worden (vgl. 3. Kapitel B.I.). Die Definition der verbundenen Unternehmen nach §271 Abs.2 HGB ist im Rahmen des hier zu besprechenden Einzelabschlusses nicht von Interesse.

I. Aufwendungen für die Ingangsetzung und Erweiterung des Geschäftsbetriebs

Gem. § 269 HGB besteht bei Aufwendungen für die Ingangsetzung des Geschäftsbetriebs und dessen Erweiterung eine sog. **Bilanzierungshilfe**. Es dürfen **sowohl Gründungskosten als auch Kosten der Betriebserweiterung** aktiviert werden.

Beispiele hierfür sind:
- Aufbau der Innen- und Außenorganisation
- Anlaufkosten im Bereich der Fertigung
- Erschließung eines neuen Marktes (einschließlich Werbung)
- Einführung eines neuen Produktes (einschließlich Werbung)
- Inbetriebnahme einer neuen Produktionsstätte oder eines neuen Auslieferungslagers

Im einzelnen kann es Abgrenzungsschwierigkeiten geben, vor allem bei der Bestimmung der Kosten für eine Betriebserweiterung.

Bei der Bilanzierung nach § 269 HGB handelt es sich um ein **Aktivierungswahlrecht**. Die Unternehmen erhalten damit die Möglichkeit, spezielle Aufwendungen auf mehrere Jahre zu verteilen, um zu vermeiden, daß sie (zu hohe) Verluste in der Gründungsphase ausweisen müssen. Bei **Überschuldung**, d.h. wenn das Vermögen der Gesellschaft nicht mehr die Schulden deckt und eine **Unterbilanz** vorliegt, ist nämlich zwingend ein Vergleichs- oder Konkursverfahren zu beantragen (vgl. § 92 Abs. 2 AktG und § 64 Abs. 1 GmbHG); bei Aktiengesellschaften hat der Vorstand bereits unverzüglich eine Hauptversammlung einzuberufen, wenn ein Verlust in Höhe der Hälfte des Grundkapitals eingetreten ist (§ 92 Abs. 1 AktG).

Im Falle der Aktivierung ist der Bilanzierungsposten **vor dem Anlagevermögen gesondert auszuweisen** und **im Anhang zu erläutern**. Gem. § 282 HGB ist eine Mindestabschreibung in jedem folgenden Jahr in Höhe von 25% erforderlich.

Für den ausgewiesenen Betrag besteht gem. § 269 Satz 2 HGB eine **Ausschüttungssperre**, d.h. Gewinne dürfen nur ausgeschüttet werden, wenn die jederzeit auflösbaren Gewinnrücklagen zuzüglich Gewinnvortrag abzüglich Verlustvortrag mindestens den aktivierten Ingangsetzungs- und Erweiterungsaufwendungen entsprechen.

Im **Steuerrecht** gilt ein **Aktivierungsverbot**. Dies ist zwar eine Durchbrechung des Prinzips, daß handelsrechtliche Aktivierungswahlrechte steuerrechtliche Aktivierungsgebote bedeuten, aber im Zuge der speziellen Rechtsgestaltung für Kapitalgesellschaften sinnvoll. In der Steuerbilanz sind die Aufwendungen regelmäßig sofort als Betriebsausgabe anzusetzen; treten Verluste auf, tritt steuerlich eine Milderung der Auswirkung insofern ein, als nach § 7d EStG ein **Verlustrücktrag** oder ein **Verlustvortrag** bis zu einem Betrag von 10 Mio DM möglich sind.

II. Eigenkapital

Das Eigenkapital wird folgendermaßen gegliedert (vgl. auch 3. Kapitel, B.I.4.):

I.		Gezeichnetes Kapital
II.	+	Kapitalrücklage
III.	+	Gewinnrücklagen
IV.	+/−	Gewinnvortrag/Verlustvortrag
V.	+/−	Jahresüberschuß/Jahresfehlbetrag (Jahresergebnis)
	=	(rechnerisches) Eigenkapital

Falls sich aus der Summe dieser Positionen ein **negatives Eigenkapitalkonto** ergibt, ist es gem. § 268 Abs. 3 HGB als letzte Position „Nicht durch Eigenkapital gedeckter Fehlbetrag" auf der Aktivseite der Bilanz aufzuführen.

Nachfolgend werden die Positionen näher erläutert:

- **gezeichnetes Kapital**

Als gezeichnetes Kapital wird gem. § 272 Abs. 1 HGB das **Haftungskapital der Gesellschafter für Verbindlichkeiten der Gesellschaft** bezeichnet. Es ist gem. § 283 HGB mit dem **Nennbetrag** auszuweisen.

Falls das gezeichnete Kapital nicht voll eingezahlt ist, liegen **ausstehende Einlagen** vor. Sie werden gem. § 272 Abs. 1 HGB in **eingeforderte und nicht eingeforderte Einlagen** unterteilt. In der Bilanz sind sie entweder nach der **Brutto- oder Nettoausweismethode** darzustellen. Beim Bruttoausweis erscheint das gezeichnete Kapital auf der Passivseite, die gesamten ausstehenden Einlagen als erste Position auf der Aktivseite, wobei die eingeforderten Einlagen gesondert auszuweisen sind (§ 272 Abs. 1 Satz 2 HGB). Bei der Nettoausweismethode sind gem. § 272 Abs. 1 Satz 3 HGB die nicht eingeforderten Einlagen vom gezeichneten Kapital abzuziehen und die Differenz als „eingefordertes Kapital" auf der Passivseite auszuweisen. Außerdem muß das eingeforderte, aber noch nicht eingezahlte Kapital unter den Forderungen aufgeführt werden. Abb. 38 zeigt die Ausweismöglichkeiten im Zusammenhang.

Bruttomethode

Aktiva	BILANZ	Passiva
A. Ausstehende Einlagen auf das gezeichnete Kapital • davon eingefordert	A. Eigenkapital I. Gezeichnetes Kapital	

Nettomethode

Aktiva	BILANZ	Passiva
B. Umlaufvermögen ⋮ II. Ford. u. sonstige Vermögensgegenstände ⋮ 3. Eingefordertes, noch nicht eingezahltes Kapital	A. Eigenkapital I. Gezeichnetes Kapital ./. Nicht eingeforderte Einlagen = eingefordertes Kapital	

Abb. 38 Methoden zum Bilanzausweis des gezeichneten Kapitals

- **Kapitalrücklage**

Alle **Beträge**, die bei der Eigenkapitalbeschaffung oder -erhöhung **über** den **gezeichneten Betrag** hinausgehen, sind **als Kapitalrücklage** zu erfassen. Hierzu gehören gem. § 272 Abs. 2 HGB folgende Zahlungen:

- Agio bei der Ausgabe von Anteilen
- Agio bei Schuldverschreibungen für Wandlungs- und Optionsrechte
- Zuzahlungsbetrag bei Vorzugsgewährung
- andere Zuzahlungen oder Nachschüsse

Gem. § 270 Abs. 1 HGB haben Einstellungen und Auflösungen bereits bei Bilanzerstellung zu erfolgen. Sie sind brutto ohne Abzug von Kapitalbeschaffungskosten zu verbuchen; letztere sind Aufwendungen des laufenden Geschäftsjahres. **Aktiengesellschaften** haben gem. § 152 Abs. 2 AktG in der Bilanz oder im Anhang gesonderte Angaben über Einstellungen während des Geschäftsjahres und Entnahmen für das Geschäftsjahr zu machen. **Gesellschaften mit beschränkter Haftung** müssen gem. § 42 GmbHG bereits **eingeforderte Nachschüsse** bilanzieren und auf der Aktivseite unter den Forderungen ausweisen.

- **Gewinnrücklagen**

Die **Gewinnrücklagen** dürfen gem. § 272 Abs. 3 HGB **nur aus erwirtschafteten Gewinnen** des laufenden Geschäftsjahres oder früherer Geschäftsjahre (Gewinnvortrag) gebildet werden und zwar unabhängig davon, ob die Bildung nach Gesetz, Gesellschaftsvertrag,

Satzung oder durch Gesellschafterbeschluß erfolgt. Es ist eine **Unterteilung** nach gesetzlichen Rücklagen, Rücklagen für eigene Anteile, satzungsmäßigen Rücklagen und anderen Gewinnrücklagen vorzunehmen. Bezüglich der Besonderheit der eigenen Anteile wird auf § 272 Abs. 4 HGB verwiesen.

● **Jahresergebnis, Gewinn- oder Verlustvortrag**

Der Jahresüberschuß in der Bilanz kann als der Betrag des Eigenkapitals bezeichnet werden, der im vergangenen Geschäftsjahr gebildet worden ist. (Entsprechend ist ein Jahresfehlbetrag eine Minderung des Eigenkapitals des vergangenen Geschäftsjahres.) Im gesetzlichen Normalfall wird die **Bilanz vor Verwendung des Jahresergebnisses** aufgestellt, sie kann gem. § 268 Abs. 1 HGB aber auch **nach vollständiger oder teilweiser Ergebnisverwendung** erfolgen. Es besteht für den Bilanzierenden grundsätzlich ein **Wahlrecht**. Wenn allerdings durch Gesetz, Satzung oder Gesellschaftsvertrag eine Verpflichtung zur Einstellung eines (Teil-)Betrages des Jahresüberschusses in die Gewinnrücklagen besteht, kommt nur eine Aufstellung nach (teilweiser) Verwendung des Jahresergebnisses in Frage.

Die **Aufstellung vor Ergebnisverwendung** zeigt in der Bilanz und in der Gewinn- und Verlustrechnung offen das Jahresergebnis. Die Verteilung des Gewinns (Einstellung in die Gewinnrücklagen, Ausschüttung und/oder Verbuchung als Gewinnvortrag) geschieht nach Beschluß der Anteilseigner im Laufe des nachfolgenden Geschäftsjahres. Bei der **Aufstellung nach (teilweiser) Ergebnisverwendung** werden bereits Ergebnisverfügungen oder -verwendungen des vergangenen Geschäftsjahres berücksichtigt. Vorabentnahmen aus den Rücklagen, (gesetzliche, satzungsgemäße und andere) Einstellungen in die Rücklagen, Vorabausschüttungen bei Gesellschaften mit beschränkter Haftung, Verrechnungen von Gewinn- oder Verlustvorträgen und ähnliche Verfügungen führen immer zu einer Aufstellung nach Gewinnverwendung. Die Verwendung des Ergebnisses ist im einzelnen in der Bilanz oder im Anhang darzulegen (§ 268 Abs. 1 Satz 2, 2. Halbs. HGB).

III. Sonderposten mit Rücklageanteil

Die nach § 247 Abs. 3 HGB zulässigen Sonderposten mit Rücklageanteil dürfen bei **Kapitalgesellschaften nur eingeschränkt** gebildet werden. (Zur generellen Bilanzierung der Sonderposten vgl. 3. Kapitel B.I.4.) Nach § 273 HGB dürfen sie nur insoweit angesetzt werden, „als das Steuerrecht die Anerkennung des Wertansatzes bei der steuerrechtlichen Gewinnermittlung davon abhängig macht, daß der Sonderposten (auch) in der (Handels-)Bilanz gebildet wird" (§ 273 Abs. 1 Satz 1 HGB). Nur wenn die **umgekehrte Maßgeblichkeit** gilt, d.h. wenn das Steuerrecht den gleichzeitigen Ansatz in der Handelsbilanz verlangt, ist der Posten anzusetzen. Das ist mit der Einführung der generellen Vorschrift des § 5 Abs. 1 S. 2 EStG, der verlangt, „steuerrechtliche Wahlrechte ... in Übereinstimmung mit der handelsrechtlichen Jahresbilanz auszuüben", generell gegeben, wenn man von dem Institut der (auslaufenden) Preissteigerungsrücklage absieht. Die Bildung des Sonderpostens erfolgt in der Gewinn- und Verlustrechnung in der Position „sonstige betriebliche Aufwendungen", seine Auflösung entsprechend über „sonstige betriebliche Erträge" (§ 281 Abs. 2 HGB), wobei die Vorschriften, nach denen er gebildet worden ist, in der Bilanz oder im Anhang anzugeben sind (§ 273 Abs. 2, 2. Halbs. HGB).

Wenn **steuerliche Sonderabschreibungen** nach § 254 HGB vorgenommen werden, räumt der Gesetzgeber den Kapitalgesellschaften gem. § 281 Abs. 1 HGB ein

Wahlrecht über die Art der Verbuchung ein. Die „normale" Berücksichtigung erfolgt in der Gewinn- und Verlustrechnung im Posten „Abschreibungen", wobei nach §285 Nr. 5 HGB im Anhang anzugeben ist, welche Abschreibungen allein nach steuerrechtlichen Vorschriften vorgenommen wurden. Es ist nach §281 Abs. 1 HGB aber auch zulässig, in Höhe der Mehrabschreibungen einen Sonderposten mit Rücklageanteil als Wertberichtigung zu bilden. Dazu ist in der Bilanz oder im Anhang anzugeben, nach welchen Vorschriften er gebildet worden ist. Er ist unbeschadet steuerrechtlicher Vorschriften über die Auflösung insoweit aufzulösen, „als die Vermögensgegenstände, für die er gebildet worden ist, aus dem Vermögen ausscheiden oder die steuerrechtliche Wertberichtigung durch handelsrechtliche Abschreibungen ersetzt wird" (§ 281 Abs. 1 Satz 3 HGB). Auf diese Weise erfolgt in Höhe der steuerrechtlichen Sonderabschreibung quasi eine indirekte Abschreibung. Wegen der relativen Kompliziertheit dürfte diese Handhabung in der Praxis nur wenig Verbreitung finden.

IV. Steuerabgrenzung

Das Problem der Steuerabgrenzung stellt sich dann, wenn das **Maßgeblichkeitsprinzip** wegen steuerlicher Vorschriften **durchbrochen** wird. Dieses ist gegeben, wenn dem Bilanzansatz der Handelsbilanz ein steuerrechtliches Verbot oder ein steuerrechtlich anderes Bewertungsgebot gegenübersteht. Es kommt dann zu einer **Abweichung zwischen Handels- und Steuerbilanzergebnis** und daraus resultierend zu einer Steuerbelastung, die zwar (auch) in der Handelsbilanz als (Steuer-)Aufwand verbucht wird, die aber nicht auf der Basis des handelsrechtlichen Gewinns ermittelt wird. Gleichen sich die Unterschiede zwischen dem Ergebnis der Handelsbilanz und der Steuerbilanz in späteren Perioden (voraussichtlich) wieder aus, führt der unterschiedliche Ausweis nur in den Einzelperioden, nicht aber in der Totalperiode zu einem unterschiedlichen Ergebnis. Sind die Steuersätze in den einzelnen Perioden konstant, was man bei Kapitalgesellschaften unterstellen kann, kommt es im Hinblick auf die Steuerbelastung und den Steuerausweis zu zeitlich bedingten vorübergehenden Verzerrungen in der Handelsbilanz. Aus der Differenz des Handelsbilanz- und Steuerbilanzergebnisses resultieren sog. **latente Steuern**. Ist der Handelsbilanzgewinn höher als der Steuerbilanzgewinn und gleicht sich der Ergebnisunterschied später (mit unterschiedlichem) Vorzeichen wieder aus, entstehen (vorübergehende) **passivisch latente Steuern**, da der Steueraufwand auf der Basis des niedrigeren Steuerbilanzgewinns in den späteren Jahren ermittelt wird und dieser in späteren Perioden durch einen höheren Steueraufwand ausgeglichen wird. Entsprechend gibt es (vorübergehende) **aktivisch latente Steuern**, wenn der Handelsbilanzgewinn niedriger ist als der Steuerbilanzgewinn und ein Ausgleich in den späteren Perioden durch einen entsprechend niedrigeren Steuerbilanzgewinn stattfindet. In beiden Fällen geht es lediglich um eine zeitliche Verschiebung der Steuerzahlungen.

Der Gesetzgeber hat die Behandlung dieses Problems in §274 HGB geregelt, und zwar unterschiedlich für aktivisch und passivisch latente Steuern. **Bei passivisch latenten Steuern** besteht gemäß §274 Abs. 1 HGB eine **Passivierungspflicht** zur Bildung von **Rückstellungen für latente Steuern**. Es besteht zugleich eine Berichtspflicht in der Bilanz oder im Anhang. Die Rückstellungen sind wieder „aufzulösen, sobald die höhere Steuerbelastung eintritt oder mit ihr voraussichtlich nicht mehr zu rechnen ist" (§274 Abs. 1 Satz 2 HGB).

Passivisch latente Steuern treten nur selten auf, weshalb sie in Bilanzen der Praxis auch kaum zu finden sind. Als **Beispiel** für die Darstellung der grundlegenden

Jahr	Ergebnis		Steueraufwand		
	Handels-bilanz	Steuer-bilanz	effektiv	latent	insgesamt
1	1 000	0	0	600	600
2	750	1 000	600	−150	450
3	750	1 000	600	−150	450
4	750	1 000	600	−150	450
5	750	1 000	600	−150	450
Summe	4 000	4 000	2 400	0	2 400

Abb. 39 Beispiel zur Ermittlung der Steuerabgrenzung für passivisch latente Steuern (Aufwendungen für die Ingangsetzung und Erweiterung des Geschäftsbetriebs)

Zusammenhänge möge die Aktivierung der „**Aufwendungen für die Ingangsetzung und Erweiterung des Geschäftsbetriebs**" mit den in Abb. 39 dargestellten Zahlen dienen. Nach § 269 HGB können die genannten Aufwendungen aktiviert werden, wobei diese nach § 282 HGB „in jedem folgenden Geschäftsjahr zu mindestens einem Viertel durch Abschreibungen zu tilgen" sind. Die Aktivierung ist in der Steuerbilanz nicht zulässig. Bei einem (unterstellten) jährlichen Gewinn von 1000 (Geld-)Einheiten mögen im Jahr 1 die aktivierten Aufwendungen 1000 Einheiten betragen. Das Handelsbilanzergebnis wird im Jahr 1 von diesen Aufwendungen wegen der Aktivierung nicht beeinflußt, während das Steuerbilanzergebnis auf 0 absinkt. Bei einem angenommenen Steuersatz (Körperschaft- und Gewerbesteuer) von 60 v. H. resultieren daraus 600 Einheiten latente Steuern, die in der handelsrechtlichen Gewinn- und Verlustrechnung als Steueraufwand zu verrechnen und in der Handelsbilanz als Rückstellung für passivisch latente Steuern auszuweisen ist. In den Folgejahren ist der Steuerbilanzgewinn um 250 Einheiten höher als der Handelsbilanzgewinn. Daraus resultiert eine um 150 Einheiten höhere Steuerbelastung, die durch Auflösung der Rückstellungen für latente Steuern in gleicher Höhe kompensiert wird. Gleiches gilt für die Folgejahre bis zum Jahr 5. In der Summe der Jahre 1 bis 5 haben sich die Zahlen wieder ausgeglichen.

Wenngleich das Grundprinzip der (passivischen) Steuerabgrenzungen sich immer wie im genannten Beispiel darstellt, wird die Rechnung bei einer Mehrzahl (verschiedenartiger Fälle) recht komplex und aufwendig (vgl. beispielsweise Küting/Weber, 1990, S. 1471 ff.).

Aktivisch latente Steuern treten gemäß § 274 Abs. 2 HGB auf, wenn der effektive Steueraufwand höher ist als der fiktive nach der Handelsbilanz. Dieses ist auf ein (vorübergehendes) höheres Steuer- als Handelsbilanzergebnis zurückzuführen. Für die daraus resultierende latente Steuer besteht ein **Wahlrecht zur Aktivierung**. Die Aktivierung gilt als sog. **Bilanzierungshilfe**, bei der zugleich eine **Ausschüttungssperre** besteht; das bedeutet, daß Gewinne nur ausgeschüttet werden dürfen, wenn die jederzeit auflösbaren Gewinnrücklagen zuzüglich Gewinnvortrag abzüglich Verlustvortrag mindestens den aktivierten latenten Steuern entsprechen (§ 274 Abs. 2 S. 3 HGB). In der Praxis werden aktivisch latente Steuern selten ausgewiesen.

Abb. 40 gibt eine Übersicht über die Ursachen für die Entstehung von latenten Steuern.

Aktivisch latente Steuern	Passivisch latente Steuern
Steuerbilanzgewinn ist größer als der Handelsbilanzgewinn	Steuerbilanzgewinn ist kleiner als der Handelsbilanzgewinn
Effektiver Steueraufwand ist im Vergleich zum fiktiven Steueraufwand zu hoch	Effektiver Steueraufwand ist im Vergleich zum fiktiven Steueraufwand zu niedrig
Mögliche Ursachen ● Der Geschäfts- oder Firmenwert wird in der Handelsbilanz unter Ausnutzung des Wahlrechts sofort als Aufwand verbucht (§ 255 Abs. 4 HGB), in der Steuerbilanz besteht eine Aktivierungspflicht, der Abschreibungszeitraum beträgt 15 Jahre (§§ 5 Abs. 2, 7 Abs. 1 Satz 3 EStG) ● Disagio wird in der Handelsbilanz, unter Ausnutzung des Wahlrechts, sofort als Aufwand verbucht (§ 250 Abs. 3 HGB), steuerlich muß der Disagiobetrag dagegen aktiviert und während der Laufzeit abgeschrieben werden (Abschn. 37 Abs. 3 EStR). ● Im Vergleich zu den steuerlich normierten Abschreibungsverfahren und -sätzen erlauben die Ermessensspielräume im Handelsrecht zunächst vergleichsweise höhere Abschreibungen in der Handelsbilanz. ● Bei der Ermittlung der Herstellungskosten weist das Einkommensteuerrecht weitgehendere Aktivierungspflichten auf als das Handelsrecht. So besteht ein Aktivierungswahlrecht für Materialgemeinkosten, Fertigungsgemeinkosten und den Wertverzehr des Anlagevermögens (§ 255 Abs. 2 Satz 3 HGB). ● Pensionsrückstellungen dürfen in der Handelsbilanz höher angesetzt werden als in der Steuerbilanz (Zinssatz StB 6%, HB auch unter 6%).	Mögliche Ursachen ● Aktivierung von Aufwendungen für die Ingangsetzung und Erweiterung des Geschäftsbetriebs gem. § 269 HGB, während diese Beträge in der Steuerbilanz sofort und in voller Höhe als Betriebsausgabe abgesetzt werden müssen. ● Anwendung des Fifo-Verfahrens bei steigenden Preisen (gem. § 256 HGB), während in der Steuerbilanz lediglich das Durchschnittsverfahren zugelassen ist.

Abb. 40 Übersicht und Beispiele für latente Steuern

Aktivisch und passivisch latente Steuern sind miteinander **zu verrechnen**. Da i. d. R. der Steuerbilanzgewinn höher ist als der Handelsbilanzgewinn und damit per Saldo aktivisch latente Steuern entstehen, für die ein (selten wahrgenommenes) Aktivierungswahlrecht besteht, sind die praktischen Auswirkungen des Phänomens der latenten Steuern nur von geringer Bedeutung (vgl. Küting/Weber, 1990, Seite 1482).

D. Besondere Bewertungsvorschriften

I. Unterbewertungsverbot

Durch die in § 279 HGB festgelegten „**Unterbewertungsverbote**" für Kapitalgesellschaften wird die **Bildung stiller Reserven eingeschränkt**. Die einzelnen Verbote beziehen sich auf

- **außerplanmäßige Abschreibungen auf das Anlagevermögen**

Sowohl beim abnutzbaren als auch beim nicht abnutzbaren Anlagevermögen darf gem. § 279 Abs.1 Satz 2 HGB grundsätzlich bei nur vorübergehender Wertminderung keine außerplanmäßige Abschreibung auf den am Stichtag **beizulegenden Wert** (§ 253 Abs. 2 Satz 3 HGB) erfolgen, wobei eine solche nur vorübergehende Wertminderung beim Sachanlagevermögen äußerst selten gegeben sein dürfte. Eine **Ausnahme** hiervon bilden lediglich die **Finanzanlagen**, bei denen das gemilderte Niederstwertprinzip auch bei Kapitalgesellschaften angewendet werden darf.

Weiterhin besteht ein Verbot für Abschreibungen, die gem. § 253 Abs. 4 HGB nach vernünftiger kaufmännischer Beurteilung zulässig sind (§ 279 Abs.1 Satz 1 HGB).

- **Abschreibungen auf das Umlaufvermögen**

Wie beim Anlagevermögen sind auch beim Umlaufvermögen Abschreibungen, die gem. § 253 Abs. 4 HGB nach vernünftiger kaufmännischer Beurteilung zulässig sind, gem. § 279 Abs.1 Satz 1 HGB nicht erlaubt.

- **steuerrechtliche Abschreibungen**

Abschreibungen, die nur steuerrechtlich zulässig sind (§ 254 HGB), können handelsrechtlich nur dann berücksichtigt werden, wenn die Anerkennung in der Steuerbilanz von der gleichzeitigen Bildung in der Handelsbilanz abhängig gemacht wird (§ 279 Abs. 2 HGB).

Durch das Postulat in § 5 Abs. 1 S. 2 EStG, steuerrechtliche Wahlrechte in Übereinstimmung mit der Handelsbilanz auszuüben, wird die **umgekehrte Maßgeblichkeit** für steuerliche Sondertatbestände generell postuliert. Das Prinzip des § 279 Abs. 2 HGB hat damit praktisch keine Bedeutung. Allerdings gibt es nach § 281 Abs. 2 eine Dokumentationspflicht für die „im Geschäftsjahr allein nach steuerrechtlichen Vorschriften vorgenommenen Abschreibungen".

II. Wertaufholungsgebot

§ 280 Abs.1 HGB verlangt bei Wegfall der Gründe für

- außerplanmäßige Abschreibungen auf das Anlagevermögen (§ 253 Abs. 2 Satz 3 HGB),
- Abschreibungen auf das Umlaufvermögen (§ 253 Abs. 3 HGB) und
- steuerrechtliche Abschreibungen (§ 254 HGB)

grundsätzlich eine **Wertaufholung**. Im Falle einer Zuschreibung bei abnutzbaren Anlagegütern ist eine planmäßige Abschreibung zu berücksichtigen. Das Zuschreibungswahlrecht gem. §§ 253 Abs. 5, 254 Satz 2 HGB für Einzelkaufleute und Personengesellschaften ist somit nicht für Kapitalgesellschaften anwendbar.

Vom **Grundsatz des Wertaufholungsgebotes darf** gem. § 280 Abs. 2 HGB **abgewichen werden**, wenn in der Steuerbilanz ein Beibehaltungswahlrecht besteht und wenn der niedrigere Wertansatz in der Handelsbilanz Voraussetzung für das Beibehaltungswahlrecht in der Steuerbilanz ist. In diesem Fall liegt ein **umgekehrtes Maßgeblichkeitsprinzip** vor, d.h. die Steuerbilanz ist maßgeblich für die Handelsbilanz.

Nach § 6 Abs. 1 Nr. 1 u. 2 EStG besteht ein Wahlrecht zur Zuschreibung auf einen höheren Teilwert, wobei als Obergrenze die (fortgeführten) Anschaffungs- oder Herstellungskosten gelten. Wird somit in der Handelsbilanz zugeschrieben, erfolgt auch wegen der Maßgeblichkeit der Handelsbilanz für die Steuerbilanz eine entsprechende Zuschreibung in der Steuerbilanz. Die Ausnahmeregelung des § 280 Abs. 2 HGB wird damit zur Regel, und auch eine Kapitalgesellschaft braucht trotz des Prinzips der Zuschreibungspflicht in aller Regel nicht zuzuschreiben. Allerdings ist der Sachverhalt einer Nichtzuschreibung aus steuerlichen Gründen im Anhang anzugeben und hinreichend zu begründen (§ 280 Abs. 3 HGB). Als praktische Ausnahme kann die Zuschreibungspflicht bei Werten nach § 253 Abs. 3 S. 3 HGB gelten, da eine Abschreibung auf den sog. Wertschwankungswert nur handelsrechtlich möglich ist und insofern auch eine Zuschreibung ohne steuerliche Konsequenz bleibt.

Insgesamt läßt sich feststellen, daß das **Wertaufholungsgebot in der Praxis nur wenig Bedeutung** hat, und die vergleichsweise komplizierte Regelung eigentlich überflüssig erscheint. Sie ist aber erklärlich und zwar zum einen aus der Umsetzung der 4. EG-Richtlinie, zum anderen aus der Änderung (steuerrechtlicher) Regelungen nach Verabschiedung des Bilanzrichtliniengesetzes im Jahre 1985.

Literaturverzeichnis

Adler, Düring, Schmaltz: Rechnungslegung und Prüfung der Unternehmen, Kommentar, lose Blattsammlung, 5. völlig neu bearb. Aufl., Stuttgart 1987
Beck'scher Bilanz-Kommentar: Der Jahresabschluß nach Handels- und Steuerrecht, bearb. von W.D. Budde u.a., 2. neubearb. und erw. Aufl. München 1990
Coenenberg, Adolf G.: Jahresabschluß und Jahresabschlußanalyse, 11., überarb. u. erw. Aufl., Landsberg am Lech 1989
Egner, Henning: Bilanzen, München 1974
Falterbaum, Hermann; Beckmann, Heinz: Buchführung und Bilanz unter besonderer Berücksichtigung des Bilanzsteuerrechts und der steuerlichen Gewinnermittlung, 13. Aufl., Bonn/Achim 1989
Federmann, Rudolf: Bilanzierung nach Handels- und Steuerrecht, 8., aktualisierte Aufl., Berlin 1990
Fröschle, Gerhart; Kropp Manfred; Wöste Renate: Rechnungslegung im Konzern nach dem Bilanzrichtlinien-Gesetz. Hrsg. von der Treuhand-Vereinigung AG, Frankfurt 1987
Glade, Anton: Rechnungslegung und Prüfung nach dem Bilanzrichtlinien-Gesetz, Systematische Darstellung und Kommentar, Herne/Berlin 1986
Göllert, Kurt; Ringling, Wilfried: Bilanzrichtlinien-Gesetz, Einführung, Texte, Materialien, Sonderveröffentlichung des Betriebs-Beraters, 2., überarb. Aufl., Heidelberg 1986
Gross, Gerhard; Schruff, Lothar: Der Jahresabschluß nach neuem Recht, Aufstellung – Prüfung – Offenlegung, 2., durchgesehene Aufl., Düsseldorf 1986
Heinen, Edmund: Handelsbilanzen, 12., neubearb. Aufl., Wiesbaden 1986
Hoffmann, Günther: Bilanzieren kein Problem nach dem neuen Bilanzrichtlinien-Gesetz, 7., ergänzte Aufl., Freiburg i. Br. 1987
Käfer, Karl: Kapitalflußrechnungen, 2. Aufl., Stuttgart 1984
Körner, Werner: Bilanzsteuerrecht in der Praxis, 7., erneuerte Aufl., Herne/Berlin 1986
Kresse, Werner; Kotsch-Faßhauer, Lieselotte; Leuz, Norbert: Neues Bilanzieren, Prüfen und Buchen nach dem Bilanzrichtlinien-Gesetz, 1. Aufl., Stuttgart 1986

Küting, Karlheinz; Weber, Claus-Peter (Hrsg.): Handbuch der Konzernrechnungslegung, Kommentar zur Bilanzierung und Prüfung, Stuttgart 1989
Küting, Karlheinz; Weber, Claus-Peter (Hrsg.): Handbuch der Rechnungslegung, Kommentar zur Bilanzierung und Prüfung, 3., grundlegend überarb. und wesentlich erw. Aufl., Stuttgart 1990
Le Coutre, Walter: Grundzüge der Bilanzkunde, Eine totale Bilanzlehre, Teil I, 4. Aufl., Wolfenbüttel 1949
Leffson, Ulrich: Die Grundzüge ordnungsmäßiger Buchführung, 7., rev. u. erw. Aufl., Düsseldorf 1987
Meyer, Claus: Bilanzierung nach Handels- und Steuerrecht, 8., überarb. u. erw. Aufl., Herne/Berlin 1990
Moxter, Adolf: Bilanzlehre, Band II: Einführung in das neue Bilanzrecht, 3., vollständig umgearb. Aufl., Wiesbaden 1986
Peat, Marwick, Mitchell & Co. (Hrsg.): Bilanzrichtlinien-Gesetz, Der Leitfaden für die Praxis, München 1986
Schmalenbach, Eugen: Dynamische Bilanz, 13. Aufl., Köln/Opladen 1962
Schmidt, Fritz: Die organische Tageswertbilanz, unveränderter Nachdruck der 3. Aufl. von 1929, Wiesbaden 1969
Schmolke, Siegfried; Deitermann, Manfred: Industrielles Rechnungswesen – IKR, 14. Aufl., Darmstadt 1988
Schneider, Dieter: Art. Bilanztheorien, neue Ansätze, in: Handwörterbuch des Rechnungswesens (Enzyklopädie der Betriebswirtschaftslehre, Bd. III), Stuttgart 1978
Schweitzer, Marcell: Art. Bilanztheorien, in: Handwörterbuch der Betriebswirtschaftslehre, 4. Aufl., Stuttgart 1974
Wöhe, Günter: Bilanzierung und Bilanzpolitik, 7., völlig neubearb. und erweiterte Aufl., München 1987
Wysocky, Klaus von; Wohlgemuth, Michael: Konzernrechnungslegung, 3., auf der Grundlage des Bilanzrichtlinien-Gesetzes neubearb. u. erw. Aufl., Düsseldorf 1986

Stichwortverzeichnis

ABC-Analyse 167 f.
Abhängigkeitsbericht 58
Ablauforganisation 108 ff., 525, 619 f.
Absatzfunktion 17
Absatzleistung 596
Absatzpotential 43
Absatzteilmodelle 51
Abschreibung
– außerplanmäßige 710, 721 ff.
– Begriff 710
– degressive 713
– Firmenwert 718
– Gebäude 719
– geringwertige Wirtschaftsgüter 724
– kalkulatorische 593
– leistungsbedingte 715 f.
– lineare 715 f.
– planmäßige 710 ff.
– steuerliche Sonderabschreibung 699, 710, 723
– Teilwertabschreibung 723
– Vereinfachungsregel 718
Abstimmungsverbot 55
Abweichungsanalyse 647
Abweichungsbericht 648
Abweichungstendenzen 649
Administration 589
Akkordlohn 288 f., 542
Aktenplan 525
Aktie 26
– Arten 26, 455
– Stückelung 455
– Übertragbarkeit 455
– Umfang der Rechte 456
Aktiengesellschaft 26, 673
– Kapitalerhöhungsformen 457 ff.
– Rechtsmerkmale 26
Aktionärsschutz 26
Aktionsaufgabe 108
Aktionseinheit 108 f.
Aktionsobjekte 9
Aktionsphasen 9
Aktionsträger 108
Aktivierungspflicht 683, 693, 732 f.
Akzeptkredit 471
Altersvorsorge 532, 562
Amortisationsrechnung 437
Anforderungen an die KLR 583 ff.
Anforderungsarten 540

Angebotsschemakartelle 64
Anhang 657, 753 ff.
Anlagegüter 43, 682 ff.
Anlagespiegel 683, 745 ff.
Anlagevermögen
– abnutzbares 708 f.
– Begriff und Inhalt 682 f.
– Bewertung 709 ff.
– immaterielles 683, 709
Anleihetilgung 477
Anlieferung, einsatzsynchron 167
Anlieferungszeitpunkte 200
Annuitätenmethode 442
Anpassungsfähigkeit 588
Anschaffungskosten 599 f.
Anteile
– an Kapitalgesellschaften 35
– an Personengesellschaften 35
Arbeitgeberverbände 68
Arbeitsablaufübersicht 535 f.
Arbeitsbestmethode 533
Arbeitsbewertung 538
Arbeitsdirektor 523 f.
Arbeitsgangsplitting 242 f.
Arbeitsgemeinschaft (ARGE) 63
Arbeitskräftepotential 43
Arbeitsleistung 516
Arbeitsmarkt 515, 532, 553
Arbeitsordnung 525
Arbeitsplatz 521 ff., 533, 552
Arbeitsplatzgestaltung 279 ff.
Arbeitsstudie 533 ff.
Arbeitsteilung 107, 519
Arbeitsverteilungsübersicht 534 f.
Arbeitszeit 279, 522
Arbeitszeitverkürzung 522
Aufbauorganisation 107 ff., 619
Aufbewahrungsfristen 672
Aufgaben 586
– unternehmensinterne 586
– unternehmensexterne 586
Aufgabenanalyse 109
Aufgabenteilung 519
Auftragserteilung 520 ff.
Aufwand 594
– neutraler Aufwand 599
– kostengleicher Aufwand 599
– Zweckaufwand 599
Ausbildung 524

Ausbildungsziel 519
Ausgabe 597
Ausgabenwirksamkeit 607
Ausgleichsgesetz der Planung 133
Außenverhältnis 21
Außenfinanzierung
– Eigenkapital 453 ff.
– Fremdkapital 464 ff.
außersteuerliche Auswahlkriterien 31
Auszahlung 596
Avalkredit 472 ff.

Bedarfsauflösung 169
Bedarfsermittlung 171 ff.
Bedarfsmenge 169 f.
Bedarfsplanung 178 ff.
Bedarfsverlauf 176
Bergrechtliche Gewerkschaft 29
Beschaffung 16
Beschaffungskontrolle 204 f.
Beschaffungswege 202 ff.
Beschäftigung 610
Beschäftigungsgrad 607
Besitzpersonengesellschaft 30
Bestandsarten 188 ff.
Bestandsplanung 191 ff.
Bestandsstrategien 189 ff.
Bestandswirksamkeit 597
Bestätigungsvermerk 738
Bestelldisposition 192 ff.
Bestellkosten 196
Bestellpunktverfahren 194
Bestellrhythmusverfahren 194
Beteiligungen 59, 685
Beteiligungsfinanzierung 453 ff.
– emissionsfähige Unternehmen 455 ff.
– nicht-emissionsfähige Unternehmen 454 f.
Betriebliches Rechnungswesen 588
Betriebsabrechnung 607, 654
Betriebsabrechnungsbogen 619
Betriebsaufspaltung 29 f.
– mehrfache 30
– mitunternehmerische 30
– umgekehrte 30
– unechte 30
Betriebsbuchhaltung 590
Betriebsertrag 598
Betriebsfunktionen 16
Betriebsgrundstücke 36
Betriebsklima 281, 516, 522
Betriebsobmann 527
Betriebsrat 522, 525, 527 ff., 542, 550, 553, 556, 560
Betriebsurlaub 523
Betriebsvereinbarung 544, 550, 559

Betriebsverfassung 525 f.
Betriebsverfassungsgesetz 525, 527, 542, 556, 560
Betriebsvermögen 658, 695
Betriebsvermögensvergleich 660 f.
Betriebswirtschaftslehre
– Gegenstand 1
– Gliederung 3, 75
Betriebszweck 595
Beurteilungswesen 524, 568 ff.
Bewegungsbilanz 656
Bewertung 699 ff.
– Einzelbewertung 699
– Festbewertung 703 f.
– Gruppenbewertung 704
Bewertungsmaßstab 701
Bezugsrechtsobligation 481
BGB-Gesellschaft 24
– atypische Formen 24
Bilanz
– Arten 655 ff.
– Aufgaben 655
– Begriff und Aufbau 664, 681 ff.
– externe 657
– Gliederung 681 ff.
– interne 657
– pagatorische 666
– Zweischneidigkeit 658 ff.
Bilanzauffassungen 662 f.
Bilanzenzusammenhang 658 ff.
Bilanzgewinn 749, 761
Bilanzidentität 697
Bilanzierungsvorschriften
– allgemein 676 ff.
– handelsrechtliche 669 ff.
– sonstige nationale 673 ff.
– steuerrechtliche 674 ff.
Bilanzkontinuität 660, 697, 699
Bilanztheorie
– Begriff 661
– dynamische 664 ff.
– eudynamische 666
– organische 666 ff.
– pagatorische 666
– statische 662 ff.
– zukunftsorientierte 668
Bilanzverschleierung 680
Black-box-Verfahren 91
Blockarbeitszeit 522
Brainstorming 128
Buchführung 671

CNB-Methode 128
Cobb-Douglas-Produktionsfunktion 258
Computer Aided Industry (CAI) 248

Computer Aided Product-Planning (CAP) 248
Computer Aided System (CAD) 248
Computer Integrated Manufactoring (CIM) 248
Consumers Promotion 388
Controlling 592

Dachgesellschaften 59
Damnum (siehe Disagio)
Darlehen 485, 685, 728
Darstellungsrechnung 586
Datenidentität 114
Deckungsbeitragsrechnung 633 f.
Degussaklausel 478
Delegation 117, 520
Delegationsprozeß 118
Denken in Systemen 79
Deutsche Bundesbahn 39
Deutsche Bundespost 39
Deutsche Kooperationsfibel 62
Dezentralisation 110
Dimension
– sach-rationale 82
– sozio-emotionale 82
Dimensionsidentität 113
Direct Costing 636
Disagio 693
Diskontinuität 75
Diskontkredit 469
dispositive Faktoren 15
Distribution 355 ff.
Division-Organisation 319 ff.
Doppelbesteuerung 34
Durchgriffshaftung 28
Durchlaufterminierung 234 ff.
Durchschnittsertragskurve 254
Durchschnittsrate der technischen Substitution 256
Durchschnittsverfahren 704 ff.
Durchsetzungsphase 16

Ecklohn 540
EG-Richtlinie 669 f.
Eigenbetriebe der Gemeinden 39
Eigendynamik 75
Eigenfinanzierung 31
Eigenkapital
– Begriff 653, 687
– bilanzielles 688
– effektives 689
– Gliederung bei Kapitalgesellschaften 759
– Merkmale 411
– rechnerisches 689

Eigenleistung 596
Eigentümer-Geschäftsführung 15
Einfachunterstellungssystem 141
Eingangskontrolle 205
Einheitsprinzip 35
Einkauf 202 ff.
Einkaufsabteilung 203 f.
Einkommensteuer 35
Einkreissystem 602
Einkünfte
– aus Gewerbebetrieb 36
– aus Kapitalvermögen 36
– aus Vermietung und Verpachtung 36
Einlinienprinzip 138
Einmann-AG 28
Einmann-Gesellschaft 24
Einnahme 597
Einweisung 520
Einzahlung 596
Einzelkaufmann 23
Einzelkosten 606
Einzelkostenrechnung 637
Elementarfaktoren
– Arbeit 14
– Betriebsmittel 14
– Werkstoffe 14
Emission
Emissionsformen 460 f.
– Aktienmission 460 f.
– Industrieobligation 475
Empfehlungsverbot 55
Endkostenstelle 615
Energieverwendung 15
Entgelt 524, 532 ff.
Entlohnung 281 ff.
Entscheidungen 18, 87
– unter Risiko 19
– unter Unsicherheit 19
Entscheidungsalternativen 89
Entscheidungsdeterminanten 16
Entscheidungsfindung 347 ff.
Entscheidungsmodelle 90
Entscheidungsprozeß 15, 88
Entscheidungstabellen 90
Entscheidung im Ausnahmefall 129
Entschluß
– Formen 91 ff.
Entwicklung 123
Entwicklungsprozeß 124
Entwicklungstendenzen 650
Erfolgsbeteiligung 297, 544 ff.
Erfolgsrechnung 596
– kurzfristige 622
– Produkterfolg 640
Erfolgswirksamkeit 597

Ergänzungsinvestition 438
Erkenntniswert 588
Ermittlungsfunktion 584
Ertrag 594, 693, 748 ff.
- neutraler 598
- betriebsfremder 598
- betrieblich außerordentlich 598
- das Gesamtergebnis betreffender 598
- rechnungsmäßig neutraler 598
Ertragsaussichten 35
Ertragsgebirge 253
Ertragsgesetz 252
Ertragskurve 253
Expansionspfad 271
expotentielle Glättung 180 f.
Exportkartelle 63

Factoring 506 ff.
Festbewertung 697 f.
Feststellungsprinzip 36
Fertigung 17, 211 ff.
Fertigungsauftrag 229 ff.
Fertigungsdurchführung 249 ff.
Fertigungskontrolle 301 ff.
Fertigungsprogramm 212 f.
Fertigungssteuerung 228 f.
Fertigungstypen 217 f.
Fertigungsverfahren 213 ff.
Fertigungsvorbereitung 223 ff.
Fifo-Verfahren 706 f.
Finanzanlagen 85
Finanzbuchhaltung 590, 653
Finanzierung 17
- Begriff 410 f.
- Klassifizierung 412
Finanzierungsbedingungen 50
Finanzierungsersatzmaßnahmen 412, 499 ff.
Finanzierungsregeln 497 ff.
Finanzierungsziele 412 ff.
Finanzplan 421 ff.
finanzwirtschaftliches Gleichgewicht 11
Firmenwert 683, 708
Fixkosten 597, 626 f., 609, 638 f.
Fixkostensockel 614
Fixwertprinzip 708
Flexibilität 588
Fließfertigung 215 ff.
Floating Rate Notes 479
Forderungen 728
Fortbildung 515, 524
Freiheitsgrad 97
Freistellungsverfahren 54
Fremddienste 43
Fremddynamik 75
Fremdemission 461

Fremdfinanzierung 31
Fremdkapital
- Merkmale des 411
Führung 83
Führungsaufgaben 82 f.
Führungsebenen 85 ff.
Führungsfunktionen 98
Führungsinhalt 147 f.
Führungsinstitution 15
Führungskraft 84
Führungskreis 83
Führungsmodelle 144
Führungsorganisation 149
Führungspfad 16, 83
Führungsprozeß 16, 83
- originärer 83
- derivativer 83
Führungspyramide 85
Führungsstil 147, 515
- autokratisch 151
- bürokratisch 151
- charismatisch 151
- patriarchisch 151
- Team 152
Führungsstilumfang 147
- autoritär 148
- kooperativ 148
Führungssystem 127
Führung durch Zielsetzung 145
Funktionalorganisation 139
Funktionen 101
- Formen 101
Fusion 66

Gegenkonzentration 62
Geldakkord 543
Geldströme 584
Gemeinkosten 606, 632, 701
Gemeinschaftsunternehmen 63
Gemeinwohlkartelle 66
Generalnorm 679, 741
Genossenschaften 28, 673 f.
Genußschein 485
Gesamtkosten 274
Gesamtkostenverfahren 747
Gesamtprozeß, betriebswirtschaftlicher 409
Gesamtrechtsnachfolge 60
Geschäftsbericht 673 f.
Geschäfts- und Betriebsleitung 15
Geschäftsbuchhaltung 590
Gesellschaft mit beschränkter Haftung (GmbH) 25, 673 f.
- GmbH & Co 29
- Haftung 31
Gesellschaftsunternehmen 23
Gesellschaftsvermögen 23

Gewerbeertragsteuer 34
Gewerbekapitalsteuer 34
Gewinn
- Begriff 12, 657, 747 ff.
- nicht ausgeschütteter 35, 761
Gewinnbesteuerung 29
Gewinnobligation 482
Gewinn- und Verlustrechnung 693, 747 ff.
Gewinn- und Verlustbeteiligung 31
Gewinnvergleichsrechnung 433 ff.
Gläubigerschutz 26
Gleichordnungskonzern 58
Gleitzeit 522
Gliederung der Kostenarten 607
Globalziel der KLR 584
Gozinto-Methode 175 f.
Grenzertragskurve 254
Grenzkosten 275
Grenzkostenrechnung 634 ff.
Grenzproduktivität 256
Grenzrate der technischen Substitution 256
Großraumbüro 521
Gründungsphase 18
Grundfunktionen 585
Grundkosten 599
Grundsätze ordnungsgemäßer Buchführung
 (GoB), 667 ff., 671, 679 ff.
Gruppe 516
Gruppenbewertung 704

Haftungsverhältnisse 693
Handelsbilanz 656
Harmonisation
- endogene 82
- exogene 82
Harmonisationsformen 82
Harzburger Modell 144
Hauptkostenstellen 615
Hauptkostenträger 620
Herkunftsseite 606
Herstellungskosten 701 f.
Hifo-Verfahren 706 f.
Hilfskostenstellen 615
Hilfskostenträger 620
Hinkunftsseite 606
Holdinggesellschaften 59
Human-Kommunikationssystem (HKS) 130
Hurwicz-Regel 352

Ich-Bedürfnisse 121
Ideenfindungsspiel 127
Imparitätsprinzip 698
Importkartell 66
indexierte Anleihen 478
Indizes 48

Industrial Engineering 160
Industrieobligation 475 ff.
Informationsaufgaben 587
Informationsbeschaffung 325 ff.
Informationserfassung 584
Informationsflußrichtung 95
Informationsgehalt 641
Informationsgewinnung 332 ff.
Informationsquellen 600 ff.
Informationssituationen 89
Informationsverarbeitung 584
Informationsweiterleitung 584
Initiativfunktion 88
Innenfinanzierung 490
Innenverhältnis 21
Inputkoeffizient 261
Integration 132
Interessengemeinschaft 63
Interne Zinssatz-Methode 442 ff.
Intuition 588
Inventar 653
Inventur 653
Investition 17
- Arten 427
- Begriff 427
Investitionsrechnung 429 ff.
Investitionsrechnung, Verfahren der 429 ff.
- statische Verfahren 430 ff.
- finanzmathematische Verfahren 438 ff.
Isoquante 255
Isotime 270
iterative Verfahren 46

Jahresabschluß
- Generalnorm 741
- Gliederung 681 ff., 729 ff., 741 ff.
- Inhalt 681, 740
- Prüfung 738

Kalkulation 567, 579 f.
- Vorkalkulation 586, 626
- Zwischenkalkulation 626
- Nachkalkulation 586, 614
Kalkulationsrichtlinien 588
Kalkulationssätze 589
Kalkulationsschema 589
Kalkulationszinsfuß
- Bedeutung 440 f.
Kalkulationszinssatz 442
Kapazitätsbedarf 244 ff.
Kapazitätsbedingungen 49
Kapazitätserweiterungseffekt 502
Kapital
- Arten 407, 410
- Begriff 407

– Eigenkapital 410
– Fremdkapital 410
– genehmigtes 461
Kapitalbedarfsdeterminanten 415
Kapitalbedarfsermittlung 418 ff.
Kapitalbindungsdauer 420 ff.
Kapitalbindungskosten 196 f.
Kapitalerhaltung
– substantielle 667 f.
Kapitalertragsteuer 36
Kapitalflußrechnung 741
Kapitalfreisetzungseffekt 499
Kapitalgesellschaft 25, 34
– Anteile 36 f., 741 ff.
– Größenklassen 737
kapitalistische GmbH 26
Kapitalumschlagshäufigkeit 413
Kapitalwert
– Berechnung 437 ff.
Kapitalwertmethode 437 ff.
Kartelle 63
Kartellformen 64
Kartellverbot 54, 64
Kepner-Tregoe-Methode 91
Kernfunktionen 83
Kirchensteuer 36
Kleinbüro 521
Körperschaften 39
Körperschaftsteuer 34
Kommanditgesellschaft 25, 28, 688
Kommunikation 93 ff.
Kommunikationsarten 93 ff.
Kommunikationspolitik 387 ff.
Kommunikationsprozeß 95
Kommunikationssystem 129
Kommunikationswege 96 ff.
Kompetenz 520
Komplexität 75
Konditionskartelle 64
Konkurrenzanalyse 327
Konsortium 63
Kontenrahmen
– GKR 594
– IKR 594
Kontierung, dezentrale 607
Kontinuität 75
Kontokorrentkredit 467 f.
Kontrolle 112, 520
– Formen 116
Kontrollfunktion 584
Kontrollgrößen 113 ff.
Kontrollprozeß 113
Kontrollrechnung 586
Kontrollsystem 142
Konvertierungsanleihe 675

Konzentration 55, 67
Konzernarten 58
Konzerne
– faktische 59
– multinationale 59
Konzernrechnungslegung 667 ff.
Konzernunternehmen 58
Kooperation 61 ff.
Kooperationskartelle 64
Koordinationsverfahren 133
Kosten
– Begriff 594
– degressive 613
– progressive 613
– proportionale 612
– regressive 614
– variable 612
– Verteilung 629
– Verursachungsprinzip 594
Kostenanalyse 588
Kostenarten 594, 605
Kostenartenrechnung 605 ff.
Kostenauflösung 615
Kostenbelege 588
Kosteneinflußgrößen 609
Kostenentstehung 615
Kostenentwicklungstendenz 607
Kostenerfahrungskurve 135
Kostenerfassung 606
Kostenfunktionen 268
Kosten-Nutzenrelation 650
Kostenrechnung 583
– Funktionen 584 ff.
Kostenrechnungssystem 142, 587
Kosten-Remanenz 612
Kostenspaltung 615
Kostenstellengruppen 617 f.
Kostenstellenkontrolle 607
Kostenstellenplan 617
Kostenstellenrechnung 605, 615 ff.
Kostentheorie 250
Kostenträgerrechnung 620 f.
Kostenträgerrechnungskontrolle 607
Kostenträgerstückrechnung 625
Kostenträgerzeitrechnung 575 ff., 622
Kosten- und Leistungsrechnung 602
– integrierte 602
– isolierte 602
– Einteilung 589 ff.
– Hauptaufgaben 583
– Terminologie 583
Kostenverantwortlichkeit 615
Kostenvergleichsrechnung 430 ff.
Kostenverursachungsprinzip 594
Kostenwirtschaftlichkeit 11

Kostenzurechnung 615
Kredit
- Besicherung 465
- Formen 464
- Prüfung 464f.
Kreditleihe 471 ff.
Kreditsicherheiten 465
Kreislauf des Unternehmens 583
Kundenanzahlung 466f.

Lagebericht 657
Lagerarten 207
Lagerbestand 193, 209
Lagerhaltungskosten 197
Lagerplanung 208
Lagerraumkosten 197
Lagerstandort 208
Lagerungsrestriktionen 202
Lagerverwaltung 209f.
laufende Steuerbelastung 36
latente Steuern 762ff.
Leasing 508ff., 684
Lebenszykluskurve 135
Leistung 596
Leistungserstellung 583
Leistungserstellung, betriebliche 590
Leistungsprozeß 583
Leistungsrechnung 583
Leistungsströme 574
Leistungszulagen 544
Leitung 80
Leverage-Effekt 496f.
Lieferantenkredit 466ff.
Lifo-Verfahren 706
Liquidationsphase 18
Liquidität
- Begriff 414
Lohmann-Ruchti-Effekt 501f.
Lohnformen 286ff.
Lombardkredit 471

Management 81
- by Communication 129f.
- by Controlling 142ff.
- by Exception 129
- by Objectives 145ff.
- by Organization 137ff.
- by Planning 130ff.
- Systeme 129
Management-Informationssystem (MIS) 130
Manager-Geschäftsführung 15
Manufactoring Automation Protocol 248
Marketing 17, 311ff.
- Planung 341ff.
Marketing-Mix 402f.

Marktintensivierung 363f.
Marktmechanismus 515
Maßgeblichkeitsprinzip 675f.
Materialbeschaffung 49, 195ff.
Materialsortiment 184ff.
Materialwirtschaft 161ff.
Matrix-Organisation 140, 321f.
Mehrarbeit 522
Mehrfachunterstellungen 519, 521, 524
Mehrfachunterstellungssystem 141
Mehrheitsbeteiligung 56f.
Mehrlinienprinzip 138
mehrschichtiges Menschenbild 79
Mehrproduktunternehmen 49
Merchandising 389
Metageschäft 63
Methodenidentität 114
Minimalkostenkombination 269
Minimax-Entscheidungsregel 349f.
Minimum-Regret-Regel 351f.
Minutenfaktor 543
Mischkosten 614
Mitarbeiterauswahl 520
Mitbestimmung 527, 542
Mittelstandsempfehlungen 66
Mittelständische Unternehmen 37
Mitwirkung 527
morphologische Analyse 129
Motivation 120ff., 518, 532, 542, 561, 573
Motivationsprozeß 122
Multimomentaufnahme 295

Nebenbuchhaltung 600
Nebenkostenstelle 615
Nebenkostenträger 620f.
Negoziationskredit 473
Neun-Felder-Portfolio 137
Niederstwertprinzip 698, 726ff.
Nominalvertprinzip 668
Normalleistung 535f.
Normenkartelle 64
Nutzenanalyse 588
Nutzenmaximierung 10
Nutzungsdauer 710ff.
Nutzungsdauerentscheidungen 449

Obergesellschaft 59
Objektprinzip 137
Offene Handelsgesellschaft 25, 688
Offenlegung der Kapitalgesellschaft 738ff., 752
ökonomische Grenze 588
Ökonomisches Pinzip 10
Optimierungsverfahren 48
Optionsschuldverschreibung 481

Organisation 106
Organisationsalternativen 109
Organisationsarten 110f.
Organisationslösung 110
Organisationsprobleme 109
Organisationsprozesse 109ff.
Organisationssystem 137

Panelverfahren 336ff.
Partenreederei 29
Partialmodelle 44
partiarische Rechtsverhältnisse 24
Periodengewinn 657ff.
Personalabteilung 518, 524, 533
Personalakte 525
Personalaufwand 531ff.
Personalauslese 554ff.
Personalbedarf 515, 551
Personalentwicklung 123ff.
Personalführung 563ff.
Personalleiter 523
Personalorganisation 519
Personalplanung 551ff.
Personalpolitik 516ff.
Personalstatistik 524
Personalverwaltung 516, 525, 575ff.
Personalwirtschaft
- Aufgaben 515ff.
Personengesellschaften 34ff., 688f.
Plankostenrechnung 143, 645
Planung 101
- Formen 104ff.
Planungsalternativen 102
Planungsaufgabe 645
Planungsentscheidung 104
Planungsintegration 132f.
Planungsprozeß 101, 645
Planungsrechnung 586, 654
Planungssystem 130
Planungsziele 101
Polaritätsprofile 44
Portfolio-Konzeption 134
Potentialanalyse 134
Prämienlohn 289f., 544
Preisbindung 66
Preispolitik 377ff.
Preisuntergrenzen 642
Primärinformation 301ff.
Privatvermögen 695
Problemlösungstechniken 127ff.
Produktion 16
Produktionsfaktoren 583
Produktionsfunktion 250ff.
- CES 262ff.
- linear-homogen 258, 272ff.

- linear-limitational 260
- Leontief 260
Produktionskoeffizient 261
Produktionsplanung 248
Produktionspersonengesellschaft 30
Produktionssteuerung 248
Produktionstheorie 250
produktive Faktoren 14
Produktivitätskurve 253
Produktlebenszyklus 363ff.
Produkt-Management 317ff.
Prognosefunktion 584
Programmentscheidungen 450
Programmplanung 225f.
Prozeßsteuerung 220
Prüfung der Kapitalgesellschaft 738
Public Relations 390ff.
Publizitätsgesetz 674
Punktbewertung 44

Qualifizierte Exportkartelle 64
Qualitätskontrolle 303f.
Qualitätsplanung 303

Rabattkartelle 64
Rationalisierung 107
Rationalisierungskartelle 64
Rationalprinzip 9
Realgüterphasen 249
Realisationsprinzip 698
Rechnung 593
- externe 593
- interne 593
Rechnungsabgrenzungsposten 692f.
Rechnungskontrolle 205
Rechnungswesen 653f.
Rechtsfähigkeit 23
Rechtsformen 21ff., 31ff., 670ff.
REFA-Methodenlehre 42
REFA-Verband 537
Regelkreis 77
Regiebetrieb 39
Registratur 525
Regressionsanalyse 181ff.
Rembourkredit 473
Rentabilität 222f., 413, 515
Rentabilitätsbegriffe 12
Rentabilitätskennziffern 413
Rentabilitätsvergleichsrechnung 436
Repräsentation 82
Reserven, stille 659, 689
Return on Investment 413
Risikobeschränkung 29
ROI-Methode 44
Rollenspiel 127

Rücklagen
- steuerfreie 690, 761
- stille (siehe Reserven, stille)
Rückstellungen
- Begriff und Inhalt 690 ff.
- Bewertung 80 ff.
Rückwärtsintegration 54

Sale-Lease-Back-Verfahren 509
Sammelbewertung 728 ff.
Sanierung 18
Scheingewinn 667
Schuldscheindarlehen 482
Sekundärinformation 333 f.
Selbstfinanzierung 490 ff.
Serienfertigung 217
Skonto 466
Sicherheitsbestand 193
Sicherung des Betriebsvermögen 112
Simultanverfahren 132
Simulationsverfahren 91
Soll-Ist-Vergleich 646
Sondereinzelkosten 606
Sonderkosten 605
Sonderposten mit Rückenlagenanteil 690
Sondervermögen des Bundes 39
Sortenfertigung 217 f.
Sozialaufwand 531 f.
Sozialeinrichtungen 524
Sozialzulagen 544
sozio-technisches System 7, 75
Spartenorganisation 140, 319 ff.
Spezialisierungskartelle 64
Springer 552
Stabstellen 518
Standort 40
- als Optimierungsobjekt 40 f.
- als raumwirtschaftliches Teilsystem 40
- für Betriebe im Ganzen 40
- innerbetrieblich 40
Standortanalyse 45
Standort-Bezugsgrößen 45
Standortfaktoren 42
- absatzbedingte 43
Standortkalkulation 44
Standort-Modelle 44 ff.
- kostenorientierte 45
- gewinnorientierte 48
Standortnetze 48
Standort-Orientierung 43
Standort-Prognose 44
Standortsimulation 50 f.
Standort-Wahl 39
Standortzentralisation 40
Statistik, betriebliche 654

Stellenbeschreibung 520, 533 f., 552, 557, 561, 567 f.
Stellenbesetzungsplan 552
Stellenplan 552
Steuern der Gesellschaft 34
Steuern der Gesellschafter 34
steueroptimale Rechtsform 37
Steuerparadoxon 449
Steuerung 78
Steuerungssystem 142
Stichtagsprinzip 697
Stiftung des öffentlichen Rechts 39
Stiftung des privaten Rechts 29
Stille Gesellschaft 25 ff.
strategische Instrumente 134
Strukturierungsprinzipien 137 ff.
Strukturkartelle 66
Stücklisten 169 ff.
Stücklohn 542 f.
Substanzerhaltung 666
Suchphase 16
Sukzessivverfahren 132
Synektik 128
System 77

Tätigkeitsbeschreibung 543
Tageswertprinzip 667
Tarifvertrag 522, 540, 544, 561
Teilkostenbasis 627
Teilkostenbasisrechnung 629, 641
- Formen 633 f.
Teilkostenrechnung 629
Teilsteuerrechnung 37
Teilsysteme der Unternehmung 7
Teilwert 702 f.
Theorie X 79
Theorie Y 79
Tonnen-kilometrisches Minimum 46
Totalgewinn 658
Totalmodelle 45
Transparenz 75
Transportkosten 45 f.
Transportmodelle 46
Trennungsprinzip 36
Trust 56
Typenkartelle 64
Typologie, betriebswirtschaftliche 7

Übernahmekonsortium 482
Übersichtlichkeit 588
Überziehungskredit 468
Überziehungsprovision 468
Ubiquitäten 42
Umlaufvermögen
- Begriff und Inhalt 685 ff.

– Bewertung 726 ff.
Umsatzkostenverfahren 747
Umsatzphase 18, 40
Umwandlung 60 f.
Umweltbeziehungen 7 f.
Unterbeteiligung 24
Unternehmen 58
Unternehmensführung 15, 80
– Gestaltung 127 ff.
– Grundlagen 75 ff.
– Planung 101 ff.
– Teilfunktionen 80 ff.
– Ziele 98
Unternehmenshierarchie 589
Unternehmensplanung 130
Unternehmenssteuerung 143
Unternehmensverträge 59
Unternehmensorganisation 106 ff.
Unternehmermotive 31
Unternehmung 7 ff., 76, 583
Unternehmungsform 21
Unterordnungskonzern 58
Unterweisung 520
unverbindliche Preisempfehlung 66
Urlaub 522
Ursachenanalyse 647
Utopie-Spiel 127

Variable Kosten 607, 637 f.
Veranlagungssimilation 37
Verantwortungsbereich 616
Verbindlichkeiten
– Bewertung 732
– Gliederung 682, 744, 757 f.
– Spiegel 757 f.
Verbrauchsfolgeverfahren 706 f.
Verbrauchsfunktion 250
Verbundene Unternehmen 56
Verein
– rechtsfähiger, wirtschaftlicher 29
Vergleichbarkeit 588
Verkaufsförderung 387 ff.
Vermögensteuer 34 f.
Verrichtungsprinzip 137
Verschmelzung 58
– durch Aufnahme 59
– durch Neubildung 59
– durch übertragende Umwandlung 59
Versicherungsverein auf Gegenseitigkeit (VVaG) 29
Vertragskonzerne 59
Vertriebskapitalgesellschaft 30
Vertriebsorganisation 355 ff.
Vertriebswege 357 ff.
Verursachungsprinzip 594

Verwertung 595
Vier-Felder-Portfolio 135
Vorwärtsintegration 54
Volkswirtschaftslehre 55
Vollkostenbasis 626 f.
Vollkostenrechnung 619 ff.
Vollzugsplanung 227
Vorgabefunktion 584
Vorgabezeit 537
Vorkostenstellen 615
Vorratsmenge 187 ff.
Vorratshaltung 166

Wahlhandlung 87
Wandelschuldverschreibung 480
Warteschlangentheorie 240 f.
Wechsel 468
– Arten 469
Werbeerfolgskontrolle 397 ff.
Werbung 392 ff.
Werkstattfertigung 214 f.
Werkstattvorbereitung 233
Wertanalyse 212 f.
Wertaufholung 709, 725 f.
Wertberichtigungen 728 f., 752
Wertschöpfung 13
– Entstehungsrechnung 13
– Verteilungsrechnung 13
Wertumlauf 583
Wertverbrauch 590
Wertverzehr, betrieblicher 590
Wertzusammenhang 708
Wertzuwachs, betrieblicher 590
Wettbewerbsbeschränkungen 55
Wirtschaftlichkeit 107, 588
Wirtschaftsausschuß 528 f.
Wirtschaftseinheit 7
Wirtschaftsverbände 67
Wirtschaftsgut, geringwertiges 724
Wirtschaftskammern 67
Work-Faktor-Verfahren 299 f.

Zahlungsreihe 439
Zahlungsströme, betriebliche 407 ff.
Zeitakkord 543
Zeitermittlung 289 ff.
Zeitidentität 113
Zeitlohn 542
Zeitsummenzähler 522
Zentralisation 109
Zero Bonds 478
Zielbeziehungen 12
Zielbildungsprozeß 99
Zielfunktion 48 f.
Zielgliederung 100

Zielinhalt 98
Zielkonflikte 67
Zielsetzung 98
Zielsetzungen, nicht monetäre 12
Zielsicherung 101
Zielsystem 145
Zielsystem der Unternehmung 11
Zinsen, kalkulatorische 589
Zuflußprinzip (ESt) 36
Zurechnung, unmittelbare 588

Zusammenschlüsse 54f., 67
Zusammenschlußerfolg 66
Zusammenschlußform 52
– kooperative 54
– konzentrative 54
Zusammenschlußziele 62
Zusatzkosten 599
Zuschreibung (siehe Wertaufholung)
Zweckaufwand 599
Zweikreissystem 603